Springer-Lehrbuch

Springer
Berlin
Heidelberg
New York
Hongkong
London
Mailand
Paris
Tokio

Wolfgang Hromadka
Frank Maschmann

Arbeitsrecht Band 2

Kollektivarbeitsrecht
+ Arbeitsstreitigkeiten

Dritte, überarbeitete
und aktualisierte Auflage

Professor Dr. jur. Wolfgang Hromadka
Innbrückgasse 1
94032 Passau

Priv.-Doz. Dr. iur. Frank Maschmann
Drosselweg 6
94036 Passau

ISBN 3-540-20919-0 3. Auflage Springer-Verlag Berlin Heidelberg New York
ISBN 3-540-41741-9 2. Auflage Springer-Verlag Berlin Heidelberg New York

Bibliografische Information Der Deutschen Bibliothek
Die Deutsche Bibliothek verzeichnet diese Publikation in der Deutschen Nationalbibliografie; detaillierte bibliografische Daten sind im Internet über <http://dnb.ddb.de> abrufbar.

Dieses Werk ist urheberrechtlich geschützt. Die dadurch begründeten Rechte, insbesondere die der Übersetzung, des Nachdrucks, des Vortrags, der Entnahme von Abbildungen und Tabellen, der Funksendung, der Mikroverfilmung oder der Vervielfältigung auf anderen Wegen und der Speicherung in Datenverarbeitungsanlagen, bleiben, auch bei nur auszugsweiser Verwertung, vorbehalten. Eine Vervielfältigung dieses Werkes oder von Teilen dieses Werkes ist auch im Einzelfall nur in den Grenzen der gesetzlichen Bestimmungen des Urheberrechtsgesetzes der Bundesrepublik Deutschland vom 9. September 1965 in der jeweils geltenden Fassung zulässig. Sie ist grundsätzlich vergütungspflichtig. Zuwiderhandlungen unterliegen den Strafbestimmungen des Urheberrechtsgesetzes.

Springer-Verlag ist ein Unternehmen von Springer Science+Business Media

springer.de

© Springer-Verlag Berlin Heidelberg 1999, 2001, 2004
Printed in Germany

Die Wiedergabe von Gebrauchsnamen, Handelsnamen, Warenbezeichnungen usw. in diesem Werk berechtigt auch ohne besondere Kennzeichnung nicht zu der Annahme, dass solche Namen im Sinne der Warenzeichen- und Markenschutz-Gesetzgebung als frei zu betrachten wären und daher von jedermann benutzt werden dürften.

Umschlaggestaltung: design & production GmbH, Heidelberg

SPIN 10984260   64/3130/DK - 5 4 3 2 1 0 – Gedruckt auf säurefreiem Papier

Vorwort zur 3. Auflage

Band 2 ist nunmehr auf dem Stand von Februar 2004. Eingearbeitet wurden u.a. die Änderungen im Betriebsverfassungs- und im Arbeitsgerichtsgesetz sowie die seit der 2. Auflage ergangenen höchstrichterlichen Entscheidungen.

Passau, Februar 2004

Wolfgang Hromadka
Frank Maschmann

Vorwort zur 1. Auflage

Dieser, der 2. Band behandelt das Kollektivarbeitsrecht, die Arbeitsstreitigkeiten und Problemkreise, die Individual- und Kollektivarbeitsrecht übergreifen.

Das Kollektivarbeitsrecht gibt dem Arbeitsrecht seine Besonderheit. Kollektivmächte, die Gewerkschaften und die Belegschaftsvertretungen, wirken auf seiten des Arbeitnehmers an der Gestaltung der Arbeitsbedingungen mit, um das Ungleichgewicht im Verhältnis zu dem Arbeitgeber auszugleichen. Das Kollektivarbeitsrecht befaßt sich mit den Fragen, wer die Akteure sind, wie ihre Rechtsstellung aussieht und welche Mittel ihnen zur Verfügung stehen. Zwischen Kollektiv- und Individualarbeitsrecht gibt es zahlreiche Berührungspunkte. Am deutlichsten zeigen sich die Verknüpfungen bei der Änderung von Arbeitsbedingungen und beim Betriebsübergang. Beide werden deshalb erst im Anschluß an das Kollektivarbeitsrecht behandelt.

Zu den Arbeitsstreitigkeiten gehören die Schlichtung und die Rechtsprechung. Die Schlichtung obliegt im Tarifrecht im wesentlichen tariflich vereinbarten Schlichtungsstellen, im Betriebsverfassungs- und Personalvertretungsrecht gesetzlich vorgesehenen Einigungsstellen, die Rechtsprechung den Arbeitsgerichten. Mit der Wiedergabe des arbeitsgerichtlichen Urteils- und Beschlußverfahrens endet der zweite Band.

Das Lehrbuch hat, obwohl keine Gesamtdarstellung des Arbeitsrechts, einen beachtlichen Umfang angenommen. Selbst von einem guten Studenten kann nicht erwartet werden, daß er den gesamten Stoff beherrscht. Es schien den Verfassern aber doch wichtig, dem Lernenden einen Eindruck zu verschaffen von der Fülle der Regelungen, die heute das Arbeitsleben gestalten. Zugleich haben sie sich aber bemüht, den roten Faden immer wieder sichtbar zu machen, der dieses Gewebe durchzieht. Daß das nicht immer gelingt, ist Eigenheit jedes menschlichen Werkes.

Passau, April 1999

Wolfgang Hromadka
Frank Maschmann

Inhaltsverzeichnis

Vorwort V
Inhaltsverzeichnis VII
Abkürzungsverzeichnis XXVII
Literaturverzeichnis XXXIII

§ 1 Grundfragen 1
  I. Kollektives Arbeitsrecht 1
    1. Regelungsgegenstand 1
    2. Regelungsfragen 2
    3. Kollektivrecht und Privatautonomie 4
    4. Tarifvertrag und Mitbestimmung in der Praxis ... 5
  II. Gewerkschaften und Belegschaftsvertretungen ... 6
    1. Duales System der Arbeitnehmervertretung ... 6
    2. Zusammenarbeit und Konkurrenz 7
    3. Ausblick 8
  III. Änderung von Arbeitsbedingungen und Betriebsübergang ... 8
  IV. Arbeitsstreitigkeiten 9

§ 2 Koalitionsrecht 11
  I. Begriff, Bedeutung und Aufgaben der Koalitionen ... 11
    1. Begriff 11
    2. Bedeutung 11
    3. Aufgaben 13
  II. Koalitionen 14
    1. Koalition – Arbeitgeberverband – Gewerkschaft ... 14
    2. Merkmale im einzelnen 15
      a) Vereinigung 16
      b) Zweck: Wahrung und Förderung von Arbeits- und Wirtschaftsbedingungen ... 17
      c) Folgerungen aus dem Zweck 17
      d) Tariffähigkeit 19
    3. Zusammenfassender Überblick 22
  III. Koalitionsfreiheit 23
    1. Individuelle Koalitionsfreiheit 23
      a) Grundrechtsträger 23

b) Positive Koalitionsfreiheit	23
c) Negative Koalitionsfreiheit	25
2. Kollektive Koalitionsfreiheit	25
a) Bestandsgarantie	25
b) Betätigungsgarantie	26
c) Grenzen der Betätigungsgarantie	27
IV. Mitgliedschaft in den Koalitionen	28
1. Erwerb der Mitgliedschaft	28
a) Beitritt	28
b) Anspruch auf Aufnahme	29
c) Doppelmitgliedschaft	30
2. Pflichten der Mitglieder	30
a) Förderung	30
b) Beitrag	30
3. Rechte der Mitglieder	30
a) Mitwirkung und Teilhabe	30
b) Streitigkeiten	31
4. Beendigung der Mitgliedschaft	31
a) Grundsätze	31
b) Austritt	31
c) Ausschluß	33
V. Rechtstatsächliches zu den Koalitionen	33
1. Deutscher Gewerkschaftsbund (DGB)	33
2. Christlicher Gewerkschaftsbund (CGB)	34
3. Union der Leitenden Angestellten (ULA)	35
4. Arbeitgeberverbände	35
5. Bundesvereinigung der Deutschen Arbeitgeberverbände (BDA)	36

§ 13 Tarifvertragsrecht **39**

I. Grundlagen	39
1. Begriff und Inhalt des Tarifvertrags	39
a) Begriff	39
b) Inhalt	40
2. Schuldrechtlicher Teil des Tarifvertrags	40
a) Rechtsnatur, Grenzen, Auslegung	40
b) Inhalt	40
3. Normativer Teil des Tarifvertrags	41
a) Wirkung	41
b) Inhalt	42
4. Arten und Anzahl von Tarifverträgen	45
a) Einteilung nach dem Inhalt	46
b) Einteilung nach dem Geltungsbereich	47
c) Einteilung nach dem Geltungsgrund	48
d) Einteilung nach dem Verhältnis zu einem bestehenden Tarifvertrag	48
5. Funktionen von Tarifverträgen	48
6. Verfassungsrechtliche Gewährleistung der Tarifautonomie	49

a) Ableitung und Inhalt	49
b) Grenzen	50
7. Muster eines Tarifvertrags (Auszug)	51
II. Abschluß und Beendigung des Tarifvertrags	56
1. Abschluß	56
a) Zustandekommen	56
b) Tariffähigkeit	58
c) Tarifzuständigkeit	59
d) Mehrheit von Parteien	64
2. Beginn des Tarifvertrags	64
a) Schuldrechtlicher Teil	64
b) Normativer Teil	65
c) Rückwirkung	65
3. Beendigung des Tarifvertrags	66
a) Befristung und Bedingung	67
b) Aufhebungsvertrag	67
c) Ordentliche Kündigung	68
d) Außerordentliche Kündigung	68
e) Anfechtung	69
f) Sonstige Beendigungsgründe	70
4. Auswirkungen der Beendigung auf den schuldrechtlichen Teil	70
5. Auswirkungen der Beendigung auf den normativen Teil: Nachwirkung	70
a) Inhalt der Regelung	70
b) Sinn und Zweck	71
c) Anwendungsbereich	71
d) Ende der Nachwirkung	73
III. Auslegung des Tarifvertrags	76
1. Grundsätze	76
a) Auslegung des schuldrechtlichen Teils	76
b) Auslegung des normativen Teils	76
2. Auslegungskriterien im einzelnen	77
a) Wortlaut	77
b) Gesamtzusammenhang	78
c) Sinn und Zweck der Tarifnorm	79
d) Entstehungsgeschichte und Tarifentwicklung	79
e) Übernahme von Gesetzesrecht	79
3. Ergänzende Auslegung	80
a) Problem	80
b) Bewußte Tariflücke	81
c) Unbewußte Tariflücke	81
d) Fallgruppen	81
4. Verfahrensfragen	83
IV. Inhalt und Grenzen der Tarifmacht	83
1. Binnenschranken	83
a) Grundsätze	83
b) Verfassungsrechtliche Binnenschranken	84

c) Einfachrechtliche Binnenschranken	85
2. Außenschranken	86
a) Grundsätze	86
b) Verfassung	87
c) Grundrechte	87
d) Bindung an einzelne Grundrechte	90
e) Gesetze	97
f) Recht der Europäischen Gemeinschaft	99
g) Richterrecht	101
3. Rechtsfolgen eines Verstoßes gegen die Schranken der Tarifmacht	103
V. Voraussetzungen der normativen Wirkung des Tarifvertrags	103
1. Grundsatz	103
2. Geltungsbereich des Tarifvertrags	104
a) Allgemeines	104
b) Räumlicher Geltungsbereich	106
c) Fachlicher Geltungsbereich	106
d) Persönlicher Geltungsbereich	111
e) Zeitlicher Geltungsbereich	112
3. Tarifbindung	112
a) Überblick	112
b) Abschluß-, Inhalts- und Beendigungsnormen	113
c) Betriebliche und betriebsverfassungsrechtliche Normen	116
d) Allgemeinverbindlicherklärung	116
4. Arbeitsvertragliche Bezugnahme auf den Tarifvertrag	118
a) Bedeutung	118
b) Wirkung	118
c) Inhalt und Formen	118
d) Zustandekommen	120
5. Bindung an mehrere Tarifverträge (Tarifkollisionsrecht)	121
a) Problem	121
b) Arten der Tarifkollision	121
c) Auflösung der Tarifkonkurrenz	122
d) Auflösung der Tarifpluralität	123
e) Arbeitsbedingungen bei Verdrängung eines Tarifvertrags	126
VI. Tarifvertrag und niederrangige Rechtsquellen	127
1. Tarifvertrag und Arbeitsvertrag	127
a) Zwingende Tarifnormen	127
b) Nachgiebige Tarifnormen (Öffnungsklauseln)	127
c) Günstigkeitsprinzip	128
d) „Anrechnung" über- und außertariflicher Leistungen auf Tariflohnerhöhungen	132
e) Absicherung übertariflicher Leistungen im Tarifvertrag	134
2. Tarifvertrag und Betriebsvereinbarung	136
VII. Ausschlußfristen	136
1. Allgemeines	136
a) Begriff und Abgrenzung	136

      b) Sinn und Zweck 137
      c) Geltung 137
      d) Auslegung 138
  2. Sachliche Reichweite von Ausschlußfristen 138
      a) Grundsatz 138
      b) Ausnahmen 138
  3. Persönliche Reichweite von Ausschlußfristen 139
  4. Beginn der Ausschlußfrist 140
      a) Fälligkeit des Anspruchs 140
      b) Beendigung des Arbeitsverhältnisses 141
      c) Erteilung einer Abrechnung 141
      d) Rückwirkung 141
  5. Ende einer Ausschlußfrist 142
  6. Geltendmachung der Ansprüche 142
      a) Bestimmtheit 142
      b) Adressat 142
      c) Form 143
      d) Zweistufige Ausschlußfristen 144
      e) Entbehrlichkeit 144
  7. Ausschlußfristen und treuwidriges Verhalten 144
  8. Fristablauf und Aufrechnung 145

§ 14 Arbeitskampfrecht 147
  I. Grundlagen 147
    1. Gegenstand und Aufgabe des Arbeitskampfrechts 147
    2. Rechtstatsachen 147
    3. Rechtsgrundlagen 149
        a) Innerstaatliches Recht 149
        b) Internationales und supranationales Recht 151
    4. Begriff des Arbeitskampfes 153
        a) Definition 153
        b) Abgrenzung zu anderen kollektiven Erscheinungen 154
    5. Arten des Arbeitskampfes 155
    6. Arbeitskampfmaßnahmen der Arbeitnehmer 157
        a) Streik 157
        b) Boykott 158
        c) Betriebsbesetzung und Betriebsblockade 159
    7. Arbeitskampfmaßnahmen und sonstige Reaktionsmöglichkeiten der
       Arbeitgeber 159
        a) Aussperrung 159
        b) Suspendierende Betriebs(teil-)stillegung 160
        c) Streikprämien 161
        d) Weiterarbeit 161
  II. Voraussetzungen eines rechtmäßigen Arbeitskampfes 162
    1. Arbeitskampf nur durch zuständige Tarifvertragsparteien 162
        a) Tariffähigkeit 162

        b) Tarifzuständigkeit 162
        c) Teilnahme am Arbeitskampf 163
    2. Arbeitskampf um eine zulässige Tarifregelung 164
        a) Tarifvertrag mit dem Gegner 164
        b) Tariflich regelbares Kampfziel 165
        c) Außenschranken der Tarifmacht 165
    3. Tarifliche Friedenspflicht 166
        a) Begriff und Inhalt 166
        b) Reichweite 167
    4. Grundsatz der Verhältnismäßigkeit 169
    5. Ultima-ratio-Grundsatz 170
        a) Bedeutung 170
        b) Ultima-ratio-Grundsatz, Warnstreik und „neue Beweglichkeit" 171
        c) Schlichtungszwang ? 171
        e) Urabstimmung ? 172
    6. Gebot fairer Kampfführung 172
    7. Gebot der Kampfparität 173
        a) Grundgedanke 173
        b) Paritätsbegriffe 174
        c) Rechtsfolgen für die Arbeitnehmerseite 176
        d) Rechtsfolgen für die Arbeitgeberseite 176
III. Rechtsfolgen rechtmäßiger Arbeitskampfmaßnahmen 178
    1. Rechtsfolgen für die kämpfenden Verbände 178
        a) Verhältnis der kämpfenden Verbände zueinander 178
        b) Verhältnis zwischen Verband und Mitglied 180
    2. Rechtsfolgen für die kampfbeteiligten Arbeitsvertragsparteien 180
        a) Hauptleistungspflichten 180
        b) Nebenpflichten 182
        c) Sonderzahlungen 182
        d) Urlaub 183
        e) Entgeltfortzahlung im Krankheitsfall, an Feiertagen, bei Arbeitsverhinderung aus persönlichen Gründen und wegen Betriebsratstätigkeit 183
        f) Kündigung 185
    3. Rechtsfolgen für nicht am Arbeitskampf beteiligte Dritte 185
        a) Arbeitswillige Arbeitnehmer des umkämpften Betriebes 185
        b) Arbeitswillige Arbeitnehmer anderer Betriebe 187
        c) Abnehmer und Zulieferer 188
IV. Rechtsfolgen rechtswidriger Arbeitskämpfe 188
    1. Rechtsfolgen für die kämpfenden Verbände 189
        a) Überblick 189
        b) Unterlassungs- und Beseitigungsanspruch 189
        c) Schadensersatzanspruch 190
        d) Leistungsverweigerung und Recht zu Kampfmaßnahmen 190
        e) Recht zur außerordentlichen Kündigung des Tarifvertrags 191
    2. Rechte der Arbeitsvertragsparteien gegen die Tarifvertragsparteien 191

a) Unterlassung ... 191
　　　b) Schadensersatz ... 192
　　　c) Leistungsverweigerung und Kündigung ... 193
　　　d) Abwehraussperrung ? ... 193
　　3. Rechtsfolgen für die kampfbeteiligten Arbeitsvertragsparteien ... 193
　　　a) Überblick ... 193
　　　b) Ordnungsgemäße Erfüllung des Arbeitsvertrages ... 193
　　　c) Unterlassung ... 194
　　　d) Schadensersatz ... 194
　　　e) Kündigung ... 194
　　　f) Ausschluß der Rechte durch tarifliche Folgeregelung ... 195
　　4. Rechtsfolgen für unbeteiligte Dritte ... 195
　V. Arbeitskampf und Betriebsverfassungsrecht ... 196
　　1. Arbeitskampfverbot für die Betriebspartner ... 196
　　2. Betriebsrat und Arbeitskampf ... 196
　　　a) Betriebsratsamt ... 196
　　　b) Beteiligungsrechte ... 197
　　　c) Neutralitätspflicht ... 199
　　3. Betriebsratsmitglied und Arbeitskampf ... 199
　　　a) Doppelstellung ... 199
　　　b) Folgen einer betriebsverfassungswidrigen Kampfbeteiligung ... 200
　VI. Arbeitskampf und Sozialversicherung ... 201
　　1. Grundsätze ... 201
　　　a) Versicherungsverhältnis ... 201
　　　b) Beitragspflicht ... 201
　　2. Gesetzliche Krankenversicherung und Soziale Pflegeversicherung ... 202
　　　a) Kampfbeteiligte Arbeitnehmer ... 202
　　　b) Mittelbar vom Arbeitskampf betroffene Arbeitnehmer ... 202
　　3. Gesetzliche Unfallversicherung ... 202
　　4. Gesetzliche Rentenversicherung ... 203
　　5. Arbeitslosenversicherung ... 203
　　　a) Versicherungsverhältnis ... 203
　　　b) Leistungen an streikende oder ausgesperrte Arbeitnehmer ... 203
　　　c) Leistungen an mittelbar vom Arbeitskampf betroffene
　　　 Arbeitnehmer ... 204
　VII. Einstweilige Verfügung im Arbeitskampf ... 207
　　1. Statthaftigkeit ... 207
　　2. Zuständiges Gericht ... 207
　　3. Materielle Voraussetzungen ... 208
　　　a) Verfügungsanspruch ... 208
　　　b) Verfügungsgrund ... 208
　　4. Antrag und Entscheidungstenor ... 208
　　5. Vollziehung der einstweiligen Verfügung ... 209

§ 15　Mitbestimmung in Unternehmen und Betrieb ... 211
　I. Allgemeines ... 211

1. Begriff und Zweck 211
  2. Rechtsquellen 212
  3. Betriebs- und Unternehmensverfassung 213
  4. Betriebsverfassung und Personalvertretung 214
 II. Mitbestimmung in den Unternehmensorganen 214
  1. Zweck und Anwendungsbereich 214
  2. Die vier Mitbestimmungsgesetze 215
   a) Intensität der Mitbestimmung 215
   b) Gewerkschaftseinfluß 215
  3. Ursachen für die Unterschiede 216
  4. Reichweite der Mitbestimmung im Aufsichtsrat 217
  5. Zwingendes Recht 218
  6. Würdigung 218

§ 16 Betriebsverfassungsrecht 225
 I. Grundlagen der Betriebsverfassung 225
  1. Rechtsquellen 225
   a) Überblick 225
   b) Gliederung des BetrVG 226
  2. Abdingbarkeit des BetrVG ? 226
   a) Wahl- und Organisationsrecht 227
   b) Beteiligungsrechte 227
  3. Räumlicher Geltungsbereich 228
   a) Territorialitätsprinzip 228
   b) Ausstrahlung in das Ausland 228
  4. Ausnahmen vom Anwendungsbereich 229
   a) Öffentlicher Dienst 229
   b) Religionsgemeinschaften 229
   c) Seeschiffahrt und Luftfahrt 230
   d) Tendenzunternehmen und -betriebe 230
 II. Organisation der Betriebsverfassung 233
  1. Die Belegschaftsgruppen 233
   a) Arbeitnehmer 233
   c) Leitende Angestellte 236
   d) Jugendliche und Auszubildende 239
  2. Arbeitgeber und Vertreter des Arbeitgebers 239
   a) Begriff des Arbeitgebers 239
   b) Vertreter des Arbeitgebers 239
  3. Organisatorische Ebenen 240
   a) Betrieb 240
   b) Betriebsteil und Nebenbetrieb 241
   c) Unternehmen 245
   d) Konzern 245
   e) Unternehmensgruppe 245
   f) Abteilung 246
 III. System der Betriebsverfassung 246

1. Struktur der gesetzlichen Regelung 246
2. Rechtsstellung des Betriebsrats 248
   a) Repräsentant der Belegschaft 248
   b) Teilrechtsfähigkeit 248
   c) „Betriebsverhältnis" 250
   d) Haftung 250
   e) Betriebsrat und Arbeitnehmer 251
3. Rechtsdurchsetzung und Sanktionen 251
   a) Überblick 251
   b) Rechtsdurchsetzung gegenüber dem Betriebsrat 252
   c) Rechtsdurchsetzung gegenüber dem Arbeitgeber 254
IV. Grundsätze der Betriebsverfassung 258
1. Übersicht 258
2. Vertrauensvolle Zusammenarbeit 258
   a) Bedeutung 258
   b) Rechtspflicht 259
3. Friedenspflicht 259
   a) Grundsatz 259
   b) Verbot des betrieblichen Arbeitskampfes 260
   c) Teilnahme am Arbeitskampf der Tarifvertragsparteien 260
4. Verbot parteipolitischer Betätigung 261
   a) Parteipolitik 261
   b) Behandlung von tarifpolitischen, sozialpolitischen,
      umweltpolitischen und wirtschaftlichen Angelegenheiten 261
5. Grundsätze für die Behandlung von Betriebsangehörigen 262
   a) Behandlung nach Recht und Billigkeit 262
   b) Diskriminierungsverbot 262
   c) Schutz der freien Entfaltung der Persönlichkeit 263
6. Gewerkschaften im Betrieb 263
   a) Trennung von Betriebsrat und Gewerkschaft 263
   b) Rechte der Gewerkschaften im Rahmen der Betriebsverfassung 264
   c) Originäre Rechte der Gewerkschaften 265
   d) Zugang zum Betrieb 266
   e) Gewerkschaftliche und betriebliche Vertrauensleute 266
   f) Die personelle Verflechtung 267
V. Betriebsratswahl 268
1. Wahlrecht 268
   a) Wahlberechtigung 268
   b) Wählbarkeit 269
2. Größe und Zusammensetzung des Betriebsrats 270
   a) Größe 270
   b) Zusammensetzung 271
3. Zeitpunkt der Wahlen 272
   a) Regelmäßige Betriebsratswahlen 272
   b) Außerordentliche Betriebsratswahlen 272
4. Wahlverfahren 273

- a) Wahlvorstand 273
- b) Vorbereitung der Wahl 275
- c) Durchführung der Wahl 277
- d) Vereinfachtes Wahlverfahren für Kleinbetriebe 279
- 5. Wahlschutz und Wahlkosten 280
  - a) Wahlschutz 280
  - b) Wahlkosten 282
- 6. Mängel der Wahl 282
  - a) Anfechtung 282
  - b) Nichtigkeit 285
- VI. Geschäftsführung des Betriebsrats 287
  - 1. Amtszeit 287
    - a) Amtszeit des Betriebsrats 287
    - b) Amtszeit des Mitglieds 288
    - c) Ersatzmitglieder 288
  - 2. Betriebsratsvorsitzender und Stellvertreter 289
    - a) Wahl 289
    - b) Aufgaben und Befugnisse 289
  - 3. Betriebliche Ausschüsse 291
    - a) Betriebsausschuß 291
    - b) Ausschüsse und paritätische Kommissionen 292
    - c) Arbeitsgruppen 293
  - 4. Geschäftsordnung 294
    - a) Inhalt und Grenzen 294
    - b) Erlaß und Wirkung 294
  - 5. Betriebsratssitzung 294
    - a) Einberufung 294
    - b) Durchführung 295
    - c) Beschlußfassung 296
  - 6. Sprechstunden 297
    - a) Einrichtung 297
    - b) Besuch der Sprechstunden 298
  - 7. Kosten und Sachaufwand des Betriebsrats 298
    - a) Kostentragung durch den Arbeitgeber 298
    - b) Kosten des Betriebsrats 299
    - c) Sachmittel und Büropersonal 300
- VII. Rechtsstellung der Betriebsratsmitglieder 302
  - 1. Ehrenamtliche Tätigkeit 302
  - 2. Arbeitsbefreiung, Entgeltfortzahlung und Freizeitausgleich 302
    - a) Arbeitsbefreiung 302
    - b) Entgeltfortzahlung nach dem Ausfallprinzip 304
    - c) Ausgleich für Betriebsratstätigkeit außerhalb der Arbeitszeit 305
  - 3. Freistellung 306
    - a) Allgemeines 306
    - b) Zahl der freizustellenden Betriebsratsmitglieder 307
    - c) Person des freizustellenden Betriebsratsmitglieds 308

4. Teilnahme an Schulungs- und Bildungsveranstaltungen 309
   a) Allgemeines 309
   b) Notwendige Schulungen 311
   c) Nützliche Schulungen 314
5. Finanzielle und berufliche Absicherung 315
   a) Entgeltschutz 315
   b) Tätigkeitsschutz 315
   c) Kündigungs- und Versetzungsschutz 316
VIII. Weitere Einrichtungen der Betriebsverfassung 317
1. Gesamtbetriebsrat 317
   a) Errichtung 317
   b) Geschäftsführung 317
   c) Zuständigkeit 318
2. Wirtschaftsausschuß 320
   a) Errichtung 320
   b) Geschäftsführung 321
   c) Aufgaben 322
3. Konzernbetriebsrat 323
4. Europäischer Betriebsrat 324
   a) Überblick 324
   b) Geltungsbereich des EBRG 324
   c) Besonderes Verhandlungsgremium 326
   d) Grenzübergreifende Unterrichtung und Anhörung kraft
      freiwilliger Vereinbarung 327
   e) Europäischer Betriebsrat kraft Gesetzes 327
5. Jugend- und Auszubildendenvertretung 329
   a) Errichtung, Größe und Zusammensetzung 329
   b) Wahl 330
   c) Geschäftsführung 331
   d) Aufgaben 332
   e) Schutz der Jugend- und Auszubildendenvertreter 332
6. Gesamt- und Konzernjugend- und Auszubildendenvertretung 333
   a) Gesamtjugend- und Auszubildendenvertretung 333
   b) Konzernjugend- und Auszubildendenvertretung 334
7. Versammlungen 334
   a) Betriebsversammlung 334
   b) Belegschaftsversammlungen 337
   c) Betriebsräteversammlung 337
   d) Jugend- und Auszubildendenversammlung 338
8. Einigungsstelle 338
IX. Aufgaben und Beteiligungsrechte des Betriebsrats 338
1. Aufgaben des Betriebsrats 338
2. Beteiligungsrechte des Betriebsrats 339
3. Beteiligungsarten 340
   a) Allgemeines 340
   b) Mitbestimmung 341

c) Zustimmungsverweigerungsrecht 341
d) Beratung 341
e) Anhörung 341
f) Unterrichtung 341
g) Initiativrecht 342
X. Beteiligungsformen 342
   1. Überblick 342
   2. Betriebsvereinbarung 344
      a) Begriff und Charakteristik 344
      b) Abschluß 344
      c) Inhalt 345
      d) Betriebsvereinbarung und Gesetz 346
      e) Betriebsvereinbarung und Tarifvertrag 346
      f) Betriebsvereinbarung und Arbeitsvertrag 354
      g) Auslegung und Vertragskontrolle 361
      h) Rechtswirkungen 361
      i) Verzicht, Verwirkung, Ausschlußfrist und Verjährung 362
      j) Beendigung 363
      k) Nachwirkung 364
      l) Umdeutung einer nichtigen Betriebsvereinbarung 365
      m) Streitigkeiten 367
   3. Regelungsabrede 367
      a) Begriff 367
      b) Regelungsabrede im engeren Sinne 368
      c) Zustimmung 369
XI. Mitbestimmung in sozialen Angelegenheiten 370
   1. Überblick 370
      a) Begriff der sozialen Angelegenheit 370
      b) Normzweck 370
   2. Allgemeine Grundsätze 371
      a) Keine gesetzliche oder tarifliche Regelung 371
      b) Unternehmerische Freiheit 373
      c) Kollektive Regelung 373
      d) Einwilligung des Arbeitnehmers 374
      e) Eil- und Notfälle 375
      f) Initiativrecht 375
      g) Folgen fehlender Mitbestimmung 375
      h) Mißbrauch des Mitbestimmungsrechts 377
      i) Streitigkeiten 378
   3. Art und Weise der Regelung 378
   4. Die mitbestimmungspflichtigen Tatbestände 379
      a) Fragen der Ordnung des Betriebs und des Verhaltens der
         Arbeitnehmer im Betrieb (Nr. 1) 379
      b) Beginn und Ende der täglichen Arbeitszeit einschließlich der
         Pausen sowie Verteilung der Arbeitszeit auf die einzelnen
         Wochentage (Nr. 2) 381

c) Vorübergehende Verkürzung oder Verlängerung der
betriebsüblichen Arbeitszeit (Nr. 3) 382
d) Zeit, Art und Ort der Auszahlung der Arbeitsentgelte (Nr. 4) 383
e) Aufstellung allgemeiner Urlaubsgrundsätze und des
Urlaubsplanes sowie die Festsetzung der zeitlichen Lage des
Urlaubs für einzelne Arbeitnehmer, wenn zwischen dem
Arbeitgeber und den beteiligten Arbeitnehmern kein Einverständnis
erzielt wird (Nr. 5) 384
f) Einführung und Anwendung von technischen Einrichtungen,
die dazu bestimmt sind, das Verhalten oder die Leistung der
Arbeitnehmer zu überwachen (Nr. 6) 384
g) Regelungen über die Verhütung von Arbeitsunfällen und
Berufskrankheiten sowie über den Gesundheitsschutz im Rahmen
der gesetzlichen Vorschriften oder der
Unfallverhütungsvorschriften (Nr. 7) 387
h) Form, Ausgestaltung und Verwaltung von Sozialeinrichtungen,
deren Wirkungsbereich auf den Betrieb, das Unternehmen oder
den Konzern beschränkt ist (Nr. 8) 388
i) Zuweisung und Kündigung von Wohnräumen, die den
Arbeitnehmern mit Rücksicht auf das Bestehen eines
Arbeitsverhältnisses vermietet werden, sowie die allgemeine
Festlegung der Nutzungsbedingungen (Nr. 9) 391
j) Fragen der betrieblichen Lohngestaltung, insbesondere die
Aufstellung von Entlohnungsgrundsätzen und die Einführung
und Anwendung von neuen Entlohnungsmethoden sowie
deren Änderung (Nr. 10) 391
k) Festsetzung der Akkord- und Prämiensätze und vergleichbarer
leistungsbezogener Entgelte, einschließlich der Geldfaktoren
(Nr. 11) 396
l) Betriebliches Vorschlagswesen (Nr. 12) 397
m) Grundsätze über die Durchführung von Gruppenarbeit (Nr. 13) 398
XII. Mitbestimmung in technisch-organisatorischen Angelegenheiten 398
  1. Normzweck 398
  2. Gegenstand des Beteiligungsrechts 399
  3. Art der Beteiligung 399
    a) Unterrichtungs- und Beratungsanspruch 399
    b) Korrigierendes Mitbestimmungsrecht 400
XIII. Mitbestimmung in personellen Angelegenheiten 401
  1. Allgemeine personelle Angelegenheiten 401
    a) Personalplanung 401
    b) Interne Stellenausschreibung 403
    c) Personalfragebogen 404
    d) Beurteilungsgrundsätze 404
    e) Auswahlrichtlinien 405
    f) Beschäftigungssicherung 406
  2. Berufsbildung 406

a) Förderung der Berufsbildung 406
b) Durchführung betrieblicher Bildungsmaßnahmen 407
3. Personelle Einzelmaßnahmen 409
   a) Allgemeine Grundsätze 409
   b) Mindestunternehmensgröße 410
   c) Einstellung... 410
   d) Versetzung 418
   e) Ein- und Umgruppierung... 425
   f) Kündigung 427
XIV. Mitbestimmung in wirtschaftlichen Angelegenheiten 434
   1. Allgemeines 434
      a) Überblick.. 434
      b) Verhältnis zu anderen Beteiligungsrechten 435
   2. Unterrichtung über wirtschaftliche Angelegenheiten....................... 435
      a) Unterrichtung des Wirtschaftsausschusses und des Europäischen Betriebsrats.. 435
      b) Unterrichtung der Arbeitnehmer 435
   3. Beteiligung bei Betriebsänderungen 436
      a) Voraussetzungen 436
      b) Betriebsänderungen 438
   4. Unterrichtung und Beratung... 441
   5. Interessenausgleich 441
      a) Begriff und Inhalt 441
      b) Rechtswirkungen... 442
      c) Verfahren 443
   6. Sozialplan.. 444
      a) Begriff und Zweck... 444
      b) Rechtsnatur und Rechtswirkungen... 445
      c) Zuständigkeit und Verfahren 446
      d) Ausnahmen von der Sozialplanpflicht 447
      e) Inhalt freiwilliger Sozialpläne 447
      f) Inhalt erzwungener Sozialpläne 450
      g) Ablösung, Kündigung und Anpassung von Sozialplänen 451
      h) Verhältnis zu anderen Regelungen... 452
      i) Sozialplan bei Insolvenz 453
   7. Nachteilsausgleich 455
      a) Allgemeines... 455
      b) Kein Versuch eines Interessenausgleichs...................................... 456
      c) Abweichung vom Interessenausgleich 457
      d) Verhältnis zu Sozialplanleistungen und Kündigungsabfindungen... 457
      e) Nachteilsausgleich bei Insolvenz... 458
XV. Die Betriebsverfassung der leitenden Angestellten 458
   1. Allgemeines 458
      a) Entwicklung 458
      b) Charakteristik der Sprecherverfassung.. 459
   2. Errichtung, Wahl und Geschäftsführung des Sprecherausschusses 460

  a) Errichtung 460
  b) Größe und Zusammensetzung 460
  c) Wahl 461
  d) Geschäftsführung 461
  e) Rechtsstellung der Sprecherausschußmitglieder 462
 3. Grundsätze der Sprecherverfassung 462
  a) Zusammenarbeit 462
  b) Friedenspflicht und politische Betätigung 463
  c) Verhältnis zum Betriebsrat 463
  d) Verhältnis zu Gewerkschaften und Koalitionen 463
 4. Weitere Einrichtungen der Sprecherverfassung 464
  a) Unternehmenssprecherausschuß 464
  b) Gesamtsprecherausschuß 464
  c) Konzernsprecherausschuß 465
  d) Versammlung der leitenden Angestellten 465
 5. Beteiligungsformen 467
  a) Grundsatz 467
  b) Richtlinien 467
  c) Regelungsabreden 467
  d) Sprechervereinbarungen 468
 6. Aufgaben und Beteiligungsrechte des Sprecherausschusses 469
  a) Aufgaben 469
  b) Überblick über die Beteiligungsrechte 469
  c) Arbeitsbedingungen 469
  d) Allgemeine Beurteilungsgrundsätze 470
  e) Personelle Maßnahmen 471
  f) Wirtschaftliche Angelegenheiten 472

§ 17 **Personalvertretungsrecht** **475**
 I. Allgemeines 475
  1. Überblick 475
   a) Bundespersonalvertretungsgesetz 475
   b) Personalvertretungsrecht der Länder 475
  2. Verhältnis zum Betriebsverfassungsrecht 476
  3. Geltungsbereich 478
 II. System der Personalvertretung 478
  1. Grundsatz 478
  2. Beschäftigte 479
   a) Begriff 479
   b) Beschäftigte mit Gegnerbezug 479
  3. Dienststelle 480
  4. Vertretungen und Vertretung der Dienststelle 480
   a) Personalrat 480
   b) Vertretung der Dienststelle 482
   c) Gesamtpersonalrat 483
   d) Stufenvertretungen 483

e) Personalversammlung 486
f) Sonstige Vertretungen.. 486
III. Allgemeine Grundsätze 486
 1. Vertrauensvolle Zusammenarbeit 486
 2. Friedenspflicht, Parteipolitik.. 487
 3. Gewerkschaften.. 487
 4. Grundsätze für die Behandlung der Arbeitnehmer....................... 488
 5. Rechtsschutz 488
IV. Beteiligung 489
 1. Beteiligungsformen.. 489
  a) Vereinbarungen 489
  b) Dienstvereinbarungen 489
 2. Beteiligungsarten 490
  a) Überblick.. 490
  b) Förmliches Mitbestimmungsverfahren.................................... 490
  c) Förmliches Mitwirkungsverfahren 491
  d) Vorläufige Maßnahmen 492
  e) Vorschlags- und Initiativrecht.. 492
 3. Beteiligungspflichtige Angelegenheiten 493
  a) Allgemeines.. 493
  b) Soziale Angelegenheiten 493
  c) Technisch-organisatorische Angelegenheiten 493
  d) Personelle Angelegenheiten 493
  e) Innerdienstliche Angelegenheiten 495

§ 18 **Änderung von Arbeitsbedingungen** **497**
 1. Änderungsvorbehalt 497
 2. Einvernehmliche Änderung 497
 3. Überkreuzablösung 497
 4. Änderung ohne Änderungsvorbehalt 498
 5. Übersicht über Fundstellen 499

§ 19 **Der Betriebsinhaberwechsel** **503**
I. Allgemeines 503
 1. Begriff und Arten des Betriebsinhaberwechsels 503
  a) Begriff 503
  b) Arten 503
 2. Normzwecke des § 613a BGB 504
  a) Sicherung von Bestand und Inhalt des Arbeitsverhältnisses 504
  b) Weitere Zwecke 505
II. Der Tatbestand des Betriebsübergangs 505
 1. Prüfungsschema 505
 2. Europarechtliche Vorgaben.. 506
 3. Übergang eines Betriebs im ganzen 507
  a) Begriff des Betriebs.. 507
  b) Übergang 508

- 4. Übergang eines Betriebsteils 511
  - a) Begriff des Betriebsteils 511
  - b) Übergang 512
- 5. Keine Betriebsstillegung 512
  - a) Begriff der Betriebsstillegung 512
  - b) Abgrenzung zur Betriebspause / Betriebsunterbrechung 514
- 6. Betriebsübergang und Funktionsnachfolge („Outsourcing") 514
  - a) Begriff 514
  - b) Anwendbarkeit des § 613a BGB 515
- 7. Übergang durch Rechtsgeschäft 517
  - a) Abgrenzung zur Gesamtrechtsnachfolge 517
  - b) Betriebsübergang bei Unternehmensumwandlung nach UmwG 518
  - c) Parteien des Rechtsgeschäfts 520
  - d) Betriebsübergang im Insolvenzverfahren 520
  - e) Betriebsübergang bei Zwangsvollstreckung in Betriebsgrundstücke 521
- III. Individualrechtliche Folgen des Betriebsübergangs 522
  - 1. Übergang der Arbeitsverhältnisse 522
    - a) Arbeitsverhältnisse 522
    - b) Zugehörigkeit zum übertragenen Betrieb oder Betriebsteil 522
  - 2. Informationspflicht und Widerspruchsrecht 523
    - a) Informationspflicht 523
    - b) Ausübung des Widerspruchsrechts 524
    - c) Ausschluß 524
    - d) Rechtsfolgen 525
  - 3. Eintritt des Erwerbers in die Rechte und Pflichten aus den übergegangenen Arbeitsverhältnissen 526
    - a) Eintritt in die Rechte 526
    - b) Eintritt in die Pflichten 527
    - c) Berücksichtigung tatsächlicher Umstände 528
    - d) Verwirkung 528
  - 4. Besonderheiten beim Betriebsübergang in der Insolvenz 529
    - a) Bestandsschutz 529
    - b) Haftung des Betriebserwerbers für Altschulden 529
  - 5. Änderung bisheriger Arbeitsbedingungen 529
  - 6. Rechtsstellung des bisherigen Arbeitgebers 530
- IV. Kündigung und Betriebsübergang 530
  - 1. Allgemeines 530
    - a) Rechtsnatur des Kündigungsverbots 531
    - b) Anwendungsbereich des Kündigungsverbots 531
  - 2. Tatbestand des Kündigungsverbots 531
    - a) Kündigung wegen des Betriebs(teil)übergangs 531
    - b) Kündigung aus anderen Gründen 532
  - 3. Umgehungstatbestände 532
  - 4. Fortsetzungsanspruch bei Betriebsübergang nach Kündigung 533
    - a) Folgen des Prognoseprinzips 533

  b) Fortsetzungsanspruch 533
 5. Prozessuales 534
  a) Klage gegen den Veräußerer 534
  b) Klage gegen den Erwerber 534
V. Kollektivrechtliche Folgen des Betriebsübergangs 535
 1. Zuständigkeit des Betriebsrats 535
  a) Betriebs(teil)übergang 535
  b) Betriebs(teil-)übergang bei Unternehmensumwandlung nach
   dem UmwG 536
 2. Fortgeltung tarifvertraglich geregelter Arbeitsbedingungen 536
  a) Inhaltsschutz und Ablöseinteresse 536
  b) Überführung der Tarifnormen in den Arbeitsvertrag 537
 3. Änderung der überführten Tarifnormen 538
  a) Ablösung durch Tarifvertrag 538
  b) Ablösung durch Betriebsvereinbarung 539
  c) Ablösung durch Änderungsvertrag 539
  d) Ablösung durch Änderungskündigung 540
 4. Fortgeltung von Betriebsvereinbarungen 542
  a) Betriebsvereinbarungen 542
  b) Gesamtbetriebsvereinbarungen 542

§ 20 Schlichtung 545
I. Begriff und Arten 545
 1. Begriff 545
 2. Arten der Schlichtung 546
  a) Verbindlichkeit des Schlichtungsverfahrens 546
  b) Verbindlichkeit des Schlichtungsspruchs 547
  c) Zwangsschlichtung 547
II. Schlichtung bei Tarifstreitigkeiten 548
 1. Allgemeines 548
 2. Staatliche Schlichtung 549
 3. Tarifliche Schlichtung 549
  a) Rechtliche Grundlagen 549
  b) Schlichtungsverfahren 550
III. Schlichtung im Betriebsverfassungs- und Personalvertretungsrecht 552
 1. Betriebliche Einigungsstelle 552
  a) Allgemeines 552
  b) Errichtung und Zusammensetzung der Einigungsstelle 553
  c) Rechtsstellung der Mitglieder 554
  d) Verfahren 555
  e) Spruch 556
 2. Einigungsstelle im Personalvertretungsrecht 558

§ 21 Arbeitsgerichtliches Verfahren 561
I. Aufbau und Besetzung der Arbeitsgerichte 561
 1. Aufbau 561

  a) Arbeitsgericht 562
  b) Landesarbeitsgericht.. 562
  c) Bundesarbeitsgericht 562
 2. Besetzung der Gerichte 563
  a) Berufsrichter.. 563
  b) Ehrenamtliche Richter... 564
II. Zuständigkeit 565
 1. Rechtsweg zu den Gerichten für Arbeitssachen.................................. 565
  a) Allgemeines... 565
  b) Urteilsverfahren... 566
  c) Beschlußverfahren... 568
  d) Rechtsnachfolge 569
  e) Prüfung durch das Arbeitsgericht 569
 2. Örtliche Zuständigkeit... 571
  a) Urteilsverfahren... 571
  b) Beschlußverfahren... 572
  c) Prüfung durch das Arbeitsgericht 572
III. Die Parteien und ihre Vertreter... 573
 1. Parteien 573
  a) Parteibegriff... 573
  b) Partei- und Prozeßfähigkeit... 573
 2. Prozeßbevollmächtigte... 575
  a) Grundsätze... 575
  b) Rechtsanwälte 575
  c) Verbandsvertreter 576
  d) Sonstige Vertreter.. 577
IV. Urteilsverfahren... 577
 1. Allgemeines 577
  a) Verhältnis von ArbGG und ZPO 577
  b) Verfahrensmaximen 578
 2. Gang des erstinstanzlichen Verfahrens 580
  a) Einleitung des Verfahrens 580
  b) Güteverhandlung... 583
  c) Streitige Verhandlung vor der Kammer 585
  d) Abschluß des Verfahrens 587
  e) Vollstreckungsverfahren... 588
 3. Berufung 589
  a) Grundsatz... 589
  b) Statthaftigkeit 589
  c) Einlegung und Begründung.. 593
  d) Verfahren... 595
  e) Abschluß des Verfahrens 596
 4. Revision 597
  a) Grundsatz... 597
  b) Statthaftigkeit 598
  c) Einlegung und Begründung.. 600

       d) Prüfungsrahmen 601
       e) Abschluß des Verfahrens... 602
  V. Beschlußverfahren 603
    1. Allgemeines 603
       a) Verhältnis zu anderen Verfahren und rechtliche Ausgestaltung....... 603
       b) Verfahrensmaximen 604
       c) Beteiligte 606
    2. Gang des erstinstanzlichen Verfahrens 609
       a) Einleitung des Verfahrens 609
       b) Weiteres Verfahren 611
       c) Beendigung... 611
    3. Rechtsmittel 613
       a) Beschwerde 613
       b) Rechtsbeschwerde 613

Stichwortverzeichnis... **615**

Abkürzungsverzeichnis

ABl.	Amtsblatt
AcP	Archiv für die civilistische Praxis
a.E.	am Ende
AEntG	Arbeitnehmer-Entsendegesetz
a.F.	alte Fassung
AFG	Arbeitsförderungsgesetz
AG	Aktiengesellschaft
AGV	Arbeitgeberverband
AiB	Arbeitsrecht im Betrieb (Zeitschrift)
AktG	Aktiengesetz
allg. M.	allgemeine Meinung
Alt.	Alternative
AN	Arbeitnehmer
ANErfG	Gesetz über Arbeitnehmererfindungen
Ang./Angest.	Angestellte
Anh.	Anhang
Anm.	Anmerkung
AP	Arbeitsrechtliche Praxis (Nachschlagewerk des Bundesarbeitsgerichts; Loseblattsammlung)
AR-Blattei	Arbeitsrechtsblattei (Loseblattsammlung)
ArbG	Arbeitsgericht
ArbGG	Arbeitsgerichtsgesetz
ArbPlatzSchG	Arbeitsplatzschutzgesetz
ASiG	Arbeitssicherheitsgesetz
ArbVG	Arbeitsvertragsgesetz
ArbZG	Arbeitszeitgesetz
ARS	Arbeitsrechtssammlung mit Entscheidungen des Reichsarbeitsgerichts, der Landesarbeitsgerichte und Arbeitsgerichte
ArbSchG	Arbeitsschutzgesetz
Art.	Artikel
AT-Angestellte	Außertarifliche Angestellte
Ausf.	Ausführlich
AuA	Arbeit und Arbeitsrecht (Zeitschrift)
Aufl.	Auflage
AÜG	Arbeitnehmerüberlassungsgesetz
AuR	Arbeit und Recht (Zeitschrift)
AV	Arbeitsvertrag
AVE	Allgemeinverbindlicherklärung
BArbBl	Bundesarbeitsblatt (Zeitschrift)
BAG	Bundesarbeitsgericht
BAT	Bundesangestelltentarifvertrag
BayObLG	Bayerisches Oberstes Landesgericht
BB	Betriebs-Berater (Zeitschrift)
BBiG	Berufsbildungsgesetz

BDA	Bundesvereinigung der Deutschen Arbeitgeberverbände
BDI	Bundesverband der Deutschen Industrie
BDSG	Bundesdatenschutzgesetz
Begr.	Begründung
BErzGG	Bundeserziehungsgeldgesetz
BeschFG	Beschäftigungsförderungsgesetz
Beschl.	Beschluß
BetrR	Betriebsrat (Zeitschrift)
BetrAVG	Gesetz zur Verbesserung der betrieblichen Altersversorgung (Betriebsrentengesetz)
BetrVG	Betriebsverfassungsgesetz
BFH	Bundesfinanzhof
BGB	Bürgerliches Gesetzbuch
BGBl.	Bundesgesetzblatt
BGH	Bundesgerichtshof
BGHZ	Entscheidungen des Bundesgerichtshofes in Zivilsachen
BPersVG	Bundespersonalvertretungsgesetz
BPersVWO	Wahlordnung zum Bundespersonalvertretungsgesetz
BR-Drs.	Bundesrats-Drucksache
BReg	Bundesregierung
BRG	Betriebsrätegesetz von 1920
BSG	Bundessozialgericht
BSGE	Entscheidungen des Bundessozialgerichts
BT-Drs.	Verhandlungen des Deutschen Bundestages, Drucksachen
BUrlG	Bundesurlaubsgesetz
BVerfG	Bundesverfassungsgericht
BVerfGE	Entscheidungen des Bundesverfassungsgerichts
BVerwG	Bundesverwaltungsgericht
BVerwGE	Entscheidungen des Bundesverwaltungsgerichtes
CGB	Christlicher Gewerkschaftsbund
DAG	Deutsche Angestellten-Gewerkschaft
DB	Der Betrieb (Zeitschrift)
DBB	Deutscher Beamtenbund
DGB	Deutscher Gewerkschaftsbund
DLW	Dörner/Luczak/Wildschütz - Arbeitsrecht in der anwaltlichen und gerichtlichen Praxis
Diss.	Dissertation
DRiG	Deutsches Richtergesetz
DVO	Durchführungsverordnung
EBRG	Gesetz über Europäische Betriebsräte
EfzG	Entgeltfortzahlungsgesetz
e.G.	eingetragene Genossenschaft
EG	Europäische Gemeinschaft
EG-ABl.	Amtsblatt der Europäischen Gemeinschaft
EGMR	Europäischer Gerichtshof für Menschenrechte
EGV	Vertrag zur Gründung der Europäischen Gemeinschaft
Einl.	Einleitung

EMRK	Konvention zum Schutze der Menschenrechte und Grundfreiheiten (Europäische Menschenrechtskonvention)
ErfK	Erfurter Kommentar
ES	Eingangssatz
ESC	Europäische Sozialcharta
EU	Europäische Union
EUV	Vertrag über die Europäische Union
EuGH	Europäischer Gerichtshof
EuR	Europarecht (Zeitschrift)
e.V.	eingetragener Verein
EWG	Europäische Wirtschaftsgemeinschaft
EWGV	Vertrag zur Gründung der Europäischen Wirtschaftsgemeinschaft
EWiR	Entscheidungen zum Wirtschaftsrecht (Loseblattsammlung)
EWIV	Europäische Wirtschaftliche Interessenvereinigung
EzA	Entscheidungssammlung zum Arbeitsrecht (Loseblattsammlung)
FGG	Gesetz über die Angelegenheiten der freiwilligen Gerichtsbarkeit
Fn.	Fußnote
FS	Festschrift
G.	Gesetz
GdB	Grad der Behinderung
GEMA	Gesellschaft für musikalische Aufführungs- und mechanische Vervielfältigungsrechte
GG	Grundgesetz
GK	Gemeinschaftskommentar
GK-ArbGG	Gemeinschaftskommentar zum Arbeitsgerichtsgesetz
GK-BetrVG	Gemeinschaftskommentar zum Betriebsverfassungsgesetz
GK-BUrlG	Gemeinschaftskommentar zum Bundesurlaubsgesetz
GleichbehG	Gleichbehandlungsgesetz
GmbH	Gesellschaft mit beschränkter Haftung
GmbHG	Gesetz betreffend die Gesellschaften mit beschränkter Haftung
GMH	Gewerkschaftliche Monatshefte (Zeitschrift)
grundl.	grundlegend
Grunds.	Grundsatz
GS	Großer Senat
GVBl	Gesetz- und Verordnungsblatt
GVG	Gerichtsverfassungsgesetz
HAG	Heimarbeitsgesetz
HandwO	Handwerksordnung
hbv	Gewerkschaft Handel - Banken - Versicherungen
HGB	Handelsgesetzbuch
h.L.	herrschende Lehre
h.M.	herrschende Meinung
HRG	Hochschulrahmengesetz
HzA	Handbuch zum Arbeitsrecht
IAB	Institut für Arbeitsmarkt- und Berufsforschung
IAO/ILO	Internationale Arbeitsorganisation

i.d.F.	in der Fassung
i.E.	im Ergebnis
insbes.	insbesondere
InsO	Insolvenzordnung
iwd	Informationsdienst des Instituts der Deutschen Wirtschaft (Zeitschrift)
JArbR	Das Arbeitsrecht der Gegenwart, Jahrbuch für das gesetzliche Arbeitsrecht und die Arbeitsgerichtsbarkeit
JArbSchG	Jugendarbeitsschutzgesetz
JuS	Juristische Schulung (Zeitschrift)
JZ	Juristen-Zeitung (Zeitschrift)
Kap.	Kapitel
KassArbR	Kasseler Handbuch zum Arbeitsrecht
KG	Kommanditgesellschaft
KO	Konkursordnung
KR	Gemeinschaftskommentar zum Kündigungsrecht
KRG	Kontrollratsgesetz
KSchG	Kündigungsschutzgesetz
LadSchlG	Ladenschlußgesetz
LAG	Landesarbeitsgericht
LAGE	Entscheidungen der Landesarbeitsgerichte
LM	Nachschlagewerk des BGH, herausgegeben von Lindenmaier und Möhring (Loseblattsammlung)
LohnFG/LfzG	Lohnfortzahlungsgesetz
LPVG	Landespersonalvertretungsgesetz
LTV	Lohntarifvertrag
MDR	Monatsschrift für Deutsches Recht (Zeitschrift)
MitbestG	Mitbestimmungsgesetz
MontanmitbestG	Gesetz über die Mitbestimmung der Arbeitnehmer in den Aufsichtsräten und Vorständen der Unternehmen des Bergbaus und der Eisen und Stahl erzeugenden Industrie (Montanmitbestimmungsgesetz)
m. R.	mit Recht
MTB	Manteltarifvertrag für Arbeiter des Bundes
MTV	Manteltarifvertrag
MuSchG	Mutterschutzgesetz
m.w.N.	mit weiteren Nachweisen
MünchArbR	Münchener Handbuch zum Arbeitsrecht
MünchKomm	Münchener Kommentar zum Bürgerlichen Gesetzbuch
n. F.	neue Fassung
NJW	Neue Juristische Wochenschrift (Zeitschrift)
NJW-RR	NJW-Rechtsprechungs-Report (Zeitschrift)
n. v.	nicht veröffentlicht
NZA	Neue Zeitschrift für Arbeitsrecht (Zeitschrift)
NZA-RR	NZA-Rechtsprechungsreport (Zeitschrift)

OHG	offene Handelsgesellschaft
OLG	Oberlandesgericht
ÖTV	Öffentliche Dienste, Transport und Verkehr (Gewerkschaft)
PartGG	Partnerschaftsgesellschaftsgesetz
PersF	Personalführung (Zeitschrift)
PersR	Der Personalrat (Zeitschrift)
PersV	Die Personalvertretung (Zeitschrift)
RAG	Reichsarbeitsgericht
RAGE	Entscheidungen des Reichsarbeitsgerichts
RdA	Recht der Arbeit (Zeitschrift)
REFA	Reichsausschuß für Arbeitszeitermittlung
RegE	Regierungsentwurf
RGBl.	Reichsgesetzblatt
RGRK	Das Bürgerliche Gesetzbuch mit besonderer Berücksichtigung der Rechtsprechung des Reichsgerichts und des Bundesgerichtshofes (Reichsgerichtsrätekommentar)
RGZ	Entscheidungen des Reichsgerichts in Zivilsachen
RL	Richtlinie
Rn.	Randnummer
Rs.	Rechtssache
Rspr.	Rechtsprechung
RzK	Rechtsprechung zum Kündigungsrecht (Entscheidungssammlung)
SAE	Sammlung arbeitsrechtlicher Entscheidungen (Zeitschrift)
SchwarzArbG	Schwarzarbeitsgesetz
SchwbG	Gesetz zur Sicherung der Eingliederung Schwerbehinderter in Arbeit, Beruf und Gesellschaft (Schwerbehindertengesetz)
SchwbeschG	Schwerbeschädigtengesetz
SGB	Sozialgesetzbuch
Slg.	Sammlung
SprAuG	Sprecherausschußgesetz
std.	ständig
StGB	Strafgesetzbuch
str.	streitig
TOA	Tarifordnung für Angestellte
TV	Tarifvertrag
TVG	Tarifvertragsgesetz
Tz.	Textziffer
TzBfG	Gesetz über Teilzeitarbeit und befristete Arbeitsverträge
ULA	Union der Leitenden Angestellten
UmwG	Umwandlungsgesetz
Urt.	Urteil
VBl.	Verordnungsblatt
VDK	Verein der Kriegsversehrten
Verf.	Verfassung

VO	Verordnung
Vorb.	Vorbemerkung
VVaG	Versicherungsverein auf Gegenseitigkeit
VVG	Versicherungsvertragsgesetz
WahlO	Wahlordnung
WM	Zeitschrift für Wirtschafts- und Bankrecht (Wertpapier-Mitteilungen)
WOSprAuG	Wahlordnung zum Sprecherausschußgesetz
WRV	Weimarer Reichsverfassung
ZDG	Gesetz über den Zivildienst der Kriegsdienstverweigerer (Zivildienstgesetz)
ZfA	Zeitschrift für Arbeitsrecht
ZGR	Zeitschrift für Unternehmens- und Gesellschaftsrecht
Ziff.	Ziffer
ZIP	Zeitschrift für Wirtschaftsrecht
ZPO	Zivilprozeßordnung
ZTR	Zeitschrift für Tarifrecht

Literaturhinweise

I. Handbücher

Arbeitsrecht-Blattei, Loseblattausgabe, Stand: Dezember 2003.
Dörner/Luczak/Wildschütz, Arbeitsrecht in der anwaltlichen und gerichtlichen Praxis, 3. Aufl. 2002
Erfurter Kommentar, 4. Aufl. 2004
Gamillscheg, Kollektives Arbeitsrecht I (Grundlagen, Koalitionsfreiheit, Tarifvertrag, Arbeitskampf), 1997
Handbuch zum Arbeitsrecht, Loseblattausgabe, Stand: Dezember 2003
Hueck/Nipperdey, Lehrbuch des Arbeitsrechts, 7. Aufl., Bd. I 1963; Bd. II, 1. Halbbd. 1967, 2. Halbbd. 1970
Kasseler Handbuch zum Arbeitsrecht, 2. Aufl. 2000
Kittner/Zwanziger (Hg.), Formularbuch Arbeitsrecht, 2002
Münchener Handbuch zum Arbeitsrecht, 2. Aufl. 2000
Nikisch, Arbeitsrecht, Bd. I, 3. Aufl. 1961; Bd. II, 2. Aufl. 1959; Bd. III, 2. Aufl. 1966
Schaub, Arbeitsrechts-Handbuch, 10. Aufl. 2002
Schaub, Formularsammlungen und Arbeitsgerichtsverfahren, 7. Aufl. 1999
Weiss/Gagel, Handbuch des Arbeits- und Sozialrechts, Loseblattsammlung, Stand: September 2003

II. Kommentare und systematische Darstellungen

Zu den §§ 611 ff. BGB:
Erman/Westermann, Handkommentar zum Bürgerlichen Gesetzbuch, 11 Aufl. 2003
Münchner Kommentar, 4. Aufl. 2004
Palandt, 63. Aufl. 2004
Reichsgerichtsrätekommentar, Das Bürgerliche Gesetzbuch mit besonderer Berücksichtigung der Rechtsprechung des Reichsgerichtes und des Bundesgerichtshofes, 12. Aufl. 1997
Soergel, 12. Aufl. 1997
Staudinger, 12./13. Aufl. ab 1993

Zum Tarifvertragsrecht:
Däubler (Hg.), Tarifvertragsgesetz, 2003
Däubler, Tarifvertragsrecht, 3. Aufl. 1993
Kempen/Zachert, Tarifvertragsgesetz, 3. Aufl. 1997
Löwisch/Rieble, Tarifvertragsgesetz, 1992
Stein, Tarifvertragsrecht, 1997

Wiedemann, Tarifvertragsgesetz, 6. Aufl. 1999
Wieland, Recht der Firmentarifverträge, 1998

Zum Arbeitskampfrecht:
Brox/Rüthers, Arbeitskampfrecht, 2. Aufl. 1982
Kissel, Arbeitskampfrecht, 2002
Löwisch, Arbeitskampf- und Schlichtungsrecht, 2. Aufl. 1997

Zum Mitbestimmungsgesetz:
Wlotzke/Wißmann/Koberski, Mitbestimmungsgesetz, 3. Aufl. 2004
Hanau/Ulmer, Mitbestimmungsgesetz, 1981, (2. Aufl. 2004 in Vorbereitung)
Hoffmann/Lehmann/Weinmann, Mitbestimmungsgesetz, 1978
Raiser, Mitbestimmungsgesetz, 4. Aufl. 2002

Zum Betriebsverfassungsgesetz:
Däubler/Kittner/Klebe, Betriebsverfassungsgesetz, 8. Aufl. 2002
Etzel, Betriebsverfassungsrecht, 8. Aufl. 2002
Fabricius/Kraft/Thiele/Wiese/Kreutz/Oetker, Gemeinschaftskommentar zum Betriebsverfassungsgesetz, (2 Bde.), 7. Aufl. 2002
Fitting/Kaiser/Heither/Engels/Schmidt, Betriebsverfassungsgesetz, 21. Aufl. 2002
Galperin/Löwisch, Betriebsverfassungsgesetz, Bd. I, II, 6. Aufl. 1982
Hess/Erdmann/Kammann, Betriebsverfassungsgesetz, 6. Aufl. 2003
Hess/Schlochauer/Worzalla/Glock, Betriebsverfassungsgesetz, 6. Aufl. 2003
v. Hoyningen-Huene, Betriebsverfassungsrecht, 5. Aufl. 2002
Hromadka, Die Betriebsverfassung, 2. Aufl. 1994
Jaeger/Röder/Heckelmann, Praxishandbuch Betriebsverfassungsrecht, 2003
Löwisch/Kaiser, Betriebsverfassungsgesetz, 5. Aufl. 2002
Richardi, Betriebsverfassungsgesetz, 8. Aufl. 2002
Richardi, Die neue Betriebsverfassung, 2. Aufl. 2002
Stege/Weinspach, Betriebsverfassungsgesetz, 9. Aufl. 2002
Weiss/Weyand, Betriebsverfassungsgesetz, 3. Aufl. 1994
Weber/Ehrich/Hörchens/Oberthür, Handbuch zum Betriebsverfassungsrecht, 2. Auflage 2003

Zum Europäischen Betriebsräte-Gesetz:
Müller, Europäische Betriebsräte-Gesetz, 1997

Zum Sprecherausschußgesetz:
Borgwardt/Fischer/Janert, Sprecherausschußgesetz für leitende Angestellte, 2. Aufl. 1990
Hromadka, Sprecherausschußgesetz, 1991
Löwisch, Sprecherausschußgesetz, 2. Aufl. 1994

Zum Bundespersonalvertretungsgesetz:
Altvater/Bacher/Hörter/Peiseler/Sabottig/Vohs, Bundespersonalvertretungsgesetz, 3. Aufl. 2000
Dietz/Richardi, Bundespersonalvertretungsgesetz, 2. Aufl. 1978
Ilbertz, Personalvertretungsrecht des Bundes und der Länder, 12. Aufl. 2000
Grabendorff/Ilbertz/Widmaier, Bundespersonalvertretungsgesetz, 9. Aufl. 1999
Mehlinger, Grundlagen des Personalvertretungsrechts, 1996
Reich, Bundespersonalvertretungsgesetz, 2001
Söllner/Reinert, Personalvertretungsrecht, 2. Aufl. 1993

Zum Betriebsinhaberwechsel:
Gaul, Das Arbeitsrecht der Unternehmensaufspaltung, 2002
Picot/Schnittker, Arbeitsrecht bei Unternehmenskauf und Restrukturierung, 2001
Willemsen/Hohenstatt/Schweibert/Seibt, Umstrukturierung und Übertragung von Unternehmen, 2. Aufl. 2003

Zum Arbeitsgerichtsgesetz:
Ascheid/Bader/Dörner/Leinemann/Stahlhacke/Wenzel, Gemeinschaftskommentar zum Arbeitsgerichtsgesetz, Loseblattausgabe, Stand: Dezember 2003
Düwell/Lipke, Arbeitsgerichtsverfahren 2000
Germelmann/Matthes/Prütting/Müller-Glöge, Arbeitsgerichtsgesetz, 4. Aufl. 2002
Grunsky, Arbeitsgerichtsgesetz, 7. Aufl. 1995
Hauck/Helml, Arbeitsgerichtsgesetz, 2. Aufl. 2003
Ostrowicz/Künzl/Schäfer, Der Arbeitsgerichtsprozeß, 2. Aufl. 2002
Schaub, Arbeitsgerichtsverfahren, 7. Aufl. 2001

III. Lehrbücher und Grundrisse

Brede/Etzel, Arbeitsrecht, 7. Aufl. 1995
Brox/Rüthers, Arbeitsrecht, 15. Aufl. 2002
Däubler, Das Arbeitsrecht, Bd. I, 15. Aufl. 1998; Bd. II, 11. Aufl. 1998
Dörner, Praktisches Arbeitsrecht, 2. Aufl. 1993
Dütz, Arbeitsrecht, 8. Aufl. 2003
Gitter/Michalski, Arbeitsrecht, 5. Aufl. 2002
Götz, Grundzüge des Arbeitsrechts, Bd. I, 3. Aufl. 1996; Bd. II, 2. Aufl. 1997
Gotthardt, Arbeitsrecht nach der Schuldrechtsreform, 2. Aufl. 2003
Großmann/Schneider, Arbeitsrecht, 9. Aufl. 1995
Hanau/Adomeit, Arbeitsrecht, 12. Aufl. 2000
Helml, Arbeitsrecht, 7. Aufl. 2000
Hirdina, Grundzüge des Arbeitsrechts, 2002
Hromadka, Arbeitsrecht. Handbuch für Führungskräfte, 2004
Hromadka, Tariffibel, 4. Aufl. 1995
Hromadka/Maschmann, Arbeitsrecht, Bd. I, 2. Aufl. 2001
Junker, Grundkurs Arbeitsrecht, 2.Aufl. 2003
Krimphove, Europäisches Arbeitsrecht, 2. Aufl. 2001

Lieb, Arbeitsrecht, 8. Aufl. 2003
Löwisch, Arbeitsrecht, 6. Aufl. 2002
Meisel, Arbeitsrecht für die betriebliche Praxis, 10. Aufl. 2002
Müller, Arbeitsrecht im öffentlichen Dienst, 5. Aufl. 2001
Otto, Einführung in das Arbeitsrecht, 2. Aufl. 1997
Pfohl, Arbeitsrecht des öffentlichen Dienstes, 2002
Preis, Arbeitsrecht, Praxis-Lehrbuch zum Individualarbeitsrecht, 2003
Preis, Arbeitsrecht, Praxis-Lehrbuch zum Kollektivarbeitsrecht, 2003
Pulte, Kollektives Arbeitsrecht, 1998
Reichhold, Arbeitsrecht, 2002
Söllner/Waltermann, Arbeitsrecht, 13. Aufl. 2003
Wörlen, Arbeitsrecht, 5. Aufl. 2002
Wollenschläger, Arbeitsrecht, 2. Aufl. 2004
Zöllner/Loritz, Arbeitsrecht, 5. Aufl. 1998

IV. Fallsammlungen

Belling/Luckey, Höchstrichterliche Rechtsprechung zum Arbeitsrecht, 2. Aufl. 2000
Buchner, Fälle zum Wahlfach Mitbestimmungs-, Betriebsverfassungs- und Personalvertretungsrecht, 2. Aufl. 1994
Dörner, Fälle und Lösungen aus der arbeitsrechtlichen Praxis, 1991
Federlin, Arbeitsrecht II, Kollektives Arbeitsrecht, 4. Aufl. 1990
Gitter, Arbeitsrecht, Fälle und Lösungen, 3. Aufl. 2002
Gross, Arbeitsrecht II, Systematik, Lösung, Kollektives Arbeitsrecht, 2. Aufl. 1992
Heckelmann/Franzen, Fälle zum Arbeitsrecht, 2. Aufl. 2000
Oetker, 30 Klausuren aus dem kollektiven Arbeitsrecht, 5. Aufl. 2001
Richardi/Annuß, Arbeitsrecht - Fälle und Lösungen nach höchstrichterlichen Entscheidungen, 7. Aufl. 2000
Wank, Übungen im Arbeitsrecht, 3. Aufl. 2003

V. Textsammlungen

Arbeitsgesetze, Beck'sche Textausgaben, 64. Aufl. 2004
Birk, Europäisches Arbeitsrecht, 1990
Däubler/Kittner/Lörcher, Internationale Arbeits- und Sozialordnung, 2. Aufl., 1994
Nomos-Textsammlungen Arbeits- und Sozialrecht, 4. Aufl. 2001
Kittner, Arbeits- und Sozialordnung, 28. Aufl. 2003
Nipperdey, Arbeitsrecht I, Loseblattsammlung

VI. Entscheidungssammlungen

AP - Nachschlagewerk des Bundesarbeitsgerichts (Arbeitsrechtliche Praxis)
BAGE - Entscheidungen des Bundesarbeitsgerichts (Amtliche Sammlung)
BSGE - Entscheidungen des Bundessozialgerichts

EzA - Entscheidungen zum Arbeitsrecht
LAGE - Entscheidungen der Landesarbeitsgerichte
SAE - Sammlung arbeitsrechtlicher Entscheidungen

VII. Zeitschriften und Jahrbücher

AiB - Arbeitsrecht im Betrieb
ArbGeb - Der Arbeitgeber
ArbRdG - Das Arbeitsrecht der Gegenwart
AuA - Arbeit und Arbeitsrecht
AuR - Arbeit und Recht
BArbBl. - Bundesarbeitsblatt
BB - Betriebsberater
BetrR - Der Betriebsrat
DB - Der Betrieb
Die Mitbestimmung
DRdA - Das Recht der Arbeit (Österreich)
EWiR - Entscheidungen zum Wirtschaftsrecht (mit Kurzkommentaren)
Fundheft für Arbeits- und Sozialrecht
GewMonH - Gewerkschaftliche Monatshefte
NJW - Neue Juristische Wochenschrift
NZA - Neue Zeitschrift für Arbeitsrecht
NZA-RR - Neue Zeitschrift für Arbeitsrecht, Rechtsprechungs-Report
NZS - Neue Zeitschrift für Sozialrecht
PersR - Personalrat
PersV - Personalvertretung
RdA - Recht der Arbeit
ZIAS - Zeitschrift für internationales Arbeits- und Sozialrecht
ZfA - Zeitschrift für Arbeitsrecht
ZTR - Zeitschrift für Tarifrecht

VIII. Monographien

Badura, Paritätische Mitbestimmung und Verfassung, 1985
Biedenkopf, Grenzen der Tarifautonomie, 1964
Däubler, Grundrecht auf Mitbestimmung, 1973
Heinze, Personalplanung, Einstellung und Kündigung, 1982
Hromadka/Maschmann/Wallner, Der Tarifwechsel, 1996
Jahnke, Tarifautonomie und Mitbestimmung, 1984
Reichold, Betriebsverfassung als Sozialprivatrecht, 1995
Rieble, Arbeitsmarkt und Wettbewerb, 1996
Säcker/Oetker, Grundlagen und Grenzen der Tarifautonomie, 1992
Waltermann, Rechtsetzung durch Betriebsvereinbarung zwischen Privatautonomie und Tarifautonomie, 1996

§ 11 Grundfragen

I. Kollektives Arbeitsrecht

1. Regelungsgegenstand

Das kollektive Arbeitsrecht umfaßt das Tarifrecht und das Mitbestimmungsrecht 1
im weitesten Sinne. Tarifrecht meint Koalitionsrecht, Tarifvertragsrecht, Schlichtungsrecht und Arbeitskampfrecht, Mitbestimmungsrecht das Mitbestimmungsrecht im engeren Sinne, das Betriebsverfassungsrecht und das Personalvertretungsrecht.

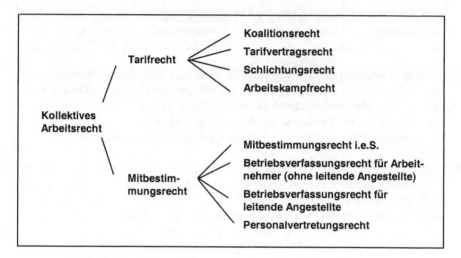

Tarifrecht und Mitbestimmungsrecht regeln die Beteiligung der Arbeitnehmer 2
durch ihre Vertreter an der Gestaltung von Arbeits- und Wirtschaftsbedingungen.
Das geschieht teilweise durch eigene Institutionen, die von außen auf die Willensbildung der Unternehmer einwirken – Gewerkschaften und Belegschaftsvertretungen –, teilweise durch Mitwirkung in den Unternehmensorganen – Aufsichtsrat und Vorstand oder Geschäftsführung – bei deren Willensbildung. Die Mitgestaltung von außen erfolgt durch Vereinbarung mit den Unternehmern oder durch Zustimmung zu ihren Entscheidungen. Hierfür stellt das kollektive Arbeitsrecht eigene Vertragstypen zur Verfügung: den Tarifvertrag auf der einen, die Betriebs-,

Sprecher- und Dienstvereinbarung sowie die Regelungsabrede auf der anderen Seite.

2. Regelungsfragen

3 Das kollektive Arbeitsrecht muß – in Parallele zum Bürgerlichen Recht – folgende Fragen regeln:

Vergleich Bürgerliches Recht / Kollektives Arbeitsrecht

	Bürgerliches Recht	Tarifrecht	Betriebsverfassungs- und Personalvertretungsrecht
Rechtsträger	natürliche Person juristische Person	(Koalition) Tarifvertragspartei	Betriebsverfassungs- und Personalvertretungsorgane
Mittel rechtlicher Gestaltung	einseitiges Rechtsgeschäft Vertrag	Tarifvertrag (Sozialpartnervereinbarung)	(Zustimmung) Regelungsabrede Betriebsvereinbarung/ Sprechervereinbarung/ Dienstvereinbarung
Streitentscheidung	ordentliche Gerichte Schiedsgerichte	Arbeitsgerichte Schiedsgerichte Schlichtung	Arbeitsgerichte Verwaltungsgerichte Einigungsstellen

4 (1) Wer ist Rechtsträger, d.h. wer kann Tarifverträge, Betriebsvereinbarungen usw. abschließen und die Beteiligungsrechte im Rahmen der Betriebsverfassung wahrnehmen? Im Bürgerlichen Recht ist das die Frage nach Rechtsfähigkeit und Geschäftsfähigkeit. Im Tarifrecht ist diese Frage Gegenstand des Koalitions-, im Betriebsverfassungs- und Personalvertretungsrecht des Organisationsrechts.

5 (2) Welches sind die Voraussetzungen und die Wirkungen kollektivrechtlicher Regelungen? Im Bürgerlichen Recht befassen sich damit die Rechtsgeschäfts- und die Vertragslehre. Im Tarifrecht beantwortet diese Frage das Tarifvertragsrecht, im Betriebsverfassungs- und Personalvertretungsrecht das Recht der Vereinbarungen. Dabei gilt im Kollektivarbeitsrecht eine Besonderheit. Tarifverträge, Betriebs-, Sprecher- und Dienstvereinbarungen regeln nicht nur das Verhältnis der Vertragsparteien, von denen immer mindestens eine eine „Kollektivmacht" ist, miteinander, sondern auch zu Dritten: den Gewerkschaftsmitgliedern, der Belegschaft, ausnahmsweise auch zu „Außenseitern". Die genannten Kollektivverträge sind Normenverträge.

6 (3) Wie werden Konflikte zwischen den Tarif- und Betriebsparteien entschieden? Im Bürgerlichen Recht entscheiden die ordentlichen Gerichte oder die Schiedsgerichte. Im Arbeitsrecht entscheiden Rechtsstreitigkeiten die Arbeitsgerichte, im Tarifrecht teilweise auch Schiedsgerichte. Regelungsstreitigkeiten, d.h. Streitigkeiten über Fragen der Gestaltung von Arbeitsbedingungen, entscheidet im

Kollektivvereinbarungen

	Tarifvertrag	Betriebsvereinbarung
Parteien	Arbeitgeber, Arbeitgeberverband - Gewerkschaft(en)	Arbeitgeber - Betriebsrat, Gesamtbetriebsrat, Konzernbetriebsrat
Rechtsnatur	privatrechtlicher Normenvertrag	privatrechtlicher Normenvertrag
Abschluß	schriftliche Vereinbarung	schriftliche Vereinbarung
Inhalt	schuldrechtliche und normative Regelungen	schuldrechtliche und normative Regelungen
Normative Regelung **a) Inhalt** **b) Regelungsgegenstand**	alles, was Inhalt des Arbeitsvertrages sein kann Inhalt, Abschluß, Beendigung der Arbeitsverhältnisse, betriebliche und betriebsverfassungsrechtliche Fragen, gemeinsame Einrichtungen der Tarifvertragsparteien	alles, was Inhalt des Arbeitsvertrages sein kann Inhalt, Abschluß, Beendigung der Arbeitsverhältnisse, betriebliche und betriebsverfassungsrechtliche Fragen
c) Kontrolle	Rechtskontrolle	Rechtskontrolle, nach Ansicht des BAG zusätzlich abstrakte und konkrete Billigkeitskontrolle
d) Normadressaten	Arbeitgeber und Arbeitnehmer, die Mitglieder von Tarifvertragsparteien sind, und der Arbeitgeber, der Partei des Tarifvertrages ist	Arbeitgeber und Arbeitnehmer des Betriebs, Unternehmens oder Konzerns mit Ausnahme der leitenden Angestellten
e) Wirkung	unmittelbar und zwingend	unmittelbar und zwingend
f) abweichende Abmachung	Betriebsvereinbarung: bei Öffnungsklausel; Arbeitsvertrag bei Öffnungsklausel oder günstigerer Regelung	Arbeitsvertrag bei Öffnungsklausel oder individuell oder kollektiv günstigerer Regelung
Unverbrüchlichkeit	Verzicht nur in einem von den Tarifvertragsparteien gebilligten Vergleich; keine Verwirkung; Ausschlußfristen nur bei Vereinbarung im Tarifvertrag	Verzicht nur mit Zustimmung des Betriebsrats; keine Verwirkung; Ausschlußfristen und Abkürzung der Verjährung nur bei Vereinbarung im Tarifvertrag o. in einer Betriebsvereinbarung
Nachwirkung	Weitergeltung mit unmittelbarer, aber nicht zwingender Wirkung	mitbestimmte Regelung: Weitergeltung; teilmitbestimmte Regelung, wenn aus sich heraus handhabbare Regelung; mitbestimmungsfreie Regelung: Beendigung, sofern nichts anderes vereinbart ist
Beendigung	Zeitablauf; Zweckerreichung; Aufhebungsvertrag; ordentliche Kündigung, wenn vereinbart; außerordentliche Kündigung	Zeitablauf; Zweckerreichung; Aufhebungsvertrag; ordentliche Kündigung, wenn Vertrag nicht für eine konkrete einmalige Angelegenheit gewollt; außerordentliche Kündigung; Wegfall der Geschäftsgrundlage
bei Nichteinigung über Abschluß oder Änderung	Schlichtung, wenn vereinbart Arbeitskampf	in mitbestimmungspflichtigen Angelegenheiten: Einigungsstelle; sonst Entscheidung durch den Arbeitgeber; Einigungsstelle nur, wenn vereinbart

Tarifrecht die tarifliche Schlichtungsstelle, im Betriebsverfassungs- und im Personalvertretungsrecht die Einigungsstelle, eine betriebliche Schlichtungsstelle. Der Spruch der tariflichen Schlichtungsstelle ist allerdings nur verbindlich, wenn die Tarifparteien sich ihm – vor- oder nachher – unterwerfen. Tun sie das nicht, so muß die Frage notfalls durch Arbeitskampf gelöst werden.

7   Der Privatautonomie entsprechen nach herkömmlichen Verständnis Tarif- und Betriebsautonomie. Zwischen Privat- und Kollektivautonomie sowie zwischen Tarif- und Betriebsautonomie bestehen aber qualitative Unterschiede. Geht man davon aus, daß nach unserem Verfassungssystem alle „Legitimation aus zwei Quellen [fließt], aus der Freiheit des einzelnen Menschen und aus dem des Volkes", dann kann es eine „originäre dritte, intermediäre [Kollektiv]Autonomie" nicht geben. Originär gestaltungsbefugt sind nur der Staat und die Arbeitsvertragsparteien"[1] Tarif"autonomie" und Betriebs"autonomie" sind entweder der Staatsgewalt oder der Privatautonomie zuzuordnen. Die Tarifautonomie fließt aus der Privatautonomie. Arbeitgeber und Arbeitnehmer verschaffen Arbeitgeberverbänden und Gewerkschaften durch ihren Beitritt die Legitimation zu ihrem Handeln. Die Betriebsautonomie beruht auf staatlicher Delegation.] Die Arbeitnehmer legitimieren nicht mit Abschluß des Arbeitsvertrags die Arbeit des Betriebsrats, und sie legitimieren sie auch nicht durch Beteiligung an der Wahl. Dieser Unterschied muß sich beim Umfang der jeweiligen Regelungsmacht auswirken.

3. Kollektivrecht und Privatautonomie

8   Das kollektive Arbeitsrecht ist kein Selbstzweck. Es ist Hilfsmittel, um die im Arbeitsverhältnis typischerweise gestörte Vertragsparität auszugleichen und die Interessen des einzelnen mit denen der Gesamtheit in Einklang zu bringen. Ersteres geschieht typischerweise durch das Tarifrecht, letzteres durch das Betriebsverfassungsrecht.

9   Die Kollektivautonomie erlaubt es, auch im Arbeitsrecht an dem Vertrag als der Idealform selbstbestimmter Gestaltung festzuhalten. Da sich die Kollektivautonomie aus der Unterstützungsfunktion für die Privatautonomie rechtfertigt, muß sie in dieser ihre Grenzen finden. Das Günstigkeitsprinzip schafft die notwendige Öffnung. Gewerkschaften und Betriebsräte sind stärkere Verhandlungspartner als die Arbeitnehmer, so daß ihren Vereinbarungen eine größere Gewähr für einen gerechten Interessenausgleich zukommt. Tarifvertrag und Betriebsvereinbarung enthalten deshalb zwingendes Recht, das nicht zu Lasten der Arbeitnehmer abbedun-

---

[1] *Picker*, NZA 2002, 761 (768).

gen werden kann. Zumindest ungenau ist es aber, wenn den Kollektivverträgen eine größere Richtigkeitsgewähr zugeschrieben wird. Die Kollektivmächte haben nicht per se das „richtige Bewußtsein", und sie hätten auch kein Recht, den Arbeitnehmern ihr Bewußtsein aufzuzwingen. Gewerkschaften und Betriebsräte verdanken ihre Existenzberechtigung den Dienstleistungen, zu denen sie berufen sind, und daran sind die Ergebnisse ihrer Arbeit zu messen.

Gerade die jüngste Zeit hat das Spannungsverhältnis zwischen Kollektiv- und Privatautonomie deutlich gemacht. Abertausende von Arbeitgebern und Arbeitnehmern haben die „höhere Gerechtigkeit" von Tarifverträgen als existenzbedrohende Bevormundung empfunden, der sie sich durch Tarifflucht entzogen. Im Interesse der Rechtskultur bedarf es hier einer neuen Justierung. Die Diskussion darüber wird vor allem unter den Stichworten „gesetzliche Öffnungsklauseln", „Neuinterpretation des Günstigkeitsprinzips" und „Abschaffung des § 77 Abs. 3 BetrVG" geführt[2]. Ziel einer möglichen Reform muß es sein, den Vorrang „echter" Selbstbestimmung sicherzustellen und dabei einen gerechten Ausgleich der Interessen nicht nur im einzelnen Arbeitsverhältnis und innerhalb der Belegschaft, sondern letztlich zwischen allen Gruppen der Bevölkerung sicherzustellen. Dabei kann es nicht um Radikallösungen gehen. Gewerkschaften und Betriebsräte und damit das Kollektivarbeitsrecht sind unverzichtbar, solange es Arbeitnehmer und ein strukturelles Ungleichgewicht zwischen Arbeitgebern und Arbeitnehmern gibt.

4. Tarifvertrag und Mitbestimmung in der Praxis

Trotz der Tarifflucht arbeiten 80 % der sozialversicherungspflichtig Beschäftigten in Wirtschaftszweigen, für die es Tarifverträge gibt. Soweit die Tarifverträge nicht kraft Tarifrechts den Inhalt des Arbeitsverhältnisses bestimmen (s. § 13 Rn. 237 ff.), gelten sie in der Regel durch Bezugnahme im Arbeitsvertrag (s. § 13 Rn. 252 ff.). Betriebsräte gibt es nur in gut 15 % der betriebsratsfähigen Betriebe. In diesen Betrieben sind 2/3 der Arbeitnehmer tätig. Während in Groß- und Mittelbetrieben die allermeisten Arbeitnehmer den Schutz durch Tarifvertrag und Betriebsvereinbarung genießen, sieht es in Kleinbetrieben , und hier wiederum vor allem in den Neuen Bundesländern, vielfach anders aus.

---

[2] *Hromadka*, NZA 1996, 1233 ff.

Tarifbindung und Existenz einer Belegschaftsvertretung nach Betriebsgröße (1997)[3]

Anteil Betriebe mit... Beschäftigten in %	5-20	21-100	101-299	300-1000	mehr als 1000	Betriebe gesamt
Westdeutschland						
mit TV und BR	6,7	33,9	74,0	88,6	94,6	14,1
mit TV ohne BR	59,6	43,1	13,6	3,4	0,6	55,0
ohne TV mit BR	0,8	3,7	6,1	2,9	2,3	1,4
ohne TV ohne BR	32,8	19,3	6,4	5,1	2,4	29,5
alle Betriebe in 1000	767	164	27	9	2	968
Ostdeutschland						
mit TV und BR	5,1	28,4	66,2	85,1	98,0	12,3
mit TV ohne BR	40,9	41,6	16,8	8,0	1,0	40,1
ohne TV mit BR	0,6	4,4	7,1	2,7	1,0	1,6
ohne TV ohne BR	53,4	25,6	10,0	4,2	0,0	46,0
alle Betriebe in 1000	154	42	6	2	0,3	203

II. Gewerkschaften und Belegschaftsvertretungen

1. Duales System der Arbeitnehmervertretung

12 Zwischen den beiden Schutzmächten der Arbeitnehmer, den Gewerkschaften und den Belegschaftsvertretern – letztere sind gemeint, wenn hier pars pro toto von Betriebsräten gesprochen wird – gibt es keine klare Aufgabentrennung. Zwar liegt der Schwerpunkt der Arbeit der Gewerkschaften in der Vereinbarung materieller Arbeitsbedingungen auf überbetrieblicher Ebene, während die Betriebsräte in erster Linie bei den Arbeitsbedingungen im Betrieb mitbestimmen. Neben den Verbandstarifverträgen stehen aber – mit steigender Tendenz – Unternehmenstarifverträge, und in den Betrieben und Unternehmen gibt es neben Betriebsvereinbarungen über Ordnungsfragen zahlreiche Betriebsvereinbarungen über Sozialleistungen. Der – zuständige – 1. Senat des BAG fördert die Betriebsautonomie zu Lasten der Tarif- und vor allem der Privatautonomie.

---

[3] Quelle: IAB-Betriebspanel.

2. Zusammenarbeit und Konkurrenz

Das Verhältnis von Gewerkschaften und Betriebsräten ist durch Zusammenarbeit gekennzeichnet; die meisten Betriebsratsmitglieder sind zugleich Gewerkschaftsmitglieder. Der Gesetzgeber hat den Gewerkschaften die Unterstützung der Betriebsräte übertragen. Die Gewerkschaften sind den Betriebsräten nicht übergeordnet; die Betriebsräte sind nicht ihr verlängerter Arm im Betrieb. Das kann schon deshalb nicht sein, weil die Gewerkschaften ihre Mitglieder vertreten, die Belegschaftsvertretungen aber alle Arbeitnehmer im Betrieb.

13

Das Verhältnis der Gewerkschaften zu den Betriebsräten ist aber auch – zumindest potentiell – nicht frei von Spannungen. Beide Institutionen sind Arbeitnehmervertretungen und kommen einander deshalb notwendigerweise gelegentlich ins Gehege. Die Entstehung der Betriebsräte haben die Gewerkschaften mit einem lachenden und einem weinenden Auge gesehen. Die Betriebsräte boten die Möglichkeit zu mehr Einfluß in den Betrieben, aber sie spalteten auch die Arbeitnehmervertretung, und das war – historisch gesehen – für viele Arbeitgeber mit ein Grund, sich mit dem Gedanken der Betriebsverfassung anzufreunden. Zu einer Existenzfrage für die Gewerkschaften wurde die Rätebewegung ausgangs des 1. Weltkriegs; ihr verdanken die Betriebsräte, die zuvor als Arbeiterausschüsse bezeichnet wurden, ihren Namen. Die Weiche zur Erhaltung der privatwirtschaftlichen Ordnung, die Seinsbedingung sowohl für die Unternehmen als auch für die Gewerkschaften als Gegenmacht ist, wurde im sogenannten Novemberabkommen, einer Vereinbarung zwischen Arbeitgeber- und Arbeitnehmerverbänden[4], gestellt. In diesem Abkommen erkannten die Arbeitgeber die Gewerkschaften als berufene Vertreter der Arbeitnehmer an; zugleich stimmten sie der Einrichtung von Arbeiterausschüssen zu. Der Gesetzgeber setzte die Vereinbarung noch im selben Jahr in eine Verordnung um[5]. Das Betriebsrätegesetz von 1920[6] stellte die Betriebsverfassung dann auf eine gesetzliche Grundlage. Zugleich begrub es den Rätegedanken. Wütende Proteste während der Beratungen, die zahlreiche Menschenleben forderten, zeugen von der Tragweite dieser Entscheidung.

14

Der Gesetzgeber hat das Spannungsverhältnis zwischen Gewerkschaften und Betriebsräten dadurch aufgelöst, daß er die Regelung von Arbeitsbedingungen durch Betriebsvereinbarung immer dann sperrt, wenn über eine Frage ein Tarifvertrag besteht oder üblicherweise abgeschlossen wird (§ 77 Abs. 3 BetrVG). Der Tarifvertrag genießt Vorrang gegenüber ungünstigeren Betriebsvereinbarungen; darüber hinaus können die Betriebspartner die Tarifregelung auch nicht durch Betriebsvereinbarung aufstocken oder auf die Nichtorganisierten ausdehnen. Die

15

---

[4] V. 15.11.1918, RArbBl 1918, 874.
[5] VO über Tarifverträge, Arbeiter- und Angestelltenausschüsse und Schlichtung von Arbeitsstreitigkeiten vom 23.12.1918, RGBl. II S. 1456.
[6] RGBl. S. 147.

Betriebsräte sollen sich nicht als „beitragsfreie Ersatzgewerkschaft" gerieren und den Gewerkschaften nicht „die Show stehlen" können. In der Praxis stößt diese umfassende Sperre weithin auf Unverständnis. Teilweise wird sie wegen der Vielzahl der Zuwiderhandlungen sogar als obsolet betrachtet. Eine Erscheinung der letzten Jahre ist es, daß auch zu Lasten der Arbeitnehmer durch Betriebsvereinbarung von Tarifverträgen abgewichen wird.

3. Ausblick

16 *Reichold* hat das duale System der Arbeitnehmervertretung als den Sonderweg einer verspäteten Nation bezeichnet, die auf Wirtschaftsfriedlichkeit setzte, weil sie keine Streitkultur entwickelt hat[7]. In der Tat hat die geringe Zahl der Streiks in Deutschland nicht zuletzt eine Ursache in dem Kampfverbot für die Betriebspartner. Anfang des Jahres 1998 hat die Europäische Kommission mitgeteilt, daß sie beabsichtige, dem Rat einen Richtlinienvorschlag zur europaweiten Regelung der Information und Konsultation der Arbeitnehmer im nationalen Rahmen vorzulegen. Es sieht so aus, als werde der deutsche Weg mit seiner Mittellage zwischen staatlicher Rechtssetzung und gesetzlicher Konfliktregelung zum Normalweg in der Europäischen Union. Der „Gedanke der sozialen Geborgenheit" wäre dann der deutsche Beitrag zum Staatstypus der „westlichen Demokratie"[8].

III. Änderung von Arbeitsbedingungen und Betriebsübergang

17 Kollektivarbeitsrecht und Individualarbeitsrecht bilden erst in ihrem Zusammenspiel das Regelwerk für das Arbeitsverhältnis. Wegen der Hilfsfunktion des Kollektivarbeitsrechts gibt es zwischen ihm und dem Individualarbeitsrecht zahlreiche Berührungspunkte. Das wird besonders deutlich bei der Änderung von Arbeitsbedingungen und beim Betriebsübergang.

18 Bei der Änderung von Arbeitsbedingungen geht es um die Frage, ob und inwieweit individualrechtliche Regelungen außer durch neue individualrechtliche Regelungen auch durch Kollektivrecht geändert werden können und umgekehrt, und innerhalb des Kollektivarbeitsrechts, wie sich der Tarifvertrag einerseits und

---

[7] Betriebsverfassung als Sozialprivatrecht, 1995, S. 203.
[8] *Fraenkel*, Deutschland und die westlichen Demokratien, 1974, S. 32 f.

Betriebsvereinbarungen, Sprechervereinbarungen und Dienstvereinbarungen andererseits zueinander verhalten. Beim Betriebsübergang geht es umgekehrt um die Aufrechterhaltung der bisherigen Arbeitsbedingungen; dabei bedient sich der Gesetzgeber teilweise der Umwandlung von Kollektivarbeitsrecht in Individualar

beitsrecht. Nach dem Betriebsübergang stellt sich dann wieder die Frage der Änderung von Arbeitsbedingungen; der Gesetzgeber hat sie hier teilweise etwas anders als im allgemeinen Arbeitsrecht beantwortet.

IV. Arbeitsstreitigkeiten

Arbeitsstreitigkeiten sind Streitigkeiten, die das Arbeitsverhältnis im weitesten Sinne betreffen. Dazu gehören sowohl Streitigkeiten aus dem Individualarbeitsrecht als auch aus dem Kollektivarbeitsrecht.

Arbeitsstreitigkeiten können die Schaffung oder die Anwendung einer Regelung zum Inhalt haben. Im ersten Fall handelt es sich um Regelungsstreitigkeiten, im zweiten um Rechtsstreitigkeiten. Regelungsstreitigkeiten sind auf die Schaffung neuen Rechts gerichtet, ihnen liegt ein Interessenstreit zugrunde. Rechtsstreitigkeiten betreffen die Auslegung und Durchführung bestehenden Rechts; hier wird um Rechtsfragen gestritten. Bei Interessenstreitigkeiten kommen im allgemeinen mehrere Lösungen in Betracht; welche davon gewählt wird, ist eine Frage der Zweckmäßigkeit. Die Entscheidung steht im Handlungsermessen der Beteiligten. Für Rechtsstreitigkeiten gibt es idealtypisch nur ein richtiges Ergebnis; nur dieses eine ist rechtmäßig. Der Richter hat die richtige Lösung im Wege der Erkenntnis zu finden.

Beispiel: Ob in einem Unternehmen mit festen Anfangs- und Endzeiten gearbeitet wird oder in Gleitzeit, ist eine Frage der Zweckmäßigkeit. Eine Streitigkeit über die Arbeitszeitgestaltung ist folglich eine Regelungsstreitigkeit. Wann und wie lange gearbeitet werden darf, wann Pausen und Ruhezeiten einzulegen sind, richtet sich nach dem Arbeitszeitrecht. Der Umfang der Regelungsbefugnis ist also eine Frage der Rechtmäßigkeit, ein Streit darüber eine Rechtsstreitigkeit.

Das geltende Recht weist die Entscheidung von Rechtsstreitigkeiten den Arbeitsgerichten zu. Nur in wenigen Fällen können private Schiedsgerichte angerufen werden. Die Schlichtung ist im Tarifrecht den privaten Schlichtungsstellen und im Betriebsverfassungs- und Personalvertretungsrecht den Einigungsstellen übertragen. Ein behördlicher Schlichter kann nur ausnahmsweise tätig werden. Die Gerichte entscheiden sowohl über Einzel- als auch über Gesamtstreitigkeiten, die Schlichtungsstellen nur über Gesamtstreitigkeiten.

Die konsequente Trennung von Rechts- und Regelungsstreitigkeiten gibt es erst seit den 20er Jahren. Vorher konnten die Schlichtungsausschüsse teilweise auch über Rechtsfragen entscheiden, z. B. über den Kündigungsschutz nach dem Betriebsrätegesetz 1920; umgekehrt konnten Gewerbe- und Kaufmannsgerichte als „Einigungsämter" schlichtend tätig werden. Personelle Querverbindungen zwischen Gerichtsbarkeit und Schlichtung bestehen heute dadurch, daß in etwa 90 % der Fälle Richter der Arbeitsgerichtsbarkeit als Vorsitzende der Einigungsstelle tätig werden.

23 Während Rechtsstreitigkeiten grundsätzlich mit einer verbindlichen Entscheidung, einem Urteil oder einem Beschluß, enden, ist der Schlichtungsspruch im Tarifrecht nur verbindlich, wenn die Parteien sich ihm vorher – allgemein oder für den konkreten Fall – unterwerfen oder wenn sie ihn im nachhinein annehmen, im Betriebsverfassungs- und im Personalvertretungsrecht nur, wenn das Gesetz das vorsieht (sog. erzwingbare Mitbestimmung). Für die Fälle unverbindlicher Schlichtung stellt das Recht andere Lösungsmechanismen zur Verfügung: Im Tarifrecht ist das der Arbeitskampf, im Betriebsverfassungs- und im Personalvertretungsrecht das Entscheidungsrecht des Arbeitgebers.

Schlichtung	Arbeitsgerichtliches Verfahren
Regelungsstreit (= Interessenstreitigkeit)	Rechtsstreit (= Streit über Rechtsfragen)
Schaffung neuen Rechts	Anwendung bestehenden Rechts
Handlungsermessen	Erkenntnis
Zweckmäßigkeit	Rechtmäßigkeit
Gesamtstreitigkeiten	Einzel- und Gesamtstreitigkeiten
privates Verfahren (Ausnahme: staatliche Schlichtung)	staatliches Verfahren (Ausnahme: Schiedsverfahren)
Schlichtungsspruch unverbindlich (Ausnahme: Unterwerfung oder Annahme)	Urteil/Beschluß verbindlich

§ 12 Koalitionsrecht

I. Begriff, Bedeutung und Aufgaben der Koalitionen

1. Begriff

Koalitionen sind Zusammenschlüsse von Arbeitgebern oder Arbeitnehmern zur Wahrung und Förderung der Arbeits- und Wirtschaftsbedingungen. Die wichtigsten Koalitionen sind die Gewerkschaften und die Arbeitgeberverbände. Sie sind Mitgliederverbände, Berufsorgane und darüber hinaus Interessenwalter aller Arbeitnehmer und Arbeitgeber. Gewerkschaften und Arbeitgeberverbände spielen neben dem Staat die Hauptrolle bei der Gestaltung der Arbeits- und Wirtschaftsbedingungen. Sie gehören zu den bedeutsamsten Akteuren in der deutschen Wirtschafts- und Sozialpolitik.

2. Bedeutung

Die Bedeutung der Koalitionen zeigt sich daran, daß im Jahre 2002 rund 33,8 % aller Arbeitnehmer Mitglieder einer Gewerkschaft[1] und schätzungsweise 75 % der Arbeitgeber in Arbeitgeberverbänden organisiert sind.

---

[1] IdW, Gewerkschaften in Deutschland, 2003, S. 16.

**Zahl der Gewerkschaftsmitglieder (in 1000)
und Organisationsgrad der Arbeitnehmer (in %)**

	DGB	DAG	DBB	CGB	ULA
1951	5.912	344	234	(1959 gegründet)	(1951 gegründet)
	40,6 %	2,4 %	1,6		
1970	6.713	461	720	191	
	30,2 %	2,1 %	3,2 %	0,9 %	
1985	7.719	501	796	307	rund 40
	34,7 %	2,3 %	3,6 %	1,4 %	0,2 %
1993	10.290	528	1.079	311	rund 50
	31,5 %	1,6 %	3,3 %	1,0 %	0,2 %
1996	8.973	501	1.102	303	52
	27,9 %	1,5 %	3,4 %	0,9 %	0,2 %
2002	7.899	zu ver.di	1.211	307	50
	28,4 %	(DGB)	4,3 %	1,1 %	0,2 %

3 Am höchsten ist der Organisationsgrad bei den Beamten, am geringsten bei den Angestellten, der einzigen wachsenden Beschäftigtengruppe.

Organisationsgrad von Beamten, Angestellten und Arbeitern in % (2001)[2]

	Beamte	Angestellte	Arbeiter	Gesamt
Insgesamt	64,1	19,2	39,1	33,8
davon im DGB	38,3	85,2	96,9	83,9
davon im DBB	59,0	9,8	0,7	12,9
davon im CGB	2,7	5,0	2,4	3,2

4 Im umgekehrten Verhältnis dazu steht der Umfang der gesetzlichen Regelung. Kernstück ist Art. 9 Abs. 3 GG, der die Koalitionsfreiheit und damit die Tarifautonomie und nach h. L. auch die Arbeitskampffreiheit gewährleistet. Ein Verbändegesetz, das Verfassung und Organisation der Koalitionen, ihre Stellung im Recht und das Verhältnis zu ihren Mitgliedern regelte, gibt es nicht. Immerhin läßt sich aus den Gesetzen, die den Gewerkschaften und den Arbeitgeberverbänden Aufgaben zuweisen, wenigstens teilweise rückschließen, welche Anforderungen an diese Organisationen zu stellen sind. Im übrigen müssen Lösungen aus dem allgemeinen Recht, etwa dem Vereinsrecht, und aus allgemeinen Rechtsgrundsätzen gewonnen werden. Zur Lückenschließung stützt man sich vielfach auf funktionale Überlegungen vor dem geschichtlich-sozialen Hintergrund. Seinen (zweifelhaften) Ruf als Ersatzgesetzgeber „verdankt" das BAG nicht zuletzt den Entscheidungen zum Tarifrecht im allgemeinen und zum Koalitions- und Arbeitskampfrecht im besonderen.

---

[2] IdW, Gewerkschaften in Deutschland, 2003, S. 16 f.

3. Aufgaben

Der Zweck jeder Koalition im Sinne des Art. 9 Abs. 3 GG ist die Wahrung und Förderung der Arbeits- und Wirtschaftsbedingungen. Die Hauptaufgaben der Gewerkschaften und Arbeitgeberverbände zeigt folgende Übersicht[3]:

Aufgaben außerhalb der staatlichen Verwaltung	Anhörungs- und Antragsrechte gegenüber Gesetzgebung, Verwaltung und Rechtsprechung	Benennungs- und Entsendungsrechte
– Abschluß von Tarifverträgen – Schlichtung – Arbeitskampfmaßnahmen – Mitwirkungsrechte im Rahmen der Betriebs- und Unternehmensverfassung – Festsetzung von Arbeitsschutzvorschriften	– Anhörung bei sozialpolitischen Gesetzentwürfen, auf der Ebene der Europäischen Gemeinschaft als Recht ausgestaltet – Antragsrechte bei der Allgemeinverbindlicherklärung von Tarifverträgen – Anhörungs- und Mitwirkungsrechte bei dem Erlaß von Durchführungsverordnungen und Verwaltungsvorschriften – Prozeßführungsbefugnis vor den Arbeitsgerichten – Mitwirkungsrechte bei der Errichtung und Organisation der Arbeitsgerichte	im Arbeitsrecht: – Benennung und Entsendung von ehrenamtlichen Richtern für die Arbeitsgerichte – Beratungsrecht bei der Bestellung der Arbeitsgerichtsvorsitzenden – Benennung der Beisitzer in den Schieds- und Schlichtungsausschüssen – Benennung und Entsendung von Mitgliedern für verschiedene arbeitsrechtliche Ausschüsse im Sozialversicherungsrecht: – Benennung und Entsendung von ehrenamtlichen Richtern für die Sozialgerichte – Entsendung von Mitgliedern in die Ausschüsse der Selbstverwaltungskörperschaften (Sozialversicherung, Arbeitsverwaltung) im Wirtschaftsrecht: – Benennung und Entsendung von Mitgliedern zur IAO und zum Wirtschafts- und Sozialausschuß der Europäischen Gemeinschaft

---

[3] *Schaub*, Arbeitsrechts-Handbuch, § 190.

II. Koalitionen

1. Koalition – Arbeitgeberverband – Gewerkschaft

6 Die Begriffe Koalition[4] einerseits und Gewerkschaft und Arbeitgeberverband andererseits sind nicht identisch. Alle Arbeitgeberverbände und Gewerkschaften sind Koalitionen, nicht aber alle Koalitionen Arbeitgeberverbände oder Gewerkschaften. Die Anforderungen an Gruppierungen, die den Schutz der Koalitionsfreiheit genießen, sind geringer als die an Gewerkschaften (zu Arbeitgeberverbänden sogleich), die Tarifverträge aushandeln und ihre Durchführung überwachen und in staatlichen und nichtstaatlichen Institutionen mitwirken sollen[5]. Gewerkschaft ist nicht jede Arbeitnehmerkoalition, sondern nur die tariffähige Koalition.

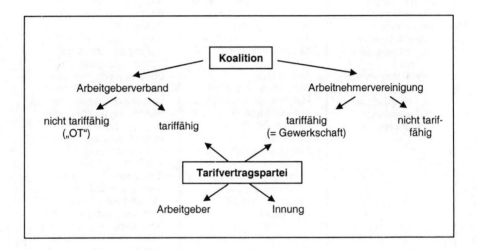

---

[4] Von coalescere = sich vereinigen; con, cum = mit, alere = nähren, ernähren.
[5] BVerfG, Beschl. v. 20.10.1981, AP Nr. 31 zu § 2 TVG: „Es ist mit dem Grundrecht der Koalitionsfreiheit vereinbar, nur solche Koalitionen an der Tarifautonomie teilnehmen zu lassen, die in der Lage sind, den von der staatlichen Rechtsordnung freigelassenen Raum des Arbeitslebens durch Tarifverträge sinnvoll zu gestalten, um so die Gemeinschaft sozial zu befrieden"; ebenso BAG, Beschl. v. 9.7.1968, AP Nr. 25 zu § 2 TVG.

Theoretisch könnte man die Anforderungen an eine Koalition, die Tarifpartei sein will, anders bestimmen als die an eine Koalition, die vor den Arbeitsgerichten Arbeitnehmer vertreten kann (§ 11 ArbGG). Die Rechtsprechung tut das aber nicht; sie entnimmt den Gewerkschaftsbegriff dem Tarifrecht und verlangt für alle Rechtsbereiche Tariffähigkeit. Die Notwendigkeit der Unterscheidung zwischen tariffähigen und nicht tariffähigen Koalitionen ergibt sich aus der unterschiedlichen Zielrichtung von Art. 9 Abs. 3 GG und § 2 TVG. Der Schutz der Koalitionsfreiheit muß auch Arbeitnehmerkoalitionen zukommen, die auf anderem Wege als durch Tarifabschlüsse Arbeitnehmerinteressen wahrnehmen wollen, und vor allem auch Koalitionen, die noch nicht die Leistungsfähigkeit erreicht haben, die sie zu einem gleichgewichtigen Verhandlungspartner machen. Folgerichtig muß, wer den Koalitions- mit dem Gewerkschaftsbegriff gleichsetzt[6], die Anforderungen an die Gewerkschaftseigenschaft herab- oder die an die Koalitionseigenschaft hinaufsetzen; im ersten Fall tut er sich schwer zu erklären, wie diese Koalitionen ihren Aufgaben im Arbeitsleben gerecht werden sollen, im zweiten verkürzt er den Grundrechtsschutz.

Auf Arbeitgeberseite werden sowohl tariffähige als auch nicht tariffähige Zusammenschlüsse als Arbeitgeberverbände bezeichnet. Waren nicht tariffähige Arbeitgeberverbände bis vor kurzem praktisch unbekannt, so gibt es mittlerweile in zahlreichen Tarifbereichen Verbände, die ihren Mitgliedern zwar die üblichen Dienstleistungen (Rechtsberatung, Information, Prozeßvertretung) anbieten, aber keine Tarifverträge abschließen. Andere – tariffähige – Verbände bieten eine sog. „OT (= ohne Tarifbindung)"-Mitgliedschaft an, d. h. eine Mitgliedschaft, die zur Inanspruchnahme der Verbandsleistungen, u. U. sogar zum Anspruch auf Unterstützung bei Firmentarifverhandlungen führt, nicht aber zur Bindung an den Verbandstarifvertrag[7]. Zu Einzelheiten s. § 13 Rn. 75 ff.

2. Merkmale im einzelnen

Der Begriff Koalition ist aus Art. 9 Abs. 3 zu entwickeln, der von Vereinigungen zur Wahrung und Förderung der Arbeits- und Wirtschaftsbedingungen spricht. Weitere Voraussetzungen ergeben sich aus der Funktion als Interessenvertretung von Arbeitgebern und Arbeitnehmern. Im einzelnen ist fast alles streitig. Die Diskussion leidet darunter, daß nicht immer exakt nach den Voraussetzungen für eine Koalition und für eine tariffähige Koalition unterschieden wird. Vgl. zunächst die Übersicht nach Rn. 31.

---

[6] So etwa *Schaub*, Arbeitsrechts-Handbuch, § 187 Rn. 1.
[7] Zur Zulässigkeit, BAG, Beschl. v. 23.10.1996, AP Nr. 15 zu § 3 TVG Verbandszugehörigkeit = SAE 1997, 169 m. Anm. *Junker*; *Buchner*, NZA 1995, 761; *Reuter*, RdA 1996, 201.

a) Vereinigung

10 **aa) Verein oder auch Gesellschaft ?** Die h. L. liest „Vereinigung" als „Verein"[8]. Der Grund dafür dürfte in der Annahme zu sehen sein, daß Vereinen die Gewähr für einen Zusammenschluß auf eine gewisse Dauer zugeschrieben wird, weil sie unabhängig vom Mitgliederbestand sind, und daß in ihnen eine organisierte Willensbildung sichergestellt ist[9]. Diese Überlegungen sind nicht zwingend. Auch Gesellschaften können auf Dauer angelegt sein, und § 709 BGB sichert auch bei ihnen eine gemeinschaftliche Willensbildung. Da Art. 9 Abs. 3 GG auf Abs. 1 Bezug nimmt, der von Vereinen und Gesellschaften spricht, liegt es näher, mit § 2 Abs. 1 VereinsG als durch Art. 9 Abs. 3 GG geschützt anzusehen „jede Vereinigung, zu der sich eine Mehrheit natürlicher oder juristischer Personen für längere Zeit zu einem gemeinsamen Zweck freiwillig zusammengeschlossen und einer organisierten Willensbildung unterworfen hat[10]." Anders ist es bei der Gewerkschaftseigenschaft. Hier reicht ein Zusammenschluß auf gesellschaftsrechtlicher Grundlage nicht aus.

11 **bb) Auf eine gewisse Dauer angelegt.** Der Zusammenschluß darf sich nicht in Einmalaktionen (z.B. Protestdemonstration) erschöpfen. Erforderlich ist ein Zusammenschluß für eine gewisse Dauer[11], in jedem Fall über die Gründungsversammlung hinaus[12]. Das schließt ad-hoc-Koalitionen, d.h. Koalitionen zur Verfolgung bestimmter konkreter Ziele, nicht aus[13].

12 **cc) Korporative Verfassung oder organisierte Willensbildung ?** In der Lehre wird mehrheitlich eine korporative Verfassung (Unabhängigkeit vom Mitgliederwechsel, korporative Organe) verlangt[14]. Das deckt sich mit der Gleichsetzung von Vereinigung und Verein. Geht man davon aus, daß auch Gesellschaften Koalitionen sein können, dann muß die Möglichkeit einer Gesamtwillensbildung genügen[15]. Nicht unbedingt erforderlich ist auch eine demokratische Organisation[16].

13 **dd) Privatrechtlich organisiert.** Koalitionen können nur privatrechtliche Vereinigungen sein. Sie sollen bei der Verfolgung von Arbeitgeber- und Arbeitnehmerinteressen frei sein von staatlichem Einfluß. Öffentlich-rechtliche Verbände bedür-

---

[8] *Zöllner/Loritz*, Arbeitsrecht, § 8 III 2.
[9] Vgl. *Zöllner/Loritz*, Arbeitsrecht, § 8 III 2.
[10] *Löwisch/Rieble*, § 2 TVG Rn. 4 m.w.N.
[11] *Schaub*, Arbeitsrechts-Handbuch, § 187 Rn. 6.
[12] MünchArbR/*Löwisch/Rieble*, § 243 Rn. 48.
[13] Die häufig anzutreffende gegenteilige Behauptung beruht darauf, daß unter einer ad-hoc-Koalition vielfach eine „Koalition" verstanden wird, die sich „in flüchtigem Zusammenwirken" erschöpft, so etwa *Dütz*, Arbeitsrecht, Rn. 461.
[14] *Schaub*, Arbeitsrechts-Handbuch, § 187 II Rn. 8.
[15] *Löwisch/Rieble*, § 2 TVG Rn. 6 m.w.N.
[16] *Löwisch/Rieble*, § 2 TVG Rn. 19 ff.; a. A. *Zöllner/Loritz*, Arbeitsrecht, § 8 III 8.

fen der Anerkennung durch Staatsakt, und sie unterliegen einer staatlichen Aufsicht[17].

ee) Frei gebildet[18]. Der Zusammenschluß in Zwangsverbänden (öffentlich-rechtlich: Kammern, privatrechtlich: Betriebsrat, Sprecherausschuß) würde die Arbeitnehmer und Arbeitgeber daran hindern, Koalitionen mit anderer Zielsetzung zu gründen[19]. 14

b) Zweck: Wahrung und Förderung von Arbeits- und Wirtschaftsbedingungen

Arbeits- und Wirtschaftsbedingungen sind als einheitlicher Ausdruck zu lesen: gemeint ist die Wahrnehmung sozialpolitischer Interessen der Arbeitnehmer gegenüber dem Arbeitgeber und umgekehrt[20]. Keine Koalitionen sind also Konsumvereine oder Wirtschaftsverbände, die sich im wirtschaftspolitischen Bereich (Kartellrecht, Außenwirtschaftsrecht, Steuerrecht) betätigen. Die Wahrnehmung von Interessen im Bereich der Arbeits- und Wirtschaftsbedingungen muß zumindest der Hauptzweck sein[21]. 15

c) Folgerungen aus dem Zweck

Aus dem Zweck der Koalitionen, Wahrung und Förderung der Arbeits- und Wirtschaftsbedingungen, ergibt sich eine Reihe von rechtlichen Folgerungen: 16

aa) Unabhängigkeit vom sozialen Gegenspieler

(1) **Gegnerfreiheit (= Gegnerreinheit)**[22]. Arbeitnehmer dürfen nicht an führender Stelle in einer Arbeitgeberkoalition, Arbeitgeber in dieser ihrer Eigenschaft nicht an führender Stelle in einer Arbeitnehmerkoalition tätig sein. Gemischte Verbände, sog. Harmonieverbände, sind keine Koalitionen; sie spielen auch schon lange keine Rolle mehr. Heute sind die Querverbindungen subtiler. 17

Arbeitsdirektoren, die im Montanbereich nicht gegen die Stimmen der Arbeitnehmervertreter bestellt werden können (§ 13 Abs. 1 MontanMitbestG) und die dort deshalb in der Regel einer Gewerkschaft angehören, sind u.a. zuständig für die Tarifpolitik. Infolgedessen sitzen bei Tarifverhandlungen im Montanbereich auf beiden Seiten des Tisches nicht selten Mitglieder derselben Gewerkschaft. Der AGV Eisen und Stahl ist darum nicht Mitglied der 18

---

[17] H.L., *Schaub*, Arbeitsrechts-Handbuch, § 187 Rn. 8.
[18] BVerfGE 4, 96; *Löwisch/Rieble*, § 2 TVG Rn. 7.
[19] *Schaub*, Arbeitsrechts-Handbuch, § 187 Rn. 9.
[20] Dazu *Söllner*, Arbeitsrecht der Gegenwart, 16 (1979), S. 19 m.w.N.
[21] *Zöllner/Loritz*, Arbeitsrecht, § 8 III 1.
[22] Allg. M., BVerfGE 18, 18; BAG, Urt. v. 25.11.1986, AP Nr. 36 zu § 2 TVG.

BDA[23]. Ähnliche Probleme gibt es bei kommunalen Arbeitgeberverbänden. Umgekehrt sind zahlreiche leitende Angestellte Mitglieder in Gewerkschaften. Ausschlaggebend ist, inwieweit sie am Entscheidungsprozeß beteiligt sind[24]. Innerhalb der Gewerkschaften werden die Arbeitnehmerinteressen de facto von den Betriebsräten wahrgenommen[25]. Einer 1994 gegründeten Koalition von Arbeitnehmern des DGB und seiner Mitgliedsgewerkschaften, die „das bewährte Institut der Tarifautonomie auch im innergewerkschaftlichen Raum zur Geltung ... bringen will"[26], fehlt – noch – die Mächtigkeit[27].

19 (2) **Rechtliche und tatsächliche Unabhängigkeit**[28]. Unzulässig wäre die Gründung einer Gewerkschaft durch Arbeitgeber oder deren (zumindest) nicht unerhebliche Finanzierung, wie früher bei den sog. gelben Gewerkschaften. Eine gewisse – von der h. L. noch tolerierte – Abhängigkeit bedeutete für die Gewerkschaften die Einziehung der Gewerkschaftsbeiträge durch die Unternehmen[29]. Als die Unternehmen der chemischen Industrie den Einzug nach dem Streik im Jahre 1971 einstellten, verlor die (damalige) IG Chemie-Papier-Keramik eine ganz beträchtliche Zahl von Mitgliedern.

20 bb) **Überbetrieblich organisiert**[30]. Historisch gesehen, ist die Forderung nach Überbetrieblichkeit – gemeint ist eine Organisation über das Unternehmen hinaus – ein Unterfall der Forderung nach Unabhängigkeit vom sozialen Gegenspieler. Als es noch keinen Kündigungsschutz gab, konnte der Arbeitgeber sog. Werksvereine einfach durch Kündigung seiner Mitglieder auflösen. Nachdem dieser Grund entfallen ist, wird teilweise auf das Merkmal der Überbetrieblichkeit verzichtet[31], teilweise werden andere Gründe genannt: Koalitionen könnten ihrem Schutzauftrag nur gerecht werden, wenn sie sich für alle Arbeitnehmer einer Branche in der Region öffneten. Überbetriebliche Organisationen böten eine bessere Gewähr für ein gesamtwirtschaftliches und gesamtgesellschaftliches Verhalten. Und schließlich: Eine überbetriebliche Organisation führe zu einer besseren Abgrenzung gegenüber den betriebsverfassungsrechtlichen Organen[32].

---

[23] Zu den Auswirkungen der paritätischen Mitbestimmung auf die Tariffähigkeit *Zöllner/Loritz*, Arbeitsrecht, § 34 I 3.
[24] BAG, Urt. v. 15.3.1977, AP Nr. 24 zu Art. 9 GG.
[25] *Löwisch/Rieble*, § 2 TVG Rn. 13.
[26] Vgl. Präambel der Satzung des „Verbandes der Gewerkschaftsbeschäftigten (VGB)".
[27] Der DGB und seine Mitgliedsgewerkschaften dürfen die Mitgliedschaft in dieser Koalition nicht verbieten, vgl. BAG, Urt. v. 17.2.1998, AP Nr. 87 zu Art. 9 GG.
[28] BAG, Urt. v. 25.11.1986, AP Nr. 36 zu § 2 TVG; *Schaub*, Arbeitsrechts-Handbuch, § 187 Rn. 13.
[29] *Löwisch/Rieble*, § 2 TVG Rn. 9, hier auch zu anderen Finanzierungsformen.
[30] BAG, Urt. v. 25.11.1986, AP Nr. 36 zu § 2 TVG; *Schaub*, Arbeitsrechts-Handbuch, § 187 Rn. 15.
[31] BVerfGE 18, 18; anders aber bspw. BAG, Urt. v. 25.11.1986, AP Nr. 36 zu § 2 TVG.
[32] *Zöllner/Loritz*, Arbeitsrecht, § 8 III 7.

Für die Koalitionseigenschaft ist das Postulat der Überbetrieblichkeit nicht einzusehen; für die Tariffähigkeit hat das Argument der Konkurrenz zu Betriebsverfassungsorganen eine gewisse Plausibilität. Eine Teilmenge der Arbeitnehmer – die gewerkschaftlich organisierten – könnte Recht schaffen, das der Betriebsvereinbarung übergeordnet ist. Zu bedenken ist aber, daß diese Teilmenge im Gegensatz zum Betriebsrat das Streikrecht hätte. Schon bisher wurden Ausnahmen für Arbeitnehmervereinigungen in besonders großen Unternehmen gemacht, nämlich für Bundespost und Deutsche Bundesbahn[33].

cc) Unabhängigkeit von dritten Mächten, d.h. von Staat, Kirche und Parteien. Die Koalitionen sollen die Ziele ihrer Mitglieder verfolgen, nicht die anderer Institutionen. Sie dürfen sich deshalb in ihren Satzungen nicht von Kirchen und Parteien abhängig machen, sei es durch personelle Verzahnung, sei es durch Unterwerfung unter die Ziele dieser Institutionen[34]. Eine freiwillige Anlehnung („Richtungsgewerkschaft") schadet dagegen nicht[35]. Die Gefahr der Behinderung beim Verfolgen eigener Ziele besteht natürlich auch und erst recht bei staatlicher Einflußnahme, und zwar gleichgültig, ob über organisatorische Regelungen (Einheitsgewerkschaft) oder über die Zuweisung von Mitteln.

21

22

d) Tariffähigkeit

aa) Demokratisch organisiert. Die Mitglieder müssen die Möglichkeit haben, unmittelbar oder mittelbar an der Willensbildung der Koalition mitzuwirken, weil die Tarifbestimmungen für sie unmittelbar und zwingend gelten und damit ihre Berufsfreiheit beschränken[36]. Mittelbare Mitwirkung geschieht durch Wahl der Organe auf Zeit, unmittelbare durch Abstimmung insbesondere über Tarifforderungen, Arbeitskampf und Tarifabschluß. Die Wahl muß nach demokratischen Regeln durchgeführt werden; eine Gewichtung der Stimmen auf Arbeitgeberseite nach der Zahl der bei ihnen Beschäftigten und nach dem (ebenfalls beschäftigungsabhängigen) Beitrag schadet nicht. *Dütz* weist mit Recht darauf hin, daß die Rechtsprechung das Erfordernis der demokratischen Organisation großzügig handhabt[37].

23

bb) Tauglichkeit („Mächtigkeit"). Um ihre Aufgaben als Tarifpartner sinnvoll erfüllen zu können, muß eine **Arbeitnehmervereinigung** Durchsetzungskraft gegenüber dem sozialen Gegenspieler haben. Sie muß zumindest soviel Druck ausüben können, daß sich die Arbeitgeberseite veranlaßt sieht, sich auf Tarifverhandlungen einzulassen. Die Arbeitnehmervereinigung muß von ihrem sozialen Gegen-

24

---

[33] *Schaub*, Arbeitsrechts-Handbuch, § 187 Rn. 15.
[34] *Löwisch/Rieble*, § 2 TVG Rn. 18.
[35] BAG, Beschl. v. 21.11.1975, AP Nr. 6 zu § 118 BetrVG 1972; LAG Düsseldorf, Beschl. v. 14.12.1957, AP Nr. 2 zu Art. 9 GG; *Schaub*, Arbeitsrechts-Handbuch, § 187 Rn. 16.
[36] *Löwisch/Rieble*, § 2 TVG Rn. 19.
[37] *Dütz*, Arbeitsrecht, Rn. 460.

spieler ernst genommen werden, so daß die Regelung der Arbeitsbedingungen nicht allein den Vorstellungen der Arbeitgeberseite entspricht, sondern tatsächlich ausgehandelt wird. Darüber hinaus muß sie auch von ihrem organisatorischen Aufbau her in der Lage sein, die ihr gestellten Aufgaben zu erfüllen. Der Tarifvertrag muß vorbereitet werden, und er muß tatsächlich durchgeführt werden[38]. Deshalb müssen Organe vorhanden sein, die verantwortlich für die Koalition handeln. Das erfordert eine körperschaftliche Verfassung. Personengesellschaften sind für diese Aufgaben ungeeignet; die sachgerechte Rechtsform ist der rechtsfähige oder der nicht rechtsfähige Verein[39]. Daran werden in aller Regel ad-hoc-Koalitionen scheitern.

25 Anzeichen für „Mächtigkeit" können Mitgliederzahl und Finanzkraft sein. Welche Mitgliederzahl erforderlich ist, hängt von deren Stellung im Arbeitsleben und damit von dem Einfluß ab, den sie auf die Arbeitgeberseite ausüben können[40]. Die Durchsetzungskraft kann sich aber auch darin zeigen, daß die Koalition „schon aktiv in den Prozeß der tariflichen Regelung eingegriffen und d.h. ernsthafte Verhandlungen geführt hat". Bei Anschlußtarifverträgen ist zu prüfen, ob diese Ergebnis der Verhandlungen sind oder einem Diktat des Arbeitgebers entspringen. Der einmalige selbständige Abschluß eines Tarifvertrags besagt noch nichts. Hat die Koalition noch keine Verhandlungen geführt, so ist zu prüfen, ob aufgrund der Organisationsstärke die Aufnahme von Tarifverhandlungen ernsthaft zu erwarten ist[41].

26 Das Erfordernis der Durchsetzungskraft sichert über Gleichgewichtigkeit bei den Verhandlungen eine sachgerechte Wahrnehmung der Arbeitnehmerinteressen und verstößt deshalb nicht gegen die positive Koalitionsfreiheit des Art. 9 Abs. 3 GG. Aufgrund der Gleichgewichtigkeit erübrigen sich Überlegungen zu einem Verhandlungsanspruch der Gewerkschaften gegen die Arbeitgeberseite; die Gleichgewichtigkeit erspart und verbietet überdies eine Inhaltskontrolle von Tarifverträgen (§ 310 Abs. 4 Satz 1 BGB).

27 Soziale „Mächtigkeit" ist nicht erforderlich für **Arbeitgeberverbände.** Wenn jeder einzelne Arbeitgeber ohne Rücksicht auf seine Durchsetzungskraft Tarifpartei sein kann, dann muß das auch für jeden Verband gelten.

---

[38] BAG, Beschl. v. 16.1.1990, AP Nr. 38 zu § 2 TVG; dagegen u. a. *Zöllner/Loritz*, Arbeitsrecht, § 34 I 2 a, da dies die Bildung neuer Gewerkschaften übermäßig erschwere (Art. 9 Abs. 3 GG).
[39] *Löwisch/Rieble*, § 2 TVG Rn. 30.
[40] BAG, Beschl. v. 9.7.1968, AP Nr. 25 zu § 2 TVG; Beispiel: Metallarbeiter - Fluglotsen.
[41] BAG, Beschl. v. 16.01.1990, AP Nr. 38 zu § 2 TVG; Beschl. v. 6.6.2000, DB 2000, 1232.

cc) **Tarifwilligkeit.** Die Koalition muß fähig[42] und nach ihrer Satzung bereit sein, Tarifverträge abzuschließen[43]. Es sei Sache autonomer Entscheidung, ob eine Vereinigung den Abschluß von Tarifverträgen zu ihren Aufgaben zähle und sich letztlich damit dem Arbeitskampf ausliefern wolle, und im übrigen müßten Mitglieder schon bei ihrem Beitritt wissen, ob sie sich der Tarifnormsetzung auslieferten[44]. Teilweise wird angenommen, daß auch einzelne Sachbereiche nicht als Tabuzonen ausgegliedert werden dürften; das verhindere eine sinnvolle Ordnung der Arbeitsbedingungen und belaste den Gegenspieler mit erheblichen Arbeitskampfrisiken[45]. In der Vergangenheit haben die etablierten Gewerkschaften das Merkmal der Tarifwilligkeit benutzt, um den Organisationen der leitenden Angestellten die Gewerkschaftseigenschaft abzusprechen, die wegen der Möglichkeit des Rechts in der Weimarer Republik, Höchstarbeitsbedingungen festzusetzen, ihre Mitglieder aus Tarifverträgen herauszuhalten versuchten („AT").

28

dd) **Anerkennung des geltenden Tarif-, Schlichtungs- und Arbeitskampfrechts.** Die Beteiligung am Tarifgeschehen setzt die Anerkennung der „Spielregeln" voraus[46].

29

ee) **Arbeitskampffähigkeit und -willigkeit.** Eine Arbeitnehmerkoalition wird in der Regel nur dann tauglich für ihre Aufgaben im Tarifbereich sein, wenn sie streikfähig ist[47]. Neben der Tauglichkeit zusätzlich Arbeitskampffähigkeit zu fordern, macht deshalb keinen Sinn. Ebensowenig wird man Arbeitskampfbereitschaft verlangen können. Ob eine Koalition von dem Mittel des Arbeitskampfes Gebrauch macht, muß ihr selbst überlassen bleiben[48]. Die Forderung nach Arbeitskampfwilligkeit verleitet nur zu Lippenbekenntnissen. Entgegen der Rechtsprechung fordert die wohl herrschende Lehre Streikbereitschaft, es sei denn, daß den Arbeitnehmern ein Streikrecht nicht zusteht oder daß sie aus berufsethischen Gründen nicht streiken können[49].

30

---

[42] Nicht tariffähig sind deshalb Beamtenverbände und Verbände von Mitarbeitern der Kirchen, vgl. BAG, Urt. v. 6.7.1956, AP Nr. 11 zu § 11 ArbGG 1953.
[43] *Schaub*, Arbeitsrechts-Handbuch, § 187 Rn. 19; *Zöllner/Loritz*, Arbeitsrecht, § 34 I 2 b.
[44] *Löwisch/Rieble*, § 2 TVG Rn. 32.
[45] *Däubler*, Tarifvertragsrecht, Rn. 75.
[46] BAG, Urt. v. 25.11.1986, AP Nr. 36 zu § 2 TVG; *Löwisch/Rieble*, § 2 TVG Rn. 36.
[47] *Kempen/Zachert*, § 2 TVG Rn. 33 ff. m.w.N.; *Löwisch/Rieble*, § 2 TVG Rn. 27.
[48] BAG, Beschl. v. 9.7.1968, AP Nr. 25 zu § 2 TVG gegen BAG, Beschl. v. 19.1.1962, AP Nr. 13 zu § 2 TVG; str., vgl. etwa *Kempen/Zachert*, § 2 TVG Rn. 33 ff. m.w.N.; *Löwisch/Rieble*, § 2 TVG Rn 27.
[49] *Dütz*, Arbeitsrecht, Rn. 513; *Schaub*, Arbeitsrechts-Handbuch, § 187 Rn. 20.

31 **ff) Tariffähigkeit von Handwerksinnungen.** Kraft Gesetzes sind auch Handwerksinnungen tariffähig (§§ 54 Abs. 3 Nr. 1, 82 Nr. 3 HandwO). Handwerksinnungen sind freiwillige Zusammenschlüsse von selbständigen Handwerkern gleicher oder ähnlicher Handwerke (§§ 52, 58 HandwO). Handwerksinnungen und deren Verbände sind zwar keine Koalitionen im Sinne des Art. 9 Abs. 3 GG, weil sie Körperschaften des öffentlichen Rechts sind; der Gesetzgeber hat ihnen aber gleichwohl Tariffähigkeit verliehen, damit auch im Bereich des Handwerks Tarifverträge geschlossen werden können. Die soziale Mächtigkeit spielt in diesem Fall keine Rolle.

3. Zusammenfassender Überblick[50]

Koalition	Tariffähige Koalition (= Tarifvertragspartei: Gewerkschaft oder Arbeitgeberverband)

1. Vereinigung von Arbeitnehmern oder Arbeitgebern
a) körperschaftliche Struktur
  aa) auf eine gewisse Dauer angelegt
  bb) unabhängig vom Mitgliederwechsel
  cc) eigene Organe
b) privatrechtlich organisiert
c) frei gebildet
	1. Vereinigung von Arbeitnehmern oder Arbeitgebern
	a) körperschaftliche Struktur
	  aa) auf eine gewisse Dauer angelegt
	  bb) unabhängig vom Mitgliederwechsel
	  cc) eigene Organe
	b) privatrechtlich organisiert
	c) frei gebildet

2. Zweck: Wahrung und Förderung von Arbeits- und Wirtschaftsbedingungen	2. Zweck: Wahrung und Förderung von Arbeits- und Wirtschaftsbedingungen

3. Geeignetes Mittel
a) unabhängig vom sozialen Gegenspieler
  aa) gegnerfrei
  bb) rechtlich und tatsächlich unabhängig
b) überbetrieblich organisiert
c) unabhängig von dritten Mächten (Staat, Kirche, Parteien)
	3. Geeignetes Mittel
	a) unabhängig vom sozialen Gegenspieler
	  aa) gegnerfrei
	  bb) rechtlich und tatsächlich unabhängig
	b) überbetrieblich organisiert
	c) unabhängig von dritten Mächten (Staat, Kirche, Parteien)

	4. Zusätzlich für Tariffähigkeit
	a) demokratisch organisiert
	b) tarifwillig
	c) bereit, das geltende Tarif-, Schlichtungs- und Arbeitskampfrecht anzuerkennen
	d) tauglich
	  aa) Durchsetzungskraft
	  bb) Leistungsfähigkeit der Organisationen
	e) Arbeitskampffähigkeit, nicht: -willigkeit

---

[50] Der Überblick entspricht der Rechtsprechung und, soweit Rechtsprechung fehlt, der h. L., vgl. *Schaub*, Arbeitsrechts-Handbuch, § 187 m.w.N.

Das BAG pflegt die Voraussetzungen für die Gewerkschaftseigenschaft wie folgt 32
zu umschreiben: „Die Arbeitnehmervereinigung muß sich als satzungsmäßige
Aufgabe die Wahrnehmung der Interessen ihrer Mitglieder in ihrer Eigenschaft als
Arbeitnehmer gesetzt haben und willens sein, Tarifverträge abzuschließen. Sie
muß frei gebildet, gegnerfrei, unabhängig und auf überbetrieblicher Grundlage organisiert sein und das geltende Tarifrecht als verbindlich anerkennen. [Außerdem
muß sie] ihre Aufgabe als Tarifpartner sinnvoll erfüllen [können]. Dazu gehören
einmal Durchsetzungskraft gegenüber dem sozialen Gegenspieler, zum anderen
aber auch Leistungsfähigkeit der Organisation"[51].

III. Koalitionsfreiheit

Die Koalitionsfreiheit ist durch **Art. 9 Abs. 3 GG** in Gestalt eines **Doppelgrund-** 33
rechts gewährleistet. Als **Individualgrundrecht** gewährleistet sie für jedermann
das Recht, zur Wahrung und Förderung der Arbeits- und Wirtschaftsbedingungen
Vereinigungen zu bilden und sich am Koalitionsleben zu beteiligen oder ihm fernzubleiben. Als **Kollektivgrundrecht** schützt sie den Bestand der Koalitionen und
deren spezifisch koalitionsmäßige Betätigung[52].

1. Individuelle Koalitionsfreiheit

a) Grundrechtsträger

Während die Vereinigungsfreiheit (Art. 9 Abs. 1 GG) nur den Deutschen zu- 34
kommt, ist die Koalitionsfreiheit als Menschenrecht ausgestaltet. Sie steht „jedermann" zu. Auf die Koalitionsfreiheit können sich also Inländer wie Ausländer, Beamte, Richter, Soldaten, Auszubildende und Arbeitgeber[53] berufen.

b) Positive Koalitionsfreiheit

aa) Gründungs- und Beitrittsfreiheit. Das Grundrecht der positiven Koalitions- 35
freiheit schützt das Recht des Einzelnen, eine Koalition zu gründen oder einer bereits bestehenden beizutreten, gegen Eingriffe des Staates[54]. Das gilt auch für den
gewerkschaftlichen Zusammenschluß von Mitarbeitern einer Gewerkschaft[55].

---

[51] BAG, Beschl. v. 6.6.2000, NZA 2001,160; ähnlich A III 2 des Staatsvertrags über die Schaffung einer Wirtschafts-, Währungs- und Sozialunion zwischen der Bundesrepublik Deutschland und der DDR v. 18.5.1990.
[52] BVerfGE 17, 319 (333 f.); 19, 303 (321 ff.); 28, 295 (304); 38, 281 (305); 38, 386 (393); 50, 290 (368); 57, 220 (245 f.).
[53] BVerfGE 84, 212.
[54] Std. Rspr., vgl. BVerfGE 84, 212 (224); 93, 352 (357).
[55] BAG, Urt. v. 17.2.1998, SAE 1998, 237 m. Anm. *Rieble*.

36 Es hat darüber hinaus **unmittelbare Drittwirkung im Privatrecht**. Nach Art. 9 Abs. 3 Satz 2 GG sind alle **Abreden** und **Maßnahmen**, durch die die Koalitionsfreiheit eingeschränkt oder durch die versucht wird, sie zu behindern, unwirksam. Unter **Abreden** sind Verträge zu verstehen. Unwirksam sind Verträge, durch die ein Arbeitnehmer verpflichtet werden soll, keiner Gewerkschaft oder nur einer im Betrieb vertretenen Gewerkschaft beizutreten oder durch die sich der Arbeitgeber verpflichtet, keine gewerkschaftlich organisierten Arbeitnehmer einzustellen. Ein Vertrag, der eine Vereinbarung enthält, die nach Art. 9 Abs. 3 Satz 2 GG, § 134 BGB nichtig ist, bleibt abweichend von § 139 BGB im übrigen wirksam, weil sonst der Arbeitnehmerschutz in sein Gegenteil verkehrt würde[56]. **Maßnahmen** im Sinne des Art. 9 Abs. 3 Satz 2 GG können rechtlicher oder tatsächlicher Art sein:
- die Kündigung[57] oder die Versetzung eines Arbeitnehmers wegen seiner Gewerkschaftszugehörigkeit oder zur Durchsetzung eines nicht einschlägigen Tarifvertrags,[58]
- die Einstellung eines Bewerbers unter der Voraussetzung, daß er aus der Gewerkschaft austritt,[59]
- ein Arbeitskampf, durch den ein Arbeitgeber gezwungen werden soll, einem bestimmten Arbeitgeberverband beizutreten oder aus seinem Verband auszutreten[60].

37 bb) **Betätigungsfreiheit**. Die positive Koalitionsfreiheit umfaßt das Recht, sich koalitionsmäßig zu betätigen und am Koalitionsleben teilzunehmen[61]. Der Einzelne darf sich an Arbeitskampfmaßnahmen beteiligen[62] und sich werbend für seinen Verband einsetzen, etwa vor Betriebs- oder Personalratswahlen[63].

38 cc) **Sanktionen**. Wer in seiner individuellen Koalitionsfreiheit beeinträchtigt wird, hat ohne Rücksicht auf Verschulden des Störers einen **Beseitigungsanspruch**, etwa auf Entfernung einer Abmahnung wegen Teilnahme an einem rechtmäßigen Arbeitskampf aus der Personalakte, bei Wiederholungsgefahr einen **Unterlassungsanspruch** (§ 1004 Abs. 1 BGB) und im Falle des Verschuldens einen **Schadensersatzanspruch** aus § 280 Abs. 1 (pVV), aus § 823 Abs. 1 BGB (Verletzung des allgemeinen Persönlichkeitsrechts) oder aus § 823 Abs. 2 BGB i.V.m. Art. 9 Abs. 3 Satz 2 GG[64].

---

[56] *Schaub*, Arbeitsrechts-Handbuch, § 188 Rn. 6.
[57] Drohung mit einer Kündigung BAG, Urt. v. 17.2.1998, AP Nr. 87 zu Art. 9 Abs. 3 GG.
[58] BAG, Urt. v. 15.2.1957, AP Nr. 33 zu § 1 KSchG.
[59] BAG, Urt. v. 2.6.1987, AP Nr. 49 zu Art. 9 GG.
[60] BAG, Urt. v. 10.12.2002, NZA 2003, 735.
[61] BVerfGE 93, 352 (357).
[62] BVerfGE 84, 212.
[63] BVerfGE 93, 352 (357 ff.).
[64] BAG, Urt. v. 17.2.1998, AP Nr. 87 zu Art. 9 GG.

c) Negative Koalitionsfreiheit

Negative Koalitionsfreiheit ist das Recht, sich keiner Koalition anzuschließen oder aus ihr auszutreten. Die Rechtsprechung leitet die negative Koalitionsfreiheit aus Art 9 Abs. 3 GG her[65]. Die Koalitionsfreiheit sei nur dann in vollem Umfang gewährleistet, wenn der Einzelne bei seiner Entscheidung, ob er einer Koalition beitritt und wenn ja, welcher, von jedem Zwang frei sei. Folgerichtig nimmt sie an, daß die Verpflichtung eines Unternehmers, in einem Haustarifvertrag Mitglied des zuständigen Arbeitgeberverbands zu bleiben, wegen Verstoßes gegen Art. 9 Abs. 3 Satz 2 GG unwirksam ist[66]. Die Literatur stützt die negative Koalitionsfreiheit überwiegend auf das Grundrecht der allgemeinen Handlungsfreiheit (Art. 2 Abs. 1 GG)[67]. Das Recht, einer Koalition fernzubleiben, sei in der Vergangenheit niemals streitig gewesen. Daher habe verfassungsrechtlich nur das Bedürfnis bestanden, die positive Koalitionsfreiheit zu gewährleisten. Die negative Koalitionsfreiheit sei stets als Ausfluß der allgemeinen Handlungsfreiheit aufgefaßt worden. Nach einer Mindermeinung ist die negative Koalitionsfreiheit überhaupt nicht verfassungsrechtlich geschützt[68].

39

2. Kollektive Koalitionsfreiheit

a) Bestandsgarantie

Art. 9 Abs. 3 GG schützt neben dem Einzelnen auch die **Koalition als Verband** in ihrem Bestand und garantiert ihr die Bestimmung über ihre Organisation, das Verfahren der Willensbildung und die Führung der Geschäfte[69]. Geschützt sind ferner die Selbstbestimmung der Koalitionen über ihre innere Ordnung sowie ihre Tätigkeiten zum Zwecke der Förderung der Arbeits- und Wirtschaftsbedingungen ihrer Mitglieder. In den Schutzbereich des Art. 9 Abs. 3 GG fallen damit auch Maßnahmen zur Aufrechterhaltung ihrer Geschlossenheit nach innen und außen[70]. Der Bestandsschutz ergibt sich nicht unmittelbar aus dem Wortlaut, sondern aus einer historischen und teleologischen Interpretation von Art. 9 Abs. 3 GG. Bereits Art. 165 der Weimarer Reichsverfassung hat die Verbände der Arbeitgeber und der Arbeitnehmer anerkannt. Das Bekenntnis des Grundgesetzes zum sozialen Rechtsstaat gebietet dieselbe Auslegung der Koalitionsfreiheit. Der Schutz der individuellen Koalitionsfreiheit muß notwendig den der Koalition umfassen, denn dieser Schutz wäre unvollkommen, wenn nicht auch die auf Grund des individuellen

40

---

[65] BVerfGE 20, 312 (321 f.); 44, 352; BAG GS, Beschl. v. 29.11.1967, AP Nr. 13 zu Art. 9 GG.
[66] BAG, Urt. v. 10.12.2002, NZA 2003, 735.
[67] *Hueck/Nipperdey*, Arbeitsrecht II/1, § 10 II 2; *Söllner/Waltermann*, Arbeitsrecht, § 9 IV.
[68] *Biedenkopf*, Grenzen der Tarifautonomie, S. 93 ff.
[69] BVerfGE 4, 96, (101 f.); 50, 290 (367); 84, 212 (224); 94, 268 (282 f.).
[70] BVerfG, Beschl. v. 24.2.1999, BVerfGE 100, 214 (221).

Koalitionsrechtes gebildete Koalition geschützt wäre[71]. Die Bestandsgarantie erstreckt sich auch auf den Koalitionszweck, nämlich die Förderung der Arbeits- und Wirtschaftsbedingungen.

41 Der **Bestand** der Koalitionen ist **gegenüber Dritten** geschützt. Abreden und Maßnahmen, durch die Dritte in den Bestand einer Koalition eingreifen, sind rechtswidrig. Eine Maßnahme gegen den Bestand der Koalition ist es etwa, wenn die Einstellung eines Bewerbers vom Austritt aus der Gewerkschaft abhängig gemacht wird. Die Koalition kann aus eigenem Recht Unterlassungs- oder Schadensersatzklage erheben[72]. Der Bestandsschutz der Koalitionen besteht auch **gegenüber ihren Mitgliedern**. Die Koalitionen sind berechtigt, den Austritt von Mitgliedern durch Kündigungsvorschriften zu beschränken. Außerdem können Bestimmungen im Interesse der Verbandsdisziplin erlassen werden. Umstritten ist, ob der Bestand auch **gegenüber konkurrierenden Koalitionen** geschützt ist. Die h. M.[73] bejaht dies für den Fall der unfairen Mitgliederwerbung. Nach a. A. kommen lediglich Ansprüche aus §§ 824, 826 BGB in Betracht.

b) Betätigungsgarantie

42 Art. 9 Abs. 3 GG schützt weiter die **spezifisch koalitionsmäßige Betätigung**[74]. Was darunter zu verstehen ist, ist umstritten. Ein Teil der Rechtslehre beschränkt den Schutz auf die Förderung der Arbeits- und Wirtschaftsbedingungen durch Abschluß von Tarifverträgen[75]. Damit genössen nur Gewerkschaften und (tarifwillige) Arbeitgeberverbände den Schutz des Art. 9 Abs. 3 GG. Die h. M. nimmt dagegen an, daß sich der Schutz auf jede Tätigkeit zur Erfüllung der in Art. 9 Abs. 3 GG gestellten Aufgaben bezieht. Soweit die Verfolgung des Koalitionszwecks, die Wahrung und Förderung der Arbeits- und Wirtschaftsbedingungen, von dem Einsatz bestimmter Mittel abhängt, werden auch diese vom Schutz des Grundrechts umfaßt[76]. Zur verfassungsrechtlich geschützten Betätigung gehören daher
- der Abschluß, die Änderung und die Beendigung von Tarifverträgen und sonstigen Vereinbarungen mit Arbeitgebern und Arbeitgeberverbänden im Rahmen der Tarifautonomie[77],
- die Schlichtung und der Arbeitskampf[78],
- die Mitwirkung in Gesetzgebung, Verwaltung, Gerichtsverfahren, Betriebs- und Unternehmensverfassung und
- die Selbstdarstellung und Werbung vor Betriebs- und Personalratswahlen[79].

---

[71] BVerfGE 4, 101 (106); 17, 333; 19, 312; 28, 304; 50, 367; 58, 246.
[72] BAG, Urt. v. 17.2.1998, NZA 1998 754; hierzu *Rieble*, SAE 1998, 243 ff.
[73] BAG, Urt. v. 11.11.1968, AP Nr. 14 zu Art. 9 Abs. 3 GG.
[74] Std. Rspr., zuletzt BVerfGE 94, 268 (283).
[75] *Nikisch*, Arbeitsrecht II, S. 58.
[76] BVerfGE 50, 290 (373 f.); 84, 212 (224); 94, 268 (283).
[77] Zuletzt BVerfGE 94, 268 (283 ff.).
[78] BVerfGE 84, 212.
[79] Zuletzt BVerfGE 93, 352.

Die allgemein-politische Betätigung der Verbände ist nur im Rahmen der allgemeinen **43** Handlungsfreiheit (Art. 2 Abs. 1 GG) geschützt. Dasselbe gilt für die politische Wahlwerbung[80]. Die Betätigungsgarantie gibt keinen Anspruch auf **Teilnahme an Tarifverhandlungen**[81]. **Zulässig** sind die Verteilung von Werbe- und Informationsmaterial mit spezifisch koalitionsmäßigem Inhalt außerhalb der Arbeitszeit und während der Pausen sowie die Benutzung von betrieblichen Anschlagbrettern[82]. **Unzulässig** sind die Verteilung von Gewerkschaftszeitungen im Betrieb[83] oder von Werbe- und Informationsmaterial während der Arbeitszeit[84], die Benutzung des hausinternen Postverteilungssystems[85], die Werbung durch betriebsfremde Beauftragte in kirchlichen Einrichtungen[86], die Durchführung von Wahlen für gewerkschaftliche Vertrauensleute im Betrieb[87], das Versehen von Schutzhelmen, die dem Arbeitgeber gehören, mit Gewerkschaftsemblemen (Plaketten)[88].

c) Grenzen der Betätigungsgarantie

Wie weit der Schutz von Koalitionszweck und Koalitionsmittel reicht, ist seit jeher **44** umstritten. Art. 9 Abs. 3 GG ist ein **vorbehaltlos gewährleistetes Grundrecht**. Zwar besteht damit die Koalitionsfreiheit nicht schrankenlos; sie kann aber nur unter den Voraussetzungen eingeschränkt werden, die allgemein für die Beschränkung vorbehaltloser Grundrechte gelten. Solche Grundrechte können **nur durch die Grundrechte Dritter und durch andere Verfassungsrechtsgüter** begrenzt werden[89]. Dabei ist zwischen den widerstreitenden (Grund-)Rechtspositionen **praktische Konkordanz** herzustellen. Ob der Gesetzgeber weitergehende Regelungsbefugnisse zum Schutz sonstiger Rechtsgüter hat, hat das BVerfG offengelassen[90]. Früher ging die Rechtsprechung davon aus, daß Art. 9 Abs. 3 GG nur einen für die Erhaltung und die Sicherung der Koalition unerläßlichen **Kernbereich** koalitionsmäßiger Betätigungen schützt[91]. Seit 1995 nimmt das BVerfG an, daß der Schutzbereich des Art. 9 Abs. 3 GG nicht von vornherein auf den Bereich des für die Koalition Unerläßlichen beschränkt ist[92]. Vielmehr müßten in jedem Fall die

---

[80] BVerfGE 42, 133.
[81] BAG, Urt. v. 14.2.1989, 52 zu Art. 9 GG; dazu *Coester,* ZfA 1977, 87 ff.
[82] BVerfGE 93, 352.
[83] BAG, Urt. v. 23.2.1979, AP Nr. 29 zu Art. 9 GG.
[84] BGH, Urt. v. 4.7.1977, AP Nr. 25 zu Art. 9 GG.
[85] BAG, Urt. v. 23.9.1986, AP Nr. 45 zu Art. 9 GG; EuGH, Urt. v. 18.1.1990, NZA 1991, 189.
[86] BAG, Urt. v. 19.1.1982, AP Nr. 10 zu Art. 140 GG.
[87] BAG, Urt. v. 8.12.1978, AP Nr. 28 zu Art. 9 GG.
[88] BAG, Urt. v. 23.2.1979, AP Nr. 30 zu Art. 9 GG.
[89] BVerfGE 84, 212; 94, 268.
[90] BVerfGE 94, 268 (284).
[91] BVerfGE 17, 319 (333 f.); 19, 303 (321 ff.); 28, 295 (304); 38, 281 (305); 38, 386 (393); 50, 290 (368); 57, 220 (245 f.).
[92] BVerfGE 93, 362 (359 f.).

Intensität der Grundrechtsbeeinträchtigung und das Gewicht der entgegenstehenden Rechtsgüter gegeneinander abgewogen werden[93].

45 Die Koalitionsfreiheit bedarf der **Ausgestaltung durch den Gesetzgeber**, soweit das Verhältnis der Tarifvertragsparteien zueinander berührt wird[94]. Eine solche Ausgestaltung stellt das TVG dar (s. § 13 Rn. 48 ff.). Denkbar wäre auch die Regelung der Voraussetzungen für die Eigenschaft als Koalition oder für den Arbeitskampf. Der die Koalitionsfreiheit ausgestaltende Gesetzgeber bestimmt die Grund- und Rahmenbedingungen, damit Art. 9 Abs. 3 GG effektiv in Anspruch genommen werden kann. Die einfachrechtliche Ausgestaltung der Koalitionsfreiheit geschieht also um ihrer selbst willen, insbesondere weil stets mehrere Grundrechtsträger gleichzeitig von der grundrechtlichen Gewährleistung Gebrauch machen und es damit zwangsläufig zu „Grundrechtskollisionen" kommt, deren Auflösung zuvörderst Sache des Gesetzgebers ist. Dagegen erfolgen **Eingriffe in die Koalitionsfreiheit** zur Durchsetzung anderer Rechte und Rechtsgüter.

IV. Mitgliedschaft in den Koalitionen

46 Die Mitgliedschaft in einer Koalition richtet sich nach deren Satzung. Wird die Koalition in der Rechtsform des Vereins geführt, ist das Vereinsrecht zu beachten, das allerdings verfassungskonform auszulegen ist.

1. Erwerb der Mitgliedschaft

a) Beitritt

47 Die Mitgliedschaft wird durch Vertrag erworben[95], der durch Aufnahmeantrag und dessen Annahme durch das zuständige Verbandsorgan zustandekommt[96]. Die Aufnahmevoraussetzungen sind so zu gestalten, daß dem Verbandszweck genügt wird und daß sie von den Beitrittswilligen erfüllt werden können. Die Verbandssatzung kann für den Aufnahmeantrag die Schriftform, für die Annahme die Zustimmung bestimmter Verbandsorgane vorsehen. Eine Zustimmungspflicht hindert die Wirksamkeit der Annahme aber nur, wenn sie die Vertretungsmacht des zuständigen Organs nach außen beschränkt[97]. Die Gewerkschaften verlangen neben der Anerkennung der Satzung zumeist die Zahlung eines Eintrittsgeldes. Bei den Arbeitgeberverbänden bedarf es zur Aufnahme des Mitgliedes häufig eines Beschlusses des zuständigen Verbandsorgans. Durch Verbandssatzung kann bestimmt werden, daß

---

[93] BVerfGE 93, 362 (359 f.); 100, 214 (222).
[94] BVerfGE 88, 103 (115); 92, 365 (394); 94, 268 (284).
[95] BGHZ 101, 96.
[96] LAG Hamm, Urt. v. 11.5.1989, LAGE § 4 TVG Abschlußnormen Nr. 1, für die Aufnahme in eine Gewerkschaft.
[97] *Löwisch/Rieble*, § 3 TVG Rn. 21.

nur solche Personen aufgenommen werden, die im räumlichen und fachlichen Tätigkeitsbereich des Verbandes arbeiten.

Ist der Beitrittswillige in der Geschäftsfähigkeit beschränkt, so bedarf es zum Beitritt grundsätzlich der Zustimmung des gesetzlichen Vertreters. Eine Ausnahme gilt für Minderjährige, die ermächtigt sind, ein Erwerbsgeschäft zu führen (§ 112 BGB) oder in Arbeit zu treten (§ 113 BGB). Nur so ist sichergestellt, daß sie den Schutz des Tarifvertrages erlangen können[98]. **48**

Mitglied der Arbeitgeberverbände werden nicht die Betriebe, sondern deren Inhaber (= Rechtsträger), also die natürlichen oder juristischen Personen. Liegen Betriebe in mehr als einem Tarifbezirk, kommt auch die Mitgliedschaft in mehreren Arbeitgeberverbänden in Betracht. Die Mitgliedschaft entsteht mit Zugang der Annahmeerklärung des Aufnahmeantrags[99]. Nach Vereinsrecht ist zwar auch ein rückwirkender Beitritt zum Verband möglich, tarifrechtlich hat er aber keine Bedeutung[100]. **49**

b) Anspruch auf Aufnahme

Einen Aufnahmeanspruch sehen die Verbandssatzungen zumeist nicht vor. Er ergibt sich aber aus § 826 BGB i.V.m. Art. 9 Abs. 1 GG und speziell für die Aufnahme in eine Koalition aus Art. 9 Abs. 3 Satz 2 GG. Das grundrechtlich gewährleistete Recht, einer Koalition beizutreten, kann nur dann effektiv ausgeübt werden, wenn der Einzelne vor der mißbräuchlichen Versagung der Mitgliedschaft in einer mächtigen Koalition geschützt wird. Er kann nicht darauf verwiesen werden, einem konkurrierenden Verband beizutreten oder selbst einen solchen zu gründen[101]. Bislang hat die Rechtsprechung das zwar nur für die Aufnahme von Arbeitnehmern in eine Gewerkschaft ausgesprochen[102], für die Aufnahme eines Arbeitgebers in einen Arbeitgeberverband muß aber dasselbe gelten, wenn der Verband eine überragende Machtstellung hat, ein wesentliches Interesse an der Mitgliedschaft besteht und kein sachlicher Grund für die Versagung vorliegt[103]. Freilich muß der Arbeitgeber die satzungsgemäßen Voraussetzungen für eine Aufnahme erfüllen[104]. **50**

---

[98] *Gitter/Westphal*, JuS 1981, 899; Palandt/*Heinrichs*, § 113 BGB Rn. 4.
[99] BGH, Urt. v. 29.6.1987, BGHZ 101, 193.
[100] BAG, Beschl. v. 20.12.1988, AP Nr. 9 zu § 87 BetrVG 1972 Auszahlung; *Däubler*, Tarifvertragsrecht, Rn. 293; *Zöllner/Loritz*, Arbeitsrecht, § 37 I 1.
[101] *Löwisch/Rieble*, § 3 TVG Rn. 28 m.w.N.; *Schaub*, Arbeitsrechts-Handbuch, § 191 Rn. 1.
[102] BGH, Urt. v. 15.10.1990, EzA Art. 9 GG Nr. 50 für den Ausschluß eines Arbeitnehmers aus einer Gewerkschaft. Zuvor bereits BGH, Urt. v. 10.12.1984, BGHZ 93, 151; Urt. v. 1.10.1984, NJW 1985, 1214.
[103] *Löwisch/Rieble*, § 3 TVG Rn. 29; vgl. allgemein BGH, Urt. v. 10.12.1984, BGHZ 93, 151.
[104] *Löwisch/Rieble*, § 3 TVG Rn. 30; *Schaub*, Arbeitsrechts-Handbuch, § 191 Rn. 1.

c) Doppelmitgliedschaft

51 Gegen eine Doppelmitgliedschaft bestehen keine grundsätzlichen Bedenken. Gewährt Art. 9 Abs. 3 GG dem Einzelnen das Recht, einer bestimmten Koalition beizutreten, spricht nichts dagegen, sich zugleich in mehreren Koalitionen zu organisieren[105]. Ob die Satzung eine Doppelmitgliedschaft verbieten kann, ist offen. Zumindest besteht kein grundrechtlich verbürgter Anspruch auf Aufnahme in einen Verband, wenn bereits die Mitgliedschaft in einem anderen Verband besteht. Ein Interesse des Arbeitgebers an einer Doppel- oder Mehrfachmitgliedschaft ist zumindest dann zu bejahen, wenn zum Unternehmen Betriebe gehören, die im Zuständigkeitsbereich verschiedener Verbände tätig sind.

2. Pflichten der Mitglieder

a) Förderung

52 Die Verbandsmitglieder sind verpflichtet, im Rahmen der Satzung die Ausbreitung des Verbandes und die Erreichung seiner Ziele zu fördern. Dabei haben sie die durch die zuständigen Verbandsstellen erteilten Weisungen zu befolgen. Die Förderungspflicht umfaßt auch die Teilnahme an Arbeitskämpfen. Ob die Koalitionsmitglieder verpflichtet sind, ihrem Vertragspartner die Mitgliedschaft bekanntzugeben, ist umstritten[106].

b) Beitrag

53 Die Hauptpflicht besteht in der Zahlung der **Verbandsbeiträge.** Diese sind bei den Gewerkschaften nach der Höhe der Vergütung gestaffelt; zumeist betragen sie 1 % des Bruttomonatsentgelts. Die Beiträge der Arbeitgeber werden nach den zu den Berufsgenossenschaften gemeldeten Entgeltsummen berechnet. Die Spitzenorganisationen erhalten von ihren Mitgliedern einen Prozentsatz des Beitragsaufkommens.

3. Rechte der Mitglieder

a) Mitwirkung und Teilhabe

54 Die Mitglieder sind berechtigt, an den grundlegenden Beschlüssen des Verbandes mitzuwirken, und sie dürfen die Einrichtungen des Verbandes in Anspruch nehmen, von denen neben der Unterstützung bei Arbeitskämpfen die Rechtsberatung die wichtigste ist. Gewährt der Verband Rechtsschutz, hat er die Mitglieder umfassend zu beraten und ggf. bei Gericht zu vertreten; die mit dem Rechtsschutz

---

[105] BAG, Urt. v. 17.2.1998, AP Nr. 87 zu Art. 9 Abs. 3 GG.
[106] MünchArbR/*Buchner*, § 41 Rn. 119 ff.; *Moritz*, NZA 1987, 332.

betrauten Verbandsvertreter sind vor den Arbeitsgerichten und den Landesarbeitsgerichten, nicht aber vor dem BAG postulationsfähig (§ 11 Abs. 2 Satz 2 ArbGG).

b) Streitigkeiten

Für Streitigkeiten zwischen den Verbänden und ihren Mitgliedern ist zumeist die 55
Zuständigkeit von Schiedsgerichten vereinbart. Ansonsten sind die ordentlichen Gerichte zuständig.

4. Beendigung der Mitgliedschaft

a) Grundsätze

Die Mitgliedschaft in einem Verband ist regelmäßig nicht befristet. Wann sie en- 56
det, ergibt sich aus der Verbandssatzung[107]. Typische Beendigungsgründe für die Mitgliedschaft von Arbeitgebern sind
– Einstellung der Betätigung in dem Bereich, für den die Koalition zuständig ist
– rechtskräftige behördliche Schließung des Betriebes
– Eröffnung des Konkursverfahrens oder Abweisung des Eröffnungsantrags mangels Masse
– Verbandsaustritt
– Verbandsausschluß.

b) Austritt

aa) Grundsätze. Die Mitglieder sind nach § 39 Abs. 1 BGB zum Austritt aus dem 57
Verband berechtigt, und dieses Recht kann ihnen auch nicht durch die Satzung entzogen werden (§ 40 BGB). Die dauernde Versagung des Austritts wäre eine übermäßige Beschränkung der persönlichen Freiheit; sie würde dem Prinzip der Freiwilligkeit widerstreiten, auf dem alle privatrechtlichen Zusammenschlüsse beruhen[108]. Der Austritt ist zudem die einzige Möglichkeit, sich den Folgen eines nicht gebilligten Beschlusses der Mitgliederversammlung zu entziehen[109]. Was für die Arbeitgeberverbände, die in der Form eingetragener Vereine geführt werden, unmittelbar aus § 39 BGB folgt, gilt für die traditionell als nicht rechtsfähige Vereine organisierten Gewerkschaften entsprechend. § 54 BGB, der auf den nicht eingetragenen Verein die Vorschriften der Gesellschaft bürgerlichen Rechts angewendet wissen will, wird von Rechtsprechung und h. L. insoweit schlicht ignoriert[110].

---

[107] Palandt/*Heinrichs*, § 38 BGB Rn. 5.
[108] *Larenz*, Allgemeiner Teil des deutschen bürgerlichen Rechts, § 10 III b.
[109] BGHZ 48, 210.
[110] Palandt/*Heinrichs*, § 54 BGB Rn. 1; *Söllner/Waltermann*, Arbeitsrecht, § 10 III 2.

58 bb) **Form.** Die Austrittserklärung ist eine **einseitige empfangsbedürftige Willenserklärung**[111]. Sie ist grundsätzlich **formfrei**. Die Satzung kann zwar Schriftform vorsehen[112], die Einhaltung einer strengeren Form, beispielsweise die Erklärung durch eingeschriebenen Brief[113], kann sie aber nicht verlangen. Sie darf weder eine Begründung für den Austritt fordern[114] noch „Austrittsgebühren" vorsehen[115].

59 cc) **Frist.** § 39 Abs. 2 BGB gestattet es, in der Satzung den Austritt nur zum Schlusse eines Geschäftsjahrs oder erst nach Ablauf einer Kündigungsfrist von höchstens 2 Jahren Dauer zuzulassen. § 39 Abs. 2 BGB ist bei Koalitionen verfassungskonform im Lichte der von Art. 9 Abs. 3 GG garantierten negativen Koalitionsfreiheit auszulegen. Danach darf das verfassungsmäßige Recht, aus einer Koalition auszutreten, nicht übermäßig beschränkt werden. Andererseits ist das legitime Interesse des Verbands an einem überschaubaren Mitgliederbestand mit einem kalkulierbaren Beitragsaufkommen zu berücksichtigen[116].

60 Eine Austrittsfrist von 2 Jahren beim Austritt eines Arbeitnehmers aus der Gewerkschaft hielt der BGH für unverhältnismäßig; zulässig seien **Austrittsfristen von höchstens 6 Monaten**[117]. Nichts wesentlich anderes kann für den Austritt eines Unternehmens aus dem Arbeitgeberverband gelten[118]. Zu berücksichtigen ist allerdings, daß für den Arbeitgeberverband wegen der unterschiedlichen Größe der Mitgliedsunternehmen und der daraus folgenden unterschiedlichen Höhe der Beiträge das Problem des Mitgliedsbeitrags eine ganz andere Rolle spielt. Der Austritt eines Großunternehmens kann für einen Verband existentielle Folgen haben. Das muß das Recht bei der Bemessung der Austrittsfrist berücksichtigen. Folge einer zu langen Kündigungsfrist in der Satzung ist nicht die Unwirksamkeit der Bestimmung oder die Befugnis zur fristlosen Kündigung; es gilt vielmehr die kürzere verfassungsmäßige Kündigungsfrist[119].

61 Aus **wichtigem Grund** ist ein **Austritt mit sofortiger Wirkung** möglich[120]. Das gilt auch ohne ausdrückliche Erwähnung in der Satzung. Ein wichtiger Grund ist gegeben, wenn Umstände vorliegen, die es dem Mitglied unzumutbar machen, die Mitgliedschaft bis zum Ablauf der satzungsmäßigen Austrittsfrist aufrechtzuerhalten[121]. Eine Änderung des Tarifvertrages, die von einem Mitglied für unangemessen gehalten wird, genügt dafür schon deshalb nicht, weil der Tarifvertrag auch bei einem sofortigen Austritt bis zu seiner Beendigung weitergelten würde (§ 3 Abs. 3 TVG)[122].

---

[111] Wiedemann/*Oetker*, § 3 TVG Rn. 105.
[112] BayObLGZ 86, 533.
[113] RGZ 77, 70.
[114] Palandt/*Heinrichs*, § 39 BGB Rn. 2.
[115] *Löwisch/Rieble*, § 3 TVG Rn. 35.
[116] *Löwisch/Rieble*, § 3 TVG Rn. 33.
[117] BGH, Urt. v. 4.7.1977, 22.9.1980, AP Nr. 25, 33 zu Art. 9 GG; dazu *Feger*, AiB 1995, 490 (491); *Krauss*, DB 1995, 1562; *Hoß/Liebscher*, DB 1995, 2525.
[118] BAG, Urt. v. 20.12.2002, NZA 2003, 735.
[119] *Löwisch/Rieble*, § 3 TVG Rn. 34.
[120] *Löwisch/Rieble*, § 3 TVG Rn. 36, unter Berufung auf RGZ 130, 375 (378).
[121] *Krauss*, DB 1995, 1562.
[122] *Däubler*, ZTR 1994, 448 (449); *Feger*, AiB 1995, 490 (491).

c) Ausschluß

aa) Grundsätze. Die Gründe, die zu einem Ausschluß führen können, richten sich nach der Satzung. Auf den Ausschluß als schwerste Verbandsstrafe darf nur erkannt werden, wenn andere Maßnahmen nicht ausreichen[123]. Als mildere Maßnahme kommt auch der zeitweise Ausschluß in Betracht. Ein Ausschluß aus wichtigem Grund ist immer zulässig[124]. 62

Beispiele: Mitgliedschaft in einer gewerkschaftsfeindlichen Partei[125], Mitgliedschaft in einer undemokratischen Vereinigung[126], grob illoyales Verhalten[127], Streikbrecherarbeit[128], Kandidatur zum Betriebsrat auf einer gewerkschaftsfremden Liste[129].

bb) Gerichtliche Überprüfung des Ausschlusses. Nach der Rechtsprechung[130] kann bei einem Verbandsausschluß nur die formelle Gültigkeit des Ausschließungsbeschlusses nachgeprüft werden, d. h., ob das satzungsgemäße Verfahren eingehalten worden ist. Dagegen soll die Nachprüfung, ob ein satzungsgemäßer oder wichtiger Grund vorliegt, grundsätzlich nicht statthaft sein. Anderes gilt aber dann, wenn der Ausschluß offenbar unbillig ist oder wenn wichtige Vermögensinteressen des Mitglieds auf dem Spiele stehen[131]. Letzteres wird man bei der Mitgliedschaft in einer Koalition immer anzunehmen haben (Geltung von Tarifverträgen, Teilhabe an Unterstützungsleistungen usw.). Hinzu kommt, daß die Koalitionen heute wichtige Aufgaben im Rahmen der unmittelbaren und mittelbaren Staatsverwaltung ausüben. Der Ausschluß aus einer Koalition muß deshalb formell wie materiell der vollen richterlichen Nachprüfung unterliegen[132]. 63

V. Rechtstatsächliches zu den Koalitionen

1. Deutscher Gewerkschaftsbund (DGB)

Der DGB ist der Zusammenschluß von 11 Einzelgewerkschaften. Er gliedert sich in 12 Landesbezirke, 139 Kreise sowie in zahllose Zweigbüros und Ortskartelle. Er ist Mitglied im Europäischen Gewerkschaftsbund (EGB). Der DGB und seine Mitgliedsverbände verstehen sich als Einheitsgewerkschaften. Sie organisieren alle Arbeitnehmer ohne Rücksicht auf ihre politische und weltanschauliche Ausrich- 64

---

[123] So schon RGZ 169, 334.
[124] BGH, Urt. v. 13.7.1972, NJW 1972, 1892 (1893); Urt. v. 10.7.1989, NJW 1990, 40 (41).
[125] BGH, Urt. v. 15.10.1990, NJW 1991, 485.
[126] OLG Düsseldorf, Urt. v. 18.5.1994, NJW-RR 1994, 1402.
[127] BGH, Urt. v. 4.3.1991, NJW-RR 1991, 888.
[128] BGH, Urt. v. 19.1.1978, NJW, 1978, 990.
[129] BVerfGE 100, 214; a. A. BGH, Urt. v. 19.10.1987, BGHZ 102, 265 (277).
[130] BGH, Urt. v. 28.9.1972, AP Nr. 21 zu Art. 9 GG.
[131] BGH, Urt. v. 19.10.1987, BGHZ 102, 265 (277).
[132] Vgl. weiter *Säcker/Rancke*, AuR 1981, 1 ff.; *Wendeling-Schröder*, ZGR 1990, 107.

tung. Das ist eine Absage an das Prinzip der Richtungsgewerkschaften der Vorkriegszeit. Der Grundsatz der Einheitsgewerkschaft schließt nicht aus, daß der DGB von seinen Zielen und von der Einstellung der Mehrheit seiner Mitglieder her sozialdemokratischen Gedanken nahesteht. Die Einzelgewerkschaften sind ganz überwiegend nach dem Industrieverbandsprinzip organisiert; die Gewerkschaften bezeichnen sich zum Teil selbst als Industriegewerkschaften (z.B. IG Metall). Beim Industrieverbandsprinzip, das eine bewußte Abkehr vom Grundsatz des Berufs- (Berufsgruppen-, Fach-)verbandsprinzips der Vorkriegszeit bedeutet, sind alle Arbeitnehmer eines Wirtschaftszweiges gleich welchen Berufs in einer Gewerkschaft zusammengeschlossen. Der IG Metall gehören nicht nur Arbeitnehmer mit Metallberufen an, sondern auch Betriebswirte, Industrie- und Bürokaufleute. Es gilt der Grundsatz: Ein Betrieb, eine Gewerkschaft.

65 Hauptorgan des DGB ist der DGB-Bundeskongreß. Auf diesem kommen alle vier Jahre die 400 Delegierten der DGB-Mitgliedsgewerkschaften zusammen, um die strategischen Entscheidungen zu treffen und den fünfköpfigen geschäftsführenden Bundesvorstand zu wählen, der zusammen mit den Vorsitzenden der 11 Mitgliedsgewerkschaften den DGB-Bundesvorstand wählt. In der Zeit zwischen den Bundeskongressen werden die wichtigsten Entscheidungen vom Bundesausschuß getroffen. Ihm gehören 70 Vertreter der Mitgliedsgewerkschaften, die Mitglieder des DGB-Bundesvorstandes und die 12 Vorsitzenden der DGB-Landesbezirke an.

66 Seit 1989 gibt es innerhalb des DGB einen Konzentrationsprozeß. Die IG Druck und Papier fusionierte mit der Gewerkschaft Kunst zur IG Medien, die IG Chemie und die IG Bergbau mit der Gewerkschaft Leder zur IG Bergbau, Chemie, Energie. Die IG Bauen, Agrar, Umwelt übernahm 1995 die kleine Gewerkschaft Gartenbau, Land- und Forstwirtschaft, die IG Metall 1998 die Gewerkschaft Textil-Bekleidung. 2002 fusionierten die Deutsche Angestellten-Gewerkschaft (DAG), die Deutsche Post-Gewerkschaft (DPG), die Gewerkschaft Handel-Banken-Versicherung (hbv), die Gewerkschaft Öffentliche Dienste, Transport und Verkehr (ÖTV) sowie die IG Medien zur vereinigten Dienstleistungsgewerkschaft (ver.di) mit 3,2 Mio. Mitgliedern. Von der Konzentration erhoffen sich die Gewerkschaften Kostenersparnisse, Effizienzgewinne und eine größere Schlagkraft.

2. Christlicher Gewerkschaftsbund (CGB)

67 Der CGB ist der Dachverband von 16 Berufsgewerkschaften und -verbänden, die in drei Gesamtverbänden für Arbeiter (CGD), Angestellte (GEDAG) und Beamte (GCÖD) zusammengeschlossen sind. Die Mitgliedsverbände streben die Verwirklichung christlich-sozialer Maßstäbe in Gesellschaft, Staat und Wirtschaft an. Die Organe sind der Bundeskongreß, der Hauptausschuß und der Bundesvorstand. Der CGB ist Mitglied der Europäischen Union unabhängiger Gewerkschaften (CESI).

3. Union der Leitenden Angestellten (ULA)

Die ULA ist der Spitzenverband der in den Mitgliedsverbänden zusammenge- **68** schlossenen leitenden Angestellten. Ihr gehören drei Verbände an: der Verband angestellter Akademiker und leitender Angestellter der chemischen Industrie (VAA), der Verband „die Führungskräfte – VAF.VDF" (Handel und Banken, Energie, Gesundheit, Dienstleistungen, IT-Branche, Bergbau, Umweltschutz, Bauindustrie, Versicherungen) und der VDL-Bundesverband - Berufsverband Agrar, Ernährung, Umwelt; eine Kooperation besteht mit dem Bundesverband der Assekuranzführungskräfte (VGA). Die Mitgliedsverbände organisieren nicht nur leitende Angestellte im Sinne des § 5 Abs. 3 BetrVG, sondern auch sonstige Führungskräfte einschließlich des Führungskräftenachwuchses. Insgesamt haben die Mitgliedsverbände der ULA über 50.000 Mitglieder, davon der VAA, der als einziger Mitgliedsverband Gewerkschaft ist, allein 27.000. Die ULA ist Gründungsmitglied der Confédération Européenne des Cadres (CEC).

4. Arbeitgeberverbände

Die Arbeitgeberverbände sind branchenmäßig und regional gegliedert. Zum selben **69** Verband gehören daher Arbeitgeber, die innerhalb einer bestimmten Region (Ort, Bezirk, Land usw.) im selben Wirtschaftszweig tätig sind (Chemie, Textil, Groß- und Außenhandel; Beispiel: Verband der Bayerischen Metall- und Elektroindustrie). Die regionalen Fachverbände sind, soweit sie nicht ohnedies auf Landesebene tätig werden, in der Regel zu Landesverbänden zusammengeschlossen Die Landesverbände sind zumeist Mitglied in zwei Verbänden:
- im **Fachspitzenverband,** d.h. im Gesamtverband einer Branche auf Bundesebene (z.B. „Gesamtmetall", Bundesarbeitgeberverband Chemie)
- im **überfachlichen Landesverband,** d.h. in der Landesvereinigung aller Fachverbände auf Landesebene (z.B. Vereinigung der Bayerischen Wirtschaft).

70 Die Fachspitzenverbände und die überfachlichen Landesverbände sind Mitglieder der Bundesvereinigung der Deutschen Arbeitgeberverbände (BDA). Organe der Arbeitgeberverbände sind die Verbandsversammlung und der Vorstand, der die laufenden Geschäfte führt.

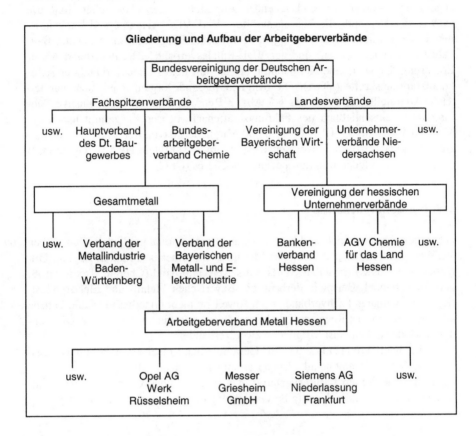

5. Bundesvereinigung der Deutschen Arbeitgeberverbände (BDA)

71 Die BDA ist die Spitzenorganisation der privaten Arbeitgeber aus Industrie, Handwerk, Handel, Banken, Versicherungen, Landwirtschaft, Verkehr und Dienstleistungsgewerbe. Nicht zu den Mitgliedern der BDA gehören der Arbeitgeberverband der Eisen- und Stahlindustrie und die öffentlichen Arbeitgeber (Tarifgemeinschaft der deutschen Länder, Vereinigung der kommunalen Arbeitgeberverbände). Die BDA ist sowohl fachlich als auch regional gegliedert. Sie ist ein Verband von Verbänden; Unternehmen können nicht unmittelbar Mitglied sein. Zur Zeit gehören der BDA 54 Fachspitzen- und 14 überfachliche Landesverbände an. Über ihre Mitgliedsverbände sind ihr rund 1.000 Facharbeitgeberverbände und regionale Arbeitgeberverbände angeschlossen. In Westdeutschland betreuen die Arbeitgeberverbände 75 % der Unternehmen mit 80 % der Arbeitnehmer. Die BDA ist Mitglied der Union des Confédérations de l'Industrie et des Employers d'Europe (UNICE).

§ 13 Tarifvertragsrecht

I. Grundlagen

1. Begriff und Inhalt des Tarifvertrags

a) Begriff

Was unter einem Tarifvertrag zu verstehen ist, ergibt sich aus einer Zusammenschau der §§ 1, 2 Abs. 1 und 4 Abs. 2 TVG. Tarifvertrag im Sinne des TVG ist danach der schriftliche Vertrag zwischen einem oder mehreren Arbeitgebern oder Arbeitgeberverbänden und einer oder mehreren Gewerkschaften zur Regelung von arbeitsrechtlichen Rechten und Pflichten der Tarifvertragsparteien und zur Festsetzung von Rechtsnormen über Inhalt, Abschluß und Beendigung von Arbeitsverhältnissen sowie über betriebliche und betriebsverfassungsrechtliche Fragen und gemeinsame Einrichtungen der Vertragsparteien. 1

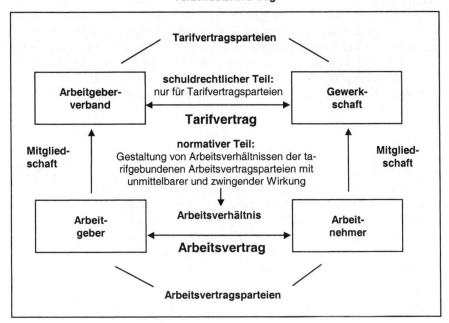

b) Inhalt

2   Der Tarifvertrag besteht aus zwei Teilen:
- dem **schuldrechtlichen Teil**, in dem die Rechtsbeziehungen der Tarifvertragsparteien zueinander geregelt sind,
- und dem **normativen Teil**, der Rechtsnormen für die Arbeitsverhältnisse der Arbeitnehmer und Arbeitgeber enthält, die an den Tarifvertrag gebunden sind.

2. Schuldrechtlicher Teil des Tarifvertrags

a) Rechtsnatur, Grenzen, Auslegung

3   Der Tarifvertrag regelt im schuldrechtlichen (= obligatorischen) Teil Rechte und Pflichten der Tarifvertragsparteien (§ 1 Abs. 1 TVG). Diese Bestimmungen gelten nur für die Tarifvertragsparteien selbst.

4   Ob die Tarifunterworfenen, d.h. die tarifgebundenen Arbeitgeber und Arbeitnehmer, eigene Ansprüche aus dem schuldrechtlichen Teil haben, ist durch Auslegung zu ermitteln. Dabei gelten die für Verträge maßgeblichen Auslegungsgrundsätze (Auslegung nach dem Wortlaut, dem übereinstimmenden Willen der Tarifvertragsparteien usw.). Im Zweifel behalten sich die Tarifvertragsparteien vor, Ansprüche aus dem schuldrechtlichen Teil selbst geltend zu machen; das hindert aber nicht, daß er Schutzwirkungen zugunsten der Tarifunterworfenen entfaltet.

5   Verletzt eine Partei ihre Pflichten aus dem Tarifvertrag, so kann sie auf **Erfüllung** in Anspruch genommen werden, d.h. auf Unterlassung des tarifwidrigen Verhaltens oder auf Vornahme der geschuldeten Handlung. Prozessual gelten dabei keine Besonderheiten. Da der schuldrechtliche Teil ein gegenseitiger Vertrag ist, beurteilen sich **Leistungsstörungen** nach den §§ 320-326 BGB. Das Verschulden der Handelnden wird den Tarifvertragsparteien über § 31 BGB oder über § 278 BGB zugerechnet. Das Rücktrittsrecht ist bei dem Tarifvertrag als Dauerschuldverhältnis durch die Möglichkeit einer außerordentlichen Kündigung nach § 314 BGB ersetzt[1].

b) Inhalt

6   Schuldrechtliche Verpflichtungen der Tarifvertragsparteien können ausdrücklich oder schlüssig vereinbart werden. Gewöhnlich werden geregelt
- die Friedens- und die Durchführungspflicht (s. § 14 Rn. 46 ff.),
- Inkrafttreten, Laufzeit und Kündigung von Tarifverträgen,
- die Errichtung und Unterhaltung von Sozialeinrichtungen,
- die Mitwirkung bei der Beantragung von Allgemeinverbindlicherklärungen,
- Schlichtung und Schiedsverfahren sowie

---

[1] BAG, Urt. v. 18.12.1996, 18.2.1998, AP Nr. 1, 3 zu § 1 TVG Kündigung.

- sonstige vorvertragliche, vertragliche und nachvertragliche Verpflichtungen, die sich aus dem Charakter des Tarifvertrags als Dauerschuldverhältnis ergeben[2].

Den Tarifvertragsparteien steht es frei, Verträge abzuschließen, die nur schuldrechtliche Bestimmungen enthalten. Solche Verträge sind z.B. die Schlichtungsabkommen. Das BAG nennt sie Koalitionsverträge[3]; andere Bezeichnungen sind Sozialpartner-Vereinbarungen (so in der chemischen Industrie), soft agreements[4] oder einfach sonstige Kollektivverträge. 7

3. Normativer Teil des Tarifvertrags

a) Wirkung

aa) Begriff. In seinem normativen Teil ist der Tarifvertrag ein Normenvertrag, der die Arbeitsverhältnisse der tarifgebundenen Arbeitsvertragsparteien unmittelbar, d.h. wie ein Gesetz (= normativ), regelt (§ 4 Abs. 1 TVG). Die Geltung des Tarifvertrags muß zwischen den (tarifgebundenen) Arbeitsvertragsparteien nicht eigens vereinbart werden, und er wird nicht zum Bestandteil des Arbeitsvertrages, sondern er wirkt wie ein Gesetz auf die Arbeitsverhältnisse ein. Ändert sich der Tarifvertrag, so ändern sich die darin geregelten Arbeitsbedingungen von selbst. Tarifnormen enthalten grundsätzlich einseitig zwingendes Recht; von ihnen kann nur zugunsten der Arbeitnehmer abgewichen werden (§ 4 Abs. 1, 3 TVG). Zu den Voraussetzungen der normativen Wirkung im einzelnen s. unten Rn. 209 ff. 8

bb) Dogmatische Konstruktion. Wie die unmittelbare und zwingende Wirkung des Tarifvertrags dogmatisch zu erklären ist, ist nach wie vor umstritten[5]. 9

(1) **Rechtsgeschäftliche Theorien** gehen von der Rechtsfigur der Vertretung aus. Die Regelungsbefugnis für die Arbeitgeberverbände beruhe auf Vollmacht, die der Gewerkschaften auf „sozialrechtlicher" Vertretungsmacht; dabei sollen die Gewerkschaften die Arbeitnehmer in einer Art „sozialer Vormundschaft" vertreten. 10

(2) Nach der **Autonomietheorie** bildet der Tarifvertrag selbst eine Rechtsquelle, durch die objektives Recht geschaffen wird. Dieses Recht liege der staatlichen Rechtsetzung voraus und sei deshalb von ihr zu respektieren. 11

---

[2] Zur Pflicht des Verbandes, die Mitglieder zur Einhaltung des Vertrages anzuhalten, BAG, Urt. v. 18.2.1998, DB 1998, 1723 f.
[3] BAG, Urt. v. 5.11.1997, NZA 1998, 654.
[4] *Däubler*, Tarifvertragsrecht, Rn. 1630.
[5] Dazu v. a. *Wiedemann*, § 1 TVG Rn. 39 ff.; *Rieble*, ZfA 2000, 5 ff.; *Waltermann*, ZfA 2000, 53 ff.

12 (3) Die **Integrationstheorie** betrachtet die Regelungsbefugnis der Tarifvertragsparteien als originäre Rechtsetzungsmacht, die sich unmittelbar aus Art. 9 Abs. 3 GG ergibt und nicht auf einer Delegation durch den einfachen Gesetzgeber beruht.

13 (4) Nach der herrschenden **Delegationstheorie** sind die Tarifvertragsparteien aufgrund staatlicher Delegation zur Rechtsetzung ermächtigt. Dabei behauptet die öffentlich-rechtliche Delegationstheorie, daß die Fähigkeit zur tariflichen Rechtsetzung eine öffentlich-rechtliche Normsetzungsbefugnis darstelle. Die h. M. rechnet den Tarifvertrag, obwohl Gesetz im materiellen Sinne, dem Privatrecht zu, weil er die Rechtsverhältnisse von Privatpersonen ordnet und von privaten Rechtssubjekten abgeschlossen wird.

14 (5) Nach der **Anerkennungstheorie** verläuft die tarifliche Rechtsetzung zweistufig: Die Tarifvertragsparteien vereinbaren Regelungen, die in einem zweiten Schritt von der Rechtsordnung – durch § 1 TVG – als verbindliches Recht anerkannt werden.

15 Der Wert dieser dogmatischen Erklärungsversuche ist beschränkt. Die Theorien werden im wesentlichen zur Entscheidung der Fragen herangezogen, ob und in welchem Umfang der Gesetzgeber in die Tarifautonomie eingreifen darf und in welchem Maße die Tarifvertragsparteien vorrangiges Recht, insbesondere die Grundrechte, zu beachten haben. Keinesfalls dürfen unter Hinweis auf eine bestimmte Theorie vorschnell Konsequenzen für die Rechtsfindung im Einzelfall gezogen werden.

b) Inhalt

16 Was im normativen Teil des Tarifvertrags geregelt werden kann, ergibt sich aus §§ 1 Abs. 1 und 4 Abs. 2 TVG. Danach kann der Tarifvertrag Vorschriften über den Inhalt, den Abschluß und die Beendigung von Arbeitsverhältnissen enthalten, und er kann betriebliche und betriebsverfassungsrechtliche Fragen regeln. Darüber hinaus. kommen Normen zu gemeinsamen Einrichtungen der Tarifvertragsparteien in Betracht. Ein Muster eines Tarifvertrags findet sich hinter Rn. 52.

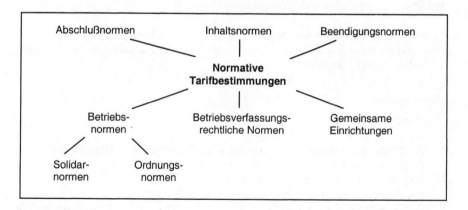

aa) **Abschlußnormen** regeln den Abschluß neuer, die Wiederaufnahme alter oder 17
die Durchsetzung unterbrochener Arbeitsverhältnisse.

(1) **Abschlußverbote** untersagen die Einstellung bestimmter Arbeitnehmer auf bestimm- 18
ten Arbeitsplätzen; bei einem Verstoß ist der Arbeitsvertrag ganz oder teilweise nichtig.
Zur Zulässigkeit von Organisations- und Absperrklauseln (Closed-shop- bzw. Union-shop-
Klauseln) s. unten Rn. 175.

(2) **Abschlußgebote** verpflichten den Arbeitgeber zur Einstellung bestimmter Arbeit- 19
nehmer auf bestimmten Arbeitsplätzen. Der Arbeitnehmer erlangt einen Anspruch auf Neu-
oder Wiedereinstellung, etwa nach einer Entlassung wegen schlechter Witterung (vgl. § 2
Abs. 5 BRTV-Bau) oder nach einem Arbeitskampf. Abschlußgebote sind nur dann wirksam, wenn sie die berechtigten Personenkreise hinreichend genau bestimmen. Die Rechtsprechung hält qualitative und quantitative Besetzungsregelungen trotz der Bedenken aus
Art. 12 Abs. 1 GG für zulässig. Zu Einzelheiten s. unten Rn. 180.

(3) **Formvorschriften** schreiben für den Abschluß von Arbeitsverträgen bestimmte 20
Formen vor. Im allgemeinen haben sie nur deklaratorische Bedeutung, weil sonst die wirksame Begründung von Vereinbarungen behindert wird. Anders ist es in der Regel bei Ne-
benabreden[6].

bb) **Inhaltsnormen** regeln den Inhalt von Arbeitsverhältnissen. Regelbar sind 21
auch die Rechtsverhältnisse von Auszubildenden, von in Heimarbeit Beschäftigten
(§ 17 HAG) und von Arbeitnehmerähnlichen (§ 12a TVG). Gegenstand einer Inhaltsnorm kann grundsätzlich alles sein, was in einem Arbeitsvertrag geregelt werden kann[7]. Durch Inhaltsnormen sind deshalb praktisch alle Pflichten und Rechte
von Arbeitnehmer und Arbeitgeber regelbar.

Beispiele: Entgelt, Entgeltformen, vor allem Zeit- und Leistungslohn (Akkord, Prämie),
und Entgeltgestaltung, Entgeltfortzahlung bei Krankheit, Unfall und sonstigen Arbeitsver-
hinderungen (Heirat, Tod, Umzug, Jubiläen, Arztbesuch usw.), Zulagen und Zuschläge für
Erschwernisse, Mehrarbeit, Nachtarbeit, Sonn- und Feiertagsarbeit oder Schichtarbeit,
Prämien, Erfolgsbeteiligungen, Jahresabschlußleistungen, 13. Monatseinkommen, vermögenswirksame Leistungen, Urlaub, Urlaubsentgelt und Urlaubsgeld, Arbeitszeit, Arbeitsbereitschaft, Kurz- und Mehrarbeit, Wettbewerbsabreden, Nebentätigkeit, Rationalisierungsschutz, Alterslohnsicherung, Haftungsbeschränkung, Arbeitsgestaltung.

cc) **Beendigungsnormen** regeln die Befristung, die Kündigung und den Aufhe- 22
bungsvertrag sowie sonstige Fragen im Zusammenhang mit der Beendigung von
Arbeitsverhältnissen. Sie finden ihre Grenze im zwingenden gesetzlichen Kündigungsschutzrecht. Die ordentliche Kündigung durch den Arbeitgeber kann erschwert oder ausgeschlossen werden, die außerordentliche nicht. Möglich ist es,
die Gründe für eine außerordentliche Kündigung zu konkretisieren. Damit werden
jedoch weder andere Kündigungsgründe ausgeschlossen, noch rechtfertigen die

---

[6] Vgl. z.B. § 4 BAT; dazu BAG, Urt. v. 9.12.1981, AP Nr. 8 zu § 4 BAT.
[7] BAG GS, Beschl. v. 16.9.1986, AP Nr. 17 zu § 77 BetrVG 1972.

ausdrücklich genannten Gründe ohne weiteres die Kündigung. Bei befristeten Arbeitsverträgen kann die Anzahl der Verlängerungen oder die Höchstdauer der Befristung abweichend von der gesetzlichen Regelung festgelegt werden (§ 14 Abs. 2 Satz 3 TzBfG) können sachliche Gründe festgelegt werden. Da Regeln über die Beendigung zum Inhalt des Arbeitsverhältnisses gehören, sind Beendigungsnormen systematisch zu den Inhaltsnormen i. w. S. zu rechnen.

23 dd) **Betriebsnormen** sind Normen über betriebliche Fragen. Sie erlangen bereits dann Geltung, wenn nur der Arbeitgeber tarifgebunden ist (§ 3 Abs. 2 TVG). Ist der Arbeitgeber an mehrere Tarifverträge verschiedener Tarifvertragsparteien gebunden, gilt nach dem Grundsatz der Tarifeinheit im Betrieb der sachnächste Tarifvertrag (s. unten Rn. 265 ff.).

24 Da Betriebsnormen im Gegensatz zu (reinen) Inhaltsnormen auch für Außenseiter gelten, bedarf die Zulässigkeit einer besonderen Rechtfertigung. Unproblematisch sind begünstigende Normen sowie Normen mit Regelungen, die der Arbeitgeber einseitig treffen könnte. Belastende Normen sind dagegen nur zulässig, wenn es dafür eine Legitimation gibt; sie greifen in die Berufsfreiheit und in die negative Koalitionsfreiheit der Außenseiter ein. § 3 Abs. 2 TVG enthält diese Legitimation nicht. Rechtsprechung und Lehre haben Betriebsnormen bisher gegenständlich auf Tarifbestimmungen beschränkt, die aus tatsächlichen oder rechtlichen Gründen nur einheitlich für alle Arbeitnehmer des Betriebs gelten können, gleichgültig, ob sie Gewerkschaftsmitglieder sind oder nicht[8]. Dabei wurden zwei Gruppen unterschieden: Solidarnormen und Ordnungsnormen.

25 **Solidarnormen** sollen Einrichtungen zugunsten der gesamten Belegschaft schaffen, wie etwa Waschräume oder eine Kantine. Im Regelfall erhält der einzelne Arbeitnehmer keinen eigenen Erfüllungsanspruch; vielmehr überwachen die Gewerkschaft und der Betriebsrat die Einhaltung der Vorschriften. **Ordnungsnormen** dienen der Aufrechterhaltung der Sicherheit und Ordnung im Betrieb (Zugangskontrollen, Arbeitszeiterfassung usw.). Solidarnormen sind unproblematisch, weil sie die Außenseiter begünstigen. Ordnungsnormen beschränken – zumindest in aller Regel – die einseitige Gestaltungsmacht des Arbeitgebers.

26 Neuerdings läßt das BAG es für eine Betriebsnorm ausreichen, daß eine individualrechtliche Regelung wegen evidenter sachlogischer Unzweckmäßigkeit ausscheidet[9]. Wäre das richtig, hätten die Tarifvertragsparteien es in der Hand, durch entsprechende Zielsetzung beliebig Betriebsnormen zu schaffen, die Außenseiter belasten, und damit den Tarifvertrag auf kaltem Wege für allgemeinverbindlich zu erklären.

---

[8] BAG, Urt. v. 21.1.1987, 26.4.1990, AP Nr. 47, 57 zu Art. 9 GG; *Löwisch/Rieble*, § 1 TVG Rn. 80 ff., *Zöllner/Loritz*, Arbeitsrecht, § 35 II.
[9] BAG, Beschl. v. 17.6.1997, AP Nr. 2 zu § 3 TVG Betriebsnorm.

Beispiel: Eine Tarifbestimmung, die für alle Arbeitnehmer die 35-Stunden-Woche vorschreibt, gilt als Inhaltsnorm allenfalls[10] für die Arbeitnehmer, die in der tarifschließenden Gewerkschaft organisiert sind. Eine Vorschrift, die für einen bestimmten Prozentsatz der Belegschaften abweichende Vereinbarungen erlaubt, soll dagegen eine (zulässige) Betriebsnorm sein[11].

ee) Betriebsverfassungsrechtliche Normen regeln die betriebliche Mitbestimmung der Arbeitnehmer durch die von ihnen gewählten Organe der Betriebsverfassung. Sie gelten ebenfalls bereits dann, wenn nur der Arbeitgeber tarifgebunden ist. Zur Frage, ob und inwieweit das BetrVG einer Änderung durch Tarifvertrag zugänglich ist, s. § 16 Rn. 8 ff. Das Personalvertretungsrecht kann wegen § 97 BPersVG tarifvertraglich nicht abweichend vom Gesetz geregelt werden. 27

ff) Normen über gemeinsame Einrichtungen der Tarifvertragsparteien. Gemeinsame Einrichtungen sind von den Tarifvertragsparteien geschaffene und von ihnen abhängige Organisationen, deren Zweck und Struktur durch Tarifvertrag festgelegt wird[12]. Sie sollen Aufgaben übernehmen, die über ein einzelnes Unternehmen hinausreichen und dieses nicht selten überfordern. Hierzu gehören z.B. Leistungen der betrieblichen Altersversorgung oder Unterstützungszahlungen bei Arbeitslosigkeit. 28

Gemeinsame Einrichtungen haben vor allem im Baugewerbe Bedeutung (z.B. Zusatzversorgungskasse des Baugewerbes). Es gibt sie aber auch in anderen Branchen (z.B. Unterstützungsverein der chemischen Industrie für arbeitslos gewordene Chemie-Arbeitnehmer, „UCI"). Die Tarifvertragsparteien können die Satzung von gemeinsamen Einrichtungen mit unmittelbarer und zwingender Wirkung ausstatten (§ 4 Abs. 2 TVG) und dabei zugleich das Verhältnis der Einrichtungen zu den tarifgebundenen Arbeitgebern und Arbeitnehmern regeln. 29

4. Arten und Anzahl von Tarifverträgen

Von 1949 bis Ende 2003 sind über 345.000 Tarifverträge abgeschlossen und in das beim Bundesarbeitsministerium geführte Tarifregister (§ 6 TVG) eingetragen worden. Am Jahresende 2003 waren davon noch fast 60.000 gültig[13]. Tarifverträge regeln die Arbeitsverhältnisse von etwa 84 % der Arbeitnehmer, sei es unmittelbar tarifrechtlich, sei es mittelbar durch Bezugnahme im Arbeitsvertrag. Nur für weni- 30

---

[10] Es ist streitig, ob die Tarifvertragsparteien die Arbeitszeitdauer überhaupt verbindlich festlegen können, vgl. dazu *Hromadka*, DB 1992, 1042 m.w.N.; s. auch *Bergner*, Die Zulässigkeit kollektivvertraglicher Arbeitszeitregelungen, 1995, S. 120 ff. m.w.N.
[11] BAG, Beschl. v. 17.6.1997, AP Nr. 2 zu § 3 TVG Betriebsnorm; dazu *Hromadka*, AuA 1998, 73 f.
[12] *Wiedemann*, § 1 TVG Rn. 610.
[13] Zahlenangaben aus BMA, Tarifvertragliche Arbeitsbedingungen im Jahr 2000.

ge Branchen, vor allem in Teilen des Dienstleistungssektors, gibt es keine Tarifverträge.

31 Die Tarifverträge lassen sich u. a. nach ihrem Regelungsgegenstand, den Vertragsparteien, dem Geltungsbereich, dem Kreis der tarifgebundenen Arbeitsvertragsparteien und der Regelungsintensität systematisieren[14]:

Einteilung der Tarifverträge			
nach dem Inhalt	nach den Tarifvertragsparteien	nach den Tarifgebundenen	nach dem Verhältnis zu einem bestehenden TV
– Entgelt-TV – Entgeltrahmen-TV – Mantel-TV – TV über einzelne Materien	– Verbands-TV (= Flächen-TV) Sonderfall: unternehmensbezogener Verbands-TV – Firmen-TV (= Haus-TV, Unternehmens-TV, Werks-TV)	– „normaler" TV – allgemeinverbindlicher TV	– Ursprungs-TV – Änderungs-TV – Anschluß-TV – Parallel-TV

a) Einteilung nach dem Inhalt

32 Vom Regelungsgegenstand her unterscheidet man grundsätzlich vier Arten von Tarifverträgen:

- Der **Entgelttarifvertrag** (auch: Lohn- und Gehaltstarifvertrag), der immer häufiger ein gemeinsamer Tarifvertrag für Arbeiter und Angestellte ist, enthält die Regelung der Vergütungen.
- Im **Entgeltrahmentarifvertrag** (auch: Lohn- und Gehaltsrahmentarifvertrag) sind Fragen im Zusammenhang mit der Vergütung, vor allem die Entgeltarten und die Entgeltgruppen, geregelt.
- Der **Manteltarifvertrag**, manchmal als **Rahmentarifvertrag** bezeichnet, enthält alle übrigen Arbeitsbedingungen, wie Urlaub und Arbeitszeit, soweit sie nicht in sonstigen Tarifverträgen niedergelegt sind.
- **Tarifverträge über einzelne Materien** regeln beispielsweise die Gewährung vermögenswirksamer Leistungen oder Jahresabschlußzahlungen, den Rationalisierungsschutz, die Stellung der gewerkschaftlichen Vertrauensleute oder Fragen der Schlichtung.

---

[14] Zum folgenden *Hromadka*, Tariffibel, 4. Aufl. 1995, S. 47 ff.

Unter den gültigen Tarifverträgen befinden sich rund 7.400 Manteltarifverträge, **33**
rund 18.600 Tarifverträge mit einzelnen Mantelbestimmungen und rund 7.800
Entgelt- und Ausbildungsvergütungstarifverträge. Der Sache nach sind alle diese
Vereinbarungen Tarifverträge, und sie könnten theoretisch alle in einem einzigen
Tarifvertrag enthalten sein. Dennoch schließt man verschiedene Tarifverträge ab,
weil sie häufig unterschiedliche Laufzeiten und nicht selten einen anderen räumlichen Geltungsbereich aufweisen.

- **Unterschiedliche Laufzeiten:** Tarifverträge über Vergütungen haben zumeist kürzere **34**
Laufzeiten als Tarifverträge über Entgeltgruppen, Arbeitszeit oder Urlaub. Das Entgelt
wird in aller Regel jährlich neu vereinbart, während Urlaub und Arbeitszeit für einige
Jahre festliegen. Auch Entgeltgruppen kann man nicht jedes Jahr ändern.

- **Unterschiedlicher räumlicher Geltungsbereich:** In vielen Branchen sind die Entgelte **35**
von Bundesland zu Bundesland verschieden. Dagegen sind die Regelungen über Urlaub
und Arbeitszeit im allgemeinen für das Bundesgebiet gleich. Dementsprechend gibt es
1500 Entgelttarifbezirke, aber nur 1100 Bezirke für Manteltarifverträge.

b) Einteilung nach dem Geltungsbereich

Einen Tarifvertrag zwischen einem Arbeitgeber und einer Gewerkschaft nennt man **36**
Firmentarifvertrag (oder Haustarifvertrag, Werkstarifvertrag, Unternehmenstarifvertrag), zwischen einem Arbeitgeberverband und einer Gewerkschaft **Verbandstarifvertrag**. Da ein Verbandstarifvertrag Wirkungen innerhalb eines bestimmten räumlichen Geltungsbereiches entfalten kann (s. unten Rn. 215), nennt
man ihn neuerdings auch **Flächentarifvertrag**. Soll der Tarifvertrag nur für ein
Unternehmen gelten, spricht man von einem **„unternehmensbezogenen Verbandstarifvertrag"**.

Der allergrößte Teil der Arbeitnehmer (rund 21 Mio.) ist im Bereich der rund **37**
33.100 Verbandstarifverträge tätig, die für die mehr als 200 verschiedenen Wirtschaftszweige abgeschlossen werden. Im Bereich der 26.500 Firmentarifverträge
dürften es mittlerweile fast 4 Millionen sein. Das bekannteste Unternehmen mit
Firmentarifverträgen ist VW.

Nach der Satzung bestimmt sich, welche Stelle innerhalb der Gewerkschaft oder **38**
des Arbeitgeberverbandes für den Abschluß eines Tarifvertrags zuständig ist. Meistens sind das sowohl die Bundes- als auch die Landes-(Bezirks-)organisationen,
häufig auch die örtliche Verwaltung. Die weitaus meisten Tarifverträge werden auf
Landesebene abgeschlossen.

Da Arbeitgeberverbände und Gewerkschaften nicht spiegelbildlich organisiert **39**
sind, kann es vorkommen, daß eine Gewerkschaft mit mehreren Arbeitgeberverbänden Tarifverträge abschließt. So verhandelt die Gewerkschaft Handel, Banken,
Versicherungen (hbv) mit dem Arbeitgeberverband des privaten Bankgewerbes für
die Bankangestellten, mit dem Hauptverband des Deutschen Einzelhandels für die

Arbeitnehmer im Handel und mit dem Arbeitgeberverband des Versicherungsgewerbes für die Angestellten der Versicherungen.

c) Einteilung nach dem Geltungsgrund

40   Tarifverträge gelten – tarifrechtlich – nur für die beiderseits tarifgebundenen Arbeitsvertragsparteien. Tarifgebunden sind die Arbeitsvertragsparteien, wenn sie Mitglieder der den Tarifvertrag abschließenden Verbände sind (§ 3 Abs. 1 TVG), d.h. wenn der Arbeitgeber Mitglied im zuständigen Arbeitgeberverband, der Arbeitnehmer Mitglied in der zuständigen Gewerkschaft ist.

41   Unter bestimmten Voraussetzungen (s. Rn. 250 f.) kann ein Tarifvertrag aber auch für allgemeinverbindlich erklärt werden. Dann gilt er innerhalb seines Geltungsbereichs auch für Arbeitsvertragsparteien, die nicht bei den tarifschließenden Verbänden organisiert sind. Die Allgemeinverbindlicherklärung von Tarifverträgen ist zwar zahlenmäßig betrachtet die Ausnahme – von den Ende 2003 gültigen 59.636 Tarifverträgen waren nur 480 Tarifverträge allgemeinverbindlich –, sie betrifft aber Tarifverträge für wichtige Branchen, wie etwa das Baugewerbe und den Handel, in denen rund 5,5 Mio. Arbeitnehmer beschäftigt sind, darunter 1,2 Mio., für die die Tarifbindung erst durch die Allgemeinverbindlicherklärung entsteht. Allerdings sind auch in diesen Branchen häufig nicht sämtliche Tarifverträge allgemeinverbindlich, sondern nur solche über bestimmte Fragen, wie etwa über die Altersversorgung oder über Zusatz- und Ausgleichskassen.

d) Einteilung nach dem Verhältnis zu einem bestehenden Tarifvertrag

42   In den Branchen und Unternehmen, für die bereits Tarifverträge bestehen, werden nach Ablauf des alten Tarifvertrags nicht Tarifverträge mit völlig neuem Inhalt geschlossen. Für gewöhnlich werden nur einzelne Regelungen geändert. Ein Großteil der neu abgeschlossenen Tarifverträge sind daher reine Änderungstarifverträge. Sind für eine Branche oder ein Unternehmen verschiedene Verbände zuständig, werden häufig Anschluß- oder Paralleltarifverträge vereinbart; das sind Tarifverträge gleichen Inhalts mit verschiedenen Gewerkschaften. Fast die Hälfte aller Tarifverträge – Ende 2003 rund 25.800 – sind Änderungs-, Anschluß- oder Paralleltarifverträge.

5. Funktionen von Tarifverträgen

Dem Tarifvertrag kommen im wesentlichen vier Funktionen zu:

43   – **Schutzfunktion.** Tarifverträge sollen den Arbeitnehmer davor schützen, daß der Arbeitgeber aufgrund seiner wirtschaftlichen Überlegenheit einseitig die Arbeitsvertragsbedingungen festsetzt. Tarifnormen müssen daher zum Nachteil des Arbeitnehmers unabdingbar sein.

- **Verteilungsfunktion.** Tarifverträge stellen die angemessene Beteiligung der 44
Arbeitnehmer am Sozialprodukt sicher, und sie bestimmen mit ihrer Differenzierung in Entgeltgruppen die Einkommensverteilung zwischen den Arbeitnehmern.
- **Ordnungsfunktion.** Tarifverträge führen zu einer Typisierung der Arbeitsver- 45
träge und erleichtern damit wesentlich ihren Abschluß. Die Personalkosten bleiben für eine gewisse Zeit kalkulierbar.
- **Friedensfunktion.** Die Arbeitgeber können darauf vertrauen, daß sie während 46
der Laufzeit des Tarifvertrags nicht mit Arbeitskämpfen überzogen werden.

6. Verfassungsrechtliche Gewährleistung der Tarifautonomie

a) Ableitung und Inhalt

aa) Bestandteil der kollektiven Koalitionsfreiheit. Unter **Tarifautonomie** ver- 47
steht man das Recht der Tarifvertragsparteien, selbständig, d.h. im wesentlichen ohne staatliche Einflußnahme, die Arbeits- und Wirtschaftsbedingungen durch den Abschluß von Tarifverträgen zu regeln. Die Tarifautonomie ist durch Art. 9 Abs. 3 GG gewährleistet. Dort ist zwar nur das Recht des Einzelnen ausdrücklich erwähnt, zur Wahrung und Förderung der Arbeits- und Wirtschaftsbedingungen Vereinigungen zu bilden (**individuelle Koalitionsfreiheit**). Aus systematischen und historischen Gründen ist jedoch zugleich die **kollektive Koalitionsfreiheit**, d.h. die Befugnis der Koalitionen zu einer koalitionsgemäßen Tätigkeit gewährleistet (s. § 12 Rn. 42). Zu deren verfassungsrechtlich absolut geschütztem **Kern** zählt der Abschluß von Tarifverträgen.

bb) Ausgestaltung. Die verfassungsrechtliche Gewährleistung der Tarifautonomie 48
wirkt – anders als die natürlichen, dem Staate „vorausliegenden" Freiheiten (z.B. Meinungsfreiheit, Versammlungsfreiheit) – nicht von selbst, sondern sie bedarf der **Ausgestaltung durch den Gesetzgeber.** Er muß durch den Erlaß einfachen Rechts erst die Instrumente bereitstellen, damit von ihr Gebrauch gemacht werden kann. Die Tarifautonomie ist insoweit, ähnlich wie die Vertragsfreiheit, eine **rechtlich konstituierte Freiheit**. Erst durch die Zuerkennung der unmittelbaren und zwingenden Wirkung für Dritte werden aus den Vereinbarungen zwischen den Koalitionären Tarifverträge. Im Hinblick auf die Verbürgung der Tarifautonomie entfaltet Art. 9 Abs. 3 GG insoweit also zunächst nicht seine abwehrende, d.h. das staatliche Handeln beschränkende Funktion, sondern enthält gerade umgekehrt eine Handlungsanweisung, nämlich das an den Gesetzgeber adressierte Gebot, ein leistungsfähiges Tarifvertragssystem bereitzustellen. Diesem Gebot ist der Gesetzgeber durch den Erlaß des TVG im Jahre 1949 nachgekommen. Verfassungsrechtlich geschützt ist jedoch nicht das Tarifvertragssystem in seiner derzeitigen Gestalt, sondern nur als „Institution". Dem Gesetzgeber bleiben Änderungen des Tarifrechts erlaubt, um die Institution als solche funktionsfähig zu erhalten.

49 Bei der Ausgestaltung des Tarifvertragssystems hat der Gesetzgeber darauf zu achten, daß Tarifverträge darauf angelegt sind, die strukturelle Unterlegenheit des einzelnen Arbeitnehmers beim Abschluß von Arbeitsverträgen durch kollektives Handeln auszugleichen und damit ein annähernd gleichgewichtiges Aushandeln der Löhne und sonstigen Arbeitsbedingungen zu ermöglichen[15]. Die Tarifautonomie ist nur funktionsfähig, wenn zwischen den Tarifvertragsparteien ein **ungefähres Kräftegleichgewicht – Parität –** besteht. Unvereinbar mit Art. 9 Abs. 3 GG ist jede Regelung, die dazu führt, daß die Verhandlungsfähigkeit einer Tarifvertragspartei einschließlich der Fähigkeit, einen wirksamen Arbeitskampf zu führen, verlorengeht und die koalitionsmäßige Betätigung weiter beschränkt wird, als es zum Ausgleich der beiderseitigen Grundrechtspositionen erforderlich ist[16].

50 Der Gesetzgeber muß den Tarifvertragsparteien aber nicht nur Instrumente zur Normsetzung bereitstellen; er muß auch dafür Sorge tragen, daß es etwas zu regeln gibt. Er darf nicht durch eigene Vorschriften die Tarifautonomie aushöhlen. Den Tarifvertragsparteien muß schon von Verfassungs wegen die Regelung von Arbeitsentgelt und von sonstigen materiellen Arbeitsbedingungen verbleiben, wie etwa Arbeits- und Urlaubszeiten, sowie nach Maßgabe von Herkommen und Üblichkeit weitere Bereiche des Arbeitsverhältnisses[17].

b) Grenzen

51 Die Grenzen der verfassungsrechtlichen Gewährleistung der Tarifautonomie können sich nur aus der Verfassung selbst ergeben. Art. 9 Abs. 3 GG gewährleistet die Koalitionsfreiheit und damit die Tarifautonomie vorbehaltlos. Ein Eingriff in ein vorbehaltlos gewährleistetes Grundrecht ist nur gerechtfertigt, soweit der Gesetzgeber damit den Grundrechten Dritter oder anderen mit Verfassungsrang ausgestatteten Rechten Geltung verschaffen will. Dabei muß er den Grundsatz der Verhältnismäßigkeit beachten (s. auch § 12 Rn. 44 f.).

52 Im Rahmen der Verhältnismäßigkeitsprüfung kommt es nach zutreffender Ansicht des BVerfG auf den Gegenstand der gesetzlichen Regelung an: „Der Grundrechtsschutz ist nicht für alle koalitionsmäßigen Betätigungen gleich intensiv. Die Wirkkraft des Grundrechts nimmt vielmehr in dem Maße zu, in dem eine Materie aus Sachgründen am besten von den Tarifvertragsparteien selbst geregelt werden kann, weil sie nach der dem Art. 9 Abs. 3 GG zugrundeliegenden Vorstellung des Verfassungsgebers die gegenseitigen Interessen angemessener zum Ausgleich bringen können als der Staat. Das gilt vor allem für die Festsetzung der Löhne und der anderen materiellen Arbeitsbedingungen. Die sachliche Nähe einer Materie im Bereich von Arbeits- und Wirtschaftsbedingungen zur Tarifautonomie wird äußerlich in dem Umfang erkennbar, in dem die Tarifvertragsparteien in der Praxis von ihrer Regelungsmacht Gebrauch machen. Bestehende tarifvertragliche Regelungen genießen dabei einen grundsätzlich stärkeren Schutz als die Tarifautonomie in Be-

---

[15] BVerfGE 92, 365 (395).
[16] BVerfGE 84, 212 (228); 92, 365 (395).
[17] BVerfGE 94, 268 (283).

reichen, die die Koalitionen ungeregelt gelassen haben. Je gewichtiger der Schutz, den Art. 9 Abs. 3 GG insofern verleiht, desto schwerwiegender müssen die Gründe sein, die einen Eingriff rechtfertigen können"[18].

7. Muster eines Tarifvertrags (Auszug)

Zwischen dem

Verband der Metallindustrie Baden-Württemberg e. V., Stuttgart
und der
Industriegewerkschaft Metall Bezirksleitung Stuttgart

wird folgender

Manteltarifvertrag
für Beschäftigte in der Metallindustrie
in Nordwürttemberg/Nordbaden
vereinbart:

§ 1 Geltungsbereich

1.1. Dieser Tarifvertrag gilt

1.1.1. räumlich: für die Regierungsbezirke Nordwürttemberg und Nordbaden des Landes Baden-Württemberg, nach dem Stand vom 31. Dezember 1969;

1.1.2. fachlich: für alle Betriebe, die selbst oder deren Inhaber Mitglied des Verbandes der Metallindustrie Baden-Württemberg e. V., Stuttgart, sind;

1.1.3. persönlich: für alle in diesen Betrieben beschäftigten Arbeiterinnen, Arbeiter und Angestellten, die Mitglied der IG Metall sind;

1.1.3.1. Angestellte im Sinne dieses Tarifvertrags sind alle Beschäftigten, die eine der im § 133 SGB VI in der jeweils gültigen Fassung angeführten Beschäftigungen gegen Entgelt ausüben. Nicht als Angestellte im Sinne dieses Tarifvertrags gelten die Vorstandsmitglieder und gesetzlichen Vertreter von juristischen Personen und von Personengesamtheiten des privaten Rechts, ferner die Geschäftsführer und deren Stellvertreter, alle Prokuristen und die leitenden Angestellten im Sinne des § 5 BetrVG.

1.1.3.3. Ausgenommen sind die nach dem Berufsbildungsgesetz Auszubildenden.

1.2.1. Der Tarifvertrag regelt die Mindestbedingungen der Arbeitsverhältnisse. Ergänzende Bestimmungen können durch Betriebsvereinbarung zwischen Arbeitgeber und Betriebsrat vereinbart werden. Derartige Bestimmungen können – auch in Einzelteilen – nicht zuungunsten von Beschäftigten vom Tarifvertrag abweichen.

1.2.2. Im Einzelarbeitsvertrag können für die Beschäftigten günstigere Regelungen vereinbart werden.

1.2.3. Die Rechte des Betriebsrates bleiben unberührt, soweit nicht durch diesen Tarifvertrag eine abschließende Regelung getroffen ist.

---

[18] BVerfGE 94, 268 (283); 100, 271 (284).

§ 2 Einstellung und Probezeit

2.1. Das Mitbestimmungsrecht des Betriebsrates bei Einstellung, Eingruppierung, Umgruppierung, Versetzung und Kündigung richtet sich nach den Bestimmungen des Betriebsverfassungsgesetzes und bleibt durch diesen Tarifvertrag unberührt.
2.2 Der Arbeitsvertrag ist schriftlich zu vereinbaren. Er ist grundsätzlich vor Beginn des Beschäftigungsverhältnisses abzuschließen...Arbeitsverhältnisse sollen grundsätzlich auf unbestimmte Zeit, sie können aber auch befristet abgeschlossen werden.

Protokollnotiz:
Die Tarifvertragsparteien sind übereinstimmend der Auffassung, es laufe dem Ziel des grundsätzlichen Abschlusses unbefristeter Arbeitsverhältnisse entgegen, wenn auf Arbeitsplätzen, die auf Dauer angelegt sind, regelmäßig nur befristet eingestellt würde.

2.3. Wird vom Arbeitgeber ausdrücklich persönliche Vorstellung vor der Einstellung gewünscht, so sind dem Bewerber die entstehenden Kosten für die Reise und den Aufenthalt in angemessener Höhe zu vergüten.

2.6. Eine Probezeit gilt nur dann als vereinbart, wenn eine schriftliche Vereinbarung der Parteien des Arbeitsvertrages vorliegt. Die Vereinbarung eines Probearbeitsverhältnisses als Arbeitsverhältnis auf Zeit ist unzulässig. Die Probezeit darf bei Arbeitern oder Arbeiterinnen 8 Wochen, bei Angestellten 3 Monate nicht überschreiten. In begründeten Einzelfällen kann für Angestellte mit besonderen Aufgaben eine höchstens sechsmonatige Probezeit mit Zustimmung des Betriebsrates vereinbart werden. Die Kündigung des Probearbeitsverhältnisses kann bis zum letzten Tage der Probezeit beiderseits, bei Arbeitern oder Arbeiterinnen innerhalb der ersten vier Wochen Betriebszugehörigkeit mit Wochenfrist zum Wochenschluß, danach bis zum Ende der Probezeit mit einer Frist von zwei Wochen zum Wochenschluß, bei Angestellten mit Monatsfrist zum Monatsende, schriftlich erklärt werden.

§ 4 Kündigung und Aufhebungsvertrag

4.1. Die Kündigung muß schriftlich erfolgen. Im Arbeitsvertrag ist hierauf hinzuweisen. Fehlt dieser Hinweis, so genügt für die Kündigung des Beschäftigten gegenüber dem Arbeitgeber eine mündliche Kündigung.

4.2. Die Kündigungsfrist beginnt frühestens mit dem Tag der vereinbarten Arbeitsaufnahme zu laufen. Eine hiervon abweichende Regelung muß schriftlich vereinbart sein.

4.3. Auf Wunsch ist dem Beschäftigten nach Kündigung unter Fortzahlung des Arbeitsentgelts angemessene Zeit zu gewähren, um sich eine neue Stelle zu suchen.

4.4. Einem Beschäftigten, der das 53., aber noch nicht das 65. Lebensjahr vollendet hat und dem Betrieb mindestens drei Jahre angehört, kann nur noch aus wichtigem Grund gekündigt werden. Dies gilt auch für eine Änderungskündigung.

4.7. Aufhebungsverträge bedürfen der Schriftform.

§ 7 Regelmäßige Arbeitszeit

7.1. Die tarifliche wöchentliche Arbeitszeit ohne Pausen beträgt 35 Stunden.

7.1. Soll für einzelne Beschäftigte die individuelle regelmäßige wöchentliche Arbeitszeit auf bis zu 40 Stunden verlängert werden, bedarf dies der Zustimmung des Beschäftigten. Lehnen Beschäftigte die Verlängerung ihrer individuellen regelmäßigen wöchentlichen Arbeitszeit ab, so darf ihnen daraus kein Nachteil entstehen. Bei der Vereinbarung einer solchen Arbeitszeit bis zu 40 Stunden erhalten Beschäftigte eine dieser Arbeitszeit entsprechende Bezahlung.

I. Grundlagen

7.1.3. Die vereinbarte Arbeitszeit kann auf Wunsch des Beschäftigten oder des Arbeitgebers mit einer Ankündigungsfrist von 3 Monaten geändert werden, es sei denn, sie wird einvernehmlich früher geändert. Das Arbeitsentgelt wird entsprechend angepaßt.

7.1.4. Der Arbeitgeber teilt dem Betriebsrat jeweils zum Ende eines Kalenderhalbjahres die Beschäftigten mit verlängerter individueller regelmäßiger wöchentlicher Arbeitszeit mit, deren Anzahl 18 % aller Beschäftigten des Betriebes nicht übersteigen darf.

7.5. Die individuelle regelmäßige wöchentliche Arbeitszeit kann gleichmäßig oder ungleichmäßig auf Werktage von Montag bis Freitag verteilt werden. Die individuelle regelmäßige wöchentliche Arbeitszeit kann auch ungleichmäßig auf mehrere Wochen verteilt werden. Sie muß jedoch im Durchschnitt von längstens sechs Monaten erreicht werden.

7.5.2. Soll der Samstag für einzelne Beschäftigte oder für bestimmte Beschäftigtengruppen in die Verteilung der regelmäßigen Arbeitszeit einbezogen werden, so bedarf dies der Zustimmung des Betriebsrats, die nicht durch den Spruch der Einigungsstelle ersetzt werden kann. Die abgeschlossene Betriebsvereinbarung ist den Tarifparteien zur Kenntnis zu geben.

Protokollnotiz:
Die Tarifvertragsparteien erklären übereinstimmend, daß die Einbeziehung des Samstags in ein betriebliches Arbeitsmodell maßgeblich von den betrieblichen Belangen abhängt und unter Berücksichtigung der berechtigten Interessen der Beschäftigten im Rahmen der tariflich zulässigen Realisierungsmöglichkeiten zu erfolgen hat. Sie verpflichten sich daher, überbetriebliche Interessen bezüglich tariflich zulässiger Arbeitszeitgestaltungsmöglichkeiten nicht zum Gegenstand einer Einflußnahme auf die Betriebsparteien zu machen.

§ 8 Abweichende Arbeitszeit

8.1.1. Mehrarbeit soll nicht dauerhaft und nicht als Ersatz für mögliche Neueinstellungen genutzt werden.

8.1.2.1. Bei dringenden betrieblichen Erfordernissen kann Mehrarbeit mit Zustimmung des Betriebsrates bis zu 10 Mehrarbeitsstunden in der Woche und bis zu 20 Stunden im Monat vereinbart werden. Durch Betriebsvereinbarung kann für einzelne Beschäftigte oder Gruppen von Beschäftigten ein Mehrarbeitsvolumen von mehr als 20 Stunden im Monat zugelassen werden.

8.2. Kurzarbeit im Sinne des SGB III kann mit Zustimmung des Betriebsrates eingeführt werden. Einer Kündigung des Arbeitsverhältnisses bedarf es dazu nicht.

8.2.2. Die Einführung bedarf einer Ankündigungsfrist von drei Wochen zum Wochenschluß. Die Kurzarbeit gilt als eingeführt mit dem Beginn der Kalenderwoche, für die sie angekündigt wurde.

8.2.3. Eine Herabsetzung der regelmäßigen wöchentlichen Arbeitszeit bis zu 10 % einschließlich darf keine Lohn- oder Gehaltskürzung zur Folge haben. Bei einer Herabsetzung der Arbeitszeit um mehr als 10 % wird die gesamte ausfallende Arbeitszeit nicht bezahlt.

8.2.4. Der Arbeitgeber hat den Beschäftigten zum gekürzten Monatslohn/Gehalt und zum Kurzarbeitergeld einen Zuschuß zu gewähren. Dieser ist so bemessen, daß Beschäftigte bei einer um mehr als 10 % gekürzten wöchentlichen Arbeitszeit zum gekürzten Monatslohn/Gehalt und Kurzarbeitergeld einen Ausgleich bis zu 80 % des vereinbarten Bruttomonatsentgelts (ohne Mehrarbeit) einschließlich der leistungsabhängigen variablen Bestandteile des Monatslohns erhalten.

§ 10 Höhe der Zuschläge für Mehr-, Spät-, Nacht-, Sonntags- und Feiertagsarbeit

Folgende Zuschläge werden gezahlt:
10.1.1. für die ersten 10 Mehrarbeitsstunden in der Woche 25 %
10.1.2. für die weiteren Mehrarbeitsstunden in der Woche 50 %
10.1.3. für die dritte und jede weitere tägliche Mehrarbeitsstunde, die vor oder nach der regelmäßigen Arbeitszeit geleistet wird, 50 %
10.1.4 für Mehrarbeit an Samstagen nach 12.00 Uhr 50%
10.3.1. für jede Nachtarbeitsstunde zwischen 19.00 Uhr und 6.00 Uhr 30%
10.3.2. für Nachtarbeit von 19.00 Uhr bis 6.00 Uhr, soweit sie Mehrarbeit ist, 50 %
10.4. für die Arbeit an Sonntagen sowie am 24. und 31.12. 50 %.

§ 12 Arbeitsunfähigkeit infolge Krankheit

12.1. In Krankheitsfällen sind die Beschäftigten verpflichtet, dem Arbeitgeber unverzüglich, in der Regel an dem der Erkrankung folgenden Arbeitstage, die Arbeitsunfähigkeit mitzuteilen.

12.2. Bei Erkrankungen bis zu 3 Tagen Dauer hat der Arbeiter oder die Arbeiterin auf rechtzeitiges Verlangen des Arbeitgebers eine Arbeitsunfähigkeitsbescheinigung vorzulegen. Nach einer Betriebszugehörigkeit von 5 Jahren entfällt diese Verpflichtung. Bei Arbeitsunfähigkeit von über 3 Tagen Dauer ist vom Arbeiter oder von der Arbeiterin eine Arbeitsunfähigkeitsbescheinigung vorzulegen. Die Kosten der Arbeitsunfähigkeitsbescheinigung trägt der Arbeitgeber, sofern sie nicht von anderen Stellen ersetzt werden.

12.4.1. Beschäftigte erhalten über die Dauer der Entgeltfortzahlung hinaus nach 2jähriger Betriebszugehörigkeit für 1 Monat, nach 4jähriger Betriebszugehörigkeit für 2 Monate, nach 6jähriger Betriebszugehörigkeit für 3 Monate als Zuschuß den Unterschiedsbetrag zwischen den Leistungen der Sozialversicherungsträger (Krankengeld, Verletztengeld, Übergangsgeld) und 100% der Nettoentgeltfortzahlung. Der Differenzbetrag wird in brutto gewährt und unterliegt den gesetzlichen Abzügen.

§ 13 Arbeitsausfall, Arbeitsverhinderung, Unterstützung bei Todesfall, Wiedereinstellung nach Zeiten der Kindererziehung

Soweit dieser Manteltarifvertrag oder ein Gesetz nichts anderes bestimmen, gelten von dem Grundsatz, daß nur geleistete Arbeit einschließlich Arbeitsbereitschaft bezahlt wird, folgende Ausnahmen:

13.1. Bei einer Betriebsstörung, die der Arbeitgeber zu vertreten hat, wird der durchschnittliche Arbeitsverdienst weiterbezahlt. Während dieser Betriebsstörung sind die Beschäftigten verpflichtet, eine andere zumutbare Arbeit zu verrichten.

13.1.2. Bei einer Betriebsstörung, die weder der Arbeitgeber noch die Arbeiter und/oder Arbeiterinnen zu vertreten haben, wird der Arbeitsverdienst, soweit kein Anspruch auf Ausgleich aus öffentlichen Mitteln besteht, bis zu fünf Stunden in der Woche weiterbezahlt. Während dieser Betriebsstörung ist der Arbeiter oder die Arbeiterin verpflichtet, andere zumutbare Arbeit zu verrichten. Ist dies nicht möglich, kann die ausgefallene Arbeitszeit unbeschadet der Lohnzahlungspflicht bis zu fünf Stunden in der Woche ohne Mehrarbeitszuschlag im Rahmen der arbeitszeitrechtlichen Bestimmungen nachgearbeitet werden. Bei Ausfallzeiten über fünf Stunden ist der Lohn in jedem Falle bis zu einem Zeitpunkt zu bezahlen, an welchem dem Arbeiter oder der Arbeiterin freigestellt wird, die Arbeitsstelle zu verlassen.

13.2. Bei notwendig werdendem Ausfall von regelmäßiger täglicher Arbeitszeit wird der Lohn/das Gehalt ohne Anrechnung auf den Jahresurlaub unter Freistellung von der Arbeit fortgezahlt, insbesondere in folgenden Fällen:

I. Grundlagen

13.2.2. 3 Arbeitstage beim Tode des Ehegatten;

13.2.3. 2 Arbeitstage bei eigener Eheschließung, beim Tode eigener Kinder;

13.2.4. 1 Arbeitstag bei Niederkunft der Ehefrau, beim Tode eines Elternteils oder Schwiegerelternteils, bei Wohnungswechsel, sofern ein eigener Haushalt besteht, bei Teilnahme an der Trauung oder Hochzeitsfeier der eigenen Kinder, bei Teilnahme an der goldenen Hochzeit der Eltern.

13.2.5. die notwendig ausgefallene Arbeitszeit für Arztbesuch und ärztlich verordnete Behandlung, die aufgrund ärztlichen Befundes unbedingt während der Arbeitszeit erfolgen mußten.

§ 16 Beschränkung der Haftung der Beschäftigten und Ausschußregelung

16.1. Die Beschäftigten haften nur bei Vorsatz und grober Fahrlässigkeit für den Schaden, den sie bei der Arbeitsleistung verursacht haben.

16.2. Bei grober Fahrlässigkeit des Beschäftigten ist zur Vermeidung einer unbilligen Belastung für ihn mit Rücksicht auf seine persönlichen und wirtschaftlichen Verhältnisse ein angemessener innerer Schadensausgleich vorzunehmen.

§ 18 Ausschlußfristen

18.1. Ansprüche der Beschäftigten aus dem Arbeitsverhältnis sind dem Arbeitgeber gegenüber folgendermaßen geltend zu machen:

18.1.1. Ansprüche auf Zuschläge aller Art innerhalb von 2 Monaten nach Fälligkeit;

18.1.2. alle übrigen Ansprüche innerhalb von 6 Monaten nach Fälligkeit, spätestens jedoch innerhalb von 3 Monaten nach Beendigung des Arbeitsverhältnisses. Ansprüche, die nicht innerhalb dieser Fristen geltend gemacht werden, sind verwirkt, es sei denn, daß der Beschäftigte durch unverschuldete Umstände nicht in der Lage war, diese Fristen einzuhalten.

18.2. Bleibt die Geltendmachung erfolglos, so tritt die Verwirkung nicht ein, vielmehr gilt alsdann die zweijährige Verjährungsfrist des § 196 Abs. 1 Ziff. 9 BGB. Die zweijährige Frist beginnt mit dem Schluß des Kalenderjahres, in welchem der Anspruch entstanden ist.

§ 19 Beilegung von Streitigkeiten

19.1. Die vertragsschließenden Parteien setzen ihren ganzen Einfluß für die Durchführung und Einhaltung der in diesem Tarifvertrag vereinbarten Bestimmungen ein und verpflichten ihre Mitglieder zur genauen Einhaltung der Vertragsbestimmungen.

19.2. Streitigkeiten, die aus der Auslegung oder Durchführung eines zwischen den Tarifvertragsparteien abgeschlossenen Tarifvertrags entstehen, sind durch Verhandlungen zwischen Betriebsleitung und Betriebsrat zu regeln. Gelingt hierbei eine Verständigung nicht, so müssen die beiderseitigen Organisationsvertreter zugezogen werden.

19.3. Können zwischen den Tarifvertragsparteien entstandene Streitigkeiten über die Auslegung und Durchführung eines Tarifvertrags oder über das Bestehen oder Nichtbestehen eines Tarifvertrags durch Verhandlungen nicht beigelegt werden, so entscheidet auf Antrag einer Partei die ständige Schiedsstelle der Tarifvertragsparteien. Diese setzt sich aus je zwei Beisitzern und einem von den Tarifvertragsparteien zu wählenden unparteiischen Vorsitzenden zusammen. Falls keine Einigung über den Vorsitzenden erzielt wird, bestimmt ihn der Präsident des Landesarbeitsgerichtes. Die Schiedsstelle entscheidet verbindlich unter Ausschluß des Rechtsweges.

> **§ 20 Übergangsbestimmungen**
>
> 20.1. Bestehende günstigere betriebliche Regelungen werden durch das Inkrafttreten dieses Tarifvertrags nicht berührt.
>
> 20.2. Auf die sich aus diesem Tarifvertrag ergebenden Verdiensterhöhungen können aus dem gleichen Rechtsgrund betrieblich gewährte Zulagen bzw. Zuschläge aller Art ohne Rücksicht auf ihre jeweilige Rechtsgrundlage angerechnet werden.
>
> **§ 21 Inkrafttreten, Außerkrafttreten und Kündigung des Tarifvertrags**
>
> 21.1. Dieser Manteltarifvertrag tritt am 1. Januar 1997 in Kraft.
>
> 21.4. Dieser Manteltarifvertrag kann mit Monatsfrist zum Monatsende, erstmals zum 31. Dezember 2000, gekündigt werden.
>
> 21.5. Bis zum Abschluß eines neuen Manteltarifvertrags gelten, soweit nichts anderes zwischen den Tarifvertragsparteien vereinbart wird, die Bestimmungen des gekündigten Manteltarifvertrags.
>
> Stuttgart, 18. Dezember 1996/06. Oktober 1997
>
> **Verband der Metallindustrie Baden-Württemberg e. V., Stuttgart**
> Dr. Klaus Fritsche   Dr. Ulrich Brocker
>
> **Industriegewerkschaft Metall, Bezirksleitung Stuttgart**
> Gerhard Zambelli   Mirko Geiger

II. Abschluß und Beendigung des Tarifvertrags

1. Abschluß

a) Zustandekommen

53 **aa) Konsens der Vertragsparteien.** Der Tarifvertrag ist ein privatrechtlicher Vertrag. Daß er in seinem normativen Teil mit unmittelbarer und zwingender Wirkung die Arbeitsbedingungen für Dritte festlegt, ändert nichts daran, daß er wie alle anderen privatrechtlichen Verträge nach den Vorschriften der §§ 145 ff. BGB abgeschlossen wird. Erforderlich sind daher die übereinstimmenden Willenserklärungen der Parteien. Wird der Inhalt durch einen Schlichtungsspruch festgelegt, ist zur Wirksamkeit deren Zustimmung notwendig.

54 **bb) Abschlußfreiheit.** Art. 9 Abs. 3 GG gewährleistet jeder Tarifvertragspartei die freie Entscheidung, ob, wann und mit wem sie einen Tarifvertrag abschließt. Zum Abschluß eines Tarifvertrags darf sie mit rechtlichen Mitteln nur dann gezwungen werden, wenn sie sich hierzu bereits durch einen Vorvertrag, der selbst

noch keinen Tarifvertrag darstellt, verpflichtet hat[19]. Der soziale Gegenspieler darf allerdings mit zulässigen Arbeitskampfmaßnahmen Druck ausüben, um sie zum Vertragsabschluß zu bewegen.

cc) Verhandlungsanspruch ? Streitig ist, ob eine Tarifpartei verpflichtet ist, mit dem Gegenspieler zumindest Verhandlungen zu führen. Ein Verhandlungsanspruch kann sich aus einer Vereinbarung[20] oder dem Tarifvertrag selbst ergeben[21]. Ohne ausdrückliche Abrede kann er aus der Dauerrechtsbeziehung folgen, die der Tarifvertrag zwischen den Parteien begründet[22]. Vor einer außerordentlichen Kündigung folgt aus dem ultima-ratio-Prinzip eine Neuverhandlungspflicht[23].

In allen anderen Fällen ist ein Verhandlungsanspruch abzulehnen[24]. Er läßt sich weder sachgerecht konkretisieren noch zwangsweise durchsetzen. Der Verpflichtete müßte sich zwar an den Verhandlungstisch setzen, er könnte aber jede Forderung ablehnen und den Anspruch dadurch leerlaufen lassen. Auch Art. 9 Abs. 3 GG verlangt einen solchen Anspruch nicht. Die Tarifautonomie ist hinreichend geschützt, wenn nur diejenigen Koalitionen als Tarifparteien in Betracht kommen, die mächtig genug sind, durch die Androhung und Ausübung von Arbeitskampfmaßnahmen derart auf den sozialen Gegenspieler einzuwirken, daß er sich auf Verhandlungen einläßt.

dd) Stellvertretung. Jede Partei kann sich beim Abschluß des Tarifvertrags vertreten lassen (§ 164 BGB). Die Vertretungsmacht kann als Vollmacht (§§ 166 ff. BGB) rechtsgeschäftlich erteilt werden oder sich verbandsrechtlich aus der Satzung ergeben. Die Satzungen berechtigen zumeist besondere Tarifkommissionen zum Abschluß von Tarifverträgen. Nicht selten wird der von den Tarifkommissionen ausgehandelte Vertrag von der Zustimmung der Mitglieder oder besonderer Repräsentanten der beteiligten Verbände abhängig gemacht. Ist die Vertretungsmacht der Verhandelnden im Außenverhältnis beschränkt, so ergibt sich die Genehmigungsbedürftigkeit aus § 177 BGB; ist sie es nicht, so schließen die Verhandelnden den Vertrag zumeist aufschiebend oder auflösend bedingt.

ee) Schriftform. Der Tarifvertrag bedarf der Schriftform (§ 1 Abs. 2 TVG). Ein ohne Beachtung der Schriftform geschlossener Tarifvertrag ist nichtig[25]. Die

---

[19] BAG, Urt. v. 19.10.1976, AP Nr. 6 zu § 1 TVG Form.
[20] *Hanau*, SAE 1990, 17 f.
[21] BAG, Urt. v. 18.12.1996, AP Nr. 1 zu § 1 TVG Kündigung.
[22] *Seiter*, ZfA 1989, 283 (289 ff.); *Zöllner/Loritz*, Arbeitsrecht, § 33 III 4.
[23] BAG, Urt. v. 18.12.1996, AP Nr. 1 zu § 1 TVG Kündigung; *Belling*, NZA 1996, 906 (911); *Däubler*, ZTR 1996, 241 (244); *Koch*, AuA 1993, 232 (233); *Oetker*, RdA 1995, 82 (96).
[24] Wie hier *Brox/Rüthers*, Arbeitskampfrecht, Rn. 182; *Coester*, ZfA 1977, 87; *Stein*, Tarifvertragsrecht, Rn. 72; *Waas*, AuR 1991, 334; a.A. *Mayer-Maly*, FS Molitor, 1988, S. 239; *Wiedemann/Thüsing*, RdA 1985, 280 (284 ff.); *Zöllner/Loritz*, Arbeitsrecht, § 40 III 4.
[25] BAG, Urt. v. 13.6.1958, AP Nr. 2 zu § 4 TVG Effektivklausel.

Schriftform ist notwendig, weil Tarifverträge Rechtsnormen setzen. Grundsätzlich zulässig sind Klauseln, mit denen („dynamisch") auf andere Tarifverträge in ihrer jeweils gültigen Fassung verwiesen wird, selbst wenn damit Tarifverträge in Bezug genommen werden, die noch gar nicht bestehen und deren Inhalt deshalb auch nicht schriftlich festliegen kann. In diesem Fall ist dem Schriftformerfordernis Rechnung getragen, weil zu jeder Zeit feststeht, welche tarifliche Regelung gelten soll[26]. Eine materiell-rechtliche Grenze finden tarifvertragliche Verweisungsklauseln in dem Verbot, sich der tariflichen Regelungskompetenz vollständig zu entäußern (Grundsatz der Tarifverantwortung)[27].

59 **ff) Kundgabe.** Eine Reihe von Ordnungsvorschriften sichert die Kundgabe des Tarifvertrags. Die Tarifvertragsparteien sind verpflichtet, dem Bundesminister für Arbeit und Sozialordnung und den obersten Arbeitsbehörden der Länder, auf die sich der Tarifvertrag erstreckt, kostenfrei Abschriften zu übersenden. Der Bundesarbeitsminister führt ein Tarifregister (§ 6 TVG). Die Arbeitgeber haben die für ihren Betrieb maßgebenden Tarifverträge an geeigneter Stelle auszulegen (§ 8 TVG) und die Arbeitnehmer bei der Einstellung auf die Tarifverträge, die auf das Arbeitsverhältnis anzuwenden sind, hinzuweisen (§ 2 Abs. 1 Satz 2 Nr. 10 NachwG)[28]. Die Verletzung dieser Vorschriften wirkt sich auf die Gültigkeit des Tarifvertrags nicht aus[29].

b) Tariffähigkeit

Einen wirksamen Tarifvertrag können nur tariffähige und zuständige Tarifvertragsparteien schließen.

60 **aa) Tariffähigkeit** ist die Fähigkeit, Partei eines Tarifvertrags zu sein[30]. Sie ist von der Rechtsfähigkeit (= Fähigkeit, Träger von Rechten und Pflichten zu sein) und von der Geschäftsfähigkeit (= Fähigkeit, Rechtsgeschäfte selbst vornehmen zu können) zu unterscheiden. Parteien eines Tarifvertrags können sein
– Gewerkschaften (§ 2 Abs. 1 TVG),
– einzelne Arbeitgeber (§ 2 Abs. 1 TVG),
– Vereinigungen von Arbeitgebern (§ 2 Abs. 1 TVG, z.B. Verband der Bayerischen Metall- und Elektro-Industrie e.V.),
– Spitzenorganisationen (§ 2 Abs. 3 TVG, z.B. Tarifgemeinschaft deutscher Länder),

---

[26] BAG, Urt. v. 9.7.1980, 10.11.1982, AP Nr. 7, 8 zu § 1 TVG Form.
[27] BAG, Urt. v. 20.10.1993, AP Nr. 10 zu § 1 TVG Tarifverträge: Bundesbahn; Urt. v. 20.4.1994, AP Nr. 1 zu § 11 BAT-O.
[28] Zur Frage, wie man sich Tarifverträge beschafft, *Diller*, FA 1999, 43 ff.
[29] *Löwisch/Rieble*, § 6 TVG Rn. 8 und § 8 TVG Rn. 8.
[30] BAG, Beschl v. 27.11.1964, AP Nr. 1 zu § 2 TVG Tarifzuständigkeit; BVerfG, Beschl. v. 19.10.1966, AP Nr. 24 zu § 2 TVG.

- Handwerksinnungen (§ 54 Abs. 3 Nr. 1 HandwO, z.B. Innung des Bauhandwerks) sowie
- Innungsverbände (§§ 82 Nr. 3, 85 Abs. 2 HandwO).

bb) Tariffähigkeit der Verbände. Unter welchen Voraussetzungen eine Gewerkschaft oder ein Arbeitgeberverband tariffähig sind, ist nicht gesetzlich geregelt. Entscheidend ist dabei nicht, ob sich ein Verband subjektiv für tariffähig hält, sondern ob er objektiv die Bedingungen erfüllt, die Art. 9 Abs. 3 GG für ein funktionsfähiges Tarifvertragssystem verlangt. Vgl. hierzu bereits § 12 Rn. 23 ff. **61**

Ob eine Vereinigung tariffähig ist, kann im **arbeitsgerichtlichen Beschlußverfahren** nach § 2a Abs. 1 Nr. 4 ArbGG **auf Antrag** der in § 97 ArbGG Genannten festgestellt werden. Die rechtskräftige Entscheidung hat Wirkung nicht nur zwischen den streitenden Vereinigungen, sondern auch gegenüber Dritten (§ 9 TVG)[31]. Hängt die Entscheidung eines Rechtsstreits davon ab, ob eine Vereinigung tariffähig oder tarifzuständig ist, hat das Gericht das Verfahren bis zur Erledigung des Beschlußverfahrens nach § 2a Abs. 1 Nr. 4 ArbGG **von Amts wegen auszusetzen,** wenn Zweifel an der Tariffähigkeit oder der Tarifzuständigkeit bestehen (§ 97 Abs. 5 ArbGG)[32]. Das gilt auch dann, wenn einer Gewerkschaft lediglich die Fähigkeit zum Abschluß von Firmentarifverträgen bestritten wird[33]. **62**

cc) Tariffähigkeit des einzelnen Arbeitgebers. Jeder Arbeitgeber kann Partei eines Tarifvertrags sein (§ 2 Abs. 1 TVG) und ist damit tariffähig. Tarifverträge können also auch für einzelne Unternehmen oder Betriebe geschlossen werden. **63**

c) Tarifzuständigkeit

aa) Begriff. Tarifzuständigkeit ist die Fähigkeit eines an sich tariffähigen Verbandes, Tarifverträge mit einem bestimmten Geltungsbereich abzuschließen[34]. Die Tarifzuständigkeit legt den äußersten Umfang des Bereichs fest, innerhalb dessen eine tariffähige Partei Tarifverträge abschließen kann[35]. Der Geltungsbereich eines Tarifvertrags kann immer nur gleich dem von der Tarifzuständigkeit abgesteckten Bereich sein oder kleiner; er kann aber niemals darüber hinausgehen. **64**

Beispiel: Der Verband der Bayerischen Metall- und Elektroindustrie (VBM) kann Tarifverträge nur für Betriebe der Metall- und Elektroindustrie in Bayern abschließen, nicht für Betriebe anderer Branchen oder in anderen Regionen.

---

[31] *Germelmann/Matthes/Prütting,* § 97 ArbGG Rn. 28; Wiedemann/*Oetker,* § 9 TVG Rn. 7 ff.
[32] BAG, Urt. v. 23.10.1996, AP Nr. 15 zu § 3 TVG Verbandszugehörigkeit.
[33] BAG, Beschl. v. 25.9.1996, AP Nr. 12 zu § 2 TVG Tarifzuständigkeit.
[34] BAG, Beschl. v. 27.11.64, AP Nr. 1 zu § 2 TVG Tarifzuständigkeit; Urt. v. 23.10.1996, AP Nr. 15 zu § 3 TVG Verbandszugehörigkeit.
[35] BAG, Beschl. v. 22.11.1988, 14.12.1999, AP Nr. 5, 14 zu § 2 TVG Tarifzuständigkeit.

65 **bb) Bedeutung.** Im Tarifrecht der Weimarer Republik wurde der Begriff der Tarifzuständigkeit zumeist nicht erkannt oder aber für bedeutungslos gehalten[36]. *Sinzheimer* war es, der 1927[37] forderte, daß die Koalition für den Abschluß eines Tarifvertrags die „Tarifzuständigkeit" haben müsse. Die Koalition müsse die Verhältnisse, die sie regeln wolle, als ihr Interessengebiet behandeln. Tarifautonomie sei „soziale Selbstbestimmung im Recht"[38].

66 Heute werden der Tarifzuständigkeit im wesentlichen zwei Aufgaben zugeschrieben: Sie soll eine sachnahe Tarifregelung ermöglichen und Streitigkeiten zwischen gleichrangigen Organisationen vermeiden helfen. Und sie soll zu einer möglichst einheitlichen tariflichen Behandlung der Arbeitnehmer eines Betriebes beitragen[39].

67 **cc) Festlegung der Tarifzuständigkeit.** Rechtsprechung[40] und herrschende Lehre[41] gehen davon aus, daß sich die Tarifzuständigkeit eines Verbandes **nach dessen Satzung** bestimmt. Der Verband ist frei in der Ausgestaltung seiner Satzung[42]; von außen darf kein Druck auf ihn ausgeübt werden[43], auch nicht vom sozialen Gegenspieler[44]. Art. 9 Abs. 3 GG garantiert einem tariffähigen Verband das Recht, frei darüber zu entscheiden, in welchem räumlichen und persönlichen Bereich er tätig werden will[45].

68 Er kann für seine Zuständigkeit auf den Betrieb abstellen oder auf das Unternehmen oder auf die Betriebsstätte. Er kann die Zuständigkeit erstrecken auf ein einzelnes Unternehmen eines anderen Wirtschaftszweiges oder auf die fachgleichen Nebenbetriebe von Hauptbetrieben fremder Branchen, und er kann umgekehrt branchenfremde Nebenbetriebe von Hauptbetrieben, die seiner Zuständigkeit unterfallen, ausnehmen.
Beispiel: Die IG Metall kann ihre Zuständigkeit auf Vertriebsunternehmen erstrecken, die im Wege der Ausgliederung von Vertriebsabteilungen aus Metallunternehmen entstanden sind, auch wenn für Vertriebsunternehmen an sich die Gewerkschaft ver.di zuständig wäre[46].

---

[36] RAG, Urt. v. 1.3.1930, ARS 9, 272 f; Urt. v. 17.9.1930, ARS 10, 246.
[37] Grundzüge des Arbeitsrechts, 2. Aufl. 1927, S. 255.
[38] Ein Arbeitstarifgesetz - Die Idee der sozialen Selbstbestimmung im Recht, 1916, S. 179 ff.
[39] Wiedemann/*Oetker*, § 2 TVG Rn. 49.
[40] BAG, Urt. v. 14.11.2001, NZA 2002, 1050.
[41] *Buchner*, ZfA 1995, 95 (98 f.); *Löwisch/Rieble*, § 2 TVG Rn. 94; *Wiedemann*, RdA 1975, 78 (80).
[42] BAG, Beschl. v. 22.11.1988, AP Nr. 5 zu § 2 TVG Tarifzuständigkeit.
[43] BAG, Beschl. v. 27.11.1964, AP Nr. 1 zu § 2 TVG Tarifzuständigkeit.
[44] *Löwisch/Rieble*, § 4 TVG Rn. 94; Wiedemann/*Oetker*, § 2 TVG Rn. 59.
[45] BAG, Beschl. v. 24.7.1990, 14.12.1999, AP Nr. 7, 14 zu § 2 TVG Tarifzuständigkeit.
[46] BAG, Beschl. v. 14.12.1999, AP Nr. 14 zu § 2 TVG Tarifzuständigkeit

Die Zuständigkeit einer Gewerkschaft zum Abschluß eines Firmentarifvertrags 69
setzt nicht voraus, daß das in Anspruch genommene Unternehmen schwerpunktmäßig in ihren Organisationsbereich fällt. Stellt die Satzung auf den Betrieb ab, so kann die Gewerkschaft auch mit überwiegend branchenfremden Unternehmen Firmentarifverträge für die Betriebe in ihrem Organisationsbereich abschließen[47].

Beispiel: Die Satzung der IG Metall stellt auf die Betriebe der Metallindustrie, der Metallgewinnung, der eisen- und stahlerzeugenden Industrie, des Metallhandwerks und auf sonstige Metallbetriebe ab. Sie kann deshalb Firmentarifverträge für die Betriebe eines Unternehmens der chemischen Industrie verlangen, in denen im wesentlichen Metallbearbeitung erfolgt[48].

Die Tarifzuständigkeit muß **ausdrücklich** in der Verbandssatzung geregelt sein. 70
Sie wird weder dadurch begründet, daß der Verband rein tatsächlich außerhalb seiner satzungsmäßigen Aufgaben tätig wird, auch wenn das jahrelang geschieht, noch dadurch, daß sich ein an sich zuständiger Verband ausdrücklich für unzuständig erklärt[49]. Die Satzungsautonomie schließt das Recht ein, den Zuständigkeitsbereich des Verbandes zu ändern, wenn das zweckmäßig er-scheint[50].

dd) Konkurrierende Tarifzuständigkeiten. Die Festlegung einer Gewerkschaft 71
in ihrer Satzung auf Arbeitnehmer einer bestimmten Branche hindert eine andere Gewerkschaft nicht, sich für dieselbe Branche für zuständig zu erklären[51]. So sind DGB-Gewerkschaften und CGB in vielen Branchen Konkurrenten. Innerhalb des DGB werden die Zuständigkeitsbereiche der Einzelgewerkschaften nach § 15 der Satzung durch Richtlinien gegeneinander abgegrenzt. Kommt es zu Streitigkeiten und sind diese trotz Vermittlung des DGB-Bundesvorstandes nicht zu schlichten, so wird die Zuständigkeit in einem Schiedsverfahren nach § 16 der Satzung bestimmt. Der Schiedsspruch ist für die betreffenden Gewerkschaften verbindlich, weil sie die Bestimmung ihrer Zuständigkeit auf den DGB delegiert haben. Die Schiedsstelle hat einen weiten Beurteilungsspielraum; sie darf nur nicht die Zuständigkeit erweitern[52]. Der Schiedsspruch klärt die Frage der Tarifzuständigkeit auch für den tariflichen Gegenspieler verbindlich[53]; dasselbe gilt, wenn sich die konkurrierenden Gewerkschaften schon im vorgeschalteten förmlichen Vermittlungsverfahren einigen[54].

---

[47] BAG, Beschl. v. 25.9.1996, 14.12.1999, AP Nr. 10, 14 zu § 2 TVG Tarifzuständigkeit.
[48] BAG, Beschl. v. 25.9.1996, AP Nr. 10 zu § 2 TVG Tarifzuständigkeit.
[49] BAG, Beschl. v. 22.11.1988, 24.7.1990, AP Nr. 5, 7 zu § 2 TVG Tarifzuständigkeit.
[50] BAG, Beschl. v. 12.11.1995, 14.12.1999, AP Nr. 8, 14 zu § 2 TVG Tarifzuständigkeit.
[51] BAG, Beschl. v. 14.12.1999, AP Nr. 14 zu § 2 TVG Tarifzuständigkeit
[52] BAG, Beschl. v. 25.9.1996, AP Nr. 10 zu § 2 TVG Tarifzuständigkeit.
[53] BAG, Beschl. v. 17.2.1970, 22.11.1988, AP Nr. 3, 5 zu § 2 TVG Tarifzuständigkeit.
[54] BAG, Beschl. v. 14.12.1999, AP Nr. 14 zu § 2 TVG Tarifzuständigkeit.

72 Die Tarifzuständigkeit kann vom Arbeitsgericht im Beschlußverfahren nach § 2a Abs. 1 Nr. 4 ArbGG festgestellt werden[55]. Antragsbefugt sind nur potentielle Tarifvertragsparteien, ein einzelner Arbeitgeber also nur im Hinblick auf einen möglichen Haustarifvertrag[56]. Die gerichtliche Entscheidung bindet entsprechend § 9 TVG alle, die von den Tarifnormen betroffen sind[57].

73 **ee) Tarifzuständigkeit und Tarifvertrag.** Wollen zwei tariffähige Verbände einen Tarifvertrag abschließen, müssen die Tarifzuständigkeiten beider Parteien für den Geltungsbereich korrespondieren. Die **Kongruenz** der Tarifzuständigkeiten ist nach Rechtsprechung[58] und herrschender Lehre[59] Wirksamkeitsvoraussetzung für den Tarifvertrag.

Beispiel: Einen Tarifvertrag für einen Betrieb der bayerischen Metallindustrie können der Verband der Bayerischen Metall- und Elektroindustrie (VBM) und die IG Metall, nicht aber der VBM und die IG Bergbau, Chemie, Energie schließen.

74 In der Grenze des rechtlichen „Wollens" eines Verbandes, die in seiner Satzung zum Ausdruck kommt, liegt zugleich die Grenze für sein rechtliches „Können". Da es die Aufgabe der Tarifvertragsparteien ist, durch Tarifnormen die Arbeitsverhältnisse ihrer Mitglieder zu regeln, können sie Arbeitsverhältnisse, für die sie nicht zuständig sind, auch nicht tariflich ordnen[60]. Nach anderer Ansicht soll eine Tarifvertragspartei, die ihre Zuständigkeit überschreitet, keine Vollmacht zum Abschluß von Tarifverträgen haben; insoweit sei von einer schwebenden Unwirksamkeit der Tarifverträge im Sinne des § 177 Abs. 1 BGB auszugehen[61].

75 **ff) Mitgliedschaft in einem Arbeitgeberverband ohne Tarifbindung.** Die tarifpolitische Entwicklung der letzten Jahre hat vor allem in den neuen Bundesländern viele Arbeitgeber aus den Verbänden austreten oder ihnen fernbleiben lassen. Viele von ihnen möchten jedoch nicht auf die Serviceleistungen des Verbandes verzichten: Rechtsberatung und Rechtsbeistand, Information und Erfahrungsaustausch und nicht selten die Vertretung der gemeinsamen Interessen. Die Verbände haben aus Sorge, weitere Mitglieder zu verlieren, auf diese Entwicklung mit dem Angebot einer „OT-Mitgliedschaft" reagiert, einer Mitgliedschaft ohne Tarifbindung.

---

[55] BAG, Beschl. v. 27.11.1964, 17.2.1970, AP Nr. 1, 3 zu § 2 TVG Tarifzuständigkeit.
[56] BAG, Beschl. v. 17.2.1970, AP Nr. 2 zu § 2 TVG Tarifzuständigkeit.
[57] BAG, Urt. v. 10.5.1989, AP Nr. 6 zu § 2 TVG Tarifzuständigkeit.
[58] BAG, Beschl. v. 24.7.1990, AP Nr. 7 zu § 2 TVG Tarifzuständigkeit.
[59] *Buchner*, ZfA 1995, 95 (97); Wiedemann/*Oetker*, § 2 TVG Rn. 43; *Zöllner/Loritz*, Arbeitsrecht, § 34 VI; a. A. *Däubler*, Tarifvertragsrecht, Rn. 89 ff.; *Kraft*, FS Schnorr von Carolsfeld, S. 255.
[60] BAG, Urt. v. 19.12.1958, AP Nr. 3 zu § 2 TVG.
[61] Zu den verschiedenen Ansichten *Hromadka/Maschmann/Wallner*, Der Tarifwechsel, Rn. 31.

Eine OT-Mitgliedschaft ist auf zweierlei Weise konstruierbar: **„intern"** durch die Schaffung von zwei unterschiedlichen Mitgliedschaftsverhältnissen (eines mit, eines ohne Tarifbindung) innerhalb desselben Verbandes; **„extern"** durch die Bildung von zwei selbständigen Verbänden, von denen der eine nur Serviceleistungen erbringt, der andere auch Tarifverträge abschließt.

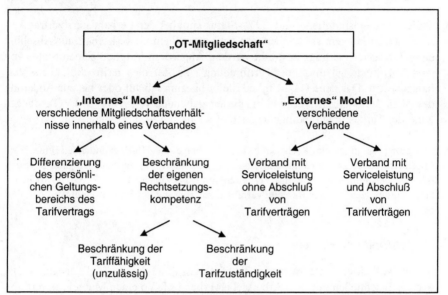

Beim „internen" Modell ist zwischen Lösungen zu unterscheiden, die ein Arbeitgeberverband nur im **Einvernehmen mit der Gewerkschaft** zu erreichen vermag, und solchen, die er **allein** bewerkstelligen kann. Im Einvernehmen mit der Gewerkschaft kann der **persönliche Geltungsbereich** eines Tarifvertrags auf diejenigen Arbeitgeber **beschränkt werden**, die mit den Tarifbedingungen einverstanden sind[62]. Hierzu wird sich aber eine Gewerkschaft nur dann bereit finden, wenn sie die Möglichkeit behält, mit den „ausgesparten" Arbeitgebern (Firmen-)Tarifverträge oder für sie firmenbezogene Verbandstarifverträge zu schließen. Der Arbeitgeberverband wird es daher vorziehen, seinen Mitgliedern eine „OT-Mitgliedschaft" dadurch zu ermöglichen, daß er den Umfang seiner Rechtsetzungskompetenz verringert: sei es durch die Begrenzung der **Tariffähigkeit**, sei es durch die Zurücknahme der **Tarifzuständigkeit**. Eine Beschränkung der Tariffähigkeit ist nach h. M. unzulässig. Die Tariffähigkeit ist unteilbar: ein Verband kann sich nur für oder gegen den Abschluß von Tarifverträgen entscheiden, Zwischenformen sind nicht möglich[63]. Zulässig ist es aber, die Tarifzuständigkeit in persönlicher Hinsicht auf einen Teil der Mitglieder zu begrenzen[64]. Ohne Tarifzuständigkeit kann ein Tarifvertrag keine Wirkung entfalten. Die

---

[62] BAG, Urt. v. 24.2.1999, AP Nr. 17 zu § 3 TVG Verbandszugehörigkeit.
[63] *Hueck/Nipperdey*, Arbeitsrecht II/1, S. 107; *Löwisch*, ZfA 1974, 37; Wiedemann/*Oetker*, § 2 TVG Rn. 19; a. A. *Buchner*, NZA 1994, 4.
[64] BAG, Urt. v. 23.10.1996, AP Nr. 15 zu § 3 TVG Verbandszugehörigkeit; *Buchner*, NZA 1994, 4 ff.; *ders.*, NZA 1995, 761 (764); *Otto*, NZA 1996, 624 (629); *Reuter*, RdA 1996, 201 (205); a. A. *Däubler*, NZA 1996, 225 (231).

Koalitionsfreiheit erlaubt einem Verband auch eine „bewußte Tarifunwilligkeit". Mit welchen Mitteln ein Verband die Arbeits- und Wirtschaftsbedingungen zu fördern gedenkt, ist seine Sache; eine Verpflichtung zum Abschluß von Tarifverträgen besteht nicht. Deshalb darf ein Verband, der sich zum Abschluß von Tarifverträgen bekennt, einen weiteren Verband gründen, der nur Serviceleistungen erbringt („externes Modell").

78 Für Verbandsmitglieder mit „OT"-Status entfaltet der Verbandstarifvertrag keine Schutzwirkungen; sie können von der zuständigen Gewerkschaft auf Abschluß eines Firmentarifvertrags bestreikt werden. Ändert ein Mitglied seinen Status von „mit Tarifbindung" in „ohne Tarifbindung", so gilt dies tarifrechtlich als Verbandsaustritt. Das neue OT-Mitglied bleibt bis zum Ablauf oder bis zur Änderung des alten Verbandstarifvertrags an diesen gebunden (§ 3 Abs. 3 TVG); danach wirkt der Tarifvertrag (abdingbar) nach (§ 4 Abs. 5 TVG).

79 Kommt es in einem Rechtsstreit auf die Frage der Tarifgebundenheit eines OT-Mitgliedes an, so ist, da es um eine Frage der (persönlichen) Tarifzuständigkeit des tarifschließenden Verbandes geht, das Verfahren von Amts wegen nach § 97 Abs. 5 ArbGG solange auszusetzen, bis das Beschlußverfahren zur Klärung der Tarifzuständigkeit des Verbandes erledigt ist[65].

d) Mehrheit von Parteien

80 Stehen **auf einer Seite mehrere Tarifvertragsparteien** (z.B. Transnet, GdBA und GDL schließen mit dem Arbeitgeberverband MoVe einen Manteltarifvertrag), so spricht man von einem **mehrgliedrigen Tarifvertrag**. Ist ein mehrgliedriger Tarifvertrag als geschlossene Einheit gewollt, können die Parteien, die auf derselben Seite des Vertrages stehen, die ihnen zustehenden Rechte – z.B. den Vertrag zu kündigen – nur gemeinsam ausüben. Bei einer Vertragsverletzung haften sie als Gesamtschuldner, im Prozeß sind sie notwendige Streitgenossen (§ 62 ZPO). Ob die Beteiligten einen mehrgliedrigen Tarifvertrag als geschlossene Einheit vereinbart haben, ist durch Auslegung zu ermitteln; im Zweifel ist das zu verneinen[66].

2. Beginn des Tarifvertrags

a) Schuldrechtlicher Teil

81 Der Tarifvertrag begründet zwischen den Parteien ein **Dauerschuldverhältnis**[67]. Das Tarifverhältnis beginnt mit dem schriftlichen Abschluß des Tarifvertrags. Ab diesem Zeitpunkt bestehen für die Tarifparteien die Friedenspflicht und die Einwirkungspflicht.

---

[65] BAG, Urt. v. 23.10.1996, AP Nr. 15 zu § 3 TVG Verbandszugehörigkeit.
[66] *Schaub*, Arbeitsrechts-Handbuch, § 199 Rn. 24; *Zöllner/Loritz*, Arbeitsrecht, § 33 III 3 b.
[67] BAG, Urt. v. 18.12.1996, AP Nr. 1 zu § 1 TVG Kündigung.

b) Normativer Teil

Ab welchem Zeitpunkt die Tarifnormen für Dritte Wirkung entfalten, richtet sich 82
nach der im Tarifvertrag vorgesehenen Regelung. Es kann vereinbart werden, daß
die Tarifwirkung mit Abschluß des Tarifvertrags oder zu einem späteren Termin
einsetzt.

c) Rückwirkung

Ob Tarifnormen auch rückwirkend in Kraft gesetzt werden können, ist streitig. In 83
formaler Hinsicht ist jedenfalls Voraussetzung, daß die Rückwirkung eindeutig im
Tarifvertrag geregelt ist[68]. Da Tarifverträge hinsichtlich ihres normativen Teiles als
Gesetze im materiellen Sinne betrachtet werden, sind die für die Rückwirkung von
Gesetzen entwickelten Grundsätze anzuwenden[69]. Dabei pflegt man zwischen echter und unechter Rückwirkung zu unterscheiden:

aa) Echte Rückwirkung. Bei einer echten Rückwirkung (= tatbestandliche Rück- 84
anknüpfung) greift ein Gesetz nachträglich in bereits abgeschlossene, der Vergangenheit angehörende Tatbestände ein. Eine echte Rückwirkung von belastenden
Gesetzen ist grundsätzlich unzulässig. Ausnahmsweise gilt etwas anderes, wenn
der Betroffene nicht auf das Fortbestehen der Rechtslage vertrauen durfte. Das ist
der Fall, wenn
- der Betroffene mit einer Regelung rechnen mußte,
- geltendes Recht unklar und verworren ist,
- der Betroffene sich nicht auf den Rechtsschein einer unwirksamen Norm verlassen durfte oder
- zwingende Gründe des Gemeinwohls den Vorrang vor der Rechtssicherheit haben.

Tarifverträge können sich grundsätzlich keine Rückwirkung auf die Laufzeit eines früheren 85
Tarifvertrags beimessen. Der Tarifvertrag soll dem Arbeitnehmer einen bestimmten Mindestlohn garantieren und dem Arbeitgeber für eine gewisse Zeit eine feste Kalkulationsgrundlage geben. Zulässig ist die Vereinbarung der Rückwirkung auf die Zeit der
Nachwirkung, weil in diesem Zeitraum das Vertrauen auf den unveränderten Fortbestand
der Rechtslage nicht geschützt ist. Dasselbe gilt, wenn die Parteien bereits vor Ablauf des
alten Tarifvertrags verlautbaren, daß sie den neuen Tarifvertrag mit rückwirkender Kraft in
Geltung setzen wollen.

Eine **rückwirkende Allgemeinverbindlicherklärung** eines Tarifvertrags ist zulässig, 86
wenn bereits zuvor ein allgemeinverbindlicher Tarifvertrag bestand. Bei einem allgemeinverbindlichen Tarifvertrag müssen die Arbeitsvertragsparteien von vornherein damit rechnen, daß der Nachfolgetarifvertrag wiederum für allgemeinverbindlich erklärt wird und daß

---

[68] BAG, Urt. v. 21.7.1988, AP Nr. 10 zu § 1 TVG Rückwirkung.
[69] BAG, 23.11.1994, AP Nr. 12 zu § 1 TVG Rückwirkung; Urt. v. 17.5.2000, DB 2000, 2481.

dies auch mit Rückwirkung auf den Ablauf des Vorgängertarifvertrags erfolgt, damit ein nahtloser Übergang sichergestellt wird[70].

87 **bb) Unechte Rückwirkung.** Bei einer unechten Rückwirkung wird in Sachverhalte, die in der Vergangenheit begonnen haben und die noch nicht abgeschlossen sind, mit Wirkung für die Vergangenheit eingegriffen (z.B. Kürzung einer Weihnachtsgratifikation im bereits laufenden Kalenderjahr). Die unechte Rückwirkung ist grundsätzlich zulässig. Der Grundsatz der Verhältnismäßigkeit verlangt, daß in **„erdiente Rechte"**, etwa Anwartschaften auf Leistungen aus der betrieblichen Altersversorgung, nur dann eingegriffen wird, wenn eine Störung der Geschäftsgrundlage behoben werden soll. Eine weitere Grenze bildet der Vertrauensschutz der Normunterworfenen. Ihr Vertrauen ist allerdings dann nicht schutzwürdig, wenn sie mit Änderungen bestehender Tarifnormen rechnen mußten, etwa weil die Tarifvertragsparteien gemeinsam die Änderung eines laufenden Tarifvertrags angekündigt hatten[71].

3. Beendigung des Tarifvertrags

88 Der Tarifvertrag begründet zwischen den Tarifvertragsparteien ein Dauerschuldverhältnis, das erst dann endet, wenn ein Beendigungstatbestand erfüllt ist. Die Beendigung kann Rechtsfolge einer Abrede sein, auf der Ausübung eines Gestaltungsrechts beruhen oder sich aus sonstigen Gründen ergeben.

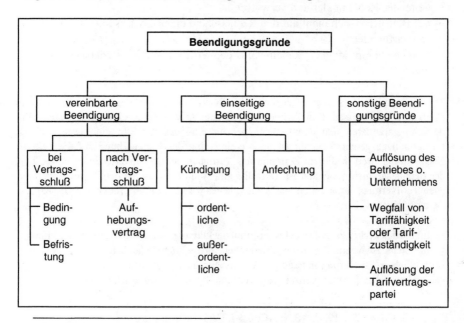

---

[70] BAG, Urt. v. 25.9.1996, AP Nr. 30 zu § 5 TVG.
[71] BAG, Urt. v. 17.5.2000, DB 2000, 2481.

a) Befristung und Bedingung

aa) Befristeter Tarifvertrag. Tarifverträge können befristet abgeschlossen werden. Sie enden dann automatisch mit dem Ablauf der Zeit, für die sie eingegangen wurden, ohne daß es einer Kündigung oder eines Aufhebungsvertrages bedarf. Die ordentliche Kündigung eines befristet abgeschlossenen Tarifvertrags ist nur zulässig, wenn sie im Tarifvertrag ausdrücklich vereinbart ist. Die Möglichkeit einer außerordentlichen Kündigung besteht immer (§ 314 BGB). Nicht selten werden befristete Tarifverträge mit der Maßgabe abgeschlossen, daß sie nach einem vereinbarten Termin unter Einhaltung einer bestimmten Frist gekündigt werden können oder daß sie als für eine bestimmte Zeit verlängert gelten, wenn sie nicht rechtzeitig gekündigt werden. In beiden Fällen liegen der Sache nach Mindestfristen vor. Erst die Kündigung führt zur Beendigung des Tarifvertrags. 89

bb) Bedingter Tarifvertrag. Ebenfalls von selbst enden Tarifverträge unter einer auflösenden Bedingung (§ 158 Abs. 2 BGB), wenn die Bedingung eintritt (z.B. ein bestimmter Kaufkraftschwund seit Tarifabschluß, Abschluß eines neuen Tarifvertrags). Im Interesse der Rechtssicherheit muß der Eintritt der Bedingung ohne weiteres feststellbar sein[72]. Zumeist wird aber nicht die automatische Beendigung des Tarifvertrags vereinbart, sondern ein Kündigungs- oder Anpassungsrecht („Revisionsklausel"), das es einer Vertragspartei ermöglicht, neue Tarifverhandlungen einzuleiten oder sich vom Tarifvertrag zu lösen. 90

b) Aufhebungsvertrag

Tarifverträge können auch einvernehmlich durch Aufhebungsvertrag beendet werden. Nach Ansicht der Rechtsprechung bedarf der Aufhebungsvertrag nicht der Schriftform[73]. Die Lehre lehnt das unter Hinweis auf § 1 Abs. 2 TVG, der die für Tarifnormen erforderliche Publizität bewirken will, ab[74]. Etwaige Kündigungsfristen müssen nicht eingehalten werden. Im Abschluß eines neuen Tarifvertrags über dieselben Regelungsgegenstände liegt die konkludente Aufhebung des ursprünglichen Vertrages[75]. Heben bei einem mehrgliedrigen Tarifvertrag nicht alle auf einer Seite stehenden Vertragsparteien den Tarifvertrag auf, so endet der Tarifvertrag nur für die Parteien, die ihn aufgehoben haben; den anderen kann aber ein Recht zur außerordentlichen Kündigung zustehen[76]. 91

---

[72] *Löwisch/Rieble*, § 1 TVG Rn. 357; Wiedemann/*Wank*, § 4 TVG Rn. 18.
[73] BAG, Urt. v. 8.9.1976, AP Nr. 5 zu § 1 TVG Form.
[74] *Löwisch/Rieble*, § 1 TVG Rn. 378; *Schaub*, Arbeitsrechts-Handbuch, § 199 IV Rn. 38.
[75] *Löwisch/Rieble*, § 1 TVG Rn. 358; *Stein*, Tarifvertragsrecht, Rn. 125.
[76] Wiedemann/*Wank*, § 4 TVG Rn. 16.

c) Ordentliche Kündigung

92   Als Dauerschuldverhältnis kann der Tarifvertrag einseitig durch Kündigung beendet werden. Ihre Wirksamkeit richtet sich nach den Vorschriften des BGB. In der Erklärung muß deutlich zum Ausdruck kommen, daß der Tarifvertrag beendet werden soll[77]. **Schriftform** ist, soweit nichts anderes vereinbart ist, **nicht erforderlich**. Kündigungsberechtigt sind nur die Tarifvertragsparteien. Tarifvertragspartei ist, wer im Tarifvertrag als solche angegeben ist. Hat beispielsweise ein Spitzenverband, etwa der Zentralverband des deutschen Baugewerbes, einen Tarifvertrag im eigenen Namen geschlossen, so kann ein regionaler Fachverband, der Mitglied des Spitzenverbandes ist, den Tarifvertrag nicht selbst kündigen[78].

93   Enthält der Tarifvertrag keine Kündigungsfristen oder -termine, so ist er nach h. M. entsprechend § 77 Abs. 5 BetrVG, § 28 Abs. 2 Satz 3 SprAuG mit einer **Frist von drei Monaten** kündbar[79]. Beim mehrgliedrigen Tarifvertrag hat im Zweifel jede Vertragspartei das Recht zur Kündigung. Unter den übrigen Vertragsparteien bleibt der Tarifvertrag bestehen vorbehaltlich des dann möglicherweise gegebenen außerordentlichen Kündigungsrechts.

94   Umstritten ist, ob der Tarifvertrag auch teilweise gekündigt werden kann. Das wird zu Recht bejaht, wenn die Tarifvertragsparteien entsprechende Regelungen getroffen haben[80]. Der Sache nach handelt es sich dabei um ein Leistungsbestimmungsrecht in der Form eines Widerrufsvorbehalts. Im übrigen wird die Teilkündigung abgelehnt. Sie kann jedoch nach dem ultima-ratio-Prinzip als Mittel zur Anpassung des Tarifvertrags an geänderte Umstände vor Ausspruch einer außerordentlichen (Voll-)Beendigungskündigung in Betracht kommen[81]. Sie ist aber abzulehnen, wenn dadurch eine einheitliche Regelung auseinandergerissen würde[82].

d) Außerordentliche Kündigung

95   Ein Tarifvertrag als Dauerschuldverhältnis ist außerordentlich kündbar[83], wenn seine Fortsetzung bis zum vereinbarten Ende oder bis zum Ablauf der ordentlichen Kündigungsfrist einer Seite nicht zugemutet werden kann (§ 314 BGB). Dabei gilt nach der Rechtsprechung das ultima-ratio-Prinzip. Die außerordentliche Kündigung ist nur dann zulässig, wenn es keine andere Möglichkeit gibt, die Unzumutbarkeit zu beseitigen. Ein weniger belastendes Mittel ist die Nach- oder Neuverhandlung des Tarifvertrags. Mitunter ergibt sich die Neuverhandlungspflicht be-

---

[77] BAG, Urt. v. 26.9.1984, AP Nr. 21 zu § 1 TVG.
[78] BAG, Urt. v. 26.4.2000, AP Nr. 4 zu § 1 TVG Kündigung.
[79] Vgl. nur *Oetker*, RdA 1995, 82 (91 f.); *Schaub*, Arbeitsrechts-Handbuch, § 199 Rn. 39.
[80] BAG, Beschl. v. 3.12.1985 AP Nr. 1 zu § 74 BAT; Urt. v. 16.8.1990, AP Nr. 19 zu § 4 TVG Nachwirkung; *Kempen/Zachert*, § 4 TVG Rn. 51; Wiedemann/*Wank*, § 4 TVG Rn. 24.
[81] *Löwisch/Rieble*, § 1 TVG Rn. 362; *Oetker*, RdA 1995, 82 (98).
[82] *Löwisch/Rieble*, § 1 TVG Rn. 362.
[83] Std. Rspr., vgl. zuletzt BAG, Urt. v. 18.2.1998, AP Nr. 3 zu § 1 TVG Kündigung.

reits aus einer Revisionsklausel. Eine Kündigung ohne Nachverhandlung und ohne Unterbreitung eines zumutbaren Änderungsangebotes ist grundsätzlich unwirksam[84]. Da Tarifverträge als Normenverträge die Arbeitsbedingungen von Dritten regeln, werden an den Grund für eine außerordentliche Kündigung mit Recht strenge Anforderungen gestellt[85].

Beispiele: Schwere Pflichtverletzungen einer Tarifvertragspartei, insbesondere Verstöße gegen die tarifliche Friedenspflicht, Änderung der Rechtslage, Wegfall der Tariffähigkeit, Auflösung einer Tarifvertragspartei, ordentliche Kündigung eines mehrgliedrigen Tarifvertrags für die Parteien, die nicht selbst den Tarifvertrag gekündigt haben, sowie Wegfall der Geschäftsgrundlage[86].

Welche Umstände bei der außerordentlichen Kündigung als wichtiger Grund zu berücksichtigen sind, richtet sich nach dem Vorbringen des Kündigenden[87]. Stets bedarf es einer Interessenabwägung im Einzelfall. Besonders umstritten ist die Frage, ob und inwieweit eine **Änderung der wirtschaftlichen Verhältnisse** zu einer außerordentlichen Kündigung berechtigt. Die Rechtsprechung hat bislang nicht abschließend Stellung bezogen[88]. Die Lehre gibt zu Recht zu bedenken, daß jeder Tarifvertrag als Dauerschuldverhältnis das Risiko einer falschen Einschätzung der wirtschaftlichen Rahmendaten (z.B. Konjunkturverlauf, Währungsverhältnisse, Entwicklung von Steuern und Sozialabgaben) in sich trägt. Die Tarifvertragsparteien haben die Möglichkeit, das Risiko von Fehleinschätzungen durch Vereinbarung angemessener Laufzeiten oder von Anpassungsklauseln zu verringern. Eine außerordentliche Kündigung wird im allgemeinen nur bei einer langen Laufzeit oder bei einer ganz einschneidenden Änderung in Betracht kommen[89]. Ein wichtiger Grund wird nur dann gegeben sein, wenn die jeweilige wirtschaftliche Belastung, um deren Beseitigung oder Milderung es dem Kündigenden geht, aufgrund nicht vorhersehbarer Umstände wenigstens tendenziell auf seiner Seite zu wirtschaftlicher Existenzgefährdung führt[90]. Offen ist, ob der gekündigte Tarifvertrag nach § 4 Abs. 5 TVG nachwirkt.

96

e) Anfechtung

Der Tarifvertrag kann bei Irrtum, rechtswidriger Drohung oder arglistiger Täuschung nach den §§ 119, 123 BGB angefochten werden[91]. Jede Partei kann sich durch Anfechtung vom Tarifvertrag lösen, wenn der Anfechtungsgrund zur Zeit

97

---

84 BAG, Urt. v. 18.12.1996, AP Nr. 1 zu § 1 TVG Kündigung; *Oetker*, RdA 1995, 82 (96).
85 BAG, Urt. v. 18.12.1996, 18.6.1997, AP Nr. 1, 2 zu § 1 TVG Kündigung.
86 Im einzelnen str., vgl. *Kempen/Zachert*, § 4 TVG Rn. 49 f.; Wiedemann/*Wank*, § 4 TVG Rn. 26 ff.
87 BAG, Urt. v. 18.2.1998, AP Nr. 3 zu § 1 TVG Kündigung.
88 BAG, Urt. v. 18.12.1996, 18.2.1998 AP Nr. 1, 3 zu § 1 TVG Kündigung.
89 *Löwisch/Rieble*, § 1 TVG Rn. 369; *Kempen/Zachert*, § 4 TVG Rn. 45.
90 BAG, Urt. v. 18.2.1998, AP Nr. 3 zu § 1 TVG Kündigung; Wiedemann/*Wank*, § 4 TVG Rn. 55.
91 *Löwisch/Rieble*, § 1 TVG Rn. 355; Wiedemann/*Wank*, § 4 TVG Rn. 50; *Kempen/Zachert*, § 4 TVG Rn. 48; offengelassen von BAG, AP Nr. 6 zu § 1 TVG Form.

der Lossagung noch besteht[92]. Bei einem Verbandstarifvertrag steht das Recht zur Lossagung nur den Verbänden zu. Die Nichtigkeitsfolge (§ 142 Abs. 1 BGB) ist auf die Zukunft zu beschränken, da sich eine Rückabwicklung schon aus praktischen Gründen verbietet.

f) Sonstige Beendigungsgründe

98 Der Tarifvertrag endet, wenn er gegenstandslos wird. Das ist regelmäßig dann der Fall, wenn das Unternehmen oder der Betrieb, für den der Tarifvertrag gelten soll, aufgelöst wird. Bei Wegfall der Tariffähigkeit oder Tarifzuständigkeit entfällt die zwingende Wirkung des Tarifvertrags; er wirkt aber nach (§ 4 Abs. 5 TVG). Die Insolvenz eines Arbeitgeberverbands berührt die Wirksamkeit eines Tarifvertrags nicht; der Verband besteht fort, soweit dies der Abwicklungszweck erfordert. Zur Abwicklung gehört auch die Abwicklung von Tarifverträgen[93].

4. Auswirkungen der Beendigung auf den schuldrechtlichen Teil

99 Endet der Tarifvertrag, so erlöschen die **schuldrechtlichen Wirkungen**. Friedens- und Einwirkungspflicht enden, sofern ihre Fortwirkung nicht anderweitig, etwa in einem Schlichtungsabkommen, geregelt ist.

5. Auswirkungen der Beendigung auf den normativen Teil: Nachwirkung

a) Inhalt der Regelung

100 **Nach Ablauf** des Tarifvertrags gelten seine Rechtsnormen **weiter**, bis sie durch eine andere Abmachung **ersetzt** werden (§ 4 Abs. 5 TVG). Das gilt auch für Tarifnormen, die nach § 3 Abs. 3 TVG weiter gegolten hatten, und für Tarifnormen, die nur kraft Allgemeinverbindlichkeit auf Außenseiter anwendbar waren (§ 5 Abs. 5 Satz 3 TVG)[94]. Die Regelungen eines abgelaufenen Tarifvertrags bleiben Rechtsnormen[95], d.h. sie gelten weiter unmittelbar. Es entfällt lediglich die zwingende Wirkung[96]. Die Nachwirkung betrifft **alle Normenarten**[97].

---

[92] Wiedemann/*Wank*, § 4 TVG Rn. 50; a.A. *Kempen/Zachert*, § 4 TVG Rn. 48; *Stein*, Tarifvertragsrecht, Rn. 97: nur Recht zur außerordentlichen Kündigung.
[93] BAG, Beschl. v. 27.6.2000 - 1 ABR 31/99.
[94] BAG, Urt. v. 25.10.2000, NZA 2001, 1146.
[95] *Löwisch/Rieble*, § 4 TVG Rn. 225.
[96] BAG, Urt. v. 29.1.1975, 28.1.1987 AP Nr. 8, 16 zu § 4 TVG Nachwirkung.
[97] *Löwisch/Rieble*, § 4 TVG Rn. 236 ff.

b) Sinn und Zweck

§ 4 Abs. 5 TVG ist eine **Schutznorm** zugunsten der Arbeitnehmer. Sie hat im wesentlichen **Überbrückungsfunktion**. Es soll verhindert werden, daß die Arbeitsverhältnisse „inhaltsleer" werden, wenn die Arbeitsvertragsparteien von der Geltung des einschlägigen Tarifvertrags ausgegangen sind und deshalb auf eigene Regelungen verzichtet haben. Überdies versetzt die Nachwirkung die Tarifvertragsparteien in die Lage, ohne Zeitdruck über einen neuen Tarifvertrag zu verhandeln, da bis zur Vereinbarung eines neuen Tarifvertrags, d.h. während des – fälschlich – so genannten tariflosen Zustandes, die alten Regelungen gültig bleiben[98]. Der Überbrückungsfunktion entspricht es, wenn die tarifliche Situation beim Ablauf des Tarifvertrags „eingefroren" wird. Enthält ein Tarifvertrag eine dynamische Verweisung auf andere Rechtsnormen, wirken die in Bezug genommenen Vorschriften deshalb nicht in ihrer jeweiligen, sondern nur in der bei Ablauf des Tarifvertrags geltenden Fassung fort[99]. § 4 Abs. 5 TVG ist tarifdispositiv; die Tarifvertragsparteien können ausdrücklich oder konkludent auf den Überbrückungsschutz verzichten[100].

101

c) Anwendungsbereich

aa) Unmittelbarer Anwendungsbereich. Die Normen eines Tarifvertrags wirken bei unmittelbarer Anwendung des § 4 Abs. 5 TVG nur dann nach, wenn der Tarifvertrag abgelaufen ist. Unter „Ablauf" ist die Beendigung des Tarifvertrags in zeitlicher Hinsicht zu verstehen[101].

102

bb) Entsprechende Anwendung. Rechtsprechung und herrschende Lehre haben den Anwendungsbereich des § 4 Abs. 5 TVG über den eigentlichen Wortlaut hinaus ausgedehnt. Wenn § 4 Abs. 5 TVG eine Überbrückungsregelung zur Vermeidung inhaltsleerer Arbeitsverhältnisse darstellt, so ist es folgerichtig, § 4 Abs. 5 TVG analog anzuwenden, wenn die Arbeitsverhältnisse inhaltsleer zu werden drohen, weil eine andere Voraussetzung für die Tarifwirkung wegfällt[102].

103

Beispiele: Vorzeitige Beendigung des Tarifvertrags wegen des Wegfalls einer Tarifvertragspartei; Herauswachsen eines Betriebes aus dem räumlichen oder fachlichen Geltungsbereich des Tarifvertrags, z.B. durch Produktionswechsel (statt Metall werden Kunststoffe verarbeitet) oder durch Änderung der Organisation; Übergang eines Betriebes, der unter einen Verbandstarifvertrag fällt, auf einen anderen Inhaber aufgrund eines Erbfalles.

---

[98] Allg. M. vgl. nur BAG, Urt. v. 18.3.1992, 2.12.1992, AP Nr. 13, 14 zu § 3 TVG.
[99] BAG, Urt. v. 24.11.1999, AP Nr. 34 zu § 4 TVG Nachwirkung.
[100] BAG, Urt. v. 3.9.1986, AP Nr. 12 zu § 4 TVG Nachwirkung.
[101] BAG, Urt. v. 13.7.1994, AP Nr. 14 zu § 3 TVG Verbandszugehörigkeit.
[102] BAG, Urt. v. 18.3.1992, 2.12.1992, AP Nr. 13, 14 zu § 3 TVG.

104 Dagegen wird § 4 Abs. 5 TVG nicht, auch nicht entsprechend, angewendet,
- wenn ein Betrieb im Wege der **Einzelrechtsnachfolge** auf einen anderen Inhaber übergeht; in diesem Fall ist § 613a Abs. 1 Sätze 2-4 BGB die speziellere Norm;
- wenn ein Betrieb im Wege der **partiellen Gesamtrechtsnachfolge** nach den Vorschriften des UmwG auf einen anderen Inhaber übergeht; auch in diesem Fall ist § 613a Abs. 1 Sätze 2-4 BGB gegenüber § 4 Abs. 5 TVG die speziellere Norm (§ 324 UmwG);
- wenn ein Betrieb, für den ein **Firmentarifvertrag** gilt, im Wege der Gesamtrechtsnachfolge auf einen anderen Inhaber übergeht; hier rückt der neue Betriebsinhaber aufgrund der Gesamtrechtsnachfolge in die Rechtsstellung seines Vorgängers ein. Bei einer Umwandlung nach dem UmwG gilt ein Firmentarifvertrag als Verbindlichkeit i.S.d. § 20 Abs. 1 Nr. 1 UmwG[103];
- bei einem Tarifvertrag über eine **gemeinsame Einrichtung** der Tarifvertragsparteien (§ 4 Abs. 2 TVG), wenn der Arbeitgeber die Branche wechselt[104].

105 cc) **Nachwirkung auch gegenüber Neueingestellten?** Die Nachwirkung der alten Tarifnormen erstreckt sich nach der Rechtsprechung **nicht** auf Arbeitsverhältnisse, die erst während des Nachwirkungszeitraumes begründet werden[105]. Die Nachwirkung setze voraus, daß der Tarifvertrag einmal mit den Wirkungen des § 4 Abs. 1 und 3 TVG gegolten habe. Sie solle nur gewährleisten, daß bestehende Arbeitsverhältnisse nicht inhaltsleer werden. Anderes soll nur bei Auszubildenden gelten, deren Ausbildungsverhältnis während des Nachwirkungszeitraums in ein Arbeitsverhältnis übergeht[106].

106 Die Literatur hält dem entgegen, daß die Tarifbedingungen, anders als im Tarifrecht der Weimarer Republik, nicht mehr Teil des Arbeitsvertrages werden, sondern von außen auf ihn einwirken. Bleibe die normative Wirkung im Nachwirkungszeitraum des § 4 Abs. 5 TVG erhalten, müßten alle Arbeitsverhältnisse erfaßt werden, bei denen die Voraussetzungen der Tarifbindung vorliegen[107]. In der Praxis kann man sich damit behelfen, daß in den Arbeitsverträgen auf die nachwirkenden Tarifbedingungen Bezug genommen wird. Die Bedingungen des alten Tarifvertrags gelten dann für Neueingetretene kraft Arbeitsvertrags.

---

[103] BAG, Urt. v. 24.6.1998, AP Nr. 1 zu § 20 UmwG.
[104] BAG, Urt. v. 9.11.1999, AP Nr. 5 zu § 3 TVG Verbandsaustritt.
[105] BAG, Urt. v. 7.11.2001, NZA 2002, 749.
[106] BAG, Urt. v. 20.1.1977, AP Nr. 1 zu § 1 TVG Ausbildungsverhältnis.
[107] *Kempen/Zachert*, § 4 TVG Rn. 293; *Lieb*, Arbeitsrecht, Rn. 502.

d) Ende der Nachwirkung

aa) Grundsatz. Nach Ablauf des Tarifvertrags gelten dessen Bestimmungen solange weiter, bis sie durch eine **andere Abmachung** ersetzt werden (§ 4 Abs. 5 TVG). Eine „andere Abmachung" kann ein Tarifvertrag, eine Betriebsvereinbarung, eine Sprechervereinbarung oder eine vertragliche Abrede sein[108]. 107

bb) Ablösung durch Tarifvertrag. Die Nachwirkung des alten Tarifvertrags wird durch einen neuen Tarifvertrag beendet, wenn dieser konkret auf das Arbeitsverhältnis anwendbar ist und für dieses unmittelbar und zwingend gilt[109]. Das ist der Fall, wenn beide Arbeitsvertragsparteien an den neuen Tarifvertrag gebunden sind (§ 4 Abs. 1 TVG) oder wenn der neue Tarifvertrag allgemeinverbindlich ist. In diesem Fall löst der neue Tarifvertrag den alten ab („Zeitkollisionsregel", vielfach auch Ordnungsprinzip genannt). Da beide Tarifverträge denselben Rang haben, findet auch **kein Günstigkeitsvergleich** zwischen ihnen statt. 108

Ist nur der Arbeitnehmer an den neuen Tarifvertrag gebunden, bleibt es bei der Nachwirkung des alten Tarifvertrags. Ist nur der Arbeitgeber an den neuen Tarifvertrag gebunden, so ist streitig, ob es zur **Tarifpluralität** (s. unten Rn. 263) kommt. Die neueste Rechtsprechung verneint das[110]. Die Überbrückungsfunktion des § 4 Abs. 5 TVG sei hier unverzichtbar. 109

cc) Ablösung durch Betriebsvereinbarung/Sprechervereinbarung. Tarifrechtlich steht einer Ablösung nachwirkender Bedingungen durch eine Betriebs- oder Sprechervereinbarung nichts im Wege[111]. Die nicht mehr zwingende tarifliche Regelung kann grundsätzlich durch rangniedrigeres Recht beseitigt werden. Betriebs- und Sprechervereinbarung bieten für die Praxis den Vorteil einer betriebseinheitlichen Lösung. 110

Die Betriebsvereinbarung unterliegt jedoch – anders als die Sprechervereinbarung – der Schranke des § 77 Abs. 3 BetrVG. Arbeitsentgelte und sonstige Arbeitsbedingungen, die durch Tarifvertrag geregelt sind oder üblicherweise geregelt werden, können nicht Gegenstand einer Betriebsvereinbarung sein. Eine Betriebsvereinbarung kommt deshalb nur in Betracht, wenn in dem Tarifbereich, zu dem der Betrieb gehört, keine Tarifverträge (mehr) abgeschlossen werden oder wenn der Tarifvertrag, der in dem Tarifbereich gilt oder üblicherweise vereinbart wird, eine Öffnungsklausel enthält (§ 77 Abs. 3 Satz 2 BetrVG). S. im einzelnen § 16 Rn. 364 ff. 111

Ist ausnahmsweise der Abschluß einer Betriebsvereinbarung zulässig, so können mit ihrer Hilfe Tarifbedingungen nicht nur verbessert, sondern auch verschlechtert werden. Das Verbot der Ablösung von Arbeitsvertragsbedingungen 112

---

[108] BAG, Urt. v. 28.5.1997, AP Nr. 26 zu § 4 TVG Nachwirkung.
[109] BAG, Urt. v. 14.2.1991, 18.3.1992, AP Nr. 10, 13 zu § 3 TVG.
[110] BAG, Urt. v. 28.5.1997, AP Nr. 26 zu § 4 TVG Nachwirkung; a.A. *Hromadka/Maschmann/Wallner*, Der Tarifwechsel, Rn. 267.
[111] BAG, Beschl. v. 24.2.1987, AP Nr. 21 zu § 77 BetrVG 1972.

durch Betriebsvereinbarung (s. § 16 Rn. 384 ff.) steht nicht entgegen. Die Tarifbestimmungen bleiben Tarifnormen; sie werden nicht Bestandteil des Arbeitsvertrages.

113 **dd) Ablösung durch Änderungsvertrag.** Tarifnormen, die den Inhalt und die Beendigung des Arbeitsverhältnisses nur noch kraft Nachwirkung regeln, können jederzeit arbeitsvertraglich abgeändert werden[112]. Der Änderungsvertrag unterliegt zwar unter Umständen einer Inhaltskontrolle (§ 310 Abs. 4 Sätze 1, 2 BGB); zur Unwirksamkeit von Änderungsvereinbarungen wird das aber in den seltensten Fällen führen. Das gilt vor allem dann, wenn gleichzeitig die Normen des nun einschlägigen Tarifvertrags vereinbart werden (§ 310 Abs. 4 Satz 3 BGB). Nicht durch Vertrag abgeändert werden können Betriebsnormen und betriebsverfassungsrechtliche Normen.[113]

114 Enthält der Arbeitsvertrag eine **Verweisung** auf einen Tarifvertrag, so liegt in dieser Klausel nicht ohne weiteres **eine andere Abmachung** im Sinne des § 4 Abs. 5 TVG. Die Lehre nimmt an, daß andere Abmachungen im Sinne des § 4 Abs. 5 TVG nur solche sind, die **nach Ablauf des Tarifvertrags** getroffen werden[114]. Dafür spricht die zukunftsgerichtete Fassung des Gesetzes („bis sie durch eine andere Abmachung ersetzt werden"). Die neueste Rechtsprechung sieht in der Bezugnahme auf einen bestimmten Tarifvertrag dann eine „andere Abmachung", wenn sich aus ihr **eindeutig** ergibt, daß die Arbeitsvertragsparteien unabhängig von den nachwirkenden Bedingungen **eine Rückkehr auf das frühere Niveau beabsichtigen**[115]. Das dürfte jedoch nur selten der Fall sein.

115 Für das **Zustandekommen** eines Änderungsvertrages gelten die **allgemeinen Grundsätze** (s. dazu ausführlich Band 1 § 5 Rn. 170 ff.). Der Arbeitgeber unterbreitet ausdrücklich oder schlüssig ein Angebot auf Änderung, d.h. auf Ablösung der alten Bedingungen[116] und Einbeziehung von Normen des neuen Tarifvertrags in den Arbeitsvertrag[117]. Ein **konkludentes Angebot** auf Entlohnung nach dem neuen Tarifvertrag kann darin liegen, daß der Arbeitgeber die Arbeitnehmer in die Entgeltgruppen dieses Tarifvertrags eingruppiert und/oder ihnen das Entgelt entsprechend diesem Tarifvertrag zahlt. Das schlüssige Angebot, dem Arbeitsverhältnis künftig die Arbeitsbedingungen des einschlägigen Manteltarifvertrags zugrundezulegen, kann sich aus der Gewährung von Leistungen nach diesem Vertrag –

---

[112] *Löwisch/Rieble*, § 4 TVG Rn. 228; *Wiedemann/Wank*, § 4 TVG Rn. 356. Bei Abschlußnormen ist der abschlußnormwidrige Arbeitsvertrag selbst die Abmachung, die die Norm aufhebt, vgl. *Löwisch/Rieble*, § 4 TVG Rn. 236.
[113] Hierzu *Löwisch/Rieble*, § 4 TVG Rn. 230 f., 237.
[114] *Löwisch/Rieble*, § 4 TVG Rn. 234; differenzierend Wiedemann/*Wank*, § 4 TVG Rn. 359.
[115] BAG, Urt. v. 28.5.1997, AP Nr. 26 zu § 4 TVG Nachwirkung.
[116] Für eine stillschweigende Abdingbarkeit nachwirkender Normen durch Individualvereinbarung BAG, Urt. v. 28.6.1972, AP Nr. 55 zu §§ 22, 23 BAT; *Löwisch/Rieble*, § 4 TVG Rn. 228.
[117] LAG Bremen, Urt. v. 3.2.1965, BB 1965, 495.

Zulagen, Zuschläge, Urlaub – ergeben; ein starkes Indiz ist auch die Umstellung der Arbeitszeit auf die des neuen Tarifvertrags.

Der Arbeitnehmer kann das Angebot ausdrücklich oder stillschweigend annehmen. Eine **schlüssige Annahme** kann im **widerspruchslosen Weiterarbeiten** zu sehen sein. Da der Arbeitnehmer durch seine Arbeit zunächst nur seine vertragliche Hauptleistungspflicht erfüllt, verlangt das BAG, daß sich die Änderung **unmittelbar im Arbeitsverhältnis auswirkt.** Erst dadurch könne der Arbeitnehmer feststellen, welchen Einfluß die Änderung auf ihn hat, und nur unter diesen Umständen könne die widerspruchslose Weiterarbeit nach Treu und Glauben so verstanden werden, daß der Arbeitnehmer sich die nachteiligen Auswirkungen der Vertragsänderung gefallen läßt. Eine **Schriftformklausel** steht einer schlüssigen Annahme nicht im Wege. Sie kann mündlich, und zwar auch stillschweigend, abbedungen werden. Es genügt, daß die Parteien die Maßgeblichkeit der neuen Vereinbarung übereinstimmend wollen. Bei **qualifizierten Schriftformklauseln** kann das anders sein[118]. Die Änderung der nachwirkenden Tarifbestimmungen läßt sich grundsätzlich auch über eine **betriebliche Übung** erreichen. Betriebliche Übungen können **auch zuungunsten der Arbeitnehmer** entstehen. Eine für die Arbeitnehmer erkennbare Umstellung tariflicher Arbeitsbedingungen begründet bei widerspruchsloser Weiterarbeit nach einer gewissen Zeit einen Vertrauenstatbestand mit der Folge, daß nunmehr die neuen Bedingungen gelten[119].

ee) Ablösung durch Änderungskündigung. Nachwirkende Tarifbedingungen können auch mit Hilfe einer Änderungskündigung abgeändert werden. Die Bindung des Arbeitgebers würde ohne die Möglichkeit einer einseitigen Änderung unangemessen erweitert; das ist gerade dann problematisch, wenn man § 4 Abs. 5 TVG auf alle Fälle des Wegfalls der Tarifbindung ausdehnt. Im übrigen dient die Änderungskündigung nur der Durchsetzung eines Änderungsvertrages. Deshalb steht ihr der Wortlaut des § 4 Abs. 5 TVG nicht entgegen.

Die **Anforderungen an eine Änderungskündigung sind hoch**; eine Erleichterung für die Ablösung nachwirkender Tarifnormen gibt es nicht[120]. **Dringende betriebliche Erfordernisse** müssen das Änderungsangebot bedingen, und der Arbeitgeber darf **nur Änderungen vorschlagen, die der Arbeitnehmer billigerweise hinnehmen** muß[121]. Eine Änderung der Gegenleistung, d.h. des Entgelts im weitesten Sinne, um die es zumeist geht, kommt grundsätzlich nur in Betracht, wenn der Betrieb oder Arbeitsplätze gefährdet sind (s. ausf. Band 1 § 10 Rn. 404 ff.). Die Änderungskündigung ist an einem individuellen Maßstab zu prüfen[122]. Für jeden Einzelfall ist im Anwendungsbereich des Kündigungsschutzgesetzes zu untersuchen, ob die Änderung sozial gerechtfertigt ist (§ 2 KSchG). Ob bei einer Massenänderungskündigung etwas anderes gilt, ist nach der Konzeption des Kündigungsschutzgesetzes zweifelhaft. Nach h. L. sind auch die individuellen Kündigungsfristen zu beachten,

---

[118] BAG, Urt. v. 24.6.2003, NZA 2003, 1145.
[119] Zu Vorstehendem *Hromadka/Maschmann/Wallner*, Der Tarifwechsel, Rn. 284 ff. m.w.N.
[120] BAG, Urt. v. 27.9.2001, DB 2002, 2169 (2170); a.A. BAG, Urt. v. 25.10.2000, NZA 2001, 1146.
[121] BAG, Urt. v. 20.3.1986, AP Nr. 14 zu § 2 KSchG 1969.
[122] Allg. M., vgl. nur *Kittner/Trittin*, § 1 KSchG Rn. 504.

und es gilt der besondere Kündigungsschutz[123]. Eine betriebseinheitliche Ablösung von Arbeitsbedingungen mit Hilfe der Änderungskündigung ist also nicht ganz einfach.

III. Auslegung des Tarifvertrags

1. Grundsätze

a) Auslegung des schuldrechtlichen Teils

119   Der schuldrechtliche Teil des Tarifvertrags ist nach den für empfangsbedürftige Willenserklärungen geltenden Grundsätzen auszulegen[124]. Manche nehmen allerdings an, daß Bestimmungen über die Friedens- und Durchführungspflicht wie Gesetze auszulegen seien[125].

b) Auslegung des normativen Teils

120   Während das Reichsarbeitsgericht auch auf die Tarifnormen die Grundsätze für Willenserklärungen anwandte[126], legt das Bundesarbeitsgericht[127] **Tarifnormen wie Gesetze aus.** Dabei ist vom **Wortlaut** auszugehen. Der **wirkliche Wille** der Tarifvertragsparteien ist nur insoweit zu berücksichtigen, als er sich im Wortlaut niedergeschlagen hat[128]. Denn Tarifnormen gelten für Dritte, die nicht unmittelbar am Zustandekommen des Vertrags beteiligt waren[129]. Dieselbe Folge ergibt sich aus dem Schriftformerfordernis des § 1 Abs. 2 TVG. Freilich kann eine Auslegung nicht beim reinen Wortlaut stehenbleiben. Vielmehr sind auch der **tarifliche Gesamtzusammenhang** und **der Sinn und Zweck** der Tarifnorm zu ermitteln. Bei der teleologischen Auslegung geht es um die Ermittlung der Regelungsziele, mithin um den „wirklichen Willen" der Tarifvertragsparteien. Bleiben noch Zweifel, so kann auf weitere Kriterien wie die **Tarifgeschichte,** die **Tarifübung** und die **Entstehungsgeschichte** zurückgegriffen werden[130]. Dabei besteht keine Bindung an eine bestimmte Reihenfolge der Auslegungsmittel[131]. Ferner soll die **Praktika-**

---

[123] Vgl. statt aller *Hromadka,* RdA 1992, 234 (257).
[124] *Kempen/Zachert*, TVG, Grundl. Rn. 305; Wiedemann/*Wank*, § 1 TVG Rn. 768.
[125] *Hueck/Nipperdey*, Arbeitsrecht II/1, S. 360.
[126] Vgl. RAG, Urt. v. 29.9.1928, RAGE 2, 235 (239).
[127] Erstmals BAG, Urt. v. 2.6.1961, AP Nr. 68 zu Art. 3 GG.
[128] BAG, Urt. v. 28.4.1987, AP Nr. 5 zu § 1 BetrAVG Betriebsveräußerung.
[129] BAG, Urt. v. 26.4.1966, 11.12.1974, AP Nr 117, 124 zu § 1 TVG Auslegung.
[130] BAG, Urt. v. 12.9.1984, 23.2.1994, AP Nr. 135, 151 zu § 1 TVG Auslegung.
[131] BAG, Urt. v. 12.9.1984, AP Nr. 135 zu § 1 TVG Auslegung. Mit diesem Urteil wurde die in der Entscheidung vom 26.4.1966, AP Nr. 117 zu § 1 TVG Auslegung, aufgestellte feste Reihenfolge von Auslegungsmethoden aufgegeben. Danach sollte in erster Linie der Tarifzusammenhang, in zweiter Linie die Tarifgeschichte und Tarifübung, drittens die Entstehungsgeschichte des streitigen Tarifvertrags sowie letztlich die An-

bilität denkbarer Auslegungsergebnisse Berücksichtigung finden[132]. Im Zweifel gebührt derjenigen Tarifauslegung der Vorzug, die zu einer **vernünftigen, sachgerechten, zweckorientierten und praktikablen** Regelung führt. Dagegen ist die Auffassung der „beteiligten Berufskreise" kein selbständiges Kriterium, weil es für sich allein keinen Schluß auf den Willen der Tarifvertragsparteien zuläßt[133]. Auch die Einholung einer Auskunft der Tarifvertragsparteien ist jedenfalls dann kein zulässiges Hilfsmittel, wenn die Norm nach den vorstehenden Grundsätzen ausgelegt werden kann[134]. Für Tarifverträge gilt – wie für Gesetze – das Prinzip der **„verfassungskonformen Auslegung"**[135]. Läßt sich eine Tarifnorm unterschiedlich auslegen und führt die eine Auslegung zu einem verfassungsgemäßen, die andere zu einem verfassungswidrigen Ergebnis, so ist die verfassungsgemäße Auslegung zu wählen. Im Zweifel ist davon auszugehen, daß die Tarifvertragsparteien Regelungen treffen wollen, die mit zwingendem Recht in Einklang stehen und deshalb Bestand haben.

2. Auslegungskriterien im einzelnen

a) Wortlaut

Der Wortsinn ist zunächst nach den Regeln von Grammatik und Semantik zu ermitteln, wozu Wörterbücher und Lexika herangezogen werden können[136]. Dabei ist vom **allgemeinen Sprachgebrauch** auszugehen. Juristischen Begriffen ist die allgemein gültige juristische Bedeutung zugrundezulegen, sofern die Tarifvertragsparteien nicht ausdrücklich etwas anderes bestimmt haben[137]. Hat sich der Sprachgebrauch zwischen dem Zeitpunkt des Tarifabschlusses und der Anwendung einer Tarifnorm geändert, so ist nach h. M. auf den Wortlaut im Zeitpunkt des Entstehens des Tarifvertrags abzustellen[138]. 121

Berücksichtigt werden müssen ferner **Protokollnotizen**, wenn sie den Formerfordernissen des Tarifvertrags (§ 1 Abs. 2 TVG) entsprechen[139]; sie sind dann selbst Bestandteil des Tarifvertrags. Protokollnotizen sollen die vereinbarte Regelung erläutern oder ergänzen. Ist die Schriftform nicht eingehalten, können sie als Auslegungshilfen herangezogen wer- 122

---

schauung der beteiligten Berufskreise zur Zeit der Entstehung des Tarifvertrags herangezogen werden.
[132] BAG, Urt. v. 12.9.1984, AP Nr. 135 zu § 1 TVG Auslegung.
[133] BAG, Urt. v. 12.9.1984, AP Nr. 135 zu § 1 TVG Auslegung.
[134] BAG, Urt. v. 23.2.1994, AP Nr. 2 zu § 1 TVG Tarifverträge: Kirchen.
[135] BAG, Urt. v. 21.1.1987, AP Nr. 47 zu Art. 9 GG; Urt. v. 23.9.1992, AP Nr. 159 zu § 1 TVG Tarifverträge: Bau.
[136] BAG, Urt. v. 20.4.1994, AP Nr. 9 zu § 1 TVG Tarifverträge: DDR.
[137] BAG, Urt. v. 19.8.1987, AP Nr. 3 zu § 1 TVG Tarifverträge Fernverkehr.
[138] *Kempen/Zachert*, TVG, Grundl. Rn. 313; *Schaub*, NZA 1994, 597 (598).
[139] BAG, Urt. v. 29.8.1979, 9.10.1979, AP Nr. 103 und 105 zu § 611 BGB Gratifikation.

den[140]. Sie können u.U. ein Gericht veranlassen, den wirklichen Willen der Tarifvertragsparteien – z.B. durch Zeugenvernehmung – zu erforschen[141]. Der gemeinsame Wille der Tarifvertragsparteien kann sich weiterhin aus abgestimmten oder gemeinsamen **Rundschreiben**[142] ergeben. Für die historische Auslegung können **Verhandlungsprotokolle und Tarifgespräche** Anhaltspunkte liefern.

123 Eine **authentische Interpretation** der Tarifvertragsparteien ist rechtsverbindlich, wenn sie dem Formerfordernis des § 1 Abs. 2 TVG genügt, da sie damit Inhalt des Tarifvertrags wird[143]; sie ist dann eine Art **„Legaldefinition"**. Die authentische Interpretation kann **bestätigende** oder **novierende** Wirkung haben; im zweiten Fall handelt es sich um eine Tarifvertragsänderung. Soll eine authentische Interpretation Rückwirkung haben, so sind die Grenzen der Rückwirkung von Tarifverträgen zu beachten. Fehlt es an der Schriftform, so kann die authentische Interpretation zwar bei der Auslegung des Tarifvertrags berücksichtigt werden, sie ist aber nur ein Auslegungsmittel unter anderen[144].

b) Gesamtzusammenhang

124 Bei eindeutigem Wortlaut ist der Rückgriff auf weitere Auslegungskriterien entbehrlich[145]; sie können das Auslegungsergebnis aber stützen und abrunden[146]. Bei mehrdeutigem Wortlaut kommt es auf den Gesamtzusammenhang des Tarifvertrags an.

125 Die Bedeutung eines Begriffs ist von dem Kontext abhängig, in dem er verwendet wird. Gewöhnlich ist davon auszugehen, daß Begriffe jeweils in der gleichen Bedeutung benutzt werden[147]. Dabei ist allerdings zu berücksichtigen, daß Tarifverträge nicht so sorgfältig und zeitaufwendig wie staatliche Gesetze vorbereitet und abgefaßt werden können. Der Wille der Tarifvertragsparteien kann sich in manchen Fällen erst durch das Zusammenwirken mehrerer nahe beieinander stehender Normen ergeben[148] oder aus dem Vergleich mehrerer Tarifverträge derselben Tarifvertragsparteien. So kann der Entgelttarifvertrag Auslegungshinweise für den Manteltarifvertrag enthalten[149]. Ausnahmeregelungen sind nicht generell eng auszulegen[150].

---

140 BAG, Urt. v. 27 8.1986, AP Nr. 28 zu § 7 BUrlG Abgeltung.
141 *Wiedemann*, § 1 TVG Rn. 233 m.w.N.
142 BAG, Urt. v. 27.4.1995, AP Nr. 22 zu § 1 TVG Tarifverträge: DDR.
143 BAG, Urt. v. 13.4.1994, AP Nr. 45 zu § 1 TVG Tarifverträge: Einzelhandel.
144 BAG, Urt. v. 24.5.1978, AP Nr.6 zu § 1 TVG Tarifverträge: Metallindustrie.
145 BAG, Urt. v. 24.3.1988, AP Nr. 1 zu § 27 MTL II.
146 BAG, Urt. v. 7.12.1989, AP Nr. 3 zu § 15 BErzGG.
147 *Kempen/Zachert*, TVG, Grundl. Rn. 327.
148 BAG, Urt. v. 23.9.1992, DB 1993, 489.
149 BAG, Urt. v. 29.1.1992, EzA § 4 TVG Geltungsbereich Nr. 2.
150 BAG, Urt. v. 24.11.1988, AP Nr. 127 zu § 611 BGB Gratifikation.

c) Sinn und Zweck der Tarifnorm

Bei der teleologischen Auslegung ist nach dem Sinn und Zweck einer Tarifnorm zu forschen[151]. Dabei kommt es nicht auf die subjektiven Vorstellungen der Tarifvertragsparteien an; Sinn und Zweck sind vielmehr **objektiv** anhand des Regelungs- oder Normzusammenhanges zu bestimmen[152]. Es gibt keine Auslegungsregel, wonach Tarifnormen im Zweifel zugunsten des Arbeitnehmers auszulegen sind[153].

126

d) Entstehungsgeschichte und Tarifentwicklung

Für die Entstehungsgeschichte des Tarifvertrags[154] darf auf **Niederschriften und Verhandlungsprotokolle** zurückgegriffen werden[155], nicht aber auf den Inhalt formloser Vorstandsgespräche über die Auslegung[156]. Die **Entstehungsgeschichte** ist jedoch selten allein maßgeblich[157]. Wichtiger ist die Tarifentwicklung. In manchen Fällen läßt sich der Wortlaut eines Tarifvertrags über viele Tarifänderungen hinweg zurückverfolgen. Haben die **Gerichte** den umstrittenen Wortlaut in bestimmter Weise ausgelegt, kann davon ausgegangen werden, daß die Tarifvertragsparteien diese Auslegung gebilligt haben, wenn die Tarifnorm nicht entsprechend geändert wurde[158].

127

Eine **Tarifübung** kann zur Auslegung nur herangezogen werden, wenn sie in Kenntnis und mit Billigung der Tarifvertragsparteien praktiziert wird. Auf die Kenntnis des einzelnen Arbeitnehmers kommt es nicht an[159]. Es genügt auch nicht, daß Arbeitgeber einen Tarifvertrag in einem bestimmten Sinne verwenden, da dies auch auf eine fehlerhafte Auslegung zurückgehen kann[160]. Eine Tarifübung ist unbeachtlich, wenn sie dem objektiven Inhalt einer Tarifnorm widerspricht[161].

128

e) Übernahme von Gesetzesrecht

Klauseln, die auf gesetzliche Vorschriften verweisen oder sie wörtlich oder sinngemäß in den Tarifvertrag übernehmen, haben nach der Rechtsprechung **deklaratorische Bedeutung**, wenn der Wille der Tarifvertragsparteien zu einer gesetzesunabhängigen eigenständigen Tarifregelung im Tarifvertrag keinen hinreichend er-

129

---

[151] BAG, Urt.15.11.1957, AP Nr. 1 zu § 8 TVG.
[152] KassArbR/*Dörner*, 8.1, Rn. 69.
[153] *Löwisch/Rieble*, § 1 TVG Rn. 403; *Schaub*, NZA 1994, 597 (599).
[154] BAG, Urt. v. 26.4.1966, AP Nr. 117 zu § 1 TVG Auslegung.
[155] BAG, Urt. v. 10.10.1957, 26.4.1966, AP Nr. 12, 117 zu § 1 TVG Auslegung.
[156] BAG, Urt. v. 12.12.1973, AP Nr. 44 zu § 616 BGB.
[157] BAG, Urt. v. 29.1.1992, EzA § 4 TVG Geltungsbereich Nr. 2.
[158] *Schaub*, Arbeitsrechts-Handbuch, § 198 Rn. 33.
[159] BAG, Urt. v. 26.11.1964, 25.8.1982, AP Nr. 1, 2 zu § 1 TVG Tarifliche Übung.
[160] *Schaub*, Arbeitsrechts-Handbuch, § 198 Rn. 34.
[161] BAG, Urt. v. 11.12.1974, AP Nr. 10 zu § 249 BGB.

kennbaren Ausdruck gefunden hat[162]. Der Tarifvertrag trifft keine Regelung, sondern verweist lediglich auf das Gesetz, und zwar in seiner jeweils gültigen Fassung. Ändert sich das Gesetz, wird der Hinweis im Tarifvertrag unrichtig; es gilt das Gesetz in seiner neuen Fassung.

130 Dagegen handelt es sich um eine **konstitutive Norm**, wenn die Tarifvertragsparteien eine im Gesetz **nicht oder anders** getroffene Regelung vereinbaren oder wenn sie eine gesetzliche Regelung übernehmen, die sonst **nicht für die betroffenen Arbeitsverhältnisse gelten** würde, etwa beamtenrechtliche Vorschriften für die Arbeiter und Angestellten im öffentlichen Dienst. In diesem Fall läßt eine Gesetzesänderung die tarifliche Regelung unberührt. Ob die Zulassung abweichender tariflicher Regelungen in ansonsten zwingenden gesetzlichen Vorschriften eine dem Gesetz inhaltsgleiche eigenständige tarifliche Normsetzung ausschließt, hat die Rechtsprechung bislang offengelassen[163].

131 Eine tarifliche Regelung kann **zugleich konstitutive und deklaratorische** Bestandteile enthalten.

Beispiel: Konstitutive tarifliche Grundkündigungsfrist und deklaratorische Übernahme der verlängerten gesetzlichen Kündigungsfristen. Haben die Tarifvertragsparteien nicht geregelt, ab welcher Beschäftigungszeit die verlängerten Kündigungsfristen gelten sollen, so ist im Zweifel die gesetzliche Regelung in ihrer jeweiligen Fassung gewollt; auch darin ist nur eine deklaratorische „Regelung" zu sehen[164].

3. Ergänzende Auslegung

a) Problem

132 Die Auslegung eines Tarifvertrags mit den oben dargestellten Mitteln scheitert, wenn der Tarifvertrag eine Frage **überhaupt nicht regelt**. Eine **„tarifimmanente" Tariflücke** liegt vor, wenn eine Angelegenheit von vornherein offen geblieben ist, eine **„tarifexogene"**, wenn Tarifnormen wegen Verstoßes gegen höherrangiges Recht unwirksam sind. Fraglich ist, ob und wie die Lücken zu schließen sind.

133 Daß die Gerichte grundsätzlich befugt sind, Tariflücken zu schließen, wird nicht ernstlich bestritten; den Gerichten ist es schon wegen des Justizgewährleistungsanspruchs nach Art. 19 Abs. 4 GG verwehrt, dem Bürger Rechtsschutz zu verweigern. Die Befugnis zur Lückenschließung findet allerdings ihre Grenze, wenn dadurch in unzulässiger Weise in die

---

[162] Etwa durch Formulierungen wie „unabhängig von der gesetzlichen Regelung" oder „auch bei Änderung der gesetzlichen Regelung"; vgl. BAG, Urt. v. 16.9.1993, AP Nr.42 zu § 622 BGB; Urt. v. 10.5.1994, AP Nr. 3 zu § 1 TVG Tarifverträge: Verkehrsgewerbe, zur Übernahme der gesetzlichen Kündigungsfristen; zur wörtlichen oder sinngemäßen Übernahme des Entgeltfortzahlungsgesetzes s. BAG, Urt. v. 8.9.1999, NZA 2000, 489 und 661; Urt. v. 12.4.2000, NZA 2002, 226.
[163] BAG, Urt. v. 5.10.1995, AP Nr. 48 zu § 622 BGB m. Anm. *Bengelsdorf*.
[164] BAG, Urt. v. 14.02.1996, AP Nr. 50 zu § 622 BGB.

durch Art. 9 Abs. 3 GG garantierte Tarifautonomie eingegriffen wird. Die Rechtsprechung hat sich bemüht, beiden Anforderungen gerecht zu werden. Sie unterscheidet deshalb zwischen bewußten und unbewußten Tariflücken.

b) Bewußte Tariflücke

Eine bewußte Tariflücke liegt vor, wenn die Tarifvertragsparteien eine regelungsbedürftige Frage **bewußt** ungeregelt gelassen haben oder wenn sie sich **nicht auf eine Regelung einigen konnten**[165]. Nach den Grundsätzen der allgemeinen Methodenlehre kann ein lückenhafter Vertrag oder ein unvollständiges Gesetz nur dann ergänzend ausgelegt werden, wenn die Regelungslücke planwidrig ist, d.h. wenn sie nicht gewollt war. Das ist bei bewußten Tariflücken gerade nicht der Fall. Folgerichtig nehmen Rechtsprechung[166] und h. L.[167] an, daß derartige Lücken **nicht von den Gerichten geschlossen werden dürfen**. Eine bewußte Nichtregelung ist nichts anderes als eine negative Regelung, die von sämtlichen Normanwendern zu respektieren ist. 134

c) Unbewußte Tariflücke

Eine unbewußte Tariflücke liegt vor, wenn die Tarifvertragsparteien **bei Abschluß** des Tarifvertrags eine an sich regelungsbedürftige Sachfrage **nicht geregelt** haben oder wenn **nach Vertragsschluß** durch Änderung der äußeren Umstände eine Regelungslücke **entstanden** ist. Ob und wie eine unbewußte Tariflücke geschlossen werden kann, ist streitig. 135

Nach wohl h. M. muß die Tariflücke nach **Treu und Glauben** und unter Berücksichtigung dessen geschlossen werden, was die Tarifvertragsparteien bei **objektiver Betrachtung** der wirtschaftlichen und sozialen Zusammenhänge im Zeitpunkt des Vertragsschlusses mutmaßlich geregelt hätten, wenn sie an den nicht geregelten Fall gedacht hätten[168]. Das BAG ist allerdings nur dann bereit, eine Tariflücke durch ergänzende Vertragsauslegung zu schließen, wenn **hinreichende und sichere Anhaltspunkte** dafür bestehen, welche Regelung die Tarifvertragsparteien getroffen hätten. Sind verschiedene Regelungen denkbar, die billigem Ermessen entsprechen, läßt sich ein mutmaßlicher Wille nicht feststellen; die Lückenfüllung muß in diesem Fall unterbleiben. Es gelten dann, soweit vorhanden, die gesetzlichen, betrieblichen und arbeitsvertraglichen Regelungen. 136

d) Fallgruppen

aa) Vergütungsgruppen. In den Vergütungsgruppen sind nicht alle Tätigkeiten ausdrücklich aufgeführt. Die Rechtsprechung stuft Arbeitnehmer dann entsprechend den artverwandten und vergleichbaren Tätigkeiten ein, wenn der Tarifver- 137

---

[165] BAG, Urt. v. 29.8.1984, 10.10.1984, AP Nr. 93, 95 zu §§ 22, 23 BAT 1975.
[166] BAG, Urt. v. 6.7.1994, AP Nr. 29 zu § 1 TVG Tarifverträge: Druckindustrie.
[167] KassArbR/*Dörner*, 8.1, Rn. 65; *Schaub*, NZA 1994, 597 (601).
[168] BAG, Urt. v. 27.5.1992, AP Nr. 1 zu § 8 JArbSchG.

trag – wenn auch unvollkommen – die Absicht zum Ausdruck bringt, auch die Vergütung von Arbeitnehmern zu regeln, die nicht ausdrücklich genannt sind[169]. In diesem Fall ist im Zweifel davon auszugehen, daß gleichartige Sachverhalte gleich behandelt werden sollen[170]. Keine Regelungslücke liegt vor, wenn eine Tarifnorm ausdrücklich einen bestimmten Personenkreis ausnimmt[171] oder wenn sich aus anderen Umständen ergibt, daß bestimmte Personengruppen der tariflichen Regelung nicht unterworfen werden sollen[172]. Von einer abschließenden Regelung ist auszugehen, wenn Lohn- und Gehaltsstufen auf „das Gepräge der Gesamttätigkeit" abstellen[173]. Der BAT mit seinen Vergütungsordnungen wird als umfassendes, abschließendes Regelwerk interpretiert[174].

138 bb) **Tarifnormen nach Gesetzesänderung.** Nach der Änderung eines Gesetzes, auf dem eine Tarifnorm aufbaut, gibt es für die Tarifvertragsparteien zumeist eine Vielzahl von Regelungsmöglichkeiten, so daß ihre mutmaßliche Reaktion nicht mit hinreichender Sicherheit bestimmt werden kann. Folgerichtig hat es die Rechtsprechung abgelehnt, eine tarifliche Regelungslücke zu schließen, die dadurch entstanden war, daß der Gesetzgeber ein tarifliches Krankengeld der Sozialversicherungspflicht unterwarf[175]. Ebensowenig war sie bereit, die Tariflücke zu schließen, die sich aus der Einführung des Dienstleistungsabends ergab[176].

139 cc) **Verstoß gegen den Gleichheitssatz.** Eine Tarifnorm, die gegen den Gleichheitssatz verstößt, ist nichtig. Bestehen mehrere Regelungsmöglichkeiten, ist es Sache der Tarifvertragsparteien, die Lücke zu schließen. Bleibt kein Beurteilungsspielraum, schließt die neuere Rechtsprechung die Lücke selbst, und zwar, soweit es um gleichheitswidrige Vergütungsregelungen geht, im Zweifel durch Angleichung nach oben. Das war vor allem der Fall bei Vergütungsregelungen, die weibliche Arbeitskräfte diskriminierten[177]. Freilich werden damit Gelder umverteilt, die zu verteilen Sache der Tarifvertragsparteien und nicht der Gerichte ist.

---

[169] BAG, Urt. v. 12.4.1957, AP Nr. 3 zu § 9 TVG.
[170] *Schaub*, Arbeitsrechts-Handbuch, § 198 Rn. 39.
[171] BAG, Urt. v. 14.12.1982, AP Nr. 1 zu § 1 BetrAVG Besitzstand.
[172] BAG, Urt. v. 10.11.1982, AP Nr. 69 zu §§ 22, 23 BAT 1975.
[173] BAG, Urt. v. 27.1.1982, AP Nr. 3 zu § 1 TVG Tarifverträge: Banken.
[174] BAG, Urt. v. 23.1.1980, 10.10.1984, AP Nr. 31, 95 zu §§ 22, 23 BAT 1975.
[175] BAG, Urt. v. 10.12.1986, AP Nr. 1 zu § 42 MTB II.
[176] BAG, Urt. v. 27.6.1989, AP Nr. 113 zu Art. 9 GG Arbeitskampf.
[177] EuGH, Urt. v. 27.6.1990, EzA Art. 119 EWGV Nr. 3; BAG, Urt. v. 7.11.1991, AP Nr. 14 zu § 62 BAT; Urt. v. 23.9.1992, AP Nr. 1 zu § 612 BGB Diskriminierung; Urt. v. 28.7.1992, AP Nr. 18 zu § 1 BetrAVG Gleichbehandlung; zum Problem *Schaub*, RdA 1995, 65 (68 f.)

4. Verfahrensfragen

In Rechtsstreitigkeiten über Ansprüche aus dem Arbeitsverhältnis müssen die Arbeitsgerichte nicht von Amts wegen prüfen, ob das Arbeitsverhältnis von Tarifnormen gestaltet wird. Enthält jedoch der Tatsachenvortrag der Parteien Anhaltspunkte für die Geltung von Tarifnormen, so haben sie nach § 293 ZPO den Inhalt des Tarifvertrags zu ermitteln[178]. Das gilt selbst noch in der Revisionsinstanz[179]. Das BAG ist nur an die tatsächlichen Feststellungen des Landesarbeitsgerichts, nicht an dessen rechtliche Bewertung von Tarifnormen gebunden.

140

Tarifnormen können bei Leistungs- oder Kündigungsschutzklagen der Arbeitsvertragsparteien **inzidenter** überprüft werden. Daneben besteht für beide **Tarifvertragsparteien** die Möglichkeit, die **Auslegung einer Tarifnorm im Wege der Feststellungsklage** klären zu lassen[180]. Ein Feststellungsurteil entfaltet dann nach § 9 TVG Rechtskraftwirkung auch für die tarifgebundenen Arbeitsvertragsparteien. Allerdings können Arbeitsvertragsparteien, die nicht selbst Tarifvertragspartei sind, keine Feststellungsklage erheben[181]. Ebensowenig können Arbeitgeber und Betriebsrat die richtige Auslegung einer Tarifnorm in einem Beschlußverfahren klären lassen. Es wird nämlich weder um das Bestehen oder Nichtbestehen eines Rechtsverhältnisses gestritten (§ 256 Abs. 1 ZPO), noch liegen die Voraussetzungen des § 2 Abs. 1 Nr. 1 ArbGG vor[182].

141

IV. Inhalt und Grenzen der Tarifmacht

1. Binnenschranken

a) Grundsätze

Da **Art. 9 Abs. 3 GG,** der den Koalitionen ein Tätigwerden zur „Wahrung und Förderung der Arbeits- und Wirtschaftsbedingungen" gewährleistet, durch die Garantie der (kollektiven) Koalitionsfreiheit die Tarifautonomie sichert, steckt der Schutzbereich dieser Norm zugleich das vom Grundgesetz geschützte Feld tarifautonomer Gestaltungsmöglichkeiten ab. Das Begriffspaar der Arbeits- und Wirtschaftsbedingungen umschreibt Inhalt und Grenzen tarifvertraglicher Regelungen. Regelungen, die diese Binnenschranke nicht beachten, sind verfassungswidrig und

142

---

[178] BAG, Urt. v. 29.3.1957, AP Nr. 4 zu § 4 TVG Tarifkonkurrenz; *Kempen/Zachert*, TVG, Grundl. Rn. 342; *Schaub*, Arbeitsrechts-Handbuch, § 198 Rn. 48; Wiedemann/*Wank*, § 1 TVG Rn. 826.
[179] BAG, Urt. v. 25.8.1982, AP Nr. 55 zu § 616 BGB; Wiedemann/*Stumpf*, § 1 TVG Rn. 432.
[180] BAG, Urt. v. 23.3.1957, AP Nr. 18 zu Art. 3 GG; Urt. v. 15.11.1957, AP Nr. 1 zu § 8 TVG.
[181] BAG, Urt. v. 8.11.1957, AP Nr. 7 zu § 256 ZPO.
[182] BAG, Urt. v. 24.2. 1987, AP Nr. 28 zu § 80 BetrVG 1972.

deshalb unwirksam. Sie können auch nicht mit Arbeitskampfmaßnahmen erzwungen werden.

143 Die Binnenschranken der Tarifmacht ergeben sich aber nicht nur aus der Verfassung, sondern **auch aus dem einfachen Recht**. Der einfache Gesetzgeber muß die Tarifautonomie nicht nur ausgestalten, d.h. die einfachrechtlichen Instrumente zur Schaffung von Tarifverträgen bereitstellen, sondern sie auch in die Rechtsordnung „einpassen", d.h. einen Ausgleich mit den der Tarifautonomie widerstreitenden staatlichen und privaten Interessen suchen. Dazu muß er den von der Verfassung „maximal" geschützten Bereich beschränken. Daß Art. 9 Abs. 3 GG keinen Vorbehalt enthält, steht dem nicht entgegen. Auch vorbehaltlose Grundrechte können begrenzt werden, wenn dies die Grundrechte Dritter oder andere mit Verfassungsrang ausgestattete Rechtsgüter zwingend erforderlich machen. Hat der Gesetzgeber eine ausgestaltungsfähige und -bedürftige grundrechtliche Gewährleistung in verfassungsmäßiger Weise einfachrechtlich geregelt (z.B. die Eigentumsgarantie des Art. 14 Abs. 1 GG durch das BGB und andere sachenrechtliche Vorschriften), so ist in erster Linie das einfache Recht verbindlich. Ein Rückgriff auf die Verfassung ist nur unter den Voraussetzungen einer verfassungskonformen Auslegung erlaubt. Das gilt auch für die Binnenschranke der Tarifmacht, die der Gesetzgeber durch §§ 1 Abs. 1, 4 Abs. 2 TVG errichtet hat.

b) Verfassungsrechtliche Binnenschranken

144 aa) „**Arbeits- und Wirtschaftsbedingungen**". Wie der durch das Begriffspaar der „Arbeits- und Wirtschaftsbedingungen" umschriebene Tätigkeitsbereich der Tarifvertragsparteien zu verstehen ist, ist streitig. Gestritten wird insbesondere darüber, ob dem Begriff der „Wirtschaftsbedingungen" eigenständige Bedeutung zukommt[183] oder ob er nur die „Kehrseite" der Arbeitsbedingungen ist[184]. Könnten Tarifvertragsparteien auch „Wirtschaftsbedingungen" regeln, die nichts mit Arbeitsbedingungen zu tun haben, so wären Tarifverträge denkbar, die massiv in die Führung von Unternehmen eingreifen. Das wird allgemein abgelehnt[185]. Die h. M. versteht Arbeits- und Wirtschaftsbedingungen zutreffend als die **Gesamtheit der wirtschaftlichen und sozialen Bedingungen,** unter denen **abhängige Arbeit** geleistet wird[186].

145 Daraus lassen sich noch nicht ohne weiteres Rechte der Tarifvertragsparteien ableiten. Ihre Befugnisse sind über Jahrzehnte hinweg gewachsen. Die Schwerpunkte tariflicher Regelungen haben sich von materiellen Zielen (Vergütung) zu eher immateriellen Zielen, wie etwa der Beschäftigungssicherung oder der Arbeitsgestaltung, verschoben. Art. 9 Abs. 3 GG ist zeitlich und gegenständlich offen. Er will die „natürliche" Entwicklung der Tarifpolitik nicht behindern, sondern umschreibt einen konkretisierungsfähigen und -bedürftigen

---

[183] *Kempen/Zachert*, TVG, Grundl. Rn. 97 m.w.N.; *Säcker/Oetker*, Grundlagen und Grenzen der Tarifautonomie, S. 55 ff.
[184] *Zöllner/Loritz*, Arbeitsrecht, § 8 III 1.
[185] Vgl. nur *Biedenkopf*, Grenzen der Tarifautonomie, S. 161 ff.
[186] *Kempen/Zachert*, TVG, Grundl. Rn. 99 m.w.N.

Rahmen. Gewährleistet ist nicht das Tarifvertragssystem, wie es hic et nunc besteht, sondern die Tarifautonomie als solche. Dazu gehört ein sachlicher Bereich für tarifautonome Regelungen. Der Schutz **beschränkt sich nicht auf einen „Kernbereich"** im Sinne eines unentziehbaren Minimums von Regelungsbefugnissen[187]. Er umfaßt nach Ansicht des BVerfG zumindest diejenigen Regelungsmaterien, die üblicherweise in Tarifverträgen normiert zu werden pflegen: „das Arbeitsentgelt und die anderen materiellen Arbeitsbedingungen, wie etwa Arbeits- und Urlaubszeiten, sowie nach Maßgabe von Herkommen und Üblichkeit weitere Bereiche des Arbeitsverhältnisses, außerdem darauf bezogene soziale Leistungen und Einrichtungen."[188]

bb) Derzeitige Streitfragen. Während die Diskussion in den 70er und 80er Jahren um Fragen der Zulässigkeit von Zielen kreiste, die die Stellung der Tarifvertragsparteien sichern und verbessern sollten, wie Differenzierungs- und Ausschlußklauseln oder Erweiterung der Mitbestimmung, geht es angesichts der Beschäftigungskrise seit der „Wende" vor allem um „Beschäftigung durch Tarifvertrag". Fraglich ist insbesondere, inwieweit auf die Beschäftigungspolitik der Unternehmen Einfluß genommen werden kann, etwa durch Kündigungsverbote oder durch Vorschriften zur Arbeitszeit.

146

c) Einfachrechtliche Binnenschranken

aa) Regelungen im TVG. Die einfachrechtlichen Binnenschranken der Tarifmacht ergeben sich für den normativen Teil des Tarifvertrags aus den §§ 1 Abs. 1, 4 Abs. 2 TVG. Tarifnormen, die diese Schranken überschreiten, sind unwirksam. Die weitaus meisten Normen sind durch die Generalklausel des § 1 Abs. 1 TVG gedeckt. Auch beschäftigungspolitische Regelungen werden sich gewöhnlich darunter subsumieren lassen.

147

Ob die einfachrechtlichen Binnenschranken der §§ 1 Abs. 1, 4 Abs. 2 TVG **auch für den schuldrechtlichen Teil** des Tarifvertrags gelten, ist umstritten[189]. Dagegen spricht, daß dieser nur die Tarifvertragsparteien selbst bindet; was diese einander versprechen, ist grundsätzlich ihre Sache. Allerdings sind §§ 1 Abs. 1, 4 Abs. 2 TVG zwingendes Recht, das durch schuldrechtliche Abmachungen nicht umgangen werden darf. Außerdem können um schuldrechtliche Bestimmungen Arbeitskämpfe geführt werden; wäre jede beliebige Frage schuldrechtlich regelbar, ließen sich mit Arbeitskampfmaßnahmen Ziele durchsetzen, die nicht von Art. 9 Abs. 3 GG gedeckt sind.

148

bb) Tarifnormen, die die Binnenschranken überschreiten. Unwirksam sind Tarifverträge, die in das **Privatleben** der Tarifgebundenen eingreifen.

149

Tarifverträge dürfen keine Regelungen über die Freizeit der Arbeitnehmer treffen, und sie dürfen nicht über die Verwendung von Arbeitseinkommen befinden. Solche Regelungen

150

---

[187] BVerfGE 93, 352 (358); 94, 268 (283); 100, 271 (282).
[188] BVerfGE 94, 268 (283); 100, 271 (282).
[189] Bejahend *Beuthien*, ZfA 1983, 160 ff.; a. A. *Löwisch/Rieble*, § 1 TVG Rn. 267 ff.

betreffen weder den Inhalt noch den Abschluß noch die Beendigung des Arbeitsverhältnisses. Sie können auch nicht als Betriebsnormen vereinbart werden, da es an einem konkreten Bezug zum betrieblichen Geschehen fehlt. Insoweit besteht eine **„tariffreie Individualsphäre"**[190].

Beispiele: Verpflichtung, einen tariflichen Bildungsurlaub zu nehmen, an Fortbildungslehrgängen teilzunehmen, beim Arbeitgeber Waren einzukaufen, Teile des Arbeitseinkommens zu sparen oder bestimmten Einrichtungen zukommen zu lassen; anderes gilt wegen § 4 Abs. 2 TVG für die Zahlung von Beiträgen an „Gemeinsame Einrichtungen" der Tarifvertragsparteien, wie Pensions-, Urlaubs- oder Soziallohnkassen.

151 Durch Tarifvertrag kann auch **nicht** die Ausübung **höchstpersönlicher Rechte** oder von Gestaltungsrechten vorgeschrieben oder verboten werden. Zulässig sind Lohn- und Gehaltsabtretungsverbote, Nebenbeschäftigungs- und Wettbewerbsverbote.

152 **Unzulässig** sind ferner Tarifbestimmungen, die die Arbeitsverhältnisse von **Außenseitern** zu regeln suchen. Das gilt insbesondere für **Differenzierungsklauseln**, die dem Arbeitgeber eine bestimmte Vertragsgestaltung mit nicht oder anders organisierten Arbeitnehmern verbieten wollen, insbesondere die Gewährung von tariflichen (Zusatz-)Leistungen untersagen[191]. Solche Klauseln verstoßen überdies gegen die negative Koalitionsfreiheit.

2. Außenschranken

a) Grundsätze

153 Als Teil der Rechtsordnung dürfen Tarifnormen **nicht gegen zwingendes höherrangiges** Recht verstoßen[192]. Dieses bildet die Außenschranken der Tarifmacht. Vorrangig ist jedes staatliche Recht mit Außenwirkung. Dazu gehören das supranationale Recht, etwa der Europäischen Gemeinschaft, soweit es unmittelbar anwendbar ist, das Grundgesetz und die Länderverfassungen, die einfachen Gesetze und die Rechtsverordnungen. Von den Selbstverwaltungskörperschaften gesetztes autonomes Recht bindet grundsätzlich nur die Angehörigen der Körperschaften. Verweist aber staatliches Recht auf autonomes Recht, so bindet autonomes Recht jedermann und damit auch die Tarifvertragsparteien.

---

[190] *Wiedemann*, TVG, Einl. Rn. 431 ff.
[191] BAG GS, Urt. v. 29.11.1967, AP Nr. 13 zu Art. 9 GG; *Scholz*, in: Maunz/Dürig, Art. 9 Abs. 3 GG Rn. 231; *Löwisch/Rieble*, § 1 TVG Rn. 1; *Wiedemann*, TVG, Einl. Rn. 298; a.A. *Kempen/Zachert*, TVG, Grundl. Rn. 129.
[192] BAG, Urt. v. 25.4.1979, AP Nr. 49 zu § 611 BGB Dienstordnungs-Angestellte.

b) Verfassung

Als höchste innerstaatliche Rechtsnormen haben die Tarifvertragsparteien die Verfassung zu beachten. Von Bedeutung ist vor allem das **Rechtsstaatsprinzip** mit seinen Ausprägungen (Art. 20 Abs. 3 und 28 Abs. 1 GG). Rechtsstaatlichkeit bedeutet zunächst **Rechtssicherheit**. Die Rechtssphäre der Normadressaten muß klar und verläßlich gestaltet sein, damit sie ihr Verhalten darauf einrichten können. Rechtssicherheit verlangt die **Bestimmtheit der Norm** im eigentlichen Sinne. Tarifnormen müssen mit ausreichender Sicherheit das von den Tarifvertragsparteien Gewollte erkennen lassen. Dazu sind auch Generalklauseln oder unbestimmte Rechtsbegriffe mit Beurteilungsspielraum geeignet. Unbestimmte Tarifnormen sind nur in Extremfällen unwirksam[193]. Rechtssicherheit verlangt darüber hinaus den **Schutz des berechtigten Vertrauens** in die Beständigkeit der Rechtsordnung. Das zieht vor allem der Rückwirkung von Tarifnormen Grenzen (s. Rn. 83 ff.). 154

c) Grundrechte

Nach allgemeiner Auffassung müssen Tarifverträge die **Grundrechte des Grundgesetzes beachten**. Streitig ist, wie diese Bindung zu begründen ist und wie weit sie reicht[194]. 155

Die wohl h. M. und die bisherige Rechtsprechung gehen von einer **unmittelbaren Bindung** der Tarifverträge an die Grundrechte aus[195]. Tarifverträge seien Gesetze im materiellen Sinne, weil sie für die Tarifgebundenen objektives Recht setzten. Deshalb gelte auch für die Tarifvertragsparteien Art. 1 Abs. 3 GG, der die unmittelbare Geltung der Grundrechte anordne. Liest man Art. 1 Abs. 3 GG allerdings im Zusammenhang mit Art. 1 Abs. 1 GG, wonach der Schutz der Menschenwürde Verpflichtung aller **staatlichen Gewalt** ist, und vergegenwärtigt man sich, daß nach Art. 1 Abs. 3 GG die Grundrechte die Gesetzgebung, die vollziehende Gewalt und die Rechtsprechung als unmittelbar geltendes Recht binden, so kann eine unmittelbare Grundrechtsbindung für die Tarifvertragsparteien nicht in Betracht kommen[196]. Die Normsetzung durch Tarifverträge ist zwar Gesetzgebung im materiellen Sinne, aber keine staatliche Rechtsetzung. 156

Andere meinen, die Tarifgebundenen hätten sich einer „**sozialen Gewalt**" unterworfen, die der staatlichen Gewalt gleichzustellen sei, deshalb ergebe sich die unmittelbare Grundrechtsbindung der Tarifvertragsparteien zumindest aus einer entsprechenden Anwendung 157

---

[193] BAG, Urt. v. 29.1.1986, AP Nr. 115 zu §§ 22, 23 BAT 1975.
[194] Gute Darstellung der Ansichten in BAG, Urt. v. 30.8.2000, NZA 2001, 613.
[195] So zuerst BAG, Urt. v. 15.1.1955, AP Nr. 4 zu Art. 3 GG; neuerdings wieder offengelassen vom BVerfG, Beschl. v. 21.5.1999, EzA Art. 3 GG Nr. 72a und BAG, Urt. v. 5.10.1999, DB 2000, 980; Urt. v. 26.4.2000, DB 2000, 2610.
[196] So v. a. *Dürig,* in: Maunz/Dürig, Art. 1 Abs. 3 GG Rn. 101; *Belling,* ZfA 2000, 547, 575 ff.

von Art. 1 Abs. 3 GG[197]. Die Gleichstellung von „sozialer" und „staatlicher" Gewalt überzeugt aber schon deshalb nicht, weil die Unterwerfung unter die Tarifnormen ein Akt freier Selbstbestimmung ist, wohingegen staatliche Normen ohne weiteres kraft Hoheitsrechts gelten. Auch die Tatsache, daß der Einzelne Gefahr läuft, von denjenigen, die Tarifverträge aushandeln, abschließen und billigen, majorisiert zu werden, rechtfertigt noch nicht die Notwendigkeit einer „staatsanalogen Bindung des Tarifvertrags an die Grundrechte". Ähnliches ist denen entgegenzuhalten, die die unmittelbare Grundrechtsbindung auf den Gesichtspunkt der „Funktionsnachfolge" stützen[198]. Richtig ist zwar, daß erst der Rückzug (genauer: das Nichthandeln) des Staates die privatautonome Entfaltung ermöglicht. Daraus läßt sich aber keine unmittelbare Grundrechtsbindung herleiten. Überdies wird verkannt, daß die Tarifvertragsparteien nicht nur Grundrechtsadressaten, sondern auch Grundrechtsträger sind, die ihre Regelungsbefugnisse gerade aufgrund einer grundrechtlichen Gewährleistung ausüben.

158 Die Rechtsprechung hat die unmittelbare Grundrechtsbindung auch damit begründet, daß die tarifautonome Normsetzung letztlich auf der **staatlichen Delegation** von hoheitlichen Rechtsetzungsbefugnissen beruht; abgeleitete Befugnisse könnten nicht weiter reichen als die Kompetenz dessen, der sie auf die Tarifvertragsparteien übertragen hat; sei der Gesetzgeber unmittelbar an die Grundrechte gebunden, seien es auch die Tarifvertragsparteien[199].

159 Zweifelhaft ist allerdings, ob die Ausgangsthese richtig ist. Würde die tarifautonome Normsetzung auf staatlicher Delegation beruhen, käme dem Staat ein **Aufsichtsrecht** zu. Staatliche Befugnisse können nämlich nur delegiert werden, wenn dem Staat die Aufsicht verbleibt. Ein Aufsichtsrecht läßt sich aber mit einem freien Tarifvertragssystem nicht vereinbaren. Überdies hätte der Gesetzgeber bei einer delegierten Rechtsetzung jederzeit das Recht, die Normsetzungsbefugnisse zu beschränken oder zu beseitigen; auch das wäre nicht mit Art. 9 Abs. 3 GG zu vereinbaren. Die Annahme, der Staat habe Rechtsetzungsmacht delegiert, entspricht zudem nicht den historischen Tatsachen. Verfassungsgeber und Gesetzgeber haben die tarifautonome Normsetzung vorgefunden und lediglich rechtlich anerkannt. Das geschah zuletzt durch §§ 1 Abs. 1 und 4 Abs. 1 TVG, durch die der Gesetzgeber Tarifverträgen den **Geltungsbefehl** erteilt hat. Hierzu war er nach Art. 9 Abs. 3 GG verfassungsrechtlich verpflichtet.

160 Der Auffassung von der unmittelbaren Bindung der Tarifverträge an die Grundrechte wird seit langem und zunehmend widersprochen. Tarifverträge könnten trotz ihrer normativen Wirkung nicht als Gesetzgebung im Sinne von Art. 1 Abs. 3 GG angesehen werden. Im übrigen seien sie das Ergebnis kollektiv ausgeübter Privatautonomie, so daß eine unmittelbare Geltung der Grundrechte auch nicht aus einer staatlichen Delegation von Rechtssetzungsbefugnissen abgeleitet werden könne. Folgerichtig nehmen die Vertreter dieser Ansicht an, daß die Grundrechte

---

[197] *Gamillscheg*, AcP 164 (1964), S. 385 (400).
[198] *Lerche*, FS Steindorff, 1990, S. 897 (906).
[199] BAG, Urt. v. 15.1.1955, AP Nr. 4 zu Art. 3 GG; *Küchenhoff*, FS Nipperdey II, S. 317 (340).

IV. Inhalt und Grenzen der Tarifmacht

die Tarifvertragsparteien nur mittelbar bänden[200]. Die Lehre von der mittelbaren Bindung an die Grundrechte wird in zwei Varianten vertreten. Die ältere Lehre geht davon aus, daß das Grundgesetz in seinem Grundrechtsteil eine objektive Wertordnung aufgerichtet hat, die als verfassungsrechtliche Grundentscheidung für alle Bereiche des Rechts Geltung beansprucht und damit auch das Privatrecht beeinflußt. Einbruchsstellen der Grundrechte in das Zivilrecht seien vor allem – aber nicht nur – die **wertausfüllungsfähigen und wertausfüllungsbedürftigen Begriffe und Generalklauseln des Privatrechts**. Da die Tarifvertragsparteien unmittelbar an das Privatrecht gebunden sind, wirkten die Grundrechte über dieses „Medium" auf die Tarifvertragsgestaltung ein. Dabei ist freilich zu berücksichtigen, daß das Verfassungsrecht nicht nach Maßgabe des einfachen Rechts gilt, sondern daß umgekehrt die Normen des einfachen Rechts verfassungsgemäß, d.h. vor allem im Lichte der Grundrechte auszulegen sind[201].

Einige Senat des BAG[202] nehmen an, ist die Annahme, die Grundrechte enthielten nicht nur gegen den Staat gerichtete Abwehrrechte, sondern auch das Gebot, sich schützend vor die Bürger zu stellen, wenn Dritte in ihre Rechte und Rechtspositionen eingreifen (**„Schutzgebotsfunktion der Grundrechte"**). Dieses Schutzes bedürften auch die Mitglieder der Tarifvertragsparteien: sei es, weil sie aufgrund der Kartellfunktion der Tarifverträge keine eigene Möglichkeit zu einer sachgerechten Gestaltung ihrer Arbeitsverträge hätten, sei es wegen der Majorisierungsgefahr in den Verbänden. Die Schutzgebotsfunktion der Grundrechte gewähre ihnen diesen Schutz. Zwar unterwürfen sich Arbeitgeber und Arbeitnehmer aufgrund privatautonomen Verbandsbeitritts – und das heißt: in Wahrnehmung ihres Grundrechts aus Art. 9 Abs. 3 GG – bestehendem und künftigem Tarifrecht und damit den mit der Regelung von Arbeits- und Wirtschaftsbedingungen typischerweise verbundenen Beschränkungen der Berufsfreiheit. Sie seien der Gestaltungsmacht der Tarifvertragsparteien aber nicht schutzlos ausgeliefert; staatliche Grundrechtsadressaten seien dazu verpflichtet, einzelne Grundrechtsträger vor einer unverhältnismäßigen Beschränkung ihrer Grundrechte durch privatautonome Regelungen zu bewahren[203]. **161**

Wie immer man sich zur Frage der Grundrechtsbindung der Tarifvertragsparteien stellt[204]: Tarifverträge erzeugen objektives Recht, und dabei können die Tarifvertragsparteien nicht wesentlich freier stehen als der Gesetzgeber selbst. Letztlich kann es immer nur darum gehen, die Grundrechtspositionen der Beteiligten – und **162**

---

[200] So BAG, Urt. v. 30.8.2000, NZA 2001, 613 m.w.N.
[201] *Leisner*, Von der Verfassungsmäßigkeit der Gesetze zur Gesetzmäßigkeit der Verfassung, passim.
[202] BAG, Urt. v. 25.2.1998, AP Nr. 11 zu § 1 TVG Tarifverträge: Luftfahrt; Urt. v. 27.2.2002, NZA 2002, 1100; Urt. v. 31.7.2002, NZA 2002, 1156; Urt. v. 27.11.2002, NZA 2003, 812.
[203] Vgl. auch *Kempen/Zachert*, TVG, Grundl. Rn. 151 ff.; MünchArbR/*Richardi*, § 10 Rn. 27 ff.
[204] BAG, Urt. v. 30.8.2000, NZA 2001, 613 (614): „Die Frage, ob und in wieweit Tarifverträge an die Grundrechte gebunden sind, kann nicht für alle Fallgestaltungen und alle Grundrechte gleichermaßen beantwortet werden".

das sind nicht nur die der Tarifvertragsparteien, sondern auch die der Tarifunterworfenen, zwischen denen nicht selten ein beträchtlicher Interessengegensatz besteht – angemessen auszugleichen. Dabei kommt den Tarifvertragsparteien ähnlich wie dem Gesetzgeber ein erheblicher Beurteilungs- und Prognosespielraum zu, der es den Gerichten verbietet, eine intensive Tarifkontrolle vorzunehmen. Insbesondere ist es ihnen verwehrt, die Zweckmäßigkeit oder die Geeignetheit von Tarifnormen zu beanstanden; hinsichtlich des Grundsatzes der Gleichbehandlung sind die Tarifvertragsparteien ebenso wie der Gesetzgeber zu Schematisierung und Typisierung berechtigt.

d) Bindung an einzelne Grundrechte

163 Hier können nur einige Hinweise zu bestimmten Grundrechten gegeben werden, die immer wieder mit Tarifnormen in Konflikt geraten. Im übrigen muß auf die einschlägigen Monographien verwiesen werden[205].

164 **aa) Art. 3 Abs. 1 GG (Allgemeiner Gleichheitssatz).** Im Tarifvertrag dürfen wesentlich gleiche Sachverhalte nicht willkürlich verschieden behandelt werden. Bei der Frage, an welchen Kriterien eine tarifvertragliche Differenzierung anknüpfen darf, haben die Tarifvertragsparteien einen weiten Ermessensspielraum[206]; insbesondere unterliegen sie nicht dem allgemeinen arbeitsrechtlichen Gleichbehandlungsgrundsatz. Sie können also auch dort noch differenzieren, wo dem Arbeitgeber bereits eine Ungleichbehandlung verboten ist[207]. Die Grenze ist erreicht, wenn sich für eine Differenzierung „ein vernünftiger, aus der Natur der Sache sich ergebender oder sonstwie einleuchtender Grund nicht finden läßt"[208].

165 Nach neuerer verfassungsgerichtlicher Rechtsprechung muß auch dort, wo an sich ein sachlicher Grund für eine Ungleichbehandlung besteht, die Ungleichbehandlung als solche **verhältnismäßig** sein[209]; sie muß einen legitimen Zweck verfolgen, zur Erreichung dieses Zwecks geeignet und notwendig sein und auch sonst in einem angemessenen Verhältnis zum Wert des Zwecks stehen. Allerdings darf diese „kaschierte Verhältnismäßigkeitsprüfung" nicht dazu führen, daß die Gerichte an die Stelle der Tarifnormen ihre eigene Vorstellung von Angemessenheit setzen. Vielmehr ist nur zu prüfen, ob für die Regelung sachlich einleuchtende Gründe schlechterdings nicht mehr erkennbar sind[210]. Bei der Wahl der

---

[205] Vgl. z.B. *Gamillscheg*, Die Grundrechte im Arbeitsrecht, 1989; *Waltermann*, Berufsfreiheit im Alter, 1989; *A. Wiedemann*, Die Bindung der Tarifnormen an Grundrechte 1994; *Belling*, ZfA 1999, 547 ff.; weitere Nachweise bei *Zöllner/Loritz*, Arbeitsrecht, § 7 III.
[206] Nach BAG, Urt. v. 8.9.2000, NZA 2000, 661, soll keine Bindung an Art. 3 Abs. 1 GG bestehen.
[207] BAG, Urt. v. 10.3.1982, AP Nr. 47 zu § 242 BGB Gleichbehandlung.
[208] BAG, Urt. v. 30.11.1982, AP Nr. 54 zu § 242 BGB Gleichbehandlung.
[209] BVerfGE 63, 255 (263 ff.).
[210] BVerfGE 64, 158 (168 f.); 66, 84 (95).

Regelungszwecke und der Einschätzung von Geeignetheit und Erforderlichkeit kommt den Tarifvertragsparteien gegenüber den Gerichten die Prärogative zu.

Unzulässig, weil sachlich nicht mehr gerechtfertigt, sind **unterschiedliche Kündigungsfristen für Arbeiter und Angestellte**[211], soweit nicht ausnahmsweise ein dringendes Bedürfnis nach kürzeren Kündigungsfristen bei den Arbeitern besteht (z.b. überwiegende Beschäftigung von Arbeitern in der Produktion, Bedürfnis nach flexibler Personalplanung im Bereich der produkt-, mode- und saisonabhängigen Textilindustrie, Witterungsabhängigkeit für bestimmte Tätigkeiten im Gartenbau und im Baugewerbe)[212]. Bei **Teilzeitbeschäftigten** darf für den Ausschluß der ordentlichen Kündigung keine längere Wartezeit gefordert werden als bei Vollzeitbeschäftigten[213]. Der geringere Umfang ihrer Arbeitsleistung rechtfertigt auch keine Ungleichbehandlung bei der betrieblichen Altersversorgung[214]. Dagegen ist es zulässig, **ältere Mitarbeiter**, die eine tarifliche Verdienstsicherung genießen, von einer neu eingeführten Leistungszulage auszunehmen[215].

166

Eine Ungleichbehandlung kann auch darin liegen, daß die Tarifvertragsparteien den **persönlichen Geltungsbereich** des Tarifvertrags sachwidrig auf bestimmte Arbeitnehmergruppen **beschränken**. Es macht keinen Unterschied, ob eine einzelne Tarifnorm bestimmte Arbeitnehmer bevorzugt oder ob der ganze Tarifvertrag eigens für sie geschaffen wird[216].

167

bb) Art. 3 Abs. 2 GG (Gleichberechtigung von Mann und Frau). Tarifverträge haben die Gleichberechtigung von Mann und Frau zu beachten[217], vor allem das **Prinzip der Lohngleichheit**, das gemeinschaftsrechtlich durch Art. 141 EGV abgesichert ist. Gleiche oder gleichartige Arbeit darf nicht unterschiedlich vergütet werden. Unzulässig sind zunächst **offene Diskriminierungen** von Frauen oder Männern mit gleichem Arbeitsplatz, soweit es nicht sachliche Gründe dafür gibt, die nicht an die Geschlechtszugehörigkeit anknüpfen (vgl. auch § 611a BGB). Bestehen Anhaltspunkte dafür, daß Arbeitnehmerinnen für gleiche Arbeit ein geringerer Lohn gezahlt wird als ihren männlichen Kollegen, muß der Arbeitgeber darlegen und beweisen, daß die von den Männern geleistete Arbeit anders zu bewerten ist[218].

168

Beispiele: Lohnabschlagsklauseln, die für Frauen nur einen bestimmten Prozentsatz des Männerlohnes vorsehen; geringere Entlohnung wegen der Geltung von Arbeitsschutznor-

---

[211] BVerfGE 82, 126.
[212] Vgl. nur BAG, Urt. v. 21.3.1991, 23.1.1992, 2.4.1992, AP Nr. 31, 37, 38 zu § 622 BGB.
[213] BAG, Urt. v. 13.3.1997 - 2 AZR 175/96.
[214] EuGH, Urt. v. 13.5.1986, AP Nr. 10 zu Art. 119 EWGV; BAG, Urt. v. 16.3.1993, AP Nr. 6 zu § 1 BetrAVG Teilzeit.
[215] BAG, Urt. v. 26.4.2000, AP Nr. 16 zu § 4 TVG Verdienstsicherung.
[216] BAG, Urt. v. 17.10.1995, AP Nr. 132 zu § 242 BGB Gleichbehandlung.
[217] Std. Rspr. seit BAG, Urt. v. 15.1.1955, AP Nr. 4 zu Art. 3 GG.
[218] BAG, Urt. v. 9.9.1981, AP Nr. 117 zu Art. 3 GG.

men, auch wenn dem Arbeitgeber wirtschaftliche Mehrbelastungen dadurch entstehen; Zulagen nur für verheiratete Arbeitnehmer, nicht aber für verheiratete Arbeitnehmerinnen („Ehefrauenzulage")[219].

169 Verboten sind aber auch Tarifnormen, die zu einer verdeckten, **mittelbaren Diskriminierung** führen. Das ist der Fall, wenn eine tarifliche Regelung, die sowohl auf Frauen als auch auf Männer anwendbar ist, im Ergebnis wesentlich mehr Frauen als Männer betrifft und dabei die Arbeitnehmerinnen schlechter als ihre männlichen Kollegen behandelt, ohne daß es hierfür eine sachliche Rechtfertigung gibt[220]. Besondere Bedeutung hat das Verbot der mittelbaren Diskriminierung für Teilzeitbeschäftigte, von denen über 90 % Frauen sind. Bei ihnen verbietet bereits § 4 Abs. 1 TzBfG eine sachlich nicht gerechtfertigte Ungleichbehandlung gegenüber Vollzeitbeschäftigten.

170 **Beispiele für zulässige Differenzierungen:** Zahlung von Überstundenzuschlägen für Teilzeitarbeitnehmer nur bei Überschreiten der tariflich für Vollzeitbeschäftige festgelegten Regelarbeitszeit[221]; bezahlte Freistellung am Nachmittag wegen eines örtlichen Brauchtums (z.B. Fastnacht) ohne Ausgleich für vormittägliche Teilzeitarbeitnehmer (z.B. § 4 BMT G II, 16 Abs. 2 BAT)[222]; Zulagen an männliche Arbeitskräfte in Nacht- oder Wechselschichtarbeit, die nicht bereit sind, für den normalen Lohn zu arbeiten[223]; Zahlung unterschiedlicher Zulagen an Arbeitnehmer derselben Lohngruppe wegen unterschiedlicher Belastungen[224].

171 Streitig ist, ob Frauen bis zum Erreichen einer tatsächlichen Gleichbehandlung durch **Quotenregelungen** partiell bevorzugt werden können („positive Diskriminierung"). Dagegen spricht, daß der einzelne Mann nicht für die jahrelangen gesellschaftlichen Benachteilungen der Frau haftbar gemacht werden kann; dafür, daß **Art. 3 Abs. 2 Satz 2 GG** in seiner neuen Fassung einen klaren **Schutz- und Förderungsauftrag** zugunsten von Frauen enthält[225].

172 Der EuGH hält Quotenregelungen für unzulässig, die Frauen bei Einstellungen, Ernennungen und Beförderungen einen absoluten und unbedingten Vorrang einräumen[226]. Erlaubt seien nur Quotenregelungen mit „Öffnungsklauseln", die Bewerberinnen bei gleicher Qualifikation einen – relativen – Vorrang vor den männlichen Konkurrenten einräumen, der aber entfällt, wenn bei der gebotenen objek-

---

[219] BAG, Urt. v. 15.1.1955, 6.4.1955, 23.3. 1957, 13.11.1985, AP Nr. 4, 7, 18, 136 zu Art. 3 GG.
[220] EuGH, Urt. v. 13.5.1986, DB 1986, 1525; BAG, Urt. v. 14.10.1986, AP Nr. 1 zu Art. 119 EWGV.
[221] EuGH, Urt. v. 15.12.1994, NZA 1995, 218.
[222] BAG, Urt. v. 26.5.1993, AP Nr. 42 zu Art. 119 EWGV.
[223] BAG, Urt. v. 25.8.1982, AP Nr. 53 zu § 242 BGB Gleichbehandlung.
[224] BAG, Urt. v. 6.4.1955, AP Nr. 7 zu Art. 3 GG.
[225] BAG, Urt. v. 22.6.1993, AP Nr. 193 zu Art. 3 GG.
[226] EuGH, Urt. v. 17.10.1994, NZA 1995, 1095 (Kalanke).

tiven Einzelfallprüfung die für den männlichen Bewerber sprechenden – geschlechtsneutralen – Merkmale überwiegen; zu diesen rechnen insbesondere Lebensalter, Dienstalter und Unterhaltsverpflichtungen[227]. Nach neuester Rechtsprechung sollen auch solche Kriterien zulässig sein, die zwar geschlechtsneutral formuliert sind, de facto aber Frauen begünstigen. So darf z.B. festgelegt werden, daß sich Teilzeitbeschäftigungen, Beurlaubungen und Verzögerungen beim Abschluß der Ausbildung auf Grund der Betreuung von Kindern oder Angehörigen nicht nachteilig auswirken[228].

cc) Art. 3 Abs. 3 GG (Allgemeines Diskriminierungsverbot). Tarifverträge dürfen niemanden wegen seines Geschlechts, seiner Abstammung, seiner Rasse, seiner Sprache, seiner Heimat und Herkunft, seines Glaubens, seiner religiösen oder politischen Anschauungen benachteiligen oder bevorzugen[229]. Die Unterscheidung des Tarifrechts nach der Gewerkschaftszugehörigkeit ist allerdings zulässig, weil Art. 9 Abs. 3 GG als gegenüber dem Art. 3 Abs. 1 GG spezielleres Grundrecht die Geltung der Tarifnormen nur für die in Koalitionen organisierten Arbeitsvertragsparteien gerade voraussetzt. 173

dd) Art. 9 GG (Vereinigungs- und Koalitionsfreiheit). Die Tarifvertragsparteien haben die positive Koalitionsfreiheit anders organisierter und das Fernbleiberecht nicht organisierter Arbeitnehmer zu beachten. Ob sich die negative Koalitionsfreiheit aus Art. 9 Abs. 3 GG ergibt, wie die h. M. annimmt, oder nur eine Ausprägung der allgemeinen Handlungsfreiheit nach Art. 2 Abs. 1 GG darstellt, kann hier dahinstehen (s. § 12 Rn. 39). 174

Unzulässig sind jedenfalls nach h. M. **Organisations- oder Absperrklauseln**, die den Arbeitgeber verpflichten, nur in einer **(closed shop)** oder in einer bestimmten Gewerkschaft organisierte Arbeitnehmer **(union shop)** zu beschäftigen[230]. Das gilt naturgemäß nicht, wenn die Gewerkschaft selbst oder ein gewerkschaftseigenes Unternehmen Arbeitgeber ist und auf den erfaßten Arbeitsplätzen die entsprechenden Koalitionszwecke verwirklicht werden[231]. 175

Unzulässig sind weiter **Tarifausschlußklauseln**, die es dem Arbeitgeber verbieten, die tariflichen Arbeitsbedingungen nicht oder anders organisierten Arbeitnehmern zu gewähren. Dasselbe gilt für **Differenzierungsklauseln**, mit denen erreicht werden soll, daß gewerkschaftsangehörige Arbeitnehmer bestimmte tarifliche Leistungen (Zulagen, freie Tage, Urlaub) zusätzlich erhalten. Eine besondere 176

---

[227] EuGH, Urt. v. 11.11.1997, Slg. 1997 I, 6393 (Marschall); Urt. v. 6.7.2000, NZA 2000, 935.
[228] EuGH, Urt. v. 28.3.2000, NZA 2000, 473; Urt. v. 6.7.2000, NZA 2000, 935.
[229] BAG, Urt. v. 13.11.1985, AP Nr. 136 zu Art. 3 GG m. w. N.
[230] Zum Verstoß gegen Menschenrechte EGMR, Urt. v. 23.6.1981, NJW 1982, 2714 (2717).
[231] *Kempen/Zachert*, TVG, Grundl., Rn. 187; *Wiedemann*, TVG, Einl. Rn. 287.

Form von Differenzierungsklauseln stellen **Spannensicherungs- oder Abstandsklauseln** dar, die den Arbeitgeber verpflichten, die Vergütung für die Organisierten aufzustocken, um ihnen dadurch einen bestimmten Entgeltvorsprung zu erhalten. Tarifausschlußklauseln verstoßen gegen Art. 9 Abs. 3 GG, wenn damit auf die Nichtorganisierten Druck ausgeübt wird, einer bestimmten Gewerkschaft beizutreten. Das ist noch nicht der Fall, wenn die Gewerkschaftsbeiträge die Besserstellung aus dem Tarifvertrag aufzehren[232]. Unzulässig sind schließlich Vereinbarungen, nach denen nicht organisierte Arbeitnehmer zu Beiträgen für die Gewerkschaften herangezogen werden (**"Solidaritätsbeiträge"**)[233]. Die Tarifvertragsparteien haben nicht die Befugnis, in die Rechte von Personen einzugreifen, die ihnen nicht angehören.

177 ee) **Art. 12 Abs. 1 GG (Berufsfreiheit).** Besondere dogmatische Schwierigkeiten bereitet die Frage, inwieweit die Tarifvertragsparteien auch an Art. 12 Abs. 1 GG gebunden sind, der die Berufswahl- und Berufsausübungsfreiheit des Arbeitgebers und des Arbeitnehmers schützt. Denn die Arbeitsvertragsparteien sind gerade deswegen den Koalitionen beigetreten, weil diese für sie Arbeitsbedingungen und damit Berufsausübungsregelungen aushandeln.

178 Tarifnormen, die die Freiheit des Berufes einschränken, sind nicht schon deshalb unwirksam, weil Art. 12 Abs. 1 Satz 2 GG Eingriffe in die Berufsfreiheit nur durch Gesetz oder aufgrund eines Gesetzes zuläßt. Die tarifliche Normsetzung beruht auf § 1 Abs. 1 TVG, der zugleich ihre sachliche Reichweite beschränkt. Damit hat der Gesetzgeber dem Wesentlichkeitsprinzip Genüge getan, da er die für eine Beschränkung der Berufsfreiheit maßgeblichen Entscheidungen in diesem Bereich selbst getroffen hat. Das heißt allerdings nicht, daß den Tarifvertragsparteien jede Beschränkung der Berufsfreiheit erlaubt wäre. Dazu haben sie weder von ihren Mitgliedern ein Mandat erhalten, noch wäre es dem Gesetzgeber von Verfassungs wegen erlaubt, einer parlamentarisch nicht verantwortlichen Macht derartige Befugnisse einzuräumen.

179 Nach der Rechtsprechung ist der Ausgleich der widerstreitenden Grundrechte aus Art. 9 Abs. 3 GG und Art. 12 GG im Wege praktischer Konkordanz nach dem Verhältnismäßigkeitsprinzip zu suchen. Im Rahmen des Verhältnismäßigkeitsprinzips könnten nicht nur Individualinteressen, sondern auch Belange der Koalition, z.B. unter dem Gesichtspunkt der Solidarität, und Gesamtinteressen, z.B. Schutz der Bevölkerung bei Versorgungsunternehmen, Krankenanstalten und Verkehrsgewerbe sowie berechtigte Interessen der einzelnen Arbeitnehmer berücksichtigt werden[234]. Bei der Prüfung der Verhältnismäßigkeit hilft die Orientierung an der „3-Stufen-Theorie", die die Rechtsprechung zur Konkretisierung des Verhältnis-

---

[232] Grundlegend BAG GS, Beschl. v. 21.2.1967, AP Nr. 12 zu Art. 9 GG.
[233] *Schaub*, Arbeitsrechts-Handbuch, § 188 Rn. 10; *Söllner/Waltermann*, Arbeitsrecht, § 9 V 2.
[234] BAG, Urt. v. 25.10.2000, NZA 2001, 328.

mäßigkeitsprinzips bei Art. 12 Abs. 1 GG aufgestellt hat[235], nicht recht weiter. Richtiger erscheint es, auf das allgemeine Abwägungsgesetz abzustellen[236]. Je intensiver eine tarifliche Regelung in die Berufsfreiheit eingreift, desto gewichtiger müssen die Gründe für eine Beschränkung sein. Allerdings verbietet Art. 9 Abs. 3 GG die Prüfung, ob Tarifnormen die Berufsausübung „angemessen" oder „zweckmäßig" regeln. Wie bei Art. 3 GG, so kommt den Tarifvertragsparteien auch bei den Freiheitsrechten ein erheblicher Einschätzungs- und Prognosespielraum zu. Prüfungsgegenstand kann nur sein, ob die Tarifvertragsparteien im Rahmen ihrer durch § 1 Abs. 1 und 4 Abs. 2 TVG umrissenen Aufgabenbereiche tätig geworden sind und ob die von ihnen eingesetzten Mittel nicht außer Verhältnis zum angestrebten Ziel stehen.

(1) Die Berufsausübungsfreiheit der Arbeitgeber wird vor allem durch **Besetzungs- oder Einstellungsklauseln** beeinträchtigt, die dem Schutz vor den Folgen der Rationalisierung dienen, und durch Normen, die die unternehmerische Entscheidungsfreiheit einschränken sollen. **Quantitative Besetzungsklauseln**, die dem Arbeitgeber vorschreiben, wie viele Arbeitnehmer bei einer bestimmten Tätigkeit zu beschäftigen sind, und **qualitative Besetzungsklauseln**, die die Qualifikation für die Ausübung eines Dienstes festlegen, sind nach der Rechtsprechung zulässig, soweit sie aus arbeitstechnischen, arbeitsorganisatorischen oder gesundheitsschützenden Gründen erforderlich sind; zulässig sei auch die Förderung von Arbeitsqualität und Ausbildung[237]. Umstritten ist, ob mit Besetzungsklauseln auch **arbeitsmarktpolitische Ziele** verfolgt werden können, ob beispielsweise Arbeitgeber verpflichtet werden können, Arbeitnehmer bei einer Änderung der Produktionstechnologie (z.B. Umstellung von Bleisatz auf Lichtsatz) umzuschulen und weiterzubeschäftigen, um sie vor Arbeitslosigkeit zu bewahren. Nach der Rechtsprechung sind qualitative Besetzungsregeln, die für einen Übergangszeitraum zumindest auch sachnahe soziale Aspekte berücksichtigen, rechtmäßig, sofern die Einschränkung des freien Wettbewerbs um Arbeitsplätze nicht außer Verhältnis zum sozialen Schutzzweck steht[238]. Die wohl h. L.[239] lehnt demgegenüber qualitative Besetzungsklauseln, die allein auf beschäftigungspolitische Erwägungen gestützt sind, ab.

180

(2) Die Berufsfreiheit der Arbeitnehmer wird insbesondere beschränkt durch Vorschriften zu Dauer und Lage der Arbeitszeit, durch tarifliche Nebenbeschäftigungs- und Wettbewerbsverbote, durch Bestimmungen zur Rückzahlung von Gra-

181

---

[235] Erstmals im berühmten „Apothekenurteil", BVerfGE 7, 377.
[236] Vgl. allgemein *Alexy*, Theorie der Grundrechte, 2. Aufl. 1994, S. 146.
[237] BAG, Beschl. v. 13.9.1983, AP Nr. 1 zu § 1 TVG Tarifverträge: Druckindustrie; Beschl. v. 26.4.1990, AP Nr. 57 zu Art. 9 GG; Beschl. v. 22.1.1991, AP Nr. 67 zu Art. 12 GG.
[238] BAG, Beschl. v. 26.4.1990, AP Nr. 57 zu Art. 9 GG.
[239] *Säcker/Oetker*, Grundlagen und Grenzen der Tarifautonomie, S. 25 ff. m.w.N.

tifikationen oder Aus- und Fortbildungskosten und durch Altersgrenzenregelungen.

182 – **Tarifbestimmungen zu Dauer und Lage der Arbeitszeit** beschränken die Berufsausübungsfreiheit. Nicht alle tariflichen Arbeitszeitregelungen sind jedoch verfassungswidrig[240]. Eine gesetzliche Einschränkung käme nur aus Gründen des Gemeinwohls in Betracht. Unstreitig können der Gesundheitsschutz und der Schutz der Sonn- und Feiertagsruhe gesetzliche Arbeitszeitregelungen rechtfertigen. Nichts anderes kann für Tarifverträge gelten. Sehr fraglich ist aber, ob Höchstarbeitszeiten zur Bekämpfung der Arbeitslosigkeit geeignet, erforderlich und verhältnismäßig sind[241]. Manche nehmen an, daß es zur Auflösung des Spannungsverhältnisses zwischen individueller Entfaltungsfreiheit und sozialer Bindung des Rückgriffs auf Art. 12 GG nicht bedürfe. § 4 Abs. 3 TVG sichere bereits den einfachrechtlichen Ausgleich[242]. Das setzt aber voraus, daß es bei der Arbeitszeit ein Günstiger und Ungünstiger gibt (s. unten Rn. 291 ff.). Das BAG läßt die Vereinbarung von Höchstarbeitszeiten zu, die Absenkung einer tariflichen Arbeitszeit aus dem „sachbezogenen Grund" der Arbeitsplatzsicherung[243].

183 – **Nebenbeschäftigungs- und Wettbewerbsverbote.** Art. 12 Abs. 1 GG schützt auch die Arbeitsaufnahme bei weiteren Arbeitgebern. Eine Einschränkung ist nur zulässig zum Schutz des Arbeitgebers vor unlauterer Konkurrenz und gegen die Beeinträchtigung der Arbeitsleistung im Hauptarbeitsverhältnis[244].

184 – **Rückzahlungsklauseln** dürfen die freie Wahl eines neuen Arbeitsplatzes nicht unbillig erschweren[245]. Die Tarifvertragsparteien sind nicht an die Grundsätze gebunden, die die Rechtsprechung für arbeitsvertragliche Rückzahlungsbestimmungen aufgestellt hat[246]; ihnen kommt ein sehr viel weitergehender Gestaltungsspielraum zu. Da Tarifverträge zwischen gleich starken Parteien ausgehandelt werden, gilt für sie die Vermutung, daß sie den Interessen beider Seiten gleichermaßen entsprechen[247].

185 – **Altersgrenzenregelungen** enthalten zwar keine subjektive Zulassungsvoraussetzung für einen ganzen Beruf, sie machen nur das Behalten eines einzelnen Arbeitsplatzes von einem bestimmten Alter abhängig. Da dies aber das Ende der Tätigkeit in einem Beruf bedeuten kann, dürfen Altersgrenzenregelungen

---

[240] BAG, Urt. v. 25.10.2002, NZA 2001, 328.
[241] Vgl. *Hromadka*, AuA, 1998, 73; *Stein*, Tarifvertragsrecht, Rn. 439; *Zöllner*, DB 1989, 2121 (2122).
[242] *Buchner*, DB 1990, 1715 (1719); *Bergner*, Die Zulässigkeit kollektivvertraglicher Arbeitszeitregelungen, 1995, S. 129; *Käppler*, NZA 1991, 745 (750).
[243] BAG, Urt. v. 28.6.2001, NZA 2002, 331.
[244] BAG, Urt. v. 26.8.1976, AP Nr. 68 zu § 626 BGB.
[245] BAG, Urt. v. 10.5.1962, AP Nr. 22 zu § 611 BGB Gratifikation.
[246] BAG, Urt. v. 31.3.1966, AP Nr. 54 zu § 611 BGB Gratifikation.
[247] BAG, Urt. v. 6.9.1995, BB 1995, 1961.

nicht objektiv funktionswidrig eingesetzt werden. Sie sind zulässig, um Gefahren für andere Beschäftigte oder für Dritte auszuschließen. Bei Cockpitbesatzungen in Flugzeugen hat die Rechtsprechung eine Altersgrenze von 60 Jahren anerkannt[248]. Zu Altersgrenzen, die auf das Erreichen des Rentenalters abstellen, s. Band 1, § 4 Rn. 14 f.

e) Gesetze

aa) Allgemeines. Nach dem Stufenbau der Rechtsordnung gehen auch Gesetze dem Tarifvertrag vor. Dabei läßt sich im Hinblick auf ihre Abdingbarkeit wie folgt unterscheiden: 186

Abdingbarkeit eines (Arbeits-)Gesetzes			
zweiseitig zwingendes Gesetz	einseitig zwingendes Gesetz	dispositives Gesetz	tarifdispositives Gesetz
keine Abweichung möglich	Abweichung nur zugunsten des Arbeitnehmers	Abweichung zugunsten und zu Lasten des Arbeitnehmers	Abweichung zugunsten und zu Lasten des Arbeitnehmers durch Tarifvertrag

Der Sinn **tarifdispositiver Gesetze** liegt darin, den Tarifvertragsparteien, die über **spezifische Branchenkenntnisse** verfügen, sachnähere Regelungen zu ermöglichen. Zudem lassen sich Tarifverträge dem Wandel der Zeiten leichter anpassen. Abweichungen zu Lasten der Arbeitnehmer werden aber so gut wie nie vereinbart. Den nicht tarifgebundenen Arbeitsvertragsparteien wird die Anwendung vom Gesetz abweichender tariflicher Regelungen durch gesetzliche „Zulassungsnormen" gestattet. 187

Beispiele: § 7 ArbzG, § 622 Abs. 4 Satz 1 BGB, § 13 BUrlG, § 4 Abs. 4 Satz 1 EfzG, § 17 Abs. 3 S. 1 BetrAVG, §§ 12 Abs. 3, 13 Abs. 4, 14 Abs. 2 S. 3-4 TzBfG, § 1 Abs. 1 und 3 AÜG.

Fraglich ist, ob es neben diesen Vorschriften auch **„verdeckt" dispositives Gesetzesrecht** gibt. Bei neueren Gesetzen ist das zu verneinen[249]. Dem älteren Gesetzgeber war die Figur des tarifdispositiven Rechts aber nicht bekannt. Kein tarifdispositives Recht liegt vor, wenn Gesetze durch Tarifvertrag konkretisierbare Generalklauseln oder unbestimmte Rechtsbegriffe enthalten[250]. 188

---

[248] BAG, Urt. v. 27.11.2002, AP Nr. 21, 22 zu § 620 BGB Altersgrenze.
[249] *Kempen/Zachert*, TVG, Grundl. Rn 225; *Wiedemann*, TVG, Einl. Rn. 408.
[250] *Wiedemann*, TVG, Einl. Rn. 393.

189 Ob ein Gesetz zweiseitig oder einseitig zwingend, dispositiv oder tarifdispositiv ist, muß durch **Auslegung** ermittelt werden. Im Zweifel ist davon auszugehen, daß Gesetzen zum **Schutz des Arbeitnehmers einseitig zwingende** Geltung zukommt[251]. Sie wollen Verschlechterungen ausschließen, Verbesserungen aber nicht verhindern. **Organisationsvorschriften**, wie zur Grundstruktur der Betriebs- und Personalverfassung oder zum Unternehmensaufbau, gelten regelmäßig zweiseitig zwingend[252].

190 Eine andere Frage ist, **ob und inwieweit der Gesetzgeber befugt** ist, seinen Vorschriften **zweiseitig-zwingende** Geltung beizulegen und damit entsprechende **tarifliche Regelungen auszuschließen**. Daß der Gesetzgeber trotz der Regelungsbefugnisse, die Art. 9 Abs. 3 GG den Tarifvertragsparteien garantiert, zum Erlaß arbeitsrechtlicher Vorschriften berechtigt ist, zeigt bereits Art. 74 Nr. 12 GG, der dem Bund die Gesetzgebungszuständigkeit für das Arbeitsrecht zuweist. Die Tarifvertragsparteien haben ein **Normsetzungsrecht, aber kein Normsetzungsmonopol**. Der Gesetzgeber kann auch Vorschriften zu Fragen erlassen, die herkömmlich in Tarifverträgen geregelt werden. Dazu muß er sich aber auf **Grundrechte Dritter oder auf andere mit Verfassungsrang ausgestattete Rechte** berufen. Außerdem hat er den **Grundsatz der Verhältnismäßigkeit** zu beachten[253]. Der Eingriff in bestehende Tarifverträge durch zweiseitig-zwingendes Gesetzesrecht stellt nach der Rechtsprechung höhere Anforderungen als der in Bereiche, in denen die Tarifvertragsparteien noch keine Regelung getroffen haben[254]. In diesem Sinn hat das BVerfG die zweiseitig-zwingende Regelung über die Befristung von Arbeitsverträgen mit wissenschaftlichem Personal an Hochschulen (§§ 57a ff. HRG) für zulässig erachtet[255], weil die Beschränkung der Tarifmacht zur Stärkung der durch Art. 5 Ab. 3 GG ebenfalls grundrechtlich geschützten Wissenschaftsfreiheit erforderlich und angemessen sei. Im übrigen hätten die Tarifvertragsparteien bislang keine entsprechenden Tarifregelungen vereinbart; geschützt werde durch Art. 9 Abs. 3 GG vor allem die ausgeübte und aktualisierte Tarifautonomie. Greift der Gesetzgeber durch einseitig zwingende oder dispositive Gesetze in laufende Tarifverträge ein, so verbleiben den Tarifvertragsparteien Regelungsspielräume; die Anforderungen an die Zulässigkeit sind deshalb regelmäßig erfüllt.

191 **bb) Bindung an zivilrechtliche Generalklauseln ?** Streitig ist, ob die Tarifvertragsparteien auch an zivilrechtliche Generalklauseln gebunden sind, vor allem an die §§ 138, 242, 315 BGB.

192 Das ist **grundsätzlich zu bejahen**, weil Tarifverträge auch das einfache Recht zu beachten haben. Allerdings zwingen Generalklauseln schon von ihrer Natur her zumeist nicht zu einer bestimmten Regelung. In keinem Fall darf die Bindung **zu einer gerichtlichen Angemessenheitskontrolle** von Tarifverträgen führen; das wäre mit Art. 9 Abs. 3 GG nicht zu

---

251 BAG, Urt. v. 9.11.1994, AP Nr. 1 zu § 1 BeschFG 1985.
252 *Wiedemann*, TVG, Einl. Rn. 361.
253 BVerfGE 84, 212 (228); 94, 268 (284).
254 BVerfGE 94, 268 (285).
255 BVerfGE 94, 268.

vereinbaren[256] (vgl. § 310 Abs. 4 Satz 1 BGB). Verpönt sind deshalb nur Tarifnormen, die offensichtlich nicht mit Grundgedanken des Arbeitsrechts zu vereinbaren sind.

cc) Kartellverbot für Tarifverträge ? Tarifverträge unterliegen nach h. M. im Arbeitsrecht nicht dem Kartellverbot des § 1 GWB, obwohl von ihnen **kartellierende Wirkungen** auf den Arbeitsmarkt ausgehen[257]. Aus der Gesetzesbegründung ergibt sich, daß der Gesetzgeber das Kartellgesetz nicht auf Abreden über den Abschluß und den Inhalt von Arbeitsverhältnissen angewendet wissen wollte; im übrigen sind die Gewerkschaften auch keine Unternehmen im Sinne des § 1 Abs. 1 S. 1 GWB. Der Dienstleistungs- und Gütermarkt soll vom Wettbewerbsprinzip, der Arbeitsmarkt vom Gegengewichtsprinzip beherrscht werden[258]. Tarifverträge verstoßen auch nicht gegen europäisches Wettbewerbsrecht, weil sie aufgrund ihrer Art und ihres Gegenstands nicht unter das Kartellverbot des Art. 81 EGV fallen; die Allgemeinverbindlicherklärung durch den Staat beeinträchtigt nicht die praktische Wirksamkeit des europäischen Wettbewerbsrechts[259]. Allerdings können gemeinsame Einrichtungen der Tarifvertragsparteien (z.B. tarifliche Versorgungs- oder Ausgleichskassen), die durch allgemeinverbindliche Tarifverträge errichtet wurden, Unternehmen im Sinne der Art. 81 ff. EGV sein, die in Konkurrenz zu Versicherungsgesellschaften stehen; sie haben deshalb selbst dann europäisches Wettbewerbsrecht zu beachten, wenn sie ohne Gewinnerzielungsabsicht tätig werden. Eine Zwangsmitgliedschaft in diesen Einrichtungen, die aus der Allgemeinverbindlicherklärung des ihnen zugrundeliegenden Tarifvertrags folgt, kann jedoch als Maßnahme gerechtfertigt sein, die zur Erfüllung einer im allgemeinen Interesse liegenden besonderen sozialen Aufgabe erforderlich ist (Art. 86 Abs. 2 EGV). Das hat der EuGH bei einem Betriebsrentenfond für die Textilindustrie angenommen[260].

193

f) Recht der Europäischen Gemeinschaft

Wegen des **Vorrangs des Gemeinschaftsrechts** vor dem nationalen Recht[261] sind die Tarifvertragsparteien auch zur Beachtung des Rechts der Europäischen Gemeinschaft verpflichtet[262]. Das gilt sowohl für das **primäre Gemeinschaftsrecht**[263]

194

---

[256] Allg. M., vgl. BAG, Urt. v. 12.2.1992, AP Nr. 5 zu § 620 BGB Altersgrenze.
[257] BAG, Urt. v. 27.6.1989, AP Nr. 113 zu Art. 9 GG Arbeitskampf; KG, Urt. v. 21.2.1990, *Wiedemann*, TVG, Einl. Rn. 36 m.w.N.; a. A. im kartellrechtlichen Schrifttum *Kulka*, RdA 1988, 336.
[258] *Wiedemann*, TVG, Einl. Rn. 36.
[259] EuGH, Urt. v. 21.9.1999, Slg. 1999 I, S. 5751 (Albany); a.A. Generalanwalt *Lenz* in derselben Sache.
[260] EuGH, Urt. v. 21.9.1999, Slg. 1999 I, S. 5751 (Albany).
[261] BVerfGE 73, 339; 89, 155.
[262] EuGH, Urt. v. 27.10.1993, NZA 1994, 797; BAG, Urt. v. 2.12.1992, AP Nr. 28 zu § 23 a BAT.

Beispiele: Art. 12 EGV (Diskriminierungsverbot wegen Staatsangehörigkeit), Art. 39 EGV (Freizügigkeit), Art. 141 EGV (Verbot der Diskriminierung wegen des Geschlechts beim Entgelt)

als auch für das unmittelbar wirkende **sekundäre Gemeinschaftsrecht**, wie Verordnungen (Art. 249 Abs. 2 EGV).

Beispiel: Art. 7 Abs. 4 der Freizügigkeitsverordnung (EWG-VO Nr. 1612/68) verbietet ausdrücklich die tarifliche Vereinbarung von Arbeitsbedingungen, die Staatsangehörige anderer Mitgliedstaaten diskriminieren.

195 **EG-Richtlinien** müssen erst durch Rechtsakte der Mitgliedstaaten (Gesetze, Verordnungen) in nationales Recht umgesetzt werden, damit sie auch im („horizontalen") Verhältnis der Bürger untereinander unmittelbar anwendbar sind. Mit der Umsetzung entsteht eine innerstaatliche (deutsche) Norm, an die die (deutschen) Tarifvertragsparteien unmittelbar gebunden sind. Die Mitgliedstaaten sind darüber hinaus gegenüber der Gemeinschaft verpflichtet, dafür zu sorgen, daß richtlinienwidrige Bestimmungen aus Tarifverträgen entfernt oder für nichtig erklärt werden können.

196 Ob EG-Richtlinien die Tarifvertragsparteien auch unmittelbar, d.h. ohne vorherige Umsetzung durch den deutschen Gesetzgeber, verpflichten können, ist streitig. Bejaht wird das von denjenigen, die darauf abstellen, daß die Tarifvertragsparteien mit der Regelung von Arbeits- und Wirtschaftsbedingungen staatliche Aufgaben wahrnehmen und daß ihnen in den Verträgen von Maastricht und Amsterdam erhebliche Befugnisse zugebilligt worden sind[264]. Zu bedenken ist jedoch, daß auch die Tarifvertragsparteien Privatrechtssubjekte sind.

197 Der EuGH hat die Rechtmäßigkeit von Tarifverträgen bislang am Maßstab des unmittelbar geltenden Primärrechts beurteilt, zu dessen Konkretisierung er allerdings die einschlägigen Richtlinien herangezogen hat. Das BAG hat zusätzlich auf das einfache Bundesrecht abgestellt, durch das EG-Richtlinien in deutsches Recht umgesetzt wurden[265]. Dieses hat es **richtlinienkonform ausgelegt,** d.h. im Sinne einer Vereinbarkeit mit Wortlaut, Systematik, Sinn und Zweck der EG-Richtlinie[266]. Umgekehrt verbietet es das **ungeschriebene Gemeinschaftsrecht**, zu dem auch die **Garantie der Tarifautonomie** als Bestandteil der allgemeinen Rechtsgrundsätze der Mitgliedstaaten gehört[267], die Rechtsetzung so weit auszudehnen, daß die Tarifautonomie unverhältnismäßig beschränkt wird.

---

[263] *Däubler;* Tarifvertragsrecht, Rn. 506; *Kempen/Zachert,* TVG, Grundl. Rn. 240; *Löwisch/Rieble,* § 1 TVG Rn. 216; *Wiedemann,* TVG Einl. Rn. 151.
[264] *Löwisch/Rieble,* § 1 TVG Rn. 216; *Stein,* Tarifvertragsrecht, Rn. 296.
[265] BAG, Urt. v. 15.10.1992, NJW 1993, 1155; Beschl. v. 2.4.1996, DB 1996, 1727.
[266] EuGH, Urt. v. 19.10.1995, NJW 1996, 113; vgl. auch 1. Band, § 2 Rn. 29 f.
[267] *Däubler,* Tarifvertragsrecht, Rn. 509; *Kempen/Zachert,* TVG, Grundl. Rn. 243.

g) Richterrecht

aa) Geltungsgrund des Richterrechts. Die Tarifmacht wird schließlich durch das Richterrecht beschränkt. Freilich gibt es ein „Richterrecht" im Sinne eines Systems allgemein-abstrakter Rechtsregeln, die von der Rechtsprechung für eine unbestimmte Vielzahl von Fällen aufgestellt werden und die normativ, d.h. wie ein Gesetz gelten, im deutschen Recht nicht. Die Gerichte haben die ihnen unterbreiteten Rechtsfälle nur auf der Grundlage von Recht und Gesetz zu entscheiden (Art. 20 Abs. 3 GG), ohne an die höchstrichterliche Rechtsprechung gebunden zu sein. Nur wo aus „Richterrecht" Gewohnheitsrecht geworden ist, d.h. wo – wie etwa vor der Schuldrechtsreform bei den Instituten der „culpa in contrahendo" oder der „positiven Forderungsverletzung" – zur langjährigen Übung einer nicht kodifizierten, sondern von der Rechtsprechung aufgestellten Rechtsregel die Überzeugung der Rechtsgenossen von der Verbindlichkeit dieser Regel hinzutritt, gilt die Regel wie ein Gesetz. Im übrigen kommt dem „Richterrecht" nur eine faktische Bindung zu, deren praktische Bedeutung aber aus zwei Gründen nicht unterschätzt werden darf: Zum einen vertrauen die Rechtsgenossen auf die Kontinuität einer einmal formulierten Regel, weil sie berechtigterweise erwarten, daß die Gerichte gleichgelagerte Sachverhalte nicht unterschiedlich entscheiden; zum anderen zeigt sich die Überzeugung des Gerichts von der Richtigkeit der von ihm aufgestellten Regel in nichts besser als in der Selbstbindung an eben diese Regel. „Richterrecht" ist dann **keine Rechtsquelle** im Sinne der rechtlichen Grundlage für die normative Geltung eines Rechtssatzes, sondern Erkenntnisquelle zur Auslegung oder Ergänzung einer Norm.

bb) Arten. Richterrecht im zuletzt beschriebenen Sinne gibt es in zwei Spielarten: als gesetzesausfüllendes und als gesetzesvertretendes (mitunter auch gesetzesübersteigendes Richterrecht genannt). Grundlage und Grenze des **gesetzesausfüllenden Richterrechts** ist der Wortlaut einer positiv-rechtlichen Norm, deren Bedeutung durch die Anwendung der klassischen Auslegungsmethoden von der Rechtsprechung erschlossen und dann als „richterrechtliche" Regel festgehalten wird. **Gesetzesvertretendes Richterrecht** entsteht, wenn die Rechtsprechung bei unzureichenden einfachrechtlichen Vorgaben die streitentscheidende Norm gleichsam als Ersatzgesetzgeber selbst aus den allgemeinen Rechtsgrundlagen, die für das betreffende Rechtsverhältnis maßgeblich sind, ableitet. Daß die Gerichte auch zu einer gesetzesvertretenden Rechtsfortbildung befugt sind, folgt aus Art. 20 Abs. 3 GG, der die Gerichte nicht nur an die Gesetze, sondern auch an das Recht bindet, d.h. an die die Gesetze übersteigenden Rechtsprinzipien der Rechtsordnung. Die Befugnis zur Rechtsfortbildung ergibt sich überdies aus dem Justizgewährungsanspruch, der die Gerichte verpflichtet, jeden vor sie gebrachten Rechtsstreit sachgerecht zu entscheiden[268]. Einfachrechtlich macht es § 45 Abs. 2 ArbGG dem Richter zur Aufgabe, das Recht fortzubilden.

---

[268] BVerfGE 84, 212 (227).

200 **cc) Tarifrecht und gesetzesausfüllendes Richterrecht.** Konkretisiert die Rechtsprechung ausfüllungsbedürftige gesetzliche Vorgaben durch eigene Regeln, so sind Tarifverträge an diese Regeln genauso wie an das Gesetz selbst gebunden. Ist das Gesetz zwingender Natur, so sind es auch die richterlichen Regeln; ist das Gesetz dagegen (tarif-)dispositiv, kann der Tarifvertrag auch von den richterlichen Regeln abweichen.

201 **dd) Tarifrecht und gesetzesvertretendes Richterrecht.** Muß die Rechtsprechung wegen unzureichender einfachrechtlicher Vorgaben selbst die maßgeblichen Regeln aufstellen, so kann für das Verhältnis von Tarif- und Richterrecht nichts anderes gelten als für das Verhältnis von Tarif- und einfachem Gesetzesrecht.

202 Dabei dürfen zwei Probleme nicht miteinander vermengt werden. Zunächst fragt es sich, **ob und inwieweit die Rechtsprechung befugt** ist, ihren gesetzesvertretenden Regeln auch **zwingende Wirkung** beizulegen, um entgegenstehendes Tarifrecht auszuschließen. Im Grundsatz ist davon auszugehen, daß Art. 9 Abs. 3 GG den Tarifvertragsparteien ein Recht, aber kein Monopol zur Normsetzung garantiert. Die Tarifautonomie bedarf der Ausgestaltung, die nicht allein Sache des Gesetzgebers ist[269]. Die Aufstellung „richterlicher Rechtsgrundsätze" ist daher nicht ausgeschlossen. Allerdings bedarf es dort, wo die Tarifvertragsparteien von ihrer grundrechtlichen Normsetzungsgarantie Gebrauch gemacht haben, selbst dann keines „ordnenden Eingriffs der Gerichte", wenn die Tarifnormen nicht unerheblich von richterrechtlichen Regeln abweichen[270]. Die Tarifnormen haben die Vermutung der Richtigkeitsgewähr für sich. Nur soweit die Rechtsprechung elementare und unverzichtbare Prinzipien der Rechtsordnung konkretisiert, die auch für die Tarifvertragsparteien nicht zur Disposition stehen, darf zwingendes „Richterrecht" geschaffen werden.

203 Eine andere Frage ist, woran die Abdingbarkeit eines richterlich geprägten Rechtssatzes **erkennbar** ist. Eine Reihe von Grundsätzen hat die Rechtsprechung ausdrücklich für „tarifdispositiv" erklärt (**„offen tarifdispositives Richterrecht"**).

Beispiele: Rückzahlung von Gratifikationen, nachvertragliche Wettbewerbsverbote, Arbeitnehmerhaftung, Arbeitskampfrecht.

204 Ob es daneben auch **„verdeckt tarifdispositives Richterrecht"** gibt, ist streitig, aber zu bejahen. Art. 9 Abs. 3 GG verlangt insoweit eine eindeutige Aussage. Ist nichts angeordnet, muß ein richterlicher Rechtssatz, der in gesetzesübersteigender Rechtsfortbildung ergangen ist, stets tarifdispositiv sein, wenn dem nicht übergeordnete Prinzipien der Rechtsordnung – etwa besondere grundrechtliche Schutzpflichten – entgegenstehen, die nicht nur vom Gesetzgeber, sondern auch von der Rechtsprechung zu erfüllen sind.

---

[269] BVerfGE 84, 212 (226).
[270] BAG, Urt. v. 23.2.1967, AP Nr. 57 zu § 611 BGB Gratifikation.

3. Rechtsfolgen eines Verstoßes gegen die Schranken der Tarifmacht

Überschreiten die Tarifvertragsparteien die Binnenschranken der Tarifautonomie, d.h. schaffen sie Tarifnormen, für die sie sachlich oder persönlich keine Tarifmacht haben, geht der Tarifvertrag ins Leere; er hat keine Wirkung[271]. 205

Tarifnormen, die gegen höherrangiges Recht verstoßen, sind nichtig (§ 134 BGB). Eine ursprünglich wirksame Tarifnorm kann nichtig werden, wenn nach ihrem Inkrafttreten vorrangiges Recht gesetzt wird[272]. Eine nichtige Tarifnorm lebt nicht wieder auf, wenn der höherrangige Rechtssatz später wegfällt, es sei denn, daß der Tarifvertrag gerade im Hinblick darauf geschlossen wurde. 206

Sind nur **einzelne Tarifnormen unwirksam**, bleibt der **Tarifvertrag im übrigen wirksam**, weil sich bei Gesamtnichtigkeit der Schutz der Arbeitnehmer in sein Gegenteil verkehren würde. § 139 BGB kann also nicht angewandt werden. Vielmehr ist – wie bei Gesetzen – darauf abzustellen, ob der Tarifvertrag ohne die unwirksamen Tarifnormen noch eine sinnvolle und in sich geschlossene Regelung enthält[273]. 207

Verstößt ein Tarifvertrag gegen **Diskriminierungsverbote**, wie Art. 3 GG, Art. 141 EGV, § 4 TzBfG, so haben nicht die Gerichte darüber zu befinden, wie dieser Verstoß beseitigt werden kann. Die Tarifvertragsparteien müssen selbst entscheiden, ob sie Gleichheit dadurch herstellen, daß sie die Vergünstigungen abbauen oder daß sie sie auf die zu Unrecht Benachteiligten erstrecken[274]. Bei Verstoß gegen Art. 141 EGV gewährt der **EuGH** der benachteiligten Gruppe allerdings einen **Anspruch auf die besseren Arbeitsbedingungen**[275], nicht zuletzt deshalb, weil Art. 136 EGV die Mitgliedstaaten verpflichtet, auf die Verbesserung der Lebens- und Arbeitsbedingungen der Arbeitskräfte hinzuwirken. 208

V. Voraussetzungen der normativen Wirkung des Tarifvertrags

1. Grundsatz

Die Rechtsnormen des Tarifvertrags gelten unmittelbar und zwingend zwischen den beiderseits **Tarifgebundenen**, die unter den **Geltungsbereich** des Tarifvertrags fallen (§ 4 Abs. 1 Satz 1 TVG). 209

---

[271] *Löwisch/Rieble*, § 1 TVG Rn. 246.
[272] BAG, Urt. v. 5.11.1964, AP Nr. 1, 2 zu § 3 BUrlG.
[273] BAG, Urt. v. 18.8.1971, AP Nr.8 zu § 4 TVG Effektivklausel.
[274] BAG, Teilurt. v. 21.3.1991, EzA § 622 nF BGB Nr. 33.
[275] EuGH, Urt. v. 27.6.1990, AP Nr. 21 zu Art. 119 EWGV.

2. Geltungsbereich des Tarifvertrags

a) Allgemeines

210 **aa) Begriff und Festlegung.** Während sich die Tarifgebundenheit aus dem Gesetz (§§ 3 Abs. 1, 2 Abs. 1, 3 TVG) ergibt, legen die Tarifvertragsparteien mit dem **Geltungsbereich** fest, für wen sie Normen setzen wollen. Die tarifliche Praxis grenzt nach vier Merkmalen ab:

- **räumlich** nach dem Tarifgebiet, z.B. Bundesgebiet, Bundesland, Bezirk, Ort
- **fachlich** nach dem Wirtschaftszweig, d.h. nach der Branche, oder bei einem Firmentarifvertrag nach dem Unternehmen
- **persönlich** nach der Art der vom Arbeitnehmer ausgeübten Tätigkeit, z.B. Arbeiter, Angestellter, Auszubildender
- **zeitlich** nach Beginn und Ende des Tarifvertrags („Laufzeit").

211 Die Tarifvertragsparteien können die räumlichen, fachlichen, persönlichen und zeitlichen Grenzen des Tarifvertrags grundsätzlich frei bestimmen[276]. Sie müssen dabei die Grundrechte der Tarifgebundenen und die allgemeinen Rechtsprinzipien beachten. Außerdem müssen beide Tarifvertragsparteien für den Abschluß des Tarifvertrags räumlich, fachlich und persönlich zuständig sein. Die gemeinsame Tarifzuständigkeit der Tarifvertragsparteien bestimmt den äußersten Geltungsbereich.

Prüfungsschema

Unmittelbare und zwingende Geltung einer Tarifnorm (§ 4 Abs. 1 TVG)

1. **Bestehen eines Tarifvertrags**
   a) Vertrag
   b) zwischen tariffähigen Parteien
      - Gewerkschaften
      - Arbeitgeberverbände
      - einzelne Arbeitgeber
   c) zur Regelung
      - des Inhalts, des Abschlusses oder der Beendigung von Arbeitsverhältnissen
      - betrieblicher oder betriebsverfassungsrechtlicher Fragen
      - gemeinsamer Einrichtungen der Tarifvertragsparteien (§ 4 Abs. 2 TVG)
2. **Wirksamkeit des Tarifvertrags**
   a) Schriftform (§ 1 Abs. 2 TVG)
   b) Tarifzuständigkeit beider Tarifvertragsparteien (räumlich, fachlich)
   c) Regelung innerhalb der Grenzen der Tarifautonomie
      - Regelung beachtet Binnenschranken der Tarifautonomie (§§ 1 Abs. 1, 4 Abs. 2 TVG)
      - Regelung beachtet Außenschranken der Tarifautonomie (= kein Verstoß gegen höherrangiges zwingendes Recht: unmittelbar anwendbares Gemeinschaftsrecht, Verfassung, Gesetzesrecht)

---

[276] BAG, Urt. v. 9.11.1956, AP Nr. 1 zu § 3 TVG Verbandszugehörigkeit.

V. Voraussetzungen der normativen Wirkung des Tarifvertrags

3. **Arbeitsverhältnis innerhalb des Geltungsbereichs des Tarifvertrags**
   a) räumlicher Geltungsbereich
   b) betrieblich-branchenmäßiger (= fachlicher) Geltungsbereich
   c) persönlicher Geltungsbereich
   d) zeitlicher Geltungsbereich
      – bei Ablauf des Tarifvertrags Nachwirkung (§ 4 Abs. 5 TVG):
        Tarifvertrag gilt nur noch unmittelbar, aber nicht mehr zwingend;
        er kann durch eine andere Abmachung ersetzt werden

4. **Tarifbindung**
   a) Grundsatz: Tarifbindung beider Arbeitsvertragsparteien (§ 4 Abs. 1 TVG)
      – Mitgliedschaft beider Arbeitsvertragsparteien in den Verbänden,
        die den Tarifvertrag geschlossen haben (Verbandstarifvertrag)
      – Arbeitgeber selbst Partei des Tarifvertrags (Haustarifvertrag)
   b) bei betrieblichen und betriebsverfassungsrechtlichen Normen:
      nur der Arbeitgeber muß tarifgebunden sein (§ 3 Abs. 2 TVG)
   c) Tarifbindung von „Außenseitern" bei Allgemeinverbindlicherklärung
      des Tarifvertrags durch den Bundesarbeitsminister bzw.
      einen Landesarbeitsminister (§ 5 Abs. 4 TVG)
   d) bei Bezugnahme auf Tarifbestimmung keine normative Wirkung,
      Tarifnorm wird Inhalt des Arbeitsvertrages

5. **Voraussetzungen der Tarifnorm erfüllt**

6. **Günstigkeitsvergleich mit (wirksamer) niederrangiger Rechtsnorm**

7. **kein Erlöschen des Rechts (z.B. wegen tariflicher Ausschlußfrist)**

8. **keine Undurchsetzbarkeit des Rechts**

bb) **Ermittlung.** Maßgebend für den Geltungsbereich ist die **Vereinbarung der Tarifvertragsparteien.** Haben sie nichts ausdrücklich bestimmt, ist der Tarifvertrag **auszulegen.**

Regelt ein Lohntarifvertrag seinen Geltungsbereich nicht selbst, kann dieser u.U. dem entsprechenden Manteltarifvertrag entnommen werden[277]. Gilt ein Tarifvertrag für ein bestimmtes Gewerbe, ist der allgemeine verwaltungsrechtliche Gewerbebegriff maßgeblich[278]. Stellt der Tarifvertrag, wie üblich, auf die Unternehmen oder Betriebe einer bestimmten Branche und auf die ihnen zugeordneten Betriebsteile, Hilfs- oder Nebenbetriebe ab und gibt es keine Anhaltspunkte für einen bestimmten Sprachgebrauch – etwa aus den Satzungen der tarifschließenden Verbände[279]–, so ist davon auszugehen, daß die Tarifvertragsparteien die Begriffe im allgemeinen arbeitsrechtlichen Sinn verwendet haben[280]. Auch die Tarifzuständigkeit kann zur Auslegung herangezogen werden. Im Zweifel werden die Tarifvertragsparteien nämlich den gesamten Spielraum, der ihnen durch ihre kongruente Tarifzuständigkeit eröffnet ist, ausschöpfen wollen[281].

---

[277] BAG, Urt. v. 13.6.1957, AP Nr. 6 zu § 4 TVG Geltungsbereich.
[278] *Löwisch/Rieble*, § 4 TVG Rn. 23.
[279] BAG, Beschl. v. 27.11.1964, AP Nr. 1 zu § 2 TVG Tarifzuständigkeit. Bei der Auslegung kann auch eine ständige übereinstimmende Übung berücksichtigt werden, Wiedemann/*Wank* § 4 TVG Rn. 121, dort auch zu weiteren Auslegungskriterien.
[280] BAG, Urt. v. 25.11.1987, AP Nr. 18 zu § 1 TVG Tarifverträge: Einzelhandel.
[281] Wiedemann/*Wank*, § 4 TVG Rn. 121.

214 Die Frage, ob ein Arbeitsvertrag in den fachlichen Geltungsbereich eines Tarifvertrags fällt, kann vom Arbeitsgericht nicht aufgrund einer Feststellungsklage geklärt werden[282]. Die Klage muß auf die Feststellung eines Rechtsverhältnisses gerichtet sein. Daran fehlt es. Der fachliche Geltungsbereich eines Tarifvertrags betrifft lediglich die Frage, ob der Arbeitgeber mit seinem Unternehmen oder Betrieb von einem Tarifvertrag erfaßt wird. Bei einer Ein- oder Umgruppierung ist der fachliche Geltungsbereich eine Vorfrage; dabei steht dem Betriebsrat ein Mitbeurteilungsrecht zu (§ 99 Abs. 1 BetrVG)[283].

b) Räumlicher Geltungsbereich

215 Der räumliche Geltungsbereich legt **die geographischen Grenzen** fest, innerhalb derer der Tarifvertrag gelten soll. Das kann das gesamte Bundesgebiet, ein Bundesland, ein Regierungsbezirk oder auch nur eine Stadt sein. Nach dem Tarifvertrag richtet sich auch, welches der **Anknüpfungspunkt** für den räumlichen Geltungsbereich ist: der **Sitz des Unternehmens** oder der Ort, in dem ein **Betrieb** oder **Betriebsteil** liegt.

216 Im Zweifel ist derjenige Tarifvertrag anwendbar, der am Erfüllungsort des Arbeitsverhältnisses gilt. Das ist zumeist der Sitz des Betriebes, weil sich dort der Schwerpunkt des Arbeitsverhältnisses befindet[284]. Gilt ein Tarifvertrag für einen bestimmten Bezirk und liegen Betriebe eines Unternehmens teils innerhalb, teils außerhalb des Bezirks, erfaßt der Tarifvertrag nur die in dem Bezirk liegenden Betriebe[285]. Bei Außendienstmitarbeitern ist regelmäßig der Ort des Betriebes maßgebend, von dem aus sie ihre Tätigkeit verrichten[286].

c) Fachlicher Geltungsbereich

217 aa) **Firmentarifverträge (= Haus- oder Unternehmenstarifverträge)** gelten, wenn nichts anderes vereinbart ist, für sämtliche Betriebe des Unternehmens. Nach der Branchenzugehörigkeit des Unternehmens bestimmt sich, welche Gewerkschaft zuständig ist. Betätigt sich das Unternehmen in mehreren Branchen, so ist der Geschäftsgegenstand maßgebend, der dem Unternehmen das **Gepräge** gibt. Entscheidend sind der arbeitstechnische Zweck, den das Unternehmen überwiegend verfolgt, die Zahl der einschlägig beschäftigten Arbeitnehmer sowie der maßgebende Anteil am Umsatz und Gewinn. Auf den Geschäftsgegenstand einzelner Betriebe, Betriebsabteilungen oder Nebenbetriebe kommt es nicht an, da diese Untereinheiten nicht tariffähig sind[287].

---

[282] BAG, Beschl. v. 10.5.1989, AP Nr. 6 zu § 2 TVG Tarifzuständigkeit.
[283] BAG, Beschl. v. 27.1.1987, 30.1.1990, AP Nr. 42 und 78 zu § 99 BetrVG 1972.
[284] BAG, Urt. v. 3.12.1985, AP Nr. 5 zu § 1 TVG Tarifverträge: Großhandel; *Däubler*, Tarifvertragsrecht, Rn. 256; *Kempen/Zachert*, § 4 TVG Rn. 18; *Löwisch/Rieble*, § 4 TVG Rn. 28.
[285] BAG, Urt. v. 13.6.1957, AP Nr. 6 zu § 4 TVG Geltungsbereich.
[286] *Löwisch/Rieble*, § 4 TVG Rn. 28.
[287] BAG, Beschl. v. 22.11.1988, AP Nr. 5 zu § 2 TVG Tarifzuständigkeit.

bb) **Verbandstarifverträge** sind Verträge zwischen einer oder mehreren Gewerk- 218
schaften und einem Arbeitgeberverband, die regelmäßig für eine bestimmte **Branche** oder für Teile davon vereinbart werden. Dabei stellen die Tarifvertragsparteien zumeist nicht auf die Branchenzugehörigkeit des Unternehmens ab, sondern auf die des einzelnen Betriebes („betrieblicher Geltungsbereich")[288]. Der einschlägige Tarifvertrag gilt dann in den Betrieben, die in seinen Geltungsbereich fallen, für alle in der tarifschließenden Gewerkschaft organisierten Arbeitnehmer, und zwar unabhängig von der Tätigkeit, die sie dort ausüben. Ein Groß- und Außenhandelstarifvertrag ist deshalb in einem Großhandelsbetrieb auch auf die Arbeitnehmer anwendbar, die keine unmittelbar dem Handel dienende Tätigkeit verrichten, wie etwa die Putzfrau oder den Betriebsschlosser.

Stellt der Tarifvertrag auf die Branchenzugehörigkeit des Betriebes ab, so können in ei- 219
nem Unternehmen mehrere Tarifverträge gelten[289]. Auf den (Haupt)Zweck des Unternehmens kommt es nicht an[290]. Unerheblich ist auch, daß nicht der Betrieb, sondern das Unternehmen tariffähig und tarifgebunden ist. Voraussetzung für die Geltung der Tarifverträge in den Betrieben ist aber immer die Mitgliedschaft des Unternehmens in den tarifschließenden Verbänden.

Die Tarifvertragsparteien können die Betriebe selbst dem Geltungsbereich zu- 220
ordnen, sie können aber auch auf die Mitgliedschaft des Arbeitgebers im tarifschließenden Arbeitgeberverband abstellen oder auf die von einem anderen Verband, etwa einer Berufsgenossenschaft, getroffene Zuordnung Bezug nehmen.

Die Tarifvertragsparteien können Betriebe, die an sich unter den fachlichen 221
Geltungsbereich des Tarifvertrags fallen, **von der Anwendung ausnehmen.**

Beispiel: Aus dem Bundesrahmentarifvertrag für das Bauwesen (BRTV Bau) sind der Kabelbau und Abbrucharbeiten ausführende Betriebe ausgenommen.

Herausnehmen können die Tarifvertragsparteien auch branchenfremde Neben- 222
betriebe von Hauptbetrieben, die in den fachlichen Geltungsbereich fallen.

Beispiel: Der BRTV Bau gilt nicht für eine Bauschreinerei, wenn die überwiegende Arbeitsleistung im Betrieb und nicht auf einer Baustelle durchgeführt wird; er gilt auch nicht für das Herstellen von Material, das zur Verwendung am Bau bestimmt ist.

Klauseln, mit denen der Geltungsbereich eines Tarifvertrags eingeschränkt 223
wird, sind zulässig, wenn sie den Erfordernissen des Bestimmtheitsgebots genügen und wenn für die Einschränkung ein sachlicher Grund vorliegt[291], etwa wenn die

---

[288] Anders z.B. in der chemischen Industrie, vgl. § 1 Nr. 3 MTV für die chemische Industrie.
[289] BAG, Urt. v. 31.3.1955, 13.6.1957, AP Nr. 1, 6 zu § 4 TVG Geltungsbereich.
[290] BAG, Urt. v. 13.6.1957, AP Nr. 6 zu § 4 TVG Geltungsbereich.
[291] BAG, Urt. v. 20.3.1991, AP Nr. 20 zu § 4 TVG Tarifkonkurrenz.

Konkurrenz zweier Tarifverträge ausgeschlossen werden soll[292]. Die aus dem fachlichen Geltungsbereich ausgegrenzten Betriebe genießen in der Regel Schutz durch einen anderen Tarifvertrag.

cc) Fachlicher Geltungsbereich bei Mischbetrieben

224 **(1) Begriff des Mischbetriebes.** Wenig Schwierigkeiten bereitet die Bestimmung des fachlichen Geltungsbereiches, wenn im Betrieb nur **ein einziger arbeitstechnischer Zweck** verfolgt wird. Das wird jedoch nicht allzu häufig vorkommen. Regelmäßig werden in und mit einem Betrieb gleichzeitig verschiedene arbeitstechnische Zwecke verfolgt. Dann liegt ein **Mischbetrieb** vor. In ihm werden Tätigkeiten unterschiedlicher Fachrichtungen verrichtet, die jeweils für sich genommen eine unterschiedliche Branchenzugehörigkeit des Betriebes begründen könnten.

Beispiele: Lebensmittelmarkt mit Backstube, Kaufhaus mit Restaurant oder Café, Radiogeschäft mit Kundenwerkstatt, herstellender Buchhandel, Verlag mit Druckerei, die auch verlagsfremde Serviceleistungen erbringt[293].

225 Nach dem **Grundsatz der Tarifeinheit** soll in einem Mischbetrieb für alle Arbeitnehmer einheitlich derselbe Tarifvertrag gelten. Das setzt voraus, daß trotz der unterschiedlichen Tätigkeiten die Einheitlichkeit des Betriebes gewahrt ist[294]. Die **Einheitlichkeit** kann dadurch gewahrt sein, daß die verschiedenen Zwecke auf einen **einheitlichen Gesamtzweck** ausgerichtet sind und einander deshalb zumindest „berühren"[295].

Beispiel: Die Kundenwerkstatt eines Radiogeschäfts, in der handwerklich gearbeitet wird, dient der Erreichung des gemeinschaftlichen und einheitlichen Zwecks, Radiogeräte zu verkaufen, denn zu Rundfunk- und Fernsehgeräten verkaufenden Betrieben gehört üblicherweise auch eine Kundenwerkstatt[296].

226 Die Einheitlichkeit des Betriebes kann sich aber auch aus der **Einheitlichkeit der Organisation** ergeben, für die es vor allem auf die **einheitliche Leitungsmacht** des Betriebsinhabers ankommt. Dabei entscheidet weniger die einheitliche fachspezifische, technische Leitung als die Führung der zur Erreichung der unterschiedlichen Betriebszwecke eingesetzten Arbeitnehmer[297]. Die einheitliche Leitung zweier Organisationseinheiten kann sich aus einer **ausdrücklichen oder still-**

---

[292] BAG, Urt. v. 26.10.1983, AP Nr. 3 zu § 3 TVG.
[293] *Hromadka/Maschmann/Wallner*, Der Tarifwechsel, Rn. 53.
[294] BAG, Urt. v. 12.7.1957, AP Nr. 7 zu § 4 TVG Geltungsbereich.
[295] RAG, Urt. v. 4.4.1936, ARS 27, 87 (91).
[296] BAG, Urt. v. 25.11.1987, AP Nr. 18 zu § 1 TVG Tarifverträge: Einzelhandel.
[297] BAG, Beschl. v. 23.3.1984, AP Nr. 4 zu § 23 KSchG 1969; Beschl. v. 25.9.1986, 14.9.1988, AP Nr. 7, 9 zu § 1 BetrVG 1972; Beschl. v. 29.5.1991, AP Nr. 5 zu § 4 BetrVG 1972.

schweigenden Vereinbarung zwischen den Einheiten ergeben. Im Regelfall folgt sie aus der **Weisungsabhängigkeit** der Einheiten von einer dritten, ihnen vorgesetzten Stelle.

Kennzeichen einer institutionellen Leitungsmacht können sein[298]: 227
- eine **einheitliche Belegschaft** oder das Vorhandensein einer **Betriebsgemeinschaft**. Darauf deutet hin, wenn Arbeitnehmer je nach Auftragslage für unterschiedliche Betriebszwecke eingesetzt werden oder wenn die Arbeitsabläufe sonstwie personell, technisch oder organisatorisch verknüpft sind. Manche stellen auch auf das Zusammengehörigkeitsgefühl der Belegschaft ab.
- die **einheitliche Geltung betrieblicher Regelungen**, z.B. der Arbeitsordnung oder der Vorschriften über die Lage der Arbeitszeit.
- die **einheitliche Behandlung aller Arbeitnehmer**.
- **räumliche Nähe**.
- die **gemeinsame Benutzung materieller Betriebsmittel**. Das ist bei räumlicher Trennung kaum möglich.
- **gemeinsame Betriebseinrichtungen**, z.B. Lohnbüro, Buchhaltung, Sekretariat, Druckerei.
- **gemeinsame Sozialeinrichtungen**, z.B. Kantine, Betriebskrankenkasse, Unterstützungskasse.

Ob eine einheitliche Leitung vorliegt, beurteilt sich **typologisch**[299]. Deshalb kann nicht auf 228 eines der genannten Kriterien allein abgestellt werden, sondern es kommt auf eine **Gesamtschau aller Umstände** an. Zu prüfen ist, welche Umstände im konkreten Fall überwiegen und die Organisationsstruktur prägen[300]. Unerheblich ist die Größe der Einheiten. Ein kleiner Betrieb ist nicht allein deswegen Teil eines größeren[301].

Kein einheitlicher Mischbetrieb liegt vor, wenn die organisatorischen Teileinheiten 229 selbständig sind. Selbständig können Teileinheiten sein, die unterschiedlichen Rechtsträgern gehören[302], vor allem wenn sie als Profitcenter geführt werden[303]. Es ist Sache des Rechtsträgers, über den Betriebszweck zu befinden sowie darüber, ob die Leitungsmacht einheitlich ausgeübt wird. Bei der Ausgliederung von Unternehmensteilen und damit verbundenen Betriebsspaltungen spricht allerdings eine Vermutung gegen die Selbständigkeit der neu geschaffenen Organisationseinheiten (§ 322 Abs. 1 UmwG). Allgemein sind strenge Anforderungen an die Selbständigkeit von organisatorischen Einheiten zu stellen, damit sie die Voraussetzungen des Betriebsbegriffs im tarifrechtlichen Sinne erfüllen[304].

---

[298] Vgl. *Hromadka/Maschmann/Wallner*, Der Tarifwechsel, Rn. 58 m.w.N.
[299] Zum typologischen Ansatz Däubler/Kittner/Klebe/Schneider/*Trümner*, § 1 BetrVG Rn. 61, 76.
[300] LAG Niedersachsen, Beschl. v. 23.4.1990, LAGE § 1 BetrVG 1972 Nr. 3.
[301] BAG, Urt. v. 12.7.1957, AP Nr. 7 zu § 4 TVG Geltungsbereich.
[302] BAG, Urt. v. 1.4.1987, AP Nr. 64 zu § 613a BGB für Nebenbetrieb und Hauptbetrieb.
[303] BAG, Urt. v. 11.9.1991, AP Nr. 145 zu § 1 TVG Tarifverträge: Bau.
[304] So bereits RAG, Urt. v. 1.11.1939, ARS 37, 307.

230 **(2) Feststellung des einschlägigen Tarifvertrags.** Nach der Rechtsprechung kommt es bei einem Mischbetrieb für die Bestimmung des einschlägigen Tarifvertrags allein darauf an, mit welchen Tätigkeiten die Arbeitnehmer überwiegend beschäftigt werden. Der überwiegende **Betriebszweck** wird durch die **überwiegende Arbeitszeit** der Arbeitnehmer bestimmt[305].

231 Verfolgt ein Betrieb mehrere Zwecke, so muß festgestellt werden, wieviele Stunden die Arbeitnehmer auf Tätigkeiten verwenden, die den einzelnen Betriebszwecken dienen. Diese Rechtsprechung hat zur Folge, daß Betriebe, die sich mit der Herstellung von Gütern und mit deren Vertrieb befassen oder mit dem Vertrieb von Gütern und deren Montage eher den Industrietarifverträgen unterfallen als Tarifverträgen des Handels oder von Dienstleistungsbereichen, weil die Fertigung zumeist arbeitsintensiver ist. Eine zweite Folge ist, daß der Schwerpunkt hin und her wechseln kann, wenn zwei Betriebszwecke etwa gleichgewichtig sind. Der Betrieb wächst dann unter Umständen immer wieder aus dem Geltungsbereich eines Tarifvertrags heraus und in den eines anderen hinein. Die Prüfung der betrieblichen Verhältnisse muß sich auf einen längeren Zeitraum erstrecken, denn nur so kann festgestellt werden, wie die Arbeitsverhältnisse in ihrem gewöhnlichen Ablauf tatsächlich ausgestaltet sind[306]. Dabei sind den Tätigkeiten, die im Betrieb überwiegend verrichtet werden, auch die „Nebenarbeiten" hinzuzurechnen. Nebenarbeiten sind betriebliche Verrichtungen, die zu einer sachgerechten Ausführung der Haupttätigkeit notwendig sind und nach der Verkehrssitte vom Betrieb üblicherweise miterledigt werden[307].

Beispiele: Den eigentlichen baugewerblichen Arbeiten muß der Materialtransport als Nebenarbeit hinzugerechnet werden, dem Verkauf von Radio- und Fernsehgeräten deren Reparatur.

232 **dd) Fachlicher Geltungsbereich bei Nebenbetrieben.** Verfügt eine arbeitsorganisatorische Einheit über eine voll ausgebildete arbeitstechnische Betriebsorganisation, insbesondere über einen selbständigen, institutionell verankerten Leitungsapparat, so liegt ein Nebenbetrieb vor, wenn der arbeitstechnische Zweck der Organisationseinheit darin besteht, für einen anderen Betrieb, den Hauptbetrieb, eine **Hilfsleistung** zu erbringen[308]. Da Neben- und Hauptbetrieb selbständige Betriebe sind, können sie tarifrechtlich getrennte Wege gehen.

233 Gehört der Nebenbetrieb derselben Branche an wie der Hauptbetrieb, so ist der Tarifvertrag, der für den Hauptbetrieb gilt, auch für den Nebenbetrieb einschlägig. Bei einem branchenfremden Nebenbetrieb kommt es auf den fachlichen Geltungsbereich des im Hauptbetrieb anwendbaren Tarifvertrags an. Fehlt eine ausdrückliche Regelung, ist im Zweifel davon auszugehen, daß die Tarifvertragsparteien auch branchenfremde Nebenbetriebe einbe-

---

[305] Std. Rspr., vgl. nur BAG, Urt. v. 5.9.1990, AP Nr. 19 zu § 4 TVG Tarifkonkurrenz.
[306] BAG, Urt. v. 22.2.1957, AP Nr. 2 zu § 4 TVG Tarifkonkurrenz.
[307] BAG, Urt. v. 25.2.1987, AP Nr. 81 zu § 1 TVG Tarifverträge: Bau; Urt. v. 25.11.1987, AP Nr. 18 zu § 1 TVG Tarifverträge: Einzelhandel.
[308] BAG, Urt. v. 1.4.1987, AP Nr. 64 zu § 613a BGB.

ziehen wollten[309]; das gilt nicht, wenn sie für branchenfremde Nebenbetriebe nicht zuständig sind[310].

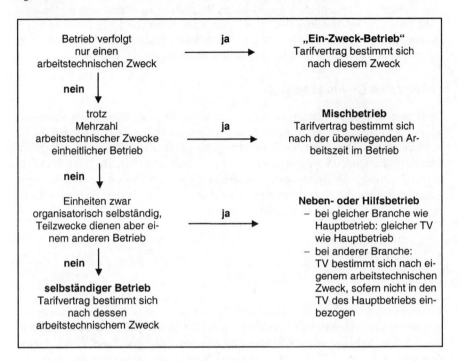

d) Persönlicher Geltungsbereich

Der persönliche Geltungsbereich legt fest, **für welche Arbeitnehmer** der Tarifvertrag gilt. Hierzu wird an persönliche Merkmale angeknüpft, wie etwa an die Art der geleisteten Tätigkeit, den Umfang der Beschäftigung (Voll- oder Teilzeitarbeit), die Einordnung als Angestellter oder Arbeiter, Auszubildender oder arbeitnehmerähnliche Person (vgl. § 12 a TVG), die Art der Ausbildung oder das Alter. Die Tarifvertragsparteien entscheiden frei über den persönlichen Geltungsbereich[311]. Allerdings haben sie Art. 3 GG zu beachten[312]. Arbeitnehmer innerhalb eines fachlichen Bereichs dürfen also nicht willkürlich ungleich behandelt werden[313].

234

Besondere Tarifverträge gibt es derzeit vor allem für Auszubildende, für Teilzeitbeschäftigte und für Arbeitnehmer, die atypische Leistungen erbringen (z.B. Montagearbeit-

235

---

[309] BAG, Urt. v. 26.5.1965, AP Nr. 2 zu § 1 TVG Tarifverträge: Graphisches Gewerbe.
[310] *Hueck/Nipperdey*, Arbeitsrecht II/1, § 26 V 3 c; Wiedemann/*Wank*, § 4 TVG Rn. 156.
[311] BAG, Urt. v. 10.4.1991, AP Nr.141 zu § 1 TVG Tarifverträge: Bau.
[312] BAG, Urt. v. 30.8.2000, 4 AZR 563/99.
[313] *Kempen/Zachert*, § 4 TVG Rn. 28; *Löwisch/Rieble*, § 4 TVG Rn. 37 f.

nehmer). Für Arbeiter und Angestellte werden zunehmend gemeinsame Tarifverträge abgeschlossen. Ausdrücklich vom persönlichen Geltungsbereich eines Tarifvertrags ausgenommen sind die **„außertariflichen Angestellten"**. Tariflich regelbar sind auch die Vertragsverhältnisse von **arbeitnehmerähnlichen Personen** im Sinne von § 12a TVG und von in **Heimarbeit** Beschäftigten (§ 17 HAG). Ein für Arbeitnehmer geltender Tarifvertrag ist aber nicht ohne weiteres auf Arbeitnehmerähnliche anzuwenden.

e) Zeitlicher Geltungsbereich

236 Tarifnormen werden wirksam zu dem vereinbarten Termin; wenn nichts vereinbart ist, mit dem Abschluß des Tarifvertrags. Sie lösen nach der Zeitkollisionsregel die Normen eines vorhergehenden Tarifvertrags ab, jedenfalls soweit es dieselben Regelungsgegenstände (Vergütung, Arbeitszeit, Urlaub usw.) betrifft. Bei einem **Stufentarifvertrag**, der sukzessive Lohnerhöhungen oder Arbeitszeitverkürzungen vorsieht, werden die Normwirkungen jeweils zu den vereinbarten Zeitpunkten ausgelöst. Zur Rückwirkung von Tarifnormen s. oben Rn. 83 ff.

3. Tarifbindung

a) Überblick

237 Tarifnormen entfalten anders als staatliche Normen, die bereits gelten, wenn der Normunterworfene in den Geltungsbereich der Vorschrift fällt, erst dann Wirkung, wenn **beide Arbeitsvertragsparteien** an den einschlägigen Tarifvertrag **gebunden** sind (§ 4 Abs. 1 TVG). Wer an einen Tarifvertrag gebunden ist, ergibt sich nicht aus dem Tarifvertrag selbst, sondern aus § 3 TVG.

238 Verbindlichkeit kann der Tarifvertrag auch über eine **arbeitsvertragliche Bezugnahmeklausel** erlangen; in diesem Fall ist die Mitgliedschaft der Arbeitsvertragsparteien in den tarifschließenden Verbänden nicht erforderlich. Die Tarifnormen gelten dann aber **nicht kraft Tarifrechts**, sondern aufgrund der Vereinbarung. Der Tarifvertrag wirkt in diesem Fall **nicht normativ** auf den Arbeitsvertrag ein, sondern sein Inhalt wird zu dessen Bestandteil.

239 Die gesetzlichen Vorschriften über die Tarifbindung sind **zwingenden** Rechts[314]. Eine Erweiterung ist unwirksam, weil den Tarifvertragsparteien gegenüber den Außenseitern grundsätzlich keine Rechtsetzungsbefugnis zukommt. Eine Einschränkung läßt sich im Ergebnis durch eine Beschränkung des persönlichen Geltungsbereichs erreichen.

---

[314] *Schaub*, Arbeitsrechts-Handbuch, § 206 Rn. 24.

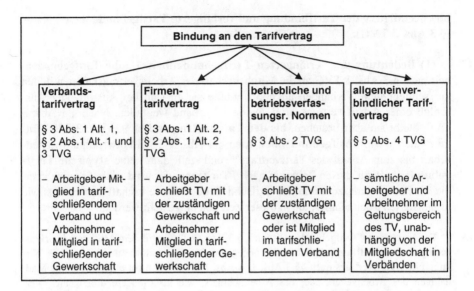

b) Abschluß-, Inhalts- und Beendigungsnormen

aa) Beginn der Tarifbindung. Abschluß-, Inhalts- und Beendigungsnormen gelten unmittelbar (und zwingend), wenn die Arbeitsvertragsparteien **Mitglieder** der Verbände sind, die den einschlägigen Tarifvertrag abgeschlossen haben. Der Erwerb der Mitgliedschaft richtet sich nach der **Satzung** des jeweiligen Verbandes und nach den Vorschriften des **Vereinsrechts**[315] (s. § 12 Rn. 47 ff.). Die Tarifbindung beginnt mit der satzungsgemäß zustande gekommenen Mitgliedschaft. Die Vereinbarung eines rückwirkenden Beginns der Mitgliedschaft führt nicht zu einem rückwirkenden Beginn der Tarifbindung[316]. 240

Mitglied in einem Arbeitgeberverband können **natürliche und juristische Personen** sowie **Personenhandelsgesellschaften** sein[317]. Bei letzteren genügt die Mitgliedschaft der **Gesellschafter**, auch wenn ein Gesellschafter, wie bei der GmbH & Co KG, eine juristische Person ist[318]. Bei einem **Konzern** reicht die Tarifbindung der Konzernobergesellschaft („Konzernmutter") nicht aus. Da der Konzern nicht rechtsfähig und damit auch nicht tariffähig ist, muß jedes Konzernunternehmen („Tochter- oder Enkelunternehmen") tarifgebunden sein. 241

---

[315] BAG, Urt. v. 14.10.1960, AP Nr. 10 zu Art. 9 GG Arbeitskampf; *Dietz*, FS Nipperdey II, S. 141.
[316] BAG, Urt. v. 22.11.2000, NZA 2001, 980.
[317] BAG, Urt. v. 22.2.1957, AP Nr. 2 zu § 2 TVG.
[318] BAG, Urt. v. 4.5.1994, AP Nr. 1 zu § 1 TVG Tarifverträge: Elektrohandwerk.

bb) Beendigung der Tarifbindung und verlängerte Tarifgebundenheit (§ 3 Abs. 3 TVG).

242 **(1) Bedeutung der verlängerten Tarifgebundenheit.** Da die Tarifgebundenheit nach § 3 Abs. 1 TVG an die Mitgliedschaft der Arbeitsvertragsparteien in den tarifschließenden Verbänden anknüpft, müßte sie an sich bei Austritt oder Ausschluß einer Arbeitsvertragspartei aus dem Verband wegfallen. Nach § 3 Abs. 3 TVG bleibt sie aber bestehen, **bis der Tarifvertrag endet.** § 3 Abs. 3 TVG **fingiert** die für die **Tarifgebundenheit** nach § 4 Abs. 1 TVG notwendige Mitgliedschaft bis zum Ablauf des Tarifvertrags[319] und stellt damit eine **atypische Tarifgebundenheit** für diesen Zeitraum her[320]. Tarifgebunden sind auch Arbeitnehmer, die im Fortwirkungszeitraum der tarifschließenden Gewerkschaft beitreten, sowie organisierte Arbeitnehmer, die in dieser Zeit neu eingestellt werden.

243 Die verlängerte Tarifgebundenheit nach § 3 Abs. 3 TVG will dem **Mißbrauch privatrechtlicher Gestaltungsmöglichkeiten** begegnen. Die unmittelbare und zwingende Wirkung eines Tarifvertrags nach §§ 3 Abs. 1, 4 Abs. 1 TVG soll nicht durch einseitige Maßnahmen des Arbeitgebers oder des Arbeitnehmers, wie insbesondere durch einen Verbandsaustritt, beseitigt werden können[321]. Ursprünglich bezweckte die verlängerte Tarifgebundenheit den Bestandsschutz der Arbeitgeberverbände; Mitglieder, denen ein Tarifvertrag lästig war, sollten sich seinen Wirkungen nicht durch Austritt entziehen können. Heute ist der Schutz der Verbandskontinuität allenfalls noch eine Nebenwirkung[322].

244 Gegen § 3 Abs. 3 TVG werden immer wieder verfassungsrechtliche Bedenken laut[323]. Der Verband habe kein Mandat des wirksam Ausgetretenen mehr. Die zeitliche Bindung an den alten Tarifvertrag, die bei Manteltarifverträgen bis zu fünf Jahren betragen kann, sei unverhältnismäßig[324]. Rechtsprechung und h. L. haben die Bedenken bislang nicht geteilt[325]. So wie der Gesetzgeber einen Tarifvertrag für allgemeinverbindlich erklären und damit die Geltung der Tarifnormen von der Verbandsmitgliedschaft lösen könne, ohne damit gegen die Verfassung zu verstoßen[326], könne er die Fortdauer der durch Verbandsmitgliedschaft begründeten Tarifbindung über das Ende der Mitgliedschaft hinaus bis zum Ablauf des Tarifver-

---

[319] BAG, Urt. v. 15.10.1986, AP Nr. 4 zu § 3 TVG.
[320] BAG, Urt. v. 4.8.1993, AP Nr. 15 zu § 3 TVG.
[321] BAG, Urt. v. 26.10.1983, 15.10.1986, 2.12.1992, AP Nr. 3, 4, 14 zu § 3 TVG.
[322] *Herschel,* ZfA 1973, 183 (192); *Konzen,* ZfA 1975, 401 (411).
[323] *Biedenkopf,* Grenzen der Tarifautonomie, S. 99, Fn. 147 und S. 231 ff.; *Dietz,* RdA 1957, 178 (179). Aus neuerer Zeit *Bauer/Diller,* DB 1993, 1085; *Schwab,* BB 1994, 781.
[324] *Löwisch/Rieble,* § 3 TVG Rn. 74, befürworten ein Ende der Tarifbindung bis zu dem auf den Austritt folgenden nächsten Kündigungstermin, spätestens aber nach fünf Jahren.
[325] BAG, Urt. v. 4.8.1993, AP Nr. 15 zu § 3 TVG; *Däubler,* ZTR 1994, 448 (450); *Wiedemann/Oetker,* § 3 TVG Rn. 66.
[326] BVerfG, Beschl. v. 24.5.1977, AP Nr. 15 zu § 5 TVG.

trags anordnen. Darin liege auch kein Verstoß gegen das Übermaßverbot. Denn die verlängerte Tarifgebundenheit ende, sobald der Tarifvertrag nicht mehr in seiner bisherigen Fassung fortbestehe. Eine darüber hinaus gehende Tarifbindung erscheint allerdings auch dem BAG im Hinblick auf Art. 9 Abs. 3 GG bedenklich[327].

(2) **Anwendungsbereich.** Die verlängerte Tarifgebundenheit nach § 3 Abs. 3 TVG **gilt** beim Austritt des Arbeitgebers oder des Arbeitnehmers aus dem Verband, beim Ausschluß einer oder beider Arbeitsvertragsparteien und beim automatischen Erlöschen der Mitgliedschaft, etwa wegen Beitragsrückstands. Sie **gilt nicht** beim Tode des Arbeitgebers oder des Arbeitnehmers und beim Herauswachsen des Betriebes aus dem Geltungsbereich eines Tarifvertrags, und zwar gleichgültig, ob der Arbeitgeber zugleich aus dem Verband austritt oder nicht[328].

cc) **Ende der verlängerten Tarifgebundenheit.** Die verlängerte Tarifgebundenheit nach § 3 Abs. 3 TVG bleibt bestehen, bis der Tarifvertrag endet. Beendigung meint zunächst Beendigung durch **Zeitablauf,** sei es durch Fristablauf, sei es durch Kündigung oder Aufhebungsvertrag. Sieht ein Tarifvertrag eine automatische Verlängerung vor, falls er nicht bis zu einem bestimmten Termin gekündigt wird, so bleibt es bei der Bindung, solange keine Partei kündigt[329].

Beendigung meint auch **jede Änderung oder Ergänzung des alten Tarifvertrags** nach Austritt des Arbeitgebers oder des Arbeitnehmers[330]. Der Verband hat nach dem Austritt kein Mandat mehr für Änderungen. Etwas anderes gilt für Klarstellungen durch Zusätze oder Protokollnotizen. Auch Zusätze und Protokollnotizen gelten aber nicht für ausgeschiedene Verbandsmitglieder[331].

dd) **Friedenspflicht.** Umstritten ist, ob nach dem Verbandsaustritt eines Arbeitgebers die Friedenspflicht fortbesteht. Von einer Mindermeinung wird dies ohne nähere Begründung verneint; die Gewerkschaft könne versuchen, den fortwirkenden Verbandstarifvertrag durch Abschluß eines Firmentarifvertrags zu verbessern[332]. Das BAG folgt dem zu Recht nicht[333]. § 3 Abs. 3 TVG ersetzt die fehlende mitgliedschaftliche Tarifbindung. Damit gilt der Tarifvertrag in vollem Umfang fort; ein Arbeitskampf zur Erzwingung eines anderen Tarifvertrags ist unzulässig.

---

[327] BAG, Urt. v. 26.10.1983, AP Nr. 3 zu § 3 TVG.
[328] *Hromadka/Maschmann/Wallner,* Der Tarifwechsel, Rn. 229 ff. m.w.N.
[329] *Hueck/Nipperdey,* Arbeitsrecht II/1, § 23 V 3; Wiedemann/*Oetker,* § 3 TVG Rn. 65.
[330] BAG, Urt. v. 7.11.2001, NZA 2002, 749.
[331] Wiedemann/*Oetker,* § 3 TVG Rn. 76.
[332] *Kempen/Zachert,* § 1 TVG Rn. 351; *Konzen,* ZfA 1975, 418 (420 ff.).
[333] BAG, Urt. v. 4.5.1955, AP Nr. 2 zu Art. 9 GG Arbeitskampf; *Gamillscheg,* Kollektives Arbeitsrecht I, § 17 I 5 f.

c) Betriebliche und betriebsverfassungsrechtliche Normen

249 Zur Geltung betrieblicher und betriebsverfassungsrechtlicher Normen genügt es, daß der Arbeitgeber dem tarifschließenden Verband angehört. Nicht nötig ist, daß zumindest ein Arbeitnehmer im Betrieb der zuständigen Gewerkschaft angehört[334]. Betriebliche und betriebsverfassungsrechtliche Normen sind dadurch gekennzeichnet, daß sie grundsätzlich nur einheitlich für alle betroffenen Arbeitnehmer gelten können und daß eine Differenzierung nach Gewerkschaftsmitgliedern und Außenseitern ausscheidet (s. oben Rn. 23 ff.)[335].

d) Allgemeinverbindlicherklärung

250 aa) **Bedeutung.** Wird ein Tarifvertrag für allgemeinverbindlich erklärt, dann gelten seine Rechtsnormen auch für die Arbeitsvertragsparteien, die **bisher nicht tarifgebunden** waren, d.h. für die Außenseiter (§ 5 Abs. 4 TVG). Sinn und Zweck der Allgemeinverbindlicherklärung ist es, innerhalb eines Tarifgebietes für Organisierte und Nichtorganisierte **gleiche Arbeitsbedingungen** zu schaffen und damit einen „Wettbewerb nach unten" zu vermeiden. Des weiteren sollen **gemeinsame Einrichtungen der Tarifvertragsparteien** (§ 4 Abs. 2 TVG), wie etwa Urlaubskassen, Lohnausgleichskassen oder Zusatzversorgungskassen, funktionsfähig erhalten werden; das ist häufig nur bei Einbeziehung aller Beschäftigten eines Tarifgebietes gewährleistet.

251 bb) **Verfahren.** Die Allgemeinverbindlicherklärung (AVE) erfolgt durch den **Bundes- oder Landesarbeitsminister** im Einvernehmen mit einem aus je drei Vertretern der Spitzenorganisationen der Arbeitgeber und der Arbeitnehmer bestehenden Ausschuß („**Tarifausschuß**") auf Antrag einer Tarifvertragspartei. Voraussetzung ist, daß die tarifgebundenen Arbeitgeber mindestens die Hälfte der unter den Geltungsbereich des Tarifvertrags fallenden Arbeitnehmer beschäftigen und daß die AVE **im öffentlichen Interesse geboten** erscheint (§ 5 Abs. 1 TVG). Dazu sind die für und gegen eine AVE sprechenden Umstände gegeneinander abzuwägen; maßgeblich sind die Belange der von der AVE betroffenen Arbeitgeber und Arbeitnehmer sowie der Tarifvertragsparteien[336]. Ein sozialer Notstand ist nicht erforderlich. Dem zuständigen Arbeitsminister kommt ein gerichtlich nur beschränkt nachprüfbarer Beurteilungsspielraum zu[337]. Die AVE kann sich auf einen bestimmten Bereich oder auf bestimmte Inhalte beschränken. Ihrer Rechtsnatur nach ist die AVE nach heute wohl h. M. ein Rechtssetzungsakt eigener Art[338]. Zuständig für den Rechtsschutz sind die Verwaltungsgerichte[339].

---

[334] BAG, Urt. v. 20.3.1991, AP Nr. 20 zu § 4 TVG Tarifkonkurrenz; Wiedemann/*Oetker*, § 3 TVG Rn. 130; a. A. *Löwisch/Rieble*, § 3 TVG Rn. 60 ff.
[335] *Kempen/Zachert*, § 3 TVG Rn. 12.
[336] Zu den berücksichtigungsfähigen Belangen und deren Abwägung im einzelnen *Löwisch/Rieble*, § 5 TVG Rn. 89-97.
[337] BVerfG, Beschl. v. 24.5.1977, AP Nr. 15 zu § 5 TVG.
[338] *Löwisch/Rieble*, § 5 TVG Rn. 53; Wiedemann/*Wank*, § 5 TVG Rn. 43 ff.
[339] *Löwisch/Rieble*, § 5 TVG Rn. 113 ff.; Wiedemann/*Wank*, § 5 TVG Rn. 163 ff.

cc) **Allgemeinverbindlicherklärung von Mindestlohn-Tarifverträgen in der Baubranche.** § 1 Abs. 3a des Arbeitnehmer-Entsendegesetzes (AEntG)[340] ermöglicht es, die Geltung von Mindestlohntarifverträgen im Bauhaupt- und -nebengewerbe auf Arbeitsverhältnisse zwischen Unternehmen mit Sitz im Ausland und ihren im Geltungsbereich eines deutschen Mindestlohntarifvertrags beschäftigten Arbeitnehmern auszudehnen. Vor Erlaß des AEntG hatten nicht tarifgebundene ausländische Bauunternehmen gegenüber ihren deutschen Konkurrenten dadurch Wettbewerbsvorteile, daß sie ihre auf deutsche Baustellen entsandten Mitarbeiter nur nach ausländischen Tarifen bezahlen mußten, die weit unter den deutschen lagen. Mit der Allgemeinverbindlicherklärung, die auf Antrag durch den Bundesarbeitsminister nach vorheriger Anhörung der hiervon betroffenen Tarif- und Arbeitsvertragsparteien durch Erlaß einer Rechtsverordnung erfolgt, werden für alle im Bauhaupt- oder -nebengewerbe Beschäftigten gleiche Mindestbedingungen geschaffen. Die Leistung eines ausländischen Bauunternehmens wird dadurch de facto mit einem Schutzzoll belegt. Das AEntG verstößt weder gegen die negative Koalitionsfreiheit (Art. 9 Abs. 3 GG)[341] noch gegen europäisches Wettbewerbsrecht. Die Unterschreitung des Mindestlohns – im Jahr 2003 10,36 € (West) bzw. 8,95 € (Ost) brutto[342] – bedeutet eine Ordnungswidrigkeit (§ 5 AEntG), die es erlaubt, Bewerber um Aufträge der öffentlichen Hand abzuweisen (§ 6 AEntG). Die Einhaltung der Mindestlöhne wird von der Bundesanstalt für Arbeit und den Hauptzollämtern überwacht (§ 2 AEntG). Ausländische Arbeitgeber haben vor Beginn jeder Bauleistung die Entsendung ihrer Mitarbeiter beim zuständigen Landesarbeitsamt anzumelden (§ 3 AEntG).

251a

dd) § 5 TVG und § 1 AEntG regeln die Allgemeinverbindlicherklärung von Tarifverträgen abschließend. Deshalb ist es unzulässig, wenn etwa die öffentliche Hand als marktbeherrschender Nachfrager von Straßenbauleistungen von nicht tarifgebundenen Unternehmen die Einhaltung nicht nur der Mindestlohntarifverträge, sondern aller einschlägigen Tarifverträge im Wege von **Tariftreueerklärungen** verlangt[343]. Die Nichtvergabe von Bauaufträgen an untertariflich zahlende Unternehmen bedeutet eine unbillige und damit wettbewerbswidrige Behinderung und Diskriminierung (§ 20 GWB). Der Zweck der Tariftreueerklärung, weitere Arbeitslosigkeit zu vermeiden, darf nicht mit protektionistischen Mitteln verfolgt werden; diese widersprechen dem Ziel des GWB, die Freiheit des Wettbewerbs zu schützen. Dort, wo Tarifverträge nicht allgemeinverbindlich sind, müssen sich die tarifgebundenen Anbieter dem Wettbewerb der nicht gebundenen Konkurrenten stellen.

251b

---

[340] Gesetz über zwingende Arbeitsbedingungen bei grenzüberschreitenden Dienstleistungen v. 26.2.1996 (BGBl. I S. 227), geändert durch G v. 19.12.1998 (BGBl. I S. 3843).
[341] BVerfG, Kammerbeschl. v. 18.7.2000, NZA 2000, 948.
[342] Zum Vergleich: Der tarifliche Ecklohn für einen Baufacharbeiter im westdeutschen Baugewerbe lag 2002 bei 14 € brutto.
[343] BGH, Beschl. v. 18.1.2000, NZA 2000, 327.

4. Arbeitsvertragliche Bezugnahme auf den Tarifvertrag

a) Bedeutung

252 In der Praxis ist es üblich, im Arbeitsvertrag die Anwendung der Tarifbestimmungen auch für die nichtorganisierten Arbeitnehmer zu vereinbaren. Die nicht organisierten Arbeitnehmer gehen als selbstverständlich davon aus, daß sie mit den organisierten Arbeitnehmern gleichbehandelt werden. Der Arbeitgeberverband kann sich im schuldrechtlichen Teil des Tarifvertrags sogar zur Einwirkung auf seine Mitglieder verpflichten, daß sie allen Arbeitnehmern die tariflichen Bedingungen gewähren[344]. Eine Differenzierung nach der Gewerkschaftszugehörigkeit würde zu Spannungen in den Belegschaften führen und die Nichtorganisierten zum Eintritt in die Gewerkschaft veranlassen. Daran kann den Arbeitgebern schon mit Rücksicht auf die satzungsmäßige Pflicht zur Teilnahme an Streiks nicht gelegen sein. Bleibt ihnen aber ohnedies nichts anderes übrig als gleichzubehandeln, dann ist die vertragliche Zusage die elegantere Lösung.

b) Wirkung

253 Die rechtliche Zulässigkeit einer Bezugnahmeklausel beruht auf dem Grundsatz der Vertragsfreiheit (Art. 2 Abs. 1 GG; § 311 BGB). Der Gesetzgeber selbst hat die Bezugnahme in einigen Bestimmungen ausdrücklich gestattet[345]. Die Bezugnahme führt dazu, daß der Inhalt des Tarifvertrags zum Inhalt des Arbeitsvertrages wird. Er wirkt jetzt schuldrechtlich, nicht normativ wie bei beiderseitiger Tarifbindung nach § 4 Abs. 1 TVG[346]. § 4 Abs. 3 und Abs. 4 TVG ist auf Tarifnormen, die durch Bezugnahme gelten, nicht anwendbar. Die Arbeitsvertragsparteien können die Bezugnahmeklausel jederzeit wieder ändern, sie können sie mit einer Ausschlußfrist versehen, und der Arbeitnehmer kann auf Ansprüche aus der Vereinbarung verzichten[347].

c) Inhalt und Formen

254 Da die Tarifnormen so in Bezug genommen werden, wie sie sind, erlischt die Vereinbarung, wenn der Tarifvertrag endet und nicht nach § 4 Abs. 5 TVG nachwirkt[348]. Es ist den Parteien aber unbenommen, die Geltung des Tarifvertrags für

---

[344] *Löwisch/Rieble*, § 3 TVG Rn. 99.
[345] Vgl. §§ 613a Abs. 1 S. 4, 622 Abs. 4 S. 2 BGB; § 13 Abs. 1 S. 2 BUrlG; § 4 Abs. 4 S. 2 EfzG; §§ 48 Abs. 2 S. 2 und 101 Abs. 2 S. 3 ArbGG, §§ 8 Abs. 4 S. 4, 12 Abs. 3 Satz 2, 13 Abs. 4 S. 2, 14 Abs. 2 S. 4 TzBfG.
[346] BAG, Urt. v. 7.12.1977, AP Nr. 9 zu § 4 TVG Nachwirkung.
[347] BAG, Urt. v. 5.11.1963, AP Nr. 1 zu § 1 TVG Bezugnahme auf Tarifvertrag; *Etzel*, NZA 1987, Beil. 1, S. 19 (28); *Löwisch/Rieble*, § 3 TVG Rn. 106 f.
[348] BAG, Urt. v. 29.1.1975, AP Nr. 8 zu § 4 TVG Nachwirkung.

den Arbeitsvertrag ohne Rücksicht auf dessen tarifrechtliche Geltung (oder gar auf dessen Wirksamkeit[349]) zu vereinbaren.

Bezugnahmeklauseln können verweisen auf **255**
- den Tarifvertrag in der Fassung vom ... **(statische Bezugnahmeklausel)** oder auf den jeweiligen Tarifvertrag **(dynamische Bezugnahmeklausel)**,
- den einschlägigen Tarifvertrag, wobei dieser Tarifvertrag genau bezeichnet wird („Tarifvertrag der ... Industrie") oder den einschlägigen Tarifvertrag, ohne daß dieser Tarifvertrag näher spezifiziert wird,
- einen anderen, konkret bezeichneten Tarifvertrag,
- den gesamten Tarifvertrag („Auf das Arbeitsverhältnis findet der Tarifvertrag ... Anwendung", sog. **Globalverweisung**) oder auf
- einzelne Materien („Der Urlaub richtet sich nach den Vorschriften des ... Tarifvertrags". „Für die Kündigung gelten die gesetzlichen und tariflichen Bestimmungen").

Die Bezugnahme kann deklaratorisch oder konstitutiv gemeint sein.
- Eine **deklaratorische Bezugnahme** ist nichts anderes als ein **Hinweis** auf die **256**
geltende Rechtslage. Sie setzt deshalb voraus, daß die Tarifbedingungen schon aus einem anderen Grund gelten, und das setzt wiederum voraus, daß Arbeitgeber und Arbeitnehmer tarifgebunden sind.
- Eine **konstitutive Bezugnahme** bedeutet die **vertragliche Vereinbarung** der **257**
einschlägigen tariflichen Bestimmungen. Sie kann sowohl dann erfolgen, wenn Arbeitgeber und Arbeitnehmer tarifgebunden sind, als auch, wenn es an der Tarifbindung fehlt.

Ob eine Klausel deklaratorisch oder konstitutiv wirkt, entscheidet die Vereinbarung. Ist **258**
nichts anderes gesagt, so wirkt die Bezugnahme bei beiderseitiger Tarifbindung nach einer weit verbreiteten Ansicht deklaratorisch[350]. Das BAG ist in einem obiter dictum zu Recht von der gegenteiligen Ansicht ausgegangen.[351] Die Unterscheidung ist durchaus bedeutsam: Wirkt die Bezugnahme nur deklaratorisch, bleibt es bei Austritt aus der Gewerkschaft für die (nun ehemals) Organisierten beim nachwirkenden tariflichen Anspruch. Ist sie aber, wie generell bei den Außenseitern, konstitutiver Art, so haben die (ehemals) Organisierten zusätzlich zu ihrem tarifrechtlichen einen arbeitsvertraglichen Anspruch auf die tariflichen Bedingungen. Überdies sind die Voraussetzungen für die Änderung einer arbeitsvertraglichen Regelung andere als für eine tarifrechtliche. **Im Zweifel** ist die Verweisung **konstitutiv** gemeint[352]. Ist der Arbeitgeber tarifgebunden, ist die Verweisungsklausel im Zweifel als „Gleichstellungsabrede" auszulegen. Die Bezugnahme soll das widerspiegeln, was tarifrechtlich gilt. Sie ersetzt nur die fehlende Mitgliedschaft des Arbeitnehmers in der Gewerkschaft und stellt ihn so, als wäre er tarifgebunden[353].

---

[349] BAG, Urt. v. 7.12.1977, AP Nr. 9 zu § 4 TVG Nachwirkung m. zust. Anm. *Herschel*.
[350] Statt aller *Etzel*, NZA 1987, Beil. 1, S. 19 (25).
[351] BAG, Urt. v. 15.3.1991, AP Nr. 28 zu § 2 KSchG 1969.
[352] Zur Begründung *Hromadka/Maschmann/Wallner*, Der Tarifwechsel, Rn. 103 ff.
[353] BAG, Urt. v. 4.8.1999, NZA 2000, 154; Urt. v. 28.6.2001, NZA 2002, 331; Urt. v. 26.9.2001, NZA 2002, 634; Urt. v. 21.8.2002, NZA 2003, 442.

259 Wird in einem Arbeitsvertrag auf einen konkreten Tarifvertrag verwiesen und gelangt der Betrieb oder das Unternehmen durch Änderung des Betriebszwecks in den Bereich eines anderen Tarifvertrags, so ist eine dynamische Verweisungsklausel nach neuerer Rechtsprechung nicht dahin auszulegen, daß der nunmehr einschlägige Tarifvertrag in seiner jeweiligen Fassung (sog. Große dynamische Verweisungsklausel) in Bezug genommen ist[354]. Verweist ein Arbeitsvertrag auf die jeweils gültigen Tarifverträge für eine bestimmte Gruppe von Arbeitnehmern und wird der Arbeitnehmer innerhalb eines Konzerns versetzt, so finden die Tarifverträge Anwendung, die die aufnehmende Konzerngesellschaft für diese Arbeitnehmergruppe abgeschlossen hat. Das gilt unabhängig davon, ob die Arbeitsbedingungen besser oder schlechter sind[355]. Tritt der Arbeitgeber aus dem Arbeitgeberverband aus, so endet die Bezugnahme nach Ansicht des BAG[356]. Dieses Ergebnis widerspricht der Wertung des § 3 Abs. 3 TVG. Soll die schuldrechtliche Bindung an den Tarifvertrag mit dem Verbandsaustritt des Arbeitgebers enden, muß das ausdrücklich vereinbart sein[357]. Schließt die Gewerkschaft mit dem aus dem Verband ausgetretenen Arbeitgeber später einen Haustarifvertrag, bezieht sich die Klausel im Zweifel nicht mehr auf den Verbandstarifvertrag, sondern auf den Haustarifvertrag, selbst wenn dieser für den Arbeitnehmer ungünstiger ist[358].

d) Zustandekommen

260 Tarifbestimmungen können Inhalt des Arbeitsvertrages werden durch ausdrückliche Wiedergabe oder durch Verweisung auf einzelne Normen oder auf den Tarifvertrag insgesamt. Die Verweisung kann schriftlich, mündlich oder konkludent[359] erfolgen, durch Einzelvereinbarung, Gesamtzusage oder betriebliche Übung. Eine stillschweigende Bezugnahme ist zulässig, weil der Arbeitsvertrag nicht formgebunden ist. Das Angebot kann darin liegen, daß der Arbeitgeber Tarifbestimmungen anwendet und der Arbeitnehmer das widerspruchslos hinnimmt. Gewährt ein tarifgebundener Arbeitgeber tarifliche Leistungen, sollen im Zweifel alle einschlägigen Tarifbestimmungen gelten, also auch die tariflichen Ausschluß-fristen[360]. Umgekehrt ist denkbar, daß sich der Arbeitnehmer dem Arbeitgeber gegenüber ausdrücklich auf die Regelungen eines Tarifvertrags bezieht und daß das vom Arbeitgeber stillschweigend akzeptiert wird.

---

[354] BAG, Urt. v. 30.8.2000, NZA 2001, 510; a.A. *Hromadka/Maschmann/Wallner*, Der Tarifwechsel, Rn. 612 f.; BAG, Urt. v. 4.9.1996, NZA 1997, 271 für den Fall, daß die Tarifverträge von derselben Gewerkschaft abgeschlossen wurden.

[355] BAG, Urt. v. 18.6.1997, AP Nr. 24 zu § 1 TVG Tarifverträge: Lufthansa.

[356] BAG, Urt. v. 4.8.1999, NZA 2000, 154; krit. *Annuß*, RdA 2000, 179; *Gaul*, BB 2000, 168.

[357] So richtig LAG Frankfurt a. M., Urt. v. 23.9.1999, NZA-RR 2000, 93; LAG Berlin, Urt. v. 16.6.2000, 19 Sa 721/00.

[358] LAG Hamburg, Urt. v. 3.2.1998, LAGE § 3 TVG Bezugnahme auf Tarifvertrag Nr. 5.

[359] BAG, Urt. v. 19.1.1999, NZA 1999, 879.

[360] BAG, Urt. v. 19.1.1999, NZA 1999, 879.

5. Bindung an mehrere Tarifverträge (Tarifkollisionsrecht)

a) Problem

Ein Arbeitsverhältnis kann von mehreren Tarifverträgen bestimmt werden, ohne 261
daß es zu einer Tarifkollision kommt, wenn deren **Normen einander ergänzen**.
Zumeist vereinbaren die Tarifvertragsparteien ein ganzes **Tarifwerk**, das sich aus
mehreren Tarifverträgen zusammensetzt (Entgelttarifvertrag, Entgeltrahmentarifvertrag, Manteltarifvertrag, Tarifverträge über einzelne Materien)[361]. Zu einer **Tarifkollision** kommt es, wenn **Tarifverträge unterschiedlicher Tarifvertragsparteien** ein und dieselbe Materie regeln und wenn alle diese Tarifverträge Geltung
für dasselbe Arbeitsverhältnis beanspruchen, weil zumindest der **Arbeitgeber an
mehr als einen Tarifvertrag gebunden** ist.

Die Tarifkollision kann darauf beruhen, daß der Arbeitgeber Mitglied eines Verbandes 262
ist, der mit der zuständigen Gewerkschaft einen Verbandstarifvertrag abgeschlossen hat,
daß er mit derselben Gewerkschaft einen Haustarifvertrag abschließt und daß die Arbeitnehmer Mitglieder der tarifschließenden Gewerkschaft sind. Sie kann auch darauf beruhen,
daß die Arbeitsvertragsparteien durch Mitgliedschaft in den tarifschließenden Verbänden
an deren Tarifverträge gebunden sind und daß für das Arbeitsverhältnis zugleich ein für
allgemeinverbindlich erklärter Vertrag gilt. Schließlich kann es zur Bindung an mehr als
einen Tarifvertrag kommen, wenn die Arbeitsvertragsparteien die **Verbände wechseln**.
Nach § 3 Abs. 3 TVG gilt der Tarifvertrag der Verbände weiter, aus denen die Arbeitsvertragsparteien ausgetreten sind; daneben beansprucht der Tarifvertrag der Verbände Geltung, dem die Arbeitsvertragsparteien nunmehr angehören. Hat nur der Arbeitgeber den
Verband gewechselt, ist zumindest er gleichzeitig an diese beiden Tarifverträge gebunden.

b) Arten der Tarifkollision

Literatur und Rechtsprechung unterscheiden zwei Arten der Tarifkollision:
- **Tarifkonkurrenz** liegt vor, wenn **beide Arbeitsvertragsparteien** gleichzeitig 263
  an zwei kollidierende Tarifverträge gebunden sind, d.h. wenn – mindestens –
  zwei Tarifverträge für ein und dasselbe Arbeitsverhältnis Geltung beanspruchen.
- **Tarifpluralität** besteht, wenn der Betrieb des Arbeitgebers vom Geltungsbe- 264
  reich mindestens zweier miteinander kollidierender Tarifverträge erfaßt wird
  und **nur der Arbeitgeber an beide Tarifverträge gebunden** ist, während für
  den Arbeitnehmer höchstens jeweils ein Tarifvertrag gilt[362]. Anders als bei der
  Tarifkonkurrenz unterfällt das einzelne Arbeitsverhältnis also nicht zwei Tarifverträgen, sondern allenfalls einem; im Betrieb gelten jedoch mehrere Tarifverträge. Zur Annahme von Tarifpluralität läßt es die Rechtsprechung genügen,
  daß der Arbeitgeber an mindestens zwei Tarifverträge gebunden ist und daß die

---

[361] Dazu und zu den Gründen für die Aufspaltung *Hromadka*, Tariffibel, S. 47 ff.
[362] BAG, Urt. v. 14.6.1989, 26.1.1994, AP Nr. 16, 22 zu § 4 TVG Tarifkonkurrenz.

Möglichkeit besteht, daß Arbeitnehmer des Betriebes an unterschiedliche Tarifverträge gebunden sind.

c) Auflösung der Tarifkonkurrenz

265 Einigkeit besteht darin, daß eine Tarifkonkurrenz nicht hingenommen werden kann. Nur ein Tarifvertrag kann das Arbeitsverhältnis gestalten[363]; es gilt der **Grundsatz der Tarifeinheit.**[364] Mitunter regeln Tarifverträge, deren Geltungsbereiche einander überschneiden, das Kollisionsproblem selbst, indem sie anordnen, daß der Tarifvertrag in bestimmten Fällen hinter einen anderen zurücktreten soll. Solche **Selbstbeschränkungsklauseln** sind zulässig, da die Tarifvertragsparteien den Geltungsbereich des Tarifvertrags im Rahmen ihrer Satzung autonom festlegen und deshalb auch für den Kollisionsfall einschränken können[365]. Hat der Tarifvertrag den Kollisionsfall nicht geregelt, so muß die Tarifkonkurrenz nach den kollisionsrechtlichen Grundsätzen aufgelöst werden.

266 Die Rechtsprechung[366] geht davon aus, daß nach dem **Grundsatz der Spezialität** der sachnähere Tarifvertrag gilt: „lex specialis derogat legi generali". Sachnäher ist der Tarifvertrag, der dem Betrieb räumlich, fachlich und persönlich am nächsten steht und der deshalb den Erfordernissen und Eigenarten des Betriebes und den Bedürfnissen der darin tätigen Arbeitnehmer am besten gerecht wird[367]. Das ist der mit dem **engeren Geltungsbereich**[368]. Der Geltungsbereich ist umso enger, der Tarifvertrag umso spezieller, je weniger unterschiedliche betriebliche Tätigkeiten er erfaßt[369]. Da es um die Regelung der im Betrieb verrichteten Arbeiten geht, kommt dem Kriterium des fachlichen Geltungsbereichs der Vorrang vor den anderen Merkmalen zu.

---

[363] *Löwisch/Rieble*, § 4 TVG Rn. 294; Wiedemann/*Wank*, § 4 TVG Rn. 285.
[364] *Gamillscheg*, Kollektives Arbeitsrecht I, S. 754; *Söllner/Waltermann*, Arbeitsrecht, § 16 V 2, nimmt an, daß das Prinzip der Tarifeinheit gewohnheitsrechtlich gilt. Der Rechtsgedanke der Tarifeinheit sei erstmals in § 2 Abs. 2 TVVO zum Ausdruck gekommen und seitdem in Rechtsprechung und Lehre als geltendes Recht behandelt worden.
[365] BAG, Urt. v. 20.3.1991, AP Nr. 20 zu § 4 TVG Tarifkonkurrenz.
[366] BAG, Urt. v. 22.2.1957, 26.1.1994, 4.12.2002, AP Nr. 2, 22, 28 zu § 4 TVG Tarifkonkurrenz.
[367] BAG, Urt. v. 24.9.1975, 20.3.1991, AP Nr. 11, 20 zu § 4 TVG Tarifkonkurrenz.
[368] *Wiedemann/Arnold*, ZTR 1994, 399 (408); *Löwisch/Rieble*, § 4 TVG Rn. 305 stellen auf die engste Sachnähe der gemeinsamen Tarifzuständigkeit der Tarifvertragsparteien zu den normierten Rechtsverhältnissen ab.
[369] *Wiedemann/Arnold*, ZTR 1994, 399 (408 f.).

Die geringste Reichweite haben **Firmentarifverträge**. Sie können den betrieblichen Belangen am besten gerecht werden. Deshalb gehen sie im Kollisionsfall allen anderen Tarifverträgen vor[370]. Bei der Kollision von **Verbandstarifverträgen** ist darauf abzustellen, welcher Tarifvertrag von seinem Geltungsbereich her **die wenigsten unterschiedlichen Tätigkeiten erfaßt** und deshalb der speziellere ist.

267

Beispiel: Der fachliche Geltungsbereich des **Bautarifvertrags** ist wegen der Vielfalt der im Baugewerbe anfallenden Tätigkeiten weit gefaßt. Er strahlt in andere Wirtschaftsbereiche aus und überschneidet sich darum mit Tarifverträgen anderer Branchen. Demgegenüber gelten mit dem Bautarifvertrag kollidierende Tarifverträge häufig nur für einen Teil der durch den Bautarifvertrag geregelten Tätigkeiten, z.B. für Abbrucharbeiten, Schlosserarbeiten, Schreinerarbeiten, Glaserarbeiten oder für landwirtschaftliche Drainagearbeiten. Da alle diese Tarifverträge nur jeweils Ausschnitte aus den von den Bautarifverträgen geregelten Materien erfassen, können sie diese spezieller regeln und damit den Eigenarten der Betriebe und den Interessen der dort Beschäftigten besser gerecht werden. Sie gehen sämtlich dem Bautarifvertrag vor.

Regionale Tarifverträge gehen **bundesweiten** Tarifverträgen vor[371], es sei denn, daß der bundesweite Tarifvertrag fachlich oder persönlich enger ist als der Regionaltarifvertrag. Das Spezialitätskriterium versagt, wenn die **Geltungsbereiche** der Tarifverträge vollkommen oder nahezu **identisch** sind. Dann kommt demjenigen Tarifvertrag Vorrang zu, **der im Betrieb die meisten Arbeitsverhältnisse erfaßt**. Nur dieses Kriterium läßt sich einfach und genau handhaben. Es führt zu Ergebnissen, die nicht manipulierbar sind und dem Ziel einer an Sachkriterien orientierten Lösung am nächsten kommen.[372]

268

d) Auflösung der Tarifpluralität

Der 4. Senat des BAG löst die Tarifpluralität auf dieselbe Weise wie die Tarifkonkurrenz[373]. Zu diesem Zweck postuliert er einen Grundsatz der Tarifeinheit nicht nur für das Arbeitsverhältnis, sondern auch für den Betrieb. Ausgangspunkt dafür sind die betrieblichen und die betriebsverfassungsrechtlichen Normen. Da für ihre Anwendbarkeit die Tarifbindung des Arbeitgebers genügt (§ 3 Abs. 2 TVG), kann es bereits dann zu einer Tarifkollision kommen, wenn zwei Tarifverträge im Betrieb gelten. Im Extremfall kann es sogar so sein, daß die betrieblichen und betriebsverfassungsrechtlichen Normen für einen Betrieb Geltung beanspruchen, obwohl die Arbeitsverhältnisse keines einzigen Arbeitnehmers diesem Tarifvertrag unterfallen, weil niemand der vertragschließenden Gewerkschaft angehört. Die

269

---

[370] Das gilt auch, wenn der Firmentarifvertrag verbandswidrig ist und Regelungen des Verbandstarifvertrags zu Lasten der Arbeitnehmer verdrängt, BAG, Urt. v. 24.1.2001, NZA 2001, 788.
[371] BAG, Urt. v. 26.1.1994, AP Nr. 22 zu § 4 TVG Tarifkonkurrenz.
[372] BAG, Urt. v. 22.2.1957, AP Nr. 2 zu § 4 TVG Tarifkonkurrenz.
[373] BAG, Urt. v. 22.2.1957, 26.1.1994, 4.12.2002, AP Nr. 2, 22, 28 zu § 4 TVG Tarifkonkurrenz.

Behandlung der Tarifpluralität nach den Grundsätzen der Tarifkonkurrenz führt dazu, daß **nur der speziellere Tarifvertrag im Betrieb gilt.** Tariflichen Schutz haben damit nur die Arbeitnehmer, die der Gewerkschaft angehören, die den spezielleren Tarifvertrag abgeschlossen hat[374].

Beispiel: In einem Betrieb besteht ein Tarifvertrag mit der IG Metall und ein speziellerer mit der IG BCE. Anwendbar ist nur der Tarifvertrag mit der IG BCE, gleichgültig, ob und wieviele Arbeitnehmer der IG BCE und der IG Metall angehören. Die Arbeitnehmer, die in der IG Metall organisiert sind, verlieren ihren tariflichen Schutz.

270 In der Literatur wird heftig gegen diese Rechtsprechung protestiert[375]. Einige Instanzgerichte haben dem BAG offen die Gefolgschaft verweigert[376]. Bezweifelt wird bereits, daß die Tarifeinheit ein übergeordnetes Rechtsprinzip darstellt. In keinem Fall handele es sich um eine Rechtsnorm. Selbst wenn es einen solchen Grundsatz gebe, dürfe man ihn nicht anwenden, weil das Tarifvertragsrecht nicht lückenhaft sei. Das Tarifvertragsgesetz habe es hinnehmen wollen, daß unterschiedliche Arbeitsverhältnisse im selben Betrieb unterschiedlichen Tarifverträgen unterliegen, auch wenn dadurch in einem Betrieb mehrere Tarifverträge nebeneinander durchgeführt werden müßten. Zwischen betrieblichen und betriebsverfassungsrechtlichen Normen einerseits und individualrechtlichen Normen andererseits müsse unterschieden werden. Bei betrieblichen und betriebsverfassungsrechtlichen Normen müsse die Kollision natürlich aufgelöst werden, denn diese Normen könnten im Betrieb nur einheitlich gelten. Anders bei individualrechtlichen Normen. Hier könnten die einzelnen Arbeitsverhältnisse durchaus unterschiedlich behandelt werden. Für die verdrängte Gewerkschaft bedeute die Behandlung konkurrierender Tarifverträge nach dem Grundsatz der Tarifeinheit einen **Verstoß gegen die Koalitionsfreiheit,** weil sie übermäßig in ihrer Tätigkeit eingeschränkt werde. Die Arbeitnehmer seien in ihrer Koalitionsfreiheit verletzt, weil sie tariflos gestellt würden.

271 Das BAG weist diese Einwände zurück. Die Gebote der **Rechtssicherheit und** der **Rechtsklarheit** ließen es nicht zu, daß in einem Betrieb mehrere Tarifverträge nebeneinander angewendet würden. Auch wenn es theoretisch möglich sei, nur betriebliche und betriebsverfassungsrechtliche Normen einheitlich für den Betrieb anzuwenden und bei Inhaltsnormen auf das einzelne Arbeitsverhältnis abzustellen, so bereite die Abgrenzung von Betriebs- und Inhaltsnormen häufig kaum überwindbare Schwierigkeiten. Deshalb müßten sowohl Betriebsnormen als auch Inhaltsnormen betriebseinheitlich gelten[377]. Im übrigen bedeute die Auflösung der Tarifpluralität weder einen Verstoß gegen die kollektive noch gegen die individuelle Koalitionsfreiheit. Die Koalitionsfreiheit könne zum Schutz anderer Rechtsgüter beschränkt werden, wenn solche Schranken von der Sache her geboten seien[378]. Die Verdrängung eines Tarifvertrags durch einen kollidierenden spezielleren sei im

---

[374] BAG, Urt. v. 14.6.1989, 5.9.1990, 26.1.1994, 4.12.2002, AP Nr. 16, 19, 22, 28 zu § 1 TVG Tarifkonkurrenz.
[375] *Hromadka/Maschmann/Wallner*, Der Tarifwechsel, Rn. 150 ff.; *Wiedemann*, § 4 TVG Rn. 277 ff.
[376] Z. B. LAG Niedersachen, Urt. v. 14.6.1990, 12.11.1999, LAGE Tarifpluralität Nr. 1, 3.
[377] BAG, Urt. v. 20.3.1991, AP Nr. 20 zu § 4 TVG Tarifkonkurrenz.
[378] Std. Rspr., vgl. zuletzt BVerfGE 93, 352.

V. Voraussetzungen der normativen Wirkung des Tarifvertrags 125

übergeordneten Interesse der Rechtssicherheit geboten. Durch die Grundsätze der Tarifeinheit und der Tarifspezialität werde der geschützte Kernbereich nicht berührt. Zum einen werde dadurch nur ein geringer Teil des Geltungsbereiches eines Tarifvertrags betroffen, nämlich nur soweit Überschneidungen vorlägen. Zum anderen bleibe es der Gewerkschaft, deren Tarifvertrag verdrängt wird, unbenommen, einen noch spezielleren Tarifvertrag abzuschließen, dafür zu werben und sich entsprechend zu betätigen. Zu diesem Zweck postuliert das BAG, daß für die Gewerkschaft mit dem verdrängten Tarifvertrag keine Friedenspflicht gilt. Es wird sozusagen ein Bäumchen-wechsel-dich-Spiel hingenommen, das die konkurrierenden Gewerkschaften mit Streiks erzwingen können. Auch der Arbeitnehmer, der seinen Tarifschutz verliert, sei nicht in seiner Koalitionsfreiheit betroffen. Er könne der Gewerkschaft beitreten, die den spezielleren Tarifvertrag abgeschlossen hat[379].

Ungeachtet aller Einwände hat der 4. Senat, der Tarifsenat des BAG, seine Rechtsprechung 1991 sogar noch ausgeweitet. Er hat erkannt, daß ein Fall der **Tarifpluralität,** der nach dem Grundsatz der Tarifeinheit aufzulösen sei, auch dann vorliege, wenn ein Tarifvertrag nicht kraft Tarifrechts, sondern **aufgrund einer Bezugnahme im Arbeitsvertrag,** also kraft Arbeitsvertrages gilt[380]. Damit ist der Senat aber sicher zu weit gegangen. Widerstand regt sich in den eigenen Reihen des BAG. Der 10. Senat hat die These des 4. Senats in einem obiter dictum zurückgewiesen[381]. In der Tat kann die Geltung von Tarifnormen nicht von Vereinbarungen der Arbeitsvertragsparteien abhängen. 272

Mittlerweile hat der 4. Senat seine Rechtsprechung zur Tarifpluralität eingeschränkt[382]: Ein Fall der Tarifpluralität sei jedenfalls dann nicht gegeben, wenn ein Tarifvertrag nur noch nach § 4 Abs. 5 TVG nachwirke, der Arbeitgeber aber bereits aufgrund seiner Mitgliedschaft in einem anderen Verband nach § 3 Abs. 1 TVG an einen anderen Tarifvertrag gebunden sei. In diesem Falle behielten die Arbeitnehmer, die nur an den alten Tarifvertrag gebunden seien, die Arbeitsbedingungen dieses Tarifvertrags, weil der nachwirkende Tarifvertrag nicht durch eine andere Abmachung abgelöst werde. Eine andere Abmachung, die den alten Tarifvertrag ablöse, sei der neue Tarifvertrag nur bezüglich der Arbeitnehmer, die an ihn gebunden seien. Damit gölten für die einen Arbeitnehmer die alten, für die anderen die neuen Arbeitsbedingungen; dieses Ergebnis sei aber – so die Rechtsprechung – wegen der in § 4 Abs. 5 TVG vorgesehenen Ablösung der Nachwirkung durch eine andere Abmachung „vorgegeben". Ein Nebeneinander von alten und neuen Tarifbedingungen hat der Senat auch für den parallelen Fall des Betriebsübergangs angenommen. Ein Tarifvertrag, an den der Erwerber gebunden sei, gelte nur für die ebenfalls tarifgebundenen Arbeitnehmer. Für die übrigen Arbeitnehmer 273

---

[379] BAG, Urt. v. 14.6.1989, 5.9.1990, 20.3.1991, AP Nr. 16, 19, 20 zu § 4 TVG Tarifkonkurrenz.
[380] BAG, Urt. v. 20.3.1991, AP Nr. 20 zu § 4 TVG Tarifkonkurrenz.
[381] BAG, Urt. v. 22.9.1993, AP Nr. 21 zu § 4 TVG Tarifkonkurrenz.
[382] BAG, Urt. v. 28.5.1997, AP Nr. 26 zu § 4 TVG Nachwirkung.

bleibe es bei der Regelung des § 613a Abs. 1 Satz 2 BGB, d.h. die bisherigen Tarifbedingungen gölten als Inhalt des Arbeitsvertrags weiter[383].

274 Kein Fall von Tarifpluralität, der nach dem Grundsatz der Tarifeinheit im Betrieb zu lösen wäre, liege auch vor, wenn ein Arbeitsverhältnis zwar unter den allgemeinverbindlichen Verbandstarifvertrag einer bestimmten Branche fällt, die Arbeitsvertragsparteien aber durch konstitutive Verweisungsklausel den Tarifvertrag einer anderen Branche in Bezug genommen haben. In diesem Fall wollten sie nämlich eine Besitzstandsregelung treffen, die sich gegenüber dem – meist ungünstigeren – für allgemeinverbindlich erklärten Verbandstarifvertrag einer anderen Branche nach § 4 Abs. 3 TVG durchsetzen müsse[384].

e) Arbeitsbedingungen bei Verdrängung eines Tarifvertrags

275 Löst man die Tarifpluralität mit der Rechtsprechung nach dem Grundsatz der Tarifeinheit auf, dann stellt sich bei einer nachträglichen Tarifpluralität, d.h. bei mehrfacher Tarifbindung (nur) des Arbeitgebers, die erst nach Abschluß des Arbeitsvertrages entsteht, das **Folgeproblem**, welche Arbeitsbedingungen für Arbeitnehmer gelten, die Mitglieder der Gewerkschaft sind, welche den alten Tarifvertrag geschlossen hat. Die Bedingungen des neuen, spezielleren Tarifvertrags gelten (noch) nicht, da es an der Tarifbindung fehlt, die Normen des alten nicht mehr[385]. Damit entsteht ein **„tariffreier Raum"**. Die Arbeitsbedingungen richten sich nach dem Arbeitsvertrag. Fehlt es an einschlägigen Regelungen, weil die Arbeitsvertragsparteien von der Geltung des Tarifvertrags ausgegangen sind, so bleibt nur das (zwingende und dispositive) Gesetzesrecht[386]. Für die (Höhe der) Vergütung ordnet § 612 Abs. 2 BGB an, daß die übliche Vergütung als vereinbart anzusehen ist. Übliche Vergütung ist die für gleiche oder ähnliche Dienstleistungen an dem betreffenden Ort mit Rücksicht auf die persönlichen Verhältnisse gewöhnlich gewährte Vergütung[387]. Das ist im allgemeinen das Entgelt nach dem einschlägigen Tarifvertrag, d.h. die nach dem spezielleren Tarifvertrag zu gewährende Vergütung[388]. Im übrigen bleibt es bei den gesetzlichen (Mindest-)Arbeitsbedingungen.

---

[383] BAG, Urt. v. 21.2.2001, NZA 2001, 1318.
[384] BAG, Urt. v. 22.9.1993, AP Nr. 21 zu § 4 TVG Tarifkonkurrenz.
[385] *Hromadka/Maschmann/Wallner,* Der Tarifwechsel, Rn. 160 m.w.N.
[386] BAG, Urt. v. 14.6.1994, AP Nr. 2 zu § 3 TVG Verbandsaustritt; *Lieb,* NZA 1994, 337 (338); *Zöllner,* DB 1995, 1401 (1405).
[387] Palandt/*Putzo,* § 612 BGB Rn. 8; s. auch Band 1 § 7 Rn. 7.
[388] *Lieb,* NZA 1994, 337 (338); *Zöllner,* DB 1995, 1401 (1405).

VI. Tarifvertrag und niederrangige Rechtsquellen

1. Tarifvertrag und Arbeitsvertrag

a) Zwingende Tarifnormen

Das Verhältnis zwischen Tarifvertrag und Arbeitsvertrag bestimmt sich nach § 4 Abs. 1 Satz 1, Abs. 3-5 TVG. Danach sind die Rechtsnormen des Tarifvertrags, die den Inhalt, den Abschluß oder die Beendigung von Arbeitsverhältnissen ordnen, im Zweifel unabdingbar. Vereinbarungen, die dem Tarifvertrag zuwiderlaufen, werden vom Tarifvertrag aber **nicht vernichtet, sondern nur verdrängt.** Sie bleiben „latent" bestehen und leben wieder auf, wenn die Tarifnormen wegfallen. Das gilt allerdings nicht, wenn tarifvertragswidrige Klauseln darauf abzielen, tarifliche Regelungen zu verschlechtern, ohne selbst Ansprüche zu gewähren.

276

Beispiele für Verdrängung: Der Tarifvertrag sieht ein Weihnachtsgeld in Höhe eines Monatsgehalts vor, der Arbeitsvertrag in Höhe eines halben. Fällt der Tarifvertrag weg, behält der Arbeitnehmer Anspruch auf ein halbes Monatsgehalt. **Für Vernichtung:** Arbeitgeber und Arbeitnehmer vereinbaren, daß der tarifliche Anspruch auf das Weihnachtsgeld um 50 % gekürzt wird.

Die Tarifvertragsparteien können nicht vereinbaren, daß Tarifnormen Bestandteil des Arbeitsvertrags werden. Damit begäben sie sich ihrer Regelungsmacht. Wegen des Günstigkeitsprinzips (§ 4 Abs. 3 TVG, s. u. Rn. 279 ff., insbes. 283) wären sie nicht in der Lage, die in den Arbeitsvertrag aufgenommenen Bestimmungen wieder zu ändern[389].

276a

Die Unwirksamkeit einer tarifwidrigen Vereinbarung macht den Arbeitsvertrag im übrigen entgegen § 139 BGB nicht unwirksam, weil das dem Schutzzweck des § 4 Abs. 1 TVG widersprechen würde.

277

b) Nachgiebige Tarifnormen (Öffnungsklauseln)

Von dem Tarifvertrag abweichende Abmachungen sind zulässig, soweit sie durch den Tarifvertrag gestattet sind (§ 4 Abs. 3 Alt. 1 TVG). Die Gestattung macht die Tarifnormen abdingbar („**vertragsdispositives Tarifrecht**"). Da die zwingende Wirkung der Normalfall ist, bedarf es für die Abweichungsbefugnis einer eindeutigen und unmißverständlichen Bestimmung[390]. Eine Öffnungsklausel kann nur von den Tarifvertragsparteien selbst vereinbart werden, d.h. bei einem Verbandstarifvertrag nur von den Verbänden, nicht von ihren Mitgliedern[391]. Die Tarifvertragsparteien können auch eine gegen § 77 Abs. 3 BetrVG verstoßende Betriebsverein-

278

---

[389] BAG, Urt. v. 10.12.2002, NZA 2003, 735.
[390] LAG Düsseldorf, Urt. v. 6.9.1998, 3 (4) Sa 2170/97; Wiedemann/*Wank*, § 4 TVG Rn. 379.
[391] BAG, Urt. v. 2.4.1999, AP Nr. 12 zu § 77 BetrVG 1972 Tarifvorbehalt.

barung genehmigen, und zwar sogar rückwirkend[392]; die rückwirkende Kürzung tariflicher Ansprüche durch eine solche Betriebsvereinbarung findet allerdings ihre Grenze im Vertrauensschutz (s. oben § 13 Rn. 83 ff.).

c) Günstigkeitsprinzip

279 **aa) Inhalt.** Abweichende Abmachungen sind weiter zulässig, wenn sie die Regelung zugunsten der Arbeitnehmer ändern (§ 4 Abs. 3 Alt. 2 TVG). Tarifnormen sind **einseitig zwingend**. Die Tarifvertragsparteien sollen die Tarifnormen nicht gleichzeitig zu Mindest- und Höchstbedingungen erklären können[393]. Zugleich wird die Kartellwirkung des Tarifvertrags begrenzt. Die Vereinbarung über- und außertariflicher Arbeitsbedingungen bleibt dem freien Wettbewerb vorbehalten[394]. Kollektivautonomie soll Privatautonomie sichern und nicht verdrängen. Das Günstigkeitsprinzip ist selbst **zwingender Natur**. Es kann von den Tarifvertragsparteien weder normativ noch schuldrechtlich abbedungen werden[395].

bb) Anwendungsbereich.

280 **(1) Im Hinblick auf die Tarifnormen.** Zum vorrangigen Anwendungsbereich von § 4 Abs. 3 TVG gehören die Tarifnormen über den Inhalt, den Abschluß und die Beendigung von Arbeitsverhältnissen[396]; § 4 Abs. 3 TVG gilt nach h. M. aber auch für betriebliche und betriebsverfassungsrechtliche Normen[397]. Gleichgültig ist, ob es sich um Ge- oder Verbotsnormen handelt.

281 **Keine Anwendung** findet § 4 Abs. 3 TVG nach h. M. auf Tarifvereinbarungen über **gemeinsame Einrichtungen** im Sinne des § 4 Abs. 2 TVG[398]. Damit soll verhindert werden, daß finanzkräftige Arbeitgeber aus der gemeinsamen Einrichtung ausscheren und ihren Arbeitnehmern zu Lasten der verbliebenen bessere Leistungen bieten.

282 **(2) Im Hinblick auf die günstigeren Vereinbarungen.** § 4 Abs. 3 TVG setzt eine „Abmachung" zugunsten des Arbeitnehmers voraus. Abmachungen in diesem Sinne können sein
– individuelle Vereinbarungen zwischen den Arbeitsvertragsparteien,

---

[392] BAG, Urt. v. 29.1.2002, NZA 2002, 927.
[393] Std. Rspr. seit BAG, Urt. v. 3.4.1957, AP Nr. 6 zu § 611 BGB Gratifikation; *Löwisch/Rieble*, § 4 TVG Rn. 156; Wiedemann/*Wank*, § 4 TVG Rn. 387; krit. *Kempen/Zachert*, § 4 TVG Rn. 162.
[394] *Löwisch/Rieble*, § 4 TVG Rn. 159.
[395] BAG, Urt. v. 21.2.1961, AP Nr. 8 zu § 4 TVG Günstigkeitsprinzip; Urt. v. 26.2.1986, AP Nr. 12 zu § 4 TVG Ordnungsprinzip; *Kempen/Zachert*, § 4 TVG Rn. 169 m.w.N.
[396] BAG, Urt. v. 3.3.1993, EzA § 4 TVG Tariflohnerhöhung.
[397] *Däubler*, Tarifvertragsrecht, Rn. 191 f.; KassArbR/*Dörner*, 8.1, Rn. 189; *Kempen/Zachert*, § 4 TVG Rn. 167; *Löwisch/Rieble*, § 4 TVG Rn. 176.
[398] BAG, Urt. v. 5.12.1958, AP Nr. 1 zu § 1 TVG Ausgleichskasse.

VI. Tarifvertrag und niederrangige Rechtsquellen 129

- allgemeine Arbeitsbedingungen[399],
- Ansprüche aufgrund betrieblicher Übungen[400],
- Ansprüche aufgrund eines Verstoßes gegen den allgemeinen Gleichbehandlungsgrundsatz[401] und
- Betriebsvereinbarungen[402].

§ 4 Abs. 3 TVG ist nicht nur auf günstigere Abmachungen anzuwenden, die **nach** Abschluß des Tarifvertrags vereinbart werden, sondern auch auf Abreden, die **vor** seinem Abschluß getroffen worden sind. Das ist für **vortarifliche Individualvereinbarungen** unbestritten[403]. Bei **vortariflichen allgemeinen Arbeitsbedingungen** wollte die frühere Rechtsprechung im Einklang mit der damals h. M. statt des Günstigkeitsprinzips das Ordnungsprinzip anwenden[404]. Traf eine kollektive arbeitsvertragliche Ordnung mit einer kollektivrechtlichen Ordnung zusammen, dann sollte nicht die günstigere, sondern die zeitlich spätere Regelung gelten. Die neuere Rechtsprechung[405] und die h. L.[406] lehnen die Anwendung des Ordnungsprinzips ab, weil es weder eine gesetzliche Grundlage hat noch aus allgemeinen Rechtsüberlegungen ableitbar ist. 283

cc) Allgemeine Grundsätze des Günstigkeitsvergleichs.

(1) Vorrang des Unabdingbarkeitsgrundsatzes. Zu vergleichen sind die Tarifnorm und die Regelung im Arbeitsvertrag; nicht zu berücksichtigen ist, ob der Arbeitnehmer zu tariflichen Bedingungen Arbeit finden würde. **Untertarifliche Arbeitsbedingungen sind stets ungünstiger**, und zwar auch dann, wenn der Arbeitgeber im Gegenzug eine Arbeitsplatzgarantie anbietet[407]. Bei einer anderen Sichtweise würde der Günstigkeitsvergleich und mit ihm die Tarifautonomie ausgehöhlt[408]. 284

(2) Individualvergleich. Das Günstigkeitsprinzip will den Vorrang der Individualautonomie vor der Kollektivautonomie sichern. Maßgebend ist deshalb, ob der einzelne Arbeitnehmer gegenüber dem Tarifvertrag begünstigt wird. Neuerdings wird vereinzelt ein **kollektiver Günstigkeitsvergleich** zumindest dann als zulässig 285

---

[399] BAG GS, Beschl. v. 16.9.1986, AP Nr. 17 zu § 77 BetrVG 1972.
[400] BAG, Urt. v. 10.12.1965, AP Nr. 1 zu § 4 TVG Tariflohn und Leistungsprämie.
[401] BAG, Urt. v. 22.8.1979, AP Nr. 11 zu § 4 TVG Übertariflicher Lohn und Tariflohnerhöhung.
[402] Insbesondere bei Bestehen einer Öffnungsklausel: BAG, Urt. v. 26.4.1961, AP Nr. 5 zu § 4 TVG Effektivklausel.
[403] Statt aller *Kempen/Zachert*, § 4 TVG Rn. 178.
[404] BAG, Urt. v. 4.2.1960, AP Nr. 7 zu § 4 TVG Günstigkeitsprinzip.
[405] BAG GS, Beschl. v. 16.9.1986, AP Nr. 17 zu § 77 BetrVG 1972.
[406] *Löwisch/Rieble*, § 4 TVG Rn. 168; Wiedemann/*Wank*, § 4 TVG Rn. 421.
[407] BAG, Beschl. v. 20.4.1999, AP Nr. 89 zu Art. 9 GG.
[408] *Kempen/Zachert*, § 4 TVG Rn. 188; Wiedemann/*Wank*, § 4 TVG Rn. 436 ff; a. A. *Adomeit*, NJW 1984, 26 f.

angesehen, wenn die Belegschaft als Ganze durch die Normen einer Betriebsvereinbarung gegenüber einem Tarifvertrag bessergestellt wird[409].

286 **(3) Maßgebender Zeitpunkt.** Für den Günstigkeitsvergleich kommt es auf den Zeitpunkt an, zu dem Tarifnorm und abweichende Abmachung **erstmals konkurrieren**[410]. Nur wenn sich die Normen ändern, ist ein erneuter Günstigkeitsvergleich vorzunehmen[411].

287 **(4) Non liquet.** Läßt sich nicht feststellen, ob die getroffene Vereinbarung für den einzelnen Arbeitnehmer günstiger oder ungünstiger ist, so soll es im Zweifel bei der Tarifnorm bleiben müssen[412].

288 dd) **Vergleichsgegenstand.** § 4 Abs. 3 TVG besagt nichts darüber, welche Arbeitsbedingungen in den Günstigkeitsvergleich einzubeziehen sind.

289 Nach allgemeiner Ansicht kommt ein **Gesamtvergleich** zwischen sämtlichen Bedingungen des Tarifvertrags und der anderen Abmachung **nicht in Betracht**. Ein solcher Vergleich ließe sich kaum durchführen, und die Arbeitsvertrags- oder Betriebsparteien hätten es in der Hand, tarifpolitische Ziele zu konterkarieren, indem sie mißliebige Tarifnormen durch insgesamt gesehen günstigere Bedingungen kompensieren. **Unzulässig** ist auch ein **Vergleich einzelner Arbeitsbedingungen**, die **aus ihrem Regelungszusammenhang gerissen** werden. Das Günstigkeitsprinzip kann nicht im Sinne einer „Rosinentheorie" gehandhabt werden.

290 Der Günstigkeitsvergleich erfordert vielmehr einen **Sachgruppenvergleich**. Zu vergleichen sind die Bestimmungen, die offensichtlich in einem **sachlichen, inneren Zusammenhang zueinander stehen**. Ob ein solcher Zusammenhang besteht, bestimmen die Tarifvertragsparteien in freier Entscheidung. Haben sie nichts ausdrücklich geregelt, ist danach zu fragen, ob die Bestimmungen denselben Gegenstand betreffen. Ein Sachzusammenhang kann im allgemeinen bejaht werden, wenn die eine ohne die andere Regelung sinnlos oder nicht verständlich ist. Hilfsweise ist auf die Verkehrsanschauung abzustellen[413].

Beispiele: Ein sachlicher Zusammenhang besteht zwischen der Dauer des Urlaubs, der Länge der Wartezeit und der Höhe des Urlaubsgeldes, zwischen Grundlohn und Lohnzuschlägen sowie zwischen Stundenlohn und Auslösung. Dagegen fehlt ein sachlicher Zusammenhang zwischen einer Urlaubs- und einer Vertragsstrafenregelung.

---

[409] *Löwisch/Rieble*, § 4 TVG Rn. 191 ff.; so bereits für das Verhältnis zwischen Betriebsvereinbarung und kollektiv gewährten Sozialleistungen auf individualvertraglicher Grundlage BAG GS, Beschl. v. 16.9.1986, AP Nr. 17 zu § 77 BetrVG.
[410] BAG, Urt. v. 12.4.1972, AP Nr. 13 zu § 4 Günstigkeitsprinzip.
[411] *Löwisch/Rieble*, § 4 TVG Rn. 216.
[412] BAG, Beschl. v. 20.4.1999, AP Nr. 89 zu Art. 9 GG.
[413] BAG, Urt. v. 24.5.1984, AP Nr. 9 zu § 339 BGB.

ee) Vergleichsmaßstab. § 4 Abs. 3 TVG enthält auch keinen Maßstab für den **291** Günstigkeitsvergleich. Nach allgemeiner Ansicht ist der Vergleichsmaßstab ein **objektiver.** Nicht entscheidend ist, ob die Arbeitsvertragsparteien ihre vom Tarifvertrag abweichende Regelung für günstiger halten, sondern wie ein verständiger Arbeitnehmer unter Berücksichtigung der Umstände im Einzelfall die abweichenden Bedingungen einschätzen würde[414]. Das Verfahren versagt bei Regelungen, die für den Arbeitnehmer zugleich mit Vor- und Nachteilen verbunden sind. Hier kann die Entscheidung nur an Hand einer – wenn auch typisierten – Einzelfallbetrachtung getroffen werden[415].

Bei zweischneidigen Regelungen will es ein Teil der Lehre bei der tariflichen **292** Regelung belassen, sofern Vorteile einer Regelung deren Nachteile nicht überwiegen. Dasselbe soll bei neutralen Regelungen gelten. Nach a. A. darf ein Sachgruppenvergleich von vornherein nicht auf solche Elemente erstreckt werden, die synallagmatisch im Sinne von Leistung und Gegenleistung verknüpft sind[416]. Möglich seien nur Vergleiche, die sich auf eine Seite der Vertragsbeziehungen beschränken. Eine im Vordringen befindliche Meinung will der Regelung den Vorzug geben, die dem Arbeitnehmer eine Wahlmöglichkeit einräumt[417].

Beispiele: Nach dieser Ansicht ist eine arbeitsvertragliche Regelung günstiger, die dem **293** Arbeitnehmer bei einer tariflichen Arbeitszeit von weniger als 40 Wochenstunden bei entsprechender Entlohnung die Möglichkeit bietet, über die tariflich festgelegte Wochenarbeitszeit hinaus tätig zu werden, wenn ihm das Recht eingeräumt ist, innerhalb angemessener Frist die tarifliche Regelung in Anspruch zu nehmen[418]. Entsprechendes soll gelten für eine Verlängerung des tariflichen Erholungsurlaubs über 6 Wochen hinaus sowie für tarifliche Altersgrenzenregelungen.

Die neuere Lehre, der sich auch das BAG angeschlossen hat[419], führt zu vernünftigen **294** Ergebnissen. Sie ist aber nicht unproblematisch, weil das TVG von einem materiellen Günstigkeitsprinzip ausgeht. Dogmatisch nimmt diese Lehre eine teleologische Reduktion vor. Das Tarifrecht will den im allgemeinen schwächeren Arbeitnehmer schützen. Der Arbeitnehmer bedarf keines Schutzes, wenn es ihm gelingt, bessere Bedingungen zu erzielen. Keines Schutzes bedarf er auch, wenn zwei Bedingungen gleich gut sind, schon gar nicht, wenn er (jederzeit) zwischen ihnen wählen kann. Ungeklärt bleibt die Vorfrage, ob die Tarifvertragsparteien die Befugnis haben, zwingende neutrale Normen zu setzen.

---

[414] KassArbR/*Dörner*, 6.1, Rn. 211; *Kempen/Zachert*, § 4 TVG Rn. 187; *Löwisch/Rieble*, § 4 TVG Rn. 203; Wiedemann/*Stumpf*, § 4 TVG Rn. 230.
[415] *Löwisch/Rieble*, § 4 TVG Rn. 205.
[416] *Kempen/Zachert*, § 4 TVG Rn. 195.
[417] Adomeit, NJW 1984, 595; Buchner, DB 1990, 1715; *Fitting/Kaiser/Heither/Engels*, § 87 BetrVG Rn. 169c; *Löwisch*, BB 1991, 59; *Richardi*, ZfA 1990, 211 (231).
[418] *Löwisch/Rieble*, § 4 TVG Rn. 212 m.w.N.
[419] BAG GS, Beschl. v. 7.11.1989, AP Nr. 46 zu § 77 BetrVG 1972.

d) „Anrechnung" über- und außertariflicher Leistungen auf Tariflohnerhöhungen

295 **aa) Begriff.** Übertarifliche Leistungen sind Leistungen des Arbeitgebers, die auf arbeitsvertraglicher Grundlage zusätzlich zu gleichartigen tariflichen Leistungen gewährt werden, außertarifliche sind Leistungen, die der Arbeitgeber auf arbeitsvertraglicher Grundlage gewährt, ohne daß der Tarifvertrag eine gleichartige Leistung vorsieht.

Beispiel: Eine übertarifliche Leistung ist eine Aufstockung des Tarifentgelts (sog. übertarifliche Zulage) oder der tariflichen Erschwerniszulage (5 % statt 3 % vom Tarifentgelt). Eine außertarifliche Leistung wäre dagegen ein Jubiläumsgeld, wenn der Tarifvertrag keine Leistungen anläßlich von Dienstjubiläen vorsieht.

296 **bb) Anrechnung.** Bei Tariferhöhungen stellt sich die Frage, ob übertarifliche Zulagen, bei Einführung sonstiger Leistungen, ob außertarifliche Leistungen angerechnet werden können. Die Antwort ergibt sich aus der Parteivereinbarung. Grundsätzlich ist davon auszugehen, daß der Arbeitgeber – für den Arbeitnehmer erkennbar – ein laufendes Entgelt, einen Zuschlag, eine Zulage oder eine Sonderzuwendung in einer bestimmten Höhe gewähren will, wobei ihm die Rechtsgrundlage gleichgültig ist. Zugesagt wird jeweils der Gesamtbetrag[420]. Ändert sich die tarifliche Leistung, dann ändert sich nur der tarifliche Anspruch, der arbeitsvertragliche bleibt unberührt. Die Rechtsprechung spricht in diesem Falle von einer **„Aufsaugung"** der übertariflichen Zulage, von einer „Anrechnung" oder „Verrechnung"[421]. Das Ergebnis ist richtig, das Bild schief. Am arbeitsvertraglichen Anspruch ändert sich nichts. Unterschiedlich vor und nach der Tariferhöhung sind nur die Beträge, in deren Höhe **Anspruchskonkurrenz** besteht.

---

[420] Deshalb keine Anrechnung bei Verkürzung der Arbeitszeit mit vollem Lohnausgleich, BAG, Urt. v. 7.2.1996, NZA 1996, 832; Urt. v. 3.6.1998, NZA 1999, 208; Urt. v. 15.3.2000, NZA 2001, 105.

[421] Vgl. z.B. BAG, Urt. v. 10.12.1965, AP Nr. 1 zu § 4 TVG Tariflohn und Leistungsprämie; Urt. v. 9.6.1967, AP Nr. 5 zu § 611 BGB Lohnzuschläge; Urt. v. 6.9.1994, AP Nr. 45 zu § 242 BGB Betriebliche Übung; Urt. v. 3.6.1998, NZA 1999, 208; Urt. v. 15.3.2000, NZA 2001, 105.

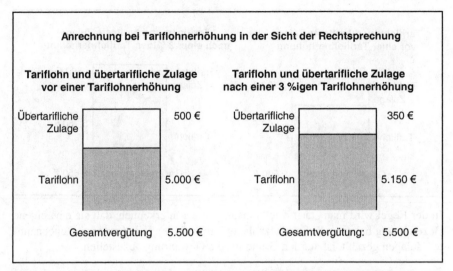

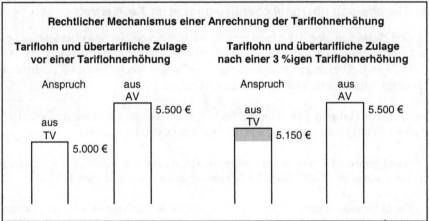

Nicht angerechnet werden dürfen Zulagen, die der Arbeitgeber ausdrücklich oder schlüssig zusätzlich zum jeweiligen Tarifentgelt zusagt. Diese Leistungen dienen nicht der bloßen Aufstockung eines als nicht ausreichend empfundenen Tarifentgelts; sie sollen vielmehr vom Tarifvertrag nicht berücksichtigte Umstände honorieren. Bei **tariffesten Leistungen** wird die Tariflohnerhöhung für den Arbeitnehmer voll wirksam:

297

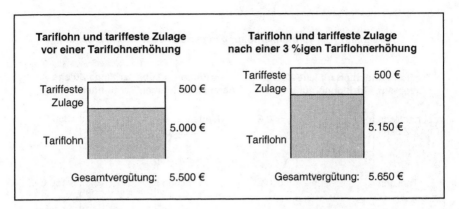

298 In der Regel wird man „tariffeste" Leistungen daran erkennen, daß sie eine eigene Bezeichnung haben (z.B. Schmutzzulage, Lärmzulage). Werden sie als „unbenannte" Zulagen gezahlt, ist auf den Grund für die Gewährung abzustellen.

e) Absicherung übertariflicher Leistungen im Tarifvertrag

299 In dem Bestreben, den Arbeitnehmern die Tariflohnerhöhung in voller Höhe zugute kommen zu lassen, haben die Gewerkschaften immer wieder versucht, die Anrechnung von über- oder außertariflichen Leistungen durch Effektiv-, Verdienstsicherungs- oder Besitzstandsklauseln zu verhindern.

300 **aa) Effektivklauseln** gibt es in der Form der Effektivgarantieklausel, auch allgemeine Effektivklausel genannt, und der begrenzten Effektivklauseln.

301 **(1) Allgemeine Effektivklauseln** sollen das Entgelt aus dem Arbeitsvertrag zum Tarifentgelt machen, das in der Zukunft um den tariflichen Erhöhungssatz wächst.

Formulierungsbeispiele: „Das augenblickliche Effektiveinkommen aller Arbeitnehmer wird tariflich garantiert" oder „Übertarifliche Zulagen sind dem Grundlohn hinzuzurechnen und gelten als Bestandteile des Tariflohns".

302 **(2) Begrenzte Effektivklauseln** wollen eine Aufstockung der Tariflohnerhöhung auf den Effektivlohn bewirken und damit eine Anrechnung auf übertarifliche Zulagen verhindern. Anders als bei der Effektivgarantieklausel wird die übertarifliche Zulage weiter kraft Arbeitsvertrags geschuldet, der Anspruch darauf soll aber durch den Tarifvertrag begründet werden[422].

Formulierungsbeispiel: „Die Tariflohnerhöhung muß voll wirksam werden."

---

[422] Zu diesem Widerspruch bereits *Nikisch*, BB 1956, 468.

Effektivklauseln sind nach Ansicht des BAG unzulässig[423]. Sie widersprächen dem Gleichheitssatz (Art. 3 Abs. 1 GG) und dem Grundsatz, daß günstigere Arbeitsvertragsbedingungen der Regelung durch die Arbeitsvertragsparteien vorbehalten seien (§ 4 Abs. 1, 3 TVG), außerdem fehle es an der Schriftform (§ 1 Abs. 2 TVG). Aufgrund der Kritik aus dem Schrifttum[424] hat das BAG Zweifel an der Richtigkeit seiner Rechtsprechung geäußert[425]; geändert hat es sie bislang nicht.

303

(3) Unzulässig sind auch **Anrechnungs- oder Verrechnungsklauseln.** Mit ihnen soll erreicht werden, daß übertarifliche Entgelte entgegen der individualvertraglichen Absprache mit Tariflohnerhöhungen verrechnet werden, oder genauer: daß übertarifliche Zulagen im Umfang der Tariflohnerhöhung nicht mehr zusätzlich zum Tarifentgelt gezahlt werden.

304

Formulierungsbeispiele: „Die tarifliche Jahresleistung ist auf betriebliche Jahresleistungen anzurechnen" oder „Die Tariferhöhung ist kostenneutral durchzuführen."

Anrechnungsklauseln verstoßen gegen das Günstigkeitsprinzip nach § 4 Abs. 3 TVG. Der Tarifvertrag kann keine Höchstlöhne festsetzen. Die günstigere Individualregelung bleibt infolgedessen bestehen[426].

305

bb) **Verdienstsicherungsklauseln** sollen verhindern, daß Arbeitnehmer, die namentlich infolge Alters, Krankheit oder Rationalisierung versetzt werden, Einkunftsminderungen hinnehmen müssen. Die Rechtsprechung sieht in solchen Bestimmungen keine Effektivklauseln, sondern lediglich eine Berechnungsgrundlage für den Durchschnittsverdienst auf dem geringer bezahlten Arbeitsplatz[427]. Der Arbeitgeber sei nicht gehindert, einzelvertraglich vereinbarte Zulagen zum Tariflohn im Rahmen der allgemein anerkannten arbeitsrechtlichen Grundsätze abzubauen.

306

cc) **Besitzstandsklauseln.** Klauseln, wonach „bisherige günstigere Arbeitsbedingungen durch das Inkrafttreten der Tarifregelung nicht berührt werden" oder „aus Anlaß dieses Tarifvertrags nicht verschlechtert werden dürfen", enthalten im Zweifel nur einen Verweis auf § 4 Abs. 3 TVG[428]. Die günstigeren Bedingungen sollen erhalten bleiben, aber nicht zu tariflichen Ansprüchen werden.

307

---

[423] BAG, Urt. v. 14.2.1968, 18.8.1971, AP Nr. 7, 8 zu § 4 TVG Effektivklausel; Urt. v. 10.3.1982, AP Nr. 47 zu § 242 BGB Gleichbehandlung.
[424] Vgl. *Kempen/Zachert*, § 4 TVG Rn. 221; Wiedemann/*Wank*, § 4 TVG Rn. 528 jeweils m.w.N.
[425] BAG, Urt. v. 21.7.1993, AP Nr. 144 zu § 1 TVG Auslegung.
[426] BAG, Urt. v. 18.8.1971, AP Nr. 8 zu § 4 TVG Effektivklausel.
[427] BAG, Urt. v. 28.5.1980, AP Nr. 8 zu § 1 TVG Tarifverträge: Metallindustrie.
[428] BAG, Urt. v. 11.8.1965, AP Nr. 9 zu § 4 TVG Übertariflicher Lohn und Tariflohnerhöhung.

2. Tarifvertrag und Betriebsvereinbarung

308 Für das Verhältnis des Tarifvertrags zu betrieblichen kollektivrechtlichen Regelungen hat der Gesetzgeber einen anderen Weg gewählt. Arbeitsentgelte und sonstige Arbeitsbedingungen, die durch Tarifvertrag geregelt sind oder üblicherweise geregelt werden, können nicht Gegenstand einer Betriebsvereinbarung sein (§ 77 Abs. 3 S. 1 BetrVG). Tarifliche Regelungen sperren Betriebsvereinbarungen. Der Betriebsrat ist unzuständig, eine Betriebsvereinbarung schon deswegen und nicht erst wegen Verstoßes gegen den Tarifvertrag unwirksam. Es gilt nicht der Grundsatz des Tarifvorrangs, sondern der des Tarifvorbehalts. Das Günstigkeitsprinzip wird auf das Verhältnis zum Arbeitsvertrag beschränkt. § 77 Abs. 3 BetrVG ergänzt und überlagert also § 4 Abs. 3 TVG. Zu Einzelheiten s. § 16 Rn. 364 ff.

VII. Ausschlußfristen

1. Allgemeines

a) Begriff und Abgrenzung

309 Unter Ausschluß-, Verfall- oder Präklusionsfristen werden Fristen verstanden, nach deren Ablauf ein **Recht erlischt**, das nicht innerhalb der Frist geltend gemacht wird[429]. Diese Rechtsfolge unterscheidet Ausschlußfristen von **Fristen für die Nachprüfung** des Inhalts von Abrechnungen oder Auszahlungen. Nachprüfungsfristen dienen lediglich der Beseitigung von Irrtümern; als bloße Ordnungsvorschriften berühren sie den Anspruch nicht.

> **Formulierungsbeispiel:** „Der Arbeitnehmer ist verpflichtet, die richtige und vollständige Abrechnung von Vergütungen unverzüglich zu überprüfen."

310 Die Ausschlußfrist ist weiterhin von der **Verjährungsfrist** abzugrenzen. Die Verjährung vernichtet den Anspruch nicht, sondern gibt dem Schuldner das Recht, die Leistung dauernd zu verweigern (§ 214 Abs. 1 BGB). Diese (peremptorische) Einrede wird in einem Gerichtsverfahren nur berücksichtigt, wenn sie **vom Schuldner** innerhalb oder außerhalb des Verfahrens **erhoben** worden ist. Hat der Schuldner die Einrede erhoben, dann hat das Gericht die Verjährung zu berücksichtigen, ohne daß es darauf ankäme, ob der Gläubiger oder der Schuldner die Tatsache vorträgt. Das Erlöschen eines Anspruchs wegen Ablaufs einer Ausschlußfrist ist vom Gericht dagegen immer **von Amts wegen** zu beachten, selbst wenn sich der Schuldner nicht darauf beruft[430]. Da die rechtzeitige Geltendmachung des Anspruches bei Bestehen einer Ausschlußfrist eine **anspruchserhal-**

---

[429] Statt aller Wiedemann/*Stumpf*, § 4 TVG Rn. 364.
[430] BAG, Urt. v. 15.3.1960, AP Nr. 12 zu § 4 TVG Ausschlußfristen.

tende **Voraussetzung** ist[431], muß der Anspruchsteller die Einhaltung der Ausschlußfrist von sich aus vortragen; sonst ist die Klage unschlüssig[432].

Schließlich ist die Ausschlußfrist von der **Verwirkung** abzugrenzen. Während bei der Ausschlußfrist der Fristablauf genügt, um den Anspruch zu vernichten, müssen bei der Verwirkung **besondere Umstände hinzutreten,** die die verspätete Geltendmachung unter dem Gesichtspunkt von Treu und Glauben (§ 242 BGB) als treuwidrig, weil widersprüchlich erscheinen lassen. Allerdings können tarifliche Rechte des Arbeitnehmers nicht verwirkt werden (§ 4 Abs. 4 Satz 2 TVG). Der Arbeitgeber kann folglich nicht darauf vertrauen, daß der Arbeitnehmer seine Rechte nach Ablauf einer bestimmten Zeit nicht mehr geltend macht. Von § 4 Abs. 4 Satz 2 TVG nicht erfaßt werden alle anderen Fälle treuwidriger Rechtsausübung, insbesondere die Einrede der Arglist nach § 853 BGB, die exceptio doli, der dolo-agit-Einwand, die grob unbillige Rechtsausübung und das Verbot des venire contra factum proprium[433]. **311**

b) Sinn und Zweck

Tarifliche Ausschlußfristen dienen dem **Rechtsfrieden** und der **Rechtssicherheit**. Der Schuldner soll sich darauf verlassen können, daß der Gläubiger nach Ablauf der Frist keine Ansprüche mehr gegen ihn erheben kann[434]. Der Nichtschuldner soll vor Beweisnot bewahrt werden[435]. Wegen der für die meisten Arbeitsverhältnisse geltenden Vorleistungspflicht des Arbeitnehmers kommen Verfallklauseln vor allem den Arbeitgebern zugute. Die Fristen sind zumeist sehr kurz – ein bis drei Monate –, und sie beginnen ohne Rücksicht auf die Kenntnis der Arbeitsvertragsparteien zu laufen[436]. Das zwingt zu rascher Kontrolle und Entscheidung, was gerade Arbeitnehmer nicht immer sehen. **312**

c) Geltung

Tarifliche Ausschlußfristen sind (rechtsvernichtende) Inhaltsnormen. Nach Ablauf des Tarifvertrags wirken sie nach (§ 4 Abs. 5 TVG)[437]. Ist bei einem Betriebsübergang der Erwerber nicht an den bisherigen Tarifvertrag gebunden, so wird die tarifliche Ausschlußklausel Bestandteil des Arbeitsvertrages (§ 613a Abs. 1 S. 2-4 BGB). Bestandteil des Arbeitsvertrages ist sie auch, wenn im Arbeitsvertrag auf einen Tarifvertrag verwiesen wird. **313**

---

[431] Vgl. BAG, Urt. v. 22.9.1992, 9 AZR 521/91 n.v.
[432] KassArbR/*Dörner*, 8.2 Rn. 242.
[433] *Löwisch/Rieble*, § 4 TVG Rn. 267 f.
[434] BAG, Urt. 25.4.1974, AP Nr. 76 zu § 611 BGB Haftung des Arbeitnehmers.
[435] BAG, Urt. v. 7.2.1995, AP Nr. 54 zu § 1 TVG Tarifverträge: Einzelhandel.
[436] BAG, Urt. v. 13.4.1956, AP Nr. 2, zu § 4 TVG Ausschlußfristen.
[437] BAG, Urt. v. 23.6.1961, AP Nr. 27 zu § 4 TVG Ausschlußfristen.

d) Auslegung

314 Ausschlußfristen sind im Zweifel **eng** auszulegen, weil sie die Geltendmachung von Rechten stark einschränken[438]. Bei der Vereinbarung einer sehr kurzen Frist kann die Auslegung ergeben, daß nicht die Ansprüche selbst beschnitten werden sollen, sondern daß nur die Abrechnungen nachzuprüfen sind. Eine ungewöhnlich kurze Ausschlußfrist kann wegen Sittenwidrigkeit unwirksam sein[439]. Unterste Grenze dürften 2 Monate sein; damit wird die Frist auf 1/12 der regulären Verjährungsfrist nach § 195 BGB verkürzt[440].

2. Sachliche Reichweite von Ausschlußfristen

a) Grundsatz

315 Trotz der Formulierung in § 4 Abs. 4 Satz 3 TVG können die Tarifvertragsparteien Ausschlußfristen nicht nur für tarifliche Rechte, sondern auch für Ansprüche aus Gesetz, Betriebsvereinbarung oder Arbeitsvertrag vereinbaren. Die übliche Klausel, wonach sämtliche beiderseitigen Ansprüche aus dem Arbeitsverhältnis und solche, die mit dem Arbeitsverhältnis in Verbindung stehen, der Verfallfrist unterliegen („allgemeine Ausschlußklausel"), gilt für alle Ansprüche, gleichgültig, auf welcher Rechtsgrundlage, wenn ihr Entstehungsbereich im Arbeitsverhältnis liegt[441], d.h. wenn der Lebensvorgang mit dem Arbeitsverhältnis verknüpft ist.

316 Nicht unumstritten ist, ob die Tarifvertragsparteien **Ausschlußfristen für Ansprüche aus zwingendem Gesetzesrecht** vereinbaren können[442]. Das BAG bejaht[443]. Ausschlußfristen beschränkten nicht das Recht, sondern nur die Dauer seiner Geltendmachung. Im übrigen beruhten gesetzliche Ansprüche im Arbeitsrecht nicht allein auf dem Gesetz, sondern auch auf dem durch das Gesetz gestalteten Arbeitsvertrag, und den könne der Tarifvertrag mit unmittelbarer und zwingender Wirkung regeln. Für vertragliche Ansprüche – einschließlich außer- und übertariflicher Leistungen – beruht die Befugnis, Verfallklauseln zu vereinbaren, auf § 4 Abs. 1 TVG, für Ansprüche aus einer Betriebsvereinbarung auf § 77 Abs. 3 BetrVG.

b) Ausnahmen

317 Nach der Rechtsprechung wird eine Reihe besonders wichtiger Ansprüche des Arbeitnehmers nicht von der allgemeinen tariflichen Ausschlußklausel erfaßt. Es handelt sich um Ansprüche, die im **„statusbestimmenden Grundverhältnis"**[444]

---

[438] BAG, Urt. v. 16.11.1965, AP Nr. 30 zu § 4 TVG Ausschlußfristen.
[439] BAG, Urt. v. 16.11.1965, AP Nr. 30 zu § 4 TVG Ausschlußfristen.
[440] Vgl. *Hanau/Preis*, Der Arbeitsvertrag, II A 150 Rn. 18.
[441] BAG, Urt. v. 26.2.1992, AP Nr. 18 zu § 46 BPersVG.
[442] Überblick über die kritischen Stimmen bei Wiedemann/*Wank*, § 4 TVG Rn. 752.
[443] Std. Rspr. seit BAG, Urt. v. 23.11.1954, AP Nr. 1 zu § 4 TVG Ausschlußfristen.
[444] *Kempen/Zachert*, § 4 TVG Rn. 266.

wurzeln. Mitunter wird auch darauf abgestellt, ob Ansprüche erst nach Beendigung des Arbeitsverhältnisses fällig werden oder ob es sich um weniger schwerwiegende Geschäfte des täglichen Lebens handelt[445].

Beispiele: Anspruch auf eine der Tätigkeit entsprechende Eingruppierung und Höhergruppierung, aus Verletzung des Persönlichkeitsrechts (Schmerzensgeld), auf Beschäftigung nach dem allgemeinen und dem besonderen Beschäftigungsanspruch, auf Karenzentschädigungen, die in der Regel erst nach Ablauf der Verfallfrist erwachsen, auf Entfernung einer Abmahnung aus den Personalakten[446], auf das Urlaubsentgelt, auf Verschaffung einer Zusatzversorgung im öffentlichen Dienst, auf Ruhegeld, auf in einem gerichtlichen Vergleich geregelte Abfindungen nach §§ 9, 10 KSchG[447], auf Herausgabe des Eigentums, aus schöpferischen Sonderleistungen[448], aus einer vorsätzlichen strafbaren unerlaubten Handlung, aus selbständig neben dem Arbeitsverhältnis abgeschlossenen bürgerlich-rechtlichen Verträgen (z.B. Mietverträgen).

Unverfallbar sind auch die „**Stammrechte**" des Arbeitnehmers, gleichgültig, auf welcher Rechtsgrundlage sie beruhen. Das gilt insbesondere für die **betriebliche Altersversorgung**[449]. Verfallen können dagegen die monatlich fällig werdenden Betriebsrentenansprüche[450], wenn die Tarifvertragsparteien dies deutlich zum Ausdruck gebracht haben. Nach Ansicht der Rechtsprechung sollen tarifliche Ausschlußklauseln der kurzfristigen Abwicklung von Ansprüchen aus dem Arbeitsverhältnis dienen, sie sollen aber nicht Ansprüche beschneiden, die erst mit der Beendigung des Arbeitsverhältnisses und mit Beginn des Ruhestandes entstehen[451]. **318**

Dagegen werden von tariflichen Ausschlußklauseln erfaßt: Ansprüche auf Erteilung eines Zeugnisses, auf Sozialplanabfindung, auf Arbeits- und Mehrarbeitsvergütung, tarifliche Urlaubsabgeltungsansprüche, Entgeltfortzahlungsansprüche nach dem EfzG[452], Ansprüche auf Rückzahlung von Arbeitnehmerdarlehen und Ansprüche des Arbeitgebers auf Rückzahlung von überzahltem Lohn. **319**

3. Persönliche Reichweite von Ausschlußfristen

Einseitige Ausschlußklauseln zu Lasten des Arbeitnehmers sind jedenfalls dann zulässig, wenn sie nur für bestimmte Ansprüche gelten, wie etwa für Mehrarbeit und Zulagen[453]. Einseitige Ausschlußfristen für sämtliche Ansprüche aus dem Ar- **320**

---

[445] BAG, Urt. v. 16.6.1955, AP Nr. 5 zu § 242 BGB Ruhegehalt VBL.
[446] BAG, Urt. v. 14.12.1995, AP Nr. 15 zu § 611 BGB Abmahnung.
[447] BAG, Urt. v. 13.1.1982, AP Nr. 7 zu § 9 KSchG 1969.
[448] BAG, Urt. v. 21.6.1979, AP Nr. 4 zu § 9 ArbNErfG.
[449] BAG, Urt. v. 27.2.1990, AP Nr. 107 zu § 4 TVG Ausschlußfristen.
[450] BAG, Urt. v. 27.2.1990, AP Nr. 107 zu § 4 TVG Ausschlußfristen.
[451] BAG, Urt. v. 13.12.1988, AP Nr. 22 zu § 1 BetrAVG Zusatzversorgungskassen.
[452] BAG, Urt. v. 24.5.1973, 15.11.1973, AP Nr. 52, 53 zu § 4 TVG Ausschlußfristen.
[453] BAG, Urt. v. 27.9.1967, AP Nr. 1 zu § 1 TVG Tarifverträge: Fernverkehr.

beitsverhältnis können gegen Art. 3 Abs. 1 GG verstoßen[454]. Zu Gunsten des Arbeitgebers kann aber sprechen, daß es diesem wegen der Vielzahl der Beschäftigungsverhältnisse sehr viel schwerer als dem Arbeitnehmer möglich ist zu prüfen, ob Ansprüche zu Recht bestehen[455]. Die **allgemeine Ausschlußklausel** „alle Ansprüche aus dem Arbeitsvertrag" ist im Zweifel als **beiderseitige Ausschlußfrist** zu verstehen[456]. Von Verfallklauseln **nicht erfaßt** werden Ansprüche der Arbeitnehmer untereinander. Dasselbe gilt für Ansprüche, die nach § 6 EfzG auf den Arbeitgeber übergegangen sind[457].

4. Beginn der Ausschlußfrist

a) Fälligkeit des Anspruchs

321 Die Ausschlußfrist beginnt **mit der Fälligkeit des Anspruchs**[458], es sei denn, es ist etwas anderes vereinbart. Nach § 271 BGB kann der Gläubiger die Leistung sofort verlangen, wenn für die Leistung eine Zeit weder bestimmt noch aus den Umständen zu entnehmen ist.

322 aa) **Regelmäßiges Entgelt.** Bei festem Entgelt wie **Gehalt und Monatslohn** sehen die Tarifverträge im allgemeinen den **Auszahlungszeitpunkt** als Fälligkeitsdatum vor. Sonst gilt als **besondere Fälligkeitsregel** zu § 271 BGB die Vorschrift des § 614 Satz 2 BGB, wonach die Vergütung nach dem Ablauf der einzelnen Zeitabschnitte zu entrichten ist, nach denen sie bemessen ist.

323 bb) **Variable Vergütung.** Ansprüche auf Vergütung, die ihrer Höhe nach variabel sind oder deren Entstehen nicht von vornherein feststeht, werden in der Regel erst fällig, wenn sie **ihrem Bestande nach feststellbar** sind und damit geltend gemacht werden können. Das setzt voraus, daß der Gläubiger sich den erforderlichen Überblick ohne schuldhaftes Zögern verschaffen kann, um seine Forderung wenigstens annähernd zu beziffern[459]. Ist das nur nach einer entsprechenden Abrechnung möglich, wird der Anspruch erst fällig, wenn die Abrechnung erteilt ist[460].

324 cc) **Rückzahlungsansprüche.** Ansprüche auf Rückzahlung überzahlter Vergütung aus ungerechtfertigter Bereicherung entstehen ohne Rücksicht auf Kenntnis mit der Überzahlung[461]. Die Fälligkeit tritt aber erst dann ein, wenn es dem Arbeitgeber **möglich** ist, seinen

---

[454] KassArbR/*Dörner*, 8.1 Rn. 250.
[455] Wiedemann/*Wank*, § 4 TVG Rn. 766.
[456] BAG, Urt. v. 22.2.1972, AP Nr. 3 zu § 70 BAT.
[457] LAG Düsseldorf, Urt. v. 21.7.1970, DB 1970, 1934; LAG Tübingen, Urt. v. 3.2.1971, DB 1971, 1015.
[458] *Kempen/Zachert*, § 4 TVG Rn. 276.
[459] BAG, Urt. v. 27.11.1984, AP Nr. 89 zu § 4 TVG Ausschlußfristen.
[460] BAG, Urt. v. 27.11.1984, 8.8.1985, AP Nr. 93, 94 zu § 4 TVG Ausschlußfristen.
[461] BAG, Urt. v. 19.3.1986, 14.9.1994, 1.6.1995, EzA § 4 TVG Ausschlußfristen Nr. 68, 106, 114.

Anspruch annähernd **zu beziffern,** d.h. frühestens, wenn er in der Lage ist, sich ohne schuldhaftes Zögern einen Überblick zu verschaffen. Im Einzelfall kann ihm eine Erkundungspflicht, dem Arbeitnehmer eine Mitwirkungspflicht obliegen[462].

dd) Schadensersatzansprüche. Ansprüche auf Schadensersatz entstehen zwar grundsätzlich mit dem Schadensereignis, werden aber erst dann fällig, wenn der Schaden feststellbar ist und wenn die Schadenshöhe wenigstens annähernd beziffert werden kann[463]. Liegt der Schädigung eine strafbare Handlung des Arbeitnehmers zugrunde, so kann der Arbeitgeber bis zum Ausgang eines Strafverfahrens warten, bevor er seine Ersatzansprüche geltend macht. 325

b) Beendigung des Arbeitsverhältnisses

Knüpft ein Tarifvertrag den Beginn der Ausschlußfrist an die Beendigung des Arbeitsverhältnisses, so ist im Zweifel nicht die tatsächliche, sondern die **rechtliche Beendigung** maßgebend[464]. 326

Beginnt eine Verfallfrist mit der Fälligkeit des Anspruchs und ist für den Fall der Beendigung des Arbeitsverhältnisses eine zweite, kürzere Verfallfrist vereinbart, so gilt allein die Beendigungsfrist, auch wenn die Fälligkeitsfrist noch läuft. Anders ist es nur dann, wenn über die Beendigung des Arbeitsverhältnisses ein Kündigungsrechtsstreit schwebt[465]. Bei wiederkehrenden Ansprüchen reicht es für gewöhnlich aus, daß sie einmal geltend gemacht werden. 327

c) Erteilung einer Abrechnung

Hat der Arbeitgeber dem Arbeitnehmer über dessen Ansprüche eine Abrechnung zu erteilen und ist ohne Abrechnung eine Überprüfung des Betrages unmöglich oder unzumutbar, so beginnt die Ausschlußfrist erst mit Erteilung der Abrechnung[466]. Sobald jedoch der Anspruch auf Erteilung einer Abrechnung verfallen ist, beginnt auch der Lauf der Verfallfrist für den Zahlungsanspruch[467]. 328

d) Rückwirkung

Nach der Rechtsprechung ist der rückwirkende Beginn einer Ausschlußfrist jedenfalls dann zulässig, wenn der in der Zukunft liegende Teil der Frist genügend Gelegenheit zur Geltendmachung der Forderung läßt[468]. 329

---

[462] BAG, Urt. v. 19.3.1986, AP Nr. 67 zu § 1 LohnFG.
[463] BAG, Urt. v. 26.5.1981, 16.05.1984, AP Nr. 71, 85 zu § 4 TVG Ausschlußfristen.
[464] BAG, Urt. v. 18.1.1969, 3.12.1970, AP Nr. 41, 45 zu § 4 TVG Ausschlußfristen.
[465] BAG, Urt. v. 3.12.1970, AP Nr. 45 zu § 4 TVG Ausschlußfristen.
[466] BAG, Urt. v. 24.6.1960, 8.8.1985, AP Nr. 5, 94 zu § 4 TVG Ausschlußfristen.
[467] BAG, Urt. v. 27.11.1984, AP Nr. 89 zu § 4 TVG Ausschlußfristen.
[468] BAG, Urt. v. 27.11.1958, AP Nr. 69 zu § 1 TVG Auslegung.

5. Ende einer Ausschlußfrist

330 Für die Berechnung des Endes einer Ausschlußfrist gelten die allgemeinen Vorschriften der §§ 186 ff. BGB, soweit der Tarifvertrag nichts anderes bestimmt. Tarifliche Ausschlußklauseln können nur zugunsten des Arbeitnehmers verlängert werden; das gilt auch für beiderseitig wirkende („zweiseitige") Klauseln (§ 4 Abs. 3 TVG)[469].

6. Geltendmachung der Ansprüche

331 Nach dem Tarifvertrag bestimmt sich, wem gegenüber und in welcher Form unter eine Ausschlußklausel fallende Ansprüche fristwahrend geltend zu machen sind.

a) Bestimmtheit

332 Der Gläubiger muß den Anspruch hinreichend bestimmt geltend machen. Der Schuldner muß erkennen können, um welche Art Forderung es sich handelt. Dazu genügt es, daß der **zugrundeliegende tatsächliche Sachverhalt** stichwortartig geschildert wird. Eine Spezifizierung ist entbehrlich, wenn der Schuldner weiß, um welchen Vorgang es sich handelt[470]. Die **Höhe** der Forderungen muß wenigstens annähernd angegeben werden[471]. Eine rechtliche Begründung ist nicht erforderlich. Keine Geltendmachung ist der Hinweis des Gläubigers, er behalte sich die Verfolgung von Ansprüchen vor[472].

b) Adressat

333 Der Anspruch muß **gegenüber dem Schuldner**, d.h. gegenüber dem Arbeitgeber oder dem Arbeitnehmer geltend gemacht werden. Nicht ausreichend ist die Bekanntgabe einer Forderung gegenüber dem Betriebs- oder Personalrat[473]. Gerichtliche Geltendmachung genügt, weil das Gericht der anderen Partei die Klageschrift zustellt. Der Anspruch kann auch durch einen Vertreter geltend gemacht werden. Vertreter des Arbeitnehmers können auch Mitglieder des Betriebsrats in ihrer Eigenschaft als Arbeitnehmer sein.

---

[469] LAG Frankfurt a. M., Urt. v. 11.10.1979, AP Nr.70 zu § 4 TVG Ausschlußfristen.
[470] *Kempen/Zachert*, § 4 TVG Rn. 281.
[471] BAG, Urt. v. 16.3.1966, 8.1.1970, 17.10.1974, AP Nr. 33, 43, 55 zu § 4 TVG Ausschlußfristen.
[472] LAG Köln, Urt. v. 24.7.1984, EzA § 4 TVG Ausschlußfristen Nr. 59.
[473] BAG, Urt. v. 10.1.1974, AP Nr. 54 zu § 4 TVG Ausschlußfristen.

c) Form

aa) Schriftliche Geltendmachung. Sieht eine Ausschlußklausel die schriftliche 334
Geltendmachung des Anspruchs vor und wird die Schriftform nicht eingehalten, so
ist der Anspruch nicht wirksam geltend gemacht (§ 125 Satz 1 BGB)[474]. Etwas anderes gilt, wenn die Schriftlichkeit **Beweiszwecken** dient, d.h. wenn sie deklaratorisch gemeint ist[475]. Das Schriftformerfordernis verlangt regelmäßig die Übergabe
einer vom Anspruchsteller handschriftlich unterzeichneten **Urkunde.** Die Geltendmachung mittels **Telefax** wahrt den Anspruch in der Regel nicht. § 127 Satz 2
BGB gilt nur bei arbeitsvertraglichen Ausschlußfristen. Die Übersendung eines
Telefaxes steht einer telegrafischen Übermittlung im Sinne des § 127 Satz 2 BGB
gleich[476].

bb) Wahrung der Schriftform durch gerichtliche Geltendmachung. Für die 335
Erfüllung der Schriftform genügt es, wenn der Gläubiger **Klage erhebt**[477]. Die
Klage muß dem beklagten Schuldner dann jedoch innerhalb der Ausschlußfrist zugestellt werden. § 167 ZPO, nach dem eine Frist bereits mit der Einreichung der
Klage gewahrt wird, wenn die Zustellung der Klageschrift demnächst erfolgt, gilt
nur für die Fälle, in denen eine Frist grundsätzlich nur durch Klageerhebung oder
vergleichbare Maßnahmen gewahrt werden kann. Sie gilt nicht für die Wahrung
einer Ausschlußfrist, für die die schriftliche Geltendmachung eines Anspruchs
vorgesehen ist[478]. Das Risiko, daß eine Klage nicht vor Ablauf der Ausschlußfrist
zugestellt wird, trägt der Anspruchssteller.

Eine **Kündigungsschutzklage** reicht als schriftliche Geltendmachung aus, wenn sie der 336
Arbeitgeber nach den gesamten Umständen dahin verstehen mußte, daß damit auch Gehaltsansprüche geltend gemacht werden[479]. Denn mit der Kündigungsschutzklage wird
nicht nur die Sicherung des Arbeitsplatzes, sondern auch das damit verbundene Einkommen erstrebt. Die Schriftform ist ferner gewahrt, wenn der Gläubiger seine Forderung im
Prozeß gegen den Schuldner **zu Protokoll des Gerichts** geltend macht. Ist durch die Klage
die Verfallfrist einmal gewahrt, so bedarf es für die nach Rechtskraft des Urteils fällig werdenden Ansprüche einer erneuten Geltendmachung nur, wenn dies ausdrücklich im Tarifvertrag vorgesehen ist[480].

cc) Gerichtliche Geltendmachung. Schreiben Ausschlußklauseln **die gerichtli-** 337
che Geltendmachung vor, dann sind Klageerhebung und Durchführung des Prozesses erforderlich. Die gerichtliche Form wird auch durch **Mahnbescheid** (§ 46 a
ArbGG i. V. m. § 688 ff. ZPO), durch **Widerklage,** durch die **Streitverkündung**

---

[474] Vgl. nur BAG, Urt. v. 6.9.1972, AP Nr. 2 zu § 4 BAT.
[475] BAG, Urt. v. 10.1.1974, AP Nr.54 zu § 4 TVG Ausschlußfristen.
[476] BGH, Urt. v. 22.4.1996, NJW-RR 1996, 866.
[477] BAG, Urt. v. 9.8.1990, AP Nr. 46 zu § 615 BGB.
[478] Vgl. nur *Thomas/Putzo,* § 270 ZPO Rn. 5.
[479] BAG, Urt. v. 7.11.1991, AP Nr.114 zu § 4 TVG Ausschlußfristen.
[480] BAG, Urt. v. 9.8.1990, AP Nr. 46 zu § 615 BGB.

und durch **Prozeßaufrechnung gewahrt**. Bei Ausschlußklauseln, die die gerichtliche Geltendmachung vorschreiben, genügt der Eingang der Klage beim Arbeitsgericht innerhalb der Ausschlußfrist[481].

d) Zweistufige Ausschlußfristen

338 **Zweistufige Ausschlußfristen** verlangen zunächst die **schriftliche Geltendmachung** des Anspruchs (1. Stufe) und – sofern das Verlangen fruchtlos bleibt – nach einer weiteren Frist eine entsprechende **Klage** (2. Stufe). Die Zweistufigkeit soll den Gläubiger vor einer allzu raschen gerichtlichen Geltendmachung bewahren, da das nicht selten zu einer erheblichen Belastung des Arbeitsverhältnisses führt. Dem Gläubiger ist es jedoch im Zweifel nicht verwehrt, seine Ansprüche unmittelbar gerichtlich geltend zu machen.

339 Eine **Kündigungsschutzklage** wahrt die zweite Stufe der gerichtlichen Geltendmachung von Entgeltansprüchen **nicht,** weil nach der von der Rechtsprechung vertretenen punktuellen Streitgegenstandstheorie nur das Weiterbestehen des (gekündigten) Arbeitsverhältnisses Streitgegenstand ist[482]. **Erforderlich** ist vielmehr eine (neben einer eventuellen Kündigungsschutzklage gesondert erhobene) **Zahlungsklage.**

e) Entbehrlichkeit

340 Die (weitere) Geltendmachung eines Anspruchs ist entbehrlich, wenn der Schuldner ihn vorbehaltlos **anerkannt** hat, etwa der Arbeitgeber einen Lohnanspruch in einer Abrechnung. Ein späteres Bestreiten ändert daran nichts[483].

7. Ausschlußfristen und treuwidriges Verhalten

341 Nach Ablauf einer Ausschlußfrist kann es dem Schuldner im Einzelfall verwehrt sein, sich auf den Verfall der Rechte zu berufen, wenn der Einwand **gegen Treu und Glauben** verstößt. Der Anspruch muß dann aber sobald wie möglich geltend gemacht werden[484].

342 **Treuwidrig kann es sein,**
– wenn der Schuldner (auch unabsichtlich) den Gläubiger von der fristgerechten Geltendmachung abhält, etwa dadurch, daß er die Erfüllung des Anspruchs ausdrücklich zusagt,

---

[481] BAG, Urt. v. 8.3.1976, AP Nr.4 zu § 496 ZPO; Urt. v. 13.5.1987, AP Nr.3 zu § 209 BGB.
[482] BAG, Urt. v. 9.3.1966, 8.1.1970, 22.2. 1978, AP Nr.31, 43, 63 zu § 4 TVG Ausschlußfristen.
[483] BAG, Urt. v. 21.4.1993, AP Nr. 124 zu § 4 TVG Ausschlußfristen.
[484] BAG, Urt. v. 3.12.1970, AP Nr. 46 zu § 4 TVG Ausschlußfristen.

- wenn der Schuldner dem Gläubiger zusagt, er werde sich nicht auf die Ausschlußfrist berufen,
- wenn der Schuldner die Einhaltung der Ausschlußfrist durch fehlende Anzeigen, Auskünfte oder durch Täuschung vereitelt,
- wenn der Arbeitgeber gegen einen Arbeitnehmer einen Musterprozeß führt und bei anderen Arbeitnehmern in vergleichbarer Lage den Eindruck erweckt, daß er sich nicht vor Ausgang dieses Prozesses auf den Ablauf der Ausschlußfrist berufen wird,
- wenn der Arbeitnehmer seinem Arbeitgeber einen Mangel der von ihm ausgeführten Arbeit arglistig verschwiegen hat,
- wenn der Arbeitnehmer unter einem offensichtlichen Kündigungsdruck gestanden hat,
- wenn der Arbeitnehmer infolge langdauernder Erkrankung an der fristgemäßen Geltendmachung eines Anspruchs verhindert ist,
- wenn ein Arbeitnehmer in erheblichem Umfang überzahlt worden ist und er erkennen konnte, daß er auf die Vergütung keinen Anspruch hatte.

Der Einwand der **Arglist** ist **nicht gegeben**, wenn der Arbeitnehmer seine Ansprüche nur mündlich geltend macht und der Arbeitgeber ihn auf die vorgeschriebene schriftliche Geltendmachung nicht aufmerksam macht. **343**

8. Fristablauf und Aufrechnung

Ist die tarifvertragliche Ausschlußfrist abgelaufen und liegt kein Sonderfall der unzulässigen Berufung auf die Ausschlußfrist vor, so kann mit Forderungen, die im Zeitpunkt der Aufrechnungserklärung infolge Fristablaufs erloschen sind, nicht mehr aufgerechnet werden. § 390 Satz 2 BGB ist nicht analog anwendbar[485]. Der in Frage stehende Anspruch soll ein für allemal dem Streit entzogen sein. **344**

---

[485] BAG, Urt. v. 30.1.1958, 18.1.1962, 15.11.1967, AP Nr. 1, 2, 3 zu § 390 BGB.

§ 14 Arbeitskampfrecht

I. Grundlagen

1. Gegenstand und Aufgabe des Arbeitskampfrechts

Gegenstand des Arbeitskampfrechts sind Zulässigkeit und Rechtsfolgen kollektiver Maßnahmen von seiten der Arbeitnehmer oder der Arbeitgeber, mit denen diese das Arbeitsverhältnis zu stören versuchen, um bestimmte Ziele zu erreichen. Arbeitskämpfe müssen in einem freiheitlichen Tarifvertragssystem zum Ausgleich von Interessenkonflikten als ultima ratio zulässig sein. Sie sichern die Tarifautonomie, um deretwillen sie gewährleistet sind[1]. Die Grenzziehung zwischen rechtmäßigen und rechtswidrigen Arbeitskämpfen ist lebhaft umstritten und auch deshalb schwierig, weil die tatsächlichen Erscheinungsformen vielgestaltig sind und einem ständigen Wandel unterliegen. Eine gesetzliche Regelung fehlt. Der von den Professoren *Birk, Konzen, Löwisch, Raiser* und *Seiter* 1988 vorgelegte Entwurf eines Gesetzes zur Regelung kollektiver Arbeitskonflikte ist Entwurf geblieben[2]. Das deutsche Arbeitskampfrecht ist Richterrecht.

1

2. Rechtstatsachen

In der Bundesrepublik Deutschland sind Arbeitskämpfe verhältnismäßig selten, und sie dauern in der Regel nicht allzu lange. Die Zahl der durch Arbeitskämpfe ausgefallenen Arbeitstage schwankte 1951 bis 2002 zwischen rund 11.000 im Jahre 2000 und rund 5,6 Mio. im Jahre 1984. Die Zahl der beteiligten Arbeitnehmer war 1998 mit rund 4.000 am niedrigsten und 1955 sowie 1992 mit jeweils rund 600.000 am höchsten. Die geringsten Ausfallquoten gab es 1964, 1966, 1968, 1977, 1982, 1998, 2000 und 2001 mit weniger als einem Arbeitstag je 1.000 Arbeitnehmer, die höchsten 1971, 1978 und 1984 mit durchschnittlich 217, 207 und 269 Tagen. Ab 1985 nahmen Arbeitskämpfe deutlich ab, mit Ausnahme von 1992. Streiks werden jetzt häufig in Form von Schwerpunktstreiks geführt, auf die die

2

---

[1] BAG GS, Beschl. v. 21.4.1971, AP Nr. 43 zu Art. 9 GG Arbeitskampf.
[2] Dazu und zu weiteren Kodifikationsbemühungen *Kissel*, Arbeitskampfrecht, § 16 Rn. 9 ff.

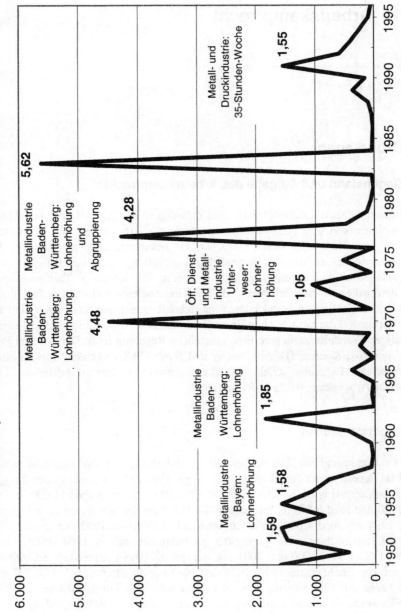

Arbeitgeber teilweise mit Aussperrungen antworten. Eine Angriffsaussperrung hat es seit Bestehen der Bundesrepublik nicht gegeben[3].

Im Ausland, vor allem in den südeuropäischen Ländern, sind Arbeitskämpfe teilweise wesentlich häufiger, und sie dauern länger als in Deutschland. Zwischen 1992 und 2001 sind im Jahresdurchschnitt durch Arbeitskampf je 1.000 abhängig Beschäftigte folgende Arbeitstage verloren gegangen: Schweiz: 2, Japan: 2, Österreich: 2, Deutschland: 9, Niederlande: 17, Großbritannien: 22, USA: 48, Frankreich: 87, Korea: 166, Italien: 117, Dänemark: 169, Spanien: 282[4]. Auch im Ausland nahm die Kampfbereitschaft in den letzten Jahren ab.. Die geringere Kampfbereitschaft dürfte nicht nur mit der angespannten Lage auf dem Arbeitsmarkt zusammenhängen, sondern auch mit einer individualistischeren Einstellung der Arbeitnehmer. Die Zahl der eher kampfbereiten Industriearbeiter geht weltweit zugunsten der Angestellten vor allem im Dienstleistungsbereich zurück.

3. Rechtsgrundlagen

a) Innerstaatliches Recht

aa) Grundgesetz. Das Grundgesetz enthält keine ausdrückliche Garantie des Arbeitskampfes. Der Parlamentarische Rat hatte ursprünglich beabsichtigt, die Rechtmäßigkeit von Streik und Aussperrung im Grundgesetz selbst zu regeln. Man konnte sich aber nicht auf die Formulierung einigen. Zudem bestand die Gefahr einer Überfrachtung der Verfassungsnorm mit umfangreicher Kasuistik[5]. 1968 wurde im Zuge der Notstandsgesetzgebung Art. 9 Abs. 3 Satz 3 in das Grundgesetz eingefügt, durch den der Arbeitskampf auch als eine im Notstandsfall geschützte Einrichtung anerkannt wird. Ob Art. 9 Abs. 3 Satz 3 GG eine generelle Garantie für Arbeitskämpfe zu entnehmen ist, ist umstritten[6]. Rechtsprechung[7] und Lehre[8] leiten die verfassungsrechtliche Gewährleistung des Arbeitskampfes aus seiner Hilfsfunktion für ein freiheitliches Tarifvertragssystem her. Dieses steht als Teil der ausdrücklich von Art. 9 Abs. 3 GG gewährleisteten Koalitionsfreiheit selbst unter dem Schutz der Verfassung. Geschützt ist der Arbeitskampf aber nur in Gestalt einer Einrichtungsgarantie. Die nähere Ausgestaltung obliegt Gesetzgeber und Rechtsprechung[9].

---

[3] Zahlenmaterial aus BMA, Statistisches Taschenbuch 2003; zur Geschichte vgl. auch *Gamillscheg*, Kollektives Arbeitsrecht I, § 20 I 2.
[4] iwd 17/2003 v. 24.4.2003, S. 3.
[5] *Brox/Rüthers*, Arbeitskampfrecht, Rn. 80 m.w.N.
[6] Vgl. nur *Gamillscheg*, Kollektives Arbeitsrecht I, § 20 III 2 e m.w.N.
[7] Grundl. BAG GS, Beschl. v. 21.4.1971, AP Nr. 43 zu Art. 9 GG Arbeitskampf; BVerfGE 84, 212.
[8] *Gamillscheg*, Kollektives Arbeitsrecht I, § 20 III 2 d m.w.N.; *Zöllner/Loritz*, Arbeitsrecht, § 40 II 1.
[9] BVerfGE 84, 212; 88, 103; 92, 365; 94, 268.

5 bb) **Verfassungen der Länder.** Im Unterschied zum GG enthalten die Verfassungen einiger Bundesländer ausdrückliche Vorschriften über den **Arbeitskampf**. Dazu gehören die Verfassungen von Berlin (Art. 18 Abs. 3), Brandenburg (Art. 51 Abs. 2 Satz 3), Bremen (Art. 51 Abs. 3), Hessen (Art. 29 Abs. 4), Rheinland-Pfalz (Art. 66 Abs. 2), Saarland (Art. 56 Abs. 2) und Thüringen (Art. 37 Abs. 2). Art. 29 Abs. 5 der Hessischen Verfassung erklärt die **Aussperrung** für rechtswidrig. Diese Norm verstößt gegen höherrangiges Bundesrecht[10]. Zum Bundesrecht gehört auch die höchstrichterliche Rechtsprechung, die die Aussperrung als zulässige Arbeitskampfmaßnahme anerkennt. Trotz der unterschiedlichen Verfassungsbestimmungen gilt in ganz Deutschland ein einheitliches Arbeitskampfrecht. Landesrecht, das zum Nachteil eines Grundrechtsträgers von Art. 9 Abs. 3 GG und den daraus hergeleiteten Grundsätzen des Arbeitskampfrechts abweicht, ist nach Art. 20 Abs. 1, 28 Abs. 1, 31 GG unwirksam[11].

6 cc) **Einfache Gesetze.** Eine Reihe einfachrechtlicher Vorschriften behandelt arbeitskampfrechtliche Fragen.

Beispiele: § 74 Abs. 2 BetrVG, § 66 Abs. 2 BPersVG (Kampfverbot im Bereich von Betriebsverfassung und Personalvertretung), § 25 KSchG (keine Anwendung des KSchG auf Arbeitskampfmaßnahmen), § 2 Abs. 1 Nr. 2 ArbGG (Zuständigkeit der Arbeitsgerichte für Streitigkeiten aus Kampfhandlungen), § 146 SGB III (Neutralitätspflicht der Bundesanstalt für Arbeit), § 91 Abs. 6 SGB IX (Wiedereinstellungsanspruch Schwerbehinderter), § 11 Abs. 5 AÜG (Leistungsverweigerungsrecht des Leiharbeitnehmers).

7 Diese Vorschriften lassen auf den Willen des einfachrechtlichen Gesetzgebers schließen, daß zumindest tarifvertragsbezogene Arbeitskämpfe zulässig sein sollen. Nicht gesetzlich geregelt sind allerdings die Voraussetzungen, unter denen Arbeitskämpfe geführt werden dürfen.

8 dd) **Tarifliche Regelungen.** Art. 9 Abs. 3 GG gibt den Koalitionen das Recht, Vereinbarungen über die Austragung ihrer Interessengegensätze zu treffen. Die Rechtsprechung[12] hat ihnen sogar mehrfach den Abschluß solcher Regelungen nahegelegt. Darüber hinaus hat sie ihre eigenen Arbeitskampfregeln für tarifdispositiv erklärt. Nicht abdingbar ist der Grundsatz der Verhältnismäßigkeit. Die Tarifvertragsparteien dürfen dieses Prinzip lediglich konkretisieren[13]. Von der Möglichkeit, Arbeitskampfrecht durch Tarifvertrag zu schaffen, haben die Tarifvertragsparteien in unterschiedlicher Weise Gebrauch gemacht. Gesamtregelungen fehlen. Üblich sind Vereinbarungen zur Friedenspflicht, zum Schlichtungsverfahren und

---

[10] BAG, Urt. v. 26.4.1988, AP Nr. 101 zu Art. 9 GG Arbeitskampf.
[11] BAG, Urt. v. 10.6.1980, 26.4.1988, AP Nr. 64, 101 zu Art. 9 GG Arbeitskampf; in der Lit. umstritten, vgl. *Brox/Rüthers*, Arbeitskampfrecht, Rn. 122; *Schaub*, Arbeitsrechts-Handbuch, § 192 Rn. 17.
[12] BAG GS, Beschl. v. 21.4.1971, AP Nr. 43 zu Art. 9 GG Arbeitskampf.
[13] MünchArbR/Otto, § 283 Rn. 8.

zu Notdienstarbeiten. Vielfach werden nach der Beendigung von Arbeitskämpfen Maßregelungsverbote und Wiedereinstellungsklauseln vereinbart.

ee) Satzungsrecht. Zu den Quellen des Arbeitskampfrechts zählen auch die Arbeitskampfrichtlinien von Gewerkschaften und Arbeitgeberverbänden. Satzungsrecht wirkt aber nur für und gegen die Verbandsmitglieder. Werden also beispielsweise die Satzungsbestimmungen über eine Urabstimmung nicht eingehalten, so macht das einen Arbeitskampf nicht rechtswidrig. 9

ff) Richterrecht. Das Arbeitskampfrecht ist weitgehend Richterrecht. Nach dem Wesentlichkeitsgrundsatz hätte an sich der Gesetzgeber tätig werden müssen. Das BVerfG hat das Vorgehen der Rechtsprechung nur deshalb gebilligt, weil der staatliche Justizgewährleistungsanspruch die Gerichte verpflichtet, die an sie herangetragenen Fälle zu entscheiden[14]. Unbefriedigend ist jedoch die (fortwährende) Änderung dieser Grundsätze, zumal, wenn das mit rückwirkender Kraft geschieht. 10

b) Internationales und supranationales Recht

aa) Europäische Sozialcharta. Art. 6 Nr. 4 in Teil II der Europäischen Sozialcharta (ESC) erkennt das Recht der Arbeitnehmer und der Arbeitgeber auf Arbeitskampfmaßnahmen bei Interessenkonflikten an. Garantiert sind sowohl der Streik als auch die Aussperrung. Die ESC enthält jedoch nach h. M. nur völkerrechtliche Verpflichtungen Deutschlands, nicht aber unmittelbar anwendbares innerstaatliches Recht[15]. Die Bundesrepublik Deutschland ist berechtigt, das Arbeitskampfrecht zu regeln; dabei hat sie die in Art. 31 ESC aufgestellten Grenzen zu beachten: Eine Einschränkung des Streikrechts kommt nur in Betracht, wenn es „in einer demokratischen Gesellschaft zum Schutz der Rechte und Freiheiten anderer oder zum Schutz der öffentlichen Sicherheit und Ordnung, der Sicherheit des Staates, der Volksgesundheit und der Sittlichkeit notwendig ist." 11

bb) UN-Menschenrechtskonvention und IAO-Übereinkommen. Art. 23 Abs. 4 UN-Menschenrechtskonvention garantiert die Koalitionsfreiheit. Art. 2, 10 des Übereinkommens Nr. 87 der Internationalen Arbeitsorganisation vom 9.7.1948 erlaubt Arbeitnehmern und Arbeitgebern, ohne vorherige Genehmigung Organisationen ihrer Wahl zu gründen. Da beide Regelungen kein unmittelbar anwendbares innerstaatliches Recht enthalten[16], mag dahinstehen, ob sie mittelbar den Arbeitskampf anerkennen. 12

---

[14] BVerfGE 84, 212.
[15] BAG, Urt. v. 10.6.1980, 5.3.1985, AP Nr. 65, 85 zu Art. 9 GG Arbeitskampf; *Zöllner/Loritz*, Arbeitsrecht, § 9 I 2.
[16] *Schaub*, Arbeitsrechts-Handbuch, § 193 Rn. 5.

Arbeitskampf

Parteien	Teilnehmer	Mittel	Ziele
Partei eines Arbeitskampfes kann nur sein, wer tariffähig ist: – Arbeitgeber – Arbeitgeberverband – Gewerkschaft. – *Spitzenorganisationen*	Teilnahmeberechtigt sind alle organisierten und nicht organisierten Arbeitnehmer im Kampfgebiet einschließlich – AT-Angestellte – Angestellte und Arbeiter im öffentlichen Dienst – Arbeitnehmer mit Sonderkündigungsschutz – Auszubildende (str.). Nicht teilnahmeberechtigt sind: – Beamte – Richter – Soldaten – Arbeitnehmer im Notdienst.	Kampfmittel ist jede kollektive Maßnahme zur Störung der Arbeitsbeziehungen. Zulässig sind Kampfmittel nur, wenn sie die von der Rechtsprechung aufgestellten Voraussetzungen erfüllen. Auf Arbeitnehmerseite kommen in Betracht: – Streik – Nichtleistung von Arbeit – Schlechtleistung (einschl. Dienst nach Vorschrift) – Massenänderungskündigung – Boykott. Auf Arbeitgeberseite kommen in Betracht: – (suspendierende und lösende) Aussperrung – Betriebs(teil)stillegung – Streikprämien – Boykott. Generell unzulässig sind Betriebsbesetzungen und Betriebsblockaden.	Zulässig sind nur auf Abschluß, Änderung oder Beseitigung von Tarifverträgen sowie auf Abwehr von rechtswidrigen Arbeitskämpfen gerichtete Arbeitskämpfe. Unzulässig sind insbesondere der – politische Arbeitskampf – Generalstreik (Ausnahme: Widerstand nach Art. 20 IV GG) – Demonstrationsstreik – Sympathiearbeitskampf – Kampf um die Durchsetzung bereits bestehender Ansprüche.

I. Grundlagen

cc) Europäische Menschenrechtskonvention. Unmittelbar geltendes Recht enthält die Europäische Konvention zum Schutz der Menschenrechte und Grundfreiheiten vom 4.11.1950. Nach Art. 11 Abs. 1 EMRK haben alle Menschen das Recht, sich friedlich zu versammeln und frei mit anderen zusammenzuschließen sowie zum Schutz ihrer Interessen Gewerkschaften zu bilden und ihnen beizutreten. Dieses Recht, das auch die Arbeitskampffreiheit umfaßt, geht nicht über die Gewährleistung von Art. 9 Abs. 3 GG hinaus[17].

13

4. Begriff des Arbeitskampfes

a) Definition

Der Arbeitskampf ist nicht gesetzlich definiert. In der Literatur wird eine Vielzahl von Begriffsbestimmungen angeboten. Eine weite Definition hat den Vorteil, daß die Entscheidung über Rechtmäßigkeit oder Rechtswidrigkeit nicht gegen den allgemeinen Sprachgebrauch über den Begriff erfolgt. Üblicherweise wird der Arbeitskampf umschrieben als **kollektive Maßnahme der Arbeitgeber- oder Arbeitnehmerseite zur Störung der Arbeitsbeziehungen, um ein bestimmtes Ziel zu erreichen**[18].

14

aa) Kampfparteien. Parteien des Arbeitskampfes können nur Arbeitnehmer oder Arbeitgeber und deren Organisationen sein. Störungen, die von Lieferanten, Kunden oder Konkurrenten bewirkt werden, sind keine Arbeitskampfmaßnahmen. In der Regel stehen im Arbeitskampf **Arbeitgeberverbände** und **Gewerkschaften** einander gegenüber. Begriffsnotwendig ist dies jedoch nicht. Auch einzelne Arbeitgeber oder organisierte Gruppen von Arbeitnehmern, die bewußt und gewollt gemeinsam handeln, können Kampfparteien sein.

15

bb) Kampfmittel. Kampfmittel ist **jede kollektive Maßnahme** zur Störung der Arbeitsbeziehungen. Zu den Kampfmaßnahmen gehören vor allem die **Nicht- oder Schlechtleistung** und die **Nichtannahme der Leistung**. Auch ein bloßer **wirtschaftlicher oder psychischer Druck** (Zahlung einer Streikprämie, Betriebsblockade, Urabstimmung) wird als Kampfmittel angesehen, sofern dadurch die Arbeitsbeziehungen gestört werden.

16

Es gibt **keinen numerus clausus zulässiger Kampfmittel**[19]. Die Koalitionen sollen beim Abschluß von Tarifverträgen frei sein. Dazu müssen sie die Mittel, die sie zur Erreichung dieses Zieles einsetzen, selbst wählen können[20]. Außer Streik und Aussperrung können also weitere Kampfmittel verwendet werden. Dabei müs-

17

---

[17] BAG, Urt. v. 10.6.1980, AP Nr. 65 zu Art. 9 GG Arbeitskampf.
[18] Vgl. etwa *Brox/Rüthers*, Arbeitskampfrecht, Rn. 17; *Zöllner/Loritz*, Arbeitsrecht, § 39 V 1.
[19] BVerfGE 84, 212 (230).
[20] BVerfGE 88, 103 (114); 92, 365 (393); 94, 268 (283).

sen aber die allgemeinen, für sämtliche Arbeitskampfmaßnahmen geltenden Voraussetzungen (s. unten Rn. 37 ff.) eingehalten werden, vor allem der Grundsatz der Verhältnismäßigkeit[21]. **Verfassungsrechtlich anerkannte Arbeitskampfmaßnahmen** sind jedenfalls der **Streik**[22] und die **Aussperrung**, zumindest als Abwehraussperrung[23].

18 cc) **Kampfziel.** Kampfziel ist in der Regel der Abschluß eines Tarifvertrags zu geänderten Bedingungen. Das braucht aber nicht zu sein. Von einem Arbeitskampf spricht man auch dann, wenn ein anderes (z. B. politisches) Ziel angestrebt wird[24]. Freilich hält die h. M. Arbeitskämpfe, die nicht zur Erreichung tariflicher Ziele geführt werden, für unzulässig[25]. Der Arbeitskampf wird wegen seiner Hilfsfunktion für die Tarifautonomie gewährleistet[26]. Diese Funktion begrenzt zugleich seine Zulässigkeit.

b) Abgrenzung zu anderen kollektiven Erscheinungen

19 aa) **Kollektive Ausübung von Zurückbehaltungsrechten.** Mit dem Arbeitskampf sollen kollektive Arbeitsbedingungen für die Zukunft erzwungen werden. Der Arbeitskampf dient der Lösung einer **Regelungsstreitigkeit.** Bei der kollektiven Ausübung von Leistungsverweigerungsrechten (Zurückbehaltungsrechten) geht es nicht um eine Regelung, sondern um die **Durchsetzung von Rechtsansprüchen.**

Beispiel für Regelungsstreit: Auseinandersetzung um eine Lohnerhöhung oder eine Arbeitszeitregelung; für Rechtsstreit: Streit um rückständiges Entgelt oder um die Einhaltung von Arbeitsschutzbestimmungen.

20 Die kollektive Ausübung von Zurückbehaltungsrechten ist nach der Rechtsprechung nur zulässig, wenn die Arbeitnehmer unmißverständlich zum Ausdruck bringen, daß sie (kollektiv) einen ihnen bereits zustehenden Rechtsanspruch geltend machen und nicht eine Änderung bestehender Arbeitsbedingungen erzwingen wollen[27].

21

---

[21] BVerfGE 84, 212 (225); 88, 103 (114).
[22] BVerfGE 88, 103 (114); 92, 365 (394).
[23] BVerfGE 84, 212 (225).
[24] *Brox/Rüthers*, Arbeitsrecht, Rn. 302; *Zöllner/Loritz*, Arbeitsrecht, § 39 V 1 d.
[25] BAG, Urt. v. 26.10.1971, 27.6.1989, AP Nr. 44, 113 zu Art. 9 GG Arbeitskampf; *Brox/Rüthers*, Arbeitskampfrecht, Rn. 129, 138; *Gamillscheg*, Kollektives Arbeitsrecht I, § 20 III 2 d; Münch ArbR/*Otto*, § 285 Rn. 1, 17, 25 ff.; *Zöllner/Loritz*, Arbeitsrecht, § 40 II 1 b.
[26] BVerfGE 84, 212; BAG, Urt. v. 10.6.1980, 21.1.1988, AP Nr. 64, 90 zu Art. 9 GG Arbeitskampf.
[27] BAG, Urt. v. 20.12.1963, AP Nr. 32 zu Art. 9 GG Arbeitskampf.

bb) **Massenkündigungen.** Darunter versteht man Kündigungen, die von Arbeitnehmern oder Arbeitgebern planmäßig und organisiert ausgesprochen werden, um ein bestimmtes Ziel zu erreichen. Massenkündigungen sind als Beendigungs-und als Änderungskündigungen denkbar. Die Rechtsprechung wertet nur die von der Arbeitnehmerseite gleichlautend und organisiert erklärten Kündigungen als Arbeitskampfmaßnahme[28], nicht die der Arbeitgeberseite[29]. Teile der Lehre behandeln jede Massenkündigung als Arbeitskampfmaßnahme[30]. Andere sehen in ihr rein individualrechtliche Erscheinungen, auf die die Grundsätze des Arbeitskampfrechts keine Anwendung finden[31]; eine Maßnahme, die individualrechtlich erlaubt sei, könne nicht dadurch rechtswidrig werden, daß hiervon kollektiv Gebrauch gemacht werde. Die differenzierende Lösung der Rechtsprechung verdient den Vorzug: Den Arbeitnehmern steht zur Regelung kollektiver Angelegenheiten immer das Mittel des Tarifvertrags zur Verfügung. Der Arbeitgeber kann kollektive individualrechtliche Regelungen nur individualrechtlich ändern. Ein Abbau im Arbeitsvertrag zugesagter Leistungen durch Tarifvertrag kommt nicht in Betracht.

5. Arten des Arbeitskampfes

Arbeitskämpfe erscheinen in vielfältigen Formen. Sie lassen sich nach unterschiedlichen Kriterien einteilen[32]:

22

nach dem Ziel und dem Adressaten	nach der zeitlichen Dauer	nach der Zahl der Teilnehmer	nach der Rolle als Angreifer	nach der verbandlichen Organisation
– tarifvertragsbezogener Arbeitskampf – politischer Arbeitskampf – Demonstrationsarbeitskampf – Hauptarbeitskampf – Sympathiearbeitskampf	– Erzwingungsarbeitskampf – Warn- oder Kurzarbeitskampf	– General-, Voll-, Teil-, Schwerpunktstreik – General-, Voll-, Teil-, Schwerpunktaussperrung	– Angriffsstreik – Angriffsaussperrung – Abwehrstreik – Abwehraussperrung	– „wilder" Arbeitskampf – koalitionsmäßig organisierter Arbeitskampf – von einer Koalition übernommener Arbeitskampf

---

[28] BAG, Urt. v. 28.4.1966, AP Nr. 37 zu Art. 9 GG Arbeitskampf.
[29] BAG, Urt. v. 28.1.1955, 3.9.1968, AP Nr. 1, 39 zu Art. 9 GG Arbeitskampf.
[30] *Ramm*, BB 1964, 1174; *Reuß*, JZ 1965, 348.
[31] *Löwisch*, Arbeitsrecht, Rn. 457 m.w.N.; *Säcker*, DB 1967, 1086.
[32] Zu weiteren Einteilungsmöglichkeiten *Gamillscheg*, Kollektives Arbeitsrecht I, § 20 I 1 a, b.

23 Das Ziel eines **tarifvertragsbezogenen Arbeitskampfes (= Arbeitskampf im engeren Sinne)** ist der Abschluß, die Änderung oder Beendigung eines Tarifvertrags. Die Kampfmaßnahmen richten sich allein gegen die andere Tarifpartei, die zugleich der Adressat der Forderungen ist. Bei einem **politischen Arbeitskampf** richten sich die Kampfmaßnahmen gegen einen Hoheitsträger, der zu einem bestimmten Handeln gezwungen werden soll, etwa zum Erlaß eines Gesetzes oder einer Verordnung. Einen nur für kurze Zeit geführten politischen Streik pflegt man als **Demonstrationsstreik** zu bezeichnen. Politische Streiks sind, von der Ausnahme des Art. 20 Abs. 4 GG abgesehen, rechtswidrig (s. unten Rn. 42). Der **Sympathiearbeitskampf** dient der Unterstützung eines von anderen Tarifvertragsparteien geführten **(Haupt-)Arbeitskampfes**. Gegner eines Sympathiestreiks ist der unmittelbar bestreikte Arbeitgeber, Adressat der Forderungen ist dagegen der Arbeitgeber oder der Arbeitgeberverband des Hauptarbeitskampfes. Der Normalfall eines Arbeitskampfes ist der **Erzwingungskampf**. Es wird solange gekämpft, bis das Kampfziel erreicht ist oder sich als unerreichbar herausstellt. Sollen Kampfmaßnahmen nur kurzfristig oder nur vorübergehend erfolgen, so handelt es sich um einen **Warn- oder Kurzarbeitskampf** (Warn- oder Kurzstreik, Warn- oder Kurzaussperrung). Mit Warnstreiks versucht die Gewerkschaft, den Arbeitgebern und ihren Verbänden zu demonstrieren, daß sie entschlossen ist, ihre Forderungen notfalls auch mit Hilfe eines – möglicherweise länger dauernden – Erzwingungsstreiks durchzusetzen. Beim **Generalstreik** legen sämtliche Arbeitnehmer eines Landes ihre Arbeit nieder, beim **Voll- oder Flächenstreik** alle Arbeitnehmer eines Wirtschaftszweiges oder zumindest eines Tarifgebietes, beim **Teil- oder Schwerpunktstreik** die Arbeitnehmer einzelner Abteilungen oder Betriebe, denen zumeist eine Schlüsselfunktion zukommt (Zulieferbetriebe, Energieversorgung). Das Gegenstück sind General-, Voll-, Teil- und Schwerpunktaussperrungen. Ob Vollstreiks oder Schwerpunktstreiks durchgeführt werden, ist eine Frage der Kampftaktik. Schwerpunkt- und Teilstreiks schonen die gewerkschaftliche Streikkasse und zwingen unter Umständen den Arbeitgeber oder den Arbeitgeberverband zur Aussperrung, bei der nicht nach Organisierten und Nichtorganisierten unterschieden werden darf. Ferner unterscheidet man danach, ob ein Arbeitskampf von einer Koalition geführt wird oder nicht. Ein **gewerkschaftlich oder von einem Arbeitgeberverband geführter Arbeitskampf** setzt den Beschluß der Koalition voraus, eine Arbeitskampfmaßnahme zu ergreifen. Fehlt es daran, spricht man von einem „**wilden**" oder „**spontanen**" **Arbeitskampf**; er ist regelmäßig unzulässig[33]. Die Koalition hat aber die Befugnis, einen spontanen/wilden Arbeitskampf zu übernehmen[34], und zwar auch rückwirkend. Je nachdem, ob einer bestimmten Kampfmaßnahme bereits eine Maßnahme der Gegensei-

---

[33] BAG, Urt. v. 27.9.1957, 7.6.1988, AP Nr. 6, 106 zu Art. 9 GG Arbeitskampf; *Söllner/Waltermann*, Arbeitsrecht, § 11 V; *Zöllner/Loritz*, Arbeitsrecht, § 40 VIII.
[34] BAG, Urt. v. 5.9.1955, 20.12.1963, AP Nr. 3, 32 zu Art. 9 GG Arbeitskampf; *Brox/Rüthers*, Arbeitskampfrecht, Rn. 34; *Schaub*, Arbeitsrechts-Handbuch, § 193 Rn. 52.

te vorausgegangen ist, spricht man von einem **Angriffs- oder Abwehrstreik** bzw. von einer **Angriffs- oder Abwehraussperrung.**

6. Arbeitskampfmaßnahmen der Arbeitnehmer

a) Streik

aa) Begriff. Streik (von engl. „to strike") ist die von einer größeren Anzahl von Arbeitnehmern planmäßig und gemeinschaftlich durchgeführte Verletzung der Arbeitspflicht zur Erreichung eines gemeinschaftlichen Zieles. Der Streik kann im wesentlichen in drei Formen geführt werden: 24
- durch **Arbeitseinstellung.** Eine Arbeitseinstellung liegt vor, wenn die Arbeitnehmer nicht an der Arbeitsstelle erscheinen oder wenn sie sich zwar einfinden, aber nicht arbeiten (Sitzstreik); nicht (mehr) erforderlich ist die vorherige Kündigung durch die Arbeitnehmer[35],
- durch **Schlechterfüllung** der Arbeitspflicht (Bummelstreik) oder
- durch **übergenaue Befolgung von Ordnungs- oder Sicherheitsbestimmungen,** die den Betrieb stören oder zum Erliegen bringen („Dienst nach Vorschrift").

bb) Durchführung. Die Durchführung des Streiks bestimmt sich nach den Arbeitskampfrichtlinien der Gewerkschaften[36]. Sie unterscheiden sieben Phasen: 25

1. **Beschluß der Gewerkschaft zur Einleitung des Streiks.** Über den Inhalt des Beschlusses muß die Gegenseite nicht im einzelnen unterrichtet werden; um beurteilen zu können, ob sie es mit einer zulässigen oder einer unzulässigen Arbeitskampfmaßnahme zu tun hat, muß aber zumindest die Existenz des Beschlusses erkennbar sein[37].
2. **Beschluß zur Durchführung der Urabstimmung** aller Gewerkschaftsmitglieder über den Streik.
3. **Aufforderung an alle Mitglieder**, an der Urabstimmung teilzunehmen.
4. **Urabstimmung.** In der Regel müssen 75 % der an der Abstimmung teilnehmenden Mitglieder einem Arbeitskampf zustimmen. Ob ein Streik, der ohne die erforderliche Urabstimmung durchgeführt wird, zulässig ist, ist umstritten (s. Rn. 66).
5. **Genehmigung des Streikbeschlusses** durch das zuständige Organ der Gewerkschaft, zumeist durch den Hauptvorstand. Das Organ ist an das Ergebnis der Urabstimmung nicht gebunden.
6. **Streikbefehl der Gewerkschaft** an die Mitglieder und Aufforderung an die Nichtmitglieder, sich am Streik zu beteiligen. Gewerkschaftsmitglieder sind verbandsrechtlich zur Streikteilnahme verpflichtet; Zuwiderhandlung kann zum Ausschluß aus der Ge-

---

[35] BAG GS, Beschl. v. 28.1.1955, AP Nr. 1 zu Art. 9 GG Arbeitskampf.
[36] Vgl. z. B. für den DGB die Arbeitskampfrichtlinien vom 5.6.1974, abgedr. in RdA 1974, 306.
[37] BAG, Urt. v. 31.10.1995, AP Nr. 140 zu Art. 9 GG Arbeitskampf.

werkschaft und zum Verlust des Anspruchs auf Unterstützung bei einer eventuellen Aussperrung führen.
7. **Tatsächliche Arbeitsniederlegung.** Die Teilnahme des einzelnen Arbeitnehmers am Streik und die damit verbundene Suspendierung der arbeitsvertraglichen Hauptleistungspflichten setzt eine entsprechende Erklärung voraus[38].

26 Zur Durchführung des Arbeitskampfes wird eine **Streikleitung** gebildet. Sie organisiert und überwacht die Kampfmaßnahmen und informiert die Öffentlichkeit. Ihre Zusammensetzung richtet sich nach dem Kampfbereich. Bei einem Streik in einem größeren Bereich werden regelmäßig eine **zentrale Streikleitung** und **örtliche Streikleitungen** gebildet. **Streikposten** werden aufgestellt, um Arbeitswillige („Streikbrecher") zur Teilnahme am Streik zu veranlassen. Das darf nur durch Überredung und ähnliche „geistig-ideelle" Maßnahmen geschehen (s. im einzelnen Rn. 68 f.)[39].

27 cc) **Beendigung.** Über die Beendigung eines Streiks entscheiden die zuständigen Organe. Die Beendigung muß dem Arbeitgeber von der streikführenden Gewerkschaft oder den streikbeteiligten Arbeitnehmern mitgeteilt werden. Der Beschluß der streikführenden Gewerkschaft allein genügt nicht. Im Konflikt um einen Verbandstarifvertrag kann die Mitteilung auch gegenüber dem Arbeitgeberverband erfolgen. Eine öffentliche Verlautbarung über die Medien kann eine unmittelbare Mitteilung nur ersetzen, wenn sie zur Kenntnis des betroffenen Arbeitgebers gelangt. Die Meldung muß hinreichend genau darüber informieren, wann, wo und inwieweit der Streik enden soll, und sie muß klar zum Ausdruck bringen, daß der Beschluß von der streikführenden Gewerkschaft stammt[40].

b) Boykott

28 Ein Boykott liegt vor, wenn jemand (der Boykottierer) einen bestimmten Personenkreis (Boykottanten) auffordert, die Beziehungen zu einem Dritten ganz oder teilweise abzubrechen. Kampfmittel ist der Ausschluß des Gegners vom rechtsgeschäftlichen Verkehr. Dabei kann die kämpfende Partei selbst jeden geschäftlichen Kontakt zum Gegner verweigern oder Dritte zu einem entsprechenden Verhalten veranlassen. Der Boykott kann die Arbeitsverträge betreffen (Zuzugssperre) oder andere Verträge. Beispielsweise können die Arbeitnehmer andere Arbeitnehmer oder Dritte auffordern, Waren oder sonstige Leistungen bestimmter Arbeitgeber nicht zu beziehen. Auch die Arbeitgeber können die Arbeitnehmerseite boykottieren, etwa indem sie „schwarze Listen" von Personen aufstellen, die nicht eingestellt werden sollen.

---

[38] St. Rspr., vgl. zuletzt BAG, Urt. v. 7.4.1992, AP Nr. 122 zu Art. 9 GG Arbeitskampf.
[39] St. Rspr., vgl. BAG, Urt. v. 29.3.1957, 11.7.1995, AP Nr. 5, 139 zu Art. 9 GG Arbeitskampf.
[40] BAG, Urt. v. 23.10.1996, AP Nr. 146 zu Art. 9 GG Arbeitskampf.

Namensgeber für den Boykott war der englische Gutsverwalter Ch. C. Boycott, der Mitte des 19. Jahrhunderts seine (irischen) Pächter schlecht behandelte und daraufhin in Irland „boykottiert" wurde.

c) Betriebsbesetzung und Betriebsblockade

Unter einer Betriebsbesetzung versteht man das Besetzen des Arbeitsplatzes nach Eindringen in den Betrieb oder das Verbleiben am Arbeitsplatz trotz Aufforderung, ihn zu verlassen. Die überwiegende Meinung hält Betriebsbesetzungen für **rechtswidrig**, da sie es dem Arbeitgeber unmöglich machen, die Produktion mit Hilfe Arbeitswilliger fortzusetzen[41]. Darin liegt nicht nur ein Eingriff in das Eigentum und den eingerichteten und ausgeübten Gewerbebetrieb, sondern auch eine Störung der Kampfparität. Außerdem wird in das Recht arbeitswilliger Arbeitnehmer eingegriffen, dem Arbeitskampf fernzubleiben. Betriebsbesetzungen erfüllen in aller Regel den Tatbestand des Hausfriedensbruchs (§ 123 StGB). Die Rechtsprechung hat allerdings offen gelassen, ob nach dem Grundsatz der freien Wahl der Kampfmittel Betriebsbesetzungen ausnahmsweise dann zulässig sind, wenn aufgrund neuer technologischer Entwicklungen ein Streik leerliefe[42].

7. Arbeitskampfmaßnahmen und sonstige Reaktionsmöglichkeiten der Arbeitgeber

a) Aussperrung

aa) Begriff. Aussperrung (Übersetzung von engl. „lock-out") ist die planmäßige Ausschließung mehrerer Arbeitnehmer von der Arbeit unter Verweigerung der Lohnfortzahlung zur Erreichung bestimmter Ziele durch einen oder mehrere Arbeitgeber. Die Aussperrung kann uno actu oder sukzessive erfolgen[43]. In jedem Fall bedarf sie einer eindeutigen Erklärung[44]; es genügt nicht, wenn der Arbeitgeber Arbeitnehmer ohne jede Erläuterung nach Hause schickt. Ermächtigt der Arbeitgeberverband die Verbandsmitglieder zur Aussperrung, bedarf es der Mitteilung der Ermächtigung[45].

bb) Formen. Ergreift die Arbeitgeberseite die Initiative zum Arbeitskampf, liegt eine **Angriffsaussperrung** vor, reagiert sie auf den Streik einer Gewerkschaft, so spricht man von einer **Abwehraussssperrung**. Während die allgemeine Meinung die Abwehraussperrung als solche für grundrechtlich garantiert hält[46], ist die Zu-

---

[41] BAG, Urt. v. 8.11.1988, AP Nr. 111 zu Art. 9 GG Arbeitskampf; *Gamillscheg*, Kollektives Arbeitsrecht I, § 21 V 1 m.w.N.; *Kissel*, Arbeitskampfrecht, § 61 Rn. 68 ff.
[42] BAG, Urt. v. 21.6.1988, 8.11.1988, AP Nr. 108, 111 zu Art. 9 GG Arbeitskampf.
[43] BAG, Urt. v. 14.10.1960, AP Nr. 10 zu Art. 9 GG Arbeitskampf.
[44] BAG, Urt. v. 27.6.1995, AP Nr. 137 zu Art. 9 GG Arbeitskampf.
[45] BAG, Urt. v. 31.10.1995, AP Nr. 140 zu Art. 9 GG Arbeitskampf.
[46] BVerfGE 84, 212.

lässigkeit von Angriffsaussperrungen umstritten (s. Rn. 80). Bei einer **suspendierenden Abwehraussperrung** weigert sich der Arbeitgeber, streikende und/oder weitere Arbeitnehmer seines Betriebs zu beschäftigen und zu bezahlen, ohne daß es zu einer Beendigung des Arbeitsverhältnisses kommt. Bei der **lösenden Abwehraussperrung** reagiert der Arbeitgeber nicht nur durch Suspendierung der arbeitsvertraglichen Hauptpflichten, sondern durch Auflösung des Arbeitsverhältnisses. Eine lösende Abwehraussperrung ist nur selten erforderlich, da der Arbeitgeber sein Ziel in aller Regel mit einer Suspensivaussperrung erreichen kann (s. Rn. 61). Die Aussperrung kann sich auf das bisherige Kampfgebiet beschränken; möglich ist aber auch eine **kampfgebietsausweitende Aussperrung**. Sie kommt vor allem dann in Betracht, wenn durch einen Streik in einem Unternehmen, das Betriebe in zwei Tarifgebieten hat, ein Firmentarifvertrag durchgesetzt werden soll und wenn auch der für das zweite Tarifgebiet zuständige Arbeitgeberverband dem bestreikten Betrieb zu Hilfe kommen will. Die Gewerkschaft selbst hat mit der Forderung nach einem Firmentarifvertrag das Kampfgebiet abgesteckt. Von einer **Selektivaussperrung** spricht man, wenn nur bestimmte Personengruppen, etwa nur Gewerkschaftsmitglieder, ausgesperrt werden.

b) Suspendierende Betriebs(teil-)stillegung

33 aa) **Bedeutung.** Das Arbeitskampfrecht kennt keine Pflicht zur aktiven Abwehr von Kampfmaßnahmen. Der Arbeitgeber ist nicht gehindert, sich dem Streik zu beugen. Er kann deshalb nach neuerer Rechtsprechung den bestreikten **Betrieb oder Betriebsteil** selbst dann **stillegen**[47], wenn ihm die Aufrechterhaltung technisch möglich und wirtschaftlich zumutbar wäre. Etwas anderes ergebe sich auch nicht aus der arbeitsvertraglichen Beschäftigungspflicht. Denn der Arbeitgeber könne nicht sicher sein, daß die Arbeitswilligen uneingeschränkt und jederzeit darauf verzichten, sich dem Arbeitskampf anzuschließen. Er müsse deshalb die Möglichkeit haben, seine arbeitsvertraglichen Pflichten der arbeitskampfrechtlichen Lage anzupassen. Die Stillegung führt zur **Suspendierung der Hauptleistungspflichten.** Das BAG sieht darin keine Arbeitskampfmaßnahme, da der Arbeitgeber nicht aktiv in das Geschehen eingreife und erst recht nicht den Kampf ausweite, sofern sich die Stillegung im Rahmen des gewerkschaftlichen Streikbeschlusses halte. Diese Sicht ist allerdings recht vordergründig, den tatsächlich bezieht der Arbeitgeber – wie bei der Aussperrung – nicht streikende Arbeitnehmer in die Auseinandersetzung ein[48].

---

[47] BAG, Urt. v. 22.3.1994, 31.1.1995, 17.2.1998, AP Nr. 130, 135, 152 zu Art. 9 GG Arbeitskampf.
[48] Die Rechtsprechung des BAG hat deshalb viel Kritik erfahren, vgl. *Kissel*, Arbeitskampfrecht, § 33 Rn. 113 ff. m.w.N.

bb) Erklärung der Betriebsstillegung.
Der Arbeitgeber muß das Recht, den Betrieb ganz 34
oder teilweise stillzulegen, durch eine Erklärung an die betroffenen Arbeitnehmer geltend
machen[49]. Eine Erklärung gegenüber der kampfführenden Gewerkschaft ist weder notwendig noch hinreichend, da die Stillegung gerade keine Arbeitskampfmaßnahme darstellt. Die
Erklärung kann auch schlüssig erfolgen. Von einer schlüssigen Stillegung ist auszugehen,
wenn das gesamte Verhalten des Arbeitgebers deutlich macht, daß er sich dem Streik beugen und den Betrieb deshalb nicht weiterführen will. Nicht ausreichend ist es, daß der Betrieb zwar zum Erliegen kommt, der Arbeitgeber aber den Eindruck erweckt, er wolle die
Arbeitnehmer so bald und so weit wie möglich wieder zur Arbeit heranziehen[50]. Versucht
der Arbeitgeber, den Betrieb weiterzuführen, so gelten die allgemeinen Grundsätze über
das Arbeitskampfrisiko (s. Rn. 114 ff.). Arbeitswillige verlieren ihren Entgeltanspruch nur,
wenn die Beschäftigung infolge des Streiks unmöglich oder unzumutbar wird[51].

c) Streikprämien

Streikprämien, auch Streikbruchprämien genannt, sind Zuwendungen, die der Arbeitgeber 35
an Arbeitnehmer allein dafür zahlt, daß sie während eines Streiks weiter ihrer Arbeit nachgehen. Die Zahlung von Streikprämien **während** des Arbeitskampfes wertet die Rechtsprechung[52] als Arbeitskampfmaßnahme. Der Arbeitgeber nimmt Einfluß auf das Arbeitskampfgeschehen, um die Auswirkungen des Streiks zu mindern. Die Streikprämie ist nach
dem Grundsatz der freien Wahl der Kampfmittel grundsätzlich zulässig. Den Tarifvertragsparteien ist es unbenommen, nach Beendigung des Arbeitskampfes für die Streikteilnehmer
Ausgleichszahlungen zu vereinbaren. Dagegen verstoßen Streikprämien, die Arbeitnehmern
nach Beendigung des Arbeitskampfes gewährt werden, gegen das Maßregelungsverbot des
§ 612 a BGB mit der Folge, daß auch die zunächst nicht bedachten Arbeitnehmer einen
Anspruch auf die Zuwendung haben[53]. Anders ist es, wenn die von der Prämienzahlung
Begünstigten während des Streiks Belastungen ausgesetzt waren, die erheblich über das
normale Maß der mit jeder Streikarbeit verbundenen Erschwerungen hinausgingen. In diesem Fall wird zulässigerweise die besondere Belastung vergütet.

d) Weiterarbeit

Dem bestreikten Arbeitgeber ist es grundsätzlich erlaubt, einem Streik dadurch zu begeg- 36
nen, daß er durch organisatorische oder sonstige Maßnahmen die Auswirkungen auf seinen
Betrieb zu mindern versucht. Er kann die durch Streik ausgefallene Arbeit durch arbeitswillige Arbeitnehmer verrichten lassen, neue Arbeitnehmer einstellen oder durch den Streik
ausfallende Arbeit an Dritte vergeben. Leiharbeitnehmer muß er darauf hinweisen, daß der
Betrieb bestreikt wird; sie sind nicht verpflichtet, bei einem bestreikten Arbeitgeber tätig zu
sein (§ 11 Abs. 5 AÜG).

---

[49] BAG, Urt. v. 31.1.1995, 11.7.1995, AP Nr. 135, 138, 139 zu Art. 9 GG Arbeitskampf.
[50] BAG, Urt. v. 11.7.1995, AP Nr. 138 zu Art. 9 GG Arbeitskampf.
[51] BAG, Urt. v. 11.7.1995, AP Nr. 138, 139 zu Art. 9 GG Arbeitskampf.
[52] BAG, Urt. v. 11.8.1992, 13.7.1993, AP Nr. 124, 127 zu Art. 9 GG Arbeitskampf.
[53] BAG, Urt. v. 11.8.1992, AP Nr. 124 zu Art. 9 GG Arbeitskampf.

II. Voraussetzungen eines rechtmäßigen Arbeitskampfes

37 Arbeitskämpfe sind wegen der Verfassungsgarantie für ein freiheitliches Tarifsystem zwar grundsätzlich zulässig. Die Arbeitskampffreiheit besteht aber nicht unbeschränkt. Die Rechtmäßigkeit eines Arbeitskampfes richtet sich nach den von der Rechtsprechung und der Wissenschaft entwickelten Grundsätzen.

1. Arbeitskampf nur durch zuständige Tarifvertragsparteien

a) Tariffähigkeit

38 Aus der Funktion des Arbeitskampfes als **Hilfsinstrument der Tarifautonomie** folgt, daß ein Arbeitskampf nur zwischen Tarifvertragsparteien geführt werden darf[54]. Arbeitskampffähig ist nur, wer tariffähig ist. Tariffähig sind Gewerkschaften, einzelne Arbeitgeber und Arbeitgebervereinigungen (§ 2 Abs. 1 TVG) sowie Spitzenorganisationen, also Zusammenschlüsse von Gewerkschaften und von Arbeitgebervereinigungen (§ 2 Abs. 2 TVG). Sonstige Koalitionen bieten keine ausreichende Gewähr für die Einhaltung und Durchführung von Tarifverträgen und für die Sicherung der Friedenspflicht[55].

b) Tarifzuständigkeit

39 Die Kampfparteien müssen für den Abschluß des erstrebten Tarifvertrags **örtlich und fachlich zuständig** sein[56]. Nach h. M. ist die Zuständigkeit beider Tarifvertragsparteien nämlich Voraussetzung für die Wirksamkeit des Tarifvertrags (s. oben § 13 Rn. 74). Die Tarifzuständigkeit ergibt sich aus den Satzungen der Koalitionen, beim Firmentarifvertrag aus dem Gegenstand des Unternehmens, für den der Tarifvertrag Geltung beansprucht.[57] Die Tarifvertragsparteien können ihre satzungsgemäße Zuständigkeit ohne weiteres ändern[58]. Zulässig ist auch die Beschränkung der Tarifzuständigkeit auf einen Teil der Mitglieder. Dadurch entstehen Mitgliedschaftsverhältnisse mit und ohne Tarifbindung („OT-Mitglieder", s. im einzelnen § 13 Rn. 75 ff.). Da die OT-Mitglieder nicht an den Verbandstarifvertrag gebunden sind, können sie bestreikt werden[59].

---

[54] BAG, Urt. v. 20.12.1963, 14.2.1978, AP Nr. 32, 58 zu Art. 9 GG Arbeitskampf.
[55] *Lieb*, Arbeitsrecht, Rn. 581.
[56] BAG, Urt. v. 27.11.1964, 17.2.1970, AP Nr. 1, 3 zu § 2 TVG Tarifzuständigkeit.
[57] Vgl. im einzelnen *Hromadka/Maschmann/Wallner*, Der Tarifwechsel, Rn. 21 ff. m.w.N.
[58] BAG, Beschl. v. 19.11.1985, 22.11.1988, AP Nr. 4, 5 zu § 2 TVG Tarifzuständigkeit.
[59] Im einzelnen *Buchner*, NZA 1994, 8.

Voraussetzungen eines rechtmäßigen Arbeitskampfes

I. Arbeitskampf
Gesamtregelungsstreitigkeit (Gegensatz: Rechtsstreitigkeit)

II. Arbeitskampf nur durch befugte Kampfparteien
1. Tariffähigkeit der Kampfparteien
2. Tarifzuständigkeit der Kampfparteien

III. Kampf um eine zulässige Tarifregelung
1. Kampf um einen Tarifvertrag mit dem Gegner
2. Tariflich regelbares Kampfziel
3. Beachtung der Grenzen der Tarifmacht

IV. Beachtung der tariflichen Friedenspflicht
1. Relative Friedenspflicht
   a) persönliche Reichweite
   b) sachliche Reichweite
   c) zeitliche Reichweite
2. Absolute Friedenspflicht

V. Ultima-ratio-Prinzip
1. Arbeitskampfmaßnahmen dürfen nur als letztes Mittel eingesetzt werden, wenn alle anderen Verständigungsmöglichkeiten ausgeschöpft sind
2. Gilt auch für Warnstreiks, durch Warnstreik erklärt die Gewerkschaft konkludent die Verhandlungen für gescheitert
3. Urabstimmung keine Rechtmäßigkeitsvoraussetzung

VI. Gebot fairer Kampfführung
1. Verpflichtung zur Organisation von Notdiensten während des Arbeitskampfes
2. Beschränkung der Befugnisse von Streikposten
3. Verbot von Betriebsblockaden
4. Verbot der Existenzvernichtung des Gegners
5. Gebot, nach dem Ende des Arbeitskampfes den Arbeitsfrieden wiederherzustellen

VII. Gebot der Kampfparität
1. Das von der einen Kampfpartei eingesetzte Kampfmittel darf nicht zu einer „strukturellen Entwertung" der Kampfführung der Gegenseite führen („abstrakt-materieller Paritätsbegriff")
2. Auch eng geführte Schwerpunktstreiks beeinträchtigen Kampfparität nicht, da der Arbeitgeber aussperren kann; Fernwirkungen des Arbeitskampfes auf nicht bestreikte Betriebe sind bei der Paritätsprüfung zu berücksichtigen (vgl. die Wertungen in § 146 SGB III)
3. Abwehraussperrungen der Arbeitgeber müssen verhältnismäßig sein
4. Streikprämien und Betriebsstillegungen beeinträchtigen Parität nicht.

c) Teilnahme am Arbeitskampf

Die Frage, wer einen Arbeitskampf führen kann, darf nicht mit dem Problem verwechselt werden, wer an einem von zuständigen Tarifvertragsparteien organisierten Arbeitskampf teilnehmen darf. Teilnahmeberechtigt sind zunächst Arbeitnehmer, die der streikführenden Gewerkschaft angehören. Das ergibt sich letztlich aus dem Grundrecht der individuellen Koalitionsfreiheit (Art. 9 Abs. 3 GG)[60], das dem Einzelnen auch ein Recht auf spezifisch koalitionsmäßige Betätigung gewährt. Aber **auch nicht organisierte Arbeitnehmer** dürfen an einem Arbeitskampf teilnehmen[61]. Ihr Kampfrecht ist für das Funktionieren des Arbeitskampfsystems unverzichtbar, da nur eine Minderheit der Arbeitnehmer gewerkschaftlich organisiert ist. Umgekehrt kann sie der Arbeitgeber – schon aus Gründen der Kampfparität – mit Arbeitskampfmaßnahmen überziehen. Nach h. M. verstößt eine Selektivaussperrung der Gewerkschaftsmitglieder sogar gegen die positive Koalitionsfreiheit[62].

41   Ob **Auszubildende** streiken dürfen, ist umstritten; für den Warnstreik bejaht das BAG Streikfreiheit[63]. Auszubildende sind keine Arbeitnehmer, die eine Gegenleistung für Arbeit erhalten; die Weigerung, sich ausbilden zu lassen, ist keine Arbeitsniederlegung im Sinne des Arbeitskampfrechts. Andererseits können die Ausbildungsbedingungen tariflich geregelt werden. Nicht selten, vor allem wenn sie nicht in Lehrwerkstätten ausgebildet werden, wird es Auszubildenden unmöglich oder unzumutbar sein, bei einem Streik die Ausbildung fortzusetzen. **Richter, Beamte und Soldaten** dürfen nicht streiken, da dies mit den hergebrachten Grundsätzen des Berufsbeamtentums nicht zu vereinbaren ist[64]. **Angestellte und Arbeiter im öffentlichen Dienst** dürfen streiken[65], sofern sie nicht hoheitliche Funktionen ausüben oder in lebenswichtigen Versorgungsbetrieben tätig sind[66].

2. Arbeitskampf um eine zulässige Tarifregelung

a) Tarifvertrag mit dem Gegner

42   Das Ziel des Arbeitskampfes muß der Abschluß eines Tarifvertrags zwischen den Kampfparteien sein. **Unzulässig** ist deshalb der **politische Arbeitskampf.** In einer parlamentarischen Demokratie dürfen die politischen Entscheidungen nur durch die zuständigen Organe in dem vorgesehenen Verfahren und frei von Zwang getroffen werden. Im übrigen ist der Arbeitgeber der falsche Adressat, und es geht nicht um tarifliche Regelungen. Dasselbe gilt für **Demonstrationsstreiks.** Ebensowenig zulässig sind **Sympathiestreiks,** denn auch sie richten sich nicht gegen den Tarifpartner, mit dem der umstrittene Tarifvertrag geschlossen werden soll[67].

---

[60]   Zu weiteren Ansätzen *Gamillscheg*, Kollektives Arbeitsrecht I, § 21 II 4 a.
[61]   BAG GS, Beschl. v. 21.4.1972, AP Nr. 43 zu Art. 9 GG Arbeitskampf; BVerfGE 84, 212.
[62]   BAG, Urt. v. 10.6.1980, AP Nr. 66 Art. 9 GG Arbeitskampf; *Brox/Rüthers*, Arbeitskampfrecht, Rn. 216; *Gamillscheg*, Kollektives Arbeitsrecht I, § 21 III 7 b m.w.N.
[63]   BAG, Urt. v. 12.9.1984, AP Nr. 81 zu Art. 9 GG Arbeitskampf.
[64]   MünchArbR/*Otto*, § 285 Rn. 191.
[65]   *Söllner/Waltermann*, Arbeitsrecht, § 12 II 1; *Zöllner/Loritz*, Arbeitsrecht, § 40 VI 7 d.
[66]   *Brox/Rüthers*, Arbeitskampfrecht, Rn. 537 ff.; MünchArbR/*Otto*, § 285 Rn. 204 ff.
[67]   BAG, Urt. v. 5.3.1985, 12.1.1988, AP Nr. 85, 90 zu Art. 9 GG Arbeitskampf.

Ziel des Arbeitskampfes muß es sein, den Widerstand desjenigen zu brechen, mit dem der umkämpfte Tarifvertrag abgeschlossen werden soll. Etwas anderes gilt, wenn der Bekämpfte Unterstützungshandlungen für einen fremden Arbeitskampf geleistet hat. Ein Außenseiter kann in einen Arbeitskampf um einen Verbandstarifvertrag einbezogen werden, wenn er an dem Ergebnis der Auseinandersetzungen partizipiert[68].

b) Tariflich regelbares Kampfziel

Die umkämpfte Angelegenheit muß tariflich regelbar sein. Was nicht in einem Tarifvertrag geregelt werden kann, darf erst recht nicht mit einem Arbeitskampf erzwungen werden[69]. **43**

Der Umfang der Tarifmacht ergibt sich für den normativen Teil des Tarifvertrags aus §§ 1 Abs. 1 und 4 Abs. 2 TVG (zu dieser „Binnenschranke" s. § 13 Rn. 142 ff.). Streitig ist, ob tarifliche Regelungen erstreikt werden können, die wegen des Grundsatzes der Tarifeinheit bei Tarifpluralität nicht anwendbar sind[70]. Schuldrechtliche Regelungen sind erkämpfbar, wenn sie dem Bereich der „Arbeits- und Wirtschaftsbedingungen" im Sinne des Art. 9 Abs. 3 GG zuzurechnen sind[71]. Ist das nicht der Fall, sind Gewerkschaften und Arbeitgeber zwar berechtigt, freiwillige Vereinbarungen zu treffen; einen Arbeitskampf dürfen sie darum jedoch nicht führen. **44**

c) Außenschranken der Tarifmacht

Eine weitere Schranke der Arbeitskampffreiheit ergibt sich aus den (äußeren) Grenzen der Tarifmacht. Die Regelungsmacht der Tarifvertragsparteien wird durch die Verfassung und durch zwingendes einfaches Recht beschränkt (s. im einzelnen § 13 Rn. 153 ff.). Ein Streik darf nicht darauf abzielen, den Arbeitgeber zum Austritt aus dem Verband zu veranlassen. Das würde die positive Koalitionsfreiheit des Arbeitgebers verletzen und einen gezielten Angriff auf den Mitgliederbestand des Arbeitgeberverbandes darstellen. Umgekehrt kann der Arbeitgeber aber auch nicht gezwungen werden, seine Mitgliedschaft in einem Arbeitgeberverband aufrechtzuerhalten. Das wäre ein Verstoß gegen die negative Koalitionsfreiheit (Art. 9 Abs. 3 S. 1 GG)[72]. **45**

---

[68] BAG, Urt. v. 18.2.2003, NZA 2003, 866.
[69] BAG, Urt. v. 10.12.2002, NZA 2003, 735.
[70] LAG Hessen, Urt. v. 2.5.2003, NZA 2003, 679.
[71] *Brox/Rüthers*, Arbeitsrecht, Rn. 260; *Hueck/Nipperdey*, Arbeitsrecht II/2, § 49 B II 3.
[72] BAG, Urt. v. 10.12.2002, NZA 2003, 735 f. m. N.

3. Tarifliche Friedenspflicht

a) Begriff und Inhalt

46 **aa) Begriff.** Zu einem Arbeitskampf darf erst dann aufgerufen werden, wenn die Friedenspflicht aus dem Tarifvertrag abgelaufen ist. Unter Friedenspflicht versteht man die Verpflichtung, während der Dauer des Tarifvertrags von Arbeitskampfmaßnahmen in bestimmtem Umfang keinen Gebrauch zu machen[73]. Verstößt ein Arbeitskampf gegen die Friedenspflicht, so ist er insgesamt rechtswidrig, auch wenn gleichzeitig Forderungen durchgesetzt werden sollen, für die keine Friedenspflicht besteht[74].

47 Man unterscheidet zwischen absoluter und relativer Friedenspflicht:
– Die **absolute** Friedenspflicht verbietet schlechthin jeden Arbeitskampf.
– Die **relative** Friedenspflicht verbietet Arbeitskämpfe, die sich gegen bestehende Tarifverträge im ganzen oder gegen einzelne ihrer Bestimmungen richten, die also die Beseitigung oder Änderung laufender Tarifverträge anstreben[75].

48 Die relative Friedenspflicht ist notwendiger Bestandteil jedes Tarifvertrags; sie **bedarf keiner besonderen Vereinbarung**[76]. Der Arbeitnehmer soll durch den Tarifvertrag gesicherte Arbeitsbedingungen, der Arbeitgeber eine feste Grundlage für seine betriebliche Kalkulation erhalten. Es würde Treu und Glauben widersprechen, wenn eine Partei versuchen würde, die Arbeitsbedingungen, die sie selbst vertraglich festgelegt hat, mit Mitteln des Arbeitskampfs zu verändern[77]. Die Tarifvertragsparteien können die relative Friedenspflicht inhaltlich, zeitlich und gegenständlich erweitern[78] oder beschränken. Sie sind die Herren der Tarifverträge. Unzulässig ist indes der völlige Ausschluß der Friedenspflicht[79].

49 **bb) Inhalt.** Die Friedenspflicht führt zu Unterlassungs- und Handlungspflichten. Negativ verbietet sie den Tarifvertragsparteien, selbst einen Arbeitskampf zu führen. Positiv gebietet sie ihnen, die Mitglieder von der Eröffnung oder Weiterführung eines Arbeitskampfes abzuhalten[80]. Sie dürfen ihnen auch nicht zu wilden Arbeitskampfmaßnahmen raten oder wilde Streiks oder Aussperrungen unter-

---

[73] BAG, Urt. v. 27.6.1989, AP Nr. 113 zu Art. 9 GG Arbeitskampf.
[74] BAG, Urt. v. 17.12.1958, AP Nr. 3 zu § 1 TVG Friedenspflicht.
[75] BAG, Urt. v. 21.12.1982, 27.6.1989, AP Nr. 76, 113 zu Art. 9 GG Arbeitskampf.
[76] So bereits RGZ 111, 105 (107 f.); 113, 197 (199).
[77] BAG, Urt. v. 27.6.1989, AP Nr. 113 zu Art. 9 GG Arbeitskampf.
[78] Allg. M., vgl. *Däubler*, Tarifvertragsrecht, Rn. 535; *Kempen/Zachert*, § 1 TVG Rn. 347; *Wiedemann*, § 1 TVG Rn. 699. Streitig sind allerdings Umfang und Grenzen.
[79] *Gamillscheg*, Kollektives Arbeitsrecht I, § 22 II 1 d; MünchArbR/*Löwisch/Rieble*, § 277 Rn. 14.
[80] BAG, Urt. v. 8.2.1957, AP Nr.1 zu § 1 TVG Friedenspflicht.

stützen[81]. Eine Einwirkungspflicht auf nicht oder anders organisierte Arbeitgeber oder Arbeitnehmer besteht aber nicht[82].

Streitig ist, ob Maßnahmen, die einen Arbeitskampf erst vorbereiten sollen – wie etwa die Urabstimmung –, bereits gegen die Friedenspflicht verstoßen. Früher wurde das überwiegend bejaht[83]. Nach neuerer Auffassung stellt erst die tatsächliche Störung der arbeitsvertraglichen Beziehungen eine Arbeitskampfmaßnahme dar. Vorbereitungshandlungen seien für die Friedenspflicht ohne Bedeutung[84]. 50

b) Reichweite

aa) Persönlich. Schuldner der Friedenspflicht sind nur die Tarifvertragsparteien – beim Firmentarifvertrag der Arbeitgeber und die Gewerkschaft, beim Verbandstarifvertrag der Arbeitgeberverband und die Gewerkschaft –, nicht die Mitglieder von Arbeitgeberverbänden und Gewerkschaften; Gläubiger sind auch die Mitglieder[85] Streitig ist, ob die Vereinbarung über die Friedenspflicht ein Vertrag zugunsten Dritter[86] oder ein Vertrag mit Schutzwirkung für Dritte ist[87]. In jedem Fall können die Mitglieder selbst die Unterlassung von Kampfmaßnahmen verlangen und gegebenenfalls Schadensersatz geltend machen[88]. 51

Die Friedenspflicht schließt es nicht aus, daß eine Gewerkschaft, die nicht selbst Partei des Tarifvertrags ist, einen Arbeitgeber oder einen Arbeitgeberverband bestreikt, um ihn zum Abschluß eines Tarifvertrags zu bewegen. Ein zu diesem Zweck geführter Arbeitskampf ist rechtmäßig[89]. Denn die Friedenspflicht gilt, wie gesagt, nur (relativ) zwischen den Tarifvertragsparteien. Allerdings ist das ultima-ratio-Prinzip zu beachten[90]; vor dem Arbeitskampf muß die Gewerkschaft Verhandlungen mit dem Arbeitgeber geführt oder ihn 52

---

[81] BAG, Urt. v. 8.2.1957, AP Nr. 1 zu § 1 TVG Friedenspflicht; Urt. v. 20.12.1963, AP Nr. 33 zu Art. 9 GG Arbeitskampf.
[82] *Wiedemann*, § 1 TVG Rn. 669.
[83] BAG, Urt. v. 31.10.1958, AP Nr. 2 zu § 1 TVG Friedenspflicht; *Hueck/Nipperdey*, Arbeitsrecht II/1, S. 874; vgl. auch *Wiedemann*, § 1 TVG Rn. 675 m.w.N.
[84] BAG GS, Beschl. v. 28.1.1955, AP Nr. 1 zu Art. 9 GG Arbeitskampf. Die entscheidende rechtliche Kampfhandlung ist der gewerkschaftliche Streikbeschluß mit der Aufforderung zur Arbeitsniederlegung; so auch *Gamillscheg*, Kollektives Arbeitsrecht I, § 22 II 5 b.
[85] MünchArbR/*Otto*, § 285 Rn. 80; *Wiedemann*, § 1 TVG Rn. 671.
[86] So z. B. BAG, Urt. v. 10.12.2002, NZA 2003, 735; MünchArbR/*Otto*, § 277 Rn. 9.
[87] So z. B. *Kissel*, Arbeitskampfrecht, § 26 Rn. 51, 145; *Zöllner/Loritz*, Arbeitsrecht, § 40 V.
[88] Ganz h. L., *Kissel*, Arbeitskampfrecht, § 26 Rn. 145 f. m.w.N.; a. A. MünchArbR/*Otto*, § 289 Rn. 4 m.w.N.; *Wiedemann*, § 1 TVG Rn. 661: nur Schadensersatz.
[89] BAG, Urt. v. 4.5.1955, AP Nr. 2 zu Art. 9 GG Arbeitskampf.
[90] BAG, Urt. v. 9.4.1991, AP Nr. 116 zu Art. 9 GG Arbeitskampf.

zumindest dazu aufgefordert haben. Wird ein nicht tarifgebundener Arbeitgeber bestreikt, darf er aussperren[91].

53 Während der Laufzeit eines Verbandstarifvertrags sind Streiks gegen verbandsangehörige Arbeitgeber, mit denen der Abschluß von Firmentarifverträgen erzwungen werden soll, nicht generell ausgeschlossen. Mit dem Beitritt zu einem Verband verlieren Arbeitgeber nicht ihre Tariffähigkeit[92]. Eine Satzungsbestimmung, die den Abschluß von Firmentarifverträgen untersagt, hat keine Außenwirkung. Allerdings darf nicht um Gegenstände gekämpft werden, die in dem Verbandstarifvertrag geregelt sind.

Während der Laufzeit eines Verbandstarifvertrages darf eine Gewerkschaft einen Arbeitgeber, der Mitglied des tarifschließenden Verbandes ist, nicht bestreiken, um bei ihm einen **Firmentarifvertrag** durchzusetzen. Zwar ist es nicht grundsätzlich verboten, Firmentarifverträge zu erstreiken, weil auch der einzelne Arbeitgeber tarif- und damit arbeitskampffähig ist[93]. Die für einen Verbandstarifvertrag geltende Friedenspflicht bindet die Gewerkschaft aber nicht nur gegenüber dem Arbeitgeberverband, sondern auch gegenüber den Verbandsmitgliedern[94]. Firmentarifverträge können daher erst nach Erlöschen der Friedenspflicht aus einem Verbandstarifvertrag erstreikt werden.

54 bb) Sachlich. Die relative Friedenspflicht untersagt nur Kampfmaßnahmen, die sich gegen den Bestand des geltenden Tarifvertrags richten. Entscheidend für den Umfang der Friedenspflicht ist daher der konkrete Inhalt des jeweiligen Tarifvertrags. Er ist durch Auslegung zu ermitteln.

55 Ob eine Sachfrage im Tarifvertrag abschließend geregelt ist, beurteilt sich nach dem Willen der Tarifvertragsparteien. Sie können den gegenständlichen Bereich der relativen Friedenspflicht weiter oder enger ziehen. Schweigt der Tarifvertrag, so sind Arbeitskämpfe um tariflich nicht ausdrücklich geregelte Fragen verboten, wenn zwischen ihnen und den ausdrücklich im Tarifvertrag geregelten Fragen ein innerer sachlicher Zusammenhang besteht[95]. Neuartige Forderungen sind im Zweifel nicht Gegenstand des Tarifvertrags.

Beispiele: Führt ein Tarifvertrag mehrere Fälle auf, in denen dem Arbeitnehmer bei Arbeitsverhinderung aus Gründen in seiner Person das Entgelt fortzuzahlen ist (Familienfeste, Erscheinen vor Gericht usw.), so kann darin die Abdingung des § 616 BGB im übrigen lie-

---

[91] BVerfGE 84, 212.
[92] BAG, Urt. v. 10.12.2002, NZA 2003, 735 m. Darstellung des Streitstandes.
[93] Zur Tarif- und Arbeitskampffähigkeit des einzelnen Arbeitgebers BVerfGE 58, 223 (256); BAG, Urt. v. 4.5.1955, AP Nr. 2 zu Art. 9 GG Arbeitskampf.
[94] Str., wie hier LAG Schleswig-Holstein, Urt. v. 25.11.1999, AP Nr. 157 zu Art. 9 GG Arbeitskampf; *Lieb*, DB 1999, 2058 ff.; *Gamillscheg*, Kollektives Arbeitsrecht I, § 22 II 3 a m.w.N.; a.A. MünchArbR/*Otto*, § 285 Rn. 66; offengelassen von LAG Köln, Urt. v. 14.6.1996, AP Nr. 149 Art. 9 GG Arbeitskampf; vgl. auch BAG, Urt. v. 31.10.1958, 14.11.1958, AP Nr. 2, 4, zu § 1 TVG Friedenspflicht.
[95] BAG, Urt. v. 10.12.2002, NZA 2003, 735.

gen. Legt ein Tarifvertrag den Urlaub für alle Arbeitnehmer gleichmäßig fest, kann für ältere Arbeitnehmer kein Zusatzurlaub erkämpft werden.

Tariflich nicht geregelte Fragen werden von der Friedenspflicht nur erfaßt, wenn gerade der **Regelungsverzicht** zum **Vertragsinhalt** gemacht wurde[96]. Ob das der Fall ist, wird sich häufig aus dem Verlauf der Tarifverhandlungen ergeben. Wurde eine Forderung gestellt und konnte sie nicht durchgesetzt werden, so löst das für sich allein noch nicht die Friedenspflicht aus. War sie aber Bestandteil eines „Verhandlungspaketes" und fiel sie einem Kompromiß zum Opfer, so erfaßt die Friedenspflicht den gesamten ursprünglichen Komplex, und damit auch die nicht durchgesetzte Forderung.

cc) Zeitlich. Die relative Friedenspflicht verbietet Arbeitskämpfe nur während der **Laufzeit** eines Tarifvertrags[97]. Ein nur nach § 4 Abs. 5 TVG **nachwirkender Tarifvertrag** löst die Friedenspflicht **nicht** mehr aus[98]. Das gilt auch dann, wenn der Tarifvertrag vorzeitig beendet würde, etwa durch eine außerordentliche Kündigung. Die Verhandlungen über einen neuen Tarifvertrag stehen nach Ablauf des alten Tarifvertrags nicht unter dem Schutz der relativen Friedenspflicht. Sie können nach der Rechtsprechung von Arbeitskampfmaßnahmen „begleitet" werden[99].

Tritt ein Arbeitgeber aus dem Verband aus, so gelten die Normen des Verbandstarifvertrages nach § 3 Abs. 3 TVG weiter. Damit bleibt nach h. M. auch die Friedenspflicht bestehen. Solange der Arbeitgeber die Tarifnormen einzuhalten hat, muß er von Kampfmaßnahmen zur Erzwingung eines Firmen- oder Anerkennungstarifvertrags verschont bleiben (s. § 13 Rn. 248).

4. Grundsatz der Verhältnismäßigkeit

Arbeitskampfmaßnahmen stehen unter dem Gebot der Verhältnismäßigkeit[100]. Maßnahmen, die zur Erreichung eines rechtmäßigen Kampfzieles nicht geeignet oder nicht erforderlich sind oder deren Wirkungen außer Verhältnis zum erstrebten Kampfziel stehen[101], sind verboten, weil sie Vertragspflichten verletzen und darüber hinaus Dritte und die Allgemeinheit beeinträchtigen können. Daraus ergibt sich eine Reihe weiterer Arbeitskampfregeln:
- der Ultima-ratio-Grundsatz (s. Rn. 62 ff.),
- Aussperrung nur als verhältnismäßige Reaktion auf den Teil- oder Schwerpunktstreik,

---

[96] *Söllner/Waltermann*, Arbeitsrecht, § 12 II 2 b.
[97] *Brox/Rüthers*, Arbeitskampfrecht, Rn. 232; *Kempen/Zachert*, § 1 TVG Rn. 348; *Söllner/Waltermann*, Arbeitsrecht, § 12 II 2 b; *Wiedemann*, § 1 TVG Rn. 664.
[98] *Gamillscheg*, Kollektives Arbeitsrecht I, § 22 I 4 b; MünchArbR/*Otto*, § 285 Rn. 87.
[99] BAG, Urt. v. 21.6.1988, AP Nr. 108 zu Art. 9 GG Arbeitskampf.
[100] BAG GS, Beschl. v. 21.4.1971, AP Nr. 43 zu Art. 9 GG Arbeitskampf.
[101] BAG, Urt. v. 10.6.1980, AP Nr. 65 zu Art. 9 GG Arbeitskampf.

- Stillegung nur des bestreikten Betriebs oder Betriebsteils,
- Gebot fairer Kampfführung (s. Rn. 67 ff.).

60 Der Grundsatz der Verhältnismäßigkeit **bezieht sich** nur **auf den Arbeitskampf als Verfahren, nicht auf Art und Umfang der Tarifforderungen**[102]; hierfür fehlt es an konkreten Maßstäben, an denen sich eine richterliche Inhaltskontrolle orientieren könnte. Aus demselben Grund ist eine Bindung der Tarifvertragsparteien an staatliche Lohnleitlinien oder an das Gemeinwohl abzulehnen. Der Begriff des Gemeinwohls ist viel zu vage, als daß daraus präzise Grenzen für Tarifforderungen abgeleitet werden könnten. Dem steht nicht entgegen, daß es dem Gesetzgeber in Ausnahmesituationen erlaubt ist, Tarifverhandlungen einzuschränken, etwa um durch einen Lohnstopp volkswirtschaftlich schädliche Lohnsteigerungen zu verhindern[103].

61 Der Grundsatz der Verhältnismäßigkeit **verbietet in der Regel auch lösende Aussperrungen** (s. Rn. 32), weil sie gewöhnlich zur Erreichung des Kampfzieles nicht erforderlich sind. Etwas anderes kann ausnahmsweise gelten bei besonders lang andauernden oder intensiv geführten Arbeitskämpfen, ferner, wenn bestreikte Arbeitsplätze durch Rationalisierungsmaßnahmen wegfallen und daher nicht wiederbesetzt werden können, oder als Antwort auf einen rechtswidrigen Streik[104]. Unzulässig ist die lösende Aussperrung sozial besonders geschützter Personen, wie von Schwangeren oder Schwerbehinderten, und von Mitgliedern der Arbeitnehmervertretungen (Betriebsrat, Aufsichtsrat). Ist ein Arbeitnehmer ausnahmsweise lösend ausgesperrt worden, hat er nach der Beendigung des Arbeitskampfes einen Anspruch auf Wiedereinstellung, es sei denn, daß dieses Verlangen billigem Ermessen widerspricht oder daß der Arbeitsplatz weggefallen ist.

5. Ultima-ratio-Grundsatz

a) Bedeutung

62 Arbeitskampfmaßnahmen dürfen nur als letztes Mittel („ultima ratio") eingesetzt werden. Ein Arbeitskampf kommt erst in Betracht, wenn alle anderen Verständigungsmöglichkeiten zwischen den Tarifvertragsparteien ausgeschöpft sind[105].

---

[102] BAG, Urt. v. 10.6.1980, AP Nr. 64 zu Art. 9 GG Arbeitskampf; *Brox/Rüthers*, Arbeitskampfrecht, Rn. 195; *Lieb*, Arbeitsrecht, Rn. 601; MünchArbR/*Löwisch/Rieble*, § 246 Rn. 120.
[103] *Lieb*, Arbeitsrecht, Rn. 603.
[104] BAG GS, Beschl. v. 21.4.1971, AP Nr. 43 zu Art. 9 GG Arbeitskampf.
[105] Allgem. M. seit BAG GS, Beschl. v. 28.1.1955, AP Nr. 1 zu Art. 9 GG Arbeitskampf, vgl. auch *Brox/Rüthers*, Arbeitskampfrecht, Rn. 164, 197; *Zöllner/Loritz*, Arbeitsrecht, § 40 VI 4 a aa.

b) Ultima-ratio-Grundsatz, Warnstreik und „neue Beweglichkeit"

Für den Warnstreik hatte die frühere Rechtsprechung eine Ausnahme vom ultima-ratio-Prinzip gemacht[106]. Kurze Warnstreiks sollten schon vor dem Scheitern von Tarifverhandlungen erlaubt sein, damit die Gewerkschaft der Arbeitgeberseite ihre Kampfbereitschaft demonstrieren konnte. Das BAG meinte, ein Warnstreik sei mit dem Grundsatz der Verhältnismäßigkeit vereinbar, weil von ihm wegen der kurzen Dauer nur ein „milder Druck" ausgehe und weil durch den Druck möglicherweise der Ausbruch eines unbefristeten (Erzwingungs-) Streiks verhindert werden könne. Die Gewerkschaften nutzten die Privilegierung des Warnstreiks und entwickelten die Taktik der „neuen Beweglichkeit" und des „Wellenstreiks". Sie erzeugten durch für die Arbeitgeberseite nicht im einzelnen voraussehbare rasch aufeinanderfolgende kurzzeitige Arbeitsniederlegungen in verschiedenen Betrieben, die je für sich das Privileg des Warnstreiks genossen, einen beträchtlichen, vom Erzwingungsstreik kaum mehr zu unterscheidenden Kampfdruck. Das war insbesondere dann der Fall, wenn es gelang, durch Kampfmaßnahmen in wenigen Schlüsselbetrieben die ganze Branche lahmzulegen. 1988 gab deshalb das BAG die Privilegierung des Warnstreiks auf[107]. Seitdem gilt auch für den Warnstreik das ultima-ratio-Prinzip. Allerdings verzichtet das BAG auf eine förmliche Erklärung, daß die Verhandlungen gescheitert seien. Die Erklärung des Scheiterns der Verhandlungen werde konkludent durch die Arbeitsniederlegung zum Ausdruck gebracht[108]. Folgerichtig läßt die Rechtsprechung gegen Warn- oder Kurzstreiks Kurzaussperrungen zu[109].

63

Die Auffassung des BAG ist in sich widersprüchlich. Aus dem ultima-ratio-Prinzip ergibt sich eine deutliche Trennung von Verhandlungs- und Kampfphase. Dem steht auch nicht entgegen, daß nach Ausbruch des Arbeitskampfes die Verhandlungen wieder aufgenommen werden können[110]. Kurzstreik und Kurzaussperrung müssen in jedem Fall verhältnismäßig sein. Ab welcher Dauer die Verhältnismäßigkeitsgrenze überschritten wird, hängt von den Umständen des Einzelfalles ab[111].

64

c) Schlichtungszwang ?

Aus dem ultima-ratio-Grundsatz ergibt sich nach wohl h. L. die Verpflichtung der Tarifvertragsparteien, vor Einleitung eines Arbeitskampfes ein Schlichtungsverfahren durchzuführen[112]. Das BAG selbst hat das ursprünglich verlangt[113], ist später

65

---

[106] BAG, 17.12.1976, 12.9.1984, AP Nr. 51, 81 zu Art. 9 GG Arbeitskampf.
[107] BAG, Urt. v. 21.6.1988, AP Nr. 108 zu Art. 9 GG Arbeitskampf.
[108] Kritisch dazu *Kissel*, Arbeitskampfrecht, § 41 Rn. 42.
[109] BAG, Urt. v. 11.8.1992, AP Nr. 124 zu Art. 9 GG Arbeitskampf.
[110] Nachweis der Kritik bei *Gamillscheg*, Kollektives Arbeitsrecht I, § 24 IV 2 a, b.
[111] Kasuistik nachgewiesen bei *Gamillscheg*, Kollektives Arbeitsrecht I, § 24 IV 1 c.
[112] *Brox/Rüthers*, Arbeitskampfrecht, Rn. 202, 688 ff., 699; *Löwisch/Rieble*, Arbeitskampfrecht, Rn. 57; a.A. *Kissel*, Arbeitskampfrecht, § 69 Rn. 28 f.; MünchArbR/*Otto*, § 285 Rn. 104.

werde konkludent durch die Arbeitsniederlegung zum Ausdruck gebracht[108]. Folgerichtig läßt die Rechtsprechung gegen Warn- oder Kurzstreiks Kurzaussperrungen zu[109].

64   Die Auffassung des BAG ist in sich widersprüchlich. Aus dem ultima-ratio-Prinzip ergibt sich eine deutliche Trennung von Verhandlungs- und Kampfphase. Dem steht auch nicht entgegen, daß nach Ausbruch des Arbeitskampfes die Verhandlungen wieder aufgenommen werden können[110]. Kurzstreik und Kurzaussperrung müssen in jedem Fall verhältnismäßig sein. Ab welcher Dauer die Verhältnismäßigkeitsgrenze überschritten wird, hängt von den Umständen des Einzelfalles ab[111].

c) Schlichtungszwang ?

65   Aus dem ultima-ratio-Grundsatz ergibt sich nach wohl h. L. die Verpflichtung der Tarifvertragsparteien, vor Einleitung eines Arbeitskampfes ein Schlichtungsverfahren durchzuführen[112]. Das BAG selbst hat das ursprünglich verlangt[113], ist später auf dieses Erfordernis aber nicht mehr zurückgekommen[114]. Das Gericht hat die Tarifvertragsparteien jedoch nachdrücklich aufgefordert, Schlichtungsverfahren tarifvertraglich zu regeln[115]. Ist das geschehen, kann sich die Verpflichtung zur Anrufung der Schlichtungsstelle aus dem Tarifvertrag ergeben. Eine staatliche Zwangsschlichtung verstößt dagegen nach h. M. gegen die Garantie einer staatsfreien Tarifautonomie[116].

e) Urabstimmung ?

66   Nach einer Mindermeinung im Schrifttum folgt aus dem ultima-ratio-Grundsatz die Pflicht der Gewerkschaften zur Urabstimmung vor einem Streikaufruf[117]. Die h. M. lehnt dies zu Recht ab[118]. Die Urabstimmung ist ein Teil der verbandsinter-

---

[108]   Kritisch dazu *Kissel*, Arbeitskampfrecht, § 41 Rn. 42.
[109]   BAG, Urt. v. 11.8.1992, AP Nr. 124 zu Art. 9 GG Arbeitskampf.
[110]   Nachweis der Kritik bei *Gamillscheg*, Kollektives Arbeitsrecht I, § 24 IV 2 a, b.
[111]   Kasuistik nachgewiesen bei *Gamillscheg*, Kollektives Arbeitsrecht I, § 24 IV 1 c.
[112]   *Brox/Rüthers*, Arbeitskampfrecht, Rn. 202, 688 ff., 699; *Löwisch/Rieble*, Arbeitskampfrecht, Rn. 57; a.A. *Kissel*, Arbeitskampfrecht, § 69 Rn. 28 f.; MünchArbR/*Otto*, § 285 Rn. 104.
[113]   BAG GS, Beschl. v. 21.4.1971, AP Nr. 43 zu Art. 9 GG Arbeitskampf.
[114]   BAG, Urt. v. 12.9.1984, AP Nr. 81 zu Art. 9 GG Arbeitskampf.
[115]   BAG GS, Beschl. v. 21.4.1971, AP Nr. 43 zu Art. 9 GG Arbeitskampf.
[116]   *Brox/Rüthers*, Arbeitskampfrecht, Rn. 202; MünchArbR/*Löwisch/Rieble*, § 246 Rn. 103; MünchArbR/*Otto*, § 294 Rn. 10, 12.
[117]   *Hanau/Adomeit*, Arbeitsrecht, Rn. 294; *Hueck/Nipperdey*, Arbeitsrecht II/2, § 49 B II 7 d.
[118]   *Brox/Rüthers*, Arbeitskampfrecht, Rn. 203; *Löwisch/Rieble*, Arbeitskampfrecht, Rn. 58.

- das Verbot von Betriebsblockaden[122] (s. Rn. 30),
- das Verbot von Kampfmaßnahmen, die die Existenz des Gegners gefährden[123],
- das Gebot, nach dem Arbeitskampf den Arbeitsfrieden wiederherzustellen[124].

bb) Streikposten. Das Gebot fairer Kampfführung beschränkt auch die Befugnisse von Streikposten. Unzulässig sind unzumutbare Behinderungen von Kollegen und anderen Personen beim Betreten und Verlassen des Betriebsgeländes[125]: 68

Beispiele: Blockade von Zu- und Ausgängen, und zwar auch dann, wenn einige davon passierbar bleiben; Bildung von Menschenketten oder Menschenmauern, auch wenn der Passierende sich einen Weg bahnen könnte; Bildung von übermäßig langen oder engen „Gassen" in einer Form, die den Passierenden demütigt oder der Lächerlichkeit preisgibt (Serpentinen, Laubengänge; im allgemeinen fordern die Arbeitsgerichte einen drei Meter breiten Gang), Kontrollen zur Personenfeststellung oder Untersuchung mitgeführter Sachen.

Verletzen die Streikposten diese Regeln, so können sie sich wegen Nötigung 69 nach § 240 StGB strafbar machen. Denkbar sind auch Schadensersatzansprüche nach § 823 Abs. 1 BGB wegen rechtswidrigen Eingriffs in den eingerichteten und ausgeübten Gewerbebetrieb oder wegen Verletzung des allgemeinen Persönlichkeitsrechts der Arbeitswilligen, nach § 823 Abs. 2 BGB, § 240 StGB und nach § 826 BGB. Bemüht sich die Gewerkschaft trotz Kenntnis nicht, streikende Arbeitnehmer von rechtswidrigen Handlungen abzuhalten, so kann sie sich nach § 831 Abs. 1 BGB schadensersatzpflichtig machen[126]. Ein ansonsten rechtmäßig geführter Streik wird jedoch nicht allein dadurch rechtswidrig, daß einzelne (organisierte) Arbeitnehmer rechtswidrige oder strafbare Handlungen begehen[127].

7. Gebot der Kampfparität

a) Grundgedanke

Das Gebot der Kampfparität oder der Waffengleichheit soll zwischen den Tarif- 70 parteien ein hinreichendes Verhandlungs- und Kampfgleichgewicht gewährleisten[128]. Könnte eine Partei allein das Kampfgeschehen bestimmen und wäre die andere Partei auf ein Dulden und Durchstehen des Kampfes beschränkt, könnten die

---

[122] BAG, Urt. v. 21.6.1988, EzA Art. 9 GG Arbeitskampf Nr. 75, 76; einschränkend aber BAG, Urt. v. 8.11.1988, NZA 1989, 475 (478); *Löwisch,* DB 1995, 1330; MünchArbR/*Otto,* § 286 Rn. 58 ff.
[123] *Brox/Rüthers,* Arbeitskampfrecht, Rn. 165.
[124] BAG GS, Beschl. v. 21.4.1971, AP Nr. 43 zu Art. 9 GG Arbeitskampf.
[125] BAG, Urt. v. 21.6.1988, AP 109 zu Art. 9 GG Arbeitskampf.
[126] BAG, Urt. v. 8.11.1988, AP Nr. 111 zu Art. 9 GG Arbeitskampf.
[127] *Zöllner/Loritz,* Arbeitsrecht, § 40 IV 4.
[128] BAG, Urt. v. 10.6.1980, AP Nr. 64, 65 zu Art. 9 GG Arbeitskampf.

Arbeitsbedingungen nicht wirklich frei ausgehandelt werden. Ein funktionierendes Tarifvertragsystem verlangt, daß nicht eine Partei der anderen von vornherein ihren Willen aufzwingen kann. Beide müssen möglichst gleiche Verhandlungschancen haben. Deshalb darf auch der **Staat** nicht einseitig eine Kampfpartei begünstigen[129]. Für ihn gilt der Grundsatz der **Neutralität.** Eine konkrete Ausgestaltung dieses Prinzips stellt § 146 SGB III dar, der es der Bundesanstalt für Arbeit verbietet, durch die Gewährung von Arbeitslosen- oder Kurzarbeitergeld (§ 174 Abs. 1 SGB III) in den Arbeitskampf einzugreifen (s. Rn. 178 ff.). Umstritten und noch immer nicht geklärt ist allerdings, wonach sich die Parität bestimmt.

b) Paritätsbegriffe

71 **aa) Formeller Paritätsbegriff.** Ursprünglich herrschte eine rein formale Sicht. Streik und Aussperrung wurden als gleichartige Waffen verstanden, für die auch gleichartige Grundsätze gelten müßten[130]. Begründet wurde diese Lehre mit der Neutralität des Staates und der historischen Entwicklung. Die Kampfparteien dürften nicht ihrer angestammten Kampfmittel beraubt werden[131].

72 **bb) Normativer Paritätsbegriff.** Zum gleichen Ergebnis kam die Lehre von der „normativen Parität". Auch danach sollte es nicht auf die tatsächlichen Kräfteverhältnisse ankommen. Die Rechtsordnung sehe die Arbeitgeber- und die Arbeitnehmerseite als gleichgewichtig an[132]. Als Spiegelbild des Neutralitätsgebots schließe das Paritätsprinzip kompensatorische Eingriffe in das Kampfgeschehen aus[133].

73 Sowohl die Lehre vom normativen als auch die vom formellen Paritätsbegriff verkürzt die Aufgabe, die der Rechtsordnung durch die Tarifautonomie gestellt ist. Ein funktionierendes Tarifvertragssystem setzt annähernd gleiche Verhandlungschancen voraus. Das Verhandlungsgleichgewicht läßt sich aber weder formal fingieren noch normativ anordnen; es muß tatsächlich bestehen und wenigstens in groben Zügen praktisch feststellbar sein. Zu Recht hat deshalb die Rechtsprechung 1971 den Grundsatz der formellen Parität aufgegeben[134]. Seitdem vertritt sie gemeinsam mit der h. L. im neueren Schrifttum[135] ein materielles Paritätskonzept. Unklar ist jedoch, an Hand welcher Maßstäbe das Gleichgewicht der Verhandlungschancen zu beurteilen ist.

---

[129] BVerfGE 92, 365.
[130] RGZ 54, 255 (258 f.); ARS 2, 122 (125 f.); 2, 128 (131); BAG GS, Beschl. v. 28.1.1955, AP Nr.1 zu Art. 9 GG Arbeitskampf.
[131] *Hueck/Nipperdey*, Arbeitsrecht II/2, § 47 B V 2 m.w.N.
[132] *Mayer-Maly*, DB 1979, 95 (98).
[133] *Richardi*, NJW 1978, 2057 (2061).
[134] BAG GS, Beschl. v. 21.4.1971, AP Nr. 43 zu Art. 9 GG Arbeitskampf; BAG, Urt. v. 10.6.1980, AP Nr. 64, 65 zu Art. 9 GG Arbeitskampf.
[135] *Brox/Rüthers*, Arbeitskampfrecht, Rn. 168 m.w.N.; MünchArbR/*Otto*, § 282 Rn. 61 ff. m.w.N.

cc) **Lehre von der Gesamtparität.** Die Lehre von der „Gesamtparität"[136] will alle denkbaren Einflußfaktoren des Wirtschafts- und Verteilungsprozesses einschließlich aller Faktoren der gesellschaftlichen und politischen Meinungs- und Willensbildung zur Paritätsprüfung heranziehen. Die Vertreter dieser Lehre kommen zu dem Ergebnis, daß bei einer Gesamtbetrachtung die Arbeitnehmerseite in einem marktwirtschaftlich-privatkapitalistischen System stets unterlegen ist; die Arbeitnehmer hätten keine echte Chance, den Verteilungskampf zu ihren Gunsten zu entscheiden. Mit der Verfügungsgewalt über die Produktionsmittel seien die Unternehmer frei in der Entscheidung über Investitionen, Preise, Rationalisierung, Art, Ort und Umfang der Produktion. Sie seien deshalb nicht auf Arbeitskampfmittel angewiesen; Aussperrungen seien unzulässig.

Gegen die Lehre von der Gesamtparität spricht, daß sie von der Gesetzgebung und der Rechtsprechung schlechthin Unmögliches verlangt. Die vielfältigen politischen, wirtschaftlichen und sozialen Gestaltungsmöglichkeiten entziehen sich weitgehend der Erfassung und einer vergleichenden Bewertung. Vor allem wird die begrenzte Funktion des Arbeitskampfrechts im Hinblick auf die Tarifautonomie verkannt. Eine kollektive Kampf- und Ausgleichsordnung ist ihrer Natur nach nicht dazu geeignet, etwaige gesamtpolitische Ungleichheiten zu kompensieren und marktwirtschaftliche Gesetze aufzuheben. Selbst wenn die Unternehmen in der Lage wären, die Preise willkürlich heraufzusetzen und damit dem Lohndruck durch die Preisgestaltung auszuweichen, könnte das durch keine Tarifpolitik und durch kein Arbeitskampfmittel verhindert werden[137].

dd) **Abstrakt-materieller Paritätsbegriff.** Die h. M. verwendet deswegen einen abstrakt-materiellen Paritätsbegriff[138]. Abgestellt wird zwar auf die realen Kräfteverhältnisse der Tarifparteien; es werden aber nicht alle Besonderheiten eines konkreten Arbeitskampfes berücksichtigt, wie beispielsweise das Kampfziel, die Wirtschaftslage oder der gewerkschaftliche Organisationsgrad. Die Feststellung aller dieser Umstände wäre unmöglich, und die Beurteilung der Kampfziele würde darüber hinaus zu einer unzulässigen Tarifzensur führen. Der Grundsatz der Parität muß folglich in generell und abstrakt formulierten Regeln ausgedrückt werden; er kann nur Kriterien erfassen, die einer längerfristigen, typisierenden Betrachtung zugänglich sind. Situationsbedingte Vorteile müssen unberücksichtigt bleiben, auch wenn sie sich noch so sehr auswirken mögen. Bei neuen Arbeitskampfmitteln prüft die Rechtsprechung folgerichtig, ob sie zu einer „strukturellen Entwertung" der Kampfführung der Gegenseite führen können[139].

---

[136] *Däubler,* JuS 1972, 642 (645); *Kittner,* GMH 1973, 91 (100 ff.); *Wohlgemuth,* BB 1979, 111 (115); *Wolter,* AuR 1979, 193 (197 f.); *Zachert/Metzke/Hamer,* Die Aussperrung, S. 125 ff.
[137] BAG, Urt. v. 10.6.1980, AP Nr. 64 zu Art. 9 GG Arbeitskampf.
[138] BAG, Urt. v. 10.6.1980, AP Nr. 64 zu Art. 9 GG Arbeitskampf; billigend BVerfGE 84, 212 (230); *Brox/Rüthers,* Arbeitskampfrecht, Rn. 168; *Gamillscheg,* Kollektives Arbeitsrecht I, § 20 IV 2 c.
[139] BAG, Urt. v. 13.7.1993, AP Nr. 127 zu Art. 9 GG Arbeitskampf.

c) Rechtsfolgen für die Arbeitnehmerseite

77 Für den **Streik** spielt das Problem der Kampfparität praktisch keine Rolle. Die Rechtsprechung geht davon aus, daß die Gewerkschaften bei Tarifverhandlungen regelmäßig unterlegen sind. Ohne Recht zum Streik hätten Tarifverhandlungen den Charakter eines „kollektiven Bettelns"[140]. Das Paritätsgebot setzt dem Streik zur Erzwingung zulässiger Kampfziele folglich keine Grenzen[141]. Das gilt auch dann, wenn er als eng begrenzter Schwerpunktstreik geführt wird, der nur wenige, aber für eine ganze Branche entscheidende Betriebe betrifft. Die Engführung berechtigt die Arbeitgeberseite lediglich zu einer den Arbeitskampf ausweitenden Aussperrung (s. unten 82 ff.).

78 Bedeutung hat der Grundsatz der Kampfparität für die Arbeitnehmer allerdings bei der **Verteilung des Arbeitskampfrisikos**, d.h. bei der Frage, ob Arbeitnehmer, deren Arbeit aufgrund eines Arbeitskampfes ausfällt, ihren Anspruch auf Vergütung behalten (s. unten Rn. 114 ff.)[142].

d) Rechtsfolgen für die Arbeitgeberseite

79 **aa) Aussperrung.** Ein generelles Aussperrungsverbot ist nach h. M. mit den tragenden Grundsätzen des geltenden Tarifrechts unvereinbar und deshalb unzulässig[143].

80 (1) Eine **Angriffsaussperrung** kann unter dem Gesichtspunkt der Kampfparität nicht schlechthin unzulässig sein. Die Rechtsprechung schwankt. Der Große Senat des BAG hat die Angriffsaussperrung 1971 ausdrücklich für zulässig erklärt[144]. Das BVerfG hat die Frage 1991 offengelassen[145]. Der für das Arbeitskampfrecht zuständige 1. Senat des BAG stellt bereits an Abwehraussperrungen erhebliche Anforderungen[146]; er geht davon aus, daß erst durch den Streik das Verhandlungsungleichgewicht zwischen Arbeitgeber- und Arbeitnehmerseite ausgeglichen wird. Zu folgen ist dem Großen Senat. Die Arbeitgeberseite braucht die Angriffsaussperrung, um in Krisensituationen den Abbau tariflicher Leistungen zu erreichen[147]. Große praktische Bedeutung kommt der Frage freilich nicht zu, weil die Arbeitgeber wegen des Konkurrenzdrucks auf den internationalen Märkten einen solchen Arbeitskampf kaum über längere Zeit durchstehen könnten. Sie werden eher aus-

---

[140] BAG, Urt. v. 10.6.1980, AP Nr. 64 zu Art. 9 GG Arbeitskampf.
[141] *Brox/Rüthers*, Arbeitskampfrecht, Rn. 183.
[142] BAG, Beschl. v. 22.12.1980, AP Nr. 70 zu Art. 9 GG Arbeitskampf.
[143] BAG, Urt. v. 10.6.1980, AP Nr. 65 zu Art. 9 GG Arbeitskampf.
[144] BAG GS, Beschl. v. 21.4.1971, AP Nr. 43 zu Art. 9 GG Arbeitskampf.
[145] BVerfGE 84, 212.
[146] BAG, Urt. v. 10.6.1980, AP Nr. 64, 65 zu Art. 9 GG Arbeitskampf.
[147] *Brox/Rüthers*, Arbeitskampfrecht, Rn. 187 m.w.N.; *Gamillscheg*, Kollektives Arbeitsrecht I, § 21 III 5 (2) m.w.N.; a. A. MünchArbR/*Otto*, § 286 Rn. 66 ff.

weichen, beispielsweise indem sie rationalisieren oder die Produktion in das weniger lohnintensive Ausland verlagern.

(2) **Abwehraussperrungen** sind nach der Rechtsprechung jedenfalls insoweit gerechtfertigt, als die angreifende Gewerkschaft durch besondere Kampftaktiken ein Verhandlungsübergewicht erzielen kann. Das ist vor allem **bei eng begrenzten Teil- und Schwerpunktstreiks** der Fall[148]. Denn die im Arbeitgeberverband organisierten Arbeitgeber, gegen die Teil- oder Schwerpunktstreiks geführt werden, könnten sich aus Wettbewerbsgründen allzu schnell genötigt sehen, den Streikforderungen nachzugeben. Dadurch kann die für Verbandstarifverträge notwendige Solidarität nachhaltig gestört werden. 81

Der zulässige **Umfang von Abwehraussperrungen** richtet sich ebenfalls nach dem **Grundsatz der Verhältnismäßigkeit**. Unverhältnismäßig wäre es, einen eng begrenzten Teilstreik mit einer unbefristeten Aussperrung aller Arbeitnehmer des Tarifgebiets – etwa innerhalb der gesamten Branche in der gesamten Bundesrepublik – zu beantworten[149]. **Maßgebend ist der Umfang des Angriffsstreiks**. Je enger der Streik geführt wird, desto größer ist das Bedürfnis der Arbeitgeberseite, den Arbeitskampf auszuweiten, weil durch die Unterstützungsleistungen an Streikende und Ausgesperrte ein finanzieller Druck auf die Gewerkschaft entsteht. Die Rechtsprechung setzt dem jedoch Grenzen. Um ein Übergewicht der Arbeitgeberseite und ein Ausufern des Kampfgeschehens zu vermeiden, darf nur in dem Tarifgebiet ausgesperrt werden, in dem der Streikangriff geführt wird[150]. 82

1980 hat das BAG das Kampfgeschehen weiter eingeschränkt, und zwar durch eine Quotenregelung. Je weniger Arbeitnehmer die Gewerkschaft zum Streik aufruft, desto weniger darf die Arbeitgeberseite aussperren. Streiken weniger als 25 % der Arbeitnehmer, so soll die Arbeitgeberseite bis zu weiteren 25 % aussperren können; bei 25 bis 50 % soll die Arbeitgeberseite auf 50 % „auffüllen" können; ab 50 % soll keine Aussperrung mehr in Betracht kommen[151]. 83

Diese Rechtsprechung ist stark kritisiert worden[152]. Sie trägt den Bedürfnissen der Arbeitgeberseite bei Teil- und Schwerpunktstreiks in keiner Weise Rechnung, und sie wirft überdies eine Reihe ungelöster Folgeprobleme auf. In neuerer Zeit hat sich das BAG von seiner strengen Arithmetik gelöst. Nach wie vor hält es aber an der Begrenzung des Umfangs von Abwehraussperrungen fest[153]. 84

---

[148] BAG, Urt. v. 10.6.1980, AP Nr. 64, 65 zu Art. 9 GG Arbeitskampf.
[149] BAG, Urt. v. 10.6.1980, AP Nr.64, 67 zu Art. 9 GG Arbeitskampf.
[150] BAG, Urt. v. 10.6.1980, AP Nr. 64, 65 zu Art. 9 GG Arbeitskampf.
[151] BAG, Urt. v. 10.6.1980, AP Nr. 65 zu Art. 9 GG Arbeitskampf.
[152] *Gamillscheg*, Kollektives Arbeitsrecht I, § 24 III 2 a, b m.w.N.
[153] BAG, Urt. v. 12.3.1985, 11.8.1992, AP Nr. 84, 124 zu Art. 9 GG Arbeitskampf.

85 (3) Im **öffentlichen Dienst** verstößt es weder gegen das Paritätsgebot noch gegen den Grundsatz der Neutralität des Staates im Arbeitskampf, wenn Beamte auf Arbeitsplätzen streikender Arbeitnehmer eingesetzt werden[154]. Nach Ansicht des BVerfG bedarf es wegen des verfassungsrechtlichen Wesentlichkeitsprinzips dafür aber einer gesetzlichen Regelung[155]. Diese gibt es derzeit nicht.

86 **bb) Streikprämien.** Die Zahlung einer Streikprämie durch den Arbeitgeber stellt die Kampfparität der Gewerkschaft nicht in Frage. Sie führt zu keiner strukturellen Entwertung der gewerkschaftlichen Arbeitskampfführung. Insbesondere zwingt sie die Gewerkschaft nicht ohne weiteres zu einer Ausweitung des Arbeitskampfes. Allerdings müssen auch Streikprämien dem Grundsatz der Verhältnismäßigkeit genügen. 1993 hat das BAG die Auslobung von 50 DM pro Streiktag für verhältnismäßig erachtet[156].

III. Rechtsfolgen rechtmäßiger Arbeitskampfmaßnahmen

87 Arbeitskämpfe haben Rechtsfolgen für die kämpfenden Verbände, die kampfbeteiligten Arbeitsvertragsparteien und nicht am Arbeitskampf beteiligte Dritte.

1. Rechtsfolgen für die kämpfenden Verbände

88 Zu unterscheiden sind das Verhältnis der kämpfenden Verbände zueinander und die Rechtsbeziehungen zwischen Verband und Mitglied.

a) Verhältnis der kämpfenden Verbände zueinander

89 Mit dem Ablauf des Tarifvertrags erlöschen nicht alle Verpflichtungen der Tarifvertragsparteien. Aus dem schuldrechtlichen Teil ergeben sich nachvertragliche Schutz- und Verhaltenspflichten. Werden sie verletzt, können Schadensersatzansprüche wegen Pflichtverletzung entstehen. Weitere Pflichten ergeben sich aus dem Grundsatz der Verhältnismäßigkeit. Dabei kommt es nicht darauf an, welche Partei der Angreifer ist[157].

---

[154] BAG, Urt. v. 10.9.1985, AP Nr. 86 zu Art. 9 GG Arbeitskampf.
[155] BVerfG, Urt. v. 2.3.1993, AP Nr. 126 zu Art. 9 GG Arbeitskampf.
[156] BAG, Urt. v. 14.12.1993, AP Nr. 127 zu Art. 9 GG Arbeitskampf.
[157] Die Gewerkschaften verneinen für sich eine Pflicht zur Organisation von Erhaltungsarbeiten im Falle einer Aussperrung. Das ist aber schon deshalb nicht hinnehmbar, weil auch das Verhalten der passiven Kampfpartei fair sein muß, vgl. *Brox/Rüthers*, Arbeitskampfrecht, Rn. 355 m.w.N.; *Zöllner/Loritz*, Arbeitsrecht, § 40 VII.

III. Rechtsfolgen rechtmäßiger Arbeitskampfmaßnahmen 179

aa) **Pflicht zur Organisation von Erhaltungs- und Notstandsarbeiten (Notdienste).** **Erhaltungsarbeiten** sind Tätigkeiten, die erforderlich sind, um das Unbrauchbarwerden der sächlichen Betriebsmittel zu verhindern[158]. Die Kampfparteien haben Sorge dafür zu tragen, daß die Betriebsmittel in einem Zustand erhalten werden, der es erlaubt, unmittelbar nach Beendigung des Arbeitskampfes den Betrieb fortzusetzen[159]. Der Arbeitskampf darf nicht zur Vernichtung der Produktionsmittel führen. **Notstandsarbeiten** sind demgegenüber Arbeiten, die die Versorgung der Bevölkerung mit lebensnotwendigen Diensten und Gütern (Nahrung, Gesundheit, Energie, Wasser, Verkehr, Post, Telekommunikation, Feuerwehr, Landesverteidigung, innere Sicherheit) während eines Arbeitskampfes sicherstellen sollen[160]. 90

Der Umfang der Erhaltungs- und Notstandsarbeiten ist von den Kampfparteien gemeinsam festzulegen. Sie haben auch die Auswahl der Arbeitnehmer zu treffen, die diese Dienste zu leisten haben. Dabei kommt ihnen ein weiter Beurteilungsspielraum zu[161]. Gelingt eine Vereinbarung, so ist sie die maßgebliche Grundlage für den Notdienst, und zwar auch gegenüber Dritten. Mitunter versuchen die Gewerkschaften, den Abschluß von Notdienstvereinbarungen von der Zusage abhängig zu machen, daß keine Arbeitnehmer außer den in der Vereinbarung genannten beschäftigt werden. Während die frühere Rechtsprechung das als unzulässigen Vertrag zu Lasten Dritter gewertet hatte[162], hält das BAG solche Vereinbarungen nunmehr für Rechtens[163]. Ein Arbeitnehmer habe nicht allein deshalb Anspruch auf Einsatz im Notdienst, weil er sich nicht am Streik beteiligen wolle. In der Praxis arbeiten Arbeitgeber und Betriebsrat einen Einsatzplan aus, der von den Kampfparteien gebilligt wird. Die Gewerkschaft ist zur Duldung der für die Sicherung und die Erhaltung der Funktionsfähigkeit des Betriebes unerläßlichen Arbeiten aber auch ohne entsprechende Vereinbarung verpflichtet[164]. Der Arbeitgeber kann den Notdienst im Wege einer einstweiligen Verfügung durchsetzen[165]. Die Weigerung, Erhaltungsarbeiten zu organisieren, macht den Arbeitskampf rechtswidrig[166] und führt zur Schadensersatzpflicht[167]. 91

---

[158] BAG, Urt. v. 30.3.1982, 31.1.1995, AP Nr. 74, 135 zu Art. 9 GG Arbeitskampf.
[159] LAG Frankfurt a. M., Urt. v. 22.4.1969, AP Nr. 40 zu Art. 9 GG Arbeitskampf; *Brox/Rüthers*, Arbeitskampfrecht, Rn. 349; *Gamillscheg*, Kollektives Arbeitsrecht I, § 24 V 3 a.
[160] BAG, Urt. v. 30.3.1982, 31.1.1995, AP Nr. 74, 135 zu Art. 9 GG Arbeitskampf; *Gamillscheg*, Kollektives Arbeitsrecht I, § 24 V 4.
[161] BAG, Urt. v. 31.1.1995, AP Nr. 135 zu Art. 9 GG Arbeitskampf.
[162] BAG, Urt. v. 14.12.1993, AP Nr. 129 zu Art. 9 GG Arbeitskampf.
[163] BAG, Urt. v. 22.3.1994, 31.1.1995, AP Nr. 130, 135 zu Art. 9 GG Arbeitskampf; kritisch *Lieb*, Arbeitsrecht, Rn. 605.
[164] BAG, Urt. v. 30.3.1982, 14.12.1993, AP Nr. 74, 129 zu Art. 9 GG Arbeitskampf; *Löwisch/Rieble*, Arbeitskampfrecht, Rn. 387 ff; MünchArbR/*Otto*, § 285 Rn. 138 ff.
[165] BAG, Urt. v. 14.12.1993, AP Nr. 129 zu Art. 9 GG Arbeitskampf.
[166] LAG Frankfurt a. M., Urt. v. 22.4.1969, AP Nr. 40 zu Art. 9 GG Arbeitskampf; *Brox/Rüthers*, Arbeitskampfrecht, Rn. 349; MünchArbR/*Otto*, § 285 Rn. 141 ff.
[167] BAG, Urt. v. 14.12.1993, AP Nr. 129 zu Art. 9 GG Arbeitskampf.

92 **bb) Pflicht zur Beachtung der allgemeinen Kampfgrenzen.** Der Verband hat die allgemeinen Kampfgrenzen einzuhalten. Er muß das Kampfverhalten seiner Mitglieder beobachten und notfalls durch verbandsinterne Sanktionen (z. B. Entziehung der Unterstützung, Verbandsstrafen bis hin zum Ausschluß) darauf hinwirken, daß auch sie die Kampfgrenzen beachten[168].

b) Verhältnis zwischen Verband und Mitglied

93 Die Satzungen der meisten Verbände sehen eine **finanzielle Unterstützung** der Mitglieder bei einem Arbeitskampf vor. Die Höhe der gewerkschaftlichen Unterstützung richtet sich vor allem nach dem Einkommen, daneben mitunter nach der Dauer der Gewerkschaftszugehörigkeit. Sie liegt etwa bei 50 % des Bruttoentgelts. Von den Leistungen müssen keine Sozialversicherungsbeiträge abgeführt werden[169], und sie unterliegen nicht der Einkommensteuer[170]. Bei streikwidrigem Verhalten können sie entfallen[171]. Auch die Arbeitgeberverbände unterstützen ihre Mitglieder. Die Einzelheiten ergeben sich aus den Satzungen und den Arbeitskampfrichtlinien.

2. Rechtsfolgen für die kampfbeteiligten Arbeitsvertragsparteien

a) Hauptleistungspflichten

94 Der rechtmäßige Streik und die rechtmäßige Aussperrung führen nach h. M. zum Ruhen (Suspendierung) der Hauptleistungspflichten[172]. Der Arbeitnehmer ist von seiner Arbeitspflicht, der Arbeitgeber von seiner Beschäftigungs- und Vergütungspflicht befreit. Das Arbeitsverhältnis bleibt bestehen. Das war nicht immer so.

95 Früher gingen Rechtsprechung und Lehre von einer **individualrechtlichen Betrachtungsweise** aus. Arbeitskampfmaßnahmen waren erst nach Beendigung des Arbeitsverhältnisses erlaubt. Die Teilnahme an einem Streik ohne vorherige Kündigung war rechtswidrig. Die Notwendigkeit der Kündigung erschwerte Streiks. Wegen unterschiedlich langer Kündigungsfristen war es nicht leicht, die Arbeit gleichzeitig niederzulegen; der Arbeitgeber erhielt die Möglichkeit, sich ohne weiteres von mißliebigen Arbeitnehmern zu trennen. Die

---

[168] *Brox/Rüthers*, Arbeitskampfrecht, Rn. 353; *Dütz*, Arbeitsrecht, Rn. 668.
[169] *Brackmann*, Handbuch der Sozialversicherung 1/2, S. 1-106/2; *Figge*, Sozialversicherungshandbuch Beitragsrecht, 5.4 S. 86.
[170] BFH, Beschl. v. 24.10.1990, AP Nr. 115 zu Art. 9 GG Arbeitskampf.
[171] *Brox/Rüthers*, Arbeitskampfrecht, Rn. 350 m.w.N.
[172] BAG, Urt. v. 10.6.1980, AP Nr. 64, 65 zu Art. 9 GG Arbeitskampf; *Brox/Rüthers*, Arbeitskampfrecht, Rn. 288; *Löwisch/Krauß*, Arbeitskampfrecht, III Rn. 1; MünchArbR/*Otto*, § 288 Rn. 1.

III. Rechtsfolgen rechtmäßiger Arbeitskampfmaßnahmen 181

Auflösung des Arbeitsverhältnisses lag nicht im Interesse der Streikwilligen; ihnen ging es nur um die Verbesserung der Arbeitsbedingungen[173].

1955 ersetzte die Rechtsprechung die individualrechtliche Sichtweise durch eine **kollektivrechtliche**[174]. Seitdem wird die Rechtmäßigkeit eines Streiks auf individualrechtlicher und auf kollektivrechtlicher Ebene einheitlich bewertet. Der Arbeitnehmer kann sich auch ohne vorherige Kündigung an einem Streik beteiligen. 96

Da der Streik die arbeitsvertraglichen Pflichten nur suspendiert, leben diese mit dem Ende des Arbeitskampfes wieder auf. Damit haben die früher weit verbreiteten tarifvertraglichen Wiedereinstellungsklauseln ihre Bedeutung verloren. Nimmt der Arbeitgeber die Arbeitsleistung nicht an, gerät er in Annahmeverzug (§ 615 BGB). Das erforderliche Angebot kann auch durch die Streikleitung erfolgen[175]. 97

Der Streikaufruf der Gewerkschaft rechtfertigt auch **die Teilnahme nicht und anders organisierter Arbeitnehmer am Arbeitskampf.** Privatrechtlich läßt sich dieses – im Ergebnis unstreitige[176] – Streikrecht kaum begründen[177]. Jedenfalls würde die durch Art. 9 Abs. 3 GG garantierte Streikfreiheit empfindlich beeinträchtigt, wenn sich die „Außenseiter" nicht an einem Streik beteiligen dürften, zumal in Branchen mit niedrigem Organisationsgrad[178]. Überdies wäre es ihnen kaum zumutbar, als Streikbrecher aufzutreten. Und schließlich kommt das Ergebnis des Arbeitskampfs in der sozialen Wirklichkeit in aller Regel auch den Nichtorganisierten zugute, vielfach über Bezugnahmeklauseln (vgl. § 13 Rn. 52 ff.)Das Streikrecht hat allerdings seinen Preis: der Arbeitgeber darf auch die Nichtorganisierten aussperren[179]. 98

Die **Suspendierung** tritt nicht schon durch den Kampfaufruf der Verbände ein, sondern erst **durch** die einseitige empfangsbedürftige **Willenserklärung** eines Arbeitnehmers oder Arbeitgebers, nicht arbeiten oder nicht beschäftigen zu wollen. Der Arbeitnehmer erklärt seine Streikteilnahme konkludent dadurch, daß er seine Arbeitspflicht nach einem Streikaufruf nicht mehr oder nicht mehr gehörig erfüllt[180]. Vom Arbeitgeber verlangt die neuere Rechtsprechung eine hinreichend deutliche Aussperrungserklärung[181]. 99

---

[173] *Gamillscheg*, Kollektives Arbeitsrecht I, § 25 I 1 a; *Söllner/Waltermann*, Arbeitsrecht, § 13 II 1.
[174] BAG GS, Beschl. v. 28.1.1955, AP Nr. 1 zu Art. 9 GG Arbeitskampf.
[175] BAG, Urt. v. 26.10.1971, AP Nr. 44 zu Art. 9 GG Arbeitskampf.
[176] *Kissel*, Arbeitskampfrecht, § 42 Rn. 55.
[177] *Löwisch/Rieble*, Arbeitskampfrecht II, Rn. 85 ff.; MünchArbR/*Otto*, § 285 Rn. 58.
[178] *Brox/Rüthers*, Arbeitskampfrecht, Rn. 289.
[179] BAG, Beschl. v. 21.4.1971, AP Nr. 43 zu Art. 9 GG Arbeitskampf.
[180] BAG, Urt. v. 1.3.1995, AP Nr. 68 zu § 1 FeiertagslohnzahlungsG.
[181] BAG, Urt. v. 27.6.1995, AP Nr. 137 zu Art. 9 GG Arbeitskampf.

b) Nebenpflichten

100 Die arbeitsvertraglichen Nebenpflichten bleiben vom Arbeitskampf unberührt. Der Arbeitnehmer muß auch in dieser Zeit Geschäftsgeheimnisse wahren und Wettbewerb unterlassen. Darüber hinaus ist er zur Verrichtung der erforderlichen Erhaltungs- und Notstandsarbeiten verpflichtet; dafür erhält er die vereinbarte Vergütung. Streikende müssen dem Arbeitgeber weiterhin drohende Schäden anzeigen, soweit sie dadurch nicht die Kampfstrategie ihres Verbandes durchkreuzen. Der Arbeitgeber ist nach wie vor gehalten, eingebrachte und zurückgelassene Gegenstände streikender Arbeitnehmer zu verwahren[182]. Arbeitnehmern, die Erhaltungsarbeiten durchführen, schuldet er Schutz und Fürsorge[183].

c) Sonderzahlungen

101 aa) **Anwesenheitsprämie.** Anwesenheitsprämien setzen im allgemeinen voraus, daß der Arbeitnehmer während eines bestimmten Zeitraumes tatsächlich gearbeitet hat. Die streikbedingte Nichtarbeit führt demgemäß zur Kürzung oder zum Wegfall der Prämie[184]. Zwar hat die neuere Rechtsprechung vereinzelt angenommen, daß berechtigte Fehlzeiten sich nicht prämienmindernd auswirken dürfen[185]. Das gilt aber nicht für den Streik, da hier der Arbeitnehmer jegliches Entgeltrisiko trägt[186].

102 bb) **Sonstige Gratifikationen.** Sonstige Gratifikationen, wie etwa Urlaubs- oder Weihnachtsgelder, die regelmäßig als Anerkennung für geleistete und als Anreiz für künftige Dienste gewährt werden, setzen den Bestand des Arbeitsverhältnisses, nicht aber eine tatsächliche Arbeitsleistung voraus. Deshalb dürfen sie für Zeiten berechtigter Nichtarbeit grundsätzlich nicht gekürzt werden[187]. Zulässig sind aber Vereinbarungen über die Anrechnung von Streikzeiten. Bei derart modifizierten Anwesenheitsprämien dürfen streikbedingte Fehlzeiten berücksichtigt werden[188]. Bei Leistungen der betrieblichen Altersversorgung bleiben streikbedingte Unterbrechungen der Wartezeiten außer Betracht, weil sie im Verhältnis zur Länge der Fristen nicht ins Gewicht fallen[189].

---

[182] *Dütz*, Arbeitsrecht, Rn. 672; *Hueck/Nipperdey*, Arbeitsrecht I, § 48 III 1.
[183] *Brox/Rüthers*, Arbeitskampfrecht, Rn. 296.
[184] BAG, Urt. v. 15.5.1964, AP Nr. 35 zu § 611 BGB Gratifikation.
[185] BAG, Urt. v. 28.3.1963, AP Nr. 24 zu § 1 HausArbTag NRW.
[186] BAG, Urt. v. 31.10.1995, AP Nr. 140 zu Art. 9 GG Arbeitskampf.
[187] BAG, Urt. v. 20.12.1995, AP Nr. 141 zu Art. 9 GG Arbeitskampf.
[188] BAG, Urt. v. 20.12.1995, AP Nr. 141 zu Art. 9 GG Arbeitskampf.
[189] *Heubeck/Höhne/Paulsdorff/Rau/Weinert*, § 1 BetrAVG Rn. 186.

d) Urlaub

aa) Auf Wartezeiten für die Entstehung des Urlaubs[190] und auf die Urlaubsdauer[191] hat der Arbeitskampf keinen Einfluß. §§ 3 und 4 BUrlG knüpfen nur an das Bestehen des Arbeitsverhältnisses an, und die Zeit eines Streiks ist keine Ausfallzeit im Sinne des § 11 Abs. 1 Satz 3 BUrlG[192].

103

bb) Die **Erfüllung von Urlaub,** der bereits vor Beginn des Arbeitskampfes bewilligt oder sogar schon angetreten war, kann der Arbeitgeber nicht mehr verweigern[193]. War vor Kampfbeginn noch kein Urlaub bewilligt, scheidet ein urlaubsrechtlicher Anspruch auf Freistellung aus, weil der Arbeitnehmer schon wegen des Arbeitskampfes von der Arbeitspflicht befreit ist[194]. Außerdem ist es keinem Arbeitgeber zuzumuten, die andere Seite im Arbeitskampf durch Zahlung von Urlaubsentgelt zu unterstützen[195]. Streikende Arbeitnehmer, die während eines Arbeitskampfes ohne Urlaubsgewährung in Urlaub fahren und bei Streikende nicht zurück sind, verletzen den Arbeitsvertrag und riskieren Sanktionen wegen unerlaubten Fehlens.

104

e) Entgeltfortzahlung im Krankheitsfall, an Feiertagen, bei Arbeitsverhinderung aus persönlichen Gründen und wegen Betriebsratstätigkeit

aa) Grundsatz. Für Arbeitnehmer, die am Arbeitskampf teilnehmen, ruhen die gegenseitigen Hauptpflichten. Sie erhalten deshalb auch für Zeiten der krankheitsbedingten Arbeitsunfähigkeit, der Arbeitsverhinderung aus persönlichen Gründen, an Feiertagen und bei Betriebsratstätigkeit kein Entgelt. Für arbeitswillige Arbeitnehmer verbleibt es bei den allgemeinen Regeln, es sei denn, daß der Arbeitgeber sie aussperrt, den Betrieb oder Betriebsteil stillegt oder daß die Grundsätze des Arbeitskampfrisikos eingreifen.

105

bb) Krankheit. Der Arbeitnehmer hat nach § 3 EfzG nur dann Anspruch auf Entgeltfortzahlung im Krankheitsfall, wenn die **Arbeitsunfähigkeit** die **alleinige Ursache** der Arbeitsverhinderung ist.

106

---

[190] *Dersch/Neumann,* § 4 BUrlG Rn. 34.
[191] BAG, Urt. v. 15.6.1964, AP Nr. 35, 36 zu Art. 9 GG Arbeitskampf.
[192] BAG, Urt. v. 27.7.1956, AP Nr. 12 zu § 611 BGB Urlaubsrecht; *Brox/Rüthers,* Arbeitskampfrecht, Rn. 303; *Dersch/Neumann,* § 11 BUrlG Rn. 54 m.w.N; *Schaub,* Arbeitsrechts-Handbuch, § 194 II 3 d; a. A. *Dütz,* Arbeitsrecht, Rn. 674.
[193] BAG, Urt. v. 20.12.1963, 15.6.1964, AP Nr. 33, 36 zu Art. 9 GG Arbeitskampf.
[194] BAG, Urt. v. 15.6.1964, AP Nr. 35 zu Art. 9 GG Arbeitskampf.
[195] *Dütz,* Arbeitsrecht, Rn. 675; *Hueck/Nipperdey,* Arbeitsrecht II/1 47 B IX; *Schaub,* Arbeitsrechts-Handbuch, § 194 II 3; a. A. *Brox/Rüthers,* Arbeitskampfrecht, Rn. 304.

107   Erkrankt ein Arbeitnehmer während eines Arbeitskampfs, an dem er beteiligt ist, so hat er keinen Anspruch auf Entgeltfortzahlung[196]. Der Anspruchszeitraum wird auch nicht um die Dauer des Arbeitskampfs verlängert[197]. War er bereits bei Beginn des Streiks erkrankt, so erhält er die Entgeltfortzahlung ohne Rücksicht darauf, ob er sich am Arbeitskampf beteiligt hätte oder nicht, solange er nicht seine Teilnahme am Streik erklärt oder sich tatsächlich am Streik beteiligt[198]. Dem Arbeitgeber bleibt es unbenommen, erkrankte Arbeitnehmer auszusperren[199] und damit deren Entgeltfortzahlungsanspruch zu suspendieren.

108   **cc) Arbeitsverhinderung aus persönlichen Gründen.** Bei Arbeitsverhinderung aus persönlichen Gründen hat der Arbeitnehmer dann keinen Anspruch auf Entgeltfortzahlung, wenn er sich ohne die Arbeitsverhinderung am Arbeitskampf beteiligt hätte[200].

109   **dd) Feiertag.** Anspruch auf Feiertagslohnzahlung nach § 2 EfzG besteht, wenn der Feiertag die alleinige Ursache der Arbeitsverhinderung ist.

110   Erklärt eine Gewerkschaft einen Streik am letzten Arbeitstag für beendet und nehmen die Arbeitnehmer am Tag nach dem Feiertag die Arbeit wieder auf, dann ist die Arbeitszeit am Feiertag nicht infolge des Streiks, sondern infolge des Feiertags ausgefallen, und zwar selbst dann, wenn die Gewerkschaft am Tage nach Wiederaufnahme der Arbeit erneut zu einem Streik aufruft[201]. Allerdings muß die Wiederaufnahme der Arbeit dem Arbeitgeber von der streikführenden Gewerkschaft oder den streikbeteiligten Arbeitnehmern mitgeteilt werden. Im Konflikt um einen Verbandstarifvertrag genügt die Mitteilung gegenüber dem Arbeitgeberverband. Eine öffentliche Verlautbarung über die Medien kann eine unmittelbare Mitteilung nur ersetzen, wenn sie den Arbeitgeber vor dem Feiertag erreicht, hinreichend genau darüber informiert, wann, wo und inwieweit der Streik enden soll, und klar zum Ausdruck bringt, daß der Beschluß von der streikführenden Gewerkschaft stammt. Der Arbeitgeber kann aber aussperren und damit den Anspruch beseitigen[202].

---

[196]   *Schaub*, Arbeitsrechts-Handbuch, § 194 Rn. 12.
[197]   BAG, Urt. v. 8.3.1973, AP Nr. 29 zu § 1 LohnFZG.
[198]   BAG, Urt. v. 15.1.1991, 1.10.1991, AP Nr. 114, 121 zu Art. 9 GG Arbeitskampf; a. A. *Schaub*, Arbeitsrechts-Handbuch, § 194 Rn. 12, der darauf abstellen will, ob sich der Arbeitnehmer ohne die Erkrankung am Arbeitskampf beteiligt hätte; so auch LAG Berlin, Urt. v. 12.12.1990, BB 1991, 1492; LAG Hamburg, Urt. v. 27.10.1994, AuR 1995, 376.
[199]   Selbst wenn sie schwerbehindert sind, vgl. BAG, Urt. v. 7.6.1988, AP Nr. 107 zu Art. 9 GG Arbeitskampf.
[200]   *Schaub*, Arbeitsrechts-Handbuch, § 194 Rn. 15.
[201]   BAG, Urt. v. 23.10.1996, AP Nr. 146 zu Art. 9 GG Arbeitskampf.
[202]   BAG, Urt. v. 11.5.1993, AP Nr. 63 zu § 1 FeiertagsLZG; Urt. v. 23.10.1996, AP Nr. 146 zu Art. 9 GG Arbeitskampf.

ee) **Betriebsratstätigkeit.** Betriebsräte, die an einem Arbeitskampf beteiligt sind, verlieren ihren Entgeltanspruch. Das gilt selbst dann, wenn sie während des Arbeitskampfs Betriebsratstätigkeit wahrnehmen[203] oder an einer Schulung teilnehmen[204]. 111

f) Kündigung

Das Recht, das Arbeitsverhältnis zu kündigen, wird durch den Arbeitskampf nicht berührt. Kein Kündigungsgrund ist die rechtmäßige Teilnahme an einem zulässigen Arbeitskampf. Der Arbeitskampf hat auch keine Auswirkungen auf den Lauf der Fristen nach §§ 1 Abs. 1 KSchG, 622 Abs. 2 BGB, denn für sie kommt es allein auf den Bestand des Arbeitsverhältnisses an. 112

3. Rechtsfolgen für nicht am Arbeitskampf beteiligte Dritte

a) Arbeitswillige Arbeitnehmer des umkämpften Betriebes

Arbeitnehmer, die nicht am Arbeitskampf teilnehmen, haben, soweit möglich, die vereinbarten Dienste zu verrichten. Gegen ihren Willen darf sie der Arbeitgeber nicht mit Arbeiten betrauen, die sonst von Streikenden verrichtet werden („Streikbrecherarbeit"). Es ist ihnen nicht zuzumuten, den streikenden Kollegen in den Rücken zu fallen[205]. Für ihre Arbeit erhalten sie die vereinbarte Vergütung. 113

Kann der Arbeitgeber Arbeitswillige arbeitskampfbedingt nicht beschäftigen, etwa weil Energie oder Material fehlen, oder ist ihm eine Beschäftigung nicht zumutbar, weil Produkte nicht abgesetzt werden können und eine Produktion auf Halde wirtschaftlich nicht vertretbar wäre, so entfällt die Vergütungspflicht. Die Arbeitnehmer haben entgegen § 615 BGB das **Arbeitskampfrisiko** zu tragen. Zu den Voraussetzungen s. Band 1 § 8 Rn. 45 ff. 114

Dieses Ergebnis ist früher mit **Sphärengesichtspunkten** begründet worden[206]. Der streikbedingte Arbeitsausfall sollte zu Lasten der Arbeitnehmer gehen, weil die Ursache der Leistungsstörung in der Sphäre der Arbeitnehmerschaft liege. Die neuere Rechtsprechung[207] stellt auf die **Kampfparität** ab. Die Kampfstellung der bestreikten Arbeitgeber würde vor allem bei Teil- oder Schwerpunktstreiks geschwächt, wenn sie die arbeitswilligen, aber durch einen Streik beschäftigungslos gewordenen Arbeitnehmer entlohnen müßten. Umgekehrt wird auch der Arbeits- 115

---

[203] BAG, Urt. v. 25.10.1988, AP Nr. 110 zu Art. 9 GG Arbeitskampf.
[204] BAG GS Beschl. v. 21.4.1971, AP Nr. 43 zu Art. 9 GG Arbeitskampf; BAG, Urt. v. 15.1.1991, AP Nr. 114 zu Art. 9 GG Arbeitskampf.
[205] *Dütz*, Arbeitsrecht, Rn. 684; *Gamillscheg*, Kollektives Arbeitsrecht I, § 21 II 7 d.
[206] RG, Urt. v. 6.2.1923, RGZ 106, 272; hierzu bereits Band 1 § 8 Rn. 40 ff.
[207] BAG, Urt. v. 10.6.1980, 12.11.1996, AP Nr. 65, 147 zu Art. 9 GG Arbeitskampf.

willige später in aller Regel in den Genuß der umkämpften Leistung gelangen[208]. Die Arbeitnehmer sind auch dann mit dem Arbeitskampfrisiko belastet, wenn die Kampfmaßnahme die Wiederaufnahme der Arbeit nach dem Arbeitskampf unmöglich oder unzumutbar macht, etwa weil der Arbeitgeber die Arbeit anderweitig hat verrichten lassen[209].

116 Die Gewerkschaften sprechen, wenn der Arbeitgeber die Entgeltzahlung nach den Grundsätzen des Arbeitskampfrisikos einstellt, zumindest dann von **„kalter Aussperrung"**, wenn sie den Verdacht haben, daß er die Arbeitnehmer hätte weiterbeschäftigen können. Obwohl der Entgeltanspruch von selbst entfällt, gesteht die Rechtsprechung dem Betriebsrat ein starkes Kontrollrecht zu. Das BAG betrachtet die Zeit, für die der Arbeitgeber kein Entgelt zahlt, als Kurzarbeit und gibt dem Betriebsrat für deren Ausgestaltung das Mitbestimmungsrecht nach § 87 Abs. 1 Nr. 3 BetrVG[210] (s. Band 1 § 8 Rn. 55).

117 Beugt der Arbeitgeber sich einem Streik und **legt er den bestreikten Betrieb oder Betriebsteil still**, so verlieren die betroffenen Arbeitnehmer den Anspruch auf Entgelt (s. § 13 Rn. 33). Allerdings darf der Arbeitgeber **keine vorbeugenden Maßnahmen** treffen, die den Rahmen des Arbeitskampfes erweitern. Erlaubt ist nur die **Abwehr** streikbedingter Störungen. Der Arbeitgeber kann sich also der Lohnzahlungspflicht nicht dadurch entziehen, daß er eine Ersatzmannschaft einstellt, um möglichen Arbeitsniederlegungen seiner Stammbelegschaft vorzubeugen. Ebensowenig entfallen die Entgeltansprüche, wenn der Arbeitgeber auf einen einzelnen, von vornherein begrenzten Kurzstreik mit dem Einsatz einer Ersatzmannschaft für die gesamte betroffene Schicht reagiert, obwohl die Wirkungen der Arbeitsniederlegung einer sinnvollen Beschäftigung der Streikenden nach Wiederaufnahme der Arbeit nicht entgegenstehen. Selbst aktiv werden darf der Arbeitgeber nur unter den Voraussetzungen und in der Form einer Aussperrung[211].

118 Die wegen einer rechtmäßigen **Aussperrung** beschäftigungslosen Arbeitnehmer haben keinen Lohnanspruch, gleichviel ob es sich um eine Angriffs- oder eine Abwehraussperrung handelt[212]. Das folgt aus dem Grundsatz der Kampfparität.

---

[208] BAG, Urt. v. 22.3.1994, AP Nr. 130 zu Art. 9 GG Arbeitskampf.
[209] BAG, Urt. v. 12.11.1996, AP Nr. 147 zu Art. 9 GG Arbeitskampf.
[210] BAG, Beschl. v. 22.12.1980, AP Nr. 70, 71 Art. 9 GG Arbeitskampf.
[211] BAG, Urt. v. 12.11.1996, AP Nr. 147 zu Art. 9 GG Arbeitskampf; krit. *Kalb*, FS Stahlhacke, 1995, S. 213 ff.; *Konzen*, Gem. Anm. zu BAG, AP Nr. 137-139; *Lieb*, SAE 1995, 257 und 1995, 182; *Löwisch*, FS Gitter, 1995, S. 533 ff.; *Thüsing*, DB 1995, 2607.
[212] *Gamillscheg*, Kollektives Arbeitsrecht I, § 27 I 9 m.w.N; *Löwisch/Bittner*, Arbeitskampf- und Schlichtungsrecht Rn. 610; a. A. *Brox/Rüthers*, Arbeitskampfrecht, Rn. 180.

c) Abnehmer und Zulieferer

123 Können wegen eines Arbeitskampfes Liefer-, Abnahme- oder sonstige Verpflichtungen nicht erfüllt werden, dann stellt sich die Frage, ob Schadensersatzansprüche wegen Unmöglichkeit oder Verzugs (§ 280 BGB) entstehen. Bei einem rechtmäßigen Arbeitskampf darf es dem Arbeitgeber nicht zum Nachteil gereichen, daß er mit der Aussperrung von einem verfassungsmäßigen Recht Gebrauch macht oder bei einem Streik mit der Ausübung eines solchen Rechts konfrontiert wird. Das Recht der Leistungsstörungen hat deshalb hinter dem durch Art. 9 Abs. 3 GG garantierten Arbeitskampfrecht zurückzustehen[217]. Anderes gilt nach h. M. nur für den Annahmeverzug, da dieser verschuldensunabhängig eintritt und die daraus entstehenden Ersatzansprüche (§§ 304, 326 Abs. 2 BGB) die Arbeitskampffreiheit nicht entscheidend beeinträchtigen[218].

IV. Rechtsfolgen rechtswidriger Arbeitskämpfe

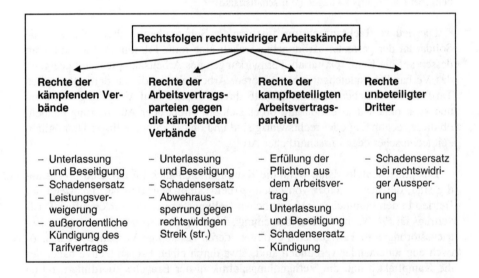

124 Arbeitskämpfe, die die oben dargestellten Grundsätze verletzen, sind rechtswidrig. Einzelne unzulässige Handlungen machen einen Arbeitskampf im allgemeinen nicht rechtswidrig[219], können aber Folgen für den Handelnden haben und für den Verband, für den er tätig war. Rechtsfolgen aus rechtswidrigen Arbeitskämpfen können sich ergeben für die kämpfenden Verbände, für die betroffenen Arbeitgeber und Arbeitnehmer sowie für (unbeteiligte) Dritte. In erster Linie geht es dabei

---

[217] *Brox/Rüthers*, Arbeitskampfrecht, Rn. 384.
[218] *Brox/Rüthers*, Arbeitskampfrecht, Rn. 393; *Dütz*, Arbeitsrecht, Rn. 686.
[219] BAG, Urt. v. 8.11.1988, AP Nr. 111 zu Art. 9 GG Arbeitskampf.

um Unterlassungsansprüche und, wenn sich diese nicht (mehr) realisieren lassen, um Schadensersatzansprüche. Zu denken ist aber auch an spezifisch kollektivrechtliche Gegenmaßnahmen.

1. Rechtsfolgen für die kämpfenden Verbände

a) Überblick

Führt ein Verband einen rechtswidrigen Arbeitskampf, so kommen für den Gegner außer einem Unterlassungs- und einem Schadensersatzanspruch auch das Recht zur Leistungsverweigerung, zu eigenen Arbeitskampfmaßnahmen sowie zur außerordentlichen Kündigung des Tarifvertrags in Betracht. 125

Unterlassungs- und Schadensersatzansprüche können sich aus einem Tarifvertrag zwischen den Kampfparteien ergeben oder deliktsrechtlich-negatorisch begründet sein. Leistungsverweigerungsrechte kommen aus dem schuldrechtlichen Teil in Betracht: Verletzt der eine Vertragsteil die Friedenspflicht, so braucht der andere sie auch nicht zu beachten. Außerdem ist eine außerordentliche Kündigung des Tarifvertrags nach § 314 BGB denkbar. 126

b) Unterlassungs- und Beseitigungsanspruch

aa) Erfüllung der tarifvertraglichen Friedenspflicht. Verstößt die Gewerkschaft gegen die Friedenspflicht, steht dem Arbeitgeberverband aus dem Tarifvertrag ein Unterlassungsanspruch zu. Der Gewerkschaft kann ferner verboten werden, Kampfmaßnahmen etwa durch Zahlung von Streikgeldern zu unterstützen. Bei wilden Streiks ist sie verpflichtet, mit allen zumutbaren Mitteln auf ihre Mitglieder einzuwirken, daß diese ihre Arbeitspflicht erfüllen[220]. Dieser Anspruch ist vor den Arbeitsgerichten (§ 2 Abs. 1 Nr. 1 und 2 ArbGG) durchsetzbar, notfalls im Wege des einstweiligen Rechtsschutzes. 127

Die Erfüllung der Friedenspflicht schulden nur die Tarifvertragsparteien selbst, nicht ihre Mitglieder. Bei einem Firmentarifvertrag trifft den Arbeitgeber die Friedenspflicht unmittelbar. 128

bb) Deliktisch-negatorische Ansprüche. Ein deliktisch-negatorischer Unterlassungsanspruch kann sich aus § 1004 Abs. 1 BGB analog i. V. m. § 823 Abs. 1 BGB, Art. 9 Abs. 3 Satz 1 GG ergeben. Das Recht des gegnerischen Verbandes auf koalitionsmäßige Betätigung aus Art. 9 Abs. 3 GG ist ein sonstiges Recht im Sinne des § 823 Abs. 1 BGB. Daß sich Arbeitskampfmaßnahmen unmittelbar nur gegen die Mitglieder der Tarifvertragsparteien richten, spielt keine Rolle[221]. Zwar hängt der negatorische Unterlassungsanspruch nicht von einem Verschulden des Handelnden ab; auf Unterlassung kann die Gewerkschaft aber nur dann in An- 129

---

[220] *Brox/Rüthers*, Arbeitsrecht, Rn. 336; KassArbR/*Kalb*, 8.2 Rn. 328.
[221] BAG, Urt. v. 26.4.1988, AP Nr. 101 zu Art. 9 GG Arbeitskampf.

spruch genommen werden, wenn ihre Vorstandsmitglieder oder die örtlichen Streikleiter die nicht vom Streikrecht gedeckten Handlungen geplant, organisiert oder sonstwie gefördert haben (§ 1004 BGB analog i.V.m. § 31 BGB)[222].

130 Darüber hinaus kommt ein Anspruch nach § 1004 Abs. 1 BGB analog i. V. m. § 823 Abs. 2 BGB, Art. 9 Abs. 3 GG in Betracht. Art. 9 Abs. 3 GG ist im Hinblick auf die Drittschutzklausel in S. 2 zugunsten der Koalitionen und ihrer Mitglieder insoweit als Schutzgesetz anzusehen, als es um die Gewährleistung einer koalitionsspezifischen Betätigung geht. Die Koalition wird gegen den Abschluß eines Tarifvertrags durch rechtswidrige Arbeitskampfhandlungen geschützt[223]. Weitere Schutzgesetze sind die richterrechtlich geschaffenen Grundsätze der Arbeitskampfordnung[224], § 74 Abs. 2 BetrVG (Verbot des Arbeitskampfes der Betriebsparteien) sowie die Straftatbestände der Nötigung und Erpressung (§§ 240, 253 StGB).

c) Schadensersatzanspruch

131 Schadensersatzansprüche gegen rechtswidrig kämpfende Verbände können sich aus § 280 Abs. 1 BGB (wegen Pflichtverletzung) und aus Deliktsrecht ergeben[225]. Bei Verletzung der tariflichen Friedenspflicht kommt nur ein Anspruch wegen Pflichtversetzung aus § 280 Abs. 1 BGB in Betracht. Ist der Gegenspieler ein Verband, so kann es am Vermögensschaden fehlen. Die Haftung setzt schuldhaftes Verhalten voraus – daran kann es bei einem unvermeidbaren Rechtsirrtum fehlen – sowie die Zurechnung des Verschuldens auf den Verband (§§ 278, 31 analog BGB).

d) Leistungsverweigerung und Recht zu Kampfmaßnahmen

132 Verletzt eine Partei durch rechtswidrige Kampfmaßnahmen ihre schuldrechtlichen Verpflichtungen aus dem Tarifvertrag, so kann die andere ihre tarifvertraglichen Leistungen nach § 320 Abs. 1 BGB so lange verweigern, bis sie sich wieder vertragsgemäß verhält[226]. Die vertragstreue Partei ist insbesondere berechtigt, die Erfüllung ihrer eigenen Friedenspflicht zu verweigern. Sie braucht nicht mehr auf ihre Mitglieder einzuwirken, daß sie Kampfhandlungen unterlassen. Dabei ist der Grundsatz der Verhältnismäßigkeit zu beachten (vgl. § 320 Abs. 2 BGB).

---

[222] BAG, Urt. v. 21.6.1988, 8.11.1988, AP Nr. 108, 111 zu Art. 9 GG Arbeitskampf.
[223] *Söllner/Waltermann*, Arbeitsrecht, § 9 III 3.
[224] *Dütz*, Anm. zu BAG, Urt. v. 21.12.1982, EzA § 1 TVG Friedenspflicht Nr. 1; *Loritz*, ZfA 1985, 194 f.
[225] KassArbR/*Kalb*, 8.2 Rn. 332 ff.
[226] *Brox/Rüthers*, Arbeitskampfrecht, Rn. 362; *Hueck/Nipperdey*, Arbeitsrecht II/1 § 40 II 2.

e) Recht zur außerordentlichen Kündigung des Tarifvertrags

Der Tarifvertrag als Dauerschuldverhältnis kann aus wichtigem Grund außeror- **133**
dentlich fristlos gekündigt werden (§ 314 BGB)[227]. Ein wichtiger Grund liegt vor,
wenn es der vertragstreuen Partei wegen der Verletzung des Tarifvertrags durch
die andere Partei unter Berücksichtigung aller Umstände nach Treu und Glauben
nicht mehr zuzumuten ist, den Vertrag bis zur vereinbarten Beendigung oder bis
zum Ablauf der Kündigungsfrist fortzusetzen. Bedeutung und Zweck des Tarifvertrags
lassen eine außerordentliche Kündigung allerdings nur unter engen Voraussetzungen
zu[228]. In der Regel gibt nur eine grob fahrlässige oder vorsätzliche Verletzung
der Friedenspflicht ein Recht zur außerordentlichen Kündigung[229]. Einer
Aufforderung zu tarifgemäßem Verhalten bedarf es nicht, wenn ein Teil ernsthaft
die Erfüllung verweigert (§ 314 Abs. 2 Satz 2, § 323 Abs. 2 Nr. 1 BGB). Dagegen
geben Verletzungen der Einwirkungspflicht nur bei Hinzutreten erschwerender
Umstände ein Kündigungsrecht. In der Regel ist zunächst eine Abmahnung erforderlich
(§ 314 Abs. 2 Satz 2 BGB).

2. Rechte der Arbeitsvertragsparteien gegen die Tarifvertragsparteien

a) Unterlassung

Der einzelne Arbeitgeber oder Arbeitnehmer hat gegenüber dem tariflichen Ge- **134**
genspieler einen vertraglichen Anspruch auf Einhaltung der Friedenspflicht; der
Verbandstarifvertrag ist ein Vertrag zugunsten Dritter[230].

Dagegen steht dem **Arbeitgeber** ein **Unterlassungsanspruch** nach § 1004 Abs. **135**
1 BGB analog i. V. m. § 823 Abs. 1 BGB zu, wenn er von der Gewerkschaft
rechtswidrig bestreikt wird. Ein rechtswidriger Streik ist ein unmittelbarer **Eingriff**
in das Recht am **eingerichteten und ausgeübten Gewerbebetrieb**[231]. Der bestreikte
Arbeitgeber trägt die Beweislast für die Rechtswidrigkeit, weil diese durch
eine Interessenabwägung im Einzelfall festgestellt werden muß. Dabei ist zu beachten,
daß der gewerkschaftlich organisierte Streik nach der Rechtsprechung die
Vermutung der Rechtmäßigkeit genießt[232], sofern es sich um keinen Sympathiestreik
handelt[233].

---

[227] BAG, Urt. v. 5.3.1957, AP Nr. 1 zu § 1 TVG Rückwirkung; Urt. v. 18.12.1996, NZA 1997, 830.
[228] BAG, Urt. v. 18.12.1996, NZA 1997, 830 (833).
[229] BAG, Urt. v. 14.11.1958, AP Nr. 4 zu § 1 TVG Friedenspflicht.
[230] *Kissel*, Arbeitskampfrecht, § 26 Rn. 51 m.w.N.
[231] BAG, Urt. v. 21.6.1988, AP Nr. 108 zu Art. 9 GG Arbeitskampf.
[232] BAG, Urt. v. 19.6.1973, AP Nr. 47 zu Art. 9 GG Arbeitskampf.
[233] BAG, Urt. v. 12.1.1988, AP Nr. 90 zu Art. 9 GG Arbeitskampf.

136 Ob auch der **Arbeitnehmer**, dessen Arbeitsplatz durch rechtswidrige Arbeitskampfmaßnahmen betroffen ist, einen deliktsrechtlichen Unterlassungsanspruch gegen den kämpfenden Verband hat, hängt davon ab, ob ihm entsprechend dem Recht am eingerichteten und ausgeübten Gewerbebetrieb ein **Recht am Arbeitsplatz** zusteht. Das ist umstritten, die bislang h. M. **verneint**[234].

137 Sowohl für Arbeitgeber als auch für Arbeitnehmer kommen Unterlassungsansprüche gegen die gegnerischen Verbände nach § 1004 Abs. 1 BGB analog i. V. m. § 823 Abs. 2 in Betracht. Schutzgesetze im Sinne des § 823 Abs. 2 BGB sind für alle Koalitionsmitglieder Art. 9 Abs. 3 GG, die richterrechtlichen Arbeitskampfgrundsätze[235] und §§ 240, 253 StGB.

b) Schadensersatz

138 Verstößt ein Verband gegen die Friedenspflicht, so kann der betroffene Arbeitgeber oder Arbeitnehmer einen Schadensersatzanspruch aus pVV des Verbandstarifvertrages haben. Der **Verbandstarifvertrag** entfaltet **Schutzwirkung zugunsten der Mitglieder**[236]. Der Schaden liegt für den Arbeitgeber in dem durch die Arbeitsniederlegung verursachten Produktionsausfall, für den Arbeitnehmer im Ausfall der Arbeitsvergütung.

139 Der Anspruch setzt Verschulden voraus. Das Verschulden natürlicher Personen, die für die Koalition handeln, wird dieser über § 31 BGB oder § 278 BGB zugerechnet. Am Verschulden fehlt es, wenn sich die Handelnden auf einen unvermeidbaren Rechtsirrtum berufen können[237]; Bei zweifelhafter Rechtslage darf von dem äußersten Mittel des Streiks nur in maßvollem Rahmen und vor allem nur dann Gebrauch gemacht werden, wenn für die Zulässigkeit der tariflichen Regelung sehr beachtliche Gründe sprechen und eine endgültige Klärung der Rechtslage anders nicht zu erreichen ist. Dabei ist zu beachten, daß schon die Rechtswidrigkeit einer Hauptforderung zur Rechtswidrigkeit des gesamten Streiks führt[238]. Als Haftungsmasse steht nur das Verbandsvermögen, nicht das Privatvermögen der Mitglieder zur Verfügung; dies gilt wegen der restriktiven Auslegung des § 54 S.1 BGB auch für die Mitglieder der Gewerkschaften[239]. Deliktische Schadensersatzansprüche können sich aus §§ 31, 276, 823 Abs. 1 u. 2 BGB und § 831 Abs. 1 Satz 1 BGB ergeben.

---

[234] *Brox/Rüthers*, Arbeitskampfrecht, Rn. 346; *Gamillscheg*, Kollektives Arbeitsrecht I, S. 1213; KassArbR/*Kalb*, 8.2 Rn. 339; MünchKomm/*Mertens*, § 823 BGB Rn. 518 ff., 628; a. A. BAG, Urt. v. 4.6.1998, AP Nr. 7 zu § 823 BGB; *Löwisch*, RdA 1987, 222; *Löwisch/Rieble*, Arbeitskampfrecht, 170.2. Rn. 344; vgl. auch BVerfGE 84, 133 (Warteschleifen-Urteil).

[235] *Dütz*, Arbeitsrecht, Rn. 707.

[236] *Dütz*, Arbeitsrecht, Rn. 703; KassArbR/*Kalb*, 8.2 Rn. 332; *Zöllner/Loritz*, Arbeitsrecht, § 40 V 1.

[237] BAG, Urt. v. 21.3.1978, AP Nr. 62 zu Art. 9 GG Arbeitskampf.

[238] BAG, Urt. v. 10.12.2002, NZA 2003, 735.

[239] *Brox/Rüthers*, Arbeitskampfrecht, Rn. 375.

c) Leistungsverweigerung und Kündigung

Da der einzelne Arbeitgeber oder Arbeitnehmer bei einem Verbandstarifvertrag 140
nicht Vertragspartei ist, kann er auf rechtswidrige Kampfmaßnahmen weder Leistungen aus dem Tarifvertrag verweigern noch den Vertrag kündigen.

d) Abwehraussperrung ?

Ob der Arbeitgeber einen rechtswidrigen Streik mit der Abwehraussperrung be- 141
antworten darf, ist streitig. Die **Rechtsprechung bejaht** mit dem Argument, der Arbeitgeber dürfe bei einem rechtswidrigen Streik nicht schlechter stehen als bei einem rechtmäßigen[240]. Dagegen spricht, daß Arbeitskämpfe grundsätzlich nur dann zulässig sind, wenn sie um ein tariflich regelbares Ziel geführt werden. Für die Abwehr rechtswidriger Eingriffe sind die Gerichte zuständig[241]. Eine Abwehraussperrung kann nur unter dem Gesichtspunkt der Notwehr (§ 227 BGB) gerechtfertigt sein. Sie ist als Verteidigungshandlung dann erforderlich, wenn der Angegriffene nicht rechtzeitig ausreichende staatliche Hilfe erlangen kann[242]. Der Arbeitgeber muß deshalb grundsätzlich zunächst den Rechtsweg beschreiten und in Eilfällen eine einstweilige Verfügung beantragen[243].

3. Rechtsfolgen für die kampfbeteiligten Arbeitsvertragsparteien

a) Überblick

Nur der rechtmäßige Arbeitskampf suspendiert die Hauptpflichten aus dem Ar- 142
beitsvertrag. Die Beteiligung an einem rechtswidrigen Arbeitskampf stellt eine Vertragsverletzung dar. Sie kann darüber hinaus einen Eingriff in den eingerichteten und ausgeübten Gewerbebetrieb oder in das Recht auf den konkreten Arbeitsplatz bedeuten, soweit man ein solches anerkennt.

b) Ordnungsgemäße Erfüllung des Arbeitsvertrages

Der rechtswidrige Arbeitskampf läßt die Erfüllungsansprüche aus dem Arbeitsver- 143
trag unberührt[244]. Kommt der Arbeitnehmer seiner Arbeitspflicht nicht nach, wird der Arbeitgeber von seiner Lohnzahlungspflicht nach § 326 Abs. 1 BGB frei. Für den Fortbestand von Anwartschaften und sonstigen Leistungen gilt das beim rechtmäßigen Arbeitskampf Ausgeführte sinngemäß. Der rechtswidrig ausgesperr-

---

[240] BAG GS, Beschl. v. 21.4.1971, AP Nr. 43 zu Art. 9 GG Arbeitskampf.
[241] *Brox/Rüthers*, Arbeitskampfrecht, Rn. 341 m.w.N.; *Löwisch/Rieble*, DB 1993, 882; *Söllner/Waltermann*, Arbeitsrecht, § 12 II 5 c bb; *Walker*, NZA 1993, 769 ff.
[242] *Brox/Rüthers*, Arbeitskampfrecht, Rn. 341 m.w.N.
[243] *Brox/Rüthers*, Arbeitskampfrecht, Rn. 764 ff.
[244] *Gamillscheg*, Kollektives Arbeitsrecht I, § 26 I 1 m.w.N.; KassArbR/*Kalb*, 8.2 Rn. 308 f.

te Arbeitnehmer kann auf Grund seines Arbeitsvertrages i. V. m. § 242 BGB, Art. 1 Abs. 1, 2 Abs. 1 GG vom Arbeitgeber verlangen, beschäftigt und bezahlt zu werden; er behält trotz Nichtarbeit seinen Vergütungsanspruch (§ 615 BGB)[245]. Der Arbeitnehmer muß sich nach § 615 Satz 2 BGB aber anrechnen lassen, was er erspart hat, weil die Arbeit unterblieben ist (Fahrkosten usw.).

c) Unterlassung

144 Durch die Teilnahme an einem rechtswidrigen Arbeitskampf verletzt der Arbeitnehmer die Nebenpflicht, den Arbeitgeber nicht zu schädigen. Der Arbeitgeber kann auf Unterlassung klagen. Der Anspruch kann durch Androhung von Ordnungsgeld oder Ordnungshaft nach § 890 ZPO durchgesetzt werden. Auch eine einstweilige Verfügung kommt in Betracht[246].

d) Schadensersatz

145 Ein **Schadensersatzanspruch des Arbeitgebers** gegen rechtswidrig streikende Arbeitnehmer kann sich aus § 280 Abs. 1, 3, 283 BGB oder aus § 823 Abs. 1 BGB wegen Eingriffs in den eingerichteten und ausgeübten Gewerbebetrieb ergeben. Allerdings werden sich die Arbeitnehmer, wenn sie einem Streikaufruf der Gewerkschaft folgen, regelmäßig in einem **unverschuldeten Rechtsirrtum** befinden, der den Anspruch ausschließt[247]. Mehrere verantwortliche Arbeitnehmer haften als Gesamtschuldner[248]. Tatsächlich gehen Ansprüche häufig ins Leere, weil die Arbeitnehmer Streikschäden, die durchweg große Summen ausmachen, kaum je ersetzen können.

146 **Schadensersatzansprüche der Arbeitnehmer** bei rechtswidriger Aussperrung können sich aus Verletzung des Arbeitsvertrags ergeben. Ein deliktsrechtlicher Anspruch besteht nur, wenn man ein Recht am Arbeitsplatz anerkennt. In beiden Fällen werden Ansprüche aber zumeist daran scheitern, daß es nicht zu einem über die Arbeitsvergütung hinausgehenden Schaden kommt. Die Arbeitsvergütung selbst steht dem Arbeitnehmer bereits nach dem Arbeitsvertrag i. V. m. § 615 BGB zu, und zwar unabhängig von einem Verschulden des Arbeitgebers.

e) Kündigung

147 Eine rechtswidrige Arbeitskampfmaßnahme stellt in der Regel eine **schwere Verletzung arbeitsvertraglicher Pflichten** dar und kann deshalb eine Kündigung rechtfertigen[249]. Im allgemeinen muß der Arbeitgeber aber vorher abmahnen. Ein

---

[245] BAG, Urt. v. 10.6.1980, AP Nr. 64 zu Art. 9 GG Arbeitskampf.
[246] *Brox/Rüthers*, Arbeitskampfrecht, Rn. 329; KassArbR/*Kalb*, 8.2 Rn. 310 f.
[247] BAG, Urt. v. 21.3.1978, AP Nr. 62 zu Art. 9 GG Arbeitskampf.
[248] BAG, Urt. v. 17.12.1958, AP Nr. 3 zu § 1 TVG Friedenspflicht.
[249] BAG, Urt. v. 21.10.1969, 14.2.1978, AP Nr. 41, 59 zu Art. 9 GG Arbeitskampf.

Verschulden ist nur für die im Rahmen des § 1 Abs. 2 KSchG oder § 626 BGB erforderliche Interessenabwägung von Belang.

Der Arbeitgeber ist berechtigt, nicht allen, sondern nur einzelnen am rechtswidrigen **148** Streik beteiligten Arbeitnehmern zu kündigen[250]. Eine **selektive Kampfkündigung** stellt keine Verletzung des arbeitsrechtlichen Gleichbehandlungsgrundsatzes dar. Der Arbeitgeber stünde sonst vor der Alternative, allen beteiligten Arbeitnehmern zu kündigen oder gar keinem. Die Auswahl darf allerdings nicht willkürlich erfolgen. Zulässig ist es, auf die herausgehobene Kampfbeteiligung abzustellen und beispielsweise den Anstifter oder Organisator zu entlassen.

f) Ausschluß der Rechte durch tarifliche Folgeregelung

Zur Wiederherstellung des Arbeitsfriedens werden in dem neuen, den Arbeits- **149** kampf beendenden Tarifvertrag häufig Wiedereinstellungsklauseln und Maßregelungsverbote vereinbart. **Wiedereinstellungsklauseln** verpflichten den Arbeitgeber, mit den lösend ausgesperrten oder gekündigten Arbeitnehmern neue Arbeitsverträge zu den bisherigen Bedingungen abzuschließen. **Maßregelungsverbote** verpflichten ihn zum Verzicht auf Sanktionen und/oder auf Schadensersatzansprüche. Normativ wirkende Verzichtsregelungen sind nach der Rechtsprechung unzulässig[251], da sie die Grenzen der Tarifmacht überschreiten.

4. Rechtsfolgen für unbeteiligte Dritte

Kann ein Arbeitgeber Vertragspflichten gegenüber seinen Kunden oder Lieferan- **150** ten wegen einer rechtswidrigen Aussperrung nicht erfüllen, so hat er dies nach § 276 Abs. 1 BGB zu vertreten. Das Verhalten seiner Arbeitnehmer muß er sich bei einem rechtswidrigen Streik nicht nach § 278 BGB zurechnen lassen. Er haftet für sie auch nicht nach § 831 Abs. 1 BGB, weil die Delikte nicht in einem engen und unmittelbaren Zusammenhang mit der Arbeitsleistung stehen. Die geschädigten Kunden und Lieferanten können sich auch nicht an die Arbeitnehmer halten. Ein deliktischer Anspruch scheitert regelmäßig daran, daß es an einem unmittelbaren Eingriff in ihren eingerichteten und ausgeübten Gewerbebetrieb fehlt.

---

[250] BAG, Urt. v. 21.10.1969, AP Nr. 41 zu Art. 9 GG Arbeitskampf.
[251] BAG, Urt. v. 8.11.1988, AP Nr. 111 zu Art. 9 GG Arbeitskampf.

V. Arbeitskampf und Betriebsverfassungsrecht

1. Arbeitskampfverbot für die Betriebspartner

151 Die Rechtsfolgen eines Arbeitskampfs für die Betriebsverfassung sind nicht gesetzlich geregelt. § 74 Abs. 2 Satz 1 BetrVG untersagt lediglich den Arbeitskampf der Betriebspartner gegeneinander. Nach § 74 Abs. 2 Satz 1 HS 2 BetrVG werden die Arbeitskämpfe tariffähiger Parteien dadurch nicht berührt. An diesen Arbeitskämpfen dürfen sich auch Betriebsratsmitglieder beteiligen. § 74 Abs. 3 BetrVG erklärt ausdrücklich, daß die Wahrnehmung betriebsverfassungsrechtlicher Funktionen die gewerkschaftliche Betätigung von Arbeitnehmern nicht beschränkt.

152 Im Gegensatz zum Betriebsrat ist der Arbeitgeber bei tarifvertragsbezogenen Arbeitskämpfen immer Kampfpartei, sei es als Verbandsmitglied, sei es als Partei des Tarifvertrags. Daran wird er durch § 74 Abs. 2 BetrVG nicht gehindert. Er darf auch Mitglieder des Betriebsrats aussperren[252]. Seine Kampfmaßnahmen dürfen sich nur nicht gezielt gegen den Betriebsrat als Organ der Betriebsverfassung richten[253].

2. Betriebsrat und Arbeitskampf

a) Betriebsratsamt

153 Das Amt des Betriebsrats wird durch einen Arbeitskampf nicht berührt, gleichviel, ob sich seine Mitglieder an einem Arbeitskampf beteiligen oder nicht[254]. Selbst die Aussperrung eines Betriebsratsmitglieds hat auf den Fortbestand des Amtes keine Auswirkungen, da sie nur die vertraglichen Hauptleistungspflichten suspendiert[255]. Der Betriebsrat wird durch den Arbeitskampf auch nicht funktionsunfähig. Er behält seine Initiativ- und Beteiligungsrechte jedenfalls insoweit, als sie keinen Bezug zum Arbeitskampf haben[256]. Maßnahmen des Arbeitgebers, die nicht wegen, sondern nur während des Arbeitskampfes durchgeführt werden, bleiben mitbestimmungspflichtig[257].

Beispiele für fortbestehende Beteiligungsrechte: Mitbestimmung in betrieblichen Sozialeinrichtungen und bei Werkswohnungen, Einführung von Personalfragebögen, Beurteilungsgrundsätzen oder Auswahlrichtlinien, Einstellung eines seit langem gesuchten Mitar-

---

[252] BAG, Urt. v. 14.2.1978, 25.10.1988, AP Nr. 57, 110 zu Art. 9 GG Arbeitskampf.
[253] *Brox/Rüthers*, Arbeitskampfrecht, Rn. 414.
[254] Allgem. M., vgl. *Fitting*, § 74 BetrVG Rn. 16 m.w.N.
[255] BAG, Urt. v. 25.10.1988, AP Nr. 110 zu Art. 9 GG Arbeitskampf.
[256] BAG, Urt. v. 14.2.1978, AP Nr. 57 zu Art. 9 GG Arbeitskampf.
[257] BAG, Urt. v. 6.3.1979, AP Nr. 20 zu § 102 BetrVG 1972; *Dietz/Richardi*, § 99 BetrVG Rn. 16.

beiters, Kündigung eines Arbeitnehmers wegen krankheitsbedingter Fehlzeiten[258], Eingruppierungen und Umgruppierungen[259].

b) Beteiligungsrechte

aa) Grundsatz. Heftig umstritten ist, ob, unter welchen Voraussetzungen und inwieweit betriebliche Beteilungsrechte eingeschränkt sind, wenn eine an sich mitbestimmungspflichtige Maßnahme des Arbeitgebers direkt oder indirekt mit dem Arbeitskampf zusammenhängt. Eine Mindermeinung lehnt jede Einschränkung von Mitbestimmungsrechten ab[260]. Die h. M. bejaht dagegen. Sie geht zu Recht davon aus, daß der verfassungsrechtlich garantierten Tarifautonomie und dem als Hilfsinstrument mit geschütztem Arbeitskampfrecht der Vorrang vor den Mitbestimmungsrechten des Betriebsrats zukommt[261]. Ausgangspunkt ist die Parität der Arbeitskampfparteien[262]. Beteiligungsrechte des Betriebsrats, die geeignet sind, die Kampffähigkeit des Arbeitgebers zu beeinträchtigen, müssen während des Arbeitskampfes eingeschränkt sein oder ruhen. Andere leiten die Einschränkung von Mitbestimmungsrechten aus dem Neutralitätsgebot der Betriebspartner her (§ 74 Abs. 2 Satz 1 BetrVG). Mitbestimmungsrechte sollen entfallen, soweit ihre Ausübung eine konkrete Arbeitskampfmaßnahme gegenüber dem Arbeitgeber bedeuten würde[263]. Nach beiden Ansichten ist jeweils im Einzelfall zu prüfen, ob und inwieweit eine Maßnahme des Arbeitgebers mit Arbeitskampfbezug die Einschränkung eines Beteiligungsrechts erfordert[264]. Unterrichtungs-, Anhörungs- und Beratungsrechte bleiben im allgemeinen erhalten[265].

bb) Einschränkung einzelner Beteiligungsrechte

(1) Kündigungen. Nach der Rechtsprechung entfällt bei arbeitskampfbedingten Kündigungen jedes Beteiligungsrecht[266]; nach Teilen der Lehre bleibt die Anhörung erforderlich[267]. Wird einem Betriebsratsmitglied wegen Beteiligung an einem rechtswidrigen Arbeitskampf außerordentlich gekündigt, entfällt nach der Rechtsprechung die Zustimmungspflicht des Betriebsrats nach § 103 Abs. 1 BetrVG, der Arbeitgeber muß aber die Zustimmung des Arbeitsgerichts nach § 103 Abs. 2 BetrVG einholen[268]. Nicht mitbestimmungspflichtig ist die Aussperrung. Bei einer

---

[258] BAG, Urt. v. 14.2.1978, AP Nr. 60 zu Art. 9 GG Arbeitskampf.
[259] LAG Köln, Beschl. v. 22.6.1992, DB 1993, 838.
[260] LAG Hamm, Beschl. v. 3.11.1978, DB 1979, 216; LAG Bremen, Urt. v. 9.2.1989, AiB 1989, 316.
[261] BAG, Urt. v. 14.2.1978, 22.12.1980, AP Nr. 57, 71 zu Art. 9 GG Arbeitskampf.
[262] BAG, Beschl. v. 24.4.1979, AP Nr. 63 zu Art. 9 GG Arbeitskampf.
[263] GK-BetrVG/*Kreutz*, § 74 BetrVG Rn. 69 ff.; MünchArbR/*Matthes*, § 331 Rn. 20.
[264] BAG, Urt. v. 19.2.1991, AP Nr. 26 zu § 95 BetrVG 1972.
[265] LAG Köln, Beschl. v. 22.6.1992, DB 1993, 838.
[266] BAG, Urt. v. 14.2.1978, AP Nr. 58 zu Art. 9 GG Arbeitskampf.
[267] *Brox/Rüthers*, Arbeitskampfrecht, Rn. 446.
[268] BAG, Urt. v. 14.2.1978, AP Nr. 57 zu Art. 9 GG Arbeitskampf.

suspendierenden Aussperrung liegt keine Kündigung vor; bei einer lösenden Aussperrung würde das Mitbestimmungsrecht die Kampfkraft des Arbeitgebers schwächen[269].

156 **(2) Einstellungen und Versetzungen.** Bei Einstellung und Versetzung Arbeitswilliger auf Arbeitsplätze streikender Arbeitnehmer entfällt das Mitbestimmungsrecht nach § 99 BetrVG[270]. Der Arbeitgeber muß nicht zuletzt angesichts der internationalen Wettbewerbssituation frei sein, trotz des arbeitskampfbedingten Arbeitsausfalls die Produktion aufrechtzuerhalten[271]. Entsendet allerdings ein nicht von einer Arbeitskampfmaßnahme betroffenes Unternehmen einen Arbeitnehmer in ein bestreiktes Tochterunternehmen, so soll diese Maßnahme in dem abgebenden Unternehmen mitbestimmungspflichtig sein[272].

157 **(3) Mehrarbeit.** Nach h. M. ist die Anordnung von Mehrarbeit, die der Aufrechterhaltung der Produktion dient, nicht mitbestimmungspflichtig. Der Arbeitgeber würde sonst in seiner Kampffähigkeit beeinträchtigt[273]. Für Mehrarbeit, die unabhängig vom Arbeitskampf anfällt, bleibt es dagegen bei dem Zustimmungserfordernis nach § 87 Abs. 1 Nr. 3 BetrVG[274]

158 **(4) Kurzarbeit.** Was für die Mehrarbeit gilt, gilt grundsätzlich auch für die Einführung von Kurzarbeit in einem unmittelbar vom Arbeitskampf betroffenen Betrieb[275]. Kurzarbeit ist auch der zeitweilige Ausfall ganzer Schichten[276]. Muß in einem mittelbar betroffenen Betrieb Kurzarbeit eingeführt werden, dann ist das „Ob" mitbestimmungsfrei, wenn die Arbeitnehmer nach den Grundsätzen des Arbeitskampfrisikos das Entgeltrisiko zu tragen haben[277], nicht aber das „Wie".

159 **cc) Grenzen der Einschränkung.** In einem teilweise bestreikten Betrieb bleiben die Mitbestimmungsrechte für den nicht bestreikten Teil erhalten, soweit sich die Maßnahmen des Arbeitgebers auch nicht mittelbar auf das Kampfgeschehen beziehen[278].

160 Die Beteilungsrechte sind nur für die Dauer des Arbeitskampfes eingeschränkt[279]. Der Arbeitgeber muß die Beteiligung des Betriebsrats nachholen, wenn er eine an sich mitbestimmungspflichtige Maßnahme nach dem Ende des Arbeitskampfes aufrechterhalten will. So muß er nach dem Kampfende die Zustimmung des Betriebsrats gemäß § 99 Abs. 2

---

[269] BAG, Beschl. v. 16.12.1986, AP Nr. 13 zu § 87 BetrVG Ordnung des Betriebes.
[270] BAG, Urt. v. 26.10.1971, AP Nr. 44 zu Art. 9 GG Arbeitskampf.
[271] Wie hier *Hess/Schlochauer/Glaubitz*, § 74 Rn. 28; *Reuter*, AuR 1973, 6; nach a. A. soll das Mitbestimmungsrecht entfallen nur, wenn Einstellungen und Versetzungen auf die Zeit des Arbeitskampfes befristet sind, vgl. MünchArbR/*Matthes*, § 331 Rn. 21.
[272] BAG, Beschl. v. 19.2.1991, AP Nr. 26 zu § 95 BetrVG 1972.
[273] BAG, Beschl. v. 24.4.1979, 22.12.1980, AP Nr. 63, 70 zu Art. 9 GG Arbeitskampf.
[274] MünchArbR/*Matthes*, § 331 Rn. 21.
[275] BAG, Beschl. v. 22.12.1980, AP Nr. 70, 71 zu Art. 9 GG Arbeitskampf.
[276] BAG, Urt. v. 13.7.1977, AP Nr. 2 zu § 87 BetrVG 1972 Kurzarbeit.
[277] BAG, Beschl. v. 22.12.1980, AP Nr. 70, 71 zu Art. 9 GG Arbeitskampf.
[278] *Fitting*, § 74 BetrVG Rn. 17.
[279] MünchArbR/*Matthes*, § 331 Rn. 20.

BetrVG einholen, wenn er Arbeitnehmer, die er zur Erledigung von Streikarbeit eingestellt hat, weiterbeschäftigen will.

c) Neutralitätspflicht

Der Betriebsrat als Organ hat sich bei einem Arbeitskampf neutral zu verhalten. Er **161** darf sich in keiner Weise am Arbeitskampf beteiligen. Es ist ihm verboten, zur Beteiligung oder Nichtbeteiligung aufzurufen, Streikversammlungen oder Urabstimmungen durchzuführen, Geld für die Streikenden zu sammeln oder den Streikenden Räume oder sonstige Einrichtungen zur Verfügung zu stellen[280]. Er darf keine Betriebs- oder Abteilungsversammlungen abhalten, um dort Maßnahmen des Arbeitskampfes zu erörtern, vorzubereiten oder durchzuführen.

Die verbliebenen Beteiligungsrechte hat der Betriebsrat so auszuüben, daß kein **162** zusätzlicher Druck auf den Arbeitgeber entsteht, etwa indem er von seinen Beratungs- oder Anhörungsrechten in zögerlicher Weise Gebrauch macht[281]. Ob der Betriebsrat verpflichtet ist, bei rechtswidrigen, insbesondere bei nicht gewerkschaftlich organisierten Arbeitskämpfen mäßigend auf die Belegschaft einzuwirken, ist umstritten, aber wohl zu verneinen[282]; § 74 Abs. 2 Satz 1 BetrVG verpflichtet lediglich zur Unterlassung, nicht zu aktivem Handeln.

3. Betriebsratsmitglied und Arbeitskampf

a) Doppelstellung

Für die Beteiligung des einzelnen Betriebsratsmitglieds an einem Arbeitskampf ist **163** seine Doppelstellung als Mitglied eines Organs der Betriebsverfassung und als Arbeitnehmer zu berücksichtigen.

aa) Betriebsratsmitglied als Teil eines Organs der Betriebsverfassung. In seiner Eigen- **164** schaft als Betriebsratsmitglied darf sich das einzelne Mitglied nicht an einem Arbeitskampf beteiligen[283]. Das würde gegen das Arbeitskampfverbot des § 74 Abs. 2 BetrVG und die daraus folgende Neutralitätspflicht des Betriebsrats verstoßen. Dem Betriebsratsmitglied ist es auch untersagt, die Autorität seines Amtes auszuspielen. Deshalb darf es weder Streikaufrufe noch sonstige Verlautbarungen unter ausdrücklicher Erwähnung der Mitgliedschaft unterzeichen[284]. Betriebsratsmittel dürfen nicht zur Kampfführung eingesetzt werden.

---

[280] *Brox/Rüthers*, Arbeitskampfrecht, Rn. 412; *Kreutz*, in: GK-BetrVG, § 74 BetrVG Rn. 68.
[281] *Fitting*, § 74 BetrVG Rn. 20.
[282] BAG, Urt. v. 5.12.1978, 6 AZR 485/76 n.v.; a. A. *Brox/Rüthers*, Arbeitskampfrecht, Rn. 415.
[283] BAG, Urt. v. 5.12.1975, AP Nr. 1 zu § 87 BetrVG 1972 Betriebsbuße; Beschl. v. 21.2.1978, AP Nr. 1 zu § 74 BetrVG 1972; *Fitting*, § 74 BetrVG Rn. 14 m.w.N.
[284] *Brox/Rüthers*, Arbeitskampfrecht, Rn. 413 m. w. N.

165 **bb) Betriebsratsmitglied als Arbeitnehmer.** In seiner Eigenschaft als Arbeitnehmer darf ein Betriebsratsmitglied – auch ein freigestelltes[285] – wie jeder andere Angehörige des Betriebes an einem rechtmäßigen Arbeitskampf teilnehmen[286]. Gleichgültig ist, ob es gewerkschaftlich organisiert ist oder nicht. Teilweise wird vertreten, ein Betriebsratsmitglied müsse sich bei Arbeitskämpfen zurückhalten; es dürfe nicht die Initiative ergreifen und sich auch nicht an der Organisation oder der Leitung des Arbeitskampfes beteiligen (vgl. § 2 Abs. 1 BetrVG)[287]. Diese Ansicht ist nicht mit § 74 Abs. 3 BetrVG zu vereinbaren[288]. Häufig werden die Arbeitgeber sogar daran interessiert sein, daß ein Arbeitskampf in den Händen „ihrer" Betriebsräte liegt.

b) Folgen einer betriebsverfassungswidrigen Kampfbeteiligung

166 Die Beteiligung von Betriebsratsmitgliedern unter Verletzung des § 74 Abs. 2 BetrVG an einem Arbeitskampf kann zu amtsrechtlichen und individualarbeitsrechtlichen Folgen führen.

167 **aa) Amtsrechtliche Folgen.** Ein grober Verstoß eines Betriebsratsmitglieds kann mit dem Ausschluß aus dem Betriebsrat geahndet werden. Trifft den Betriebsrat als Gremium dieser Vorwurf, so kann er aufgelöst werden (§ 23 Abs. 1 BetrVG, s. im einzelnen § 16 Rn. 84 f., 87 f.). Der Arbeitgeber kann vom Betriebsrat und seinen Mitgliedern Unterlassung von Maßnahmen, die gegen § 74 Abs. 2 BetrVG verstoßen, verlangen und diesen Anspruch im Wege des arbeitsgerichtlichen Beschlußverfahrens durchsetzen (s. § 16 Rn. 83).

168 **bb) Individualrechtliche Folgen.** Verletzt ein einzelnes Betriebsratsmitglied schuldhaft die betriebliche Friedenspflicht, so kann es sich nach § 823 Abs. 2 BGB, § 74 Abs. 2 BetrVG schadensersatzpflichtig machen. § 74 Abs. 2 BetrVG ist Schutzgesetz im Sinne des § 823 Abs. 2 BGB. Eine weitergehende Haftung aus der Stellung als Organ der Betriebsverfassung oder aus einem gesetzlichen Sozialrechtsverhältnis ist abzulehnen. Daneben kommen Ansprüche aus § 280 Abs. 1 BGB in Betracht, weil das Betriebsratsmitglied zugleich Pflichten aus dem Arbeitsvertrag verletzt. Nicht ausgeschlossen ist auch eine außerordentliche Kündigung; hierbei bedarf es aber einer besonders sorgfältigen Abwägung aller Umstände des Einzelfalles. Für Betriebsratsmitglieder, die den Streik nicht angezettelt oder organisiert und keine Exzesse begangen haben, genügt in der Regel die Amtsenthebung[289].

---

[285] LAG Düsseldorf, Urt. v. 5.7.1994, AuR 1995, 107.
[286] *Brox/Rüthers*, Arbeitskampfrecht, Rn. 413 m.w.N.; *Fitting*, § 74 BetrVG Rn. 15.
[287] *Dietz/Richardi*, § 74 BetrVG Rn. 23; *Galperin/Löwisch*, § 74 BetrVG Rn. 12.
[288] *Fitting*, § 74 BetrVG Rn. 15; *Kreutz*, in: GK-BetrVG, § 74 BetrVG Rn. 65.
[289] *Brox/Rüthers*, Arbeitskampfrecht, Rn. 421.

VI. Arbeitskampf und Sozialversicherung

1. Grundsätze

a) Versicherungsverhältnis

In der gesetzlichen Kranken-, Pflege-, Renten- und Arbeitslosenversicherung ist pflichtversichert, wer einer entgeltlichen Beschäftigung nachgeht[290]. Beschäftigung ist die nichtselbständige Arbeit, insbesondere in einem Arbeitsverhältnis (§ 7 Abs. 1 SGB IV). Entgeltlich ist die Beschäftigung, wenn ein Vergütungsanspruch besteht. Da Arbeitnehmer im Normalfall in einem entgeltlichen Beschäftigungsverhältnis tätig werden, sind sie sozialversicherungspflichtig. Nimmt der Arbeitnehmer an einem Arbeitskampf teil oder entfällt die Arbeit kampfbedingt, bleibt das Arbeitsverhältnis und damit das Beschäftigungsverhältnis aufrechterhalten. Entfällt der Vergütungsanspruch, sei es, weil der Arbeitnehmer streikt oder ausgesperrt wird, sei es, weil er das Arbeitskampfrisiko trägt, sei es, weil der Arbeitgeber den Betrieb ganz oder teilweise stillegt, so müßte das Versicherungsverhältnis mangels Entgeltlichkeit der Beschäftigung an sich unterbrochen werden. § 7 Abs. 3 Satz 1 SGB IV fingiert jedoch das Fortbestehen einer entgeltlichen Beschäftigung für längstens einen Monat[291]. Erst danach wird das Versicherungsverhältnis unterbrochen, es sei denn, der Arbeitnehmer bezieht bestimmte Ersatzleistungen (vgl. § 7 Abs. 3 Satz 2 SGB IV). Zu Abweichungen von diesem Grundsatz in einzelnen Versicherungszweigen s. unten Rn. 171 ff.

169

b) Beitragspflicht

Da streikende und rechtmäßig ausgesperrte Arbeitnehmer keinen Vergütungsanspruch haben, entfällt für die Dauer des Arbeitskampfes die Pflicht zur Entrichtung von Sozialversicherungsbeiträgen. Dasselbe gilt für mittelbar von einem Arbeitskampf betroffene Arbeitnehmer, wenn sie den Vergütungsanspruch verlieren und kein Kurzarbeitergeld erhalten. Die Beitragspflicht erlischt dagegen nicht für rechtswidrig ausgesperrte Arbeitnehmer, weil sie weiterhin Anspruch auf Vergütung haben (§ 615 BGB). Arbeitskampfunterstützungen, die Gewerkschaften ihren streikenden oder ausgesperrten Mitgliedern zahlen, sind nicht beitragspflichtig[292]. Sie sind weder Arbeitslohn noch Ersatz für entgangene Einnahmen. Deshalb unterliegen sie auch nicht der Einkommensteuer[293].

170

---

[290] § 5 Abs. 1 Nr. 1 SGB V, § 20 Abs. 1 Satz 2 Nr. 1, Satz 1 SGB XI, § 1 Abs. 1 Nr. 1 SGB VI, § 25 Abs. 1 SGB III.
[291] Zur „Suspendierung" des Beschäftigungsverhältnisses bei Teilnahme an einem rechtmäßigen Streik bereits BSGE 33, 254 (258) m.w.N.; vgl. auch BSGE 37, 10.
[292] *Brackmann*, Handbuch der Sozialversicherung 1/2, S. 1-106/2; *Figge*, Sozialversicherungshandbuch Beitragsrecht, 5.4 S. 86.
[293] BFH, Urt. v. 24.10.1990, USK 9085.

2. Gesetzliche Krankenversicherung und Soziale Pflegeversicherung

a) Kampfbeteiligte Arbeitnehmer

171 **aa) Rechtmäßiger Arbeitskampf.** Während eines rechtmäßigen Arbeitskampfs bleibt das Versicherungsverhältnis („die Mitgliedschaft") bei einer gesetzlichen Kranken- oder Pflegekasse erhalten (§ 192 Abs. 1 Nr. 1 SGB V, § 20 Abs. 1 Satz 2 Nr. 1 SGB XI); die Monatsgrenze des § 7 Abs. 3 SGB IV gilt hier nicht.

172 Streikende und ausgesperrte Arbeitnehmer haben bei Eintritt eines Versicherungsfalles also Anspruch auf Leistungen. Dazu gehört bei Arbeitsunfähigkeit auch ein Anspruch auf Krankengeld (§§ 44 ff. SGB V)[294]. Dem steht nicht entgegen, daß damit eine Lohnersatzleistung gewährt wird. Die Krankenkassen können einer mißbräuchlichen Inanspruchnahme durch Anordnung einer Begutachtung durch den medizinischen Dienst begegnen (§ 275 Abs. 1 Nr. 3b SGB V).

173 **bb) Rechtswidriger Arbeitskampf.** Beteiligen sich die Arbeitnehmer an einem rechtswidrigen Streik, entfällt der Vergütungsanspruch. Das Versicherungsverhältnis gilt dennoch für längstens einen Monat als fortbestehend (§ 7 Abs. 3 SGB IV). Rechtswidrig ausgesperrte Arbeitnehmer behalten den Vergütungsanspruch (§ 615 BGB) und bleiben damit pflichtversichert.

b) Mittelbar vom Arbeitskampf betroffene Arbeitnehmer

174 Für mittelbar von einem Arbeitskampf betroffene Arbeitnehmer, die keinen Anspruch auf Arbeitsentgelt haben, weil sie das Arbeitskampfrisiko tragen oder der Arbeitgeber den Betrieb ganz oder teilweise stillegt, und die auch keine Leistungen der Bundesanstalt für Arbeit erhalten, gilt dasselbe wie für streikende und ausgesperrte Arbeitnehmer[295]. Während eines rechtmäßigen Arbeitskampfs und einer rechtswidrigen Aussperrung bleibt das Versicherungsverhältnis erhalten; bei einem rechtswidrigen Streik wird es nach Ablauf der Monatsfrist unterbrochen. Mittelbar von einem Arbeitskampf betroffene Arbeitnehmer, die Kurzarbeitergeld beziehen (s. unten Rn. 179 f.), bleiben zwar ebenfalls Mitglied der Kranken- oder Pflegekasse (§ 192 Abs. 1 Nr. 4 SGB V, § 20 Abs. 1 S. 2 Nr. 1 SGB XI); die Versicherungsbeiträge muß aber der Arbeitgeber tragen (§ 249 Abs. 2 Nr. 3 SGB V).

3. Gesetzliche Unfallversicherung

175 In der gesetzlichen Unfallversicherung kommt es nicht auf die Entgeltlichkeit der Beschäftigung an; es genügt das Bestehen des Arbeitsverhältnisses (§ 2 Abs. 1 Nr. 1 SGB VII). Leistungen erhält der Arbeitnehmer, der bei einer versicherten Tätigkeit einen Unfall oder eine Berufskrankheit erleidet (§ 8 SGB VII). Die Teilnahme

---

[294] BSG, Urt. v. 15.12.1971, AP Nr. 46 zu Art. 9 GG Arbeitskampf.
[295] Brox/Rüthers/*Jülicher*, Arbeitskampfrecht, Rn. 817; KassArbR/*Kalb*, 8.2 Rn. 420.

an einem Arbeitskampf ist keine versicherte Tätigkeit. Versichert sind jedoch Notdienstarbeiten und die Tätigkeit arbeitswilliger Arbeitnehmer[296]. Streikhelfer üben eine der Gewerkschaft dienende Tätigkeit aus und sind deshalb bei der für die Gewerkschaft zuständigen Berufsgenossenschaft versichert (§ 2 Abs. 2, Abs. 1 Nr. 1 SGB VII).

4. Gesetzliche Rentenversicherung

Die Versicherungspflicht in der gesetzlichen Rentenversicherung erlischt, wenn die Teilnahme am Arbeitskampf oder der arbeitskampfbedingte Vergütungsausfall länger als einen Monat dauern (§ 1 Abs. 1 Nr. 1 SGB VI, § 7 Abs. 3 SGB IV). Nach der Rechtsprechung des BSG wird das Versicherungsverhältnis für die Zeit des Arbeitskampfes suspendiert[297]. Nachteile für die rentenversicherungsrechtliche „Erwerbsbiographie" entstehen allerdings nur dann, wenn der Arbeitskampf länger als einen Kalendermonat dauert (§ 122 Abs. 1 SGB VI). Dem können Arbeitnehmer durch eine freiwillige Versicherung (§§ 7, 171, 173 SGB VI) entgehen; die Beiträge haben sie aber allein zu tragen und selbst einzuzahlen. Mittelbar vom Arbeitskampf betroffene Arbeitnehmer, die Kurzarbeitergeld erhalten, bleiben während des Bezugs dieser Leistungen versichert (§ 1 Abs. 1 Nr. 1 HS 2 SGB VI).

176

5. Arbeitslosenversicherung

a) Versicherungsverhältnis

Zu einer Unterbrechung des Versicherungsverhältnisses in der Arbeitslosenversicherung kommt es nur dann, wenn die Teilnahme am Arbeitskampf oder der arbeitskampfbedingte Vergütungsausfall länger als einen Monat dauert (§§ 24 Abs. 1, 25 Abs. 1 SGB III, § 7 Abs. 3 SGB IV). Mittelbar vom Arbeitskampf betroffene Arbeitnehmer, die Kurzarbeitergeld erhalten, bleiben während des Bezugs dieser Leistungen versichert (§ 24 Abs. 3 SGB III).

177

b) Leistungen an streikende oder ausgesperrte Arbeitnehmer

Durch die Gewährung von Arbeitslosengeld darf nicht in Arbeitskämpfe eingegriffen werden (§ 146 Abs. 1 Satz 1 SGB III). Deshalb ruht der Anspruch auf Arbeitslosengeld, wenn der Arbeitnehmer durch Beteiligung an einem inländischen Arbeitskampf arbeitslos geworden ist, bis zu dessen Beendigung (§ 146 Abs. 2 SGB III). Gleiches gilt, wenn der Arbeitnehmer ausgesperrt wird oder wenn der Arbeitgeber den Betrieb stilllegt oder wenn der Arbeitnehmer das Arbeitskampfrisiko zu

178

---

[296] Brox/Rüthers/*Jülicher*, Arbeitskampfrecht, Rn. 824 f. m.w.N.
[297] BSG GS, Beschl. v. 11.12.1973, AP Nr. 48 zu Art. 9 GG Arbeitskampf.

tragen hat (§ 146 Abs. 3 SGB III). Für die Gewährung von Kurzarbeitergeld gilt Entsprechendes (§ 174 Abs. 1 SGB III)[298].

c) Leistungen an mittelbar vom Arbeitskampf betroffene Arbeitnehmer

179 Auch bei Fernarbeitskämpfen darf der Staat durch die Gewährung von Arbeitslosen- oder Kurzarbeitergeld nicht in die Tarifauseinandersetzung eingreifen (§ 146 Abs. 1, 174 SGB III). Den Arbeitnehmern ist ein Solidaritätsopfer zumutbar, wenn der Tarifvertrag sozusagen stellvertretend für sie mit erkämpft wird. Sie erhalten deshalb **keine Leistungen**, wenn sie in einem Betrieb beschäftigt sind,
- der dem **räumlichen und fachlichen Geltungsbereich** des umkämpften Tarifvertrags zuzuordnen ist (§ 146 Abs. 3 Satz 1 Nr. 1 SGB III) oder
- der zwar **nicht dem räumlichen, wohl aber dem fachlichen Geltungsbereich** des umkämpften Tarifvertrags zuzuordnen ist, wenn dort
  - eine Forderung erhoben wurde, die einer Hauptforderung des Arbeitskampfs nach Art und Umfang gleich ist, ohne mit ihr übereinstimmen zu müssen,
  - und wenn das Ergebnis des Arbeitskampfes aller Voraussicht nach in dem räumlichen Geltungsbereich des nicht umkämpften Tarifvertrags im wesentlichen übernommen wird (§ 146 Abs. 3 Satz 1 Nr. 2 SGB III, „Stellvertreterarbeitskampf").

Beispiel: Die IG Metall verlangt für die Metall- und Elektroindustrie in Hessen 4,2 % mehr Lohn, in Bayern 4,0 %. Zulieferer Z in Frankfurt a. M. wird bestreikt. Bei den Kunden K1 und K2 kann daraufhin nicht gearbeitet werden. K1, ein Metallunternehmen, hat Betriebe in Kassel und in Nürnberg. K2 gehört der chemischen Industrie an und ist in Darmstadt und Fürth tätig (vgl. Schaubild nächste Seite). Die Arbeitnehmer von Z und von K1, die wegen des Streiks nicht arbeiten können, erhalten kein Kurzarbeitergeld: die von Z und K1 im Kasseler Betrieb wegen § 146 Abs. 3 Nr. 1 SGB III, die von K2 im Nürnberger Betrieb wegen § 146 Abs. 3 Nr. 2 SGB III. Die Arbeitnehmer von K2 hätten an sich Anspruch auf Kurzarbeitergeld, und zwar sowohl im Darmstädter als auch im Fürther Werk. Nach der Arbeitskampfrisikolehre muß K2 diesen Arbeitnehmer aber das Entgelt fortzahlen, weil die Fernwirkungen das Kräftegleichgewicht nicht beeinflussen (keine organisatorische Verbindung zwischen den Arbeitgeberverbänden Metall und Chemie). Damit kommt es zu keinem Anspruch gegen die Bundesanstalt.

---

[298] BSG, Urt. v. 5.6.1991, NZA 1991, 982; BVerfG, DB 1995, 1464.

VI. Arbeitskampf und Sozialversicherung

fachlicher Geltungsbereich

		Metallindustrie	andere Wirtschaftszweige
räumlicher Geltungsberich	Hessen	← Werk Z Frankfurt a.M. (= umkämpfter Betrieb) ← K 1 Kassel	← K 2 Darmstadt
	andere Bezirke	← K 1 Nürnberg	← K 2 Fürth

Eine Forderung ist erhoben, wenn sie in der zur Entscheidung befugten Stelle beschlossen wurde oder aufgrund des Verhaltens der Tarifvertragspartei im Zusammenhang mit dem angestrebten Abschluß als beschlossen anzusehen ist (§ 146 Abs. 3 Satz 2 SGB III). Als beschlossen anzusehen ist eine Forderung nur dann, wenn sie mißbräuchlich zurückgehalten wird, d.h. wenn der interne Willensbildungsprozeß der Koalition abgeschlossen ist und nur die förmliche Beschlußfassung und ihre Verlautbarung fehlen[299]. Hauptforderungen sind solche, mit denen die Gewerkschaft ihre Mitglieder für den Arbeitskampf mobilisiert, die die Tarifauseinandersetzungen nachhaltig prägen und die im allgemeinen auch von ihrem Gewicht her im Vordergrund stehen. Der Art nach gleich sind zwei unterschiedliche Lohnforderungen, nicht aber beispielsweise die Forderung nach Einführung der 35-Stunden-Woche in einem Tarifbezirk und die nach Vorruhestand in einem anderen; dem Umfang nach annähernd gleich sind Forderungen nach Einführung der 35- beziehungsweise 36-Stunden-Woche oder nach Verlängerung des Urlaubs um eine Woche auf einmal oder in einem Stufenplan, nicht dagegen Lohnerhöhungen um denselben Prozentsatz bei unterschiedlicher Lohnstruktur[300]. Ob die Voraussetzungen eines Stellvertreterarbeitskampfes erfüllt sind und damit die Leistungen der Arbeitslosenversicherung entfallen, wird vom sog. Neutralitätsausschuß mit bindender Wirkung für alle Betroffenen[301] festgestellt (§ 146 Abs. 5 SGB III). Der Neutralitätsausschuß besteht aus Vertretern der Arbeitgeber und der Arbeitnehmer im Vorstand der Bundesanstalt für Arbeit sowie ihrem Präsidenten (§ 393 Abs. 1 SGB III). Vor seiner Entscheidung hat er die Fachspitzenverbände der am Arbeitskampf beteiligten Tarifvertragsparteien anzuhören; nur sie können die Entscheidung vor dem Bundessozialgericht anfechten (§ 146 Abs. 6 SGB III).

180

---

[299] BVerfGE 92, 26; *Löwisch/Bittner*, Arbeitskampfrecht, 170.5 Rn. 80 f.
[300] LSG Frankfurt a. M., Beschl. v. 22.6.1984, DB 1984, 1582.
[301] BSG, Urt. v. 4.10.1994, NZA 1995, 327.

System der Leistungen bei Arbeitskämpfen

Teilnahme am Arbeitskampf	tätig in	Grund für die Nichtleistung der Arbeit	Arbeitgeber	Bundesanstalt für Arbeit	Gewerkschaft
ja	bestreikter Betrieb oder Betriebsteil	Teilnahme am Arbeitskampf	-	-	+
nein	bestreikter Betrieb oder Betriebsteil	Arbeitgeber legt Betrieb oder Betriebsteil still („beugt sich dem Streik"), oder Arbeitnehmer kann wegen des Arbeitskampfes nicht arbeiten (technisch unmöglich oder wirtschaftlich unzumutbar)	-	-	+
nein	nicht bestreikter Betrieb im räumlichen und fachlichen Geltungsbereich des umkämpften Tarifvertrages – Stellvertreterarbeitskampf – kein Stellvertreterarbeitskampf	Arbeitnehmer kann wegen des Arbeitskampfes nicht arbeiten (technisch unmöglich oder wirtschaftlich unzumutbar)	- -	- +	- -
nein	nicht bestreikter Betrieb in einem anderen fachlichen Geltungsbereich	Arbeitnehmer kann wegen des Arbeitskampfes nicht arbeiten (technisch unmöglich oder wirtschaftlich unzumutbar)	+	-	-

VII. Einstweilige Verfügung im Arbeitskampf

1. Statthaftigkeit

Während die Gerichte regelmäßig einstweilige Verfügungen gegen rechtswidrige **181** Streiks erlassen[302], wird in der Literatur teilweise die Ansicht vertreten, derartige Verfügungen seien im Arbeitskampf unzulässig[303]; teilweise wird verlangt, daß die Rechtswidrigkeit der Arbeitskampfmaßnahme offenkundig sein[304] oder daß die Maßnahme die Existenz des Gegners gefährden müsse[305].

Es gibt keinen Grund, für die einstweilige Verfügung im Arbeitskampf andere Voraus- **182** setzungen als sonst aufzustellen[306]. Nach § 62 Abs. 2 und § 85 Abs. 2 ArbGG sind einstweilige Verfügungen im arbeitsgerichtlichen Urteils- und Beschlußverfahren grundsätzlich zulässig. Art. 9 Abs. 3 GG garantiert nur den rechtmäßigen Arbeitskampf. Zwar mag es schwierig sein, die Rechtswidrigkeit der Kampfmaßnahme festzustellen. Würde man aber die Entscheidung dem Hauptverfahren vorbehalten, würde man dem Angegriffenen den Rechtsschutz nehmen. Gestattet man ihm nicht, einen rechtswidrigen Angriff im Wege der Notwehr abzuwehren, weil er gerichtliche Hilfe in Anspruch nehmen kann, dann muß man ihm einen effektiven Rechtsschutz geben. Zwar werden mit einer einstweiligen Verfügung auf Unterlassung – den Streik oder die Aussperrung nicht zu beginnen oder nicht fortzuführen – bis zu ihrer Aufhebung endgültige Verhältnisse geschaffen; das geschieht aber auch sonst. Allerdings sind an die Glaubhaftmachung des Verfügungsgrundes strenge Anforderungen zu stellen. Aber auch das gilt für alle anderen Leistungsverfügungen[307].

2. Zuständiges Gericht

Ausschließlich zuständig ist das Gericht der Hauptsache (§§ 62 Abs. 2 ArbGG, **183** 937 Abs. 1 ZPO), d.h. das Arbeitsgericht, das im Urteilsverfahren zu entscheiden hat.

Der Rechtsweg zu den Arbeitsgerichten ergibt sich aus § 2 Abs. 1 Nr. 2 ArbGG, die ört- **184** liche Zuständigkeit aus § 46 Abs. 2 Satz 1 ArbGG, §§ 495, 12 ff. ZPO. Ob in dringenden Fällen auch das Amtsgericht angerufen werden kann (§ 942 ZPO), ist streitig, aber zu verneinen[308]. Zwar verweist § 62 Abs. 2 ArbGG für das Verfahren der einstweiligen Verfü-

---

[302] Vgl. z. B. LAG Hamm, Urt. v. 7.8.1987, NZA 1987, 825.
[303] *Hoffmann*, AuR 1968, 33.
[304] *Hesse*, DB 1967, 2072; *Reuß*, FS Heymanns Verlag, S. 267; *Scholz/Konzen*, Die Aussperrung im System von Arbeitsverfassung und kollektivem Arbeitsrecht, S. 229 ff.; *Zeuner*, RdA 1971, 7.
[305] *Faupel*, DB 1971, 868; *Heckelmann*, AuR 1970, 177; *Zeuner*, RdA 1971, 1.
[306] *Germelmann*, § 62 ArbGG Rn. 91; *Grunsky*, in: Stein/Jonas, Vor § 935 ZPO Rn. 70 ff.
[307] *Brox/Rüthers*, Arbeitskampfrecht, Rn. 766 ff.
[308] Wie hier *Germelmann*, § 62 ArbGG Rn. 69; a.A. *Vollkommer*, FS Kissel, S. 1201.

gung allgemein auf die §§ 935 ff. ZPO und damit auch auf § 942 ZPO; diese Vorschrift regelt aber lediglich eine örtliche Notzuständigkeit, die Rechtswegzuständigkeit folgt allein aus § 2 ArbGG.

3. Materielle Voraussetzungen

a) Verfügungsanspruch

185 Für die beantragte Verfügung muß der Antragsteller einen materiell-rechtlichen Anspruch gegen den Antragsgegner auf ein Tun oder Unterlassen haben (sog. Verfügungsanspruch).

186 In Betracht kommen Ansprüche aus dem Arbeitsvertrag auf Arbeitsleistung, Beschäftigung, Lohnzahlung und auf Unterlassen einer Beteiligung an Arbeitskampfmaßnahmen. Ansprüche können sich auch aus einem Tarifvertrag ergeben, etwa aus der Friedenspflicht, die zur Unterlassung von Arbeitskämpfen und zur Einwirkung des Verbandes auf seine Mitglieder verpflichtet, oder aus § 1004 Abs. 1 Satz 2 i.V.m. § 823 Abs. 1 und 2 BGB. Der Antragsteller muß die Voraussetzungen des Verfügungsanspruchs darlegen und glaubhaft machen; dazu gehört bei einem Unterlassungsanspruch die Störungs- bzw. Wiederholungsgefahr. Zur Glaubhaftmachung kann er sich aller Beweismittel bedienen und auch zur Versicherung an Eides Statt zugelassen werden (§ 294 Abs. 1 ZPO).

b) Verfügungsgrund

187 Ein Verfügungsgrund liegt vor, wenn die einstweilige Verfügung notwendig ist, um von dem Antragsteller wesentliche Nachteile abzuwenden.

188 Die Dringlichkeit überschneidet sich zum Teil mit der zum materiellen Recht gehörenden Störungs- bzw. Wiederholungsgefahr. Da die Leistungsverfügung endgültige Verhältnisse schafft, sind an die Darlegung und Glaubhaftmachung des Verfügungsgrundes strenge Anforderungen zu stellen[309]. Erforderlich ist eine Interessenabwägung, bei der sämtliche in Betracht kommenden materiell-rechtlichen und vollstreckungsrechtlichen Erwägungen sowie die wirtschaftlichen Auswirkungen für beide Parteien einzubeziehen sind[310]. Besonders hoch sind die Anforderungen an den Verfügungsgrund bei einer zweifelhaften und bislang nicht höchstrichterlich geklärten Rechtslage.

4. Antrag und Entscheidungstenor

189 Nach §§ 936, 920 ZPO soll das Gesuch des Antragstellers den Anspruch bezeichnen. Erforderlich ist also ein Antrag, aus dem das Begehren klar zu entnehmen ist. Jedoch ist das Gericht daran nicht gebunden. Es bestimmt nach freiem

---

[309] *Germelmann*, § 62 ArbGG Rn. 92.
[310] LAG Köln, Urt. v. 14.6.1996, AP Nr. 149 zu Art. 9 GG Arbeitskampf; *Isenhardt*, FS Stahlhacke, S. 195 ff.; *Walter*, ZfA 1985, 185 ff.

Ermessen, welche Anordnungen zur Erreichung des Zwecks erforderlich sind (§ 938 ZPO); allerdings darf es nicht über den Antrag hinausgehen.

Der Entscheidungstenor macht bei Unterlassungsansprüchen Schwierigkeiten. Wird er eng gefaßt, besteht die Gefahr, daß der Antragsgegner andere Handlungen vornimmt, um das Unterlassungsgebot zu umgehen. Wenn ihm z.B. nur verboten ist, Flugblätter, die zu einem rechtswidrigen Arbeitskampf auffordern, zu verteilen, so kann er durch Lautsprecher mit einem anderen Text für den Kampf werben. Wird der Tenor zu weit gefaßt, entstehen Schwierigkeiten bei der Zwangsvollstreckung. 190

Beispiel für einen Verfügungsantrag: „Dem Antragsgegner wird bei Vermeidung eines Ordnungsgeldes in Höhe von ... verboten, bis zum Ablauf der Friedenspflicht am ... einen Streik bei der Firma ... in ... durchzuführen und zu unterstützen, insbesondere Arbeitnehmer der Firma ... zur Niederlegung der Arbeit aufzufordern und streikenden Arbeitnehmern für die Zeit des Arbeitskampfes Unterstützung zu versprechen oder zu gewähren."[311]

5. Vollziehung der einstweiligen Verfügung

Bei einem Verstoß gegen eine einstweilige Verfügung, die vom Schuldner ein Unterlassen verlangt, ist § 890 ZPO anwendbar. Voraussetzung für die Verhängung eines Ordnungsmittels ist neben der richterlichen Androhung eine zeitlich nachfolgende, schuldhafte Zuwiderhandlung des Schuldners. Die Vollziehung einer einstweiligen Verfügung auf eine unvertretbare Arbeitsleistung scheidet wegen § 888 Abs. 3 ZPO aus. War die einstweilige Verfügung von Anfang an ungerechtfertigt, muß der Gläubiger dem Schuldner den daraus entstandenen Schaden ersetzen (§ 945 ZPO). 191

---

[311] *Brox/Rüthers*, Arbeitskampfrecht, Rn. 775.

§ 15 Mitbestimmung in Unternehmen und Betrieb

I. Allgemeines

1. Begriff und Zweck

Mitbestimmung meint die Beteiligung der Beschäftigten an Entscheidungen in Betrieb, Unternehmen und Verwaltung durch gewählte Repräsentanten. Ziel ist die Einbringung ihrer Interessen sowohl bei Maßnahmen, die sie unmittelbar betreffen, als auch bei solchen, die sie mittelbar berühren, weil sie über kurz oder lang Auswirkungen auf ihre Arbeitsbedingungen haben oder haben können. Eingeschränkt werden die Handlungsfreiheit des Unternehmers sowie seine Rechte aus dem Arbeitsvertrag, d.h. seine Freiheit bei tatsächlichen Entscheidungen, bei Vereinbarungen mit den Arbeitnehmern oder zumindest bei deren Umsetzung sowie bei der Ausübung von Leistungsbestimmungsrechten.

1

Beispiele für tatsächliche Maßnahmen: Investitionen, Veräußerung von Unternehmensteilen, Einführung neuer Arbeitsmethoden, Einrichtung von Bildschirmarbeitsplätzen; für Vereinbarungen: Einstellung oder Versetzung von Arbeitnehmern, Vereinbarung von Überstunden oder Kurzarbeit, Gewährung übertariflicher Zulagen; für die Ausübung von Leistungsbestimmungsrechten: Änderung der Lage der Arbeitszeit, (vorbehaltene) Kürzung von Gratifikationen.

Kein Ziel ist die Einschränkung unternehmerischer Macht an sich; die Repräsentanten der Belegschaften sind nicht Sachwalter der Allgemeinheit. Unternehmens- und Betriebsverfassung sind auch nicht, wie ursprünglich in der Weimarer Verfassung[1] vorgesehen, Teil staatlicher Verfassung. Sie sollen das Übergewicht des Arbeitgebers ausgleichen, das trotz gesetzlicher und tariflicher Regelungen verbleibt, und sie sollen die Interessen der gesamten Belegschaft und von Belegschaftsgruppen einbringen, die naturgemäß im Arbeitsvertrag nicht von den einzelnen Arbeitnehmern wahrgenommen werden können. Insoweit kann man davon sprechen, daß die Belegschaftsvertretungen eine Art innerbetriebliche Inhaltskontrolle ausüben[2]. Sie wirken mit bei der Aufstellung allgemeiner Arbeitsbedingungen, z.B. von Lohnsystemen, und sie sind beteiligt an der Durchsetzung angemessener Arbeitsbedingungen im Einzelfall. Bei welchen Arbeitsbedingungen sie mitwirken, wie das geschieht und in welchem Umfang, bestimmen abschließend die Mitbestimmungsgesetze.

2

---

[1] Art. 165 WRV v. 11.8.1919, RGBl. S. 1383.
[2] *Reichold*, Betriebsverfassung als Sozialprivatrecht, 1995, S. 543.

2. Rechtsquellen

3 Die Mitbestimmungsrechte sind in nicht weniger als 7 Bundes- und 16 Landesgesetzen geregelt, die Mitbestimmung im Unternehmen in 4 Bundesgesetzen, die Mitbestimmung im Betrieb in 3 Bundesgesetzen, die Mitbestimmung im öffentlichen Dienst in einem Bundesgesetz und 16 Landesgesetzen; die Verwaltung ist teils Bundes-, teils Ländersache (Art. 30, 83 ff. GG). Dem Europäischen Betriebsräte-Gesetz (EBRG) liegt eine Richtlinie der Europäischen Gemeinschaft zugrunde[3].

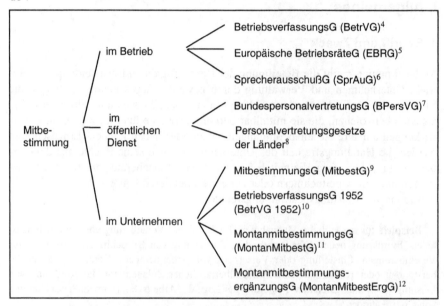

---

[3] RL 94/45/EG des Rates vom 22.9.1994 über die Einsetzung eines Europäischen Betriebsrates oder die Schaffung eines Verfahrens zur Unterrichtung und Anhörung der Arbeitnehmer in gemeinschaftsweit operierenden Unternehmen und Unternehmensgruppen, ABl. EG Nr. L 254, S. 64.

[4] Betriebsverfassungsgesetz i.d.F. der Bekanntmachung v. 23.12.1988, BGBl. I S. 902, ber. S. 902 (Neubekanntmachung des BetrVG v. 15.1.1972, BGBl. I S. 13).

[5] Gesetz über Europäische Betriebsräte (Europäische Betriebsräte-Gesetz) v. 28.10.1996, BGBl. I S. 1548, ber. S. 2022.

[6] Gesetz über Sprecherausschüsse der leitenden Angestellten (Sprecherausschußgesetz) v. 20.12.1988, BGBl. I S. 2312.

[7] Bundespersonalvertretungsgesetz v. 15.3.1974, BGBl. I S. 693.

[8] Nachweise bei *Grabendorff/Ilbertz/Widmaier*, Einl. BPersVG Rn. 57 ff.

[9] Gesetz über die Mitbestimmung der Arbeitnehmer (Mitbestimmungsgesetz) v. 4.5.1976, BGBl. I S. 1153.

[10] §§ 76 ff. Betriebsverfassungsgesetz 1952, BGBl. I S. 681.

[11] Gesetz über die Mitbestimmung der Arbeitnehmer in den Aufsichtsräten und Vorständen der Unternehmen des Bergbaus und der Eisen und Stahl erzeugenden Industrie (Montan-Mitbestimmungsgesetz) v. 21.5.1951, BGBl. I S. 347.

Sind die Voraussetzungen gegeben, so gelten mehrere Gesetze nebeneinander, im Extrem- 4
fall vier gleichzeitig: eines der drei Mitbestimmungsgesetze, das BetrVG, das EBRG und
das SprAuG. Nur im öffentlichen Dienst kommt immer lediglich eines der Personalvertretungsgesetze in Betracht.

3. Betriebs- und Unternehmensverfassung

Mitbestimmung im Betrieb meint die Betriebsverfassung, Mitbestimmung im Un- 5
ternehmen die Unternehmensverfassung oder, anders ausgedrückt, die Mitbestimmung durch Betriebsrat, Europäischen Betriebsrat und Sprecherausschuß einerseits
und die Mitbestimmung durch Arbeitnehmervertreter im Aufsichtsrat und einen
Arbeitsdirektor in Vorstand oder Geschäftsführung andererseits.

Die gängige und eingängige Gegenüberstellung von **Mitbestimmung im Be-** 6
trieb und **Mitbestimmung im Unternehmen** ist nicht ganz korrekt. Zwar liegt der
Schwerpunkt der Betriebsverfassung im Betrieb; Gesamtbetriebsrat, Wirtschaftsausschuß, Europäischer Betriebsrat, Unternehmenssprecherausschuß und Gesamtsprecherausschuß, Gesamtjugend- und Auszubildendenvertretung und Betriebsräteversammlung sind aber Einrichtungen auf Unternehmensebene. Der
eigentliche Gegensatz besteht darin, daß sich die sog. **Unternehmensmitbestimmung innerhalb der Unternehmensorgane** abspielt, während die **Betriebsverfassung** auf dem Gedanken der Zweipoligkeit, der Wahrnehmung der Beteiligungsrechte durch **eigene Belegschaftsorgane** beruht. Mitbestimmung im Unternehmen ist Mitwirkung bei der internen Willensbildung der Unternehmensorgane.
Die Arbeitnehmervertreter sind Mitglieder des Aufsichtsrats, der Arbeitsdirektor
ist Mitglied des Vorstandes oder der Geschäftsführung, und sie wirken an deren
Entscheidungen gleichberechtigt mit. Die Betriebsverfassungsorgane wirken dagegen von außen auf die Entscheidungen der Unternehmensorgane und ihrer Beauftragten ein.

Im Ergebnis bedeuten Betriebs- und Unternehmensverfassung eine Kumulation von 7
Mitbestimmung in mittleren und größeren Unternehmen[13]. Inhaltlich liegt der Schwerpunkt
der Unternehmensmitbestimmung bei den unternehmerischen Entscheidungen, der der Betriebsverfassung bei den Folgewirkungen auf die Belegschaft, d.h. vor allem bei den sozialen, technisch-organisatorischen und personellen Maßnahmen.

---

[12] Gesetz zur Ergänzung des Gesetzes über die Mitbestimmung der Arbeitnehmer in den
Aufsichtsräten und Vorständen der Unternehmen des Bergbaus und der Eisen und
Stahl erzeugenden Industrie (Montan-Mitbestimmungsergänzungsgesetz) v. 7.8.1956,
BGBl. I S. 707.
[13] Zur Zulässigkeit BVerfG, Urt. v. 1.3.1979, AP Nr. 1 zu § 1 MitbestG.

4. Betriebsverfassung und Personalvertretung

8 Das BetrVG gilt nur in Betrieben, deren Inhaber eine natürliche oder eine juristische Person oder eine Gesellschaft des Privatrechts ist (§ 130 BetrVG). In Verwaltungen und unmittelbar von der öffentlichen Hand geführten Betrieben (sog. Eigenbetrieben) sowie in Körperschaften, Anstalten und Stiftungen des öffentlichen Rechts gelten die Personalvertretungsgesetze des Bundes und der Länder. Abgegrenzt wird nach der Rechtsform[14]. Es kommt nicht darauf an, wem die Anteile gehören. Betriebsverfassungsrecht ist auch anzuwenden, wenn die öffentliche Hand alleiniger Gesellschafter ist[15].

9 Außer dem Betriebsverfassungsgesetz sind im öffentlichen Dienst auch das SprAuG (§ 1 Abs. 3 Nr. 1) und die Mitbestimmungsgesetze nicht anwendbar. Die „unternehmerischen" Entscheidungen treffen hier die Parlamente. Die Beteiligungsrechte der Personalräte sind vom Umfang her teilweise weiter als die der Betriebsräte, sie sind aber inhaltlich vielfach schwächer; das Verfahren ist stärker formalisiert.

II. Mitbestimmung in den Unternehmensorganen

1. Zweck und Anwendungsbereich

10 In Kapitalgesellschaften und Genossenschaften mit mindestens 500 Arbeitnehmern wirken Arbeitnehmervertreter gleichberechtigt im Aufsichtsrat mit; in Kapitalgesellschaften mit in der Regel mehr als 2000 Arbeitnehmern und in Montanunternehmen mit mehr als 1000 Arbeitnehmern[16] sind als gleichberechtigte Mitglieder des Vorstandes oder der Geschäftsführung Arbeitsdirektoren zu bestellen.

11 Mitbestimmung in Unternehmensorganen gibt es also nur in Kapitalgesellschaften und Genossenschaften, nicht in Unternehmen, deren Träger ein Einzelkaufmann, eine Personengesellschaft, eine Stiftung oder ein Verein ist. Die Differenzierung hat ihre Ursache darin, daß Personengesellschaften, BGB-Gesellschaften und Einzelkaufleute auf der persönlichen Mitarbeit und der vollen persönlichen Haftung zumindest eines Teils der Gesellschafter aufgebaut sind und daß sich damit Mitbestimmungsrechte, die in die Unternehmensleitung oder in die Zusammensetzung des Vertretungsorgans eingreifen, kaum vereinbaren lassen[17]. Bei anderen – seltenen – Unternehmensformen wie dem Verein ist eine Mitbestimmung aus organisatorischen Gründen kaum zu verwirklichen[18].

---

[14] BAG, Urt. v. 7.11.1975, AP Nr. 1 zu § 130 BetrVG 1972.
[15] BAG, Beschl. v. 28.4.1964, AP Nr. 3 zu § 4 BetrVG.
[16] Oder „Einheitsgesellschaft"; das ist keine Gesellschaftsform, sondern meint besondere Umstände bei der Entflechtung.
[17] *Hoffmann/Lehmann/Weinmann*, § 1 MitbestG Rn. 5.
[18] MünchArbR/*Wißmann*, § 375 Rn. 10 f.

2. Die vier Mitbestimmungsgesetze

Die Mitbestimmung ist unterschiedlich ausgestaltet in mittleren und größeren Kapitalgesellschaften, in Montanunternehmen und in ehemaligen Montanunternehmen. Die Schaubilder auf S. 206 ff. geben einen Überblick über die wichtigsten Regelungen. Die Gesetze unterscheiden sich voneinander vor allem nach der Intensität der Mitbestimmung und nach dem Gewerkschaftseinfluß.

a) Intensität der Mitbestimmung

Am intensivsten ist die Mitbestimmung in Montanunternehmen, am schwächsten in kleineren Kapitalgesellschaften. In Montanunternehmen und in ehemaligen Montanunternehmen stellen die Arbeitnehmer die Hälfte der **Aufsichtsratsmitglieder** (§ 4 MontanMitbestG). Ein mögliches Patt bei Entscheidungen wird durch ein „weiteres" Mitglied aufgelöst, auf das sich beide Seiten einigen müssen (§ 8 MontanMitbestG); dieser sog. Neutrale muß nicht Aufsichtsratsvorsitzender sein, und in der Praxis ist er es in der Regel auch nicht[19]. In Großunternehmen, die nicht zum Montanbereich gehören, stellen die Arbeitnehmer ebenfalls die Hälfte der Aufsichtsratsmitglieder (§ 7 MitbestG). Der Aufsichtsratsvorsitzende hat aber ein Doppelstimmrecht, wenn in einer ersten Abstimmung keine Einigung erzielt wird (§ 29 Abs. 2 MitbestG), und den Aufsichtsratsvorsitzenden können die Anteilseigner stellen; sie wählen ihn nämlich allein, wenn kein Kandidat im ersten Wahlgang mindestens zwei Drittel der Stimmen auf sich vereint (§ 27 Abs. 2 MitbestG). In kleineren Kapitalgesellschaften stellen die Arbeitnehmer ein Drittel der Aufsichtsratsmitglieder (§ 76 Abs. 1, VI, 77 BetrVG 1952).

Eine ähnliche Abstufung gibt es bei der Bestellung des für Personalfragen zuständigen Mitglieds des Vertretungsorgans. In Montanunternehmen kann dieses Mitglied, der **Arbeitsdirektor**, nicht gegen die Stimmen der Mehrheit der Arbeitnehmervertreter bestellt und abberufen werden (§ 13 MontanMitbestG). In ehemaligen Montanunternehmen und in größeren Kapitalgesellschaften ist zwar auch ein Arbeitsdirektor zu bestellen; er wird aber bestellt wie alle anderen Mitglieder des Vertretungsorgans (§ 33 MitbestG). In kleineren Kapitalgesellschaften gibt es einen Arbeitsdirektor nicht.

b) Gewerkschaftseinfluß

Dieselbe Reihung wie bei der Intensität der Mitbestimmung findet sich beim Einfluß der Gewerkschaften. In Montanunternehmen stellen die Gewerkschaften 3 von 5 Arbeitnehmervertretern (§ 6 MontanMitbestG), in ehemaligen Montanunternehmen 2 von 7 (§ 6 Abs. 1 MitbestErgG) und in größeren Kapitalgesellschaften 2 von 6 oder 8 bzw. 3 von 10 (§ 7 Abs. 2 MitbestG). In Montanunternehmen muß sich der Betriebsrat überdies wegen der Vertreter, die aus dem Unternehmen kommen, mit den Gewerkschaften beraten (§ 6 Abs. 3 MontanMitbestG). Die Ge-

---

[19] KassArbR/*Klinkhammer*, 7.1 Rn. 148; *Zöllner/Loritz*, Arbeitsrecht, § 51 II 2.

werkschaftsvertreter sind in der Regel externe Funktionäre. Die Gewerkschaften können aber auch Betriebsangehörige vorschlagen. In kleineren Kapitalgesellschaften können externe Gewerkschaftsfunktionäre nur bestellt werden, wenn dem Aufsichtsrat mindestens 2 Arbeitnehmervertreter aus dem Unternehmen angehören (§ 76 Abs. 2 Satz 3 BetrVG 1952).

16 Einen Minderheitenschutz für Arbeiter und Angestellte gibt es seit 2001 nicht mehr; für leitende Angestellte gibt es ihn nur nach dem Mitbestimmungsgesetz in Großunternehmen (§ 15 Abs. 2 Satz 2 MitbestG).

3. Ursachen für die Unterschiede

17 Intensität der Mitbestimmung und Gewerkschaftseinfluß spiegeln die Pendelschwünge der historischen Entwicklung wider.

18 Am Anfang steht die Montanmitbestimmung, entstanden in der Zeit des Koreakrieges unter der Drohung eines Generalstreiks der Gewerkschaften, die einen in den Besatzungsjahren erworbenen Besitzstand verteidigten[20]. Ein Jahr später folgte in der drittelparitätischen Lösung des BetrVG 1952, die zunächst für alle mittleren und größeren Kapitalgesellschaften außerhalb des Montanbereichs galt, die Antithese. Die Synthese versuchte die sozialliberale Koalition 1976 im Gesetz über die Mitbestimmung der Arbeitnehmer [in Großunternehmen]. Zahlenmäßige Parität wurde ausbalanciert durch das Zweitstimmrecht des Aufsichtsratsvorsitzenden, den im Nicht-Einigungsfall die Anteilseigner stellen können. Der Wunsch der Gewerkschaften, die Montanmitbestimmung in den einmal davon erfaßten Unternehmen über alle Diversifizierung dieser Unternehmen hinweg zu erhalten, führte zu einer Reihe von Mitbestimmungsergänzungsgesetzen, die teils die Voraussetzungen für die Anwendbarkeit senkten[21], teils Übergangszeiträume vorschrieben[22]. Nicht verhindern konnten die Gewerkschaften, daß ihr Einfluß im Rahmen der Mitbestimmung zurückgedrängt wurde. Die praktische Bedeutung der Mitbestimmungsergänzungsgesetze war und ist gering; nach der Nichtigerklärung von § 3 Abs. 2 Satz 1 Nr. 2[23] unterfällt dem Gesetz in seiner einstweilen letzten Fassung zur Zeit kein einziges Unternehmen. Auch die Bedeutung der Montanmitbestimmung ist mit der Schrumpfung von Bergbau und Eisen- und Stahlerzeugung zurückgegangen. Aus den 130 montanmitbestimmten Unternehmen waren vor der Wiedervereinigung 31 geworden; die Zunahme um 15 Unternehmen auf dem Gebiet der

---

20 Zur Vorgeschichte *Badura*, Paritätische Mitbestimmung und Verfassung, 1985, S. 18 f., 23 m.w.N.
21 G zur Änderung des MitbestErgG („lex Rheinstahl") v. 27.4.1967, BGBl. I S. 505; G zur Änderung des BetrVG über Sprecherausschüsse der leitenden Angestellten und zur Sicherung der Montan-Mitbestimmung („lex Mannesmann") v. 20.12.1988, BGBl. I S. 2312.
22 G über die befristete Fortgeltung der Mitbestimmung der bisher den Mitbestimmungsgesetzen unterliegenden Unternehmen (MitbestimmungsfortgeltungsG) v. 29.11.1971, BGBl. I S. 1857.
23 BVerfG, Urt. v. 2.3.1999, NZA 1999, 435.

ehemaligen DDR dürfte im wesentlichen eine eher kurzlebige Erscheinung sein[24]. Dagegen hat die Zahl der Unternehmen, die unter das MitbestG fallen, von 462 im Jahre 1977 auf 767 im Jahre 2002 zugenommen[25].

4. Reichweite der Mitbestimmung im Aufsichtsrat

Die Arbeitnehmervertreter im Aufsichtsrat haben dieselbe Rechtsstellung wie die Anteilseignervertreter[26]. Die Reichweite der Mitbestimmung hängt deshalb von der Zuständigkeit des Aufsichtsrats ab. In allen in Frage kommenden Gesellschaften haben die Aufsichtsräte Kontrollrechte. Im übrigen ist ihre Zuständigkeit am umfangreichsten bei der Aktiengesellschaft, am geringsten bei der KGaA.

19

Bei der Aktiengesellschaft bestellt der Aufsichtsrat den Vorstand (§ 84 Abs. 1 AktG). Der Vorstand hat die Gesellschaft zwar in eigener Verantwortung zu leiten (§ 76 Abs. 1 AktG). Da seine Amtszeit aber auf höchstens fünf Jahre begrenzt ist, eröffnen sich den Arbeitnehmervertretern mit Rücksicht auf die Wiederbestellung tatsächliche Einflußmöglichkeiten. Außerdem kann der Aufsichtsrat bestimmte Arten von Geschäften an seine Zustimmung binden (§ 111 Abs. 4 AktG). Die Feststellung des Jahresabschlusses, über die Einfluß auf die Dividendenpolitik genommen werden kann, obliegt Vorstand und Aufsichtsrat gemeinsam (§ 172 AktG i.V.m. § 264 Abs. 1 S. 2 HGB).

20

Bei der GmbH bestellt an sich die Gesellschafterversammlung die Geschäftsführung (§ 46 Nr. 5 GmbHG). Dabei bleibt es in den drittelparitätisch mitbestimmten Unternehmen (vgl. § 77 Abs. 1 S. 2 BetrVG 1952). In Montanunternehmen und in Großunternehmen hat der Aufsichtsrat dagegen wie in Aktiengesellschaften die Geschäftsführung zu bestellen (§ 12 MontanMitbestG, § 31 MitbestG). Die Feststellung des Jahresabschlusses obliegt der Gesellschafterversammlung (§ 46 Nr. 1 GmbHG); das gilt nach h. M. auch im Montanbereich[27]. Auch bei der GmbH kann der Aufsichtsrat Maßnahmen der Geschäftsführung an seine Zustimmung binden (§ 3 MontanMitbestG i.V.m. § 111 Abs. 4 AktG). Die Gesellschafterversammlung kann dem Geschäftsführer aber bindende Weisungen erteilen und damit Beschlüsse des Aufsichtsrats überspielen[28].

21

Bei der KGaA ist der persönlich haftende Gesellschafter kraft Gesetzes zur Geschäftsführung und Vertretung der Gesellschaft berufen (§ 278 Abs. 2 AktG i.V.m. §§ 161 Abs. 2, 114 ff., 125 ff. HGB). Einer Bestellung durch den Aufsichtsrat bedarf es nicht. Wegen seiner persönlichen Haftung scheidet eine abweichende Lösung aus[29]. Bei der Feststellung des

22

---

[24] Vgl. Max-Planck-Institut für Gesellschaftsforschung, Mitbestimmung und neue Unternehmenskulturen – Bilanz und Perspektiven, Bericht der Mitbestimmungskommission, 1998.
[25] Unternehmen und Gesellschaft 4/2003, S. 35.
[26] H.M., vgl. BAG, Urt. v. 27.9.1957, AP Nr. 7 zu § 13 KSchG; *Fitting/Kaiser/Heither/Engels*, § 76 BetrVG 1952 Rn. 162 m.w.N.
[27] *Rowedder/Koppensteiner*, § 52 GmbHG Rn. 43; *Scholz/Schmidt*, § 46 GmbHG Rn. 6.
[28] *Zöllner/Loritz*, Arbeitsrecht, § 51 III 3.
[29] *Wilhelm*, Kapitalgesellschaftsrecht, 1998, Rn. 885; *Zöllner/Loritz*, Arbeitsrecht, § 51 III 1.

Jahresabschlusses wirkt der Aufsichtsrat nicht mit (§ 286 Abs. 1 Satz 1 AktG). Sein Einfluß auf die Geschäftsführung über § 111 Abs. 4 AktG ist gering.

5. Zwingendes Recht

23 Das Mitbestimmungsrecht ist zwingendes Recht. Es kann auch nicht durch Tarifvertrag abbedungen oder geändert werden[30]. Zulässig sind Vereinbarungen über Arbeitnehmervertreter in Unternehmen, die nicht der Mitbestimmung unterliegen, und über die Aufstockung der Arbeitnehmersitze in GmbHs mit drittelparitätischer Beteiligung. Die Umsetzung erfolgt durch den Gesellschaftsvertrag[31]. In Aktiengesellschaften hält die h. M. wegen § 23 Abs. 5 AktG derartige Verträge zwar für unwirksam, sie läßt aber Stimmbindungsverträge[32] und die Wahl von Arbeitnehmervertretern auf Sitzen der Anteilseigner zu[33]. Streitig ist, inwieweit die öffentliche Hand Mitbestimmungsregelungen ausweiten darf. Aufgrund des Demokratieprinzips muß sie jedenfalls die Möglichkeit behalten, entscheidenden Einfluß zu nehmen[34].

6. Würdigung

24 Die Mitbestimmung in Unternehmensorganen ist eine deutsche Besonderheit. Bei allen unterschiedlichen Motiven, die ihr zugrunde liegen, ist sie wohl am ehesten zu verstehen als Ersatz für unterbliebene Sozialisierung in den Zusammenbrüchen nach den beiden Weltkriegen. Inwieweit sich die Mitbestimmung zum Vorteil der Arbeitnehmer auf die Unternehmenspolitik ausgewirkt hat, ist umstritten und schwer meßbar. Verbessert hat sich in jedem Fall der Informationsstand der Arbeitnehmervertreter, und d.h. in der Praxis der Gewerkschaften und der Betriebsräte. Nicht zu unterschätzen ist auch der Prestigegewinn der betrieblichen Arbeitnehmervertreter. Der Arbeitsdirektor und die anderen Mitglieder des Vertretungsorgans werden von ihnen kontrolliert und sind bei der Verlängerung ihrer Verträge auf ihre Zustimmung angewiesen. Das bedeutet eine nicht unerhebliche Stärkung ihrer Position auch bei Verhandlungen im Rahmen der Betriebsverfassung.

25 Die Mitgliedstaaten der Europäischen Union lehnen eine Unternehmensmitbestimmung nach deutschem Vorbild ab. Über eine europäische Aktiengesellschaft, die sog. Societas Europae (SE), wurde 35 Jahre verhandelt, weil man sich über die Mitbestimmungsregelung nicht einigen konnte. Bezeichnenderweise hatte sich deutsche Regierung lange gegen einen Vorschlag[35] gesträubt, der – ähnlich wie beim Europäischen Betriebsrat – eine einvernehmliche Regelung zwischen Unternehmensleitung und Belegschaft vorsah und der es im Falle

---

[30] *Raiser*, Einl. MitbestG Rn. 55.
[31] *Scholz/Schneider*, § 52 GmbHG Rn. 123.
[32] *Hoffmann/Lehmann/Weinmann*, § 25 AktG Rn. 100 f. u. § 26 AktG Rn. 11.
[33] *Raiser*, § 1 MitbestG Rn. 51; *Zöllner/Loritz*, Arbeitsrecht, § 52 VI.
[34] MünchArbR/*Wißmann*, § 365 Rn. 20; *Zöllner/Loritz*, Arbeitsrecht, § 51 VI.
[35] Abgedr. in RdA 1998, 239.

II. Mitbestimmung in den Unternehmensorganen

der Nichteinigung bei der nationalen Regelung am Sitz des Unternehmens beließ. Sie hatte befürchtet, daß ausländische Standorte Wettbewerbsvorteile erlangen könnten. Auf dem Gipfeltreffen in Nizza Ende 2000 hat man sich endlich auf einen Kompromiß geeinigt, der diesen Vorschlag in modifizierter Form aufgriff. Am 8. Oktober 2001 erließ der Rat der Europäischen Union eine Verordnung über das Statut der Europäischen Gesellschaft (SE)[36] und eine Richtlinie zur Ergänzung des Statuts der Europäischen Gesellschaft hinsichtlich der Beteiligung der Arbeitnehmer[37]. Während bei einer durch Rechtsformwechsel gegründeten Societas Europae immer die Auffangregelung am Sitz des Unternehmens gelten soll, soll es dazu bei einer Verschmelzung und bei der Errichtung einer Holding- oder einer Tochtergesellschaft eines bestimmten Quorums bedürfen, sofern nicht das besondere Verhandlungsgremium etwas anderes beschließt (Art. 7 der Richtlinie). Die Verordnung tritt am 8. Oktober 2004 in Kraft, bis dahin muß der nationale Gesetzgeber auch die Richtlinie umsetzen. Das wird nicht einfach sein, zumal dabei nicht nur die klassische deutsche dualistische Unternehmensverfassung (Aufsichtsrat und Vorstand), sondern auch die monistische ausländischer Rechtsordnungen (Board-System) berücksichtigt werden muß. Wegen der Einzelheiten der überaus differenzierten und komplexen Regelung, die in keinem Verhältnis zu der prognostizierten Bedeutung der SE steht, muß auf die einschlägige Literatur[38] verwiesen werden.

26 In der Tat ist eine Unternehmensmitbestimmung unter ordnungspolitischen Gesichtspunkten nicht unproblematisch. Die Anteilseigner tragen das finanzielle Risiko und müssen dann auch selbstverantwortlich Entscheidungen treffen können. Das Arbeitsplatzrisiko der Arbeitnehmer, das dem mitunter gegenübergestellt wird, muß mit Hilfe arbeitsrechtlicher Vorschriften minimiert werden.

27 Das Tarifvertragssystem beruht auf dem Gedanken von Macht und Gegenmacht. Haben die Gewerkschaften Teil an der unternehmerischen „Macht", dann hat das Einfluß auf das Kampfgleichgewicht. Das zeigt sich im Montanbereich, in dem der Arbeitsdirektor nicht gegen die Stimmen der Mehrheit der Arbeitnehmervertreter bestellt werden kann. Die hohen Löhne im Bergbau, die nicht nur die – zahlenmäßig weit geringeren – Bergleute erhalten, liegen über den Marktpreisen und sind nur über Subventionen finanzierbar.

28 Das Bundesverfassungsgericht[39] hat die Mitbestimmung in der Form des Mitbestimmungsgesetzes von 1976 sozusagen auf Bewährung gebilligt. Das Mitbestimmungsgesetz bewirke wesentliche Veränderungen auf dem Gebiet der Wirtschaftsordnung. Die mitgliedschaftsrechtliche Position der Anteilseigner werde teilweise weitgehend eingeschränkt. Das sei aber durch die soziale Funktion des Anteilseigentums gerechtfertigt, weil es zu seiner Nutzung immer der Mitwirkung der Arbeitnehmer bedürfe. Ob und inwieweit die Koalitionen der Arbeitgeber durch die Mitbestimmung einem Einfluß der Gewerkschaften oder der Arbeitnehmerseite insgesamt geöffnet würden mit der Folge, daß die für das Tarifvertragssystem un-

---

[36] VO 2157/2001/EG v. 8.10.2001, ABl. Nr. .L 294 v. 10.11.2001, S. 1.
[37] RL 2001/86/EG v. 8.10.2001, ABl. Nr. L 294 v. 10.11.2001, S. 22.
[38] Zu einer ersten Einführung *Henssler*, in: FS Ulmer, 2003, S. 193 ff.
[39] Urt. v. 1.3.1979, AP Nr. 1 zu § 1 MitbestG.

abdingbare Gegnerunabhängigkeit gefährdet werde, lasse sich nicht mit Sicherheit bestimmen. Die Einschränkung, zu der die gesetzliche Regelung führe, greife jedenfalls nicht in den Kernbereich des Art. 9 Abs. 3 GG ein. „Sollte sich allerdings ergeben, daß die bestehenden rechtlichen Regelungen nicht ausreichen, die prinzipielle Gegnerunabhängigkeit der Koalitionen wirksam zu sichern, und daß deshalb die nachhaltige Vertretung der Interessen ihrer Mitglieder nicht mehr gewährleistet ist, so ist es Sache des Gesetzgebers, für Abhilfe zu sorgen."

Überblick über die Unternehmensverfassung

1. Erfaßte Unternehmen	MitbestG (1976)	MontanmitbestG (1951)	MitbestErgG (1956)	BetrVG 1952
a) Rechtsform	AG, KGaA, GmbH, eG (§ 1 I Nr. 1)	AG, GmbH (§ 1 II)	AG, GmbH (§ 1)	AG, KGaA, GmbH, VVaG, eG (§§ 76 I, 77 I-III)
b) Größe	mehr als 2000 AN (§ 1 I Nr. 2)	mehr als 1000 AN oder "Einheitsgesellschaft" (§ 1 II)	mehr als 1000 AN im Konzern (§ 1)	AG und KGaA: mind. 500 AN; GmbH, VVaG, eG: mehr als 500 AN (§§ 76 I, VI, 77 I-III)
c) Anwendungsbereich	gilt nicht für Tendenzunternehmen und Religionsgemeinschaften (§ 1 IV)	gilt nur für Unternehmen der Montanindustrie (§ 1 I)	gilt nur in herrschenden Unternehmen, die nicht unter das MontanmitbestG fallen, sofern der Konzernzweck durch montanmitbestimmte Unternehmen gekennzeichnet ist (§ 3)	gilt nicht für Tendenzbetriebe und Religionsgemeinschaften (§ 81)

2. Aufsichtsrat	MitbestG (1976)	MontanmitbestG (1951)	MitbestErgG (1956)	BetrVG 1952
a) Zusammensetzung	bis 10.000 AN: je 6 Mitglieder der AE und der AN mehr als 10.000 bis 20.000 AN: je 8 Mitglieder der AE und der AN über 20.000 AN: je 10 Mitglieder der AE und der AN (§ 7) Parität	4 Vertreter der AE und 1 weiteres Mitglied 4 Vertreter der AN und 1 weiteres Mitglied (§ 4) in Gesellschaften mit Nennkapital von mehr als – 20 Mio DM: fakult. 15 Mitglieder – 50 Mio DM: fakult. 21 Mitglieder (§ 9) Parität und neutrales Mitglied	7 Vertreter der AE 7 Vertreter der AN 1 weiteres Mitglied (§ 5 I 1) in Unternehmen mit Gesellschaftskapital von mehr als 50 Mio. DM fakult. 21 Mitglieder (§ 5 I 2) Parität und neutrales Mitglied	1/3 Vertreter der AN 2/3 Vertreter der AE "1/3"-Parität

Überblick über die Unternehmensverfassung

2. Aufsichtsrat	MitbestG (1976)	MontanmitbestG (1951)	MitbestErgG (1956)	BetrVG 1952
b) Vorsitz	1. Wahlgang: 2/3-Mehrh. 2. Wahlgang: Vertreter der AE wählen Vorsitzenden, Vertreter der AN wählen stellv. Vorsitzenden (§ 27)	allgemeine Regeln	allgemeine Regeln	allgemeine Regeln
c) Schranken der Mitwirkung der AN-Vertreter	1. Abstimmung: Mehrheit 2. Abstimmung: Zweitstimmrecht des Vorsitzenden (§ 29, s. auch § 32)	keine Beschränkung	§ 15	keine Beschränkung
d) AN-Vertreter	bei 6 Mitgliedern: 4 AN des Unternehmens 2 Vertr. der Gewerksch. bei 8 Mitgliedern: 6 AN des Unternehmens 2 Vertr. der Gewerksch. bei 10 Mitgliedern: 7 AN des Unternehmens 3 Vertr. der Gewerksch.	2 Arbeitnehmer des Unternehmens 2 Mitglieder und 1 weiteres Mitglied auf Vorschlag der Spitzenorganisationen (Schranke: § 4 II) (§ 6, bei Erhöhung § 9)	5 AN von Konzernunternehmen 2 Vertreter der Gewerkschaften	bei 1 Vertreter der AN: AN des Unternehmens bei 2 oder mehr Vertretern der AN: mind. 2 AN des Unternehmens (§ 76 II)
e) Belegschaftsgruppen	mindestens 1 leitender Angestellter (§ 15 I 2)			

Überblick über die Unternehmensverfassung

2. Aufsichtsrat	MitbestG (1976)	MontanmitbestG (1951)	MitbestErgG (1956)	BetrVG 1952
f) Wahl	bis 8.000 AN: unmittelbar, auf Wunsch durch Delegierte mehr als 8.000 AN: durch Delegierte, auf Wunsch unmittelbar (§ 9, zu Einzelheiten vgl. §§ 10 -18)	1. Vorschläge 2 Vertreter der AN: Vorschlag der Betriebsräte nach Beratung mit Gewerkschaften und Spitzenorganisationen 2 Vertreter der AN und weiteres Mitglied: Vorschlag der Spitzenorganisationen nach Beratung mit Gewerkschaften; Auswahl durch Betriebsräte (§ 6 I-V) 2. Wahl durch Wahlorgan; dieses ist an die Vorschläge der Betriebsräte gebunden (§§ 5, 6 VI)	bis 8.000 AN: unmittelbar, auf Wunsch durch Delegierte mehr als 8.000 AN: durch Delegierte, auf Wunsch unmittelbar (§ 7, zu Einzelheiten vgl. §§ 8 - 10)	unmittelbar (§ 76 II)

3. Vertretungsorgan	MitbestG (1976)	MontanmitbestG (1951)	MitbestErgG (1956)	BetrVG (1952)
Arbeitsdirektor	Bestellung nach allgemeinen Grundsätzen (§ 33)	keine Bestellung gegen die Mehrheit der AN-Vertreter (§ 13)	Bestellung nach allgemeinen Grundsätzen (§ 13)	–

§ 16 Betriebsverfassungsrecht

I. Grundlagen der Betriebsverfassung

1. Rechtsquellen

a) Überblick

aa) BetrVG, SprAuG, EBRG, WahlO. Die Mitbestimmung im Betrieb – die Betriebsverfassung – regeln drei Gesetze und zwei Verordnungen. Die wichtigsten Vorschriften enthält das Betriebsverfassungsgesetz (BetrVG). Es wird ergänzt durch die Wahlordnung, die die Einzelheiten der Betriebsratswahlen regelt. Das Sprecherausschußgesetz (SprAuG) behandelt die Betriebsverfassung für die leitenden Angestellten. Auch dazu gibt es eine Wahlordnung. Für die Beteiligung der Arbeitnehmer in Unternehmen, die gleichzeitig in verschiedenen Mitgliedstaaten der Europäischen Union tätig werden, gilt zusätzlich das Gesetz über Europäische Betriebsräte (EBRG).

bb) Betriebsverfassungsrechtliche Bestimmungen finden sich ferner in nicht spezifisch mitbestimmungsrechtlichen Gesetzen, so in
- § 15 KSchG (Sonderkündigungsschutz für Mitglieder der Belegschaftsvertretungen und Wahlvorstände),
- § 17 Abs. 2 und 3 KSchG (Mitwirkung bei Massenentlassungen),
- §§ 5 Abs. 3, 17 Abs. 1, 126 Abs. 3, 194 Abs. 2, 321, 322 UmwG (Mitwirkung bei Unternehmensumwandlungen),
- § 9 Abs. 3 ASiG (Mitwirkung bei der Bestellung und Abberufung von Betriebsärzten und Fachkräften für Arbeitssicherheit),
- § 22 Abs. 1 SGB VII (Mitwirkung bei der Bestellung und Abberufung von Sicherheitsbeauftragten und Beauftragten für betriebliche Notfallmaßnahmen,
- §§ 122-126 InsO (Mitwirkung bei Insolvenz des Arbeitgebers).

cc) Auch **Einrichtungen der Betriebsverfassung** sind außerhalb des eigentlichen Betriebsverfassungsrechts geregelt, so
- die Schwerbehindertenvertretung (§§ 94 ff. SGB IX) und
- der Vertrauensmann der Zivildienstleistenden (§ 37 ZDG).

b) Gliederung des BetrVG

4 Das BetrVG zerfällt in drei Hauptabschnitte: das Organisationsrecht, die Beteiligungsrechte und die Sondervorschriften.

5 **aa) Organisationsrecht.** Die §§ 1-73 BetrVG behandeln das Organisationsrecht. Der erste Teil (§§ 1-6 BetrVG) enthält allgemeine Vorschriften über die Betriebsratsfähigkeit von Betrieben und über die verschiedenen Belegschaftsgruppen. Im zweiten Teil (§§ 7-59 BetrVG) werden die Zusammensetzung, die Wahl, die Amtszeit und die Geschäftsführung des Betriebsrats, des Gesamtbetriebsrats und des Konzernbetriebsrats behandelt. Außerdem enthält es Vorschriften über die Betriebsversammlung und – auf Unternehmensebene – die Betriebsräteversammlung. Der organisationsrechtliche Teil endet mit den §§ 60-73 BetrVG, die die Vertretung der jugendlichen Arbeitnehmer und der Auszubildenden regeln.

6 **bb) Beteiligungsrechte.** Den materiellen Kern des Betriebsverfassungsrechts bilden die Vorschriften über die Beteiligungsrechte (§§ 74-113 BetrVG). Das Gesetz beginnt mit den Grundsätzen der Zusammenarbeit und den allgemeinen Aufgaben des Betriebsrats (§§ 74-80, dazu § 2 BetrVG). Die §§ 81-86 BetrVG enthalten die Mitwirkungs- und Beschwerderechte des einzelnen Arbeitnehmers, die systematisch zum Arbeitsvertragsrecht gehören. Die eigentlichen Beteiligungsrechte sind dann in vier Abschnitten geregelt: die Beteiligung in sozialen Angelegenheiten in den §§ 87-89 BetrVG, bei der Gestaltung von Arbeitsplatz, Arbeitsablauf und Arbeitsumgebung in §§ 90, 91 BetrVG, bei personellen Angelegenheiten in §§ 92-105 BetrVG (allgemeine personelle Angelegenheiten, §§ 92-95 BetrVG, Berufsbildung, §§ 96-98 BetrVG, personelle Einzelmaßnahmen, §§ 99-105 BetrVG) und bei wirtschaftlichen Angelegenheiten in §§ 106-113 BetrVG.

7 **cc) Sonstige Regelungen.** Das BetrVG schließt mit Sondervorschriften für einzelne Betriebsarten, nämlich Seeschiffahrt (§§ 114-116 BetrVG), Luftfahrt (§ 117 BetrVG), Tendenzbetriebe und Religionsgemeinschaften (§ 118 BetrVG), mit Straf- und Bußgeldvorschriften (§§ 119-121 BetrVG) und einer Reihe von Übergangs- und Schlußvorschriften (§§ 125-132 BetrVG).

2. Abdingbarkeit des BetrVG ?

8 Der Gesetzgeber hat die Frage, ob und inwieweit von Vorschriften des BetrVG durch Tarifvertrag oder Betriebsvereinbarung abgewichen werden kann, nicht abschließend geregelt. § 1 Abs. 1 TVG deutet darauf hin, daß tarifliches Betriebsverfassungsrecht jedenfalls im Grundsatz zulässig ist. Allerdings stammt die Vorschrift aus einer Zeit, als die Betriebsverfassung noch nicht derart umfassend geregelt war wie heute. Die Meinungen sind deshalb geteilt. Eine wichtige Rolle spielt bei der Diskussion, daß das BetrVG das Ergebnis eines genau ausgehandelten politischen Kompromisses ist.

a) Wahl- und Organisationsrecht

Die Bestimmungen über die Wahl und die Organisation der Betriebsverfassungsorgane können nach allgemeiner Meinung nur abbedungen werden, soweit das vom Gesetz ausdrücklich zugelassen wird (vgl. §§ 3, 38 Abs. 1 Satz 3, 47 Abs. 4-5, 55 Abs. 4, 72 Abs. 4-5, 76 Abs. 1 Satz 2, Abs. 4 und 8, 86, 117 Abs. 2 BetrVG)[1]. Die gesetzlichen Begriffsbestimmungen, wie etwa die des Betriebes oder der Belegschaftsgruppen, stehen nicht zur Disposition.

9

Nach § 3 BetrVG können zusätzliche oder andere betriebsverfassungsrechtliche Vertretungen errichtet werden. Für Unternehmen mit Betrieben in verschiedenen Mitgliedstaaten der Europäischen Union eröffnet § 17 EBRG die Möglichkeit einer „maßgeschneiderten" Betriebsverfassung auf europäischer Ebene. § 17 EBRG könnte auch ein Vorbild für den deutschen Gesetzgeber sein.

10

b) Beteiligungsrechte

aa) **Einschränkungen** der Beteiligungsrechte in sozialen, technisch-organisatorischen, personellen und wirtschaftlichen Angelegenheiten sind nach h.M. nicht möglich. Das BetrVG enthält Mindestnormen, die nicht zum Nachteil der Arbeitnehmer geändert werden können[2].

11

bb) Ob eine **Erweiterung** der Beteiligungsrechte möglich ist, ist umstritten. In **sozialen und personellen Angelegenheiten** wird das von der Rechtsprechung und Teilen der Literatur sowohl für tarifliche[3] als auch für betriebliche[4] Regelungen bejaht. Dafür sprechen § 1 TVG und § 88 BetrVG; in personellen Angelegenheiten sehen §§ 99 Abs. 2 Nr. 1 und 102 Abs. 6 BetrVG die Erweiterung der Beteiligung ausdrücklich vor. In **wirtschaftlichen Angelegenheiten** verneint die h.L[5]. Mit den §§ 106 ff. BetrVG habe der Gesetzgeber einen angemessenen Ausgleich zwischen den berechtigten Belangen von Unternehmen und Belegschaft geschaffen.

12

---

[1] *Fitting*, § 1 BetrVG Rn. 246; *Hess/Schlochauer/Glaubitz*, Vor § 1 BetrVG Rn. 42; vgl. auch amtl. Begr., BT-Drucks. VI/1786, Satz 36.

[2] BAG, Urt. v. 16.4.1957, AP Nr. 8 zu § 56 BetrVG; *Fitting*, § 1 BetrVG Rn. 248; MünchArbR/*von Hoyningen-Huene*, § 297 Rn. 89; *Richardi*, BetrVG, Einl. Rn. 140.

[3] Für soziale Angelegenheiten BAG, Beschl. v. 18.8.1987, AP Nr. 23 zu § 77 BetrVG; für personelle Angelegenheiten BAG, Beschl. v. 10.2.1988, AP Nr. 53 zu § 99 BetrVG 1972 m.w.N.

[4] BAG, Beschl. v. 13.7.1962, AP Nr. 3 zu § 57 BetrVG; *Fitting*, § 1 BetrVG Rn. 252; *Hanau*, RdA 1973, 293; a.A. *Hess/Schlochauer/Glaubitz*, Vor § 1 BetrVG Rn. 67.

[5] *Fitting*, § 1 BetrVG Rn. 257; *Galperin/Löwisch*, Vor § 106 BetrVG Rn. 7 ff.; *Hess/Schlochauer/Glaubitz*, Vor § 1 BetrVG Rn. 71 ff.

3. Räumlicher Geltungsbereich

a) Territorialitätsprinzip

13 Das BetrVG ist grundsätzlich auf alle Betriebe in der Bundesrepublik Deutschland anwendbar; es gilt das Territorialitätsprinzip[6]. Auf die Staatsangehörigkeit des Arbeitgebers kommt es nicht an. Das Gesetz gilt auch für inländische Betriebe ausländischer Unternehmen. Ebensowenig spielt die Staatsangehörigkeit der Arbeitnehmer eine Rolle. Unerheblich ist schließlich die Vereinbarung ausländischen Arbeitsrechts[7].

b) Ausstrahlung in das Ausland

14 Das BetrVG gilt nicht für Betriebe deutscher Unternehmen im Ausland[8]. Davon zu unterscheiden ist die Frage, ob das BetrVG auf Arbeitnehmer eines im Inland gelegenen Betriebes anwendbar ist, die im Ausland tätig werden. Die „Ausstrahlung" eines inländischen Betriebes ins Ausland ist keine Frage des räumlichen, sondern des persönlichen Geltungsbereichs. Es kommt darauf an, ob ein Arbeitnehmer trotz Auslandstätigkeit weiterhin einem inländischen Betrieb angehört. Das ist zu bejahen, wenn er nur vorübergehend und außerhalb einer betrieblichen Organisation beschäftigt wird, etwa als Montagearbeiter, Vertreter oder Fahrer[9]. Wird er in eine betriebliche Organisation im Ausland eingegliedert, dann bleibt er Angehöriger des inländischen Betriebs, wenn die Auslandstätigkeit von vornherein befristet ist oder wenn sich der Arbeitgeber das Recht vorbehalten hat, den Arbeitnehmer jederzeit zurückzurufen. Nicht zu einem inländischen Betrieb gehört, wer befristet für einen einmaligen Auslandseinsatz eingestellt wird und zu keiner Zeit dem inländischen Betrieb angehört hat. Im Ausland tätige Arbeitnehmer, für die das BetrVG gilt, haben grundsätzlich dieselben Rechte wie die Arbeitnehmer im Inland. Sie haben insbesondere das aktive und passive Wahlrecht. Betriebsversammlungen können allerdings nicht im Ausland abgehalten werden[10].

---

[6] BAG, Beschl. v. 7.12.1989, AP Nr. 27 zu Intern. Privatrecht, Arbeitsrecht.
[7] Zu Vorstehendem BAG, Beschl. v. 9.1.1977, AP Nr. 13 zu Intern. Privatrecht, Arbeitsrecht.
[8] BAG, Beschl. v. 10.9.1985, AP Nr. 3 zu § 117 BetrVG 1972.
[9] BAG, Beschl. v. 27.5.1982, 7.12.1989, AP Nr. 3, 27 zu Internat. Privatrecht, Arbeitsrecht.
[10] BAG, Beschl. v. 27.5.1982, AP Nr. 3 zu § 42 BetrVG 1972; anders für Teilversammlungen *Fitting*, § 1 BetrVG Rn. 30.

I. Grundlagen der Betriebsverfassung 229

4. Ausnahmen vom Anwendungsbereich

Eine Reihe inländischer Betriebe ist ganz oder teilweise vom Anwendungsbereich 15
des BetrVG ausgenommen. Für einige gelten Sondervorschriften.

a) Öffentlicher Dienst

Keine Anwendung findet das BetrVG auf Verwaltungen und Betriebe des Bundes, 16
der Länder, der Gemeinden und sonstiger Körperschaften, Anstalten und Stiftungen des öffentlichen Rechts (§ 130 BetrVG). Für sie gelten die Personalvertretungsgesetze des Bundes und der Länder. Die Abgrenzung erfolgt nach der Rechtsform des Trägers; ob hoheitliche oder fiskalische Angelegenheiten erfüllt werden, spielt keine Rolle.

Beispiel: Stadtwerke in der Rechtsform einer GmbH: BetrVG; Wasserwerk als rechtlich unselbständiger „Eigenbetrieb" einer Gemeinde: Landespersonalvertretungsrecht; Arbeitsamt: BPersVG.

b) Religionsgemeinschaften

Religionsgemeinschaften und deren Einrichtungen (z.B. Orden), die öffentlich- 17
rechtlich organisiert sind (katholische und evangelische Kirche), unterfallen schon aufgrund ihrer Rechtsform nicht dem BetrVG; das gilt auch für ihre nicht verselbständigten Einrichtungen, wie etwa eine Klosterbrauerei (§ 130 BetrVG)[11]. Das BetrVG gilt aber auch nicht für sonstige Religionsgemeinschaften (israelitische Kultusgemeinde, Sekten) und für karitative und erzieherische Einrichtungen von Religionsgemeinschaften, gleichgültig in welcher (privatrechtlichen) Form sie betrieben werden, wenn ihre Aufgaben sich als Wesens- und Lebensäußerung der Kirche darstellen (§ 118 Abs. 2 BetrVG).[12]

Beispiele: Krankenhäuser, Pflege- und Altersheime, Caritasverband, Diakonisches Werk und seine rechtlich selbständigen Mitglieder[13], Kindergärten, Schulen.

Der Begriff der Religionsgemeinschaft ist weit auszulegen. Nicht darunter fällt die 18
Scientology-Sekte, deren Lehren nur als Vorwand für die Verfolgung wirtschaftlicher Ziele dienen[14].

---

[11] BAG, Beschl. v. 30.7.1987, AP Nr. 3 zu § 130 BetrVG 1972; vgl. auch § 3 Abs. 3 Satz 1 SprAuG.
[12] BAG, Beschl. v. 31.7.2002, NZA 2002, 1409.
[13] BAG, Beschl. v. 30.4.1997, AP Nr. 60 zu § 118 BetrVG 1972.
[14] So BAG, Beschl. v. 22.3.1995, AP Nr. 21 zu § 5 ArbGG 1979.

c) Seeschiffahrt und Luftfahrt

19 **aa) Für Seeschiffahrtsunternehmen,** d.h. für Unternehmen mit Sitz in der Bundesrepublik Deutschland, die Handelsschiffahrt betreiben, sieht das Gesetz Bordvertretungen und Seebetriebsräte vor (§§ 114-116 BetrVG). Bordvertretungen werden auf (betriebsratsfähigen) Kauffahrteischiffen gewählt, die nach dem Flaggenrechtsgesetz die Bundesflagge führen, es sei denn, daß sie in der Regel binnen 24 Stunden nach dem Auslaufen an den Sitz eines Landbetriebs zurückkehren (§§ 115 Abs. 1, 114 Abs. 4 BetrVG). Seebetriebsräte vertreten die Mitarbeiter in den Seebetrieben, d h. in der Gesamtheit aller Schiffe eines Seeschiffahrtsunternehmens (§§ 116, 114 Abs. 3 BetrVG). Für Bord- und Seebetriebsräte gilt das BetrVG mit einigen Abweichungen.

20 **bb) Auf Landbetriebe von Luftfahrtunternehmen** ist das BetrVG unverändert anwendbar (§ 117 Abs. 1 BetrVG). Für im Flugbetrieb beschäftigte Arbeitnehmer kann durch Tarifvertrag eine Vertretung errichtet werden. Der Tarifvertrag kann für die Zusammenarbeit dieser Vertretung mit den Betriebsräten in den Landbetrieben besondere Regelungen treffen (§ 117 Abs. 2 BetrVG).

d) Tendenzunternehmen und -betriebe

21 **aa) Grundsatz.** Unternehmensziele, die unter dem besonderen Schutz der Grundrechte stehen (Glaubensfreiheit, Pressefreiheit, Freiheit von Wissenschaft und Kunst, Koalitionsfreiheit usw.), sollen nicht durch Beteiligungsrechte beeinflußt werden. Deshalb findet das BetrVG in „Tendenzunternehmen und -betrieben" insoweit keine Anwendung, als die Eigenart des Unternehmens oder des Betriebes dem entgegensteht (§ 118 Abs. 1 Satz 1 BetrVG).

22 **bb) Zu den tendenzgeschützten** Unternehmen und Betrieben gehören nach der abschließenden Regelung des § 118 Abs. 1 BetrVG Unternehmen und Betriebe, die unmittelbar und überwiegend
- **politischen** (Parteien und deren Stiftungen, freie Wählervereinigungen, wirtschafts- und sozialpolitische Vereinigungen, wie BDI, VDK),
- **koalitionspolitischen** (Gewerkschaften und Arbeitgeberverbände einschließlich ihrer Einrichtungen und Institute),
- **konfessionellen** (Männer-, Frauen- und Jugendverbände von Religionsgemeinschaften),
- **karitativen** (Unternehmen, die sich den sozialen Dienst am körperlich und seelisch leidenden Menschen zum Ziel gesetzt haben, wie Rotes Kreuz, Wohlfahrtsverbände, Behindertenwerkstätten, DLRG, Bergwacht),
- **erzieherischen** (Privatschulen, private Kindergärten, überbetriebliche Lehrwerkstätten),
- **wissenschaftlichen** (private Forschungsinstitute, wie die Max-PlanckGesellschaften oder die Fraunhofer-Institute, Wirtschafts- und Meinungsforschungsin-

stitute, wissenschaftliche Bibliotheken und private Hochschulen, nicht: wissenschaftliche Buchhandlungen) oder
- **künstlerischen** Bestimmungen (Einrichtungen zur Darbietung und Verbreitung von Kunstwerken, wie Theater, Orchester, Filmhersteller und -verleiher, Konzertagenturen, Veranstalter von Kunstausstellungen, Schallplattenunternehmen, nicht dagegen Verwertungsgesellschaften wie die GEMA),
- **Zwecken der Berichterstattung oder Meinungsäußerung,** für die die Pressefreiheit und die Freiheit der Berichterstattung durch Rundfunk und Fernsehen des Art. 5 Abs. 1 Satz 2 GG gelten (Buch-, Zeitungs- und Zeitschriftenverlage, private Rundfunk- und Fernsehanstalten) dienen.

Das Unternehmen oder der Betrieb muß **unmittelbar** einer geschützten Tendenz dienen. Die Arbeitnehmer müssen die Tendenz selbst erarbeiten und damit beeinflussen können[15]. Es reicht nicht aus, daß ein fremder Tendenzzweck durch die wirtschaftliche Tätigkeit unterstützt wird. Dagegen schadet Gewinnerzielungsabsicht nicht. 23

Beispiel: Eine rechtlich selbständige Druckerei, die ihre Gewinne an ein Presseunternehmen abführt, ist kein Tendenzunternehmen; anders die verlagseigene Druckerei, in der die vom Presseunternehmen herausgegebene Tageszeitung gedruckt wird.

Die Tendenz muß von dem Unternehmen oder Betrieb überwiegend verfolgt werden. Zu prüfen ist, ob mehr als die Hälfte der Gesamtarbeitszeit des Personals zur Tendenzverwirklichung eingesetzt wird. Dabei kommt es auf die Arbeitszeit aller Arbeitnehmer an, die an der Tendenzverwirklichung mitwirken[16]. Keine Rolle spielt das „Gepräge" des Unternehmens. 24

cc) Einschränkung der Beteiligungsrechte. Der Eigenart des Unternehmens oder Betriebs steht eine Vorschrift des BetrVG dann entgegen, wenn deren Anwendung die geistig-ideelle Zielsetzung ernstlich beeinträchtigen könnte[17]. 25

Die organisatorischen Bestimmungen des BetrVG bleiben unberührt. Es ist lediglich kein Wirtschaftsausschuß zu bilden (§ 118 Abs. 1 Satz 2 BetrVG). Unberührt bleiben auch die allgemeinen Grundsätze: vertrauensvolle Zusammenarbeit, Friedenspflicht, Verbot parteipolitischer Betätigung, Trennung von Betriebsrat und Gewerkschaft. Das Verbot parteipolitischer Betätigung gilt natürlich nicht für Parteien. Ein Gewerkschaftsvertreter hat keinen Zutritt zu einem Arbeitgeberverband oder zu einer anderen Gewerkschaft. In sozialen Angelegenheiten kommt eine Einschränkung der Mitbestimmung vor allem in Betracht bei 26

---

[15] BAG, Beschl. v. 30.6.1981, AP Nr. 20 zu § 118 BetrVG 1972.
[16] BAG, Beschl. v. 21.6.1989, AP Nr. 43 zu § 118 BetrVG 1972.
[17] BAG, Beschl. v. 11.2.1992, AP Nr. 50 zu § 118 BetrVG 1972.

Fragen der Ordnung des Betriebs[18] und des Verhaltens der Arbeitnehmer im Betrieb und in Arbeitszeitfragen (Nachmittagsunterricht in Ganztagsschulen[19], Aktualität der Berichterstattung in Presseunternehmen[20]), u.U. aber auch bei der Entgeltgestaltung. In technisch-organisatorischen Angelegenheiten sind Beteiligungsrechte des Betriebsrats durch die Tendenz kaum einmal betroffen. Ähnliches gilt für allgemeine personelle Angelegenheiten und für Berufsbildungsmaßnahmen. Nicht anwendbar sind die Vorschriften über die wirtschaftlichen Angelegenheiten einschließlich der Unterrichtung der Belegschaft in der Betriebsversammlung; eine Ausnahme gilt nur für den Sozialplan, der aber, obwohl er unter den wirtschaftlichen Angelegenheiten geregelt ist, zu den sozialen Angelegenheiten zählt (§ 118 Abs. 1 Satz 2 BetrVG).

27 Eingeschränkt sind die Beteiligungsrechte bei personellen Einzelmaßnahmen gegenüber Tendenzträgern. **Tendenzträger** sind Arbeitnehmer, deren Arbeitsleistung unmittelbar der Tendenzverwirklichung dient[21].

Beispiele: Schriftleiter, Redakteure mit eigenem Verantwortungsbereich, Musiker eines Theaterorchesters, hauptamtliche Funktionäre der Gewerkschaften, Lehrer, Wissenschaftler mit Forschungsaufgaben; nicht Arbeitnehmer mit Tätigkeiten, die in jedem Betrieb anfallen, wie Sekretärinnen, Buchhalter oder Lagerarbeiter.

28 Daß ein Arbeitnehmer Tendenzträger ist, reicht aber nicht aus. Hinzu kommen muß der **Tendenzcharakter der Maßnahme.** Dabei genügt es nicht, daß die geistig-ideelle Zielsetzung irgendwie berührt wird; entscheidend ist, daß die Ausübung des Beteiligungsrechts die Tendenzverwirklichung ernstlich beeinträchtigen kann[22].

29 Bei Einstellungen und Versetzungen aus tendenzbedingten Gründen hat der Betriebsrat nur ein Unterrichtungs- und Beratungsrecht[23]. Verstößt der Arbeitgeber dagegen, so kann der Betriebsrat verlangen, daß der Arbeitgeber die Maßnahme aufhebt. Bei Ein- und Umgruppierungen hat der Betriebsrat das Zustimmungsverweigerungsrecht. Vor Kündigungen ist er anzuhören[24]. Einer Kündigung aus tendenzbedingten Gründen kann er allerdings nicht widersprechen, weil der Arbeitgeber den Arbeitnehmer sonst u.U. bis zum Abschluß des Kündigungsrechtsstreits weiterbeschäftigen müßte. Der Betriebsrat hat also beispielsweise ein Widerspruchsrecht, wenn der Arbeitgeber einem Solo- und ersten Hornisten in einem Symphonieorchester kündigt, weil er schlecht spielt, nicht aber, wenn der Hornist ei-

---

[18] Vgl. z.B. BAG, Beschl. v. 28.5.2002, NZA 2003, 166.
[19] BAG, Beschl. v. 13.1.1987, AP Nr. 33 zu § 118 BetrVG 1972.
[20] BAG, Beschl. v. 11.2.1992, AP Nr. 50 zu § 118 BetrVG 1972; BVerfG, Beschl. v. 15.12.1999, NZA 2000, 217.
[21] BAG, Beschl. v. 11.2.1992, 31.1.1995, AP Nr. 50, 56 zu § 118 BetrVG 1972.
[22] BAG, Beschl. v. 27.7.1993, 31.1.1995, AP Nr. 51, 56 zu § 118 BetrVG 1972.
[23] BAG, Beschl. v. 19.5.1981, 8.5.1990, AP Nr. 21, 46 zu § 118 BetrVG 1972.
[24] BAG, Beschl. v. 6.11.1990, AP Nr. 4 zu § 91 BetrVG 1972.

nen anderen „Sound" für richtig hält[25]. Nach Ansicht des BAG ist es nicht ausgeschlossen, daß ein Tarifvertrag dem Betriebsrat darüber hinausgehende Mitbestimmungsrechte einräumt[26]. Für Tendenzträger kann ohne Verstoß gegen §§ 3, 118 Abs. 1 BetrVG durch Arbeitsvertrag ein eigenes Repräsentationsorgan – zum Beispiel ein Redaktionsrat – geschaffen werden, das Beteiligungsrechte bei tendenzbezogenen Maßnahmen wahrnimmt[27].

II. Organisation der Betriebsverfassung

1. Die Belegschaftsgruppen

a) Arbeitnehmer

Die Betriebsverfassung gilt für die Arbeitnehmer des Betriebs (§ 5 Abs. 1 BetrVG). Das BetrVG definiert den Arbeitnehmer nicht selbst, sondern knüpft an den Begriff im allgemeinen arbeitsrechtlichen Sinne an[28]. **Arbeitnehmer** des Betriebes sind demzufolge alle Betriebsangehörigen, die in einem Arbeitsverhältnis zu dem Betriebsinhaber stehen[29]. Das sind die leitenden Angestellten (§ 1 SprAuG, § 5 Abs. 3 BetrVG), die Angestellten und die Arbeiter einschließlich der zu ihrer Berufsausbildung Beschäftigten (§ 5 Abs. 1 BetrVG)[30]. Ob Arbeitnehmer in Voll- oder Teilzeitarbeit tätig sind, kurzfristig oder auf Dauer beschäftigt werden, ist gleichgültig. Voraussetzung ist außer dem Arbeitsverhältnis zum Betriebsinhaber lediglich die faktische Eingliederung in die betriebliche Organisation[31]. Durch die Neufassung des § 5 Abs. 1 Satz 1 BetrVG hat der Gesetzgeber ausdrücklich klargestellt, daß auch Arbeitnehmer im Außendienst oder in Telearbeit zu den Arbeitnehmern im Sinne des BetrVG gehören, obwohl sie nicht örtlich, sondern nur funktional in den Betrieb eingegliedert sind. Den Arbeitnehmer werden im Wege einer Fiktion Heimarbeiter gleichgestellt, die in der Hauptsache für den Betrieb arbeiten (§ 5 Abs. 1 Satz 2 BetrVG), nicht jedoch sonstige Arbeitnehmerähnliche und auch nicht in Telearbeit Beschäftigte, die nicht Arbeitnehmer sind. 30

Keine Arbeitnehmer des Betriebs sind vor allem Vorstandsmitglieder, Geschäftsführer und vertretungsberechtigte Gesellschafter von Personenhandelsgesellschaften (§ 5 Abs. 2 31

---

[25] BAG, Urt. v. 3.11.1982, AP Nr. 12 zu § 15 KSchG 1969.
[26] BAG, Beschl. v. 31.1.1995, AP Nr. 56 zu § 118 BetrVG 1972.
[27] BAG, Urt. v. 19.6.2001, NZA 2002, 397.
[28] BAG, Beschl. v. 12.2.1992, AP Nr. 52 zu § 5 BetrVG 1972.
[29] BAG, Urt. v. 9.6.1993, AP Nr. 66 zu § 611 BGB Abhängigkeit.
[30] BAG, Beschl. v. 3.10.1978, AP Nr. 18 zu § 5 BetrVG 1972; zu Umschülern in einer Bildungseinrichtung für Erwachsene Beschl. v. 21.7.1993, AP Nr. 8 zu § 5 BetrVG 1972 Ausbildung.
[31] BAG, Beschl. v. 29.1.1992, AP Nr. 1 zu § 7 BetrVG 1972.

Nr. 1, 2 BetrVG), aber auch freie Mitarbeiter[32] – sie werden aufgrund von Dienst- oder Werkverträgen tätig –, Leiharbeitnehmer[33] und Arbeitnehmer, die für Fremdfirmen arbeiten[34] (z.B. Personal von Bewachungs- oder Reinigungsunternehmen). Kein Arbeitnehmer ist auch, wessen Beschäftigung nicht in erster Linie aus Erwerbszwecken erfolgt, sondern vorwiegend durch Gründe karitativer oder religiöser Art bestimmt ist (z.B. Mönche, Ordensschwestern, Diakonissen, Rot-Kreuz-Schwestern[35]) oder – wie bei Behinderten, Drogenkranken, Geisteskranken – der Heilung, Wiedereingewöhnung, sittlichen Besserung oder Erziehung dient (§ 5 Abs. 2 Nr. 3, 4 BetrVG). Auf Ehegatten, Verwandte und Verschwägerte ersten Grades, die in häuslicher Gemeinschaft mit dem Arbeitgeber leben, findet das BetrVG selbst dann keine Anwendung, wenn sie aufgrund eines Arbeitsvertrages tätig werden (§ 5 Abs. 2 Nr. 5 BetrVG).

32 Von der Zahl der Arbeitnehmer im Betrieb hängt es ab, ob und ggf. welche Betriebsverfassungsorgane gebildet werden, wie ihre Mitbestimmungsrechte aussehen und welche Pflichten dem Arbeitgeber obliegen. Obwohl das BetrVG immer generell von Arbeitnehmern (= einschließlich der Jugendlichen) oder wahlberechtigten Arbeitnehmern (= ohne die Jugendlichen) spricht, zählen die leitenden Angestellten bei der Errechnung der Zahlen nicht mit, weil sie nicht vom Betriebsrat vertreten werden. Dafür stellt das SprAuG auf die Zahl der leitenden Angestellten ab.

---

[32] BAG, Urt. v. 15.3.1978, AP Nr. 26 zu § 611 BGB Abhängigkeit.
[33] Der Betriebsrat kann vor der Übernahme zur Arbeitsleistung (§ 14 Abs. 4 AÜG) und bei der Festlegung ihrer Arbeitszeit mitbestimmen, vgl. BAG, Beschl. v. 15.12.1992, AP Nr. 7 zu § 14 AÜG.
[34] BAG, Beschl. v. 18.1.1989, AP Nr. 1 zu § 9 BetrVG.
[35] BAG, Beschl. v. 22.4.1997, AP Nr. 18 zu § 99 BetrVG 1972 Einstellung.

Betriebsverfassung und Betriebsgröße

Größe	Regelung	Vorschrift
5 wahlberechtigte Arbeitnehmer	Ein Betriebsrat kann gewählt werden.	§ 1 BetrVG
5 Jugendliche oder Auszubildende	Eine Jugend- und Auszubildendenvertretung kann gewählt werden.	§ 60 Abs. 1 BetrVG
10 leitende Angestellte	Ein Sprecherausschuß kann gewählt werden.	§ 1 SprAuG
20 wahlberechtigte Arbeitnehmer	Der Betriebsrat hat ein Mitbestimmungsrecht bei Einstellungen, Eingruppierungen, Umgruppierung und Versetzungen.	§ 99 BetrVG
	Der Arbeitgeber hat jährlich schriftlich oder mündlich über die wirtschaftliche Entwicklung des Unternehmens zu berichten.	§ 110 Abs. 2 BetrVG
	Der Betriebsrat ist über geplante Betriebsänderungen zu unterrichten.	§ 111 BetrVG
101 Arbeitnehmer	Ein Wirtschaftsausschuß ist zu bilden.	§ 106 BetrVG
200 Arbeitnehmer	Ein Betriebsratsmitglied ist für seine Tätigkeit von der Arbeit freizustellen.	§ 38 BetrVG
201 Arbeitnehmer	Der Betriebsrat kann einen Betriebsausschuß bilden.	§§ 9, 27 BetrVG
500 Arbeitnehmer	Der Betriebsrat kann die Aufstellung von Auswahlrichtlinien verlangen.	§ 95 Abs. 2 BetrVG
1000 Arbeitnehmer, davon jeweils mindestens 150 in 2 EU-Staaten	Ein Europäischer Betriebsrat kann gebildet werden.	§§ 1-3 EBRG
1001 Arbeitnehmer	Der Arbeitgeber hat jährlich schriftlich über die wirtschaftliche und soziale Entwicklung des Unternehmens zu berichten.	§ 110 Abs. 1 BetrVG

Bei der Ermittlung der Betriebsgröße ist zu beachten, daß das BetrVG bei höheren Beschäftigtenzahlen auf Arbeitnehmer abstellt (= Arbeiter und Angestellte ohne leitende Angestellte), bei niedrigeren auf wahlberechtigte Arbeitnehmer (= Arbeiter und Angestellte ohne leitende Angestellte und Jugendliche); für die Betriebsratsfähigkeit (§ 1 BetrVG) verlangt es zusätzlich, daß 3 der 5 Arbeitnehmer wählbar sind (§ 8 BetrVG).

33

Für die Vertretung unterscheidet das BetrVG drei Gruppen:
- die leitenden Angestellten,
- die Angestellten und Arbeiter und
- die jugendlichen Arbeitnehmer und die Auszubildenden unter 25 Jahren.

34

Während das BRG 1920 noch getrennte Arbeiter- und Angestelltenräte vorsah, kannte das BetrVG 1952 nur noch den für beide gemeinsamen Betriebsrat. Die jeweils schwächere Gruppe genoß Minderheitenschutz: 2001 hat der Gesetzgeber auch den Minderheitenschutz beseitigt. Arbeiter und Angestellte wählen gemeinsam den Betriebsrat. Eine Abgrenzung der beiden Gruppen, wie sie der Klammerzusatz in § 5 Abs. 1 S. 1 BetrVG nahe legt, ist nicht mehr erforderlich. Jugendliche und Auszubildende wählen die Jugend- und Auszubildendenvertretung, leitende Angestellte können Sprecherausschüsse errichten.

35

c) Leitende Angestellte

36 **aa) Nach § 5 Abs. 3 Satz 2 BetrVG** ist leitender Angestellter, wer nach Arbeitsvertrag und Stellung im Unternehmen oder im Betrieb

37 – zur selbständigen Einstellung und Entlassung von im Betrieb oder in der Betriebsabteilung beschäftigten Arbeitnehmern berechtigt ist (Nr. 1) oder

38 – Generalvollmacht oder Prokura hat und die Prokura auch im Verhältnis zum Arbeitgeber nicht unbedeutend ist (Nr. 2) oder

39 – regelmäßig sonstige Aufgaben wahrnimmt, die für den Bestand und die Entwicklung des Unternehmens oder eines Betriebs von Bedeutung sind und deren Erfüllung besondere Erfahrungen und Kenntnisse voraussetzen, wenn er dabei entweder die Entscheidungen im wesentlichen frei von Weisungen trifft oder sie maßgeblich beeinflußt; dies kann auch bei Vorgaben insbesondere auf Grund von Rechtsvorschriften, Plänen oder Richtlinien sowie bei Zusammenarbeit mit anderen leitenden Angestellten gegeben sein (Nr. 3).

40 **bb) Rechtlich und tatsächlich leitende Funktion.** Der leitende Angestellte muß seine Funktion nach Arbeitsvertrag und Stellung im Unternehmen oder im Betrieb wahrnehmen. Er muß dazu berechtigt sein, und er muß sie tatsächlich ausüben. Obwohl leitende Angestellte durch Teilhabe an der Unternehmensleitung gekennzeichnet sind, kann eine leitende Funktion im Betrieb ausreichen.

41 **cc) Einstellungs- und Entlassungsberechtigung** im Sinne der Nr. 1 hat, wer intern die Entscheidung über die Einstellung von Bewerbern trifft und wer den Arbeitsvertrag und die Kündigung oder den Aufhebungsvertrag mit unterzeichnen darf. Daß andere Stellen, etwa die Personalabteilung, beratend mitwirken, schadet nicht; auch nicht das Erfordernis einer zweiten Unterschrift. Anders ist es, wenn die Entscheidung über Einstellung oder Entlassung inhaltlich nur gemeinsam mit einer anderen Stelle getroffen werden kann oder wenn der Vorgesetzte sich die Letztentscheidung vorbehält. Unter Nr. 1 fällt praktisch immer der Personalleiter. Die Personalverantwortung muß von erheblicher unternehmerischer Bedeutung sein. Diese kann sich aus der Zahl der Arbeitnehmer, für die Einstellungs- und Entlassungsbefugnis besteht, oder aus der Bedeutung von deren Tätigkeit für das Unternehmen ergeben[36].

42 **dd) Generalvollmacht** ist eine umfassende bürgerlich-rechtliche Vollmacht, die nur in wenigen Unternehmen und auch da nur wenigen Arbeitnehmern auf der Ebene unterhalb des Vorstandes oder der Geschäftsführung verliehen wird. **Prokura** ist die Vollmacht nach §§ 48 ff. HGB. Honorarprokura und Zeichnungsbefugnis ohne entsprechendes Aufgabengebiet reichen nicht aus[37]. Das will der sprachlich mißglückte Satzteil „und die Prokura

---

[36] Zu Vorstehendem BAG, Beschl. v. 16.4.2002, NZA 2003, 56.
[37] BAG, Beschl. v. 11.1.1991, AP Nr. 55 zu § 5 BetrVG 1972.

auch im Verhältnis zum Arbeitgeber nicht unbedeutend ist" ausdrücken. Handlungsbevollmächtigte (§§ 54 ff. HGB) können nach Nr. 3 leitende Angestellte sein.

ee) Sonstige Aufgaben mit Bedeutung für Bestand und Entwicklung des Betriebs und des Unternehmens sind Tätigkeiten, die mit einem nicht unbeträchtlichen Einfluß auf die wirtschaftliche, technische, kaufmännische, organisatorische, personelle oder wissenschaftliche Führung des Unternehmens oder des Betriebs verbunden sind, also die gehobenen Angestelltentätigkeiten[38]. Ob eine Tätigkeit für ein Unternehmen wichtig ist, richtet sich nach dessen Struktur. In High-Tech-Unternehmen haben Forschung und Produktion eine andere Bedeutung als in einem Unternehmen, das Massenartikel herstellt; hier sind Marketing, Vertrieb und vielleicht die Anwendungstechnik für das Unternehmen zentrale Aufgaben. Ob die Tätigkeit in der Linie oder im Stab wahrgenommen wird, ist gleichgültig. Es reicht auch aus, daß sie für den Betrieb wichtig ist. Der Betriebsleiter in betriebsratsfähigen Betrieben wird deshalb in aller Regel leitender Angestellter sein[39]. Die Erfüllung der Aufgaben setzt besondere Erfahrungen und Kenntnisse voraus. Entscheidend ist das Anforderungsprofil, nicht die Qualifikation des Angestellten. Wem eine leitende Tätigkeit übertragen wird, der hat im allgemeinen auch die notwendigen Erfahrungen und Kenntnisse[40].

43

Der Angestellte trifft seine Entscheidungen im wesentlichen frei von Weisungen, wenn er im Normalfall ohne verbindliche Weisung und ohne Einholung einer Zustimmung über Ziele und Wege in seinem Zuständigkeitsbereich selbst bestimmt. Maßgeblich beeinflußt sind Entscheidungen, wenn sie von einem Angestellten so vorbereitet werden, daß der Entscheidungsträger das Ergebnis der Überlegungen nicht unbeachtet lassen kann, d.h. wenn er es in seine Überlegungen einbeziehen muß. Der Tatbestand ist in erster Linie auf Stabsangestellte zugeschnitten; er ist aber durchaus auch offen für Linienvorgesetzte, denen formell die Entscheidungsbefugnis fehlt[41]. Verbleiben dem Angestellten wichtige Entscheidungen, dann schaden Vorgaben aufgrund von Rechtsvorschriften, Richtlinien und Plänen oder durch Zusammenarbeit mit anderen leitenden Angestellten nicht[42]. Die Aufgaben müssen regelmäßig anfallen, nicht nur gelegentlich[43]. Regelmäßig ist nicht gleichzusetzen mit überwiegend im Sinne eines Zeitanteils[44]; die dauernde latente Notwendigkeit, unternehmerische Entscheidungen vorzubereiten, zu treffen oder in der Durchführung zu überwachen, genügt, wenn sie sich immer wieder konkretisiert[45].

44

---

[38] BAG, Beschl. v. 23.1.1986, AP Nr. 32 zu § 5 BetrVG 1972.
[39] *Hromadka*, SprAuG, § 5 Abs. 3, 4 BetrVG Rn. 22, str.
[40] *Fitting*, § 5 BetrVG Rn. 374.
[41] *Hromadka*, SprAuG, § 5 Abs. 3, 4 BetrVG Rn. 27.
[42] BAG, Beschl. v. 19.11.1974, AP Nr. 2 zu § 5 BetrVG 1972.
[43] LAG Hamm, Beschl. v. 16.12.1977, DB 1978, 400.
[44] LAG Baden-Württemberg, Beschl. v. 25.6.1991, DB 1992, 744.
[45] *Hromadka*, SprAuG, § 5 Abs. 3, 4 BetrVG Rn. 29.

45 **ff) § 5 Abs. 4 BetrVG** enthält für den Fall, daß Zweifel bei der Anwendung der Nr. 3 verbleiben, Auslegungsregeln. Leitender Angestellter nach § 5 Abs. 3 Nr. 3 BetrVG ist im Zweifel, wer

1. aus Anlaß der letzten Wahl des Betriebsrats, des Sprecherausschusses oder von Aufsichtsratsmitgliedern der Arbeitnehmer oder durch rechtskräftige gerichtliche Entscheidung den leitenden Angestellten zugeordnet worden ist oder
2. einer Leitungsebene angehört, auf der in dem Unternehmen überwiegend leitende Angestellte vertreten sind, oder
3. ein regelmäßiges Jahresarbeitsentgelt erhält, das für leitende Angestellte in dem Unternehmen üblich ist, oder,
4. falls auch bei der Anwendung der Nummer 3 noch Zweifel bleiben, ein regelmäßiges Jahresarbeitsentgelt erhält, das das Dreifache der Bezugsgröße nach § 18 des Vierten Buches Sozialgesetzbuch überschreitet.

46 Die Regeln gelten vor allem, wenn sich nicht genau feststellen läßt, ob diese Aufgaben für dieses Unternehmen oder diesen Betrieb von Bedeutung sind, ob die Erfüllung dieser Aufgaben besondere Erfahrungen und Kenntnisse voraussetzt und ob dieser Angestellte die Entscheidungen im wesentlichen frei von Weisungen trifft oder maßgeblich beeinflußt. Die Regeln gelten für die Betriebsverfassungsorgane ebenso wie für die Gerichte. Vorausgesetzt ist immer, daß die Tatsachen voll aufgeklärt sind. Es geht um Rechtszweifel, nicht um tatsächliche Zweifel.

47 Nr. 1 enthält eine Art **Besitzstandsklausel**. Sie gilt nicht, wenn sich die Tätigkeit seit den letzten Wahlen oder seit der gerichtlichen Entscheidung derart geändert hat, daß die Voraussetzungen für die Zurechnung zu den leitenden Angestellten offensichtlich entfallen sind. Derselben **Leitungsebene** im Sinne der Nr. 2 gehört an, wer auf einer Stufe gleicher Wertigkeit tätig ist. Nicht entscheidend ist die Delegationsebene, d.h. die Zahl der hierarchischen Stufen. Überwiegend bedeutet mehr als 50 %[46]. Regelmäßig ist ein **Jahresarbeitsverdienst**, von dem anzunehmen ist, daß er bei normalem Verlauf voraussichtlich ein Jahr anhalten wird; üblich ist er, wenn die leitenden Angestellten ihn im Normalfall, d.h. nach voller Einarbeitung bei Vollzeitarbeit, erhalten. Es kommt nicht darauf an, ob in dem betreffenden Bereich mehr leitende Angestellte oder sonstige AT-Angestellte tätig sind; das Kriterium des „überwiegend" fehlt hier.

48 Bleiben Zweifel, ob ein Jahresarbeitsverdienst in einem Unternehmen für leitende Angestellte üblich ist, dann ist leitender Angestellter, wer mehr als das **Dreifache der Bezugsgröße des § 18 SGB IV** verdient (2004: mehr als 28.980 € in den alten bzw. 24.360 € in den neuen Bundesländern). Die Bezugsgröße wird jeweils durch Verordnung für das Folgejahr neu festgesetzt; sie entspricht dem Durchschnittsverdienst aller sozialversicherungspflichtig Beschäftigten im vorvergangenen Kalenderjahr. Trotz alledem möglichen Ausle-

---

[46] *Fitting*, § 5 BetrVG Rn. 402.

gungsstreitigkeiten begegnet der Gesetzgeber mit einem eigenen Zuordnungsverfahren für die Wahlen (§ 18a BetrVG).

d) Jugendliche und Auszubildende

Jugendliche Arbeitnehmer sind Arbeitnehmer, die das 18. Lebensjahr noch nicht vollendet haben. Ihnen stehen Auszubildende gleich, die das 25. Lebensjahr noch nicht vollendet haben (§ 60 Abs. 1 BetrVG). **49**

2. Arbeitgeber und Vertreter des Arbeitgebers

a) Begriff des Arbeitgebers

Arbeitgeber im Sinne des Arbeitsvertragsrechts ist jede natürliche oder juristische Person, die mindestens einen Arbeitnehmer beschäftigt. Da das Betriebsverfassungsgesetz nur für Betriebe gilt, kann Arbeitgeber im Sinne des Betriebsverfassungsrechts nur sein, wer zugleich Unternehmer ist. Das BetrVG nennt den Partner der Belegschaftsvertretung im allgemeinen Arbeitgeber; im Bereich der wirtschaftlichen Angelegenheiten, d.h. der unternehmerischen Entscheidungen i.e.S., nennt es ihn Unternehmer. **50**

b) Vertreter des Arbeitgebers

Der Arbeitgeber kann seine Rechte und Pflichten im Rahmen der Betriebsverfassung selbst wahrnehmen – die juristische Person durch ihre Organe (Vorstand, Geschäftsführer) –, er kann sich aber auch vertreten lassen. Für die rechtsgeschäftliche Vertretung, d.h. vor allem beim Abschluß, bei der Änderung und Beendigung von Vereinbarungen, gelten die allgemeinen Regeln. Der Vertreter muß Vollmacht (Generalvollmacht, Prokura, Handlungsvollmacht) haben. Wird ein Arbeitnehmer mit dem Abschluß einer Vereinbarung betraut, so erteilt ihm der Arbeitgeber im allgemeinen zumindest schlüssig (Einzel-) Handlungsvollmacht. Keine Vollmacht benötigen Personen, die die Verhandlung nur leiten oder nur an ihr teilnehmen. **51**

Der Arbeitgeber ist **frei**, wen er mit seiner Vertretung im Rahmen der Betriebsverfassung betraut. Der Vertreter braucht weder leitender Angestellter zu sein, noch muß er entscheidungsbefugt oder sachkundig hinsichtlich der gesamten geplanten Maßnahme sein. Es genügt, daß er die erforderliche Sachkenntnis besitzt, um mit der Belegschaftsvertretung die in Frage stehende konkrete Maßnahme zu besprechen[47]. Die erforderliche Sachkunde ist natürlich eine andere, wenn es um den Bericht in der Betriebsversammlung über das Personal- und Sozialwesen und die wirtschaftliche Lage und Entwicklung des Betriebs (§ 43 **52**

---

[47] BAG, Beschl. v. 11.12.1991, AP Nr. 2 zu § 90 BetrVG 1972.

Abs. 2 Satz 3 BetrVG) oder um die Erläuterung des Jahresabschlusses im Wirtschaftsausschuß (§ 108 Abs. 5 BetrVG) geht, als wenn über die Einführung eines Arbeitszeiterfassungssystems (§ 87 Abs. 1 Nr. 1 BetrVG) oder über Änderungen in der Werksverpflegung (§ 87 Abs. 1 Nr. 8, 10 BetrVG) verhandelt wird.

3. Organisatorische Ebenen

53 Das Betriebsverfassungsrecht unterscheidet für die Bildung von Betriebsverfassungsorganen vier Ebenen: den Betrieb, in dem sich das konkrete tägliche Arbeitsleben abspielt, als Zentralebene, das Unternehmen als Zusammenfassung aller Betriebe desselben Inhabers, den Konzern als Zusammenfassung mehrerer Unternehmen unter einheitlicher Leitung und die Abteilung als Untergliederung des Betriebs. Durch das EBRG ist als weitere Einheit die Unternehmensgruppe hinzugekommen. Das BetrVG definiert die Ebenen nicht selbst; es knüpft an die Begriffe im allgemeinen arbeitsrechtlichen Sinne an (vgl. Band I § 3 Rn. 49 ff.).

a) Betrieb

54 **aa) Definition.** Der Betrieb ist die organisatorische Einheit, mit der ein Unternehmer allein oder in Gemeinschaft mit seinen Mitarbeitern mit sächlichen und immateriellen Mitteln bestimmte arbeitstechnische Zwecke fortgesetzt verfolgt, die sich nicht in der Befriedigung von Eigenbedarf erschöpfen[48]. In erster Linie kommt es dabei auf die Einheit der Organisation, weniger auf die Einheit der arbeitstechnischen Zweckbestimmung an. So liegt regelmäßig ein Betrieb vor, wenn die in einer Betriebsstätte vorhandenen materiellen und immateriellen Betriebsmittel für den oder die verfolgten arbeitstechnischen Zwecke zusammengefaßt, geordnet und gezielt eingesetzt werden und der Einsatz der menschlichen Arbeitskraft von einem einheitlichen Leitungsapparat gesteuert wird[49]. Der Betrieb ist also, kurz gesagt, eine vom arbeitstechnischen Zweck her bestimmte **räumlich-organisatorische Einheit** mit eigener Leitung: das Werk, die Verkaufsniederlassung, die Hauptverwaltung. Die Art des verfolgten Zwecks (Produktion, Vertrieb, Verwaltung, Dienstleistung usw.) spielt dabei ebensowenig eine Rolle wie das Motiv, mit dem er verfolgt wird (Gewinnerzielung, Gemeinnützigkeit usw.)[50].

55 **bb) Gemeinsamer Betrieb.** Mehrere rechtlich selbständige Unternehmen können einen gemeinsamen Betrieb („Gemeinschaftsbetrieb") haben (§ 1 Abs. 1 Satz 2

---

[48] Std. Rspr., vgl. zuletzt BAG, Beschl. v. 27.6.1995, AP Nr. 7 zu § 4 BetrVG 1972.
[49] BAG, Urt. v. 1.8.2001, NZA 2002, 41.
[50] *Fitting*, § 1 BetrVG Rn. 65 f.

BetrVG)[51]. Die Mitbestimmungsrechte werden dann von dessen Betriebsrat wahrgenommen.

Beispiel: Ein Unternehmen mit einem Betrieb wird aufgespalten in eine Produktions-AG, eine Vertriebs-GmbH und eine Verwaltungs-GmbH. Die drei neuen Unternehmen können den Betrieb als gemeinsamen Betrieb weiterführen.

Voraussetzung für einen gemeinsamen Betrieb ist eine **einheitliche Leitung.** Sie muß 56 sich auf die wesentlichen Funktionen eines Arbeitgebers in personellen und sozialen Angelegenheiten erstrecken. Die beteiligten Unternehmen müssen hierzu eine Führungsvereinbarung schließen; die bloße unternehmerische Zusammenarbeit genügt nicht[52]. Die Vereinbarung kann sich aus den tatsächlichen Umständen ergeben, wie etwa aus der gemeinsamen Nutzung von Betriebsmitteln, der gemeinsamen räumlichen Unterbringung, der Verknüpfung von Arbeitsabläufen in personeller, technischer oder organisatorischer Hinsicht, der gemeinsamen Nutzung von Lohnbuchhaltung, Sekretariat oder Kantine[53], aber auch aus personellen Verflechtungen[54] oder gleichlautenden Weisungen einer Konzernspitze. Entscheidend ist, ob ein „arbeitgeberübergreifender" Personaleinsatz charakteristisch für den normalen Betriebsablauf ist[55]. Da der Nachweis, daß zwei Unternehmen einen Betrieb gemeinsam führen, mitunter schwierig ist, wird nach § 1 Abs. 2 Nr. 1 BetrVG ein gemeinsamer Betrieb (widerlegbar) vermutet, wenn zur Verfolgung arbeitstechnischer Zwecke die Betriebsmittel und die Arbeitnehmer von den Unternehmen gemeinsam eingesetzt werden, nach § 1 Abs. 2 Nr. 2 BetrVG, wenn die Spaltung eines Unternehmens zur Folge hat, daß von einem Betrieb ein oder mehrere Betriebsteile einem an der Spaltung beteiligten Unternehmen zugeordnet werden, ohne daß sich dabei die Organisation des betroffenen Betriebs wesentlich ändert. Unternehmensspaltung meint hier Aufspaltung, Abspaltung und Ausgliederung von Unternehmen bzw. Unternehmensteilen, sei es in der Form der Gesamtrechtsnachfolge, sei es durch Einzelrechtsnachfolge.

b) Betriebsteil und Nebenbetrieb

aa) Betriebsteile sind **räumlich und organisatorisch abgrenzbare und relativ** 57 **verselbständigte Teile des Betriebs,** d.h. in die Organisation eines Betriebs eingegliederte und auf den Zweck des Betriebs ausgerichtete Einheiten[56]. Betrieb und Betriebsteil unterscheiden sich durch den Grad der Verselbständigung, der im Umfang der Leitungsmacht zum Ausdruck kommt. Während sich die Leitungsmacht beim Betrieb auf die wesentlichen Funktionen des Arbeitgebers in den personellen und sozialen Angelegenheiten erstreckt, genügt für einen Betriebsteil das Bestehen

---

[51] BAG, Beschl. v. 24.1.1996, AP Nr. 8 zu § 1 BetrVG Gemeinsamer Betrieb.
[52] BAG, Beschl. v. 21.2.2001, NZA 2002, 56.
[53] BAG, Urt. v. 23.3.1984, AP Nr. 4 zu § 23 KSchG 1969.
[54] LAG Düsseldorf, Beschl. v. 7.5.1986, BB 1986, 1851.
[55] BAG, Beschl. v. 1.8.2001, NZA 2002, 41; Beschl. v. 19.2.2002, NZA 2002, 1300.
[56] BAG, Beschl. v. 28.6.1995, AP Nr. 8 zu § 4 BetrVG 1972.

einer eigenen Leitung, die Weisungsrechte des Arbeitgebers ausübt[57]. Für das BetrVG gelten sie als selbständige Betriebe, wenn sie mindestens fünf ständige wahlberechtigte Arbeitnehmer haben, von denen drei wählbar sind, und wenn sie entweder räumlich weit vom Hauptbetrieb entfernt oder durch Aufgabenbereich und Organisation selbständig sind (§ 4 Satz 1 BetrVG).

58 Die Begriffe „räumlich weit entfernt" und „durch Aufgabenbereich und Organisation selbständig" sind aus der Zweckrichtung der Vorschrift auszulegen. Eine einheitliche Vertretung durch den Betriebsrat des Hauptbetriebs soll nur dann durch eine eigene Vertretung ersetzt werden, wenn entweder der Betriebsrat des Hauptbetriebs dazu nicht in der Lage ist (weite Entfernung) oder wenn in der Einheit durch eine eigene Leitung Arbeitgeberfunktionen (Weisungen, Arbeitseinsatz) ausgeübt werden[58]. Auf die objektive Entfernung kommt es nicht entscheidend an, sondern auf die Verkehrsverbindungen[59]. Bei guter Verbindung muß ein Betrieb bei 65 km noch nicht weit entfernt sein; bei einer Fahrtzeit von einer Stunde wird es anders aussehen[60]. Selbständig kann ein Betriebsteil sein, wenn er zwar nur 1,5 km vom Hauptbetrieb entfernt ist, aber etwas anderes herstellt als dieser, und wenn er eine eigene Leitung hat, insbesondere in sozialpolitischen Angelegenheiten, die der Mitbestimmung unterliegen[61]. Nicht erforderlich ist, daß die Leitungsmacht den vollen Umfang oder den Kern der Arbeitgeberfunktion im sozialen oder personellen Bereich umfaßt[62]. Unschädlich ist, wenn die kaufmännische Leitung sich im Hauptbetrieb befindet[63]. Kommen aber alle wesentlichen technischen und personellen Anweisungen vom Hauptbetrieb, dann ist ein Betriebsteil nicht selbständig. So liegt z.B. ein einheitlicher Betrieb vor, wenn ein Arbeitgeber in zwei 17 km voneinander entfernt liegenden Niederlassungen den Großhandel von Eisen und Glas unter einheitlicher Leitung betreibt, die sich insbesondere auf personelle Angelegenheiten erstreckt, und wenn bei Bedarf die Arbeitnehmer der einen Niederlassung auch in der anderen beschäftigt werden[64]. Organisatorisch abgegrenzte, vom Hauptbetrieb weit entfernte Teile eines Betriebs können bei räumlicher Nähe zueinander einen einheitlichen Betriebsteil bilden, wenn der eine Betriebsteil dem anderen, räumlich nahegelegenen Betriebsteil organisatorisch untergeordnet ist und von dessen Leitung gleichsam mitgeführt wird (z.B. zwei Serviceniederlassungen eines Nutzfahrzeugherstellers bei gemeinsamer Leitung durch den Leiter einer der beiden Niederlassungen; anders bei einem im selben Hause untergebrachten Dialysezentrum und einer Zentrale für Techniker, die die Dialysegeräte zu warten haben, wegen getrennter Leitung)[65].

---

[57] BAG, Urt. v. 21.6.1995, AP Nr. 16 zu § 1 BetrVG 1972.
[58] BAG, Beschl. v. 29.5.1991, AP Nr. 5 zu § 4 BetrVG 1972.
[59] BAG, Urt. v. 21.6.1995, AP Nr. 16 zu § 1 BetrVG 1972.
[60] LAG München, Beschl. v. 21.10.1987, BB 1988, 1182.
[61] BAG, Beschl. v. 17.2.1983, AP Nr. 4 zu § 4 BetrVG 1972.
[62] BAG, Beschl. v. 29.5.1991, AP Nr. 5 zu § 4 BetrVG 1972.
[63] BAG, Beschl. v. 1.2.1963, AP Nr. 5 zu § 3 BetrVG.
[64] LAG Hamm, Beschl. v. 9.12.1977, DB 1978, 1282.
[65] BAG, Beschl. v. 29.5.1991, AP Nr. 5 zu § 4 BetrVG 1972.

Arbeitnehmer in selbständigen Betriebsteilen können statt einen eigenen Be- **59** triebsrat zu wählen, mit Stimmenmehrheit formlos beschließen, an der Wahl des Betriebsrats im Hauptbetrieb teilzunehmen (§ 4 Abs. 1 Satz 2 BetrVG). Die Abstimmung dazu kann von drei wahlberechtigten Arbeitnehmer des Betriebsteils, von einer dort vertretenen Gewerkschaft oder vom Betriebsrat des Hauptbetriebs ergriffen werden (§ 4 Abs. 1 Sätze 2 und 3, § 3 Abs. 3 Satz 2 BetrVG). Der Beschluß ist dem Betriebsrat des Hauptbetriebs spätestens 10 Wochen vor Ablauf seiner Amtszeit mitzuteilen (§ 4 Abs. 1 Satz 4 BetrVG), damit er bei der Wahlvorbereitung berücksichtigt werden kann. Die getroffene Zuordnung gilt so lange, bis sie von den Arbeitnehmern durch Mehrheitsbeschluß widerrufen wird (§ 4 Abs. 1 Satz 5 BetrVG). Eine Zuordnung durch Tarifvertrag oder Betriebsvereinbarung nach § 3 Abs. 1, 2 BetrVG geht dieser Regelung vor.

bb) (Kleinst-)Betriebe mit weniger als fünf Arbeitnehmern sind dem Hauptbetrieb **60** zuzuordnen (§ 4 Abs. 2 BetrVG). Darauf, ob der Kleinstbetrieb ein „Nebenbetrieb" ist, kommt es nicht an. Eine andere Zuordnung kann durch Tarifvertrag (§ 3 Abs. 1 Nr. 1b BetrVG) oder unter den Voraussetzungen des § 3 Abs. 2 BetrVG durch Betriebsvereinbarung getroffen werden.

cc) Gerichtliches Zuordnungsverfahren. Ist zweifelhaft, ob ein Betriebsteil selbständig **61** oder dem Hauptbetrieb zuzuordnen ist oder ob mehrere Unternehmen einen gemeinsamen Betrieb unterhalten, so können der Arbeitgeber, die beteiligten Betriebsräte und Wahlvorstände sowie die im Betrieb vertretenen Gewerkschaften die Klärung durch das Arbeitsgericht beantragen (§ 18 Abs. 2 BetrVG). Da die Zuordnung nicht nur für die Wahl des Betriebsrats, sondern auch im Hinblick auf die Reichweite von Mitbestimmungsrechten bedeutsam ist, kann die Entscheidung auch außerhalb des Wahlverfahrens herbeigeführt werden. Sie entfaltet Bindungswirkung auch im Verhältnis zwischen Arbeitnehmer und Arbeitgeber[66].

Beispiel: Wurde im Verfahren nach § 18 Abs. 2 BetrVG rechtskräftig festgestellt, daß ein Betriebsteil selbständig ist, und wird für diesen Betriebsteil kein Betriebsrat gewählt, so kann ein Arbeitnehmer aus diesem Betriebsteil nicht geltend machen, seine Kündigung sei mangels Anhörung des Betriebsrats des Hauptbetriebs unwirksam.

dd) Regelung durch Tarifvertrag. § 3 BetrVG will den „Beteiligten vor Ort" **62** – vorrangig den Tarifvertragsparteien, bei Fehlen einer tariflichen Regelung (ein Entgelttarifvertrag genügt) auch den Betriebsparteien – ermöglichen, Vertretungen zu schaffen, die auf die besondere Struktur des jeweiligen Betriebs, Unternehmens oder Konzerns zugeschnitten sind. Im Gegensatz zur früheren Rechtslage bedürfen solche Regelungen keiner staatlichen Genehmigung mehr. § 3 nennt abschließend fünf Möglichkeiten:

---

[66] BAG, Beschl. v. 25.11.1980, AP Nr. 3, 8 zu § 18 BetrVG.

62a (1) In Unternehmen mit mehreren Betrieben kann anstelle mehrerer Betriebsräte und eines Gesamtbetriebsrats ein **unternehmenseinheitlicher Betriebsrat** gebildet werden (lit. a). Das bietet sich an, wenn die Entscheidungskompetenzen in beteiligungspflichtigen Angelegenheiten zentral auf der Unternehmensebene angesiedelt sind. Fehlt es an einer entsprechenden tariflichen Regelung und besteht in dem Unternehmen auch kein Betriebsrat, können die Arbeitnehmer selbst die Wahl eines unternehmenseinheitlichen Betriebsrats beschließen. Die Abstimmung kann von mindestens drei wahlberechtigten Arbeitnehmern des Unternehmens oder einer im Unternehmen vertretenen Gewerkschaft veranlaßt werden (§ 3 Abs. 3 BetrVG). Möglich ist es auch, **mehrere Betriebe zusammenzufassen** (lit. b), um beispielsweise **Regionalbetriebsräte** in Unternehmen mit bundesweiten Filialnetzen zu errichten. Voraussetzung ist immer, daß die Bildung von Betriebsräten erleichtert wird oder daß die Regelung der sachgerechten Wahrnehmung der Interessen der Arbeitnehmer dient.

62b (2) Für Unternehmen und Konzerne kann, soweit sie nach produkt- oder projektbezogenen Geschäftsbereichen („Sparten") organisiert sind und die Leitung der Sparte Entscheidungen in beteiligungspflichtigen Angelegenheiten trifft, **Spartenbetriebsräte** gebildet werden, wenn dies der sachgerechten Wahrnehmung der Aufgaben des Betriebsrats dient (Nr. 2). Spartenbetriebsräte können auch für mehrere Sparten gemeinsam gebildet werden. Gehören einer Sparte mehrere Unternehmen an, kommen unternehmensübergreifende Spartenbetriebsräte und Spartengesamtbetriebsräte in Betracht.

62c (3) Nr. 3 bietet die Möglichkeit, andere Arbeitnehmervertretungen zu schaffen, wenn dies aufgrund der Organisation des Betriebs, Unternehmens oder Konzerns oder aufgrund anderer Formen der Zusammenarbeit von Unternehmen einer wirksamen und zweckmäßigen Interessenvertretung der Arbeitnehmer dient. Beispielsweise kann für einen mittelständischen Konzern mit wenigen, kleinen Konzernunternehmen statt einer dreistufigen eine zwei- oder sogar nur einstufige Interessenvertretung gebildet werden. Auch können Arbeitnehmervertretungen „entlang der Produktionskette", d. h. für Großunternehmen und ihre selbständigen „just-in-time"-Zulieferer, geschaffen werden.

62d (4) Während die nach den Nr. 1-3 durch Kollektivvertrag geschaffenen Arbeitnehmervertretungen als Betriebe im Sinne des BetrVG gelten, auf die die Vorschriften über die Rechte und Pflichten des Betriebsrats und die Rechtsstellung seiner Mitglieder Anwendung finden (vgl. § 3 Abs. 5 BetrVG), erlaubt § 3 Abs. 1 Nr. 4 BetrVG die Einrichtung zusätzlicher Gremien („Arbeitsgemeinschaften"), die keine „echten" Mitbestimmungsorgane im Sinne des BetrVG sind, sondern nur der unternehmensübergreifenden Zusammenarbeit zwischen den Betriebsräten einzelner Unternehmen dienen. Solche Arbeitsgemeinschaften bieten sich an, wenn Unternehmen in Netzwerken zusammenarbeiten („just in time", „fraktale Fabrik", „shop in shop"), aber keine unternehmensübergreifenden Arbeitnehmervertretungen nach Nr. 3 errichtet werden, oder für Betriebsräte aus Unternehmen und Konzernen einer bestimmten Region oder Branche.

62e (5) Nach Nr. 5 können **zusätzliche betriebsverfassungsrechtliche Arbeitnehmervertretungen** gebildet werden, die die Zusammenarbeit zwischen Betriebsrat und Arbeitnehmern erleichtern. Zu denken ist dabei etwa an die betrieblichen Vertrauensleute in der chemischen Industrie. Zusätzliche Vertretungen bieten sich immer dann an, wenn kein ausreichender Kontakt zwischen Betriebsrat und Belegschaft besteht.

c) Unternehmen

Das Unternehmen ist die Einheit, mit der der Unternehmer entferntere wirtschaftliche oder ideelle Zwecke verfolgt; es ist die **rechtlich-wirtschaftliche Einheit:** die Aktiengesellschaft, die GmbH, der Einzelunternehmer.

63

d) Konzern

Der Konzern ist die **Zusammenfassung von** mindestens zwei **rechtlich selbständigen Unternehmen unter einheitlicher Leitung:** Muttergesellschaft und Tochtergesellschaft (§ 18 Abs. 1 AktG). Unternehmen, zwischen denen ein Beherrschungsvertrag besteht oder von denen das eine in das andere eingegliedert ist, sind als unter einheitlicher Leitung zusammengefaßt anzusehen[67]. Fehlt es an einem Beherrschungsvertrag oder an einer Eingliederung, so müssen Umstände vorliegen, die es dem beherrschenden Unternehmen ermöglichen, auf die Unternehmens- und Geschäftspolitik sowie auf grundsätzliche Fragen der Geschäftsführung des oder der beherrschten Unternehmen Einfluß zu nehmen (sog. faktischer Konzern[68]). Wichtigste Beherrschungsmittel sind Stimmrechte, insbesondere aufgrund Mehrheitsbeteiligung, oder aufgrund von Stimmbindungs- oder Treuhandverträgen gebundene Stimmenmacht.

64

Sind in einem mehrstufigen Konzern Entscheidungskompetenzen, vor allem in personellen und sozialen Angelegenheiten, auf eine untere Ebene verlagert **(Konzern im Konzern)**, so können auch dort Konzernsprecherausschuß und Konzernbetriebsrat gebildet werden[69]. Bedeutung hat das vor allem für Konzerne, deren Spitze ihren Sitz im Ausland hat.

65

e) Unternehmensgruppe

Eine Unternehmensgruppe besteht aus mindestens zwei **rechtlich selbständigen Unternehmen**, von denen eines, das **herrschende Unternehmen**, auf das oder die anderen – abhängige Unternehmen – unmittelbar oder mittelbar **einen beherrschenden Einfluß ausüben kann** (§ 17 AktG, § 6 Abs. 1 EBRG). Ein beherrschender Einfluß wird vermutet, wenn ein Unternehmen in bezug auf ein anderes Unternehmen unmittelbar oder mittelbar
1. mehr als die Hälfte der Mitglieder des Verwaltungs-, Leitungs- oder Aufsichtsorgans des anderen Unternehmens bestellen kann oder
2. über die Mehrheit der mit den Anteilen am anderen Unternehmen verbundenen Stimmrechte verfügt oder

66

---

[67] BAG, Beschl. v. 22.11.1995, AP Nr. 7 zu § 54 BetrVG 1972.
[68] *Fitting,* § 54 BetrVG Rn. 19 ff.
[69] BAG, Beschl. v. 21.10.1980, AP Nr. 1 zu § 54 BetrVG 1972.

3. die Mehrheit des gezeichneten Kapitals dieses Unternehmens besitzt (§ 6 Abs. 2 EBRG).

67 An einem beherrschenden Einfluß fehlt es bei Gleichordnungskonzernen im Sinne des § 18 Abs. 2 AktG und bei Gemeinschaftsunternehmen („joint ventures"), die den Muttergesellschaften jeweils zu gleichen Teilen gehören. Anders als beim Konzern wird bei der Unternehmensgruppe nicht vorausgesetzt, daß eine einheitliche Leitung besteht, sondern nur, daß eine einheitliche Leitung ausgeübt werden kann. Die Unternehmensgruppe ist also sozusagen ein **potentieller Konzern**[70].

f) Abteilung

68 Die Abteilung ist eine räumliche und/oder organisatorische Einheit innerhalb eines Betriebs, mit der bestimmte Teilzwecke verfolgt werden: der Einkauf, der Vertrieb, das Lager, eine Einheit in der Produktion (in der Praxis häufig Betrieb genannt).

III. System der Betriebsverfassung

1. Struktur der gesetzlichen Regelung

69 Theoretisch könnte man sich auf jeder Ebene für jede der drei Belegschaftsgruppen je ein Betriebsverfassungsorgan vorstellen und dazu zumindest auf Abteilungs- und Betriebsebene auch noch die unmittelbare Beteiligung der Arbeitnehmer. Im Grundsatz ist der Gesetzgeber auch so vorgegangen, allerdings mit kleinen Modifikationen: Belegschaftsversammlungen finden verständlicherweise grundsätzlich nur auf Betriebs- und Abteilungsebene statt. Ausnahmsweise kennt das Gesetz für leitende Angestellte, die einen Unternehmenssprecherausschuß gewählt haben, auch eine Unternehmensversammlung. Für die übrigen Arbeitnehmer gibt es auf Unternehmensebene anstelle der technisch kaum durchführbaren Unternehmensversammlung die Betriebsräteversammlung.

70 Für alle Betriebsverfassungsorgane hatte der Gesetzgeber vier Fragen zu regeln: wie sie sich zusammensetzen, wie sie gebildet werden, wie sie handeln und welche Aufgaben sie haben. Er hat das unter den Stichworten Zusammensetzung, Wahl/Errichtung, Geschäftsführung und Aufgaben getan. Dabei hat er vor allem bei den organisationstechnischen Fragen möglichst inhaltsgleiche Regelungen ge-

---

[70] Kölner Kommentar/*Koppensteiner*, § 17 AktG Rn. 16.

troffen. Abweichungen ergeben sich, soweit die Konzeption des Vertretungsorgans anders ist.

Betriebsverfassungsorgane

Gruppe / Ebene	Leitende Angestellte		Angestellte und Arbeiter	Jugendliche und Auszubildende
Konzern	(Konzernsprecherausschuß)		(Konzernbetriebsrat)	(Konzernjugend- und auszubildendenvertretung)
Unternehmen	Gesamtsprecherausschuß	Unternehmenssprecherausschuß	Gesamtbetriebsrat und Wirtschaftsausschuß *Betriebsräteversammlung*	Gesamtjugend- und Auszubildendenvertretung
Betrieb	Sprecherausschuß *Versammlung der ltd. Angestellten*	*(Unternehmens-)Versammlung der leitenden Angestellten*	Betriebsrat *Betriebsversammlung*	Jugend- und Auszubildendenvertretung *Jugend- und Auszubildendenversammlung*
Abteilung			Arbeitsgruppensprecher *Abteilungsversammlung*	Arbeitsgruppensprecher *Abteilungsversammlung*

Einrichtungen in ( ) sind fakultativ. Zur Entscheidung von Streitigkeiten zwischen Arbeitgeber und Betriebsrat, Gesamtbetriebsrat und Konzernbetriebsrat können bei Bedarf ständige (unüblich) oder ad hoc-Einigungsstellen gebildet werden

Die umfassendsten Rechte hat der Betriebsrat. Folgerichtig ist die Regelung für ihn die ausgefeilteste. Den weitgehenden Mitbestimmungsrechten entspricht eine starke Stellung des Gremiums und seiner Mitglieder. Die Jugendlichen und Auszubildenden werden vom Betriebsrat vertreten, die Jugend- und Auszubildendenvertretung ist kein eigentliches Vertretungsorgan; sie kann nur über den Betriebsrat tätig werden[71]. Das prägt die Regelung für dieses Gremium. Die Sprecherausschüsse der leitenden Angestellten, die eine verhältnismäßig kleine Gruppe vertreten, haben nur Mitwirkungsrechte. Die Rechtsstellung ihrer Mitglieder ist eine erheblich schwächere. Die Sprecherverfassung hat der Gesetzgeber in einem eigenen Gesetz, dem SprAuG, geregelt.

71

---

[71] BAG, Beschl. v. 21.1.1982, AP Nr. 1 zu § 70 BetrVG 1972 m. Anm. *Natzel*.

2. Rechtsstellung des Betriebsrats

a) Repräsentant der Belegschaft

72 Eine allseits anerkannte Umschreibung der Rechtsnatur des Betriebsrats ist bis heute nicht gelungen. Überwiegend wird er – mitunter auch gleichzeitig[72] – als Repräsentant der Belegschaft, als Amtswalter oder als Organ der Belegschaft bezeichnet. Die früher vorherrschende Kennzeichnung als gesetzlicher Vertreter ist außer Gebrauch gekommen; der Betriebsrat übt die Beteiligungsrechte zwar im Interesse der Belegschaft, aber nicht in ihrem Namen aus. Gegen die Kennzeichnung als Repräsentant wird eingewandt, sie verallgemeinere unzulässig die Legitimation kraft Wahl und verdecke die privatautonome Legitimation kraft Arbeitsvertrags[73], gegen die Kennzeichnung als Amtswalter, der Betriebsrat nehme im Gegensatz zu einer Partei kraft Amtes nicht fremde Rechte, sondern kraft eigenen Rechts fremde Interessen wahr[74], gegen die Charakterisierung als Organ außerdem, daß die Belegschaft nicht als Verband an der Betriebsverfassung beteiligt sei[75]. Während die Einwände gegen die Kennzeichnung als Organ und als Amtswalter zutreffen, geht der gegen die Charakterisierung als Repräsentant fehl. Auch wenn die Tätigkeit des Betriebsrats auf „Sozialverträglichkeit betrieblicher Arbeitsbedingungen" gerichtet ist[76], beruht die Legitimation für seine Tätigkeit nicht auf dem Arbeitsvertrag.

73 Der Streit sollte nicht überbewertet werden. Folgerungen werden aus der Einordnung im allgemeinen nicht gezogen. Es geht hauptsächlich darum, rechtliche Erscheinungen mit einem passenden Begriff zu kennzeichnen[77]. Mit der h.L.[78] empfiehlt es sich, den Betriebsrat als Repräsentanten der Belegschaft, als deren gewählte Interessenvertretung anzusehen. Nichts spricht dagegen, seine Tätigkeit als ehrenamtlich zu bezeichnen und von einer Amtszeit zu sprechen und ihn und die anderen Belegschaftsvertretungen als Organe der Betriebsverfassung – nicht der Belegschaft – aufzufassen.

b) Teilrechtsfähigkeit

74 Der Streit setzt sich fort in der Auseinandersetzung über Rechtsfähigkeit und Vermögensfähigkeit des Betriebsrats. Einigkeit besteht darin, daß der Betriebsrat keine juristische Person ist. Er ist aber Rechtssubjekt und kann Träger von Rechten

---

[72] *Fitting*, § 1 BetrVG Rn. 188, 195.
[73] *Reichold*, Betriebsverfassung als Sozialprivatrecht, S. 548 f.
[74] *Richardi*, Einl. BetrVG Rn. 100.
[75] *Richardi*, Einl. BetrVG Rn. 98.
[76] *Reichold*, Betriebsverfassung als Sozialprivatrecht, S. 548.
[77] *Zöllner/Loritz*, Arbeitsrecht, § 45 III 1: „Streit um Worte".
[78] GK-BetrVG/*Kraft*, § 1 Rn. 52 f. m.w.N.

und Pflichten sein. Der Betriebsrat kann Regelungsabreden und Betriebsvereinbarungen abschließen, im Beschlußverfahren Beteiligter (§§ 10, 83 Abs. 3 ArbGG) und in der Zwangsvollstreckung Vollstreckungsschuldner und -gläubiger sein (§ 85 ArbGG). Die Rechte und Pflichten können vermögensrechtlicher Natur sein. Insofern ist es durchaus gerechtfertigt, von Teilrechtsfähigkeit[79] und Teilvermögensfähigkeit[80] zu sprechen. Man muß sich nur klar darüber sein, daß dem Betriebsrat Rechte und Pflichten lediglich im Rahmen der Betriebsverfassung zustehen können[81]. Der Betriebsrat kann vermögensrechtliche Forderungen nur gegenüber dem Arbeitgeber haben, und diese Forderungen müssen unmittelbar betriebsverfassungsrechtlichen Zwecken dienen. Er kann kein Vermögen ansammeln, das mittelbar seiner Amtsführung zugute käme (vgl. § 41 BetrVG). Der Betriebsrat kann nicht Eigentümer sein. Das gilt selbst dann, wenn der Arbeitgeber ihm einen Geldbetrag zur Verfügung stellt, aus dem er Aufwendungen bestreiten soll. Eigentümer bleibt auch hier der Arbeitgeber[82]. Der Betriebsrat kann für den Arbeitgeber lediglich wie ein Besitzdiener die Rechte nach § 860 BGB geltend machen.

Außerhalb der Betriebsverfassung kann der Betriebsrat keine Verträge abschließen, weder mit dem Arbeitgeber noch mit Arbeitnehmern noch mit Dritten[83]. Man kann also nicht annehmen, daß ein Vertrag zugunsten Dritter zustande kommt oder die Arbeitnehmer vertreten werden, wenn eine Betriebsvereinbarung beispielsweise wegen Verstoßes gegen § 77 Abs. 3 BetrVG nichtig ist. Eine Vertretung oder ein Vertragsschluß kommt allenfalls durch einzelne Betriebsratsmitglieder in ihrer Eigenschaft als natürliche Personen in Betracht; dagegen spricht aber beim Handeln als Betriebsrat eine Vermutung. Der Betriebsrat kann auch nicht Geschäfte im Rahmen des § 40 BetrVG mit Dritten tätigen. Kauft ein Betriebsratsmitglied für das Betriebsratsbüro ein, ohne seine Funktion offenzulegen, so wird es selbst unmittelbar berechtigt und verpflichtet (§ 164 Abs. 1, 2 BGB). Legt es die Funktion offen, so läßt sich der Vertragspartner auf ein Geschäft mit dem Betriebsinhaber ein in der Hoffnung, daß dieser nach § 40 BetrVG zum Abschluß verpflichtet ist. Auf dieses Rechtsverhältnis wird man die §§ 177 ff. BGB entsprechend anzuwenden haben. 75

---

[79] *Richardi*, Einl. BetrVG Rn. 111.
[80] BAG, Beschl. v. 13.5.1998, AP Nr. 55 zu § 80 BetrVG 1972.
[81] GK-BetrVG/*Kraft*, § 1 Rn. 75.
[82] GK-BetrVG/*Wiese/Weber*, § 40 Rn. 185 m.w.N.
[83] GK-BetrVG/*Kraft*, § 1 Rn. 79.

c) „Betriebsverhältnis"

76 Zwischen Arbeitgeber und Betriebsrat besteht nach Ansicht des BAG „eine besondere Rechtsbeziehung", die „einem gesetzlichen Dauerschuldverhältnis ähnlich" ist. Dieses Rechtsverhältnis, das das Gericht mit *von Hoyningen-Huene*[84] als Betriebsverhältnis bezeichnet, werde bestimmt durch die Rechte und Pflichten, die in den einzelnen Mitwirkungstatbeständen normiert seien, sowie durch wechselseitige Rücksichtspflichten, die sich aus § 2 BetrVG ergäben[85]. Der Gedanke des Betriebsverhältnisses – auch wenn „eigentümlich schwebenden Charakters"[86] – hat zunehmend Anhänger gefunden[87]. Es mag für das Verständnis mancher Erscheinungen hilfreich sein, die Rechtsbeziehungen zwischen Arbeitgeber und Betriebsrat unter einem Oberbegriff zusammenzufassen. Man sollte sich nur davor hüten, aus dem „Betriebsverhältnis" Folgerungen zu ziehen, die im Gesetz nicht angelegt sind.

d) Haftung

77 **aa) Haftung des Betriebsrats.** Da der Betriebsrat nicht vermögensfähig ist, haftet er nicht. Auch das Gesetz erlegt ihm keine Schadensersatzpflichten auf[88].

78 **bb) Haftung der Betriebsratsmitglieder.** Handeln Betriebsratsmitglieder innerhalb ihrer betriebsverfassungsrechtlichen Befugnisse, so gilt für sie dasselbe wie für den Betriebsrat: sie haften nicht. Eine Haftung gegenüber Arbeitnehmern kommt in Frage, wenn (personelle) Mitbestimmungsrechte mißbräuchlich ausgeübt werden[89]; offen ist eine Haftung unter denselben Umständen gegenüber dem Arbeitgeber. Schadensersatzpflichtig machen sich Betriebsratsmitglieder, wenn sie Schutzgesetze zugunsten des Arbeitgebers oder anderer Arbeitnehmer verletzen, etwa die Schweigepflicht brechen oder das Kampfverbot mißachten (§§ 823 Abs. 2 BGB i.V.m. §§ 79, 74 Abs. 2 BetrVG). Außerhalb der Betriebsverfassung haften Betriebsratsmitglieder wie jede Privatperson. Das gilt beispielsweise, wenn sie Einkäufe für den Betriebsrat tätigen oder einen Vertrag mit einem Referenten oder Sachverständigen abschließen oder eine unerlaubte Handlung begehen. Liegt dem Handeln ein Beschluß des Betriebsrats zugrunde, so haften auch die Mitglieder, die ihm zugestimmt haben, als Gesamtschuldner[90].

---

[84] *Von Hoyningen-Huene*, NZA 1989, 121 ff.
[85] BAG, Beschl. v. 3.5.1994, AP Nr. 23 zu § 23 BetrVG 1972.
[86] *Zöllner/Loritz*, Arbeitsrecht, § 11 II Nr. 10.
[87] GK-BetrVG/*Kraft*, § 1 BetrVG Rn. 79.
[88] Ganz h.M., vgl. nur GK-BetrVG/*Kraft*, § 1 Rn. 78.
[89] *Fitting*, § 1 BetrVG Rn. 231.
[90] Vgl. BAG, Urt. v. 24.4.1986, AP Nr. 7 zu § 87 BetrVG 1972 Sozialeinrichtung.

e) Betriebsrat und Arbeitnehmer

Die Befugnis, die Interessen der Arbeitnehmer insgesamt und darüber hinaus die Interessen einzelner Arbeitnehmer wahrzunehmen, gibt dem Betriebsrat nicht die Befugnis, Rechte der Arbeitnehmer, etwa in Form einer Prozeßstandschaft, geltend zu machen[91]. Arbeitnehmer können den Betriebsrat auch nicht mit ihrer Vertretung beauftragen; das würde voraussetzen, daß der Betriebsrat rechtsfähig wäre. Umgekehrt haben die Arbeitnehmer kein Recht, vom Betriebsrat ein bestimmtes Tätigwerden zu verlangen[92]. Sie können sich auch nicht gegen Fehler des Betriebsrats bei der Wahrnehmung seiner Beteiligungsrechte wehren[93], etwa dagegen, daß der Betriebsrat eine Frist verstreichen läßt. Außer einem Vorgehen nach § 23 Abs. 1 BetrVG bleibt ihnen nur die Möglichkeit, das nächste Mal einen anderen Betriebsrat zu wählen[94].

79

3. Rechtsdurchsetzung und Sanktionen

a) Überblick

Der Gesetzgeber hat die Frage der Durchsetzung der betriebsverfassungsrechtlichen Rechte und Pflichten und der Sanktionen bei Nichtbeachtung nicht umfassend geregelt. Das BetrVG enthält nur eine Reihe von Einzelvorschriften. Ob sie die Frage abschließend regeln, ist streitig. Die Palette möglicher Sanktionen reicht von Leistungs- und Unterlassungsansprüchen über die Amtsenthebung von Betriebsratsmitgliedern bis hin zur Auflösung des Betriebsrats. Daneben kommen Sanktionen auf der Ebene des Individualarbeitsrechts in Betracht (Unwirksamkeit mitbestimmungswidriger Maßnahmen, Kündigung von Betriebsratsmitgliedern usw.). Manche Pflichten stellen sich als unvollkommene Verbindlichkeiten dar; sie können gerichtlich nicht erzwungen werden. Eine weitere Komplikation ergibt sich daraus, daß für Rechtsfragen die Arbeitsgerichte, für Regelungsfragen die betrieblichen Einigungsstellen zuständig sind, deren Spruch wiederum arbeitsgerichtlich überprüft werden kann. Die Rechtsdurchsetzung hängt nicht zuletzt davon ab, welche der beiden Betriebsparteien in Anspruch genommen wird.

80

---

[91] BAG, Beschl. v. 10.6.1986, 24.2.1987, AP Nr. 26, 28 zu § 80 BetrVG 1972.
[92] BAG, Beschl. v. 27.6.1989, AP Nr. 5 zu § 42 BetrVG 1972.
[93] BAG, Urt. v. 4.8.1975, AP Nr. 4 zu § 102 BetrVG 1972.
[94] Zu Vorstehendem v. *Hoyningen-Huene*, Betriebsverfassungsrecht, § 4 III 3.

b) Rechtsdurchsetzung gegenüber dem Betriebsrat

81 **aa) Feststellungsanträge.** Der Arbeitgeber kann im Wege des arbeitsgerichtlichen Beschlußverfahrens feststellen lassen, **ob** dem Betriebsrat bei einer geplanten Maßnahme ein Beteiligungsrecht zusteht, wenn dies zwischen den Betriebsparteien streitig ist. Das Rechtsschutzbedürfnis fehlt, sobald der Vorgang abgeschlossen ist[95]. Ist streitig, **wie** eine mitbestimmungspflichtige Angelegenheit geregelt werden soll, muß die Einigungsstelle angerufen werden. Diese entscheidet als Vorfrage auch über das Bestehen des Mitbestimmungsrechts; der Spruch kann seinerseits gerichtlich überprüft werden. Eine einstweilige Verfügung zur vorläufigen Regelung einer mitbestimmungspflichtigen Maßnahme ist unzulässig, da es am Verfügungsanspruch fehlt[96]. Der Arbeitgeber kann nur auf rasche Verhandlung drängen. In Notfällen kann er ohne Zustimmung des Betriebsrats handeln.

82 **bb) Vornahme von Handlungen.** Verweigert der Betriebsrat unberechtigt die Zustimmung zu einer mitbestimmungspflichtigen Maßnahme, kann der Arbeitgeber die Zustimmung bei personellen Einzelmaßnahmen (§§ 99 Abs. 4, 100 Abs. 2 BetrVG) und bei der außerordentlichen Kündigung eines Betriebsratsmitglieds (§ 103 Abs. 2 BetrVG) durch das Arbeitsgericht ersetzen lassen; in den übrigen Fällen muß er die Einigungsstelle anrufen. Bei grober Verletzung der gesetzlichen Pflichten kommt ein Amtsenthebungs- oder Auflösungsverfahren nach § 23 Abs. 1 BetrVG in Betracht.

83 **cc) Unterlassung von Handlungen.** Der Arbeitgeber kann verlangen, daß der Betriebsrat Maßnahmen, die den Arbeitsablauf oder den Betriebsfrieden beeinträchtigen oder die Ausdruck einer parteipolitischen Betätigung sind, unterläßt (§ 74 Abs. 2 Sätze 2, 3 BetrVG). Dasselbe gilt, wenn der Betriebsrat durch einseitige Handlungen in die Leitung des Betriebes eingreift (§ 77 Abs. 1 Satz 2 BetrVG) oder wenn er gegen seine Geheimhaltungspflichten verstößt (§ 79 BetrVG). Ein Unterlassungsanspruch ist zwar nicht ausdrücklich vorgesehen, er ergibt sich aber unmittelbar aus Sinn und Zweck der Normen. Der Anspruch ist im Wege des arbeitsgerichtlichen Beschlußverfahrens geltend zu machen; vorläufigen Rechtsschutz gewährt eine einstweilige Verfügung.

84 **dd) Amtsenthebung.** Verletzt ein Betriebsratsmitglied grob seine gesetzlichen Pflichten, so kann es durch Beschluß des Arbeitsgerichts aus dem Betriebsrat ausgeschlossen werden (§ 23 Abs. 1 BetrVG). Die Mitgliedschaft endet mit der Rechtskraft der gerichtlichen Entscheidung; zugleich enden alle anderen betriebsverfassungsrechtlichen Funktionen. Außerdem verliert das Mitglied den Sonder-

---

[95] BAG, Beschl. v. 16.8.1983, AP Nr. 2 zu § 81 ArbGG 1979.
[96] BAG, Beschl. v. 28.8.1991, AP Nr. 2 zu § 85 ArbGG 1979.

kündigungsschutz nach § 15 KSchG. Für den Ausgeschiedenen rückt das Ersatzmitglied nach (§ 25 Abs. 1 BetrVG).

Das Amtsenthebungsverfahren wird nur auf Antrag eingeleitet. Antragsberechtigt sind **85** mindestens ein Viertel der wahlberechtigten Arbeitnehmer, der Arbeitgeber oder eine im Betrieb vertretene Gewerkschaft (§ 23 Abs. 1 Satz 1 BetrVG). Außerdem kann der Betriebsrat selbst das Verfahren betreiben (§ 23 Abs. 1 Satz 2 BetrVG); dazu ist ein einfacher Mehrheitsbeschluß erforderlich, an dem das auszuschließende Mitglied nicht mitwirken darf[97]. Nicht antragsberechtigt ist eine Minderheitengruppe des Betriebsrats[98]. Der Ausschluß kann nur auf die Verletzung von Amtspflichten, nicht auf die sonstiger arbeitsvertraglicher Verpflichtungen gestützt werden[99]. Erforderlich ist ein objektiv erheblicher und offensichtlich schwerwiegender Verstoß[100], der vorsätzlich oder zumindest grob fahrlässig begangen wurde[101]. Ein einmaliges Vorkommnis genügt[102].

Beispiele: Verletzung der Geheimhaltungspflicht, Diffamierung oder Verunglimpfung des Arbeitgebers oder von Betriebsratskollegen, Aufruf zu unzulässigen Arbeitskampfmaßnahmen; nicht die schuldlose Verletzung betriebsverfassungsrechtlicher Pflichten, mangelnde Kompromißbereitschaft gegenüber dem Arbeitgeber oder Mitgliedern des Betriebsrats oder zulässige Werbung für die Gewerkschaft[103].

ee) Arbeitsvertragliche Sanktionen. Verstößt ein Betriebsratsmitglied ausschließlich gegen Amtspflichten, darf der Arbeitgeber nur das Amtsenthebungsverfahren betreiben; zu individualrechtlichen Sanktionen (Abmahnung, Kündigung) ist er nicht befugt[104]. Umgekehrt rechtfertigt eine bloße Arbeitsvertragsverletzung nicht die Amtsenthebung. Verletzt ein Betriebsratsmitglied zugleich Amts- und Vertragspflichten, etwa indem es sich unter dem Vorwand von Betriebsratstätigkeit unerlaubt vom Arbeitsplatz entfernt, hat der Arbeitgeber die Wahl zwischen dem Amtsenthebungsverfahren und arbeitsvertraglichen Sanktionen. An eine außerordentliche Kündigung ist jedoch ein strenger Maßstab anzulegen; der Amtsenthebung gebührt grundsätzlich der Vorrang. Stets ist die exponierte Stellung des Betriebsratsmitglieds zu berücksichtigen, die es immer in eine Pflichtenkollision bringen kann[105]. **86**

---

[97] *Fitting*, § 23 BetrVG Rn. 13; *Richardi/Thüsing*, § 23 BetrVG Rn. 36.
[98] LAG Düsseldorf, Beschl. v. 24.10.1989, BB 1990, 283.
[99] *Fitting*, § 23 BetrVG Rn. 14 f.; *Löwisch/Kaiser*, § 23 BetrVG Rn. 5.
[100] BAG, Beschl. v. 21.2.1978, AP Nr. 1 zu § 74 BetrVG 1972.
[101] *Fitting*, § 23 BetrVG Rn. 16; *Galperin/Löwisch*, § 23 BetrVG Rn. 12.
[102] BAG, Beschl. v. 4.5.1955, AP Nr. 1 zu § 44 BetrVG.
[103] *Fitting*, § 23 BetrVG Rn. 19 f. m.w.N.
[104] BAG, Beschl. v. 16.10.1986, BB 1987, 1952; LAG Düsseldorf, Beschl. v. 23.2.1993, LAGE § 23 BetrVG 1972 Nr. 31.
[105] BAG, Urt. v. 22.8.1974, AP Nr. 1 zu § 103 BetrVG 1972; Urt. v. 16.10.1986, AP Nr. 95 zu § 626 BGB; Urt. v. 15.7.1992, AP Nr. 9 zu § 611 BGB Abmahnung.

87 **ff) Eine Auflösung des Betriebsrats** wegen grober Verletzung seiner gesetzlichen Pflichten (§ 23 Abs. 1 BetrVG) kommt angesichts der Schwere der Sanktion nur dann in Betracht, wenn die weitere Amtsausübung untragbar ist[106], etwa weil sie zur Störung von Ordnung und Frieden im Betrieb führt oder weil Rechte und Befugnisse wiederholt oder dauernd nicht wahrgenommen werden.

Beispiele: Nichtbestellung des Betriebsratsvorsitzenden, wiederholte Unterlassung von Betriebsratssitzungen, Nichteinberufung von Betriebsversammlungen, Abschluß offensichtlich tarifwidriger Betriebsvereinbarungen, insbesondere gegen den ausdrücklich erklärten Willen einer Tarifpartei; kein Auflösungsgrund ist die konsequente Ausschöpfung der betriebsverfassungsrechtlichen Befugnisse[107].

88 Die Auflösung des Betriebsrats setzt – anders als die Amtsenthebung einzelner Betriebsratsmitglieder – **kein Verschulden** voraus; es handelt keine natürliche Person, sondern ein Organ der Betriebsverfassung. Maßgeblich ist die objektive Erheblichkeit des Verstoßes[108]. Mit Rechtskraft des Auflösungsbeschlusses hat das Arbeitsgericht von Amts wegen einen Wahlvorstand zu bestellen, der die Neuwahl des Betriebsrats einleitet und durchführt (§ 23 Abs. 2 BetrVG).

89 **gg) Strafrechtliche Sanktionen.** Offenbart ein Betriebsratsmitglied unbefugt ein Betriebs- oder Geschäftsgeheimnis, das vom Arbeitgeber ausdrücklich als geheimhaltungsbedürftig bezeichnet worden ist, oder gibt es ein Geheimnis eines Arbeitnehmers preis, über das Stillschweigen zu bewahren ist, macht es sich nach § 120 BetrVG strafbar. Die Tat wird nur auf Antrag des Verletzten verfolgt.

c) Rechtsdurchsetzung gegenüber dem Arbeitgeber

90 **aa) Feststellungsanträge.** Der Betriebsrat kann durch Feststellungsantrag gerichtlich klären lassen, ob ihm in einem konkreten Fall ein Mitbestimmungsrecht zusteht. Hierfür gilt sinngemäß das gleiche wie für den Feststellungsantrag des Arbeitgebers.

91 **bb) Vornahme von Handlungen.** Das BetrVG gewährt dem Betriebsrat eine Reihe von Leistungsansprüchen, etwa auf Information und Einblick in Unterlagen[109],

---

[106] BAG, Beschl. v. 22.6.1993, AP Nr. 22 zu § 23 BetrVG 1972.
[107] *Fitting*, § 23 BetrVG Rn. 37 f. m.w.N.
[108] BAG, Beschl. v. 8.8.1989, AP Nr. 18 zu § 95 BetrVG 1972; Beschl. v. 22.6.1993, AP Nr. 22 zu § 23 BetrVG 1972.
[109] §§ 80 Abs. 2, 89 Abs. 2 Satz 2, 90 Abs. 1, 92 Abs. 1 Satz 1, 99 Abs. 1, 106 Abs. 2, 110, 111 Satz 1 BetrVG, 17 Abs. 2 Satz 1 KSchG.

Beratung[110], Kostentragung[111] oder Befreiung von der Arbeitspflicht[112]. Der Arbeitgeber kann auf Antrag des Betriebsrats zur Erfüllung dieser Ansprüche durch Leistungsverfügung angehalten werden; die Verfügung ist nach § 85 ArbGG vollstreckungsfähig.

cc) Unterlassungsanspruch. In einer Reihe von Fällen hat der Betriebsrat gegen den Arbeitgeber einen Unterlassungsanspruch: 92

(1) Bei groben Verstößen des Arbeitgebers gegen seine Pflichten aus dem BetrVG kann der Betriebsrat oder eine im Betrieb vertretene Gewerkschaft beim Arbeitsgericht beantragen, dem Arbeitgeber aufzugeben, daß er eine konkret anzugebende Handlung unterläßt (§ 23 Abs. 3 Satz 1 BetrVG). Beachtet der Arbeitgeber die Unterlassungsverfügung schuldhaft nicht, so ist er auf Antrag vom Arbeitsgericht wegen jeder Zuwiderhandlung nach vorheriger Androhung zu einem Ordnungsgeld zu verurteilen, das bis zu 10.000 € betragen kann (§ 23 Abs. 3 Sätze 2, 4, 5 BetrVG). Der Sache nach handelt es sich um eine „kollektivrechtliche Abmahnung" des Arbeitgebers[113]; sie soll eine gewisse „Gleichgewichtigkeit" zu den Sanktionsmöglichkeiten gegen den Betriebsrat herstellen[114]. Der Unterlassungsantrag ist begründet, wenn der Arbeitgeber so schwer gegen Bestimmungen des BetrVG verstoßen hat, daß auch unter Berücksichtigung des Gebots der vertrauensvollen Zusammenarbeit die Anrufung des Arbeitsgerichts gerechtfertigt erscheint[115]. 93

Beispiele: Beharrliche Mißachtung von Beteiligungsrechten, planmäßiger Abschluß von offensichtlich tarifwidrigen Betriebsvereinbarungen, Weigerung, Betriebsvereinbarungen durchzuführen; kein grober Verstoß im Sinne des § 23 Abs. 3 BetrVG liegt vor, wenn der Arbeitgeber in einer schwierigen und ungeklärten Rechtsfrage nach einer vertretbaren Rechtsansicht handelt[116].

Ein **Verschulden ist nicht erforderlich,** der Arbeitgeber handelt als Organ der Betriebsverfassung und nicht als Einzelperson[117]; entscheidend ist die objektive Erheblichkeit 94

---

[110] §§ 90 Abs. 1, 92 Abs. 1 Satz 2, 96 Abs. 1 Satz 2, 97, 106 Abs. 1 Satz 2, 111 Satz 1 BetrVG.
[111] §§ 20 Abs. 3 Satz 1, 40 Abs. 1 BetrVG.
[112] §§ 37 Abs. 2, 3, 38 BetrVG; zu weiteren Ansprüchen s. §§ 93, 98 Abs. 5, 101 Satz 1, 104 Satz 1 BetrVG.
[113] BAG, Beschl. v. 18.4.1985, AP Nr. 5 zu § 23 BetrVG 1972.
[114] Vgl. Bericht des BT-Ausschusses für Arbeit und Soziales, zu BT-Drucks. VI/2729, S. 21.
[115] BAG, Beschl. v. 23.6.1992, AP Nr. 20 zu § 23 BetrVG 1972.
[116] *Fitting*, § 23 BetrVG Rn. 63, 66 m.w.N.
[117] BAG, Beschl. v. 23.6.1992, AP Nr. 20 zu § 23 BetrVG 1972.

des Verstoßes. Der Unterlassungsanspruch setzt auch **keine Wiederholungsgefahr** voraus[118]. Zu allgemein gehaltene Unterlassungsanträge sind wegen Unvollstreckbarkeit unzulässig[119]. Anderes gilt für „Globalanträge", mit denen für einen bestimmten Vorgang ein Mitbestimmungsrecht geltend gemacht wird (z.B. Änderung von Zulagen); ob für sämtliche vom Globalantrag umfaßten Fallgestaltungen ein Mitbestimmungsrecht besteht, ist eine Frage der Begründetheit des Antrags[120].

95 (2) **Sonderregelungen,** die in ihrem Anwendungsbereich den Unterlassungsanspruch nach § 23 Abs. 3 BetrVG verdrängen, sind § 98 Abs. 5 BetrVG (Bestellung einer ungeeigneten Lehrkraft für die betriebliche Berufsbildung), § 101 BetrVG (Mitbestimmungssicherungsverfahren bei zustimmungspflichtigen Einstellungen, Eingruppierungen, Umgruppierungen und Versetzungen)[121] und § 104 BetrVG (Entfernung betriebsstörender Arbeitnehmer).

96 (3) **Ob es weitere mit § 23 Abs. 3 BetrVG konkurrierende Unterlassungsansprüche gibt, ist umstritten.** Das ist von Bedeutung für Fälle, in denen der Arbeitgeber nicht grob gegen Betriebsverfassungsrecht verstoßen hat. Nach wohl h.M. ist § 23 Abs. 3 BetrVG keine abschließende Regelung[122]; dafür sprechen Wortlaut (es fehlt das Wort „nur"), Systematik und Entstehungsgeschichte der Norm. Ausdrückliche Unterlassungsansprüche enthält § 74 Abs. 2 Sätze 2 und 3 BetrVG. Fraglich ist, ob sich Unterlassungsansprüche auch auf Vorschriften stützen lassen, die insoweit nichts ausdrücklich bestimmen. Die Rechtsprechung hat das bejaht bei einer unzulässigen Störung oder Behinderung der Betriebsratsarbeit (§ 78 BetrVG)[123], bei einer Verletzung der Mitbestimmungsrechte in sozialen Angelegenheiten (§ 87 BetrVG)[124] und – einige Gerichte – zur Sicherung des Anspruchs auf Beratung über einen Interessenausgleich bei einer geplanten Betriebs-

---

[118] BAG, Beschl. v. 18.4.1985, AP Nr. 5 zu § 23 BetrVG 1972.
[119] BAG, Beschl. v. 6.12.1994, AP Nr. 24 zu § 23 BetrVG 1972.
[120] BAG, Beschl. v. 3.5.1994, AP Nr. 23 zu § 23 BetrVG 1972.
[121] § 101 BetrVG zielt auf Beseitigung der mitbestimmungswidrig durchgeführten Maßnahmen, § 23 Abs. 3 BetrVG auf künftige Beachtung der Beteiligungsrechte, vgl. BAG, Beschl. v. 17.3.1987, AP Nr. 7 zu § 23 BetrVG 1972; offenbar restriktiver BAG, Beschl. v. 6.12.1994, AP Nr. 24 zu § 23 BetrVG 1972.
[122] BAG, Beschl. v. 3.5.1994, 6.12.1994, 12.11.1997, AP Nr. 23, 24, 27 zu § 23 BetrVG 1972; anders noch Beschl. v. 22.2.1983, AP Nr. 2 zu § 23 BetrVG 1972; *Fitting,* § 23 BetrVG Rn. 97 ff.; Richardi/*Thüsing,* § 23 BetrVG Rn. 80 ff.; a.A. *Hess/Schlochauer/Glaubitz,* § 23 BetrVG Rn. 81.
[123] BAG, Beschl. v. 19.7.1995, 12.11.1997, AP Nr. 25, 27 zu § 23 BetrVG 1972.
[124] BAG, Beschl. v. 3.5.1994, AP Nr. 23 zu § 23 BetrVG 1972.

änderung (§§ 111, 112 Abs. 1 Satz 1 BetrVG)[125]. In diesen Fällen wird eine Wiederholungsgefahr verlangt[126].

Rechtsgrundlage für die Unterlassungsansprüche sei das „**Betriebsverhältnis**" zwischen dem Arbeitgeber und dem Betriebsrat (s. oben Rn. 76). Aus der Nebenpflicht zur Rücksichtnahme könne das Gebot abgeleitet werden, alles zu unterlassen, was der Wahrnehmung von Mitbestimmungsrechten entgegenstehe. Ein Anspruch auf Unterlassung und gegebenenfalls auf Rückgängigmachung (Beseitigungsanspruch)[127] sei insbesondere zur **Sicherung der erzwingbaren Mitbestimmung nach § 87 BetrVG** erforderlich. Die individualrechtliche Unwirksamkeit einer mitbestimmungswidrigen Maßnahme genüge nicht; der Betriebsrat brauche eigene Sanktionsmittel. Durch Anrufung der Einigungsstelle ließen sich nicht in jedem Fall Rechtsnachteile abwenden, beispielsweise bei kurzfristigen Maßnahmen oder wenn durch den betriebsverfassungswidrigen Vollzug Tatsachen geschaffen würden, die nachträglich nur schwer zu beseitigen seien. Die Anrufung der Einigungsstelle sei an sich Sache des Arbeitgebers, da von ihm und nicht vom Betriebsrat die Initiative für die mitbestimmungspflichtige Maßnahme ausgehe; die Einhaltung dieses Verfahrens werde durch § 23 Abs. 3 BetrVG aber nicht hinreichend gesichert. Da § 87 BetrVG nicht einmal die zeitweise oder vorläufige Übergehung des Betriebsrats bei mitbestimmungspflichtigen sozialen Angelegenheiten zulasse, sei ein selbständiger Unterlassungsanspruch gerechtfertigt und geboten. Die Arbeitgeberinteressen könnten im einstweiligen Verfügungsverfahren angemessen berücksichtigt werden[128].

97

dd) Strafrechtliche Sanktionen. Behindert oder stört der Arbeitgeber die Wahl oder die Tätigkeit des Betriebsrats, kann er sich strafbar machen (§ 119 BetrVG); die Tat wird nur auf Antrag des Betriebsrats verfolgt. Bußgeldpflichtig macht sich der Arbeitgeber, wenn er eine in § 121 BetrVG näher bezeichnete Aufklärungs- oder Auskunftspflicht nicht, wahrheitswidrig, unvollständig oder verspätet erfüllt; das Bußgeld kann bis zu 10.000 € betragen. In der Praxis wird von den strafrechtlichen Sanktionen nur äußerst selten Gebrauch gemacht; angesichts des Gebots der vertrauensvollen Zusammenarbeit muß sich ihr Einsatz auf Ausnahmefälle beschränken.

98

---

[125] LAG Hamburg, Beschl. v. 26.6.1997, NZA 1997, 296; LAG Berlin, Beschl. v. 7.9.1995, AP Nr. 36 zu § 111 BetrVG 1972; verneinend LAG Rheinland-Pfalz, Beschl. v. 28.3.1989, NZA 1989, 863; ArbG Bonn, Beschl. v. 23.8.1995, BB 1995, 2115.
[126] BAG, Beschl. v. 19.7.1995, AP Nr. 25 zu § 23 BetrVG 1972.
[127] BAG, Beschl. v. 16.6.1998, NZA 1999, 49 ff.
[128] Zu Vorstehendem BAG, Beschl. v. 3.5.1994, AP Nr. 23 zu § 23 BetrVG 1972; zur Kritik *von Hoyningen-Huene*, Betriebsverfassungsrecht, § 4 V 4 c; *Konzen*, NZA 1995, 865 ff.

IV. Grundsätze der Betriebsverfassung

1. Übersicht

99 Das Verhältnis zwischen Arbeitgeber und Belegschaft ist geprägt von Gemeinsamem und Trennendem. Gemeinsam sind beide interessiert am Wohlergehen des Unternehmens, denn es bietet ihnen Arbeit und Brot. Gegensätzlich sind die Interessen vor allem hinsichtlich der Verteilung des Erlöses und bei betriebs- und arbeitsleitenden Entscheidungen, die sich aus der arbeitsteiligen Organisation ergeben. Die Aufteilung des Erlöses auf Anteilseigner – sei es in Form von Dividende, sei es als werterhaltende oder -steigernde Investition – und Arbeitnehmer fällt im wesentlichen in die Zuständigkeit der Tarifpartner. Damit sind die am stärksten emotionsgeladenen Konflikte auf die überbetriebliche Ebene hinausverlagert. Das Beteiligungsrecht des Betriebsrats betrifft im wesentlichen die übrigen betrieblichen und unternehmerischen Entscheidungen. Zwar hat der Gesetzgeber dem Unternehmer als Träger des Risikos die Letztverantwortung bei den wirtschaftlichen Entscheidungen belassen. Die vielen Mitbestimmungsrechte vor allem bei sozialen und personellen Maßnahmen bleiben aber nicht ohne Rückwirkung. Für ein Unternehmen ist es von lebenswichtiger Bedeutung, ob und inwieweit Überstunden angeordnet, Versetzungen vorgenommen oder die Arbeitszeit gestaltet werden können. Gulliver kann auch durch Zwirnsfäden gebunden werden.

100 Entscheidend ist daher, auf welche Art und Weise die Beteiligungsrechte wahrgenommen werden. Für die Zusammenarbeit von Arbeitgeber und Betriebsrat hat das BetrVG folgende Grundsätze aufgestellt:
- die Pflicht zu vertrauensvoller Zusammenarbeit (§§ 2, 74 Abs. 1 BetrVG),
- die betriebliche Friedenspflicht (§ 74 Abs. 2 Sätze 1 und 2 BetrVG),
- das Verbot der parteipolitischen Betätigung (§ 74 Abs. 2 Satz 3 BetrVG),
- das Gebot, die im Betrieb Tätigen nach Recht und Billigkeit zu behandeln (§ 75 Abs. 1 BetrVG),
- das Diskriminierungsverbot (§ 75 Abs. 1 BetrVG) und
- das Gebot, die freie Entfaltung der Persönlichkeit der betriebsangehörigen Arbeitnehmer zu schützen (§ 75 Abs. 2 BetrVG).

101 Große Bedeutung hat auch das Verhältnis zu den Gewerkschaften. Das BetrVG gewährt ihnen eine Reihe von Rechten. Zusätzlichen Einfluß haben sie aufgrund mannigfacher personeller Verflechtung.

2. Vertrauensvolle Zusammenarbeit

a) Bedeutung

102 Die Lösung aus dem Dilemma: möglichst viel Mitbestimmung einerseits, keine Lähmung des Unternehmens andererseits, sah der Gesetzgeber im Grundsatz der

vertrauensvollen Zusammenarbeit. Deshalb heißt es in § 2 BetrVG: „Arbeitgeber und Betriebsrat arbeiten ... vertrauensvoll ... zum Wohle der Arbeitnehmer und des Betriebs zusammen". Das ist eine dem Grundsatz von Treu und Glauben vergleichbare Konkretisierung des Gebots partnerschaftlicher Zusammenarbeit[129]. Mögliche Konflikte sollen frühzeitig erkannt und bereinigt werden[130]. Darum hat der Arbeitgeber von sich aus den Betriebsrat rechtzeitig über alle Vorgänge von Bedeutung für die Arbeitnehmer zu unterrichten[131]. Arbeitgeber und Betriebsrat haben ehrlich und offen mit dem ernsten Willen zur Einigung zu verhandeln, ehe die Einigungsstelle oder ein Gericht bemüht wird[132]; das gilt nicht nur für die Gremien selbst, sondern auch für ihre Mitglieder[133]. Dabei genügt es nicht, einander die unterschiedlichen Standpunkte klarzumachen, sondern jeder muß zu vernünftigen Kompromissen bereit sein. Der Betriebsrat darf nicht in die Unternehmensleitung eingreifen (§ 77 Abs. 1 Satz 2 BetrVG); er hat die im Gesetz vorgezeichneten Wege, d.h. in erster Linie Gespräche mit dem Arbeitgeber, einzuhalten.

b) Rechtspflicht

Die Pflicht zu vertrauensvoller Zusammenarbeit ist eine Rechtspflicht[134]. Zwar lassen sich aus der Vorschrift keine Beteiligungsrechte ableiten, die im Gesetz nicht vorgesehen sind. § 2 BetrVG ist aber bei der Auslegung der einzelnen Tatbestände des BetrVG zu berücksichtigen[135]. Aus § 2 BetrVG kann auch das Gebot abgeleitet werden, alles zu unterlassen, was der Wahrnehmung des konkreten Beteiligungsrechts entgegensteht. Allerdings führt nicht jede Verletzung von Beteiligungsrechten ohne weiteres zu einem Unterlassungsanspruch (s. Rn. 92 ff.)[136].

103

3. Friedenspflicht

a) Grundsatz

Arbeitgeber und Betriebsrat haben Betätigungen zu unterlassen, durch die der Arbeitsablauf oder der Frieden des Betriebs beeinträchtigt wird (§ 74 Abs. 2 Satz 2 BetrVG). **Arbeitsablauf** meint die Organisation und Durchführung der Arbeiten, **Betriebsfrieden** die Atmosphäre der Zusammenarbeit und des Zusammenlebens

104

---

[129] BAG, Beschl. v. 3.5.1994, AP Nr. 23 zu § 23 BetrVG 1972.
[130] BAG, Beschl. v. 8.2.1977, AP Nr. 10 zu § 80 BetrVG 1972.
[131] BAG, Urt. v. 2.11.1983, AP Nr. 29 zu § 102 BetrVG 1972.
[132] BAG, Beschl. v. 22.5.1959, AP Nr. 3 zu § 23 BetrVG.
[133] BAG, Beschl. v. 21.2.1978, AP Nr. 1 zu § 74 BetrVG 1972.
[134] BAG, Beschl. v. 21.2.1978, AP Nr. 1 zu § 74 BetrVG 1972.
[135] BAG, Beschl. v. 21.4.1983, AP Nr. 20 zu § 40 BetrVG 1972.
[136] Zu Vorstehendem BAG, Beschl. v. 3.5.1994, AP Nr. 23 zu § 23 BetrVG 1972.

im Betrieb. Der Arbeitsablauf wäre etwa beeinträchtigt, wenn der Betriebsrat in die Betriebsleitung eingriffe, etwa indem er Arbeitnehmer aufforderte, Weisungen des Arbeitgebers zuwiderzuhandeln. Der Betriebsfrieden ist gestört, wenn Arbeitgeber und Betriebsrat über die Presse oder über Anschläge am Schwarzen Brett miteinander verkehren, wenn der eine die Anschläge des anderen unerlaubt entfernt[137] oder wenn sie einander in einer Betriebsversammlung unsachlich angreifen.

b) Verbot des betrieblichen Arbeitskampfes

105 Maßnahmen des Arbeitskampfes zwischen Arbeitgeber und Betriebsrat sind unzulässig (§ 74 Abs. 2 Satz 1 BetrVG). Die Belegschaftsvertretungen dürfen weder zum Streik aufrufen noch sonstige Arbeitskampfmaßnahmen ergreifen, etwa zur Verweigerung von Überstunden oder Akkordarbeit auffordern. Können sie sich mit dem Arbeitgeber über betriebliche Fragen nicht einigen, dann müssen sie die Gerichte oder die Einigungsstelle anrufen[138]. Diese entscheiden als neutrale Dritte verbindlich.

c) Teilnahme am Arbeitskampf der Tarifvertragsparteien

106 Arbeitskämpfe tariffähiger Parteien bleiben von dem Arbeitskampfverbot **unberührt** (§ 74 Abs. 2 Satz 1 BetrVG). Mitglieder der Betriebsverfassungsorgane dürfen also an Arbeitskampfmaßnahmen ihrer Gewerkschaft teilnehmen. Betriebsratsmitglieder können im Rahmen des Arbeitskampfs auch leitende Funktionen übernehmen. Sie dürfen nur nicht ihr Amt für Kampfmaßnahmen mißbrauchen[139], etwa als Betriebsrat zum Streik auffordern oder zur Unterstützung eines Streiks in einem anderen Unternehmen Überstunden verweigern[140] oder Betriebsversammlungen zur Erörterung von Arbeitskampffragen einberufen[141] oder Betriebsratsmittel – Telefon, PC, Kopierer – für den Arbeitskampf einsetzen[142]. Das Betriebsratsamt wird durch einen Arbeitskampf nicht beeinträchtigt. Die Beteiligungsrechte sind aber eingeschränkt oder ruhen, soweit das Kampfgleichgewicht beeinflußt werden könnte (s. im einzelnen § 14 Rn. 154 ff.).

---

[137] BAG, Beschl. v. 22.7.1980, AP Nr. 3 zu § 74 BetrVG 1972.
[138] BAG, Urt. v. 17.12.1976, AP Nr. 52 zu Art. 9 GG Arbeitskampf.
[139] ArbG Göttingen, Beschl. v . 16.6.1981, DB 1982, 334.
[140] ArbG Elmshorn, Beschl. v. 3.3.1978, DB 1978, 1695.
[141] ArbG Oldenburg, Beschl. v. 31.5.1979, 3 BV/GA 15/79.
[142] *Fitting*, § 74 BetrVG Rn. 14; *Richardi*, § 74 BetrVG Rn. 24.

4. Verbot parteipolitischer Betätigung

a) Parteipolitik

Arbeitgeber und Betriebsrat haben jede parteipolitische Betätigung im Betrieb **zu unterlassen** (§ 74 Abs. 2 Satz 3 BetrVG). Das gilt ohne Rücksicht darauf, ob der Betriebsfrieden und/oder der Arbeitsablauf gestört werden[143]. Meinungs- und Wahlfreiheit der Arbeitnehmer sollen geschützt werden.

107

Der Begriff Parteipolitik ist weit zu fassen. Im Grunde deckt er sich mit dem der Politik, denn letztlich kann jedes Thema zum Gegenstand parteipolitischer Auseinandersetzung gemacht werden[144]. Betätigung setzt mehr voraus als ein gelegentliches politisches Gespräch[145]. Gemeint sind Information und Werbung durch Zeitschriften, Flugblätter, Artikel in der Werkszeitung oder in einem Informationsblatt des Betriebsrats[146], Tragen von Plaketten[147], aber auch politische Abstimmungen und Umfragen oder das Referat eines Spitzenpolitikers in der Betriebsversammlung zu Wahlkampfzeiten, selbst wenn er über ein „neutrales" Thema reden will[148]. Betätigung im Betrieb liegt auch vor, wenn sie in ihn hineingetragen wird, wie etwa bei einem Verteilen von Flugblättern vor dem Werkstor[149].

108

b) Behandlung von tarifpolitischen, sozialpolitischen, umweltpolitischen und wirtschaftlichen Angelegenheiten

Nicht verboten ist die Behandlung von Angelegenheiten tarifpolitischer, sozialpolitischer, umweltpolitischer und wirtschaftlicher Art, die den Betrieb oder seine Arbeitnehmer unmittelbar betreffen. In Betriebsversammlungen können also beispielsweise das Verhältnis von tariflichen Bestimmungen zu betrieblichen Sozialleistungen oder die Auswirkungen von sozialpolitischen Gesetzen etwa über Arbeitsschutz, Vermögens- oder Berufsbildung auf das Arbeitsverhältnis oder die Folgen währungspolitischer Maßnahmen der Regierung auf den Betrieb erörtert werden. Allerdings darf die Behandlung solcher Themen nicht zu einer Beeinträchtigung des Betriebsfriedens führen. Bei der Behandlung tarifpolitischer Themen während laufender Tarifverhandlungen oder gar nach ihrem Scheitern ist deshalb Zurückhaltung angebracht. Unzulässig ist die Erörterung abstrakt-gesellschaftspolitischer Probleme.

109

---

[143] BVerfG, Beschl. v. 28.4.1976, DB 1976, 1485.
[144] BAG, Beschl. v. 21.2.1978, AP Nr. 1 zu § 74 BetrVG 1972.
[145] BAG, Urt. v. 18.1.1968, AP Nr. 28 zu § 66 BetrVG.
[146] BAG, Beschl. v. 12.6.1986, AP Nr. 5 zu § 74 BetrVG 1972.
[147] BAG, Urt. v. 9.12.1982, AP Nr. 73 zu § 626 BGB.
[148] BAG, Beschl. v. 13.9.1977, AP Nr. 1 zu § 42 BetrVG 1972.
[149] BAG, Beschl. v. 21.2.1978, AP Nr. 1 zu § 74 BetrVG 1972.

5. Grundsätze für die Behandlung von Betriebsangehörigen

a) Behandlung nach Recht und Billigkeit

110 **aa) Geschützter Personenkreis.** Arbeitgeber und Betriebsrat haben darüber zu wachen, daß **alle im Betrieb tätigen Personen** nach den Grundsätzen von Recht und Billigkeit behandelt werden (§ 75 Abs. 1 HS 1 BetrVG). Die Vorschrift ist kein bloßer Programmsatz. Ihr kommt unmittelbare Geltung zu; darüber hinaus enthält sie eine wichtige Auslegungsregel[150]. § 75 Abs. 1 BetrVG wendet sich an die Betriebsparteien[151], die Einhaltung kann nur von ihnen, nicht von den im Betrieb Tätigen verlangt werden[152].

111 **bb) „Grundsätze des Rechts"** meint die geltende Rechtsordnung, so wie sie auf das Arbeitsverhältnis einwirkt (Gesetze, Tarifverträge, Betriebsvereinbarungen usw.). Gefordert wird eine Behandlung, die dem geltenden Recht entspricht, insbesondere die Anerkennung und Erfüllung von Rechtsansprüchen der Arbeitnehmer und die Beachtung des allgemeinen arbeitsrechtlichen Gleichbehandlungsgrundsatzes.

112 **cc) Durch Behandlung nach „Billigkeit"** soll die Gerechtigkeit im Einzelfall verwirklicht werden. Das setzt eine Norm voraus, die die Beachtung von Billigkeit verlangt, wie etwa bei einseitigen Leistungsbestimmungsrechten. Die Rechtsprechung leitete aus § 75 Abs. 1 BetrVG darüber hinaus bisher eine allgemeine Billigkeitskontrolle von Betriebsvereinbarungen und Einzelarbeitsverträgen (s. jetzt § 310 Abs. 4 Satz 1 BGB) her[153].

b) Diskriminierungsverbot

113 **aa) Die Betriebsparteien haben die absoluten Diskriminierungsverbote zu beachten.** Sie sind dafür verantwortlich, daß niemand, der im Betrieb tätig wird, (allein) wegen seiner Abstammung, Religion, Nationalität, Herkunft, politischen oder gewerkschaftlichen Betätigung oder Einstellung oder seines Geschlechts oder seiner sexuellen Ausrichtung ungleich behandelt wird (absolute Diskriminierungsverbote, § 75 Abs. 1 Satz 1 HS 2 BetrVG). Ebenso dürfen Arbeitnehmer nicht wegen Überschreitung bestimmter Altersstufen benachteiligt werden (§ 75 Abs. 1 Satz 2 BetrVG); vielmehr hat der Betriebsrat die Beschäftigung älterer Arbeitnehmer im Betrieb zu fördern (§ 80 Abs. 1 Nr. 6 BetrVG).

---

[150] *Fitting*, § 75 BetrVG Rn. 3.
[151] BAG, Beschl. v. 12.6.1975, AP Nr. 1 zu § 87 BetrVG 1972 Altersversorgung.
[152] BAG, Urt. v. 14.1.1986, AP Nr. 5 zu § 1 BetrAVG Gleichbehandlung.
[153] BAG, Beschl. v. 11.6.1975, AP Nr. 1 zu § 7 BetrVG.

Abstammung meint die Beziehung eines Arbeitnehmers zu einer bestimmten Familie 114
oder Volksgruppe, Nationalität die Staatsangehörigkeit, Herkunft das Herkommen aus einer
bestimmten Region oder die Zugehörigkeit zu einer sozialen Schicht.

bb) Reichweite. Das Diskriminierungsverbot ist insbesondere beim Abschluß von 115
Betriebsvereinbarungen zu beachten[154]. Regelungen, die dagegen verstoßen, sind
nach § 134 BGB nichtig[155].

c) Schutz der freien Entfaltung der Persönlichkeit

Arbeitgeber und Betriebsrat haben die freie Entfaltung der Persönlichkeit der im 116
Betrieb beschäftigten Arbeitnehmer zu schützen und zu fördern (§ 75 Abs. 2
BetrVG). Sie haben ferner die Selbständigkeit und Eigeninitiative der Arbeitnehmer und Arbeitsgruppen zu fördern. Die Betriebsparteien haben nicht nur selbst alles zu unterlassen, was die allgemeinen Persönlichkeitsrechte von Betriebsangehörigen beeinträchtigt, sondern sie müssen sie auch vor Verletzungen durch Kollegen
schützen.

Beispiel: Betriebliche Regelungen über Rauchverbote (§ 87 Abs. 1 Nr. 1, 7 BetrVG)
haben die Interessen von rauchenden und nichtrauchenden Arbeitnehmern unter Berücksichtigung von § 75 Abs. 2 BetrVG angemessen auszugleichen[156].

Persönlichkeitsrechte dürfen nur insoweit eingeschränkt werden, als dies auf- 117
grund überwiegender betrieblicher Interessen, insbesondere im Interesse eines ungestörten Arbeitsablaufs, erforderlich und geboten ist[157]. Aus § 75 Abs. 2 BetrVG
können keine über das Gesetz hinausgehenden Beteiligungsrechte des Betriebsrats
hergeleitet werden; die bestehenden sind aber im Lichte der Schutz- und Förderpflicht auszulegen[158].

6. Gewerkschaften im Betrieb

a) Trennung von Betriebsrat und Gewerkschaft

Aufgaben und Funktionen von Gewerkschaften und Betriebsverfassungsorganen 118
sind streng voneinander geschieden[159]. Der Betriebsrat ist nicht der verlängerte

---

[154] BAG, Beschl. v. 20.7.1993, AP Nr. 11 zu § 1 BetrAVG Gleichbehandlung.
[155] *Fitting*, § 75 BetrVG Rn. 18.
[156] BAG, Urt. v. 21.8.1990, AP Nr. 17 zu § 87 BetrVG 1972 Ordnung des Betriebes.
[157] *Fitting*, § 75 BetrVG Rn. 78 ff. m. Bsp.
[158] *Fitting*, § 75 BetrVG Rn. 91; *Richardi*, § 75 BetrVG Rn. 35.
[159] BAG, Beschl. v. 16.2.1973, AP Nr. 1 zu § 19 BetrVG 1972.

Arm der Gewerkschaften im Betrieb. Gewerkschaften vertreten nur ihre Mitglieder; das sind zur Zeit etwa 29 % der „abhängigen Erwerbspersonen".

119 Damit gelten auch die Tarifverträge nur für die Gewerkschaftsmitglieder (§ 4 Abs. 2 TVG), sofern sie nicht für allgemeinverbindlich erklärt sind (§ 5 Abs. 4 TVG) oder dem Arbeitsvertrag zugrunde gelegt werden. Der Betriebsrat dagegen vertritt die gesamte Belegschaft; Betriebsvereinbarungen gelten ohne Rücksicht auf Gewerkschaftszugehörigkeit für alle Arbeitnehmer des Betriebs mit Ausnahme der leitenden Angestellten. Die Gewerkschaften sind grundsätzlich für alle Fragen des Arbeits- und Wirtschaftslebens zuständig, und zwar auch für Fragen, die nur einzelne Betriebe oder Unternehmen betreffen. Sie können in diesem Fall Haus- (= Firmen)tarifverträge abschließen (vgl. § 2 Abs. 1 TVG). Die Aufgaben der Betriebsverfassungsorgane sind im BetrVG geregelt; sie können praktisch in allen Fragen der betrieblichen Sozialpolitik tätig werden. Tarifliche Regelungen gehen betrieblichen allerdings grundsätzlich vor, es sei denn, daß Öffnungsklauseln etwas anderes vorsehen (vgl. § 4 Abs. 1, 3 TVG, § 77 Abs. 3 BetrVG).

b) Rechte der Gewerkschaften im Rahmen der Betriebsverfassung

120 Nach dem Betriebsverfassungsgesetz haben die Gewerkschaften vor allem Unterstützungs- und Überwachungsrechte. Sie sollen dafür sorgen, daß Betriebsräte gebildet und Betriebsversammlungen abgehalten werden, und sie sollen die Betriebsräte, wenn diese es wünschen, bei ihrer Arbeit unterstützen. Zu diesem Zweck können Gewerkschaften beim Arbeitsgericht die Bestellung eines Wahlvorstandes beantragen, wenn acht Wochen vor Ablauf der Amtszeit des Betriebsrats noch keiner besteht (§ 16 Abs. 2 BetrVG). Sie können die Einberufung von Betriebsversammlungen (§ 43 BetrVG) beantragen und an Betriebsversammlungen (§ 46 Abs. 1 BetrVG), Betriebsräteversammlungen (§§ 53 Abs. 3 Satz 2, 46 Abs. 1 BetrVG und Jugend- und Auszubildendenversammlungen (§§ 71 Satz 3, 46 Abs. 1 BetrVG) teilnehmen. Auf Einladung haben sie das Recht zur Teilnahme an Betriebsratssitzungen (§ 31 BetrVG), Sitzungen des Wirtschaftsausschusses[160] und der Jugend- und Auszubildendenvertretung (§§ 65 Abs. 1, 31 BetrVG). Sie können die betrieblichen Wahlen anfechten (§ 19 Abs. 2 Satz 1 BetrVG), die Auflösung von Betriebsverfassungsorganen oder den Ausschluß einzelner Mitglieder betreiben (§ 23 Abs. 1 Satz 1 BetrVG), ein Zwangsverfahren gegen den Arbeitgeber nach § 23 Abs. 3 BetrVG wegen groben Verstoßes gegen betriebsverfassungsrechtliche Pflichten in Gang bringen und Strafantrag stellen (§ 119 Abs. 2 BetrVG). Darüber hinaus haben sie sogar ein Vorschlagsrecht für Betriebsratswahlen (§ 14 Abs. 5 BetrVG). Voraussetzung ist immer, daß mindestens ein vom Betriebsrat vertretener Arbeitnehmer des Betriebs der Gewerkschaft angehört („im

---

[160] BAG, Beschl. v. 25.6.1987, AP Nr. 6 zu § 108 BetrVG 1972.

b) Arbeitswillige Arbeitnehmer anderer Betriebe

Der Arbeitskampf kann Fernwirkungen auf Betriebe haben, in denen nicht gekämpft wird, vor allem auf Kunden und Lieferanten. Fällt dort die Arbeit aus, wären die Arbeitgeber nach den Lehren vom Wirtschafts- und Betriebsrisiko weiterhin zur Zahlung der Vergütung verpflichtet. Dagegen verlören die Arbeitnehmer ihren Vergütungsanspruch, wenn sie das Arbeitskampfrisiko zu tragen hätten (s. dazu bereits 1. Band § 8 Rn. 45 ff.). Die gewerkschaftlich organisierten Arbeitnehmer hätten auch keinen Anspruch auf Streikunterstützung, da diese außerhalb des Kampfgebietes grundsätzlich nicht gezahlt wird.

119

Die **frühere Rechtsprechung** wollte vor dem Hintergrund der Sphärentheorie darauf abstellen, ob die Betriebsstörung auf einer Aussperrung oder einem Streik beruhte. Bei einer Aussperrung sollte der Lohnanspruch mittelbar betroffener Arbeitnehmer bestehen bleiben, bei einem Streik dagegen entfallen (Ausnahme von der Betriebsrisikolehre). Bei streikbedingter wirtschaftlicher Unmöglichkeit, wenn also die Produktion zwar technisch möglich, aber wirtschaftlich sinnlos war, weil sie nicht abgenommen wurde, sollte der Arbeitgeber das Lohnrisiko tragen (Wirtschaftsrisiko)[213].

120

Die **neuere Rechtsprechung**[214] ist von der Sphärentheorie abgerückt, weil die Solidarität der gesamten Arbeitnehmerschaft eine reine Fiktion ist. Sie stellt statt dessen auf die Kampfparität ab. Fernwirkungen des Arbeitskampfes sind geeignet, das Verhandlungsgleichgewicht zu stören. Arbeitnehmer, die an dem erkämpften Tarifvertrag teilhaben, müssen deshalb ihren Anspruch auf Vergütung verlieren, und zwar ohne Rücksicht darauf, ob es sich um Streik oder Aussperrung handelt, ob diese rechtmäßig oder rechtswidrig sind und ob die kampfbedingte Unmöglichkeit technischer oder wirtschaftlicher Art ist.

121

Das gilt jedenfalls dann, wenn die Kampfparteien auch für den Betrieb zuständig sind, der nur mittelbar von einem Arbeitskampf betroffen ist, d.h. wenn der Betrieb in den räumlichen und fachlichen Geltungsbereich des umkämpften Tarifvertrags fällt[215]. Nach der Rechtsprechung soll der Lohnanspruch aber auch bei Betriebsstörungen in Tarifgebieten entfallen, deren zuständige Verbände organisatorisch eng miteinander verbunden sind, etwa durch einen Fachspitzenverband, der die Kampftaktik und die Verhandlungspolitik in der Branche koordiniert; durch Erzeugung von Binnendruck könne hier auf die verbandspolitische Willensbildung Einfluß genommen werden[216] (s. Band 1 § 8 Rn. 49 ff.).

122

---

[213] BAG, Urt. v. 8.2.1957, 28.9.1972, AP Nr. 2, 28 zu § 615 BGB Betriebsrisiko.
[214] BAG, Beschl. v. 22.12.1980, AP Nr. 70, 71 zu Art. 9 GG Arbeitskampf.
[215] Vgl. nur *Gamillscheg*, Kollektives Arbeitsrecht I, § 27 I 2 c; KassArbR/*Kalb*, 8.2 Rn. 354.
[216] BAG, Beschl. v. 22.10.1980, AP Nr. 70 zu Art. 9 GG Arbeitskampf.

Betrieb vertretene Gewerkschaft"). Der Nachweis kann ohne Namensnennung durch notarielle Erklärung geführt werden[161].

c) Originäre Rechte der Gewerkschaften

Unabhängig davon stehen den Gewerkschaften aufgrund der Koalitionsfreiheit (Art. 9 Abs. 3 GG) originäre Rechte zu (vgl. § 2 Abs. 3 BetrVG). Da es generelle Regelungen nicht gibt, wägt die Rechtsprechung zwischen den Rechten und Interessen des Unternehmens und den Erfordernissen für den Bestand der Gewerkschaften ab. Die Betätigungsgarantie umfaßt vor allem das Recht, über die Gewerkschaftätigkeit zu unterrichten und Mitgliederwerbung zu betreiben[162], Vertrauensleute zu bestellen[163] und bei betrieblichen Wahlen für Mitgliederlisten zu werben[164]. Der Arbeitgeber hat die Verteilung von Informations- und Werbematerial zu dulden und ggf. Schwarze Bretter zur Verfügung zu stellen[165]. Allerdings dürfen durch Information und Werbung Betriebsfrieden und Arbeitsablauf nicht gestört werden[166]. Sie müssen also außerhalb der Arbeitszeit, d.h. vor Beginn, in den Pausen oder nach Arbeitsende erfolgen, und zwar grundsätzlich durch betriebsangehörige Gewerkschaftsmitglieder[167]. Nicht erlaubt sind politische Betätigung – z.B. Werbung für bestimmte Gesetzesvorhaben[168], allgemeine Aufrufe[169] –, Werbung auf Schutzhelmen[170] oder Maschinen des Arbeitgebers, die Benutzung von hausinternen Kommunikationseinrichtungen[171], die Wahl von Vertrauensleuten während der Arbeitszeit[172] und die Abhaltung von Vertrauensleutesitzungen sowie die Verteilung von Gewerkschaftszeitungen im Betrieb[173]. Natürlich ist dem Arbeitgeber die – auch stillschweigende – Gestattung nicht verboten.

121

---

[161] BAG, Beschl. v. 25.3.1992, AP Nr. 4 zu § 2 BetrVG 1972.
[162] BAG, Urt. v. 14.2.1967, AP Nr. 10 zu Art. 9 GG.
[163] BAG, Urt. v. 8.12.1978, AP Nr. 28 zu Art. 9 GG.
[164] BAG, Urt. v. 14.2.1967, AP Nr. 10 zu Art. 9 GG.
[165] LAG Frankfurt, Urt. v. 16.1.1973, BB 1973, 1394.
[166] BAG, Urt. v. 26.1.1982, AP Nr. 35 zu Art. 9 GG.
[167] BVerfG, Beschl. v. 17.2.1981, DB 1981, 1467.
[168] LAG Köln, Urt. v. 6.11.1986, DB 1987, 54.
[169] BVerfG, Beschl. v. 28.4.1976, DB 1976, 1485.
[170] BAG, Urt. v. 23.2.1979, AP Nr. 30 zu Art. 9 GG.
[171] BAG, Urt. v. 23.9.1986, AP Nr. 45 zu Art. 9 GG m. Anm. *Bauschke*.
[172] BAG, Urt. v. 8.12.1978, AP Nr. 28 zu Art. 9 GG m. Anm. *Konzen*.
[173] BAG, Urt. v. 23.2.1979, AP Nr. 30 zu Art. 9 GG.

d) Zugang zum Betrieb

122 Ein allgemeines Zutrittsrecht für Beauftragte von Gewerkschaften zum Betrieb gibt es nicht[174]. Es ist vielmehr zu unterscheiden:

123 aa) **Wahrnehmung von Aufgaben nach dem BetrVG.** Die Gewerkschaftsvertreter haben Zugang zum Betrieb, soweit sie Aufgaben nach dem BetrVG wahrnehmen (§ 2 Abs. 2 BetrVG). Inwieweit Beauftragte der Gewerkschaften einzelne Mitarbeiter aufsuchen dürfen, ist sehr umstritten. Sie werden das Recht jedenfalls dann haben, wenn sich nur auf diese Weise ein Betriebsrat bilden läßt oder wenn der Betriebsrat ein Gewerkschaftsmitglied zur Erfüllung seiner Aufgaben hinzuzieht. Vor Betreten des Betriebs ist der Arbeitgeber so rechtzeitig zu unterrichten, daß er sich darauf einstellen, also beispielsweise Rechtsrat über das Zutrittsrecht einholen kann[175]. Einen Tag vorher wird im allgemeinen ausreichend und notwendig sein[176]. Dem Arbeitgeber sind Zeitpunkt und Zweck des Besuchs zu nennen[177]. Die Auswahl des Vertreters liegt bei den Gewerkschaften. Der Arbeitgeber kann ihn zurückweisen, wenn die Ausübung des Zutrittsrechts gerade durch diesen Beauftragten etwa wegen früherer Diffamierung des Arbeitgebers oder wegen konkreter Anhaltspunkte für Störungen des Betriebsfriedens für ihn unzumutbar ist[178]. Das Zugangsrecht besteht nicht, wenn ihm unumgängliche Notwendigkeiten des Betriebsablaufs, zwingende Sicherheitsvorschriften oder der Schutz von Betriebsgeheimnissen entgegenstehen.

124 bb) **Ein Zugangsrecht aufgrund der Koalitionsfreiheit** zum Zwecke der Werbung, Information und Betreuung der Mitglieder kommt jedenfalls dann nicht in Betracht, wenn die Koalition durch Mitglieder im Betrieb vertreten ist[179]. Gewerkschaftsvertreter haben auch kein Recht auf Zutritt, etwa um mit Mitgliedern Tariffragen zu besprechen oder um Arbeitskampfmaßnahmen vorzubereiten. Zugangsrechte bestehen also praktisch nur im Rahmen der Betriebsverfassung.

e) Gewerkschaftliche und betriebliche Vertrauensleute

125 aa) **Die gewerkschaftlichen Vertrauensleute** sind der verlängerte Arm der Gewerkschaften im Betrieb. Sie werden von den organisierten Arbeitnehmern – in der Regel abteilungsweise – aus ihrer Mitte gewählt. Sie sind ehrenamtliche Funktionäre der Gewerkschaft und haben die allgemeine Aufgabe, an der Gestaltung und Festigung ihrer Organisation mitzuwirken und die Politik ihrer Gewerkschaft im Betrieb zu vertreten.

---

[174] BAG, Beschl. v. 26.6.1973, AP Nr. 2 zu § 2 BetrVG 1972.
[175] LAG München, Beschl. v. 18.10.1979, 8 TaBV 22/79.
[176] LAG Niedersachsen, Beschl. v. 2.4.1980, 4 TaBV 3/39.
[177] LAG Hamm, Beschl. v. 9.3.1972, DB 1972, 777.
[178] LAG Hamm, Beschl. v. 30.9.1977, DB 1978, 844.
[179] BAG, Urt. v. 14.2.1978, AP Nr. 26 zu Art. 9 GG.

Zu ihren Aufgaben gehört es, die Mitglieder über die Gewerkschaft und ihre Ziele, umgekehrt die Gewerkschaft über alle wichtigen Vorgänge im Betrieb, die ihre Interessen berühren, zu informieren. Sie haben für die Einhaltung von Gewerkschaftsbeschlüssen zu sorgen, Informationsmaterial zu verteilen, für den Gewerkschaftsbeitritt zu werben und Austritten entgegenzuwirken. Besondere Aufgaben haben sie im Rahmen der Tarifbewegung (Diskussion der Forderungen, Organisation des Arbeitskampfes). Betriebsverfassungsrechtliche Funktionen stehen ihnen nicht zu. Dennoch ist ihr Einfluß häufig groß. Sie stellen die Vorschlagslisten für die Wahlen zu Betriebsrat, Aufsichtsrat und Jugend- und Auszubildendenvertretung auf. Die Vertrauensleute genießen keine Vorrechte im Betrieb, vor allem keinen besonderen (Kündigungs-)Schutz[180]. Die Gewerkschaft kann nicht verlangen, daß die Vertrauensleutewahlen während der Arbeitszeit und im Betrieb durchgeführt werden. Umgekehrt dürfen die Vertrauensleute wegen ihrer Tätigkeit aber auch nicht benachteiligt werden[181]. **126**

bb) Betriebliche Vertrauensleute (vgl. § 3 Abs. 1 Nr. 5 BetrVG) sind der Unterbau des Betriebsrats und in der Regel zugleich Gesprächspartner des Abteilungsleiters, vor allem im Bereich der chemischen Industrie. Gewählt werden sie in den Betrieben von allen Arbeitnehmern (mit Ausnahme der leitenden Angestellten); ihre Zusammenkünfte finden unter der Leitung des Betriebsrats während der Arbeitszeit im Betrieb statt. Soweit sie gewerkschaftlich organisiert sind, sind sie nicht selten in Personalunion gewerkschaftliche Vertrauensleute. **127**

f) Die personelle Verflechtung

Die Querverbindungen zwischen Gewerkschaft und Betriebsrat sind enger, als die gesetzliche Regelung vermuten läßt. Die Mehrzahl der Betriebsratsmitglieder gehört der zuständigen Gewerkschaft an. **128**

Betriebsratswahlen 1998 und 2002[182]

in %	Wahl 1998		Wahl 2002	
	Betriebsrats-Mitglieder	Betriebsrats-vorsitzende	Betriebsrats-Mitglieder	Betriebsrats-vorsitzende
DGB	65,1	76,2	57,8	68,1
DAG	3,2	3,0	-	-
CGB	0,5	0,4	0,5	0,2
Sonstige	1,0	1,5	1,0	0,4
Nichtorganisierte	33,3	21,9	40,7	31,3

---

[180] BAG, Urt. v. 8.12.1978, AP Nr. 28 zu Art. 9 GG.
[181] *Fitting*, § 2 BetrVG Rn. 89.
[182] Iwd-Informationsdienst Nr. 45/2002 v. 7.11.2002.

129 Viele Betriebsratsmitglieder sind gleichzeitig ehrenamtliche Gewerkschaftsfunktionäre. Das führt zu der Frage, wie sich Betriebsratsamt und gewerkschaftliche Funktionen vereinbaren lassen. Die Grenzen sind schwer zu ziehen. Grundsätzlich schließt die Wahl zum Betriebsrat die gewerkschaftliche Betätigung im Betrieb nicht aus (§ 74 Abs. 3 BetrVG); allerdings darf das Betriebsratsmitglied nicht in amtlicher Eigenschaft tätig werden. Unzulässig wäre es etwa, wenn der Betriebsrat in dieser Eigenschaft zum Streik auffordern oder die Unterstützung von Anträgen, z.B. auf Werkswohnungen, vom Beitritt zu einer Gewerkschaft abhängig machen würde.

130 Es ist verständlich, daß die Gewerkschaften versuchen, Einfluß auf die Belegschaft und ihre gewählten Vertreter zu nehmen. Zum Teil ist ihnen dieser Einfluß durch das BetrVG vom Gesetzgeber eingeräumt worden. Erwähnt wurde bereits das Zugangsrecht (§ 2 Abs. 2 BetrVG). Zu nennen sind aber auch das Verbot, tariflich geregelte Arbeitsbedingungen durch Betriebsvereinbarung zu regeln, also z.B. auf Nichtorganisierte auszudehnen (§ 77 Abs. 3 BetrVG), das den Betriebsräten gute Möglichkeiten der Selbstdarstellung nimmt, oder die Bildungs- und Schulungsveranstaltungen für Betriebsrats- und Jugend- und Auszubildendenvertreter (§ 37 Abs. 6 und 7 BetrVG), die großenteils von Gewerkschaften durchgeführt werden. Auch die Aufstellung von Wahllisten durch die gewerkschaftlichen Vertrauensleute wirkt in dieser Richtung. Dabei darf allerdings nicht übersehen werden, daß mancher Betriebsrat, wenn er sich gegenüber „seinem" Arbeitgeber durchsetzen will, in der Tat einer gewissen Unterstützung von außen bedarf, und daß es manchen Betriebsrat nicht gäbe, wenn die Gewerkschaften seine Errichtung nicht durchgesetzt hätten.

V. Betriebsratswahl

1. Wahlrecht

a) Wahlberechtigung

131 aa) **Wahlberechtigt** sind grundsätzlich alle Arbeitnehmer des Betriebes, die am Wahltag, d.h. am letzten Tag der Stimmabgabe, das 18. Lebensjahr vollendet haben (§ 7 BetrVG); ausgenommen sind die leitenden Angestellten, die gegebenenfalls den Sprecherausschuß wählen. Da es allein auf den rechtlichen Bestand des Arbeitsverhältnisses ankommt, sind auch Arbeitnehmer, die krank oder beurlaubt sind, Wehr- oder Ersatzdienst[183] ableisten oder sich in Mutterschafts- oder Erziehungsurlaub befinden, wahlberechtigt. Gekündigte sind wahlberechtigt, solange die Kündigungsfrist noch nicht abgelaufen ist; sie bleiben wahlberechtigt, wenn sie für die Dauer des Kündigungsschutzverfahrens weiterbeschäftigt werden[184]. Wahl-

---

[183] BAG, Beschl. v. 29.3.1974, AP Nr. 2 zu § 19 BetrVG 1972.
[184] BAG, Beschl. v. 14.5.1997, AP Nr. 6 zu § 8 BetrVG 1972.

berechtigt sind auch Teilzeitkräfte[185], Aushilfen und die zu ihrer Berufsausbildung Beschäftigten. Formelle Voraussetzung für die Ausübung des Wahlrechts ist die Eintragung in die Wählerliste (§ 2 Abs. 3 WahlO).

Wahlberechtigt sind nur betriebsangehörige Arbeitnehmer. Betriebsangehörig ist, wem aufgrund eines Arbeitsvertrages innerhalb der betrieblichen Organisation, für die der Betriebsrat gewählt wird, ein Arbeitsbereich zugewiesen ist[186].Gleichgültig ist, ob der Arbeitnehmer im Betrieb oder im Außendienst oder in Telearbeit beschäftigt werden. Nicht betriebsangehörig sind Mitarbeiter anderer Unternehmen, auch wenn sie tatsächlich im Betrieb tätig werden. Leiharbeitnehmer dürfen kraft ausdrücklicher gesetzlicher Vorschrift im Betrieb des Entleihers mitarbeiten, wenn sie dort länger als drei Monate eingesetzt sind (§ 7 Satz 2 BetrVG). Freie Mitarbeiter sind keine Arbeitnehmer. Wer in mehreren Betrieben beschäftigt ist, wählt in mehreren Betrieben. Maßgeblich für die Wahlberechtigung ist die Betriebsangehörigkeit am Wahltag; auf eine bestimmte Dauer kommt es nicht an. **132**

bb) Die Wahlbeteiligung ist seit jeher hoch. Sie hängt ab von der Branche (z.B. niedrig im Dienstleistungsbereich, hoch im verarbeitenden Gewerbe) und sinkt mit zunehmender Größe des Betriebes. **133**

Wahlbeteiligung von 1975 bis 2002 (in %)[187]

	1975	1978	1981	1984	1987	1990	1994	1998	2002
Arbeiter	82,6	81,9	79,9	82,59	82,50	79,14	78,8	64,6	(gemeins. Wahl)
Angest.	72,7	80,8	79,3	82,53	83,60	75,85	76,6	68,4	77,9

b) Wählbarkeit

Wählbar sind alle Wahlberechtigten, die dem Betrieb **mindestens sechs Monate** angehören oder die als in Heimarbeit Beschäftigte in der Hauptsache für den Betrieb gearbeitet haben (§ 8 Abs. 1 Satz 1 BetrVG). Um das Betriebsratsamt soll sich nur bewerben können, wer den Betrieb wenigstens einigermaßen kennt. **134**

Kürzere Unterbrechungen der Betriebsangehörigkeit schaden nicht. Zeiten, in denen der Arbeitnehmer unmittelbar vorher einem anderen Betrieb desselben Unternehmens oder Konzerns angehört hat, werden auf die Betriebsangehörigkeit angerechnet (§ 8 Abs. 1 Satz 2 BetrVG). Besteht der Betrieb noch keine sechs Monate, so ist wählbar, wer bei Einleitung der Betriebsratswahl wahlberechtigt ist (§ 8 Abs. 2 BetrVG). Wer in mehreren Betrieben beschäftigt ist, kann auch in mehreren Betrieben gewählt werden. Ausländer sind gleichermaßen wählbar wie Deutsche. Nicht wählbar ist, wer infolge strafgerichtlicher Verurteilung **135**

---

[185] BAG, Beschl. v. 29.1.1992, AP Nr. 1 zu § 7 BetrVG 1972.
[186] BAG, Beschl. v. 22.3.2000, NZA 2000, 1119.
[187] *Niedenhoff*, Die Praxis der betrieblichen Mitbestimmung, 1999, S. 147 f.

die Fähigkeit, Rechte aus öffentlichen Wahlen zu erlangen, nicht besitzt (§ 8 Abs. 1 Satz 3 BetrVG). Formelle Voraussetzung für das passive Wahlrecht sind die Eintragung in die Wählerliste (§ 2 Abs. 3 WahlO) und die Benennung auf einem ordnungsgemäß eingereichten Wahlvorschlag (§ 6 WahlO).

2. Größe und Zusammensetzung des Betriebsrats

a) Größe

136 Betriebsräte können nur in Betrieben mit mindestens 5 Arbeitnehmern gebildet werden (§ 1 BetrVG). Die Größe des Betriebsrats hängt von der Beschäftigtenzahl ab. Nach der zwingenden Staffel des § 9 Satz 1 BetrVG besteht der Betriebsrat in Betrieben mit in der Regel

5 - 20 wahlberechtigten Arbeitnehmern	aus	einer Person
21 - 50 wahlberechtigten Arbeitnehmern	aus	3 Mitgliedern
51 wahlberechtigten Arbeitnehmern bis 100 Arbeitnehmern	aus	5 Mitgliedern
101 - 200 Arbeitnehmern	aus	7 Mitgliedern
201 - 400 Arbeitnehmern	aus	9 Mitgliedern
401 - 700 Arbeitnehmern	aus	11 Mitgliedern
701 - 1000 Arbeitnehmern	aus	13 Mitgliedern
1001 - 1500 Arbeitnehmern	aus	15 Mitgliedern
1501 - 2000 Arbeitnehmern	aus	17 Mitgliedern
2001 - 2500 Arbeitnehmern	aus	19 Mitgliedern
2501 - 3000 Arbeitnehmern	aus	21 Mitgliedern
3001 - 3500 Arbeitnehmern	aus	23 Mitgliedern
3501 - 4000 Arbeitnehmern	aus	25 Mitgliedern
4001 - 4500 Arbeitnehmern	aus	27 Mitgliedern.
4501 - 5000 Arbeitnehmern	aus	29 Mitgliedern.
5001 - 6000 Arbeitnehmern	aus	31 Mitgliedern.
6001 - 7000 Arbeitnehmern	aus	33 Mitgliedern.
7001 - 9000 Arbeitnehmern	aus	35 Mitgliedern.

137 In Betrieben mit mehr als 9000 Arbeitnehmern erhöht sich die Zahl der Mitglieder des Betriebsrats für je angefangene weitere 3000 Arbeitnehmer um zwei Mitglieder (§ 9 Satz 2 BetrVG). In Betrieben mit 5 - 20 Arbeitnehmern besteht der Betriebsrat aus einer Person, in größeren ist er ein Gremium.

138 Entscheidend ist die Zahl der Arbeitnehmer (ohne die leitenden Angestellten) zum Zeitpunkt der Wahl, so wie sie vom Wahlvorstand bei Erlaß des Wahlausschreibens nach pflichtgemäßem Ermessen eingeschätzt wird (§ 3 Abs. 2 Nr. 4 WahlO)[188]. Dabei kommt es nicht auf die Zahl der tatsächlich, sondern der regelmäßig Beschäftigten an. Es ist auf die Beschäftigtenlage abzustellen, die im allgemeinen für den Betrieb kennzeichnend ist.

---

[188] BAG, Beschl. v. 12.10.1976, AP Nr. 1 zu § 8 BetrVG 1972.

Zugrunde zu legen sind die bisherige Stärke des Betriebs und die voraussichtliche Entwicklung[189]. Steht fest, daß die Belegschaft aufgestockt oder verringert wird, so ist von der neuen Zahl auszugehen; die bloße Befürchtung, daß Arbeitnehmer entlassen werden müssen, genügt nicht. Teilzeitkräfte sind grundsätzlich (voll) mitzuzählen[190], Aushilfen, wenn sie mindestens sechs Monate im Jahr beschäftigt werden und wenn auch in Zukunft mit ihrer Beschäftigung zu rechnen ist[191]. Leiharbeitnehmer zählen selbst dann nicht mit, wenn sie nach § 7 Satz 2 BetrVG wahlberechtigt sind[192]. Dasselbe gilt für Mitarbeiter in der Freistellungsphase der „verblockten" Altersteilzeit[193]. Ändert sich nach der Wahl die Belegschaftsstärke, so hat das nur dann Auswirkungen, wenn binnen 24 Monaten nach dem Wahltag die Zahl der regelmäßig beschäftigten Arbeitnehmer um die Hälfte, mindestens aber um 50 steigt oder sinkt; dann ist ein neuer Betriebsrat zu wählen (§ 13 Abs. 2 Nr. 1 BetrVG). Fehlt es in einem Betrieb an einer ausreichenden Zahl von wählbaren Arbeitnehmern, so ist die Zahl der Betriebsratsmitglieder der nächstniedrigeren Betriebsgröße zugrundezulegen (§ 11 BetrVG). Entsprechendes gilt bei einem Mangel an Wahlbewerbern oder wenn gewählte Mitglieder die Übernahme des Amts ablehnen[194].

b) Zusammensetzung

aa) Berücksichtigung der Organisationsbereiche und Beschäftigungsarten. 139
Der Betriebsrat soll sich möglichst aus Arbeitnehmern der einzelnen Organisationsbereiche und der verschiedenen Beschäftigungsarten der im Betrieb tätigen Arbeitnehmer zusammensetzen. **Organisationsbereiche** sind organisatorische Untergliederungen eines Betriebs oder einer anderen in § 3 BetrVG vorgesehenen Organisationseinheit. **Beschäftigungsarten** sind beispielsweise Wechselschichtarbeit, Telearbeit oder wissenschaftliche Tätigkeit. § 15 Abs. 1 BetrVG ist nicht zwingend. Die Vorschrift will nur dazu auffordern, die Wahlvorschläge so zu gestalten, daß sich der Betriebsrat entsprechend der Organisation des Betriebes und der Struktur der Arbeitnehmerschaft zusammensetzt.

bb) Berücksichtigung der Geschlechter. Besteht der Betriebsrat aus minde-stens 140
drei Mitgliedern, muß das Geschlecht, das in der Belegschaft in der Minderheit ist, mindestens entsprechend seinem zahlenmäßigen Verhältnis im Betriebsrat vertreten sein (§ 15 Abs. 2 BetrVG). Das in der Minderheit befindliche Geschlecht kann also mehr Sitze haben, als seinem Anteil an der Belegschaft entspricht. Obwohl die Vorschrift geschlechtsneutral gestaltet ist, zielt sie auf eine Erhöhung des Anteils weiblicher Betriebsratsmitglieder.

---

[189] BAG, Beschl. v. 29.5.1991, AP Nr. 1 zu § 17 BPersVG.
[190] BAG, Beschl. v. 29.5.1991, AP Nr. 1 zu § 17 BPersVG.
[191] BAG, Beschl. v. 12.10.1976, AP Nr. 1 zu § 8 BetrVG 1972.
[192] BAG, Beschl. v. 16.4.2003, AP Nr. 1 zu § 9 BetrVG 2002 m. Anm. *Maschmann*.
[193] BAG, Beschl. v. 16.4.2003, AP Nr. 1 zu § 9 BetrVG 2002 m. Anm. *Maschmann*.
[194] *Fitting*, § 11 BetrVG Rn. 8; *Löwisch/Kaiser*, § 11 BetrVG Rn. 2.

141 In größeren Betrieben werden keine Personen, sondern Listen gewählt. Diese werden von den im Betrieb vertretenen Gewerkschaften oder von freien Wählerinitiativen aufgestellt. Betriebsratsmitglieder, die über dieselbe Vorschlagsliste gewählt werden, bilden die **„Fraktionen"** des Betriebsrats (z.B. IG Metall, CGB, AUB). Die Mehrheitsfraktion vermag zwar im Regelfall ihre Interessen gegenüber den übrigen Fraktionen durchzusetzen (§ 33 Abs. 1 BetrVG). Die Mitglieder der „Minderheitsfraktionen" müssen aber bei der Besetzung von betrieblichen Ausschüssen (§ 27 Abs. 1 Satz 3, Abs. 2 Satz 4, 28 Abs. 1 Satz 1 BetrVG) und bei der Freistellung von Betriebsratsmitgliedern (§ 38 Abs. 2 Satz 3 BetrVG) verhältnismäßig berücksichtigt werden.

3. Zeitpunkt der Wahlen

a) Regelmäßige Betriebsratswahlen

142 Die regelmäßigen Betriebsratswahlen finden seit 1990 alle vier Jahre in der Zeit vom 1. März bis 31. Mai statt (2002, 2006, 2010 usw.). Sie sind zeitgleich mit den regelmäßigen Wahlen zum Sprecherausschuß einzuleiten (§§ 13 Abs. 1 Satz 2 BetrVG, § 5 Abs. 1 Satz 2 SprAuG).

b) Außerordentliche Betriebsratswahlen

143 Außerhalb dieses Zeitraums ist der Betriebsrat nur dann zu wählen, wenn
- mit Ablauf von 24 Monaten, vom (letzten) Tage der Wahl an gerechnet, die Zahl der regelmäßig beschäftigten Arbeitnehmer um die Hälfte, mindestens aber um fünfzig, gestiegen oder gesunken ist,
- die Gesamtzahl der Betriebsratsmitglieder nach Eintreten sämtlicher Ersatzmitglieder unter die vorgeschriebene Zahl der Betriebsratsmitglieder gesunken ist,
- der Betriebsrat mit der Mehrheit seiner Mitglieder seinen Rücktritt beschlossen hat,
- die Betriebsratswahl mit Erfolg angefochten worden ist,
- der Betriebsrat durch eine gerichtliche Entscheidung aufgelöst ist oder
- im Betrieb ein Betriebsrat nicht besteht (vgl. § 13 Abs. 2 BetrVG).

144 Um den Anschluß an die regelmäßige Wahlzeit zu gewinnen, finden die nächsten Wahlen ohne Rücksicht auf die Amtszeit zum nächsten und, wenn der Betriebsrat am folgenden 1. März noch nicht ein Jahr im Amt ist, zum übernächsten regelmäßigen Termin statt (§ 13 Abs. 3 Satz 2 BetrVG). Dementsprechend verlängert oder verkürzt sich die Amtszeit des gewählten Betriebsrats (§ 21 Satz 4 BetrVG).

4. Wahlverfahren

a) Wahlvorstand

aa) Bestellung. Die Wahl beginnt mit der Bestellung des Wahlvorstandes, dem die 145
Leitung und Durchführung der Wahl obliegt (§ 1 Abs. 1 WahlO). Die Bestellung
geschieht **durch den Betriebsrat,** und zwar spätestens zehn Wochen vor Ablauf
seiner Amtszeit (§ 16 Abs. 1 BetrVG). Hat er acht Wochen vor Ablauf seiner
Amtszeit noch keinen Wahlvorstand berufen, bestellt ihn das Arbeitsgericht auf
Antrag von mindestens drei Wahlberechtigten oder einer im Betrieb vertretenen
Gewerkschaft (§ 16 Abs. 2 BetrVG). Zur Bestellung des Wahlvorstands berechtigt
ist in diesem Fall auch der Gesamtbetriebsrat oder, falls ein solcher nicht besteht,
der Konzernbetriebsrat (§ 16 Abs. 3 BetrVG).

Besteht in einem betriebsratsfähigen Betrieb kein Betriebsrat, so bestellt der 146
Gesamtbetriebsrat (s. Rn. 274 ff.) oder, falls ein solcher nicht besteht, der Konzernbetriebsrat (s. Rn. 293) den Wahlvorstand (§ 17 Abs. 1 BetrVG). Besteht weder ein Gesamt- noch ein Konzernbetriebsrat oder unterläßt dieser die Bestellung
eines Wahlvorstands, so wird der Wahlvorstand in einer Betriebsversammlung von
der Mehrheit der anwesenden Arbeitnehmer gewählt (§ 17 Abs. 2 BetrVG). Zu
dieser Betriebsversammlung können drei wahlberechtigte Arbeitnehmer des Betriebs oder eine im Betrieb vertretene Gewerkschaft einladen. Sie können dabei
Vorschläge für die Zusammensetzung des Wahlvorstands unterbreiten (§ 17 Abs. 3
BetrVG). Findet trotz ordnungsgemäßer Einladung keine Betriebsversammlung
statt oder wählt die Betriebsversammlung keinen Wahlvorstand, so bestellt ihn das
Arbeitsgericht auf Antrag von mindestens drei wahlberechtigten Arbeitnehmern
oder einer im Betrieb vertretenen Gewerkschaft (§ 17 Abs. 4 BetrVG).

bb) Größe und Zusammensetzung. Der Wahlvorstand besteht ohne Rücksicht 147
auf die Größe des Betriebs aus drei Wahlberechtigten. Er kann bei Bedarf größer
sein, muß aber immer eine ungerade Zahl von Mitgliedern haben. In Betrieben mit
weiblichen und männlichen Arbeitnehmern sollen dem Wahlvorstand Frauen und
Männer angehören. Jede im Betrieb vertretene Gewerkschaft kann zusätzlich,
wenn sie nicht ohnedies durch ein Mitglied im Wahlvorstand vertreten ist, einen
dem Betrieb angehörenden Beauftragten als nicht stimmberechtigtes Mitglied entsenden. Für jedes Wahlvorstandsmitglied kann ein Ersatzmitglied bestellt werden.
Ein Mitglied ist vom Betriebsrat zum Vorsitzenden zu bestimmen (§ 16 Abs. 1
BetrVG). Innerhalb dieses Rahmens kann der Betriebsrat frei entscheiden, wen er
beruft. Nach Möglichkeit wird er sachkundige Arbeitnehmer aussuchen, die Betriebsratswahlen schon einmal durchgeführt haben, im allgemeinen Betriebsrats-

mitglieder. Mitglieder des Wahlvorstandes können bei der Betriebsratswahl kandidieren[195].

148 cc) Beginn und Ende der Amtszeit. Das Amt der Wahlvorstandsmitglieder beginnt mit der Bestellung durch den Betriebsrat oder das Arbeitsgericht. Es endet regelmäßig mit der Einberufung der konstituierenden Sitzung des neu gewählten Betriebsrats (§ 29 Abs. 1 Satz 1 BetrVG)[196]. Das Amt endet vorzeitig, wenn ein Mitglied zurücktritt oder wenn das Arbeitsgericht den Wahlvorstand ersetzt, weil die Wahl nicht unverzüglich eingeleitet oder durchgeführt oder das Wahlergebnis nicht festgestellt wurde (§ 18 Abs. 1 Satz 2 BetrVG); das Ersetzungsverfahren wird auf Antrag von mindestens drei wahlberechtigten Arbeitnehmern oder einer im Betrieb vertretenen Gewerkschaft eingeleitet. Eine Abberufung des Wahlvorstands oder einzelner seiner Mitglieder durch den Betriebsrat ist nicht möglich[197].

149 dd) Rechtsstellung der Mitglieder. Das Amt des Wahlvorstands ist ein **unentgeltliches Ehrenamt**. Allerdings behalten die Vorstandsmitglieder, wenn sie wegen Ausübung ihrer Amtsgeschäfte an der Arbeitsleistung verhindert sind, den Anspruch auf das Arbeitsentgelt (§ 20 Abs. 3 Satz 2 BetrVG). Müssen sie ihre Amtsgeschäfte aus betrieblichen Gründen außerhalb der Arbeitszeit verrichten, haben sie einen **Ausgleichsanspruch** entsprechend § 37 Abs. 3 BetrVG[198]. Fehlen einem Wahlvorstandsmitglied die für die Durchführung der Wahl erforderlichen Kenntnisse, so hat es **Anspruch auf Schulung** entsprechend § 37 Abs. 6 BetrVG, wenn es sich die Kenntnisse nicht bei anderen Wahlvorstandsmitgliedern oder sonstigen Kollegen verschaffen kann[199]. Wahlvorstände genießen **Sonderkündigungsschutz** nach § 15 Abs. 3 KSchG; ihnen kann von der Bestellung bis 6 Monate nach Bekanntgabe des Wahlergebnisses nur aus wichtigem Grund gekündigt werden; überdies ist die Zustimmung des Betriebsrats erforderlich. Gekündigt werden kann ihnen aber bei der Stillegung des gesamten Betriebes oder von Betriebsabteilungen, wenn die Übernahme in eine andere Abteilung des Betriebs oder in einen anderen Betrieb des Unternehmens nicht möglich ist (§ 15 Abs. 4, 5 KSchG).

150 ee) Entscheidungen trifft der Wahlvorstand nach pflichtgemäßem Ermessen durch Beschluß mit einfacher Mehrheit. Die Entscheidungen können während der Wahl beim Arbeitsgericht angefochten werden[200]. Antragsberechtigt sind außer dem in seinem aktiven oder passiven Wahlrecht Betroffenen die nach § 19 BetrVG Antragsberechtigten, z.B. eine im Betrieb vertretene Gewerkschaft[201]. Das Arbeitsgericht kann im Wege der einstweiligen

---

[195] BAG, Beschl. v. 4.10.1977, AP Nr. 2 zu § 18 BetrVG 1972.
[196] BAG, Beschl. v. 14.11.1975, AP Nr. 1 zu § 18 BetrVG 1972.
[197] ArbG Berlin, Beschl. v. 3.4.1974, DB 1974, 830.
[198] Zu Vorstehendem BAG, Urt. v. 26.4.1995, AP Nr. 17 zu § 20 BetrVG 1972.
[199] Dieser Anspruch besteht aber nur in Ausnahmefällen, vgl. BAG, Beschl. v. 26.6.1973, AP Nr. 3 zu § 20 BetrVG 1972.
[200] BAG, Beschl. v. 15.12.1972, AP Nr. 1 zu § 14 BetrVG 1972.
[201] BAG, Beschl. v. 5.4.1974, AP Nr. 1 zu § 5 BetrVG 1972.

Verfügung berichtigend in das Wahlverfahren eingreifen. Die Wahl abbrechen kann es nur, wenn sich der Rechtsmangel nicht korrigieren läßt und die Weiterführung mit Sicherheit eine erfolgreiche Anfechtung oder gar die Nichtigkeit der Wahl zur Folge hätte[202].

b) Vorbereitung der Wahl

aa) Rechtsvorschriften. Das BetrVG enthält in den §§ 14 und 18 nur einige wenige Anweisungen zur Vorbereitung und Durchführung der Wahl. Die Einzelheiten ergeben sich aus der Wahlordnung, die im Jahre 1972 auf der Grundlage des § 126 BetrVG erlassen wurde[203]. **151**

bb) Die Wählerliste. Der Wahlvorstand beginnt seine Tätigkeit mit der Aufstellung der Wählerliste. Sie enthält Familiennamen, Vornamen und Geburtsdatum der Wahlberechtigten (§ 2 Abs. 1 WahlO). Der Arbeitgeber unterstützt ihn bei der Aufstellung, indem er ihm Auskünfte erteilt, die erforderlichen Unterlagen zur Verfügung stellt und bei der Feststellung der leitenden Angestellten hilft (§ 2 Abs. 2 WahlO). Die Wählerliste muß spätestens sechs Wochen vor dem ersten Tag der Stimmabgabe und somit, da dieser Tag spätestens eine Woche vor dem Ende der Amtszeit des Betriebsrats liegen soll, spätestens sieben Wochen vor dem Tag, an dem die Amtszeit des alten Betriebsrats abläuft, fertig sein (§ 3 Abs. 1 Satz 3, Abs. 2 Nr. 2 WahlO). **152**

---

[202] *Fitting*, § 18 BetrVG Rn. 42; Richardi/*Thüsing*, § 18 BetrVG Rn. 21.
[203] 1. VO zur Durchführung des BetrVG v. 16.1.1972, BGBl. I S. 49.

Zeitplan für die Betriebsratswahlen

Bestellung des Wahlvorstandes	spätestens 10 Wochen vor Ablauf der Amtszeit
- wenn kein Betriebsrat besteht: Wahl des Wahlvorstandes	- jederzeit
Aufstellung der Wählerliste und Auslegung mit einem Abdruck der Wahlordnung	spätestens 6 Wochen vor dem ersten Tag der Stimmabgabe
- Abstimmung über abweichende Sitzverteilung	- vor Erlaß des Wahlausschreibens
Erlaß des Wahlausschreibens (= Einleitung der Wahl)	spätestens 6 Wochen vor dem ersten Tag der Stimmabgabe
Einsprüche gegen die Richtigkeit der Wählerliste	vor Ablauf von 2 Wochen seit Erlaß des Wahlausschreibens
- Bekanntgabe der Entscheidung über Einsprüche gegen Wählerliste	- unverzüglich, spätestens am Tage vor Beginn der Stimmabgabe
Einreichung von Wahlvorschlägen	vor Ablauf von 2 Wochen seit Erlaß des Wahlausschreibens
- Prüfung der Wahlvorschläge	- unverzüglich, möglichst innerhalb von 2 Arbeitstagen
- Nachfrist zur Mängelbeseitigung	- 3 Arbeitstage
- wenn kein Wahlvorschlag: Nachfrist	- 1 Woche
- kein gültiger Vorschlag für Betriebsrat oder eine Gruppe: Bekanntmachung	- sofort
Bekanntmachung der eingereichten Wahlvorschläge	spätestens 1 Woche vor Beginn der Stimmabgabe
Stimmabgabe	spätestens 1 Woche vor Ablauf der Amtszeit
Stimmauszählung	unverzüglich nach Abschluß der Wahl
- Benachrichtigung des Gewählten	- unverzüglich
- Bekanntgabe des endgültigen Wahlergebnisses	- sobald die Namen der Betriebsratsmitglieder endgültig feststehen
Wahlanfechtung	vor Ablauf von 2 Wochen ab Bekanntgabe des endgültigen Wahlergebnisses

153 In Betrieben, in denen zeitgleich eine **Wahl zum Sprecherausschuß** stattfindet oder in denen ein Sprecherausschuß besteht, gilt folgende Besonderheit: Hat der Wahlvorstand die Wählerliste aufgestellt, dann unterrichtet er den Wahlvorstand für die Sprecherausschußwahl darüber, wen er den leitenden Angestellten zugeordnet hat; finden die Wahlen nicht zeitgleich statt, so unterrichtet er den Sprecherausschuß. Wenn die Zuordnungen übereinstimmen, sind die Wählerlisten endgültig aufgestellt. Gibt es Abweichungen, so haben beide Wahlvorstände oder – bei zeitgleicher Wahl – der Wahlvorstand für die Betriebsratswahl und vom Sprecherausschuß benannte Mitglieder in einer gemeinsamen Sitzung eine Einigung zu versuchen. Gelingt das nicht, wird ein Vermittler eingeschaltet. Vermittler kann jeder Beschäftigte des Unternehmens oder des Konzerns oder der Arbeitgeber sein. Können die Wahlvorstände sich nicht auf einen Vermittler einigen, so schlägt jeder eine

Person vor, und das Los entscheidet. Der Vermittler hat spätestens eine Woche vor Einleitung der Wahlen erneut eine Verständigung zu versuchen. Bleibt der Versuch erfolglos, dann trifft er die Entscheidung nach Beratung mit dem Arbeitgeber. Der Rechtsweg wird durch die Zuordnung nicht ausgeschlossen; allerdings kann eine spätere Wahlanfechtung nur auf eine offensichtlich fehlerhafte Zuordnung gestützt werden. Zu Einzelheiten vgl. § 18a BetrVG.

cc) Wahlausschreiben. Spätestens sechs Wochen vor dem ersten Tag der Stimmabgabe, 154 d.h. am selben Tag, an dem die Wählerliste fertig sein muß, hat der Wahlvorstand das Wahlausschreiben zu erlassen (§ 3 Abs. 1 Satz 1 WahlO). Das Wahlausschreiben enthält die näheren Umstände der Wahl (s. § 3 Abs. 2 WahlO). Es ist im Betrieb an gut zugänglicher Stelle, d. h. im allgemeinen an den Schwarzen Brettern, auszuhängen (§ 3 Abs. 4 WahlO). Gleichzeitig sind die Wählerliste und die Wahlordnung an geeigneten Stellen, am besten im Betriebsratsbüro und/oder in der Personalabteilung, bis zum Abschluß der Stimmabgabe auszulegen (§ 2 Abs. 4 WahlO).

dd) Einspruch gegen die Wählerliste. Bis 2 Wochen nach Erlaß des Wahlausschreibens 155 können beim Wahlvorstand Einsprüche gegen die Richtigkeit der Wählerliste eingelegt werden (§ 4 Abs. 1 WahlO). Ausgeschlossen ist ein Einspruch mit der Begründung, die Zuordnung zu den leitenden Angestellten sei fehlerhaft erfolgt, es sei denn, beide Wahlvorstände oder – bei nicht zeitgleicher Wahl – der Wahlvorstand für die Betriebsratswahl und die vom Sprecherausschuß benannten Mitglieder hielten die Zuordnung übereinstimmend für offensichtlich fehlerhaft (§ 4 Abs. 2 Sätze 2, 3 WahlO). Will sich ein leitender Angestellter gegen die Zuordnung wehren, so muß er beim Arbeitsgericht ein Statusverfahren anhängig machen. Ansonsten entscheidet über den Einspruch der Wahlvorstand (§ 4 Abs. 2 WahlO), über dessen Entscheidung notfalls das Arbeitsgericht.

ee) Wahlvorschläge. Ebenfalls vor Ablauf von zwei Wochen nach Erlaß des Wahlaus- 156 schreibens sind die Wahlvorschläge einzureichen. Wahlvorschläge können sowohl die wahlberechtigten Arbeitnehmer als auch die im Betrieb vertretenen Gewerkschaften machen (§ 14 Abs. 3 BetrVG). Die Vorschläge müssen jeweils von einem Zwanzigstel der wahlberechtigten Gruppenangehörigen, mindestens aber von zwei Wahlberechtigten unterzeichnet sein. Die Unterschrift von 50 Wahlberechtigten genügt in jedem Fall (§ 14 Abs. 4 BetrVG). Vorschläge einer Gewerkschaft müssen von zwei Beauftragten unterschrieben sein (§ 14 Abs. 5 BetrVG).

c) Durchführung der Wahl

aa) Wahlgrundsätze. Der Betriebsrat wird in **geheimer** Wahl gewählt (§ 14 Abs. 157 1 BetrVG). Unzulässig ist deshalb die Einsetzung eines Betriebsrats durch Zuruf in einer Betriebsversammlung oder durch öffentliche Abstimmung. Eine Briefwahl ist nur unter den Voraussetzungen des § 26 WahlO möglich[204]. Welche Vorkehrungen

---

[204] BAG, Beschl. v. 27.1.1993, AP Nr. 29 zu § 76 BetrVG 1952.

der Wahlvorstand zum Schutze des Wahlgeheimnisses treffen muß, ergibt sich aus den §§ 11 Abs. 1, 12 Abs. 1 WahlO. Die Wahl erfolgt **unmittelbar** (§ 14 Abs. 1 BetrVG), d.h. ohne Zwischenschaltung von Wahlmännern.

158 bb) **Wahlart.** Gewählt wird nach den Grundsätzen der **Verhältniswahl.** Die Grundsätze der **Mehrheitswahl** sind anzuwenden, wenn der Betriebsrat nur aus einer Person besteht oder eine Gruppe nur einen Vertreter stellt oder wenn nur eine Vorschlagsliste eingereicht wird (§ 14 Abs. 2 BetrVG). Die Verhältniswahl erfolgt als **Listenwahl** (§ 6 Abs. 1 Satz 1 WahlO). Der Wahlberechtigte kann nur die Liste als solche wählen, nicht einzelne auf der Liste stehende Bewerber. Die Sitze werden beim Verhältniswahlsystem nach dem d'Hondtschen Höchstzahlverfahren verteilt (§§ 15, 16 WahlO).

159 Beispiel: Der Betrieb hat 110 Angestellte. Der Betriebsrat besteht damit aus 5 Mitgliedern. Angenommen, es seien die Listen A, B und C eingereicht worden. Dabei seien auf die Liste A 60, auf die Liste B 30 und auf die Liste C 20 Stimmen entfallen.

Liste A			Liste B			Liste C		
Stimmen	Höchstzahl	Sitz	Stimmen	Höchstzahl	Sitz	Stimmen	Höchstzahl	Sitz
60 : 1 =	60	1.	30 : 1 =	30	2.	20 : 1 =	20	4.
: 2 =	30	3.	: 2 =	15		: 2 =	10	
: 3 =	20	5.	: 3 =	10		: 3 =	6,7	
: 4 =	15		: 4 =	7,5		: 4 =	5	

Die Sitze verteilen sich wie folgt: Von der Liste A sind 3 Kandidaten gewählt, von der Liste B und von der Liste C jeweils einer. Beim Mehrheitswahlsystem ist gewählt, wer die meisten Stimmen erhält (Persönlichkeitswahl, § 25 Abs. 4 WahlO).

160 cc) **Feststellung des Wahlergebnisses und Einberufung der konstituierenden Betriebsratssitzung.** Unverzüglich nach Abschluß der Wahl zählt der Wahlvorstand öffentlich die Stimmen aus und gibt das vorläufige Wahlergebnis bekannt (§§ 18 Abs. 3 BetrVG, 13 . WahlO). Wiederum unverzüglich unterrichtet er die gewählten Betriebsratsmitglieder schriftlich von der Wahl. Die Wahl gilt als angenommen, wenn der Gewählte dem Wahlvorstand nicht binnen drei Arbeitstagen erklärt, daß er die Wahl ablehne (§ 18 Abs. 1 WahlO). Sobald die Namen der Gewählten endgültig feststehen, hat der Wahlvorstand sie durch zweiwöchigen Aushang bekanntzumachen (§ 19 WahlO); damit läuft die Frist für eine Wahlanfechtung nach § 19 BetrVG. Binnen einer Woche nach dem Wahltag hat der Wahlvorstand die gewählten Mitglieder zur konstituierenden Sitzung des Betriebsrats einzuberufen (§ 29 Abs. 1 Satz 1 BetrVG).

d) Vereinfachtes Wahlverfahren für Kleinbetriebe

aa) Erstwahl. Um die Wahl von Betriebsräten in Kleinbetrieben zu erleichtern, kann die Erstwahl eines Betriebsrats in Betrieben mit in der Regel 5 bis 50 Arbeitnehmern stets, in solchen mit in der Regel 51 bis 100 dann, wenn dies zwischen Wahlvorstand und Arbeitgeber vereinbart ist, in einem vereinfachten Verfahren erfolgen (§ 14a Abs. 1 Satz 1, Abs. 5 BetrVG). 160a

(1) Auf einer **ersten Wahlversammlung** wird der Wahlvorstand, soweit er nicht bereits vom zuständigen Gesamt- oder Konzernbetriebsrat (§ 17a Nr. 3, § 17 Abs. 2 BetrVG) bestellt worden ist, von der Mehrheit der anwesenden Arbeitnehmer gewählt (§ 14a Abs. 1 Satz 1 BetrVG). Zu dieser Wahlversammlung können drei wahlberechtigte Arbeitnehmer des Betriebs oder eine im Betrieb vertretene Gewerkschaft einladen und Vorschläge für die Zusammensetzung des Wahlvorstands machen (§ 17a Nr. 3 Satz 2, § 17 Abs. 3 BetrVG). Der Wahlvorstand besteht zwingend aus drei Personen (§ 17a Nr. 2 BetrVG). 160b

(2) Auf einer **zweiten Wahlversammlung**, eine Woche nach der ersten Wahlversammlung (§ 14a Abs. 1 Satz 4 BetrVG), wird dann der Betriebsrat in geheimer und unmittelbarer Wahl gewählt (§ 14a Abs. 1 Satz 3 BetrVG). Ein Quorum ist hierfür nicht vorgesehen; es genügt die Mehrheit der abgegebenen Stimmen. Wahlvorschläge können nur bis zum Ende der ersten Wahlversammlung gemacht werden (§ 14a Abs. 2 HS 1 BetrVG). Vorschlagsberechtigt sind die wahlberechtigten Arbeitnehmer und die im Betrieb vertretenen Gewerkschaften (§ 14 Abs. 3 BetrVG). Wahlvorschläge der Arbeitnehmer müssen von mindestens einem Zwanzigstel der Wahlberechtigten, mindestens jedoch von drei, in Betrieben mit bis zu zwanzig Arbeitnehmern von zwei Arbeitnehmern unterstützt werden (§ 14 Abs. 4 BetrVG). Wahlvorschläge, die erst auf der ersten Wahlversammlung unterbreitet werden, bedürfen nicht der Schriftform (§ 14a Abs. 2 HS 2 BetrVG). Unterstützung durch Handzeichen genügt also. Wahlberechtigten, die nicht an der zweiten Wahlversammlung teilnehmen können, ist Gelegenheit zur schriftlichen Stimmabgabe zu geben (§ 14a Abs. 4 BetrVG). Die Einzelheiten regelt die WahlO. 160c

bb) Erstwahl im einstufigen Verfahren. Für die Erstwahl des Betriebsrats kann auch der Gesamtbetriebsrat oder, wenn ein solcher nicht besteht, der Konzernbetriebsrat den Wahlvorstand bestellen (§ 17 Abs. 1 BetrVG). In diesem Fall wird der Betriebsrat nur in einer Wahlversammlung gewählt (§ 14a Abs. 3 Satz 1 BetrVG). Wahlvorschläge können bis eine Woche vor der Wahlversammlung unterbreitet werden (§ 14a Abs. 3 Satz 2 BetrVG). Das einstufige Verfahren findet auch statt, wenn trotz Einladung keine Wahlversammlung stattfindet oder kein Wahlvorstand gewählt wird und daher das Arbeitsgericht den Wahlvorstand bestellen muß. 160d

cc) Neuwahl des Betriebsrats. Besteht in einem Kleinbetrieb ein Betriebsrat, so hat dieser vier Wochen vor Ablauf seiner Amtszeit (§ 17a Nr. 1 BetrVG; in größe- 160e ren Betrieben 10 Wochen, § 16 Abs. 1 BetrVG) einen Wahlvorstand zu bestellen. Besteht 3 Wochen vor dem Ende seiner Amtszeit noch kein Wahlvorstand, so kann ihn der zuständige Gesamt- oder Konzernbetriebsrat bestellen (§ 17a Nr. 1, § 16 Abs. 3 BetrVG). Zur Bestellung durch das Arbeitsgericht s. § 17a Nr. 1, § 16 Abs. 2 Satz 1 BetrVG; zum weiteren Verfahren s. § 14a BetrVG.

160f dd) **Sonderkündigungsschutz.** Arbeitnehmer, die zur Wahl des Wahlvorstands einladen oder beim Arbeitsgericht die Bestellung eines Wahlvorstands beantragen, sind vom Zeitpunkt der Einladung oder Antragstellung bis zur Bekanntgabe des Wahlergebnisses gegen Entlassungen geschützt, es sei denn, daß Tatsachen vorliegen, die den Arbeitgeber zur Kündigung aus wichtigem Grund ohne Einhaltung einer Kündigungsfrist berechtigen (§ 15 Abs. 3a Satz 1 HS 1 KSchG). Der Kündigungsschutz gilt für die ersten drei in der Einladung oder Antragstellung aufgeführten Arbeitnehmer (§ 15 Abs. 3a Satz 1 HS 2 KSchG). Kommt es nicht zur Wahl eines Betriebsrats, endet der Kündigungsschutz drei Monate nach dem Zeitpunkt der Einladung oder Antragstellung (§ 15 Abs. 3a Satz 2 KSchG).

5. Wahlschutz und Wahlkosten

a) Wahlschutz

161 aa) **Allgemeines Behinderungsverbot.** Niemand darf Betriebsratswahlen behindern (§ 20 Abs. 1 Satz 1 BetrVG). Das Verbot richtet sich gegen jedermann, nicht nur gegen den Arbeitgeber oder gegen betriebsangehörige Arbeitnehmer. Geschützt sind außer dem eigentlichen Wahlakt sämtliche mit der Wahl zusammenhängenden oder ihr dienenden Handlungen[205]. Dazu gehört auch die Wahlwerbung durch eine im Betrieb vertretene Gewerkschaft. Sie genießt sogar den Schutz des Art. 9 Abs. 3 GG, da sie Teil der koalitionsmäßigen Betätigung ist und damit – so die frühere Terminologie des BVerfG[206] – in den Kernbereich der Koalitionsfreiheit fällt. Zulässig sind insbesondere der Aushang von Wahlplakaten und die Verteilung von Handzetteln während der Arbeitspausen[207].

162 bb) **Verbot der Behinderung einzelner Arbeitnehmer.** Kein Arbeitnehmer darf in der Ausübung seines aktiven oder passiven Wahlrechts beschränkt werden (§ 20 Abs. 1 Satz 2 BetrVG). Geschützt wird die äußere Freiheit der ungestörten Ausübung von Wahlbefugnissen. Unzulässig ist jede rechtliche oder tatsächliche Maßnahme, die es dem Arbeitnehmer unmöglich macht, sich an der Wahl zu beteiligen.

---

[205] *Fitting*, § 20 BetrVG Rn. 7; Richardi/*Thüsing*, § 20 BetrVG Rn. 4.
[206] BVerfG, Beschl. v. 30.11.1965, AP Nr. 7 zu Art. 9 GG.
[207] Das BVerfG hält auch die Verteilung von Flugblättern während der Arbeitszeit für verfassungsrechtlich zulässig, vgl. BVerfG, Beschl. v. 30.11.1965, AP Nr. 7 zu Art. 9 GG.

Beispiele: Weisung des Arbeitgebers, eine Geschäftsreise ohne zwingenden Grund gerade am Wahltag anzutreten; Nichtgewährung von Arbeitsbefreiung für die Stimmabgabe; Versetzung oder Kündigung, um die Teilnahme an der Wahl zu verhindern; Maßregelung nach einer erfolgten Wahl.

Dem Schutz der Arbeitnehmer vor Behinderung dient nicht zuletzt der Ausschluß der ordentlichen Kündigung von Mitgliedern des Wahlvorstandes und von Wahlbewerbern bis zum Ablauf von sechs Monaten nach Bekanntgabe des Wahlergebnisses (§ 15 Abs. 3 KSchG). **163**

cc) Beeinflussungsverbot. Niemand darf die Wahlen durch Zufügung oder Androhung von Nachteilen oder durch Gewährung oder Versprechen von Vorteilen beeinflussen (§ 20 Abs. 2 BetrVG). Damit soll die Freiheit der inneren Willensbildung geschützt werden. Unzulässig ist jede Einwirkung auf einen Wahlbeteiligten (Wähler, Wahlbewerber, Wahlvorstand, Unterzeichner einer Vorschlagsliste usw.), die darauf abzielt, daß dieser Wahlbefugnisse nicht nach seinem eigenen, sondern nach dem Willen eines Dritten wahrnimmt. **164**

Beispiele: Androhung der Kündigung für den Fall, daß sich ein Arbeitnehmer als Wahlbewerber aufstellen läßt; Versetzung auf einen schlechteren oder besseren Arbeitsplatz im Hinblick auf die Wahl eines bestimmten Kandidaten; Zusage einer Zulage, wenn sich ein Arbeitnehmer zum Wahlvorstand bestellen läßt.

Keine unzulässige Wahlbeeinflussung ist die Werbung für einen bestimmten Kandidaten oder für eine bestimmte Liste. Das gilt allerdings nicht für den Arbeitgeber. Als sozialer Gegenspieler darf er sich nicht in die (Neu-)Konstituierung des Betriebsrats einmischen[208]. Das Verbot unzulässiger Wahlbeeinflussung gilt zwar auch für die Gewerkschaften. Zur Aufrechterhaltung ihrer Geschlossenheit nach innen und außen dürfen sie aber ihren Mitgliedern unter Androhung des Ausschlusses aus der Organisation verbieten, auf konkurrierenden Listen zu kandidieren oder solche Listen zu unterzeichnen[209]. **165**

dd) Rechtsfolgen unzulässiger Wahlbehinderung oder -beeinflussung. Ein Verstoß gegen das Behinderungs- oder Beeinflussungsverbot kann strafrechtliche, betriebsverfassungsrechtliche, individualarbeitsrechtliche und allgemein zivilrechtliche Folgen nach sich ziehen. **166**
– Wer vorsätzlich eine Betriebsratswahl behindert oder durch Zufügung oder Androhung von Nachteilen oder durch Gewährung oder Versprechen von Vorteilen beeinflußt, macht sich nach § 119 Abs. 1 Nr. 1 BetrVG **strafbar**. Die Tat wird aber nur auf Antrag verfolgt.
– Die Behinderung oder unzulässige Beeinflussung kann einen **Grund zur Anfechtung der Wahl** abgeben (§ 19 Abs. 2 BetrVG).

---

[208] BAG, Beschl. v. 4.12.1986, AP Nr. 13 zu § 19 BetrVG 1972.
[209] BVerfGE 100, 214; a.A. BGHZ 45, 314; 102, 265; NJW 1991, 485.

– Rechtsgeschäftliche Maßnahmen mit dem Ziel der Behinderung oder unzulässiger Beeinflussung sind **unwirksam** (§ 134 BGB i.V.m. § 20 BetrVG).
– § 20 Abs. 1 und 2 BetrVG sind Schutzgesetze im Sinne des § 823 Abs. 2 BGB; der Verstoß macht **schadensersatzpflichtig**.

b) Wahlkosten

167 **aa) Sach- und Personalkosten.** Die Kosten der Wahl (Unterlagen des Wahlvorstands, Wahlurnen, Vordrucke, Stimmzettel, Porto für Briefwahl usw.) trägt der Arbeitgeber. Zu den Kosten der Wahl zählen auch Aufwendungen für ein erforderlich werdendes Beschlußverfahren[210], für ein Vermittlungsverfahren nach § 18a BetrVG sowie für die anwaltliche Vertretung des Wahlvorstands[211]. Die Kostentragungspflicht setzt voraus, daß die Aufwendungen für eine ordnungsgemäße Durchführung der Wahl objektiv erforderlich sind. Die Kosten einer nichtigen Betriebsratswahl hat der Arbeitgeber zumindest dann zu tragen, wenn der Nichtigkeitsgrund nicht geradezu auf der Hand lag, etwa weil die Rechtslage schwierig zu beurteilen war[212].

168 **bb) Versäumnis von Arbeitszeit.** Die Wahl findet grundsätzlich während der Arbeitszeit statt. Für Arbeitszeit, die zur Ausübung der Wahl versäumt wird, darf das Arbeitsentgelt nicht gemindert werden (§ 20 Abs. 3 BetrVG)[213]. Dasselbe gilt für die Teilnahme an einer Wahlversammlung nach § 17 BetrVG (§ 44 Abs. 1 BetrVG). Unberechtigt vorenthaltene Vergütung kann der Arbeitnehmer durch Zahlungsklage geltend machen, über die im Urteilsverfahren entschieden wird[214].

6. Mängel der Wahl

a) Anfechtung

169 **aa) Allgemeines.** Schon aus Gründen der Rechtssicherheit kann nicht jeder Verfahrensfehler zur Unwirksamkeit der Wahl führen. Im allgemeinen berechtigen Wahlmängel nur zur Anfechtung der Wahl. Zur Anfechtung reicht eine bloße Anfechtungserklärung nicht aus. Sie muß in einem förmlichen arbeitsgerichtlichen Beschlußverfahren geltend gemacht werden. Das geschieht durch einen Antrag an

---

[210] Auch die Kosten einer Gewerkschaft für die Beauftragung eines Rechtsanwalts im Verfahren zur Bestellung eines Wahlvorstands, vgl. BAG, Beschl. v. 31.5.2000, NZA 2001, 114.
[211] BAG, Beschl. v. 8.4.1992, AP Nr. 15 zu § 20 BetrVG 1972.
[212] BAG, Beschl. v. 29.4.1998, AP Nr. 58 zu § 40 BetrVG 1972.
[213] *Fitting*, § 20 BetrVG Rn. 43.
[214] BAG, Urt. v. 5.3.1974, AP Nr. 5 zu § 20 BetrVG 1972.

das Arbeitsgericht. Angefochten werden kann die Wahl des gesamten Betriebsrats, bei Gruppenwahl auch die Wahl einer Gruppe. Die Anfechtung kann auf die Wahl eines oder mehrerer Betriebsratsmitglieder beschränkt werden, wenn nur ihre Wahl fehlerhaft war und wenn dieser Fehler keine Auswirkungen auf die Wahl der übrigen Mitglieder hatte[215].

	Übersicht zur Geltendmachung von Wahlmängeln	
	Anfechtung	Nichtigkeit
Art der Geltendmachung	nur als Hauptfrage in einem förmlichen Beschlußverfahren (§ 19 BetrVG)	als Hauptfrage in einem förmlichen Beschlußverfahren oder als Vorfrage in einem anderen Verfahren
Frist zur Geltendmachung	2 Wochen ab dem Tage der Bekanntmachung des Wahlergebnisses (§ 19 II 2 BetrVG, materielle Ausschlußfrist)	jederzeit; Grenze: Verwirkung
Befugnis zur Geltendmachung	mindestens 3 am Tag der Wahl wahlberechtigte Arbeitnehmer, eine im Betrieb vertretene Gewerkschaft oder der Arbeitgeber (§ 19 II 1 BetrVG)	jedermann
Art des Mangels	Verstoß gegen wesentliche Vorschriften über das Wahlrecht oder das Wahlverfahren, der nicht rechtzeitig berichtigt wurde und durch den das Wahlergebnis geändert oder beeinflußt werden konnte (§ 19 I BetrVG)	so grober und offensichtlicher Verstoß gegen Wahlvorschriften, daß nicht einmal der Anschein einer dem Gesetz entsprechenden Wahl besteht; bei Häufung weniger schwerwiegender Verstöße Gesamtwürdigung
Bedeutung der Entscheidung des Gerichts	Auflösung des Betriebsrats (konstitutiv)	Feststellung (deklaratorisch)
Entscheidung wirkt	ex nunc	ex tunc
Rechtsfolgen	Handlungen des Betriebsrats aus der Zeit vor der rechtskräftigen Gerichtsentscheidung bleiben wirksam; Sonderkündigungsschutz für Betriebsratsmitglieder entfällt ex nunc	alle Handlungen des Betriebsrats sind unwirksam; kein Sonderkündigungsschutz für Betriebsratsmitglieder

---

[215] BAG, Beschl. v. 12.10.1976, AP Nr. 5 zu § 19 BetrVG 1972.

170 **bb) Anfechtungsberechtigt** sind ausschließlich die in § 19 Abs. 2 Satz 1 BetrVG Genannten, d.h.
- mindestens drei am Tag der Wahl wahlberechtigte Arbeitnehmer. Der spätere Wegfall der Wahlberechtigung, etwa wegen Ausscheidens aus dem Betrieb, hat grundsätzlich keine Auswirkung auf die Antragsbefugnis; allerdings entfällt das Rechtsschutzbedürfnis, wenn keiner der Arbeitnehmer, die das Anfechtungsverfahren eingeleitet haben, mehr dem Betrieb angehört.
- eine im Betrieb vertretene Gewerkschaft,
- der Arbeitgeber, in dessen Betrieb die Wahl durchgeführt worden ist.

171 **Nicht anfechtungsberechtigt** sind einzelne Arbeitnehmer, der Betriebsrat und der Wahlvorstand; Mitglieder des Betriebsrats oder des Wahlvorstandes können das Anfechtungsverfahren jedoch als Wahlberechtigte betreiben.

172 **cc) Anfechtungsfrist.** Die Wahlanfechtung ist nur binnen einer – nicht verlängerbaren – Frist von zwei Wochen, vom Tage der Bekanntgabe des Wahlergebnisses (§ 19 WahlO) an gerechnet, zulässig (§ 19 Abs. 2 Satz 1 BetrVG). Beginn und Ende der Frist berechnen sich nach den §§ 187 ff. BGB.

Beispiel: Das Wahlergebnis ist an einem Donnerstag ausgehängt worden; die Frist beginnt am darauf folgenden Freitag (§ 187 Abs. 1 BGB) und endet mit Ablauf des Donnerstags der übernächsten Woche (§ 188 Abs. 2 Alt. 1 BGB). Ist dieser ein Feiertag, endet die Frist mit Ablauf des Freitags (§ 193 BGB).

173 Die Anfechtungsfrist ist eine **materielle Ausschlußfrist.** Nach ihrem Ablauf erlischt das Anfechtungsrecht, selbst wenn die Wahl rechtsfehlerhaft war. Voraussetzung für den Lauf der Frist ist die ordnungsgemäße Bekanntgabe des Wahlergebnisses. Zur Wahrung der Frist genügt ein Antrag beim Arbeitsgericht, der schriftlich oder zur Niederschrift des Urkundsbeamten der Geschäftsstelle angebracht werden kann (§ 81 Abs. 1 ArbGG). Der Antrag ist zu begründen. Es muß deutlich werden, auf welche tatsächlichen Anhaltspunkte die Anfechtung gestützt wird.

174 **dd) Anfechtungsgrund.** Die Wahl kann nur dann angefochten werden, wenn
- gegen wesentliche Vorschriften über das Wahlrecht (§ 7 BetrVG), die Wählbarkeit (§ 8 BetrVG) oder das Wahlverfahren (§§ 9-18 BetrVG, §§ 1 ff. WahlO) verstoßen wurde,
- eine – rechtzeitige – Berichtigung nicht erfolgt ist und
- durch den Verstoß das Wahlergebnis geändert oder beeinflußt werden konnte (§ 19 Abs. 1 BetrVG).

Wesentliche Wahlvorschriften sind Vorschriften, die Grundprinzipien der Betriebs- 175
ratswahl zum Ausdruck bringen. Das sind vor allem die Mußvorschriften[216]. Der Verstoß
gegen Ordnungs- oder Sollvorschriften reicht im allgemeinen nicht aus.

Beispiele für die Verletzung wesentlicher Wahlvorschriften: Zulassung von Nichtberechtigten zur Wahl oder von nicht Wählbaren als Wahlbewerber; Verkennung des Betriebsbegriffs oder der Größe des zu wählenden Betriebsrats; rechtswidrige Wahlbeeinflussung[217].

Der Verstoß bleibt **folgenlos, wenn** er im Laufe des Wahlverfahrens **rechtzeitig berich-** 176
tigt wird, so daß danach die Wahl noch ordnungsgemäß ablaufen kann[218]. Er berechtigt
auch dann nicht zur Wahlanfechtung, wenn er keinen Einfluß auf das Wahlergebnis hatte –
etwa weil er sich nur auf die Reihenfolge der Ersatzmitglieder auswirkt[219] – wenn er also
nicht kausal war, ebenso, wenn er nach der allgemeinen Lebenserfahrung und unter den
konkreten Umständen des Falles wahrscheinlich nicht zu einem anderen Wahlergebnis geführt hätte.

ee) Rechtsfolgen. Hält das Gericht die Wahlanfechtung für begründet, steht mit der 177
Rechtskraft der Entscheidung die Ungültigkeit der Wahl fest[220]. Der Betriebsrat ist neu zu
wählen. Erklärt das Gericht die Wahl eines einzelnen Betriebsratsmitglieds für ungültig, so
scheidet dieses mit Rechtskraft des Gerichtsbeschlusses aus dem Betriebsrat aus, und es
rückt das Ersatzmitglied nach (§ 25 Abs. 1 BetrVG). Wird nur die Berichtigung des Wahlergebnisses beantragt, stellt das Gericht durch Beschluß das richtige Wahlergebnis fest. Die
erfolgreiche Anfechtung der Wahl hat **keine rückwirkende Kraft**[221]. Handlungen des Betriebsrats aus der Zeit vor der rechtskräftigen Beendigung des Anfechtungsverfahrens bleiben wirksam; die Betriebsratsmitglieder genießen bis dahin den Sonderkündigungsschutz
nach § 15 KSchG.

b) Nichtigkeit

aa) Voraussetzungen. Aus Gründen der Rechtssicherheit haben nicht rechtzeitig 178
geltend gemachte Mängel grundsätzlich keine Folgen für die Wirksamkeit der
Wahl. Ist jedoch so grob und offensichtlich gegen Wahlvorschriften verstoßen
worden, daß **nicht einmal der Anschein einer dem Gesetz entsprechenden**

---

[216] BAG, Beschl. v. 14.9.1988, AP Nr. 1 zu § 16 BetrVG 1972.
[217] Beispiele bei *Fitting*, § 19 Rn. 12; GK-BetrVG/*Kreutz*, § 19 Rn. 16-32.
[218] *Fitting*, § 19 BetrVG Rn. 23.
[219] BAG, Beschl. v. 21.21.2.2001, NZA 2002, 262.
[220] BAG, Beschl. v. 29.4.1998, AP Nr. 58 zu § 40 BetrVG 1972.
[221] BAG, Beschl. v. 13.3.1991, AP Nr. 20 zu § 19 BetrVG 1972; Beschl. v. 29.4.1998, AP Nr. 58 zu § 40 BetrVG 1972.

Wahl besteht, so ist die Wahl nicht nur anfechtbar, sondern nichtig; sie ist auch ohne Gerichtsentscheidung als rechtlich nicht vorhanden anzusehen[222].

Beispiele: Wahl eines Betriebsrats in einem nicht betriebsratsfähigen Betrieb; Wahl eines Betriebsrats für einen Betriebsteil, für den bereits im Hauptbetrieb ein Betriebsrat besteht; Wahl ohne Wahlvorstand; Wahl durch Akklamation[223].

179 Ob ein Verstoß offensichtlich ist, beurteilt sich vom Standpunkt desjenigen, der mit den Betriebsinterna vertraut ist. Verstöße gegen mehrere wesentliche Wahlvorschriften, die für sich allein nur die Anfechtbarkeit einer Betriebsratswahl begründen, können in ihrer Gesamtheit zur Nichtigkeit der Wahl führen, wenn bei einer Gesamtwürdigung aller Umstände nicht einmal der Anschein einer ordnungsgemäßen Wahl besteht[224].

180 bb) **Geltendmachung.** Die Nichtigkeit einer Betriebsratswahl kann von jedermann zu jeder Zeit in jeder Form und in jedem Zusammenhang gerichtlich und außergerichtlich geltend gemacht werden. Über sie kann auch als Vorfrage, etwa im Rahmen einer Zahlungs- oder Kündigungsschutzklage, entschieden werden[225]. Wird beantragt, die Wahl für unwirksam zu erklären, so soll die Gültigkeit der Wahl unter jedem rechtlichen Gesichtspunkt, d.h. sowohl der Anfechtbarkeit als auch der Nichtigkeit überprüft werden[226].

181 cc) **Rechtsfolgen.** Die Feststellung der Nichtigkeit hat nur deklaratorische Wirkung[227]. Bei nichtiger Wahl hat ein Betriebsrat rechtlich niemals bestanden, alle seine Handlungen sind unwirksam, seine Mitglieder genießen nicht den Sonderkündigungsschutz nach § 15 KSchG. Ein Vertrauensschutz zugunsten des Betriebsrats oder einzelner seiner Mitglieder besteht nicht. Der Arbeitgeber braucht den Betriebsrat, der aus einer nichtigen Wahl hervorgegangen ist, nicht zu beteiligen, Widersprüche nicht zu beachten, er muß die Mitglieder nicht von der Arbeit freistellen und braucht keine Kosten zu erstatten.

---

[222] BAG, Beschl. v. 29.4.1998, AP Nr. 58 zu § 40 BetrVG 1972.
[223] Weitere Bsp. bei *Fitting*, § 19 BetrVG Rn. 5.
[224] BAG, Beschl. v. 27.4.1975, AP Nr. 4 zu § 19 BetrVG 1972.
[225] BAG, Beschl. v. 27.4.1975, AP Nr. 4 zu § 19 BetrVG 1972.
[226] BAG, Beschl. v. 12.10.1976, AP Nr. 1 zu § 8 BetrVG 1972.
[227] BAG, Beschl. v. 29.4.1998, AP Nr. 58 zu § 40 BetrVG 1972.

VI. Geschäftsführung des Betriebsrats

1. Amtszeit

a) Amtszeit des Betriebsrats

aa) Dauer. Die Amtszeit des Betriebsrats dauert regelmäßig **vier Jahre** (§ 21 Satz 1 BetrVG). Wird vor Ablauf der Amtszeit kein neuer Betriebsrat gewählt, wird der Betrieb „vertretungslos"[228]; es gibt keine Beteiligungsrechte mehr, die der Arbeitgeber beachten müßte[229]. 182

In der Praxis werden über zwei Drittel aller Betriebsräte und über 70 % der Betriebsratsvorsitzenden wiedergewählt. Ein hoher Prozentsatz scheidet nicht durch Abwahl, sondern durch Pensionierung aus dem Betrieb und damit aus dem Betriebsrat aus[230]. 183

bb) Beginn. Die Amtszeit eines neugewählten Betriebsrats beginnt **regelmäßig** mit Ablauf der vierjährigen Amtsperiode des bisherigen Betriebsrats (§ 21 Satz 2 Alt. 2 BGB), spätestens am 31. Mai des Jahres, in dem die regelmäßigen Betriebsratswahlen nach § 13 Abs. 1 BetrVG stattfinden (§ 21 Satz 3 BetrVG). Sie beginnt automatisch, ohne daß es einer besonderen Handlung, etwa der Einberufung zur konstituierenden Sitzung nach § 29 Abs. 1 BetrVG, bedarf[231]. Wird in einem Betrieb **erstmals oder außerplanmäßig** (vgl. § 13 Abs. 2 BetrVG) ein Betriebsrat gewählt, so beginnt die Amtszeit mit der endgültigen Bekanntgabe des Wahlergebnisses (§ 21 Satz 2 BetrVG, § 19 Satz 1 WahlO). 184

cc) Ende. Die Amtszeit endet **regelmäßig** mit Ablauf von vier Jahren, spätestens am 31. Mai des Jahres, in dem die regelmäßigen Betriebsratswahlen stattfinden (2002, 2006, 2010 usw., § 21 Satz 3 BetrVG). Ist wegen der Veränderung der Belegschaftsstärke oder wegen des Absinkens der Mitgliederzahl des Betriebsrats der Betriebsrat **außerplanmäßig** neu zu wählen, so endet die Amtszeit des bisherigen Betriebsrats mit der Bekanntgabe des Wahlergebnisses (§ 21 Satz 5 BetrVG, § 19 Satz 1 WahlO)[232]. Ein Betriebsrat, der aus einem der in § 13 Abs. 2 Nr. 1-3 BetrVG genannten Gründen nicht mehr funktionsfähig ist, führt die Geschäfte weiter, bis der neue Betriebsrat gewählt und das Wahlergebnis bekanntgegeben ist (§ 22 BetrVG). 185

---

[228] *Löwisch/Kaiser*, § 21 BetrVG Rn. 1.
[229] BAG, Beschl. v. 20.4.1982, 28.10.1992, AP Nr. 15, 63 zu § 112 BetrVG 1972.
[230] *Niedenhoff*, Die Praxis der betrieblichen Mitbestimmung, 1999, S. 149 ff.
[231] *Fitting*, § 21 BetrVG Rn. 14.
[232] BAG, Beschl. v. 28.9.1983, AP Nr. 1 zu § 23 BetrVG 1972.

186 Bei Untergang eines Betriebs durch Stillegung, Spaltung oder Zusammenlegung kann dem Betriebsrat ein **Restmandat** zur Wahrnehmung der damit im Zusammenhang stehenden Befugnisse verbleiben (§ 21 b BetrVG)[233]. Ein Betriebsinhaberwechsel läßt das Amt des Betriebsrats unberührt. Bei einer Verschmelzung, Spaltung oder Ausgliederung von Betrieben oder Betriebsteilen endet das Betriebsratsamt, wenn der Betrieb seine Identität verliert. Dem bisherigen Betriebsrat kann aber ein zeitlich befristetes **Übergangsmandat** (s. § 21 a BetrVG) zukommen (s. dazu im einzelnen § 19 Rn. 98 ff.)

b) Amtszeit des Mitglieds

187 In der Regel fallen die Amtszeit des Betriebsrats als Kollegialorgan und die Amtszeit seiner Mitglieder zusammen; nach Ablauf der Amtszeit des Betriebsrats oder bei dessen Auflösung auf Grund einer gerichtlichen Entscheidung erlischt auch die Mitgliedschaft im Betriebsrat (§ 24 Abs. 1 Nr. 1, 5 BetrVG). Die Mitgliedschaft kann aber schon vorher erlöschen, namentlich durch Niederlegung des Amtes, Beendigung des Arbeitsverhältnisses, Verlust der Wählbarkeit (§ 8 BetrVG), Ausschluß aus dem Betriebsrat nach § 23 Abs. 1 BetrVG und rechtskräftige Feststellung der Nichtwählbarkeit. Die Aufzählung in § 24 Abs. 1 BetrVG ist nicht abschließend[234].

c) Ersatzmitglieder

188 **aa) Rechtliche Stellung.** Scheidet ein Mitglied aus dem Betriebsrat aus oder ist es zeitweilig an der Ausübung von Amtsgeschäften verhindert, so tritt an seine Stelle ein Ersatzmitglied (§ 25 Abs. 1 BetrVG). Zeitweilig verhindert ist ein Betriebsratsmitglied, wenn es objektiv nicht in der Lage ist, sein Amt auszuüben[235].

Beispiele: Urlaub, Krankheit, längere auswärtige Schulung, aber auch unmittelbare Betroffenheit in eigenen Angelegenheiten, z.B. bei Versetzung, Kündigung oder Ausschluß aus dem Betriebsrat.

189 Eine gewillkürte Stellvertretung ist dagegen nicht möglich[236]. Das Ersatzmitglied tritt bei Ausscheiden für den Rest der Amtszeit, sonst für die Dauer der Verhinderung ohne weiteres und selbsttätig in die Rechtsstellung des ausgeschiedenen oder verhinderten Betriebsratsmitglieds ein. Es hat die vollen Rechte und Pflichten eines Betriebsratsmitglieds. Allerdings fallen ihm nicht die Ämter und Funktionen des ausgeschiedenen oder verhinderten Mitglieds zu[237]. Ersatzmitglieder sind zu

---

[233] BAG, Beschl. v. 30.10.1979, 16.6.1987, AP Nr. 9, 20 zu § 111 BetrVG 1972.
[234] *Fitting*, § 24 BetrVG Rn. 2.
[235] BAG, Beschl. v. 15.11.1984, AP Nr. 2 zu § 25 BetrVG 1972.
[236] BAG, Beschl. v. 5.9.1986, AP Nr. 26 zu § 15 KSchG 1969.
[237] *Fitting*, § 25 BetrVG Rn. 14, 16 m.w.N.

VI. Geschäftsführung des Betriebsrats

den Betriebsratssitzungen zu laden (§ 29 Abs. 2 Satz 6 BetrVG). Sie genießen mit Eintritt in den Betriebsrat, dazu für die Vorbereitungszeit, höchstens für 3 Tage, und nach Beendigung der Tätigkeit den nachwirkenden Kündigungsschutz nach § 15 Abs. 1 KSchG.

bb) Auswahl. Erfolgte die Betriebsratswahl durch Listenwahl, so wird das Ersatzmitglied 190 der Vorschlagsliste entnommen, dem das zu ersetzende Mitglied angehört; ist diese erschöpft, ist das Ersatzmitglied der Liste zu entnehmen, auf die nach den Grundsätzen der Verhältniswahl der nächste Sitz entfallen wäre (§ 25 Abs. 2 Sätze 1, 2 BetrVG). Sind alle Listen erschöpft, muß ein neuer Betriebsrat gewählt werden, wenn die Gesamtzahl der Mitglieder unter die in § 9 BetrVG vorgeschriebene Zahl sinkt (§ 13 Abs. 2 Nr. 2 BetrVG). Erfolgte die Betriebsratswahl durch Mehrheitswahl, bestimmt sich die Reihenfolge der Ersatzmitglieder nach der Höhe der Stimmenzahlen unter Berücksichtigung des Schutzes für das Geschlecht in der Minderheit (§ 25 Abs. 2 Satz 3 BetrVG).

2. Betriebsratsvorsitzender und Stellvertreter

a) Wahl

Besteht der Betriebsrat aus mindestens drei Personen, so wird aus seiner Mitte der 191 Vorsitzende und dessen Stellvertreter gewählt (§ 26 Abs. 1 Satz 1 BetrVG). Das geschieht in der vom Wahlvorstand einzuberufenden konstituierenden (ersten) Sitzung (§ 29 Abs. 1 BetrVG); zuvor ist der Betriebsrat nicht funktionsfähig[238].

Vorsitzender wird, wer die meisten der abgegebenen Stimmen erhält, der Unterlegene 192 wird Stellvertreter[239]. Die Rechtmäßigkeit der Wahl ist gerichtlich überprüfbar, aus Gründen der Rechtssicherheit jedoch nur binnen einer Frist von zwei Wochen seit Bekanntgabe der Wahl (§ 19 BetrVG entsprechend)[240]. Die Wahl gilt für die gesamte Wahlperiode, der Vorsitzende kann aber durch Mehrheitsbeschluß abberufen werden[241].

b) Aufgaben und Befugnisse

aa) Allgemeines. Der Betriebsratsvorsitzende ist mit seinen Kollegen gleichbe- 193 rechtigtes Mitglied des Betriebsrats. Das Gesetz weist ihm jedoch folgende Aufgaben und Befugnisse als eigene Rechte zu:
- Vertretung des Betriebsrats nach außen (§ 26 Abs. 2 BetrVG, dazu unter bb),
- Mitgliedschaft im Betriebsausschuß (§ 27 Abs. 1 Satz 2 BetrVG),

---

[238] BAG, Urt. v. 23.8.1984, AP Nr. 36 zu § 102 BetrVG 1972.
[239] BAG, Beschl. v. 19.3.1974, 15.1.1992, AP Nr. 1, 10 zu § 26 BetrVG 1972.
[240] BAG, Beschl. v. 12.10.1976, 8.4.1992, AP Nr. 2, 11 zu § 26 BetrVG 1972.
[241] BAG, Urt. v. 26.1.1962, AP Nr. 8 zu § 626 BGB Druckkündigung.

- Führung der laufenden Geschäfte in Betriebsräten mit weniger als neun Mitgliedern (§ 27 Abs. 3, 4 BetrVG),
- Einberufung der Betriebsratssitzungen unter Bestimmung der Tagesordnung und Ladung der Mitglieder (§ 29 Abs. 2 BetrVG),
- Leitung der Betriebsratssitzungen (§ 29 Abs. 2 BetrVG),
- Unterzeichnung der Sitzungsniederschriften (§ 34 Abs. 1 Satz 2 BetrVG),
- Leitung der Betriebsversammlungen (§ 42 Abs. 1 Satz 1 BetrVG),
- Teilnahme an den Sitzungen und Sprechstunden der Jugend- und Auszubildendenvertretung, falls kein anderes Betriebsratsmitglied damit beauftragt ist (§§ 62 Abs. 2, 69 Satz 4 BetrVG).

194 Neben den gesetzlich zugewiesenen Aufgaben und Befugnissen können dem Vorsitzenden durch Geschäftsordnung (§ 36 BetrVG) oder Einzelauftrag weitere Funktionen übertragen werden.

195 **bb) Vertretungsbefugnis.** Der Betriebsratsvorsitzende ist nicht das gesetzliche Vertretungsorgan des Betriebsrats. Deshalb kann er nicht an dessen Stelle handeln. Er vertritt den Betriebsrat nur im Rahmen von Beschlüssen, die dieser als Kollegialorgan gefaßt hat (§ 26 Abs. 2 Satz 1 BetrVG). Der Vorsitzende ist nicht Vertreter im Willen, sondern **Vertreter in der Erklärung**[242].

196 Handelt der Vorsitzende ohne wirksamen Beschluß des Betriebsrats, so ist die Erklärung **schwebend unwirksam**; sie wird wirksam, wenn sie vom Betriebsrat nachträglich durch Beschluß genehmigt wird[243]. Der Betriebsrat muß die Erklärung des Vorsitzenden **kraft Rechtsscheines** gegen sich gelten lassen, wenn er in einer ihm zurechenbaren Weise den Anschein erweckt hat, die Erklärung sei durch einen Beschluß gedeckt, und wenn er trotz Kenntnis vom eigenmächtigen Verhalten des Vorsitzenden nicht einschreitet. Im Regelfall spricht eine widerlegbare Vermutung dafür, daß Erklärungen des Vorsitzenden auf der Grundlage eines ordnungsgemäßen Beschlusses abgegeben werden[244]. Der gute Glaube des Arbeitgebers, daß sich der Vorsitzende an einen ordnungsgemäßen Betriebsratsbeschluß hält, ist dagegen nicht geschützt[245]. Im übrigen kann der Betriebsrat auch jedem anderen seiner Mitglieder die Ausführung seiner Beschlüsse übertragen[246]; es handelt sich dann um eine rechtsgeschäftliche Vertretung.

197 **cc) Entgegennahme von Erklärungen.** Der Betriebsratsvorsitzende und bei Verhinderung sein Stellvertreter sind nach § 26 Abs. 2 Satz 2 BetrVG ermächtigt, Erklärungen entgegen-

---

[242] BAG, Beschl. v. 17.2.1981, AP Nr. 11 zu § 112 BetrVG 1972.
[243] BAG, Beschl. v. 10.11.1992, AP Nr. 58 zu § 87 BetrVG 1972 Lohngestaltung.
[244] BAG, Beschl. v. 17.2.1981, AP Nr. 11 zu § 112 BetrVG 1972.
[245] Richardi/*Thüsing*, § 26 BetrVG Rn. 46; GK-BetrVG/*Wiese/Raab*, § 26 BetrVG Rn. 42.
[246] *Fitting*, § 26 BetrVG Rn. 31; Richardi/*Thüsing*, § 26 BetrVG Rn. 38.

zunehmen, die dem Betriebsrat gegenüber abzugeben sind. Erklärungen meint Willenserklärungen i.e.S. sowie alle anderen Mitteilungen und Äußerungen (z.B. Beschwerden). Wird ein anderes Betriebsratsmitglied um Weitergabe einer Erklärung an den Vorsitzenden oder an den Betriebsrat gebeten, so ist es in der Regel Erklärungs- und nicht Empfangsbote; die Erklärung ist erst mit der Möglichkeit der Kenntnisnahme durch den Vorsitzenden oder den Betriebsrat zugegangen[247]; die Gefahr der Nichtweiterleitung trägt der Erklärende. Anderes gilt, wenn das um Weiterleitung gebetene Mitglied vom Betriebsrat ausdrücklich zur Entgegennahme von Erklärungen ermächtigt ist oder als ermächtigt gilt; letzteres ist vor allem bei Vorsitzenden von Ausschüssen anzunehmen, denen der Betriebsrat Angelegenheiten zur selbständigen Erledigung übertragen hat[248].

dd) Funktion des Stellvertreters. Der Stellvertreter ist kein „zweiter Vorsitzender". Er nimmt die Aufgaben und Befugnisse des Vorsitzenden nur wahr, wenn und solange der Vorsitzende selbst verhindert ist, etwa wegen Urlaubs oder Krankheit. Scheidet der Vorsitzende aus dem Amt, so wird der Stellvertreter nicht automatisch sein Nachfolger, sondern es ist ein neuer Vorsitzender zu wählen. **198**

3. Betriebliche Ausschüsse

a) Betriebsausschuß

aa) Bildung und Zusammensetzung. Hat der Betriebsrat neun oder mehr Mitglieder, so **ist** ein Betriebsausschuß zu bilden (§ 27 Abs. 1 Satz 1 BetrVG). Der Betriebsausschuß besteht bei **199**
– 9-15 Betriebsratsmitgliedern aus 5 Mitgliedern,
– 17-23 Betriebsratsmitgliedern aus 7 Mitgliedern,
– 25-35 Betriebsratsmitgliedern aus 9 Mitgliedern,
– 37 und mehr Betriebsratsmitgliedern aus 11 Mitgliedern (§ 27 Abs. 1 Satz 2 BetrVG).

Der Betriebsratsvorsitzende und sein Stellvertreter gehören dem Betriebsausschuß kraft Amtes an (§ 27 Abs. 1 Satz 2 BetrVG). Die übrigen Mitglieder werden – mehrere Wahlvorschläge vorausgesetzt – nach den Grundsätzen der Verhältniswahl gewählt, so daß die im Betriebsrat vertretenen Listen die Möglichkeit der Vertretung auch im Betriebsausschuß haben (§ 27 Abs. 1 Sätze 3-5 BetrVG). Der Betriebsausschuß ist sozusagen ein verkleinertes Spiegelbild des Betriebsrats. Die Ausschußmitglieder können durch Betriebsratsbeschluß wieder abberufen werden; wurden sie in Verhältniswahl gewählt, bedarf der Beschluß, der in geheimer Abstimmung zu fassen ist, der qualifizierten Mehrheit von drei Vierteln der Stimmen der Mitglieder des Betriebsrats (§ 27 Abs. 1 Satz 5 BetrVG). **200**

---

[247] BAG, Urt. v. 28.4.1974, 27.6.1985, AP Nr. 2, 37 zu § 102 BetrVG 1972.
[248] BAG, Urt. v. 4.8.1975, AP Nr. 4 zu § 102 BetrVG 1972.

201 **bb) Aufgaben.** Der Betriebsausschuß führt die **laufenden Geschäfte** des Betriebsrats (§ 27 Abs. 2 Satz 1 BetrVG). Zu den laufenden Geschäften gehören alle die Dinge, die routinemäßig immer wieder anfallen und die nicht von grundsätzlicher Bedeutung für die Belegschaft sind, sowie die, für die der Rahmen etwa durch Betriebsvereinbarung oder durch einen Beschluß des Betriebsrats vorgegeben ist (Vorbereitung von Sitzungen und Betriebsversammlungen, Beschaffung von Unterlagen, Vorbesprechung von Beschwerden usw.). **Nicht** zu den laufenden Geschäften gehört die **Wahrnehmung von Mitbestimmungsrechten**, auch nicht bei personellen Einzelmaßnahmen.

202 Der Betriebsrat kann dem Betriebsausschuß **weitere Aufgaben zur selbständigen Erledigung** übertragen. Die Übertragung muß schriftlich erfolgen; Voraussetzung ist ein Beschluß, der mit den Stimmen der Mehrheit seiner Mitglieder (§ 9 BetrVG) zu fassen ist. Nicht übertragbar sind der Abschluß von Betriebsvereinbarungen (§ 27 Abs. 2 Sätze 2, 3 BetrVG) und die Entscheidung über organisatorische Grundfragen. Darüber hinaus muß dem Betriebsrat stets ein Kernbereich von Mitbestimmungsrechten verbleiben[249]. Innerhalb dieser Grenzen ist der übertragbare Aufgabenbereich gegenständlich nicht beschränkt. Für die Geschäftsführung des Betriebsausschusses gelten die §§ 30 ff. BetrVG sinngemäß.

203 **cc) Kleinbetriebe.** Da Betriebsräte mit weniger als neun Mitgliedern keinen Betriebsausschuß bilden können, gewährt ihnen § 27 Abs. 3 BetrVG die Möglichkeit, die Führung der laufenden Geschäfte auf den Vorsitzenden oder seinen Stellvertreter zu übertragen; eine Übertragung von Angelegenheiten zur selbständigen Erledigung im Sinne des § 27 Abs. 2 Satz 2 BetrVG ist nicht möglich.

b) Ausschüsse und paritätische Kommissionen

204 In Betrieben mit mehr als 100 Arbeitnehmern kann der Betriebsrat zur wirksamen Gestaltung seiner Arbeit (Fach-)Ausschüsse bilden und ihnen bestimmte Aufgaben übertragen (§ 28 Abs. 1 Satz 1 BetrVG). Ist ein Betriebsausschuß nach § 27 BetrVG gebildet, kann der Betriebsrat den Ausschüssen nach § 28 BetrVG mit der Mehrheit der Stimmen seiner Mitglieder Aufgaben zur selbständigen Erledigung übertragen; das gilt nicht für den Abschluß von Betriebsvereinbarungen. Die Übertragung bedarf der Schriftform. Für den Widerruf der Übertragung gilt Entsprechendes (§ 28 Abs. 2 Satz 3 BetrVG). Die Mitglieder der Ausschüsse werden vom Betriebsrat aus seiner Mitte in geheimer Wahl und nach den Grundsätzen der Verhältniswahl gewählt (§ 28 Abs. 1 Satz 3 BetrVG). Zulässig ist auch die Bildung paritätischer Kommissionen (§ 28 Abs. 2 BetrVG). Für die Größe der Ausschüsse und Kommissionen enthält das Gesetz keine Vorgaben.

---

[249] BAG, Beschl. v. 1.6.1976, 20.10.1993, AP Nr. 1, 5 zu § 28 BetrVG 1972.

Denkbar ist, daß der Betriebsrat dem Betriebsausschuß wichtige Angelegenheiten wie **205**
Kündigungen und Disziplinarmaßnahmen überträgt und daß er für sonstige Personalangelegenheiten einen kleineren Personalausschuß bildet. Daneben kann man sich beispielsweise Ausschüsse vorstellen für Entgeltfragen, für Arbeitszeitprobleme, für Berufsbildung, für Parkplatzangelegenheiten oder für Arbeitssicherheit. Gemeinsame Kommissionen kommen vor allem für die Verwaltung von Sozialeinrichtungen (Kantine, Pensionskasse, Unterstützungskasse) in Betracht. Über die Größe der weiteren Ausschüsse entscheidet der Betriebsrat allein, über die der gemeinsamen Ausschüsse entscheiden Betriebsrat und Arbeitgeber gemeinsam. Der Betriebsrat entscheidet nach Zweckmäßigkeitsgesichtspunkten, welche Befugnisse er auf Ausschüsse übertragen will.

c) Arbeitsgruppen

aa) Grundsatz. In Betrieben mit mehr als 100 Arbeitnehmern kann der Betriebsrat **205a**
mit der Mehrheit der Stimmen seiner Mitglieder bestimmte Aufgaben auf Arbeitsgruppen übertragen (§ 28a Abs. 1 Satz 1 BetrVG). Ob eine Arbeitsgruppe gebildet wird, zu welchem Zweck und in welcher Zusammensetzung, liegt in der Organisationsgewalt des Arbeitgebers. In Betracht kommen insbesondere Gruppenarbeit im Sinne von § 87 Abs. 1 Nr. 13 BetrVG, Team- und Projektarbeit, aber auch die Zusammenfassung bestimmter Beschäftigungsarten und Arbeitsbereiche. Grundlage für die Übertragung ist eine zwischen Arbeitgeber und Betriebsrat schriftlich abzuschließende Rahmenvereinbarung (§ 28a Abs. 1 Satz 1 HS 2, Satz 3 BetrVG), in der festzulegen ist, in welchem Umfang Aufgaben übertragen werden sollen. Die Aufgaben müssen im Zusammenhang mit den von der Arbeitsgruppe zu erledigenden Tätigkeiten stehen, wie etwa Arbeitszeitfragen, Pausenregelungen, Urlaubsplanung, Arbeitszeitgestaltung (§ 28a Abs. 1 Satz 2 BetrVG).

Im Rahmen der Übertragung übt die Arbeitsgruppe die Beteiligungsrechte anstelle des **205b**
Betriebsrats aus. Kann sie sich allerdings in einer Angelegenheit nicht mit dem Arbeitgeber einigen, nimmt der Betriebsrat das Beteiligungsrecht wahr (§ 28a Abs. 2 Satz 3 BetrVG). Der Betriebsrat kann überdies jede delegierte Aufgabe jederzeit und ohne besonderen Grund wieder an sich ziehen, wenn sich die Mehrheit seiner Mitglieder dafür ausspricht. Der Widerruf der Delegation bedarf der Schriftform (§ 28a Abs. 1 Satz 4 BetrVG).

bb) Gruppenvereinbarungen. Die Arbeitsgruppe kann im Rahmen der ihr übertragenen **205c**
Aufgaben Vereinbarungen schließen; die Vereinbarung bedarf der Mehrheit der Stimmen der Gruppenmitglieder (§ 28a Abs. 2 Satz 1 BetrVG). Hinsichtlich Voraussetzungen und Rechtsfolgen gelten die Vorschriften über die Betriebsvereinbarung (§ 28a Abs. 2 Satz 2, § 77 BetrVG). Die Gruppenvereinbarung hat also unmittelbare und zwingende Wirkung; sie ist schriftlich abzuschließen (§ 77 Abs. 2 BetrVG) und hat den Tarifvorbehalt (§ 77 Abs. 3 BetrVG) zu beachten. Sie geht einer allgemeineren Betriebsvereinbarung vor und entfaltet in mitbestimmungspflichtigen Angelegenheiten Nachwirkung.

4. Geschäftsordnung

a) Inhalt und Grenzen

206 Da das Gesetz die Geschäftsführung des Betriebsrats nicht weiter geregelt hat, soll sich der Betriebsrat eine Geschäftsordnung geben (§ 36 BetrVG) und darin insbesondere die Einzelheiten zur Durchführung von Sitzungen bestimmen. Die Geschäftsordnung darf dem Betriebsrat keine Aufgaben und Befugnisse übertragen, die ihm nicht aufgrund gesetzlicher oder tariflicher Vorschriften zustehen. Ebensowenig dürfen Angelegenheiten geregelt werden, über die die Betriebsparteien nur gemeinsam entscheiden können (z.B. Zurverfügungstellung von Geschäftsräumen, Zeit und Ort von Sprechstunden); erforderlich ist hier eine Regelungsabrede oder eine Betriebsvereinbarung.

b) Erlaß und Wirkung

207 aa) **Erlaß.** Der Erlaß einer Geschäftsordnung bedarf der Mehrheit der Stimmen der Mitglieder des Betriebsrats (§ 9 BetrVG). Die Geschäftsordnung ist schriftlich abzufassen; eine Veröffentlichung ist nicht erforderlich.

208 bb) **Wirkung.** Die Geschäftsordnung regelt die inneren Angelegenheiten des Betriebsrats. Sie bindet nur die Betriebsratsmitglieder. Eine Außenwirkung, etwa gegenüber dem Arbeitgeber, kommt ihr nicht zu. Sie gilt grundsätzlich für die Dauer der Amtszeit des Betriebsrats; durch Mehrheitsbeschluß kann jedoch von ihr abgewichen werden. Verstöße gegen die Geschäftsordnung führen nur bei schweren Verfahrensfehlern zur Unwirksamkeit von Betriebsratsbeschlüssen.

5. Betriebsratssitzung

a) Einberufung

209 aa) **Reguläre Sitzungen.** Die regulären Sitzungen des Betriebsrats werden vom Betriebsratsvorsitzenden nach pflichtgemäßem Ermessen einberufen (§ 29 Abs. 2 Satz 1 BetrVG). Dazu hat er die Betriebsratsmitglieder und die Schwerbehindertenvertretung (§ 32 BetrVG) rechtzeitig und unter Mitteilung der Tagesordnung (formlos) zu laden. Haben die Mitglieder der der Jugend- und Auszubildendenvertretung ein Teilnahmerecht (§ 67 Abs. 1 BetrVG), so sind auch sie zu laden. Ist ein Mitglied an der Teilnahme verhindert, so soll es dies dem Vorsitzenden unverzüglich und unter Angabe der Gründe mitteilen, damit dieser das Ersatzmitglied (§ 25 BetrVG) laden kann. **Ohne ordnungsgemäße Ladung** können **keine wirksamen Beschlüsse** gefaßt werden. Mängel in der Ladung werden geheilt, wenn sämtliche

Mitglieder vollzählig erschienen und mit der Beschlußfassung einverstanden sind[250]. Unter denselben Voraussetzungen ist auch eine nachträgliche Ergänzung der Tagesordnung möglich. Sieht die Geschäftsordnung turnusmäßige Sitzungen vor, so entfällt damit zwar die Pflicht zur Ladung, nicht aber die zur rechtzeitigen Mitteilung der Tagesordnung. Anderes gilt, wenn den Mitgliedern die Tagesordnung bekannt ist, weil sie bereits auf der vorangegangenen Sitzung festgelegt wurde.

bb) Verpflichtung zur Einberufung und zur Behandlung von Themen. Der 210 Betriebsratsvorsitzende muß eine Sitzung einberufen und einen Gegenstand, dessen Beratung beantragt ist, auf die Tagesordnung setzen, wenn ein Viertel der Mitglieder des Betriebsrats oder der Arbeitgeber dies beantragt. Auch jeder Arbeitnehmer hat das Recht, dem Betriebsrat Themen zur Beratung vorzuschlagen (§ 86a Satz 1 BetrVG). Wird ein Vorschlag von mindestens 5 % der Arbeitnehmer des Betriebs unterstützt, so hat der Betriebsrat diesen innerhalb von zwei Monaten auf die Tagesordnung einer Betriebsratssitzung zu setzen (§ 86a Satz 2 BetrVG). Ein Anspruch auf Weiterverfolgung ist damit nicht verbunden. Verweigert der Vorsitzende die Einberufung, so handelt er zwar pflichtwidrig, der Antragsteller kann aber nicht selbst den Betriebsrat einberufen[251].

b) Durchführung

aa) Zeit der Sitzung. Die Sitzungen des Betriebsrats finden in der Regel während 211 der Arbeitszeit statt (§ 30 Satz 1 BetrVG). Der Betriebsrat hat dabei auf die betrieblichen Notwendigkeiten Rücksicht zu nehmen (§ 30 Satz 2 BetrVG). Dringende Arbeiten sind zu erledigen, der Arbeitsablauf darf nicht mehr als nötig beeinträchtigt werden. Betriebsratssitzungen sollten also tunlichst nicht mitten in der Arbeitszeit stattfinden. Der Arbeitgeber ist vom Zeitpunkt zu unterrichten (§ 30 Satz 3 BetrVG).

bb) Teilnahmerecht. Die Sitzungen sind grundsätzlich nicht öffentlich (§ 30 Satz 212 4 BetrVG). Auf Antrag eines Viertels der Mitglieder kann je ein Beauftragter einer im Betriebsrat vertretenen **Gewerkschaft** beratend teilnehmen (§ 31 BetrVG). Der Betriebsrat kann den im Betriebsrat vertretenen Gewerkschaften in seiner Geschäftsordnung ein generelles Teilnahmerecht einräumen[252]. Teilnahmerecht haben auch die **Schwerbehindertenvertretung** (§§ 32 BetrVG, 94 SGB IX) und ein Mitglied der **Jugend- und Auszubildendenvertretung** (§ 67 Abs. 1 Satz 1 BetrVG), **nicht** dagegen **der Arbeitgeber;** er nimmt nur an Sitzungen teil, die

---

[250] BAG, Beschl. v. 28.4.1988, 28.10.1992, AP Nr. 2, 4 zu § 29 BetrVG 1972.
[251] H.M., vgl. *Fitting,* § 29 BetrVG Rn. 32; GK-BetrVG/*Wiese,* § 29 Rn. 31.
[252] BAG, Beschl. v. 28.2.1990, AP Nr. 1 zu § 31 BetrVG 1972.

entweder auf sein Verlangen anberaumt sind oder zu denen er ausdrücklich eingeladen ist. Dabei kann er einen Vertreter des Arbeitgeberverbandes, dem er angehört, hinzuziehen (§ 29 Abs. 4 BetrVG). Der Betriebsrat kann auch dem **Sprecher- bzw. Unternehmenssprecherausschuß** oder einzelnen seiner Mitglieder die Teilnahme an Sitzungen gestatten (§ 2 Abs. 2 Satz 2 SprAuG). Ein Verstoß gegen das Gebot der Nichtöffentlichkeit hat im allgemeinen keinen Einfluß auf die Wirksamkeit von Betriebsratsbeschlüssen[253].

213 cc) **Leitung.** Die Leitung der Sitzungen obliegt dem Betriebsratsvorsitzenden (§ 29 Abs. 2 Satz 2 BetrVG). Er eröffnet und schließt die Sitzungen, führt die Anwesenheitsliste (§ 34 Abs. 1 Satz 3 BetrVG), erteilt und entzieht das Wort, leitet die Abstimmungen, stellt deren Ergebnis fest und sorgt für die Niederschrift, die mindestens den Wortlaut der Beschlüsse und die Stimmenmehrheit, mit der sie gefaßt sind, enthalten muß (§ 34 Abs. 1 Satz 2 BetrVG). Während der Sitzungen übt der Betriebsratsvorsitzende im Sitzungsraum das **Hausrecht** aus. Streitig ist, ob er ein Betriebsratsmitglied von einer Sitzung ausschließen kann[254].

c) Beschlußfassung

214 aa) **Mehrheitsprinzip.** Die Willensbildung im Betriebsrat erfolgt durch Beschluß. Im Regelfall werden die Beschlüsse mit der Mehrheit der Stimmen der anwesenden Mitglieder gefaßt (§ 33 Abs. 1 Satz 1 BetrVG); manchmal stellt das Gesetz aber auch auf die Mehrheit der Mitglieder des Betriebsrats (§ 9 BetrVG) ab[255]. Bei Stimmengleichheit ist ein Antrag abgelehnt (§ 33 Abs. 1 Satz 2 BetrVG).

215 Stimmenthaltung ist ebenso zulässig wie die (ausdrückliche) Erklärung, nicht an der Beschlußfassung teilzunehmen. Die Stimmen von Jugend- und Auszubildendenvertretern, die an der Beschlußfassung teilnehmen (§ 67 Abs. 2 BetrVG), werden bei der Feststellung der Stimmenmehrheit mitgezählt (§ 33 Abs. 3 BetrVG). Ist ein Betriebsratsmitglied von einem Beschluß persönlich betroffen, so darf es weder an der Beratung über diese Angelegenheit teilnehmen noch mit abstimmen[256]. Für ein zeitweilig verhindertes oder aus dem Betriebsrat ausgeschiedenes Mitglied stimmt das Ersatzmitglied ab, das an seiner Stelle in den Betriebsrat nachgerückt ist (§§ 25, 33 Abs. 2 HS 2 BetrVG). Einzelheiten der Beschlußfassung können in der Geschäftsordnung geregelt werden.

---

[253] *Fitting,* § 30 BetrVG Rn. 19; Richardi/*Thüsing,* § 30 BetrVG Rn. 17.
[254] Zum Streitstand *Fitting,* § 29 BetrVG Rn. 50 m.w.N.
[255] Vgl. etwa §§ 13 Abs. 2 Nr. 3, 27 Abs. 2 Satz 2, 28 Abs. 1 Satz 3, Abs. 2, 36, 50 Abs. 2, 107 Abs. 3 BetrVG.
[256] BAG, Beschl. v. 3.8.1999, NZA 2000, 440.

VI. Geschäftsführung des Betriebsrats

Solange ein Beschluß weder ausgeführt ist noch Außenwirkung entfaltet hat – etwa durch Kundgabe an den Arbeitgeber –, kann er jederzeit durch einen entgegenstehenden Beschluß aufgehoben oder geändert werden[257]. 216

bb) Beschlußfähigkeit. Die Wirksamkeit von Beschlüssen setzt voraus, daß mindestens die Hälfte der Betriebsratsmitglieder an der Beschlußfassung teilnimmt (§ 33 Abs. 2 BetrVG). Ferner sind die ordnungsgemäße Ladung aller Mitglieder einschließlich eventueller Ersatzmitglieder und die rechtzeitige Mitteilung der Tagesordnung erforderlich; eine Ausnahme gilt nur bei plötzlicher Verhinderung eines Mitglieds und Unmöglichkeit rechtzeitiger Ladung des Ersatzmitglieds[258]. Unter dem Tagesordnungspunkt „Verschiedenes" kann ein Beschluß nur gefaßt werden, wenn der Betriebsrat vollzählig versammelt ist und kein Mitglied der Beschlußfassung widerspricht[259]. Umlaufbeschlüsse sind allenfalls bei einfach gelagerten Sachverhalten zulässig; alle Betriebsratsmitglieder müssen Gelegenheit zur Stellungnahme erhalten und dürfen dem Verfahren nicht widersprochen haben[260]. 217

cc) Aussetzung von Beschlüssen. Sieht die Mehrheit der Vertreter der Jugend- und Auszubildendenvertretung oder der Schwerbehindertenvertretung in einem Beschluß eine **erhebliche Beeinträchtigung wichtiger Interessen der durch sie vertretenen Gruppe**, so ist auf ihren Antrag hin der Beschluß für eine Woche auszusetzen, damit in dieser Zeit eine Verständigung unter den Beteiligten versucht werden kann, notfalls mit Hilfe der Gewerkschaften (§ 35 Abs. 1 BetrVG). Nach Ablauf der Frist ist über die Angelegenheit erneut zu beschließen. Eine weitere Aussetzung kann nicht verlangt werden, wenn der erste Beschluß bestätigt oder nur unerheblich geändert wird (§ 35 Abs. 2 BetrVG). 218

6. Sprechstunden

a) Einrichtung

Der Betriebsrat kann Sprechstunden einrichten, die die Arbeitnehmer während der Arbeitszeit aufsuchen dürfen (§ 39 Abs. 1 Satz 1 BetrVG). Dasselbe gilt für die Jugend- und Auszubildendenvertretung; will sie dies nicht, kann sie statt dessen einen Vertreter zur Sprechstunde des Betriebsrats entsenden (§ 39 Abs. 2 BetrVG). Ob und in welcher Form eine Sprechstunde eingerichtet wird, entscheidet der Betriebsrat nach pflichtgemäßem Ermessen. Für die Festlegung von Zeit (Dauer, Lage, Häufigkeit) und Ort ist eine Vereinbarung mit dem Arbeitgeber er- 219

---

[257] LAG Hamm, Urt. v. 22.10.1991, LAGE § 611 BGB Direktionsrecht Nr. 11.
[258] BAG, Beschl. v. 3.8.1999, NZA 2000, 440.
[259] BAG, Beschl. v. 28.10.1992, AP Nr. 4 zu § 29 BetrVG 1972.
[260] LAG München, Urt. v. 6.8.1974, DB 1975, 1228.

forderlich (§ 39 Abs. 1 Satz 2 BetrVG). Kommt eine Einigung nicht zustande, so entscheidet die Einigungsstelle (§§ 39 Abs. 1 Satz 3, 76 BetrVG).

b) Besuch der Sprechstunden

220 Zum Besuch der Sprechstunden sind bei entsprechendem sachlichem Grund[261] alle Arbeitnehmer des Betriebes berechtigt, ebenso die im Betrieb tätigen Leiharbeitnehmer (§ 14 Abs. 2 Satz 2 AÜG). Vorgebracht werden dürfen alle Angelegenheiten, die mit der Stellung als Mitarbeiter des Betriebes zusammenhängen und in den Aufgabenbereich des Betriebsrats fallen[262]. Vor dem Besuch der Sprechstunde muß sich der Arbeitnehmer bei seinem Vorgesetzten ordnungsgemäß ab- und danach wieder zurückmelden[263]. Die durch den Besuch der Sprechstunde versäumte Arbeitszeit hat der Arbeitnehmer nicht nachzuholen; sie ist vom Arbeitgeber wie Arbeitszeit zu vergüten (§ 39 Abs. 3 BetrVG), wenn der Besuch der Sprechstunde erforderlich war.

221 Der Arbeitnehmer darf den Betriebsrat auch außerhalb der Sprechstunden in Anspruch nehmen. Dazu muß er ihn nicht unbedingt aufsuchen. Er kann ihn anrufen, oder der Betriebsrat kann umgekehrt, wenn konkrete Umstände das erforderlich machen, den Arbeitnehmer am Arbeitsplatz aufsuchen. Jedenfalls muß ein Betriebsratsmitglied einen Arbeitnehmer nicht auf die Sprechstunde verweisen[264].

7. Kosten und Sachaufwand des Betriebsrats

a) Kostentragung durch den Arbeitgeber

222 **aa) Grundsatz.** Mit den – nicht unerheblichen – Kosten der Betriebsratstätigkeit sollen weder die Belegschaft noch der Betriebsrat selbst belastet werden. Den Betriebsratsmitgliedern dürfen aus ihrer Tätigkeit keine Nachteile entstehen (§ 78 Satz 2 BetrVG). Folglich sind die Kosten vom Arbeitgeber zu bestreiten (§ 40 Abs. 1 BetrVG); außerdem hat er die für die Betriebsratsarbeit erforderlichen Sachmittel sowie Informations- und Kommunikationstechnik und das Büropersonal bereitzustellen (§ 40 Abs. 2 BetrVG). Der Arbeitgeber darf die Kosten auch nicht durch die Erhebung von Beiträgen oder Leistungen auf die Arbeitnehmer umlegen (§ 41 BetrVG).

---

[261] H.M., vgl. Richardi/*Thüsing*, § 39 BetrVG Rn. 24; GK-BetrVG/*Wiese*, § 39 BetrVG Rn. 8.
[262] Fitting, § 39 BetrVG Rn. 22; Richardi/*Thüsing*, § 39 BetrVG Rn. 2.
[263] BAG, Beschl. v. 23.6.1983, AP Nr. 45 zu § 37 BetrVG 1972.
[264] BAG, Beschl. v. 23.6.1983, AP Nr. 45 zu § 37 BetrVG 1972.

Für die Kosten der Betriebsratswahl hat der Arbeitgeber nach § 20 Abs. 3 BetrVG auf- **223**
zukommen, für die der Einigungsstelle nach § 76a Abs. 1 BetrVG und für die von Sachverständigen nach § 80 Abs. 3 BetrVG. Entgeltfortzahlung für Arbeit, die wegen Betriebsratstätigkeit oder Teilnahme an einer Schulungs- und Bildungsveranstaltung versäumt wird, schuldet der Arbeitgeber nach § 37 Abs. 2, 3, 6, 7 BetrVG.

bb) Erforderlichkeit und Verhältnismäßigkeit. Der Arbeitgeber hat nur die für **224**
die Betriebsratsarbeit **erforderlichen** Kosten zu tragen[265]. Die Erforderlichkeit bestimmt sich unter Berücksichtigung aller Umstände des Einzelfalls anhand der konkreten Verhältnisse des Betriebes und der sich daraus ergebenden Betriebsratsaufgaben. Abzustellen ist auf den Zeitpunkt der Beschlußfassung[266]. Dem Betriebsrat kommt bei seiner Entscheidung ein gerichtlich nicht vollständig nachprüfbarer **Beurteilungsspielraum** zu. Allerdings darf er nicht rein subjektiv entscheiden, sondern muß sich auf den Standpunkt eines vernünftigen Dritten stellen, der die Interessen des Betriebes, der Arbeitnehmerschaft und ihrer Vertretung gegeneinander abzuwägen hat[267]. Für die Kosten der Teilnahme an Schulungs- und Bildungsveranstaltungen gilt nach der Rechtsprechung als **zusätzliches Kriterium der Grundsatz der Verhältnismäßigkeit.** Der Betriebsrat hat zu prüfen, ob Inhalt und Umfang der Veranstaltung im Hinblick auf die Größe und Leistungsfähigkeit des Betriebes angemessen sind[268]. Soweit sie das nicht sind, haben die Betriebsratsmitglieder die Kosten selbst zu tragen[269]. S. im einzelnen § 16 Rn. 266 f.

b) Kosten des Betriebsrats

aa) Sachliche Kosten. Hierzu gehören die Kosten der Geschäftsführung mit Aus- **225**
nahme des Sachaufwands, der nach § 40 Abs. 2 BetrVG zu erstatten ist.

Beispiele: Dolmetscher- und Übersetzerkosten, Kosten eines Sachverständigen, soweit die Betriebspartner zuvor über dessen Hinzuziehung einig waren oder die Einigung durch Gerichtsbeschluß ersetzt worden ist (§ 80 Abs. 3 BetrVG), Druckkosten für Rundschreiben.

Erstattungsfähig sind auch die **Kosten eines Gerichtsverfahrens** zur Verfolgung oder **226**
Verteidigung von Rechten, sofern nicht die Einleitung des Verfahrens von vornherein offensichtlich aussichtslos oder mutwillig ist[270], sowie die **Aufwendungen für einen Rechtsanwalt,** wenn der Betriebsrat die Hinzuziehung nach pflichtgemäßer Prüfung der Sach- und

---

[265] BAG, Beschl. v. 25.1.1995, AP Nr. 46 zu § 40 BetrVG 1972.
[266] BAG, Beschl. v. 10.11.1994, NZA 1994, 500; Beschl. v. 11.3.1998, DB 1998, 1821.
[267] BAG, Beschl. v. 11.3.1998, DB 1998, 1821.
[268] BAG, Beschl. v. 31.10.1972, 28.6.1995, AP Nr. 2, 48 zu § 40 BetrVG 1972.
[269] *Löwisch/Kaiser,* § 40 BetrVG Rn. 3.
[270] BAG, Beschl. v. 3.10.1978, 19.4.1989, AP Nr. 14, 29 zu § 40 BetrVG 1972.

Rechtslage für erforderlich halten durfte[271]. Maßgeblich ist, ob es sich um einen rechtlich schwierigen Fall handelt; in dritter Instanz besteht ohnedies Anwaltszwang (§ 11 Abs. 2 ArbGG). Die Hinzuziehung bedarf eines wirksamen Betriebsratsbeschlusses[272].

227 bb) **Aufwendungen der Betriebsratsmitglieder**, die diesen im Rahmen und in Erfüllung ihrer Betriebsratstätigkeit entstehen, hat der Arbeitgeber ebenfalls zu ersetzen.

Beispiele: Telefonkosten, Briefporto, Spesen beim Besuch auswärtiger Betriebsstätten oder zur Teilnahme an Sitzungen des Gesamt-, Konzern- oder Europäischen Betriebsrats oder an Gerichtsverhandlungen; zur Erstattung der Kosten von Schulungs- und Bildungsveranstaltungen s. unten Rn. 256, 266.

228 cc) **Erfüllung der Kostentragungspflicht.** § 40 Abs. 1 BetrVG sagt nicht ausdrücklich, wie der Arbeitgeber seine Kostentragungspflicht zu erfüllen hat. Nach h.M.[273] begründet die Vorschrift zwischen den Betriebsparteien ein gesetzliches Schuldverhältnis, aus dem sich ein Anspruch auf Zahlung eines angemessenen Vorschusses, auf Freistellung von einer Verbindlichkeit oder auf Aufwendungsersatz ergeben kann.

229 Da der Betriebsrat außerhalb der Betriebsverfassung weder rechts- noch vermögensfähig ist, geht der Anspruch aus § 40 Abs. 1 BetrVG dahin, daß der **Arbeitgeber entsprechende Verträge abschließt**. Rechtsgeschäftliche Erklärungen, die ein Betriebsratsmitglied gegenüber einem Dritten abgibt, wirken unmittelbar für und gegen den Arbeitgeber, wenn sie in seinem Namen und mit seiner Vollmacht abgegeben werden (§ 164 Abs. 1 BGB); ein Handeln ohne Vertretungsmacht kann dem Arbeitgeber nach Rechtsscheinsgrundsätzen zugerechnet werden[274]. Gehen die Betriebsratsmitglieder im eigenen Namen Verbindlichkeiten ein, die sie zur Erfüllung der Betriebsratstätigkeit für erforderlich halten dürfen, so können sie **Aufwendungsersatz** (§ 40 Abs. 1 BetrVG, §§ 670, 683 BGB) oder **Freistellung** (§ 257 BGB) verlangen[275].

c) Sachmittel und Büropersonal

230 aa) **Überlassungsanspruch.** Der Arbeitgeber hat den Sachaufwand des Betriebsrats zu bestreiten. Er hat die für die Sitzungen, die Sprechstunden und die laufende Geschäftsführung erforderlichen Räume, Sachmittel und Mitarbeiter zur Verfü-

---

[271] BAG, Beschl. v. 10.10.1999, NZA 2000, 556.
[272] BAG, Beschl. v. 14.2.1996, AP Nr. 5 zu § 76a BetrVG 1972.
[273] *Hess/Schlochauer/Glaubitz*, § 40 BetrVG Rn. 42; Richardi/*Thüsing*, § 40 BetrVG Rn. 42.
[274] BAG, Urt. v. 13.3.1964, AP Nr. 34 zu § 611 BGB Gratifikation.
[275] BAG, Beschl. v. 27.3.1979, AP Nr. 7 zu § 80 ArbGG.

gung zu stellen (§ 40 Abs. 2 BetrVG). Der Betriebsrat kann lediglich Überlassung verlangen; er ist grundsätzlich nicht berechtigt, sich die Sachmittel oder das Personal selbst zu beschaffen[276].

bb) Zu den Sachmitteln, die der Arbeitgeber zur Verfügung stellen muß, gehören die Räume – in ihnen hat der Betriebsrat das Hausrecht[277] – samt der erforderlichen Ausstattung (Mobiliar, Schreibmaterial, Briefpapier und Briefmarken, Telefon, u.U. auch Telefax und Kopiergerät). Ein PC gehörte nach bisheriger Rechtsprechung nur dann zur „Grundausstattung", wenn ohne seinen Einsatz die Wahrnehmung anderer Rechte und Pflichten vernachlässigt werden mußte; eine bloße Erleichterung oder rationellere Gestaltung der Arbeit genügte nicht[278]. Nachdem der Arbeitgeber neuerdings durch § 40 Abs. 2 BetrVG ausdrücklich verpflichtet ist, dem Betriebsrat auch Informations- und Kommunikationstechnik zur Verfügung zu stellen, muß der Arbeitgeber – im Rahmen der betrieblichen Erforderlichkeit – dem Betriebsrat auch Computer mit entsprechender Software überlassen und die im Betrieb oder Unternehmen vorhandenen Kommunikationsmöglichkeiten zugänglich machen. Bereitzustellen sind ferner die wichtigsten arbeits- und sozialrechtlichen Gesetzestexte[279], ein aktueller Kommentar zum BetrVG[280], auch wenn dieser in einem gewerkschaftseigenen Verlag erscheint, sowie arbeits- und sozialrechtliche Zeitschriften, nicht jedoch Tageszeitungen[281]. Schließlich kann der Betriebsrat Sachmittel verlangen, die ihm eine ordnungsgemäße Unterrichtung der Mitarbeiter ermöglichen, etwa ein „schwarzes Brett" oder Mittel für ein Rundschreiben, wenn das aus konkretem Anlaß erforderlich ist, andere Informationsmittel nicht in Betracht kommen und keine überhöhten Kosten entstehen. Bei der Einschätzung der Erforderlichkeit hat der Betriebsrat einen Beurteilungsspielraum[282].

231

cc) Bei Bürokräften, deren Überlassung der Arbeitgeber schuldet, wird es sich zumeist um Schreibkräfte handeln. Vom Arbeitsanfall hängt es ab, in welchem Umfang die Bürokraft zu überlassen ist. Der Betriebsrat kann im allgemeinen nicht verlangen, daß ihm ein bestimmter Arbeitnehmer zugewiesen wird[283]. Er ist der Bürokraft gegenüber weisungsberechtigt.

232

---

[276] BAG, Beschl. v. 21.4.1983, AP Nr. 20 zu § 40 BetrVG 1972.
[277] BAG, Beschl. v. 18.9.1991, AP Nr. 40 zu § 40 BetrVG 1972.
[278] BAG, Beschl. v. 11.11.1998, NZA 1998, 945; Beschl. v. 12.5.1999, NZA 1999, 1280.
[279] BAG, Beschl. v. 24.1.1996, AP Nr. 52 zu § 40 BetrVG 1972.
[280] BAG, Beschl. v. 26.10.1994, AP Nr. 43 zu § 40 BetrVG 1972.
[281] BAG, Beschl. v. 29.11.1989, 25.1.1995, AP Nr. 32, 46 zu § 40 BetrVG 1972.
[282] BAG, Beschl. v. 11.11.1998, NZA 1998, 945; Beschl. v. 12.5.1999, NZA 1999, 1280.
[283] BAG, Beschl. v. 5.3.1997, AP Nr. 56 zu § 40 BetrVG 1972.

VII. Rechtsstellung der Betriebsratsmitglieder

1. Ehrenamtliche Tätigkeit

233 Das Amt des Betriebsrats ist ein **privates Ehrenamt** (§ 37 Abs. 1 BetrVG). Kein Arbeitnehmer ist zur Übernahme dieses Amtes verpflichtet, auch nicht aufgrund des Arbeitsvertrages.

234 Das Ehrenamt wird **unentgeltlich** geführt (§ 37 Abs. 1 BetrVG). Der Arbeitgeber darf Betriebsratsmitgliedern für ihre Amtsführung weder unmittelbar noch mittelbar finanzielle Vorteile gewähren (§ 78 Satz 2 BetrVG). Die Zahlung von Sitzungsgeldern oder „Funktionszulagen" ist ebenso unzulässig wie die Gewährung eines höheren Lohns oder längerer Freizeit. Die strikte Unentgeltlichkeit wahrt die **Unabhängigkeit des Betriebsrats** gegenüber dem Arbeitgeber. Zugleich stärkt sie die Akzeptanz seiner Entscheidungen; die Belegschaft kann davon ausgehen, daß Vereinbarungen zwischen den Betriebsparteien nicht durch die Gewährung oder den Entzug materieller Vorteile beeinflußbar sind[284]. Betriebsratsmitglieder sollen durch ihre Tätigkeit aber auch **keine Nachteile** erleiden. Notwendige Aufwendungen sind ihnen deshalb zu ersetzen (§ 40 Abs. 1 BetrVG); regelmäßig entstehende Auslagen können pauschal abgegolten werden[285].

2. Arbeitsbefreiung, Entgeltfortzahlung und Freizeitausgleich

a) Arbeitsbefreiung

235 **aa) Bedeutung.** Die Übernahme des Betriebsratsamtes läßt die Arbeitspflicht grundsätzlich unberührt. Betriebsratsmitglieder sind jedoch von ihrer beruflichen Tätigkeit freizustellen, wenn und soweit das nach Art und Umfang des Betriebs zur ordnungsgemäßen Durchführung ihrer Aufgaben erforderlich ist (§ 37 Abs. 2 BetrVG). Mit der Betriebsratstätigkeit erfüllt das Betriebsratsmitglied zugleich seine vertraglichen Pflichten.

236 Die Freistellungspflicht erschöpft sich nicht in der Gewährung freier Zeit; dem Betriebsratsmitglied muß auch die Wahrnehmung seiner Aufgaben ermöglicht werden. Der Arbeitgeber hat bei der Zuteilung des Arbeitspensums angemessen Rücksicht zu nehmen; u.U. muß er ein Betriebsratsmitglied aus der Wechselschicht in die Normalschicht versetzen[286].

---

[284] BAG, Urt. v. 5.3.1997, AP Nr. 123 zu § 37 BetrVG 1972.
[285] BAG, Urt. v. 9.11.1955, AP Nr. 1 zu Art. IX KRG Nr. 22 Betriebsrätegesetz.
[286] BAG, Beschl. v. 27.6.1990, AP Nr. 9, 78 zu § 37 BetrVG 1972.

Das Betriebsratsmitglied hat einen Anspruch auf Arbeitsbefreiung, wenn Betriebsratsaufgaben wahrgenommen werden und soweit die Befreiung zur Erfüllung der Aufgaben erforderlich ist. 237

bb) Betriebsratsaufgaben sind vor allem die Teilnahme an Betriebsratssitzungen, an Besprechungen mit dem Arbeitgeber, an Unfalluntersuchungen der Berufsgenossenschaft und an Betriebsbesichtigungen der Gewerbeaufsicht sowie die Abhaltung von Sprechstunden[287]. Nicht dazu gehören die Teilnahme an Gewerkschaftsveranstaltungen und an Tarifverhandlungen sowie Gespräche mit Betriebsräten anderer Unternehmen. Besprechungen mit Gewerkschaftsvertretern sind dann Betriebsratstätigkeit, wenn es um konkrete betriebliche Fragen geht[288]; dasselbe gilt für die Teilnahme an Arbeitsmarktgesprächen des Arbeitsamtes[289]. An Gerichtsverfahren können Betriebsratsmitglieder teilnehmen, wenn der Betriebsrat selbst Beteiligter ist[290], an Verfahren von Arbeitnehmern dann, wenn der Rechtsstreit grundsätzliche Bedeutung für den Betrieb hat[291]. Ist ein Betriebsratsmitglied der objektiv fehlerhaften Ansicht, eine Betriebsratsaufgabe wahrzunehmen, darf es nicht wegen der dadurch bedingten Arbeitsversäumnis abgemahnt oder gekündigt werden, wenn es schwierige oder ungeklärte Rechtsfragen verkannt hat[292]. 238

cc) Erforderlichkeit. Die Arbeitsbefreiung muß sachlich notwendig sein. Das ist der Fall, wenn das Betriebsratsmitglied bei gewissenhafter Überlegung und bei ruhiger, vernünftiger Würdigung aller Umstände die Arbeitsversäumnis für erforderlich halten durfte[293]. Es genießt einen gewissen Beurteilungsspielraum[294]. Bei der Beurteilung können weder Erfahrungswerte anderer Betriebsräte noch Richtwerte in Anlehnung an die Freistellungsstaffel zugrunde gelegt werden[295]. Der Betriebsrat ist frei in der Entscheidung, welche Mitglieder er mit welchen Aufgaben betraut. Zeitaufwendige Tätigkeiten sind aber in erster Linie auf freigestellte Mitglieder zu übertragen. Am Grundsatz der Erforderlichkeit ist auch zu messen, ob die Begleitung eines Betriebsratsmitglieds zu einem Gespräch mit der Gewerkschaft oder mit einem Anwalt oder zu einer Gerichtsverhandlung durch ein anderes Mitglied gerechtfertigt ist[296]. 239

dd) Abmeldepflicht. Betriebsratsmitglieder bedürfen zur Arbeitsbefreiung keiner Zustimmung des Arbeitgebers. Sie haben sich aber wie jeder andere Arbeitnehmer bei Verlassen des Arbeitsplatzes ab- und bei Wiederaufnahme der Arbeit rückzu- 240

---

[287] *Löwisch/Kaiser*, § 37 BetrVG Rn. 4.
[288] *Fitting*, § 37 Rn. 23; *Löwisch/Kaiser*, § 37 BetrVG Rn. 5.
[289] BAG, Beschl. v. 23.9.1982, AP Nr. 42 zu § 37 BetrVG 1972.
[290] LAG Düsseldorf, Urt. v. 3.1.1975, DB 1975, 651.
[291] BAG, Urt. v. 19.5.1983, AP Nr. 44 zu § 37 BetrVG 1972.
[292] BAG, Urt. v. 10.11.1993, 31.8.1994, AP Nr. 96, 98 zu § 37 BetrVG 1972.
[293] BAG, Urt. v. 6.8.1981, AP Nr. 40 zu § 37 BetrVG 1972 m. Anm. *Joachim*.
[294] BAG, Beschl. v. 16.10.1986, AP Nr. 58 zu § 37 BetrVG 1972.
[295] BAG, Urt. v. 21.11.1978, AP Nr. 34 zu § 37 BetrVG 1972 m. Anm. *Jülicher*.
[296] BAG, Beschl. v. 23.6.1983, AP Nr. 45 zu § 37 BetrVG 1972.

melden[297]. Der Arbeitgeber muß in der Lage sein, einen störungsfreien Betriebsablauf sicherzustellen. Bei der Abmeldung müssen die voraussichtliche Dauer der Abwesenheit und der Ort der beabsichtigten Betriebsratstätigkeit angegeben werden. Eine konkrete Schilderung der Tätigkeit, etwa die Angabe des Namens eines Mitarbeiters, mit dem ein Gespräch geführt werden soll, ist nicht erforderlich; der Arbeitgeber soll keine Kontrolle über die Betriebsratstätigkeit ausüben können[298]. Es genügt die Mitteilung, daß der Arbeitsplatz zur Wahrnehmung betriebsverfassungsrechtlicher Aufgaben verlassen werden muß. Die Abmeldung braucht nicht höchstpersönlich zu erfolgen[299]. Da der Arbeitgeber keinen Spielraum für die nähere Ausgestaltung der Abmeldepflicht hat, ist das Verfahren mitbestimmungsfrei[300].

b) Entgeltfortzahlung nach dem Ausfallprinzip

241 Nimmt das Betriebsratsmitglied berechtigterweise während der Arbeitszeit Betriebsratsaufgaben wahr, so hat es Anspruch auf das Arbeitsentgelt, das es erzielt hätte, wenn es gearbeitet hätte. Dazu gehören das laufende Entgelt und alle sonstigen Leistungen mit Ausnahme von Aufwendungsersatz[301]. Es gilt das Lohnausfallprinzip[302]. Anspruchsgrundlage ist der Arbeitsvertrag. § 37 Abs. 2 BetrVG erhält den Anspruch in Ausnahme von dem Grundsatz „ohne Arbeit kein Lohn" (§ 323 BGB) aufrecht. Verlangt ein Betriebsratsmitglied Entgeltfortzahlung, muß es deshalb die Voraussetzungen des § 37 Abs. 2 BetrVG darlegen und, wenn sie streitig sind, beweisen. Der Arbeitgeber kann, wenn er überhaupt oder hinsichtlich des Zeitaufwandes erhebliche Zweifel an der Erforderlichkeit der Betriebsratstätigkeit hat, im Streit um die Entgeltfortzahlung – anders als bei der Abmeldepflicht – auch Angaben zur Art der Betriebsratstätigkeit verlangen. Hierzu hat die Rechtsprechung eine abgestufte Darlegungs- und Beweislast entwickelt[303].

242 § 37 Abs. 2 BetrVG gilt nur, wenn die Arbeit nicht bereits aus anderen Gründen ausfällt. Sind die gegenseitigen Hauptleistungspflichten aus dem Arbeitsverhältnis suspendiert, etwa weil das Betriebsratsmitglied an einem rechtmäßigen Streik teilnimmt, so kann der Arbeitgeber das Betriebsratsmitglied nicht von der Arbeit freistellen, weil der Anspruch auf die Arbeitsleistung vorübergehend nicht erfüllbar ist; damit entfällt der Anspruch auf Entgelt-

---

[297] BAG, Urt. v. 6.8.1981, AP Nr. 39 zu § 37 BetrVG 1972; Beschl. v. 13.5.1997, AP Nr. 119 zu § 37 BetrVG 1972.
[298] BAG, Urt. v. 15.3.1995, AP Nr. 105 zu § 37 BetrVG 1972.
[299] BAG, Beschl. v. 13.5.1997, AP Nr. 119 zu § 37 BetrVG 1972.
[300] BAG, Beschl. v. 23.6.1983, 13.5.1997, AP Nr. 45, 119 zu § 37 BetrVG 1972.
[301] BAG, Urt. v. 21.4.1983, AP Nr. 43 zu § 37 BetrVG 1972.
[302] BAG, Urt. v. 5.3.1997, AP Nr. 123 zu § 37 BetrVG 1972.
[303] BAG, Urt. v. 15.3.1995, AP Nr. 105 zu § 37 BetrVG 1972.

fortzahlung nach § 37 Abs. 2 BetrVG[304]. Anderes gilt, wenn das Betriebsratsmitglied aufgrund einer Notdienstvereinbarung tätig wird oder bei einem wilden Streik auf Wunsch des Arbeitgebers vermittelnd tätig wird.

c) Ausgleich für Betriebsratstätigkeit außerhalb der Arbeitszeit

aa) Voraussetzungen. Aus dem Lohnausfallprinzip folgt, daß das Betriebsratsmitglied für Betriebsratsarbeit, die es außerhalb seiner Arbeitszeit leistet, keine Vergütung verlangen kann[305]. Das „Sonderopfer an Freizeit" ist jedoch dann vom Arbeitgeber auszugleichen, wenn die Amtsgeschäfte aus **betriebsbedingten Gründen** außerhalb der Arbeitszeit wahrgenommen werden müssen (§ 37 Abs. 3 BetrVG). Betriebsbedingt sind Gründe, wenn sie sich aus der Eigenart des Betriebes oder seiner Abläufe ergeben[306]. Ein im Betrieb selbst vorhandener Sachzwang muß dazu führen, daß die Betriebsratstätigkeit nicht während der Arbeitszeit durchgeführt werden kann; entscheidend ist die Einflußnahme des Arbeitgebers[307].

243

Beispiele: Teilnahme von Wechselschichtlern an Betriebsratssitzungen in schichtfreien Zeiten; Beschäftigung von Arbeitnehmern an Arbeitsplätzen, die aus technischen oder organisatorischen Gründen nicht während der Arbeitszeit verlassen werden können (Fließbandarbeit, Telefondienst usw.).

Der Arbeitgeber schuldet keinen Ausgleich, wenn die Betriebsratstätigkeit aus **betriebsratsbedingten Gründen** außerhalb der regelmäßigen Arbeitszeit erfolgt, d.h. aus Gründen, die im Verantwortungsbereich des Betriebsrats und seiner Mitglieder liegen und die sich der Einflußnahme durch den Arbeitgeber entziehen.

244

Beispiele: Teilnahme an einer Betriebsratssitzung, die länger als die reguläre individuelle Arbeitszeit dauert; Fahrt zu und Teilnahme an einer Sitzung des Gesamt- oder Konzernbetriebsrats am Abend und/oder an einem arbeitsfreien Freitagnachmittag.

Teilzeitbeschäftigte Betriebsratsmitglieder haben einen Ausgleichsanspruch für Betriebsratstätigkeit, die sie außerhalb ihrer persönlichen Arbeitszeit, aber innerhalb der betriebsüblichen Normalarbeitszeit verrichten (§ 37 Abs. 3 Satz 2 BetrVG). Betriebsratsmitglieder, die in **Gleitzeit** arbeiten und damit ganz oder teilweise selbst über die zeitliche Lage ihrer Arbeit entscheiden, müssen, um den Ausgleichsanspruch zu erlangen, den Arbeitgeber vor Aufnahme ihrer Amtsgeschäfte davon in Kenntnis setzen, daß sie die Be-

245

---

[304] BAG, Urt. v. 25.10.1988, AP Nr. 110 zu Art. 9 GG Arbeitskampf.
[305] BAG, Urt. v. 5.3.1997, AP Nr. 123 zu § 37 BetrVG 1972.
[306] BAG, Urt. v. 27.6.1990, 5.3.1997, AP Nr. 76, 123 zu § 37 BetrVG 1972.
[307] BAG, Urt. v. 26.1.1994, AP Nr. 93 zu § 37 BetrVG 1972.

triebsratsarbeit aus betriebsbedingten Gründen nicht während ihrer Arbeitszeit erledigen können[308].

246 bb) Rechtsfolgen. Der Ausgleich ist grundsätzlich in natura zu gewähren, d.h. durch bezahlte Freistellung von der Arbeit im Umfang der außerhalb der Arbeitszeit geleisteten Betriebsratstätigkeit. Nur wenn dies aus betriebsbedingten Gründen binnen eines Monats vom Zeitpunkt der Tätigkeit an gerechnet nicht möglich ist, ist die aufgewendete Zeit wie Mehrarbeit zu vergüten (§ 37 Abs. 3 Satz 3 BetrVG)[309]. Im Ergebnis handelt es sich bei § 37 Abs. 3 BetrVG um ein zeitlich verschobenes Arbeitsentgelt für eine sonst in der persönlichen Arbeitszeit anfallende Betriebsratsarbeit, die infolge eines dem Arbeitgeber zurechenbaren Umstands in die Freizeit verlegt worden ist[310].

3. Freistellung

a) Allgemeines

247 aa) Grundsatz. In Betrieben mit in der Regel mindestens 200 Arbeitnehmern sind ein oder mehrere Betriebsratsmitglieder unter Fortzahlung ihrer Bezüge völlig von der beruflichen Tätigkeit für Betriebsratsarbeit freizustellen. „Freigestellte" brauchen nicht mehr in jedem Einzelfall nachzuweisen, daß die Arbeitsversäumnis zur Durchführung von Betriebsratsarbeit erforderlich war[311]. Die Freistellung dient der Wahrnehmung von Betriebsratsaufgaben; sie berechtigt deshalb nicht dazu, während der Arbeitszeit anderen als den Amtsgeschäften nachzugehen[312].

248 bb) Rechte und Pflichten. Das freigestellte Betriebsratsmitglied ist lediglich von der Arbeitspflicht befreit; nur insoweit unterliegt es nicht mehr dem Direktionsrecht des Arbeitgebers. Da seine sonstigen Pflichten aus dem Arbeitsverhältnis unberührt bleiben, muß es die betriebsübliche Arbeitszeit beachten und sich im Betrieb zur Verfügung halten, soweit nicht seine Abwesenheit vom Betrieb zur Erfüllung der Amtsgeschäfte erforderlich ist[313]. Für den Freigestellten gilt das Lohnausfallprinzip. Er hat Anspruch auf das Arbeitsentgelt, das er erhalten hätte, wenn er nicht freigestellt worden wäre. Wird über die vertraglich geschuldete Arbeitszeit hinaus Betriebsratsarbeit aus betrieblichen Gründen geleistet, kommen Ausgleichsansprüche nach § 37 Abs. 3 BetrVG in Betracht.

---

[308] BAG, Urt. v. 31.10.1985, AP Nr. 52 zu § 37 BetrVG 1972.
[309] BAG, Urt. v. 25.8.1999, NZA 2000, 554.
[310] BAG, Urt. v. 5.3.1997, AP Nr. 123 zu § 37 BetrVG 1972.
[311] BAG, Beschl. v. 26.7.1989, AP Nr. 10 zu § 38 BetrVG 1972.
[312] BAG, Urt. v. 19. 5.1983, AP Nr. 44 zu § 37 BetrVG 1972.
[313] BAG, Urt. v. 31.5.1989, AP Nr. 9 zu § 38 BetrVG 1972.

Freigestellte genießen wie die übrigen Betriebsratsmitglieder nach der Beendigung ihrer **249** Amtszeit Entgelt- und Berufsschutz; waren sie für drei volle aufeinanderfolgende Amtszeiten befreit, so erhöht er sich auf zwei Jahre. Sie dürfen von Maßnahmen der Berufsbildung nicht ausgeschlossen werden. Nach Beendigung der Freistellung ist ihnen, soweit betrieblich möglich, Gelegenheit zu geben, eine berufliche Entwicklung, die wegen der Freistellung unterblieben ist, binnen Jahresfrist nachzuholen (§ 38 Abs. 4 BetrVG).

b) Zahl der freizustellenden Betriebsratsmitglieder

aa) Gesetzliche Mindestzahl. Ob und in welchem Umfang Betriebsratsmitglieder **250** freizustellen sind, hängt vom Umfang der Betriebsratstätigkeit ab. § 38 BetrVG enthält eine pauschalierende Mindestregelung. Sie beruht auf der Vermutung, daß in Betrieben der in § 38 BetrVG genannten Größenklassen regelmäßig Amtsgeschäfte in einem solchen Umfang anfallen, daß sie die Arbeitszeit eines oder mehrerer Betriebsratsmitglieder in vollem Umfang in Anspruch nehmen[314]. Mindestens freizustellen sind:

Betriebsgröße	Freistellungen
200 - 500 Arbeitnehmer	1 Betriebsratsmitglied
501 - 900 Arbeitnehmer	2 Betriebsratsmitglieder
901 - 1500 Arbeitnehmer	3 Betriebsratsmitglieder
1501 - 2000 Arbeitnehmer	4 Betriebsratsmitglieder
2001 - 3000 Arbeitnehmer	5 Betriebsratsmitglieder
3001 - 4000 Arbeitnehmer	6 Betriebsratsmitglieder
4001 - 5000 Arbeitnehmer	7 Betriebsratsmitglieder
5001 - 6000 Arbeitnehmer	8 Betriebsratsmitglieder
6001 - 7000 Arbeitnehmer	9 Betriebsratsmitglieder.
7001 - 8000 Arbeitnehmer	10 Betriebsratsmitglieder.
8001 - 9000 Arbeitnehmer	11 Betriebsratsmitglieder.
9001 - 10000 Arbeitnehmer	12 Betriebsratsmitglieder.

In Betrieben mit über 10000 Arbeitnehmern ist für je angefangene 2000 Arbeitnehmer **251** ein weiteres Betriebsratsmitglied freizustellen (§ 38 Abs. 1 Satz 2 BetrVG). Abzustellen ist auf die Zahl der „in der Regel" im Betrieb beschäftigten Arbeitnehmer (s. oben Rn. 138). Durch Kollektivvertrag können andere als die gesetzlichen Zahlenwerte bestimmt werden (§ 38 Abs. 1 Satz 5 BetrVG), auch geringere[315].

bb) Weitere Freistellungen. Da § 38 BetrVG die allgemeine Regelung des § 37 **252** Abs. 2 BetrVG konkretisiert, aber nicht verdrängt, können weitere Betriebsratsmitglieder von ihrer Arbeitspflicht freigestellt werden, wenn dies zur ordnungsgemäßen Durchführung der Amtsgeschäfte des Betriebsrats erforderlich ist und we-

---

[314] BAG, Beschl. v. 12.2.1997, AP Nr. 19 zu § 38 BetrVG 1972.
[315] BAG, Beschl. v. 11.6.1997, AP Nr. 22 zu § 38 BetrVG 1972.

der die Arbeitsbefreiung weiterer Betriebsratsmitglieder aus konkretem Anlaß (§ 37 Abs. 2 BetrVG) noch die Vertretung durch Ersatzmitglieder (§ 25 Abs. 1 Satz 2 BetrVG) genügen[316].

Beispiele: Zahlreiche oder weit verstreut liegende Betriebsteile, Wechselschichtbetrieb, längerfristige Beurlaubung freigestellter Betriebsratsmitglieder, Tätigkeit von Betriebsratsmitgliedern im Gesamtbetriebsrat, wenn deren Amtsgeschäfte nicht von Kollegen übernommen werden können und auch eine Befreiung aus konkretem Anlaß nicht genügt; nicht die bloße Einrichtung und Abhaltung von Sprechstunden.

253   Unter den gleichen Voraussetzungen kommt auch in Betrieben mit weniger als 200 Arbeitnehmern eine Freistellung von Betriebsratsmitgliedern in Betracht. Allerdings müssen die Amtsgeschäfte in einem bestimmten, einer Pauschalierung zugänglichen Mindestumfang anfallen[317]. Einer kollektivvertraglichen Regelung bedarf es nicht[318].

254   **cc) Teilfreistellung, Ersatzfreistellung.** Freistellungen können auch in Form von Teilfreistellungen erfolgen. Diese dürfen zusammengenommen nicht den Umfang der Freistellungen nach § 38 Abs. 1 Satz 1 BetrVG (Rn. 250) überschreiten. Zu einer Ersatzfreistellung wegen urlaubs-, krankheits- oder schulungsbedingter Verhinderung eines freigestellten Betriebsratsmitglieds ist der Betriebsrat nur bei konkreter Darlegung der Erforderlichkeit berechtigt[319]; Anspruchsgrundlage ist § 37 Abs. 2 BetrVG.

c) Person des freizustellenden Betriebsratsmitglieds

255   **aa) Grundsatz.** Welches Betriebsratsmitglied freizustellen ist, bestimmt der Betriebsrat nach Beratung mit dem Arbeitgeber[320] in einer geheimen Wahl. Sie erfolgt im Interesse des „Listenschutzes" nach den Grundsätzen der Verhältniswahl gemäß dem d'Hondtschen Höchstzahlverfahren, es sei denn, daß nur ein Wahlvorschlag unterbreitet wird oder nur ein Betriebsratsmitglied freizustellen ist (§ 38 Abs. 2 Sätze 1, 2 BetrVG).

256   **bb) Einzelheiten.** Die Freistellung erfolgt durch den Arbeitgeber als Gläubiger des Anspruchs auf die Arbeitsleistung. Sind die gesetzlichen Voraussetzungen erfüllt, ist er zur Freistellung des vom Betriebsrat Benannten verpflichtet (§ 38 Abs.

---

[316] BAG, Beschl. v. 26.7.1989, 26.6.1996, 12.2.1997, AP Nr. 10, 17, 19 zu § 38 BetrVG 1972.
[317] BAG, Beschl. v. 2.4.1974, 13.11.1991, AP Nr. 10, 80 zu § 37 BetrVG 1972.
[318] BAG, Beschl. v. 26.6.1996, AP Nr. 17 zu § 38 BetrVG 1972.
[319] BAG, Beschl. v. 9.7.1997, AP Nr. 23 zu § 38 BetrVG 1972.
[320] Zur Frage, ob es sich hierbei um eine Wirksamkeitsvoraussetzung handelt, vgl. BAG, Beschl. v. 29.4.1992, AP Nr. 15 zu § 38 BetrVG 1972.

2 Satz 3 BetrVG). Hält er die Freistellung eines bestimmten Arbeitnehmers
– etwa wegen besonderer Fachkenntnisse – für sachlich nicht vertretbar, kann er
innerhalb von zwei Wochen nach der Bekanntgabe die Einigungsstelle anrufen
(§ 38 Abs. 2 Satz 4). Unterläßt er dies, gilt sein Einverständnis als erteilt (§ 38
Abs. 2 Satz 7 BetrVG). Bestätigt die Einigungsstelle die Bedenken des Arbeitgebers, so hat sie bei der Bestimmung eines anderen Betriebsratsmitglieds auch den
Minderheitenschutz nach § 38 Abs. 2 Satz 1 BetrVG zu beachten (§ 38 Abs. 2
Satz 6 BetrVG). Die Abberufung freigestellter Mitglieder erfolgt durch Beschluß,
der in geheimer Abstimmung gefaßt wird und einer Mehrheit von drei Vierteln der
Stimmen der Mitglieder des Betriebsrats bedarf (§ 38 Abs. 2 Satz 8, 27 Abs. 1
Satz 5 BetrVG).

4. Teilnahme an Schulungs- und Bildungsveranstaltungen

a) Allgemeines

aa) Erforderliche und geeignete Veranstaltungen. Die ordnungsgemäße Wahr- 257
nehmung von Betriebsratsaufgaben erfordert ein hohes Maß an Kenntnissen. Um
den Erwerb dieser Kenntnisse zu gewährleisten, haben Betriebsratsmitglieder Anspruch auf bezahlte Freistellung zur Teilnahme an Schulungs- und Bildungsveranstaltungen. Diese werden von den unterschiedlichsten Trägern angeboten, vor allem von Gewerkschaften und Arbeitgeberverbänden sowie diesen nahestehenden
Einrichtungen. Das Gesetz unterscheidet zwischen Schulungsveranstaltungen, die
für die Betriebsratsarbeit erforderliche Kenntnisse vermitteln (§ 37 Abs. 6
BetrVG), und solchen, die von der zuständigen obersten Arbeitsbehörde als geeignet anerkannt worden sind (§ 37 Abs. 7 BetrVG), weil sie für die Betriebsratsarbeit nützliche Kenntnisse anbieten.

	Schulungs- und Bildungsveranstaltungen	
	nach § 37 Abs. 6 BetrVG	nach § 37 Abs. 7 BetrVG
Anspruch des	Betriebsrats	Betriebsratsmitglieds
Voraussetzung für Freistellungsanspruch	Vermittlung erforderlicher Kenntnisse	Vermittlung geeigneter Kenntnisse
Umfang des Freistellungsanspruchs	soweit erforderlich und verhältnismäßig	3 Wochen je Amtszeit, 4 Wochen in der ersten Amtszeit
Entgeltfortzahlung	entsprechend dem Lohnausfallprinzip	entsprechend dem Lohnausfallprinzip
Kosten der Veranstaltung (einschl. Reisekosten)	trägt Arbeitgeber	trägt Arbeitgeber nicht, außer wenn zugleich Vermittlung erforderlicher Kenntnisse (Kosten werden i.d.R. von Gewerkschaften oder Arbeitgeberverbänden übernommen)

258 Der Anspruch auf Teilnahme an erforderlichen Schulungsveranstaltungen im Sinne des § 37 Abs. 6 BetrVG steht dem Betriebsrat als Kollegialorgan zu, der auf Teilnahme an nützlichen Veranstaltungen nach § 37 Abs. 7 BetrVG jedem einzelnen Betriebsratsmitglied. Anspruch auf Teilnahme an einer Veranstaltung nach § 37 Abs. 6 BetrVG besteht, wenn der Erwerb von Kenntnissen für die Betriebsratsarbeit erforderlich ist, und zwar dann in erforderlichem Umfang. Zur Teilnahme an Veranstaltungen nach § 37 Abs. 7 BetrVG ist jedes Betriebsratsmitglied in jeder Amtszeit für 3 Wochen freizustellen. In beiden Fällen hat der Arbeitgeber während der Freistellung das Entgelt fortzuzahlen. Bei Teilnahme an Veranstaltungen, die für die Betriebsratsarbeit erforderliche Kenntnisse vermitteln, hat der Arbeitgeber nach § 40 BetrVG zusätzlich die notwendigen Kosten zu tragen. Die Ansprüche nach § 37 Abs. 6 und 7 BetrVG stehen nebeneinander. Die Teilnahme an Veranstaltungen nach § 37 Abs. 6 BetrVG kommt zu dem 3-Wochen-Kontingent hinzu[321]. Besuchen Betriebsräte im Rahmen ihres Kontingents Veranstaltungen, die nicht nur nützliches, sondern notwendiges Wissen vermitteln, dann hat der Arbeitgeber insoweit die Kosten zu tragen.

259 **bb) Verfahren.** Der Betriebsrat bestimmt durch Beschluß, zu welchem Zeitpunkt ein Mitglied an einer Schulungsmaßnahme teilnimmt, bei Schulungen nach § 37 Abs. 6 BetrVG befindet er auch über die Person des Teilnehmers. Nimmt ein Betriebsratsmitglied ohne vorherigen Beschluß des Betriebsrats an einer Schulungsveranstaltung teil, so hat es weder Anspruch auf Entgeltfortzahlung noch auf Kostenerstattung[322]. Bei der Festlegung des

---

[321] BAG, Beschl. v. 5.4.1984, AP Nr. 46 zu § 37 BetrVG 1972.
[322] BAG, Beschl. v. 8.3.2000, NZA 2000, 838.

VII. Rechtsstellung der Betriebsratsmitglieder 311

Teilnahmezeitpunkts muß der Betriebsrat die betrieblichen Notwendigkeiten berücksichtigen (§ 37 Abs. 6 Satz 2 BetrVG); die schulungsbedingte Abwesenheit von Betriebsratsmitgliedern darf zu keinen unzumutbaren Störungen im normalen Betriebsablauf führen. Der Arbeitgeber ist von der beabsichtigten Schulung so rechtzeitig zu unterrichten, daß er prüfen kann, ob die Voraussetzungen für eine bezahlte Freistellung vorliegen und ob der Teilnahmezeitpunkt betrieblich möglich ist (§ 37 Abs. 6 Satz 3 BetrVG)[323]; verneint er letzteres, kann er die Einigungsstelle anrufen, deren Spruch die Einigung zwischen den Betriebsparteien ersetzt (§ 37 Abs. 6 Sätze 4, 5 BetrVG). Ob die unterbliebene oder verspätete Unterrichtung des Arbeitgebers den Freistellungsanspruch entfallen läßt oder eine bloße Amtspflichtverletzung im Sinne des § 23 Abs. 1 BetrVG darstellt, ist streitig[324]. Umstritten ist auch, ob der Arbeitgeber die Befreiung zur Teilnahme konkret erteilen muß oder ob es wie bei der Freistellung zur Erledigung von gewöhnlichen Amtsgeschäften (§ 37 Abs. 2 BetrVG) genügt, daß sich das Betriebsratsmitglied bei seinem Vorsetzten ordnungsgemäß zur Schulung ab- und später wieder zurückmeldet[325].

b) Notwendige Schulungen

aa) Zulässiger Schulungsinhalt. Schulungen nach § 37 Abs. 6 BetrVG müssen Kenntnisse vermitteln, die für die Betriebsratsarbeit erforderlich sind. Die Schulung ist erforderlich, wenn sie unter Berücksichtigung der konkreten Verhältnisse im Betrieb und im Betriebsrat notwendig ist, damit der Betriebsrat seine gegenwärtigen oder in naher Zukunft anstehenden Aufgaben sach- und fachgerecht erfüllen kann[326]. **260**

Zu den gesetzlichen Aufgaben gehören alle Angelegenheiten, bei denen der Betriebsrat Beteiligungsrechte hat, nicht dagegen rechts- oder gesellschaftspolitische, allgemeinbildende[327] oder gewerkschaftliche Themen[328], auch nicht Sozialversicherungs-[329] und Steuerrecht[330]. In aller Regel erforderlich sind für neugewählte Betriebsratsmitglieder Grundkenntnisse im Arbeits- und Betriebsverfassungsrecht[331]. Im übrigen kommt es auf die konkrete Situation an. Die vermittelten Kenntnisse müssen, wenn auch nicht sofort, so doch voraussichtlich in absehbarer Zeit benötigt werden. Zur Frage der Erforderlichkeit von Schulungsveranstaltungen gibt es eine umfangreiche Kasuistik[332]. Behandelt eine an sich **261**

---

[323] BAG, Beschl. v. 18.3.1977, AP Nr. 27 zu § 37 BetrVG 1972.
[324] Zum Streitstand Richardi/*Thüsing*, § 37 BetrVG Rn. 123; GK-BetrVG/*Wiese*, § 37 BetrVG Rn. 270.
[325] Vgl. *Fitting*, § 37 BetrVG Rn. 50 ff.; MünchArbR/*Joost*, § 300 Rn. 132.
[326] Std. Rspr., vgl. zuletzt BAG, Beschl. v. 19.7.1995, AP Nr. 110 zu § 37 BetrVG 1972.
[327] BAG, Beschl. v. 20.10.1993, AP Nr. 31 zu § 37 BetrVG 1972.
[328] BAG, Beschl. v. 28.1.1975, AP Nr. 20 zu § 37 BetrVG 1972.
[329] BAG, Beschl. v. 4.6.2002, NZA 2003, 1284.
[330] BAG, Beschl. v. 11.12.1973, AP Nr. 5 zu § 80 BetrVG 1972.
[331] BAG, Beschl. v. 15.5.1986, 16.10.1986, AP Nr. 54, 58 zu § 37 BetrVG 1972.
[332] Vgl. nur *Fitting*, § 37 BetrVG Rn. 149 ff.

erforderliche Schulung gelegentlich für die Betriebsratsarbeit unwichtige Gegenstände, so bleibt die Schulung im ganzen erforderlich[333]. Lassen sich erforderliche und nicht erforderliche Schulungsteile so klar voneinander abgrenzen, daß auch eine vorübergehende Seminarteilnahme möglich ist, so besteht der Freistellungsanspruch nur für den Besuch der notwendigen Teile[334]. Ist eine Abgrenzung nicht möglich, gilt die Schulung als erforderlich, wenn in mehr als der Hälfte der Zeit notwendige Themen behandelt werden[335].

262   Bei der Beurteilung des Schulungsbedarfs kommt dem Betriebsrat ein gewisser Spielraum zu[336]. Warum eine Schulung noch kurz vor Ende der Amtszeit eines Betriebsrats notwendig ist, muß allerdings besonders dargelegt werden. Dasselbe gilt für Schulungen zur Vertiefung von Grundkenntnissen und für Schulungen zur Auffrischung von Kenntnissen. Einer Schulung bedarf es nicht, wenn sich der Betriebsrat vergleichbare Kenntnisse zumutbar und kostengünstiger auf andere Weise verschaffen kann. Auf ein Selbststudium von Fachzeitschriften können Betriebsratsmitglieder ohne juristische Vorbildung allerdings nicht verwiesen werden[337]. Auch die Dauer der Schulung bestimmt sich nach der Erforderlichkeit[338].

263   **bb) Kollektivanspruch.** Das Recht auf Teilnahme an Schulungs- und Bildungsveranstaltungen will die Funktionsfähigkeit des Betriebsrats sichern; der Anspruch steht daher nicht dem einzelnen Betriebsratsmitglied, sondern dem Betriebsrat als Kollegialorgan zu. Ein Betriebsratsmitglied erwirbt erst dann einen – abgeleiteten – Individualanspruch, wenn der Betriebsrat durch Beschluß ein bestimmtes Mitglied für eine Schulungsmaßnahme auswählt[339]. Die Erforderlichkeit der Schulung bezieht sich auch darauf, daß gerade dieses Mitglied geschickt werden muß, damit der Betriebsrat seine gesetzlichen Aufgaben wahrnehmen kann[340]. Grundkenntnisse benötigt jedes Mitglied, bei Spezialkenntnissen reicht es im allgemeinen aus, wenn sich der zuständige Ausschuß informiert oder wenn das eines oder einige seiner Mitglieder tun[341]. Ersatzmitglieder haben, solange sie nicht nach § 25 Abs. 1 Satz 1 BetrVG nachgerückt sind, keinen Schulungsanspruch[342].

264   **cc) Entgeltfortzahlung.** Damit Betriebsratsmitglieder durch die Schulungsteilnahme keine Vergütungsnachteile erleiden (§ 78 Satz 2 BetrVG), ist das Entgelt

---

[333] BAG, Beschl. v. 29.1.1974, AP Nr. 5 zu § 40 BetrVG 1972.
[334] BAG, Beschl. v. 21.7.1978, AP Nr. 4 zu § 38 BetrVG 1972.
[335] BAG, Beschl. v. 28.5.1976, AP Nr. 24 zu § 37 BetrVG 1972.
[336] BAG, Beschl. v. 16.10.1986, AP Nr. 58 zu § 37 BetrVG 1972.
[337] BAG, Beschl. v. 20.12.1995 AP Nr. 113 zu § 37 BetrVG 1972.
[338] BAG, Beschl. v. 27.9.1974, 28.5.1976, AP Nr. 18, 24 zu § 37 BetrVG 1972.
[339] Std. Rspr., vgl. zuletzt BAG, Beschl. v. 16.10.1986, AP Nr. 58 zu § 37 BetrVG 1972.
[340] BAG, Beschl. v. 16.10.1986, 20.12.1995, AP Nr. 58, 113 zu § 37 BetrVG 1972.
[341] BAG, Beschl. v. 20.12.1995, AP Nr. 113 zu § 37 BetrVG 1972.
[342] BAG, Beschl. v. 14.12.1994, AP Nr. 100 zu § 37 BetrVG 1972.

wie bei § 37 Abs. 2 BetrVG nach dem **Lohnausfallprinzip** fortzuzahlen[343]. Das Betriebsratsmitglied hat Anspruch auf die Vergütung, die es erhalten hätte, wenn es nicht an der Schulungsveranstaltung teilgenommen, sondern im Betrieb gearbeitet hätte. Fällt die Arbeit dort arbeitskampfbedingt aus, verliert es den Anspruch auf Entgeltfortzahlung, wenn es sich am Streik beteiligt[344] oder vom Arbeitgeber ausgesperrt wird oder wenn der Arbeitgeber den Betrieb vorübergehend stilllegt. Bei Kurzarbeit verringert sich sein Entgelt im selben Ausmaß wie bei den anderen Arbeitnehmern, gleichgültig wie lange das Programm an den betreffenden Tagen dauert.

Betriebsratsmitglieder, die wegen der Besonderheiten der betrieblichen Arbeitszeitgestaltung an einer Schulung außerhalb ihrer persönlichen Arbeitszeit teilnehmen, haben auch für diese Zeit Anspruch auf Vergütung. Der Umfang des Ausgleichsanspruchs einschließlich der Arbeitsbefreiung ist auf die Arbeitszeit eines vollzeitbeschäftigten Arbeitnehmers begrenzt (§ 37 Abs. 6 Satz 2 BetrVG). Diese Regelung begünstigt Arbeitnehmer, die etwa im Rahmen eines rollierenden Systems oder aufgrund von Vorarbeiten im Zeitpunkt der Schulung arbeitsfrei haben. 265

dd) Kostenerstattung. Der Arbeitgeber trägt nach § 40 Abs. 1 BetrVG auch die Teilnahmekosten[345]. Dazu gehören vor allem Fahrt-, Verpflegungs- und Übernachtungskosten, soweit der Teilnehmer nicht eigene Aufwendungen erspart, sowie die Teilnahmegebühren, nicht dagegen die Kosten der persönlichen Lebensführung (Getränke, Tabakwaren usw.)[346]. Für die Spesen ist die betriebliche Reisekostenordnung zugrunde zu legen, hilfsweise kann man nach den Lohnsteuerrichtlinien abrechnen[347]. 266

Der Erstattungsanspruch wird durch den Grundsatz der Verhältnismäßigkeit beschränkt[348]. Im Rahmen seines Beurteilungsspielraums hat der Betriebsrat nach pflichtgemäßem Ermessen zu prüfen, ob die zu erwartenden Kosten mit der Größe und der Leistungsfähigkeit des Betriebs vereinbar sind und ob der Schulungszweck in einem vertretbaren Verhältnis zu den aufgewandten Mitteln steht[349]. Er braucht nicht den günstigsten Anbieter auszuwählen, sondern kann seine Entscheidung bei vergleichbaren Schulungsinhalten vom Veranstalter abhängig machen[350]. Wählt er, was zulässig ist[351], einen gewerk- 267

---

[343] BAG, Urt. v. 20.10.1993, 5.3.1997, AP Nr. 90, 123 zu § 37 BetrVG 1972.
[344] BAG, Urt. v. 15.1.1991, AP Nr. 114 zu Art. 9 GG Arbeitskampf.
[345] BAG, Beschl. v. 28.6.1995, AP Nr. 48 zu § 40 BetrVG 1972.
[346] BAG, Beschl. v. 29.1.1974, 15.6.1976, AP Nr. 5, 12 zu § 40 BetrVG 1972.
[347] BAG, Beschl. v. 17.9.1974, 23.6.1975, AP Nr. 6, 10 zu § 40 BetrVG 1972.
[348] Std. Rspr., vgl. BAG, Beschl. v. 28.6.1995, AP Nr. 48 zu § 40 BetrVG 1972.
[349] BAG, Beschl. v. 8.2.1977, 28.6.1995, AP Nr. 26, 48 zu § 37 BetrVG 1972.
[350] BAG, Beschl. v. 28.6.1995, AP Nr. 48 zu § 40 BetrVG 1972.
[351] BAG, Beschl. v. 31.10.1972, AP Nr. 2 zu § 40 BetrVG 1972.

schaftlichen oder gewerkschaftsnahen Anbieter – etwa eine GmbH, an der die Gewerkschaft beteiligt ist und bei der sie einen bestimmenden Einfluß auf die Schulungsinhalte hat –[352], darf der Arbeitgeber aus koalitionsrechtlichen Gründen die Erstattung von Kosten insoweit verweigern, als sie zur Finanzierung des gegnerischen Verbandes geeignet sind[353]. Nicht erstattungsfähig sind die Vorhaltekosten (Gemeinkosten) gewerkschaftlicher Einrichtungen (Strom, Wasser, Heizung Reinigung, Personalaufwand), soweit sie sich nicht exakt einer konkreten Schulungsveranstaltung zuordnen lassen[354]. Dasselbe gilt für gewerkschaftseigene Referenten, wenn es zu deren Pflichten gehört, Schulungen zu betreuen und im Rahmen der Schulungen Vorträge zu halten[355]. In keinem Fall darf die Gewerkschaft aus den Schulungen einen Gewinn erzielen[356]. Pauschbeträge, in denen möglicherweise Gewinne enthalten sind, braucht der Arbeitgeber ohne Aufschlüsselung nicht zu erstatten (arg. e § 666 BGB)[357]. Zulässig ist allerdings eine Mischkalkulation, nach der alle künftig zu erwartenden Kosten für die Durchführung betriebsverfassungsrechtlicher Schulungen gemeinsam ermittelt und in Durchschnittswerten unabhängig von der konkreten Teilnehmerzahl einer Schulung teilnehmerbezogen zugeordnet werden[358]. Sind Betriebsratsmitglieder für den Besuch von Schulungsveranstaltungen Zahlungsverpflichtungen eingegangen, so können sie oder der Betriebsrat den Arbeitgeber auf Freistellung in Anspruch nehmen[359]. Die Erstattungsforderung ist bei Verzug oder nach Eintritt der Rechtshängigkeit zu verzinsen (§§ 286 Abs. 1, 288, 291 BGB)[360]. Die gerichtliche Geltendmachung erfolgt im Wege des arbeitsgerichtlichen Beschlußverfahrens, da der Anspruch im Betriebsverfassungsrecht wurzelt[361].

c) Nützliche Schulungen

268 Unabhängig vom Schulungsanspruch nach § 37 Abs. 6 BetrVG haben alle Betriebsratsmitglieder während ihrer Amtszeit Anspruch auf bezahlte Freistellung für insgesamt drei Wochen – in der ersten Amtszeit: vier Wochen – zur Teilnahme an Schulungs- und Bildungsveranstaltungen, die der Landesarbeitsminister (in den Stadtstaaten: der Senator für Arbeit) **als geeignet anerkannt** hat (§ 37 Abs. 7 BetrVG).

---

[352] BAG, Beschl. v. 28.6.1995, AP Nr. 47 und 48 zu § 40 BetrVG 1972.
[353] BAG, Beschl. v. 31.10.1972, 15.1.1992, 30.3.1994, AP Nr. 2, 41, 42 zu § 40 BetrVG 1972.
[354] BAG, Beschl. v. 28.6.1995, AP Nr. 48 zu § 40 BetrVG 1972.
[355] BAG, Beschl. v. 28.6.1995, AP Nr. 48 zu § 40 BetrVG 1972.
[356] BAG, Beschl. v. 31.10.1972, 15.1.1992, 30.3.1994, AP Nr. 2, 41, 42 zu § 40 BetrVG 1972.
[357] BAG, Beschl. v. 30.3.1994, 28.6.1995, AP Nr. 42, 48 zu § 40 BetrVG 1972.
[358] BAG, Beschl. v. 17.6.1998, AP Nr. 63 zu § 40 BetrVG 1972.
[359] BAG, Beschl. v. 28.6.1995, AP Nr. 47 zu § 40 BetrVG 1972.
[360] BAG, Beschl. v. 18.1.1989, AP Nr. 28 zu § 40 BetrVG 1972.
[361] BAG, Beschl. v. 28.6.1995, AP Nr. 47 und 48 zu § 40 BetrVG 1972.

Geeignet sind Veranstaltungen, die der Betriebsratsarbeit „dienlich und förderlich **269** sind"[362], die also nach Zielsetzung und Inhalt darauf angelegt sind, für eine sach- und fachgerechte Ausübung der Betriebsratstätigkeit zu sorgen. Für die Betriebsratstätigkeit müssen nennenswerte Vorteile zu erwarten sein; der Nutzen darf kein Nebeneffekt von untergeordneter Bedeutung sein. Die Veranstaltung darf nicht vornehmlich anderen Zwecken, wie etwa einer gewerkschaftspolitischen, einer allgemeinpolitischen oder allgemeinbildenden Schulung dienen. § 37 Abs. 7 BetrVG dient nicht dazu, Rückstände an Allgemeinwissen abzubauen, allgemeine staatsbürgerliche Fortbildung zu vermitteln oder eine intellektuelle Parität oder Chancengleichheit mit dem Arbeitgeber herzustellen. Geeignet sind z.B. Seminare über Arbeits- und Sozialrecht, über volks- und betriebswirtschaftliche Fragen oder über Arbeitswissenschaft, nicht dagegen ein Seminar zur Rolle der Arbeiterbewegung vor dem 1. Weltkrieg[363]. Im Gegensatz zu den Bildungsveranstaltungen nach § 37 Abs. 6 BetrVG hat der Arbeitgeber hier nur das Entgelt fortzuzahlen, sofern die Teilnahme nicht ausnahmsweise dem Erwerb erforderlicher Kenntnisse dient.

5. Finanzielle und berufliche Absicherung

a) Entgeltschutz

Das Entgelt von Betriebsräten darf während ihrer Amtszeit nicht geringer bemes- **270** sen werden als das vergleichbarer Arbeitnehmer mit berufsüblicher Entwicklung. Das gilt auch in einem Zeitraum von einem Jahr, bei Betriebsräten, die drei volle aufeinanderfolgende Amtsperioden freigestellt waren, von zwei Jahren nach Ablauf der Amtszeit (§§ 37 Abs. 4, 38 Abs. 3 BetrVG). Vergleichbar sind die Arbeitnehmer, die im Zeitpunkt der Übernahme des Betriebsratsamtes eine im wesentlichen gleich qualifizierte Tätigkeit ausgeübt haben. Betriebsüblich ist eine Entwicklung, wenn aufgrund eines gleichförmigen Verhaltens des Arbeitgebers und einer Regel grundsätzlich, d.h. wenigstens in der überwiegenden Mehrzahl der vergleichbaren Fälle, mit ihr gerechnet werden kann[364].

b) Tätigkeitsschutz

Soweit nicht zwingende betriebliche Notwendigkeiten entgegenstehen, dürfen Be- **271** triebsratsmitglieder einschließlich eines Zeitraums von einem Jahr – bei Freistellungen für drei aufeinanderfolgende Amtszeiten: von zwei Jahren – nach Beendigung der Amtszeit nur mit Tätigkeiten beschäftigt werden, die den Tätigkeiten vergleichbarer Arbeitnehmer mit betriebsüblicher Entwicklung gleichwertig sind (§§ 37 Abs. 5, 38 Abs. 3 BetrVG). Zwingende betriebliche Notwendigkeiten ste-

---

[362] BAG, Beschl. v. 11.8.1993, AP Nr. 92 zu § 37 BetrVG 1972.
[363] BAG, Beschl. v. 11.8.1993, AP Nr. 92 zu § 37 BetrVG 1972.
[364] BAG, Urt. v. 15.1.1992, AP Nr. 84 zu § 37 BetrVG 1972.

hen insbesondere dann entgegen, wenn ein entsprechender Arbeitsplatz fehlt – es besteht kein Anspruch auf Schaffung eines neuen Arbeitsplatzes – oder wenn für den Arbeitsplatz besondere Kenntnisse erforderlich sind, das Betriebsratsmitglied an einer notwendigen Fortbildungsveranstaltung aber nicht teilgenommen hat[365]. Allerdings wird man es bevorzugt bei Weiterbildungsmaßnahmen berücksichtigen müssen.

272 Freigestellte Betriebsratsmitglieder dürfen von inner- und außerbetrieblichen Maßnahmen der Berufsbildung nicht ausgeschlossen werden. Innerhalb eines Jahres nach Beendigung der Freistellung ist ihnen im Rahmen der Möglichkeiten des Betriebs Gelegenheit zu geben, eine wegen der Freistellung unterbliebene betriebsübliche berufliche Entwicklung nachzuholen. Bei Freistellung für drei aufeinanderfolgende Amtszeiten gilt wieder ein Zeitraum von zwei Jahren (§ 38 Abs. 4 BetrVG).

c) Kündigungs- und Versetzungsschutz

273 **aa) Kündigungsschutz.** Schließlich genießen Betriebsratsmitglieder einen besonderen Kündigungsschutz. Die ordentliche Kündigung ist nur zulässig, wenn der Betrieb stillgelegt oder wenn die Abteilung geschlossen wird[366] und der Betriebsrat aus betriebsbedingten Gründen nicht in eine andere Abteilung des Betriebs oder eines anderen Betriebs des Unternehmens übernommen werden kann (§ 15 Abs. 1, 4, 5 KSchG)[367]. Die außerordentliche Kündigung aus wichtigem Grund bedarf der Zustimmung des Betriebsrats (§ 103 BetrVG). Der Betriebsrat muß bei groben Verstößen gegen den Arbeitsvertrag zustimmen; notfalls ersetzt das Arbeitsgericht seine Zustimmung (§ 103 Abs. 2 BetrVG). Einzelheiten s. Band 1 § 10 Rn. 261.

273a **bb) Versetzungsschutz.** Die Versetzung eines Betriebsratsmitglieds, die zu einem Verlust des Amtes führen würde – d. h. vor allem die Versetzung in einen anderen Betrieb –, bedarf auch dann der Zustimmung des Betriebsrats, wenn sie nicht durch Änderungskündigung, sondern durch Weisung erfolgt. Etwas anderes gilt nur, wenn der betroffene Arbeitnehmer damit einverstanden ist (§ 103 Abs. 3 Satz 1 BetrVG). Hat der Betriebsrat die Zustimmung verweigert, kann der Arbeitgeber sie vom Arbeitsgericht im Beschlußverfahren ersetzen lassen. Das Arbeitsgericht hat sie zu ersetzen, wenn die Versetzung auch unter Berücksichtigung der betriebsverfassungsrechtlichen Stellung des Betroffenen aus dringenden betrieblichen Gründen notwendig ist (§ 103 Abs. 3 Satz 2 BetrVG).

---

[365] *Löwisch/Kaiser*, § 37 BetrVG Rn. 36.
[366] BAG, Urt. v. 20.1.1984, AP Nr. 16 zu § 15 KSchG 1969.
[367] BAG, Urt. v. 13.8.1992, AP Nr. 32 zu § 15 KSchG 1969.

VIII. Weitere Einrichtungen der Betriebsverfassung

1. Gesamtbetriebsrat

a) Errichtung

Bestehen in einem Unternehmen[368] mehrere Betriebsräte, so ist ein Gesamtbetriebsrat zu errichten (§ 47 Abs. 1 BetrVG). Dessen Mitglieder werden nicht von den Arbeitnehmern des Unternehmens gewählt, sondern von den Betriebsräten der verschiedenen Betriebe entsandt.

274

In den Gesamtbetriebsrat entsendet jeder Betriebsrat mit bis zu drei Mitgliedern eines seiner Mitglieder, jeder Betriebsrat mit mehr als drei Mitgliedern entsendet zwei seiner Mitglieder. Die Geschlechter sollen angemessen berücksichtigt werden (§ 47 Abs. 2 BetrVG). Die Mitgliederzahl des Gesamtbetriebsrats kann durch Tarifvertrag oder Betriebsvereinbarung abweichend geregelt werden; sie ist durch Betriebsvereinbarung zu verringern, wenn dem Gesamtbetriebsrat mehr als 40 Mitglieder angehören (§ 47 Abs. 4-6 BetrVG). Der Gesamtbetriebsrat ist eine Dauereinrichtung. Er hat – anders als der Betriebsrat – keine Amtszeit. Der Gesamtbetriebsrat bleibt über die Wahlperiode der einzelnen Betriebsräte hinaus bestehen. Das Amt des Gesamtbetriebsrats als Gremium endet jedoch, wenn die Voraussetzungen für seine Errichtung nicht mehr vorliegen, etwa wenn in dem Unternehmen nicht mehr mindestens zwei Betriebsräte bestehen[369].

275

b) Geschäftsführung

Für die Geschäftsführung des Gesamtbetriebsrats gelten im wesentlichen dieselben Grundsätze wie für den Betriebsrat (§ 51 Abs. 1 BetrVG). Der Gesamtbetriebsrat muß einen Vorsitzenden und dessen Stellvertreter wählen (§§ 51 Abs. 1 Satz 1 und Abs. 2 Sätze 1, 2, 26 Abs. 1 BetrVG); Gesamtbetriebsräte mit neun oder mehr Mitgliedern haben zur Erledigung der laufenden Geschäfte Gesamtbetriebsausschüsse zu bilden (§§ 51 Abs. 1 Satz 2, 27 BetrVG).

276

Entsprechend anzuwenden sind auch die Vorschriften über die Rechte und Pflichten des Betriebsrats (§ 51 Abs. 5 BetrVG), also der Grundsatz der vertrauensvollen Zusammenarbeit, die Friedenspflicht, das Verbot parteipolitischer Betätigung, die Pflicht, die Betriebsangehörigen recht und billig zu behandeln, usw. An den Sitzungen des Gesamtbetriebsrats kann auf Antrag eines Viertels der Mitglieder oder der Mehrheit einer Gruppe ein Gewerkschaftsbeauftragter teilnehmen, wenn die Gewerkschaft im Gesamtbetriebsrat vertreten ist (§§ 51 Abs. 1, 31 BetrVG). Teilnahmeberechtigt sind auch die Gesamtschwerbehinderten-

277

---

[368] Betriebsräte aus verschiedenen Unternehmen können keinen gemeinsamen Gesamtbetriebsrat bilden, vgl. BAG, Beschl. v. 29.11.1989, AP Nr. 3 zu § 10 ArbGG 1979.
[369] BAG, Beschl. v. 5.6.2002, NZA 2003, 336.

vertretung (§ 52 BetrVG) und ein Vertreter der Gesamtjugend- und Auszubildendenvertretung (§§ 73 Abs. 2, 67 Abs. 1 Satz 1 BetrVG). Der Gesamtbetriebsrat muß seine Sitzungen nicht immer am Ort der Hauptverwaltung abhalten[370]. Er kann auch in anderen Betrieben des Unternehmens tagen. Die Information der Belegschaft über das Ergebnis seiner Sitzungen erfolgt in der Regel durch die einzelnen Betriebsräte. Im Gesamtbetriebsrat wird nicht nach Köpfen abgestimmt, sondern jedes Mitglied hat so viele Stimmen, wie in dem Betrieb, in dem es gewählt wurde, wahlberechtigte Arbeitnehmer in die Wählerliste eingetragen sind (§ 47 Abs. 7 BetrVG). Ist ein Mitglied des Gesamtbetriebsrats für mehrere Betriebe entsandt worden, so hat es so viele Stimmen, wie in den Betrieben, für die es entsandt ist, wahlberechtigte Arbeitnehmer in den Wählerlisten eingetragen sind; sind mehrere Mitglieder entsandt worden, so stehen ihnen die Stimmen anteilig zu (§ 47 Abs. 8 BetrVG). Beschlußfähig ist der Gesamtbetriebsrat, wenn mindestens die Hälfte seiner Mitglieder an der Beschlußfassung teilnimmt und die Teilnehmenden mindestens die Hälfte aller Stimmen vertreten (§ 51 Abs. 3 BetrVG).

c) Zuständigkeit

278 aa) **Originäre Zuständigkeit.** Die Befugnisse des Gesamtbetriebsrats sind verhältnismäßig gering. Er ist den einzelnen Betriebsräten nicht übergeordnet (§ 50 Abs. 1 Satz 2 BetrVG), sondern nur zuständig für die Behandlung von Angelegenheiten, die das gesamte Unternehmen oder mehrere Betriebe betreffen und die nicht durch die einzelnen Betriebsräte innerhalb ihrer Betriebe geregelt werden können (§ 50 Abs. 1 Satz 1 BetrVG). Es gibt also keinen Instanzenzug von den Betriebsräten zum Gesamtbetriebsrat, sondern die Zuständigkeit der Betriebsräte schließt die des Gesamtbetriebsrats aus und umgekehrt[371].

279 Die Angelegenheit muß zunächst **überbetrieblicher Natur** sein. Fragen, die ausschließlich einen Betrieb betreffen, fallen in die Zuständigkeit des Betriebsrats dieses Betriebes. Aber auch bei einem überbetrieblichen Problem ist der Gesamtbetriebsrat nur zuständig, wenn eine Regelung auf Betriebsebene **unmöglich** ist oder eine **zwingende sachliche Notwendigkeit für eine unternehmenseinheitliche oder zumindest betriebsübergreifende Regelung** besteht[372]. Die Notwendigkeit kann sich aus der Struktur des Unternehmens ergeben – zentralistisch geführt – oder aus wirtschaftlichen, technischen oder sozialpolitischen Bedürfnissen. Bloße Zweckmäßigkeitserwägungen oder der Wunsch der Unternehmensleitung

---

[370] BAG, Beschl. v. 24.7.1979, AP Nr. 1 zu § 51 BetrVG 1972.
[371] BAG, Beschl. v. 16.8.1983, AP Nr. 5 zu § 50 BetrVG 1972.
[372] BAG, Urt. v. 26.1.1993, AP Nr. 102 zu § 99 BetrVG 1972; Beschl. v. 30.8.1995, AP Nr. 29 zu § 87 BetrVG 1972 Überwachung.

nach Vereinheitlichung reichen nicht aus. Maßgebend ist der Gegenstand des jeweiligen Beteiligungsrechts[373].

Soziale Angelegenheiten fallen zumeist in die Zuständigkeit der Einzelbetriebsräte, es sei denn, daß mehrere Betriebe arbeitstechnisch verzahnt oder auf sonstige Weise organisatorisch verbunden sind und diesem Umstand Rechnung getragen werden soll. Bei freiwilligen Leistungen begründet ausnahmsweise bereits der Wunsch des Arbeitgebers nach einer unternehmenseinheitlichen Regelung die Zuständigkeit des Gesamtbetriebsrats[374]. Die Beteiligung des Gesamtbetriebsrats wird deshalb hauptsächlich in Frage kommen bei unternehmensweiten Sozialleistungen und -einrichtungen (Sonderzuwendungen, Darlehen, Altersversorgung[375]), bei Entgeltsystemen, Personalinformationssystemen und EDV-Systemen mit Leistungs- und Verhaltenskontrollmöglichkeiten[376], aber auch in **allgemeinen personellen Angelegenheiten** (Personalfragebogen, Beurteilungsgrundsätze, Berufsbildung usw.), die etwa aus Markt- und Konkurrenzgründen unternehmenseinheitlich durchgeführt werden sollen[377]. **Personelle Einzelmaßnahmen** (vgl. § 99 BetrVG) betreffen dagegen zumeist nur die Einzelbetriebe und fallen deshalb nicht in die Zuständigkeit des Gesamtbetriebsrats. Selbst bei der betriebsübergreifenden Versetzung eines Arbeitnehmers sind nur der Betriebsrats des abgebenden und des aufnehmenden Betriebes zu beteiligen, nicht aber der Gesamtbetriebsrat[378]. In **wirtschaftlichen Angelegenheiten** ist der Gesamtbetriebsrat zuständig für Angelegenheiten, die die Errichtung und die Aufgaben des Wirtschaftsausschusses und des Europäischen Betriebsrats betreffen; deren Mitglieder werden vom Gesamtbetriebsrat bestellt (§ 107 Abs. 2 Satz 2 BetrVG, § 23 Abs. 1 EBRG), aber auch bei der Stillegung sämtlicher Betriebe eines Unternehmens[379] oder bei einem Sozialplan für das gesamte Unternehmen[380].

280

Der Gesamtbetriebsrat ist nicht nur zuständig für Betriebe, in denen ein Betriebsrat besteht und die deshalb in ihm repräsentiert sind, sondern auch für betriebsratslose Betriebe des Unternehmens (§ 50 Abs. 1 Satz 1 HS 2 BetrVG). Er hat aber nicht das Recht, in solchen Betrieben die Rolle des örtlichen Betriebsrats zu übernehmen und rein betriebsbezogene Angelegenheiten zu regeln; dazu fehlt ihm die Legitimation der dortigen Belegschaft[381].

281

---

[373] BAG, Beschl. v. 6.12.1988, AP Nr. 37 zu § 87 BetrVG 1972 Lohngestaltung; Urt. v. 26.1.1993, AP Nr. 102 zu § 99 BetrVG 1972.
[374] BAG, Beschl. v. 11.2.1992, AP Nr. 50 zu § 76 BetrVG 1972; Urt. v. 11.11.1998, NZA 1999, 947.
[375] BAG, Beschl. v. 5.5.1977, AP Nr. 3 zu § 50 BetrVG 1972.
[376] BAG, Beschl. v. 14.9.1984, AP Nr. 9 zu § 87 BetrVG 1972 Überwachung.
[377] BAG, Beschl. v. 5.5.1977, AP Nr. 3 zu § 50 BetrVG 1972.
[378] BAG, Urt. v. 26.1.1993, AP Nr. 102 zu § 99 BetrVG 1972.
[379] BAG, Beschl. v. 17.2.1981, AP Nr. 11 zu § 112 BetrVG 1972.
[380] BAG, Beschl. v. 20.4.1994, AP Nr. 77 zu § 112 BetrVG 1972.
[381] BAG, Beschl. v. 16.8.1993, AP Nr. 5 zu § 50 BetrVG 1972.

282 **bb) Zuständigkeit kraft Beauftragung.** Die Einzelbetriebsräte können den Gesamtbetriebsrat, wenn er nicht zuständig ist, beauftragen, für sie tätig zu werden (§ 50 Abs. 2 Satz 1 BetrVG). Damit kann sich der Betriebsrat die Verhandlungsstärke des Gesamtbetriebsrats, die möglicherweise größer ist als die eigene, zunutze machen. Ferner kann der Gesamtbetriebsrat mit Aufgaben betraut werden, deren unternehmenseinheitliche oder betriebsübergreifende Regelung zwar nicht zwingend erforderlich ist, aber doch nützlich oder zweckmäßig erscheint.

283 Die Beauftragung erfordert einen Beschluß, den der Betriebsrat mit der Mehrheit seiner Mitglieder zu fassen hat; er bedarf der Schriftform (§§ 50 Abs. 2 Satz 3, 27 Abs. 3 Sätze 3, 4 BetrVG). Übertragen werden kann nur die Behandlung einzelner, konkreter Angelegenheiten, nicht ein ganzer Sachbereich[382]. Art und Umfang der Übertragung liegen beim Betriebsrat; er kann sich die Entscheidungsbefugnis, beispielsweise den Abschluß einer Betriebsvereinbarung, vorbehalten (§ 50 Abs. 2 Satz 2 BetrVG). Soll der Gesamtbetriebsrat mit verbindlicher Wirkung für alle Betriebe eine Angelegenheit behandeln, die in die Zuständigkeit der Einzelbetriebsräte fällt, dann bedarf es entsprechender Beschlüsse sämtlicher Betriebsräte.

2. Wirtschaftsausschuß

a) Errichtung

284 **aa) Voraussetzungen.** Auf Unternehmensebene gibt es ein zweites Betriebsverfassungsorgan: den Wirtschaftsausschuß. Der Sache nach ist er ein Ausschuß des Gesamtbetriebsrats – in Unternehmen mit zwei oder mehr Betrieben – oder des Betriebsrats – in Unternehmen, die nur aus einem Betrieb bestehen –, der für die meisten Beteiligungsrechte in wirtschaftlichen Angelegenheiten zuständig ist. Zu bilden ist er in allen Unternehmen mit in der Regel mehr als 100 ständig beschäftigten Arbeitnehmern (§ 106 Abs. 1 Satz 1 BetrVG). Ist ein Wirtschaftsausschuß nicht zu bilden, weil ein Unternehmen nicht mehr als 100 ständig beschäftigte Arbeitnehmer hat, dann stehen seine Rechte auch nicht dem Betriebsrat oder dem Gesamtbetriebsrat zu[383].

285 **bb) Größe und Errichtung.** Der Wirtschaftsausschuß besteht aus drei bis sieben Mitgliedern. Sie werden vom Betriebsrat für die Dauer seiner Amtszeit bestimmt und müssen dem Unternehmen angehören; eines von ihnen muß Betriebsratsmitglied sein. Besteht ein Gesamtbetriebsrat, so bestimmt dieser die Mitglieder des Wirtschaftsausschusses. Zu Mitgliedern können auch leitende Angestellte berufen werden. Alle Mitglieder sollen die zur Erfüllung ihrer Aufgaben erforderliche

---

[382] BAG, Urt. v. 26.1.1993, AP Nr. 102 zu § 99 BetrVG 1972.
[383] BAG, Beschl. v. 5.2.1991, AP Nr. 10 zu § 106 BetrVG 1972.

fachliche und persönliche Eignung besitzen. Sie können jederzeit abberufen werden (§ 107 Abs. 1, 2 BetrVG).

Da der Wirtschaftsausschuß nur ein Hilfsorgan des Betriebsrats ist, das allein der Erfüllung von Betriebsratsaufgaben dient[384], kann dieser die Aufgaben des Wirtschaftsausschusses auch einem Betriebsratsausschuß übertragen. Der Ausschuß darf nicht größer sein als der Betriebsausschuß. Allerdings kann der Betriebsrat noch einmal die gleiche Zahl von Arbeitnehmern hinzuberufen. Berufen werden können auch leitende Angestellte (§ 107 Abs. 3 Sätze 1-3 BetrVG). Bestellt der Betriebsrat die Mitglieder des Sprecherausschusses zu Mitgliedern des Wirtschaftsausschusses, dann kann eine gemeinsame Unterrichtung beider Arbeitnehmervertretungen und eine gemeinsame Beratung erreicht werden, wie sie dem Gesetzgeber ja auch vorschwebt. Auf Beschluß des Wirtschaftsausschusses muß der Arbeitgeber einen Protokollführer zur Verfügung stellen; Wirtschaftsausschuß und Betriebsrat haben nicht das Recht, ein weiteres Betriebsratsmitglied mit dieser Aufgabe zu betrauen[385]. **286**

b) Geschäftsführung

Der Wirtschaftsausschuß soll einmal monatlich zusammentreten (§ 108 Abs. 1 BetrVG). Ein Bedürfnis dafür wird allerdings zumeist nur in größeren Unternehmen bestehen. Der Unternehmer oder sein Vertreter hat an den Sitzungen teilzunehmen. Er kann sachkundige Arbeitnehmer des Unternehmens einschließlich leitender Angestellter hinzuziehen (§ 108 Abs. 2 BetrVG). Das können auch einzelne Mitglieder des Sprecherausschusses sein, nicht aber der Sprecherausschuß als Gremium. Zwar haben die leitenden Angestellten per definitionem Unternehmerfunktion, der Sprecherausschuß ist aber Vertretungsorgan und kein Hilfsorgan des Arbeitgebers. Bei Bedarf kann der Wirtschaftsausschuß Vorbesprechungen ohne Teilnahme des Arbeitgebers durchführen. Die (Gesamt-)Schwerbehindertenvertretung kann an den Sitzungen beratend teilnehmen[386]. Gewerkschaftsbeauftragte können auf Antrag eines Viertels der Mitglieder des Wirtschaftsausschusses oder der Mehrheit einer Gruppe eingeladen werden[387], Sachverständige dann, wenn ohne sie der Wirtschaftsausschuß seine Aufgaben nicht ordnungsgemäß erfüllen könnte. Dabei ist zu beachten, daß die Mitglieder selbst über die erforderliche Sachkunde verfügen sollen[388]. Der Wirtschaftsausschuß hat dem Betriebsrat über jede Sitzung unverzüglich und vollständig zu berichten (§ 108 Abs. 4 BetrVG). **287**

---

[384] BAG, Beschl. v. 8.3.1983, AP Nr. 26 zu § 118 BetrVG 1972.
[385] BAG, Beschl. v. 17.10.1990, AP Nr. 3 zu § 108 BetrVG 1972.
[386] BAG, Beschl. v. 4.6.1987, AP Nr. 2 zu § 22 SchwBG.
[387] BAG, Beschl. v. 18.11.1980, AP Nr. 2 zu § 108 BetrVG 1972.
[388] BAG, Urt. v. 11.11.1998, NZA 1998, 1119: deshalb auch kein Anspruch nach § 37 Abs.6 BetrVG.

c) Aufgaben

288 **aa)** Aufgabe des Wirtschaftsausschusses ist es, **wirtschaftliche Angelegenheiten mit dem Unternehmer zu beraten und den Betriebsrat zu unterrichten** (§ 106 Abs. 1 Satz 2 BetrVG). Zu diesem Zweck ist er vom Unternehmer rechtzeitig und umfassend über die wirtschaftlichen Angelegenheiten des Unternehmens unter Vorlage der erforderlichen Unterlagen zu informieren, soweit dadurch nicht Betriebs- und Geschäftsgeheimnisse des Unternehmens gefährdet werden. Außerdem sind die Auswirkungen auf die Personalplanung darzustellen (§ 106 Abs. 2 BetrVG), damit der Betriebsrat seine Aufgaben nach den §§ 92 ff. BetrVG wahrnehmen kann. Ferner ist dem Wirtschaftsausschuß der Jahresabschluß, d.h. die Handelsbilanz sowie die Gewinn- und Verlustrechnung (§ 242 Abs. 3 HGB), unter Beteiligung des Betriebsrats zu erläutern (§ 108 Abs. 5 BetrVG).

289 Rechtzeitig ist der Wirtschaftsausschuß dann unterrichtet, wenn er und der Betriebsrat Initiativen auf wirtschaftlichem und sozialem Gebiet noch in den Entscheidungsprozeß einbringen können[389]. Die Mitglieder des Wirtschaftsausschusses müssen die Möglichkeit haben, sich gründlich auf die Sitzungen vorzubereiten[390]. Bei umfassenden Daten und Zahlen kann der Unternehmer deshalb verpflichtet sein, dem Wirtschaftsausschuß bereits vor der Sitzung Unterlagen vorzulegen und ggf. zur Einsicht zu überlassen (§ 108 Abs. 3 BetrVG). Zu den Unterlagen gehören Materialien unternehmerischer Planung und Entscheidung aller Art, soweit sie sich auf wirtschaftliche Angelegenheiten beziehen, wie Berichte, Pläne, Statistiken, Gutachten, Analysen, Organisationsmodelle, Rentabilitätsberechnungen, Vorschläge, Zeichnungen, Tabellen und Geschäftsbücher[391]. Ohne Zustimmung des Unternehmers dürfen die Mitglieder die Unterlagen nicht ablichten[392].

290 **bb) Gegenstand des Unterrichtungs- und Beratungsanspruchs** sind wirtschaftliche Angelegenheiten des Unternehmens. Was der Gesetzgeber darunter versteht, zeigt der Auffangtatbestand des § 106 Abs. 3 Nr. 10 BetrVG: Vorgänge und Vorhaben, die Interessen der Arbeitnehmer des Unternehmens wesentlich berühren können. Das Gesetz nennt selbst die wichtigsten Fälle:
1. die wirtschaftliche und finanzielle Lage des Unternehmens,
2. die Produktions- und Absatzlage,
3. das Produktions- und Investitionsprogramm,
4. Rationalisierungsvorhaben,
5. Fabrikations- und Arbeitsmethoden, insbesondere die Einführung neuer Arbeitsmethoden,
5a. Fragen des betrieblichen Umweltschutzes

---

[389] KG Berlin, Beschl. v. 25.9.1978, DB 1979, 112.
[390] BAG, Beschl. v. 20.11.1984, AP Nr. 3 zu § 106 BetrVG 1972.
[391] BAG, Beschl. v. 17.9.1991, AP Nr. 13 zu § 106 BetrVG 1972.
[392] LAG Düsseldorf, Beschl. .v. 21.7.1982, DB 1982, 2711.

6. die Einschränkung oder Stillegung von Betrieben oder von Betriebsteilen,
7. die Verlegung von Betrieben oder Betriebsteilen,
8. den Zusammenschluß oder die Spaltung von Unternehmen oder Betrieben,
9. die Änderung der Betriebsorganisation oder des Betriebszwecks sowie
10. sonstige Vorgänge und Vorhaben, welche die Interessen der Arbeitnehmer des Unternehmens wesentlich berühren können.

Zum **Auffangtatbestand der Nr. 10** gehören Auswirkungen veränderter wirtschaftlicher Rahmenbedingungen, wie der Steuer-, Wirtschafts- und Sozialgesetzgebung auf das Unternehmen, die wirtschaftliche Lage in der Branche, die Zusammenarbeit mit anderen Unternehmen, Unternehmenszusammenschlüsse oder -aufspaltungen, der Übergang des Unternehmens, eines Betriebs oder Betriebsteils auf einen anderen Inhaber, die Veräußerung aller Anteile einer GmbH[393], Art und Umfang des Sozialaufwandes, wichtige Rechtsstreitigkeiten, nicht dagegen die laufende Geschäftsführung: Der Wirtschaftsausschuß ist kein Kontrollorgan für die Unternehmensleitung.

291

cc) Erzwingbarkeit des Informationsanspruchs. Wird eine Auskunft über eine wirtschaftliche Angelegenheit des Unternehmens im Sinne des § 106 BetrVG entgegen dem Verlangen des Wirtschaftsausschusses nicht, nicht rechtzeitig oder nur ungenügend erteilt und kommt hierüber zwischen den Betriebsparteien keine Einigung zustande, so entscheidet die Einigungsstelle, die, wenn sie es für erforderlich hält, Sachverständige anhören kann (§§ 109, 76 BetrVG). Die Einigungsstelle hat nur über den Umfang der Auskunftspflicht zu befinden, nicht darüber, ob der Wirtschaftsausschuß überhaupt zuständig ist.

292

3. Konzernbetriebsrat

In Unterordnungskonzernen (§ 18 Abs. 1 AktG) können Konzernbetriebsräte gebildet werden, wenn dies von den Gesamtbetriebsräten der dem Konzern angehörenden Unternehmen oder – sofern in einem Konzernunternehmen ein Gesamtbetriebsrat nicht besteht – von den Betriebsräten beschlossen wird, in deren Unternehmen mehr als 50 % der Arbeitnehmer der Konzernunternehmen beschäftigt sind (§ 54 BetrVG). In den Konzernbetriebsrat entsendet jeder Gesamtbetriebsrat zwei seiner Mitglieder. Die Geschlechter sollen angemessen berücksichtigt werden (§ 55 Abs. 1 BetrVG). Jedem Mitglied des Konzernbetriebsrats stehen die Stimmen der Mitglieder des entsendenden Gesamtbetriebsrats je zur Hälfte zu (§ 55 Abs. 3 BetrVG). Im übrigen gelten die Bestimmungen über den Gesamtbetriebsrat sinngemäß (§§ 55-59 BetrVG).

293

---

[393] BAG, Beschl. v. 22.1.1991, AP Nr. 9 zu § 106 BetrVG 1972.

4. Europäischer Betriebsrat

a) Überblick

294 Seit 1996 gibt es mit dem Europäischen Betriebsrat ein erstes transnationales Betriebsverfassungsorgan. Der Gesetzgeber der Europäischen Gemeinschaft[394] und ihm folgend die Gesetzgeber der Mitgliedstaaten[395] haben damit die Folgerung aus der zunehmenden grenzübergreifenden Tätigkeit von Unternehmen und Unternehmensgruppen gezogen. Das EBRG enthält eine sehr flexible Lösung. Sicherstellen will es die Unterrichtung und Anhörung der Arbeitnehmer bei Angelegenheiten, die Auswirkungen auf Betriebe in anderen Mitgliedstaaten der Europäischen Union haben (z.B. Betriebsverlegungen und -stillegungen, Massenentlassungen, vgl. § 1 EBRG). Eine grenzübergreifende Mitbestimmung i.e.S. ist nicht vorgesehen. Unterrichtung und Anhörung können durch einen **Europäischen Betriebsrat** oder durch ein **dezentrales Konsultationsverfahren** geschehen. Für den Europäischen Betriebsrat enthält das Gesetz nicht weniger als drei Alternativen: Europäische Betriebsräte, die vor Inkrafttreten des Gesetzes bestanden und bestimmte Mindestanforderungen erfüllen, können bestehen bleiben (§ 41 EBRG). Europäische Betriebsräte, die danach errichtet werden, können die Parteien maßgeschneidert ausgestalten, wobei wiederum lediglich gewisse Mindeststandards zu wahren sind. Erst wenn es nicht gelingt, einen maßgeschneiderten Europäischen Betriebsrat zu errichten oder ein hauseigenes Informations- und Konsultationsverfahren zu schaffen, kommt es zu dem Europäischen Betriebsrat in der Ausgestaltung der §§ 21 ff. EBRG.

295 In Deutschland sind in knapp 300 Unternehmen und Unternehmensgruppen Europäische Betriebsräte oder dezentrale Konsultationsverfahren einzurichten. Etwa 90 besaßen bereits vor 1996 auf freiwilliger Grundlage Europäische Betriebsräte oder zumindest Verfahren zur grenzübergreifenden Konsultation der Arbeitnehmer[396].

b) Geltungsbereich des EBRG

296 **aa) Gemeinschaftsweit tätige Unternehmen.** Das EBRG gilt für gemeinschaftsweit tätige Unternehmen mit Sitz in Deutschland (§ 2 Abs. 1 EBRG). Ein Unternehmen ist gemeinschaftsweit tätig, wenn es **mindestens 1000 Arbeitnehmer** in den Mitgliedstaaten der Europäischen Union oder den Vertragsstaaten des Abkommens über den Europäischen Wirtschaftsraum (Island, Liechtenstein, Norwe-

---

[394] Richtlinie 94/45/EG vom 22.9.1994 über die Einsetzung eines Europäischen Betriebsrates, ABl. EG Nr. L 254, S. 64.
[395] Für Deutschland: Gesetz über Europäische Betriebsräte (EBRG) v. 28.10.1996, BGBl I S. 1548.
[396] IW-Gewerkschaftsreport 3/98 S. 24 ff.

gen) beschäftigt und **davon jeweils mindestens 150 in mindestens zwei Mitgliedstaaten** (§§ 2 Abs. 1 und 3, 3 Abs. 1 EBRG).

Beispiele: Unternehmen A beschäftigt in Deutschland 850 Mitarbeiter, in Frankreich 200; das EBRG findet Anwendung; Unternehmen B beschäftigt in Deutschland 2000 Mitarbeiter, in Frankreich, Belgien, Luxemburg je 100 und in der Schweiz 200; das EBRG findet keine Anwendung, da nicht in mindestens zwei Mitgliedstaaten mindestens 150 Arbeitnehmer beschäftigt sind[397].

Abgestellt wird nicht, wie beim BetrVG, auf die Zahl der in der Regel beschäftigten Arbeitnehmer, sondern darauf, wieviele Arbeitnehmer im Durchschnitt während der letzten zwei Jahre vor der Einleitung eines Verfahrens zur Bildung einer europäischen Arbeitnehmervertretung beschäftigt wurden. Dabei ist für die Unternehmen und Betriebe in Deutschland der Arbeitnehmerbegriff nach § 5 Abs. 1 BetrVG maßgeblich (§ 4 Satz 1 EBRG); leitende Angestellte zählen aber nicht mit[398]. 297

Hat ein gemeinschaftsweit tätiges Unternehmen seinen Hauptsitz nicht in Deutschland, sondern in einem anderen EU-Mitgliedstaat, so richtet sich die gemeinschaftsweite Konsultationspflicht grundsätzlich nach dem Umsetzungsrecht des Sitzstaates (z.B. französisches Recht für ein Unternehmen mit Zentrale in Paris); zur Ermittlung der Zahl der Beschäftigten in Deutschland gilt aber § 4 EBRG. Liegt die Zentrale eines gemeinschaftsweit tätigen Unternehmens in einem Drittstaat (z.B. in Japan), so gilt das EBRG, wenn es in Deutschland eine der Zentrale nachgeordnete Leitung für die Unternehmen oder Betriebe in den EU-Mitgliedstaaten gibt oder wenn die Zentrale ein Unternehmen oder einen Betrieb in Deutschland ausdrücklich als ihren Vertreter benennt oder, falls keine Benennung erfolgt, wenn das Unternehmen oder der Betrieb mit den meisten Arbeitnehmern in Deutschland liegt (§ 2 Abs. 2 EBRG). 298

bb) Für **Unternehmensgruppen** (s. oben Rn. 66) gilt das EBRG, wenn sie gemeinschaftsweit tätig sind, d.h. mindestens 1000 Arbeitnehmer in den Mitgliedstaaten beschäftigen und ihnen mindestens zwei Unternehmen mit Sitz in verschiedenen Mitgliedstaaten angehören, die jeweils mindestens 150 Arbeitnehmer in verschiedenen Mitgliedstaaten beschäftigen (§ 3 Abs. 2 EBRG), und wenn der Sitz des herrschenden Unternehmens in Deutschland liegt. In einer gemeinschaftsweit tätigen Unternehmensgruppe ist ein Europäischer Betriebsrat nur beim herrschenden Unternehmen zu errichten; das gilt auch, wenn einzelne Gruppenunternehmen die Voraussetzungen erfüllen, nach denen bei ihnen Europäische Betriebsräte gebildet werden müßten (§ 7 EBRG). 299

---

[397] Weitere Fallbeispiele bei *Müller*, § 3 EBRG Rn. 5 ff.
[398] *Fitting*, Übersicht EBRG Rn. 12.

300 **cc) Auskunftsanspruch.** Um zu beurteilen, ob die Bildung eines Europäischen Betriebsrats in Betracht kommt, kann ein deutscher Betriebs- oder Gesamtbetriebsrat bei der örtlichen Betriebs- oder Unternehmensleitung Auskünfte über die durchschnittliche Gesamtzahl der Arbeitnehmer und ihre Verteilung auf die Mitgliedstaaten, die Unternehmen und Betriebe sowie über die Struktur des Unternehmens oder der Unternehmensgruppe verlangen (§ 5 EBRG).

c) Besonderes Verhandlungsgremium

301 **aa) Aufgabe.** Das EBRG sieht einen Europäischen Betriebsrat in der gesetzlichen Ausgestaltung, wie gesagt, erst für den Fall vor, daß zentrale Unternehmensleitung und Belegschaft sich nicht auf ein für das Unternehmen passendes Modell einigen können. Für die Verhandlungen mit der zentralen Unternehmensleitung ist auf Arbeitnehmerseite ein „besonderes Verhandlungsgremium" zu bilden.

302 **bb) Zusammensetzung.** In dieses Gremium wird aus jedem Mitgliedstaat, in dem das Unternehmen oder die Unternehmensgruppe einen Betrieb hat, ein Arbeitnehmervertreter entsandt (§ 10 Abs. 1 EBRG). Ein bis drei zusätzliche Vertreter sind zu entsenden, wenn in einem Mitgliedstaat mindestens 25 %, 50 % bzw. 75 % der Arbeitnehmer des Unternehmens oder der Unternehmensgruppe beschäftigt sind (§ 10 Abs. 2 EBRG). Als Vertreter können auch leitende Angestellte berufen werden (§ 11 Abs. 4 EBRG); Frauen und Männer sollen entsprechend ihrem zahlenmäßigen Verhältnis in dem Gremium vertreten sein (§ 11 Abs. 5 EBRG). Für die Unternehmen in Deutschland werden die Vertreter vom Gesamtbetriebsrat oder, wenn ein solcher nicht besteht, vom Betriebsrat bestellt; für Unternehmensgruppen ist der Konzernbetriebsrat zuständig (§ 11 Abs. 1-3 EBRG).

303 **cc) Bildung und Geschäftsführung.** Die Bildung des besonderen Verhandlungsgremiums erfolgt auf Initiative der zentralen Leitung. Sie kann aber auch von mindestens 100 Arbeitnehmern aus mindestens zwei Betrieben oder Unternehmen in verschiedenen Mitgliedstaaten schriftlich bei der zentralen Leitung beantragt werden. Der Antrag kann auch von den Arbeitnehmervertretern gestellt werden. Unterschriften auf mehreren Anträgen werden zusammengezählt (§ 9 Abs. 1, 2 EBRG). Die zentrale Leitung hat die in § 9 Abs. 3 EBRG genannten Beteiligten rechtzeitig über die Bildung, Größe und Zusammensetzung des besonderen Verhandlungsgremiums zu informieren. Nach Benennung der Mitglieder lädt die zentrale Leitung zur konstituierenden Sitzung ein, auf der der Vorsitzende des besonderen Verhandlungsgremiums gewählt wird (§ 13 Abs. 1 EBRG). Zu den weiteren Sitzungen lädt der Vorsitzende ein. Sie können insbesondere zur Vorbereitung von Verhandlungen mit der zentralen Leitung abgehalten werden (§ 13 Abs. 2 EBRG). Zeitpunkt, Häufigkeit und Ort der Sitzungen des besonderen Verhandlungsgremiums sowie der Verhandlungen mit der zentralen Leitung sind einvernehmlich festzulegen (§ 8 Abs. 3 Satz 2 EBRG). Die Kosten trägt die zentrale Leitung (§ 16 EBRG).

304 **dd) Rechte.** Das besondere Verhandlungsgremium hat die Aufgabe, für die Arbeitnehmerseite mit der zentralen Leitung eine Vereinbarung über eine grenzübergreifende Unterrichtung und Anhörung der Arbeitnehmer abzuschließen (§ 8 Abs. 1 EBRG). Hierzu sind ihm von der zentralen Leitung alle erforderlichen Auskünfte zu erteilen und die erforderlichen Unterlagen zur Verfügung zu stellen (§ 8 Abs. 2

EBRG). Eine Verpflichtung zum Abschluß einer Vereinbarung besteht nicht. Beschließt das Verhandlungsgremium mit 2/3-Mehrheit, daß keine Verhandlungen aufgenommen oder die bereits begonnenen abgebrochen werden, so wird weder ein Europäischer Betriebsrat gebildet noch ein Unterrichtungsverfahren eingerichtet (§ 15 Abs. 1 EBRG). Verweigert die zentrale Leitung die Verhandlungen oder kommt keine Vereinbarung zustande, so wird ein Europäischer Betriebsrat kraft Gesetzes (§§ 21-37 EBRG) gebildet.

d) Grenzübergreifende Unterrichtung und Anhörung kraft freiwilliger Vereinbarung

Wie die grenzübergreifende Unterrichtung und Anhörung der Arbeitnehmer im einzelnen ausgestaltet wird, ist Sache freier Übereinkunft zwischen der zentralen Leitung und dem besonderen Verhandlungsgremium (§ 17 EBRG). Die Parteien können einen Europäischen Betriebsrat bilden (§ 18 EBRG) oder ein dezentrales Konsultationsverfahren einrichten (§ 19 EBRG). Mindestvoraussetzung ist, daß alle in den Mitgliedstaaten beschäftigten Arbeitnehmer, in denen das Unternehmen oder die Unternehmensgruppe einen Betrieb hat, in das Verfahren einbezogen werden. Soll ein Europäischer Betriebsrat gebildet werden, enthält § 18 EBRG als Orientierungshilfe einen Katalog von Gegenständen, über die sinnvollerweise Regelungen getroffen werden; einigen sich die Parteien auf ein dezentrales Konsultationsverfahren, ist schriftlich zu vereinbaren, unter welchen Voraussetzungen die Arbeitnehmervertreter das Recht haben, Informationen gemeinsam mit der zentralen Leitung zu beraten, und wie sie ihre Vorschläge und Bedenken mit der zentralen Leitung oder einer anderen geeigneten Leitungsebene erörtern können. Auch nach dem EBRG gilt für alle Beteiligten der Grundsatz der vertrauensvollen Zusammenarbeit (§ 38 EBRG). 305

e) Europäischer Betriebsrat kraft Gesetzes

aa) Voraussetzungen. Freiwillige Vereinbarungen genießen Vorrang vor einem Europäischen Betriebsrat in der gesetzlichen Form. Ein solcher wird nur gebildet, wenn 306
- sich die zentrale Leitung weigert, binnen **sechs Monaten** nach Einleitung des Verfahrens zur Bildung des besonderen Verhandlungsgremiums mit diesem zu verhandeln oder
- binnen **drei Jahren** nach Einleitung des Verfahrens zur Bildung des besonderen Verhandlungsgremiums noch immer keine freiwillige Vereinbarung über die grenzübergreifende Unterrichtung und Anhörung nach den §§ 17-19 EBRG getroffen worden ist oder
- die zentrale Leitung und das besondere Verhandlungsgremium das vorzeitige Scheitern der Verhandlungen erklärt haben (§ 21 Abs. 1 EBRG).

bb) Zusammensetzung und Bestellung der Arbeitnehmervertreter deutscher Unternehmen. Der Europäische Betriebsrat kraft Gesetzes besteht aus Arbeitnehmern des Unter- 307 nehmens. Er hat höchstens 30 Mitglieder. Aus jedem Mitgliedstaat, in dem das Unternehmen einen Betrieb hat, wird ein Arbeitnehmervertreter in den Europäischen Betriebsrat entsandt. Bei großen Unternehmen erhöht sich die Zahl der Mitglieder entsprechend § 22 Abs. 3 und 4 EBRG. Die Mitglieder des Europäischen Betriebsrats von Unternehmen in Deutschland werden in derselben Weise bestellt wie die Mitglieder des besonderen Verhandlungsgremiums (vgl. § 23 EBRG).

308 **cc) Geschäftsführung.** Nach der Benennung der Mitglieder lädt die zentrale Leitung zur konstituierenden Sitzung, auf der der Vorsitzende und dessen Stellvertreter gewählt werden (§§ 24, 25 Abs. 1 EBRG). Der Vorsitzende vertritt den Europäischen Betriebsrat im Rahmen der von ihm gefaßten Beschlüsse (§ 25 Abs. 2 EBRG) und lädt zu den weiteren nicht öffentlichen Sitzungen ein, die insbesondere im Zusammenhang mit der jährlichen Unterrichtung durch die zentrale Leitung stattfinden werden. Zeitpunkt und Ort der Sitzungen sind mit der zentralen Leitung abzustimmen; mit ihrem Einverständnis können auch weitere Sitzungen abgehalten werden (§ 27 Abs. 1 EBRG). Besteht der Europäische Betriebsrat aus neun oder mehr Mitgliedern, bildet er zur Führung der laufenden Geschäfte einen Ausschuß, in dem neben dem Vorsitzenden zwei weitere Mitglieder zu wählen sind (§ 26 Abs. 1 EBRG); kleinere Europäische Betriebsräte können die Führung der laufenden Geschäfte dem Vorsitzenden übertragen. Die Kosten trägt die zentrale Leitung (§ 30 EBRG). Der Europäische Betriebsrat kraft Gesetzes hat wie der Gesamt- und der Konzernbetriebsrat keine feste Amtszeit. Er entfällt jedoch sofort und ersatzlos, wenn eine der in § 3 EBRG genannten Voraussetzungen nicht mehr erfüllt ist oder eine freiwillige Vereinbarung über die grenzübergreifende Unterrichtung und Anhörung abgeschlossen wird. Darüber, ob eine solche Vereinbarung geschlossen werden soll, hat der Europäische Betriebsrat vier Jahre nach seiner konstituierenden Sitzung zu beschließen (§ 37 EBRG). Die Dauer der Mitgliedschaft im Europäischen Betriebsrat ist dagegen auf vier Jahre begrenzt, es sei denn, sie endet vorzeitig, etwa durch Abberufung (§ 36 Abs. 1 EBRG).

309 **dd) Beteiligungsrechte.** Die Mitwirkung des Europäischen Betriebsrats betrifft nur grenzübergreifende Angelegenheiten, die Auswirkungen auf mindestens zwei Betriebe oder Unternehmen in verschiedenen Mitgliedstaaten haben (§ 31 Abs. 1 EBRG).

Beispiel: Die Kölner Zentrale eines gemeinschaftsweit tätigen Unternehmens beschließt, ein Werk in Belgien zu schließen.

310 Das Beteiligungsrecht besteht in einem Anspruch auf Unterrichtung und Anhörung. Die Unterrichtung hat unter Vorlage der erforderlichen Unterlagen zu erfolgen. Unter Anhörung ist Meinungsaustausch und die Einrichtung eines Dialogs zwischen den Parteien zu verstehen (§ 1 Abs. 4 EBRG). Der Begriff Anhörung im EBRG ist weiter als der in § 102 BetrVG. Der Europäische Betriebsrat hat den örtlichen Arbeitnehmervertretungen oder den Arbeitnehmern Bericht über die Unterrichtung und Anhörung zu erstatten (§ 35 EBRG).

311 Die zentrale Leitung hat den Europäischen Betriebsrat grundsätzlich einmal im Kalenderjahr über die Entwicklung der Geschäftslage und die Perspektiven des gemeinschaftsweit tätigen Unternehmens oder der gemeinschaftsweit tätigen Unternehmensgruppe zu unterrichten und ihn anzuhören (§ 32 Abs. 1 EBRG). § 32 Abs. 2 EBRG zählt beispielhaft die Gegenstände auf, über die der Europäische Betriebsrat zu informieren ist; die Angelegenheiten entsprechen im wesentlichen den wirtschaftlichen Angelegenheiten im Sinne des § 106 Abs. 3 BetrVG.

Bei **außergewöhnlichen Umständen,** die erhebliche Auswirkungen auf die Interessen der Arbeitnehmer haben, besteht eine zusätzliche Konsultationspflicht. Als außergewöhnliche Umstände gelten insbesondere die Verlegung oder Stillegung von Unternehmen, Betrieben oder wesentlichen Betriebsteilen sowie Massenentlassungen (§ 33 EBRG). Die Unterrichtung hat so rechtzeitig zu geschehen, daß das Unternehmen die Vorschläge und Bedenken des Europäischen Betriebsrats noch berücksichtigen kann. Bei Tendenzunternehmen im Sinne des § 118 Abs. 1 BetrVG ist die Konsultationspflicht nach Maßgabe des § 34 EBRG eingeschränkt. Sanktionen für eine nicht rechtzeitige Konsultation sieht das EBRG nicht vor. 312

5. Jugend- und Auszubildendenvertretung

a) Errichtung, Größe und Zusammensetzung

aa) Errichtung. In Betrieben mit in der Regel mindestens 5 Arbeitnehmern, die das 18. Lebensjahr noch nicht vollendet haben (= jugendliche Arbeitnehmer) oder die zu ihrer Berufsausbildung beschäftigt sind und das 25. Lebensjahr noch nicht vollendet haben, werden Jugend- und Auszubildendenvertretungen gewählt (§ 60 Abs. 1 BetrVG). Die Jugendvertretung, bis 1988 die Vorläuferin der Jugend- und Auszubildendenvertretung, war ursprünglich als Institution zur Einübung in die Betriebsdemokratie gedacht. Im Laufe der Zeit wurde sie zu einer Beinahe-Gruppenvertretung aufgewertet. Sie nimmt jetzt die besonderen Belange der (nur noch wenigen) jugendlichen Arbeitnehmer und der Auszubildenden wahr (§ 60 Abs. 2 BetrVG). Nach wie vor ist sie aber kein selbständiges Betriebsverfassungsorgan, dem eigene Mitbestimmungsrechte zustehen; der Betriebsrat vertritt auch die jugendlichen Arbeitnehmer und die Auszubildenden[399]. Die Jugend- und Auszubildendenvertretung kann nur über den Betriebsrat tätig werden. Es gibt also keine eigenen Besprechungen der Jugend- und Auszubildendenvertretung mit dem Arbeitgeber, und in Betrieben ohne Betriebsrat kann keine Jugend- und Auszubildendenvertretung gebildet werden[400]. Zur Erfüllung ihrer Aufgaben kann die Jugend- und Auszubildendenvertretung an der Betriebsratsarbeit teilnehmen (vgl. §§ 66 f. BetrVG). 313

---

[399] BAG, Beschl. v. 21.1.1982, AP Nr. 1 zu § 70 BetrVG 1972 m. Anm. *Natzel*.
[400] *Fitting*, § 60 BetrVG Rn. 22; *Löwisch/Kaiser*, § 60 BetrVG Rn. 5.

314 **bb) Zahl der Jugend- und Auszubildendenvertreter.** Die Jugend- und Auszubildendenvertretung besteht in Betrieben mit in der Regel

5 - 20	Jugendlichen und Auszubildenden unter 25	aus einer Person
21 - 50	Jugendlichen und Auszubildenden unter 25	aus 3 Mitgliedern
51 - 150	Jugendlichen und Auszubildenden unter 25	aus 5 Mitgliedern
151 - 300	Jugendlichen und Auszubildenden unter 25	aus 7 Mitgliedern
301 - 500	Jugendlichen und Auszubildenden unter 25	aus 9 Mitgliedern
501 - 700	Jugendlichen und Auszubildenden unter 25	aus 11 Mitgliedern
701 - 1000	Jugendlichen und Auszubildenden unter 25	aus 13 Mitgliedern
mehr als 1000	Jugendlichen und Auszubildenden unter 25	aus 15 Mitgliedern.

315 **cc) Zusammensetzung.** Die Jugend- und Auszubildendenvertretung soll sich möglichst aus Vertretern der verschiedenen Beschäftigungsarten und Ausbildungsberufe zusammensetzen (§ 62 Abs. 2 BetrVG). Außerdem sollen die Geschlechter entsprechend ihrem zahlenmäßigen Verhältnis vertreten sein. Besteht die Vertretung aus mindestens drei Mitgliedern, so muß das Geschlecht, das unter den Jugendlichen und Auszubildenden in der Minderheit ist, mindestens entsprechend seinem zahlenmäßigen Verhältnis vertreten sein (§ 62 Abs. 2, 3 BetrVG).

b) Wahl

316 **aa) Zeitpunkt.** Die regelmäßigen Wahlen zur Jugend- und Auszubildendenvertretung finden alle 2 Jahre in der Zeit vom 1. Oktober bis zum 30. November statt (§ 64 Abs. 1 Satz 1 BetrVG), und zwar jeweils in den Jahren mit gerader Endziffer (2000, 2002 usw.). Außerhalb dieses Zeitraums wird unter denselben Voraussetzungen gewählt wie beim Betriebsrat (§ 64 Abs. 1 Satz 2 BetrVG). Die regelmäßige Amtszeit beträgt 2 Jahre (§ 64 Abs. 2 Satz 1 BetrVG).

317 **bb) Wahlrecht.** Wahlberechtigt sind alle Arbeitnehmer, die am Wahltag das 18. Lebensjahr noch nicht vollendet haben, sowie alle Auszubildenden, die an diesem Tag noch nicht 25 Jahre alt sind (§§ 60 Abs. 1, 61 Abs. 1 BetrVG). Wählbar sind alle Arbeitnehmer, die bei Beginn der Amtszeit das 25. Lebensjahr noch nicht vollendet haben. Auf die Dauer der Betriebsangehörigkeit kommt es nicht an. Allerdings dürfen die Arbeitnehmer nicht Betriebsratsmitglied sein (§ 61 Abs. 2 Satz 2 BetrVG).

318 **cc) Wahlverfahren.** Für die Wahl gelten dieselben Grundsätze wie für die Betriebsratswahlen (§§ 63 Abs. 2 Satz 2 BetrVG, 30 Satz 1 WahlO) mit folgenden Abweichungen: Den Wahlvorstand und seinen Vorsitzenden bestellt der Betriebsrat spätestens acht Wochen vor Ablauf der Amtszeit der Jugend- und Auszubildendenvertretung (§ 63 Abs. 2 Satz 1 BetrVG). Wahlvorschläge können nur jugendliche Arbeitnehmer des Betriebs und Auszubildende unter 25 Jahre sowie im Betrieb vertretene Gewerkschaften einreichen. Die Vorschläge müssen von einem Zwanzigstel, mindestens aber von drei Wahlberechtigten unterzeichnet sein. Die Jugend- und Auszubildendenvertretung wird nach den Grundsätzen der Verhältniswahl in geheimer und unmittelbarer Wahl gewählt, es sei denn, daß nur ein Wahlvorschlag eingereicht wird; dann findet Mehrheitswahl statt (§ 63 Abs. 1, 2 BetrVG). Mitglieder des Wahlvorstandes können Jugendliche, Auszubildende und sonstige Arbeit-

nehmer sein. Kommt der Betriebsrat seiner Pflicht zur Bestellung des Wahlvorstands nicht nach, so können drei Arbeitnehmer des Betriebs, die ebenfalls Jugendliche oder Auszubildende sein können, oder eine im Betrieb vertretene Gewerkschaft beim Arbeitsgericht die Bestellung eines Wahlvorstandes beantragen. Alternativ kann auch der Gesamtbetriebsrat oder, falls ein solcher nicht besteht, der Konzernbetriebsrat den Wahlvorstand bestellen (§ 63 Abs. 3 BetrVG). In Betrieben mit in der Regel 5 bis 100 Jugendlichen und Auszubildenden gelten die Vorschriften über das vereinfachte Wahlverfahren für Kleinbetriebe nach § 14a BetrVG entsprechend (§ 63 Abs. 4 und 5 BetrVG).

c) Geschäftsführung

aa) Grundsatz. Für die Geschäftsführung gelten dieselben Grundsätze wie für den Betriebsrat (§ 65 Abs. 1 BetrVG), allerdings ebenfalls mit einigen Abweichungen. 319

Die Jugend- und Auszubildendenvertretung kann keine Ausschüsse bilden, die gesetzliche Aufgaben wahrnehmen. Sie kann **eigene Sitzungen** abhalten, soweit das zur Erledigung ihrer Aufgaben erforderlich ist. Der Betriebsrat ist vorher zu verständigen; seiner Zustimmung bedarf es nicht. Der Betriebsratsvorsitzende oder ein beauftragtes Betriebsratsmitglied kann an den Sitzungen teilnehmen (§ 65 Abs. 2 BetrVG). In Betrieben mit in der Regel mehr als 50 jugendlichen Arbeitnehmern und Auszubildenden kann die Jugend- und Auszubildendenvertretung **Sprechstunden** einrichten. Zeit und Ort sind durch Betriebsrat und Arbeitgeber zu vereinbaren. An den Sprechstunden kann der Betriebsratsvorsitzende oder ein beauftragtes Betriebsratsmitglied beratend teilnehmen (§ 69 Satz 4 BetrVG). Führt die Jugend- und Auszubildendenvertretung keine eigenen Sprechstunden durch, so kann eines ihrer Mitglieder an den Sprechstunden des Betriebsrats zur Beratung jugendlicher Arbeitnehmer und Auszubildender mitwirken (§ 39 Abs. 2 BetrVG). Auch die Mitglieder der Jugend- und Auszubildendenvertretung sind **ehrenamtlich tätig** (§§ 65 Abs. 1, 37 Abs. 1 BetrVG). Sie sind unter Fortzahlung der Vergütung von ihrer Arbeit freizustellen, soweit das für die Wahrnehmung ihrer Aufgaben erforderlich ist (§§ 65 Abs. 1, 37 Abs. 2 BetrVG). Eine generelle Freistellung ist nicht vorgesehen. Jugend- und Auszubildendenvertreter haben genau wie Betriebsratsmitglieder Anspruch auf Teilnahme an Schulungs- und Bildungsveranstaltungen, und zwar trotz der kürzeren Amtszeit ebenfalls auf drei und in der ersten Amtszeit auf vier Wochen (§§ 65 Abs. 1, 37 Abs. 6 und 7 BetrVG). 320

bb) Teilnahme an Betriebsratssitzungen und Besprechungen mit dem Arbeitgeber. Die Jugend- und Auszubildendenvertretung kann zu allen Betriebsratssitzungen einen Vertreter entsenden (§ 67 Abs. 1 Satz 1 BetrVG). Werden Angelegenheiten behandelt, die besonders jugendliche Arbeitnehmer und Auszubildende unter 25 Jahren betreffen (z.B. Jugendarbeitsschutz, Berufsschulfragen), so hat zu diesen Tagesordnungspunkten die gesamte Jugend- und Auszubildendenvertretung ein Teilnahmerecht (§ 67 Abs. 1 Satz 2 BetrVG). Sie hat Stimmrecht, wenn jugendliche Arbeitnehmer und Auszubildende unter 25 Jahren überwiegend betroffen sind, d.h. wenn der Beschluß zahlenmäßig mehr jugendliche als andere Arbeitnehmer betrifft (§ 67 Abs. 2 BetrVG). Die Jugend- und Auszubildendenvertretung kann beim Betriebsrat beantragen, daß er Angelegenheiten, die jugendliche Arbeitnehmer und Auszubildende betreffen und über die sie beraten hat, auf die 321

Tagesordnung setzt (§ 67 Abs. 3 Satz 1 BetrVG). In Fragen, die jugendliche Arbeitnehmer und Auszubildende unter 25 Jahren besonders betreffen, hat die Jugend- und Auszubildendenvertretung ein Teilnahmerecht an den Besprechungen des Betriebsrats mit dem Arbeitgeber (§ 68 BetrVG).

322 **cc) Aussetzung von Betriebsratsbeschlüssen.** Eines der wichtigsten Rechte der Jugend- und Auszubildendenvertretung ist das Recht, die Aussetzung von Betriebsratsbeschlüssen zu verlangen. Ist die Mehrheit der Jugend- und Auszubildendenvertreter der Ansicht, daß ein Beschluß des Betriebsrats Interessen der jugendlichen Arbeitnehmer und der Auszubildenden unter 25 Jahren erheblich beeinträchtigt, so ist der Beschluß auf ihren Antrag für die Dauer einer Woche auszusetzen, damit in der Zwischenzeit eine Verständigung versucht werden kann (§ 66 Abs. 1 BetrVG). Gelingt das nicht, so entscheidet der Betriebsrat danach endgültig (§ 66 Abs. 2 BetrVG).

d) Aufgaben

323 § 70 Abs. 1 BetrVG weist der Jugend- und Auszubildendenvertretung folgende allgemeine Aufgaben zu:

- Maßnahmen, die den jugendlichen Arbeitnehmern und den Auszubildenden dienen, insbesondere in Fragen der Berufsbildung, beim Betriebsrat zu beantragen,
- Maßnahmen zur Durchsetzung der tatsächlichen Gleichstellung männlicher und weiblicher jugendlicher Arbeitnehmer und Auszubildender beim Betriebsrat zu beantragen,
- darüber zu wachen, daß die zugunsten der jugendlichen Arbeitnehmer und der Auszubildenden geltenden Gesetze, Verordnungen, Unfallverhütungsvorschriften, Tarifverträge und Betriebsvereinbarungen durchgeführt werden,
- Anregungen von jugendlichen Arbeitnehmern und Auszubildenden, insbesondere in Fragen der Berufsbildung, entgegenzunehmen und, falls sie berechtigt erscheinen, beim Betriebsrat auf eine Erledigung hinzuwirken,
- die Integration ausländischer jugendlicher Arbeitnehmer und Auszubildender im Betrieb zu fördern und entsprechende Maßnahmen beim Betriebsrat zu beantragen.

324 Zur Durchführung ihrer Aufgaben ist die Jugend- und Auszubildendenvertretung durch den Betriebsrat rechtzeitig und umfassend zu unterrichten. Der Betriebsrat hat ihr auf Verlangen die erforderlichen Unterlagen zur Verfügung zu stellen (§ 70 Abs. 2 BetrVG).

e) Schutz der Jugend- und Auszubildendenvertreter

325 Jugend- und Auszubildendenvertreter genießen einen ähnlichen Schutz wie Betriebsratsmitglieder (§§ 65 Abs. 1, 37 Abs. 4 und 5 BetrVG). Darüber hinaus kommt mit Jugend- und Auszubildendenvertretern nach Abschluß der Ausbildung ein **Arbeitsverhältnis auf unbestimmte Zeit zustande**, wenn der Auszubildende das innerhalb der letzten drei Monate des Ausbildungsverhältnisses schriftlich vom Arbeitgeber verlangt (§ 78a Abs. 1 und 2 BetrVG). Das gilt nicht, wenn Tatsachen vorliegen, aufgrund derer dem Arbeitgeber unter Berücksichtigung aller Umstände

die **Weiterbeschäftigung nicht zugemutet** werden kann, und wenn der Arbeitgeber beim Arbeitsgericht die Feststellung beantragt, daß ein Arbeitsverhältnis nicht begründet wird, oder wenn er – nach Begründung eines Arbeitsverhältnisses – dessen Auflösung beantragt. Der Antrag muß spätestens zwei Wochen nach Beendigung der Ausbildung gestellt werden (§ 78a Abs. 4 BetrVG). **Unzumutbar** ist die Beschäftigung vor allem, wenn in der Person des Jugend- und Auszubildendenvertreters schwerwiegende Gründe vorliegen, die auch eine außerordentliche Kündigung nach § 626 BGB rechtfertigen könnten[401]. Der Arbeitgeber kann die Übernahme eines Amtsträgers ablehnen, wenn ausgelernte Mitbewerber objektiv wesentlich fähiger oder geeigneter sind und wenn kein offenkundiger schwerwiegender Qualifikationsmangel vorliegt[402]. Ferner ist die Übernahme unzumutbar, wenn im Zeitpunkt der Beendigung des Ausbildungsverhältnisses kein freier, auf Dauer angelegter Vollzeitarbeitsplatz vorhanden ist, auf dem der Jugendvertreter mit seiner durch die Ausbildung erworbenen Qualifikation beschäftigt werden kann[403].

Der Schutzzweck des § 78a BetrVG verlangt nicht, daß der Arbeitgeber neue Arbeitsplätze schafft oder vorhandene freikündigt. Fällt der Arbeitsplatz erst nach Abschluß der Ausbildung weg, ist die Übernahme dagegen nicht unzumutbar[404]. Dasselbe gilt, wenn der Arbeitgeber einen innerhalb von drei Monaten vor der vertraglich vereinbarten Beendigung des Ausbildungsverhältnisses frei werdenden Arbeitsplatz besetzt und die sofortige Neubesetzung nicht durch dringende betriebliche Erfordernisse geboten ist[405]; anders, wenn ein Arbeitsplatz über fünf Monate vor Beendigung der Ausbildung frei wird[406]. Hat der Auszubildende rechtzeitig erklärt, gegebenenfalls auch zu anderen Bedingungen zu arbeiten, muß der Arbeitgeber prüfen, ob die anderweitige Beschäftigung möglich und zumutbar ist; unterläßt er dies, kann er sich nicht auf § 78a Abs. 4 BetrVG berufen[407].

326

6. Gesamt- und Konzernjugend- und Auszubildendenvertretung

a) Gesamtjugend- und Auszubildendenvertretung

Das Gegenstück zum Gesamtbetriebsrat ist die Gesamtjugend- und Auszubildendenvertretung. Bestehen in einem Unternehmen zwei oder mehr Jugend- und Aus-

327

---

[401] *Fitting*, § 78a BetrVG Rn. 46; *Löwisch/Kaiser*, § 78a BetrVG Rn. 9; a. A. offenbar BAG, Beschl. v. 6.11.1996, 12.11.1997, AP Nr. 26, 31 zu § 78a BetrVG 1972.
[402] BVerwG, Beschl. v. 9.9.1999, NZA 2000, 443, zu § 9 Abs. 4 BPersVG.
[403] BAG, Beschl. v. 6.11.1996, 12.11.1997, AP Nr. 26, 30, 31 zu § 78a BetrVG 1972.
[404] BAG, Beschl. v. 16.8.1995, AP Nr. 25 zu § 78a BetrVG 1972.
[405] BAG, Beschl. v. 12.11.1997, AP Nr. 30 zu § 78a BetrVG 1972.
[406] BAG, Beschl. v. 12.11.1997, AP Nr. 31 zu § 78a BetrVG 1972.
[407] BAG, Beschl. v. 6.11.1996, AP Nr. 26 zu § 78a BetrVG 1972.

zubildendenvertretungen, so ist eine Gesamtjugend- und Auszubildendenvertretung zu errichten (§ 72 Abs. 1 BetrVG). Der Gesamtjugend- und Auszubildendenvertretung gehört je ein Mitglied der Jugend- und Auszubildendenvertretungen an (§ 72 Abs. 2 BetrVG). Die Zahl kann durch Tarifvertrag oder Betriebsvereinbarung abweichend geregelt werden; sie ist durch Betriebsvereinbarung zu verringern, wenn sie mehr als 20 beträgt und keine tarifliche Regelung besteht (§ 72 Abs. 4, 5 BetrVG). Die Gesamtjugend- und Auszubildendenvertretung kann nach Verständigung des Gesamtbetriebsrats Sitzungen abhalten. An den Sitzungen kann der Vorsitzende des Gesamtbetriebsrats oder ein beauftragtes Mitglied des Gesamtbetriebsrats teilnehmen (§ 73 Abs. 1 BetrVG). Bei Abstimmungen hat jedes Mitglied der Gesamtjugend- und Auszubildendenvertretung so viele Stimmen, wie in dem Betrieb, in dem es gewählt wurde, wahlberechtigte Angehörige in die Wählerliste eingetragen sind (§ 72 Abs. 7 BetrVG). Im übrigen gilt im wesentlichen Entsprechendes wie für den Gesamtbetriebsrat (§ 73 Abs. 2 BetrVG).

b) Konzernjugend- und Auszubildendenvertretung

327a   Bestehen in einem (Unterordnungs-)Konzern mehrere Gesamtjugend- und Auszubildendenvertretungen, kann durch Beschlüsse der einzelnen Gesamtjugend- und Auszubildendenvertretungen eine Konzernjugend- und Auszubildendenvertretung errichtet werden. Die Errichtung erfordert die Zustimmung der Gesamtjugend- und Auszubildendenvertretungen der Konzernunternehmen, in denen insgesamt 75 % der jugendlichen Arbeitnehmer und Auszubildenden beschäftigt sind (§ 73a Abs. 1 BetrVG). In die Konzernjugend- und auszubildendenvertretung entsendet jede Gesamtjugend- und Auszubildendenvertretung eines ihrer Mitglieder, das so viele Stimmen hat, wie die Mitglieder der entsendenden Gesamtjugend- und Auszubildendenvertretungen insgesamt Stimmen haben (§ 73a Abs. 3 BetrVG). Die Konzernjugend- und Auszubildendenvertretung kann nach Verständigung des Konzernbetriebsrats Sitzungen abhalten, an denen der Vorsitzende des Konzernbetriebsrats oder ein von ihm beauftragtes Mitglied teilnehmen darf (§ 73b Abs. 1 BetrVG). Zur Geschäftsführung und Zuständigkeit siehe § 73b Abs. 2 BetrVG.

7. Versammlungen

a) Betriebsversammlung

328   **aa) Ordentliche Betriebsversammlung.** Viermal jährlich, und zwar einmal in jedem Kalendervierteljahr, hat der Betriebsrat eine Betriebsversammlung einzuberufen (§ 43 Abs. 1 Satz 1 BetrVG). Können wegen der Eigenart des Betriebs keine **Vollversammlungen** durchgeführt werden (z.B. zu große Belegschaft, räumlich weit auseinanderliegende Betriebsstätten, durchlaufender Betrieb), so sind **Teilversammlungen** abzuhalten (§ 42 Abs. 1 Satz 3 BetrVG). Zwei der vier Betriebsversammlungen sind als **Abteilungsversammlungen** durchzuführen, wenn das zur Erörterung der besonderen Belange der Arbeitnehmer erforderlich ist (§ 43 Abs. 1

Satz 2 BetrVG). Als Abteilungen gelten organisatorisch (z.B. Verwaltung, Verkauf, Produktion) oder räumlich (z B. Verkaufskontor, sofern es nicht als eigener Betrieb gilt) abgegrenzte Betriebsteile (§ 42 Abs. 2 Satz 1 BetrVG). Hat im vorhergehenden Kalenderhalbjahr weder eine Betriebs- noch eine Abteilungsversammlung stattgefunden, muß der Betriebsrat auf Antrag einer im Betrieb vertretenen Gewerkschaft binnen zwei Wochen nach Eingang des Antrags eine Versammlung einberufen (§ 43 Abs. 4 BetrVG). Die Gewerkschaft darf nicht selbst zur Betriebsversammlung einladen.

bb) Außerordentliche und zusätzliche Betriebsversammlungen. Der Betriebsrat kann in 329 jedem Kalenderhalbjahr eine dritte, „außerordentliche" Betriebsversammlung oder unter den Voraussetzungen des § 42 Abs. 2 Satz 1 BetrVG eine weitere Abteilungsversammlung durchführen, wenn das **aus besonderen Gründen zweckmäßig** erscheint (§ 43 Abs. 1 Satz 4 BetrVG), d.h. wenn in einer wichtigen Angelegenheit außergewöhnliche Vorkommnisse zu einem Bedürfnis nach zusätzlichen Informationen und zusätzlichem Meinungsaustausch mit der Belegschaft geführt haben, dem nicht erst in der nächsten ordentlichen Betriebsversammlung Rechnung getragen werden kann[408].

Darüber hinaus darf der Betriebsrat nach pflichtgemäßem Ermessen eine **zusätzliche** 330 **Betriebsversammlung** einberufen, die als Voll-, Teil- oder Abteilungsversammlung durchgeführt werden kann. Zur Einberufung ist er verpflichtet, wenn das der Arbeitgeber oder mindestens ein Viertel der wahlberechtigten Arbeitnehmer verlangen (§ 43 Abs. 3 BetrVG). Eine besondere Betriebsversammlung in betriebsratslosen Betrieben ist die Versammlung zur **Wahl eines Wahlvorstandes** (§ 17 Abs. 2 BetrVG); sie kann von drei wahlberechtigten Arbeitnehmern des Betriebes oder von einer im Betrieb vertretenen Gewerkschaft einberufen werden (§ 17 Abs. 3 BetrVG).

cc) Zeitliche Lage. Die ordentlichen und außerordentlichen Betriebsversammlun- 331 gen finden während der Arbeitszeit statt, sofern nicht die (technischorganisatorische) Eigenart des Betriebs eine andere Regelung zwingend erfordert (§ 44 Abs. 1 Satz 1 BetrVG)[409]. Der Betriebsrat hat die Versammlungen so zu legen, daß möglichst viele Arbeitnehmer ohne Schwierigkeiten daran teilnehmen können und daß der Arbeitsablauf so wenig wie möglich beeinträchtigt wird.

Betriebsversammlungen sind also grundsätzlich im Anschluß an Pausen oder am Ende 332 der Arbeitszeit abzuhalten, in Kaufhäusern in den stilleren Zeiten, in Zwei-Schicht-Betrieben ggf. von der einen in die andere Schicht überlappend[410]. Der Arbeitgeber ist rechtzeitig – etwa 14 Tage vorher – von dem Termin zu verständigen. Zusätzliche Betriebs- und Abteilungsversammlungen (§ 43 Abs. 3 Satz 1 BetrVG) finden außerhalb der Arbeits-

---

[408] BAG, Urt. v. 23.10.1991, AP Nr. 5 zu § 43 BetrVG 1972.
[409] BAG, Beschl. v. 9.3.1976, AP Nr. 3 zu § 44 BetrVG 1972.
[410] LAG Niedersachsen, Beschl. v. 30.8.1984, DB 1983, 1312.

zeit statt (§ 44 Abs. 2 Satz 1 BetrVG), es sei denn, die Betriebsparteien bestimmen einvernehmlich etwas anderes; in diesem Fall darf der Arbeitgeber die Vergütung für die Zeit der Teilnahme an der Versammlung nicht mindern (§ 44 Abs. 2 Satz 2 BetrVG).

333 **dd) Teilnahmeberechtigt** an den Versammlungen sind alle Arbeitnehmer (§ 42 Abs. 1 Satz 1 BetrVG) mit Ausnahme der leitenden Angestellten, auch die Jugendlichen und darüber hinaus der Arbeitgeber (§ 43 Abs. 2 Satz 1 BetrVG). Der Arbeitgeber kann sich durch einen leitenden Angestellten, etwa den Betriebs- oder Personalleiter, vertreten lassen (vgl. § 43 Abs. 2 Satz 3 BetrVG), und er kann leitende Angestellte zu seiner Unterstützung mitbringen. Teilnahmerecht haben auch Beauftragte im Betrieb vertretener Gewerkschaften; der Arbeitgeber kann, wenn er an der Sitzung teilnimmt, einen Vertreter seines Verbandes hinzuziehen (§ 46 Abs. 1 Satz 2 BetrVG). Die Sitzung ist nicht öffentlich (§ 42 Abs. 1 Satz 2 BetrVG). Das schließt natürlich nicht aus, daß der Betriebsrat einen betriebsfremden Referenten einlädt[411], auch nicht die Zulassung betriebsfremder Gesamtbetriebsratsmitglieder[412], wohl auch nicht die von leitenden Angestellten des Betriebs. Ausgeschlossen sind die Vertreter von Massenmedien.

334 **ee) Vergütung.** Die Zeit der Teilnahme an Betriebsversammlungen einschließlich der zusätzlichen Wegezeiten ist wie Arbeitszeit zu vergüten (§ 44 Abs. 1 Satz 2 BetrVG). Das gilt auch für Arbeitnehmer, die im Urlaub, Erziehungsurlaub[413], während Kurzarbeit[414] oder Arbeitskampf (streitig) an einer Betriebsversammlung teilnehmen. Zu bezahlen sind bei Teilnahme außerhalb der Arbeitszeit auch die Fahrtkosten, nicht aber Mehrarbeits- oder Feiertagszuschläge (§ 44 Abs. 1 Sätze 2, 3 BetrVG). Bei rechtswidrig abgehaltenen Versammlungen entfällt der Vergütungsanspruch[415]. Die Rechtswidrigkeit kann sich insbesondere aus einem unzulässigen Zeitpunkt, Ort oder Thema der Versammlung ergeben.

335 **ff) Themen.** Über die Tagesordnung beschließt der Betriebsrat. Er hat in den regelmäßigen Versammlungen einen Tätigkeitsbericht zu erstatten (§ 43 Abs. 1 Satz 1 BetrVG). Der Arbeitgeber muß mindestens einmal in jedem Kalenderjahr über das Personal- und Sozialwesen und über die wirtschaftliche Lage und Entwicklung des Betriebs berichten, soweit dadurch nicht Betriebs- oder Geschäftsgeheimnisse gefährdet werden (§ 43 Abs. 2 Satz 3 BetrVG). Häufig wird auch der Beauftragte der zuständigen Gewerkschaft einen Beitrag zu einem aktuellen Thema leisten. Jeder Teilnehmer hat Rederecht. **Behandelt werden können** alle Angelegenheiten, die den Betrieb oder seine Arbeitnehmer unmittelbar betreffen[416], auch Angelegenheiten tarifpolitischer, sozialpolitischer und wirtschaftlicher Art so-

---

[411] BAG, Beschl. v. 19.5.1978, AP Nr. 3 zu § 43 BetrVG 1972.
[412] BAG, Beschl. v. 28.11.1978, AP Nr. 2 zu § 42 BetrVG 1972.
[413] LAG Hamm, Urt. v. 19.8.1988, DB 1988, 2570.
[414] BAG, Urt. v. 5.5.1987, AP Nr. 5 zu § 44 BetrVG 1972 m. Anm. *Kraft/Raab*.
[415] BAG, Urt. v. 23.10.1991, AP Nr. 5 zu § 43 BetrVG 1972.
[416] BAG, Beschl. v. 4.5.1955, AP Nr. 1 zu § 44 BetrVG.

wie Fragen der Frauenförderung, der Vereinbarkeit von Familie und Beruf, der (betrieblichen) Umweltpolitik sowie der Integration der im Betrieb beschäftigten ausländischen Arbeitnehmer (§ 45 BetrVG). Der Betriebsrat hat darauf zu achten, daß keine unzulässigen Themen besprochen werden, insbesondere darauf, daß die Friedenspflicht gewahrt bleibt. **Unzulässig** wäre beispielsweise die Besprechung von Warnstreiks. Verboten ist auch jede parteipolitische Betätigung, wie etwa das Referat eines Spitzenpolitikers zu Wahlkampfzeiten[417]. Die Arbeitnehmer haben das Recht, zu allen betrieblichen Angelegenheiten ihre Meinung frei zu äußern. Kritik darf allerdings nicht in unsachlicher oder ehrverletzender Form vorgetragen werden. Beschlüsse und Anträge der Betriebsversammlung binden weder den Betriebsrat noch den Arbeitgeber.

gg) Durchführung. Die Sitzung wird vom Betriebsratsvorsitzenden geleitet (§ 42 Abs. 1 Satz 1 HS 2 BetrVG). Er führt die Rednerliste, erteilt das Wort, führt Abstimmungen durch, und ihm steht das Hausrecht zu. Der Arbeitgeber kann stichwortartige Aufzeichnungen über den Inhalt der Betriebsversammlung fertigen; Namen von Mitarbeitern darf er nur vermerken, wenn diese das ausdrücklich wollen.

b) Belegschaftsversammlungen

Keine Betriebsversammlung sind vom Arbeitgeber einberufene Belegschaftsversammlungen und Mitarbeiterbesprechungen[418]. Der Betriebsrat hat weder ein Teilnahme- noch ein sonstwie geartetes Mitwirkungsrecht. Er kann aber grundsätzlich dasselbe Thema zum Gegenstand einer Betriebsversammlung machen[419].

c) Betriebsräteversammlung

Betriebsversammlungen auf Unternehmensebene (genauer: Unternehmensversammlungen) sind aus organisatorischen Gründen praktisch ausgeschlossen. Deshalb hat der Gesetzgeber als Ersatz die sog. Betriebsräteversammlung geschaffen. Mindestens einmal jährlich kommen alle Vorsitzenden, Stellvertreter und aus größeren Betrieben die sonstigen Mitglieder der Betriebsausschüsse zu einer gemeinsamen Sitzung zusammen (§ 53 Abs. 1 BetrVG). Auf der Betriebsräteversammlung haben der Gesamtbetriebsrat einen Tätigkeitsbericht und der Unternehmer einen Bericht über das Personal- und Sozialwesen und über die wirtschaftliche Lage und Entwicklung des Unternehmens zu erstatten (§ 53 Abs. 2 BetrVG)[420]. Hinsichtlich der Leitung der Versammlung, der Nicht-Öffentlichkeit, der Einladung des Arbeitgebers und seines Rederechts, der Teilnahme von Verbandsvertretern

---

[417] BAG, Beschl. v. 13.9.1977, AP Nr. 1 zu § 42 BetrVG 1972.
[418] BAG, Beschl. v. 27.6.1989, AP Nr. 5 zu § 42 BetrVG 1972.
[419] LAG Düsseldorf, Beschl. v. 15.2.1985, DB 1985, 872.
[420] LAG Frankfurt, Beschl. v. 26.1.1989, DB 1989, 1473.

und der zugelassenen Themen gelten die Vorschriften über die Betriebsversammlung entsprechend (§ 53 Abs. 3 BetrVG).

d) Jugend- und Auszubildendenversammlung

339 Die Jugend- und Auszubildendenvertretung kann im Einvernehmen mit dem Betriebsrat vor oder nach jeder Betriebsversammlung – gemeint ist: am Tage der Betriebsversammlung[421] – eine Jugend- und Auszubildendenversammlung einberufen (§ 71 Satz 1 BetrVG). Die Einberufung zu einem anderen Zeitpunkt bedarf der Zustimmung von Betriebsrat und Arbeitgeber (§ 71 Satz 2 BetrVG). Zur Teilnahme berechtigt sind alle jugendlichen Arbeitnehmer und alle Auszubildenden bis 25, gleichgültig ob sie an der entsprechenden Betriebsversammlung teilgenommen haben oder nicht, der Betriebsratsvorsitzende und der Arbeitgeber oder ein von ihnen Beauftragter sowie die Vertreter der Verbände. Die Leitung der Versammlung liegt bei dem Vorsitzenden der Jugend- und Auszubildendenvertretung; er übt auch das Hausrecht aus. Besprochen werden dürfen alle Fragen, die Thema einer Betriebsversammlung sein können, vorausgesetzt, daß sie die jugendlichen Arbeitnehmer oder die Auszubildenden unmittelbar betreffen. Im übrigen gelten die Grundsätze über Betriebsversammlungen entsprechend (§ 71 Satz 3 BetrVG).

8. Einigungsstelle

340 Die Einigungsstelle ist eine betriebliche Schlichtungsstelle, der die Beilegung von Meinungsverschiedenheiten zwischen Arbeitgeber und Betriebsrat, Gesamtbetriebsrat und Konzernbetriebsrat in Regelungsstreitigkeiten obliegt (vgl. § 20.)

IX. Aufgaben und Beteiligungsrechte des Betriebsrats

1. Aufgaben des Betriebsrats

341 Der Gesetzgeber hat dem Betriebsrat umfassende Aufgaben zugewiesen. Seine Zuständigkeit geht weit über die Wahrnehmung der Beteiligungsrechte hinaus.

342 Nach § 80 BetrVG hat der Betriebsrat
1. darüber zu wachen, daß die zugunsten der Arbeitnehmer geltenden Gesetze, Verordnungen, Unfallverhütungsvorschriften, Tarifverträge und Betriebsvereinbarungen durchgeführt werden,

---

[421] BAG, Beschl. v. 15.8.1978, AP Nr. 1 zu § 23 BetrVG 1972.

2. Maßnahmen, die dem Betrieb und der Belegschaft dienen, beim Arbeitgeber zu beantragen,
2a. die Durchsetzung der tatsächlichen Gleichberechtigung von Frauen und Männern, insbesondere bei der Einstellung, Beschäftigung, Aus-, Fort- und Weiterbildung und dem beruflichen Aufstieg, zu fördern,
2b. die Vereinbarkeit von Familie und Erwerbstätigkeit zu fördern,
3. Anregungen von Arbeitnehmern und der Jugend- und Auszubildendenvertretung entgegenzunehmen und, falls sie berechtigt erscheinen, durch Verhandlungen mit dem Arbeitgeber auf eine Erledigung hinzuwirken; er hat die betreffenden Arbeitnehmer über den Stand und das Ergebnis der Verhandlungen zu unterrichten,
4. die Eingliederung Schwerbehinderter und sonstiger besonders schutzbedürftiger Personen zu fördern,
5. die Wahl einer Jugend- und Auszubildendenvertretung vorzubereiten und durchzuführen und mit dieser zur Förderung der Belange der in § 60 Abs. 1 BetrVG genannten Arbeitnehmer eng zusammenzuarbeiten; er kann von der Jugend- und Auszubildendenvertretung Vorschläge und Stellungnahmen anfordern,
6. die Beschäftigung älterer Arbeitnehmer im Betrieb zu fördern,
7. die Eingliederung ausländischer Arbeitnehmer im Betrieb und das Verständnis zwischen ihnen und den deutschen Arbeitnehmern zu fördern sowie Maßnahmen zur Bekämpfung von Rassismus und Fremdenfeindlichkeit im Betrieb zu beantragen,
8. die Beschäftigung im Betrieb zu fördern und zu sichern,
9. Maßnahmen des Arbeitsschutzes und des betrieblichen Umweltschutzes zu fördern.

2. Beteiligungsrechte des Betriebsrats

Der Betriebsrat hat Beteiligungsrechte in vier großen Bereichen: **343**
- in sozialen Angelegenheiten (§§ 87 ff., 112 ff. BetrVG),
- in technisch-organisatorischen Angelegenheiten (§§ 90 f. BetrVG),
- in personellen Angelegenheiten (§§ 92 ff. BetrVG), und zwar
  - bei allgemeinen personellen Maßnahmen (§§ 92 ff. BetrVG),
  - bei der Berufsbildung (§§ 96 ff. BetrVG),
  - bei personellen Einzelmaßnahmen (§§ 99 ff. BetrVG),
- in wirtschaftlichen Angelegenheiten (106 ff. BetrVG).

344

Die Beteiligungsrechte folgen keinem ausgefeilten System. Um einen Kern, der aus dem obligatorischen Inhalt der Arbeitsordnung erwuchs, haben sich im Verlauf von mehr als einem Jahrhundert Jahresringe angelagert. Personelle Angelegenheiten meinten ursprünglich Abschluß und Beendigung des Arbeitsvertrags (= Einstellung und Entlassung, vgl. § 5 Abs. 3 Satz 2 Nr. 1 BetrVG, § 14 Abs. 2 Satz 1 KSchG), soziale Angelegenheiten die Arbeitsbedingungen, d.h. den Inhalt des Arbeitsvertrags im weitesten Sinne, wirtschaftliche Angelegenheiten die unternehmerischen Entscheidungen, die den Arbeitsvertrag nicht unmittelbar betreffen. 1972 ist zur Beteiligung bei den personellen Einzelmaßnahmen die Einschaltung des Betriebsrats in die (vorgelagerte) systematische Personalarbeit und die Beteiligung bei der Berufsbildung hinzugekommen. Ersteres war eine Folge der Krise von 1966/67 mit den ersten Massenentlassungen in der Nachkriegszeit, auf die die Unternehmen mit stärkerer Einbeziehung der Personalarbeit in die Unternehmensplanung geantwortet hatten, letzteres eine Antwort auf die gewachsene Bedeutung von Ausbildung, Fortbildung und Umschulung. Zu den sozialen Angelegenheiten zählt auch der Sozialplan, der wegen des Sachzusammenhangs mit dem Interessenausgleich unter den wirtschaftlichen Angelegenheiten geregelt ist (§§ 112 f. BetrVG).

3. Beteiligungsarten

a) Allgemeines

345 Die Beteiligungsrechte der Belegschaftsvertretungen werden nicht selten unter dem Oberbegriff Mitbestimmung zusammengefaßt. Mitunter spricht man aber auch von Mitwirkung und betrachtet die Mitbestimmung dann als Unterfall. In der Literatur geht man in Anlehnung an die Terminologie des Bundespersonalvertretungsgesetzes von dem neutralen „Beteiligung" aus[422] und betrachtet die Mitbestimmung und die Mitwirkung, die das Betriebsverfassungsgesetz als Überschrift für den 4. Teil verwendet, als Unterfälle, die ihrerseits in Mitbestimmung im engeren Sinne und eingeschränktes Zustimmungsverweigerungsrecht (so die Mitbestimmung) und in Beratung, Anhörung und Unterrichtung (so die Mitwirkung) untergliedert werden. Die Mitbestimmung ist dadurch gekennzeichnet, daß eine Maßnahme des Arbeitgebers nicht ohne Zustimmung des Betriebsrats getroffen werden kann und daß bei Nichteinigung eine dritte Stelle, das Arbeitsgericht oder die Einigungsstelle, entscheidet. Der Einigungsstelle hat der Gesetzgeber die Entscheidung übertragen, wenn es um Regelungsstreitigkeiten geht, dem Arbeitsgericht bei Rechtsstreitigkeiten. Bei der Mitwirkung behält der Arbeitgeber das Entscheidungsrecht.

Beteiligungsarten		wichtigste Fälle	Entscheidung bei Nicht-Einigung
Mitbestimmung	Mitbestimmung i.e.S.	§§ 87, 91, 98, 112	Einigungsstelle
	eingeschränktes Zustimmungs- verweigerungsrecht	§ 99	Arbeitsgericht
Mitwirkung	Beratung	§§ 90, 96, 106, 111 und SprAuG	Arbeitgeber
	Anhörung	§ 102	
	Unterrichtung	§ 105	

---

[422] *Richardi*, Vorb. z. 4. Teil BetrVG Rn. 21 m. N.

b) Mitbestimmung

Der Arbeitgeber kann nicht ohne Zustimmung des Betriebsrats handeln. Der Be- 346
triebsrat trifft seine Entscheidung nach billigem Ermessen. Entsprechend dem
Grundsatz der vertrauensvollen Zusammenarbeit hat er die Belange des Betriebs
und der betroffenen Arbeitnehmer angemessen zu berücksichtigen. Im Streitfalle
entscheidet die Einigungsstelle. Mitbestimmungsrechte im engeren Sinne erkennt
man daran, daß es im Gesetz heißt: „Kommt eine Einigung nicht zustande, so entscheidet die Einigungsstelle. Der Spruch der Einigungsstelle ersetzt die Einigung
zwischen Arbeitgeber und Betriebsrat" (vgl. z.B. § 87 Abs. 2 BetrVG).

c) Zustimmungsverweigerungsrecht

Auch hier kann der Arbeitgeber nicht ohne Zustimmung des Betriebsrats handeln. 347
Der Betriebsrat kann seine Zustimmung aber nur aus den im Gesetz genannten
Gründen verweigern. Stützt er sich auf andere Gründe, so ist die Verweigerung
oder der Widerspruch unbeachtlich; er hat also eine Art eingeschränktes Veto-
recht. Im Streitfalle entscheidet das Arbeitsgericht.

d) Beratung

Der Arbeitgeber hat dem Betriebsrat oder dem Sprecherausschuß von sich aus 348
Gründe und Gegengründe darzulegen und sie in einem Gespräch mit ihm gegeneinander abzuwägen. Die Entscheidung trifft er nach der Beratung allein. Bei einer
Betriebsänderung muß der Arbeitgeber die Einigungsstelle anrufen, wenn er sich
mit dem Betriebsrat nicht einigen kann. Allerdings kann die Einigungsstelle nur
einen Vorschlag für einen Interessenausgleich unterbreiten; im Ergebnis entscheidet auch hier der Arbeitgeber allein (§§ 111 f. BetrVG).

e) Anhörung

Der Arbeitgeber muß dem Vertretungsorgan die Möglichkeit geben, sich zu äu- 349
ßern, d.h. Wünsche, Anregungen oder Einwendungen vorzubringen, und er muß
sich mit seinem Vorbringen auseinandersetzen. Der Unterschied zur Beratung liegt
darin, daß die Initiative zu einem Gespräch über Gründe und Gegengründe dem
Betriebsrat überlassen bleibt. Im EBRG hat der Begriff „Anhörung" eine etwas
andere Bedeutung. Hier sind darunter der Meinungsaustausch und die Einrichtung
eines Dialogs zwischen den Arbeitnehmern und der Unternehmensleitung zu verstehen (§ 1 Abs. 4 EBRG).

f) Unterrichtung

Sie kann selbständiges Informationsrecht sein (§ 105 BetrVG) oder Vorstufe einer 350
weitergehenden Beteiligung (z.B. § 106 BetrVG).

g) Initiativrecht

351 Von der Frage der Mitwirkung ist die nach dem Initiativrecht zu unterscheiden. Hier geht es darum, ob der Arbeitgeber auf Wunsch des Betriebsrats oder des Sprecherausschusses tätig werden muß. Der Betriebsrat hat ein Initiativrecht grundsätzlich in allen sozialen Angelegenheiten[423], aber auch vor allem in einer Reihe personeller Angelegenheiten: bei Personalplanung (§ 92 Abs. 2 BetrVG) und interner Stellenausschreibung (§ 93 Satz 1 BetrVG), Auswahlrichtlinien (§ 95 Abs. 2 BetrVG) und Berufsbildung (§ 96 Abs. 1 Satz 2 BetrVG); ja er kann die Entfernung von Arbeitnehmern aus dem Betrieb verlangen, die den Betriebsfrieden stören (§ 104 BetrVG). Darüber hinaus kann er alle Maßnahmen beantragen, die dem Betrieb und der Belegschaft dienen (§ 80 Abs. 1 Nrn. 2, 3, 7 BetrVG); die Art der Erledigung steht in diesem Fall allerdings im Ermessen des Arbeitgebers.

X. Beteiligungsformen

1. Überblick

352 Der Arbeitgeber kann mit dem Betriebsrat **Vereinbarungen** abschließen (§ 77 BetrVG). Die Vereinbarungen können sich beschränken auf die Begründung von Rechten und Pflichten zwischen den Betriebspartnern. Sie können aber zusätzlich oder statt dessen auch unmittelbar Rechte und Pflichten zwischen Arbeitgeber und Arbeitnehmern schaffen. Im ersten Fall, d.h. wenn es nur um Rechtsbeziehungen zwischen Arbeitgeber und Betriebsrat geht, spricht man von Regelungsabreden, von betrieblichen Einigungen, Betriebsabsprachen oder auch schlicht von Vereinbarungen, im zweiten von Betriebsvereinbarungen. Eine dritte Form ist die Zustimmung.

353 Regelungsabrede wie Betriebsvereinbarung sind privatrechtliche Verträge. Die Zustimmung ist ein einseitiges Rechtsgeschäft. Die Erwähnung „gemeinsamer Beschlüsse" in der

---

[423] Std. Rspr., BAG, Beschl. v. 14.11.1974, AP Nr. 1 zu § 87 BetrVG 1972.

Muster einer Betriebsvereinbarung

Rahmenbetriebsvereinbarung zur EURO-Umstellung im XY-Konzern

Die Konzernleitung und der Konzernbetriebsrat unterstützen die Einführung der europäischen Wirtschafts- und Währungsunion als Beitrag zur europäischen Integration.

Für die Umstellung von DM auf EURO im XY-Konzern vereinbaren Konzernleitung und Konzernbetriebsrat folgende Vorgehensweise:

1. Die Einführung des EURO im Personalbereich und in der Entgeltabrechnung (einschließlich der Überweisung von Lohn und Gehalt) erfolgt, sobald die notwendigen gesetzlichen und technischen Voraussetzungen gegeben sind, voraussichtlich nicht vor dem 01.01.2000. Die Umstellung erfolgt zum Wechsel des Kalenderjahres.

2. Beträge in Betriebsvereinbarungen und anderen betrieblichen Regelungen werden mit dem gesetzlich festgelegten Kurs umgerechnet und auf zwei Stellen hinter dem Komma kaufmännisch gerundet. In Einzelfällen können die zuständige Geschäftsleitung und die zuständige Arbeitnehmervertretung eine weitere Rundung auf glatte EURO-Beträge vereinbaren.

3. Die bei der Umrechnung entstehenden Rundungsdifferenzen sind gering und gleichen sich in der Regel aus. Mehrfache Umrechnungen, die zu einer Kumulation von Rundungsdifferenzen führen, werden soweit wie möglich vermieden.

4. Für die Übergangszeit bis zur Einführung des EURO im Personalbereich und in der Entgeltabrechnung werden das Bruttoentgelt, das Nettoentgelt und der Überweisungsbetrag auf dem Entgeltnachweis nachrichtlich zusätzlich in EURO ausgewiesen. Für den Zeitraum zwischen der Einführung des EURO im Personalbereich und dem 01.01.2002 werden das Bruttoentgelt, Nettoentgelt und der Überweisungsbetrag nachrichtlich zusätzlich in DM angegeben.

5. Soweit betriebliche Regelungen Rundungen vorsehen, prüfen die zuständige Geschäftsleitung und die zuständige Arbeitnehmervertretung eine Anpassung dieser Regelungen. Dabei sollen materielle Änderungen soweit wie möglich ausgeschlossen werden.

6. Betriebsvereinbarungen, die nach der Einführung des EURO im Personalbereich modifiziert oder neu abgeschlossen werden, lauten auf EURO. Für die Übergangszeit vom 01.01.1999 bis zur Einführung des EURO im Personalbereich werden beide Währungen, DM und EURO, angegeben.

7. Die zuständige Geschäftsleitung und Arbeitnehmervertretung passen die gemeinsam vereinbarten Regelungen entsprechend den oben aufgelisteten Grundsätzen an.

8. Sollte die Umstellung auf den EURO zu weiteren Regelungsfragen führen, werden die zuständige Geschäftsleitung und Arbeitnehmervertretung Lösungen anstreben, die zu möglichst geringen Abweichungen gegenüber der Festlegung oder Berechnung in DM führen.

Konzernbetriebsrat   Geschäftsleitung

Überschrift zu § 77 BetrVG ist eine redaktionelle Fehlleistung[424]. Daß Betriebsvereinbarungen in der Weimarer Zeit als öffentlichrechtliche Vereinbarungen angesehen wurden, liegt daran, daß die Betriebsräte seinerzeit als Teil der Räteverfassung gedacht waren[425].

2. Betriebsvereinbarung

a) Begriff und Charakteristik

354 Betriebsvereinbarung ist der schriftliche Vertrag zwischen dem Arbeitgeber und dem Betriebsrat, Gesamtbetriebsrat oder Konzernbetriebsrat zur Regelung von Rechten und Pflichten der Betriebspartner und zur Festlegung von Rechtsnormen über Inhalt, Abschluß und Beendigung von Arbeitsverhältnissen sowie über betriebliche und betriebsverfassungsrechtliche Fragen.

b) Abschluß

355 aa) **Zustandekommen.** Die Betriebsvereinbarung kommt als Vertrag durch Angebot und Annahme zustande. Wenn § 77 Abs. 1 BetrVG von gemeinsamem Beschluß spricht, so wollte er damit nur sagen, daß Betriebsvereinbarungen im Gegensatz zur Betriebsordnung nach dem Gesetz zur Ordnung der nationalen Arbeit von 1934 nicht vom Arbeitgeber allein erlassen werden können, sondern daß er mit dem Betriebsrat zusammenwirken muß[426]. Vertragspartner sind der Arbeitgeber auf der einen, der Betriebsrat, der Gesamtbetriebsrat („Gesamtbetriebsvereinbarung") oder der Konzernbetriebsrat („Konzernbetriebsvereinbarung") auf der anderen Seite.

356 Auf Betriebsratsseite setzt der Abschluß einer Betriebsvereinbarung einen förmlichen Beschluß voraus. Der Betriebsrat kann dem Vorsitzenden nicht die Entscheidung überlassen; der Vorsitzende vertritt ihn nur im Rahmen seiner Beschlüsse[427]. Der Abschluß von Betriebsvereinbarungen kann auch nicht auf den Betriebsausschuß oder einen sonstigen Ausschuß delegiert werden (§§ 27 Abs. 2 Satz 2, 28 Abs. 1 Satz 3 BetrVG). Der Arbeitgeber hat vor Abschluß einer Vereinbarung mit dem Betriebsrat, die rechtliche Interessen der leitenden Angestellten berührt, den Sprecherausschuß rechtzeitig anzuhören (§ 2 Abs. 1 Satz 2 SprAuG).

---

[424] *Richardi*, § 77 BetrVG Rn. 4.
[425] GK-BetrVG/*Kraft*, § 1 Rn. 6; *Reichhold*, Betriebsverfassung als Sozialprivatrecht, 1995, S. 241 ff.
[426] *Richardi*, § 77 BetrVG Rn. 30.
[427] BAG, Urt. v. 17.2.1981, AP Nr. 11 zu § 112 BetrVG 1972.

bb) Schriftform. Betriebsvereinbarungen sind schriftlich niederzulegen und von 357
beiden Seiten auf derselben Urkunde (§ 126 Abs. 1 Satz 1 BGB) zu unterzeichnen
(§ 77 Abs. 2 Sätze 1, 2 BetrVG). Anlagen müssen, wenn sie nicht ebenfalls unterschrieben sind, fest an den Haupttext angeheftet sein[428]. Die Schriftform ist auch
gewahrt, wenn auf eine andere Norm, etwa einen Tarifvertrag, Bezug genommen
wird[429]. Allerdings ist die Bezugnahme auf den jeweiligen Inhalt einer anderen Betriebsvereinbarung oder eines anderen Tarifvertrags nur zulässig, wenn die Interessen ähnlich liegen und der in Bezug genommene Vertrag deshalb auch den Interessenkonflikt, der dem verweisenden Vertrag zugrunde liegt, sachgerecht löst[430].

Die Betriebsvereinbarung kann wegen Formmangels, wegen Verstoßes gegen ein Gesetz 358
oder gegen die guten Sitten nichtig sein. Ist nur ein Teil der Bestimmungen unwirksam, so
berührt das die Wirksamkeit der anderen Bestimmungen entgegen § 139 BGB nur, wenn
sie mit den nichtigen in einem unlösbaren Zusammenhang stehen und durch den Wegfall
der nichtigen Bestimmungen einen ganz anderen Sinn erhielten[431]. Eine – grundsätzlich zulässige – Anfechtung wirkt entgegen § 142 Abs. 1 BGB nur für die Zukunft[432].

c) Inhalt

aa) Allgemeines. Betriebsvereinbarungen können wie Tarifverträge einen schuld- 359
rechtlichen und einen normativen Teil haben. Für den normativen Teil ist das unbestritten; das Gesetz selbst sieht die unmittelbare Wirkung vor (§ 77 Abs. 4 Satz
1 BetrVG). Es gibt aber keinen vernünftigen Grund, warum nicht auch schuldrechtliche Abreden in Betriebsvereinbarungen enthalten sein könnten, nur weil das
Gesetz sie nicht erwähnt[433]; es wäre reine Förmelei, wollte man eigens eine Betriebsabsprache verlangen. Sowohl im normativen als auch im schuldrechtlichen
Teil können allerdings nur Fragen geregelt werden, für die die Betriebspartner
funktionell zuständig sind. Nur insoweit gilt der Grundsatz der Vertragsfreiheit[434].

bb) Insbesondere: normativer Teil. Gegenstand des normativen Teils kann alles 360
sein, was Gegenstand des Arbeitsvertrags sein kann. Die Betriebspartner haben eine umfassende Regelungskompetenz[435].

---

[428] BAG, Beschl. v. 11.11.1986, AP Nr. 4 zu § 1 BetrAVG Gleichberechtigung.
[429] BAG, Urt. v. 9.7.1980, AP Nr. 7 zu § 1 TVG Form.
[430] BAG, Beschl. v. 23.6.1992, AP Nr. 55 zu § 77 BetrVG 1972.
[431] BAG, Urt. v. 12.10.1994, AP Nr. 66 zu § 87 BetrVG 1972 Arbeitszeit.
[432] BAG, Urt. v. 15.12.1961, AP Nr. 1 zu § 615 BGB Kurzarbeit.
[433] *Söllner/Waltermann*, Arbeitsrecht, § 22 II 2.
[434] *Richardi*, § 77 BetrVG Rn. 50.
[435] Std. Rspr., vgl. BAG GS, Beschl. v. 7.11.1989, AP Nr. 46 zu § 77 BetrVG 1972;
BAG, Urt. v. 1.12.1992, AP Nr. 20 zu § 87 BetrVG 1972 Ordnung des Betriebes; in
der Lehre sehr str., vgl. *Picker*, NZA 2002, 761 (769).

361 Betriebsvereinbarungen können Regelungen enthalten über den Abschluß, den Inhalt und die Beendigung von Arbeitsverträgen sowie über betriebliche und betriebsverfassungsrechtliche Fragen. Vorschriften über den Abschluß von Arbeitsverträgen, wie z.B. Auswahlrichtlinien nach § 95 Abs. 1 BetrVG, binden nur den Arbeitgeber, weil der Betriebsrat nur für die Arbeitnehmer des Betriebs zuständig ist, nicht für Bewerber. Zu den betrieblichen Fragen gehören Ordnungsvorschriften, wie Regelungen zur Gleitzeit oder zur Anwesenheitskontrolle, sowie Vereinbarungen über betriebliche Einrichtungen für die Belegschaft. Betriebsverfassungsrechtliche Fragen können nur geregelt werden, soweit das Gesetz das vorsieht (z.B. §§ 3 Abs. 2, 38 Abs. 1 Satz 5, 47 Abs. 4, 102 Abs. 6 BetrVG, § 325 Abs. 2 UmwG).

362 **cc) Die Grenzen der Regelungsmacht** ergeben sich aus dem höherrangigen Recht (staatliche Gesetze, Tarifverträge); Betriebsvereinbarungen dürfen aber auch nicht in geschützte Individualrechte eingreifen. Im einzelnen:

d) Betriebsvereinbarung und Gesetz

363 Betriebsvereinbarungen dürfen nicht gegen zwingendes Gesetzesrecht oder gegen gesetzesvertretendes Richterrecht verstoßen[436]. An die Grundrechte sind die Betriebspartner nicht unmittelbar, sondern über die Generalklauseln gebunden. Die Grundsätze des § 75 BetrVG sind zu beachten. Soweit Gesetze nicht zweiseitig zwingend sind, können die Betriebspartner für die Arbeitnehmer günstigere Regelungen treffen. Betriebsvereinbarungsoffenes Gesetzesrecht, d.h. Gesetzesrecht, das eine Abweichung durch Betriebsvereinbarung auch zuungunsten der Arbeitnehmer erlauben würde, gibt es zur Zeit nicht. Tarifdispositives Recht kann nicht durch Betriebsvereinbarung abbedungen werden. Die Tarifvertragsparteien können die Betriebspartner aber in einigen Fällen durch Tarifvertrag zur Abweichung vom Gesetzesrecht ermächtigen (§ 7 Abs. 1, 2, § 12 ArbZG); im Geltungsbereich eines solchen Tarifvertrags können abweichende tarifliche Regelungen in Betrieben nicht tarifgebundener Arbeitgeber durch Betriebsvereinbarung übernommen werden (§ 7 Abs. 3 ArbZG).

e) Betriebsvereinbarung und Tarifvertrag

364 **aa) Grundsatz.** Arbeitsentgelte und sonstige Arbeitsbedingungen, die durch Tarifvertrag geregelt sind oder üblicherweise geregelt werden, können nicht Gegenstand einer Betriebsvereinbarung sein (§ 77 Abs. 3 BetrVG). Im Verhältnis zwischen Tarifvertrag und Betriebsvereinbarung gilt nicht das Günstigkeitsprinzip (§ 4 Abs. 3 TVG), die Betriebspartner können vielmehr keine Betriebsvereinbarungen abschließen, wenn die Voraussetzungen des § 77 Abs. 3 BetrVG vorliegen.

---

[436] BAG, Urt. v. 16.11.1967, 22.2.1968, 17.10.1968, 9.10.1969, AP Nr. 63, 64, 66, 68 zu § 611 BGB Gratifikation (Rückzahlungsklauseln bei Gratifikationen).

Betriebsvereinbarungen sind unwirksam, weil Arbeitgeber und Betriebsrat unzuständig sind, nicht wegen Verstoßes gegen § 4 Abs. 1 TVG (s. § 13 Rn. 308).

bb) Ratio des § 77 Abs. 3 BetrVG. Normzweck ist nach Ansicht des BAG der 365
Schutz der ausgeübten und aktualisierten Tarifautonomie; die Funktionsfähigkeit der Tarifautonomie solle gewährleistet werden. Betriebliche Regelungen sollten tarifliche Regelungen nicht präjudizieren und in möglicherweise nicht gewollte Bahnen lenken[437]. Der Gesetzgeber habe eine „klare Scheidung zwischen den Zuständigkeiten der Gewerkschaften und denen der Betriebsräte" vornehmen wollen[438], um die latente Rivalität zwischen den Gewerkschaften und den Betriebsräten zugunsten der ersteren aufzulösen[439].

§ 77 Abs. 3 BetrVG schützt also nicht den Tarifvertrag, dafür hätte § 4 Abs. 1, 3 TVG 366
ausgereicht. § 77 Abs. 3 BetrVG schützt die Gewerkschaften, die Betriebsräte sollen ihnen nicht ins Gehege kommen. Die Betriebsräte, von denen viele ehrenamtliche Gewerkschaftsfunktionäre sind, sollen nicht die Möglichkeit der Selbstdarstellung in einer dem Tarifvertrag vergleichbaren Kollektivvereinbarung haben. Deshalb nimmt der Gesetzgeber ihnen die Regelungskompetenz. Die Gewerkschaften genießen Vorrang; ihr Vorrang wird zum Tarifvorbehalt oder, was dasselbe ist, zur Tarifsperre. Gesperrt sind aber nur Betriebsvereinbarungen, nicht andere Vereinbarungen mit dem Betriebsrat (Regelungsabreden) oder mit den Arbeitnehmern (Arbeitsverträge); nur Betriebsvereinbarungen haben eine ähnliche Dignität wie Tarifverträge. Über den Schutz der Gewerkschaften dient § 77 Abs. 3 BetrVG, so zu Recht das BAG, in der Tat dem Schutz der Tarifautonomie.

cc) Arbeitsentgelte und sonstige Arbeitsbedingungen. Mit den „Arbeitsentgel- 367
ten und den sonstigen Arbeitsbedingungen" sind nach Rechtsprechung und heute h.L. alle Arbeitsbedingungen gemeint[440]. Der Begriff deckt sich mit den Inhaltsnormen, zu denen auch die Normen über die Beendigung des Arbeitsverhältnisses zählen. Nicht gesperrt sind Abschlußnormen, betriebliche und betriebsverfassungsrechtliche Normen[441].

Bis 1991 hatte die Rechtsprechung zwischen materiellen und formellen Arbeitsbedin- 368
gungen unterschieden und nur die materiellen Arbeitsbedingungen in § 77 Abs. 3 BetrVG geregelt gesehen. Dieser Unterscheidung hatte die Vorstellung einer funktionalen Aufgabenteilung von Gewerkschaften und Betriebsräten zugrunde gelegen. Die Gewerkschaften

---

[437] BAG, Beschl. v. 24.2.1987, AP Nr. 21 zu § 77 BetrVG 1972.
[438] Begr. zu § 65 E eines Gesetzes über die Neuordnung der Beziehungen von Arbeitnehmern und Arbeitgebern in den Betrieben (BetrVG), BT-Drucks. I/1546 S. 55.
[439] *Fitting*, § 77 BetrVG Rn. 67; *Heyer*, Betriebliche Normsetzung und Tarifautonomie, Diss. Berlin, 1983, S. 146; *Säcker*, SAE 1968, 16 (18).
[440] BAG, Urt. v. 9.4.1991, AP Nr. 1 zu § 77 BetrVG 1972 Tarifvorbehalt.
[441] *Fitting*, § 77 BetrVG Rn. 73; *Wiedemann*, § 4 TVG Rn. 569 ff.

waren zuständig für Regelungen zu Inhalt und Umfang der Hauptpflichten aus dem Arbeitsverhältnis, die Betriebsräte für die Umstände, unter denen die Arbeit zu leisten war, wie vor allem Fragen der Ordnung und des Verhaltens der Arbeitnehmer im Betrieb. Eine Stütze hatte diese Ansicht nicht nur in der tatsächlichen klassischen Arbeitsteilung von Gewerkschaften und Betriebsräten gehabt, sondern auch in § 56 BetrVG 1952, der anders als die Nachfolgevorschrift des § 87 BetrVG den Betriebsräten nur bei formellen Arbeitsbedingungen Mitbestimmungsrechte eingeräumt hatte. Zudem legt die Gleichsetzung von Arbeitsentgelten und sonstigen Arbeitsbedingungen eine Einschränkung nahe; *Zöllner/Loritz* verweisen mit Recht auf die Parallele in § 823 Abs. 1 BGB (Eigentum – sonstige Rechte)[442].

369 **dd) Tarifliche Regelung.** Gemeint ist jede tarifliche Regelung, gleichgültig, ob sich die Tarifvertragsparteien der Materie zum ersten Mal angenommen haben oder – so schon nach früherem Recht – ob eine Regelung üblich ist. Weder der Arbeitgeber noch der Arbeitnehmer muß an den Tarifvertrag gebunden sein[443]. Nach herrschender Lehre ist nicht einmal Repräsentativität des Tarifvertrags erforderlich, d.h. die bei tarifgebundenen Arbeitgebern beschäftigten Arbeitnehmer müssen nicht in der Mehrzahl sein[444]. Voraussetzung ist allerdings, daß das konkrete Arbeitsverhältnis in den räumlichen, fachlichen und persönlichen Geltungsbereich des Tarifvertrags fällt[445].

Beispiel: Ein Metalltarifvertrag für Arbeiter und Angestellte in Hessen schließt nicht aus, daß für Metallarbeitnehmer in Baden-Württemberg oder für Chemiearbeiter in Hessen oder für AT-Angestellte der Metallindustrie Hessen, die der Tarifvertrag aus seinem persönlichen Geltungsbereich ausnimmt, Betriebsvereinbarungen über tariflich geregelte Fragen abgeschlossen werden.

370 Ausreichend ist auch ein Firmentarifvertrag[446]. Keine tarifliche Regelung liegt vor, wenn Tarifbestimmungen lediglich aufgrund einer Bezugnahme im Arbeitsvertrag gelten[447]. **Keine Sperrwirkung** entfalten auch Tarifnormen, die nur noch nachwirken. Sie können durch jede andere Abmachung, auch durch eine Betriebsvereinbarung, ersetzt werden (§ 4 Abs. 5 TVG). Allerdings bleibt die Sperrwirkung unter dem Gesichtspunkt der Tarifüblichkeit erhalten, wenn die Tarifvertragsparteien eine neue tarifliche Regelung anstreben. Die Sperrwirkung besteht insoweit, als der Tarifvertrag eine Sachregelung enthält. Entscheidend ist, ob die

---

[442] *Zöllner/Loritz*, Arbeitsrecht, § 46 II 6 a.
[443] BAG, Urt. v. 24.1.1996, 5.3.1997, AP Nr. 8, 10 zu § 77 BetrVG 1972 Tarifvorbehalt.
[444] *Fitting*, § 77 BetrVG Rn. 79 m.w.N.
[445] BAG, Urt. v. 1.4.1987, AP Nr. 64 zu § 613a BGB.
[446] *Fitting*, § 77 BetrVG Rn. 80.
[447] BAG, Beschl. v. 27.1.1987, AP Nr. 42 zu § 99 BetrVG 1972.

Frage nach dem Willen der Tarifvertragsparteien abschließend geregelt sein soll[448]. Zulässig sind die Ausfüllung von Rahmenvorschriften

> **Beispiel:** Nach einem Tarifvertrag können bis zu 8 Überstunden je Woche angeordnet werden. Durch Betriebsvereinbarung kann die Zahl der Überstunden verringert oder an bestimmte Voraussetzungen geknüpft werden[449].

und die Gewährung von Leistungen, die an andere tatbestandliche Voraussetzungen geknüpft sind als die tariflichen.

Nicht ausgeschlossen werden

durch Tarifbestimmungen über	Betriebsvereinbarungen über
das laufende Entgelt den Zeitlohn Nachtarbeitszuschläge den Erholungsurlaub die Arbeitszeit	Sonderzuwendungen oder Funktionszulagen[450] Akkord oder Prämie[451] Wechselschichtprämien[452] Zusatzurlaub bei längerer Betriebsangehörigkeit[453] Überstunden und Kurzarbeit[454]

Ausgeschlossen ist die bloße Aufstockung tariflicher Leistungen durch Betriebsvereinbarung, etwa die Gewährung übertariflicher Zulagen[455] oder die Verlängerung des Erholungsurlaubs[456], die Vorwegnahme einer Tariferhöhung[457] oder die Zahlung von Anwesenheits- oder Pünktlichkeitsprämien, weil es sich bei ihnen um versteckte Zuschläge zum Tarifentgelt handelt[458]. Fehlt es an einer Regelung im Tarifvertrag, so bleiben Betriebsvereinbarungen zulässig. Die Tarifparteien können Betriebsvereinbarungen auch nicht ausschließen[459].   371

ee) Tarifübliche Regelung. Arbeitsentgelte und sonstige Arbeitsbedingungen werden üblicherweise durch Tarifvertrag geregelt, wenn das Arbeitsverhältnis in den räumlichen, fachlichen und persönlichen Geltungsbereich eines Tarifvertrags   372

---

[448] BAG, Beschl. v. 3.4.1979, AP Nr. 2 zu § 87 BetrVG 1972.
[449] Vgl. BAG, Beschl. v. 18.4.1989, AP Nr. 18 zu § 87 BetrVG Tarifvorrang.
[450] BAG, Urt. v. 29.5.1964, AP Nr. 24 zu § 59 BetrVG.
[451] BAG, Beschl. v. 18.3.1964, AP Nr. 4 zu § 56 BetrVG Entlohnung.
[452] BAG, Urt. v. 23.10.1985, AP Nr. 33 zu § 1 TVG Tarifverträge: Metallindustrie.
[453] LAG Hamm, Beschl. v. 8.8.1979, DB 1979, 2236.
[454] BAG, Urt. v. 3.6.2003, NZA 2003, 1159.
[455] BAG, Beschl. v. 9.12.1997, DB 1998, 661.
[456] BAG, Beschl. v. 22.6.1993, AP Nr. 22 zu § 23 BetrVG 1972.
[457] BAG, Urt. v. 7.12.1962, AP Nr. 28 zu Art. 12 GG.
[458] BAG, Urt. v. 29.5.1964, AP Nr. 24 zu § 59 BetrVG.
[459] BAG, Urt. v. 1.12.1992, AP Nr. 3 zu § 77 BetrVG 1972 Tarifvorbehalt.

fällt, der diese Arbeitsbedingungen geregelt hatte, und wenn die Tarifvertragsparteien erneut eine Regelung treffen wollen[460]. Die Regelung in einem Verbandstarifvertrag sperrt nicht eine Betriebsvereinbarung in einem Unternehmen mit Haustarifvertrag, der die Arbeitsbedingungen nicht regelt. Mehrere Haustarifverträge in einer Branche ohne Verbandstarifvertrag hindern nicht eine Betriebsvereinbarung in Unternehmen oder Betrieben ohne Haustarifvertrag[461]. Die Tarifüblichkeit entfällt, wenn eine Tarifvertragspartei tarifunfähig wird[462] oder sich auflöst. Keine Auswirkungen hat der Austritt aus der Koalition[463].

373 **ff) Sperre.** Tariflich geregelte oder üblicherweise geregelte Arbeitsentgelte und sonstige Arbeitsbedingungen können nicht Gegenstand einer Betriebsvereinbarung sein.

374 **(1) Gesperrt** sind **nur Betriebsvereinbarungen.** Das folgt aus der ratio: dem Betriebsrat soll die Selbstdarstellungsmöglichkeit des „Betriebsgesetzes" genommen werden. Zulässig bleiben also Regelungsabreden und individualrechtliche Vereinbarungen, auch in der Form von Einheitsarbeitsbedingungen.

375 **(2) Gesperrt** sind **alle Betriebsvereinbarungen über den tariflichen Regelungsgegenstand,** gleichgültig, ob sie die tarifliche Regelung verschlechtern – eine solche Vereinbarung wäre ohne § 77 Abs. 3 BetrVG nach § 4 Abs. 1 TVG unwirksam –, verbessern, inhaltsgleich übernehmen oder auf Nichtorganisierte ausdehnen.

Beispiel: Ein Tarifvertrag sieht vermögenswirksame Leistungen in Höhe von 156 € jährlich vor. Durch Betriebsvereinbarung können diese Leistungen weder aufgestockt noch auf Nichtorganisierte ausgedehnt noch abgesenkt oder gar abgeschafft werden.

gg) Ausnahmen. Von dem Grundsatz der Tarifsperre gibt es drei Ausnahmen:

376 **(1) Öffnungsklausel.** Der Tarifvertrag kann den Abschluß ergänzender Betriebsvereinbarungen zulassen (§ 77 Abs. 3 Satz 2 BetrVG). Über den Wortlaut hinaus können die Tarifvertragsparteien auch – zugunsten oder zu Lasten der Arbeitnehmer – abweichende Betriebsvereinbarungen zulassen[464]. Das folgt daraus, daß sie auf eine Regelung ganz verzichten können. Die Zulassung muß aber ausdrücklich geschehen (s. Gesetzestext). Ausdrücklich geschieht sie auch, wenn die Ausnahmen dem Tarifvertrag beispielsweise in Form einer Fußnote beigefügt sind. Gegenstand und Umfang ergänzender oder abweichender Betriebsvereinbarungen müssen genau umschrieben sein. Die Tarifvertragsparteien

---

[460] *Fitting*, § 77 BetrVG Rn. 90.
[461] BAG, Beschl. v. 27.1.1987, AP Nr. 42 zu § 99 BetrVG 1972.
[462] BAG, Beschl. v. 16.9.1960, AP Nr. 1 zu § 2 ArbGG 1953 Betriebsvereinbarung.
[463] Zum Vorstehenden *Fitting*, § 77 BetrVG Rn. 95.
[464] GK-BetrVG/*Kreutz*, § 77 BetrVG Rn. 146; *Richardi*, § 77 BetrVG Rn. 299.

können den Abschluß von Beschränkungen abhängig machen, beispielsweise eine Einholung ihrer Zustimmung, Unterrichtung vor Abschluß der Vereinbarung oder Einhaltung der Ankündigungsfrist bei Einführung von Kurzarbeit[465] verlangen.

(2) Sozialplan. § 77 Abs. 3 BetrVG ist auf den Sozialplan nicht anzuwenden (§ 112 Abs. 1 Satz 4 BetrVG). Sozialpläne können auch dann abgeschlossen werden, wenn der Tarifvertrag eine Regelung enthält oder wenn eine Regelung tarifüblich ist. Vor allem Rationalisierungsschutzabkommen hindern also einen Sozialplan nicht. Im Verhältnis zwischen Tarifvertrag und Sozialplan gilt das Günstigkeitsprinzip[466]. 377

(3) Soziale Angelegenheiten. Nach der Rechtsprechung und einem Teil der Lehre[467] ist § 77 Abs. 3 BetrVG auch auf die in § 87 BetrVG geregelten sozialen Angelegenheiten nicht anwendbar. Auch § 87 BetrVG sei lex specialis (sog. Vorrangtheorie), eine Betriebsvereinbarung über die in § 77 Abs. 3 BetrVG genannten Arbeitsbedingungen nur ausgeschlossen, wenn eine abschließende und zwingende tarifliche Regelung bestehe (§ 87 Abs. 1 ES BetrVG). Dagegen vertritt die zumindest bis zur Entscheidung des Großen Senats[468] h.L.[469] die Ansicht, daß § 77 Abs. 3 BetrVG und § 87 BetrVG nebeneinander gelten (sog. Zwei-Schranken-Theorie). Eine Betriebsvereinbarung sei auch dann gesperrt, wenn eine Regelung nur tarifüblich sei. 378

Beispiel: Bestimmt der Tarifvertrag, daß die Arbeitnehmer nicht mehr als 8 Überstunden je Woche leisten dürfen, dann bleibt nach der Rechtsprechung ein ausfüllungsbedürftiger Regelungsspielraum, bei dessen Ausfüllung dem Betriebsrat ein erzwingbares Mitbestimmungsrecht zusteht (§ 87 Abs. 1 Nr. 3 BetrVG)[470]. Nach der Vorrangtheorie können die Betriebspartner diesen Spielraum durch eine Betriebsvereinbarung ausfüllen; nach der Zwei-Schranken-Theorie kommt nur eine Regelungsabrede in Betracht, die der Arbeitgeber individualrechtlich beachten und umsetzen muß.

Zur Begründung führt das BAG an, der Schutz der Arbeitnehmer sei nur durch eine Tarifregelung gewährleistet, die für den Arbeitgeber verbindlich sei. Fehle es daran, bleibe das Mitbestimmungsrecht des Betriebsrats bestehen, und da die Betriebsvereinbarung das 379

---

[465] BAG, Urt. v. 12.10.1994, AP Nr. 66 zu § 87 BetrVG 1972 Arbeitszeit.
[466] Allg. M., vgl. Richardi/*Annuß*, § 112 BetrVG Rn. 181 m.w.N.
[467] *Ehmann/Schmidt*, NZA 1995, 197; *Farthmann*, RdA 1974, 71; *Gast*, BB 1987, 1249; *Löwisch/Kaiser*, § 77 BetrVG Rn. 62; MünchArbR/*Matthes*, § 327 Rn. 70 f.; *Reuter*, SAE 1976, 17.
[468] BAG GS, Beschl. v. 3.12.1991, AP Nr. 51 zu § 87 BetrVG 1972 Lohngestaltung.
[469] *Hromadka*, DB 1987, 1994; *Konzen*, BB 1987, 1311; GK-BetrVG/*Kreutz*, § 77 BetrVG Rn. 139.
[470] BAG, Beschl. v. 18.4.1989, AP Nr. 18 zu § 87 BetrVG 1972 Tarifvorrang.

Mittel zur Regelung mitbestimmungspflichtiger Angelegenheiten sei, müsse auch sie ihm zur Verfügung stehen. Die Entscheidung widerspricht dem Willen des historischen Gesetzgebers, der sich schon darin äußert, daß § 77 Abs. 3 BetrVG unter „Allgemeines" steht und daß das BetrVG bei Sondertatbeständen nur eine Ausnahme kennt, nämlich den Sozialplan (§ 112 Abs. 1 BetrVG)[471]. Sie ergibt sich aber auch aus der ratio legis: § 77 Abs. 3 BetrVG dient durch den Schutz der Gewerkschaften dem Schutz der Tarifautonomie, § 87 BetrVG dem Schutz der Arbeitnehmer vor einer einseitig an den Bedürfnissen des Arbeitgebers ausgerichteten Gestaltung der Arbeitsbedingungen. Den Betriebsräten sollte unter den Voraussetzungen des § 77 Abs. 3 BetrVG die Betriebsvereinbarung als Mittel der Selbstdarstellung gegenüber den Gewerkschaften genommen werden, und zwar in der Fassung des BetrVG 1952 gerade bei Betriebsüblichkeit[472]. Schließlich ist es unrichtig anzunehmen, der Betriebsrat brauche unbedingt die Betriebsvereinbarung; er kann genausogut mit Hilfe von Regelungsabreden mitbestimmen[473]. Die Rechtsprechung ist aber inzwischen gefestigt, mit einer Änderung ist nicht zu rechnen.

380 hh) **Rechtsfolgen.** Betriebsvereinbarungen, die gegen § 77 Abs. 3 BetrVG verstoßen, sind per se und nicht erst auf dem Umweg über § 134 BGB unwirksam, weil den Betriebspartnern die Regelungsmacht fehlt („können nicht Gegenstand einer Betriebsvereinbarung sein"). Gleichgültig ist, ob sie günstigere oder ungün-stigere Bedingungen enthalten als der Tarifvertrag oder den Tarifinhalt nur wiederholen; gleichgültig ist auch, ob sie für organisierte oder für nicht organisierte Arbeitnehmer gelten sollen oder für beide[474]. Gleichgültig ist, ob die Betriebsvereinbarung oder der Tarifvertrag zuerst abgeschlossen wurde[475]. Folgt der Tarifvertrag der Betriebsvereinbarung nach, dann werden die in der Betriebsvereinbarung geregelten Arbeitsbedingungen durch die tariflichen abgelöst; die Arbeitnehmer verlieren gegebenenfalls bisherige günstigere Bedingungen. Eine Bezugnahme in einer Betriebsvereinbarung auf einen einschlägigen Tarifvertrag kann also nur klarstellende Funktion haben. Recht schaffen kann nur die Bezugnahme auf einen Tarifvertrag mit einem anderen Geltungsbereich[476].

381 Verstoßen nur einzelne Bestimmungen gegen einen Tarifvertrag, so bleibt die Betriebsvereinbarung entgegen § 139 BGB im übrigen wirksam, es sei denn, daß der nichtige Teil mit dem übrigen Teil in einem unlösbaren Zusammenhang steht

---

[471] Begr. RegE, BT-Drucks. VI/1786 S. 47.
[472] S. dazu *Hromadka*, DB 1987, 1991 ff.
[473] BAG, Beschl. v. 24.2.1987, AP Nr. 21 zu § 77 BetrVG 1972, dazu *Hromadka*, DB 1987, 1991 ff.
[474] BAG, Beschl. v. 13.8.1980, AP Nr. 2 zu § 77 BetrVG 1972.
[475] BAG, Beschl. v. 26.2.1986, AP Nr. 12 zu § 4 TVG Ordnungsprinzip.
[476] BAG, Urt. v. 9.7.1980, 10.11.1982, AP Nr. 7, 8 zu § 1 TVG Form; Beschl. v. 23.6.1992, AP Nr. 55 zu § 77 BetrVG 1972 m. Anm. *Wiedemann/Arnold*; *Richardi*, § 77 BetrVG Rn. 48.

und die Betriebsvereinbarung einen anderen Inhalt gewinnt[477]. Regelungsabreden und Vereinbarungen zwischen den Arbeitsvertragsparteien werden durch § 77 Abs. 3 BetrVG nicht berührt. Zur Umdeutung einer unwirksamen Betriebsvereinbarung s. unten Rn. 408 ff.

ii) Rechtspolitisches. § 77 Abs. 3 BetrVG ist die rechtspolitisch umstrittenste und zugleich die von der Praxis am häufigsten mißachtete Vorschrift des Betriebsverfassungsrechts. Die ratio der Vorschrift erschließt sich nicht jedem, ihre Notwendigkeit wird bestritten – es ist kein Fall bekannt geworden, daß eine Gewerkschaft oder die Gewerkschaftsbewegung insgesamt durch Betriebsvereinbarungen, die unter Verstoß gegen § 77 Abs. 3 BetrVG abgeschlossen wurden, Schaden genommen hätten –, das Ziel, Vorrang der Gewerkschaften vor den Betriebsräten zu sichern, wird nicht allgemein geteilt. Teilweise wird die Vorschrift sogar für gewohnheitsrechtlich derogiert[478] oder wegen Verstoßes gegen das Übermaßverbot für unwirksam gehalten[479]. Einen Kläger, der die Unwirksamkeit geltend machen würde, gibt es praktisch nicht.

382

Die Diskussion über § 77 Abs. 3 BetrVG (und über § 4 TVG) spitzte sich zu, als die übertariflichen Leistungen in der Anpassungskrise der 90er Jahre abgeschmolzen waren, eine Senkung des Tarifniveaus notwendig wurde, die Zustimmung der Gewerkschaften nicht in der erforderlichen Zeit und nicht im erforderlichen Umfang zu erreichen war und Betriebsräte aus der Kenntnis der betrieblichen Lage heraus sich bereit erklärten – zumeist gegen die Zusage der Sicherung von Arbeitsplätzen –, der Absenkung von Tarifleistungen zuzustimmen (sog. **Bündnisse für Arbeit**). Der 61. Deutsche Juristentag empfahl 1996: „Den Betriebsparteien sollte durch Novellierung des § 4 Abs. 3 TVG und des § 77 Abs. 3 BetrVG gestattet werden, in einer konkret festzustellenden Notsituation durch Betriebsvereinbarung tarifliche Leistungen vorübergehend herabzusetzen, wobei ein solcher Notfall nur anzunehmen ist, wenn das Unternehmen in seiner Existenz bedroht ist oder erhebliche Teile der Belegschaft ihren Arbeitsplatz zu verlieren drohen[480]." Der Gesetzgeber mochte sich mit dem Gedanken aber nicht anfreunden.

383

Entgegen dem Votum des 61. DJT und den Bedürfnissen der Praxis hat das BAG den bisherigen Rechtszustand noch zementiert[481]. Abweichend von eigenen früheren Entscheidungen erkennt es den Gewerkschaften einen Unterlassungsan-

383a

---

[477] Std. Rspr., vgl. nur BAG, Urt. v. 29.5.1964, AP Nr. 24 zu § 59 BetrVG; Urt. v. 20.12.1983, AP Nr. 17 zu § 112 BetrVG 1972.
[478] In diese Richtung *Ehmann/Schmidt*, NZA 1995, 193 (197).
[479] *Reuter,* RdA 1991, 193 (199 f.).
[480] Abgedr. in NZA 1996, 1277; vgl. dazu *Hromadka*, NZA 1996, 1233 ff.
[481] BAG, Beschl. v. 20.4.1999, NZA 1999, 887.

spruch gegen eine betriebliche Regelung zu, „die einheitlich wirken und an die Stelle der Tarifnorm treten soll". Letzteres sei nicht nur bei tarifnormwidrigen Betriebsvereinbarungen anzunehmen, sondern auch bei vertraglichen Einheitsregelungen, die auf einer Regelungsabrede beruhten und die – wie bei betrieblichen Bündnissen für Arbeit üblich – vom Betriebsrat unterstützt würden. Solche Regelungen verletzten das Recht auf koalitionsmäßige Betätigung nach Art. 9 Abs. 3 GG. Dieses Recht werde nicht erst dann beeinträchtigt, wenn eine Koalition daran gehindert werde, Tarifrecht zu schaffen, sondern auch durch Abreden und Maßnahmen, die darauf gerichtet sind, die Wirkung eines Tarifvertrags zu vereiteln oder leerlaufen zu lassen. Deshalb seien derartige Maßnahmen rechtswidrig und mit Rechtsbehelfen zu verhindern (§§ 1004, 823 BGB i.V.m. Art. 9 Abs. 3 GG).

383a   Die Entscheidung ist weitgehend auf Widerspruch gestoßen[482]: Ein Bedarf schafft noch kein Recht. Rechtssubjekte haben nur die Rechte, die der Gesetzgeber ihnen einräumt. Im Fall des § 77 Abs. 3 BetrVG hat sich der Gesetzgeber mit Nichtigkeit begnügt. Zwar ist anerkannt, daß das Recht auf koalitionsmäßige Betätigung ein Recht im Sinne des § 823 Abs. 1 BGB ist. Zu prüfen wäre aber gewesen, ob Art. 9 Abs. 3 GG verletzt ist. Hier hätte es eines Ausgleichs in praktischer Konkordanz mit der Berufsfreiheit nach Art. 12 GG bedurft. Fraglich ist auch, ob ein Bündnis für Arbeit als unerlaubte Handlung in Betracht kommt. Bei einem Firmentarifvertrag wäre eine betriebliche Vereinbarung über die Nichterfüllung tariflicher Ansprüche eine Vertragsverletzung; diese Vertragsverletzung soll bei einem Verbandstarifvertrag in ein Delikt umschlagen. Schließlich führt auch eine generelle Anerkennung des Betätigungsrechts der Koalitionen als absolutes Recht im Sinne des § 823 Abs. 1 BGB noch nicht dazu, daß jede einzelne Behinderung eine unerlaubte Handlung darstellt. Ein Recht der Koalitionen auf ungestörte Betätigung kann nichts anderes sein als ein Rahmenrecht, d.h. ein Bündel von Schutzpflichten unter einer einheitlichen Bezeichnung. Bei der Aufstellung von Schutzpflichten ist aber eine offene Interessenabwägung vorzunehmen, und es muß der persönliche Schutzbereich der Norm eröffnet sein[483].

f) Betriebsvereinbarung und Arbeitsvertrag

384   **aa) Grundsätze.** Im Verhältnis zum Arbeitsvertrag gilt das **Günstigkeitsprinzip**. Mit dieser Kollisionsregel ist das Verhältnis von Betriebsvereinbarung und Arbeitsvertrag aber nicht ausreichend erfaßt. Zu fragen ist auch, inwieweit die Betriebspartner Vereinbarungen über Arbeitsbedingungen treffen können, die nicht im Arbeitsvertrag geregelt sind, und inwieweit sie sonstige, dem Arbeitnehmer nachteilige Regelungen vereinbaren können. Das Günstigkeitsprinzip regelt nur ei-

---

[482] *Bepler*, AuA 1999, 558; *Buchner*, NZA 1999, 897; *Löwisch*, BB 1999, 2080; *Reuter*, SAE 1999, 262; *Richardi*, DB 2000, 42; *Rieble*, ZTR 1999, 483; *Thüsing*, DB 1999, 1552; *Trappehl/Lambrich*, NJW 1999, 3217; a. A. *Berg/Platow*, DB 1999, 2362; *Wohlfarth*, NZA 1999, 962.
[483] Zu Vorst. näher *Hromadka*, ZTR 2000, 253.

nen Ausschnitt aus einer umfassenderen Problematik: nämlich inwieweit die Betriebspartner in die Privatautonomie eingreifen, d.h. inwieweit sie zu Lasten des einzelnen Regelungen treffen und seine Freiheit zur Vereinbarung abweichender Regelungen beschneiden können:

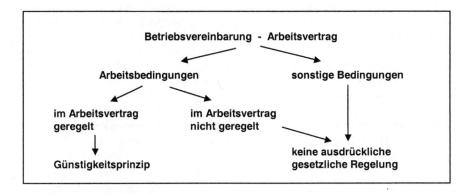

Rechtsprechung und h.L. verwenden ein anderes Einteilungsschema. Im Verhältnis **385** Kollektivvertrag/Arbeitsvertrag gehen sie ebenfalls vom Günstigkeitsprinzip aus; im übrigen untersagen sie den Betriebspartnern Eingriffe in die Privatsphäre[484] („kollektivfreie Individualsphäre") und rein belastende Vereinbarungen.

Diese Einteilung hat den Nachteil, daß sie das gestaltende Prinzip nicht erkennen läßt und deshalb in ihren Ergebnissen unsicher ist.

bb) Günstigkeitsprinzip. Günstigere Arbeitsvertragsbedingungen gehen den in **386** einer Betriebsvereinbarung geregelten Bedingungen vor[485]. Das gilt sowohl, wenn die Regelung in der Betriebsvereinbarung – wie zumeist – der arbeitsvertraglichen Regelung nachfolgt, als auch umgekehrt, wenn die Arbeitsvertragsparteien später von der Betriebsvereinbarung abweichen[486]. Gleichgültig ist, ob die Arbeitsbedin-

---

[484] *Fitting*, § 77 BetrVG Rn 55 ff.; *Richardi*, § 77 BetrVG Rn 96.
[485] BAG GS, Beschl. v. 16.9.1986, 7.11.1989, AP Nr. 17, 46 zu § 77 BetrVG 1972.
[486] BAG GS, Beschl. v. 16.9.1986, AP Nr. 17 zu § 77 BetrVG 1972.

gungen im einzelnen ausgehandelt sind oder ob es sich um Einheitsarbeitsbedingungen handelt[487], ob sie also individuell vereinbart wurden, ob ihnen ein Musterarbeitsvertrag zugrunde liegt oder ob sie auf einer Gesamtzusage oder auf einer betrieblichen Übung beruhen.

387 Bei **Einheitsarbeitsbedingungen** bringt das den Arbeitgeber in eine schwierige Situation. Er kann zwar ohne weiteres – die Arbeitnehmer begünstigende – Einheitsarbeitsbedingungen begründen, er kann sie aber, wenn er nicht einen Widerrufsvorbehalt vereinbart, kaum wieder ändern. Einen Änderungsvertrag abzuschließen wird nicht jeder Mitarbeiter bereit sein, und eine (Massen-) Änderungskündigung setzt voraus, daß ohne die Änderungen der Bestand des Unternehmens gefährdet ist oder zumindest Arbeitsplätze (in größerem Umfang) wegzufallen drohen; überdies sind Änderungskündigungen an einem individuellen Maßstab zu messen. Die Rechtsprechung hatte deshalb früher **ablösende (= verschlechternde) Betriebsvereinbarungen** zugelassen[488]. Das tertium comparationis war ihr die Kollektivität der Regelung. Seit der Entscheidung des Großen Senats vom 16.9.1986[489] stellt sie statt auf Kollektivität auf die Rechtsnatur des Vertrages ab und fragt, ob es sich um eine kollektivrechtliche oder um eine individualrechtliche Vereinbarung handelt.

	Individualarbeitsvertrag	Allgemeine Arbeitsbedingungen	Betriebsvereinbarung/ Sprechervereinbarung
Wirkung	individuell	kollektiv	kollektiv
Rechtsnatur	individualrechtlich	individualrechtlich	kollektivrechtlich

388 Um wenigstens in besonders krassen Fällen zu helfen – zu denken ist vor allem an die Umverteilungen, die das BAG unter dem Stichwort Gleichbehandlung von Angestellten auf Arbeiter, von Vollzeitbeschäftigten auf Teilzeitbeschäftigte usw. vorgenommen hat –, hat der Große Senat ein „**kollektives Günstigkeitsprinzip**" erfunden. Sozialleistungen, die für den Arbeitnehmer erkennbar einen sozialen Bezug hätten, könne der Arbeitgeber umstrukturieren, wenn die Summe, die er für Sozialleistungen ausgibt, insgesamt nicht geringer werde; durchzuführen sei in diesem Fall ein kollektiver Günstigkeitsvergleich[490]. Der Arbeitgeber kann danach z.B. eine Sozialleistung zugunsten einer anderen einschränken oder einstellen (Weihnachtsgeld → Altersversorgung) oder auf bestimmte Mitarbeitergruppen beschränkte Sozialleistungen auf andere ausdehnen (Angestellte → Arbeiter; ein Betrieb → alle Betriebe des Unternehmens).

389 Die „**umstrukturierende**" **Betriebsvereinbarung** ist der Sache nach eine ablösende Betriebsvereinbarung; der Arbeitnehmer verliert im Umfang der Umstrukturierung seinen

---

[487] BAG GS, Beschl. v. 16.9.1986, AP Nr. 17 zu § 77 BetrVG 1972.
[488] BAG, Urt. v. 30.10.1962, AP Nr. 1 zu § 4 TVG Ordnungsprinzip.
[489] BAG GS, Beschl. v. 16.9.1986, AP Nr. 17 zu § 77 BetrVG 1972.
[490] BAG GS, Beschl. v. 16.9.1986, AP Nr. 17 zu § 77 BetrVG 1972; Urt. v. 23.10.2001, NZA 2003, 986; zur Problematik *Hromadka*, NZA 1987, Beil. 3 S. 2 (4 ff.).

individualrechtlichen Anspruch. Der Unterschied zur klassischen ablösenden Betriebsvereinbarung besteht nur darin, daß er den Anspruch nicht zugunsten des Arbeitgebers, sondern zugunsten von Kollegen einbüßt. Gegen die umstrukturierende Betriebsvereinbarung sprechen deshalb alle Gründe, die gegen die ablösende Betriebsvereinbarung allgemein sprechen; das Günstigkeitsprinzip des Gesetzes ist kein kollektives, sondern ein individuelles. Dem Arbeitnehmer ist es gleichgültig, zu wessen Gunsten ihm Ansprüche genommen werden. Für den Arbeitgeber bringt die umstrukturierende Betriebsvereinbarung im übrigen keine Kostenentlastung und deshalb im Normalfall auch keinen Vorteil. In einigen Fällen hat die Rechtsprechung auf einem Umweg geholfen, nämlich indem sie arbeitsvertragliche Regelungen als „betriebsvereinbarungsoffen" angesehen hat. Sie hat vor allem bei einem Hinweis auf Einschaltung des Betriebsrats angenommen, daß die Arbeitsvertragsparteien die Möglichkeit einer Änderung von (Einheits-) Arbeitsbedingungen durch Betriebsvereinbarung stillschweigend vereinbart hätten[491].

Schließt der Arbeitgeber ohne Vorbehalt im Arbeitsvertrag mit dem Betriebsrat eine Vereinbarung über einzelvertraglich geregelte Fragen, dann ist bezüglich der Wirksamkeit dieser Betriebsvereinbarung zu unterscheiden: Beschränkt sie sich darauf, individualrechtlich zugesagte Leistungen zu verschlechtern, dann ist sie unwirksam. **390**

Beispiel: Die zugesagte Weihnachtsgratifikation in Höhe eines Monatsgehalts wird auf 50 % gekürzt.

Werden in ihr inhaltsgleiche Leistungen in voller oder in Teilhöhe zugesagt, dann tritt der Anspruch aus der Betriebsvereinbarung neben den aus dem Arbeitsvertrag. Rechtsprechung[492] und Lehre[493] sprechen (ungenau) davon, daß die arbeitsvertragliche Regelung verdrängt werde. Fällt die Betriebsvereinbarung aus irgendeinem Grund weg oder wird sie geändert, kann der Arbeitnehmer auf den Vertrag zurückgreifen. Ließe man die Umwandlung von Arbeitsvertragsbedingungen in Kollektivbedingungen zu, dann könnte der Arbeitgeber später die Betriebsvereinbarung kündigen (§ 77 Abs. 5 BetrVG) und auf diesem Umweg Individualarbeitsbedingungen verschlechtern oder beseitigen. **391**

cc) Kollektivfreier Individualbereich. Diesem Bereich werden im wesentlichen zwei Fallgruppen zugeordnet: Eingriffe in die Freiheit des einzelnen, insbesondere durch Begründung von Verpflichtungen, die nicht durch arbeitsvertragliche Notwendigkeiten gedeckt sind, und Eingriffe in arbeitsvertragliche Rechtspositionen. Zur ersten Gruppe zählen Entgeltverwendungsabreden[494], Vorschriften zur Gestal- **392**

---

[491] BAG, Urt. v. 12.8.1982, 3.11.1987, AP Nr. 4, 25 zu § 77 BetrVG 1972.
[492] BAG, Urt. v. 28.3.2000, NZA 2000, 49.
[493] *Fitting*, § 77 BetrVG Rn. 197; *Richardi*, § 77 BetrVG Rn. 159.
[494] BAG, Urt. v. 20.12.1957, AP Nr. 1 zu § 399 BGB; Urt. v. 11.7.2000, NZA 2001, 462.

tung der Freizeit (Verpflichtung zur Teilnahme an Betriebsausflügen oder Betriebsfeiern)[495] oder des Urlaubs[496], zur zweiten Erlaß verdienten Lohnes[497] oder Beseitigung der Unkündbarkeit[498]. In den letztgenannten Fällen geht es der Sache nach um das Verhältnis Betriebsvereinbarung/Arbeitsvertrag[499].

393 dd) Belastende Betriebsvereinbarungen. Betriebsvereinbarungen, die ausschließlich in einer Belastung des Arbeitnehmers zugunsten des Arbeitgebers bestehen, sollen unwirksam sein. Der Betriebsrat sei für derartige Regelungen nicht legitimiert. Als unzulässig angesehen hat das BAG deshalb den Ausschluß der Haftung für einen firmeneigenen Parkplatz[500], die Herabsetzung der Altersgrenze von 65 ½ auf 65 Jahre[501], eine Beteiligung der Arbeitnehmer an den Kosten für eine einheitliche Arbeitskleidung[502], als zulässig dagegen die Einführung von Kurzarbeit[503], Lohnabtretungsverboten[504], Ausschlußfristen[505], Vertragsstrafen[506] und Altersgrenzen.

394 Bei der Prüfung, ob eine belastende Regelung vorliegt, wird vielfach danach unterschieden, ob eine Frage im Arbeitsvertrag geregelt ist oder nicht[507]. Das ist nicht sachgerecht. Es kann keinem Arbeitnehmer einsichtig gemacht werden, daß die Altersgrenze nicht von 65½ auf 65 Jahre herabgesetzt werden darf, daß der Arbeitgeber aber eine Altersgrenze 65 durch Betriebsvereinbarung einführen kann, wenn die Arbeitsverträge keine Regelung enthalten[508]. Ohne Altersgrenze hat der Arbeitnehmer das Recht, solange zu arbeiten, bis der Arbeitgeber den Arbeitsvertrag aus einem der in § 1 KSchG genannten Gründen kündigen kann. Überdies kann auch eine – scheinbare – Nichtregelung eine – stillschweigende – Regelung sein. Hilfreich ist auch nicht die Unterscheidung zwischen Betriebsvereinbarungen, die nur belastende, und solchen, die auch belastende Regelungen enthalten. Hätte der Ar-

---

[495] BAG, Urt. v. 4.12.1970, AP Nr. 5 zu § 7 BUrlG.
[496] GK-BetrVG/*Kreutz*, § 77 BetrVG Rn. 308; *Richardi*, § 77 BetrVG Rn. 104.
[497] LAG Baden-Württemberg, Urt. v. 27.4.1977, BB 1977, 996.
[498] BAG, Urt. v. 1.2.1962, AP Nr. 11 zu § 4 TVG Günstigkeitsprinzip für den Tarifvertrag.
[499] *Von Hoyningen-Huene*, Betriebsverfassungsrecht, § 11 III 5 d.
[500] BAG, Urt. v. 5.3.1959, AP Nr. 26 zu § 611 BGB Fürsorgepflicht.
[501] BAG GS, Beschl. v. 7.11.1989, AP Nr. 46 zu § 77 BetrVG 1972.
[502] BAG, Urt. v. 1.12.1992, AP Nr. 20 zu § 87 BetrVG 1972 Ordnung des Betriebes.
[503] BAG, Urt. v. 15.12.1961, 14.2.1991, AP Nr. 1, 4 zu § 615 BGB Kurzarbeit.
[504] BAG, Urt. v. 20.12.1957, 5.9.1960, AP Nr. 1, 4 zu § 399 BGB; einschränkend BAG, Urt. v. 26.1.1966, AP Nr. 8 zu § 399 BGB.
[505] BAG, Urt. v. 9.4.1991, AP Nr. 1 zu § 77 BetrVG 1972 Tarifvorbehalt.
[506] BAG, Urt. v. 6.8.1991, AP Nr. 52 zu § 77 BetrVG 1972.
[507] So z.B. *Blomeyer*, NZA 1996, 337 (340 ff.); *Waltermann*, NZA 1996, 357 (362 f.).
[508] S. einerseits BAG GS, Beschl. v. 7.11.1989, AP Nr. 46 zu § 77 BetrVG 1972 und andererseits BAG, Urt. v. 6.3.1986, 20.11.1987 12.2.1992, AP Nr. 1, 2, 5 zu § 620 BGB Altersgrenze.

beitgeber im Parkplatzfall die Rechtsprechung des 8. Senats gekannt, dann hätte er sie ohne weiteres unterlaufen können. Statt in § 1 zu schreiben: „Die Haftung ... wird ausgeschlossen", hätte er nur zu sagen brauchen: § 1 „Die Firma stellt ihren Mitarbeitern kostenlos einen Parkplatz zur Verfügung. § 2 Die Haftung ... wird ausgeschlossen". Im übrigen muß der Arbeitgeber eine Leistung gewähren können, die mit einer ungünstigen Regelung belastet ist. Eine Sonderleistung muß mit einer Verfallklausel versehen werden können, das Zurverfügungstellen eines Parkplatzes mit einer Haftungsbeschränkung. Der Arbeitnehmer erhält von vornherein nur einen mit einer Last versehenen Vorteil. Den mag er insgesamt annehmen oder nicht; die Rosinen kann er sich nicht herauspicken.

ee) Stellungnahme. Mit der neueren Lehre[509] ist davon auszugehen, daß dem Betriebsrat die Legitimation fehlt, dem einzelnen nachteilige Regelungen zu vereinbaren. Im Gegensatz zur Gewerkschaft ist der Betriebsrat nicht durch den Beitritt legitimiert. Der Abschluß des Arbeitsvertrags bedeutet nicht gleichzeitig eine Anerkennung der Rechtsetzungsmacht des Betriebsrats. Auch das Wahlrecht ändert an der fehlenden Legitimation nichts. Mit der Wahl entscheidet der Arbeitnehmer lediglich über die Zusammensetzung des Betriebsrats mit, nicht über seine Existenz; im übrigen ist der Betriebsrat nicht an das Votum der Wähler gebunden. Das BetrVG ist auch keine generelle Grundlage für Eingriffe in die Rechtsstellung der Arbeitnehmer. Mitbestimmung soll überschießende tatsächliche und rechtliche Gestaltungsfreiheit des Arbeitgebers bändigen; sie soll ihm aber keine Rechte einräumen, die er nicht bereits hat. An eine gewohnheitsrechtliche Begründung von Rechtsetzungsbefugnis kann man allenfalls bei der Einführung von Kurzarbeit denken; selbst das ist angesichts der kritischen Stimmen fraglich. Damit sind dem Arbeitnehmer nachteilige Regelungen durch Betriebsvereinbarung grundsätzlich ausgeschlossen, gleichgültig, ob die Frage im Arbeitsvertrag geregelt ist oder nicht, und gleichgültig, ob sie überhaupt im Arbeitsvertrag geregelt werden kann.

395

Zulässig sind Betriebsvereinbarungen[510], wenn sie
- **für den Arbeitnehmer günstigere Regelungen** enthalten als der Arbeitsvertrag[511] – die Praxis macht von dieser Möglichkeit vor allem Gebrauch bei betrieblichen Sozialleistungen – oder zwar
- **für den Arbeitnehmer belastend sind,**
    - der Arbeitgeber die Regelung aber auch individualrechtlich treffen könnte, d.h., wenn er ein **Leistungsbestimmungsrecht** hat[512]. Auf dem Weisungs-

396

---

[509] V. a. *H. Hanau*, Individualautonomie und Mitbestimmung in sozialen Angelegenheiten, 1994, S. 61 f.; *Kreutz*, Grenzen der Betriebsautonomie, 1979, S. 66 ff.; *Richardi*, § 77 BetrVG Rn. 65; *Waltermann*, Rechtsetzung durch Betriebsvereinbarung, 1996, S. 91 f.
[510] Zum folgenden *Hromadka*, NZA 1996, 1234 ff.
[511] BAG GS, Beschl. v. 7.11.1989, AP Nr. 46 zu § 77 BetrVG; *Fitting*, § 88 BetrVG Rn 8.

recht beruhen vor allem die Arbeitsordnungen, soweit sie Fragen der Ordnung des Betriebs, des Verhaltens der Arbeitnehmer im Betrieb, der Lage der Arbeitszeit usw. regeln, sowie Betriebsvereinbarungen zu einzelnen Ordnungsfragen, wie zur Gleitzeit oder zu Kontrollen, auf einem sonstigen Leistungsbestimmungsrecht (Änderungsvorbehalt), beispielsweise Betriebsvereinbarungen zur Umgestaltung arbeitsvertraglich vereinbarter Gratifikationsregelungen.

- eine arbeitsvertragliche Einheitsregelung **betriebsvereinbarungsoffen** ist, d.h. wenn der Arbeitgeber sich in Allgemeinen Arbeitsbedingungen eine abweichende Regelung durch Betriebsvereinbarung vorbehalten hat[513]. Das kann auch stillschweigend geschehen und wird bei Gesamtzusagen und betrieblichen Übungen nicht selten anzunehmen sein; die Rechtsprechung ist eher großzügig.
- die **ungünstigere Regelung** lediglich **Teil einer begünstigenden Regelung** ist[514]: etwa wenn eine Sozialleistung mit einer Verfallklausel versehen wird oder – im Parkplatzfall – das Zurverfügungstellen eines Parkplatzes mit einer Haftungsbeschränkung. Der Arbeitnehmer erhält von vornherein nur einen mit einer Last versehenen Vorteil.

397 Bezüglich der Günstigkeit gelten dieselben Grundsätze wie für Tarifverträge. Bei formellen Arbeitsbedingungen, bei denen es häufig kein Besser oder Schlechter gibt (z.B. Arbeitsbeginn 7.00 Uhr oder 7.30 Uhr), wird man eine günstigere Regelung bereits dann anzunehmen haben, wenn der Arbeitnehmer für seinen Wunsch auf Abweichung einen Sachgrund hat (z.B. günstigere Zugverbindung)[515]. Die Lehre vom kollektiven Günstigkeitsvergleich bedeutet einen Eingriff in die Privatautonomie, der keine Stütze im Gesetz findet; sie ist deshalb abzulehnen.

---

[512] *Käppler*, FS Kissel, 1994, S. 475 (481 f.); *Söllner*, Einseitige Leistungsbestimmung im Arbeitsrecht, 1966, S. 117 f.; *ders.*, in: Hromadka (Hg.), Änderung von Arbeitsbedingungen, 1990, S. 27; *Walker*, FS Kissel, 1994, S. 1205 (1215); *Weitnauer*, FS Duden, 1977, S. 705 (708).

[513] BAG GS, Beschl. v. 16.9.1986, AP Nr. 17 zu § 77 BetrVG 1972; Urt. v. 3.11.1987, AP Nr. 25 zu § 77 BetrVG 1972; Beschl. v. 20.11.1987, AP Nr. 2 zu § 620 BGB Altersgrenze.

[514] So die h.L., *Fitting*, § 77 BetrVG Rn. 66; *Galperin/Löwisch*, § 77 BetrVG Rn. 47; GK-BetrVG/*Kreutz*, § 77 Rn. 249; *Hess/Schlochauer/Glaubitz*, § 77 BetrVG Rn. 40; *Richardi*, § 77 BetrVG Rn 112; a. A. BAG, Urt. v. 5.3.1959 AP Nr. 26 zu § 611 BGB Fürsorgepflicht.

[515] *Zöllner/Loritz*, Arbeitsrecht, § 46 II 3.

g) Auslegung und Vertragskontrolle

aa) Auslegung. Zu unterscheiden ist zwischen dem normativen und dem schuldrechtlichen Teil der Betriebsvereinbarung. Für die obligatorischen Regelungen gelten die Grundsätze über die Auslegung von Rechtsgeschäften, für die normativen die für Tarifverträge[516]. Im ersten Fall ist aus der Gesamtheit des Verhaltens der wirkliche Wille der Betriebspartner zu erforschen, im zweiten ist der objektive Inhalt aus der Sicht der Normunterworfenen zu ermitteln[517]. **398**

bb) Vertragskontrolle. Die Rechtsprechung hat Betriebsvereinbarungen unter Berufung auf § 75 Abs. 1 BetrVG einer „abstrakten" und „konkreten" Billigkeitskontrolle unterzogen. Sie hat geprüft, ob die Vereinbarung insgesamt die Interessen des Arbeitgebers und der Belegschaft angemessen gegeneinander abwogen hat und ob sie nicht im Einzelfall unbillige Wirkungen entfaltet hat, die nach dem Regelungsplan nicht beabsichtigt sein konnten[518]. Neuerdings hat das BAG von einer Rechtskontrolle am Maßstab von Treu und Glauben gesprochen[519]; besonders im Zusammenhang mit Altersversorgungsregelungen stellt das Gericht auf die Grundsätze der Verhältnismäßigkeit und des Vertrauensschutzes ab[520]. **399**

Eine **Angemessenheitskontrolle** der Betriebsvereinbarung, die mit der abstrakten Billigkeitskontrolle gemeint ist, kommt nach der Schuldrechtsreform nicht mehr in Betracht (§ 310 Abs. 4 Satz 1 BGB). In der Tat braucht der Betriebsrat nur „nein" zu sagen, wenn er eine Vereinbarung für nachteilig hält, und von einer strukturellen Unterlegenheit gegenüber dem Arbeitgeber kann keine Rede sein. Allerdings können die Betriebspartner auch in Zukunft nicht in bereits entstandene Ansprüche eingreifen; für bedingte Ansprüche gilt Vertrauensschutz[521]. **400**

h) Rechtswirkungen

Betriebsvereinbarungen gelten unmittelbar und zwingend (§ 77 Abs. 4 Satz 1 BetrVG). **401**

---

[516] *V. Hoyningen-Huene*, Betriebsverfassungsrecht, § 11 III 6.
[517] *Richardi*, § 77 BetrVG Rn. 116.
[518] BAG, Urt. v. 30.1.1970, AP Nr. 142 zu § 242 BGB Ruhegehalt; Beschl. v. 8.12.1981, AP Nr. 1 zu § 1 BetrAVG Ablösung; Urt. v. 8.12.1981, AP Nr. 1 zu § 1 BetrAVG Unterstützungskassen.
[519] BAG, Urt. v. 26.10.1994, AP Nr. 18 zu § 611 BGB Anwesenheitsprämie.
[520] BAG, Urt. v. 21.1.1992, AP Nr. 24 zu § 1 BetrAVG Ablösung.
[521] *Richardi*, § 77 BetrVG Rn. 121 ff.

402 **aa) Unmittelbar heißt:** ohne daß das im Arbeitsvertrag vereinbart werden müßte, und selbst dann, wenn etwas anderes vereinbart ist[522]. Nicht einmal Kenntnis des Arbeitnehmers ist erforderlich. Betriebsvereinbarungen haben also wie Tarifverträge die Wirkung (materieller) Gesetze, sie sind Normenverträge[523]. Allerdings gilt das nur, soweit die Betriebspartner eine unmittelbare Wirkung wollen. Der Wille der Betriebspartner steckt den normativen Teil der Betriebsvereinbarung ab. Die unmittelbare Wirkung muß nicht immer in der Begründung von Ansprüchen für einzelne Arbeitnehmer bestehen. Betriebsnormen verpflichten den Arbeitgeber gegenüber der Belegschaft z.b. zum Betrieb einer Kantine oder zur Errichtung eines Parkplatzes, betriebsverfassungsrechtliche Normen gestalten die Betriebsverfassung[524].

403 **bb) Zwingend bedeutet:** Abweichende einzelvertragliche Abmachungen sind unwirksam. Von diesem Grundsatz gelten wie im Tarifrecht zwei Ausnahmen: Günstigere arbeitsvertragliche Abreden sind immer zulässig[525]. Auch im Betriebsverfassungsrecht gilt also das Günstigkeitsprinzip, die Betriebsvereinbarung ist nur einseitig zwingend. Der Gesetzgeber hat es seinerzeit nicht für nötig gehalten, das Günstigkeitsprinzip eigens zu regeln (anders im SprAuG: § 28 Abs. 2 Satz 2). Und den Betriebsparteien steht es frei, abweichende Abmachungen zu gestatten. Sie können Öffnungsklauseln vereinbaren, d.h. eine Regelung dispositiv gestalten.

i) Verzicht, Verwirkung, Ausschlußfrist und Verjährung

404 **aa) Ein Verzicht** auf Rechte aus einer Betriebsvereinbarung ist nur mit Zustimmung des Betriebsrats zulässig (§ 77 Abs. 4 Satz 2 BetrVG); das gilt auch, wenn er in einer Ausgleichsquittung oder in einem Vergleich erklärt wird[526]. Der Verzicht auf einen Anspruch erfolgt durch Erlaßvertrag (§ 397 Abs. 1 BGB) oder negatives Schuldanerkenntnis (§ 397 Abs. 2 BGB); eine einseitige Erklärung genügt nicht. Die Zustimmung des Betriebsrats kann formlos erteilt werden[527], setzt aber einen ordnungsgemäßen Beschluß voraus (vgl. § 33 BetrVG). Keiner Zustimmung bedarf ein Vergleich über die tatsächlichen Voraussetzungen eines Anspruchs **(sog. Tatsachenvergleich)**, z. B. über die Anzahl von Überstunden.

---

[522] BAG GS, Beschl. v. 7.11.1989, AP Nr. 46 zu § 77 BetrVG 1972.
[523] GK-BetrVG/*Kreutz*, § 77 BetrVG Rn. 168.
[524] *Zöllner/Loritz*, Arbeitsrecht, § 35 II, III und § 36 II 3, 4.
[525] Für Betriebsvereinbarungen: BAG GS, Beschl. v. 16.9.1986, AP Nr. 17 zu § 77 BetrVG 1972; für Sprechervereinbarungen: § 28 Abs. 2 Satz 2 SprAuG.
[526] GK-BetrVG/*Kreutz*, § 77 BetrVG Rn. 276, 278.
[527] BAG, Urt. v. 3.6.1997, AP Nr. 69 zu § 77 BetrVG 1972.

bb) Die Verwirkung von Rechten aus einer Betriebsvereinbarung ist ausgeschlossen (§ 77 Abs. 4 Satz 3 BetrVG). Anders als nach § 4 Abs. 4 Satz 2 TVG gilt das allerdings nur für Rechte der Arbeitnehmer. **Ausschlußfristen** für ihre Geltendmachung sind nur zulässig, wenn sie in einem Tarifvertrag oder in einer Betriebsvereinbarung vereinbart werden; dasselbe gilt für die Abkürzung von **Verjährungsfristen** (§ 77 Abs. 4 Satz 4 BetrVG). Ob tarifliche Ausschlußfristen auch für Betriebsvereinbarungen gelten, ist durch Auslegung zu ermitteln[528]. Durch Betriebsvereinbarung können keine Ausschlußfristen für gesetzliche, tarifliche und einzelvertragliche Ansprüche vereinbart werden[529].

405

j) Beendigung

Die Betriebsvereinbarung endet durch

406

- **Fristablauf oder Zweckerreichung** (z.B. Beendigung der Kurzarbeit).
- **ordentliche oder außerordentliche Kündigung.** Ist nichts anderes vereinbart, kann eine Betriebsvereinbarung mit einer Frist von drei Monaten gekündigt werden (§ 77 Abs. 5 BetrVG). Die Kündigungsfrist kann verkürzt, verlängert oder um einen Termin ergänzt werden. Zulässig ist es auch, die Kündigung auszuschließen[530]; das kann konkludent geschehen[531] und ist anzunehmen, wenn die Vereinbarung einen konkreten einmaligen Sachverhalt regelt[532] (Sozialplan für eine bestimmte Betriebsänderung, Gratifikation aus einem bestimmten Anlaß). Die Kündigung bedarf keines sachlichen Grundes[533]. Nach dem klaren Wortlaut des Gesetzes ist es hinzunehmen, daß es im Betriebsverfassungsrecht keinen Kündigungsschutz gibt[534]. Außerordentlich gekündigt werden kann jede Betriebsvereinbarung, wenn ein wichtiger Grund vorliegt[535].
- **Wegfall der Geschäftsgrundlage** (z.B. Sozialplan wegen beabsichtigter Betriebsstillegung, dann aber Betriebsübernahme)[536]. Erforderlich ist hier eine

---

[528] BAG, Urt. v. 3.4.1990, EzA § 4 TVG Ausschlußfristen Nr. 94.
[529] Str.; wie hier *Fitting*, § 77 BetrVG Rn. 139; *Richardi*, § 77 BetrVG Rn. 189; a.A. BAG, Urt. v. 9.4.1991, AP Nr. 1 zu § 77 BetrVG Tarifvorbehalt.
[530] BAG, Beschl. v. 10.3.1992, AP Nr. 5 zu § 1 BetrAVG Betriebsvereinbarung.
[531] BAG, Beschl. v. 17.1.1995, AP Nr. 7 zu § 77 BetrVG 1972 Nachwirkung.
[532] BAG, Beschl. v. 10.8.1994, AP Nr. 86 zu § 112 BetrVG 1972.
[533] BAG, Urt. v. 18.4.1989, AP Nr. 2 zu § 1 BetrAVG; Urt. v. 26.4.1990, AP Nr. 4 zu § 77 BetrVG 1972 Nachwirkung; Beschl. v. 10.3.1992, AP Nr. 5 zu § 1 BetrAVG; a. A. *Hanau/Preis*, NZA 1991, 81; *Schaub*, BB 1990, 289.
[534] BAG, Beschl. v. 10.3.1992, AP Nr. 5 zu § 1 BetrAVG; Urt. v. 17.1.1995, AP Nr. 7 zu § 77 BetrVG 1972 Nachwirkung.
[535] BAG, Urt. v. 19.7.1957, AP Nr. 1 zu § 52 BetrVG; Urt. v. 29.5.1964, AP Nr. 24 zu § 59 BetrVG.
[536] BAG Urt. v. 28.8.1996, AP Nr. 104 zu § 113 BetrVG 1972.

"Lossagung", was einer außerordentlichen Kündigung im Ergebnis gleichkommt.
- **Aufhebungsvertrag.** Die herrschende Lehre verlangt Schriftform[537]. Das ist angesichts der Möglichkeit einer formlosen Kündigung nicht zwingend. Nach der Rechtsprechung soll eine Betriebsvereinbarung auch nicht durch eine Regelungsabrede aufgehoben werden können[538].
- **Inkrafttreten einer anderen Betriebsvereinbarung** über denselben Gegenstand[539].
- **endgültigen Wegfall des Betriebsrats**[540] oder **Verlust der Betriebsratsfähigkeit**[541]. Dagegen endet die Betriebsvereinbarung nicht bei einem Betriebsübergang, wenn die Identität des Betriebs gewahrt bleibt[542]; verliert er seine Identität, so werden die Rechte und Pflichten aus der Betriebsvereinbarung Inhalt des Arbeitsvertrags zwischen Arbeitnehmer und Erwerber (§ 613a Abs. 1 Satz 2 BGB).
- **Stillegung des Betriebs,** sofern die Vereinbarung nicht gerade für diesen Fall gedacht ist (Sozialplan, Altersversorgung)[543].

k) Nachwirkung

407 Betriebsvereinbarungen über Angelegenheiten, die nicht der Mitbestimmung unterliegen, wirken nicht nach. Eine Analogie zu § 4 Abs. 5 TVG kommt nicht in Betracht, weil keine Gefahr besteht, daß die Arbeitsverträge beim Wegfall inhaltsleer werden[544]. Die Betriebsparteien können eine Nachwirkung vereinbaren. Dafür gelten dann dieselben Grundsätze wie für die gesetzliche Nachwirkung, d.h. die Vereinbarung kann nur durch eine neue Vereinbarung oder durch Entscheidung der Einigungsstelle geändert oder aufgehoben werden[545]. Betriebsvereinbarungen in

---

[537] *Fitting*, § 77 BetrVG Rn. 143 m.w.N.
[538] BAG, Urt. v. 23.10.1985, AP Nr. 13 zu § 77 BetrVG.
[539] BAG, Beschl. v. 10.8.1994, AP Nr. 86 zu § 112 BetrVG 1972.
[540] *D. Gaul*, NZA 1986, 628 (631); a.A. *Fitting*, § 77 BetrVG Rn. 175; GK-BetrVG/*Kreutz*, § 77 BetrVG Rn. 383; *Richardi*, § 77 BetrVG Rn. 213.
[541] A.A. *Fitting*, § 77 BetrVG Rn. 175; GK-BetrVG/*Kreutz*, § 77 BetrVG Rn. 383; differenzierend *Richardi*, § 77 BetrVG Rn. 213.
[542] BAG, Beschl. v. 18.9.2002, NZA 2003, 670, hier auch zur Rechtslage bei Gesamtbetriebsvereinbarungen.
[543] BAG, Urt. v. 24.3.1981, AP Nr. 12 zu § 112 BetrVG 1972. Im Falle eines Betriebsübergangs werden Rechte und Pflichten, die in einer Betriebsvereinbarung geregelt sind, Bestandteil des Arbeitsvertrags (§ 613a Abs. 1 Satz 2 BGB, s. ausführlich § 19 Rn. 101 ff.)
[544] *Fitting*, § 77 BetrVG Rn. 177.
[545] *Fitting*, § 77 BetrVG Rn. 187.

mitbestimmungspflichtigen Angelegenheiten, gleichgültig ob durch Vereinbarung zwischen Arbeitgeber und Betriebsrat oder durch Spruch der Einigungsstelle begründet, gelten weiter, bis sie durch eine andere Abmachung ersetzt werden (§ 77 Abs. 6 BetrVG). Enthält eine Vereinbarung Regelungen sowohl über mitbestimmungspflichtige als auch über andere Angelegenheiten, so wirken die Bestimmungen über mitbestimmungspflichtige Angelegenheiten nach, sofern sie eine aus sich heraus handhabbare Regelung enthalten[546]. Regelt eine Betriebsvereinbarung eine Angelegenheit, bei der das Ob mitbestimmungspflichtig, das Wie aber mitbestimmungsfrei ist (sog. teilmitbestimmte Betriebsvereinbarung), dann gibt es keine Nachwirkung, wenn der Arbeitgeber die Vereinbarung insgesamt kündigt[547]. Dasselbe gilt, wenn der Arbeitgeber den mitbestimmungsfreien Teil verändert und den mitbestimmungspflichtigen unverändert läßt, wenn also beispielsweise eine freiwillige Leistung gekürzt und der Verteilungsplan beibehalten wird. Eine Änderung des mitbestimmungspflichtigen Teils hat grundsätzlich die Nachwirkung zur Folge[548].

l) Umdeutung einer nichtigen Betriebsvereinbarung

aa) Voraussetzungen. Eine unwirksame Betriebsvereinbarung kann als schuldrechtlicher Vertrag bei Nichtigkeit grundsätzlich nach § 140 BGB in ein anderes Rechtsgeschäft umgedeutet werden[549]. Tatsächlich kommt eine Umdeutung aber in den seltensten Fällen in Betracht. § 140 BGB setzt voraus, daß das nichtige Rechtsgeschäft den Erfordernissen eines anderen entspricht und daß die Parteien bei Kenntnis der Nichtigkeit dessen Geltung gewollt hätten. **408**

bb) Umdeutung in eine Regelungsabrede. An dem ersten Erfordernis scheitert nach h.M. die Umdeutung in eine Regelungsabrede. Die Betriebsvereinbarung gewährt den Arbeitnehmern Ansprüche, die Regelungsabrede ist auf ein bestimmtes Verhalten des Arbeitgebers gerichtet[550]. Anders sieht es aus, wenn man eine Regelungsabrede zugunsten Dritter für zulässig hält (s. unten Rn. 415)[551]. Allerdings führt auch das in den zwei wichtigsten Fällen nicht weiter. Für eine Regelungsabrede, die Arbeitnehmern Ansprüche gewährt, wird man im Interesse der Rechts- **409**

---

[546] BAG, Beschl. v. 30.10.1979, AP Nr. 9 zu § 112 BetrVG 1972.
[547] BAG, Beschl. v. 21.8.1990, AP Nr. 5 zu § 77 BetrVG 1972 Nachwirkung.
[548] BAG, Urt. v. 26.10.1993, AP Nr. 6 zu § 77 BetrVG 1972 Nachwirkung.
[549] BAG, Urt. v. 23.8.1989, AP Nr. 42 zu § 77 BetrVG 1972 m. Anm. *Hromadka*.
[550] BAG, Urt. v. 24.1.1996, AP Nr. 8 zu § 77 BetrVG 1972 Tarifvorbehalt; *Fitting*, § 77 BetrVG Rn. 104; GK-BetrVG/*Kreutz*, § 77 Rn. 30.
[551] So *Birk*, ZfA 1986, 73 (107); für den „Koalitionsvertrag" im Tarifrecht vgl. auch BAG, Urt.v. 5.11.1997, NZA 1998, 654.

klarheit Schriftform verlangen müssen[552]; die Umdeutung einer Betriebsvereinbarung, die der Schriftform ermangelt, kommt also nicht in Frage. Ausgeschlossen ist erst recht die Umdeutung einer Betriebsvereinbarung, die gegen § 77 Abs. 3 BetrVG verstößt; damit würde § 77 Abs. 3 BetrVG umgangen.

410 **cc) Eine Umdeutung in einen bürgerlich-rechtlichen Vertrag zugunsten Dritter** scheitert schon daran, daß der Betriebsrat im Zweifel als Organ der Betriebsverfassung tätig wird[553]. Deshalb kann man im Normalfall auch nicht annehmen, daß der Betriebsrat als Vertreter der Arbeitnehmer handele[554]. Eine Vertretung und als weitere Möglichkeit eine Gesamtzusage scheiden (auch) deshalb aus, weil der Vertragspartner ein anderer ist. Überdies kann man in aller Regel nicht davon ausgehen, daß der Arbeitgeber eine arbeitsvertragliche Vereinbarung abschließen wollte. Eine Betriebsvereinbarung ist mit einer Frist von drei Monaten kündbar, ohne daß es eines sachlichen Grundes bedarf; eine Änderungskündigung müßte dagegen sozial gerechtfertigt sein (§ 2 KSchG). Ausnahmsweise kommt nach Ansicht des BAG eine Umdeutung in eine individualrechtliche Abmachung in Frage, wenn in der nichtigen Betriebsvereinbarung die ordentliche Kündigung ausgeschlossen ist oder wenn sie einen einmaligen konkreten Sachverhalt regelt, für den eine ordentliche Kündigung aus Sachgründen ausscheidet[555].

411 **dd) Ein arbeitsvertraglicher Anspruch** entsteht schließlich auch nicht durch Erfüllung einer nichtigen Betriebsvereinbarung. Aus dem Verhalten des Arbeitgebers können die Arbeitnehmer nicht schließen, daß der Arbeitgeber sich arbeitsvertraglich binden, sondern nur, daß er seine Verpflichtungen aus der Betriebsvereinbarung erfüllen will[556]. Anders ist es, wenn der Arbeitgeber, für die Arbeitnehmer erkennbar, um die Nichtigkeit der Betriebsvereinbarung weiß[557]. Hier kann ein Anspruch aus betrieblicher Übung entstehen[558]. Da die Arbeitnehmer aber nicht damit rechnen können, daß der Arbeitgeber sich stärker binden will als in einer Betriebsvereinbarung, steht der Anspruch aus betrieblicher Übung unter einem Widerrufsvorbehalt des Arbeitgebers, der wegen des kollektiven Charakters der Vereinbarung aus sachlichem Grund ohne Berücksichtigung der Besonderheiten des Einzelfalles unter Einhaltung einer Frist von drei Monaten ausgeübt werden kann[559].

---

[552] *Hanau*, RdA 1989, 207 (209).
[553] GK-BetrVG/*Kreutz*, § 77 Rn. 47; *Zöllner/Loritz*, Arbeitsrecht, § 46 II 9.
[554] *Fitting*, § 77 BetrVG Rn. 105.
[555] BAG, Urt. v. 23.8.1989, AP Nr. 42 zu § 77 BetrVG 1972 m. Anm. *Hromadka*.
[556] BAG, Urt. v. 29.5.1964, AP Nr. 24 zu § 59 BetrVG.
[557] BAG, Urt. v. 24.1.1996, AP Nr. 8 zu § 77 BetrVG 1972 Tarifvorbehalt.
[558] BAG, Urt. v. 13.8.1980, 23.8.1989, AP Nr. 2, 42 zu § 77 BetrVG 1972.
[559] BAG, Urt. v. 24.1.1996, AP Nr. 8 zu § 77 BetrVG 1972 Tarifvorbehalt.

m) Streitigkeiten

aa) Einigungsstelle. Können Arbeitgeber und Arbeitnehmer sich über eine mitbestimmungspflichtige Angelegenheit nicht einigen, dann entscheidet die Einigungsstelle. Der Spruch der Einigungsstelle ersetzt ihre Einigung, d.h. es kommt, soweit eine Regelung durch Betriebsvereinbarung notwendig ist, gegen den Willen von Arbeitgeber und Betriebsrat zu einer Betriebsvereinbarung[560].   **412**

bb) Arbeitsgericht. Das Arbeitsgericht entscheidet im Beschlußverfahren (§ 2a Abs. 1 Nr. 1 ArbGG) über die Frage, ob eine Betriebsvereinbarung wirksam zustande gekommen ist und, wenn ja, welchen Inhalt sie hat. Antragsbefugt sind Arbeitgeber und Betriebsrat, nicht die Gewerkschaften[561]. Der Betriebsrat kann den Arbeitgeber auf Durchführung einer wirksamen Betriebsvereinbarung verklagen, beispielsweise verlangen, daß er Leistungen nach § 40 BetrVG erbringt oder betriebsvereinbarungswidrige Maßnahmen unterläßt[562]. Eine zwischen den Betriebspartnern ergangene rechtskräftige Entscheidung über den Inhalt einer Betriebsvereinbarung wirkt auch gegenüber den Arbeitnehmern[563]. Der Betriebsrat kann aber nicht verlangen, daß der Arbeitgeber Ansprüche von Arbeitnehmern aus Betriebsvereinbarungen erfüllt[564].   **413**

3. Regelungsabrede

a) Begriff

Unter Regelungsabrede (= betriebliche Einigung oder Betriebsabsprache) verstehen Rechtsprechung und Lehre zwei weitere Arten von Rechtsgeschäften zwischen Betriebsrat und Arbeitgeber: (schuldrechtliche) Vereinbarungen ohne normative Wirkung und die Zustimmung des Betriebsrats zu Rechtsgeschäften und tatsächlichen Maßnahmen des Arbeitgebers[565]. Zwischen beiden wird im allgemeinen nicht unterschieden. In der Tat führen sie zum selben Ergebnis. Die rechtliche Konstruktion ist aber unterschiedlich: **414**

---

[560] BAG, Beschl. v. 30.10.1979, AP Nr. 9 zu § 112 BetrVG 1972.
[561] BAG, Beschl. v. 18.8.1987, AP Nr. 6 zu § 81 ArbGG 1979.
[562] BAG, Beschl. v. 18.10.1988, AP Nr. 68 zu § 1 TVG Tarifverträge: Metallindustrie; Beschl. v. 10.11.1987, AP Nr. 24 zu § 77 BetrVG 1972.
[563] BAG, Urt. v. 17.2.1992, AP Nr. 1 zu § 84 ArbGG 1979.
[564] BAG, Beschl. v. 17.10.1989, AP Nr. 53 zu § 112 BetrVG 1972.
[565] *Fitting*, § 77 BetrVG Rn. 185; GK-BetrVG/*Kreutz*, § 77 BetrVG Rn. 10.

b) Regelungsabrede im engeren Sinne

415 Regelungsabreden im engeren Sinne sind schuldrechtliche Vereinbarungen zwischen Arbeitgeber und Betriebsrat, die eine Verpflichtung mindestens einer der beiden Parteien begründen. Sie setzen auf seiten des Betriebsrats einen ordnungsgemäßen Beschluß voraus (vgl. § 33 BetrVG). Regelungsabreden sind formlos gültig. Rechte und Pflichten entstehen nur zwischen Arbeitgeber und Betriebsrat, nicht zwischen Arbeitgeber und Arbeitnehmern. Verpflichtet sich der Arbeitgeber, den Arbeitnehmern bestimmte Leistungen zu erbringen, so muß er ihnen arbeitsvertragliche Angebote machen. Ein Verstoß gegen eine Regelungsabrede hat keine Wirkung gegenüber Dritten[566]. Der Betriebsrat kann die Einhaltung von Verpflichtungen aus Regelungsabreden im Beschlußverfahren durchsetzen[567]. Fraglich ist, ob Regelungsabreden als Vertrag zugunsten Dritter abgeschlossen werden können[568]. Das ist jedenfalls in dem praktisch wichtigsten Fall zu verneinen, daß eine Betriebsvereinbarung wegen Verstoßes gegen § 77 Abs. 3 BetrVG unwirksam ist. Durch eine Regelungsabrede zugunsten der Arbeitnehmer wird das erreicht, was § 77 Abs. 3 BetrVG verbieten will: Der Betriebsrat könnte sich als der bessere Schutzherr darstellen.

416 Regelungsabreden können über alle Angelegenheiten abgeschlossen werden, die zum Zuständigkeitsbereich des Betriebsrats gehören. Sie können organisatorische Fragen betreffen, aber auch Fragen der Mitwirkung oder der Mitbestimmung[569].

Beispiel: Der Arbeitgeber kann sich verpflichten, für den Betriebsrat eine Fachzeitschrift zu abonnieren, Bücher zu bestellen, eine Schreibkraft zur Verfügung zu stellen, der Betriebsrat umgekehrt, Betriebsversammlungen oder Betriebsratssitzungen zu bestimmten Zeiten abzuhalten oder nicht abzuhalten. Der Arbeitgeber kann sich auch verpflichten, Kurzarbeitergeld aufzustocken, eine Zeitlang keine Entlassungen vorzunehmen, die Weihnachtsgratifikation nicht zu kürzen, der Betriebsrat, einer bestimmten Zahl von Überstunden zuzustimmen oder den Antrag des Arbeitgebers auf Kurzarbeitergeld zu unterstützen.

417 Der Tarifvorbehalt des § 77 Abs. 3 BetrVG gilt für Regelungsabreden nicht[570]; gesperrt ist nach dem Normzweck nur die Betriebsvereinbarung als „Betriebsgesetz" (s. oben Rn. 374). In mitbestimmungspflichtigen Angelegenheiten kann der Betriebsrat verlangen, daß der Inhalt einer Regelungsabrede in eine Betriebsver-

---

[566] BAG, Urt. v. 14.8.2001, NZA 2002, 342.
[567] *Fitting*, § 77 BetrVG Rn. 187 m. N.
[568] Dafür GK-BetrVG/*Kreutz*, § 77 Rn. 13; *Hanau*, RdA 1989, 207 (209); *Peterek*, FS D. Gaul, S. 471 (485 f.).
[569] Zu Vorstehendem eingehend GK-BetrVG/*Kreutz*, § 77 Rn. 12 ff.
[570] H.L., vgl. die Nachweise bei *Richardi*, § 77 BetrVG Rn. 295 ff.

einbarung übernommen wird, wenn das die sachgerechtere Lösung ist[571]. Die Regelungsabrede endet durch Zweckerreichung, Zeitablauf, Aufhebung oder Ersetzung durch eine andere Regelungsabrede oder durch Betriebsvereinbarung, durch Wegfall der Geschäftsgrundlage, bei längerer Laufzeit auch durch ordentliche Kündigung, und zwar analog § 77 Abs. 5 BetrVG mit einer Frist von drei Monaten[572], sowie durch außerordentliche Kündigung. Ob eine Regelungsabrede über mitbestimmungspflichtige Angelegenheiten entsprechend § 77 Abs. 6 BetrVG so lange nachwirkt, bis sie durch eine andere Abmachung ersetzt wird, ist streitig[573].

c) Zustimmung

Die Zustimmung ist eine einseitige, empfangsbedürftige, rechtsgestaltende Willenserklärung des Betriebsrats, die dem Arbeitgeber die Durchführung einer mitbestimmungspflichtigen Maßnahme erlaubt oder die zur Wirksamkeit eines mitbestimmungspflichtigen Rechtsgeschäfts des Arbeitgebers erforderlich ist. **418**

Beispiele: Die Verhängung einer Betriebsbuße (§ 87 Abs. 1 Nr. 1 BetrVG) ist unwirksam, wenn der Betriebsrat nicht zugestimmt hat; der Arbeitgeber darf einen Arbeitnehmer nicht beschäftigen, wenn die Zustimmung des Betriebsrats zur Einstellung fehlt (§ 99 BetrVG); der Arbeitnehmer braucht der Weisung des Arbeitgebers, eine andere Tätigkeit zu übernehmen (§§ 99, 95 Abs. 3 BetrVG), nicht nachzukommen, wenn der Betriebsrat der Versetzung nicht zugestimmt hat.

Die Zustimmung unterscheidet sich von einer Vereinbarung außer durch die Einseitigkeit der Erklärung dadurch, daß weder Betriebsrat noch Arbeitgeber eine Verpflichtung übernehmen. Der Arbeitgeber muß keine Betriebsbuße verhängen, nicht versetzen, nicht einstellen. Die Zustimmung ist formlos gültig; für die Willensbildung des Betriebsrats gilt dasselbe wie für die Vereinbarung. Die Zustimmung ist grundsätzlich unwiderruflich; sie ist widerruflich, wenn eine Vereinbarung kündbar wäre. **419**

---

[571] BAG, Beschl. v. 8.8.1989, AP Nr. 3 zu § 87 BetrVG 1972 Initiativrecht.
[572] BAG, Beschl. v. 10.3.1992, AP Nr. 1 zu § 77 BetrVG 1972 Regelungsabrede; Urt. v. 20.11.1990, AP Nr. 42 zu § 77 BetrVG 1972 Regelungsabrede.
[573] Dafür BAG, Beschl. v. 23.6.1992, AP Nr. 51 zu § 87 BetrVG 1972 Arbeitszeit; *Fitting*, § 77 BetrVG Rn. 192; a.A. GK-BetrVG/*Kreutz*, § 77 Rn. 398; *Richardi*, § 77 BetrVG Rn. 218.

XI. Mitbestimmung in sozialen Angelegenheiten

1. Überblick

a) Begriff der sozialen Angelegenheit

420 In zahlreichen sozialen Angelegenheiten hat der Betriebsrat ein erzwingbares Mitbestimmungsrecht. Soziale Angelegenheiten meint die Arbeitsbedingungen, und zwar hauptsächlich formelle Arbeitsbedingungen, teilweise aber auch materielle. Die formellen Arbeitsbedingungen regeln die Art und Weise von Leistung und Gegenleistung, das Wie (Beginn und Ende der Arbeitszeit, die Lohngestaltung, das Verhalten der Arbeitnehmer), die materiellen Arbeitsbedingungen Leistung und Gegenleistung, das Ob (Überstunden, Kurzarbeit, Akkord, Prämie). Kern des § 87 BetrVG sind die Fragen, die früher, d.h. bevor Gesetzgeber und Gerichte ihr umfassendes Regelwerk geschaffen hatten, in der Arbeitsordnung geregelt waren und die heute noch vielfach in der Arbeitsordnung geregelt sind[574]. Arbeitsordnung und soziale Angelegenheiten sind aber nicht deckungsgleich. In der Arbeitsordnung geregelte Fragen sind nicht notwendig mitbestimmungspflichtig; umgekehrt gibt es soziale Angelegenheiten, die üblicherweise nicht in der Arbeitsordnung geregelt werden.

b) Normzweck

421 Normzweck ist es nach Ansicht des BAG, Direktionsrechte des Arbeitgebers zu beschränken, einzelvertragliche Vereinbarungen insbesondere hinsichtlich betriebseinheitlicher Arbeitsbedingungen wegen der dabei gestörten Vertragsparität zurückzudrängen, gesetzliche Pflichten des Arbeitgebers etwa im Unfall- und Gesundheitsschutz zu konkretisieren und allgemeine Grundsätze über die gleichmäßige Behandlung der Arbeitnehmer oder über die Angemessenheit und Durchsichtigkeit des innerbetrieblichen Lohngefüges und die innerbetriebliche Lohngerechtigkeit zum Tragen kommen zu lassen[575]. Der Betriebsrat hat also nicht nur mitzubestimmen, wenn der Arbeitgeber eine soziale Angelegenheit im Sinne des

---

[574] Der Reichsarbeitsminister hatte 1920 „unter Mitwirkung der großen Berufsvereinigungen der Arbeitgeber und Arbeitnehmer" eine Musterarbeitsordnung erstellt, die in 25 Paragraphen im wesentlichen die in der Gewerbeordnung und im Betriebsrätegesetz angesprochenen Punkte wiedergab: Beginn und Ende des Arbeitsverhältnisses, Arbeitszeit, Lohnzahlung, Verhalten bei der Arbeit, Unfälle, Kontrolleinrichtungen und Bekanntmachungen (ZBlDR 1920, 1351 ff.; zur Geschichte der Arbeitsordnung *Hromadka*, ZfA 1979, 203 ff.).
[575] BAG, Beschl. v. 24.2.1987, AP Nr. 21 zu § 77 BetrVG 1972.

§ 87 BetrVG durch Leistungsbestimmung regelt, sondern auch bei vertraglichen Regelungen.

Die Aufzählung der mitbestimmungspflichtigen Arbeitsbedingungen in § 87 BetrVG ist abschließend. Der Katalog kann nur durch Gesetz oder Tarifvertrag[576], nicht im Wege der Analogie[577] erweitert werden. Den Betriebspartnern ist es aber unbenommen, über § 87 BetrVG hinaus freiwillige Vereinbarungen über sonstige soziale Angelegenheiten zu treffen (§ 88 BetrVG). Die einzelnen Tatbestände des § 87 BetrVG sind aus sich heraus auszulegen[578]. Unabhängig davon gibt es einige Grundsätze, die für alle sozialen Angelegenheiten oder zumindest einen Teil von ihnen gelten.

422

2. Allgemeine Grundsätze

a) Keine gesetzliche oder tarifliche Regelung

Der Betriebsrat hat kein Mitbestimmungsrecht, wenn und soweit eine gesetzliche oder tarifliche Regelung besteht (§ 87 Abs. 1 ES BetrVG). Mitbestimmung setzt voraus, daß der Arbeitgeber eine Entscheidungsmöglichkeit hat[579].

423

aa) Gesetz im Sinne des § 87 ist jede zwingende Rechtsnorm, neben den Gesetzen also Verordnungen und Satzungen öffentlich-rechtlicher Einrichtungen[580]. Aufgrund von Gesetzen ergehende Verwaltungsanordnungen sind bei der Ausübung des Mitbestimmungsrechts als Vorgabe zu beachten[581].

424

bb) Tarifvertrag im Sinne des § 87 BetrVG ist jeder Tarifvertrag, an den der Arbeitgeber kraft Tarifrechts gebunden ist, d.h. jeder Tarifvertrag, den er selbst abgeschlossen hat (Haustarifvertrag), und jeder Tarifvertrag, den der zuständige Arbeitgeberverband mit Wirkung für ihn vereinbart hat. Auf die Tarifbindung von Arbeitnehmern kommt es nicht an; es ist also ohne Bedeutung, ob oder gar wie viele Arbeitnehmer der tarifschließenden Gewerkschaft angehören[582]. Allerdings entfällt das Mitbestimmungsrecht nur so weit, wie der fachliche und persönliche Geltungsbereich des Tarifvertrags reicht; z.B. nicht unter den persönlichen Gel-

425

---

[576] BAG, Beschl. v. 9.5.1995, AP Nr. 2 zu § 76 BetrVG 1972 Einigungsstelle.
[577] *Löwisch/Kaiser*, § 87 BetrVG Rn. 4.
[578] BAG, Beschl. v. 8.3.1977, AP Nr. 1 zu § 87 BetrVG 1972 Auszahlung.
[579] BAG, Beschl. v. 26.5.1988, AP Nr. 14 zu § 87 BetrVG 1972 Ordnung des Betriebes.
[580] BAG, Beschl. v. 29.3.1977, AP Nr. 1 zu § 87 BetrVG 1972 Provision.
[581] BAG, Beschl. v. 9.7.1991, AP Nr. 19 zu § 87 BetrVG 1972 Ordnung des Betriebes.
[582] BAG, Beschl. v. 24.2.1987, AP Nr. 21 zu § 77 BetrVG 1972.

tungsbereich fallen die AT-Angestellten[583]. Der Tarifvertrag muß auch noch in Kraft sein. Ein lediglich nachwirkender Tarifvertrag schließt das Mitbestimmungsrecht nicht aus[584]. Schon gar nicht genügt Tarifüblichkeit (vgl. § 77 Abs. 3 BetrVG).

426 **cc) Verhältnis zu § 77 Abs. 3 BetrVG.** Nach Ansicht des BAG ist § 87 BetrVG lex specialis zu § 77 Abs. 3 BetrVG. Der Betriebsrat kann sein Mitbestimmungsrecht in sozialen Angelegenheiten immer dann durch Betriebsvereinbarung ausüben, wenn die Voraussetzungen des § 87 Abs. 1 ES BetrVG nicht vorliegen; § 77 Abs. 3 BetrVG enthält keine zweite Schranke (Vorrangtheorie). Zu Begründung und Kritik s. § 16 Rn. 378.

427 Gesetz und Tarifvertrag müssen die Angelegenheit selbst abschließend regeln[585]. Behält der Arbeitgeber einen Spielraum, so bleibt das Mitbestimmungsrecht bestehen[586]. Die Tarifpartner können das Mitbestimmungsrecht auch nicht ausschließen. Deshalb hat der Betriebsrat z.B. ein Mitbestimmungsrecht bei der Gestaltung der AT-Gehälter, obwohl die AT-Angestellten bewußt aus dem Tarifvertrag ausgenommen sind[587], und bei der Gestaltung übertariflicher Zulagen, obwohl das Entgelt im Tarifvertrag geregelt ist[588]. Zulässig ist es aber, dem Arbeitgeber ein Anordnungsrecht für den Fall einzuräumen, daß er die Zustimmung des Betriebsrats zu kurzfristig notwendigen und unaufschiebbaren Maßnahmen nicht erreichen kann. Dieses Recht muß jedoch an nachprüfbare Voraussetzungen gebunden und zeitlich eng begrenzt sein[589]. Auch wenn ein Tarifvertrag eine Angelegenheit nicht abschließend regelt, ist eine Betriebsvereinbarung nur insoweit zulässig, wie das Mitbestimmungsrecht reicht. In den wichtigsten Fragen, bei der Höhe des Entgelts und der Dauer der Arbeitszeit, hat der Betriebsrat kein Mitbestimmungsrecht; die Mitbestimmung beim „Wie" (§ 87 Abs. 1 Nr. 2, 10 BetrVG) reicht nicht aus[590]. Durch **„teilmitbestimmte"** Betriebsvereinbarungen kann also beispielsweise nicht eine tarifübliche Regelung über die Dauer der Arbeitszeit geändert werden[591].

---

[583] BAG, Beschl. v. 11.2.1992, AP Nr. 50 zu § 76 BetrVG 1972.
[584] BAG, Beschl. v. 24.2.1987, AP Nr. 21 zu § 77 BetrVG 1972.
[585] BAG, Beschl. v. 18.4.1989, AP Nr. 8 zu § 87 BetrVG 1972 Akkord; Urt. v. 10.11.1992 AP Nr. 58 zu § 87 BetrVG 1972 Lohngestaltung.
[586] BAG, Beschl. v. 18.4.1989, AP Nr. 18 zu § 87 BetrVG 1972 Tarifvorrang.
[587] BAG, Beschl. v. 22.1.1980, AP Nr. 3 zu § 87 BetrVG 1972 Lohngestaltung.
[588] BAG, Beschl. v. 10.2.1988, AP Nr. 33 zu § 87 BetrVG 1972 Lohngestaltung.
[589] BAG, Beschl. v. 17.11.1998, DB 1998, 2422 (Presseinformation); im konkreten Fall wurde dem Arbeitgeber die Anordnung von Überstunden bis zur Entscheidung der tariflichen Schlichtungsstelle, höchstens für 6 Tage, gestattet).
[590] BAG, Urt. v. 24.1.1996, AP Nr. 8 zu § 77 BetrVG Tarifvorbehalt; Urt. v. 5.3.1997, 4 AZR 532/95.
[591] *Hromadka*, FS Schaub 1998, S. 337 ff.

b) Unternehmerische Freiheit

Die Mitbestimmung steht nicht generell unter dem Vorbehalt, daß nicht in die unternehmerische Freiheit eingegriffen werden darf[592]. Ob und inwieweit ein Eingriff zulässig ist, ergibt sich aus den einzelnen Tatbeständen. Die Interessen des Unternehmers sind von der Einigungsstelle gegen die der Belegschaft abzuwägen. Nach Ansicht des BAG kann das dazu führen, daß ein Kaufhaus um 18.00 Uhr schließen muß, wenn die Belegschaft einen Frühschluß wünscht und die Einigungsstelle ihn beschließt. Damit unterwirft das BAG die Betriebsnutzungszeit indirekt der Mitbestimmung[593].

428

c) Kollektive Regelung

Außer in den Fällen der Nrn. 5 und 9 sind nur kollektive Regelungen mitbestimmungspflichtig[594]. Das BAG vertritt seit der Entscheidung des Großen Senats vom 3.12.1991[595] die Lehre vom **qualitativen Kollektiv**. Die Zahl der betroffenen Arbeitnehmer (quantitatives Kollektiv) sei allenfalls ein Indiz für einen kollektiven Tatbestand. Individuelle Sonderregelungen auf Wunsch der betroffenen Arbeitnehmer könnten gehäuft auftreten und doch nur zufällig zeitlich zusammentreffen, während umgekehrt generelle Regelungen nur einen Arbeitnehmer betreffen könnten. Kollektive Regelungen seien darum solche, die nicht durch die konkreten Umstände des einzelnen Arbeitsverhältnisses bedingt seien und die sich folgerichtig nicht auf dieses Arbeitsverhältnis beschränkten. Darunter fallen alle Maßnahmen und Vereinbarungen, die sich auf mehrere Arbeitnehmer – sei es sogleich, sei es im Laufe der Zeit – auswirken oder auswirken können[596]. Gleichgültig ist, ob ein konkreter, einmaliger Sachverhalt geregelt oder ob eine Dauerregelung geschaffen wird[597].

429

Beispiele: Ordnet der Arbeitgeber für seine Sekretärin eine Überstunde an, so ist die Anordnung mitbestimmungsfrei. Hat er zwei Sekretärinnen, die die Überstunde gleichermaßen leisten könnten, so ist die Anordnung mitbestimmungspflichtig. Das gleiche gilt, wenn er eine Überstundenregelung für sein Sekretariat trifft, also etwa anordnet, daß Überstunden grundsätzlich abzufeiern sind. Das Mitbestimmungsrecht kann nicht durch gleich-

---

592 Anders Begr. RegE, BT-Drucks. VI/1786 S. 31.
593 BAG, Beschl. v. 31.8.1982, 13.10.1987, AP Nr. 8, 24 zu § 87 BetrVG 1972 Arbeitszeit; dagegen zu Recht *Richardi*, § 87 BetrVG Rn. 315 m.w.N.
594 Bundestagsausschuß f. Arbeit und Sozialordnung, BT-Drucks. VI/2729 S.4.
595 BAG GS, Beschl. v. 3.12.1991, AP Nr. 51 zu § 87 BetrVG 1972 Lohngestaltung.
596 GK-BetrVG/*Wiese*, § 87 Rn. 15 f.
597 BAG, Urt. v. 7.5.1956, 25.10.1957, AP Nr. 2, 6 zu § 56 BetrVG 1952.

lautende Maßnahmen oder Vereinbarungen mit einzelnen Arbeitnehmern ausgeschlossen werden[598].

430 Eine überzeugende Abgrenzung des Kollektivtatbestandes von der Einzelmaßnahme ist bislang nicht gelungen. Bei übertariflichen Zulagen nimmt das BAG einen kollektiven Bezug bereits deshalb an, weil der Arbeitgeber dabei die Leistungen der Arbeitnehmer miteinander vergleiche[599]. Damit verliert der Begriff jegliche Kontur. In der Unschärfe spiegelt sich die Unsicherheit über die ratio des Merkmals wieder. Ist Zweck des Mitbestimmungsrechts der Schutz des einzelnen vor einseitig an den Interessen des Arbeitgebers ausgerichteten Maßnahmen, Weisungen und Vertragsänderungen, dann macht das Merkmal der Kollektivität keinen Sinn[600]. Eine generelle Ausdehnung auf Einzelfälle kommt umgekehrt nicht in Betracht, wenn mitbestimmungspflichtige Einzelmaßnahmen ohne Zustimmung des Betriebsrats unwirksam sind[601]. Denn damit würde die zum Schutz des Arbeitnehmers gedachte Mitbestimmung in Bevormundung umschlagen. Nähme der Betriebsrat sein Mitbestimmungsrecht durch Betriebsvereinbarung wahr, so könnte der Arbeitnehmer günstigere Bedingungen aushandeln; bei Mitbestimmung durch Regelungsabrede wäre ihm das verwehrt. Die Regelung muß deshalb nicht nur mitbestimmungsfrei bleiben, wenn sie durch die konkreten Umstände des Arbeitsverhältnisses bedingt ist, sondern auch, wenn sie dem Wunsch des Arbeitnehmers entspricht[602]. Anderes kann nur dann gelten, wenn ein Konflikt zwischen zwei Arbeitnehmern zu entscheiden ist, wenn der Arbeitgeber also beispielsweise einen „Topf" für Sozialleistungen zur Verfügung stellt oder wenn beide Arbeitnehmer die Überstunde leisten möchten (vgl. § 87 Abs. 1 Nr. 5 BetrVG).

d) Einwilligung des Arbeitnehmers

431 Die Einwilligung des Arbeitnehmers oder der Arbeitnehmer – etwa zur Mehrarbeit – schließt das Mitbestimmungsrecht nicht aus[603]. Der Betriebsrat soll die Interessen der übrigen Arbeitnehmer mit berücksichtigen und die betroffenen Arbeitnehmer notfalls gegen sich selbst schützen. Nach der Rechtsprechung entfällt das Mitbestimmungsrecht nicht einmal, wenn der Arbeitgeber die Regelung auf Wunsch

---

[598] BAG, Urt. v. 20.8.1991, AP Nr. 50 zu § 87 BetrVG 1972 Lohngestaltung.
[599] BAG, Urt. v. 22.9.1992, AP Nr. 56 zu § 87 BetrVG 1972 Lohngestaltung; Beschl. v. 19.9.1995, AP Nr. 81 zu § 87 BetrVG 1972 Lohngestaltung.
[600] So m. R. *Richardi*, § 87 BetrVG Rn. 23.
[601] GK-BetrVG/*Wiese*, § 87 Rn. 13 f., *Jahnke*, Tarifautonomie und Mitbestimmung, 1984, S. 21; a. A. *Däubler*, Grundrecht auf Mitbestimmung, 1973, S. 201.
[602] So m. R. *Richardi*, § 87 BetrVG Rn. 25.
[603] BAG, Beschl. v. 8.8.1989, AP Nr. 18 zu § 95 BetrVG 1972.

eines Arbeitnehmers trifft. Der Wunsch kann aber ein Anzeichen dafür sein, daß es an einem Kollektivbezug fehlt.

e) Eil- und Notfälle

Das Mitbestimmungsrecht besteht auch in Eilfällen[604], nicht dagegen in Notfällen, in denen sofort gehandelt werden muß, um von dem Betrieb oder den Arbeitnehmern Schaden abzuwenden, und in denen der Betriebsrat entweder nicht erreichbar ist oder keinen ordnungsgemäßen Beschluß fassen kann. Schaden kann auch der Verlust eines Auftrags oder die Verwirkung einer Vertragsstrafe bei nicht rechtzeitiger Erfüllung sein[605]. In Notfällen hat der Arbeitgeber das Recht, vorläufig zur Abwendung akuter Gefahren oder Schäden Maßnahmen durchzuführen, wenn er unverzüglich die Beteiligung des Betriebsrats nachholt[606]. Für Eilfälle muß Vorsorge getroffen werden. Arbeitgeber und Betriebsrat können vorbeugend Regelungen treffen. Im übrigen muß der Betriebsrat an einer raschen Regelung mitwirken. Unterläßt er das, so verlieren Arbeitnehmer, die deswegen nicht arbeiten können, ihre Entgeltansprüche[607].

432

f) Initiativrecht

Der Betriebsrat hat in mitbestimmungspflichtigen Angelegenheiten grundsätzlich ein Initiativrecht[608]. Er kann also beispielsweise eine Änderung der Arbeitszeit, etwa in Form der Einführung von Gleitzeit, verlangen und gegebenenfalls über die Einigungsstelle durchsetzen. Kein Initiativrecht hat er vor allem zur Einführung oder Beibehaltung von Maßnahmen, die für die Arbeitnehmer nachteilig sind, wie etwa Kontrolleinrichtungen[609].

433

g) Folgen fehlender Mitbestimmung

Die Folgen sind sowohl im kollektivrechtlichen als auch im individualrechtlichen Bereich umstritten.

434

aa) Kollektivrechtlicher Bereich. Beabsichtigt der Arbeitgeber, eine mitbestimmungspflichtige Maßnahme oder Regelung ohne Zustimmung des Betriebsrats zu treffen, so kann der Betriebsrat nach Ansicht des 1. Senats des BAG **Unterlassung**

435

---

[604] BAG, Beschl. v. 19.2.1991, AP Nr. 42 zu § 87 BetrVG 1972 Arbeitszeit.
[605] Vgl. *Zöllner/Loritz*, Arbeitsrecht, § 47 IV 4.
[606] Allg. M., vgl. *Fitting*, § 87 BetrVG Rn. 26 m. N.
[607] *Löwisch/Kaiser*, § 87 BetrVG Rn. 21.
[608] BAG, Beschl. v. 14.11.1974, AP Nr. 1 zu § 87 BetrVG 1972.
[609] BAG, Beschl. v. 28.11.1989, AP Nr. 4 zu § 87 BetrVG 1972 Initiativrecht.

verlangen und notfalls durch einstweilige Verfügung durchsetzen (§§ 85 Abs. 2 ArbGG, 940 ZPO, s. oben Rn. 96 f.)[610]. Der Anspruch auf Unterlassung nach § 23 Abs. 3 Satz 1 BetrVG hat damit im Bereich der sozialen Angelegenheiten seine Bedeutung verloren. Statt auf Unterlassung zu klagen, kann der Betriebsrat die Einigungsstelle anrufen. Das kann auch parallel zur Klage geschehen.

436 **bb) Individualrechtlicher Bereich.** Maßnahmen oder Regelungen, die der Arbeitgeber ohne Zustimmung des Betriebsrats trifft, sind nach Rechtsprechung und herrschender Lehre unwirksam **(Theorie der Wirksamkeitsvoraussetzung oder der notwendigen Mitbestimmung)**[611]; auch die nachträgliche Beteiligung des Betriebsrats könne die Unwirksamkeit nicht heilen[612].

437 Eine Mindermeinung geht von der Wirksamkeit der Maßnahme aus und nimmt an, daß sie endet, wenn der Betriebsrat die Einigungsstelle anruft und wenn diese eine andere Entscheidung trifft **(Theorie vom Regelungsanspruch oder von der erzwingbaren Mitbestimmung)**[613]. Die herrschende Meinung geht davon aus, daß nur durch Unwirksamkeit der individualrechtlichen Maßnahme die Effizienz der Mitbestimmung gesichert werden könne. Die Mindermeinung hält dem entgegen, daß die Theorie von der Wirksamkeitsvoraussetzung dogmatisch falsch sei; sie widerspreche dem Zweck einer notwendigen Beteiligung des Betriebsrats, weil nach ihr nicht nur eine Verschlechterung der Rechtsstellung des Arbeitnehmers, sondern auch eine Verbesserung unwirksam sei[614]. Die h.L. versucht diesen Bedenken vor allem durch zwei Vorkehrungen Rechnung zu tragen: Begünstigende individualrechtliche Abmachungen sind wirksam, auch wenn der Betriebsrat nicht zugestimmt hat (für Vergangenheit und Zukunft). Und: der Betriebsrat hat nur ein Mitbestimmungsrecht bei Kollektivmaßnahmen, so daß günstigere individualrechtliche Abmachungen möglich bleiben (zur Problematik s. oben Rn. 429). Nicht unwirksam sind auch Rechtsgeschäfte mit Dritten, etwa die Gründung einer rechtlich selbständigen Sozialeinrichtung und deren Rechtsgeschäfte[615] oder der Abschluß eines Pachtvertrags über die Kantine.

438 **Beispiele:** Eine Weisung, durch die ein Arbeitnehmer ohne Zustimmung des Betriebsrats zur Ableistung einer Überstunde verpflichtet wird, ist unwirksam. Der Arbeitnehmer braucht die Überstunde nicht zu leisten. Leistet er sie, hat er Anspruch auf Vergütung[616].

---

[610] BAG, Beschl. v. 3.5.1994, 19.7.1995, AP Nr. 23, 25 zu § 23 BetrVG 1972.
[611] BAG GS, Beschl. v. 3.12.1991, AP Nr. 51, 52 zu § 87 BetrVG 1972 Lohngestaltung; *Fitting*, § 87 BetrVG Rn. 568; GK-BetrVG/*Wiese*, § 87 Rn. 98.
[612] GK-BetrVG/*Wiese*, § 87 Rn. 100. Dagegen *Heinrich*, Formale Freiheit und materiale Gerechtigkeit, 1999, unter dem Gesichtspunkt des Übermaßverbots: Schwebende Unwirksamkeit reiche aus.
[613] *Hess/Schlochauer/Glaubitz*, § 87 BetrVG Rn. 83 ff.; *Richardi*, § 87 BetrVG Rn. 101 ff.
[614] *Richardi*, § 87 BetrVG Rn. 104, 109.
[615] BAG, Beschl. v. 13.7.1978, AP Nr. 5 zu § 87 BetrVG 1972 Altersversorgung.
[616] Vgl. BAG, Urt. v. 5.7.1976, AP Nr. 10 zu § 12 AZO.

Unwirksam ist auch die Einführung von Kurzarbeit ohne Zustimmung des Betriebsrats. Der Arbeitgeber schuldet den Arbeitnehmern bei Zuwiderhandlung Verzugslohn aus § 615 BGB. Wirksam ist die Zusage von übertariflichen Zulagen, und zwar nicht nur für die Vergangenheit, sondern auch für die Zukunft[617]. Erzwingt der Betriebsrat aufgrund seines Mitbestimmungsrechts ein anderes Verteilungskonzept, dann kann der Arbeitgeber die Zulage nur widerrufen, wenn er sich das vorbehalten hat. Unwirksam ist eine nicht mitbestimmte Anrechnung von übertariflichen Zulagen, es sei denn, daß der Verteilungsschlüssel unverändert bleibt[618].

Die Verletzung des Mitbestimmungsrechts führt nicht eo ipso zu einem individualrechtlichen Anspruch. Wird ein Arbeitnehmer von einer Regulierung ausgenommen, der der Betriebsrat nicht zugestimmt hat, so hat er nicht schon deswegen Anspruch auf die höhere Vergütung[619]. Ein Anspruch kann sich allerdings aus der dann gemeinsam mit dem Betriebsrat getroffenen Regelung ergeben oder – unabhängig von der Mitbestimmung – aus dem Gleichbehandlungsgrundsatz.

439

cc) **Teilmitbestimmte Maßnahmen.** Ist eine Maßnahme teils mitbestimmungspflichtig, teils mitbestimmungsfrei, also z.B. die Gewährung einer Sozialleistung oder Kurzarbeit beim Arbeitskampf – mitbestimmungsfrei ist das Ob, mitbestimmungspflichtig das Wie –, dann darf der Arbeitgeber die Maßnahme erst durchführen, wenn er sich mit dem Betriebsrat über das Wie geeinigt hat[620]. Der Betriebsrat kann sein Mitbestimmungsrecht noch nachträglich ausüben und eine Änderung der Gestaltung verlangen und durchsetzen[621].

440

dd) **Umgehungsverbot.** Der Arbeitgeber kann einem Mitbestimmungsrecht nicht dadurch entgehen, daß er kollektive Regelungen durch individualrechtliche Absprachen trifft. Derartige Vereinbarungen sind unwirksam, und zwar nach Ansicht des BAG wegen Gesetzesumgehung[622]; dieser Konstruktion bedarf es bei folgerichtiger Anwendung der Theorie der Wirksamkeitsvoraussetzung nicht[623].

441

h) Mißbrauch des Mitbestimmungsrechts

Der Betriebsrat entscheidet nach der gesetzlichen Konzeption nach freiem Ermessen, ob er einer Maßnahme zustimmt oder nicht. Zwar ist er zur vertrauensvollen Zusammenarbeit mit dem Arbeitgeber verpflichtet (§ 2 BetrVG), eine Pflicht, unter angemessener Berücksichtigung der Belange des Betriebs und der betroffenen

442

---

[617] *Richardi*, § 87 BetrVG Rn. 125.
[618] BAG GS, Beschl. v. 3.12.1991, AP Nr. 51, 52 zu § 87 BetrVG 1972 Lohngestaltung.
[619] BAG, Urt. v. 20.8.1991, AP Nr. 50 zu § 87 BetrVG 1972 Lohngestaltung.
[620] BAG, Beschl. v. 22.12.1980, AP Nr. 70, 71 zu Art. 9 GG Arbeitskampf.
[621] *Käppler*, SAE 1993, 340 (345).
[622] BAG, Beschl. v. 19.4.1963, 31.1.1969, AP Nr. 2, 5 zu § 56 BetrVG Entlohnung.
[623] So m. R. *Richardi*, § 87 BetrVG Rn. 127.

Arbeitnehmer nach billigem Ermessen zu entscheiden, wie sie für die Einigungsstelle besteht (§ 76 Abs. 5 Satz 3 BetrVG), hat er jedoch nicht. Dem Arbeitgeber bleibt nur die Möglichkeit, die Einigungsstelle anzurufen oder bei Obstruktion nach § 23 BetrVG vorzugehen. Ob die Zustimmung bei rechtsmißbräuchlicher Verweigerung als erteilt gilt, ist streitig[624]. Besondere Bedeutung für die Praxis hat das Verlangen von Betriebsräten nach Gegenleistungen (**„Koppelungsgeschäften"**). *Hanau/Reitze* schlagen vor, ein solches Verlangen als schlüssige Zustimmung unter einer unwirksamen Bedingung anzusehen und die Zustimmung als wirksam zu betrachten, sofern der Betriebsrat bei der gewünschten Gegenleistung nicht ebenfalls ein erzwingbares, mit Initiativrecht versehenes Mitbestimmungsrecht nach § 87 Abs. 1 BetrVG hat[625]. Das könnte vor allem bei der Mitbestimmung bei Überstunden helfen.

i) Streitigkeiten

443 Können Arbeitgeber und Betriebsrat sich in einer mitbestimmungspflichtigen sozialen Angelegenheit nicht einigen, so kann jede Seite die Einigungsstelle anrufen, die dann verbindlich entscheidet (§ 87 Abs. 2 BetrVG). Streiten Arbeitgeber und Betriebsrat über die Frage, ob ein Mitbestimmungsrecht besteht, so entscheidet auf Antrag eines der beiden das Arbeitsgericht im Beschlußverfahren (§ 2a Abs. 1 Nr. 1, Abs. 2 ArbGG). Das erforderliche Feststellungsinteresse fehlt, wenn der Arbeitgeber das Mitbestimmungsrecht zwar bestreitet, aber gleichwohl eine Vereinbarung über die streitige Frage abschließt[626] oder wenn die Maßnahme abgeschlossen ist und die Frage des Mitbestimmungsrechts keine Rolle mehr spielt[627]. Einigungsstellenverfahren und Arbeitsgerichtsverfahren können nebeneinander geführt werden.

3. Art und Weise der Regelung

444 Eine kollektive Regelung kann durch Betriebsvereinbarung oder Regelungsabrede, eine Einzelregelung in den Fällen der Nrn. 5 und 9 durch Regelungsabrede getroffen werden. Die Entscheidung für die eine oder andere Form hängt davon ab, ob für die Arbeitnehmer unmittelbar Rechte und Pflichten begründet werden sollen – dann Betriebsvereinbarung – oder nicht – dann Regelungsabrede. Vorausgehen

---

[624] Dafür *Hanau*, NZA 1985, Beil. 2 S. 9; *Jahnke*, ZfA 1984, 106; *Heinze*, DB 1992, Beil. 23 S. 12; dagegen MünchArbR/*Matthes*, § 332 Rn. 42 ff.
[625] *Hanau/Reitze*, FS Wiese, 1998, S. 149 (152 ff.), unter Hinweis auf BAG, Beschl. v. 10.2.1988, AP Nr. 33 zu § 87 BetrVG 1972 Lohngestaltung.
[626] Vgl. BAG, Beschl. v. 12.1.1988, AP Nr. 8 zu § 81 ArbGG 1979.
[627] BAG, Beschl. v. 19.2.1991, AP Nr. 26 zu § 95 BetrVG 1972.

muß immer die Prüfung, ob die Änderung der Arbeitsbedingungen überhaupt zulässig ist und wenn ja, ob sie nur individualrechtlich oder ob sie auch durch Betriebsvereinbarung vorgenommen werden kann.

Inhaltlich haben die Betriebspartner einen großen Spielraum. Sie können alle Einzelheiten regeln oder sich auf Rahmenregelungen beschränken und die Ausfüllung dem Arbeitgeber überlassen[628]. Sie können mit der Regelung warten, bis ein mitbestimmungspflichtiger Tatbestand eingetreten ist, oder sie können Regelungen im voraus treffen; das empfiehlt sich vor allem für Eilfälle[629]. Dabei kann dann z.B. vereinbart werden, daß der Betriebsrat wenigstens nachträglich über mitbestimmungspflichtige Entscheidungen zu unterrichten ist (z.B. über Überstunden). Unzulässig ist es lediglich, dem Arbeitgeber das alleinige Gestaltungsrecht über den mitbestimmungspflichtigen Tatbestand zu eröffnen[630] 445

4. Die mitbestimmungspflichtigen Tatbestände

a) Fragen der Ordnung des Betriebs und des Verhaltens der Arbeitnehmer im Betrieb (Nr. 1)

aa) **Ordnungsverhalten.** Mitbestimmungspflichtig sind Maßnahmen, die das sog. Ordnungsverhalten betreffen, d.h. die Gestaltung des Zusammenlebens und Zusammenwirkens der Arbeitnehmer im Betrieb. Mitbestimmungsfrei sind Maßnahmen bezüglich des Arbeitsverhaltens, d.h. der Erbringung der Arbeitsleistung[631]. Das gilt nicht nur für Weisungen zur Ausführung der Arbeit, sondern auch für die Erfassung und Kontrolle[632], sofern die Kontrolle nicht ausnahmsweise durch technische Überwachungseinrichtungen erfolgt; dann besteht ein Mitbestimmungsrecht nach Nr. 6. 446

bb) **Einzelheiten.** Der Mitbestimmung des Betriebsrats unterliegen damit vor allem Vorschriften über Torkontrollen[633], Arbeitszeiterfassungssysteme[634], Werksausweise[635], Telefonkontrollen[636], Parkordnungen[637], Kleiderordnungen[638], Alkohol- und Rauchverbote[639], 447

---

[628] BAG, Beschl. v. 10.3.1992, AP Nr. 1 zu § 77 BetrVG 1972 Regelungsabrede.
[629] BAG, Beschl. v. 8.8.1989, AP Nr. 11 zu § 23 BetrVG 1972; *Fitting*, § 87 Rn. 24; MünchArbR/*Matthes*, § 332 Rn. 29.
[630] BAG, Urt. v. 3.6.2003, NZA 2002, 1155.
[631] BAG, Beschl. v. 11.6.2002, NZA 2002, 1299.
[632] BAG, Beschl. v. 8.11.1994, AP Nr. 24 zu § 87 BetrVG 1972 Ordnung des Betriebes.
[633] BAG, Beschl. v. 26.5.1988, AP Nr. 14 zu § 87 BetrVG 1972 Ordnung des Betriebes.
[634] *Fitting*, § 87 BetrVG Rn 71.
[635] BAG, Beschl. v. 16.12.1986, AP Nr. 13 zu § 87 BetrVG 1972 Ordnung des Betriebes.
[636] LAG Nürnberg, Beschl. v. 29.1.1987, NZA 1987, 572.

Radiohören[640], Regelungen über die Einsicht in Personalakten[641], die Durchführung von Sicherheitswettbewerben[642] und Betriebsbußordnungen. Bei Betriebsbußen ist sowohl die Aufstellung der Bußordnung als auch die Verhängung einer Buße (Verwarnung, Verweis, Geldbuße) im Einzelfall mitbestimmungspflichtig[643]. Nicht mitbestimmungspflichtig sind u.a. der Einsatz von Privatdetektiven[644], Schaltertests zur Verbesserung der Beratungsqualität[645], Führungsrichtlinien[646], codierte Ausweise, die lediglich dazu dienen, den Zugang zum Betrieb oder zu bestimmten Räumen freizugeben[647], Dienstreiseordnungen[648], die Anordnung, Kopfhauben bei der Verpackung und Fertigung medizinischer Artikel zu tragen[649], Erfassungsbögen zu Kalkulationszwecken[650], arbeitsbegleitende Papiere[651], Tätigkeitsberichte[652], Formulare zur Erfassung von Abwesenheit[653] oder Überstunden, formalisierte Krankengespräche zur Aufklärung von Krankheitsursachen[654] sowie Abmahnungen[655]. Kein Mitbestimmungsrecht besteht auch bei Maßnahmen, die der Arbeitgeber aufgrund gesetzlicher Vorschriften durchführen muß, weil ihm insoweit kein Ermessensspielraum verbleibt (z.B. Rauchverbot in feuergefährdetem Betrieb).

---

[637] LAG Hamm, Beschl. v. 11.6.1986, NZA 1987, 35.
[638] BAG, Urt. v. 1.12.1992, AP Nr. 20 zu § 87 BetrVG 1972 Ordnung des Betriebes.
[639] LAG Baden-Württemberg, Urt. v. 9.12.1977, DB 1978, 213.
[640] BAG, Beschl. v. 14.1.1986, AP Nr. 10 zu § 87 BetrVG 1972 Ordnung des Betriebes.
[641] LAG Saarland, Urt. v. 30.1.1974, AuR 1974, 217.
[642] BAG, Beschl. v. 24.3.1981, AP Nr. 2 zu § 87 BetrVG 1972 Arbeitssicherheit.
[643] BAG, Urt. v. 5.12.1975, AP Nr. 1 zu § 87 BetrVG 1972 Betriebsbuße; zur Betriebsbuße allgemein s. *Hromadka/Maschmann*, Arbeitsrecht Band 1, § 6 Rn. 152 ff.
[644] BAG, Beschl. v. 26.3.1991, AP Nr. 21 zu § 87 BetrVG 1972 Überwachung.
[645] BAG, Beschl. v. 18.4.2000, NZA 2000, 1176.
[646] BAG, Beschl. v. 23.10.1984, AP Nr. 8 zu § 87 BetrVG 1972 Ordnung des Betriebes.
[647] BAG, Beschl. v. 10.4.1984, AP Nr. 7 zu § 87 BetrVG 1972 Ordnung des Betriebes.
[648] BAG, Beschl. v. 8.12.1981, AP Nr. 6 zu § 87 BetrVG 1972 Lohngestaltung.
[649] LAG Baden-Württemberg, Beschl. v. 8.12.1983, 4 TaBV 8/83.
[650] BAG, Beschl. v. 24.11.1981, AP Nr. 3 zu § 87 BetrVG 1972 Ordnung des Betriebes.
[651] LAG Düsseldorf, Beschl. v. 14.6.1978, 6 TaBV 33/78.
[652] BAG, Beschl. v. 24.11.1987, AP Nr. 3 zu § 87 BetrVG 1972 Ordnung des Betriebes.
[653] BVerwG, Beschl. v. 19.6.1990, NJW 1990, 3033.
[654] *Richardi*, § 87 BetrVG Rn. 192; a. A. BAG, Beschl. v. 8.11.1994, AP Nr. 24 zu § 87 BetrVG 1972 Ordnung des Betriebes.
[655] BAG, Urt. v. 23.9.1975, DB 1975, 1946; zur Abmahnung allgemein s. Band 1, § 6 Rn. 157 ff.

b) Beginn und Ende der täglichen Arbeitszeit einschließlich der Pausen sowie Verteilung der Arbeitszeit auf die einzelnen Wochentage (Nr. 2)

aa) Lage der Arbeitszeit. Mitbestimmungspflichtig ist die Lage der Arbeitszeit, nicht die Dauer. Das folgt nicht nur aus der Gesetzessystematik – Nr. 3 erklärt (nur) vorübergehende Änderungen der Arbeitszeitdauer für mitbestimmungspflichtig –, sondern vor allem aus dem Grundsatz der Vertragsfreiheit. Die Dauer der Arbeitszeit bestimmt den Umfang des Leistungsversprechens des Arbeitnehmers. Dauer meint die Arbeitszeit, die im Arbeitsvertrag (oder Tarifvertrag) für den dort zugrunde gelegten Zeitraum (Woche, Monat, Jahr) vereinbart ist. Stellt der Arbeitsvertrag (Tarifvertrag), wie (noch) üblich, auf die Woche ab, dann ist die Wochenarbeitszeit mitbestimmungsfrei, die tägliche Arbeitszeit hinsichtlich Dauer (= Verteilung der Arbeitszeit auf die einzelnen Wochentage) und Lage (Beginn und Ende der täglichen Arbeitszeit) mitbestimmungspflichtig[656]. Zur Arbeitszeit im Sinne des Betriebsverfassungsrechts gehören auch Arbeitsbereitschaft als Zeit minderer Inanspruchnahme, Bereitschaftsdienst und Rufbereitschaft[657], nicht dagegen Reisezeiten außerhalb der vereinbarten Arbeitszeit, es sei denn, daß während der Reise Arbeitsleistungen zu erbringen sind[658].

448

bb) Einzelheiten. Mitbestimmungspflichtig sind damit die Festlegung von Arbeits- und arbeitsfreien Tagen in der Woche[659], die Einführung von gleitender und/oder variabler Arbeitszeit[660], die Festlegung der Rahmenbedingungen für Abrufarbeit und Teilzeitarbeit[661], die Einführung[662], Ausgestaltung („Schichtplan"), Änderung und Abschaffung von Schichtarbeit[663]. Ein Mitbestimmungsrecht besteht auch über die Grundsätze für die Zuordnung der Arbeitnehmer zu den einzelnen Schichten[664], nicht dagegen bei der Versetzung eines Arbeitnehmers von einer Schicht in eine andere[665]. Das Mitbestimmungsrecht bei Dauer und Lage der Pausen bezieht sich nur auf Ruhepausen, nicht auf Pausen, die als Ar-

449

---

[656] BAG, Beschl. v. 18.4.1989, AP Nr. 33 zu § 87 BetrVG 1972 Arbeitszeit.
[657] BAG, Beschl. v. 21.12.1982, AP Nr. 9 zu § 87 BetrVG 1972 Arbeitszeit.
[658] BAG, Beschl. v. 23.7.1996, AP Nr. 26 zu § 87 BetrVG 1972 Ordnung des Betriebes.
[659] Zur Sonntagsarbeit BAG, Beschl. v. 25.2.1997, AP Nr. 72 zu § 87 BetrVG 1972 Arbeitszeit.
[660] BAG, Beschl. v. 18.4.1989, AP Nr. 33 zu § 87 BetrVG 1972 Arbeitszeit.
[661] BAG, Beschl. v. 13.10.1987, 28.9.1988, 16.7.1991, AP Nr. 24, 29, 44 zu § 87 BetrVG Arbeitszeit.
[662] BAG, Beschl. v. 28.10.1986, AP Nr. 20 zu § 87 BetrVG 1972 Arbeitszeit.
[663] *Fitting*, § 87 BetrVG Rn. 120 ff. m.w.N.
[664] BAG, Beschl. v. 27.6.1989, AP Nr. 35 zu § 87 BetrVG 1972 Arbeitszeit.
[665] *Fitting*, § 87 BetrVG Rn. 123 m. N.; a. A. BAG, Beschl. v. 27.6.1989, AP Nr. 35 zu § 87 BetrVG 1972 Arbeitszeit; Beschl. v. 8.8.1989, AP Nr. 11 zu § 23 BetrVG 1972.

beitszeit gelten, wie Lärmpausen[666]. Es erstreckt sich auch auf Vertretungsregelungen während der Pausen.

Beispiel: Vier Arbeitnehmerinnen vertreten in einer bestimmten Reihenfolge die Telefonistin während der halbstündigen Mittagspause und holen ihre Pause zu einer anderen Zeit nach[667].

450   Arbeitgeber und Betriebsrat haben bei allen Regelungen die gesetzlichen Bestimmungen zu beachten, insbesondere das Arbeitszeitgesetz, §§ 8 ff. JArbSchG, § 8 MuSchG, das LadSchlG und § 12 TzBfG.

c) Vorübergehende Verkürzung oder Verlängerung der betriebsüblichen Arbeitszeit (Nr. 3)

451   **aa) Überstunden und Kurzarbeit.** Hier geht es um die Anordnung oder Vereinbarung von Überstunden[668] und um die Einführung von Kurzarbeit[669]; die Duldung von Überstunden (Entgegennahme und Bezahlung) steht der Anordnung gleich[670]. Mit der betriebsüblichen ist die jeweils vom einzelnen Arbeitnehmer geschuldete Arbeitszeit gemeint[671]; deshalb sind auch Überstunden von Teilzeitarbeitnehmern mitbestimmungspflichtig[672]. Der Betriebsrat hat ein Mitbestimmungsrecht sowohl beim Ob als auch beim Wie. Ein kollektiver Bezug kann nach der Rechtsprechung schon dann vorliegen, wenn auch nur ein Arbeitnehmer Überstunden leistet; Voraussetzung ist, daß auch ein anderer Arbeitnehmer an seiner Stelle in Frage gekommen wäre[673]. Es gehe darum, Belastungen und Verdienstchancen gerecht zu verteilen[674].

452   **bb) Einzelheiten.** Mitbestimmungspflichtig ist danach im allgemeinen die Anordnung von Überstunden aus Anlaß von Schlußverkäufen und saisonbedingten Bestandsaufnahmen in einem Warenhaus[675], zur Aufnahme des Bestandes in einer EDV-Abteilung außerhalb der

---

[666] BAG, Beschl. v. 28.7.1981, AP Nr. 3 zu § 87 BetrVG 1972 Arbeitssicherheit.
[667] LAG Düsseldorf, Beschl. v. 23.8.1983, BB 1983, 2052.
[668] BAG, Beschl. v. 12.1.1988, AP Nr. 8 zu § 81 ArbGG 1979.
[669] LAG Nürnberg, Beschl. v. 22.7.1976, 1 TaBV 7/76.
[670] BAG, Beschl. v. 27.11.1990, 16.7.1991, AP Nr. 41, 44 zu § 87 BetrVG 1972 Arbeitszeit.
[671] BAG, Beschl. v. 16.7.1991, AP Nr. 44 zu § 87 BetrVG 1972 Arbeitszeit.
[672] BAG, Beschl. v. 16.7.1991, 23.7.1996, AP Nr. 44, 68 zu § 87 BetrVG 1972 Arbeitszeit.
[673] BAG, Beschl. v. 10.6.1986, AP Nr. 18 zu § 87 BetrVG 1972 Arbeitszeit.
[674] BAG, Beschl. v. 23.7.1996, AP Nr. 26 zu § 87 BetrVG 1972 Ordnung des Betriebes.
[675] BAG, Beschl. v. 18.11.1980, AP Nr. 3 zu § 87 BetrVG 1972 Arbeitszeit.

Arbeitszeit in regelmäßigen Abständen[676], bei organisatorisch oder technisch bedingter Mehrarbeit im Rechenzentrum[677], zur Beseitigung immer wieder auftauchender technischer Störungen an Betriebsanlagen[678] oder zur termingerechten Erbringung von Leistungen an Dritte[679]. Mitbestimmungspflichtig ist nach Ansicht des BAG weiter die Einführung von Bereitschaftsdienst; hier gehe es im Kern um eine vorsorgliche Regelung der Leistung von Überstunden[680]. Eine vorübergehende Verkürzung der betriebsüblichen Arbeitszeit liegt auch in der Verringerung der Arbeitszeit aufgrund von Fernwirkungen eines Arbeitskampfs. Der Betriebsrat hat hier aber kein Mitbestimmungsrecht beim Ob, weil er sonst Einfluß auf das Kräfteverhältnis der Kampfparteien nehmen könnte, sondern nur beim Wie[681]. Kein Mitbestimmungsrecht besteht beim Abbau von Überstunden oder bei der Rückkehr von der Kurzarbeit zur Normalarbeitszeit[682], kein Mitbestimmungsrecht auch bei der Vergütung für Überstunden und bei der Höhe des Entgeltausfalls bei Kurzarbeit[683].

d) Zeit, Art und Ort der Auszahlung der Arbeitsentgelte (Nr. 4)

Arbeitsentgelte sind über das laufende Entgelt hinaus alle Geld- und geldwerten Leistungen, die der Arbeitgeber dem Arbeitnehmer für die geleistete Arbeit erbringt. „Zeit" meint Tag und Stunde der Auszahlung, nach herrschender Meinung auch den Entgeltzahlungszeitraum (Monat, Woche)[684], „Ort" vor allem die Frage, ob im Betrieb oder außerhalb – der Betrieb ist der Erfüllungsort –, „Art" bargeldlose oder Barzahlung. Das Mitbestimmungsrecht erstreckt sich auf die Kosten, die dem Arbeitnehmer zwangsläufig durch die gewählte Art der Entgeltzahlung entstehen[685], also bei bargeldloser Zahlung auf die Gebühr für die Überweisung und eine Abbuchung – sofern der Arbeitnehmer kein Konto hat, auch auf die Kontoführungsgebühr[686] –, und auf die Zeitversäumnis für das Aufsuchen der Bank[687]. Die Kosten können pauschaliert werden[688], 2,50 DM pro Monat sind steuerfrei[689].

---

[676] BAG, Beschl. v. 8.6.1982, AP Nr. 7 zu § 87 BetrVG 1972 Arbeitszeit.
[677] BAG, Beschl. v. 22.2.1983, AP Nr. 2 zu § 23 BetrVG 1972.
[678] BAG, Beschl. v. 2.3.1982, 21.12.1982, AP Nr. 6, 9 zu § 87 BetrVG 1972 Arbeitszeit.
[679] BAG, Beschl. v. 11.11.1986, AP Nr. 21 zu § 87 BetrVG 1972 Arbeitszeit.
[680] BAG, Beschl. v. 29.1.2000, NZA 2000, 1243,
[681] BAG, Beschl. v. 22.12.1980, AP Nr. 70, 71 zu Art. 9 GG Arbeitskampf.
[682] BAG, Beschl. v. 21.11.1978, AP Nr. 2 zu § 87 BetrVG 1972 Arbeitszeit.
[683] *Fitting*, § 87 BetrVG Rn. 148; GK-BetrVG/*Wiese*, § 87 BetrVG Rn. 360.
[684] *Fitting*, § 87 BetrVG Rn. 176; *Richardi*, § 87 BetrVG Rn. 414.
[685] BAG, Beschl. v. 24.11.1987, 10.8.1993, AP Nr. 6, 12 zu § 87 BetrVG 1972 Auszahlung.
[686] BAG, Beschl. v. 8.3.1977, 10.8.1993, AP Nr. 1, 12 zu § 87 BetrVG 1972 Auszahlung.
[687] BAG, Beschl. v. 20.12.1988, AP Nr. 9 zu § 87 BetrVG 1972 Auszahlung.
[688] *Fitting*, § 87 BetrVG Rn. 182.
[689] BMF-Schreiben v. 5.4.1972, DB 1972, 706; BMF-Schreiben v. 22.10.1973, DB 1973, 2168.

e) Aufstellung allgemeiner Urlaubsgrundsätze und des Urlaubsplanes sowie die Festsetzung der zeitlichen Lage des Urlaubs für einzelne Arbeitnehmer, wenn zwischen dem Arbeitgeber und den beteiligten Arbeitnehmern kein Einverständnis erzielt wird (Nr. 5)

454 Diese Bestimmung geht von folgendem Modell aus: Arbeitgeber und Betriebsrat stellen allgemeine Urlaubsgrundsätze auf, d.h. Richtlinien für die Erteilung von Urlaub gleich welcher Art (Erholungsurlaub, Schwerbehindertenurlaub[690], Sonderurlaub für ausländische Arbeitnehmer[691], Bildungsurlaub[692]). Beispielsweise wird festgelegt, daß Arbeitnehmer mit schulpflichtigen Kindern vorzugsweise in den Ferien in Urlaub gehen dürfen und daß der Urlaub auf günstige und weniger günstige Monate aufzuteilen ist oder daß Betriebsferien gemacht werden[693]. Die Arbeitnehmer tragen ihre Urlaubswünsche sodann entsprechend den Richtlinien jährlich in die Urlaubsliste ein. Widerspricht der Arbeitgeber innerhalb einer angemessenen Frist – etwa ein Monat – nicht, dann liegt der Urlaub fest; aus der Urlaubsliste wird der in der Regel verbindliche Urlaubsplan. Überschneiden sich die Wünsche mehrerer Arbeitnehmer, wollen also z.B. mehrere Mütter mit schulpflichtigen Kindern während der Schulferien in Urlaub gehen und ist das aus betrieblichen Gründen nicht möglich, dann entscheiden Arbeitgeber und Betriebsrat gemeinsam. Der Betriebsrat hat kein Mitbestimmungsrecht bei der Dauer des Urlaubs und bei Urlaubsentgelt und Urlaubsgeld.

f) Einführung und Anwendung von technischen Einrichtungen, die dazu bestimmt sind, das Verhalten oder die Leistung der Arbeitnehmer zu überwachen (Nr. 6)

455 **aa) Schutzgut.** Damit werden Eingriffe in den Persönlichkeitsbereich der Arbeitnehmer durch Verwendung anonymer Kontrolleinrichtungen der Mitbestimmung unterworfen. Die Arbeitnehmer sollen vor Gefahren technischer Überwachung geschützt werden, die ihre Abwehrreaktionen und -mechanismen unterlaufen. Mitbestimmungspflichtig sind optische, akustische und sonstige Kontrollgeräte.

Beispiele: Multimoment-Filmkameras, die in regelmäßigen Abständen Aufnahmen von Arbeitsplätzen machen[694], Filmkameras, mit denen die Tätigkeit von Arbeitnehmern an ihren Arbeitsplätzen zum Zwecke des Zeitstudiums gefilmt wird, auch wenn jeweils nur ganz kurze Aufnahmen gemacht werden (4 bis 12 Minuten)[695], Fernsehmonitoren, Produk-

---

[690] LAG Frankfurt, Urt. v. 16.2.1987, BB 1987, 1461.
[691] BAG, Beschl. v. 18.6.1974, AP Nr. 1 zu § 87 BetrVG 1972 Urlaub.
[692] BAG, Beschl. v. 18.5.2002, NZA 2002, 171.
[693] BAG, Beschl. v. 28.7.1981, AP Nr. 2 zu § 87 BetrVG 1972 Urlaub.
[694] BAG, Beschl. v. 14.5.1974, AP Nr. 1 zu § 87 BetrVG 1972 Überwachung.
[695] BAG, Beschl. v. 10.7.1979, AP Nr. 4 zu § 87 BetrVG 1972 Überwachung.

tographen, d.h. Geräte, die Daten über Lauf und Ausnutzung von Maschinen aufzeichnen[696], Stechuhren und sonstige automatische Zeiterfassungsgeräte, mit denen Beginn und Ende einzelner Arbeitsvorgänge festgehalten werden[697], Anlagen zur Telefondatenerfassung[698] und Telefonabhöranlagen[699].

bb) Nicht mitbestimmungspflichtig sind technische Einrichtungen, die nur den Lauf oder die Ausnutzung von Maschinen oder sonstiger technischer Vorgänge kontrollieren, ohne daß daraus Rückschlüsse auf Verhalten oder Leistung gezogen werden können, wie Druckzähler, Drehzahlmesser, Warnlampen und in der Regel auch Stückzähler[700]. Kein Mitbestimmungsrecht besteht auch, wenn der Arbeitgeber zur Verwendung von Kontrolleinrichtungen verpflichtet ist, wie bei Fahrtenschreibern in LKWs und Bussen, sofern er nicht zusätzliche Auswertungen vornimmt[701]. Nicht mitbestimmungspflichtig ist schließlich die Erfassung von Verhaltens- und Leitungsdaten, die nicht unmittelbar durch eine Kontrolleinrichtung erfolgt, sondern – zwar u.U. auch mit Hilfe technischer Einrichtungen, aber doch entscheidend – durch die Tätigkeit des Betroffenen selbst oder durch die anderer Personen (Vorgesetzter, Werkschutz, Detektiv).

456

Beispiele: Durchführung einer Organisationsuntersuchung (Arbeitsmängelüberprüfung) mit Hilfe einer Uhr[702], Zeitmessung bestimmter Arbeitsschritte mittels Stoppuhr durch einen REFA-Fachmann für die Kalkulation[703], Durchführung von Multimomentaufnahmen durch Mitarbeiter der Arbeitsvorbereitung mit Hilfe von Uhr, Bleistift und Papier[704], Einführung von Arbeitsbelegen in Form von Lochkarten, in die die Arbeitnehmer den Aufwand für eine bestimmte Arbeit selbst eintragen, auch wenn diese Belege später durch EDV für die betriebliche Kalkulation ausgewertet werden[705].

Der Betriebsrat hat mitzubestimmen bei der Einführung von Kontrolleinrichtungen und bei der Anwendung; er hat kein Initiativrecht, und er kann sich der Abschaffung nicht widersetzen. Bei seinen Überlegungen hat er die berechtigten Belange des Arbeitgebers, wie Abwehr von Gefahren, Sicherung des Eigentums, rationelle Arbeitsgestaltung, Kosten, gegen das Interesse der Arbeitnehmer auf Schutz ihrer Persönlichkeit abzuwägen[706].

457

---

[696] ArbG Berlin, Beschl. v. 25.1.1973, DB 1973, 387.
[697] LAG Düsseldorf, Beschl. v. 21.11.1978, DB 1979, 459.
[698] BAG, Beschl. v. 27.5.1986, AP Nr. 15 zu § 87 BetrVG 1972 Überwachung.
[699] BAG, Beschl. v. 30.8.1995, AP Nr. 29 zu § 87 BetrVG 1972 Überwachung.
[700] *Fitting*, § 87 BetrVG Rn. 223 m.w.N.
[701] BAG, Beschl. v. 10.7.1979, AP Nr. 3 zu § 87 BetrVG 1972 Überwachung.
[702] LAG Hamm, Beschl. v. 17.3.1978, DB 1978, 1987.
[703] BAG, Beschl. v. 8.11.1994, AP Nr. 27 zu § 87 BetrVG 1972 Überwachung.
[704] LAG Schleswig-Holstein, Beschl. v. 4.7.1985, BB 1985, 1791.
[705] BAG, Beschl. v. 23.1.1979, DB 1981, 1144.
[706] Vgl. BAG, Beschl. v. 11.3.1986, 27.5.1986, AP Nr. 14, 15 zu § 87 BetrVG 1972 Überwachung.

458 cc) Mitbestimmung bei EDV. Gestützt auf den von ihm erweiterten Normzweck der Gewährleistung der freien Entfaltung der Persönlichkeit und auf das vom Bundesverfassungsgericht aus dem Persönlichkeitsrecht abgeleitete informationelle Selbstbestimmungsrecht hat das BAG Nr. 6 schrittweise ausgedehnt[707] und damit EDV-Programme weitgehend der Mitbestimmung unterworfen.

459 Nach Ansicht des BAG
- reicht es aus, wenn ein Teil des Überwachungsvorgangs mittels einer technischen Einrichtung erfolgt. Danach ist sowohl die bloße Erhebung verhaltens- und leistungsbezogener Daten durch eine technische Einrichtung mitbestimmungspflichtig[708] als auch die bloße Auswertung manuell erhobener Daten durch EDV[709].
- müssen Überwachungsmaßnahmen zwar einzelnen Arbeitnehmern zugeordnet werden können; es genügt aber, wenn das durch Rückschlüsse aus anderen Informationsmitteln geschieht (Anwesenheitsliste, mit deren Hilfe festgestellt werden kann, wer welche Maschine bedient hat[710]).
- genügt es nicht, wenn Kontrolldaten nur einer Gruppe von Arbeitnehmern zugeordnet werden können, der von den Daten ausgehende Überwachungsdruck jedoch auf die Gruppe durchschlägt, weil sie klein und überschaubar ist (z.B. eine Akkordgruppe[711]).
- muß sich die Überwachung zwar auf Leistung und Verhalten beziehen. Leistung ist aber nicht im naturwissenschaftlichen Sinne als Arbeit pro Zeiteinheit zu verstehen, sondern als Arbeiten zur Erfüllung des Arbeitsvertrags[712]. Verhalten soll jedes Tun oder Unterlassen sein, das für das Arbeitsverhältnis von Bedeutung sein kann[713] (sonst kommen eine Aufzeichnung und Speicherung nach § 28 BDSG ohnedies nicht in Frage). Auch hier soll es ausreichen, wenn die Daten erst in Verbindung mit anderen Daten eine Aussage zulassen. Mitbestimmungspflichtig sind damit grundsätzlich Aufzeichnung und Auswertung der Einzelheiten der Vertragserfüllung, vor allem der Arbeitszeiten und der Fehlzeiten einschließlich der Krankheitszeiten durch EDV. Mitbestimmungsfrei sind die Aufzeichnung und Auswertung von Stammdaten[714].
- ist es nicht erforderlich, daß das Programm die Überwachung der Arbeitnehmer bezweckt. Es genügt, daß es zur Überwachung geeignet ist; es kommt nicht darauf an, ob der Arbeitgeber von der Möglichkeit Gebrauch macht. Nicht einmal die Erklärung des

---

[707] BVerfGE 61, 1; BAG, Beschl. v. 14.9.1984, AP Nr. 9 zu § 87 BetrVG 1972 Überwachung.
[708] BAG, Beschl. v. 6.12.1983, AP Nr. 7 zu § 87 BetrVG 1972 Überwachung.
[709] BAG, Beschl. v. 10.7.1979, 14.9.1984, AP Nr. 1, 9 zu § 87 BetrVG 1972 Überwachung.
[710] BAG, Beschl. v. 10.4.1984, AP Nr. 7 zu § 87 BetrVG 1972 Ordnung des Betriebes.
[711] BAG, Beschl. v. 26.7.1994, AP Nr. 26 zu § 87 BetrVG 1972 Überwachung.
[712] BAG, Beschl. v. 23.4.1985, 18.2.1986, AP Nr. 12, 13 zu § 87 BetrVG 1972 Überwachung.
[713] *Fitting*, § 87 BetrVG Rn. 216 m.w.N.
[714] BAG, Urt. v. 22.10.1986, AP Nr. 2 zu § 23 BDSG; zum Streitstand *Fitting*, § 87 BetrVG Rn. 231.

Arbeitgebers, er wolle die Überwachungsmöglichkeit nicht nutzen, schließt das Mitbestimmungsrecht aus[715].

Daraus folgt: Nicht mitbestimmungspflichtig nach Nr. 6 sind die Installierung **460** von EDV-Anlagen und die Einrichtung von Bildschirmarbeitsplätzen an sich[716]. Hier hat der Betriebsrat allenfalls Mitwirkungsrechte nach anderen Vorschriften (vor allem nach § 90 BetrVG). Die Mitbestimmungspflicht wird erst ausgelöst durch die Verwendung von Programmen, die eine Verhaltens- oder Leistungsüberwachung zulassen[717]. Das können sowohl Anwendungs- als auch Betriebsprogramme sein[718]. Gerade Betriebsprogramme werden häufig schon im Interesse der Fehlersuche so gestaltet sein, daß sie Rückschlüsse auf die Leistung der Arbeitnehmer gestatten.

g) Regelungen über die Verhütung von Arbeitsunfällen und Berufskrankheiten sowie über den Gesundheitsschutz im Rahmen der gesetzlichen Vorschriften oder der Unfallverhütungsvorschriften (Nr. 7)

Das Mitbestimmungsrecht beschränkt sich auf Maßnahmen des Arbeitgebers, die **461** er zur Ausfüllung gesetzlicher Vorschriften und von Unfallverhütungsvorschriften (UVV) trifft. Voraussetzung ist, daß sie ihm eine Wahlmöglichkeit lassen[719].

Beispiele: Der Betriebsrat kann darüber mitbestimmen, ob die betriebsärztliche Versorgung durch einen eigenen Betriebsarzt, durch einen überbetrieblichen Dienst oder durch Verpflichtung eines freiberuflich tätigen Arztes erfolgt[720]. Gleiches gilt für die Fachkräfte für Arbeitssicherheit[721]. Er hat ein Mitbestimmungsrecht bei der Frage, ob der Arbeitgeber einem Nachtarbeitnehmer für die Nachtarbeit freie Tage oder einen Nachtarbeitszuschlag zu gewähren hat (§ 6 Abs. 5 ArbZG); die Frage, wieviele Tage oder welcher Zuschlag angemessen ist, ist dagegen eine Rechtsfrage, die der Mitbestimmung nicht unterliegt[722]. Der Betriebsrat hat weiter ein Mitbestimmungsrecht bei der Frage, ob die tägliche Arbeit an **462**

---

[715] BAG, Beschl. v. 6.12.1983, 23.4.1995, AP Nr. 7, 11 zu § 87 BetrVG 1972 Überwachung.
[716] LAG Schleswig-Holstein, Beschl. v. 9.6.1982, DB 1983, 995; LAG Niedersachsen, Beschl. v. 25.3.1982, DB 1982, 2039.
[717] BAG, Beschl. v. 6.12.1983, AP Nr. 7 zu § 87 BetrVG 1972 Überwachung.
[718] *Fitting*, § 87 BetrVG Rn. 228.
[719] BAG, Beschl. v. 15.1.2002, NZA 2002, 995.
[720] BAG, Beschl. v. 10.4.1979, AP Nr. 1 zu § 87 BetrVG 1972 Arbeitssicherheit.
[721] *Richardi*, § 87 BetrVG Rn. 621.
[722] BAG, Beschl. v. 26.8.1997, AP Nr. 74 zu § 87 BetrVG 1972 Arbeitszeit.

Bildschirmgeräten regelmäßig durch andere Tätigkeiten oder durch Pausen unterbrochen werden soll (§ 5 BildschirmarbeitsVO)[723].

463 Der Betriebsrat kann nicht verlangen, daß der Arbeitgeber über die in gesetzlichen Vorschriften oder Unfallverhütungsvorschriften gegen Unfall- und Gesundheitsgefahren vorgesehenen Maßnahmen hinaus weitere Maßnahmen trifft[724]. Den Betriebspartnern bleibt es unbenommen, freiwillige Vereinbarungen über zusätzliche Maßnahmen abzuschließen (§ 88 Satz 1 BetrVG).

464 Der Betriebsrat hat bei der Bekämpfung von Unfall- und Gesundheitsgefahren die für den Arbeitsschutz zuständigen Behörden, die Träger der Unfallversicherung und die sonstigen in Betracht kommenden Stellen zu unterstützen und sich für die Durchführung der Vorschriften über den Arbeitsschutz und die Unfallverhütung im Betrieb einzusetzen. Der Arbeitgeber muß den Betriebsrat bei allen im Zusammenhang mit dem Arbeitsschutz und der Unfallverhütung stehenden Besichtigungen und Fragen und bei Unfalluntersuchungen hinzuziehen. An den Besprechungen des Arbeitgebers mit dem Sicherheitsbeauftragten oder dem Sicherheitsausschuß nach § 22 Abs. 2 SGB VII nehmen vom Betriebsrat beauftragte Betriebsratsmitglieder teil (§ 89 BetrVG).

465 Die Betriebsärzte und Fachkräfte für Arbeitssicherheit sind mit Zustimmung des Betriebsrats zu bestellen und abzuberufen. Sie haben bei der Erfüllung ihrer Aufgaben mit dem Betriebsrat zusammenzuarbeiten und ihn in Angelegenheiten des Arbeitsschutzes und der Unfallverhütung zu beraten (§ 9 ASiG).

h) Form, Ausgestaltung und Verwaltung von Sozialeinrichtungen, deren Wirkungsbereich auf den Betrieb, das Unternehmen oder den Konzern beschränkt ist (Nr. 8)

466 **aa) Nr. 8 bis 11** regeln die Mitbestimmung bei der Gestaltung und Erbringung von Leistungen des Arbeitgebers im Rahmen des Arbeitsverhältnisses. Nr. 10 ist der Grundtatbestand. Nr. 8 betrifft den Sonderfall, daß Sozialleistungen durch eine Einrichtung gewährt werden. Nr. 9 ist nach – allerdings bestrittener[725] – Ansicht des BAG wiederum ein Unterfall einer Sozialeinrichtung und damit der Nr. 8. Nr. 11 schließlich regelt einen Sonderfall der Mitbestimmung bei der Vergütung (Nr. 10), nämlich die Mitbestimmung beim Leistungslohn.

---

[723] BildschirmarbeitsVO v. 11.12.1996 (BGBl. I S. 1841); GK-BetrVG/*Wiese*; § 87 Rn. 631.

[724] BAG, Beschl. v. 6.12.1983, AP Nr. 7 zu § 87 BetrVG 1972 Überwachung.

[725] *Richardi*, § 87 BetrVG Rn. 742: Das Mitbestimmungsrecht besteht auch, wenn eine kostendeckende Miete erhoben wird und wenn der Wohnungsbestand nicht zu einem zweckgebundenen, verwaltungsbedürftigen Sondervermögen zusammengefaßt ist.

XI. Mitbestimmung in sozialen Angelegenheiten

Beispiel zum Verhältnis der Nrn. 8 und 10: Der Arbeitgeber kann Altersversorgungsleistungen in der Form der Direktzusage („unmittelbare Versorgung"), durch Direktversicherung (Lebensversicherung des Arbeitnehmers), mit Hilfe einer Pensionskasse oder mit Hilfe einer Unterstützungskasse erbringen (§ 1 BetrAVG). Im ersten Fall erhält der Arbeitnehmer einen Pensionsanspruch gegen den Arbeitgeber, im zweiten gegen ein Versicherungsunternehmen, im dritten und vierten werden rechtsfähige Versorgungseinrichtungen gebildet, wobei der Arbeitnehmer im dritten Fall einen Anspruch auf die Altersversorgungsleistungen hat, im vierten nicht. Bei Direktzusage und Direktversicherung besteht Mitbestimmungspflicht nach Nr. 10[726], bei Pensionskassen und Unterstützungskassen nach Nr. 8. Die Wahl der Versorgungsart ist eine reine Frage der Zweckmäßigkeit. Was Nrn. 8 und 10 voneinander unterscheidet, ist die Mitbestimmung bei der Verwaltung der Sozialeinrichtungen. Die Grundsätze, die die Mitbestimmung bei der Leistung betreffen, müssen deshalb in allen vier Fällen dieselben sein.

467

bb) Sozialeinrichtungen sind uneigennützige Einrichtungen, die den Arbeitnehmern des Betriebs (Unternehmens, Konzerns)[727] zusätzliche Vorteile gewähren sollen, außer Pensions- und Unterstützungskassen[728], also z.B. Kantinen, Sportplätze, Kindergärten[729] und Erholungsheime, Bibliotheken, Schwimmbäder, nicht dagegen Werkszeitungen, Betriebskrankenkassen, Leistungen des Arbeitgebers an einzelne Arbeitnehmer, verbilligter Warenbezug usw. Voraussetzung ist immer ein zweckgebundenes, vom sonstigen Vermögen des Arbeitgebers abgetrenntes Sondervermögen mit einer gewissen Organisation[730]; ein rechnerischer Fonds oder bloße Rückstellungen als Bilanzposten genügen nicht[731].

468

Unter der Form von Sozialeinrichtungen ist insbesondere die Rechtsform zu verstehen, also die Frage, ob die Einrichtung als GmbH, als Versicherungsverein auf Gegenseitigkeit, als Stiftung oder als unselbständige Betriebsabteilung errichtet wird. Ausgestaltung bedeutet Festlegung der Organisation der Verwaltung, Aufstellung der Grundsätze, nach denen die Mittel verwendet werden und die Arbeitnehmer Leistungen erhalten sollen (Leistungsplan), sowie der Grundsätze über die Anlage der Mittel, über die Benutzung der Einrichtung und über eventuelle Beiträge der Benutzer[732]. Zur Verwaltung zählen auch die einzelnen Verwaltungsmaßnahmen. Bei rechtlich selbständigen, tatsächlich aber abhängi-

469

---

[726] BAG, Beschl. v. 12.6.1975, 18.3.1976, AP Nr. 1, 4 zu § 87 BetrVG 1972 Altersversorgung.
[727] Nicht unter Nr. 8 fallen deshalb unternehmensüberschreitende Gruppenunterstützungskassen, BAG, Urt. v. 22.4.1986, 9.5.1989, AP Nr. 13, 18 zu § 87 BetrVG 1972 Altersversorgung.
[728] BAG, Beschl. v. 13.7.1978, AP Nr. 5 zu § 87 BetrVG 1972 Altersversorgung; Urt. v. 8.12.1981, AP Nr. 1 zu § 1 BetrAVG Unterstützungskassen.
[729] LAG Hamm, Beschl. v. 27.11.1975, DB 1976, 201.
[730] Dazu *Fitting*, § 87 BetrVG Rn. 334 m.w.N.
[731] LAG Frankfurt, Beschl. v. 16.3.1976, BB 1977, 796.
[732] Zum Vorstehenden *Fitting*, § 87 BetrVG Rn. 351 ff.

gen Sozialeinrichtungen kann das Mitbestimmungsrecht des Betriebsrats dadurch verwirklicht werden, daß Arbeitgeber und Betriebsrat sich gemeinsam über die mitbestimmungspflichtige Angelegenheit einigen und der Arbeitgeber für Durchführung in der Sozialeinrichtung sorgt (sog. zweistufige Lösung, Normalfall) oder dadurch, daß der Betriebsrat in den Gremien der Sozialeinrichtung paritätisch mitbestimmt (organschaftliche Lösung, nur bei Vereinbarung[733]).

470 cc) **Mitbestimmungsfrei** sind die Errichtung, Änderung und Schließung solcher Einrichtungen[734], die Festlegung des generellen Zwecks[735], die Dotierung[736] und damit die Frage, ob ein Rechtsanspruch auf Leistung besteht, und schließlich die Bestimmung des begünstigten Personenkreises[737]. Eine Einschränkung der Sozialeinrichtung bedeutet im allgemeinen auch eine mitbestimmungspflichtige Änderung des Leistungsplans mit der Folge, daß der Arbeitgeber sich mit dem Betriebsrat über die neuen Grundsätze einigen muß[738].

471 dd) **Mitbestimmungspflichtig** sind damit u. a. die Kantinenpreise (da der Betriebsrat keine Erhöhung der Dotierung verlangen kann, muß er notfalls eine Minderung der Essensqualität hinnehmen), die Bemessung von Kindergartenbeiträgen[739], die Grundsätze für die Mietzinsbildung von Werkswohnungen (nicht die Festsetzung der Miete im Einzelfall)[740], die Änderung der Öffnungszeiten von Werkskantinen[741] und der Entzug der Erlaubnis, weiterhin Jubilarfeiern in der Kantine abzuhalten[742]. Bei einem Betriebsübergang geht die Sozialeinrichtung ohne ausdrückliche Vereinbarung nicht mit nach § 613 a BGB über. Das Mitbestimmungsrecht des Betriebsrats erlischt deshalb[743].

---

[733] BAG, Beschl. v. 13.7.1978, 8.12.1981, AP Nr. 5, 16 zu § 87 BetrVG 1972 Altersversorgung; Urt. v. 10.3.1992, AP Nr. 34 zu § 1 BetrAVG.
[734] BAG, Beschl. v. 13.3.1973, AP Nr. 1 zu § 87 BetrVG 1972 Werkmietwohnungen.
[735] BAG, Beschl. v. 26.10.1965, AP Nr. 8 zu § 56 BetrVG Wohlfahrtseinrichtungen.
[736] BAG, Urt. v. 9.7.1985, AP Nr. 16 zu § 75 BPersVG; Urt. v. 26.4.1988, AP Nr. 16 zu § 87 BetrVG 1972 Altersversorgung.
[737] GK-BetrVG/*Wiese*, § 87 Rn. 708; für den Personenkreis BAG, Beschl. v. 23.3.1993, AP Nr. 8 zu § 87 BetrVG 1972 Werkmietwohnungen.
[738] BAG, Urt. v. 26.4.1988, AP Nr. 16 zu § 87 BetrVG 1972 Altersversorgung.
[739] LAG Hamm, Beschl. v. 27.11.1975, DB 1976, 201.
[740] BAG, Beschl. v. 3.6.1975, AP Nr. 3 zu § 87 BetrVG 1972 Werkmietwohnungen.
[741] ArbG Ludwigshafen, Beschl. v. 1.3.1972, 5 BV 1/72 L.
[742] BAG, Beschl. v. 15.9.1987, AP Nr. 9 zu § 87 BetrVG 1972 Sozialeinrichtung.
[743] BAG, Beschl. v. 5.5.1977, AP Nr. 7 § 613 a BGB.

i) Zuweisung und Kündigung von Wohnräumen, die den Arbeitnehmern mit Rücksicht auf das Bestehen eines Arbeitsverhältnisses vermietet werden, sowie die allgemeine Festlegung der Nutzungsbedingungen (Nr. 9)

Hierunter fallen Werkmietwohnungen, Wohnungen, für die der Arbeitgeber ein Belegrecht hat (etwa weil er für den Bau der Wohnung einen Zuschuß gewährt hat[744]), und von Wohnheimplätzen in eigenen oder angemieteten Wohnheimen, nicht aber Werkdienstwohnungen[745], d.h. Wohnungen für Hausmeister, Pförtner, Fahrer usw., und Wohnungen, die ausschließlich für Personen vorgesehen sind, die nicht vom Betriebsrat vertreten werden, wie leitende Angestellte oder Gäste[746]. Das Mitbestimmungsrecht erstreckt sich sowohl auf die Vergabe im Einzelfall als auch auf den Mietvertrag, die Hausordnung, die allgemeinen Grundsätze für die Mietpreisfestsetzung[747] und die Kündigung[748]. Ist der Arbeitgeber nicht selbst Eigentümer der Wohnung, so reicht das Mitbestimmungsrecht so weit wie seine Rechte gegenüber dem Vermieter[749]. Nicht mitbestimmungspflichtig sind die Entscheidung des Arbeitgebers, Wohnungen zur Verfügung zu stellen oder nicht mehr zur Verfügung zu stellen, die Festlegung des berechtigten Personenkreises, die Höhe des Zuschusses und die Festsetzung der Miete im Einzelfall. Die Zustimmung des Betriebsrats zur Kündigung des Mietverhältnisses ersetzt nicht die sonstigen Voraussetzungen, die nach dem Mieterschutzrecht erforderlich sind (vgl. §§ 573 ff. BGB).

472

j) Fragen der betrieblichen Lohngestaltung, insbesondere die Aufstellung von Entlohnungsgrundsätzen und die Einführung und Anwendung von neuen Entlohnungsmethoden sowie deren Änderung (Nr. 10)

aa) Normzweck. Die Mitbestimmung soll die Arbeitnehmer vor einer willkürlichen oder einseitig an den Interessen des Arbeitgebers orientierten Lohngestaltung schützen. Ziel ist die innerbetriebliche Lohngerechtigkeit; die Angemessenheit und Durchsichtigkeit des innerbetrieblichen Lohngefüges sollen gesichert werden[750].

473

---

[744] BAG, Beschl. v. 18.7.1978, AP Nr. 4 zu § 87 BetrVG 1972 Werkmietwohnungen.
[745] BAG, Beschl. v. 7.6.1975, AP Nr. 3 zu § 87 BetrVG 1972 Werkmietwohnungen.
[746] BAG, Beschl. v. 30.4.1974, 28.7.1992, AP Nr. 2, 7 zu § 87 BetrVG 1972 Werkmietwohnungen.
[747] BAG, Beschl. v. 13.3.1973, 7.6.1975, AP Nr. 1, 3 zu § 87 BetrVG 1972 Werkmietwohnungen.
[748] BAG, Beschl. v. 28.7.1992, AP Nr. 7 zu § 87 BetrVG 1972 Werkmietwohnungen.
[749] BAG, Beschl. v. 18.7.1978, AP Nr. 4 zu § 87 BetrVG 1972 Werkmietwohnungen.
[750] BAG GS, Beschl. v. 3.12.1991, AP Nr. 51 zu § 87 BetrVG 1972 Lohngestaltung.

Der Betriebsrat kann keine lohnpolitischen Entscheidungen verlangen; Lohnpolitik ist Sache des Arbeitgebers.

474 **bb) Lohn** ist nicht nur als laufendes Entgelt für Arbeiter zu verstehen, sondern als Arbeitsentgelt schlechthin; dazu zählen alle Leistungen und Vorteile, die der Arbeitgeber den Arbeitnehmern mit Rücksicht auf ihre Arbeitsleistung gewährt[751]: Zeit- und Leistungslohn[752], Provisionen[753], einmalige Sonderzahlungen[754], übertarifliche Zulagen, Erschwerniszulagen, Gratifikationen, Gewinn- und Ergebnisbeteiligungen[755], zinsbegünstigte Darlehen[756], Mietzuschüsse[757], Kosten für Familienheimflüge[758], verbilligte Flugscheine[759], Essenszusatzmarken für die Kantine[760], Altersversorgung. Nicht dazu gehören Regelungen über Aufwendungsersatz (Spesenregelungen, Dienstreiseordnungen[761]) oder Pauschalen für die dienstliche Benutzung privater Kraftfahrzeuge[762].

475 **cc) Kollektiver Tatbestand.** Das Mitbestimmungsrecht besteht bei der Festlegung abstrakt-genereller Grundsätze für die Gewährung und bei deren Änderung. Kein Mitbestimmungsrecht besteht bei individuellen Vereinbarungen. Das sind nach der Rechtsprechung Vereinbarungen, bei denen besondere Umstände des einzelnen Arbeitnehmers eine Rolle spielen und bei denen kein innerer Zusammenhang mit Leistungen an andere Arbeitnehmer besteht[763]. Die Zahl der betroffenen Arbeitnehmer ist nur ein Anzeichen. Ein kollektiver Tatbestand soll vorliegen, wenn Grund und Höhe der Leistung von allgemeinen Merkmalen abhängig gemacht werden, die eine Mehrzahl von Arbeitnehmern erfüllt[764], wie Leistung, Zahl der Gehaltserhöhungen in der Vergangenheit, Fehlzeiten, niedriger bewerteter Arbeitsplatz oder der Wunsch eines Arbeitnehmers, durch niedrigeres Entgelt steuerliche Nachteile zu vermeiden. Bei der Reaktion auf Gegebenheiten des Arbeitsmarktes soll es darauf ankommen, ob es um die Bindung eines Arbeitnehmers an

---

[751] BAG, Beschl. v. 30.3.1982, 10.6.1986, AP Nr. 10, 22 zu § 87 BetrVG 1972 Lohngestaltung.
[752] BAG, Beschl. v. 20.11.1990, AP Nr. 2 zu § 77 BetrVG 1972 Regelungsabrede.
[753] BAG, Beschl. v. 13.3.1984, AP Nr. 4 zu § 87 BetrVG 1972 Provisionen.
[754] BAG, Beschl. v. 29.2.2000, NZA 2000, 1066.
[755] LAG Bremen, Beschl. v. 27.10.1978, AP Nr. 1 zu § 87 BetrVG 1972 Lohngestaltung.
[756] BAG, Beschl. v. 9.12.1980, AP Nr. 5 zu § 87 BetrVG 1972 Lohngestaltung.
[757] BAG, Beschl. v. 10.6.1986, AP Nr. 22 zu § 87 BetrVG 1972 Lohngestaltung.
[758] BAG, Beschl. v. 10.6.1986, AP Nr. 22 zu § 87 BetrVG 1972 Lohngestaltung.
[759] BAG, Beschl. v. 22.10.1985, AP Nr. 18 zu § 87 BetrVG 1972 Lohngestaltung.
[760] BAG, Urt. v. 15.1.1987, AP Nr. 21 zu § 75 BPersVG.
[761] BAG, Beschl. v. 27.10.1998, NZA 1999, 381.
[762] BAG, Beschl. v. 10.1.1979, 1 ABR 23/76.
[763] BAG GS, Beschl. v. 3.12.1991, AP Nr. 51 zu § 87 BetrVG 1972 Lohngestaltung.
[764] *Wiese*, RdA 1995, 395.

den Betrieb geht oder um die aller Arbeitnehmer oder einer Gruppe von Arbeitnehmern[765].

Diese Auslegung von Kollektivität wird weder dem Willen des Gesetzgebers noch praktischen Bedürfnissen gerecht; sie beschränkt unzulässigerweise die Privatautonomie. Für jede Zahlung, die der Arbeitgeber nicht gerade willkürlich erbringt, läßt sich ein Grund und damit ein abstraktes Merkmal finden, unter das sie eingeordnet werden kann. Das gilt vor allem, wenn man auch die Leistung als solches Merkmal betrachtet. Da der Betriebsrat ein Entgeltsystem initiieren kann, bleibt dem Arbeitgeber praktisch kein Spielraum. Das hat im Ergebnis zur Folge, daß die Höhe des Entgelts mitbestimmungspflichtig und damit die Vertragsfreiheit insoweit aufgehoben wird. Der Arbeitgeber muß zumindest die Möglichkeit haben, auf die Entwicklung des Arbeitsmarktes zu reagieren, und er muß Leistungen angemessen honorieren können. Zahlungen, die der Bindung an den Betrieb dienen, müssen mitbestimmungsfrei sein; das folgt schon daraus, daß die Entscheidung, ob ein Arbeitnehmer gehalten werden soll, eine unternehmerische Entscheidung ist, und die Frage des Mittels keine Regelungsfrage. Auf Motivation und Arbeitszufriedenheit unterhalb der Schwelle einer möglichen Abkehr ist im Rahmen des mitbestimmten Systems Rücksicht zu nehmen; hier muß dem Arbeitgeber bei der übertariflichen Zulage, die der Austarierung von Leistung und Gegenleistung dient, zumindest ein Spielraum verbleiben. Der Betriebsrat hat kein Mitbeurteilungsrecht bezüglich der Arbeitsleistung.

476

dd) Der Begriff **Lohngestaltung** ist umfassend gemeint. Mitbestimmungspflichtig sind insbesondere die Entlohnungsgrundsätze und die Entlohnungsmethoden.

477

(1) Unter Entlohnungsgrundsätzen sind das Lohnsystem und die materiellen Kriterien für die Lohnfindung zu verstehen. Der Betriebsrat hat mitzubestimmen, ob das laufende Entgelt als Zeit- oder Leistungslohn gezahlt wird. Er bestimmt mit über die Frage, ob es in einzelne Bestandteile zerlegt wird, welche Bestandteile das sind und wie sie sich zueinander verhalten (z.B. Arbeitswertlohn und Leistungszulage, Grundvergütung und Provision oder Prämie)[766].

478

Beispiele: Für die Gehälter der AT-Angestellten kann der Betriebsrat die Bildung von Gruppen – ähnlich den Entgeltgruppen in Tarifverträgen – verlangen und über den Abstand der Gruppen voneinander mitbestimmen[767]. Für die Vergabe übertariflicher Zulagen kann er die Schaffung eines Systems verlangen und bei der Festlegung der Vergabekriterien und ihrer Gewichtung mitentscheiden[768]. Allerdings muß das System so beschaffen sein, daß Motivation und Arbeitszufriedenheit sichergestellt sind, und es darf die Privatautonomie der Arbeitsvertragsparteien nicht so weit eingeschränkt werden, daß eine (günstigere) Einzelregelung unmöglich ist.

479

---

[765] BAG, Beschl. v. 14.6.1994, AP Nr. 69 zu § 87 BetrVG 1972 Lohngestaltung.
[766] BAG, Beschl. v. 6.12.1988, AP Nr. 37 zu § 87 BetrVG 1972 Lohngestaltung.
[767] BAG, Urt. v. 28.9.1994, AP Nr. 68 zu § 87 BetrVG 1972 Lohngestaltung.
[768] BAG, Urt. v. 28.9.1994, AP Nr. 68 zu § 87 BetrVG 1972 Lohngestaltung.

480 Erbringt der Arbeitgeber über das laufende Grundentgelt hinaus weitere Leistungen – Erschwerniszulagen, Nachtzuschläge, Sonderzuwendungen, gleichgültig ob auf Dauer oder als Einmalzahlungen, Altersversorgungsleistungen –, dann hat der Betriebsrat mitzubestimmen über deren Binnenstruktur, d.h. über die Kriterien für die Bemessung[769].

Beispiel: Bei einer Weihnachtsgratifikation kann er mit darüber entscheiden, ob und inwieweit sie vom Gewinn, von der Höhe des Einkommens, von der Betriebsangehörigkeit usw. abhängig gemacht wird. Er kann auch mit darüber befinden, wie die einzelnen Faktoren zu gewichten sind.

481 (2) **Entlohnungsmethode** meint die Art und Weise, wie die Entlohnungsgrundsätze umzusetzen sind. Hier geht es um das Verfahren der Arbeitsbewertung (summarisches oder analytisches Verfahren, REFA-Grundsätze oder Bedauxsystem), der Beurteilung bei Leistungszulagen, der Ermittlung der Erschwernis.

482 ee) **Reichweite des Mitbestimmungsrechts.** Kein Mitbestimmungsrecht steht dem Betriebsrat zu bei der Entscheidung, ob eine Leistung gewährt wird, in welchem Umfang (Dotierung), zu welchem Zweck (Leistungsprämie oder Jubiläumsgeld), in welcher Form (Altersversorgung: Direktzusage oder Lebensversicherung[770]) und an wen (generelle Umschreibung des Personenkreises: z.B. tariflich geführte Arbeitnehmer) der Arbeitgeber Leistungen erbringen will[771]. Er kann demgemäß nicht mitbestimmen bei der Ein- und Zuteilung des Bearbeitungsgebiets von Außendienstmitarbeitern[772], bei der Festlegung des Abstandes der AT-Gehälter von der obersten Tarifgruppe[773], bei der Bestimmung des €-Betrages je Punkt bei Provision[774] und bei der Festsetzung der Leistung im Einzelfall. Mitbestimmungsfrei sind auch Vorbereitungshandlungen zur Einführung mitbestimmter Entgeltsysteme, etwa Zeitstudien, Tätigkeits- oder Funktionsbeschreibungen. Sie werden mitbestimmungspflichtig, wenn sie der Entlohnung zugrunde gelegt werden[775].

483 ff) **Anrechnung übertariflicher Zulagen.** Das Mitbestimmungsrecht des Betriebsrats besteht nicht nur bei der (erstmaligen) Festlegung der Entlohnungs-

---

[769] BAG, Beschl. v. 22.1.1980, 30.1.1990, AP Nr. 3, 41 zu § 87 BetrVG 1972 Lohngestaltung.
[770] BAG, Beschl. v. 12.6.1975, AP Nr. 1 zu § 87 BetrVG 1972 Altersversorgung.
[771] BAG, Beschl. v. 8.12.1981, AP Nr. 1 zu § 87 BetrVG 1972 Prämie.
[772] BAG, Beschl. v. 16.7.1991, AP Nr. 49 zu § 87 BetrVG 1972 Lohngestaltung.
[773] BAG, Beschl. v. 27.10.1992, 28.9.1994, AP Nr. 61, 68 zu § 87 BetrVG 1972 Lohngestaltung.
[774] BAG, Beschl. v. 13.3.1984, AP Nr. 4 zu § 87 BetrVG 1972 Provision.
[775] BAG, Beschl. v. 14.1.1986, AP Nr. 21 zu § 87 BetrVG 1972 Lohngestaltung.

grundsätze und -methoden, sondern auch bei ihrer Änderung[776]. Das bereitet vor allem Schwierigkeiten bei der Anrechnung übertariflicher Zulagen.

Der Frage, ob der Betriebsrat ein Mitbestimmungsrecht bei der Anrechnung übertariflicher Zulagen hat, ist die Frage vorgelagert, ob der Arbeitgeber individualrechtlich zur Anrechnung befugt ist (s. dazu § 14 Rn. 295 ff.). Erst wenn diese Frage bejaht wird, stellt sich die nach der Mitbestimmung. **484**

Der Grund für die Schwierigkeiten liegt darin, daß es dem Arbeitgeber unbenommen bleiben muß, die übertariflichen Zulagen zu kürzen oder ganz zu beseitigen. Werden die Zulagen völlig beseitigt, entfällt naturgemäß ein Mitbestimmungsrecht, denn es bleibt nichts mehr zu gestalten. Wird die Gesamtsumme nur verringert, dann liegt nach der Rechtsprechung eine mitbestimmungspflichtige Änderung der Gestaltung vor, wenn sich das **Verhältnis der Zulagen zueinander** – nicht das Verhältnis der Zulagen zum Tarifentgelt – **ändert**[777]. Unschädlich sein soll eine Änderung allerdings dann, wenn der Anrechnung tatsächliche oder rechtliche Hindernisse entgegenstehen. Ein tatsächliches Hindernis liegt vor, wenn durch die Anrechnung keine übertarifliche Zulage mehr verbleibt, ein rechtliches, wenn der Arbeitgeber die gesamte Tariferhöhung anrechnet. **485**

Danach sind **mitbestimmungsfrei** die völlige Anrechnung einer Tariferhöhung auf alle übertariflichen Zulagen und eine prozentuale Anrechnung der Tariferhöhung, wobei der Prozentsatz auf die übertariflichen Zulagen bezogen ist. **Mitbestimmungspflichtig** sind eine lineare Anrechnung der Tariferhöhung, gleichgültig, ob ein bestimmter €-Betrag angerechnet wird oder ein bestimmter Prozentsatz der Tariferhöhung, und eine Anrechnung in unterschiedlicher Höhe. **486**

Holt der Arbeitgeber bei einer Änderung des Verhältnisses der Leistungen zueinander nicht die Zustimmung des Betriebsrats ein, so ist die Anrechnung nach Ansicht des BAG unwirksam[778]. Das BAG wendet also die Grundsätze an, die bei einer Verschlechterung von Leistungen gelten. Tatsächlich läßt eine Tariflohnerhöhung die übertariflichen Zulagen aber unberührt. Der Arbeitgeber hat von vornherein eine bestimmte Gesamtvergütung zugesagt. Es ändert sich nur das Verhältnis der Vergütung, die aufgrund Arbeitsvertrags gezahlt wird, zu der tariflichen Vergütung (s. Band 1 § 4 Rn. 67). Eine Nichtanrechnung bedeutet also eine Erhöhung des individualvertraglich vereinbarten Entgelts. Deshalb sind auch mitbestimmungsrechtlich nicht die Grundsätze für die Kürzung von Leistungen, sondern die für die Gewährung anzuwenden, d.h. die „Anrechnung" ist wirksam, der Arbeitgeber kann sich aber nicht darauf berufen, soweit er nicht „angerechnet" hat. **487**

---

[776] BAG GS, Beschl. v. 3.12.1991, AP Nr. 51 zu § 87 BetrVG 1972 Lohngestaltung.
[777] BAG, Urt. v. 26.4.1988, AP Nr. 36 zu § 87 BetrVG 1972 Lohngestaltung.
[778] BAG, Beschl. v. 13.2.1990, AP Nr. 44 zu § 87 BetrVG 1972 Lohngestaltung.

Die Rechtslage ist also anders als bei der Ausübung eines (vorbehaltenen) Widerrufs.

488 Die Mitbestimmung des Betriebsrats bei einer Änderung des Verteilungskonzepts führt dazu, daß der Arbeitgeber sein Recht, den Gesamtbetrag für Zulagen insgesamt zu kürzen, nur in der Form einer prozentualen Verringerung der übertariflichen Zulagen mitbestimmungsfrei umsetzen kann. Das BAG hat dem Arbeitgeber deshalb erlaubt, zunächst eine prozentuale Anrechnung vorzunehmen und sodann durch Betriebsvereinbarung rückwirkend ein neues Verteilungskonzept in Kraft zu setzen. Voraussetzung sei, daß der Arbeitgeber bereits bei der prozentualen Kürzung bekanntgebe, daß er eine andere Verteilung erreichen wolle, und daß er dem Betriebsrat eine entsprechende rückwirkende Betriebsvereinbarung vorschlage[779]. Geht man davon aus, daß die Entscheidung des Arbeitgebers in der Nichtanrechnung (= Erhöhung der arbeitsvertraglichen Vergütung) liegt, dann genügt es, daß er in diesen Fällen einen Vorbehalt macht. Der Arbeitgeber kann sich der Mitbestimmung nicht dadurch entziehen, daß er eine Tariferhöhung voll auf übertarifliche Zulagen anrechnet und wenig später dann erneut übertarifliche Zulagen verteilt[780].

k) Festsetzung der Akkord- und Prämiensätze und vergleichbarer leistungsbezogener Entgelte, einschließlich der Geldfaktoren (Nr. 11)

489 aa) **Begriff.** Leistungsbezogene Entgelte sind Vergütungen, bei denen Leistungen gemessen und zu anderen (Normal-) Leistungen in Beziehung gesetzt werden.[781] Um die Arbeitnehmer vor Überforderung zu schützen, ist hier auch der Geldfaktor, d.h. die Vergütung für die Bezugs(=Ausgangs)leistung, mitbestimmungspflichtig[782].

490 (1) Beim **Geldakkord** hat der Betriebsrat bei der Entgeltfestsetzung für das einzelne Stück, beim **Zeitakkord** bei der Festsetzung von Zeit- und Geldfaktor mitzubestimmen[783]. Mitbestimmungspflichtig ist auch der Verlauf der Akkordkurve (progressiv, linear oder degressiv)[784]. Ist der Akkordrichtsatz, d.h. das Entgelt, das der Akkordarbeitnehmer bei normaler Leistung pro Stunde erreichen soll, wie zumeist, tariflich vereinbart, dann entfällt insoweit das Mitbestimmungsrecht.

491 (2) Unter **Prämien** versteht das Gesetz nur Leistungsprämien, nicht aber z.B. Gratifikationen, Treue-, Jahresabschluß-, Anwesenheitsprämien u. ä. Das Mitbestimmungsrecht bezieht sich wie beim Akkord auf den Ausgangslohn[785] sowie auf die Steigerungsbeträge[786].

---

[779] BAG, Urt. v. 19.9.1995, AP Nr. 61 zu § 77 BetrVG 1972.
[780] BAG, Beschl. v. 14.2.1995, AP Nr. 72 zu § 87 BetrVG 1972 Lohngestaltung.
[781] BAG, Beschl. v. 28.7.1981, AP Nr. 2 zu § 87 BetrVG 1972 Provision.
[782] BAG, Beschl. v. 13.9.1983, AP Nr. 3 zu § 87 BetrVG 1972 Prämie.
[783] *Fitting*, § 87 BetrVG Rn. 485, 491 f.
[784] *Fitting*, § 87 BetrVG Rn. 496.
[785] BAG, Beschl. v. 16.12.1986, AP Nr. 8 zu § 87 BetrVG 1972 Prämie.

Nicht mitbestimmungspflichtig ist die Entscheidung über die Gewährung von Einzel- oder Gruppenprämien[787].

bb) Weitere Einzelheiten. Mit Akkord und Prämie sind die leistungsbezogenen Entgelte praktisch erfaßt. Keine leistungsbezogenen Entgelte sind Provisionen[788]. Auch hier besteht zwar ein Zusammenhang mit der Leistung, letztlich ist die **Provision** aber erfolgsabhängig. Nicht zu den leistungsbezogenen Entgelten gehören schließlich Leistungszulagen, selbst wenn sie nach einem systematischen Verfahren ermittelt werden. Anders als Akkord und Prämie sind Leistungszulagen nicht das Entgelt für bestimmte Leistungen. Aufgrund von Leistungen in einem vergangenen Zeitraum wird vielmehr das Entgelt für einen Zeitraum in der Zukunft festgesetzt[789]. Neben dem Mitbestimmungsrecht nach Nr. 11 ist auch bei leistungsbezogenen Entgelten immer das Mitbestimmungsrecht nach Nr. 10 zu beachten. **492**

l) Betriebliches Vorschlagswesen (Nr. 12)

Gegenstand des betrieblichen Verbesserungsvorschlagswesens sind die Vorschläge der Arbeitnehmer zur Vereinfachung und Verbesserung der Arbeitsabläufe, der Betriebsmittel und der Produkte, und zwar sowohl im technischen wie im organisatorischen Bereich[790]. Abschließend gesetzlich geregelt und damit nicht mitbestimmungspflichtig sind patent- und gebrauchsmusterfähige Erfindungen sowie die Vergütung für qualifizierte technische Verbesserungsvorschläge[791]. Im verbleibenden Bereich – einfache technische und alle organisatorischen Verbesserungsvorschläge – bezieht sich die Mitbestimmung auf die Organisation des Verbesserungsvorschlagswesens (Zusammensetzung und Aufgaben der Verbesserungsvorschlagskommission, Verfahren bei der Einreichung und Prüfung der Vorschläge) und die Richtlinien für die Bemessung der Vergütung (Grundsätze über Art und Höhe der Prämien, über die Ermittlung des Nutzens, Bewertung nicht rechenbarer Vorschläge[792]. Mitbestimmungsfrei ist die Dotierung des Verbesserungsvorschlagswesens, d.h. die Festlegung der Prämienhöhe selbst und die Entscheidung darüber, ob für nicht verwertete Vorschläge Anerkennungsprämien zu zahlen sind[793]. Kein Mitbestimmungsrecht besteht auch bei der Bestellung des Be- **493**

---

[786] BAG, Beschl. v. 13.9.1983, AP Nr. 3 zu § 87 BetrVG 1972 Prämie.
[787] BAG, Beschl. v. 8.12.1981, AP Nr. 1 zu § 87 BetrVG 1972 Prämie.
[788] BAG, Beschl. v. 13.3.1984, Urt. v. 26.7.1988, AP Nr. 4, 6 zu § 87 BetrVG 1972 Provision; a. A. BAG, Beschl. v. 29.3.1977, AP Nr. 1 zu § 87 BetrVG 1972 Provision.
[789] BAG, Beschl. v. 22.10.1985, AP Nr. 3 zu § 87 BetrVG 1972 Leistungslohn; Urt. v. 15.5.2001, NZA 2001, 1154.
[790] Vgl. *Richardi*, § 87 BetrVG Rn. 1002 f.
[791] §§ 9, 12, 20 Abs. 1 ArbNErfG v. 25.7.1957, BGBl. I S. 756.
[792] BAG, Beschl. v. 28.4.1981, 16.3.1982, AP Nr. 1, 2 zu § 87 BetrVG 1972 Vorschlagswesen.
[793] BAG, Beschl. v. 28.4.1981, AP Nr. 1 zu § 87 BetrVG 1972 Vorschlagswesen.

auftragten für das Verbesserungsvorschlagswesen, bei der Entscheidung über die Annahme eines Verbesserungsvorschlags und bei der Festsetzung der Prämie im Einzelfall[794]. Will der Arbeitgeber steuerliche Vergünstigungen in Anspruch nehmen, dann müssen in Betrieben mit mehr als 20 Arbeitnehmern im Prüfungsausschuß, der die Vorschläge begutachtet, mindestens zwei Arbeitnehmer über Gewährung und Höhe der Prämie mitentscheiden[795].

m) Grundsätze über die Durchführung von Gruppenarbeit (Nr. 13)

493a Gruppenarbeit im Sinne der Nr. 13 ist die eigenverantwortliche Erledigung einer Gesamtaufgabe, die einer Gruppe von Arbeitnehmern im Rahmen des betrieblichen Arbeitsablaufs übertragen worden ist. Der Arbeitgeber muß zugunsten der Gruppe zumindest teilweise auf sein Weisungsrecht verzichten. Die Gruppe muß teilautonom eine ganzheitliche Arbeitsaufgabe (vor- oder nachgelagerte Tätigkeiten und Leitung) erfüllen; das ist bei Arbeitsgruppen, die, wie Projekt- oder Steuerungsteams, nur parallel zur Arbeitsorganisation bestehen, nicht der Fall. Das Mitbestimmungsrecht soll verhindern, dass es zur Selbstausbeutung der Gruppenmitglieder und zur Ausgrenzung leistungsschwächerer Arbeitnehmer kommt. Die Entscheidung über die Frage, ob, in welchen Bereichen, in welchem Umfang und wie lange Gruppenarbeit geleistet wird, bleibt beim Arbeitgeber; dasselbe gilt für die Zusammensetzung der Gruppe. Mitbestimmungspflichtig ist die Art und Weise der Durchführung.

Beispiele: Wahl, Stellung und Aufgaben eines Gruppensprechers, Abhalten von Gruppengesprächen zwecks Meinungsaustauschs und -bildung, Zusammenarbeit in der Gruppe und mit anderen Gruppen, Berücksichtigung von leistungsschwächeren Arbeitnehmern, Konfliktlösung in der Gruppe.

XII. Mitbestimmung in technisch-organisatorischen Angelegenheiten

1. Normzweck

494 Mit dem Mitbestimmungsrecht bei technisch-organisatorischen Entscheidungen (§§ 90 f. BetrVG), die Auswirkungen auf die Arbeit und die Anforderungen an die Arbeitnehmer haben können, räumt der Gesetzgeber dem Betriebsrat Einfluß auf

---

[794] BAG, Beschl. v. 16.3.1982, AP Nr. 2 zu § 87 BetrVG 1972 Vorschlagswesen.
[795] VO über die steuerliche Behandlung v. Prämien für Verbesserungsvorschläge v. 18.2.1957, BGBl. I S. 33.

die Gestaltung der äußeren Arbeitsbedingungen ein. Die Arbeitsbedingungen sollen den Leistungsvoraussetzungen beim Menschen angepaßt werden. Die Arbeitswelt soll humanisiert, die Arbeit menschengerecht gestaltet werden, konkret:
- chronische und akute Schäden der Gesundheit sollen vermieden,
- menschliche Leistungsgrenzen nicht überschritten,
- innerhalb der Leistungsgrenzen hohe Beanspruchungen verringert und
- Unterforderungen auf ein Maß gebracht werden, das der normalen Funktionsfähigkeit des Menschen entspricht.

2. Gegenstand des Beteiligungsrechts

Die Beteiligung betrifft die Planung von
- **Neu-, Um- und Erweiterungsbauten** von Fabrikations-, Verwaltungs- und sonstigen betrieblichen Räumen: Fabrikationsräume sind etwa Fabrikhallen oder Geräteschuppen, Verwaltungsräume beispielsweise ein Verkaufsgebäude, sonstige betriebliche Räume, vor allem die sog. Sozialräume (Kantinen, Aufenthaltsräume, Waschräume).
- **technischen Anlagen:** Das sind Geräte und Hilfsmittel, die unmittelbar (z.B. Maschinen) oder mittelbar (Fahrstuhl, Klimaanlage) dem Arbeitsablauf dienen.
- **Arbeitsverfahren und Arbeitsabläufen:** Darunter versteht man die Art und Weise der Arbeit (z.B. mehr geistige oder mehr körperliche Tätigkeit) und die organisatorische, räumliche und zeitliche Gestaltung des Arbeitsprozesses (voll- oder teilkontinuierlicher Betrieb, Fließarbeit, Einzel- oder Gruppenarbeit, Arbeit im Freien oder in Fabrikationsräumen).
- **Arbeitsplätzen:** Hier geht es um die Ausgestaltung des einzelnen Arbeitsplatzes (Maschine, Werkzeug, Mobiliar), um die Wechselbeziehung Arbeit-Mensch (Körpermaße, Griffgestaltung, Steuerung des Arbeitsprozesses) und um die äußeren Arbeitsbedingungen, d.h. um die Umgebungseinflüsse (Licht, Lärm, Gase, Staub, Vibrationen).

Voraussetzung ist immer, daß der Arbeitgeber eine Änderung plant; das Mitbestimmungsrecht dient nicht der Verbesserung vorhandener Einrichtungen.

3. Art der Beteiligung

a) Unterrichtungs- und Beratungsanspruch

Der Arbeitgeber hat den Betriebsrat rechtzeitig über die Planung zu unterrichten, und er hat ihm dazu die erforderlichen Unterlagen vorzulegen (Baupläne, Beschreibungen neuer Arbeitsmittel oder -verfahren, § 90 Abs. 1 BetrVG). Er hat mit dem Betriebsrat die vorgesehenen Maßnahmen und ihre Auswirkungen auf die Arbeitnehmer, insbesondere auf die Art ihrer Arbeit und die sich daraus ergebenden Anforderungen zu beraten. Dabei sollen Arbeitgeber und Betriebsrat auch die gesicherten arbeitswissenschaftlichen Erkenntnisse über die menschengerechte Gestaltung der Arbeit berücksichtigen (§ 90 Abs. 2 BetrVG). Ziel sollte – schon im eigenen Interesse des Unternehmens – eine Arbeitsgestaltung sein, die dem Arbeitnehmer eine hohe Identifikation mit seiner Arbeit ermöglicht[796]. Die Arbeitsgestaltung hat nicht nur Einfluß auf das Arbeitsergebnis, sondern auch z.B. auf Krankenstand und Fluktuation. Zu beraten ist über die technisch-organisatorische Ausgestaltung hinaus über alle Auswirkungen, d.h. auch über eine Änderung der Anforderungen an den Arbeitnehmer, etwa notwendige Fortbildungs- oder Umschulungsmaßnahmen oder Änderungen im Entgelt.

498   Die Beratung hat **so rechtzeitig** zu erfolgen, daß Vorschläge und Bedenken des Betriebsrats bei der Planung berücksichtigt werden können. Der Arbeitgeber ist also frei, Pläne zu machen; ehe er sich aber festlegt oder gar Maßnahmen trifft, die ihn festlegen, hat er mit dem Betriebsrat darüber zu reden, ob er den Plan verwirklicht, und wenn ja, wie. Konkretisiert sich die Planung auf bestimmte Arbeitsplätze, so sind unverzüglich die betroffenen Arbeitnehmer zu unterrichten (§ 81 Abs. 2 BetrVG).

b) Korrigierendes Mitbestimmungsrecht

499   aa) **Ansatzpunkt.** Die Beratungspflicht mit dem Betriebsrat hindert den Arbeitgeber nicht, die Maßnahmen nach seinen Vorstellungen durchzuführen. Werden allerdings die Arbeitnehmer durch Änderungen der Arbeitsplätze, des Arbeitsablaufs oder der Arbeitsumgebung, die den gesicherten arbeitswissenschaftlichen Erkenntnissen über die menschengerechte Gestaltung der Arbeit offensichtlich widersprechen, in **besonderer Weise belastet,** so kann der Betriebsrat angemessene Maßnahmen zur Abwendung, Milderung oder zum Ausgleich der Belastung verlangen (§ 91 Satz 1 BetrVG). Der Betriebsrat hat also ein korrigierendes Mitbestimmungsrecht.

500   bb) **Eine besondere Belastung** liegt vor, wenn das für die konkrete Tätigkeit normale Maß auf Dauer nicht unerheblich überschritten wird. Maßnahmen zur Abwendung sind z.B. die Umgestaltung des Arbeitsplatzes entsprechend Körpermaßen und -kräften, die Nutzung von Servomechanismen, die Beseitigung von Lärm, Erschütterungen, Dämpfen, Hitze; Maßnahmen zur Milderung sind etwa die Nutzung von Schutzmitteln (Brille, Helm, Sicherheitsschuhe usw.) oder die Schaffung von Mischarbeitsplätzen; Ausgleichsmaßnahmen sind längere Pausen, Zu-

---

[796] *Fitting,* § 90 BetrVG Rn. 1 ff.

satzurlaub, Verkürzung der Arbeitszeit, grundsätzlich aber nicht Erschwerniszulagen[797].

cc) Streitigkeiten. Kommt eine Einigung über die Maßnahme zwischen Arbeitgeber und Betriebsrat nicht zustande, dann entscheidet auf Antrag die Einigungsstelle (§ 91 Sätze 2, 3 BetrVG). Die Frage, ob eine besondere Belastung im Sinne der Vorschrift vorliegt, kann vom Arbeitsgericht im Beschlußverfahren geprüft werden (§§ 2 a, 80 ff. ArbGG). 501

XIII. Mitbestimmung in personellen Angelegenheiten

Die personellen Angelegenheiten gliedert das Gesetz in allgemeine personelle Angelegenheiten, Berufsbildung und personelle Einzelmaßnahmen. 502

1. Allgemeine personelle Angelegenheiten

Die Ausdehnung des Mitbestimmungsrechts von personellen Einzelmaßnahmen auf die vorgelagerten personalpolitischen Grundsatzentscheidungen trägt dem Wandel in der Personalarbeit Rechnung: früher mehr oder weniger intuitiv getroffene Entscheidung im Einzelfall, ist sie immer stärker objektiviert, rationalisiert, verwissenschaftlicht worden. Darin drückt sich nicht nur die Entwicklung der Wissenschaften vom Menschen (Psychologie, Soziologie, Verhaltensforschung usw.) aus, sondern auch die zunehmende Bedeutung der Mitarbeiter für das Unternehmen. Personalpolitik kann zwar konjunkturelle Einbrüche und strukturelle Änderungen nicht verhindern. Sie kann aber zumindest die Auswirkungen auf das Arbeitsverhältnis dämpfen. 503

a) Personalplanung

Der Arbeitgeber hat den Betriebsrat über die Personalplanung anhand von Unterlagen rechtzeitig und umfassend zu unterrichten (§ 92 Abs. 1 Satz 1 BetrVG). Personalplanung ist die Summe der Maßnahmen zur Ermittlung des Personalbedarfs in einem bestimmten Planungszeitraum entsprechend den Bedürfnissen und Zielen des Unternehmens sowie die Bereitstellung der benötigten Arbeitskräfte zur richtigen Zeit und in der richtigen Qualifikation. Dazu gehört sowohl die bewußt betriebene systematische Planung als auch die mehr intuitiv vorgenommene ad-hoc-Planung von Personalmaßnahmen. Personalplanung gibt es in jedem Unternehmen. Jeder Unternehmer muß sich Gedanken darüber machen, wie er sein Personal rekrutiert, ob und wie er gegebenenfalls Mitarbeiter abbaut, Fortbildungs- 504

---

[797] GK-BetrVG/*Wiese*, § 91 Rn. 32 f.; *Hofe*, Betriebliche Mitbestimmung und Humanisierung der Arbeitswelt, 1978, S. 96 f.

maßnahmen durchführt usw.; sie wird nur mehr oder weniger systematisch betrieben. Im einzelnen sind sechs Teilbereiche der Personalplanung zu unterscheiden[798]:

505
- **Die Personalbedarfsplanung** versucht unter Berücksichtigung vorhersehbarer Veränderungen (im personellen Bereich: Fluktuation, Auslernen von Lehrlingen; im betrieblichen Bereich: Fertigstellung einer neuen Produktionsanlage) und der Unternehmensplanung (Investitionen, Rationalisierung, Betriebsänderung) Zahl und Art der Mitarbeiter (quantitative und qualitative Personalbedarfsplanung) zu erfassen, die im Planungszeitpunkt voraussichtlich zur Verfügung stehen werden (Ist), und Zahl und Art der Mitarbeiter, die voraussichtlich benötigt werden (Soll).
- **Die Personalbeschaffungsplanung** zerfällt in die externe und interne Beschaffungsplanung. Die externe Beschaffungsplanung trifft Aussagen zu der Frage, woher, wie und wann zusätzliche Arbeitskräfte eingestellt werden, die interne, welche und wieviele Arbeitskräfte wann und wohin versetzt oder befördert werden.
- **Die Personalabbauplanung** befaßt sich mit der Frage, wie ein Personalüberhang vermindert werden soll.
- **Die Personalentwicklungsplanung** nennt die Bildungsmaßnahmen, die erforderlich sind, um vorhandenes oder neues Personal für seine jetzigen oder für künftige Aufgaben zu qualifizieren.
- **Die Personaleinsatzplanung** bezweckt die bestmögliche Zuordnung von Arbeitskräften zu Arbeitsplätzen.
- **Die Personalkostenplanung** schließlich will die Kosten erfassen, die bei Verwirklichung der Personalplanung entstehen.

506 Der Arbeitgeber hat den Betriebsrat zu unterrichten, wenn und sobald Überlegungen in das Stadium der Planung treten. Erkundet er nur Möglichkeiten z.B. für einen Personalabbau oder für eine Personalerweiterung, ohne daß er sie nutzen will, dann braucht er keine Einsicht in den Bericht zu gewähren[799]. Er muß dem Betriebsrat die Tatsachen nennen, auf die er die Planung stützt, also vor allem die Unternehmensziele, die Personal- und die Arbeitsmarktdaten. Außerdem muß er ihm die Unterlagen zugänglich machen, die er seiner Planung zugrunde legt[800]. Dazu gehören neben den eigentlichen Planungsunterlagen, wie Statistiken, Verträge mit Fremdfirmen usw., auch die Hilfsmittel der Planung wie Stellen- und Stellenbesetzungspläne, Tätigkeitsbeschreibungen und Anforderungsprofile[801]. Der Arbeitgeber hat mit dem Betriebsrat über Art und Umfang der geplanten Maßnahmen und über die Vermeidung von Härten zu beraten (§ 92 Abs. 1 Satz 2 BetrVG). Der Betriebsrat kann Vorschläge für eine systematische Personalplanung ein-

---

[798] BAG, Beschl. v. 6.11.1990, AP Nr. 3 zu § 92 BetrVG 1972.
[799] BAG, Beschl. v. 19.6.1984, 6.11.1990, AP Nr. 2, 3 zu § 92 BetrVG 1972.
[800] *Fitting*, § 92 BetrVG Rn. 30.
[801] BAG, Beschl. v. 31.1.1989, AP Nr. 33 zu § 80 BetrVG 1972; Beschl. v. 31.5.1983, 31.1.1984, AP Nr. 2, 3 zu § 95 BetrVG 1972.

schließlich Maßnahmen zur Frauenförderung unterbreiten (§ 92 Abs. 2 BetrVG). Der Arbeitgeber ist frei, ob er sie übernimmt.

b) Interne Stellenausschreibung

Der Betriebsrat kann verlangen, daß Arbeitsplätze, die besetzt werden sollen, allgemein oder für bestimmte Arten von Tätigkeiten vor ihrer Besetzung innerhalb des Betriebs (nicht: des Unternehmens oder des Konzerns) ausgeschrieben werden. Das gilt nach der Rechtsprechung auch für Tätigkeiten freier Mitarbeiter[802]. Die interne Stellenausschreibung soll den innerbetrieblichen Arbeitsmarkt „aktivieren" und Mitarbeitern die Möglichkeit geben, ihre Fähigkeiten und Kenntnisse im Betrieb bestmöglich zu verwerten. Der zweite Punkt hat in der Praxis eine weitaus größere Bedeutung als der erste. 507

Die interne Stellenausschreibung schließt nicht eine gleichzeitige Ausschreibung der Stelle nach außen aus. Es ist Sache des Arbeitgebers, die Anforderungen zu bestimmen, die der Bewerber für die ausgeschriebene Stelle erfüllen muß[803]. Bei einer gleichzeitigen externen Ausschreibung dürfen allerdings keine geringeren Anforderungen aufgestellt werden als bei einer internen[804]. Auf geschlechtsneutrale Ausschreibung ist zu achten (§ 611 b BGB). Der Arbeitgeber ist nicht verpflichtet, dem Mitarbeiter gegenüber einem Bewerber von außerhalb den Vorzug zu geben[805]. Etwas anderes kann sich ausnahmsweise aus einer Auswahlrichtlinie (§ 95 BetrVG) ergeben. 508

Unterläßt der Arbeitgeber eine nach § 93 BetrVG erforderliche Stellenausschreibung oder stellt er in der internen Ausschreibung höhere Anforderungen an Bewerber als in einer externen, so kann der Betriebsrat seine Zustimmung zu der geplanten personellen Maßnahme verweigern (§ 99 Abs. 2 Nr. 5 BetrVG). Kein Zustimmungsverweigerungsrecht besteht, wenn der Betriebsrat nur die Ausschreibung einer bestimmten Stelle verlangt (vgl. Text des § 93 BetrVG) oder wenn er das Verlangen erst nachträglich stellt. 509

Die Erfahrungen mit innerbetrieblichen Stellenausschreibungen sind durchweg gut. Die tatsächliche Bedeutung wird eher überschätzt; der Vorteil liegt mehr auf psychologischem Gebiet. 510

---

[802] BAG, Beschl. v. 27.7.1993, AP Nr. 3 zu § 93 BetrVG 1972 = SAE 1994, 129 m. Anm. *Hromadka*.
[803] BAG, Beschl. v. 23.2.1988, AP Nr. 2 zu § 93 BetrVG 1972; Beschl. v. 27.10.1992, AP Nr. 29 zu § 95 BetrVG 1972.
[804] BAG, Beschl. v. 23.2.1988, AP Nr. 2 zu § 93 BetrVG 1972.
[805] BAG, Beschl. v. 7.11.1977, AP Nr. 1 zu § 100 BetrVG 1972.

c) Personalfragebogen

511 Personalfragebogen bedürfen der Zustimmung des Betriebsrats. Dasselbe gilt für Fragen zur Person in standardisierten Interviews, wenn die Antworten schriftlich oder auf Datenträgern festgehalten werden („Checklisten")[806], und personelle Angaben in Musterarbeitsverträgen (selten, § 94). Damit soll verhindert werden, daß der Arbeitgeber Bewerbern oder Mitarbeitern schriftlich und systematisch unzulässige Fragen aus dem persönlichen Bereich stellt. Nach den persönlichen Verhältnissen eines Bewerbers oder eines Mitarbeiters darf nur gefragt werden, soweit im Hinblick auf die Tätigkeit und den Arbeitsplatz ein berechtigtes, billigenswertes und schutzwürdiges Interesse des Arbeitgebers an der Beantwortung der Frage besteht[807] (s. dazu Band 1 § 5 Rn. 43 ff.).

512 Benötigt der Arbeitgeber Angaben, nach denen er in einem Personalfragebogen nicht fragen darf, zu anderen Zwecken, vor allem für die Abrechnung (Familienstand, Zahl der Kinder, Konfession, Gewerkschaftszugehörigkeit, Lohn- und Gehaltspfändungen), dann kann und muß er sie nach Abschluß des Arbeitsvertrags gesondert abfragen[808]. Der Betriebsrat hat auch dabei ein Mitbestimmungsrecht.

d) Beurteilungsgrundsätze

513 Mitbestimmungspflichtig sind weiter allgemeine Beurteilungsgrundsätze (§ 94 Abs. 2 BetrVG). Das sind Regelungen, die durch Verwendung einheitlicher, für die Beurteilung erheblicher Kriterien eine objektive, in den Ergebnissen vergleichbare Bewertung von Leistung und/oder Verhalten von Bewerbern und/oder Mitarbeitern ermöglichen sollen[809]. Zu den allgemeinen Grundsätzen gehören vor allem die Merkmale, an denen Leistung und/oder Verhalten gemessen werden sollen (bei Beurteilung von Mitarbeitern vor allem Quantität und Qualität der Arbeit, Einsatzbereitschaft, soziales und gegebenenfalls Führungsverhalten), die Beurteilungsstufen und das Verfahren zur Durchführung (Beurteilungsgespräch, psychologischer oder Leistungstest, graphologisches Gutachten, Assessment Center, Person der Beurteiler, Abzeichnen durch Beteiligte usw.). Keine Beurteilungsgrundsätze, da nicht auf die Person bezogen, sind u. a. Stellenbeschreibungen, Kriterien für die Arbeitsbewertung, Anforderungsprofile und Führungsrichtlinien. Der Betriebsrat kann die Einführung von Beurteilungsgrundsätzen nicht erzwingen, und er hat kein Mitbestimmungsrecht bei der einzelnen Beurteilung.

---

[806] BAG, Beschl. v. 21.9.1993, AP Nr. 4 zu § 94 BetrVG 1972.
[807] *Fitting*, § 94 BetrVG Rn. 13.
[808] *Fitting*, § 94 BetrVG Rn. 15 f.
[809] BAG, Beschl. v. 23.10.1984, AP Nr. 8 zu § 87 BetrVG 1972 Ordnung des Betriebes.

e) Auswahlrichtlinien

Werden in einem Betrieb Richtlinien über die personelle Auswahl bei Einstellungen, Versetzungen, Umgruppierungen und/oder Kündigungen aufgestellt, so bedürfen sie der Zustimmung des Betriebsrats (§ 95 Abs. 1 BetrVG). In Betrieben mit über 500 Arbeitnehmern kann der Betriebsrat die Aufstellung von Richtlinien über die bei derartigen personellen Maßnahmen zu beachtenden sachlichen und persönlichen Voraussetzungen und sozialen Gesichtspunkte verlangen (§ 95 Abs. 2 Satz 1 BetrVG). Die Vorschrift bezweckt eine Objektivierung personeller Maßnahmen. Sie hat nicht die Bedeutung erlangt, die man sich von ihr vielleicht versprochen hat. Das Leben ist zu vielgestaltig, als daß es sich so einfach in Schemata fassen ließe. Immerhin ist es nicht ausgeschlossen, die Kriterien, die bei einer sachgerechten Auswahl verwendet werden, in Form genereller Richtlinien zusammenzufassen. Dabei sind die Gesichtspunkte des § 75 BetrVG (Behandlung der Mitarbeiter nach Recht und Billigkeit, keine unterschiedliche Behandlung wegen Abstammung, Religion, Nationalität, Herkunft, politischer oder gewerkschaftlicher Einstellung und Betätigung, Geschlecht usw.) zu beachten.

514

Am ehesten kommen Auswahlrichtlinien für betriebsbedingte Kündigungen in Betracht. Sie müssen dann wenigstens die sozialen Gesichtspunkte des Lebensalters, der Betriebszugehörigkeit und der Unterhaltsverpflichtungen angemessen berücksichtigen sowie Raum lassen für entgegenstehende betriebliche Bedürfnisse und für eine individuelle Überprüfung zur Vermeidung unbilliger Härten[810] (§ 1 Abs. 4 KSchG). Den Kündigungsschutz können sie in keinem Fall beschränken oder gar ausschließen[811]. Auswahlrichtlinien, die eine Einigungsstelle – etwa für Beförderungen – aufstellt, müssen dem Arbeitgeber einen ausreichenden Entscheidungsspielraum belassen; der Spielraum muß um so größer sein, je weniger differenziert ein Punktesystem ist. Ermessensfehlerhaft ist ein Punktesystem, das die erworbene Grundqualifikation und die Dauer der bisherigen beruflichen Tätigkeit gegenüber der aktuellen Leistungsbeurteilung deutlich übergewichtet[812]. Keine Auswahlrichtlinie im Sinne des § 95 BetrVG ist ein Punkteschema für einen konkreten Anlaß, etwa für eine Sozialauswahl nach § 1 Abs. 3 KSchG[813].

515

Kriterien für Richtlinien können beispielsweise sein:
- im persönlichen Bereich: Alter, Gesundheitszustand, Ergebnis einer psychologischen Eignungsuntersuchung oder eines Testverfahrens,
- im fachlichen Bereich: Schul- und Berufsbildung, Berufserfahrung, Zeugnisse, Ergebnis einer Arbeitsprobe oder eines Tests,

516

---

[810] BAG, Urt. v. 20.10.1983, AP Nr. 13 zu § 1 KSchG 1969 Betriebsbedingte Kündigung.
[811] BAG, Urt. v. 11.3.1976, AP Nr. 1 zu § 95 BetrVG 1972.
[812] BAG, Beschl. v. 27.10.1992, AP Nr. 29 zu § 95 BetrVG 1972.
[813] LAG Niedersachsen, Beschl. v. 18.10.1994, DB 1995, 2375.

– im sozialen Bereich: Familienstand, Betriebszugehörigkeit, Schwerbehinderteneigenschaft.

f) Beschäftigungssicherung

517 Der Betriebsrat kann dem Arbeitgeber Vorschläge zur Sicherung und Förderung der Beschäftigung im Betrieb machen (§ 92a BetrVG). In welche Richtung der Gesetzgeber bei den Vorschlägen denkt, zeigt Abs. 1 Satz 2 (s. dort). Der Arbeitgeber muß die Vorschläge mit dem Betriebsrat beraten; zu der Beratung können er und/oder der Betriebsrat sozusagen als neutralen Fachmann einen Vertreter der Agentur für Arbeit oder der Regionaldirektionen hinzuziehen. Hält der Arbeitgeber die Vorschläge für ungeeignet, so muß er das begründen; in Betrieben mit mehr als 100 Arbeitnehmer muß das schriftlich geschehen. Zwar muß der Arbeitgeber den Vorschlägen dann nicht nachkommen, wenn er sie für unbegründet hält; der bürokratische Aufwand, der ihm mit einer schriftlichen Begründung abverlangt wird, ist aber ebenso beträchtlich wie sinnlos.

2. Berufsbildung

a) Förderung der Berufsbildung

518 Arbeitgeber und Betriebsrat haben im Rahmen der betrieblichen Personalplanung und in Zusammenarbeit mit den für die Berufsbildung und den für die Förderung der Berufsbildung zuständigen Stellen die Berufsbildung der Arbeitnehmer zu fördern (§ 96 Abs. 1 Satz 1 BetrVG). **Berufsbildung** umfaßt die Berufsausbildung, Fortbildung und Umschulung im Sinne von § 1 BBiG, darüber hinaus aber auch sonstige, u.U. kurzfristige Maßnahmen, die Arbeitnehmern in einem geordneten Ausbildungsgang Kenntnisse und Fähigkeiten zur Ausfüllung ihres Arbeitsplatzes und zur Qualifizierung für ihre berufliche Tätigkeit vermitteln[814] (Volontariat, Traineeprogramme, Anlernzeit). Nicht dazu gehören die Unterrichtung über die konkrete Tätigkeit im Rahmen des Arbeitsvertrags, die Einweisung in bestimmte Aufgabengebiete, das Erklären von Arbeitsgeräten und -verfahren sowie unternehmens- oder produktbezogene Unterweisungen[815]. Entscheidend für die Abgrenzung ist, ob die Kenntnisse und Fertigkeiten einen Arbeitnehmer unabhängig von der konkreten Aufgabe beruflich qualifizieren, d.h. ob das vermittelte Wissen auf dem Arbeitsmarkt einen gewissen Stellenwert besitzt[816]. Ein Lehrgang über Sicherheits- und Notfallmaßregeln, dessen erfolgreicher Abschluß Voraussetzung

---

[814] BAG, Beschl. v. 5.11.1985, AP Nr. 2 zu § 98 BetrVG 1972.
[815] BAG, Beschl. v. 23.4.1991, AP Nr. 7 zu § 98 BetrVG 1972; GK-BetrVG/*Raab*, § 96 Rn. 12.
[816] *Kraft*, NZA 1990, 457 (459).

dafür ist, daß ein Arbeitnehmer als Flugbegleiter eingesetzt werden darf, ist eine Maßnahme der Berufsbildung[817], Veranstaltungen, die auf das Abstellen von Verhaltens- und Leistungsmängeln gegenüber Kunden („wenig freundlich, hilfsbereit und fachkundig") gerichtet sind, nicht[818].

Der Arbeitgeber hat auf Verlangen des Betriebsrats den Berufsbildungsbedarf zu ermitteln und mit ihm Fragen der Berufsbildung der Arbeitnehmer des Betriebes zu beraten. Hierzu kann der Betriebsrat Vorschläge machen (§ 96 Abs. 1 Sätze 2, 3 BetrVG). Beide haben darauf zu achten, daß unter Berücksichtigung der betrieblichen Notwendigkeiten den Arbeitnehmern die Teilnahme an betrieblichen oder außerbetrieblichen Maßnahmen der Berufsbildung ermöglicht wird. Sie haben dabei auch die Belange älterer Arbeitnehmer, Teilzeitbeschäftigter und von Arbeitnehmern mit Familienpflichten zu berücksichtigen (§ 96 Abs. 2 BetrVG). 519

Der Arbeitgeber hat mit dem Betriebsrat über die Errichtung und Ausstattung betrieblicher Einrichtungen zur Berufsbildung, die Einführung betrieblicher Berufsbildungsmaßnahmen und die Teilnahme an außerbetrieblichen Berufsbildungsmaßnahmen zu beraten (§ 97 BetrVG). Während die Beratungspflicht bei Berufsbildungsmaßnahmen generell von einem entsprechenden Verlangen des Betriebsrats abhängt, muß der Arbeitgeber den Betriebsrat hier von sich aus rechtzeitig unterrichten und um Rat fragen. Der Betriebsrat hat ein zwingendes Mitbestimmungsrecht bei der Einführung von Maßnahmen der betrieblichen Berufsbildung, wenn der Arbeitgeber Maßnahmen plant oder durchgeführt hat, die zu einer so nachhaltigen Änderung der Tätigkeit der betroffenen Arbeitnehmer führen, dass ihre Kenntnisse und Fähigkeiten zur Erfüllung ihrer Aufgaben nicht mehr ausreichen (§ 97 Abs. 2 BetrVG). Er ist also bei drohenden Entlassungen nicht mehr auf das Widerspruchsrecht nach § 102 Abs. 3 Nr. 4 BetrVG beschränkt, wenn der Qualifikationsverlust durch den Arbeitgeber veranlasst ist. 520

b) Durchführung betrieblicher Bildungsmaßnahmen

Der Betriebsrat hat bei der Durchführung von Maßnahmen der betrieblichen Berufsbildung sowie sonstiger Bildungsmaßnahmen, die der Arbeitgeber im Betrieb durchführt, mitzubestimmen (§ 98 Abs. 1, 6 BetrVG). Berufsbildung ist im oben erläuterten Sinne zu verstehen. **Sonstige Bildungsmaßnahmen** sind Maßnahmen ohne Bezug auf die aktuelle oder zukünftige Tätigkeit des Arbeitnehmers, bei denen systematisch Kenntnisse und Fähigkeiten auf ein bestimmtes Lernziel hin vermittelt werden. Dazu zählen Erste-Hilfe-Kurse, Kurse zur Unfallverhütung, Sprachkurse, EDV-Kurse oder REFA-Lehrgänge. Nicht darunter fallen Informati- 521

---

[817] BAG, Beschl. v. 10.2.1988, AP Nr. 5 zu § 98 BetrVG 1972.
[818] BAG, Beschl. v. 28.1.1992, AP Nr. 1 zu § 96 BetrVG 1972.

onsveranstaltungen, ein Erfahrungsaustausch, der Besuch von Messen und Ausstellungen sowie Veranstaltungen, die der Freizeitbeschäftigung oder der Unterhaltung dienen (Sportlehrgänge, Hobbykurse). Eine Maßnahme ist eine betriebliche, wenn sie vom Arbeitgeber – gleichgültig ob auf Betriebsgelände oder außerhalb – in seiner Verantwortung für seine Arbeitnehmer veranstaltet wird. Der Arbeitgeber muß Träger der Maßnahme sein und auf Inhalt und Organisation beherrschenden Einfluß haben. Die Teilnahme Dritter zur Lückenfüllung schadet nicht, wenn die Mitarbeiter Vorrang haben[819]. Das Mitbestimmungsrecht besteht bei der Durchführung von Bildungsmaßnahmen. Der Arbeitgeber entscheidet, ob, mit welchem Ziel, für welche Personengruppen und mit welchem finanziellen Aufwand er Maßnahmen ausrichtet[820]. Der Betriebsrat bestimmt mit beim Wie, soweit Gesetze und Verordnungen dem Arbeitgeber einen Spielraum lassen. Vor allem bei der Ausbildung ist er durch das BBiG und Ausbildungsordnungen weithin eingeschränkt. Im wesentlichen bleiben die Anpassung an die betrieblichen Verhältnisse, wie Festlegung von Ausbildungsstationen, Führung und Kontrolle der Berichtshefte, Einführung von Zwischenprüfungen[821]. Bei Fortbildungs- und Umschulungsmaßnahmen bestimmt der Betriebsrat auch über die Lehrpläne mit[822]. Mitbestimmungsfrei ist die konkrete Einzelmaßnahme, also das Stellen von Aufgaben, die Unterrichtsstunde, der Inhalt der Prüfung usw[823].

522 Der Betriebsrat kann der Bestellung einer mit der Durchführung der betrieblichen Berufsbildung beauftragten Person widersprechen oder ihre Abberufung verlangen, wenn diese die persönliche oder fachliche, insbesondere die berufs- und arbeitspädagogische Eignung im Sinne des BBiG nicht besitzt oder ihre Aufgaben vernachlässigt (§ 98 Abs. 2 BetrVG). Damit wird der Betriebsrat neben den Kammern zu einem zweiten Überwachungsorgan. Eine Vernachlässigung der Aufgaben wird allerdings nur dann zur Abberufung führen können, wenn sie so schwerwiegend ist, daß dadurch das Ziel der Bildungsmaßnahme in Frage gestellt wird[824]. Ob der Arbeitgeber dem Arbeitnehmer nach der Abberufung eine andere Aufgabe zuweisen kann oder ob er ihm eine Änderungskündigung aussprechen muß oder eine Beendigungskündigung aussprechen kann, richtet sich nach dem Arbeitsvertrag und nach dem Kündigungsrecht. Der Betriebsrat ist dabei nach §§ 99, 102 BetrVG zu beteiligen.

523 Führt der Arbeitgeber betriebliche Maßnahmen der Berufsbildung durch oder stellt er für außerbetriebliche Maßnahmen der Berufsbildung Arbeitnehmer frei

---

[819] BAG, Beschl. v. 4.12.1990, AP Nr. 1 zu § 97 BetrVG 1972; Beschl. v. 12.11.1991, AP Nr. 8 zu § 98 BetrVG 1972.
[820] GK-BetrVG/*Raab*, § 98 Rn. 9.
[821] LAG Köln, Beschl. v. 12.4.1983, EzA § 98 BetrVG Nr. 1.
[822] *Fitting*, § 98 BetrVG Rn. 10; GK-BetrVG/*Raab*, § 98 Rn. 9.
[823] *Fitting*, § 98 BetrVG Rn. 7.
[824] Allg. M., vgl. *Fitting*, § 98 BetrVG Rn. 17.

oder trägt er die durch die Teilnahme von Arbeitnehmern an solchen Maßnahmen entstehenden Kosten ganz oder teilweise, so kann der Betriebsrat Vorschläge für die Teilnahme von Arbeitnehmern oder Gruppen von Arbeitnehmern des Betriebs an diesen Maßnahmen der beruflichen Bildung machen (§ 98 Abs. 3 BetrVG). Kommt eine Einigung über die vom Betriebsrat vorgeschlagenen Teilnehmer nicht zustande, so entscheidet die Einigungsstelle (§ 98 Abs. 4 BetrVG). Der Betriebsrat kann nicht verlangen, daß der Arbeitgeber von ihm benannte Teilnehmer zurückzieht. Übersteigt allerdings die Zahl der vom Arbeitgeber benannten und der vom Betriebsrat vorgeschlagenen Arbeitnehmer insgesamt die Zahl derer, die der Arbeitgeber an der Maßnahme teilnehmen lassen kann oder will, dann wählt die Einigungsstelle die Teilnehmer unter der Gesamtzahl der Bewerber aus[825].

Der Arbeitgeber ist frei in der Entscheidung, ob er eine Bildungsmaßnahme durchführt, ob er Arbeitnehmer freistellt und ob er Kosten übernimmt. Er bestimmt auch die Zahl der Teilnehmer, das Ziel der Maßnahme und damit die Personengruppe, für die sie gedacht ist. Besteht die Wahrscheinlichkeit, daß sich mehr Bewerber melden, als in dem Kurs, Seminar usw. Platz haben, dann empfiehlt es sich, zur Objektivierung der Auswahl Zulassungsvoraussetzungen aufzustellen (Aufnahmeprüfungen, Betriebszugehörigkeit). Der Betriebsrat ist daran allerdings nur gebunden, wenn er den Kriterien zugestimmt hat[826]. **524**

3. Personelle Einzelmaßnahmen

a) Allgemeine Grundsätze

Der Betriebsrat hat umfangreiche Beteiligungsrechte bei personellen Einzelmaßnahmen, nämlich bei **525**

- Einstellungen,
- Ein- und Umgruppierungen,
- Versetzungen und
- Kündigungen.

Gemeinsam ist den Beteiligungsrechten, daß der Arbeitgeber den Betriebsrat über die geplante Maßnahme zu unterrichten hat (§§ 99 Abs. 1 Satz 1, 102 Abs. 1 Sätze 1, 2 BetrVG) und daß der Betriebsrat ihr nur aus bestimmten, im Gesetz genannten Gründen widersprechen kann (§§ 99 Abs. 2, 102 Abs. 3 BetrVG). Unterschiedlich ist die Intensität der Beteiligung. Bei Einstellungen, Versetzungen, Ein- und Umgruppierungen besteht ein Mitbestimmungsrecht in der Form eines eingeschränkten Vetorechts. Der Arbeitgeber darf nicht ohne Zustimmung des Betriebsrats handeln, der Betriebsrat kann die Zustimmung nur **526**

---

[825] BAG, Beschl. v. 8.12.1987, AP Nr. 4 zu § 98 BetrVG 1972.
[826] *Fitting*, § 98 BetrVG Rn. 35; MünchArbR/*Matthes* § 343 Rn.30 ff.

aus den gesetzlichen Gründen verweigern (§ 99 Abs. 1 Satz 1, Abs. 2 BetrVG). Macht der Betriebsrat von diesem Recht Gebrauch und will der Arbeitgeber die Maßnahme dennoch durchführen, dann muß er die Zustimmung des Betriebsrats durch das Arbeitsgericht ersetzen lassen (§ 99 Abs. 4 BetrVG). Bei Kündigungen hat der Betriebsrat lediglich ein Anhörungsrecht (§ 102 Abs. 1 Satz 1 BetrVG). Er kann der Kündigung zwar ebenfalls aus den im Gesetz aufgeführten Gründen widersprechen, der Widerspruch nimmt dem Arbeitgeber aber nicht die Möglichkeit zu kündigen (§ 102 Abs. 1 Satz 3 BetrVG). Einstellungen und Versetzungen unterscheiden sich von Ein- und Umgruppierungen dadurch, daß der Arbeitgeber im ersten Fall nach Zweckmäßigkeitsgesichtspunkten entscheiden kann, während er im zweiten nur die vom Tarifvertrag oder von einer sonstigen Regelung vorgegebene Entscheidung nachzuvollziehen hat. Der Arbeitnehmer hat in jedem Fall Anspruch auf die richtige Einstufung; Ein- und Umgruppierung sind lediglich Normenvollzug. Da der Arbeitgeber nicht frei ist in seiner Entscheidung, kann die Mitbestimmung nur Mitbeurteilung sein[827]. Der Betriebsrat seinerseits kann nur zustimmen oder nicht zustimmen, ein Initiativrecht hat er, vom Ausnahmefall des § 104 BetrVG abgesehen, nicht. Die Voraussetzungen für sein Zustimmungsverweigerungsrecht ergeben sich aus dem Gesetz. Da es insoweit also um Rechtsanwendung geht, ist im Streitfalle nicht die Einigungsstelle, sondern das Arbeitsgericht zuständig (§ 99 Abs. 4 BetrVG).

b) Mindestunternehmensgröße

527 Das Zustimmungsverweigerungsrecht bei Einstellungen, Versetzungen, Ein- und Umgruppierungen setzt voraus, daß in dem Unternehmen in der Regel mehr als 20 wahlberechtigte Arbeitnehmer beschäftigt werden (§ 99 Abs. 1 Satz 1 BetrVG). Auf den Umfang der Beschäftigung kommt es – anders als nach dem KSchG (§ 23 Abs. 1 Satz 3) – nicht an.

c) Einstellung

528 **aa) Begriff.** Unter Einstellung versteht das BAG die Eingliederung einer Person in den Betrieb, um zusammen mit den dort beschäftigten Arbeitnehmern den arbeitstechnischen Zweck des Betriebs durch weisungsgebundene Tätigkeit zu verwirklichen[828]. Mit dieser Begriffsbestimmung entscheidet das BAG zwei Streitfragen: ob Einstellung der tatsächliche Akt der Einstellung und/oder der rechtliche Akt des Abschlusses des Arbeitsvertrags ist, und ob nur die Einstellung von Personen, die als Arbeitnehmer des Betriebsinhabers beschäftigt werden sollen, mitbestimmungspflichtig ist oder auch die bestimmter anderer Personen. Außerdem unterwirft es damit die Aufnahme in einen anderen Betrieb des Unternehmens im Zuge einer Versetzung dem Begriff der Einstellung.

---

[827] BAG, Beschl. v. 15.4.1986, AP Nr. 35 zu § 99 BetrVG 1972.
[828] BAG, Beschl. v. 5.3.1991, AP Nr. 90 zu § 99 BetrVG 1972; zur Kritik *Hromadka/Maschmann*, Arbeitsrecht Band 1, § 1 Rn. 31.

bb) Tatsächliche Arbeitsaufnahme oder Abschluß des Vertrages. Die erste 529
Frage löst das BAG in Parallele zur Versetzung, bei der das Gesetz selbst von der
Zuweisung eines anderen Arbeitsbereichs spricht (§ 95 Abs. 3 BetrVG), im Sinne
des tatsächlichen Aktes; Einstellung sei die „erste" Zuweisung eines Arbeitsbereichs[829]. Sähe man den Abschluß des Arbeitsvertrags als Einstellung an, dann entfiele – so das BAG – eine Beteiligung des Betriebsrats in all den Fällen, in denen
einer tatsächlichen Beschäftigung kein Arbeitsvertrag zugrunde liege oder dieser –
wie bei der betriebsübergreifenden Versetzung – in zulässiger Weise schon lange
Zeit vorher ohne Beteiligung des Betriebsrats in den aufnehmenden Betrieb abgeschlossen worden sei. Andererseits bestehe kein Bedürfnis, den Abschluß des Arbeitsvertrags der Zustimmung zu unterwerfen. Erst durch die tatsächliche Beschäftigung bislang betriebsfremder Personen werde das Interesse der Mitarbeiter,
dessen Schutz das Mitbestimmungsrecht des Betriebsrats diene, berührt.

Allerdings bedeute das nicht, daß der Arbeitgeber die Zustimmung erst zu diesem Zeitpunkt einholen müsse. Mit Abschluß des Arbeitsvertrags entstünden 530
Zwänge, die den Betriebsrat mit Rücksicht auf das Wohl des Betriebs und des einzustellenden Arbeitnehmers hindern könnten, von seinem Zustimmungsverweigerungsrecht Gebrauch zu machen. Deshalb sei er vor Abschluß des Arbeitsvertrags,
d.h. bei der abschließenden und endgültigen Entscheidung zu hören. Nach einem
Teil der Lehre[830] – und der früheren Rechtsprechung[831] – kann unter Einstellung
sowohl der Abschluß des Arbeitsvertrags als auch die tatsächliche Beschäftigung
verstanden werden. Mitbestimmungspflichtig ist danach der Tatbestand, der zeitlich zuerst verwirklicht wird. Da aber auch nach dieser Ansicht bei einem Verstoß
gegen § 99 Abs. 1 BetrVG der Arbeitsvertrag wirksam bleibt, unterscheiden sich
beide Meinungen im Ergebnis nicht voneinander.

cc) Einstellung bei allen Weisungsgebundenen. Größere praktische Bedeutung 531
hat die zweite Frage. Hier geht es darum, ob das Mitbestimmungsrecht des Betriebsrats sich nur auf (künftige) Arbeitnehmer des Betriebs bezieht oder auch auf
andere Personen, die im Betrieb beschäftigt werden. Mit dem Erfordernis der Eingliederung in den Betrieb und der Ausübung ihrer Art nach weisungsgebundener
Tätigkeit mit der Folge, daß – in der Regel vorübergehend – ein Teil der Arbeitgeberstellung auf das Beschäftigungsunternehmen übergeht[832], stellt das BAG letztlich darauf ab, ob der Betriebsinhaber das Weisungsrecht hat (so bei den Rot-Kreuz-Schwestern[833]) oder zumindest Weisungen erteilt oder erteilen muß (so bei

---

[829] BAG, Beschl. v. 28.4.1992, AP Nr. 98 zu § 99 BetrVG 1972 m. Anm. *Hromadka*.
[830] *Fitting*, § 99 BetrVG Rn. 28; GK-BetrVG/*Kraft*, § 99 Rn. 20 ff.
[831] BAG, Beschl. v. 14.5.1974, 12.7.1988, AP Nr. 2, 54 zu § 99 BetrVG 1972.
[832] BAG, Beschl. v. 30.8.1994, AP Nr. 6 zu § 99 BetrVG 1972 Einstellung.
[833] BAG, Beschl. v. 22.4.1997, AP Nr. 18 zu § 99 BetrVG 1972 Einstellung.

Fremdfirmenarbeitnehmern)[834]. Kann der Arbeitgeber aber Weisungen erteilen, dann ist der Betreffende Arbeitnehmer – gegebenenfalls Leiharbeitnehmer (§ 14 Abs. 3 AÜG) –, und es bleibt nur die Frage, ob § 99 BetrVG analog auf andere Personengruppen anzuwenden ist. Eine Analogie kommt jedoch nicht in Betracht, denn der Unternehmer ist frei, Aufgaben auszulagern und mitbestimmungsfrei darüber zu entscheiden, wem er diese Aufgaben überträgt (vgl. § 111 BetrVG). Nach der Rechtsprechung schuldet der Arbeitgeber dem Betriebsrat aber Auskunft über sonstige im Betrieb beschäftigte Personen (freie Mitarbeiter, Fremdfirmenleute), damit dieser beurteilen kann, ob und inwieweit Mitbestimmungsrechte in Frage kommen[835].

Mitbestimmungspflichtige Einstellung (nach der Rechtsprechung des BAG)

Zu beschäftigende Person	Mitbestimmungspflichtige Einstellung
Arbeitnehmer des Beschäftigungsunternehmens - Neueinstellung - Verlängerung eines befristeten Arbeitsvertrags - Versetzung in einen anderen Betrieb	- ja (§ 99 BetrVG) - ja, außer bei Probearbeitsverhältnis (§ 99 BetrVG) - ja
Arbeitnehmer eines anders Unternehmens - Leiharbeitnehmer - Fremdfirmenarbeitnehmer	- ja (§ 14 Abs. 3 AÜG) - grundsätzlich nein, aber Anspruch auf Unterrichtung
kein Arbeitnehmer - freier Mitarbeiter - Tätigkeit aufgrund Vereinsrechts	- wie Fremdfirmenarbeitnehmer - wenn das Beschäftigungsunternehmen einen Teil der Arbeitgeberstellung (= Weisungsrecht) übernimmt

532 **dd) Auslösung des Mitbestimmungsrechts.** Eine Einstellung liegt sowohl vor beim erstmaligem Abschluß eines Arbeitsvertrags als auch bei jedem weiteren Arbeitsvertrag, sei es nach einer Unterbrechung des Arbeitsverhältnisses, sei es unmittelbar im Anschluß an einen anderen, befristeten oder bedingten Arbeitsvertrag (Aushilfsarbeitsverhältnis, Ausbildungsverhältnis, Erreichen der Altersgrenze); keine Einstellung sind lediglich die Umwandlung eines befristeten Probearbeitsverhältnisses in ein unbefristetes Arbeitsverhältnis[836] und die einvernehmliche

---

[834] BAG, Beschl. v. 18.10.1994, 30.8.1994, AP Nr. 5, 6 zu § 99 BetrVG 1972 Einstellung.
[835] BAG, Beschl. v. 15.12.1998, NZA 1999, 722.
[836] BAG, Beschl. v. 7.8.1990, AP Nr. 82 zu § 99 BetrVG 1972.

Rücknahme einer Kündigung[837]. Einstellung ist auch die Versetzung in einen anderen Betrieb des Unternehmens ohne Änderung des Arbeitsvertrags[838].

ee) Zeitpunkt. Der Betriebsrat hat den Arbeitgeber vor jeder Einstellung zu unterrichten (§ 99 Abs. 1 Satz 1 BetrVG). Die Unterrichtung hat nach der Auswahl[839] und vor Abschluß des Arbeitsvertrags und der Eingliederung zu erfolgen[840]. Sinnvollerweise unterrichtet der Arbeitgeber den Betriebsrat mindestens eine Woche vor der Einstellung, weil der Betriebsrat nicht Stellung beziehen muß und weil seine Zustimmung dann erst nach einer Woche als erteilt gilt. 533

ff) Auskunftspflicht. Der Arbeitgeber hat dem Betriebsrat Auskunft über die Person der Beteiligten zu geben. Beteiligt sind alle inner- und außerbetrieblichen Bewerber[841]. Schaltet der Arbeitgeber ein Personalberatungsunternehmen ein oder stellt er Leiharbeitnehmer ein, dann sind beteiligt die Personen, die der Arbeitgeber sich benennen läßt[842]. Die Auskunftspflicht bezieht sich auf alle Angaben, die der Betriebsrat benötigt, um sein Zustimmungsverweigerungsrecht ausüben zu können, d.h. auf die persönliche und fachliche Eignung sowie auf die betrieblichen Auswirkungen[843]. 534

Der Arbeitgeber hat dem Betriebsrat weiter die erforderlichen **Bewerbungsunterlagen** aller Bewerber[844] vorzulegen (§ 99 Abs. 1 Satz 1 BetrVG). Auch hier gilt, daß die Bewerbungsunterlagen erforderlich sind, die der Betriebsrat für die Beurteilung der Frage braucht, ob ein Zustimmungsverweigerungsrecht nach Abs. 2 besteht oder nicht. Dazu zählen vor allem das Bewerbungsschreiben, der Lebenslauf und die Zeugnisse, aber auch die Unterlagen, die anläßlich einer Bewerbung vom Bewerber oder vom Arbeitgeber erstellt werden, wie Personalfragebogen, Tests oder Arbeitsproben, und bei Leiharbeitnehmern der Arbeitnehmerüberlassungsvertrag[845]. Nicht dazu gehören das polizeiliche Führungszeugnis und das Ergebnis einer ärztlichen Untersuchung[846]. Der Arbeitgeber muß nur die Unterlagen vorlegen, die er selbst hat; er braucht keine zusätzlichen Unterlagen zu besorgen. Nach Ansicht des BAG ist der Arbeitgeber nicht nur verpflichtet, dem Betriebsrat die Unterlagen vorzulegen; er muß sie ihm auch zur Beschlußfassung überlassen, längstens für eine Wo- 535

---

[837] *Fitting*, § 99 BetrVG Rn. 36.
[838] BAG, Beschl. v. 30.4.1981, 18.2.1986, AP Nr. 12, 33 zu § 99 BetrVG 1972.
[839] BAG, Beschl. v. 18.7.1978, AP Nr. 7 zu § 99 BetrVG 1972.
[840] BAG, Beschl. v. 28.4.1992, AP Nr. 98 zu § 99 BetrVG 1972.
[841] Richardi/*Thüsing*, § 99 BetrVG Rn. 134 m.w.N.
[842] BAG, Beschl. v. 14.5.1974, 18.12.1990, AP Nr. 2, 85 zu § 99 BetrVG 1972.
[843] BAG, Beschl. v. 18.10.1988, 10.11.1992, AP Nr. 57, 100 zu § 99 BetrVG 1972.
[844] BAG, Beschl. v. 3.12.1985, AP Nr. 29 zu § 99 BetrVG 1972.
[845] BAG, Beschl. v. 6.6.1978, AP Nr. 6 zu § 99 BetrVG 1972.
[846] LAG Hamburg, Beschl. v. 30.4.1975, 5 TaBV 1/75.

che[847]. Bewerber können dem Arbeitgeber die Weiterleitung von Unterlagen an den Betriebsrat untersagen[848]. Der Arbeitgeber muß den Betriebsrat darauf hinweisen. Der Betriebsrat kann der Einstellung trotzdem zustimmen. Allerdings kann das nur ausdrücklich geschehen; die Wochenfrist des § 99 Abs. 3 BetrVG wird mangels ordnungsgemäßer Unterrichtung nicht in Gang gesetzt[849]. Der Arbeitgeber ist nicht verpflichtet, dem Betriebsrat den Bewerber vorzustellen[850]; der Betriebsrat hat auch kein Recht, am Einstellungsgespräch teilzunehmen[851].

536 Schließlich hat der Arbeitgeber dem Betriebsrat **Auskunft über die Auswirkungen der geplanten Maßnahme** zu geben; insbesondere muß er ihm den in Aussicht genommenen Arbeitsplatz und die vorgesehene Eingruppierung – nicht das vereinbarte Arbeitsentgelt[852] – mitteilen (§ 99 Abs. 1 Satz 1 BetrVG). Der Betriebsrat soll in die Lage versetzt werden zu beurteilen, ob einer der Zustimmungsverweigerungsgründe in Betracht kommt. Wird der Betriebsrat nicht ordnungsgemäß unterrichtet, dann wird die Wochenfrist, nach deren Ablauf eine Zustimmung fingiert wird, nicht in Gang gesetzt[853].

537 Schließlich ist formell die Zustimmung des Betriebsrats zur Einstellung einzuholen (§ 99 Abs. 1 Satz 1 BetrVG). Der Betriebsrat soll wissen, daß jetzt die Frist zu laufen beginnt, innerhalb derer er die Zustimmung verweigern kann.

538 gg) **Reaktionsmöglichkeiten.** Der Betriebsrat hat drei Reaktionsmöglichkeiten:
– Er kann der Einstellung **zustimmen.** Der Arbeitgeber ist dann zur Einstellung, genauer: zur Beschäftigung des Arbeitnehmers, berechtigt. Die Zustimmung ist unwiderruflich[854].
– Der Betriebsrat kann die **Frist,** innerhalb derer er widersprechen könnte, **verstreichen lassen,** ohne etwas zu unternehmen. Mit Ablauf der Frist gilt die Zustimmung als erteilt (§ 99 Abs. 3 Satz 2 BetrVG). Dasselbe gilt, wenn der Betriebsrat zwar widerspricht, aber Form und/oder Frist nicht wahrt.
– Der Betriebsrat kann die **Zustimmung verweigern.**

539 hh) **Zustimmungsverweigerungsrecht.** Eine wirksame Verweigerung setzt dreierlei voraus (§ 99 Abs. 3 Satz 1 BetrVG):
– die **schriftliche Mitteilung** an den Arbeitgeber (Telefax genügt)[855],

---

[847] BAG, Beschl. v. 3.12.1985, AP Nr. 29 zu § 99 BetrVG 1972.
[848] Richardi/*Thüsing*, § 99 BetrVG Rn. 146 m.w.N.
[849] Richardi/*Thüsing*, § 99 BetrVG Rn. 146.
[850] BAG, Beschl. v. 18.7.1978, AP Nr. 7 zu § 99 BetrVG 1972.
[851] BAG, Beschl. v. 6.6.1978, AP Nr. 6 zu § 99 BetrVG 1972.
[852] BAG, Beschl. v. 3.10.1989, AP Nr. 74 zu § 99 BetrVG 1972.
[853] Richardi/*Thüsing*, § 99 BetrVG Rn. 255 f.
[854] H. M., MünchArbR/*Matthes*, § 352 Rn. 105 m. N.

- **innerhalb einer Woche** nach Unterrichtung durch den Arbeitgeber. Die Frist endet mit Dienstschluß an dem Wochentag, der seiner Benennung nach dem Tag entspricht, an dem der Betriebsrat unterrichtet wurde (Montag/Montag). Ist dieser Tag ein Samstag, Sonn- oder Feiertag, so endet die Frist mit Dienstschluß des nächsten Werktages.
- die schriftliche **Angabe von Gründen**.

Der Betriebsrat darf seine Zustimmung nur aus den in § 99 Abs. 2 BetrVG genannten Gründen verweigern, d.h. wenn   540

(Nr. 1) die personelle Maßnahme gegen ein Gesetz, eine Verordnung, eine Unfallverhütungsvorschrift oder gegen eine Bestimmung in einem Tarifvertrag oder in einer Betriebsvereinbarung oder gegen eine gerichtliche Entscheidung oder eine behördliche Anordnung **verstoßen würde**. Rechtsvorschriften in diesem Sinne sind solche, die der Einstellung entgegenstehen, wie vor allem Beschäftigungsverbote in Gesetzen (z.B. § 284 Abs. 1 Satz 1 SGB III) und Unfallverhütungsvorschriften oder das Verbot einer Beschäftigung von Teilzeitkräften unterhalb einer bestimmten Mindeststundenzahl in einem Tarifvertrag[856]. Ein Zustimmungsverweigerungsrecht besteht auch, wenn der Arbeitgeber nicht geprüft hat, ob der Arbeitsplatz mit einem Schwerbehinderten besetzt werden kann[857]. Sonstige Gesetzesverstöße - falsche Eingruppierung, unzulässige Befristung[858] - berechtigen nicht zur Zustimmungsverweigerung; das Mitbestimmungsrecht ist kein Instrument einer umfassenden Vertragsinhaltskontrolle[859]. Erst recht kann der Betriebsrat nicht widersprechen, wenn er die Einstellung oder irgendwelche Vertragsbedingungen für unzweckmäßig hält[860].   541

---

[855] BAG, Beschl. v. 11.6.2002, NZA 2003, 226.
[856] BAG, Beschl. v. 28.1.1992, AP Nr. 95 zu § 99 BetrVG 1972.
[857] BAG, Beschl. v. 14.11.1989, AP Nr. 77 zu § 99 BetrVG 1972.
[858] BAG, Beschl. v. 20.6.1978, 16.7.1985, AP Nr. 8, 21 zu § 99 BetrVG 1972.
[859] BAG, Beschl. v. 28.3.2000, NZA 2000, 1294.
[860] ArbG Berlin, Beschl. v. 28.11.1973, DB 1974, 341.

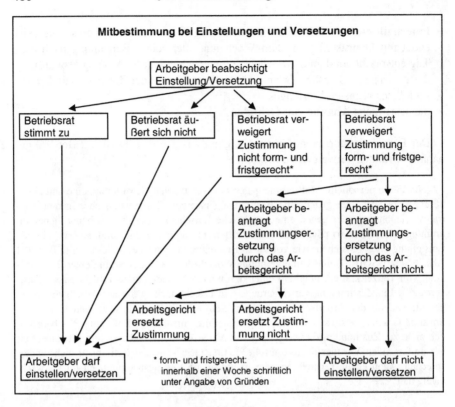

542 (Nr. 2) **die personelle Maßnahme gegen eine Auswahlrichtlinie verstoßen würde.**
Gemeint sind nur formell zwischen Arbeitgeber und Betriebsrat vereinbarte Auswahlrichtlinien, nicht einseitig vom Arbeitgeber aufgestellte Richtlinien oder Kriterien[861].

543 (Nr. 3) die durch Tatsachen begründete **Besorgnis** besteht, **daß** infolge der personellen Maßnahme **im Betrieb beschäftigte Arbeitnehmer gekündigt werden oder sonstige Nachteile erleiden,** ohne daß dies aus betrieblichen oder persönlichen Gründen gerechtfertigt ist. Kündigung meint die Beendigungs- wie die Änderungskündigung. Die Besorgnis, daß eine Kündigung ausgesprochen wird, besteht vor allem dann, wenn jemand für einen Arbeitsplatz eingestellt werden soll, der noch besetzt ist, die Besorgnis, daß eine Änderungskündigung ausgesprochen wird, beispielsweise dann, wenn die Arbeitsplätze mehrerer vergleichbarer Arbeitnehmer wegfallen, nur für einen Teil dieser Arbeitnehmer eine andere Beschäftigungsmöglichkeit zur Verfügung stehen und der Arbeitgeber ohne Sozialauswahl einen der Arbeitnehmer auf einen der freien Plätze versetzt[862]. Als sonstige Nachteile sind nicht unerhebliche Verschlechterungen in der tatsächlichen oder rechtlichen Stellung eines

---

[861] BAG, Beschl. v. 14.10.1986, AP Nr. 5 zu § 117 BetrVG 1972.
[862] BAG, Beschl. v. 30.8.1995, AP Nr. 5 zu § 99 BetrVG 1972 Versetzung.

Arbeitnehmers anzusehen⁸⁶³. Der Verlust einer Beförderungschance stellt nur dann einen sonstigen Nachteil in diesem Sinne dar, wenn dadurch eine Rechtsposition oder eine rechtlich erhebliche Anwartschaft des Arbeitnehmers gefährdet wird⁸⁶⁴. Voraussetzung ist immer, daß die Kündigung oder der Nachteil nicht aus persönlichen oder betrieblichen Gründen gerechtfertigt ist. Das ist in Anlehnung an § 1 Abs. 2 u. 3 KSchG zu ermitteln⁸⁶⁵. Der Betriebsrat könnte also beispielsweise widersprechen, wenn der Arbeitgeber aus betrieblichen Gründen einen Arbeitnehmer entlassen und an seiner Stelle einen anderen, möglicherweise besser qualifizierten einstellen wollte, nicht aber, wenn er einen Mitarbeiter aus Gründen in seinem Verhalten oder in seiner Person kündigen und für ihn einen Ersatz einstellen möchte. Als Nachteil gilt bei unbefristeter Einstellung auch die Nichtberücksichtigung eines gleich geeigneten befristet Beschäftigten (§ 99 Abs. 2 Nr. 3 HS 2 BetrVG).

(Nr. 4) der betroffene Arbeitnehmer durch die personelle Maßnahme benachteiligt wird, ohne daß dies aus betrieblichen oder in der Person des Arbeitnehmers liegenden Gründen gerechtfertigt ist. Dieser Fall scheidet bei Bewerbern aus. Der Widerspruch kann nur mit einer Benachteiligung durch die Einstellung, nicht durch einzelne Vertragsbedingungen (unwirksame Befristung, untertarifliche Bezahlung) begründet werden⁸⁶⁶. 544

(Nr. 5) eine interne Stellenausschreibung unterblieben ist, wenn der Betriebsrat sie allgemein oder für bestimmte Arten von Tätigkeiten verlangt hat. Eine Stellenausschreibung ist auch dann „unterblieben", wenn der Arbeitgeber intern höhere Anforderungen gestellt hat als bei einer gleichzeitigen externen Ausschreibung⁸⁶⁷. Kein Widerspruchsrecht besteht, wenn der Arbeitgeber einen externen Bewerber oder einen Bewerber, der sich erst nach Ablauf der Ausschreibungsfrist beworben hat, vorzieht⁸⁶⁸. Der Widerspruch ist mißbräuchlich, wenn die Ausschreibung unterbleibt und feststeht, daß kein Mitarbeiter des Betriebs für die Stelle in Betracht gekommen wäre⁸⁶⁹. 545

(Nr. 6) die durch Tatsachen begründete **Besorgnis** besteht, **daß der** für die personelle Maßnahme in Aussicht genommene **Bewerber oder Arbeitnehmer den Betriebsfrieden** durch gesetzwidriges Verhalten oder durch grobe Verletzung der in § 75 Abs. 1 BetrVG enthaltenen Grundsätze **stören würde.** Hier müssen konkrete Anhaltspunkte vorliegen; vage Vermutungen genügen nicht. Als besonders verwerflich erachtet der Gesetzgeber eine rassistische oder fremdenfeindliche Betätigung des Bewerbers. 546

---

⁸⁶³ BAG, Beschl. v. 30.8.1995, AP Nr. 5 zu § 99 BetrVG 1972 Versetzung.
⁸⁶⁴ BAG, Beschl. v. 8.9.2002, NZA 2003, 622.
⁸⁶⁹ AG, Beschl. v. 30.8.1995, AP Nr. 5 zu § 99 BetrVG 1972 Versetzung.
⁸⁶⁶ BAG, Beschl. v. 9.7.1996, AP Nr. 9 zu § 99 BetrVG 1972 Einstellung.
⁸⁶⁷ BAG, Beschl. v. 23.2.1988, AP Nr. 2 zu § 93 BetrVG 1972.
⁸⁶⁸ BAG, Beschl. v. 18.11.1980, AP Nr. 1 zu § 93 BetrVG 1972.
⁸⁶⁹ GK-BetrVG/*Kraft*, § 99 Rn. 150; *Richardi*, § 99 BetrVG Rn. 228; a.A. *Fitting*, § 99 BetrVG Rn. 181.

547 Die vom Betriebsrat für die Verweigerung seiner Zustimmung vorgetragene Begründung muß es als möglich erscheinen lassen, daß einer der in Abs. 2 abschließend genannten Gründe geltend gemacht wird. Nur eine Begründung, die offensichtlich auf keinen der Verweigerungsgründe Bezug nimmt, ist unbeachtlich mit der Folge, daß die Zustimmung als erteilt gilt[870].

548 ii) Folgen unterbliebener Beteiligung. Hört der Arbeitgeber den Betriebsrat nicht an oder widerspricht der Betriebsrat form- und fristgerecht, so kann der Arbeitgeber zwar wirksam einen Arbeitsvertrag mit dem Bewerber abschließen. Er darf ihn aber nicht beschäftigen[871]. Der Arbeitnehmer hat Anspruch auf das vereinbarte Entgelt, wenn der Arbeitgeber ihn nicht ausdrücklich darauf aufmerksam gemacht hat, daß die Zustimmung des Betriebsrats (noch) aussteht, oder wenn er sie ihm als reine Formsache hingestellt hat[872]. Beschäftigt der Arbeitgeber den Arbeitnehmer trotz Zustimmungsverweigerung, so kann der Betriebsrat beim Arbeitsgericht beantragen, dem Arbeitgeber aufzugeben, daß er die Weiterbeschäftigung unterläßt. Kommt der Arbeitgeber der Anordnung nicht nach, so hat das Arbeitsgericht gegen ihn für jeden Tag der Zuwiderhandlung ein Zwangsgeld von bis zu 250 € festzusetzen (§ 101 BetrVG).

549 Der Arbeitgeber kann, wenn der Betriebsrat die Zustimmung zu einer Einstellung ordnungsgemäß verweigert, beim Arbeitsgericht beantragen, die Zustimmung zu ersetzen (§ 99 Abs. 4 BetrVG). Er kann den Bewerber vorläufig einstellen, bevor der Betriebsrat sich geäußert oder obwohl er die Zustimmung verweigert hat, falls das aus sachlichen Gründen dringend erforderlich ist, beispielsweise weil ein besonders qualifizierter Bewerber sonst „abspringt"[873] oder wenn in einer Vierergruppe zwei Plätze zu besetzen sind[874]. Er muß den Betriebsrat darüber unverzüglich informieren und, wenn dieser die Dringlichkeit bestreitet, auch dazu die Ersetzung der Zustimmung beim Arbeitsgericht beantragen (§ 100 BetrVG).

d) Versetzung

550 aa) Begriff. Versetzung im Sinne des Betriebsverfassungsrechts ist die Zuweisung eines anderen Arbeitsbereichs, die voraussichtlich die Dauer von einem Monat überschreitet oder die mit einer erheblichen Änderung der Umstände verbunden ist, unter denen die Arbeit zu leisten ist (§ 95 Abs. 3 Satz 1 BetrVG).

551 Der betriebsverfassungsrechtliche Begriff der Versetzung ist nicht identisch mit dem arbeitsvertraglichen. Der arbeitsvertragliche hat keine festen Konturen. Gemeint ist ähnlich

---

[870] BAG, Urt. v. 26.1.1988, AP Nr. 50 zu § 99 BetrVG 1972.
[871] BAG, Urt. v. 2.7.1980, AP Nr. 9 zu Art. 33 II GG.
[872] BAG, Beschl. v. 2.7.1980, AP Nr. 5 zu § 101 BetrVG 1972.
[873] LAG Berlin, Beschl. v. 27.9.1982, DB 1983, 776.
[874] ArbG Essen, Beschl. v. 2.3.1972, DB 1972, 977.

wie im Betriebsverfassungsrecht die Zuweisung einer anderen Arbeit, einer Arbeit an einem anderen Ort oder in einer anderen organisatorischen Einheit. Hat die Änderung geringeren Umfang, wird derselbe Vorgang mitunter als Umsetzung bezeichnet. Der Gesetzgeber verwendet den Begriff „umsetzen" im Arbeitszeitgesetz, um den Wechsel von einem Nachtauf einen Tagesarbeitsplatz zu beschreiben (§ 6 Abs. 4 ArbZG).

Der Begriff Versetzung kommt aus dem öffentlichen Recht. Im Personalvertretungsrecht meint Versetzung die Übertragung einer Tätigkeit bei einer anderen Dienststelle desselben Dienstherrn auf Dauer, Umsetzung die Versetzung innerhalb der Dienststelle, sofern sie mit einem Wechsel des Arbeitsortes verbunden ist, Abordnung die „Versetzung" auf Zeit, mindestens aber für drei Monate (vgl. §§ 75 Abs. 1 Nr. 3, 4; 76 Abs. 1 Nr. 4, 5 BPersVG). 552

Im Arbeitsvertragsrecht entscheidet nicht die Bezeichnung, sondern die Vertragsgestaltung. Ob der Arbeitgeber dem Arbeitnehmer einen anderen Arbeitsplatz, einen Arbeitsplatz an einem anderen Ort oder in einer anderen organisatorischen Einheit zuweisen kann, richtet sich nach dem Arbeitsvertrag. Rechtstechnische Mittel sind im Rahmen des allgemeinen Weisungsrechts oder eines Änderungsvorbehalts die Weisung, sonst der Änderungsvertrag, dessen Abschluß u.U. durch eine Änderungskündigung erzwungen werden kann. Für das Mitbestimmungsrecht ist es unerheblich, wie der Arbeitgeber individualrechtlich die Versetzung bewerkstelligt. Entscheidend ist, ob eine Versetzung im Sinne des Betriebsverfassungsrechts vorliegt. Ein Mitbestimmungsrecht kommt folglich sowohl bei einer Versetzung in Frage, die auf einer Weisung beruht, als auch bei einer Versetzung aufgrund Änderungsvertrags. Wird der Änderungsvertrag durch Änderungskündigung herbeigeführt, ist der Betriebsrat außerdem nach § 102 BetrVG anzuhören. Daß eine Versetzung aufgrund Änderungsvertrags mitbestimmungsfrei ist, wird selten vorkommen; eher ist das schon bei einer Versetzung kraft Weisungsrechts denkbar. 553

Versetzung

	bei Vorbehalt	ohne Vorbehalt	
dem Arbeitnehmer gegenüber durchsetzbar	durch Weisungsrecht	durch Änderungsvertrag	durch Änderungskündigung
Beteiligung des Betriebsrats	nach § 99 I, wenn Versetzung i.S.d. § 95 III	nach § 99 I, wenn Versetzung i.S.d. § 95 III	nach § 99 I, wenn Versetzung i.S.d. § 95 III, und nach § 102

bb) Arbeitsbereich. Der Arbeitsbereich wird durch Art und Ort der Tätigkeit und durch die Eingliederung in die betriebliche Organisation bestimmt[875]. Der Begriff des Arbeitsbereichs ist weiter als der des Arbeitsplatzes. Geringfügige Änderungen 554

---

[875] BAG, Beschl. v. 3.12.1985, AP Nr. 8 zu § 95 BetrVG 1972 = SAE 1987, 151 m. Anm. Otto.

sind nicht gemeint. Andererseits wollte der Gesetzgeber auch **Umsetzungen,** d.h. Versetzungen geringeren Umfangs, der Mitbestimmungspflicht unterwerfen[876].

555 **cc) Eine Änderung der Tätigkeit** liegt vor, wenn die Änderung über die normale Schwankung hinausgeht mit der Folge, daß die Arbeitsaufgabe oder die Tätigkeit eine andere wird[877].

Beispiele: Facharbeiter wird Werkstattschreiber, Bandarbeiter Pförtner, Personalreferent Personalleiter, einem Verkäufer in einem Warenhaus wird ein anderer Substitutenbereich mit eigener Warengruppe zugewiesen[878].

556 Das Gesamtbild der Tätigkeit kann sich auch dadurch ändern, daß sich der Aufgabenbereich vergrößert oder verkleinert oder dem Arbeitnehmer eine prägende Aufgabe zugewiesen oder weggenommen wird. Keine Änderung der Tätigkeit liegt in einer Freistellung, etwa während der Kündigungsfrist; hier entfällt die Tätigkeit ersatzlos[879]. Nach Ansicht des BAG kann sich eine Änderung des Arbeitsbereichs auch aus einer Änderung der Umstände ergeben, unter denen die Arbeit zu leisten ist, etwa durch einen Ortswechsel oder durch eine Änderung der Arbeitsmittel

Beispiele: Ja: Fahrer eines Sattelschleppers – Direktionsfahrer[880]; nein: Schreibkraft muß Texte statt mit Kugelkopfmaschine künftig mit Hilfe eines Bildschirmgeräts schreiben[881].

oder indem eine Verkäufertätigkeit nicht mehr im Innen-, sondern im Außendienst erbracht wird[882]. Voraussetzung ist auch hier, daß die Umstände der Gesamttätigkeit das Gepräge geben und daß sich mit der Änderung folglich deren Gesamtbild ändert.

557 **dd) Mit einem anderen Ort** ist eine andere Stelle gemeint, an der die Arbeitsleistung erbracht wird, nicht eine andere politische Gemeinde. Auch hier reichen geringfügige Änderungen nicht aus[883], beispielsweise nicht ein Zimmertausch oder die Zuweisung eines anderen, 30 m vom bisherigen entfernten Arbeitsplatzes im

---

[876] Begr. RegE, BT-Drucks. VI/1786, zu § 95, S. 50; Bericht d. Ausschusses f. Arbeit und Sozialordnung, BT-Drucks. VI/2729 zu § 95, S. 30.
[877] BAG, Beschl. v. 10.4.1984, AP Nr. 4 zu § 95 BetrVG 1972 m. Anm. *Hönn.*
[878] LAG Düsseldorf, Beschl. v. 28.1.1987, DB 1987, 1439.
[879] BAG, Beschl. v. 28.2.2000, NZA 2000, 1355.
[880] Vgl. BAG, Beschl. v. 26.5.1988, AP Nr. 13 zu § 95 BetrVG 1972.
[881] BAG, Beschl. v. 10.4.1984, AP Nr. 4 zu § 95 BetrVG 1972 m. Anm. *Hönn.*
[882] Weiteres Bsp.: Gruppen- statt Einzelakkord, BAG, Beschl. v. 22.4.1997, AP Nr. 14 zu § 99 BetrVG 1972 Versetzung.
[883] BAG, Beschl. v. 18.2.1986, 20.9.1990, AP Nr. 33, 84 zu § 99 BetrVG 1972.

selben Büro[884]. Der Wechsel in eine andere politische Gemeinde bedeutet in aller Regel eine Änderung des Arbeitsbereichs, ein Wechsel innerhalb derselben politischen Gemeinde dann, wenn sich der Anfahrtsweg nicht nur geringfügig ändert[885]. Der Wechsel in einen anderen Betrieb wird zumeist mit einer Ortsänderung verbunden sein; in jedem Fall ändert sich hier die organisatorische Eingliederung.

ee) Eine Änderung der Stellung in der betrieblichen Organisation liegt nach der Rechtsprechung vor, wenn ein Arbeitnehmer aus einer betrieblichen Einheit herausgenommen und einer anderen Einheit zugewiesen wird, d.h. wenn es zu einer Änderung der organisatorischen Umwelt kommt, sei es, daß der Arbeitnehmer mit neuen Arbeitskollegen zusammenarbeiten, sei es, daß er seine Arbeitsaufgabe innerhalb einer anderen Arbeitsorganisation erbringen muß[886]. Ein solcher Wechsel liegt immer vor bei dem Wechsel in ein Tochter- oder Schwesterunternehmen[887] oder in einen anderen Betrieb[888], in der Regel auch bei dem Wechsel in eine andere Abteilung mit eigenem Fach- und Disziplinarvorgesetztem[889], etwa aus der Forschung in die Produktion. Der Wechsel von einer Kleingruppe in eine andere, beispielsweise aus dem Bereich eines Vorarbeiters oder Schichtmeisters in den eines anderen, reicht dagegen nicht aus, auch nicht der Wechsel des Vorgesetzten oder die Zuordnung der Einheit zu einem anderen Vorgesetzten im Rahmen einer Umorganisation.[890]

558

Nicht zu den Bestimmungsfaktoren des Arbeitsbereichs gehört die Arbeitszeit. Keine Versetzung ist also die Änderung von Lage und/oder Dauer der Arbeitszeit, also etwa der Wechsel von Voll- in Teilzeitarbeit[891] oder von einer Schicht in eine andere[892], auch nicht bei Wechsel von Tag- in Nacht-[893] oder Normal- in Wechselschicht[894]. Hier kann aber das Mitbestimmungsrecht bei der Lage der Arbeitszeit in Betracht kommen (§ 87 Abs. 1 Nr. 2 BetrVG).

559

---

[884] BAG, Beschl. v. 10.4.1984, AP Nr. 4 zu § 95 BetrVG 1972 m. Anm. *Hönn*.
[885] Zu einem Fall, in dem eine solche Änderung nicht angenommen wurde, LAG Berlin, Beschl. v. 22.11.1991, NZA 1992, 854 (Verlegung einer ganzen Abteilung in Räume am selben Ort).
[886] BAG, Beschl. v. 10.4.1984, AP Nr. 4 zu § 95 BetrVG 1972 m. Anm. *Hönn*.
[887] Für das Tochterunternehmen BAG, Beschl. v. 19.2.1991, AP Nr. 26 zu § 95 BetrVG 1972.
[888] Für den Filialbetrieb BAG, Beschl. v. 20.9.1990, AP Nr. 84 zu § 99 BetrVG 1972.
[889] BAG, Beschl. v. 18.2.1986, AP Nr. 33 zu § 99 BetrVG 1972.
[890] BAG, Beschl. v. 10.4.1984, AP Nr. 4 zu § 95 BetrVG 1972 m. Anm. *Hönn*.
[891] BAG, Beschl. v. 16.7.1991, AP Nr. 28 zu § 95 BetrVG 1972.
[892] LAG Schleswig-Holstein, Beschl. v. 13.3.1985, DB 1985, 1799.
[893] BAG, Beschl. v. 23.11.1993, AP Nr. 33 zu § 95 BetrVG 1972.
[894] BAG, Beschl. v. 19.2.1991, AP Nr. 25 zu § 95 BetrVG 1972.

560 ff) Erheblichkeit. Die Änderung des Arbeitsbereichs genügt nicht zur Erfüllung des Versetzungsbegriffs im Sinne des Betriebsverfassungsrechts. Hinzukommen muß, daß sie voraussichtlich die Dauer eines Monats überschreitet oder mit einer erheblichen Änderung der Arbeitsumstände verbunden ist (§ 95 Abs. 3 Satz 1 BetrVG). Damit bleiben die üblichen Krankheits- und Urlaubsvertretungen im Normalfall mitbestimmungsfrei.

561 Für die Dauer verlangt das Gesetz eine Prognose zum Zeitpunkt der Zuweisung. Die Monatsfrist beginnt am Tag der Zuweisung. Sieht es anfangs so aus, als dauere die Versetzung keinen Monat, muß sie dann aber verlängert werden und dauert sie von diesem Augenblick an voraussichtlich wiederum nicht länger als einen Monat, so bleibt sie mitbestimmungsfrei. Die vergangene Zeit wird also nicht zu der noch zu erwartenden hinzugezählt. Die Versetzung wird jedoch in dem Augenblick mitbestimmungspflichtig, in dem abzusehen ist, daß sie von nun an noch länger als einen Monat dauern wird[895].

562 Die Umstände, unter denen die Arbeit zu leisten ist, sind nicht die Arbeitsvertragsbedingungen, sondern die äußeren Bedingungen der Arbeit[896]: die Arbeitsgestaltung und das Arbeitsumfeld, also die Ausgestaltung des Arbeitsplatzes, die Lage der Arbeitszeit, Umgebungseinflüsse, die Beanspruchung[897]. Immer muß es sich um Umstände handeln, die den Arbeitnehmer belasten – das folgt aus dem Schutzzweck[898] –, und die Änderung muß erheblich sein; die Zustimmungsfreiheit kurzfristiger Versetzungen ist vom Gesetz als Regel gedacht[899]. In Betracht kommen etwa der Wechsel vom Innen- in den Außendienst, von Normal- in Wechselschicht, vom Einzel- in ein Zentralsekretariat oder – wegen der damit verbundenen Mehrarbeit – die Abordnung in eine andere Filiale zur Aushilfe bei der Eröffnung[900]. Nicht ausreichend ist die Arbeit in einem anderen organisatorischen Bereich zusammen mit anderen Kollegen in ungewohnter Arbeitsumgebung[901]. Dagegen soll nach Ansicht des BAG eine wesentlich längere Fahrtzeit zum neuen Arbeitsort genügen[902]. Der Ort ist aber Teil des Arbeitsbereichs und kann nicht nochmals als Kriterium verwendet werden, und der Arbeitsweg ist kein Umstand, unter dem die Arbeit geleistet wird.

563 gg) Keine Versetzung ist die Bestimmung des jeweiligen Arbeitsplatzes, wenn Arbeitnehmer nach der Eigenart ihres Arbeitsverhältnisses üblicherweise nicht ständig an einem bestimmten Arbeitsplatz beschäftigt werden (§ 95 Abs. 3 Satz 2 BetrVG). Das gilt etwa für Montagetrupps, Reparaturschlosser, „Springer", Leiharbeitnehmer, Auszubildende, die im Rahmen ihres Ausbildungsplans verschie-

---

[895] H.L., vgl. *Fitting*, § 99 BetrVG Rn. 121 m. N.
[896] BAG, Beschl. v. 8.8.1989, AP Nr. 18 zu § 95 BetrVG 1972.
[897] BAG, Beschl. v. 8.8.1989, AP Nr. 18 zu § 95 BetrVG 1972.
[898] BAG, Beschl. v. 19.2.1991, AP Nr. 25 zu § 95 BetrVG 1972.
[899] BAG, Beschl. v. 28.9.1988, AP Nr. 55 zu § 99 BetrVG 1972.
[900] BAG, Beschl. v. 18.10.1988, AP Nr. 56 zu § 99 BetrVG 1972.
[901] BAG, Beschl. v. 28.9.1988, AP Nr. 55 zu § 99 BetrVG 1972.
[902] BAG, Beschl. v. 8.8.1989, AP Nr. 18 zu § 95 BetrVG 1972.

ne Abteilungen oder Betriebe durchlaufen[903], aber auch für Laboranten, die „ihrem" Chemiker zu einem Großversuch in das Technikum folgen. Wird einem Arbeitnehmer auf Dauer oder auf unabsehbare längere Zeit („mehrere Jahre") ein fester Arbeitsplatz zugewiesen und wechselt er danach wieder in einen Arbeitsbereich, für den der Wechsel des Arbeitsplatzes typisch ist, so kann auch darin eine Versetzung liegen[904].

hh) Zuweisung ist die Übertragung eines anderen Arbeitsbereichs. Das bedeutet zweierlei: **564**
- Es kommt nicht darauf an, auf wessen Initiative die Änderung zurückgeht und wie sie rechtlich bewerkstelligt wird: durch Weisung oder durch Änderungsvertrag. Entscheidend ist die Sanktionierung durch den Arbeitgeber; er hat das Leitungs- und Organisationsrecht.
- Zuweisung ist nicht der zugrunde liegende Rechtsakt, sondern der tatsächliche Akt[905].

ii) Inhalt des Unterrichtungsanspruchs. Vor jeder Versetzung im Sinne des Betriebsverfassungsrechts ist der Betriebsrat zu unterrichten. Ihm ist Auskunft über die Person des oder – bei mehreren in Frage kommenden Personen – der Beteiligten, über den in Aussicht genommenen Arbeitsplatz und die vorgesehene Eingruppierung zu geben (§ 99 Abs. 1 Sätze 1, 2 BetrVG). Der Arbeitgeber hat den Betriebsrat darüber zu informieren, ob es sich um eine Versetzung auf Dauer oder auf Zeit handelt, ob der Arbeitnehmer zugestimmt oder die Versetzung vielleicht sogar gewünscht hat und ob sich die Arbeitsumstände ändern. Bei einer Versetzung aus betrieblichen Gründen, für die mehrere Arbeitnehmer in Betracht kommen, sind ihm die Sozialdaten zu nennen[906], bei Beförderungen nach einem Auswahlverfahren eventuelle Testergebnisse. Dem Betriebsrat sind die Unterlagen vorzulegen, die er zur Beurteilung braucht, ob ein Zustimmungsverweigerungsrecht besteht. Nicht zu den vorlegungspflichtigen Unterlagen gehören der Arbeitsvertrag und die Personalakte[907]. **565**

jj) Zustimmung. Der Arbeitgeber hat die Zustimmung des Betriebsrat einzuholen (§ 99 Abs. 1 Satz 1 BetrVG). Das gilt auch, wenn der Arbeitnehmer mit der Versetzung einverstanden ist[908] oder wenn sie auf seinen Wunsch erfolgt, es sei denn, **566**

---

[903] BAG, Beschl. v. 3.12.1985, AP Nr. 8 zu § 95 BetrVG 1972.
[904] BAG, Beschl. v. 2.11.1993, AP Nr. 32 zu § 95 BetrVG 1972.
[905] Vgl. BAG, Beschl. v. 19.2.1991, AP Nr. 25 zu § 95 BetrVG 1972.
[906] Vgl. BAG, Beschl. v. 15.9.1987, AP Nr. 46 zu § 99 BetrVG 1972.
[907] BAG, Beschl. v. 18.10.1988, AP Nr. 57 zu § 99 BetrVG 1972.
[908] BAG, Beschl. v. 18.2.1986, AP Nr. 33 zu § 99 BetrVG 1972.

daß er auf Dauer in einen anderen Betrieb versetzt wird[909]. Ist zu einer Versetzung eine Änderungskündigung erforderlich, so ist der Betriebsrat auch dazu anzuhören (§ 102 BetrVG)[910]. Beide Verfahren können miteinander verbunden werden. Eine Versetzung in einen anderen Betrieb ist für den aufnehmenden Betrieb eine Einstellung; der dortige Betriebsrat ist entsprechend zu beteiligen[911]. Der abgebende Betriebsrat hat mitzubestimmen, wenn der Arbeitnehmer in den anderen Betrieb nur auf Zeit versetzt wird oder, bei einer Versetzung auf Dauer, wenn diese Versetzung nicht seinem Wunsch und seiner freien Entscheidung entspricht[912]. Obwohl mehrere Betriebe berührt sind, geht die Zuständigkeit nicht von den örtlichen Betriebsräten auf den Gesamtbetriebsrat über. Das gilt selbst dann, wenn der Arbeitgeber eine Reihe von Versetzungen über mehrere Betriebe hinweg in einer „Personalrunde" zusammenfaßt und durchführt[913].

567 **kk) Die Reaktionsmöglichkeiten** des Betriebsrats sind dieselben wie bei der Einstellung. Er kann zustimmen, die Frist verstreichen lassen oder die Zustimmung verweigern. Auch die Verweigerungsgründe sind dieselben (§ 99 Abs. 2 BetrVG). Von praktischer Bedeutung sind vor allem die Nrn. 3 und 4. Der Betriebsrat kann widersprechen, wenn die Besorgnis besteht, daß der Betroffene oder daß andere Arbeitnehmer ungerechtfertigte Nachteile erleiden. Der Nachteil für den Betroffenen kann in einer unerwünschten Arbeit, in einer schlechteren Arbeitsgestaltung oder Arbeitsumgebung, aber auch in schlechteren materiellen Arbeitsbedingungen liegen. Andere Arbeitnehmer können dadurch einen Nachteil erleiden, daß sie die Arbeit ihres ausscheidenden Kollegen miterledigen müssen und daß sich dadurch ihre Arbeit nicht unerheblich erschwert[914]. Der Betriebsrat kann die Zustimmung nach Nr. 4 nicht verweigern, wenn die Versetzung dem Wunsch und der freien Entscheidung des Arbeitnehmers entspricht[915].

568 **ll) Ohne Zustimmung des Betriebsrats** darf der Arbeitgeber den Arbeitnehmer nicht versetzen. Nicht versetzen heißt: Der Arbeitgeber darf dem Arbeitnehmer die andere Arbeit nicht zuweisen. Der Arbeitnehmer kann sich weigern, die Arbeit auszuführen[916]. Unberührt davon bleibt der Individualrechtsakt, auf dem die Ver-

---

[909] BAG, Beschl. v. 20.9.1990, AP Nr. 84 zu § 99 BetrVG 1972.
[910] LAG Frankfurt, Urt. v. 18.3.1987, BB 1987, 2453.
[911] BAG, Urt. v. 26.1.1993, AP Nr. 102 zu § 99 BetrVG 1972.
[912] BAG, Beschl. v. 20.9.1990, AP Nr. 84 zu § 99 BetrVG 1972; Beschl. v. 2.4.1996, AP Nr. 9 zu § 99 BetrVG 1972 Versetzung.
[913] BAG, Urt. v. 26.1.1993, AP Nr. 102 zu § 99 BetrVG 1972.
[914] BAG, Beschl. v. 15.9.1987, AP Nr. 46 zu § 99 BetrVG 1972.
[915] BAG, Beschl. v. 20.9.1990, AP Nr. 84 zu § 99 BetrVG 1972; Beschl. v. 2.4.1996, AP Nr. 9 zu § 99 BetrVG 1972 Versetzung.
[916] BAG, Urt. v. 26.1.1988, AP Nr. 50 zu § 99 BetrVG 1972.

setzung beruht: die Weisung oder der Änderungsvertrag[917]; dasselbe gilt für eine eventuelle Änderungskündigung.

Bei einer wirksamen Versetzung aufgrund Änderungsvertrags oder Änderungskündigung, der der Betriebsrat nach § 99 BetrVG nicht zustimmt, kommt es zu dem Problem, daß der Arbeitnehmer zu seiner bisherigen Arbeit nicht mehr verpflichtet ist, daß der Arbeitgeber ihm die neue aber nicht zuweisen darf. Der Arbeitgeber gerät damit in Annahmeverzug und muß das Entgelt ohne Arbeitsleistung nach § 615 BGB weiterzahlen. Verweigert der Betriebsrat die Zustimmung zu Recht auf Dauer, dann bleibt, wenn der Arbeitgeber den Arbeitnehmer nicht kraft Weisungsrechts mit einer anderen Arbeit beschäftigen darf, nur die Kündigung: die Änderungskündigung – wenn der bisherige Arbeitsplatz noch nicht wieder besetzt ist – zurück auf den alten Arbeitsplatz, notfalls die Beendigungskündigung. **569**

Will der Arbeitgeber den Arbeitnehmer trotz des Widerspruchs auf dem neuen Arbeitsplatz beschäftigen, so muß er die Zustimmung durch das Arbeitsgericht ersetzen lassen (§ 99 Abs. 4 BetrVG). In Ausnahmefällen kann er ihn vorläufig versetzen. Es gilt sinngemäß dasselbe wie bei der Einstellung (§ 100 BetrVG). **570**

e) Ein- und Umgruppierung

aa) Begriffe. Eingruppierung ist die erste Festsetzung der für die Entlohnung des Arbeitnehmers maßgeblichen Entgeltgruppe, Umgruppierung deren Änderung; auf den Anlaß der Änderung (neue Tätigkeit, Korrektur, Änderung der Entgeltordnung) kommt es nicht an[918]. Gleichgültig ist, ob die Vergütungsordnung auf Tarifvertrag oder Betriebsvereinbarung beruht oder ob sie einseitig vom Arbeitgeber geschaffen wurde[919], und ob eine tarifliche Regelung kraft Tarifrechts oder aufgrund einer Bezugnahme im Arbeitsvertrag gilt[920]. Mitbestimmungspflichtig ist auch die Zuordnung zu Zulagengruppen, wenn für sie andere Merkmale gelten als für das laufende Entgelt[921]. Dasselbe gilt bei Übernahme in den AT-Bereich[922], nicht dagegen, wenn der Mitarbeiter eine Tätigkeit übernimmt, die der eines leitenden Angestellten entspricht[923]. Keine Ein- oder Umgruppierung liegt vor, wenn **571**

---

[917] Die h.L. hält den Änderungsvertrag für wirksam, die Weisung für unwirksam, MünchArbR/*Matthes*, § 353 Rn. 28 f.; *Richardi*, § 99 BetrVG Rn. 289; sie berücksichtigt dabei nicht, daß Weisung und Zuweisung zwei verschiedene Akte, ein Rechtsgeschäft und ein Realakt, sind, und daß die Zustimmungsverweigerung nur den Realakt der Zuweisung betrifft (vgl. *Fitting*, § 99 BetrVG Rn. 89 ff.).
[918] BAG, Beschl. v. 27.7.1993, AP Nr. 110 zu § 99 BetrVG 1972.
[919] BAG, Beschl. v. 28.1.1986, AP Nr. 32 zu § 99 BetrVG 1972.
[920] BAG, Beschl. v. 9.10.1970, AP Nr. 4 zu § 63 BetrVG.
[921] BAG, Beschl. v. 24.6.1986, AP Nr. 37 zu § 99 BetrVG 1972.
[922] BAG, Beschl. v. 31.10.1995, AP Nr. 5 zu § 99 BetrVG 1972 Eingruppierung.
[923] BAG, Beschl. v. 8.2.1977, 29.1.1980, AP Nr. 16, 24 zu § 5 BetrVG 1972.

der Arbeitgeber durch Einzelvertrag auf eine Entgeltordnung Bezug nimmt, wenn er freiwillig höher einstuft, als es der Tätigkeit entspricht, wenn er übertarifliche Zulagen gewährt oder Arbeitnehmer außertariflich bezahlt[924].

572 **bb) Richtigkeitskontrolle.** Ein- und Umgruppierungen sind Normenvollzug, keine gestaltenden Entscheidungen, bei denen der Arbeitgeber frei wäre[925]. Maßgeblich für die Zuordnung ist allein die ausgeübte, zeitlich überwiegende Tätigkeit[926]. Der Betriebsrat hat darum kein echtes Mitbestimmungs-, sondern nur ein Mitbeurteilungsrecht[927]. Ihm obliegt lediglich eine Richtigkeitskontrolle[928]. Der Arbeitgeber kann (und muß) den Arbeitnehmer auch ohne Zustimmung des Betriebsrats und ohne Zustimmung des Arbeitsgerichts (vorläufig) eingruppieren, wenn er ihm erstmals eine Tätigkeit zuweist oder wenn er ihm eine andere Tätigkeit zuweist oder wenn sich die Vergütungsordnung ändert; das gilt auch für geringfügig beschäftigte Arbeitnehmer mit Nettolohnvereinbarung[929].

573 **cc) Unterbliebene Zustimmung.** Holt der Arbeitgeber die Zustimmung des Betriebsrats nicht ein, dann kann der Betriebsrat im Mitbestimmungssicherungsverfahren nach § 101 BetrVG nicht die Aufhebung der (richtigen) Einstufung verlangen, sondern nur die nachträgliche Einholung seiner Zustimmung (§ 99 Abs. 1 Satz 1 BetrVG) und bei Verweigerung der Zustimmung die Durchführung des arbeitsgerichtlichen Zustimmungsersetzungsverfahrens (§ 99 Abs. 4 BetrVG)[930]. Scheitert der Arbeitgeber mit dem Ersetzungsantrag, dann muß er die Zustimmung des Betriebsrats zur Eingruppierung in eine andere Gruppe einholen. Das Gericht nimmt also nicht selbst eine Eingruppierung vor, es entscheidet immer nur über die vom Arbeitgeber vorgenommene Eingruppierung. Hält es diese für zutreffend und ersetzt es deshalb die Zustimmung des Betriebsrats, so ist die Entscheidung für Arbeitgeber und Arbeitnehmer bindend; der Arbeitnehmer kann jedoch eine günstigere Eingruppierung geltend machen[931]. Der Betriebsrat kann nicht verlangen, daß der Arbeitgeber eine Eingruppierungsentscheidung, die er mit seiner Beteiligung getroffen hat, ändert; er hat kein Initiativrecht, sondern nur ein Zustimmungsverweigerungsrecht. Er kann auch nicht mit der Begründung, der Arbeitgeber habe den Arbeitnehmer falsch eingruppiert, die Zustimmung zu einer Einstellung oder Versetzung verweigern[932]. Die Beteiligung bei der Eingruppierung

---

[924] BAG, Beschl. v. 31.5.1983, AP Nr. 27 zu § 118 BetrVG 1972.
[925] BAG, Beschl. v. 10.2.1976, AP Nr. 4 zu § 99 BetrVG 1972.
[926] BAG, Urt. v. 29.4.1987, AP Nr. 17 zu § 1 TVG Tarifverträge: Druckindustrie.
[927] BAG, Beschl. v. 27.7.1993, AP Nr. 110 zu § 99 BetrVG 1972.
[928] BAG, Beschl. v. 31.10.1995, AP Nr. 5 zu § 99 BetrVG 1972 Eingruppierung.
[929] BAG, Beschl. v. 18.6.1991, AP Nr. 15 zu § 99 BetrVG 1972 Eingruppierung.
[930] BAG, Beschl. v. 18.6.1991, 9.2.1993, AP Nr. 103, 105 zu § 99 BetrVG 1972.
[931] BAG, Beschl. v. 3.5.1994, AP Nr. 2 zu § 99 BetrVG 1972 Eingruppierung.
[932] BAG, Beschl. v. 20.12.1988, AP Nr. 62 zu § 99 BetrVG 1972.

muß er im Mitbestimmungssicherungsverfahren erzwingen. Hier kann er allerdings auch geltend machen, der Arbeitnehmer sei zu hoch eingruppiert[933].

f) Kündigung

aa) Grundsatz. Der Betriebsrat ist vor jeder Kündigung zu hören (§ 102 Abs. 1 Satz 1 BetrVG). Gemeint ist die Kündigung durch den Arbeitgeber, hier aber wirklich jede Kündigung: die ordentliche, die außerordentliche und die Änderungskündigung, die Kündigung vor Arbeitsantritt, in der Probezeit, in den ersten 6 Monaten[934] und in den sonstigen Fällen fehlenden Kündigungsschutzes[935], die Kündigung von befristeten Arbeitsverhältnissen, sofern überhaupt zulässig (Vereinbarung erforderlich, § 15 Abs. 3 TzBfG), und in Eilfällen. Keine Anhörung ist erforderlich bei der Anfechtung des Arbeitsvertrags, bei Beendigung befristeter Arbeitsverhältnisse (z.B. bei Nichtübernahme eines Auszubildenden), bei Aufhebungsverträgen und bei der Kündigung durch den Arbeitnehmer.

574

bb) Vorherige Anhörung. Der Betriebsrat ist vor der Kündigung anzuhören, d.h. bevor die Kündigungserklärung den Machtbereich des Erklärenden verläßt: bei mündlicher Kündigung vor Ausspruch[936], bei schriftlicher spätestens vor Aufgabe zur Post[937]. Eine nachträgliche Anhörung genügt nicht[938]. Sie hat nicht einmal die Wirkung einer Anhörung für eine neue Kündigung. Der Betriebsrat ist nochmals anzuhören, wenn der Arbeitgeber die Kündigung wiederholt[939]. Die erneute Anhörung kann unterbleiben, wenn eine Kündigung lediglich am fehlenden Zugang scheitert und der Arbeitgeber sie in engem zeitlichem Zusammenhang wiederholt[940].

575

cc) Inhalt der Unterrichtungspflicht. Der Arbeitgeber muß dem Betriebsrat die Gründe mitteilen, die nach seiner subjektiven Sicht die Kündigung rechtfertigen und für seinen Kündigungsentschluß maßgebend sind. Er muß den maßgeblichen Sachverhalt so beschreiben, daß der Betriebsrat ohne eigene zusätzliche Nachforschungen in die Lage versetzt wird, die Stichhaltigkeit der Kündigungsgründe zu prüfen und sich über eine Stellungnahme schlüssig zu werden[941]. Die Mitteilung kann nur dann unterbleiben, wenn dem Betriebs-

576

---

[933] BAG, Beschl. v. 28.4.1998, NZA 1999, 52.
[934] BAG, Urt. v. 3.12.1998, NZA 1999, 477.
[935] BAG, Urt. v. 28.9.1978, AP Nr. 19 zu § 102 BetrVG 1972.
[936] BAG, Urt. v. 28.2.1974, AP Nr. 2 zu § 102 BetrVG 1972.
[937] BAG, Urt. v. 13.11.1975, AP Nr. 7 zu § 102 BetrVG 1972.
[938] BAG, Urt. v. 27.6.1985, AP Nr. 37 zu § 102 BetrVG 1972.
[939] BAG, Urt. v. 16.9.1993, AP Nr. 62 zu § 102 BetrVG 1972.
[940] BAG, Urt. v. 11.10.1989, AP Nr. 55 zu § 102 BetrVG 1972.
[941] BAG, Urt. v. 11.7.1991, AP Nr. 57 zu § 102 BetrVG 1972.

rat die Tatsachen, die die Kündigung begründen sollen, bekannt sind[942]. Dabei muß der Betriebsrat sich nur die Kenntnisse des Vorsitzenden und des Stellvertreters zurechnen lassen[943].

577 Der Arbeitgeber muß dem Betriebsrat die Person des Arbeitnehmers nennen, dem er kündigen will, die Art der Kündigung, den Kündigungstermin und die Gründe für die Kündigung[944]. Zu den Angaben zur Person gehören Alter, Familienstand, Zahl der Unterhaltsberechtigten, Dienstjahre, Arbeitsbereich und Sonderkündigungsschutz, soweit bekannt. Art der Kündigung meint ordentliche, außerordentliche oder Änderungskündigung; will der Arbeitgeber außerordentlich, hilfsweise ordentlich kündigen, ist der Betriebsrat auch darüber zu unterrichten[945]. Eine falsche Berechnung von Kündigungsfristen und/oder -terminen ist unschädlich[946]. Die Tatsachen, auf die der Arbeitgeber die Kündigung stützt, sind dem Betriebsrat vollständig mitzuteilen[947]. Eine pauschale, schlag- oder stichwortartige Bezeichnung genügt in der Regel nicht[948]. Ausnahmsweise reicht ein bloßes Werturteil (z.B. „nicht hinreichende Arbeitsleistung") dann aus, wenn der Arbeitgeber seine Motivation nicht durch konkrete Tatsachen belegen kann[949]. Bei einer Kündigung wegen häufiger Kurzerkrankungen hat der Arbeitgeber die Fehlzeiten und – soweit bekannt – die Art der Erkrankung sowie die wirtschaftlichen Belastungen und die betrieblichen Beeinträchtigungen mitzuteilen, die infolge der Fehlzeiten entstanden sind und mit denen noch gerechnet werden muß[950]. Ist der Arbeitnehmer auf Dauer arbeitsunfähig krank, dann genügt die Information darüber[951]. Bei einer betriebsbedingten Kündigung gehören zu den Gründen, die der Arbeitgeber mitzuteilen hat, nicht nur die dringenden betrieblichen Erfordernisse, sondern auch die Umstände, die seiner Ansicht nach für die Sozialauswahl maßgeblich sind[952], bei einer verhaltensbedingten auch entlastende Umstände[953]. Soll wegen einer strafbaren Handlung gekündigt werden, muß der Arbeitgeber deutlich machen, ob er wegen der Tat kündigt oder wegen dringenden Tatverdachts[954]. Bei einer Änderungskündigung muß er auch das Änderungsangebot mitteilen und – nach Ansicht des BAG – darauf hinweisen, daß die Änderungskündigung in eine Beendigungskündigung übergehen kann[955].

---

[942] BAG, Urt. v. 28.3.1974, 24.11.1983, AP Nr. 3, 30 zu § 102 BetrVG 1972.
[943] BAG, Urt. v. 27.6.1985, AP Nr. 37 zu § 102 BetrVG 1972.
[944] BAG, Urt. v. 29.8.1991, AP Nr. 58 zu § 102 BetrVG 1972.
[945] BAG, Urt. v. 16.3.1978, AP Nr. 15 zu § 102 BetrVG 1972.
[946] BAG, Urt. v. 29.1.1986, AP Nr. 42 zu § 102 BetrVG 1972.
[947] BAG, Urt. v. 2.11.1983, AP Nr. 29 zu § 102 BetrVG 1972.
[948] BAG, Urt. v. 13.7.1978, 28.9.1978, AP Nr. 18,19 zu § 102 BetrVG 1972.
[949] BAG, Urt. v. 8.9.1988, AP Nr. 49 zu § 102 BetrVG 1972.
[950] BAG, Urt. v. 24.11.1983, AP Nr. 30 zu § 102 BetrVG 1972.
[951] BAG, Urt. v. 30.1.1986, NZA 1987, 555.
[952] BAG, Urt. v. 29.3.1984, AP Nr. 31 zu § 102 BetrVG 1972.
[953] BAG, Urt. v. 2.11.1983, AP Nr. 29 zu § 102 BetrVG 1972.
[954] BAG, Urt. v. 3.4.1986, AP Nr. 18 zu § 626 BGB Verdacht strafbarer Handlung.
[955] BAG, Urt. v. 30.11.1989, AP Nr. 53 zu § 102 BetrVG 1972; a.A. MünchArbR/*Matthes*, § 356 Rn. 14.

XIII. Mitbestimmung in personellen Angelegenheiten

Hinsichtlich der **Folgen** einer fehlerhaften Information ist zu unterscheiden:

(1) Die Kündigung ist unwirksam, wenn der Arbeitgeber den Betriebsrat überhaupt nicht oder nicht im geschilderten Umfang angehört hat (§ 102 Abs. 1 Satz 3 BetrVG)[956]. 578

(2) Genügt die Anhörung den Anforderungen, hat der Arbeitgeber aber nicht alle für die Kündigung bedeutsamen Tatsachen vorgetragen, so kann er sich **im Kündigungsschutzprozeß nur auf die Tatsachen berufen, die er dem Betriebsrat genannt hat**[957]; das gilt auch für die Art der Kündigung. Hat der Arbeitgeber den Betriebsrat also lediglich zu einer außerordentlichen Kündigung angehört, so kommt die Umdeutung in eine ordentliche Kündigung im allgemeinen nur dann in Betracht, wenn der Betriebsrat der außerordentlichen Kündigung zugestimmt hat und wenn anzunehmen ist, daß er auch – oder erst recht – einer ordentlichen Kündigung zugestimmt hätte[958]. Die Anhörung zu einer Änderungskündigung genügt für eine Beendigungskündigung nur, wenn der Arbeitgeber auf diese Folge hingewiesen hat[959]. Hat der Arbeitgeber dem Betriebsrat für eine Kündigung nur Gründe genannt, die eine betriebsbedingte Kündigung tragen, dann kann er sich im Prozeß nicht auf Gründe in der Person oder im Verhalten berufen. Er kann den Sachverhalt auch nicht um Tatsachen ergänzen, die sein Vorbringen erst schlüssig machen, also etwa bei einer verhaltensbedingten Kündigung vortragen, daß er wegen einschlägiger Vorfälle abgemahnt hat[960]. Eine **Ergänzung** ist nur **in zwei Fällen** möglich: einmal, wenn es nur um eine **Abrundung** geht[961], zum anderen, wenn dem Arbeitgeber ein **Sachverhalt im Zeitpunkt der Anhörung nicht bekannt** war; in dem zweiten Fall muß er den Betriebsrat allerdings zu diesen Gründen anhören[962]. Gründe, die erst nach Ausspruch der Kündigung entstehen, können nur eine neue Kündigung rechtfertigen; auch davor ist der Betriebsrat anzuhören[963]. 579

---

[956] BAG, Urt. v. 16.9.1993, AP Nr. 62 zu § 102 BetrVG 1972; Ausnahme: versehentliche Fehlinformation, Urt. v. 31.8.1989, AP Nr. 17 zu § 77 LPVG.
[957] BAG, Urt. v. 11.7.1991, AP Nr. 57 zu § 102 BetrVG 1972.
[958] BAG, Urt. v. 2.4.1976, AP Nr. 9 zu § 102 BetrVG 1972; Urt. v. 20.9.1984, AP Nr. 80 zu § 626 BGB.
[959] BAG, Urt. v. 30.11.1989, AP Nr. 53 zu § 102 BetrVG 1972.
[960] BAG, Urt. v. 18.12.1980, AP Nr. 22 zu § 102 BetrVG 1972.
[961] BAG, Urt. v. 18.12.1980, 11.4.1985, AP Nr. 27, 39 zu § 102 BetrVG 1972.
[962] BAG, Urt. v. 11.4.1985, AP Nr. 39 zu § 102 BetrVG 1972.
[963] BAG, Urt. v. 18.12.1980, AP Nr. 22 zu § 102 BetrVG 1972.

580 **dd) Form und Frist.** Die Unterrichtung des Betriebsrats kann mündlich oder schriftlich erfolgen. Aus Beweisgründen – Einhaltung der Fristen – ist zumindest in größeren Betrieben eine Information mit Hilfe eines Formulars zweckmäßig und üblich. Vor seiner Stellungnahme soll der Betriebsrat den Arbeitnehmer anhören (§ 102 Abs. 2 Satz 4 BetrVG). Ein Unterlassen der Anhörung hat keine Rechtsfolgen[964].

ee) Reaktionsmöglichkeiten. Der Betriebsrat hat folgende Möglichkeiten zu reagieren:

581 (1) Er kann der Kündigung **zustimmen.** Im Kündigungsschutzverfahren wird sich das bei der Beweiswürdigung in der Regel zugunsten des Arbeitgebers auswirken. Dient eine Änderungskündigung einer Versetzung, so liegt in der Zustimmung zugleich die Zustimmung nach § 99 BetrVG[965].

582 (2) Der Betriebsrat kann die **Frist,** in der er Bedenken anmelden oder der Kündigung widersprechen könnte, **verstreichen lassen,** ohne etwas zu unternehmen. Mit Ablauf der Frist gilt seine Zustimmung ebenfalls als erteilt (§ 102 Abs. 2 Satz 2 BetrVG).

583 (3) Der Betriebsrat kann **Bedenken anmelden** (§ 102 Abs. 2 Sätze 1, 3 BetrVG) **oder der Kündigung widersprechen** (§ 102 Abs. 3 BetrVG). Für beide Fälle gelten dieselben Voraussetzungen:

---

[964] BAG, Urt. v. 2.4.1976, AP Nr. 9 zu § 102 BetrVG 1972.
[965] MünchArbR/*Matthes*, § 356 Rn. 16.

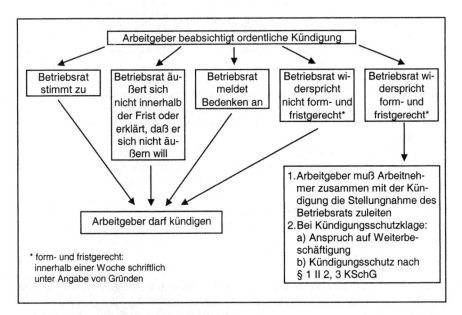

- Die Mitteilung muß **schriftlich** erfolgen. **584**
- Sie muß dem Arbeitgeber bei einer ordentlichen Kündigung **innerhalb einer Woche** (§ 102 Abs. 2 Satz 1 BetrVG), bei einer außerordentlichen unverzüglich, spätestens innerhalb von 3 (Kalender-)Tagen zugehen (§ 102 Abs. 2 Satz 3 BetrVG). Bei der Fristberechnung zählt der Tag, an dem der Arbeitgeber den Betriebsrat informiert, nicht mit; würde die Frist an einem Samstag, einem Sonntag oder einem Feiertag enden, so läuft sie erst mit Dienstschluß des darauffolgenden Werktags ab.

Beispiel: Außerordentliche Kündigung am Mittwoch, Fristende an sich spätestens am Samstag; an Samstagen und Sonntagen kein Fristablauf; deshalb Fristende Montag mit Dienstschluß. Außerordentliche Kündigung am Freitag, Fristablauf ebenfalls Montag mit Dienstschluß (Frist von 3 Kalender-, nicht Arbeitstagen).

- Der Betriebsrat muß **Gründe** für seine Bedenken oder seinen Widerspruch **585** **nennen.**

Bei einer ordentlichen Kündigung kommen als Gründe in Betracht (§ 102 Abs. 3 **586** BetrVG), daß
- der Arbeitgeber bei der Auswahl des zu kündigenden Arbeitnehmers **soziale Gesichtspunkte** nicht oder nicht ausreichend berücksichtigt hat (Nr. 1, nur bei der betriebsbedingten Kündigung),
- die Kündigung **gegen eine Auswahlrichtlinie verstößt** (Nr. 2, nur betriebsbedingte Kündigung),
- der zu kündigende **Arbeitnehmer** an einem anderen Arbeitsplatz im selben Betrieb oder in einem anderen Betrieb des Unternehmens **weiterbeschäftigt** werden kann (Nr. 3, alle Kündigungen). Der Betriebsrat muß einen anderen freien Platz nennen,

der seiner Meinung nach in Frage kommt[966]. Nicht ausreichend ist das Vorbringen, der Arbeitnehmer könne an seinem jetzigen Arbeitsplatz weiterbeschäftigt werden[967]. Würde dieses Vorbringen ausreichen, könnte der Betriebsrat den Kündigungsgrund bestreiten und bei jeder Kündigung eine Weiterbeschäftigung erzwingen.

- die Weiterbeschäftigung des Arbeitnehmers **nach zumutbaren Umschulungs- und Fortbildungsmaßnahmen** möglich ist (Nr. 4). Hier muß der Betriebsrat die Bildungsmaßnahme bezeichnen, das Einverständnis des Arbeitnehmers darlegen und sagen, an welchem Platz der Arbeitnehmer seiner Ansicht nach beschäftigt werden kann[968].
- eine Weiterbeschäftigung des Arbeitnehmers **unter geänderten Vertragsbedingungen,** etwa mit geringerer Vergütung oder zu geänderter Arbeitszeit, möglich ist und der Arbeitnehmer sein Einverständnis damit erklärt hat (Nr. 5).

587 Der Betriebsrat muß **konkrete Tatsachen** vortragen. Eine formelhafte, nicht dem Einzelfall angepaßte Begründung, wie etwa die bloße Bezugnahme auf den Gesetzestext, genügt nicht. Sein Vortrag muß es zumindest als möglich erscheinen lassen, daß einer der Gründe des Abs. 3 vorliegt[969].

588 ff) Betriebsverfassungsrechtlicher Weiterbeschäftigungsanspruch. Die Folgen von Bedenken und Widerspruch sind unterschiedlich: Meldet der Betriebsrat nur Bedenken an, so hat das allenfalls Auswirkungen auf die Beweiswürdigung in einem eventuellen Kündigungsschutzverfahren. Widerspricht er frist- und formgerecht und liegt einer der in § 102 Abs. 3 Nr. 2-4 BetrVG genannten Gründe tatsächlich vor, dann ist die Kündigung sozialwidrig (§ 1 Abs. 2 Sätze 2, 3 KSchG). Erhebt der Arbeitnehmer Kündigungsschutzklage, so muß der Arbeitgeber ihn in allen Fällen eines ordnungsgemäßen Widerspruchs auf Verlangen bei unveränderten Arbeitsbedingungen bis zum rechtskräftigen Abschluß des Rechtsstreits weiterbeschäftigen (§ 102 Abs. 5 Satz 1 BetrVG, „betriebsverfassungsrechtlicher Weiterbeschäftigungsanspruch").

589 Der Arbeitnehmer hat also Anspruch auf alle Leistungen, die der Arbeitgeber ihm bei ungekündigtem Arbeitsverhältnis zu gewähren hätte. Stellt sich heraus, daß die Kündigung gerechtfertigt war, so braucht er die Leistungen nicht zurückzugewähren; § 102 Abs. 5 Satz 1 BetrVG ist ein eigener Rechtsgrund; lediglich die Beschäftigungszeit zählt nicht als Dienstzeit[970]. Der Arbeitnehmer ist auch tatsächlich weiterzubeschäftigen[971]; wird diese

---

[966] LAG Düsseldorf, Urt. v. 15.3.1978, DB 1978, 1282.
[967] BAG, Urt. v. 12.9.1985, AP Nr. 7 zu § 102 BetrVG 1972 Weiterbeschäftigung.
[968] KR/*Etzel,* § 102 BetrVG Rn. 169; *Heinze,* Personalplanung, Einstellung und Kündigung, S. 226.
[969] BAG, Urt. v. 12.9.1985, AP Nr. 7 zu § 102 BetrVG 1972 Weiterbeschäftigung.
[970] Str., wie hier z.B. *Fitting,* § 102 BetrVG Rn. 65; a. A. *Richardi,* § 102 BetrVG Rn. 221 m. N.
[971] BAG GS, Beschl. v. 27.2.1985, AP Nr. 14 zu § 611 BGB Beschäftigungspflicht.

Pflicht verletzt, so hat der Arbeitgeber die Vergütung nach § 615 BGB weiterzuzahlen. Der Arbeitnehmer behält seine betriebsverfassungsrechtliche Stellung; er bleibt wahlberechtigt und wählbar[972]. Arbeitgeber und Arbeitnehmer können das Weiterbeschäftigungsverhältnis durch eine neue Kündigung beenden. Die Weiterbeschäftigungspflicht endet bei einer außerordentlichen Kündigung des Arbeitgebers mit Zugang (Ausnahme: allgemeiner Weiterbeschäftigungsanspruch), bei einer ordentlichen mit Ablauf der Kündigungsfrist, sofern der Betriebsrat nicht wiederum widerspricht und der Arbeitnehmer erneut Kündigungsschutzklage erhebt, ansonsten mit rechtskräftiger Abweisung der Kündigungsschutzklage[973]. Bei einer Änderungskündigung hat der Arbeitnehmer Anspruch auf Weiterbeschäftigung zu unveränderten Bedingungen nur, wenn er sie nicht unter Vorbehalt angenommen hat[974].

Das **Arbeitsgericht** kann den Arbeitgeber nur dann auf seinen Antrag hin durch einstweilige Verfügung von der Verpflichtung zur Weiterbeschäftigung **entbinden,** wenn 590
- die Klage des Arbeitnehmers keine hinreichende Aussicht auf Erfolg bietet oder mutwillig erscheint oder
- die Weiterbeschäftigung des Arbeitnehmers zu einer unzumutbaren wirtschaftlichen Belastung des Arbeitgebers führen würde oder
- der Widerspruch des Betriebsrats offensichtlich unbegründet war (§ 102 Abs. 5 Satz 2 BetrVG).

Gleichgültig wie der Betriebsrat reagiert: Sobald er abschließend Stellung nimmt[975], d.h. sobald er zustimmt, Bedenken anmeldet, widerspricht oder zu erkennen gibt, daß er nichts unternimmt, oder, falls er untätig bleibt, sobald die Frist abgelaufen ist, kann der Arbeitgeber kündigen. Zustimmung, Verstreichenlassen der Frist, Anmelden von Bedenken können sich lediglich bei der Beweiswürdigung im Kündigungsschutzprozeß auswirken; Rechtswirkungen entfaltet nur der Widerspruch. 591

Dennoch ist die Anhörung von großer Bedeutung. Der Betriebsrat kann nicht nur im Vorfeld manche Kündigung verhindern, die Rechtsprechung hat die Anhörung auch zu einem zweiten Kündigungsschutzverfahren ausgebaut, indem sie „Anhörung" als „ordnungsgemäße Anhörung" liest und hohe Anforderungen an die Ordnungsmäßigkeit und damit vor allem an die Informationspflichten des Arbeitgebers stellt. Fehlt es an einer ordnungsgemäßen Anhörung, so ist die Kündigung unwirksam[976]. 592

---

[972] Allg. M., *Fitting*, § 102 BetrVG Rn. 66.
[973] *Richardi*, § 102 BetrVG Rn. 223, 225 ff.
[974] BAG, Urt. v. 18.1.1990, AP Nr. 27 zu § 2 KSchG 1969.
[975] BAG, Urt. v. 12.3.1987, AP Nr. 47 zu § 102 BetrVG 1972.
[976] BAG, Urt. v. 16.9.1993, AP Nr. 62 zu § 102 BetrVG 1972.

XIV. Mitbestimmung in wirtschaftlichen Angelegenheiten

1. Allgemeines

a) Überblick

593 Entscheidungen in wirtschaftlichen Angelegenheiten unterliegen nur einem eingeschränkten Beteiligungsrecht. Der Unternehmer muß selbst entscheiden können, was, wann, wo, wie und in welchem Umfang produziert wird oder welche Dienste angeboten werden. Die Beteiligung beschränkt sich daher zunächst auf einen **Unterrichtungs- und Beratungsanspruch** des Wirtschaftsausschusses und darüber hinaus, wenn das Unternehmen gemeinschaftsweit innerhalb der Europäischen Union tätig wird, des Europäischen Betriebsrats. Führen unternehmerische Entscheidungen zu **Betriebsänderungen**, die wesentliche Nachteile für die Belegschaft oder erhebliche Teile der Belegschaft zur Folge haben können (z.B. die Verlegung oder Schließung von Betrieben), so hat der Betriebsrat zwar kein Einspruchsrecht, er kann aber verlangen, daß der Unternehmer mit ihm darüber berät (§ 111 Satz 1 BetrVG). Ob und Wie einer Betriebsänderung sowie die personellen Folgen (Versetzungen, Kündigungen) können in einem **Interessenausgleich** geregelt werden, der Ausgleich und die Milderung von sozialen Nachteilen in einem **Sozialplan** (§ 112 BetrVG). Die Aufstellung eines Sozialplanes kann der Betriebsrat unter bestimmten Voraussetzungen über die Einigungsstelle erzwingen (§§ 112 Abs. 4, 112a BetrVG). Wird der Betriebsrat nicht ordnungsgemäß beteiligt oder weicht der Arbeitgeber grundlos von einem Interessenausgleich ab, haben die von einer Betriebsänderung betroffenen Arbeitnehmer Anspruch auf **Nachteilsausgleich** (§ 113 BetrVG). Ob der Betriebsrat daneben noch einen Unterlassungsanspruch hat, um zu verhindern, daß ihn der Arbeitgeber vor vollendete Tatsachen stellt, bevor die Beratungen über die Betriebsänderung abgeschlossen sind (der Arbeitgeber spricht bereits betriebsbedingte Kündigungen aus, entfernt Betriebsanlagen usw.), ist sehr streitig[977].

594 Da wirtschaftliche Angelegenheiten gleichbedeutend sind mit unternehmerischer Tätigkeit, bezeichnet das BetrVG den Arbeitgeber in den §§ 111 ff. als Unternehmer. Unternehmer ist diejenige Rechtsperson, die Inhaber des Betriebes, für den eine Betriebsänderung geplant wird, ist und als Arbeitgeber der in diesem Betrieb beschäftigten Arbeitnehmer fungiert[978].

---

[977] Vgl. nur *Fitting*, § 111 BetrVG Rn. 113; *Richardi*, § 111 BetrVG Rn. 113.
[978] BAG, Urt. v. 15.1.1991, AP Nr. 21 zu § 113 BetrVG 1972.

b) Verhältnis zu anderen Beteiligungsrechten

Beteiligungsrechte in sozialen, technisch-organisatorischen und personellen Angelegenheiten werden durch die §§ 111-113 BetrVG **nicht berührt**. Der Betriebsrat ist also bei Versetzungen, Arbeitszeitänderungen, Kündigungen, die infolge einer Betriebsänderung notwendig werden, zusätzlich nach den §§ 87 Abs. 1, 99, 102 BetrVG zu beteiligen. Auf **Tendenzbetriebe** sind die §§ 111-113 BetrVG nur insoweit anzuwenden, als sie den Ausgleich oder die Milderung wirtschaftlicher Nachteile betreffen, die eine Betriebsänderung für die Arbeitnehmer hat (§ 118 Abs. 1 Satz 2 BetrVG). Dem Betriebsrat steht zwar der Unterrichtungs- und Beratungsanspruch nach § 111 Satz 1 BetrVG zu, er kann aber keinen Interessenausgleich verlangen. Die Vereinbarung eines Sozialplanes kann dagegen auch in Tendenzbetrieben erzwungen werden[979].

595

2. Unterrichtung über wirtschaftliche Angelegenheiten

a) Unterrichtung des Wirtschaftsausschusses und des Europäischen Betriebsrats

aa) Besteht in einem Unternehmen ein **Wirtschaftsausschuß**, so hat ihn der Unternehmer rechtzeitig und umfassend über die wirtschaftlichen Angelegenheiten des Unternehmens zu unterrichten. Ferner hat er die sich daraus ergebenden Auswirkungen auf die Personalplanung darzustellen (§ 106 BetrVG). Anders als bei der Informationspflicht gegenüber dem Betriebsrat über Betriebsänderungen, die sich teilweise mit derjenigen gegenüber dem Wirtschaftsausschuß überschneidet, ist die Möglichkeit von (wesentlichen) Nachteilen für die Belegschaft nicht Voraussetzung. Besteht kein Wirtschaftsausschuß, so steht der Unterrichtungsanspruch weder dem Betriebsrat noch dem Gesamtbetriebsrat zu[980].

596

bb) Ist in einem gemeinschaftsweit tätigen Unternehmen ein **Europäischer Betriebsrat** kraft Gesetzes gebildet worden, so ist dieser nach Maßgabe der §§ 32 f. EBRG über Angelegenheiten zu unterrichten, die mindestens zwei Betriebe oder Unternehmen in verschiedenen Mitgliedstaaten betreffen (s. oben Rn. 309 ff.).

597

b) Unterrichtung der Arbeitnehmer

Beschäftigt ein Unternehmen in der Regel mehr als 20 wahlberechtigte ständige Arbeitnehmer, so sind diese mindestens einmal in jedem Kalendervierteljahr über die wirtschaftliche Lage und Entwicklung des Unternehmens zu unterrichten

598

---

[979] BAG, Urt. v. 27.10.1998, NZA 1999, 328.
[980] BAG, Beschl. v. 5.2.1991, AP Nr. 10 zu § 106 BetrVG 1972.

(§ 110 Abs. 2 BetrVG). In Unternehmen mit in der Regel mehr als 1000 ständig beschäftigten Arbeitnehmern muß die Unterrichtung schriftlich geschehen (§ 110 Abs. 1 BetrVG). Der mündliche Bericht kann in der Betriebsversammlung (vgl. § 43 Abs. 2 Satz 3 BetrVG), der schriftliche in der Werkszeitung oder in einer gesonderten Publikation gegeben werden. Der Bericht ist mit dem Gesamtbetriebsrat oder, sofern es nur einen Betriebsrat gibt, mit diesem, oder, wenn ein Wirtschaftsausschuß besteht, mit jenem abzustimmen (§ 110 BetrVG). Ob die Belegschaftsorgane das Recht auf Darstellung ihrer Sicht in dem Bericht oder auf Verteilung eines „Alternativberichts" haben, ist umstritten[981]. Die Verantwortung und damit die Entscheidung über den Inhalt liegt jedenfalls beim Unternehmer[982].

3. Beteiligung bei Betriebsänderungen

a) Voraussetzungen

599 Das Beteiligungsrecht bei Betriebsänderungen nach den §§ 111 ff. BetrVG hat folgende vier Voraussetzungen:
- Unternehmen mit in der Regel mehr als zwanzig wahlberechtigten Arbeitnehmern,
- Bestehen eines Betriebsrats,
- geplante Betriebsänderung,
- möglicherweise wesentliche Nachteile für die Belegschaft oder für erhebliche Teile der Belegschaft.

600 **aa) Unternehmensgröße.** In dem Unternehmen müssen normalerweise mehr als 20 wahlberechtigte Arbeitnehmer beschäftigt sein. Entscheidend sind die Personalstärke, die für das Unternehmen im allgemeinen kennzeichnend ist, und – außer bei der Stillegung – eine Einschätzung der künftigen Entwicklung. Abzustellen ist auf den Zeitpunkt, in dem die Planung der Betriebsänderung abgeschlossen ist und zu dem das Beteiligungsrecht des Betriebsrats entsteht[983].

601 **bb) Der Betriebsrat** muß im Zeitpunkt des Entschlusses des Unternehmers **bereits bestehen.** Wird er erst später gebildet, kann er Rechte nach den §§ 111 ff. BetrVG nicht mehr wahrnehmen[984]. Umgekehrt behält ein Betriebsrat, der im Zuge

---

[981] Dafür *Fitting*, § 110 BetrVG Rn. 3; dagegen *Hess/Schlochauer/Glaubitz*, § 110 BetrVG Rn. 9; GK/*Fabricius/Oetker*, § 110 BetrVG Rn. 15; *Richardi*, § 110 BetrVG Rn. 5.
[982] BAG, Beschl. v. 1.3.1966, AP Nr. 1 zu § 69 BetrVG.
[983] BAG, Beschl. v. 9.5.1995, 10.12.1996, AP Nr. 33, 37 zu § 111 BetrVG 1972.
[984] BAG, Beschl. v. 20.4.1982, 28.10.1992, AP Nr. 15, 63 zu § 112 BetrVG 1972.

einer Betriebsstillegung ausscheidet, für die noch offenen Fragen ein Restmandat (§ 21 b BetrVG).

cc) Geplante Betriebsänderung. Der Begriff der Betriebsänderung ist im Gesetz nicht definiert. § 111 Satz 2 BetrVG enthält einen Katalog von wirtschaftlichen Entscheidungen, die als Betriebsänderungen im Sinne des § 111 Satz 1 BetrVG gelten. Umstritten ist, ob dieser Katalog erschöpfend ist. Dafür spricht das Fehlen des Wortes „insbesondere". Die Rechtsprechung hat die Frage bislang offengelassen[985]. Neben den in Satz 2 erwähnten Fällen sind kaum noch für die Praxis bedeutsame Fälle denkbar. 602

Die Wendung „geplante Betriebsänderung" ist rein zeitlich zu verstehen; die Beteiligung des Betriebsrats soll bereits in der Phase der Vorbereitung sichergestellt werden. Nicht entscheidend ist, ob die Änderung planbar oder unvorhersehbar war und ob die unternehmerische Entscheidung „frei" gewesen ist; das Beteiligungsrecht entsteht auch, wenn der Unternehmer aus wirtschaftlichen Zwängen handelt[986]. Ob eine geplante Maßnahme eine Betriebsänderung im Sinne des § 111 BetrVG darstellt, kann vom Arbeitsgericht vorab auf Antrag des Arbeitgebers oder des Betriebsrats geklärt werden. In einem späteren Verfahren – etwa wegen eines Nachteilsausgleichs – ist das Gericht an seine Vorabentscheidung gebunden[987]. 603

dd) Wesentliche Nachteile, die von Betriebsänderungen für die Belegschaft ausgehen, können materieller (Verlust des Arbeitsplatzes, Minderung der Vergütung usw.) oder immaterieller Art sein (Leistungsverdichtung, Qualifikationsverluste usw.). Nach der Rechtsprechung wird für die in § 111 Satz 2 BetrVG genannten Fälle die Gefahr von wesentlichen Nachteilen fingiert[988]. Der Betriebsrat ist deshalb auch dann zu beteiligen, wenn im Einzelfall keine Nachteile zu befürchten sind; ob ausgleichs- oder milderungsbedürftige Nachteile entstehen oder entstanden sind, ist erst bei der Aufstellung des Sozialplans zu prüfen[989]. Für diese Auffassung sprechen Wortlaut („als Betriebsänderung gelten") und Praktikabilität der Vorschrift. 604

---

[985] BAG, Beschl. v. 17.2.1981, 6.12.1988, AP Nr. 9, 26 zu § 111 BetrVG.
[986] BAG GS, Beschl. v. 13.12.1978, AP Nr. 6 zu § 112 BetrVG 1972.
[987] BAG, Urt. v. 10.11.1987, AP Nr. 15 zu § 113 BetrVG 1972.
[988] BAG, Beschl. v. 10.12.1996, AP Nr. 110 zu § 112 BetrVG 1972.
[989] BAG, Beschl. v. 17.8.1982, 10.12.1996, AP Nr. 11 zu § 111 BetrVG 1972; a.A. *von Hoyningen-Huene,* Betriebsverfassungsrecht, § 15 II 1.

b) Betriebsänderungen

605 § 111 Satz 2 BetrVG führt 5 Fallgruppen auf, in denen wirtschaftliche Entscheidungen des Unternehmers als Betriebsänderungen gelten:

606 **(1) Einschränkung und Stillegung des ganzen Betriebs oder von wesentlichen Betriebsteilen.** **Stillegung** bedeutet die Auflösung der zwischen Arbeitgeber und Arbeitnehmer bestehenden Betriebs- und Produktionsgemeinschaft, die ihre Veranlassung und sichtbaren Ausdruck darin findet, daß der Unternehmer die bisherige wirtschaftliche Betätigung in der ernstlichen Absicht einstellt, die Weiterverfolgung des bisherigen Betriebszwecks dauernd oder für eine der Dauer nach unbestimmte, wirtschaftlich nicht unerhebliche Zeitspanne aufzugeben[990]. **Betriebseinschränkung** ist eine erhebliche, ungewöhnliche und nicht nur vorübergehende Herabsetzung der Leistungsfähigkeit des Betriebs[991].

607 Da zum Betrieb nicht nur die technischen und immateriellen Arbeitsmittel gehören, sondern auch die Belegschaft, kann die Betriebseinschränkung sowohl durch Außerbetriebsetzen von Betriebsanlagen als auch durch (bloßen) Personalabbau geschehen[992]. Letzteres hat der Gesetzgeber 1985 durch § 112a Abs. 1 Satz 1 BetrVG ausdrücklich anerkannt. Ein **wesentlicher Betriebsteil** liegt vor, wenn in ihm ein erheblicher Teil der Gesamtbelegschaft beschäftigt wird. Dabei ist auf die Zahlenwerte für die Massenentlassung im Sinne des § 17 KSchG abzustellen; mindestens muß es sich um 5 % der Belegschaft handeln:

Betriebe mit in der Regel	Personalabbau
21 bis 59 Arbeitnehmern	mehr als 5 Arbeitnehmer
60 bis 499 Arbeitnehmern	10 % oder mehr als 25 Arbeitnehmer
500 oder mehr Arbeitnehmern	mehr als 30 Arbeitnehmer, mindestens aber 5 %

608 Es kommt nicht darauf an, daß die Arbeitnehmer gleichzeitig entlassen werden; entscheidend ist, daß die Entlassungen auf einem einheitlichen Entschluß des Unternehmers beruhen (z.B. im Rahmen einer Sanierung, wegen Auftragsvergabe nach draußen oder Reorganisation). Unter diesen Voraussetzungen ist auch ein stufenweiser Personalabbau, der sich über einen längeren Zeitraum hinzieht, beteiligungspflichtig[993]. Liegt zwischen mehreren „Entlassungswellen" ein Zeitraum von wenigen Wochen oder Monaten, so spricht eine tatsächliche Vermutung dafür, daß sie auf einer einheitlichen unternehmerischen Entscheidung beruhen. Kein Beteiligungsrecht besteht, wenn zwar die oben genannte Größenordnung erreicht wird, wenn der Personalabbau aber auf mehreren Entscheidungen beruht,

---

[990] BAG, Beschl. v. 27.6.1995, AP Nr. 7 zu § 4 BetrVG 1972.
[991] *Fitting*, § 111 BetrVG Rn. 68 m.w.N.
[992] BAG, Urt. v. 10.12.1996, AP Nr. 32 zu §113 BetrVG 1972.
[993] BAG, Urt. v. 13.11.1996, AP Nr. 4 zu § 620 BGB Aufhebungsvertrag.

etwa auf andauerndem Auftragsrückgang und dann nochmals auf Fortfall eines wichtigen Dauerkunden[994]. Mitgezählt werden nur Entlassungen aus betrieblichen Gründen, nicht verhaltens- oder personenbedingte Kündigungen und auslaufende befristete Arbeitsverträge[995], dafür aber Arbeitnehmerkündigungen, Aufhebungsverträge und Frühpensionierungen, wenn sie vom Arbeitgeber im Rahmen der Aktion aus betrieblichen Gründen veranlaßt sind[996]. Für den Fall des Ausscheidens aufgrund von Aufhebungsverträgen hat dies der Gesetzgeber ausdrücklich in § 112a Abs. 1 Satz 2 BetrVG anerkannt. Aus dieser Vorschrift läßt sich der allgemeine Rechtsgedanke ableiten, daß es nicht auf die äußere Form der Beendigung des Arbeitsverhältnisses ankommt, sondern allein darauf, ob die Arbeitnehmer infolge der Betriebsänderung ihre Arbeitsplätze verlieren[997]. Mitzuzählen sind darum auch diejenigen Arbeitsverhältnisse, die deshalb gekündigt werden müssen, weil Arbeitnehmer dem Übergang auf einen (Teil-)Betriebserwerber widersprechen und im Restbetrieb keine Beschäftigungsmöglichkeit mehr besteht[998]. Keine Betriebsänderungen sind gewöhnliche Schwankungen der Betriebstätigkeit, die mit der Eigenart des jeweiligen Betriebes zusammenhängen (saisonale oder kurzfristige konjunkturelle Schwankungen, Beendigung von Baustellen), Personalverringerung durch Ausnutzen der natürlichen Fluktuation[999], Einschränkungen der Arbeits- oder der Betriebszeiten oder der Übergang von zwei Schichten auf eine[1000].

(2) Verlegung des ganzen Betriebs oder von wesentlichen Betriebsteilen. 609
Verlegung ist jede nicht nur geringfügige Veränderung der örtlichen Lage (im konkreten Fall 4,3 km)[1001]. Wird im Rahmen einer nicht unerheblichen Verlegung die alte Betriebsgemeinschaft tatsächlich und für unbestimmte, nicht nur vorübergehende Zeit aufgelöst und der Betrieb am neuen Ort mit einer im wesentlichen neuen Belegschaft fortgeführt, so liegt eine Stillegung vor[1002].

(3) Zusammenschluß mit anderen Betrieben oder die Spaltung von Betrieben. 610
Mehrere Betriebe können **zusammengeschlossen** werden, indem aus den bisherigen Betrieben ein neuer Betrieb gebildet wird oder indem ein bestehender Betrieb einen anderen aufnimmt, der damit seine organisatorische Selbständigkeit einbüßt. Mit der **Spaltung** eines bislang organisatorisch einheitlichen Betriebes muß eine grundlegende Änderung der Betriebsorganisation oder des Betriebszwecks verbunden sein. Das ist der Fall, wenn die verselbständigten Teile einer ei-

---

[994] BAG, Urt. v. 6.6.1978, AP Nr. 2 zu § 111 BetrVG 1972.
[995] BAG, Urt. v. 2.8.1983, AP Nr. 12 zu § 111 BetrVG 1972.
[996] Std. Rspr., vgl. zuletzt BAG, Urt. v. 28.10.1992, AP Nr. 64 zu § 112 BetrVG 1972.
[997] BAG, Urt. v. 15.1.1991, 28.10.1992, AP Nr. 57, 64 zu § 112 BetrVG 1972.
[998] BAG, Urt. v. 10.12.1996, AP Nr. 32 zu § 113 BetrVG 1972.
[999] BAG, Urt. v. 22.5.1979, 15.10.1979, 7.8.1990, AP Nr. 4, 5, 34 zu § 111 BetrVG 1972.
[1000] BAG, Urt. v. 6.6.1978, AP Nr. 2 zu § 111 BetrVG 1972.
[1001] BAG, Urt. v. 17.8.1982, AP Nr. 11 zu § 111 BetrVG 1972.
[1002] BAG, Urt. v. 12.2.1987, AP Nr. 67 zu § 613a BGB.

genen organisatorischen Leitung unterstellt werden. Auf die Bedeutung eines abgespaltenen Teiles kommt es nicht an, solange er eine wirtschaftlich erhebliche Größe und eine abgrenzbare, eigenständige Struktur hat.

611 Abzustellen ist stets auf den Betrieb, nicht auf das Unternehmen. Keine Betriebsänderungen sind der bloße Inhaberwechsel, d.h. der rechtsgeschäftliche Übergang eines Betriebs oder Betriebsteils auf einen anderen Inhaber (Veräußerung, Verpachtung, Konkurseröffnung), sofern er nicht mit Maßnahmen im Sinne der genannten Art verbunden ist (Betriebseinschränkung, Verlegung)[1003], und die Unternehmensaufspaltung, z.B. in eine Besitz- und Produktionsgesellschaft, soweit mit ihr keine Veränderung von Organisation und Zweck des ursprünglichen Betriebs einhergeht[1004]. Erfolgt die Unternehmensaufspaltung nach den Vorschriften des Umwandlungsgesetzes, muß der Spaltungsvertrag, der auch Angaben über die Folgen der Spaltung für die Arbeitnehmer und ihre Vertretungen sowie die insoweit vorgesehenen Maßnahmen zu enthalten hat, dem zuständigen Betriebsrat vorgelegt werden (§ 126 Abs. 1 Nr. 3, Abs. 3 UmwG).

612 **(4) Grundlegende Änderungen der Betriebsorganisation, des Betriebszwecks oder der Betriebsanlagen.** **Betriebsorganisation** ist die Ordnung, nach der die im Betrieb vorhandenen Produktionsmittel und die dort tätigen Arbeitnehmer zur Erfüllung des Betriebszwecks eingesetzt werden[1005]. **Betriebszweck** ist der mit dem Betrieb verfolgte arbeitstechnische Zweck[1006], also die Erzeugnisse und Dienstleistungen, **Betriebsanlagen** sind die technischen Einrichtungen, die der Erfüllung des Betriebszwecks dienen. Eine **grundlegende Veränderung** liegt bei erheblicher Bedeutung für das betriebliche Gesamtgeschehen vor; entscheidend ist der Grad der technischen Änderung. Im Zweifelsfall ist auf die Zahl der betroffenen Arbeitnehmer[1007] (erhebliche Teile der Belegschaft) und auf das Ausmaß nachteiliger Auswirkungen abzustellen.

Beispiele: Änderung des Betriebsaufbaus (Zentralisierung, Dezentralisierung, Lean Management, Lean Production), Einführung von Großraumbüros oder EDV-Anlagen, Übergang zur Gruppenarbeit, Outsourcing, Umstellung einer Automobilfabrik auf Fahrradproduktion, Einführung völlig neuer Maschinen, technische Rationalisierung, Bau neuer Werkshallen, Einrichtung von Telearbeitsplätzen.

613 **(5) Einführung grundlegend neuer Arbeitsmethoden und Fertigungsverfahren.** Dieser Tatbestand steht im Zusammenhang mit dem vorigen, er stellt mehr

---

[1003] BAG, Urt. v. 4.12.1979, AP Nr. 6 zu § 111 BetrVG 1972.
[1004] BAG, Urt. v. 16.6.1987, AP Nr. 19 zu § 111 BetrVG 1972; Beschl. v. 10.12.1996, AP Nr. 110 zu § 112 BetrVG 1972.
[1005] BAG, Urt. v. 22.5.1979, AP Nr. 3, 4 zu § 111 BetrVG 1972.
[1006] BAG, Beschl. v. 17.12.1985, 16.6.1987, AP Nr. 15, 19 zu § 111 BetrVG 1972.
[1007] BAG, Beschl. v. 26.10.1982, AP Nr. 10 zu § 111 BetrVG 1972.

auf die Verwertung der menschlichen Arbeitskraft ab. Die Einführung von Datensichtgeräten kann daher beiden Tatbeständen unterfallen. Nicht zu den grundlegenden Änderungen gehören die laufenden Verbesserungen[1008].

4. Unterrichtung und Beratung

Der Unternehmer hat den Betriebsrat rechtzeitig über Art, Umfang, Gründe und Auswirkungen der geplanten Maßnahme zu unterrichten (§ 111 Satz 1 BetrVG). Nicht mitgeteilt werden müssen Vorüberlegungen mit Planspielen zu denkbaren Auswirkungen, die sich noch nicht zu einem Konzept verdichtet haben[1009]. Die Informationspflicht setzt in dem Augenblick ein, in dem der Arbeitgeber ernsthaft eine Betriebsänderung plant, wobei die Planung (noch) nicht unumstößlich sein muß. Die Information muß so frühzeitig erfolgen, daß der Betriebsrat noch Einfluß auf die Planung nehmen kann, in jedem Fall vor Beginn der Ausführung[1010]. Der Unternehmer hat dem Betriebsrat die Unterlagen zugänglich zu machen, die Grundlage für die Entscheidung über die Betriebsänderung sind, und er muß mit ihm anhand dieser Unterlagen das Für und Wider der geplanten Maßnahmen erörtern[1011]. Die Beratungspflicht erstreckt sich sowohl auf das Ob als auch auf das Wie. Der Betriebsrat kann nicht verlangen, daß der Unternehmer die Betriebsänderung unterläßt, bis die Gespräche über einen Interessenausgleich abgeschlossen sind[1012]. Dasselbe gilt für personelle Maßnahmen im Rahmen der Betriebsänderung[1013]. In Unternehmen mit mehr als 300 Arbeitnehmern kann der Betriebsrat zu seiner Unterstützung einen Berater hinzuziehen (§ 111 Satz 2 BetrVG).

614

5. Interessenausgleich

a) Begriff und Inhalt

Unternehmer und Betriebsrat haben zu versuchen, einen Interessenausgleich darüber herbeizuführen, ob, wann und wie die geplante Betriebsänderung durchgeführt wird (§ 112 Abs. 1 Satz 1 BetrVG). Der Interessenausgleich betrifft alle **Fragen der organisatorischen Durchführung einer Betriebsänderung,** die

615

[1008] *Fitting*, § 111 BetrVG Rn. 93.
[1009] LAG Düsseldorf, Beschl. v. 27.8.1985, NZA 1986, 371.
[1010] BAG, Beschl. v. 14.9.1976, AP Nr. 2 zu § 113 BetrVG 1972.
[1011] *Fitting*, § 111 BetrVG Rn. 103; *Richardi*, § 111 BetrVG Rn. 144.
[1012] LAG Baden-Württemberg, Beschl. v. 28.8.1985, DB 1986, 805; LAG Rheinland-Pfalz, Beschl. v. 28.3.1989, NZA 1989, 863.
[1013] Sehr str., vgl. LAG Düsseldorf, Beschl. v. 14.11.1983, DB 1984, 511; LAG Frankfurt, Beschl. v. 30.8.1984, DB 1985, 178.

nicht Gegenstand eines Sozialplanes sind, d.h. die nicht Regelungen zum Ausgleich wirtschaftlicher Nachteile betreffen[1014]. In einem Interessenausgleich kann z.B. vereinbart werden, daß die Maßnahmen, wenn sie schon unumgänglich sind, gestreckt werden, daß die Zahl der betroffenen Arbeitnehmer verringert wird, daß vor Entlassungen andere Möglichkeiten der Einsparung oder der Verringerung des Arbeitsvolumens (Abbau von Überstunden, Kündigung von Dienst- oder Werkverträgen) genützt werden usw.

b) Rechtswirkungen

616 Der Interessenausgleich ist eine kollektive Vereinbarung besonderer Art[1015]. Er bindet beide Betriebsparteien. Der Unternehmer darf die geplante Betriebsänderung nur in dem Umfang und zu dem Zeitpunkt durchführen, wie im Interessenausgleich bestimmt; der Betriebsrat hat seine Beteiligungsrechte bei den zur Durchführung der Betriebsänderung erforderlichen Maßnahmen gemäß den Absprachen im Interessenausgleich auszuüben. Weicht der Unternehmer grundlos vom Interessenausgleich ab, hat der Betriebsrat keinen Erfüllungsanspruch; die Sanktionen ergeben sich aus § 113 Abs. 1 und 2 BetrVG[1016]. Inwieweit der Interessenausgleich normativ gilt, d.h. unmittelbar auf das einzelne Arbeitsverhältnis einwirkt, ist durch Auslegung zu ermitteln[1017].

617 Eine wichtige Vermutungswirkung kommt dem Interessenausgleich beim Personalabbau zu. Werden Arbeitnehmer, die aufgrund einer Betriebsänderung im Sinne des § 111 BetrVG entlassen werden sollen, in einem Interessenausgleich namentlich bezeichnet[1018], so wird nach § 1 Abs. 5 KSchG[1019] vermutet, daß die Kündigung durch dringende betriebliche Gründe bedingt ist, d.h. daß keine Möglichkeit einer Beschäftigung auf einem anderen freien Arbeitsplatz besteht. Bestreitet der Arbeitnehmer dies, obliegt ihm der (volle) Beweis des Gegenteils[1020]. Ferner kann die durch den Interessenausgleich vorgenommene soziale Auswahl (§ 1 Abs. 3 KSchG) vom Gericht nur auf grobe Fehlerhaftigkeit überprüft werden (§ 1 Abs. 5 Satz 2 KSchG). „Nicht grob fehlerhaft" heißt „nicht völlig sachfremd". Die be-

---

[1014] BAG, Beschl. v. 27.10.1987, AP Nr. 41 zu § 112 BetrVG 1972.
[1015] Allg. M., vgl. LAG München, Beschl. v. 16.7.1997, AuR 1998, 89; *Fitting*, §§ 112, 112a BetrVG Rn. 48; *Richardi*, § 112 BetrVG Rn. 38 m.w.N.
[1016] Str.; wie hier BAG, Beschl. v. 28.8.1991, AP Nr. 2 zu § 85 ArbGG 1979; *Richardi*, § 112 BetrVG Rn. 44; a.A. *Fitting*, § 112 BetrVG Rn. 49.
[1017] *Richardi*, § 112 BetrVG Rn. 39; vgl. auch *Willemsen/Hohenstatt*, NZA 1997, 345 ff.
[1018] Es genügt die Benennung in einer nicht unterschriebenen Namensliste, die mit dem Interessenausgleich, der auf sie ausdrücklich Bezug nimmt, mittels Heftmaschine fest verbunden ist, vgl. BAG, Urt. v. 7.5.1998, DB 1998, 1770.
[1019] § 125 Abs. 1 Satz 1 Nr. 1 InsO vermutet dies für betriebsbedingte Kündigungen bei Insolvenz.
[1020] BAG, Urt. v. 7.5.1998, DB 1998, 1768.

sonderen Wirkungen treten allerdings nicht ein, wenn sich die Sachlage nach Zustandekommen des Interessenausgleichs wesentlich geändert hat (§ 1 Abs. 5 Satz 3 KSchG). Ebenfalls nur auf grobe Fehlerhaftigkeit läßt sich ein Interessenausgleich überprüfen, der von den Betriebsparteien bei einer **Unternehmensumwandlung** (Verschmelzung, Spaltung, Vermögensübertragung) nach den Vorschriften des UmwG abgeschlossen wird, wenn mit ihm die Arbeitnehmer nach der Umwandlung bestimmten Betrieben oder Betriebsteilen zugeordnet werden (§ 323 Abs. 2 UmwG).

c) Verfahren

Gelingt ein Interessenausgleich nicht, so können Unternehmer oder Betriebsrat den Präsidenten des Landesarbeitsamtes um Vermittlung ersuchen (§ 112 Abs. 2 Satz 1 BetrVG). Ein Einlassungszwang für die jeweils andere Seite besteht nicht. Unabhängig davon können beide die Einigungsstelle anrufen (§ 112 Abs. 2 Satz 2 BetrVG). Ruft der Betriebsrat die Einigungsstelle nicht an, so muß der Unternehmer das tun[1021]. Die Einigungsstelle hat einen Vorschlag zu unterbreiten. Der Vorschlag hat zwar großes tatsächliches Gewicht, er ist aber unverbindlich (§ 112 Abs. 3 Satz 2 BetrVG)[1022]; dem Unternehmer bleibt die Letztentscheidung.

618

Bei Betriebsänderungen im Rahmen eines **Insolvenzverfahrens** kommt es zu einem Vermittlungsversuch des Präsidenten des Landesarbeitsamtes nur, wenn der Insolvenzverwalter und der Betriebsrat gemeinsam darum ersuchen (§ 121 InsO). Der Insolvenzverwalter braucht auch die Einigungsstelle nicht anzurufen; er kann sogleich beim Arbeitsgericht die Zustimmung zur Betriebsänderung beantragen. Voraussetzung ist, daß der Betriebsrat rechtzeitig und umfassend über die geplante Betriebsänderung unterrichtet wurde und ein Interessenausgleich nicht innerhalb von drei Wochen nach schriftlicher Aufforderung zur Verhandlung oder nach Verhandlungsbeginn abgeschlossen werden konnte (§ 122 Abs. 1 InsO). Das Gericht erteilt die Zustimmung, wenn die wirtschaftliche Lage des Unternehmens auch unter Berücksichtigung der sozialen Belange der Arbeitnehmer die Betriebsänderung ohne vorheriges Verfahren nach § 112 Abs. 2 BetrVG erfordert (§ 122 Abs. 2 InsO). Gegen den Beschluß ist nur die Rechtsbeschwerde zum BAG statthaft, und das auch nur, wenn sie vom Arbeitsgericht zugelassen wurde (§ 122 Abs. 3 InsO).

619

Kommt ein Interessenausgleich zustande, so ist er **schriftlich niederzulegen** und von Unternehmer und Betriebsrat zu unterschreiben (§ 112 Abs. 3 Satz 3 BetrVG). Die Wahrung der Schriftform ist **Wirksamkeitsvoraussetzung**[1023]. Der Interessenausgleich muß aber weder in einer gesonderten Urkunde niedergelegt noch ausdrücklich als Interessenausgleich bezeichnet werden; es genügt, wenn er

620

[1021] LAG Hamm, Beschl. v. 1.3.1972, DB 1972, 632.
[1022] LAG München, Beschl. v. 13.1.1989, BB 1989, 916.
[1023] BAG, Urt. v. 9.7.1985, AP Nr. 13 zu § 113 BetrVG 1972.

Bestandteil eines Sozialplanes ist und die Betriebsparteien darin einig sind, daß die Maßnahmen, so wie im Sozialplan vorgesehen, durchgeführt werden[1024].

6. Sozialplan

a) Begriff und Zweck

621 **aa) Begriff.** Außer über einen Interessenausgleich haben die Betriebsparteien auch über den **Ausgleich oder die Milderung der wirtschaftlichen Nachteile,** die den Arbeitnehmern infolge der geplanten Betriebsänderung entstehen (= Sozialplan), zu beraten (§ 112 Abs. 1 Satz 2 BetrVG). Nicht Gegenstand des Sozialplans sind Maßnahmen, die das Ob und Wie der Betriebsänderung betreffen, d.h. Maßnahmen, die soziale Nachteile verhindern sollen, wie Kündigungsverbote oder Versetzungs- und Umschulungspflichten. Sie gehören in den Interessenausgleich. Werden sie in einen freiwilligen Sozialplan aufgenommen, so schadet das nicht; ein Einigungsstellenspruch, der sie zum Gegenstand eines Sozialplans macht, ist aber unwirksam[1025]. Der Sozialplan ersetzt auch nicht die Kündigung des Arbeitsverhältnisses; dafür haben die Betriebsparteien keine Regelungsmacht[1026].

622 **bb)** Der **Zweck** des Sozialplanes ist umstritten[1027]. Die einen betonen seine **Zukunftsbezogenheit.** Seine Hauptfunktion bestehe darin, den Arbeitnehmern **Überbrückungsleistungen** zu gewähren. Zugleich komme ihm eine Steuerungsfunktion zu: Da eine Betriebsänderung mit finanziellem Aufwand verbunden sei, werde sich der Unternehmer bemühen, sie so durchzuführen, daß den Arbeitnehmern möglichst geringe wirtschaftliche Nachteile entstehen. Aus Sicht des Arbeitgebers schließlich diene er dazu, die Akzeptanz einer Betriebsänderung zu fördern. Nach anderer, eher **vergangenheitsorientierter Ansicht** soll der Sozialplan in erster Linie für den **Verlust des Arbeitsplatzes entschädigen;** der Arbeitnehmer werde vor allem für die in der Vergangenheit geleisteten Dienste belohnt. Die Rechtsprechung neigt mittlerweile[1028] der ersten Meinung zu[1029]; maßgeblich sei die (zukunftsorientierte) Überleitungs- und Vorsorgefunktion. Auch bei dieser Betrachtungsweise behält das Moment einer langen Betriebszugehörigkeit seine Bedeutung. Die Erfahrung lehrt, daß Arbeitnehmer mit höherem Lebens- und Dienstalter geringere Chancen auf dem Arbeitsmarkt haben. Allerdings darf ein Sozialplan Abfindungen nicht allein nach der Dau-

---

[1024] BAG, Beschl. v. 20.4.1994, AP Nr. 27 zu § 113 BetrVG 1972.
[1025] BAG, Beschl. v. 17.9.1991, AP Nr. 59 zu § 112 BetrVG 1972.
[1026] BAG, Urt. v. 17.7.1964, AP Nr. 3 zu § 80 ArbGG.
[1027] BAG, Beschl. v. 23.4.1985, AP Nr. 26 zu § 112 BetrVG 1972 m.w.N. zum Streitstand.
[1028] Vermittelnd noch BAG GS, Beschl. v. 13.12.1978, AP Nr. 6 zu § 112 BetrVG 1972.
[1029] BAG, Urt. v. 28.10.1992, 11.8.1993, 9.11.1994, AP Nr. 66, 71, 85 zu § 112 BetrVG 1972.

er der Betriebszugehörigkeit bemessen[1030]. Der Gesetzgeber hat sich einer vermittelnden Sichtweise angeschlossen (vgl. § 112 Abs. 5 Nr. 1-3 BetrVG).

b) Rechtsnatur und Rechtswirkungen

aa) Sozialpläne sind Betriebsvereinbarungen besonderer Art (§ 112 Abs. 1 Satz 3 BetrVG)[1031]. Für sie gilt die Tarifsperre des § 77 Abs. 3 BetrVG nicht (§ 112 Abs. 1 Satz 4 BetrVG). Sie können deshalb auch Bestimmungen zu Arbeitsbedingungen enthalten, die im einschlägigen Tarifvertrag – etwa in einem Rationalisierungsschutzabkommen – tatsächlich geregelt sind oder üblicherweise geregelt werden. Im Verhältnis von Tarifvertrag und Sozialplan gilt das Günstigkeitsprinzip[1032]. 623

bb) Sozialpläne wirken **normativ**. Ansprüche auf Sozialplanleistungen stehen den betroffenen Arbeitnehmern unmittelbar und zwingend zu (§ 77 Abs. 4 Satz 1 BetrVG). Das gilt auch für Mitarbeiter, die infolge der Betriebsänderung bereits ausgeschieden sind, wenn das im Sozialplan bestimmt ist[1033]. Der Sozialplan bedarf zu seiner Wirksamkeit der **Schriftform** (§ 112 Abs. 1 Sätze 1 und 2 BetrVG). Die Fälligkeit von Sozialplananspüchen richtet sich nach der Vereinbarung. Für ihre Geltendmachung können Ausschlußfristen vorgesehen werden. Da es sich um Ansprüche aus dem Arbeitsverhältnis handelt, gelten für sie auch die allgemeinen tariflichen Ausschlußfristen[1034]. Verzichten kann der Arbeitnehmer auf Sozialplananspüche nur mit Zustimmung des Betriebsrats (§ 77 Abs. 4 Satz 2 BetrVG)[1035]. 624

cc) Vorsorglicher Sozialplan. Die umfassende Regelungskompetenz der Betriebsparteien in sozialen Angelegenheiten berechtigt die Betriebsparteien bereits dann zum Abschluß eines freiwilligen Sozialplans, wenn die Betriebsänderung zwar noch nicht geplant, aber in groben Umrissen abschätzbar ist[1036]. Enthält ein solcher vorsorglicher Sozialplan wirksame Regelungen, ist das Beteiligungsrecht nach § 112 BetrVG bei einer späteren Betriebsänderung verbraucht[1037]. Anders, wenn Ob und Wie einer Betriebsänderung noch völlig ungewiß sind; dem Betriebsrat fehlen dann die tatsächlichen Anhaltspunkte für die Abwägung der Interessen der betroffenen Arbeitnehmer und der betrieblichen Belange[1038]. Vorsorgliche Sozialpläne können auch bei Unsicherheit der Rechtslage abgeschlossen werden, ins- 625

[1030] BAG, Urt. v. 14.9.1994, AP Nr. 87 zu § 112 BetrVG 1972.
[1031] BAG, Urt. v. 27.8.1975, 29.11.1978, AP Nr. 2, 7 zu § 112 BetrVG 1972.
[1032] Allg. M., vgl. nur *Richardi*, § 112 BetrVG Rn. 146 m.w.N.
[1033] BAG, Urt. v. 6.8.1997, 11.2.1998, AP Nr. 116, 121 zu § 112 BetrVG 1972.
[1034] BAG, Urt. v. 30.11.1994, AP Nr. 86 zu § 112 BetrVG 1972.
[1035] BAG, Beschl. v. 31.7.1996, AP Nr. 63 zu § 77 BetrVG 1972.
[1036] BAG, Urt. v. 26.8.1997, AP Nr. 117 zu § 112 BetrVG 1972.
[1037] Str., wie hier BAG, Urt. v. 26.8.1997, AP Nr. 117 zu § 112 BetrVG 1972 m.w.N. auch zur Gegenmeinung.
[1038] BAG, Urt. v. 26.8.1997, AP Nr. 117 zu § 112 BetrVG 1972.

besondere wenn unklar ist, ob ein Betriebsübergang oder eine Betriebsstillegung vorliegt[1039].

c) Zuständigkeit und Verfahren

626 **aa) Zuständig** für die Aufstellung des Sozialplans ist der Betriebsrat des betroffenen Betriebs oder der betroffenen Betriebe (§ 112 Abs. 1 BetrVG); sie können den Gesamtbetriebsrat mit der Wahrnehmung ihrer Rechte beauftragen (§ 50 Abs. 2 BetrVG). Ein vom Gesamtbetriebsrat beschlossener Rahmensozialplan bindet sie nicht. In betriebsratslosen Betrieben besteht keine Sozialplanpflicht; der Gesamtbetriebsrat ist nicht zuständig[1040]. Ein Betriebsrat, der in einem bisher betriebsratslosen Betrieb erst während der Durchführung der Betriebsstillegung gewählt wird, kann die Aufstellung eines Sozialplans nicht mehr verlangen[1041]. Das gilt auch, wenn dem Arbeitgeber im Zeitpunkt seines Beschlusses bekannt war, daß im Betrieb ein Betriebsrat gewählt werden soll[1042]. Umgekehrt behält ein Betriebsrat auch nach einer Betriebsstillegung und nach Beendigung der Arbeitsverhältnisse seiner Mitglieder bis zur endgültigen Abwicklung ein Restmandat (§ 21 b BetrVG).

627 **bb) Verfahren.** Die Verhandlungen über den Sozialplan werden sinnvollerweise spätestens dann aufgenommen, wenn feststeht, daß eine Betriebsänderung sich nicht umgehen läßt, und parallel zu den Verhandlungen über den Interessenausgleich geführt. Der Betriebsrat kann die Aufstellung eines Sozialplans aber selbst dann noch verlangen, wenn der Unternehmer die geplante Betriebsänderung bereits durchgeführt hat[1043]. Unternehmer und Betriebsrat haben zunächst zu versuchen, sich über den Sozialplan zu einigen (§ 112 Abs. 1 Satz 2 BetrVG). Sie können sich auch hier der Vermittlung des Präsidenten des Landesarbeitsamtes bedienen (§ 112 Abs. 2 Satz 1 BetrVG). Unabhängig davon können sie die Einigungsstelle anrufen (§ 112 Abs. 2 Satz 2 BetrVG). Anders als beim Interessenausgleich muß der Unternehmer die Einigungsstelle nicht einschalten, wenn der Betriebsrat darauf verzichtet. Es kommt dann eben zu keinem Sozialplan. Unternehmer und Betriebsrat sollen der Einigungsstelle Vorschläge zur Beilegung der Meinungsverschiedenheiten machen. Die Einigungsstelle hat eine Einigung der Parteien zu versuchen (§ 112 Abs. 3 BetrVG). Gelingt das nicht – und das ist der Normalfall –, dann entscheidet die Einigungsstelle, d.h. letztlich der neutrale Vorsitzende, sobald es ihm gelingt, die eine oder die andere Seite für einen Vorschlag zu gewinnen (§ 112 Abs. 4 BetrVG).

[1039] BAG, Urt. v. 1.4.1998, AP Nr. 123 zu § 112 BetrVG 1972.
[1040] BAG, Urt. v. 16.8.1983, AP Nr. 5 zu § 50 BetrVG 1972.
[1041] BAG, Beschl. v. 20.4.1982, AP Nr. 15 zu § 112 BetrVG 1972.
[1042] BAG, Beschl. v. 28.10.1982, AP Nr. 63 zu § 112 BetrVG 1972.
[1043] BAG, Beschl. v. 23.4.1985, 9.5.1995, 26.8.1997, AP Nr. 26, 33, 117 zu § 112 BetrVG 1972.

d) Ausnahmen von der Sozialplanpflicht

Von dem Grundsatz, daß bei jeder Betriebsänderung im Sinne des § 111 BetrVG ein Sozialplan aufzustellen ist, macht § 112a BetrVG **zwei Ausnahmen:** 628

aa) Kein Sozialplan ist aufzustellen, wenn ein **Unternehmen** (nicht der betroffene Betrieb) **noch nicht vier Jahre alt** ist (§ 112a Abs. 2 Satz 1 BetrVG). Damit sollen Neugründungen erleichtert werden. Das gilt allerdings nicht für Neugründungen im Zusammenhang mit der rechtlichen Umstrukturierung von Unternehmen und Konzernen (§ 112a Abs. 2 Satz 2 BetrVG). Eine solche Umstrukturierung liegt immer dann vor, wenn unternehmerische Aktivitäten von einer rechtlichen Einheit auf eine andere übertragen werden[1044]. 629

Beispiel: Zwei Unternehmen übertragen einzelne Betriebe auf ein neu gegründetes Unternehmen, das die Betriebe mit einem auf dem Zusammenschluß beruhenden Unternehmensziel fortführen soll.

bb) Bei Betriebsänderungen, die in einer **bloßen Personalverringerung** bestehen, ist ein Sozialplan erst dann aufzustellen, wenn der Personalabbau folgende Größenordnung erreicht (§ 112a Abs. 1 BetrVG): 630

Betriebe mit in der Regel	Personalabbau
21 bis 59 Arbeitnehmern	20 % der Arbeitnehmer, aber mindestens 6
60 bis 249 Arbeitnehmern	20 % der Arbeitnehmer oder mindestens 37
250 bis 499 Arbeitnehmern	15 % der Arbeitnehmer oder mindestens 60
mindestens 500 Arbeitnehmern	10 % der Arbeitnehmer, aber mindestens 60

Ob der Personalabbau durch Entlassungen oder durch vom Arbeitgeber veranlaßte Aufhebungsverträge oder Eigenkündigungen der Arbeitnehmer geschieht, ist gleichgültig (§ 112a Abs. 1 Satz 2 BetrVG). Die Prozentzahlen für die Sozialplanpflicht liegen etwa doppelt so hoch wie für die Interessenausgleichspflicht. Das hat zur Folge, daß in dem Zwischenbereich nur ein Interessenausgleich versucht, nicht aber ein Sozialplan abgeschlossen werden muß. Die höheren Zahlen gelten nicht, wenn sich die Betriebsänderung nicht in einem bloßen Personalabbau erschöpft, etwa wenn ein wesentlicher Betriebsteil eingeschränkt oder stillgelegt wird. 631

e) Inhalt freiwilliger Sozialpläne

aa) Regelungs- und Beurteilungsspielraum. Für den Inhalt von Sozialplänen, die auf freiwilliger Grundlage zustande kommen, enthält das Gesetz keine Detailregelung. Es gilt der allgemeine Satz, daß sie dem Ausgleich oder der Milderung wirt- 632

[1044] BAG, Beschl. v. 22.2.1995, AP Nr. 7 zu § 112a BetrVG 1972.

schaftlicher (nicht immaterieller) Nachteile dienen, die den Arbeitnehmern aus den geplanten Betriebsänderungen entstehen[1045]. Die Betriebspartner sind **in den Grenzen von Recht und Billigkeit** (§ 75 BetrVG) **frei,** zu entscheiden, welche Nachteile sie bei Verlust eines Arbeitsplatzes ausgleichen und welche sonstigen Nachteile sie mildern wollen[1046]. Sie sind nicht gehalten, alle denkbaren Nachteile zu entschädigen, und daher auch berechtigt, Arbeitnehmer von Leistungen des Sozialplans auszunehmen[1047]. Für den Arbeitgeber muß aber erkennbar sein, welche finanziellen Belastungen auf ihn zukommen. Deshalb müssen die Anspruchsvoraussetzungen an tatsächliche Umstände anknüpfen, die bei Abschluß des Sozialplans bekannt sind[1048].

633 **bb) Der Gleichbehandlungsgrundsatz** ist zu wahren[1049]. Untersagt ist sowohl die sachfremde Schlechterstellung einzelner Arbeitnehmer gegenüber anderen Arbeitnehmern in vergleichbarer Lage als auch die sachfremde Differenzierung zwischen Arbeitnehmern in einer bestimmten Ordnung. Sachfremd ist eine Differenzierung dann, wenn es für die unterschiedliche Behandlung keine billigenswerten Gründe gibt[1050]. Zulässig ist eine Unterscheidung nach der Art des Nachteils (Entlassung, Versetzung) und nach der Vermeidbarkeit (Angebot einer anderen zumutbaren Tätigkeit[1051], Vermittlung eines neuen Arbeitsverhältnisses[1052], Kündigung wegen eines sachlich nicht gerechtfertigten Widerspruchs bei einem Betriebsübergang[1053] usw.).

634 Sozialpläne können pauschale Zahlungen vorsehen, ein Punkteschema zugrunde legen oder jeweils im konkreten Einzelfall entscheiden. Bei Abfindungen müssen sie Betriebszugehörigkeit, Lebensalter, Unterhaltsverpflichtungen und Schwerbehinderteneigenschaft berücksichtigen; darüber hinaus muß für eine abschließende Berücksichtigung individueller Besonderheiten des Einzelfalles Raum bleiben, damit persönlichen Umständen der betroffenen Arbeitnehmer, wie z. B. Krankheit, Rechnung getragen werden kann[1054]. Höchstbegrenzungsklauseln sind zulässig[1055]; andererseits sind die Betriebspartner nicht an die O-

---

[1045] BAG, Urt. v. 7.8.1975, AP Nr. 169 zu § 242 BGB Ruhegehalt.
[1046] Std. Rspr., zuletzt BAG, Urt. v. 13.11.1996, AP Nr. 4 zu § 620 BGB Aufhebungsvertrag.
[1047] BAG, Urt. v. 19.7.1995, 19.6.1996, AP Nr. 85, 102 zu § 112 BetrVG 1972.
[1048] BAG, Urt. v. 12.3.1997, AP Nr. 111 zu § 112 BetrVG 1972.
[1049] Std. Rspr., vgl. zuletzt BAG, Urt. v. 11.2.1998, AP Nr. 121 zu § 112 BetrVG 1972.
[1050] Zusammenfassend BAG, Urt. v.17.4.1996, AP Nr. 101 zu § 112 BetrVG 1972.
[1051] BAG, Urt. v. 3.3.1999, NZA 1999, 669.
[1052] BAG, Urt. v. 19.6.1996, AP Nr. 102 zu § 112 BetrVG 1972.
[1053] BAG, Urt. v. 5.2.1997, AP Nr. 112 zu § 112 BetrVG 1972.
[1054] BAG, Urt. v. 18.1.1990, AP Nr. 19 zu § 1 KSchG 1969 Soziale Auswahl.
[1055] BAG, Urt. v. 19.10.1999, NZA 2000, 732.

bergrenze für Abfindungen nach dem KSchG gebunden[1056]. Als Maßnahmen zur Milderung von Nachteilen kommen vor allem die Übernahme von Umzugs- oder zusätzlichen Fahrtkosten, die Erstattung von Kosten für Fortbildungs- und Umschulungsmaßnahmen sowie Ausgleichszahlungen bei Übertragung geringer bezahlter Tätigkeiten in Betracht. Der Arbeitgeber kann Sozialplanleistungen individualrechtlich aufstocken, wenn er dafür einen sachlichen Grund hat, etwa wenn er einen Anreiz zum Abschluß von Aufhebungsverträgen geben will[1057]. Die Zahlung von Abfindungen kann bis zum Abschluß von Kündigungsschutzprozessen zurückgestellt werden; sie darf aber nicht vom Verzicht auf die Kündigungsschutzklage oder auf individualrechtliche Ansprüche (Ausgleichsquittung) abhängig gemacht werden[1058].

Der Sozialplan **darf** grundsätzlich danach **unterscheiden,** ob der Arbeitnehmer durch **Aufhebungsvertrag oder Eigenkündigung** aus dem Unternehmen ausscheidet **oder ob ihm betriebsbedingt gekündigt wird**[1059]. Erfahrungsgemäß sind Arbeitnehmer nur dann bereit, das Unternehmen freiwillig zu verlassen, wenn sie bereits einen neuen Arbeitsplatz gefunden oder sicher in Aussicht haben. Umgekehrt haben Arbeitnehmer, die erst nach der offiziellen Bekanntgabe der Betriebsstillegung aus dem Unternehmen ausscheiden, mit einer erheblich verschärften Situation auf dem Arbeitsmarkt zu rechnen. Zulässig ist es auch, auf das Verhalten der Arbeitnehmer vor und nach einem bestimmten Stichtag abzustellen, wenn die Wahl des Zeitpunktes sachlich vertretbar ist (z.B. Scheitern des Interessenausgleichs, Bekanntgabe einer Betriebsstillegung)[1060]. Dagegen ist der **Gleichbehandlungsgrundsatz verletzt,** wenn Arbeitnehmer von Sozialplanleistungen ausgenommen werden, deren Eigenkündigung oder Aufhebungsvertrag **vom Arbeitgeber veranlaßt** worden ist[1061]. Das ist der Fall, wenn der Arbeitgeber sie im Hinblick auf eine konkret geplante Betriebsänderung bestimmt hat, selbst zu kündigen oder einen Aufhebungsvertrag zu schließen, um so eine sonst notwendig werdende Kündigung zu vermeiden. Ein bloßer Hinweis auf die unsichere Lage des Unternehmens, auf notwendig werdende Betriebsänderungen oder der Rat, sich eine neue Stelle zu suchen, genügt nicht[1062]. Eine sachlich nicht gerechtfertigte Ungleichbehandlung ist unwirksam[1063]. Der übergangene Arbeitnehmer hat regelmäßig Anspruch auf die die Gleichbehandlung bewirkende Leistung, da sich nur so die Diskriminierung beseitigen läßt[1064].

635

[1056] BAG, Beschl. v. 27.10.1987, AP Nr. 41 zu § 112 BetrVG 1972.
[1057] BAG, Urt. v. 1.6.1988, NZA 1989, 815.
[1058] BAG, Urt. v. 20.6.1985 AP Nr. 33 zu § 112 BetrVG 1972.
[1059] BAG, Urt. v. 24.11.1993, 19.7.1995, 6.8.1997, AP Nr. 72, 96, 116 zu § 112 BetrVG 1972.
[1060] BAG, Urt. v. 24.1.1996, 6.8.1997, AP Nr. 98, 116 zu § 112 BetrVG 1972.
[1061] BAG, Urt. v. 20.4.1994, 19.7.1995, 24.1.1996, AP Nr. 77, 96, 98 zu § 112 BetrVG 1972.
[1062] BAG, Urt. v. 19.7.1995, AP Nr. 96 zu § 112 BetrVG 1972.
[1063] BAG, Urt. v. 25.11.1993, AP Nr. 114 zu § 242 BGB Gleichbehandlung.
[1064] BAG, Urt. v. 15.1.1991, 17.4.1996, AP Nr. 57, 101 zu § 112 BetrVG 1972; anders BAG, Urt. v. 23.8.1988, AP Nr. 46 zu § 112 BetrVG 1972, dem offenbar eine anteili-

f) Inhalt erzwungener Sozialpläne

636 Die Einigungsstelle muß sich bei der Entscheidung über einen Sozialplan innerhalb der Grenzen halten, die für die Betriebsparteien gelten, und sie hat billiges Ermessen zu wahren. Dabei muß sie auf die sozialen Belange der betreffenden Arbeitnehmer und auf die wirtschaftliche Vertretbarkeit für das Unternehmen achten (§ 112 Abs. 5 Satz 1 BetrVG). Bei der Berücksichtigung sozialer Belange hat sie sich insbesondere von folgenden Grundsätzen leiten zu lassen (§ 112 Abs. 5 Satz 2 BetrVG):

637 aa) Sie soll beim Ausgleich oder bei der Milderung wirtschaftlicher Nachteile, insbesondere durch Einkommensminderung, Wegfall von Sonderleistungen oder Verlust von Anwartschaften auf betriebliche Altersversorgung, Umzugskosten oder erhöhte Fahrtkosten, Leistungen vorsehen, die in der Regel den **Gegebenheiten des Einzelfalles Rechnung tragen** (Nr.1). Der Sozialplan darf also für den Verlust des Arbeitsplatzes oder für sonstige Änderungen der Arbeitsbedingungen **nicht** ohne Rücksicht auf zumindest die Wahrscheinlichkeit von Nachteilen **Pauschalzahlungen** vorsehen.

638 bb) Sie hat die **Aussichten der betroffenen Arbeitnehmer auf dem Arbeitsmarkt** zu berücksichtigen. Sie soll Arbeitnehmer von Leistungen ausschließen, die in einem zumutbaren Arbeitsverhältnis im selben Betrieb des Unternehmens oder eines zum Konzern gehörenden Unternehmens weiterbeschäftigt werden können und die Weiterbeschäftigung ablehnen[1065], wobei die mögliche Weiterbeschäftigung an einem anderen Ort für sich allein nicht die Unzumutbarkeit begründet (Nr. 2). Die Einigungsstelle kann die Kriterien für die Zumutbarkeit selbst festlegen[1066]. Eine andere Tätigkeit ist zumutbar, wenn sie in etwa dieselben Voraussetzungen an Berufsbildung und -erfahrung stellt wie die bisherige und wenn mit ihr keine Abgruppierung verbunden ist[1067]. Die Tätigkeit an einem anderen Ort ist jedenfalls dann zumutbar, wenn er täglich vom bisherigen Wohnort aus erreichbar ist oder wenn dem Arbeitnehmer nach seinen persönlichen Lebensumständen ein Umzug zumutbar ist[1068]. Die Einigungsstelle bleibt im Rahmen ihres Ermessens, wenn sie sich innerhalb der Zumutbarkeitsanordnung der Bundesanstalt für Arbeit hält[1069]. Die Ermessensgrenze wäre überschritten, wenn sie einem Arbeitnehmer Abfindungen zuspräche, der unmittelbar im Anschluß an das bisherige Arbeitsverhältnis in einem Nachbarbetrieb zu denselben Bedingungen Arbeit fände.

---

ge Kürzung der Sozialplanleistung vorschwebt, um damit die Ansprüche der übergangenen Arbeitnehmer zu finanzieren.

[1065] BAG, Beschl. v. 28.9.1988, AP Nr. 47 zu § 112 BetrVG 1972.
[1066] BAG, Beschl. v. 27.10.1987, AP Nr. 41 zu § 112 BetrVG 1972.
[1067] LAG Düsseldorf, Beschl. v. 23.10.1986, DB 1987, 1254.
[1068] LAG Düsseldorf, Beschl. v. 23.10.1986, DB 1987, 1254.
[1069] *Löwisch*, BB 1985, 1205.

Die Einigungsstelle soll ferner die im SGB III vorgesehenen Fördermöglichkeiten zur Vermeidung von Arbeitslosigkeit berücksichtigen. Sozialplanmittel sollen verstärkt zur Schaffung neuer Beschäftigungsperspektiven für die vom Verlust des Arbeitsplatz bedrohten Arbeitnehmer eingesetzt werden (z. B. inner- oder außerbetriebliche Qualifizierung, Förderung der Anschlusstätigkeit bei einem anderen Arbeitgeber, Vorbereitung einer selbständigen Existenz), wie es schon seit längerem mit dem „Tranfer-Sozialplan"-Modell praktiziert wird. Unter den Voraussetzungen des § 216a SGB III kann die Arbeitsverwaltung die Maßnahme mit Zuschüssen fördern.

cc) Was die **wirtschaftliche Vertretbarkeit für das Unternehmen** anbelangt, so hat die Einigungsstelle bei der Bemessung des Gesamtbetrages vor allem darauf zu achten, daß der Fortbestand des Unternehmens oder die nach Durchführung der Betriebsänderung verbleibenden Arbeitsplätze nicht gefährdet werden (Nr. 3). Innerhalb dieses äußersten Rahmens sind sonstige für das Unternehmen bedeutsame Gesichtspunkte zu beachten, wie Kreditwürdigkeit, Liquidität usw. Einzelunternehmern und Gesellschaftern in Personenhandelsgesellschaften, die ihren Lebensunterhalt aus dem Unternehmen bestreiten, ist ein angemessener Unternehmergewinn zu belassen.

639

dd) Werden die in § 112 Abs. 5 Satz 2 BetrVG genannten Gesichtspunkte nicht oder nicht ausreichend berücksichtigt, ist der Sozialplan **ermessensfehlerhaft** und damit **unwirksam**[1070].

640

g) Ablösung, Kündigung und Anpassung von Sozialplänen

aa) Ablösung. Sozialpläne können jedenfalls dann, wenn sie Dauerregelungen enthalten und fortlaufende, zeitlich unbegrenzte Leistungsansprüche begründen, durch spätere Betriebsvereinbarungen mit Wirkung für die Zukunft abgeändert werden[1071]. Allerdings können Ansprüche, die schon auf der Grundlage der früheren Betriebsvereinbarung entstanden sind, nicht mehr durch eine spätere Betriebsvereinbarung beeinträchtigt werden[1072]. Im übrigen haben die Betriebsparteien die Grundsätze der Verhältnismäßigkeit und des Vertrauensschutzes zu wahren[1073].

641

bb) Kündigung. Ein erzwingbarer Sozialplan kann, soweit nichts Gegenteiliges vereinbart ist, **nicht ordentlich gekündigt** werden; er bezieht sich auf ein einmaliges Geschehen. **Anderes kann für Dauerregelungen gelten**[1074], die nicht nur eine einmalige Abfindung vor-

642

[1070] BAG, Urt. v. 14.9.1994, AP Nr. 87 zu § 112 BetrVG 1972.
[1071] BAG, Urt. v. 24.3.1981, 10.8.1994, 11.2.1998, AP Nr. 12, 86, 121 zu § 112 BetrVG 1972.
[1072] BAG, Urt. v. 10.8.1994, AP Nr. 86 zu § 112 BetrVG 1972.
[1073] BAG, Urt. v. 23.10.1990, AP Nr. 13 zu § 1 BetrAVG Ablösung m.w.N.
[1074] BAG, Urt. v. 24.3.1981, AP Nr. 12 zu § 112 BetrVG 1972.

sehen, sondern laufende Leistungen (z.B. zeitlich befristeter oder unbefristeter Fahrtkostenzuschuß bei einer Betriebsverlegung)[1075]. Ordentlich kündbar kann auch ein vorsorglicher Sozialplan sein; er bezieht sich nicht auf ein einmaliges konkretes Geschehen, sondern auf alle möglichen Betriebsänderungen während seiner Geltungsdauer. Nach der Kündigung eines erzwingbaren Sozialplanes gelten seine Regelungen weiter, bis sie durch eine andere Abmachung ersetzt werden (§ 77 Abs. 6 BetrVG)[1076]. Sozialpläne mit Dauerregelungen können auch ohne entsprechende Vereinbarung **außerordentlich gekündigt** werden[1077]. Daß der Arbeitgeber keine Geldmittel zur Verfügung hat, um die vereinbarten Sozialplanleistungen zu erfüllen, begründet für sich allein allerdings nicht die Unzumutbarkeit der Vertragsbindung. Selbst bei einer außerordentlichen Kündigung sollen erzwingbare Sozialpläne aber nachwirken[1078].

643   cc) **Anpassung.** Ändert sich die Geschäftsgrundlage eines Sozialplanes oder fällt sie später weg, können Sozialplanleistungen den geänderten Umständen anzupassen sein, wenn dem Vertragspartner das Festhalten an der Vereinbarung nicht mehr zumutbar ist[1079].

Beispiel: Beide Vertragsparteien sind bei Abschluß des Sozialplans von irrigen Vorstellungen über die Höhe der für den Sozialplan zur Verfügung stehenden Finanzmittel ausgegangen[1080].

644   Der Wegfall der Geschäftsgrundlage führt weder zur automatischen Beendigung des Sozialplans noch gibt er ohne weiteres ein Recht zur außerordentlichen Kündigung. Er gibt dem, der sich auf den Wegfall der Geschäftsgrundlage beruft, einen Anspruch auf Neuverhandlung. Weigert sich die andere Partei oder führen die Verhandlungen zu keiner einvernehmlichen Regelung, kann die Einigungsstelle angerufen werden, die dann verbindlich entscheidet. Bei einem Wegfall der Geschäftsgrundlage können die Betriebsparteien auch die auf der Grundlage der bisherigen Regelung entstandenen Ansprüche zu Lasten der Arbeitnehmer ändern; insoweit besteht kein Vertrauensschutz[1081].

h) Verhältnis zu anderen Regelungen

645   aa) **Abfindung nach §§ 9, 10 KSchG.** Die Mitbestimmung nach §§ 111 ff. BetrVG schließt den individuellen Kündigungsschutz nicht aus. Dem Arbeitnehmer steht es daher frei, durch fristgemäße Erhebung der Kündigungsschutzklage

---

[1075] BAG, Urt. v. 10.8.1994, AP Nr. 86 zu § 112 BetrVG 1972.
[1076] BAG, Urt. v. 24.3.1981, AP Nr. 12 zu § 112 BetrVG 1972.
[1077] Anders für Sozialpläne mit einmaligen Leistungen, BAG, Urt. v. 10.8.1994, AP Nr. 86 zu § 112 BetrVG 1972.
[1078] BAG, Urt. v. 10.8.1994, AP Nr. 86 zu § 112 BetrVG 1972.
[1079] BAG, Urt. v. 17.2.1981, 10.8.1994, AP Nr. 11, 86 zu § 112 BetrVG 1972.
[1080] Hierzu BAG, Urt. v. 17.2.1981, AP Nr. 11 zu § 112 BetrVG 1972.
[1081] Zu Vorstehendem BAG, Urt. v. 10.8.1994, AP Nr. 86 zu § 112 BetrVG 1972.

(§ 4 KSchG) die soziale Rechtfertigung der Kündigung nach § 1 KSchG überprüfen zu lassen.

646 Obsiegt der Arbeitnehmer, weil die Kündigung nicht sozial gerechtfertigt ist, kann er unter den Voraussetzungen des § 9 Abs. 1 Satz 1 KSchG die Auflösung des Arbeitsverhältnisses gegen Zahlung einer Abfindung beantragen. Abfindungsansprüche aus einem Sozialplan kann er daneben nicht verlangen, denn sie setzen zumeist die Wirksamkeit der Kündigung voraus. Anderes ist denkbar, wenn der Sozialplan nur an das tatsächliche Ausscheiden anknüpft. In diesem Fall werden die Abfindungsansprüche nach §§ 9, 10 KSchG auf die Sozialplanleistungen anzurechnen sein[1082].

647 bb) **Nachbesserungsklauseln** gewähren Arbeitnehmern, die freiwillig aufgrund eines Aufhebungsvertrages vor Abschluß eines Sozialplanes aus dem Unternehmen ausscheiden, einen Anspruch auf Anpassung ihrer Abfindung aus dem Aufhebungsvertrag, falls der Sozialplan eine höhere Ausgleichszahlung vorsieht. Wird der Arbeitnehmer vom zeitlichen Geltungsbereich des Sozialplans erfaßt, läuft die Klausel leer, da er unmittelbar einen zwingenden Anspruch auf die höheren Leistungen hat (§ 77 Abs. 4 BetrVG). Nachbesserungsklauseln sind daher regelmäßig so auszulegen, daß dem Arbeitnehmer die Sozialplanansprüche auch dann noch zustehen sollen, wenn er wegen seines frühen Ausscheidens an sich nicht mehr unter den Sozialplan fällt[1083].

i) Sozialplan bei Insolvenz

648 Der Betriebsrat kann auch bei Insolvenz die Aufstellung eines Sozialplanes verlangen. Das Verfahren ist dasselbe, nur tritt an die Stelle des früheren Arbeitgebers der Insolvenzverwalter.

649 Für die Frage, ob Sozialplanansprüche Vorrang vor den anderen Insolvenzforderungen genießen, unterscheidet die Insolvenzordnung zwischen Sozialplänen, die nach Eröffnung eines Insolvenzverfahrens aufgestellt werden (§ 123 InsO) und solchen davor (§ 124 InsO).

650 aa) Verbindlichkeiten aus einem **Sozialplan** für entlassene Arbeitnehmer, der erst **im Insolvenzverfahren** aufgestellt wird, gelten als **Masseverbindlichkeiten** (§ 123 Abs. 2 Satz 1 InsO), die vorweg zu befriedigen sind (§ 53 InsO) und damit Vorrang vor Forderungen der übrigen Insolvenzgläubiger genießen (§§ 38 f. InsO). Allerdings unterliegen Sozialplanansprüche einer doppelten Begrenzung. Die Gesamthöhe sämtlicher Sozialplanansprüche darf nicht den Betrag übersteigen, der sich als Summe von zweieinhalb

---

[1082] Zu Anrechnungsklauseln in Sozialpänen vgl. BAG, Urt. v. 20.6.1985, AP Nr. 33 zu § 112 BetrVG 1972 m. Anm. *Weber*; vgl. weiter *Heinze*, NZA 1984, 17; KR/*Spilger*, § 9 KSchG Rn. 77.
[1083] BAG, Urt. v. 6.8.1997, AP Nr. 116 zu § 112 BetrVG 1972.

Monatsverdiensten aller von einer Entlassung betroffenen Arbeitnehmer ergibt („**absolute Grenze**", § 123 Abs. 1 InsO), und für die Erfüllung sämtlicher Sozialplanansprüche darf nicht mehr als ein Drittel der zur Verteilung stehenden Masse verwendet werden („**relative Grenze**", § 123 Abs. 2 Satz 2 InsO), es sei denn, im Insolvenzplan (§§ 217 ff. InsO) ist etwas anderes bestimmt. Übersteigt der Gesamtbetrag aller Sozialplanforderungen diese Grenzen, so sind die einzelnen Forderungen anteilig zu kürzen (§ 123 Abs. 2 Satz 3 InsO).

Beispiel: 50 Arbeitnehmer müssen aufgrund einer Insolvenz entlassen werden. Die Monatsverdienste dieser Arbeitnehmer (z.B. 2.000 €) multipliziert mit 2,5 ergibt das nach § 123 Abs. 1 InsO höchstzulässige Gesamtvolumen des Sozialplanes (250.000 €). Angenommen, die Teilungsmasse beträgt 450.000 €; dann dürfen die Sozialplanforderungen insgesamt nur bis zu einer Höhe von 150.000 € (ein Drittel von 450.000 €) berichtigt werden. Da die Summe aller Sozialplanforderungen diese Grenze übersteigt, muß der einzelne Anspruch entsprechend gekürzt werden; der Arbeitnehmer kann daher nur Berichtigung in Höhe von 3/5 seines individuellen Anspruchs erwarten, d.h. 60 % von 2.000 € x 2,5 = 3.000 €.

651 Die Grenzen des § 123 InsO verstehen sich als Höchstgrenzen, die die Betriebsparteien keinesfalls voll ausschöpfen müssen. Damit die Arbeitnehmer möglichst frühzeitig Abschlagszahlungen auf ihre Sozialplanforderungen erhalten, soll der Insolvenzverwalter, sooft hinreichende Barmittel in der Masse vorhanden sind, mit Zustimmung des Insolvenzgerichts entsprechende Beträge auszahlen (§ 123 Abs. 3 Satz 1 InsO). Die gerichtliche Zustimmung soll sicherstellen, daß die Befriedigung anderer Gläubiger nicht durch zu hohe Abschlagszahlungen gefährdet wird. Eine Zwangsvollstreckung in die Verteilungsmasse wegen einer Sozialplanforderung ist unzulässig (§ 123 Abs. 3 Satz 2 InsO).

652 bb) **Sozialpläne,** die bereits in der kritischen Zeit **vor der Eröffnung des Insolvenzverfahrens** aufgestellt worden sind, sollen im allgemeinen Nachteile ausgleichen, die schon mit der Insolvenz zusammenhängen. Damit einheitliche Regelungen für die Zeit vor und nach der Eröffnung des Insolvenzverfahrens geschaffen werden können, gibt § 124 Abs. 1 InsO Insolvenzverwalter und Betriebsrat die Möglichkeit, Sozialpläne, die innerhalb eines Zeitraumes von drei Monaten vor dem Insolvenzantrag aufgestellt worden sind, einseitig zu widerrufen. Die Abfindungsansprüche entfallen damit ersatzlos und können bei der Aufstellung des Sozialplanes im Insolvenzverfahren (§ 123 InsO) neu festgesetzt werden (§ 124 Abs. 2 InsO). Dabei kann das Volumen des Sozialplans gesenkt werden, etwa um die Sanierungsaussichten des Unternehmens zu verbessern. Alle Ansprüche sind nach Maßgabe des § 123 InsO bevorrechtigt. Aus Gründen der Rechtssicherheit können allerdings Leistungen, die ein Arbeitnehmer vor der Eröffnung des Insolvenzverfahrens auf seine Forderung aus dem widerrufenen Sozialplan erhalten hat, nicht zurückgefordert werden (§ 124 Abs. 3 Satz 1 InsO).

653 cc) **Sozialpläne,** die **früher als drei Monate vor dem Antrag** auf Eröffnung des Insolvenzverfahrens aufgestellt worden sind, können nicht widerrufen werden. Bei Einreichung des Insolvenzantrages noch nicht berichtigte Forderungen aus solchen Sozialplänen können nur als (nicht bevorrechtigte) Insolvenzforderungen (§§ 38 f.

InsO) geltend gemacht werden; solche Fälle haben aber keine praktische Bedeutung[1084].

7. Nachteilsausgleich

a) Allgemeines

aa) Fallgruppen. Führt der Unternehmer eine geplante Betriebsänderung durch, **ohne einen Interessenausgleich** mit dem Betriebsrat versucht zu haben (§ 113 Abs. 3 BetrVG), oder **weicht** er von einem Interessenausgleich **ohne zwingenden Grund ab** (§ 113 Abs. 1 BetrVG), so können Arbeitnehmer, die infolgedessen **entlassen** werden, Klage auf Zahlung von Abfindungen erheben. 654

Den (betriebsbedingten) Entlassungen stehen vom Arbeitgeber aufgrund der Betriebsänderung veranlaßte Aufhebungsverträge und Eigenkündigungen von Arbeitnehmern gleich[1085]. Als Abfindungen sind Beträge bis zu zwölf Monatsverdiensten, bei 50 Lebensjahren und 15 Dienstjahren bis zu 15 und bei 55 Lebensjahren und 20 Dienstjahren bis zu 18 Monatsverdienste festzusetzen (§§ 113 Abs. 1 HS 2 BetrVG, 10 KSchG). 655

Arbeitnehmer, die **andere wirtschaftliche Nachteile** erleiden, können einen Ausgleich dieser Nachteile (höhere Fahrtkosten oder Umzugskosten bei Versetzungen, Entgeltausgleich bei Zuweisung einer geringer vergüteten Tätigkeit usw.) für bis zu zwölf Monate verlangen (§ 113 Abs. 2 BetrVG). 656

bb) Normzweck. § 113 BetrVG verfolgt das Ziel, betriebsverfassungswidriges Verhalten des Arbeitgebers durch individualrechtliche Ersatzansprüche zu sanktionieren[1086]. Der Arbeitnehmer soll eine Entschädigung dafür erhalten, daß die Chance, durch einen Interessenausgleich die Entlassung oder sonstige Nachteile zu vermeiden, nicht genutzt wurde. Auf ein Verschulden des Arbeitgebers kommt es nicht an; es genügt jedes objektiv betriebsverfassungswidrige Verhalten[1087]. 657

Der Anspruch auf Nachteilsausgleich besteht nur, wenn ein Interessenausgleich in Frage steht. Der Arbeitnehmer erhält deshalb keinen Nachteilsausgleich, wenn der Arbeitgeber Leistungen aus einem Sozialplan nicht oder nicht ordnungsgemäß erbringt; hier muß der Arbeitnehmer unmittelbar auf Erfüllung des Sozialplans klagen (§ 77 Abs. 4 BetrVG). E- 658

[1084] S. Amtl. Begr., BR-Drucks. 1/92, S. 155.
[1085] BAG, Urt. v. 23.8.1988, 8.11.1988, AP Nr. 17, 18 zu § 113 BetrVG 1972.
[1086] BAG, Urt. v. 10.12.1996, AP Nr. 32 zu § 113 BetrVG 1972.
[1087] BAG, Urt. v. 4.12.1978, AP Nr. 6 zu § 111 BetrVG 1972; Urt. v. 29.11.1983, AP Nr. 10 zu § 113 BetrVG 1972.

bensowenig kommt ein Nachteilsausgleich in Betracht, wenn die Betriebsparteien nur einen Interessenausgleich, nicht aber einen Sozialplan vereinbart haben; letzterer kann vom Betriebsrat auch noch nach einer Betriebsänderung erzwungen werden. Der Abfindungsanspruch nach § 113 BetrVG unterliegt den tariflichen Ausschlußfristen, weil es sich materiell um einen Anspruch aus dem Arbeitsverhältnis handelt[1088].

b) Kein Versuch eines Interessenausgleichs

659 Der Arbeitgeber ist nachteilsausgleichspflichtig, wenn er eine geplante Betriebsänderung durchführt, ohne (zuvor) über sie einen Interessenausgleich mit dem Betriebsrat versucht zu haben. Das ist nicht nur der Fall, wenn er einen Interessenausgleich überhaupt nicht oder verspätet, d.h. erst nach eingeleiteter oder bereits abgeschlossener Betriebsänderung, anstrebt, sondern auch dann, wenn er das in §§ 112 Abs. 2-4 BetrVG vorgesehene Verfahren nicht voll ausschöpft. Zum Versuch eines Interessenausgleichs gehört es, daß der Unternehmer die Einigungsstelle anruft[1089], und zwar unabhängig davon, ob der Betriebsrat von sich aus tätig wird. Der Versuch eines Interessenausgleichs muß auch dann unternommen werden, wenn der Betriebsrat einen Sozialplan nicht erzwingen kann[1090], weil bei einem Personalabbau zwar die Zahlen für die Betriebsänderung, nicht aber für den Sozialplan erreicht werden, und weiter, wenn Unternehmer und Betriebsrat einen Rahmensozialplan für künftige Fälle vereinbart haben. Er kann nur dann unterbleiben, wenn Ereignisse wie die Zahlungsunfähigkeit die sofortige Schließung des Betriebs unausweichlich machen und ein weiteres Hinausschieben der Betriebsstillegung den betroffenen Arbeitnehmern nur Nachteile bringen würde[1091].

660 Mitunter ziehen Betriebsräte das Interessenausgleichsverfahren in die Länge und versuchen, Druck auf den Arbeitgeber auszuüben, indem sie mit Ansprüchen auf Nachteilsausgleich drohen, um höhere Sozialplanleistungen durchzusetzen. Das Arbeitsrechtliche Beschäftigungsförderungsgesetz hatte dem 1996 einen Riegel vorgeschoben. Es hatte den Versuch eines Interessenausgleichs fingiert, wenn der Arbeitgeber den Betriebsrat zwar gemäß § 111 Satz 1 BetrVG beteiligt hatte, der Interessenausgleich jedoch nicht binnen zwei Monaten nach dem Beginn von Beratungen oder schriftlicher Aufforderung zur Aufnahme von Beratungen zustandegekommen war (§ 113 Abs. 3 Sätze 2-3 BetrVG). Die Regelung wurde zum 1.1.1999 wieder aufgehoben[1092]. § 113 Abs. 3 BetrVG gilt allerdings nicht, wenn die Betriebsänderung im Zuge eines Insolvenzverfahrens erfolgt und wenn das

---

[1088] BAG, Urt. v. 30.1978, AP Nr. 3 zu § 113 BetrVG 1972.
[1089] BAG, Urt. v. 18.12.1984, AP Nr. 11 zu § 113 BetrVG 1972; Urt. v. 20.11.2001, NZA 2002, 992.
[1090] BAG, Urt. v. 8.1.1988, AP Nr. 18 zu § 113 BetrVG 1972.
[1091] BAG, Urt. v. 23.1.1979, AP Nr. 4 zu § 113 BetrVG 1972.
[1092] Vgl. Art. 9, 11 KorrekturG v. 19.12.1998, BGBl. I, S. 3843.

Arbeitsgericht seine Zustimmung zur Durchführung einer geplanten Betriebsänderung erteilt hat (§ 122 Abs. 1 Sätze 2 und 3 InsO).

c) Abweichung vom Interessenausgleich

Der Arbeitgeber ist auch nachteilsausgleichspflichtig, wenn er ohne zwingenden **661** Grund von einem Interessenausgleich abweicht. Ein zwingender Grund ist ein nachträglich entstandener oder erkennbar gewordener Umstand, der im Interessenausgleich berücksichtigt worden wäre, wenn er bei Abschluß bereits vorgelegen hätte oder bekannt gewesen wäre[1093]. Das ist mehr als ein wichtiger Grund. Die Abweichung muß vom Standpunkt eines verständigen, verantwortungsvollen Unternehmers aus erforderlich sein, um unmittelbar drohende Gefahren für das Unternehmen und seine Belegschaft abzuwenden. Das ist der Fall, wenn sich die äußeren Umstände, unter denen ein Interessenausgleich geschlossen wurde, nachträglich so geändert haben, daß dem Arbeitgeber das Festhalten am Interessenausgleich nicht zugemutet werden kann.

Beispiel: In einem Interessenausgleich wird vereinbart, daß eine Betriebsstillegung um ein Jahr verschoben wird. Nach Abschluß des Interessenausgleichs kann der Unternehmer den Betrieb nicht mehr fortführen, weil ihm die Bank weitere Kredite entzieht, keine Aufträge mehr eingehen oder der Hauptkunde zahlungsunfähig wird.

d) Verhältnis zu Sozialplanleistungen und Kündigungsabfindungen

aa) Nachteilsausgleich und Sozialplanabfindung. Wird ein Sozialplan vereinbart, führt **662** der Arbeitgeber aber die Betriebsänderung ohne Versuch eines Interessenausgleichs durch oder weicht er ohne zwingenden Grund vom Interessenausgleich ab, so hat der Arbeitnehmer an sich zugleich Anspruch auf die Sozialplanabfindung und auf den Nachteilsausgleich. Hier wird der Anspruch auf Nachteilsausgleich auf die Sozialplanabfindung angerechnet. Ist der Nachteilsausgleich höher, wird er durch die niedrigere Sozialplanleistung nicht begrenzt[1094].

bb) Kündigungsabfindung. Die Abfindung nach §§ 9, 10 KSchG erhält der Arbeitnehmer, **663** wenn die Kündigung sozial ungerechtfertigt ist. Ein Anspruch auf Nachteilsausgleich kommt daneben nicht in Betracht, da dieser die Wirksamkeit der Kündigung voraussetzt[1095]. Umgekehrt wird die Abfindung nach § 113 BetrVG gerade dann gewährt, wenn die Kündigung sozial gerechtfertigt ist und damit eine Abfindung nach §§ 9, 10 KSchG ausscheidet[1096].

[1093] BAG, Urt. v. 17.9.1974, AP Nr. 1 zu § 113 BetrVG 1972.
[1094] BAG, Urt. v. 18.12.1984, 13.6.1989, AP Nr. 11, 19 zu § 113 BetrVG 1972.
[1095] *Hueck/von Hoyningen-Huene*, § 9 KSchG Rn. 68.
[1096] BAG, Urt. v. 31.10.1995, AP Nr. 29 zu § 72 ArbGG 1979.

e) Nachteilsausgleich bei Insolvenz

664 Für Nachteilsausgleichsansprüche bei insolvenzbedingten Betriebsänderungen gelten die allgemeinen insolvenzrechtlichen Grundsätze[1097]. Der Anspruch auf Nachteilsausgleich ist nur dann eine bevorrechtigte Masseverbindlichkeit im Sinne des § 55 Abs. 1 Nr. 1 InsO, wenn die Betriebsänderung erst nach Eröffnung des Insolvenzverfahrens beschlossen wurde. Hat der Insolvenzschuldner bereits vor Eröffnung des Insolvenzverfahrens mit der Durchführung einer Betriebsänderung ohne den Versuch eines Interessenausgleichs begonnen, so ist der Anspruch auf Nachteilsausgleich eine nicht bevorrechtigte einfache Insolvenzforderung nach § 38 InsO, und zwar auch dann, wenn das Arbeitsverhältnis erst durch den Insolvenzverwalter in Ausführung der begonnenen Betriebsänderung gekündigt wird[1098].

XV. Die Betriebsverfassung der leitenden Angestellten

1. Allgemeines

a) Entwicklung

665 Bis 1988 waren die leitenden Angestellten praktisch aus der Betriebsverfassung ausgenommen. Sie hatten weder aktives noch passives Wahlrecht zum Betriebsrat, und sie besaßen auch keine eigenen Vertretungen. Das Informationsrecht über die Angelegenheiten leitender Angestellter (§ 105 BetrVG) war dem Betriebsrat nicht im Interesse der leitenden Angestellten, sondern in seinem eigenen verliehen worden. Mit der Herausnahme aus der Betriebsverfassung sollte sichergestellt werden, daß der Arbeitgeber nicht durch seine Vertrauten den Betriebsrat beherrsche, und umgekehrt sollte ihm eine Mannschaft bleiben, damit er das Unternehmen „ohne Gegnerschaft im eigenen Lager" leiten konnte[1099].

666 Mit zunehmender Zahl der leitenden Angestellten, mit größer werdendem Abstand ihrer Arbeitsbedingungen zu denen des Vertretungsorgans und mit abnehmendem Abstand zu denen der übrigen Arbeitnehmer, vor allem wegen der Sorge, bei der Mitbestimmung im Aufsichtsrat zwischen Anteilseignern und Arbeitnehmern zerrieben zu werden, wuchs das Bedürfnis nach eigenen Interessenvertretungen. Seit 1968 entstanden sogenannte Sprecherausschüsse auf freiwilliger Grundlage, insbesondere in der Metall- und Elektroindustrie, in der chemischen Industrie und in der Versicherungswirtschaft. Schließlich waren es über 400, eine beträchtliche Zahl, wenn man bedenkt, daß die leitenden Angestellten zumeist nicht mehr als ein bis zwei Prozent der Belegschaft ausmachen und daß es zu jener Zeit

---

[1097] BAG, Urt. v. 9.7.1985, 13.6.1989, AP Nr. 13, 19 zu § 113 BetrVG 1972.
[1098] BAG, Urt. v. 3.4.1990, AP Nr. 20 zu § 113 BetrVG 1972 zur KO.
[1099] *Hromadka*, BB 1990, 57 (58).

nicht mehr als 650 Unternehmen in der Bundesrepublik mit mehr als 2000 Beschäftigten gab. Die Sprecherausschüsse waren auf privatrechtlicher Grundlage organisiert, die „Sprecherstatute" bedeuteten eine Selbstbindung des Arbeitgebers.

1988 nahm sich der Gesetzgeber der Sache an. Freiwillige Sprecherausschüsse **667** könnten die Interessen der leitenden Angestellten nicht wirksam genug wahrnehmen. Sie seien nicht unabhängig vom Arbeitgeber, weil es bei ihm liege, ob er mit ihnen zusammenarbeite. Und sie könnten nur die leitenden Angestellten vertreten, die sich damit einverstanden erklärten. Am 20.12.1988 wurde das Gesetz über Sprecherausschüsse der leitenden Angestellten (SprAuG) verkündet, am 1.1.1989 trat es in Kraft[1100]. Die ersten Wahlen fanden 1990 statt. Gewählt wurden 568 Sprecherausschüsse mit 2854 Mitgliedern. Die Wahlbeteiligung lag stets über 85 % (1990: 88,2 %, 1994: 86,8 %, 1998: 85,4 %)[1101].

b) Charakteristik der Sprecherverfassung

Die Betriebsverfassung für leitende Angestellte oder, wie man auch sagt, die Sprecherverfassung ist der Betriebsverfassung nachgebildet. Das Gesetz lehnt sich in seinem Aufbau an das BetrVG an, es ist aber wesentlich kürzer. Damit sollte auch nach außen sinnfällig werden, daß das Verhältnis des Arbeitgebers zu seinen „Leitenden" nicht bürokratisiert und bis in die Einzelheiten verrechtlicht würde. Das ist bei der Auslegung zu berücksichtigen. Das SprAuG enthält keine Definition der leitenden Angestellten; § 1 Abs. 1 SprAuG verweist auf § 5 Abs. 3 BetrVG, der den Begriff für das gesamte Betriebsverfassungsrecht bestimmt (s. oben Rn. 40 ff.). **668**

Das Sprecherausschußrecht unterscheidet sich vom Betriebsverfassungsrecht **669** hauptsächlich in drei Punkten:
- Die Sprecherausschüsse haben **keine Mitbestimmungs-, sondern nur Mitwirkungsrechte.** Darauf dürfte es vor allem zurückgehen, daß das BAG bisher keine einzige Frage aus dem SprAuG hat entscheiden müssen.
- Die **Rechtsstellung der Mitglieder von Sprecherausschüssen ist schwächer.** Sie haben keinen Sonderkündigungsschutz und können keinen Ausgleich für Tätigkeit außerhalb der Arbeitszeit verlangen. Ob sie einen Anspruch auf Teilnahme an Bildungs- und Schulungsveranstaltungen haben, ist streitig; das Gesetz sieht ihn nicht vor.
- **Gewerkschaften** haben im Rahmen der Sprecherverfassung **keinerlei Funktion.** Das Gesetz erwähnt sie nicht einmal.

[1100] Art. 7 SprAuG, BGBl. I 1988, S. 2312; dazu Erste VO zur Durchführung des Sprecherausschußgesetzes - WOSprAuG v. 28.9.1989, BGBl. I 1989, S. 1798.
[1101] *Niedenhoff*, Die Praxis der betrieblichen Mitbestimmung, 1999, S. 208.

2. Errichtung, Wahl und Geschäftsführung des Sprecherausschusses

a) Errichtung

670 aa) **Sprecherausschüsse** können in allen Betrieben mit in der Regel mindestens zehn leitenden Angestellten gewählt werden (§ 1 Abs. 1 SprAuG). Hat ein Unternehmen mindestens einen Betrieb mit mindestens zehn leitenden Angestellten, dann werden die leitenden Angestellten in Betrieben mit weniger als zehn leitenden Angestellten dem jeweils räumlich nächstgelegenen Betrieb mit mindestens zehn leitenden Angestellten zugezählt (§ 1 Abs. 2 SprAuG). Bei der Feststellung der räumlichen Nähe kommt es auf die günstigste Verkehrsverbindung an.

671 Hat ein Unternehmen keinen Betrieb mit mindestens zehn leitenden Angestellten, beschäftigt es aber in allen Betrieben zusammengenommen mindestens zehn leitende Angestellte, dann können die leitenden Angestellten einen **Unternehmenssprecherausschuß** wählen (§ 20 Abs. 1 SprAuG). Die Mindestgröße muß also nicht im Betrieb, sondern nur im Unternehmen erreicht sein.

672 bb) **Vorabstimmung.** Abweichend geregelt ist auch die erstmalige Errichtung von Sprecherausschüssen. Sie setzt voraus, daß sich die Mehrheit der leitenden Angestellten des Betriebs in einer Vorabstimmung dafür entscheidet. Der Wahlvorstand für die Vorabstimmung wird in einer Versammlung der leitenden Angestellten von der Mehrheit der Anwesenden gewählt. Zu der Versammlung können drei leitende Angestellte des Betriebs einladen. Sie oder drei andere leitende Angestellte können Vorschläge für die Zusammensetzung des Wahlvorstands machen. Der Wahlvorstand hat unverzüglich eine Abstimmung darüber herbeizuführen, ob ein Sprecherausschuß gewählt wird. Ein Sprecherausschuß wird gewählt, wenn die Mehrheit der leitenden Angestellten des Betriebs das in einer Versammlung oder durch schriftliche Stimmabgabe verlangt (§ 7 Abs. 2 SprAuG). Zur Teilnahme an der Versammlung und der Abstimmung sind die Angestellten berechtigt, die vom Wahlvorstand aus Anlaß der letzten Betriebsratswahl oder, falls diese Wahl später als die Betriebsratswahl stattgefunden hat, der letzten Wahl von Aufsichtsratsmitgliedern der Arbeitnehmer oder durch gerichtliche Entscheidung den leitenden Angestellten zugeordnet worden sind (§ 7 Abs. 3 SprAuG).

b) Größe und Zusammensetzung

673 Der Sprecherausschuß besteht in Betrieben mit in der Regel

10- 20	leitenden Angestellten	aus einer Person
21- 100	leitenden Angestellten	aus 3 Mitgliedern
101- 300	leitenden Angestellten	aus 5 Mitgliedern
über 300	leitenden Angestellten	aus 7 Mitgliedern.

674 Für die Auslegung der Worte „in der Regel" gilt sinngemäß dasselbe wie für den Betriebsrat. Im Sprecherausschuß sollen Männer und Frauen entsprechend ihrem zahlenmäßigen Verhältnis vertreten sein (§ 4 Abs. 2 SprAuG).

c) Wahl

aa) Zeitpunkt. Die regelmäßigen Wahlen zum Sprecherausschuß finden alle 4 Jahre in der Zeit vom 1. März bis zum 31. Mai statt. Sie sind zeitgleich mit den regelmäßigen Betriebsratswahlen einzuleiten (§ 5 Abs. 1 SprAuG). Außerhalb dieses Zeitraums ist der Sprecherausschuß zu wählen, wenn
- im Betrieb ein Sprecherausschuß nicht besteht,
- der Sprecherausschuß durch eine gerichtliche Entscheidung aufgelöst ist,
- die Wahl des Sprecherausschusses mit Erfolg angefochten worden ist oder
- der Sprecherausschuß mit der Mehrheit seiner Mitglieder seinen Rücktritt beschlossen hat (§ 5 Abs. 2 SprAuG).

675

bb) Wahlrecht. Wahlberechtigt sind alle leitenden Angestellten des Betriebes (§ 3 SprAuG). Wählbar sind alle leitenden Angestellten, die sechs Monate dem Betrieb angehören. Auf diese Frist werden Zeiten angerechnet, in denen der leitende Angestellte unmittelbar vorher einem anderen Betrieb desselben Unternehmens oder Konzerns als Beschäftigter angehört hat. Nicht wählbar ist insbesondere, wer aufgrund allgemeinen Auftrags des Arbeitgebers Verhandlungspartner des Sprecherausschusses ist[1102].

676

cc) Wahlverfahren. Für die Wahl gelten dieselben Grundsätze wie für die Betriebsratswahlen (§§ 6-8 SprAuG); allerdings haben Gewerkschaften im Rahmen der Sprecherausschußwahl keine Rechte.

677

d) Geschäftsführung

aa) Vorsitzender und Stellvertreter. Dasselbe wie für den Betriebsrat gilt auch für die Wahl von Vorsitzendem und Stellvertreter (§ 11 Abs. 1 und 2 SprAuG). Auch der Vorsitzende des Sprecherausschusses vertritt diesen nur im Rahmen der Beschlüsse. Ein Betriebsausschuß ist nicht vorgesehen. Wie bei kleineren Betriebsräten können die laufenden Geschäfte auf den Vorsitzenden oder andere Mitglieder des Sprecherausschusses übertragen werden (§ 11 Abs. 3 SprAuG). Der Sprecherausschuß kann also beispielsweise vorbereitende Ausschüsse für bestimmte Angelegenheiten bilden; er kann ihnen aber keine Mitwirkungsrechte und insbesondere nicht das Recht zum Abschluß von Sprechervereinbarungen übertragen.

678

bb) Sitzungen. Für die Sitzungen des Sprecherausschusses gilt sinngemäß wiederum dasselbe wie für die Betriebsratssitzungen (§ 12 SprAuG). Die Einberufung einer Sitzung kann jedoch erst ein Drittel (beim Betriebsrat: ein Viertel) der Mit-

679

[1102] Zu den weiteren Ausschlußgründen § 3 Abs. 2 Satz 3 SprAuG.

glieder beantragen (§ 12 Abs. 3 SprAuG). Schwerbehindertenvertretung und Gewerkschaften haben kein Teilnahmerecht; der Arbeitgeber kann keinen Vertreter seines Verbandes hinzuziehen.

e) Rechtsstellung der Sprecherausschußmitglieder

680 **aa) Ehrenamtliche Tätigkeit.** Das Amt des Sprechers ist ein Ehrenamt. Hinsichtlich Vergütung und Aufwendungsersatz gilt dasselbe wie für den Betriebsrat. Mitglieder des Sprecherausschusses sind von ihrer beruflichen Tätigkeit ohne Minderung des Arbeitsentgelts zu befreien, wenn und soweit das nach Umfang und Art des Betriebs zur ordnungsgemäßen Durchführung ihrer Aufgaben erforderlich ist (§ 14 Abs. 1 SprAuG). Anders als bei Betriebsratsmitgliedern gibt es für Sprechertätigkeit außerhalb der Arbeitszeit allerdings weder Freizeitausgleich noch Mehrarbeitsvergütung. Nicht vorgesehen ist auch eine generelle Freistellung. Ob Mitglieder des Sprecherausschusses für Bildungs- und Schulungsveranstaltungen freizustellen sind, ist streitig[1103]. Soweit sie für ihre Aufgaben notwendige Kenntnisse erwerben, hat der Arbeitgeber die Kosten zu tragen (§ 14 Abs. 2 Satz 1 SprAuG). Es handelt sich insoweit um durch die Tätigkeit des Sprecherausschusses entstehende Kosten.

681 **bb) Finanzielle und berufliche Absicherung.** Die Mitglieder des Sprecherausschusses dürfen wegen ihrer Tätigkeit nicht benachteiligt oder begünstigt werden; das gilt auch für ihre berufliche Entwicklung (§ 2 Abs. 3 Satz 2 SprAuG). Unzulässig wäre insbesondere eine Kündigung wegen der Sprechertätigkeit, sofern nicht zugleich ein Verstoß gegen den Arbeitsvertrag vorliegt. Allerdings genießen Sprecher im Gegensatz zu Betriebsräten keinen besonderen Kündigungsschutz.

3. Grundsätze der Sprecherverfassung

a) Zusammenarbeit

682 Der Sprecherausschuß arbeitet mit dem Arbeitgeber vertrauensvoll unter Beachtung der geltenden Tarifverträge zum Wohl der leitenden Angestellten und des Betriebs zusammen (§ 2 Abs. 1 Satz 1 SprAuG). Dasselbe gilt, obwohl das Gesetz das nicht ausdrücklich sagt, für den Arbeitgeber. Tarifverträge im Sinne der Vorschrift sind solche, die für leitende Angestellte gelten. Da die leitenden Angestellten, soweit ersichtlich, immer vom persönlichen Geltungsbereich ausgenommen sind, läuft die Bestimmung leer. Zum „Betrieb" gehören auch die übrigen Arbeitnehmer. Ein obligatorisches monatliches Gespräch zwischen Arbeitgeber und Sprecherausschuß sieht das Gesetz nicht vor (für den Betriebsrat § 74 Abs. 1 Satz 1 BetrVG). Es empfiehlt sich aber, schon um der Unterrichtungspflicht nach § 25 Abs. 2 Satz 1 SprAuG Genüge zu tun.

[1103] Zum Streitstand *Löwisch*, § 14 SprAuG Rn. 17 m.w.N.

b) Friedenspflicht und politische Betätigung

Arbeitgeber und Sprecherausschuß haben Betätigungen zu unterlassen, durch die 683
der Arbeitsablauf oder der Frieden des Betriebs beeinträchtigt werden. Sie haben
jede parteipolitische Betätigung im Betrieb zu unterlassen; die Behandlung von
Angelegenheiten tarifpolitischer, sozialpolitischer und wirtschaftlicher Art, die den
Betrieb oder die leitenden Angestellten unmittelbar betreffen, wird hierdurch nicht
berührt (§ 2 Abs. 4 SprAuG). Es gilt dasselbe wie für den Betriebsrat.

c) Verhältnis zum Betriebsrat

Betriebsrat und Sprecherausschuß stehen unabhängig nebeneinander. Die ur- 684
sprünglich vorgesehene Pflicht zu vertrauensvoller Zusammenarbeit ist nicht in das
Gesetz aufgenommen worden. Ziel muß aber im Interesse von Betrieb und gesamter Belegschaft ein Mit- und nicht ein Gegeneinander sein. Eine generelle Verweigerung der Zusammenarbeit würde ebenso gegen die Verpflichtung auf das Wohl
der Arbeitnehmer einschließlich der leitenden Angestellten und des Betriebs verstoßen wie eine Behinderung der Arbeit des jeweils anderen Organs.

Der Sprecherausschuß kann dem Betriebsrat oder Mitgliedern des Betriebsrats das Recht 685
einräumen, an Sitzungen des Sprecherausschusses teilzunehmen. Dasselbe gilt umgekehrt
für den Betriebsrat. Einmal im Kalenderjahr soll eine gemeinsame Sitzung stattfinden (§ 2
Abs.2 Satz 3 SprAuG). Diese Regelung ist nicht abschließend. Denkbar sind beispielsweise
gemeinsame Sitzungen von Sprecherausschuß und Betriebsrat mit dem Arbeitgeber. Unabhängig davon kann der Betriebsrat leitende Angestellte zu Mitgliedern des Wirtschaftsausschusses bestimmen (§ 107 Abs. 1, 2 BetrVG). Der Arbeitgeber hat den Sprecherausschuß
vor Abschluß einer Vereinbarung mit dem Betriebsrat, die rechtliche Interessen der leitenden Angestellten berührt, rechtzeitig anzuhören (§ 2 Abs. 1 Satz 2 SprAuG). Berührt sind
die Interessen der leitenden Angestellten nicht nur bei einer betriebseinheitlichen Regelung
(z.B. Einführung einer Altersversorgungsordnung für alle Arbeitnehmer), sondern auch,
wenn die Regelung notwendigerweise Rückwirkungen auf die leitenden Angestellten hat
(z.B. Einführung von Gleitzeit für die übrige Belegschaft). Obwohl im Gesetz nicht vorgesehen, wird man den Arbeitgeber auch für verpflichtet halten müssen, den Betriebsrat anzuhören, bevor er eine Sprechervereinbarung abschließt, die andere Arbeitnehmer berührt.
Sprecherausschuß und Betriebsrat können mit dem Arbeitgeber gemeinsame Vereinbarungen abschließen. Vor allem für die AT-Angestellten, für die die Unternehmen in der Regel
eine einheitliche Personalpolitik betreiben, werden solche Vereinbarungen in Betracht
kommen. Für die vom Betriebsrat vertretenen Arbeitnehmer handelt es sich insoweit dann
um Betriebsvereinbarungen oder um Regelungsabreden, für die leitenden Angestellten stellen sie sich als Vereinbarungen über Richtlinien dar.

d) Verhältnis zu Gewerkschaften und Koalitionen

Die Gewerkschaften haben keinerlei Funktionen im Rahmen der Sprecherverfas- 686
sung. Das Gesetz erwähnt sie nicht einmal. Damit trägt es der Tatsache Rechnung,
daß nur ein geringer Prozentsatz der leitenden Angestellten gewerkschaftlich organisiert ist (weniger als 10 %). Den Gewerkschaften stehen infolgedessen lediglich

die originären Rechte aus Art. 9 Abs. 3 GG zu (s. oben Rn. 121, 124 und § 12 Rn. 42). Diese Rechte haben auch sonstige Koalitionen. Das ist deshalb von Bedeutung, weil 2 der 3 Mitgliedsverbände der ULA keine Gewerkschaften sind. Tatsächlich spielen Koalitionen im Rahmen der Sprecherverfassung eine nicht unerhebliche Rolle. Trotz des geringen Organisationsgrades der leitenden Angestellten gehören 64,0 % der Sprecherausschußmitglieder und 66,3 % der Vorsitzenden Koalitionen an[1104]. Umgekehrt sind die Sprecherausschüsse nicht ohne Bedeutung für die Arbeit der Koalitionen.

4. Weitere Einrichtungen der Sprecherverfassung

a) Unternehmenssprecherausschuß

687 **aa) Errichtung.** Sind in einem Unternehmen mit mehreren Betrieben in der Regel insgesamt mindestens zehn leitende Angestellte beschäftigt, kann ein Unternehmenssprecherausschuß gewählt werden, wenn dies die Mehrheit der leitenden Angestellten des Unternehmens verlangt (§ 20 Abs. 1 SprAuG). Ein Unternehmenssprecherausschuß kann also sowohl dann gebildet werden, wenn das Unternehmen einen oder mehrere sprecherausschußfähige Betriebe hat, als auch, wenn es in jedem Betrieb für sich weniger als zehn leitende Angestellte gibt, sofern nur in dem Unternehmen insgesamt mindestens zehn leitende Angestellte beschäftigt werden. Ohne Bedeutung ist, ob schon Sprecherausschüsse gewählt worden sind. Das wirkt sich nur auf die Verfahrensweise aus (zu Einzelheiten vgl. § 20 Abs. 1, 2 SprAuG). Die Entscheidung für einen Unternehmenssprecherausschuß ist reversibel (§ 20 Abs. 3 SprAuG).

688 Die Bildung von Unternehmenssprecherausschüssen empfiehlt sich immer dann, wenn kein Betrieb mindestens zehn leitende Angestellte hat, sowie in dezentralisierten Unternehmen mit Betrieben unterschiedlicher Struktur, vor allem, wenn dazu Betriebe mit weniger als zehn leitenden Angestellten gehören und wenn die Zuordnung dieser leitenden Angestellten zu den nächstgelegenen Betrieben zu sachwidrigen Ergebnissen führen würde.

689 **bb) Aufgaben.** Der Unternehmenssprecherausschuß hat die Aufgaben von Sprecherausschuß und Gesamtsprecherausschuß gemeinsam. Er vertritt alle leitenden Angestellten des Unternehmens (vgl. § 20 Abs. 4 SprAuG).

b) Gesamtsprecherausschuß

690 Bestehen in einem Unternehmen mehrere Sprecherausschüsse, so ist ein Gesamtsprecherausschuß zu errichten (§ 16 Abs. 1 SprAuG). In den Gesamtsprecher-

---

[1104] *Niedenhoff*, Die Praxis der betrieblichen Mitbestimmung, 1999, S. 213 f.

ausschuß entsendet jeder Sprecherausschuß eines seiner Mitglieder. Durch Vereinbarung zwischen Arbeitgeber und Sprecherausschuß kann die Mitgliederzahl abweichend geregelt werden (§ 16 Abs. 2 SprAuG). Jedes Mitglied des Gesamtsprecherausschusses hat so viele Stimmen, wie in dem Betrieb, in dem es gewählt wurde, leitende Angestellte in der Wählerliste eingetragen sind. Sind für einen Betrieb mehrere Mitglieder des Sprecherausschusses entsandt worden, stehen diesen die Stimmen der leitenden Angestellten in ihrem Betrieb anteilig zu (§ 16 Abs. 4 SprAuG). Für die Zuständigkeit gilt sinngemäß dasselbe wie für den Gesamtbetriebsrat (§ 18 SprAuG). Sie wird allerdings häufiger zu bejahen sein, weil die Unternehmen im allgemeinen eine einheitliche Personal- und Sozialpolitik für alle leitenden Angestellten betreiben.

Hinsichtlich der Geschäftsführung gelten die Vorschriften für den Sprecherausschuß entsprechend (§ 19 Abs. 1 SprAuG). Zur konstituierenden Sitzung lädt der Sprecherausschuß der Hauptverwaltung ein; falls in der Hauptverwaltung kein Sprecherausschuß besteht, der Sprecherausschuß des nach der Zahl der leitenden Angestellten größten Betriebs (§ 19 Abs. 2 SprAuG). Der Gesamtsprecherausschuß ist nur beschlußfähig, wenn mindestens die Hälfte seiner Mitglieder an der Beschlußfassung teilnimmt und wenn die Teilnehmenden mindestens die Hälfte aller Stimmen vertreten (§ 19 Abs. 3 SprAuG). **691**

c) Konzernsprecherausschuß

In Unterordnungskonzernen können Konzernsprecherausschüsse gebildet werden, wenn das von den Gesamtsprecherausschüssen oder – sofern in einem Konzernunternehmen ein Gesamtsprecherausschuß nicht besteht – von Unternehmenssprecherausschüssen oder Sprecherausschüssen der Konzernunternehmen beschlossen wird, in denen mindestens 75 % der leitenden Angestellten der Konzernunternehmen beschäftigt sind (§ 21 Abs. 1 SprAuG). Die Bestimmungen über den Gesamtsprecherausschuß gelten sinngemäß (zu Einzelheiten § 21 Abs. 2-4 SprAuG). **692**

d) Versammlung der leitenden Angestellten

aa) Einberufung. Einmal in jedem Kalenderjahr soll der Sprecherausschuß eine Versammlung der leitenden Angestellten einberufen (§ 15 Abs. 1 Satz 1 SprAuG). In Ausnahmefällen, vor allem wenn kein Interesse besteht, kann er darauf verzichten, oder umgekehrt bei besonderem Interesse, etwa im Zusammenhang mit der Neuordnung wichtiger Sozialleistungen für leitende Angestellte, eine zweite Versammlung durchführen. Auf Antrag des Arbeitgebers oder eines Viertels der leitenden Angestellten hat er eine Versammlung einzuberufen und den beantragten Beratungsgegenstand auf die Tagesordnung zu setzen (§ 15 Abs. 1 Satz 2 SprAuG). **693**

bb) Teilnahmeberechtigt an der Versammlung sind alle leitenden Angestellten des Betriebs sowie die leitenden Angestellten aus den Betrieben mit weniger als zehn leitenden Angestellten, die dem Betrieb bei der Wahl zugeordnet worden **694**

sind. Einzuladen ist auch der Arbeitgeber (§ 15 Abs. 3 Satz 1 SprAuG). Die Versammlung ist nicht öffentlich (§ 15 Abs. 2 Satz 3 SprAuG). Vertreter der Massenmedien haben also keinen Zutritt. Der Sprecherausschuß kann jedoch anderen Personen (Referenten, einer Schreibkraft, Mitgliedern des Betriebsrats, Vertretern von Verbänden) den Zutritt gestatten, wenn ihre Anwesenheit sachdienlich ist. Ein originäres Teilnahmerecht haben Verbandsbeauftragte nicht.

695 **cc) Zeitliche Lage, Vergütung.** Die Versammlung der leitenden Angestellten findet grundsätzlich während der Arbeitszeit statt. Das Entgelt ist weiterzuzahlen (§ 15 Abs. 2 Satz 1 SprAuG). Für die Teilnahme an Versammlungen außerhalb der Arbeitszeit ist keine besondere Vergütung vorgesehen. Fahrtkosten für leitende Angestellte aus auswärtigen Betrieben und Betriebsteilen werden zu erstatten sein (§ 670 BGB entsprechend).

696 **dd) Ablauf.** Die Tagesordnung setzt der Sprecherausschuß durch Beschluß fest; die Sitzungsleitung hat der Vorsitzende (§ 15 Abs. 2 Satz 2 SprAuG). In jedem Fall hat er einen Tätigkeitsbericht zu erstatten (§ 15 Abs. 1 Satz 2 SprAuG). Der Arbeitgeber ist berechtigt, in der Versammlung zu sprechen (§ 15 Abs. 3 Satz 2 SprAuG). Er hat über Angelegenheiten der leitenden Angestellten und die wirtschaftliche Lage und Entwicklung des Betriebs zu berichten, soweit dadurch nicht Betriebs- oder Geschäftsgeheimnisse gefährdet werden (§ 15 Abs. 3 Satz 2 SprAuG). Angelegenheiten der leitenden Angestellten sind alle Fragen, die sie zumindest auch berühren. Die Versammlung kann dem Sprecherausschuß Anträge unterbreiten und zu seinen Beschlüssen Stellung nehmen (§ 15 Abs. 4 Satz 1 SprAuG). Störungen des Betriebsfriedens und parteipolitische Betätigung sind untersagt (§§ 15 Abs. 4 Satz 2, 2 Abs. 4 SprAuG). Nicht zulässig ist es auch, in einer Versammlung der leitenden Angestellten Arbeitskampfmaßnahmen, etwa Streikabwehrmaßnahmen, zu erörtern.

697 **ee) Unternehmensversammlungen der leitenden Angestellten** finden statt, wenn ein Unternehmenssprecherausschuß gebildet ist (§§ 20 Abs. 1 Satz 2, 15 SprAuG). Der Arbeitgeber hat in diesen Versammlungen nicht nur über die Lage und Entwicklung der einzelnen Betriebe, sondern auch über die des gesamten Unternehmens zu berichten. Im übrigen gelten die Grundsätze für (Betriebs-)Versammlungen der leitenden Angestellten entsprechend. Obwohl das Gesetz das nicht vorsieht, wird man bei entsprechendem Bedarf Teilversammlungen zumindest der einzelnen Betriebe für zulässig halten müssen[1105].

[1105] A. A. *Löwisch*, § 15 SprAuG Rn. 2; *Oetker*, ZfA 1990, 43, 59.

5. Beteiligungsformen

a) Grundsatz

Arbeitgeber und Sprecherausschuß können Vereinbarungen mit und ohne unmittelbare (= normative) Wirkung für die leitenden Angestellten abschließen. Vereinbarungen ohne normative Wirkung nennt man auch hier Regelungsabrede oder Betriebsabsprache, Vereinbarungen mit normativer Wirkung Sprechervereinbarungen. Für Regelungsabreden und Sprechervereinbarungen gilt im wesentlichen dasselbe wie für die entsprechenden Vereinbarungen mit dem Betriebsrat.

698

b) Richtlinien

Nach § 28 SprAuG können Arbeitgeber und Sprecherausschuß Richtlinien mit oder ohne unmittelbare und zwingende Wirkung über den Inhalt, den Abschluß oder die Beendigung von Arbeitsverhältnissen der leitenden Angestellten vereinbaren. Der Sache nach handelt es sich bei den Richtlinien ohne normative Wirkung um eine Unterart der Regelungsabreden, nämlich Regelungsabreden, in denen sich der Arbeitgeber dem Sprecherausschuß zu einem bestimmten Verhalten gegenüber den leitenden Angestellten verpflichtet, bei den Richtlinien mit normativer Wirkung um Sprechervereinbarungen. Daß der Gesetzgeber von Richtlinien spricht, hat eher psychologische Bedeutung; damit soll der stärkeren Individualität des Vertrages mit leitenden Angestellten Rechnung getragen werden. Der Sprecherausschuß kann den Abschluß von Vereinbarungen nicht erzwingen. Alle Vereinbarungen beruhen auf Freiwilligkeit.

699

c) Regelungsabreden

Regelungsabreden sind formlos gültige Verträge zwischen Arbeitgeber und Sprecherausschuß, die Rechte und Pflichten der beiden Vertragspartner gegeneinander regeln. Gegenstand können nicht nur Richtlinien für Arbeitsverhältnisse sein, sondern auch sonstige (betriebsverfassungsrechtliche) Fragen, die nur das Verhältnis der beiden Parteien gegeneinander betreffen, etwa die Verpflichtung zur Übernahme von Schulungskosten oder für den Bezug einer bestimmten Zeitschrift. Richtlinien für die Arbeitsverhältnisse von leitenden Angestellten können verbindlich oder unverbindlich sein; sie können alle Einzelheiten enthalten oder nur die Grundsätze. Trotz des Wortlauts, der auf eine generelle Regelung hindeutet, wird man es auch als zulässig ansehen müssen, daß der Arbeitgeber sich dem Sprecherausschuß gegenüber zu einer Regelung für einen konkreten leitenden Angestellten verpflichtet. Der Sprecherausschuß kann die Einhaltung von Richtlinien im arbeitsrechtlichen Beschlußverfahren nach § 2a Abs. 1 Nr. 2 ArbGG erzwingen. Leitende Angestellte haben einen Anspruch aber nur, wenn aufgrund der Richtlinie eine einzelvertragliche Regelung getroffen wurde.

700

d) Sprechervereinbarungen

701 aa) Rechtsnatur und Inhalt. Bei den Sprechervereinbarungen handelt es sich – analog zu den Betriebsvereinbarungen – um schriftliche Verträge zwischen dem Arbeitgeber und dem Sprecherausschuß, dem Gesamt-, Unternehmens- oder Konzernsprecherausschuß zur Regelung von arbeitsrechtlichen Rechten und Pflichten der Betriebsparteien und zur Festlegung von Rechtsnormen über Inhalt, Abschluß und Beendigung von Arbeitsverhältnissen sowie über betriebliche und betriebsverfassungsrechtliche Fragen. Die Regelung betriebsverfassungsrechtlicher Fragen sieht das Gesetz in den §§ 16 Abs. 2 Satz 3 und 21 Abs. 2 Satz 3 SprAuG selbst vor. Darüber hinaus können die Informations- und Beratungsrechte des Sprecherausschusses konkretisiert und erweitert werden.

702 bb) Einzelheiten. Sprechervereinbarungen müssen sich im Rahmen der Gesetze halten; tarifliche (nicht tariffähige, eine Vorschrift wie § 77 Abs. 3 BetrVG fehlt) Regelungen gingen ihnen, wenn es sie gäbe, vor (§ 4 Abs. 1 TVG). Im Verhältnis zum Arbeitsvertrag gilt das Günstigkeitsprinzip (§ 28 Abs. 2 Satz 2 SprAuG). In den Arbeitsvertrag kann nicht eingegriffen, Pflichten, die nach dem Arbeitsvertrag nicht bestehen, können nicht geschaffen werden; belastende Regelungen kommen nur als Teil einer begünstigenden Regelung in Betracht (z.B. Ausschlußfristen in einer Gratifikationsregelung). Ein Verzicht auf Rechte aus einer Sprechervereinbarung ist nur mit Zustimmung des Sprecherausschusses zulässig (§ 28 Abs. 2 Satz 3 SprAuG). Die Verwirkung von Rechten und die Vereinbarung von Ausschlußfristen im Arbeitsvertrag für Rechte aufgrund von „Richtlinien" ist nicht ausgeschlossen[1106]. Für die Kündigung von Sprechervereinbarungen über Richtlinien zu Inhalt, Abschluß und Beendigung von Arbeitsverhältnissen sieht § 28 Abs. 2 Satz 4 SprAuG, sofern nichts anderes vereinbart ist, eine Frist von drei Monaten vor. Regelungsabreden über Richtlinien wird man, da Satz 4 ausdrücklich nur auf Satz 1 und nicht auf Absatz 1 verweist, für fristlos kündbar halten müssen; für Regelungsabreden über andere Angelegenheiten kommt eine entsprechende Anwendung des § 28 Abs. 2 Satz 4 SprAuG in Frage. Eine Nachwirkung ist nicht vorgesehen, und sie wird auch nicht vereinbart werden können, weil mit der Einigungsstelle, die die Sprecherverfassung nicht kennt, ein Pattlösemechanismus fehlt[1107]. Die Parteien können eine ähnliche Wirkung erzielen, indem sie die ordentliche Kündigung ausschließen. Bei einem Betriebsübergang sind die Vorschriften über Betriebsvereinbarungen in § 613a Abs. 1 Sätze 2-4 BGB entsprechend anzuwenden. Die EG-Richtlinie, die dieser Vorschrift zugrunde liegt[1108], spricht von Kollektivvereinbarungen, und eine Kollektivvereinbarung ist auch die Sprechervereinbarung.

[1106] *Löwisch*, § 28 SprAuG Rn. 19.
[1107] A. A. *Löwisch*, § 28 SprAuG Rn. 28 (o. Begr.).
[1108] RL 77/187/EWG v. 5.3.1977, ABl. Nr. L 61, S. 26; neugefaßt durch RL 98/50/EG v. 29.6.1998, ABl. Nr. L 201 S. 88.

6. Aufgaben und Beteiligungsrechte des Sprecherausschusses

a) Aufgaben

Der Sprecherausschuß vertritt die Belange der leitenden Angestellten des Betriebs (§ 25 Abs. 1 Satz 1 SprAuG). Er hat ein inhaltlich umfassendes Recht zur Interessenvertretung. Zur Durchführung seiner Aufgaben ist er rechtzeitig und umfassend vom Arbeitgeber zu unterrichten. Die erforderlichen Unterlagen sind ihm jederzeit zur Verfügung zu stellen (§ 25 Abs. 2 SprAuG). Ein Einblicksrecht in Lohn- und Gehaltslisten hat er jedenfalls, soweit das zur Wahrnehmung seiner Aufgaben erforderlich ist. Sachverständige kann er nicht hinzuziehen. 703

Das Vertretungsrecht beschränkt sich auf kollektive Interessen der leitenden Angestellten. Es bleibt dem Leitenden überlassen, ob er seine Belange selbst wahrnimmt oder ob er ein Mitglied des Sprecherausschusses zu seiner Unterstützung und Vermittlung hinzieht (§ 26 Abs. 1 SprAuG). 704

Arbeitgeber und Sprecherausschuß haben darüber zu wachen, daß alle leitenden Angestellten des Betriebs nach den Grundsätzen von Recht und Billigkeit behandelt werden. Sie haben die freie Entfaltung der Persönlichkeit der leitenden Angestellten des Betriebs zu schützen und zu fördern (s. im einzelnen § 27 SprAuG). 705

b) Überblick über die Beteiligungsrechte

Der Sprecherausschuß hat im Gegensatz zum Betriebsrat nur Mitwirkungsrechte. Dem Gesetz liegt kein einheitliches Gliederungsprinzip bei der Wiedergabe dieser Rechte zugrunde; es unterteilt vor allem nicht wie das BetrVG nach sozialen, technisch-organisatorischen, personellen und wirtschaftlichen Angelegenheiten. § 30 SprAuG behandelt vielmehr die Mitwirkung bei generellen Maßnahmen im Bereich der sozialen Angelegenheiten (Gehaltsgestaltung und sonstige allgemeine Arbeitsbedingungen) und bei einem Teilbereich der allgemeinen personellen Angelegenheiten (Beurteilungsgrundsätze), § 31 SprAuG die Mitwirkung bei personellen Einzelmaßnahmen und § 32 SprAuG bei wirtschaftlichen Angelegenheiten und beim Sozialplan, der an sich zu den sozialen Angelegenheiten zählt. 706

c) Arbeitsbedingungen

Der Arbeitgeber hat den Sprecherausschuß rechtzeitig über Änderungen der Gehaltsgestaltung und sonstiger allgemeiner Arbeitsbedingungen für leitende Angestellte zu unterrichten, und er hat sie mit ihm zu beraten (§ 30 Satz 1 Nr.1, Satz 2 SprAuG). 707

Mitwirkungspflichtig sind nur allgemeine Regelungen. Der Sprecherausschuß ist zu beteiligen, wenn der Arbeitgeber in einer Mehrzahl von Fällen nach demselben Muster verfahren will; es kommt nicht darauf an, wieviele Arbeitnehmer tatsächlich betroffen werden. Umgekehrt sind Maßnahmen, die nur mit Rücksicht auf 708 den konkreten Einzelfall getroffen werden, nicht mitwirkungspflichtig, auch wenn im Ergebnis mehrere oder im Extremfall alle leitenden Angestellten betroffen sind, wie z.B. bei einer (individuellen) AT-Regulierung. Der Sprecherausschuß hat kein Initiativrecht; er kann also nicht von sich aus z.b. Grundsätze für die Gehaltsfindung verlangen. Das folgt daraus, daß er nur bei einer Änderung der allgemeinen Arbeitsbedingungen einzuschalten ist.

709 **Gehaltsgestaltung** meint das Aufstellen oder Verändern der Regeln, nach denen der Arbeitgeber im Rahmen des Arbeitsverhältnisses geldwerte Leistungen erbringt. Der Begriff ist genauso auszulegen wie der der Lohngestaltung in § 87 Abs. 1 Nr.10 BetrVG[1109]. Das Mitwirkungsrecht dient der Verwirklichung von Lohngerechtigkeit, vor allem unter den Gesichtspunkten von Objektivität und Durchschaubarkeit. Natürlich kann der Arbeitgeber mit dem Sprecherausschuß von sich aus auch über die Höhe des Gehalts sprechen. Da es für leitende Angestellte keine Tarifverträge gibt, ist gerade für sie die jährliche betriebliche Regulierung von entscheidender Bedeutung.

710 **Gegenstand sonstiger allgemeiner Arbeitsbedingungen** kann alles sein, was Voraussetzung oder Inhalt von Arbeitsverträgen sein kann und nicht das Gehalt betrifft[1110], also z.B. Schriftformklauseln, Arbeitszeitfragen, Versetzungsklauseln, Wettbewerbsabreden, Altersgrenzen, Fragen der Ordnung des Betriebs, Führungsgrundsätze, die den leitenden Angestellten ein verbindliches Verhalten vorschreiben.

711 Die Unterrichtung muß **rechtzeitig** erfolgen, d.h. so früh, daß Anregungen oder Bedenken des Sprecherausschusses noch in die Entscheidung einfließen können. Soweit erforderlich, muß der Arbeitgeber die Unterrichtung anhand von Unterlagen vornehmen. Auf Verlangen sind dem Sprecherausschuß die Unterlagen, die er für seine Mitwirkung braucht, zur Verfügung zu stellen (§ 25 Abs. 2 SprAuG, in der Regel Kopien). Die Beratung muß beiderseits von dem Bemühen um eine konstruktive Lösung getragen sein. Kommt es zu keiner Einigung, so entscheidet der Arbeitgeber.

d) Allgemeine Beurteilungsgrundsätze

712 Der Arbeitgeber hat den Sprecherausschuß rechtzeitig über die Einführung und Änderung allgemeiner Beurteilungsgrundsätze für leitende Angestellte zu unterrichten, und er hat sie mit ihm zu beraten (§ 30 Satz 1 Nr. 2, Satz 2 SprAuG).

713 **Allgemeine Beurteilungsgrundsätze** in diesem Sinne sind Regeln, nach denen Leistung und Führung von leitenden Angestellten und Bewerbern für Tätigkeiten als leitende Angestellte bewertet werden sollen. Dazu gehören auch formalisierte Zielsetzungsgespräche,

---

[1109] H.L., vgl. nur *Löwisch*, § 30 SprAuG Rn. 3 m.w.N.
[1110] *Hromadka*, § 30 SprAuG Rn. 15.

wenn sie dazu dienen, die Leistung in einem bestimmten Zeitraum an den Vorgaben zu messen. Nicht zu den Beurteilungsgrundsätzen zählen Richtlinien, nach denen leitende Angestellte bei der Beurteilung anderer Arbeitnehmer zu verfahren haben. Bei der konkreten Beurteilung hat der Sprecherausschuß kein Mitwirkungsrecht.

e) Personelle Maßnahmen

aa) Einstellungen und personelle Veränderungen. Eine beabsichtige Einstellung oder personelle Veränderung eines leitenden Angestellten ist dem Sprecherausschuß rechtzeitig mitzuteilen (§ 31 Abs. 1 SprAuG). Durch die frühzeitige Information will das Gesetz die Voraussetzungen für eine wirksame Vertretung der Belange der leitenden Angestellten schaffen. 714

bb) Einstellung. Der Begriff deckt sich mit dem des BetrVG. 715

cc) Personelle Veränderung. Der Begriff der personellen Veränderung ist teils enger, teils weiter als der des § 105 BetrVG. Das folgt aus der unterschiedlichen Zielsetzung der beiden Bestimmungen: Während das BetrVG sicherstellen will, daß der Betriebsrat und damit die Arbeitnehmer über die Änderung von Funktionen der leitenden Angestellten, die vielfach Vorgesetztenstellung einnehmen und ihnen gegenüber insofern „den Arbeitgeber" repräsentieren, unterrichtet werden, dient die Unterrichtungspflicht nach dem SprAuG der Interessenwahrung des betroffenen leitenden Angestellten und darüber hinaus der übrigen leitenden Angestellten. 716

Personelle Veränderung ist deshalb jede Änderung der Arbeitsaufgabe oder der Stellung von leitenden Angestellten im Unternehmen, die die Belange des leitenden Angestellten und/oder der übrigen leitenden Angestellten nicht nur unerheblich berührt. Dazu gehören vor allem Versetzungen, Beförderungen und Degradierungen, die Erteilung und der Entzug handelsrechtlicher Vollmachten, die Verleihung oder der Entzug interner Befugnisse, wenn sie Auswirkungen auf andere leitende Angestellte entfalten können, die Zuordnung zu den leitenden Angestellten, die „Entleitung" und das Ausscheiden aus dem Betrieb, gleichgültig aus welchem Grund. Die Unterrichtung muß so rechtzeitig erfolgen, daß sich der Sprecherausschuß vor Durchführung der Maßnahme informieren und beraten kann. Die Unterrichtungspflicht erstreckt sich nur auf Informationen, die mit der personellen Veränderung im Zusammenhang stehen (neues Aufgabengebiet, neue Funktionen, Vollmacht), nicht auf Gehaltsfragen und sonstige Arbeitsbedingungen[1111]. 717

dd) Kündigung. Der Sprecherausschuß ist vor jeder Kündigung eines leitenden Angestellten zu hören. Der Arbeitgeber hat ihm die Gründe für die Kündigung mitzuteilen. Eine ohne Anhörung des Sprecherausschusses ausgesprochene Kündi- 718

[1111] BAG, Beschl. v. 18.10.1988, AP Nr. 57 zu § 99 BetrVG 1972.

gung ist unwirksam (§ 31 Abs. 2 Sätze 1-3 SprAuG). Insoweit gilt dasselbe wie für die Anhörung des Betriebsrats. Im Gegensatz zum Betriebsrat hat der Sprecherausschuß aber kein Widerspruchsrecht. Damit gibt es für leitende Angestellte auch keinen betriebsverfassungsrechtlichen Weiterbeschäftigungsanspruch. Es gelten die Grundsätze über den allgemeinen Weiterbeschäftigungsanspruch. In der ersten Instanz wird in aller Regel das Interesse des Arbeitgebers an einer Nicht-Weiterbeschäftigung überwiegen. Im Grenzbereich zwischen leitenden Angestellten und nicht leitenden Angestellten empfiehlt sich eine Anhörung von Sprecherausschuß und Betriebsrat. Der leitende Angestellte kann in einem Kündigungsschutzprozeß auch dann vortragen, er sei kein leitender Angestellter, wenn er bei der Sprecherausschußwahl den leitenden Angestellten zugeordnet worden ist.

719 **ee) Geheimhaltungspflicht.** Die Mitglieder des Sprecherausschusses sind verpflichtet, über die ihnen im Rahmen personeller Maßnahmen bekanntgewordenen persönlichen Verhältnisse und Angelegenheiten der leitenden Angestellten, die ihrer Bedeutung oder ihrem Inhalt nach einer vertraulichen Behandlung bedürfen, Stillschweigen zu bewahren. Das gilt auch nach dem Ausscheiden aus dem Sprecherausschuß. Keine Verschwiegenheitspflicht besteht gegenüber Mitgliedern von Vertretungsorganen der leitenden Angestellten und von Arbeitnehmervertretern im Aufsichtsrat (§ 31 Abs. 3 SprAuG).

f) Wirtschaftliche Angelegenheiten

720 Der Gesetzgeber unterscheidet wie im BetrVG zwischen wirtschaftlichen Angelegenheiten allgemein (§ 32 Abs. 1 SprAuG), Betriebsänderungen, die auch wesentliche Nachteile für leitende Angestellte zur Folge haben können (§ 32 Abs. 2 Satz 1 SprAuG), und dem Sozialplan (§ 32 Abs. 2 Satz 2 SprAuG). Nicht vorgesehen sind Interessen- und dementsprechend Nachteilsausgleich.

721 **aa) Unterrichtung des Sprecherausschusses.** Der Unternehmer hat den Sprecherausschuß mindestens einmal im Kalenderhalbjahr über die wirtschaftlichen Angelegenheiten des Betriebs und des Unternehmens zu unterrichten, soweit dadurch nicht die Betriebs- und Geschäftsgeheimnisse des Unternehmens gefährdet werden (§ 32 Abs. 1 SprAuG). Als wirtschaftliche Angelegenheiten gelten alle die, über die der Unternehmer den Wirtschaftsausschuß zu unterrichten hat (§ 106 Abs. 3 BetrVG). Das SprAuG erstreckt die Unterrichtungspflicht auch auf wirtschaftliche Angelegenheiten des Betriebs. Das ist folgerichtig, denn zuständig ist nicht der auf Unternehmensebene gebildete Gesamtsprecherausschuß, sondern der Betriebssprecherausschuß. Zwar zählen zu den wirtschaftlichen Angelegenheiten, über die der Wirtschaftsausschuß zu unterrichten ist, auch solche, die sich lediglich auf einzelne Betriebe beziehen, der Akzent ist aber doch ein anderer. Keine Unterrichtungspflicht besteht in Tendenzunternehmen und -betrieben (§ 32 Abs. 1 Satz 2 SprAuG). Der Sprecherausschuß darf die Information nicht ohne Zustimmung des Unternehmers an die leitenden Angestellten weitergeben. Der Unternehmer selbst

hat in der Versammlung der leitenden Angestellten über die wirtschaftliche Lage und Entwicklung des Betriebs zu unterrichten (§ 15 Abs. 3 Satz 3 SprAuG).

bb) Betriebsänderung. Der Unternehmer hat den Sprecherausschuß über geplante Betriebsänderungen, die auch wesentliche Nachteile für leitende Angestellte zur Folge haben können, rechtzeitig und umfassend zu unterrichten (§ 32 Abs. 2 SprAuG). Der Begriff Betriebsänderung ist derselbe wie im BetrVG (§ 111). In Betracht kommen nur Änderungen in Betrieben mit in der Regel mehr als 20 nach dem BetrVG wahlberechtigten Arbeitnehmern, wenn darüber hinaus mindestens ein leitender Angestellter betroffen ist[1112]. Rechtzeitig ist die Unterrichtung, wenn Vorschläge und Einwendungen des Sprecherausschusses noch berücksichtigt werden können, umfassend, wenn der Sprecherausschuß in die Lage versetzt wird, Ausmaß, Zweckmäßigkeit und Auswirkungen der geplanten Maßnahmen auf leitende Angestellte zu erkennen und ggf. Vorstellungen über Ausgleichs- und Milderungsmaßnahmen für betroffene leitende Angestellte zu entwickeln.

722

cc) Kein Interessenausgleich. Der Unternehmer braucht den Sprecherausschuß über die geplanten Betriebsänderungen nur zu unterrichten. Der Sprecherausschuß hat keinen Anspruch darauf, daß der Unternehmer mit ihm das Ob und Wie der Betriebsänderung erörtert. Erst recht kann er nicht verlangen, daß der Unternehmer eine Einigung mit ihm versucht.

723

dd) Sozialplan. Der Unternehmer hat mit dem Sprecherausschuß über Maßnahmen zum Ausgleich oder zur Milderung wirtschaftlicher Nachteile zu beraten, die leitenden Angestellten infolge der geplanten Betriebsänderung entstehen (§ 32 Abs. 2 Satz 2 SprAuG). Der Sprecherausschuß kann aber keinen Sozialplan erzwingen. Der Unternehmer ist auch nicht gehalten, den leitenden Angestellten aus Gleichbehandlungsgründen Ausgleichs- oder Milderungsleistungen entsprechend dem Sozialplan für nicht leitende Angestellte zu gewähren[1113]. Unwirksam ist auch eine Einbeziehung in einen solchen Sozialplan[1114]. Der Betriebsrat ist für leitende Angestellte nicht zuständig. Es ist also durchaus denkbar, daß leitende Angestellte leer ausgehen oder geringere Leistungen erhalten, auch wenn das nicht die Praxis ist. Unternehmer und Sprecherausschuß können jedoch einen freiwilligen Sozialplan für leitende Angestellte aufstellen (§ 28 Abs. 2 SprAuG). Für ihn gelten dieselben Grundsätze wie für den Sozialplan, den Arbeitgeber und Betriebsrat ohne Einschaltung der Einigungsstelle aushandeln.

724

[1112] Str., vgl. *Löwisch*, § 32 SprAuG Rn. 54 m.w.N.
[1113] BAG, Urt. v. 16.7.1985, AP Nr. 32 zu § 112 BetrVG 1972.
[1114] BAG, Urt. v. 31.1.1979, AP Nr. 8 zu § 112 BetrVG 1972.

§ 17 Personalvertretungsrecht

I. Allgemeines

1. Überblick

a) Bundespersonalvertretungsgesetz

Das Personalvertretungsrecht regelt die Mitbestimmung und Mitwirkung der Beschäftigten im öffentlichen Dienst. Das Personalvertretungsrecht der Bundesbediensteten ist im Bundespersonalvertretungsgesetz von 1974 geregelt, das der Bediensteten in Ländern, Gemeinden und Gemeindeverbänden in den 16 Landespersonalvertretungsgesetzen. Nach Art. 73 Nr. 8 GG hat der Bund die ausschließliche Gesetzgebung für die Rechtsverhältnisse der im Dienste des Bundes und der bundesunmittelbaren Körperschaften des öffentlichen Rechts stehenden Personen, nach Art. 75 Nr. 1 GG kann er Rahmenvorschriften erlassen über die Rechtsverhältnisse der im öffentlichen Dienst der Länder, Gemeinden und anderer Körperschaften des öffentlichen Rechts stehenden Personen. Von diesem Recht hat er Gebrauch gemacht. Das Bundespersonalvertretungsgesetz enthält in den §§ 94 bis 106 Rahmenvorschriften für die Gesetzgebung der Länder und in den §§ 107 bis 109 unmittelbar für die Landesgesetzgeber geltende Bestimmungen.

1

b) Personalvertretungsrecht der Länder

Die Landespersonalvertretungsgesetze weichen vom BPersVG sowie untereinander zum Teil recht erheblich ab. Neben Personalvertretungsgesetzen, in denen die Beteiligungsrechte hinter denen des Betriebsverfassungsgesetzes zurückbleiben, stehen andere, die erst das Bundesverfassungsgericht oder ein Landesverfassungsgericht auf das mit dem Grundgesetz oder der Landesverfassung gerade noch Vereinbare zurückführen mußte.

2

In der Entscheidung zum Mitbestimmungsgesetz der Personalräte Schleswig-Holstein vom 24.5.1995[1] hat das Bundesverfassungsgericht die Grenzen abgesteckt: „Die Mitbe-

3

---

[1] BVerfG, Beschl. v. 24.5.1995, PersV 1995, 553 (557). § 51 Abs. 1 Satz 1 des Gesetzes lautete: „Der Personalrat bestimmt mit bei allen personellen, sozialen, organisatorischen und sonstigen innerdienstlichen Maßnahmen, die die Beschäftigten der Dienst-

stimmung darf sich einerseits nur auf innerdienstliche Maßnahmen erstrecken und nur so weit gehen, als die spezifischen in dem Beschäftigungsverhältnis angelegten Interessen der Angehörigen der Dienststelle sie erfordern (Schutzzweckgrenze). Andererseits verlangt das Demokratieprinzip für die Ausübung von Staatsgewalt bei Entscheidungen von Bedeutung für die Erfüllung des Amtsauftrages jedenfalls, daß die Letztentscheidung eines dem Parlament verantwortlichen Verwaltungsträgers gesichert ist (Verantwortungsgrenze)". Der Bundesgesetzgeber hat diese Grundsätze in § 104 Satz 3 BPersVG übernommen.

4 Das Personalvertretungsrecht der Länder ist in stetem Fluß. Das liegt an dem raschen wirtschaftlichen, technischen und sozialen Wandel, aber auch daran, daß das Personalvertretungsrecht ein Gebiet ist, das sich zur Umsetzung gesellschaftspolitischer Vorstellungen der jeweiligen parlamentarischen Mehrheit geradezu aufdrängt. Insgesamt schrumpft der Anwendungsbereich des Personalvertretungsrechts wegen der Privatisierung öffentlicher Dienste. Für Bahn und Post hat der Gesetzgeber Übergangsregelungen geschaffen[2].

5 Im folgenden kann nur das BPersVG dargestellt werden. Vergleichende Hinweise auf die Regelungen in den Landespersonalvertretungsgesetzen finden sich etwa bei *Mehlinger*, „Grundlagen des Personalvertretungsrechts".

2. Verhältnis zum Betriebsverfassungsrecht

6 In der Begründung zum Personalvertretungsgesetz 1955 heißt es: Das Verlangen nach Beteiligung der Arbeitnehmer an den grundlegenden betrieblichen Entscheidungen in der privaten Wirtschaft werde mit der Durchsetzung demokratischer Forderungen in der Wirtschaft begründet. Im öffentlichen Bereich sei diese Forderung durch Einführung der parlamentarischen Demokratie bereits verwirklicht. Weiter werde das Verlangen nach Mitbestimmung in der privaten Wirtschaft damit begründet, daß dem Kapital und der Leistung des Unternehmers als gleichberechtigter Faktor die Arbeitsleistung der Arbeitnehmer gegenüberstehe. Im öffentlichen Dienst bestehe ein solcher Gegensatz nicht. Schließlich ziele vor allem die Mitbestimmung in wirtschaftlichen Angelegenheiten darauf ab, Fehlentscheidungen zu vermeiden und damit die Arbeitsplätze zu erhalten. In der öffentlichen Verwaltung und ihren Betrieben komme die Gefährdung des Arbeitsplatzes durch wirtschaftliche Fehlentscheidungen nicht in Betracht. Trotzdem sei auch das Verlangen der im öffentlichen Bereich Tätigen nach Beteiligung an bestimmten Entscheidungen gerechtfertigt, und zwar vor allem, „damit sie das Gefühl echter Mitarbeiterschaft haben[3]."

---

stelle insgesamt, Gruppen von ihnen oder einzelne Beschäftigte betreffen oder sich auf sie auswirken."
[2] § 15 G über die Gründung einer Deutschen Bahn AG (DB GrG) v. 27.12.1993 (BGBl. I S. 2378, 2386); G zum Personalrecht der Beschäftigten der früheren Deutschen Bundespost (PostPersRG) v. 14.9.1995 (BGBl. I S. 2325 (2353).
[3] BT-Drs. I/3552 S. 15.

Tatsächlich hat Personalvertretung mit dem Gegensatz von Kapital und Arbeit wenig zu **7** tun, um so mehr aber damit, daß auch die Beschäftigten im öffentlichen Dienst einem Arbeitgeber/Dienstherrn gegenüberstehen, für den und in dessen Organisation sie fremdbestimmt tätig sind. Ob die Gefahr von Willkürentscheidungen durch die Bindung der Verwaltung und damit auch der Vorgesetzten an Gesetz und Recht geringer ist als in der Privatwirtschaft, die auch nicht in einem rechtsfreien Raum lebt, sei dahingestellt. Interessengegensätze ergeben sich schon aus der unterschiedlichen Parteistellung, und das auch hier bestehende Weisungsrecht verstärkt sie noch. Das Ziel ist in beiden Gesetzen dasselbe: die Beschäftigten an den Entscheidungen ihres Arbeitgebers/Dienstherrn, die sie betreffen, zu beteiligen.

Dementsprechend ähneln einander auch die Lösungen. Betriebsverfassungsgesetz **8** und Personalvertretungsgesetz sind weithin parallel aufgebaut. Dennoch gibt es Unterschiede[4]. Sie folgen vor allem daraus, daß es im öffentlichen Dienst eine weitere Beschäftigtengruppe gibt, nämlich die Beamten, und daß die Verwaltung in der Regel hierarchisch strukturiert ist. Natürlich spielt auch eine Rolle, daß der Dienstherr als Institution des öffentlichen Rechts nicht sich selbst oder Anteilseignern, sondern über gewählte Gremien letztlich den Bürgern verantwortlich ist. Die Unterschiede haben sich insbesondere in der Organisation der Beteiligung, in den Beteiligungsrechten selbst, in der Art und Weise, in der sie ausgeübt werden, und nicht zuletzt im Rechtsweg niedergeschlagen.

	Betriebsverfassungsrecht	**Personalvertretungsrecht**
Rechtsnatur	Privatrecht	öffentliches Recht
Arbeitnehmer/ Beschäftigte	Arbeiter Angestellte leitende Angestellte	Arbeiter Angestellte Beamte
Arbeitgeber/ Dienstherr	Betrieb Unternehmen Konzern	Dienststelle Mittelbehörde oberste Dienstbehörde
Vertretungen	Betriebsrat Gesamtbetriebsrat Konzernbetriebsrat	Personalrat/Gesamtpersonalrat Bezirkspersonalrat Hauptpersonalrat
Betriebsvereinbarung/ Dienstvereinbarung	Betriebsvereinbarung über alle Angelegenheiten, die auch im Arbeitsvertrag geregelt werden können	Dienstvereinbarung nur, soweit im Gesetz vorgesehen
Einigungsstelle	bei Betrieb, Unternehmen oder Konzern	nur bei oberster Dienstbehörde
Grenze der Mitbestimmung	unternehmerische Freiheit	Letztverantwortung der Parlamente
Rechtsweg	Arbeitsgericht	Verwaltungsgericht

---

[4] Dazu *Hromadka*, PersF 1986, 525.

3. Geltungsbereich

9 Das BPersVG gilt in den Verwaltungen des Bundes und der bundesunmittelbaren Körperschaften, Anstalten und Stiftungen des öffentlichen Rechts sowie in den Gerichten des Bundes. Zu den Verwaltungen im Sinne des Gesetzes gehören auch die Betriebsverwaltungen (§ 1 BPersVG)[5]. In den oberen Bundesgerichten werden Personalvertretungen nur für die nicht richterlichen Beschäftigten gebildet. Für die Richter gibt es eigene Vertretungen, und zwar für die Beteiligung an allgemeinen und sozialen Angelegenheiten einen Richterrat und für die Beteiligung an der Ernennung von Richtern einen Präsidialrat (§§ 49 ff. DRiG). Für eine Reihe von Verwaltungszweigen enthält das Gesetz Sonderbestimmungen (§§ 85 ff. BPersVG). Den Religionsgemeinschaften und ihren karitativen Einrichtungen bleibt die selbständige Ordnung eines Personalvertretungsrechts überlassen (§ 112 BPersVG). Die beiden großen christlichen Kirchen haben sich eigene Mitarbeitervertretungsordnungen gegeben[6]. Sie weisen viele Ähnlichkeiten mit dem BetrVG auf[7].

II. System der Personalvertretung

1. Grundsatz

10 Genau wie in der Privatwirtschaft gibt es auch im öffentlichen Dienst mehrere Belegschaftsgruppen und mehrere organisatorische Ebenen, auf denen Belegschaftsvertreter in Betracht kommen. Den Arbeitern, Angestellten und leitenden Angestellten stehen die Arbeiter, Angestellten und Beamten gegenüber. Betrieb, Unternehmen und Konzern sind mit Dienststelle, Mittelbehörde und oberster Bundesbehörde vergleichbar, und Betriebsrat, Gesamtbetriebsrat und Konzernbetriebsrat entsprechen Personalrat, Bezirkspersonalrat und Hauptpersonalrat. In der Privatwirtschaft sind aber Betrieb und Unternehmen keine unterschiedlichen Gebilde, sondern unterschiedliche Sichtweisen. Ein Unternehmen kann durchaus aus einem einzigen Betrieb bestehen: Betrieb meint dann ein Gebilde in seiner arbeitstechnischen Funktion, Unternehmen dasselbe in seiner rechtlich-organisatorischen. Im Gegensatz dazu sind Mittel- und oberste Bundesbehörden zugleich Dienststellen, d. h. von den unteren Behörden getrennte Einheiten mit eigenen Beschäftigten. Deshalb werden auch dort Personalräte gebildet.

---

[5] Der Begriff entstammt dem Sprachgebrauch der früheren Deutschen Bundesbahn und Deutschen Bundespost.
[6] *Fitting*, § 118 BetrVG Rn. 68 m.w.N.
[7] BAG, Beschl. v. 11.3.1986, AP Nr. 25 zu Art. 140 GG.

2. Beschäftigte

a) Begriff

Beschäftigte im öffentlichen Dienst im Sinne des BPersVG sind die Beamten, Angestellten und Arbeiter einschließlich der Auszubildenden (§ 4 Abs. 1 BPersVG). Den Oberbegriff Beschäftigte hat der Gesetzgeber gewählt, um neben den Arbeitnehmern, die in einem privaten Arbeitsverhältnis stehen, auch die Beamten, die in einem öffentlich-rechtlichen Dienstverhältnis stehen, zu erfassen. Wer Beamter ist, bestimmen die Beamtengesetze (§ 4 Abs. 2 BPersVG). Danach ist Beamter, wer eine entsprechende Ernennungsurkunde erhalten hat[8]. Angestellte sind Beschäftigte, die nach dem für die Dienststelle maßgebenden Tarifvertrag oder nach der Dienstordnung Angestellte sind oder die als übertarifliche Angestellte beschäftigt werden; Arbeiter sind Beschäftigte, die nach dem für die Dienststelle geltenden Tarifvertrag Arbeiter sind (§ 4 Abs. 3, 4 BPersVG). Enthält der Tarifvertrag keine Regelung, so richtet sich die Abgrenzung nach dem Arbeitsvertrag[9].

11

b) Beschäftigte mit Gegnerbezug

Leitende Angestellte als besondere Gruppe mit eigenen Rechten gibt es im Personalvertretungsrecht nicht. Die Beamten sind mit den leitenden Angestellten nicht vergleichbar. Es gibt zahlreiche Beamtentätigkeiten, die in der Privatwirtschaft von (nicht leitenden) Angestellten oder von Arbeitern wahrgenommen würden. Umgekehrt gibt es Angestellte im öffentlichen Dienst, die in der Privatwirtschaft zu den leitenden Angestellten zählen würden.

12

Dennoch besteht auch im Personalvertretungsrecht das Bedürfnis nach einer Sonderregelung für die Beschäftigten, die in einem natürlichen (= funktionalen) Gegensatz zum Personalrat stehen. Während das Betriebsverfassungsrecht diese Arbeitnehmer (= leitende Angestellte) aus seinem Geltungsbereich herausnimmt (§ 5 Abs. 3 BetrVG), unterscheidet das BPersVG nach Wahlberechtigung und Wählbarkeit: Wahlberechtigt sind alle Beschäftigten ohne Rücksicht auf ihre Aufgabe (§ 13 Abs. 2 BPersVG). Wählbar sind nicht der Leiter der Dienststelle, dessen ständiger Vertreter, sonstige Beauftragte, sofern der Personalrat sich mit dieser Beauftragung einverstanden erklärt, sowie Beschäftigte, die zu selbständigen Entscheidungen in Personalangelegenheiten in der Dienststelle befugt sind (§ 14 Abs. 3 BPersVG). Mit Personalangelegenheiten sind die in § 75 Abs. 1 und § 76 Abs. 1 BPersVG aufgeführten Angelegenheiten gemeint; die Befugnis zur Abgabe dienstlicher Beurteilungen, zur Gewährung von Urlaub oder zur Verhängung von Disziplinarmaßnahmen reicht nicht aus[10]. Ein Personalsachbearbeiter, der die genannten Voraussetzungen nicht erfüllt, ist in den Personalrat wählbar. Die Ausnahme von der Wählbarkeit gilt nur für die Vertre-

13

---

[8] *Altvater*, § 4 BPersVG Rn. 5.
[9] BVerwG, Beschl. v. 5.5.1978, BVerwGE 55, 363 (368).
[10] BVerwG, Beschl. v. 10.5.1982, PersV 1983, 194 (195).

tung(en) bei der eigenen Dienststelle. Das passive Wahlrecht für eine Vertretung bei einer übergeordneten Dienststelle bleibt erhalten.

3. Dienststelle

14 Dienststelle ist der Zentralbegriff des Personalvertretungsrechts; er entspricht dem des Betriebs. Dienststellen im Sinne des BPersVG sind die einzelnen Behörden, Verwaltungsstellen und Betriebe der Verwaltungen des Bundes und der bundesunmittelbaren Körperschaften, Anstalten und Stiftungen des öffentlichen Rechts sowie die Gerichte (§ 6 Abs. 1 BPersVG). Dienststellen sind (räumlich-) organisatorische Einheiten, die einen selbständigen Aufgabenbereich haben und innerhalb der Verwaltungsorganisation verselbständigt sind[11]. Organisatorische Selbständigkeit liegt vor, wenn die Leitung der Verwaltungseinheit über die beteiligungspflichtigen Angelegenheiten im allgemeinen selbständig entscheiden kann; eine Bindung an Weisungen übergeordneter Stellen schadet nicht. Eine bloße räumliche Trennung genügt ebensowenig wie ein bloßer eigener Aufgabenbereich[12]. Behörden sind selbständige nicht rechtsfähige Organe von Trägern öffentlicher Verwaltung, die mit Außenzuständigkeiten zu konkreten Rechtshandlungen auf dem Gebiet der Verwaltung oder der Rechtsprechung ausgestattet sind. Verwaltungsstellen sind eigenständige Organisationseinheiten der bundesunmittelbaren juristischen Personen des öffentlichen Rechts, die keine Behörden sind, Betriebe nicht rechtsfähige organisatorische Einheiten, die arbeitstechnische Zwecke verfolgen (sog. Eigen- oder Regiebetriebe)[13]. Dienststellen kann es auf verschiedenen Ebenen geben: auf der obersten Stufe bezeichnet sie das Gesetz als oberste Dienstbehörden, auf der Mittelstufe als Behörden der Mittelstufe, auf der untersten Stufe schlicht als Dienststelle.

4. Vertretungen und Vertretung der Dienststelle

a) Personalrat

15 **aa) Bildung.** In allen Dienststellen, die in der Regel 5 wahlberechtigte Beschäftigte haben, von denen 3 wählbar sind, werden Personalräte gebildet. Dienststellen, bei denen die Voraussetzungen für die Bildung eines Personalrats nicht gegeben sind, werden von der übergeordneten Dienststelle im Einvernehmen mit der Stufenvertretung einer benachbarten Dienststelle zugeteilt (§ 12 BPersVG). Die Regelung über die Bildung von Personalräten entspricht der des § 1 BetrVG, die über die Zuteilung der Beschäftigten kleinerer Dienststellen zu benachbarten, durch die

---

[11] BVerwG, Beschl. v. 2.3.1993, PersR 1993, 266 (267).
[12] BVerwG, Beschl. v. 13.8.1986, PersV 1987, 254 (255).
[13] Zu Vorstehendem *Söllner/Reinert*, Personalvertretungsrecht, S. 55.

eine möglichst lückenlose Vertretung sichergestellt werden soll, der des § 1 Abs. 2 SprAuG.

Personalräte werden nicht nur bei den Dienststellen der unteren Stufen gebildet, sondern auch bei den Mittelbehörden und bei den obersten Dienstbehörden. In Anlehnung an den Sprachgebrauch der Wahlordnung (§ 33 f. usw. BPersVWO) bezeichnet man diese Personalräte als örtliche Personalräte.

bb) Wahl und Zahl der Personalratsmitglieder. Für die Wahl des Personalrats gelten im wesentlichen dieselben Grundsätze wie für die Wahl des Betriebsrats (zu Unterschieden vgl. §§ 13 ff. BPersVG). Dem Dienststellenleiter wird eine stärkere Mitwirkung bei der Bildung von Personalvertretungen zugemutet als dem Arbeitgeber (§§ 21 f. BPersVG). Angefochten werden kann die Wahl innerhalb von 12 Arbeitstagen beim Verwaltungsgericht (§ 25 BPersVG).

Der Personalrat ist ab 1001 Beschäftigte etwas kleiner als der Betriebsrat. Er hat höchstens 31 Mitglieder (§ 16 BPersVG). Beamte, Arbeiter und Angestellte müssen entsprechend ihrer Stärke im Personalrat vertreten sein. Alle drei Gruppen genießen Minderheitenschutz (zu Einzelheiten s. § 17 BPersVG).

cc) Die regelmäßige Amtszeit des Personalrats beträgt genau wie die des Betriebsrats 4 Jahre (§ 26 Satz 1 BPersVG). Die Wahlen finden ebenfalls zwischen dem 1.3. und dem 31.5 statt, allerdings in anderen Jahren (2000, 2004 usw., vgl. § 27 Abs. 1, 116 Abs. 1, 116b BPersVG; Betriebsräte: 2002, 2006 usw.). Für Wahlen außerhalb dieser Zeit, für den Ausschluß von Personalratsmitgliedern, für die Auflösung des Personalrats, das Erlöschen der Mitgliedschaft und für das Nachrücken von Ersatzmitgliedern gilt dasselbe wie im Betriebsverfassungsrecht (§ 27 Abs. 2 BPersVG).

dd) Geschäftsführung des Personalrats. In der konstituierenden Sitzung, die noch der Wahlvorstand einberuft (§ 34 Abs. 1 BPersVG), wählt der Personalrat aus seiner Mitte den Vorstand. Dem Vorstand muß ein Mitglied jeder im Personalrat vertretenen Gruppe angehören. Die Vertreter jeder Gruppe wählen das auf sie entfallende Vorstandsmitglied (§ 32 Abs. 1 Sätze 1-3 BPersVG).

Normalerweise hat der **Vorstand 3 Mitglieder.** Ist eine Gruppe nicht im Personalrat vertreten, so hat er nur 2. Wählt eine Gruppe kein Vorstandsmitglied, so ist der Sitz für sie freizuhalten; er kann jederzeit von ihr besetzt werden[14]. Hat ein Personalrat mindestens 11 Mitglieder, so sind 2 weitere Mitglieder zu wählen (sog. Ergänzungsmitglieder). Die Wahl dieser Mitglieder erfolgt durch den gesamten Personalrat. Sind auf die zweitgrößte Wählerliste mindestens ein Drittel der Wählerstimmen der Dienststelle entfallen, so ist ein Mitglied aus dieser Liste zu wählen, wenn sie noch keinen Vertreter im Vorstand hat (§ 33 BPersVG). Aus den Vorstandsmitgliedern wählt der Personalrat mit einfacher Mehrheit ei-

---

[14] H.L., vgl. *Söllner/Reinert*, Personalvertretungsrecht, S. 120 m.w.N.

nes zum Vorsitzenden[15] und je ein weiteres zum 1. und 2. Stellvertreter. Dabei sind die Gruppen zu berücksichtigen, denen der Vorsitzende nicht angehört, es sei denn, daß die Vertreter dieser Gruppen darauf verzichten (§ 32 Abs. 2 BPersVG).

21 Ein dem Vorstand vergleichbares Gremium gibt es in der Betriebsverfassung nicht. Zwar führt der Vorstand genau wie der Betriebsausschuß die laufenden Geschäfte (§ 32 Abs. 1 Satz 4 BPersVG), er ist aber in einigen Angelegenheiten auch das zuständige Beteiligungsorgan, wenn der Antragsteller das bestimmt (§ 75 Abs. 2 Satz 2 BPersVG). Darüber hinaus nutzt der Gesetzgeber den Vorstand zu einem verstärkten Gruppenschutz. Betrifft eine Angelegenheit nur eine Gruppe, dann vertritt der Vorsitzende den Personalrat, wenn er nicht selbst dieser Gruppe angehört, gemeinsam mit einem der Gruppe angehörenden Vorstandsmitglied (§ 32 Abs. 3 Satz 2 BPersVG).

22 Für die Sitzungen des Personalrats, für die Teilnahme von Gewerkschaftsvertretern, für die Geschäftsordnung, die Sprechstunden, die Kosten und den Sachaufwand gilt im wesentlichen dasselbe wie in der Betriebsverfassung (vgl. §§ 35 ff. BPersVG). Bei der Beschlußfassung findet sich wieder der verstärkte Gruppenschutz. Über Angelegenheiten, die nur eine (oder zwei) im Personalrat vertretene Gruppe(n) betreffen, beschließen nach gemeinsamer Beratung im Personalrat nur die Angehörigen dieser Gruppe(n) (§ 38 Abs. 2, 3 BPersVG).

23 **ee) Rechtsstellung der Personalratsmitglieder.** Personalratstätigkeit ist genau wie Betriebsratstätigkeit ehrenamtliche Tätigkeit (§ 46 Abs. 1 BPersVG). Für die Arbeitsversäumnis, für die Freistellung und für Bildungs- und Schulungsveranstaltungen gilt wiederum im wesentlichen dasselbe wie für Betriebsratsmitglieder (§ 46 Abs. 2 ff. BPersVG).

24 Freigestellte Personalratsmitglieder erhalten eine monatliche Aufwandsentschädigung von zur Zeit 50,00 DM[16]. Die Mitglieder des Personalrats genießen nicht nur denselben besonderen Kündigungsschutz, wie ihn die Betriebsratsmitglieder haben; sie dürfen auch gegen ihren Willen nur versetzt oder abgeordnet werden, wenn das unter Berücksichtigung ihrer Mitgliedschaft aus wichtigen dienstlichen Gründen unvermeidbar ist. Die Versetzung oder Abordnung bedarf der Zustimmung des Personalrats (§ 47 Abs. 1, 2 BPersVG).

b) Vertretung der Dienststelle

25 Im Betriebsverfassungsrecht kann der Arbeitgeber sich von jedem Mitarbeiter vertreten lassen, der die erforderlichen Vollmachten und Kenntnisse besitzt. Im Personalvertretungsrecht handelt für die Dienststelle grundsätzlich ihr Leiter (§ 7 Satz 1 BPersVG). Nur bei Verhinderung kann er sich durch seinen ständigen Vertreter vertreten lassen (§ 7 Satz 2 BPersVG). Eine Verhinderung liegt auch vor, wenn

---

[15] BVerwG, Beschl. v. 13.5.1966, PersV 1966, 181.
[16] § 46 Abs. 5 BPersVG i.V.m. d. VO v. 18.7.1974, BGBl. I S. 1499.

dringende Aufgaben zu erledigen sind, denen gegenüber Personalvertretungsangelegenheiten der Vorrang zukommt[17]. Ausnahmen gelten für oberste Dienstbehörden (§ 7 Satz 3 BPersVG). Dem Personalrat steht es frei, sonstige Beauftragte zu akzeptieren (§ 7 Satz 4 BPersVG)[18].

c) Gesamtpersonalrat

Wird eine Nebenstelle oder ein Teil einer Dienststelle verselbständigt und werden in der Dienststelle mindestens 2 Personalräte gewählt, dann ist für die gesamte Dienststelle ein Gesamtpersonalrat zu bilden (§ 55 BPersVG). Wahlberechtigt und wählbar sind alle Beschäftigten der Dienststelle, die zu den Personalräten der Hauptdienststelle und der Nebenstelle wahlberechtigt und wählbar sind (§ 56 BPersVG). Der Gesamtpersonalrat steht auf derselben Ebene wie die Personalräte der Dienststelle; er ist ihnen nicht übergeordnet. 26

Der Gesamtpersonalrat ist an allen Maßnahmen zu beteiligen, die der Leiter der Dienststelle für den Bereich der gesamten Dienststelle oder für den Bereich der verselbständigten Dienststelle trifft (§ 82 Abs. 3 BPersVG). Trifft der Leiter der Dienststelle eine beteiligungspflichtige Maßnahme für die Hauptdienststelle, so ist deren Personalrat zu beteiligen; der Personalrat der verselbständigten Dienststelle ist dann zuständig, wenn deren Leiter entscheidet. Die Kompetenzen der Leiter verselbständigter Dienststellen sind im allgemeinen gering – vor allem die wesentlichen Personalentscheidungen werden in der Regel vom Leiter der (Haupt-) Dienststelle getroffen –, der Aufwand für die Bildung von Gesamtpersonalräten ist beträchtlich (in jeder Wahlperiode erneute Abstimmung), die Zuständigkeitsabgrenzung zu den Personalräten schwierig, so daß die Bildung allenfalls in sehr großen Dienststellen gerechtfertigt ist[19]. 27

d) Stufenvertretungen

aa) Begriff. Für den Geschäftsbereich mehrstufiger Verwaltungen werden bei den Behörden der Mittelstufe Bezirkspersonalräte, bei den obersten Dienstbehörden Hauptpersonalräte gewählt (§ 53 Abs. 1 BPersVG). Die Stufenvertretungen ziehen die Folgerung aus dem in der Regel mehrstufigen Aufbau der Verwaltung, die Vorschriften über die Wahl und über ihre Zuständigkeit aus der hierarchischen Struktur. 28

Der Gesetzgeber geht davon aus, daß die Verwaltungen im Normalfall **dreistufig** aufgebaut sind. Dementsprechend sieht er **Personalräte, Bezirkspersonalräte und Hauptpersonalräte** vor. Ist eine Verwaltung nur zweistufig aufgebaut, so 29

---

[17] *Fischer/Goeres*, § 7 BPersVG Rn. 12a.
[18] Zu den Folgen eines Verstoßes gegen § 7 *Altvater*, § 7 BPersVG Rn. 4 und § 69 BPersVG Rn. 10.
[19] *Mehlinger*, Personalvertretungsrecht, S. 25; *Söllner/Reinert*, Personalvertretungs-recht, S. 70.

entfällt der Bezirkspersonalrat; es sind also nur örtliche Personalräte und ein Hauptpersonalrat zu bilden. In einer einstufigen Verwaltung gibt es nur den örtlichen Personalrat. Hat eine Verwaltung ausnahmsweise mehr als drei Ebenen, so sind die örtlichen Personalräte auch zuständig für die nachgeordneten, personalvertretungsrechtlich an sich selbständigen Dienststellen[20].

Beispiele für vierstufigen Aufbau: Bundesministerium der Finanzen – Oberfinanzdirektionen – Hauptzollämter – Zollämter, Grenzkontrollstellen, Zollkommissariate; für dreistufigen Aufbau: Bundesministerium für Verkehr – Wasser- und Schiffahrtsdirektionen – Wasser- und Schiffahrtsämter; für zweistufigen Aufbau: Bundesministerium des Innern – Statistisches Bundesamt, Bundeskriminalamt; für einstufigen Aufbau: Bundeskanzleramt, Bundesrechnungshof.

30 **Oberste Dienstbehörde** ist die oberste Behörde des Dienstherrn, in deren Bereich der Beschäftigte tätig ist (vgl. § 3 BBG). Bei der bundesunmittelbaren Verwaltung sind das die Bundesministerien, bei den juristischen Personen des öffentlichen Rechts die im Errichtungs- oder Organisationsstatut genannte oberste Behörde oder Verwaltungsstelle[21]. **Behörden der Mittelstufe** sind die der obersten Dienstbehörde unmittelbar nachgeordneten Behörden, denen andere Dienststellen nachgeordnet sind (§ 6 Abs. 2 Satz 2 BPersVG).

31 bb) **Zuständigkeit.** Im Verhältnis der Stufenvertretungen zueinander und gegenüber dem Personalrat bei der unteren Dienststelle hängt die Zuständigkeit von der Entscheidungskompetenz der Dienststelle ab (vgl. § 82 Abs. 1 BPersVG). Zuständig ist die Personalvertretung bei der Dienststelle, die zur Entscheidung mit Außenwirkung befugt ist. Ob sie aufgrund Weisung der übergeordneten Dienststelle handelt oder deren Genehmigung bedarf oder ob sie eine Angelegenheit an sich gezogen hat, ist ohne Bedeutung[22]. Eine Stufenvertretung ist außerdem zuständig, wenn zwischen dem Leiter einer nachgeordneten Dienststelle und „seinem" Personalrat in einer mitwirkungs- oder mitbestimmungspflichtigen Angelegenheit keine Einigung zustande kommt und wenn daraufhin die nächsthöhere Dienststelle zur Entscheidung angerufen wird. Hier wirkt sich aus, daß die übergeordnete Dienststelle nicht nur selbst Entscheidungen mit Außenwirkung treffen, sondern auch Weisungen gegenüber den nachgeordneten Dienststellen erteilen kann.

32 Der **örtliche Personalrat** ist (in den wenigen Fällen) zuständig, in denen der Leiter einer Mittelbehörde oder einer obersten Dienstbehörde eine Entscheidung trifft, die nur diese Dienststelle betrifft[23], etwa bei der Einstellung eines Pförtners. Die Stufenvertretungen sind den örtlichen Personalräten nicht übergeordnet[24]. Der örtliche Personalrat kann die Stufenvertretung auch nicht beauftragen, eine Angelegenheit für ihn zu behandeln. Die Zustän-

---

20 *Altvater*, § 82 BPersVG Rn. 1b.
21 *Dietz/Richardi*, § 6 BPersVG Rn. 34.
22 BVerwG, Beschl. v. 16.12.1960, BVerwGE 11, 307 (310).
23 *Söllner/Reinert*, Personalvertretungsrecht, S. 66 m.w.N.
24 BVerwG, Beschl. v. 14.4.1961, BVerwGE 12, 198; Beschl. v. 18.6.1965, BVerwGE 21, 230.

digkeitsabgrenzung ist zwingend[25]; eine § 50 Abs. 2 BetrVG entsprechende Vorschrift fehlt.

cc) **Die Errichtung von Stufenvertretungen** ist zwingend vorgeschrieben, weil ohne sie das mehrstufige Beteiligungsverfahren nicht durchgeführt werden kann; es besteht aber kein Errichtungszwang[26]. 33

Die Stufenvertretungen werden in Urwahl von den zum Geschäftsbereich der Behörde der Mittelstufe bzw. der obersten Dienstbehörde gehörenden Beschäftigten gewählt (§ 53 Abs. 2 BPersVG). Die Wahl ist nicht davon abhängig, daß Personalräte bestehen. Die bei der Mittelbehörde und bei den obersten Dienstbehörden daneben bestehenden örtlichen Personalräte werden lediglich von den bei diesen Behörden tätigen Beschäftigten gewählt. Bei einem dreistufigen Verwaltungsaufbau finden also in den unteren Dienststellen jeweils (in der Regel gleichzeitig) drei Wahlen statt. 34

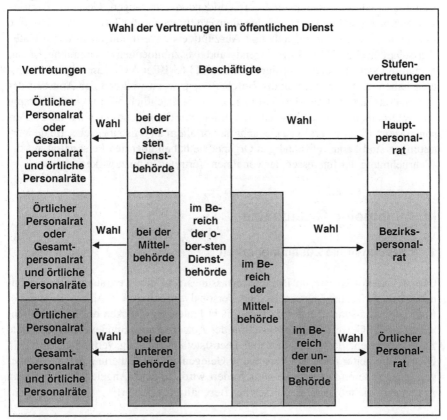

[25] Dietz/Richardi, § 82 BPersVG Rn. 6.
[26] Dietz/Richardi, § 53 BPersVG Rn. 18.

35 Für Wahlrecht und Wahlverfahren gilt im wesentlichen dasselbe wie für die Personalräte. Die gleichzeitige Mitgliedschaft in mehreren Personalvertretungen verschiedener Stufen ist ebenso zulässig wie die in Personalrat und Gesamtpersonalrat.

e) Personalversammlung

36 Auch für die Personalversammlung gilt sinngemäß dasselbe wie für die Betriebsversammlungen (§§ 48 ff. BPersVG). Anstelle von jährlich vier – und unter Umständen einer weiteren – sieht das BPersVG aber nur zwei, eine in jedem Kalenderhalbjahr, vor. Eine der Betriebsräteversammlung entsprechende Einrichtung kennt das Gesetz nicht.

f) Sonstige Vertretungen

37 Das BPersVG kennt spiegelbildlich zu den Personalräten, Gesamt-, Bezirks- und Hauptpersonalräten Jugend- und Auszubildendenvertretungen, Gesamt-, Bezirks- und Haupt-Jugend- und Auszubildendenvertretungen (§§ 57 ff. BPersVG). Ihre Rechte sind denen der Jugend- und Auszubildendenvertretungen in der privaten Wirtschaft nachgebildet. Eine Jugend- und Auszubildendenversammlung ist nur einmal in jedem Kalenderjahr durchzuführen (§ 63 BPersVG). Eine eigene Vertretung haben auch die nichtständig Beschäftigten, wenn während der Amtszeit des Personalrats die Zahl der Beschäftigten, die voraussichtlich nur für einen Zeitraum von höchstens 6 Monaten beschäftigt werden, vorübergehend um mehr als 20 Personen steigt (§ 65 BPersVG). Gedacht ist vor allem an Saisonbetriebe. Beide Vertretungen sind keine selbständigen Organe; sie haben über den Personalrat auf die Wahrnehmung der Interessen der von ihnen Vertretenen hinzuwirken[27].

III. Allgemeine Grundsätze

1. Vertrauensvolle Zusammenarbeit

38 Oberstes Gebot ist wie im Betriebsverfassungsrecht eine vertrauensvolle Zusammenarbeit zwischen Dienststelle und Personalvertretung (§ 2 Abs. 1 BPersVG). Ein Personalratsvorsitzender darf sich nicht hinter dem Rücken des Dienststellenleiters an die Gewerkschaft wenden mit der Aufforderung, Bundestagsabgeordnete zu mobilisieren, damit die geplante Dienststellenverlegung verhindert wird; ein Dienststellenleiter muß dem Personalrat Gelegenheit zur Äußerung geben, wenn er von einer anderen Dienststelle aufgefordert wird, zu einer Angelegenheit Stellung zu nehmen, die mögliche Interessen der Beschäftigten berührt[28].

---

[27] *Altvater*, § 65 BPersVG Rn. 2.
[28] Beispiele bei *Söllner/Reinert*, Personalvertretungsrecht, S. 142 m.w.N.

III. Allgemeine Grundsätze

Der Leiter der Dienststelle und die Personalvertretung(en) sollen mindestens einmal im **39** Monat zu Besprechungen zusammentreten (§ 66 Abs. 1 Satz 1 BPersVG). Dabei sind insbesondere die Vorgänge zu behandeln, die die Beschäftigten wesentlich berühren; dazu gehört auch die Gestaltung des Dienstbetriebs (§ 66 Abs. 1 Satz 2 BPersVG)[29]. Sie haben über strittige Fragen mit dem ernsten Willen zur Einigung zu verhandeln und Vorschläge für die Beilegung von Meinungsverschiedenheiten zu machen (§ 66 Abs. 1 Satz 3 BPersVG). Außenstehende Stellen dürfen erst angerufen werden, wenn eine Einigung in der Dienststelle nicht erzielt worden ist (§ 66 Abs. 3 BPersVG). Außenstehende Stellen sind auch die übergeordnete Dienststelle und die bei ihr bestehende Stufenvertretung, wohl nicht aber die in der Dienststelle vertretenen Gewerkschaften und Arbeitgeberverbände (vgl. § 2 Abs. 1 BPersVG: „im Zusammenwirken mit den in der Dienststelle vertretenen Gewerkschaften und Arbeitgebervereinigungen")[30]. Wird das Verwaltungsgericht angerufen, ohne daß eine Einigung versucht worden ist, so kann das Rechtsschutzbedürfnis fehlen[31].

2. Friedenspflicht, Parteipolitik

Für Friedenspflicht und parteipolitische Betätigung gilt dasselbe wie im Betriebs- **40** verfassungsrecht (§§ 66 Abs. 2, 67 Abs. 1 Satz 3 BPersVG).

3. Gewerkschaften

Auch im Personalvertretungsrecht gilt der Grundsatz der Trennung von Beleg- **41** schaftsvertretung und Gewerkschaft. Auch hier stehen den Gewerkschaften im Rahmen der Koalitionsfreiheit originäre Rechte zu und daneben Unterrichtungs-, Beratungs-, Unterstützungs- und Antragsrechte im Rahmen des Personalvertretungsrechts[32]. Der Gesetzgeber hat aber den Grundsatz der Trennung von Gewerkschaft und Belegschaftsvertretung im Personalvertretungsrecht, in dem – konkurrierende – Gewerkschaften eine größere Rolle spielen als in der privaten Wirtschaft, stärker betont. Dienststelle und Personalvertretung müssen sich so verhalten, daß das Vertrauen der Verwaltungsangehörigen in die Objektivität und Neutralität ihrer Amtsführung nicht beeinträchtigt wird (§ 67 Abs. 1 Satz 2 BPersVG). Personalratsmitglieder dürfen sich zwar gewerkschaftlich betätigen, und zwar auch in der Dienststelle (§ 67 Abs. 2 BPersVG). Jede Verquickung mit dem Amt ist aber unzulässig[33]. Es darf nicht einmal der Anschein erweckt werden, als werde eine Amtshandlung von der Zugehörigkeit zu einer Gewerkschaft oder gar zu einer bestimmten Gewerkschaft abhängig gemacht. Das Bundesverwal-

---

[29] *Dietz/Richardi*, § 66 BPersVG Rn. 7.
[30] Sehr str., vgl. *Dietz/Richardi*, § 66 BPersVG Rn. 38 f.; *Söllner/Reinert*, Personalvertretungsrecht, S. 145.
[31] BVerwG, Beschl. v. 5.2.1971, AP Nr. 7 zu § 67 BPersVG.
[32] Vgl. §§ 2 Abs. 2, 19 Abs. 4, 25, 36, 67 Abs. 2, 83 BPersVG.
[33] *Dietz/Richardi*, § 67 BPersVG Rn. 43.

tungsgericht hat es deshalb den gewerkschaftlich organisierten Personalratsmitgliedern untersagt, während der Dienstzeit und im unmittelbaren Anschluß an eine vorhergehende Personalratstätigkeit auch außerhalb der Dienststelle und der Dienstzeit nachhaltig für ihre Gewerkschaft zu werben[34].

4. Grundsätze für die Behandlung der Arbeitnehmer

42 Für die Behandlung der Arbeitnehmer gelten dieselben Grundsätze wie in der Betriebsverfassung (§ 67 Abs. 1 Satz 1 BPersVG). Die Personalvertretung hat sich darüber hinaus für die Wahrung der Vereinigungsfreiheit der Beschäftigten einzusetzen (§ 67 Abs. 3 BPersVG); sie hat darauf hinzuwirken, daß der Dienststellenleiter Beschäftigte nicht deswegen benachteiligt, weil sie Mitglied oder kein Mitglied einer Gewerkschaft oder einer bestimmten Gewerkschaft sind. Die Vorschrift dient dem Schutz der positiven wie der negativen Koalitionsfreiheit[35].

5. Rechtsschutz

43 Für Rechtsstreitigkeiten aus dem BPersVG sind die Verwaltungsgerichte ausschließlich zuständig. Obwohl § 83 Abs. 1 BPersVG nur eine Aufzählung enthält, umfaßt die Zuständigkeit sämtliche personalvertretungsrechtlichen Streitigkeiten[36].

44 Die Zuweisung an die Verwaltungsgerichte trägt der Tatsache Rechnung, daß das Personalvertretungsrecht wegen der Einbeziehung der Beamten und der Auswirkungen auf die Dienststellenorganisation dem öffentlichen Recht zugeordnet wird. Den Besonderheiten des Mitbestimmungsrechts wird dadurch Rechnung getragen, daß die ersten beiden Instanzen außer mit einem Berufsrichter mit vier ehrenamtlichen Richtern besetzt sind (§ 84 Abs. 3 BPersVG) und daß für das Verfahren in Personalvertretungssachen die Vorschriften über das arbeitsgerichtliche Beschlußverfahren entsprechend gelten (§ 83 Abs. 2 BPersVG). Für die Entscheidung von Personalvertretungsangelegenheiten sind bei den Verwaltungsgerichten Fachkammern, bei den Oberverwaltungsgerichten (Verwaltungsgerichtshöfen) Fachsenate zu bilden (§ 84 Abs. 1 BPersVG). Die ehrenamtlichen Richter müssen Beschäftigte des Bundes sein. Sie werden von der Landesregierung je zur Hälfte auf Vorschlag der Gewerkschaften und der Verwaltungen (vgl. § 84 Abs. 2 Sätze 2-3 BPersVG) berufen; unter den auf Vorschlag der Gewerkschaften berufenen Beisitzern müssen sich je ein Beamter und ein Angestellter oder Arbeiter befinden. Keine Fachsenate gibt es beim Bundesverwaltungsgericht. Das Bundesverwal-

---

[34] BVerwG, Beschl. v. 1.10.1965, 14.2.1969, AP Nr. 7, 9 zu § 26 BPersVG; BVerfG, Beschl. v. 26.5.1970, AP Nr. 16 zu Art. 9 Abs. 3 GG.
[35] *Dietz/Richardi*, § 67 BPersVG Rn. 45 ff.
[36] *Dietz/Richardi*, § 83 BPersVG Rn. 2.

tungsgericht entscheidet in „normaler" Besetzung, d.h. mit fünf Berufsrichtern. Der Oberbundesanwalt vertritt das öffentliche Interesse[37].

Die Zuweisung der Personalvertretungssachen an die Verwaltungsgerichte birgt die Gefahr, daß es zu abweichenden Entscheidungen von Gerichten der Arbeits- und der Verwaltungsgerichtsbarkeit kommt: BAG und BVerwG haben teilweise über gleichlautende Vorschriften aus BetrVG und BPersVG zu urteilen, und die Arbeitsgerichte befinden überdies in Streitigkeiten der Arbeitnehmer im öffentlichen Dienst über personalvertretungsrechtliche Vorfragen mit. **45**

IV. Beteiligung

1. Beteiligungsformen

a) Vereinbarungen

Gegenstück zu Betriebsvereinbarung und Regelungsabrede (= Betriebsabsprache) sind Dienstvereinbarung und Dienstabsprache. Vorschriften zur Dienstabsprache fehlen. Es gelten dieselben Grundsätze wie zur Regelungsabrede im Betriebsverfassungsrecht[38]. Auch zur Dienstvereinbarung gibt es nur eine kärgliche Regelung. Der Gesetzgeber meinte wegen ihrer geringen Bedeutung auf Einzelheiten verzichten zu können[39], außerdem hielt er die Ausgestaltung für unstreitig. Dienstvereinbarungen sind nur zulässig, soweit das BPersVG sie ausdrücklich vorsieht (§ 73 Abs. 1 Satz 1 BPersVG). **46**

b) Dienstvereinbarungen

Vorgesehen sind Dienstvereinbarungen lediglich in den mitbestimmungspflichtigen sozialen und personellen Angelegenheiten nach § 75 Abs. 3 und § 76 Abs. 2 BPersVG[40]. Sie sind dementsprechend eher selten. Bei einem generellen Regelungsbedürfnis sind sie sozusagen vorweggenommene Mitbestimmung[41] und gelten damit das Mitbestimmungsrecht in allen gegenwärtigen und künftig betroffenen Fällen ab[42]. Ihrer Rechtsnatur nach sind sie öffentlich-rechtliche Verträge[43]. Hin- **47**

---

37 *Altvater*, § 84 BPersVG Rn. 26 f.
38 *Dietz/Richardi*, § 73 BPersVG Rn. 54 f.
39 Begr. RegE., BT-Drucks. VI/3721.
40 BVerwG, Beschl. v. 12.7.1984, ZBR 1985, 28; im einzelnen dazu *Dietz/Richardi*, § 73 BPersVG Rn. 16.
41 BVerwG, Beschl. v. 1.11.1983, PersV 1985, 473.
42 BVerwG, Beschl. v . 8.7.1983, PersV 1985, 65; Beschl. v. 26.3.1986, PersV 1986, 510.
43 *Dietz/Richardi*, § 73 BPersVG Rn. 4, 6.

sichtlich Wirkung, Beendigung und Nachwirkung gelten die Regeln für Betriebsvereinbarungen entsprechend mit zwei Ausnahmen: Dienstvereinbarungen für einen größeren Bereich gehen den Dienstvereinbarungen für einen kleineren Bereich vor (§ 73 Abs. 2 BPersVG). Es gilt also nicht das Spezialitäts-, sondern das Ordnungsprinzip. Und: Dienstvereinbarungen sind, soweit nichts anderes vorgesehen ist, fristlos kündbar[44]. In den Fällen, in denen die Einigungsstelle verbindlich entscheidet (§ 75 Abs. 3 Nrn. 1-6, 11-17 BPersVG), wirken sie entsprechend § 77 Abs. 6 BetrVG nach, bis sie durch eine andere Abmachung ersetzt werden[45].

2. Beteiligungsarten

a) Überblick

48 Auch im Personalvertretungsrecht gibt es die Beteiligungsarten der Mitbestimmung und der Mitwirkung, und auch hier gibt es die Mitbestimmung in den Formen der echten Mitbestimmung und des Zustimmungsverweigerungsrechts – im ersten Fall kann der Personalrat seine Zustimmung aus jedem Grund verweigern, im zweiten nur aus den im Gesetz genannten Gründen –, die Mitwirkung in den Formen des Beratungs-, des Anhörungs- und des Unterrichtungsrechts. Statt von Beratung spricht der Gesetzgeber von Mitwirkung, die er unter der Überschrift „Konsultationspflicht" als Pflicht des Arbeitgebers umreißt, die beabsichtigte Maßnahme vor der Durchführung mit dem Ziel einer Verständigung rechtzeitig und eingehend mit dem Personalrat zu erörtern (§ 72 Abs. 1 BPersVG). Darüber hinaus kennt das Personalvertretungsrecht ein förmliches Beteiligungsverfahren, das für den Bereich der Mitbestimmung und für eine Reihe von Mitwirkungsrechten gilt und das bei Mitbestimmung und Mitwirkung unterschiedlich ausgestaltet ist.

b) Förmliches Mitbestimmungsverfahren

49 Das förmliche Mitbestimmungsverfahren (§ 69 BPersVG) beginnt damit, daß der Leiter der Dienststelle den Personalrat von der beabsichtigten Maßnahme unterrichtet und seine Zustimmung beantragt. Der Personalrat hat seinen Beschluß innerhalb von zehn Arbeitstagen mitzuteilen. Der Leiter der Dienststelle kann die Frist in dringenden Fällen auf drei Arbeitstage abkürzen. Die Maßnahme gilt als gebilligt, wenn nicht der Personalrat innerhalb der genannten Frist die Zustimmung unter Angabe des Grundes schriftlich verweigert. Verweigert der Personalrat die Zustimmung form- und fristgerecht, so kann der Dienststellenleiter oder der Personalrat die Angelegenheit auf dem Dienstweg den übergeordneten Dienststellen, bei denen Stufenvertretungen bestehen, vorlegen. Kann sich auch die oberste Dienstbehörde nicht mit der bei ihr bestehenden Stufenvertretung einigen, so entscheidet

---

[44] *Altvater*, § 73 BPersVG Rn. 11; *Dietz/Richardi*, § 73 BPersVG Rn. 47.
[45] *Altvater*, § 73 BPersVG Rn. 13; *Dietz/Richardi*, § 73 BPersVG Rn. 29 ff.

die Einigungsstelle, und zwar möglichst binnen zwei Monaten. Deren Entscheidung ist im Normalfall verbindlich; in Angelegenheiten der Beamten und „in sonstigen allgemeinen Angelegenheiten" (§ 76 BPersVG) beschließt die Einigungsstelle, wenn sie sich nicht der Auffassung der obersten Dienstbehörde anschließt, eine Empfehlung an diese. Die oberste Dienstbehörde entscheidet sodann endgültig. Obwohl das Gesetz von Mitbestimmung spricht, handelt es sich in diesen Fällen der Sache nach um Mitwirkung. In den Personalangelegenheiten der Arbeitnehmer und der Beamten, in denen der Personalrat nur ein Zustimmungsverweigerungsrecht hat, stellt die Einigungsstelle fest, ob ein Grund zur Verweigerung der Zustimmung besteht. Der Gesetzgeber hat der Einigungsstelle hier also die Entscheidung einer Rechtsfrage übertragen, die allerdings voll der Nachprüfung durch die Verwaltungsgerichte unterliegt[46].

c) Förmliches Mitwirkungsverfahren

Das förmliche Mitwirkungsverfahren beginnt ähnlich wie das Mitbestimmungsverfahren: Äußert sich der Personalrat nicht innerhalb von zehn Arbeitstagen nach der „Erörterung" oder hält er bei der Erörterung seine Einwendungen und Vorschläge nicht aufrecht, so gilt die beabsichtigte Maßnahme als gebilligt. Entspricht die Dienststelle den Einwendungen des Personalrats nicht oder nicht in vollem Umfange, so kann der Personalrat die Angelegenheit binnen drei Arbeitstagen nach Zugang der Mitteilung auf dem Dienstwege den übergeordneten Dienststellen, bei denen Stufenvertretungen bestehen, vorlegen. Diese entscheiden nach Verhandlung mit der bei ihnen bestehenden Stufenvertretung. Eine Anrufung der Einigungsstelle kommt nicht in Betracht (§ 72 Abs. 2-4 BPersVG).

50

---

[46] *Dietz/Richardi*, § 69 BPersVG Rn. 83.

d) Vorläufige Maßnahmen

51 Da das förmliche Mitbestimmungs- und Mitwirkungsverfahren Zeit kostet, gestattet das Gesetz dem Leiter der Dienststelle bei Maßnahmen, die der Sache nach keinen Aufschub dulden, vorläufige Regelungen zu treffen (§§ 69 Abs. 5, 72 Abs. 6 BPersVG).

e) Vorschlags- und Initiativrecht

52 Der Personalrat kann dem Leiter der Dienststelle jederzeit im Rahmen seiner allgemeinen Aufgaben (§ 68 BPersVG) Vorschläge unterbreiten. In einer Reihe von Fällen gibt ihm das Gesetz darüber hinaus ein Initiativrecht, das, wenn der Leiter der Dienststelle sich seinem Vorschlag nicht anschließt, das förmliche Mitbestimmungsverfahren auslöst. Dieses Verfahren endet in sozialen Angelegenheiten, bei der Durchführung der Berufsausbildung von Arbeitnehmern, beim Absehen von Stellenausschreibungen und bei der Gestaltung des Arbeitsplatzes mit der Entscheidung der Einigungsstelle, in den übrigen Fällen, für die ein förmliches Mitbestimmungsverfahren vorgesehen ist, mit der Entscheidung der obersten Dienststelle (§ 70 BPersVG).

3. Beteiligungspflichtige Angelegenheiten

a) Allgemeines

Auch im Personalvertretungsrecht gibt es Beteiligungsrechte in sozialen, technisch-organisatorischen, personellen und wirtschaftlichen Angelegenheiten. Das wird allerdings auf den ersten Blick nicht deutlich. Der Gesetzgeber hat nämlich in erster Linie nach der Art der Beteiligung gegliedert, sodann nach Arbeitnehmern und Beamten und erst zum Schluß nach den beteiligungspflichtigen Angelegenheiten, wobei er die unterschiedlichen Angelegenheiten im allgemeinen nicht deutlich voneinander getrennt hat. Ganz generell wirkt der Personalrat mit bei der Vorbereitung von Verwaltungsanordnungen einer Dienststelle für die innerdienstlichen, sozialen und persönlichen Angelegenheiten der Beschäftigten ihres Geschäftsbereichs, wenn nicht nach § 94 BBG die Spitzenorganisationen der zuständigen Gewerkschaften bei der Vorbereitung zu beteiligen sind (§ 78 Abs. 1 Nr. 1 BPersVG).

53

b) Soziale Angelegenheiten

Der Katalog der sozialen Angelegenheiten entspricht in etwa dem des BetrVG. Es fehlt eine Mitbestimmung bei Kurz- und Mehrarbeit. Dafür hat der Personalrat ein Mitbestimmungsrecht bei der Geltendmachung von Ersatzansprüchen gegen einen Beschäftigten (§ 76 Abs. 2 Nr. 9 BPersVG). Sozialpläne werden sachlich richtig unter den sozialen Angelegenheiten aufgeführt.

54

c) Technisch-organisatorische Angelegenheiten

Der Personalrat hat mitzubestimmen bei der Einführung grundlegend neuer Arbeitsmethoden (§ 76 Abs. 2 Nr. 7 BPersVG), bei Maßnahmen zur Hebung der Arbeitsleistung und Erleichterung des Arbeitsablaufs (§ 76 Abs. 2 Nr. 5 BPersVG) und bei der Gestaltung der Arbeitsplätze (§ 75 Abs. 3 Nr. 16 BPersVG). Bei Neu-, Um- und Erweiterungsbauten von Diensträumen und bei grundlegenden Änderungen von Arbeitsverfahren und Arbeitsabläufen ist er anzuhören (§ 78 Abs. 4, 5 BPersVG).

55

d) Personelle Angelegenheiten

aa) Allgemeine personelle Angelegenheiten. Ähnlich wie der Betriebsrat bestimmt der Personalrat mit bei dem Inhalt von Personalfragebögen (§§ 75 Abs. 3 Nr. 8, 76 Abs. 2 Nr. 2 BPersVG), bei Beurteilungs- (§§ 75 Abs. 3 Nr. 9, 76 Abs. 2 Nr. 3 BPersVG) und Auswahlrichtlinien (§ 76 Abs. 2 Nr. 8 BPersVG) sowie beim Absehen von Stellenausschreibungen (§ 75 Abs. 3 Nr. 14 BPersVG).

56

bb) Berufsbildung. Mitbestimmungspflichtig sind die Berufsausbildung bei Angestellten und Arbeitern (§ 75 Abs. 3 Nr. 6 BPersVG), die Auswahl von Teilneh-

57

mern an Fortbildungsveranstaltungen (§§ 75 Abs. 3 Nr. 7, 76 Abs. 2 Nr. 1 BPersVG) sowie die Fragen der Fortbildung (§ 76 Abs. 2 Nr. 6 BPersVG). An Prüfungen, die eine Dienststelle von den Beschäftigten ihres Bereichs abnimmt, kann ein Mitglied des für diesen Bereich zuständigen Personalrats, das von diesem benannt ist, beratend teilnehmen (§ 80 BPersVG).

58 **cc) Personelle Einzelmaßnahmen.** Bei personellen Einzelmaßnahmen unterscheidet das Gesetz nach Arbeitnehmern und Beamten; außerdem schränkt es die Beteiligung bei bestimmten Beschäftigungsgruppen ein. Der Personalrat hat mitzubestimmen in Personalangelegenheiten

der Angestellten und Arbeiter bei	der Beamten bei
Einstellung	Einstellung, Anstellung
Übertragung einer höher oder niedriger zu bewertenden Tätigkeit, Höher- oder Rückgruppierung, Eingruppierung	Beförderung, Übertragung eines anderen Amtes mit höherem Endgrundgehalt ohne Änderung der Amtsbezeichnung, Verleihung eines anderen Amtes mit anderer Amtsbezeichnung beim Wechsel der Laufbahngruppe, Laufbahnwechsel, Übertragung einer höher oder niedriger zu bewertenden Tätigkeit
Versetzung zu einer anderen Dienststelle, Umsetzung innerhalb der Dienststelle, wenn sie mit einem Wechsel des Dienstortes verbunden ist	Versetzung zu einer anderen Dienststelle, Umsetzung innerhalb der Dienststelle, wenn sie mit einem Wechsel des Dienstortes verbunden ist
Abordnung für eine Dauer von mehr als drei Monaten	Abordnung für eine Dauer von mehr als drei Monaten
Weiterbeschäftigung über die Altersgrenze hinaus	Hinausschiebung des Eintritts in den Ruhestand wegen Erreichens der Altersgrenze
Anordnungen, welche die Freiheit in der Wahl der Wohnung beschränken	Anordnungen, welche die Freiheit in der Wahl der Wohnung beschränken
Versagung oder Widerruf der Genehmigung einer Nebentätigkeit	Versagung oder Widerruf der Genehmigung einer Nebentätigkeit
	Ablehnung eines Antrags auf Teilzeitbeschäftigung, Ermäßigung der regelmäßigen Arbeitszeit oder Urlaub

59 Der Personalrat kann seine **Zustimmung** aus denselben Gründen **verweigern** wie der Betriebsrat. Bei der Einleitung eines förmlichen Disziplinarverfahrens gegen einen Beamten, bei der Entlassung von Beamten auf Probe und auf Widerruf und bei der vorzeitigen Versetzung in den Ruhestand wirkt der Personalrat nur mit, wenn der Beschäftigte das beantragt (§ 78 Abs. 1 Nr. 3-5, Abs. 2 BPersVG).

60 **dd) Kündigung.** Ein (förmliches) Mitwirkungsrecht hat der Personalrat auch bei der ordentlichen Kündigung. Er kann aus denselben Gründen Einwendungen erheben wie der Betriebsrat. Hat er das form- und fristgerecht getan und erhebt der Ar-

beitnehmer Kündigungsschutzklage, so ist der Arbeitnehmer auf Antrag bis zum Abschluß des Rechtsstreits zu unveränderten Arbeitsbedingungen weiterzubeschäftigen (§ 79 Abs. 2 BPersVG). Vor fristlosen Entlassungen von Beamten auf Probe oder auf Widerruf und vor außerordentlichen Kündigungen ist der Personalrat anzuhören (§ 79 Abs. 3 BPersVG). Eine Kündigung ohne Beteiligung des Personalrats ist unwirksam (§ 79 Abs. 4 BPersVG).

ee) **Ausnahmen.** In Personalangelegenheiten von Beschäftigten mit Gegnerbezug zum Personalrat (§ 14 Abs. 3 BPersVG), der Beamten auf Zeit und der Beschäftigten mit überwiegend künstlerischer oder wissenschaftlicher Tätigkeit bestimmt der Personalrat nur mit, wenn sie es beantragen. Kein Mitbestimmungsrecht in Personalangelegenheiten und beim Absehen von der Ausschreibung von Dienstposten hat er bei politischen Beamten, bei Beamten von der Besoldungsgruppe A 16 aufwärts (§ 77 Abs. 1 BPersVG) und bei Angestellten, die entweder auf einer solchen Besoldungsstelle geführt werden oder die eine gleichwertige Tätigkeit ausüben (A 16 = BAT Vergütungsgruppe I)[47]. 61

e) Innerdienstliche Angelegenheiten

Das Personalvertretungsrecht kennt den Begriff „wirtschaftliche Angelegenheiten" nicht. Aber natürlich werden auch hier Entscheidungen getroffen, die den unternehmerischen Entscheidungen entsprechen. Außer bei der Vorbereitung von Verwaltungsanordnungen für die innerdienstlichen Angelegenheiten ist der Personalrat zu beteiligen vor der Weiterleitung von Personalanforderungen zum Haushaltsvoranschlag (§ 78 Abs. 3 Satz 1 BPersVG); hier hat er ein Anhörungsrecht. 62

---

[47] BVerwG, Beschl. v. 2.10.1978, PersV 1979, 464.

§ 18 Änderung von Arbeitsbedingungen

Das Arbeitsverhältnis als Dauerschuldverhältnis bedarf naturgemäß ständiger Anpassung[1]. Die jährlichen Tarifrunden zeugen davon.

1. Änderungsvorbehalt

Wenig Probleme bereitet es, wenn sich eine Seite die Anpassung vorbehalten hat. In der Praxis gibt es derartige Vorbehalte im Arbeitsvertrag nur zugunsten des Arbeitgebers, und zwar in Gestalt der Leistungsbestimmungsrechte (Änderungs- und Widerrufsvorbehalte, Versetzungsklauseln, vorbehaltene Teilkündigungen). Tarifverträge sehen mitunter für beide Seiten die Möglichkeit einer Teilkündigung vor. Betriebsvereinbarungen über freiwillige Leistungen können von Gesetzes wegen mit einer Frist von drei Monaten gekündigt werden.

2. Einvernehmliche Änderung

Unproblematisch ist es auch, wenn sich die Vertragsparteien auf eine Änderung einigen, die Tarifvertragsparteien auf die Änderung des Tarifvertrags, die Betriebspartner auf die Änderung einer Betriebsvereinbarung, die Arbeitsvertragsparteien auf die des Arbeitsvertrags. Hier geht es eher um Fragen der allgemeinen Vertragslehre, nämlich wann eine Änderung vorliegt, wie etwa bei der betrieblichen Übung, oder wie weit eine Änderung gehen darf; Stichwörter sind hier „Inhaltskontrolle" beim Arbeitsvertrag und „Vertrauensschutz" und „Rückwirkungsverbot" bei Tarifverträgen und Betriebsvereinbarungen.

3. Überkreuzablösung

Schwieriger wird es, wenn ein Regelungsinstrument durch ein andersartiges geändert werden soll: ein Kollektivvertrag durch den Arbeitsvertrag oder ein Arbeitsvertrag durch eine Kollektivvereinbarung oder - innerhalb des Kollektivrechts - ein Tarifvertrag durch eine Betriebsvereinbarung (Sprechervereinbarung, Dienstver-

---

[1] Zu Möglichkeiten und Grenzen der Anpassung von Arbeitsbedingungen ausf. *Hromadka*, RdA 192, 234 ff.

einbarung) oder umgekehrt. Diese Fragen beantworten sich aus der **Rechtsquellenlehre.** Deren Grundgedanke ist verhältnismäßig einfach: Die stärkere Rechtsquelle geht der schwächeren vor, die schwächere der stärkeren ausnahmsweise dann, wenn die stärkere das zuläßt **(Öffnungsklausel)** oder die Regelung der schwächeren für den Arbeitnehmer günstiger ist **(Günstigkeitsprinzip).** Anderes gilt lediglich im Verhältnis Tarifvertrag/Betriebsvereinbarung und Dienstvereinbarung: Hier sperren tarifliche oder tarifübliche Regelungen grundsätzlich auch günstigere Regelungen in der rangniederen Rechtsquelle.

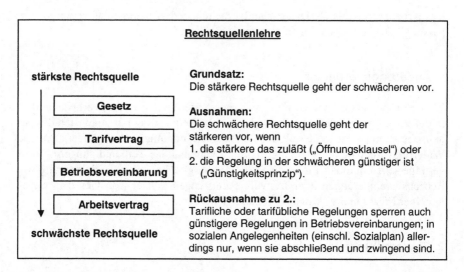

4. Änderung ohne Änderungsvorbehalt

5   Am schwierigsten ist es, wenn die Parteien nicht durch Änderungsvorbehalt im Vertrag vorgesorgt haben und wenn sie auch nicht zu einer einvernehmlichen Anpassung bereit sind. Dem Versuch, den Vertragspartner auszutauschen, um zu einer einvernehmlichen Lösung zu gelangen (z. B. Vereinbarung mit dem Betriebsrat oder mit den Arbeitnehmern statt mit der Gewerkschaft oder mit dem Betriebsrat statt mit allen Arbeitnehmern), auf den ein Gutteil der Rechtsquellenprobleme zurückgeht, sind enge Grenzen gesetzt. Das Gesetz mußte deshalb **Pattlösemechanismen** zur Verfügung stellen.

6   Beim **Arbeitsvertrag** ist das die **Änderungskündigung,** die dem Arbeitgeber die Möglichkeit zu einer einseitigen Änderung der Individualarbeitsbedingungen gibt. Die **Betriebsvereinbarung** können Arbeitgeber und Betriebsrat mit einer Frist von drei Monaten **kündigen;** in mitbestimmungspflichtigen Angelegenheiten können sie die **Einigungsstelle** anrufen. Zur Anpassung der **Tarifbedingungen** steht notfalls der **Arbeitskampf** zur Verfügung. Den Streik muß man zugleich als Gegenstück zur Änderungskündigung sehen. So wie der Arbeitgeber mit der Kün-

digung droht, um Arbeitsvertragsbedingungen zu seinen Gunsten zu verändern, so droht die Gewerkschaft mit Streik, um die Arbeitsbedingungen zugunsten der Arbeitnehmer zu verändern. Daß Tarifrunden viel häufiger sind als Anpassungen durch den Arbeitgeber, liegt hauptsächlich daran, daß das Leistungs-Gegenleistungsgefüge sich durch die Erhöhung der Lebenshaltungskosten immer wieder zu Lasten der Arbeitnehmer verschiebt.

5. Übersicht über Fundstellen

Die Möglichkeiten zur Änderung von Arbeitsbedingungen im einzelnen sind im Rahmen der jeweiligen Rechtsinstitute dargestellt worden. Hier muß eine zusammenfassende Übersicht genügen. 7

Änderung von Arbeitsbedingungen

1. mit Änderungsvorbehalt
- Arbeitsvertrag → Leistungsbestimmungsrecht, Bd. I, § 5 Rn. 133, § 10 Rn. 371 ff.
- Tarifvertrag → vorbehaltene Teilkündigung, Bd. II, § 13 Rn. 94

2. ohne Änderungsvorbehalt
a) einseitig
- Arbeitsvertrag → Änderungskündigung, Bd. I, § 10 Rn. 366 ff.
- Betriebsvereinbarung → Kündigung, WGG, Bd. II, § 16 Rn. 406 f.
- Tarifvertrag → Arbeitskampf, Bd. II, § 14 Rn. 1 ff.
  → Kündigung, Bd. II, § 13 Rn. 92 ff.
  → Wegfall d. Geschäftsgrundlage, Bd. II § 13 Rn. 95

b) einvernehmlich
- Arbeitsvertrag → Änderungsvertrag, Bd. I, § 5 Rn. 170 ff., § 10 Rn. 366 ff.
- Betriebsvereinbarung → ändernde Betriebsvereinbarung, Bd. II, § 16 Rn. 641
- Tarifvertrag → ändernder Tarifvertrag, Bd. II, § 13 Rn. 42

c) einvernehmlich durch anderweitigen Vertrag (Überkreuzablösung)
- Arbeitsvertrag → ablösende Betriebsvereinbarung, Bd. II, § 16 Rn. 387, 400
  → umstrukturierende Betriebsvereinbarung, Bd. II, § 16 Rn. 388 f.
- Betriebsvereinbarung → Arbeitsvertrag
    • Günstigkeitsprinzip, Bd. II, § 16 Rn. 384 ff., 403
    • Öffnungsklausel, Bd. II, § 16 Rn. 376, 403
  → Tarifvertrag, Bd. II, § 16 Rn. 364 ff., 373 ff., 380

- Tarifvertrag → Arbeitsvertrag
  - Günstigkeitsprinzip, Bd. II, § 13 Rn. 279, 282 ff.
  - Öffnungsklausel, Bd. II, § 13 Rn. 278
  → Betriebsvereinbarung
  - Öffnungsklausel, Bd. II, § 13 Rn. 278

Änderung von Arbeitsbedingungen

Regelung in / Änderung		Arbeitsvertrag	kollektivrechtliche Regelung	
			Betriebsvereinbarung	Tarifvertrag
individual-rechtlich		bei Änderungsvorbehalt: durch Leistungsbestimmung ohne Änderungsvorbehalt: durch Änderungsvertrag, ggf. unter dem Druck einer Änderungskündigung	durch Änderungsvertrag, wenn die individualrechtliche Regelung günstiger ist als die kollektivrechtliche („Günstigkeitsprinzip") oder, falls sie ungünstiger ist, wenn die kollektivrechtliche es zuläßt („Öffnungsklausel"); bei Arbeitszeitfragen kommt es weder auf Günstigkeit noch auf Zulassung an (sehr streitig)	
kollektiv-rechtlich	durch Betriebs-vereinbarung	durch Betriebsvereinbarung/ Tarifvertrag: bei Änderungsvorbehalt („betriebsvereinbarungsoffen", „tarifoffen") oder ohne Änderungsvorbehalt, wenn Sozialleistungen, die für den Arbeitnehmer erkennbar einen kollektiven Bezug haben, umstrukturiert werden sollen	durch (ändernde) Betriebsvereinbarung	durch Betriebsvereinbarung, wenn der Tarifvertrag das zuläßt (sehr selten), ansonsten sind auch günstigere Betriebsvereinbarungen unwirksam („Tarifsperre")
	durch Tarif-vertrag	(„umstrukturierende Betriebsvereinbarung", „umstrukturierender Tarifvertrag"); letzteres problematisch und bisher nicht entschieden; nicht: durch sonstige günstigere oder ungünstigere Kollektivvertrag; er schafft lediglich soweit sich Ansprüche decken, eine zweite Anspruchsgrundlage	Tarifvertrag über dieselbe Arbeitsbedingung macht Betriebsvereinbarung unwirksam („Tarifsperre"), sofern der Tarifvertrag die Betriebsvereinbarung nicht zuläßt („Öffnungsklausel") oder es sich um soziale Angelegenheiten (einschl. Sozialplan handelt), die der Tarifvertrag nicht abschließend und zwingend regelt	durch (ändernden) Tarifvertrag

§ 19 Der Betriebsinhaberwechsel

I. Allgemeines

1. Begriff und Arten des Betriebsinhaberwechsels

a) Begriff

Unter einem „Betriebsinhaberwechsel" versteht man den Übergang eines Betriebs oder eines Betriebsteils als Organisationseinheit mit allen dazugehörigen materiellen und immateriellen Betriebsmitteln (**„assets"**) auf einen anderen Rechtsträger (**„asset deal"**). Der andere Rechtsträger – der „Betriebsinhaber" – kann eine natürliche oder juristische Person sein; er kann bereits vor dem Betriebsübergang bestehen oder erst aus Anlaß des Betriebsübergangs gegründet werden. **Kein Betriebsübergang** im hier gemeinten Sinn ist die Übertragung von Anteilen am Rechtsträger, etwa die Veräußerung von Aktien einer AG. Bei einem solchen **„share deal"** bleibt der Rechtsträger und damit der Betriebsinhaber und der Arbeitgeber derselbe, nur der Anteilsinhaber wechselt.

1

b) Arten

aa) Betriebsübergang durch Gesamtrechtsnachfolge. Bei einer Gesamtrechtsnachfolge (**Universalsukzession**) tritt ein neuer Rechtsträger kraft Gesetzes an die Stelle des bisherigen Rechtsträgers; dessen Vermögen geht auf den neuen Rechtsträger uno actu über. Der wichtigste Fall eines solchen Betriebsübergangs ist der Erbfall. Nach § 1922 BGB rückt der Erbe ohne weiteres in die Rechtsstellung des Erblassers ein und damit auch in die vom Erblasser abgeschlossenen Arbeitsverträge. Zu einer Gesamtrechtsnachfolge kommt es weiter, wenn Unternehmen nach den Vorschriften des Umwandlungsgesetzes (UmwG)[1] verschmolzen oder aufgespalten werden oder wenn sie ihre Rechtsform ändern. Für das Arbeitsverhältnis gelten in diesem Falle jedoch nicht die Regeln der Gesamtrechtsnachfolge, sondern die des § 613a BGB, d.h. die für den Betriebsübergang im Wege der Einzelrechtsnachfolge. Das ergibt sich aus dem nicht gerade klar formulierten § 324 UmwG.

2

---

[1] Vom 28.10.1994, BGBl. I, S. 3210.

3   **bb) Betriebsübergang durch Einzelrechtsnachfolge.** Von einer Einzelrechtsnachfolge spricht man, wenn ein Betrieb oder Betriebsteil durch Rechtsgeschäft auf einen anderen Inhaber übergeht. Im Gegensatz zur Gesamtrechtsnachfolge werden hier die materiellen und immateriellen Betriebsmittel einzeln nach §§ 398, 413, 929, 873, 925 BGB übertragen. Die Auswirkungen auf das Arbeitsverhältnis regelt § 613a BGB.

2. Normzwecke des § 613a BGB

a) Sicherung von Bestand und Inhalt des Arbeitsverhältnisses

4   § 613a BGB schützt in erster Linie den Bestand und den Inhalt des Arbeitsverhältnisses. Das Arbeitsverhältnis soll unverändert fortbestehen, wenn zwar der Inhaber des Betriebs oder Betriebsteils wechselt, aber der Arbeitsplatz, d.h. die konkrete Arbeitsaufgabe innerhalb der vom Betriebsveräußerer geschaffenen und vom Betriebserwerber übernommenen Arbeitsorganisation, erhalten bleibt. Zu diesem Zweck wird das Arbeitsverhältnis von der Person des bisherigen Arbeitgebers gelöst und an die fortbestehende betriebliche Organisation beim Erwerber geknüpft[2]. Macht sich der **Erwerber** die vorgefundene und noch funktionsfähige Organisation des alten Inhabers zur Verfolgung eigener Zwecke zunutze, so **tritt er** von Gesetzes wegen **in die Rechte und Pflichten aus den Arbeitsverhältnissen ein**, die zu dieser Organisation gehören[3]. Ob er die beim alten Inhaber beschäftigten Arbeitnehmer übernehmen will oder nicht, spielt keine Rolle. Die freiwillige Übernahme von Mitarbeitern, deren Arbeitsverhältnisse nicht schon nach § 613a BGB übergehen, sei es durch den Abschluß neuer Arbeitsverträge, sei es durch Vertragsübernahme, wird durch § 613a BGB nicht ausgeschlossen. Sie kann sogar, nämlich wenn ein nach Zahl und Sachkunde wesentlicher Teil der Belegschaft unter Aufrechterhaltung der organisatorischen Einheit übernommen wird, zu einem Betriebsübergang führen. Freiwillig ist dann zwar die Personalübernahme, der neue Arbeitgeber muß den Übernommenen aber wegen § 613a Abs. 1 BGB die bisherigen Arbeitsbedingungen fortgewähren[4]. Außerdem gehen die Arbeitsverhältnisse der nicht übernommenen Mitarbeiter, die in dem Betriebsteil tätig waren, auf ihn über.

5   Damit der von § 613a BGB bezweckte Bestands- und Inhaltsschutz nicht leerläuft, **schließt** der Gesetzgeber auch **die Kündigung wegen eines Betriebsübergangs** aus (§ 613a Abs. 4 Satz 1 BGB). Zulässig bleibt die Kündigung aus anderen Gründen (§ 613a Abs. 4 Satz 2 BGB), etwa wegen der Stillegung eines Betriebs oder Betriebsteils. Bestands- und Inhaltsschutz werden dem **Arbeitnehmer** aber nicht aufgedrängt; er **kann dem Übergang des Arbeitsverhältnisses auf einen**

---

[2]   Soergel/*Raab*, § 613a BGB Rn. 19, 46; MünchArbR/*Wank*, § 120 Rn. 40.
[3]   *Willemsen*, RdA 1991, 204 (211).
[4]   BAG, Urt. v. 13.11.1997, AP Nr. 169 zu § 613a BGB.

neuen Inhaber widersprechen[5]. Damit bleibt zwar das Arbeitsverhältnis mit dem alten Arbeitgeber bestehen, der Arbeitnehmer trägt aber das Risiko einer betriebsbedingten Kündigung, wenn eine Weiterbeschäftigung nicht mehr möglich ist[6]. In aller Regel büßt er damit seinen Arbeitsplatz ein, und zwar vielfach, ohne daß er während der Kündigungsfrist Entgelt erhielte (§ 615 Satz 2 BGB)[7], und häufig, ohne daß ihm Leistungen aus einem Sozialplan zustünden, weil er eine zumutbare andere Tätigkeit ausgeschlagen hat[8].

b) Weitere Zwecke

§ 613a Abs. 1 Sätze 2-4 BGB sichert die **Fortgeltung der beim Veräußerer maßgeblichen kollektivvertraglichen Regelungen.** Der Erwerber hat aber die Möglichkeit, die bei ihm geltenden Arbeitsbedingungen zur Anwendung zu bringen (s. Rn. 101 ff., 105 ff.).§ 613a BGB dient des weiteren dem **Schutz der Kontinuität des Betriebsratsamtes.** Bleibt die Identität des Betriebs gewahrt und gehen deshalb die Arbeitsverhältnisse über, läßt der Betriebsinhaberwechsel auch das Amt des Betriebsrats unberührt. § 613a Abs. 2 BGB verteilt das **Haftungsrisiko** zwischen altem und neuem Arbeitgeber. Für die Ansprüche aus dem Arbeitsverhältnis, die vor dem Betriebsübergang entstanden sind, haften dem Arbeitnehmer der alte und der neue Betriebsinhaber als Gesamtschuldner; die Haftung des neuen Inhabers ist allerdings beschränkt, wenn er den Betrieb im Zuge eines Insolvenzverfahrens erwirbt (s. Rn. 50 ff., 77 ff.).

6

II. Der Tatbestand des Betriebsübergangs

1. Prüfungsschema

Die Rechtsfolgen des § 613a BGB werden beim Übergang des gesamten Betriebs (Rn. 13 ff.) oder eines Betriebsteils (Rn. 23 ff.) ausgelöst. Die Übertragung einzelner Betriebsmittel (Anlagen, Maschinen usw.) ohne die zugehörige betriebliche Organisation genügt nicht. Der Betrieb oder der Betriebsteil darf nicht zuvor für längere Zeit oder auf Dauer stillgelegt gewesen sein (Rn. 28 ff.). Schließlich muß der Übergang aufgrund eines Rechtsgeschäfts erfolgen oder mit einer Unternehmensumwandlung (Verschmelzung, Spaltung usw.) einhergehen, die nach den Vorschriften des Umwandlungsgesetzes vollzogen wird (Rn. 43 ff.).

7

---

[5] BAG, Urt. v. 30.10.1986, AP Nr. 55 zu § 613a BGB.
[6] So ausdrücklich BAG, Urt. v. 19.3.1998, AP Nr. 177 zu § 613a BGB.
[7] BAG, Urt. v. 19.3.1998, AP Nr. 177 zu § 613a BGB.
[8] BAG, Urt. v. 5.2.1997, AP Nr. 112 zu § 112 BetrVG 1972.

2. Europarechtliche Vorgaben

8 § 613a BGB muß europarechtskonform im Lichte der Richtlinie der Europäischen Gemeinschaft über die Wahrung von Ansprüchen der Arbeitnehmer beim Übergang von Unternehmen, Betrieben oder Betriebsteilen[9] ausgelegt werden. Zu dieser gibt es eine umfangreiche Rechtsprechung des EuGH. Die Richtlinie verwendet für die Begriffe Unternehmen, Betrieb und Betriebsteil den Oberbegriff der **„wirtschaftlichen Einheit"**. Unter einer wirtschaftlichen Einheit ist die organisierte Zusammenfassung von Ressourcen (Personen und Sachen) zur Verfolgung einer wirtschaftlichen Haupt- oder Nebentätigkeit zu verstehen, die auf eine gewisse Dauer angelegt ist. Die Rechtsfolgen des Übergangs im Sinne der Richtlinie werden ausgelöst, wenn die wirtschaftliche Einheit ihre **„Identität bewahrt"**:

9 Die Richtlinie verlangt mithin eine **dreistufige Prüfung**.
1. Zunächst muß untersucht werden, ob die auf eine andere Person übergegangene Organisation eine **„wirtschaftliche Einheit"** darstellt. Die Tätigkeit von Arbeitnehmern auf bestimmten Arbeitsplätzen genügt für sich allein nicht[10].
2. Sodann ist zu prüfen, worin die **identitätsprägenden Merkmale** der betreffenden Einheit bestehen.
3. Schließlich ist festzustellen, ob der Inhaberwechsel die identitätsprägenden Merkmale der wirtschaftlichen Einheit **unberührt** gelassen hat.

10 Erforderlich ist eine Gesamtbewertung aller Umstände, bei der insbesondere zu berücksichtigen sind
– die **Art** des betreffenden Unternehmens oder Betriebs (Produktionsunternehmen, Dienstleister, Großhandel, Einzelhandel, Gaststätte usw.),
– der etwaige **Übergang materieller Betriebsmittel** (Gebäude und bewegliche Güter),
– der Wert der **immateriellen Aktiva** im Zeitpunkt des Übergangs (Know how, Lizenzen, Goodwill des Unternehmens),
– die etwaige **Übernahme der Hauptbelegschaft** durch den neuen Inhaber,
– der etwaige **Übergang der Kundschaft,**
– der Grad der **Ähnlichkeit** zwischen den vor und nach dem Übergang verrichteten Tätigkeiten (der bloße Verlust eines Auftrags genügt nicht) und
– die Dauer einer eventuellen **Unterbrechung** dieser Tätigkeiten.

11 Diese Umstände dürfen nicht isoliert gesehen werden[11]. Die Übertragung materieller Betriebsmittel ist weder eine hinreichende noch eine notwendige Voraussetzung für einen Betriebsübergang.

---

[9] RL 77/187/EWG v. 5.3.1977, ABl. Nr. L 61, S. 26; neugefaßt durch RL 2001/23/EG v. 12.3.2001, ABl. Nr. L 82 S. 13.
[10] EuGH, Urt. v. 11.3.1997, AP Nr. 14 zu EWG-Richtlinie Nr. 77/187 Tz. 14 unter Aufgabe von EuGH, Urt. v. 14.4.1994, AP Nr. 106 zu § 613a BGB.

Die Konzeption des Gemeinschaftsrechts ist **nicht unproblematisch**. Die Berücksichtigung aller Umstände mag zwar den Besonderheiten des Einzelfalles gerecht werden, sie geht aber mangels eindeutiger Bewertungsmaßstäbe auf Kosten der Rechtssicherheit. Überdies ermöglicht sie es dem Erwerber, Einfluß auf den Eintritt der Rechtsfolgen des § 613a BGB zu nehmen[12]. Die Anwendung des § 613a BGB kann entscheidend davon abhängen, ob der neue Betriebsinhaber freiwillig die Hauptbelegschaft des alten Inhabers übernimmt. Das wird er vermeiden, wenn er, so wie es § 613a Abs. 1 BGB vorsieht, die Mitarbeiter nur zu den bisherigen Arbeitsbedingungen beschäftigen darf. Die beschäftigungssichernde Wirkung des § 613a BGB wird damit in ihr Gegenteil verkehrt[13].

12

3. Übergang eines Betriebs im ganzen

a) Begriff des Betriebs

aa) Grundsatz. § 613a BGB ist anwendbar, wenn ein Betrieb im ganzen auf einen anderen Inhaber übergeht. Der Betriebsbegriff ist im Lichte der Betriebsübergangsrichtlinie auszulegen, die nur vom Übergang der „wirtschaftlichen Einheit" spricht. Lange Zeit war streitig, ob zum Betrieb im Sinne des § 613a BGB nur die sächlichen und immateriellen Betriebsmittel gehören, wie die Rechtsprechung annahm[14], oder ob der Betrieb im allgemeinen arbeitsrechtlichen Sinne zu verstehen ist, d.h. einschließlich der Arbeitnehmer, wie die h. L.[15] meinte. Das BAG war der Ansicht, daß der Übergang der Arbeitsverhältnisse Rechtsfolge des § 613a BGB sei und daß er deshalb nicht zugleich zum Tatbestand der Norm gehören könne. Mit diesem eher formallogischen Argument lehnte es das Gericht ab, § 613a BGB auf Fälle anzuwenden, bei denen der Betriebserwerber keine sächlichen oder immateriellen Betriebsmittel übernahm, sondern nur die Arbeitnehmer, um mit ihnen bestimmte betriebliche Funktionen (z.B. Verpflegung, Bewachung, Reinigung) zu erfüllen. 1997 hat das BAG[16] vor dem Hintergrund der Rechtsprechung des EuGH seine restriktive Ansicht aufgegeben. Nunmehr geht es mit der h.L. davon aus, daß der Übernahme des Personals der gleiche Rang wie den übrigen Kriterien eines Betriebsübergangs zukommt[17]. Betrieb i.S.d. § 613a BGB ist daher die organisatorische Einheit von Personen und Sachen zur Ausübung einer wirtschaftlichen Tätigkeit mit eigener Zielsetzung (vgl. Art. 1 UA 1b Richtlinie 2001/23/EG)[18].

13

---

[11] EuGH, Urt. v. 11.3.1997, AP Nr. 14 zu EWG-Richtlinie Nr. 77/187; Urt. v. 10.12.1998, NZA 1999, 189.
[12] *Hanau*, ZIP 1994, 1039; *Lorenz*, ZIP 1997, 533; ErfK/*Preis*, § 613a BGB Rn. 14.
[13] *Hanau*, ZIP 1998, 1817.
[14] BAG, Urt. v. 22.5.1985, 29.9.1988, 18.10.1990, AP Nr. 42, 76, 88 zu § 613a BGB.
[15] Vgl. nur *Henssler*, NZA 1994, 913 (915); a.A. RGRK/*Ascheid*, § 613a BGB Rn. 30, 43.
[16] BAG, Urt. v. 18.3.1997, AP Nr. 16 zu § 1 BetrAVG Betriebsveräußerung; Urt. v. 22.5.1997, AP Nr. 154 zu § 613a BGB.
[17] BAG, Urt. v. 22.5.1997, 13.11.1997, 11.12.1997, AP Nr. 154, 169, 172 zu § 613a BGB.
[18] BAG, Urt. v. 11.12.1997, AP Nr. 171, 172 zu § 613a BGB.

14 **bb) Einzelheiten.** Der Zweck der Vorschrift, bestehende Arbeitsverhältnisse bei einem Wechsel des Betriebsinhabers zu schützen, trifft grundsätzlich auf jeden Betriebsübergang zu. Keine Rolle spielen deshalb der arbeitstechnische Zweck des Betriebs und seine Zugehörigkeit zu einem bestimmten Wirtschafts- oder Verwaltungszweig, seine Größe (Kapitalausstattung, Umsatz, Rentabilität, Zahl der Arbeitskräfte), seine Funktion als Haupt-, Hilfs- oder Nebenbetrieb, seine wirtschaftliche Situation (werbend, konkursreif[19], insolvent, im Liquidationsstadium), seine Zugehörigkeit zu einem Unternehmen, das mit anderen Unternehmen konzernmäßig verbunden ist[20] (keine Privilegierung von Konzernunternehmen) und der privatrechtliche oder öffentlich-rechtliche Status des hinter dem Betrieb stehenden Rechtsträgers[21].

b) Übergang

15 **aa) Bestehender Betrieb.** § 613a BGB setzt voraus, daß vor dem Inhaberwechsel bereits ein Betrieb bestanden hat. Daran fehlt es, wenn der Erwerber mit einzelnen Betriebsmitteln des Veräußerers erst einen Betrieb gründet[22], eine vom Veräußerer nur geplante, aber noch nicht verwirklichte Produktion aufnimmt, selbst wenn die Belegschaft schon für die Produktionsumstellung geschult wurde[23], oder wenn der Betrieb vor dem Übergang bereits endgültig stillgelegt war[24].

16 **bb) Übergang.** Der Übergang erfolgt mit dem Wechsel in der Person des Betriebsinhabers. Der bisherige Inhaber muß die wirtschaftliche Betätigung in dem Betrieb oder Betriebsteil zugunsten des Erwerbers einstellen, und der Erwerber muß die **Organisations- und Leitungsmacht** über die übernommene organisatorische Einheit erhalten[25]. Die Leitungsmacht braucht zwar nicht besonders übertragen zu werden; zu einem Betriebsübergang kommt es jedoch nicht, wenn der neue Inhaber den Betrieb gar nicht führt[26]. § 613a BGB findet deshalb keine Anwendung, wenn Betriebsmittel nur zur Sicherheit übereignet werden, der Sicherungsnehmer die Betriebsmittel aber – wie üblich – nicht tatsächlich nutzt[27]. Mit der Leitungsmacht sind die Nutzungs-, Verfügungs- und Entscheidungsbefugnisse

---

[19] EuGH, Urt. v. 7.12.1995, AP Nr. 8 zu EWG-Richtlinie Nr. 77/187.
[20] BAG, Urt. v. 19.1.1988, AP Nr. 70 zu § 613a BGB; EuGH, Urt. v. 2.12.1999, NZA 2000, 587.
[21] BAG, Urt. v. 7.9.1995, AP Nr. 131 zu § 613a BGB; Urt. v. 25.5.2000, NZA 2000, 1115.
[22] BAG, Urt. v. 4.3.1993, 9.2.1994, AP Nr. 101, 105 zu § 613a BGB m.w.N.
[23] BAG, Urt. v. 22.5.1985, AP Nr. 42 zu § 613a BGB.
[24] BAG, Urt. v. 28.4.1988, AP Nr. 74 zu § 613a BGB; Urt. v. 26.8.1999, NZA 2000, 371.
[25] BAG, Urt. v. 27.4.1995, AP Nr. 128 zu § 613a BGB m.w.N.; Urt. v. 25.9.1997, NZA 1998, 640.
[26] BAG, Urt. v. 12.11.1998, DB 1999, 337; Urt. v. 18.3.1999, DB 1999, 1223.
[27] BAG, Urt. v. 20.3.2003, NZA 2003, 1338.

gemeint[28]. Was hierzu im einzelnen übertragen werden muß, richtet sich nach der Art des jeweiligen Betriebs.

(1) **Bei Produktionsbetrieben** sind die Arbeitsplätze in der Regel an Maschinen und Einrichtungsgegenstände gebunden. Zur Fortführung der Produktion in der bisherigen Weise benötigt der Erwerber Produktionsanlagen und Werkzeuge, Schutzrechte, Konstruktionszeichnungen und Pläne für die produzierten Güter sowie Rohstoffe, soweit sie nicht jederzeit auf dem freien Markt zu beschaffen sind, in einem Umfang, der eine sinnvolle Weiterführung der Produktion ermöglicht[29]. Die Veräußerung einer einzelnen Maschine führt zu keinem Betriebsübergang, erst recht nicht, wenn der Erwerber nicht die Organisation, in die die Maschine beim Veräußerer eingebunden war, übernimmt, sondern sie in seine eigene, bereits bestehende betriebliche Organisation einfügt[30]. Nicht erforderlich ist, daß dieselben Produkte wie bisher hergestellt werden[31]. Wird der Betrieb verlegt, bleibt die Identität der wirtschaftliche Einheit gewahrt, wenn der Erwerber die Produktion am anderen Ort mit gleicher Arbeitsorganisation und gleichen Betriebsmethoden weiterführt[32]. Stellt bei einem Produktionsbetrieb die kaufmännische Verwaltung eine organisatorische Einheit dar, geht dieser Betriebsteil auf den Erwerber der Produktion und anderer organisatorisch abgegrenzter Verwaltungseinheiten nicht über, wenn nicht wesentliche Betriebsmittel der kaufmännischen Verwaltung übernommen werden. Darauf, ob dieser Betriebsteil nach Veräußerung des Restbetriebs noch lebensfähig ist, kommt es nicht an[33].

17

(2) Welche Betriebsmittel für ein **Dienstleistungsunternehmen** wesentlich sind, läßt sich viel schwerer beantworten, da hier die immateriellen Betriebsmittel in aller Regel eine weitaus größere Bedeutung haben[34]. Stehen persönliche Dienstleistungen im Vordergrund, so können die sächlichen Betriebsmittel bedeutungslos sein[35], vor allem, wenn es sich um technische Hilfsgeräte handelt, die beliebig austauschbar sind (Schreibmaschinen, kleinere EDV-Anlagen, Fotokopierer)[36]. Von den immateriellen Betriebsmitteln spielen eine Rolle der Kundenstamm, Kundenlisten, Geschäftspapiere, Geschäftsbeziehungen zu Dritten, der gute Name oder Ruf des Unternehmens (Goodwill), die Lage der Geschäftsräume, wenn sie die Beibehaltung des Kundenstammes ermöglicht, und die Fachkenntnisse gut eingearbeiteter Mitarbeiter, wenn darin das wesentliche Know how des Unternehmens verkörpert ist. Die Bedeutung der einzelnen sächlichen und immateriellen Mittel ist durch eine Gesamtwürdigung aller Umstände zu ermitteln. Dabei kommt es auf den Inhalt und den Umfang der Dienste an[37].

18

---

[28] BAG, Urt. v. 26.2.1987, 16.10.1987, AP Nr. 63, 69 zu § 613a BGB.
[29] BAG, Urt. v. 19.1.1988, AP Nr. 70 zu § 613a BGB; Urt. v. 18.3.1999; NZA 1999, 706.
[30] BAG, Urt. v. 16.5.2002, AP Nr. 237 zu § 613 a BGB.
[31] BAG, Urt. v. 22.5.1985, 16.5.2003, AP Nr. 42, 237 zu § 613a BGB.
[32] BAG, Urt. v. 16.5.2002, AP Nr. 237 zu § 613 a BGB.
[33] BAG, Urt. v. 18.4.2002, AP Nr. 232 zu § 613 a BGB.
[34] BAG, Urt. v. 27.4.1988, AP Nr. 71 zu § 613a BGB.
[35] BAG, Urt. v. 27.7.1994, AP Nr. 118 zu § 613a BGB.
[36] *Schaub*, Arbeitsrechts-Handbuch, § 118 II 1 b.
[37] BAG, Urt. v. 27.7.1994, AP Nr. 118 zu § 613a BGB; Urt. v. 21.1.1999, RzK I 5e Nr. 105.

19   Beispiele: Bei **Großhandelsunternehmen** sind die Lieferbeziehungen zum Einzelhandel entscheidend. Dagegen sind die Lage und die Einrichtung der Betriebsräume von untergeordneter Bedeutung[38]. Bei **Ladengeschäften** kommt es darauf an, ob die Grundlagen für die Erhaltung des Kundenkreises erhalten bleiben. Dazu gehören im Regelfall[39] die Geschäftsräume, soweit sie für die Übernahme des Kundenkreises von Bedeutung sind, die Fortführung eines zumindest gleichartigen Warensortiments, wobei es nicht allein auf die Branche (Textil, Schuhe, Elektro usw.), sondern auch auf die Qualitätsstufe (Markenware, Billigware usw.) ankommt, und die Beibehaltung der Betriebsform (Fachgeschäft, SB-Laden, Kaufhaus). Bei **Gaststätten** können zu den wesentlichen Betriebsmitteln gehören das Mobiliar, die Bierschwemme, die Küche und der Koch als Know-how-Träger, mithin also die tatsächliche Möglichkeit, Kundenstamm und Laufkundschaft zu bewirten[40].

20   Bei **Dienstleistungsunternehmen, die ohne besondere materielle oder immaterielle Betriebsmittel** tätig werden können und bei denen die menschliche Arbeitskraft im Vordergrund steht – wie bei Reinigungs- oder Bewachungsunternehmen, nicht aber bei Kantinen und ähnlichen Verpflegungsunternehmen[41] („Caterern") – kommt es nicht so sehr auf die Übernahme von Betriebsmitteln an als auf die freiwillige Übernahme wesentlicher Teile der Belegschaft[42].

21   cc) **Mehraktiger Erwerb.** Der Betriebserwerber kann die Verfügungsbefugnis über den Betrieb durch ein einheitliches Rechtsgeschäft oder durch ein Bündel von Rechtsgeschäften erhalten. Die Rechtsgeschäfte müssen auf den Übergang einer funktionsfähigen wirtschaftlichen Einheit zielen[43]. Erfolgt die Übernahme in mehreren Schritten, so ist der Betrieb in dem Zeitpunkt übergegangen, zu dem der Erwerber die wirtschaftliche Einheit identitätswahrend fortführen kann und die Entscheidung über den Übergang nicht mehr rückgängig zu machen ist[44].

---

[38] BAG, Urt. v. 28.4.1988, AP Nr. 74 zu § 613a BGB.
[39] BAG, Urt. v. 26.2.1987, AP Nr. 63 zu § 613a BGB; Urt. v. 2.12.1999, NZA 2000, 369.
[40] BAG, Urt. v. 27.4.1995, AP Nr. 128 zu § 613a BGB; vgl. auch EuGH, Urt. v. 11.9.1997, AP Nr. 16 zu EWG-Richtlinie Nr. 77/187; BAG, Urt. v. 11.9.1997, NZA 1998, 31.
[41] Hier führt nach Ansicht des EuGH nicht nur der Austausch eines Caterers durch einen anderen, sondern auch die erstmalige Übertragung einer ursprünglich selbst betriebenen Kantine zu einem Betriebsübergang, vgl. EuGH, Urt. v. 20.3.2003, DB 2003, 2654.
[42] EuGH, Urt. v. 14.4.1994, AP Nr. 106 zu § 613a BGB, Tz. 16; Urt. v. 7.3.1996, NZA 1996, 413, Tz. 21; Urt. v. 11.3.1997, AP Nr. 14 zu EWG-Richtlinie Nr. 77/187 Tz. 17.
[43] BAG, Urt. v. 3.7.1986, AP Nr. 53 zu § 613a BGB; Urt. v. 18.2.1999, NZA 1999, 648.
[44] BAG, Urt. v. 16.2.1993, AP Nr. 15 zu § 1 BetrAVG Betriebsveräußerung.

dd) **Tatsächliche Fortführung.** Die Rechtsfolgen des § 613a BGB werden nur 22
dann ausgelöst, wenn der Erwerber den Betrieb auch tatsächlich fortführt[45]; es genügt nicht, daß er ihn fortführen könnte[46]. § 613a BGB schützt nur dann den Bestand des Arbeitsverhältnisses, wenn der Arbeitsplatz trotz Betriebsinhaberwechsels erhalten bleibt. Erhalten bleibt er aber nur, wenn der Erwerber die übernommene wirtschaftliche Einheit auch tatsächlich nutzt, und zwar in vergleichbarer Weise wie der Veräußerer. Führt er die übernommene Einheit erheblich eingeschränkt oder grundlegend anders organisiert weiter, büßt diese ihre identitätsprägenden Merkmale ein.

4. Übergang eines Betriebsteils

a) Begriff des Betriebsteils

Die Rechtsfolgen des § 613a BGB werden auch dann ausgelöst, wenn nicht ein 23
Betrieb im ganzen, sondern nur ein Betriebsteil auf einen anderen übergeht. **Betriebsteil** ist die abgrenzbare organisatorische Untergliederung eines Betriebs, mit der innerhalb des betrieblichen Gesamtzwecks ein Teilzweck verfolgt wird[47].

Beispiele: Forschungs- und Entwicklungslabor, Stanzerei, Lackiererei, Montage, Verpackung, Fuhrpark, Verwaltung, Vertrieb, Kundendienst, Kantine.

Die organisatorische Teileinheit muß bereits vor dem Übergang hinreichend strukturiert 24
und selbständig gewesen sein[48]. Daran kann es bei einem „Fuhrpark", der lediglich aus einem LKW und einem Fahrer besteht, fehlen[49]. Keine Rolle spielt, welche Funktion der Teil für den Betrieb hat[50]: ob er in einem notwendigen Zusammenhang mit dem Unternehmenszweck steht[51] oder ob er selbst am Markt tätig wird, also Produkte oder Dienste für jedermann anbietet, oder ob er seine Leistungen – wie häufig beim Outsourcing – nur für den Veräußerer erbringt[52].

---

[45] EuGH, Urt. v. 11.3.1997, AP Nr. 14 zu EWG-Richtlinie Nr. 77/187 Tz. 10; Urt. v. 10.12.1998, NZA 1999, 189 (190) Tz. 21; BAG, Urt. v. 12.11.1998, DB 1999, 337 (338); *Annuß*, NZA 1998, 70 (73); *Henssler*, NZA 1994, 913 (915); *Willemsen*, RdA 1991, 204 ff.
[46] ErfK/*Preis*, § 613a BGB Rn. 26 f.; Soergel/*Raab*, § 613a BGB Rn. 21.
[47] BAG, Urt. v. 11.12.1997, AP Nr. 172 zu § 613a BGB; Urt. v. 23.9.1999, RzK I 5e Nr. 119.
[48] EuGH, Urt. v. 10.12.1998, NZA 1999, 189 Tz. 26 f.
[49] BAG, Urt. v. 3.9.1998, NZA 1999, 147.
[50] BAG, Urt. v. 9.2.1994, AP Nr. 105 zu § 613a BGB; anders noch BAG, Urt. v. 22.5.1985, AP Nr. 42 zu § 613a BGB.
[51] EuGH, Urt. v. 12.11.1992, EWiR 1993, 147; Urt. v. 14.4.1994, AP Nr. 106 zu § 613a BGB.
[52] BAG, Urt. v. 9.2.1994, AP Nr. 105 zu § 613a BGB.

b) Übergang

25 **aa) Übertragung einer Organisationseinheit.** Der Übergang eines Betriebsteils ist von der bloßen Übertragung einzelner Betriebsmittel (Anlagen, Maschinen usw.) zu unterscheiden. § 613a BGB ist nur anwendbar, wenn nicht eine Summe von Wirtschaftsgütern übertragen wird[53], sondern eine Organisationseinheit, mit der der Inhaber den Betriebsteil im wesentlichen unverändert fortführt[54].

26 Die bloße Veräußerung einzelner Maschinen und Einrichtungsgegenstände aus einer größeren Gesamtheit oder die Veräußerung des Betriebsgrundstücks ohne Maschinen und Einrichtungsgegenstände kann für den Bestand und die Weiterführung des Betriebs ohne jede Bedeutung sein. Stets kommt es darauf an, ob mit den veräußerten Betriebsmitteln der bisherige (Teil-)Zweck fortgeführt wird[55]. Keine Rolle spielt, ob der Erwerber an den Betriebsmitteln Eigentum erwirbt; es genügt eine vorübergehende Überlassung zur eigenwirtschaftlichen Nutzung, etwa durch einen Pachtvertrag[56].

27 **bb) Identitätswahrender Übergang.** Zu einem Betriebsteilübergang muß soviel von der Teileinheit auf den neuen Inhaber übertragen werden, daß ihre Identität gewahrt bleibt. Welche Betriebsmittel und sonstigen Umstände (Übernahme der Hauptbelegschaft oder der Fachkräfte, Übergang der Kundschaft usw.) dafür erforderlich sind, bestimmt sich nach dem arbeitstechnischen Zweck der übertragenen Teileinheit (Forschung und Entwicklung, Fertigung, Vertrieb, Einkauf, Verpflegung usw.). Dabei ist eine Gesamtabwägung aller Umstände des Einzelfalles erforderlich.

5. Keine Betriebsstillegung

28 Ungeschriebene negative Voraussetzung des § 613a BGB ist, daß keine Betriebsstillegung vorliegt. Betriebsstillegung und Betriebsübergang schließen einander aus[57].

a) Begriff der Betriebsstillegung

29 **aa) Definition.** Eine Betriebsstillegung setzt voraus, daß die Betriebsorganisation und damit die zwischen dem Arbeitgeber und dem Arbeitnehmer bestehende Betriebs- und Produktionsgemeinschaft aufgelöst wird. Dies äußert sich darin, daß

---

[53] BAG, Urt. v. 22.5.1985, 30.10.1986, AP Nr. 42, 58 zu § 613a BGB.
[54] BAG, Urt. v. 22.5.1985, AP Nr. 42 zu § 613a BGB.
[55] EuGH, Urt. v. 10.12.1998, NZA 1999, 189 (190) Tz. 21; BAG, Urt. v. 12.11.1998, DB 1999, 337.
[56] BAG, Urt. v. 27.4.1995, AP Nr. 128 zu § 613a BGB m.w.N.
[57] BAG, Urt. v. 27.7.1994, AP Nr. 118 zu § 613a BGB m.w.N.; differenzierend RGRK/*Ascheid*, § 613a BGB Rn. 92 ff.; ähnlich BAG, Urt. v. 12.11.1998, DB 1999, 337.

der Betriebsinhaber die **wirtschaftliche Betätigung** in der ernstlichen und endgültigen Absicht **einstellt**, den bisherigen Betriebszweck dauernd oder für eine ihrer Dauer nach unbestimmte, wirtschaftlich erhebliche Zeitspanne nicht mehr weiterzuverfolgen[58]. Die „organisatorische Betriebsmitteleinheit" wird in diesem Falle zerschlagen. Ein Betrieb oder Betriebsteil, der nicht mehr besteht, kann nicht auf einen anderen Inhaber übergehen[59]. § 613a BGB findet deshalb keine Anwendung, wenn nach einer Betriebsstillegung die ehemaligen Betriebsmittel veräußert werden[60].

30 bb) **Einzelheiten.** Der Stillegungswille muß „greifbare Formen" angenommen haben. Er muß durch die **Auflösung der Organisation** des Betriebs oder des Betriebsteils zum Ausdruck gebracht werden[61]. Unerheblich ist, ob die Stillegung unsachlich, unvernünftig oder willkürlich ist[62]. Die Stillegung erfordert im Regelfalle die vollständige Einstellung der Betriebstätigkeit, die Auflösung der dem Betriebszweck dienenden Organisation[63], die Kündigung aller Arbeitsverhältnisse und die Herauslösung der Produktionsmittel aus dem Produktionsprozeß, die auch durch getrennte Veräußerung an verschiedene Erwerber erfolgen kann. Nicht ausreichend sind die Gewerbeabmeldung, der Antrag auf Eröffnung des Insolvenzverfahrens[64], die Beendigung des Miet- oder Pachtverhältnisses, aufgrund dessen das Gewerbe betrieben wird[65], die Kündigung der Arbeitsverhältnisse durch die Arbeitnehmer, wenn der Erwerber einen Großteil von ihnen zu übernehmen verspricht[66], die Einstellung der Produktion, wenn die dem Betriebszweck dienende Organisation bestehen bleibt[67], und der Abschluß und die Durchführung eines Sozialplanes oder Kündigungen bei weitgehender Wahrung der Identität der Belegschaft[68].

Ein Pächter, der einen Betrieb stillegen will, kann den Betrieb nicht genauso zerschlagen, wie dies der Eigentümer könnte. Insbesondere kann er nicht das Betriebsgrundstück und die sonstigen Betriebsmittel veräußern. Die Rechtsprechung[69] geht in solchen Fällen von einer Stillegung aus, wenn der Pächter seine Stillegungsabsicht unmißverständlich äußert, die Betriebstätigkeit vollständig einstellt, alle Arbeitsverträge sowie den Pachtvertrag zum nächstmöglichen Termin kündigt und die Betriebsmittel, über die er verfügen kann, veräußert. 31

---

[58] BAG, Urt. v. 22.5.1985, 3.7.1986, 12.2.1987, 27.4.1995, AP Nr. 43, 53, 67, 128 zu § 613a BGB.
[59] BAG, Urt. v. 12.2.1987, AP Nr. 67 zu § 613a BGB.
[60] BAG, Urt. v. 27.9.1984, 28.4.1988, 27.4.1995, AP Nr. 39, 74, 128 zu § 613a BGB.
[61] BAG, Urt. v. 30.10.1986, AP Nr. 58 zu § 613a BGB; Urt. v. 27.2.1997, NZA 1997, 757.
[62] KR/*Pfeiffer*, § 613a BGB Rn. 30.
[63] BAG, Urt. v. 13.11.1986, AP Nr. 57 zu § 613a BGB.
[64] Zu Vorstehendem BAG, Urt. v. 3.7.1986, AP Nr. 53 zu § 613a BGB.
[65] BAG, Urt. v. 3.7.1986, 26.2.1987, 21.1.1988, 27.4.1995 AP Nr. 53, 59, 72, 128 zu § 613a BGB.
[66] BAG, Urt. v. 13.11.1986, AP Nr. 57 zu § 613a BGB.
[67] Zu Vorstehendem BAG, Urt. v. 3.7.1986, AP Nr. 53 zu § 613a BGB.
[68] *Hillebrecht*, NZA 1989 Beil. 4, S. 10 (18).
[69] BAG, Urt. v. 26.2.1987, 21.1.1988, 27.4.1995, AP Nr. 59, 72, 128 zu § 613a BGB.

b) Abgrenzung zur Betriebspause / Betriebsunterbrechung

32 Die Stillegung muß für eine unbestimmte, nicht unerhebliche Zeitspanne erfolgen, sonst liegt nur eine unerhebliche Betriebspause oder Betriebsunterbrechung vor[70]. Eine vorübergehende Schließung, wie etwa in einem Saisonbetrieb, reicht zu einer Stillegung nicht aus[71]. Bei alsbaldiger Wiedereröffnung eines – scheinbar – stillgelegten Betriebs spricht eine tatsächliche Vermutung gegen eine ernsthafte Stillegungsabsicht[72].

6. Betriebsübergang und Funktionsnachfolge („Outsourcing")

33 Eine der umstrittensten Fragen ist, ob und gegebenenfalls wann § 613a BGB in den Fällen einer Funktionsnachfolge – des sog. Outsourcing[73] – Anwendung findet.

a) Begriff

34 Eine Funktionsnachfolge liegt vor, wenn ein Unternehmen eine betriebliche Aufgabe (Verpflegung, Reinigung, Überwachung, Transport usw.) nicht mehr durch die eigenen Arbeitnehmer erbringen läßt, sondern durch eine Fremdfirma (Caterer, Raumpflegedienst, Wach- und Schließgesellschaft, Spedition usw.). Überträgt das Unternehmen eine solche Funktion zum ersten Mal an eine Fremdfirma, so spricht man von **Erstvergabe**; will es die bereits von einer Fremdfirma geleisteten Dienste von einem anderen Dienstleistungsunternehmen verrichten lassen, von **Neuvergabe**. Die Dienstleistung weiterhin in den bisherigen Räumlichkeiten erbracht werden (z.B. Fremdvergabe von Reinigung oder Bewachung – „indoor-outsourcing") oder außerhalb des Betriebs in den Räumen des Fremdunternehmens erfolgen (z.B. Fremdvergabe der Buchhaltung oder von EDV-Leistungen – „outdoor-outsourcing").

35 Die Gründe für ein Outsourcing sind vielfältig; zumeist stehen Kostengesichtspunkte im Vordergrund. Manche Unternehmensfunktionen werden durch externe Anbieter, die in ihrem Bereich Spezialisten sind, rationeller und in besserer Qualität erbracht. Das trifft nicht nur für die einfachen Hilfsfunktionen zu, sondern mittlerweile auch für qualifizierte Dienstleistungen, wie etwa die betriebliche Datenverarbeitung oder die Rechts- und Steuerberatung. Würde die Funktionsnachfolge die Rechtsfolgen des § 613a BGB auslösen, so hätte die Fremdfirma die Arbeitnehmer, die zuvor im Unternehmen die entsprechenden Dienste verrichtet haben (z.B. Küchenkräfte, Reinigungskräfte, Bewachungspersonal), zu übernehmen. Da der externe Dienstleister selbst Stammpersonal vorhalten muß, würde das Outsourcing damit häufig scheitern.

---

[70] BAG, Urt. v. 3.7.1986, AP Nr. 53 zu § 613 a BGB.
[71] EuGH, Urt. v. 17.12.1987, Slg. 1987, 5465; Urt. v. 15.6.1988, Slg. 1988, 3057.
[72] BAG, Urt. v. 27.9.1984, 3.7.1986, AP Nr. 39, 53 zu § 613a BGB.
[73] Outsourcing ist die Kurzform für „Outside resource using".

b) Anwendbarkeit des § 613a BGB

aa) Rechtslage vor 1997. Rechtsprechung[74] und h. L.[75] haben früher angenommen, daß die **reine Funktionsnachfolge keinen Betriebsübergang** darstellt. Ein Betriebs(teil)übergang setze tatbestandlich stets den Übergang sächlicher oder immaterieller Betriebsmittel, d.h. eines gegenständlichen „Substrats", voraus; die Rechtsfolge sei dann der Übergang der Arbeitsverhältnisse. Die Verlagerung von Arbeitsplätzen oder Arbeitsmöglichkeiten auf einen Dritten genüge nicht. Anderes sollte gelten, wenn sich bestimmte immaterielle Betriebsmittel (Know how, Goodwill, Kenntnisse über Kunden und die Branche, Geschäftsbeziehungen) in Arbeitnehmern „verkörperten". Wechselten Know-how-Träger zum neuen Betriebsinhaber, so gingen immaterielle Werte auf diesen über und nicht nur Leistungen von Arbeitnehmern, die erst in der Zukunft zu erbringen seien; der Betriebsinhaber erspare sich nämlich den Neuaufbau von Geschäftsbeziehungen[76]. Das könne ein besonders starkes Indiz für einen Betriebsübergang im Sinne des § 613a BGB sein[77].

36

bb) Jetzige Rechtslage. Seit 1997 sieht das BAG die Übertragung von materiellen oder immateriellen Betriebsmitteln nicht mehr als notwendig für die Annahme eines Betriebsübergangs an. Mache sich die Fremdfirma die zur Erfüllung der übernommenen betrieblichen Funktion vorhandene Arbeitsorganisation zunutze, indem sie freiwillig eine **„organisierte Gesamtheit von Arbeitnehmern"** übernehme[78], denen eine gemeinsame Aufgabe auf Dauer zugewiesen sei[79], dann könne auch eine betriebsmittellose Funktionsnachfolge die Rechtsfolgen des § 613a BGB auslösen.

37

Die **Kurskorrektur** des BAG beruht im wesentlichen auf den Vorgaben **durch** die Rechtsprechung des **EuGH**[80]. Danach ist für den Übergang die Wahrung der Identität der wirtschaftlichen Einheit maßgeblich. In betriebsmittelarmen, dienstleistungsorientierten Branchen kommt es im wesentlichen auf die menschliche Arbeitskraft an. Identitätsprägend sind die Tätigkeiten, das Personal, die Führungskräfte, die Arbeitsorganisation, die Betriebsmethoden, darüber hinaus die materiellen und immateriellen Betriebsmittel[81]. Die Betriebsmittel sind aber nur dann von Bedeutung, wenn sie dem Dienstleistungsunternehmen „zugeordnet" sind. Dazu muß es zwar nicht Eigentümer sein, es muß aber in der Lage sein, mehr oder weniger frei und auf eigene Rechnung über sie zu verfügen, etwa aufgrund eines Pachtvertrags oder eines Nießbrauchs[82]. Damit ist zwar die von einem Kantinenpächter ge-

38

---

[74] BAG, Urt. v. 22.5.1985, 29.9.1988, 18.10.1990, AP Nr. 42, 76, 88 zu § 613a BGB.
[75] Vgl. nur RGRK/*Ascheid*, § 613a BGB Rn. 78; Staudinger/*Richardi*, § 613a BGB Rn. 40.
[76] BAG, Urt. v. 29.9.1988, AP Nr. 76 zu 613a BGB.
[77] BAG, Urt. v. 9.2.1994, AP Nr. 104 zu § 613a BGB.
[78] BAG, Urt. v. 22.5.1997, 13.11.1997, 11.12.1997, AP Nr. 154, 169, 172 zu § 613a BGB; Urt. v. 18.2.1999, NZA 1999, 648.
[79] EuGH, Urt. v. 10.12.1998, NZA 1999, 189 Tz. 26.
[80] EuGH, Urt. v. 11.3.1997, AP Nr. 14 zu EWG-Richtlinie Nr. 77/187.
[81] BAG, Urt. v. 22.5.1997, 22.1.1998 AP Nr. 154, 172, 173 zu § 613a BGB.
[82] BAG, Urt. v. 22.1.1998, AP Nr. 174 zu § 613a BGB; Urt. v. 25.5.2000 - 8 AZR 337/99, n.v.

nutzte Küchen- und Bewirtungseinrichtung dem Pächter als dessen Betriebsmittel zuzurechnen, nicht aber dem Bewachungsunternehmen die Sicherheitsanlagen, die das zu bewachende Unternehmen zur Verfügung stellt, wie etwa Monitore, Bewegungsmelder oder Wachhäuschen.

39 Die bloße Fortführung einer Arbeitsaufgabe bedeutet ebensowenig einen Betriebsübergang wie der Verlust des Dienstleistungsauftrags einer Fremdfirma an einen Mitbewerber[83]. Entscheidend ist, daß sich die Fremdfirma, die eine Funktionsnachfolge antritt, eine beim bisherigen Arbeitgeber **bestehende Arbeitsorganisation zunutze macht** und keine neue mit eigenem Personal aufbaut. Die übernommene **Einheit muß bereits hinreichend strukturiert und selbständig sein**[84]. Es schadet nicht, wenn der Auftraggeber Einfluß auf die Dienstleistung des Beauftragten nimmt, sofern dem Beauftragten eine gewisse, wenn auch eingeschränkte Freiheit in der Organisation und Durchführung bleibt. Seine Aufgabe darf sich nur nicht in der bloßen Bereitstellung von Personal erschöpfen[85]. Was zur Übernahme einer Arbeitsorganisation erforderlich ist, bestimmt sich nach der Art der Dienstleistung.

40 **Einfache Dienstleistungen** lassen sich durch gering qualifizierte Mitarbeiter erbringen, die zudem leicht austauschbar sind. Identitätsprägendes Merkmal ist das in der „Struktur der Arbeitsorganisation verkörperte Erfahrungswissen". Die Identität einer solchen wirtschaftlichen Einheit wird gewahrt, wenn die Fremdfirma die Arbeitnehmer an ihren alten Arbeitsplätzen mit im wesentlichen unveränderten Aufgaben weiterbeschäftigt, also ein eingearbeitetes Team übernimmt, mit dem sich die betriebliche (Teil-)Aufgabe erfolgreich fortführen läßt. Sind die Arbeitnehmer nur gering qualifiziert, muß eine hohe Anzahl von ihnen weiterbeschäftigt werden; 80 % reichen aus, 75 % sind zu wenig[86]. Bei **qualifizierten Dienstleistungen** kommt es auf das Spezialwissen einzelner Mitarbeiter an. Da sich Spezialisten meist nur schwer austauschen lassen, kann bereits die Übernahme der Know-how-Träger die Rechtsfolgen des § 613a BGB auslösen[87].

41 Übernimmt eine Fremdfirma nur einen Teil der vom bisherigen Arbeitgeber erfüllten Arbeitsaufgabe, so ist § 613a BGB anwendbar, wenn sie das zur Erfüllung dieser Aufgabe erforderliche Personal übernimmt[88]. Dabei muß es sich um „Daueraufgaben" handeln[89], die erfüllt werden müssen, solange das Unternehmen, für das die Dienste erbracht werden, am Markt besteht. Unerheblich ist, ob der Fremdfirma die Aufgabe befristet oder unbefristet übertragen wird[90] und ob der Auftrag

---

83 EuGH, Urt. v. 11.3.1997, AP Nr. 14 zu EWG-Richtlinie Nr. 77/187 Tz. 16.
84 EuGH, Urt. v. 10.12.1998, NZA 1999, 189 Tz. 26 f. und NZA 1999, 253 Tz. 27.
85 EuGH, Urt. v. 10.12.1998, NZA 1999, 189 Tz. 26 f.
86 BAG, Urt. v. 10.12.1998, DB 1999, 539.
87 Zu Vorstehendem BAG, Urt. v. 13.11.1997, 11.12.1997 AP Nr. 169, 172 zu § 613a BGB; Urt. v. 10.12.1998, DB 1999, 539; Urt. v. 18.2.1999, NZA 1999, 648.
88 BAG, Urt. v. 11.12.1997, AP Nr. 172 zu § 613a BGB.
89 EuGH, Urt. v. 19.9.1995, AP Nr. 133 zu § 613a BGB.
90 BAG, Urt. v. 11.12.1997, AP Nr. 172 zu § 613a BGB.

von einem Privaten oder durch eine Einrichtung des öffentlichen Rechts erteilt wurde[91].

Wird eine betriebliche Aufgabe einer anderen Fremdfirma übertragen und übernimmt diese kein Personal, dann kann die bisherige Auftragnehmerin den Arbeitnehmern betriebsbedingt kündigen, für die sie keine Beschäftigungsmöglichkeit mehr hat. Übernimmt die neue Fremdfirma später doch noch einen nach Zahl und Sachkunde wesentlichen Teil der bisherigen Belegschaft, so haben die gekündigten Arbeitnehmer einen Anspruch gegen die neue Fremdfirma auf Abschluß eines Arbeitsvertrags zu den bisherigen Arbeitsbedingungen unter Anrechnung der früheren Beschäftigungsdauer[92]. Dieser Anspruch ist noch während des Bestehens des Arbeitsverhältnisses, zumindest aber unverzüglich (§ 121 BGB) nach Kenntniserlangung von den tatsächlichen Umständen geltend zu machen. Er darf nicht von Bedingungen abhängig gemacht werden, deren Eintritt der Betriebserwerber nicht beeinflussen kann[93]. 42

7. Übergang durch Rechtsgeschäft

a) Abgrenzung zur Gesamtrechtsnachfolge

aa) Grundsatz. § 613a BGB findet nur dann Anwendung, wenn sich der Übergang des Betriebs oder Betriebsteils „durch Rechtsgeschäft" vollzieht. Damit werden die Fälle des Inhaberwechsels durch Gesamtrechtsnachfolge vom Anwendungsbereich des § 613a BGB ausgenommen. Im Interesse eines lückenlosen Bestandsschutzes ist das Merkmal „durch Rechtsgeschäft" allerdings weit auszulegen[94]. 43

bb) Einzelheiten. Das BAG stellt darauf ab, ob der Betriebsübergang auf dem Willen des Betriebsinhabers beruht oder ob er sich aufgrund einer Norm oder eines Verwaltungsaktes von selbst vollzieht[95]. Ein Rechtsgeschäft liegt bereits dann vor, wenn der Erwerber mit Willen des Veräußerers eine organisierte wirtschaftliche Einheit übernimmt[96]. Ähnlich entscheidet der EuGH. Für ihn kommt es darauf an, ob die natürliche oder juristische Person, die die Arbeitgeberpflichten hat, „im Rahmen vertraglicher Beziehungen" wechselt[97]. 44

---

[91] EuGH, Urt. v. 10.12.1998, NZA 1999, 189 Tz. 24.
[92] BAG, Urt. v. 13.11.1997, AP Nr. 169 zu § 613a BGB; Urt. v. 12.11.1998, DB 1999, 485.
[93] BAG, Urt. v. 12.11.1998, DB 1999, 485; *Preis/Steffan*, DB 1998, 309 (310).
[94] BAG, Urt. v. 9.2.1994, 27.7.1994, AP Nr. 104, 118 zu § 613a BGB m.w.N.
[95] BAG, Urt. v. 4.3.1993, 9.2.1994, AP Nr. 101, 104 zu § 613a BGB.
[96] BAG, Urt. v. 6.2.1985, AP Nr. 44 zu § 613a BGB.
[97] EuGH, Urt. v. 19.5.1992, AP Nr. 107 zu § 613a BGB; Urt. v. 11.3.1997, AP Nr. 14 zu EWG-Richtlinie Nr. 77/187. Urt. v. 10.12.1998, NZA 1999, 189 (190) Tz. 23.

45 Das **Rechtsgeschäft muß sich auf den Übergang der tatsächlichen Nutzungs- und Verfügungsgewalt über die für den Betrieb bedeutsamen Betriebsmittel beziehen**[98]. Gleichgültig sind die Art des Rechtsgeschäfts und die Rechtsnatur des Vertragsverhältnisses, das die Nutzung verschafft[99]. Gleichgültig ist auch, ob mit dem Rechtsgeschäft ein Betriebsübergang bezweckt wird; auch der Rückfall des Betriebs nach Beendigung eines Miet- oder Pachtverhältnisses gilt als rechtsgeschäftlicher Betriebsübergang[100], sofern der Verpächter den Betrieb in der bisherigen Art tatsächlich weiterführt[101] und der Pächter den Betrieb nicht bereits zuvor stillgelegt hat[102]. Auf die Wirksamkeit des Rechtsgeschäfts kommt es nicht an; das gilt erst recht für die Übertragung einzelner Betriebsmittel, etwa eines Betriebsgrundstücks. Bei immateriellen Betriebsmitteln ist häufig kein Rechtsgeschäft, sondern eine tatsächliche Handlung erforderlich, z.B. die Überlassung von Kundenlisten oder die Weitergabe von Informationen. Werden keine Betriebsmittel übernommen, sondern nur betriebliche Aufgaben mit Beschäftigten des bisherigen Arbeitgebers fortgeführt, so genügt der freiwillige Entschluß des Dienstleistungsunternehmens, die nach Zahl und Sachkunde wesentlichen Teile der bisherigen Belegschaft auf ihren alten Arbeitsplätzen weiterzubeschäftigen. Die Möglichkeit der Betriebsfortführung wird dann durch ein Bündel von Rechtsgeschäften erworben, deren Grundlage die (Neu-)Erteilung des Auftrags zur Erfüllung der betreffenden Aufgabe (Reinigung, Verpflegung, Bewachung usw.) ist[103]. § 613a BGB verlangt keine privatrechtliche Willensäußerung[104]. Lediglich der auf Gesetz oder sonstigem Hoheitsakt beruhende Übergang fällt nicht unter § 613a BGB. Auch ein frei vereinbarter öffentlich-rechtlicher Vertrag, wie eine Verwaltungsvereinbarung, kann Rechtsgeschäft im Sinne des § 613a BGB sein[105].

b) Betriebsübergang bei Unternehmensumwandlung nach UmwG

46 **aa) Grundformen der Unternehmensumwandlung.** Betriebe können auch dann im Wege der Gesamtrechtsnachfolge auf einen anderen Inhaber übergehen, wenn der hinter dem Betrieb stehende Rechtsträger (z.B. AG, GmbH, OHG) nach den Vorschriften des UmwG umgewandelt wird. Eine Umwandlung kann erfolgen durch Verschmelzung, Spaltung, Vermögensübertragung oder Formwechsel. Besonders wichtig ist der Fall der Unternehmensspaltung. Das UmwG unterscheidet zwischen der Aufspaltung, der Abspaltung und der Ausgliederung (s. Schaubild hinter Rn. 47).

47 Bei der **Aufspaltung** geht das Vermögen des bisherigen Unternehmens (A) auf **zwei oder mehr Rechtsträger** (A1 und A2) über; das bisherige Unternehmen erlischt (§ 123 Abs. 1 UmwG). Bei der **Abspaltung** überträgt das bisherige Unter-

---

[98] BAG, Urt. v. 22.5.1985, 16.10.1987, AP Nr. 42, 69 § 613a BGB.
[99] BAG, Urt. v. 15.5.1985, AP Nr. 41 zu § 613a BGB.
[100] BAG, Urt. v. 21.1.1988, 27.4.1995, AP Nr. 72, 128 zu § 613a BGB.
[101] EuGH, Urt. v. 10.12.1998, NZA 1999, 189 und 253; BAG, Urt. v. 18.3.1999, DB 1999,1223.
[102] BAG, Urt. v. 16.7.1998, NZA 1998, 1233.
[103] BAG, Urt. v. 11.12.1997, AP Nr. 172 zu § 613a BGB.
[104] BAG, Urt. v. 7.9.1995, AP Nr. 131 zu § 613a BGB.
[105] BAG, Urt. v. 7.9.1995, AP Nr. 131 zu § 613a BGB.

nehmen (A) Vermögensteile auf einen oder mehrere Rechtsträger (A und A'); das bisherige Unternehmen bleibt bestehen. Die Anteilseigner (X) des übertragenden Rechtsträgers (A) erhalten nach § 123 Abs. 2 UmwG Anteile an dem übernehmenden Rechtsträger (A'). Durch die Abspaltung entsteht eine **Schwestergesellschaft**. Bei der **Ausgliederung** überträgt das bisherige Unternehmen (A) wie bei der Abspaltung Vermögensteile auf einen oder mehrere Rechtsträger (A') und bleibt selbst bestehen. Anders als bei der Abspaltung erhält der übertragende Rechtsträger (A) aber selbst die Anteile am ausgegliederten Unternehmen (§ 123 Abs. 3 UmwG). Durch die Ausgliederung entsteht eine **Tochtergesellschaft** (A'). Besteht der übernehmende Rechtsträger bereits, so spricht das Gesetz von einer **Spaltung zur Aufnahme** (§ 123 Abs. 1 Nr. 1, Abs. 2 Nr. 1, Abs. 3 Nr. 1 UmwG). Wird der übernehmende Rechtsträger erst mit der Übertragung der Vermögensteile geschaffen, so spricht es von einer **Spaltung zur Neugründung** (§ 123 Abs. 1 Nr. 2, Abs. 2 Nr. 2, Abs. 3 Nr. 2 UmwG).

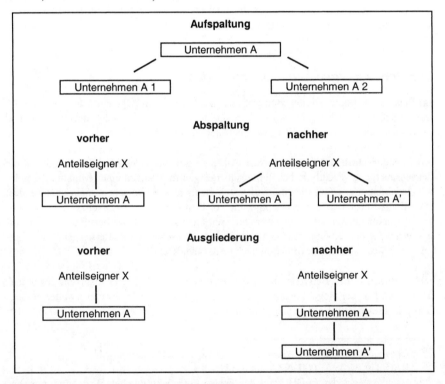

bb) Anwendung des § 613a BGB in diesen Fällen. Nach § 324 UmwG bleiben § 613a Abs. 1, 4-6 BGB durch die Wirkungen der Eintragung einer Verschmelzung, Spaltung oder Vermögensübertragung unberührt. Gemeint ist, daß § 613a BGB auch dann anwendbar sein soll, wenn ein Betrieb durch (partielle) Gesamtrechtsnachfolge nach dem UmwG auf einen anderen Rechtsträger übertragen wird. Es würde keinen Sinn machen, eine Vorschrift, die an sich nicht anwendbar ist, unberührt zu lassen[106]. Der Umwandlungsvertrag ist das für § 613a BGB erforderliche Rechtsgeschäft. § 324 UmwG entbindet nicht von der Prüfung, ob ein Betrieb oder Betriebsteil übergegangen ist oder ob nach Zahl und Sachkunde wesentliche Teile des bisherigen Rechtsträgers übernommen wurden[107].

c) Parteien des Rechtsgeschäfts

49 Das Rechtsgeschäft muß nicht unmittelbar zwischen dem bisherigen und dem neuen Betriebsinhaber abgeschlossen werden[108]. Der Betrieb kann auch durch eine Kette von Rechtsgeschäften – unter Einschaltung von Dritten[109] – auf einen neuen Inhaber übergehen[110]. Entscheidend ist, daß der Erwerber die Leitungsmacht mit Willen des Veräußerers tatsächlich übernimmt. § 613a BGB ist deshalb anwendbar, wenn ein Auftraggeber die Reinigung seiner Geschäftsräume vertraglich einem Unternehmen anvertraut, das die Ausführung dieses Auftrags einem Subunternehmer übertragen hat, wenn es diesen Vertrag beendet und die Aufgabe einem anderen Subunternehmen überträgt, das das wesentliche Personal des ersten Subunternehmers übernimmt[111].

d) Betriebsübergang im Insolvenzverfahren

50 **aa) Problem.** Mitunter werden Betriebe oder Betriebsteile im Zuge eines Insolvenzverfahrens veräußert. Der Erfolg eines Insolvenzverfahrens hängt nicht selten davon ab, ob und zu welchen Bedingungen der Erwerber die Mitarbeiter übernehmen muß.

51 **bb) Europarechtliche Vorgaben.** Nach Art. 5 Abs. 1 Nr. 1 der RL 2001/23/EG[112]ist die Betriebsübergangs-Richtlinie bei Betriebsübergängen im Rahmen eines Konkurs- bzw. Insolvenzverfahrens, sofern die Mitgliedstaaten nichts anderes vorsehen, nicht anzuwenden. Die Mitgliedstaaten werden ermächtigt, die vor Eröffnung eines Insolvenzverfahrens fälligen Verbindlichkeiten aus Arbeitsverhältnissen nicht auf den Erwerber übergehen zu lassen, wenn für die Arbeitnehmer ein gewisser Mindestschutz gewährleistet ist[113]. Das entspricht im wesentlichen der Situation nach deutschem Recht.

52 **cc) Fortführung des Betriebs durch den Insolvenzverwalter.** Der insolvent gewordene Betrieb wird in der Regel zunächst eine Zeitlang von einem Insolvenzverwalter geführt. Darin liegt noch kein Betriebsübergang im Sinne des § 613a BGB. Der Insolvenzverwalter

---

[106] *Hromadka/Maschmann/Wallner*, Der Tarifwechsel, Rn. 210 m.w.N.
[107] BAG, Urt. v. 25.5.2000, NZA 2000, 1115.
[108] Nach Ansicht des EuGH kann das Fehlen einer vertraglichen Beziehung zwischen Veräußerer und Erwerber aber ein Indiz gegen einen Betriebsübergang sein, vgl. Urt. v. 10.12.1998, NZA 1999, 189 (190) Tz. 22.
[109] St. Rspr., vgl. zuletzt EuGH, Urt. v. 20.11.2003 (Abler), DB 2003, 2654 m.w.N.
[110] BAG, Urt. v. 20.4.1994, 27.7.1994, AP Nr. 108, 118 zu § 613a BGB.
[111] EuGH, Urt. v. 24.1.2002, AP Nr. 32 zu EWG-Richtlinie Nr. 77/187.
[112] V. 12.3.2001, ABl. Nr. L 82 S. 13.
[113] Vgl. Art. 4a der RL 98/50/EG vom 29.6.1998, ABl. L 201, S. 88.

erhält zwar die Organisations- und Leitungsmacht (§§ 80, 148 InsO), er erwirbt sie aber nicht „durch Rechtsgeschäft". Vielmehr übt er die Verwaltungs- und Verfügungsmacht des insolvent gewordenen Betriebsinhabers kraft Staatsaktes (§ 56 InsO) als Partei kraft Amtes aus[114]. Entsprechendes gilt für den Sequester[115].

Nimmt der Insolvenzverwalter eine angebotene Arbeitsleistung nicht an, so steht dem **53** Arbeitnehmer der Anspruch auf die Vergütung wegen Annahmeverzugs zu (§ 615 BGB); hierfür haftet die Insolvenzmasse nach § 55 Abs. 1 Nr. 2 InsO. Setzt der Insolvenzverwalter den Betrieb nach der Eröffnung des Insolvenzverfahrens fort und hält er es für erforderlich, aus betrieblichen Gründen Kündigungen auszusprechen, so greift das Verbot des § 613a Abs. 4 Satz 1 BGB nicht ein, weil die Kündigungen nicht aus Anlaß eines Betriebsübergangs ausgesprochen werden. Zu den Besonderheiten insolvenzbedingter Kündigungen vgl. Band 1 § 10 Rn. 223 ff.; zum Sozialplan bei Insolvenz § 16 Rn. 648 ff.

dd) Betriebsveräußerung durch den Insolvenzverwalter. Veräußert der Insolvenzverwalter den Betrieb oder einen Betriebsteil an einen Dritten, so ist § 613a BGB anwendbar[116]. **54** Die Nichtanwendung des § 613a BGB würde zu einer empfindlichen Lücke im System der Arbeitsplatzsicherung beim Betriebsinhaberwechsel führen. Allerdings ist es dem Erwerber unbenommen, nach dem Betriebsübergang betriebsbedingte Kündigungen zur Rationalisierung oder zur Sanierung des Betriebs auszusprechen (§ 613a Abs. 4 Satz 2 BGB)[117]. Die insolvenzrechtlichen Besonderheiten des Kündigungsrechts (§§ 125 ff. InsO) gelten auch für den Betriebserwerber (vgl. im einzelnen § 128 InsO). Seine Haftung für Altschulden ist überdies eingeschränkt (s. Rn. 78 ff.).

e) Betriebsübergang bei Zwangsvollstreckung in Betriebsgrundstücke

aa) Zwangsversteigerung von Betriebsgrundstücken. § 613a BGB findet keine Anwendung, wenn der Betriebsübergang durch den Zuschlag in einer Zwangsversteigerung erfolgt. Der Erwerber erhält das Eigentum kraft Hoheitsakts und nicht durch Rechtsgeschäft. **55** Außerdem ist Gegenstand der Zwangsversteigerung nicht der Betrieb, sondern das Betriebsgrundstück und die Gegenstände, auf die sich die Beschlagnahme erstreckt[118]. Will der Erwerber den Betrieb fortführen, muß er mit dem Eigentümer eine entsprechende Vereinbarung treffen. Diese Vereinbarung ist ein Rechtsgeschäft im Sinne des § 613 a BGB, sofern der Erwerber hierdurch die zur Fortführung des Betriebs erforderlichen Betriebsmittel erhält[119].

bb) Zwangsverwaltung. Die Anordnung der Zwangsverwaltung eines Grundstücks erfaßt **56** ebenfalls nur das Betriebsgrundstück, nicht den Betrieb als solchen, und sie erfolgt wie die Zwangsversteigerung durch Hoheitsakt, nicht aufgrund eines Rechtsgeschäfts. Nach § 152 Abs. 1 ZVG hat der Verwalter das Recht und die Pflicht, alle Handlungen vorzunehmen,

---

[114] BAG, Urt. v. 4.12.1986, AP Nr. 56 zu § 613a BGB.
[115] BAG, Urt. v. 21.2.1990, AP Nr. 85 zu § 613a BGB.
[116] BAG, Urt. v. 17.1.1980, AP Nr. 18 zu § 613a BGB m.w.N.
[117] EuGH, Urt. v. 7.12.1995, AP Nr. 8 zu EWG-Richtlinie Nr. 77/187.
[118] *Richardi*, RdA 1976, 59 f.; *Seiter*, Betriebsinhaberwechsel, 1980, S. 140.
[119] BAG, Urt. v. 14.10.1982, AP Nr. 36 zu § 613a BGB.

die erforderlich sind, um das Grundstück in seinem wirtschaftlichen Bestand zu erhalten und ordnungsgemäß zu benutzen. Dazu kann er den Betrieb fortführen, er muß es aber nicht. Entschließt er sich zur Fortführung, findet § 613a BGB Anwendung[120].

III. Individualrechtliche Folgen des Betriebsübergangs

1. Übergang der Arbeitsverhältnisse

a) Arbeitsverhältnisse

57 § 613a BGB findet **auf alle Arbeitsverhältnisse** Anwendung. Bei einem Betriebsinhaberwechsel gehen daher auch die Arbeitsverhältnisse von leitenden Angestellten, Telearbeitnehmern, Auszubildenden, Volontären und Praktikanten auf den Erwerber über. Nicht über gehen die Vertragsverhältnisse von Heimarbeitern[121], Organmitgliedern juristischer Personen[122], freien Mitarbeitern[123] und selbständigen Handelsvertretern. Der Erwerber tritt in alle beim Veräußerer – sei es auch nur faktisch – bestehenden Arbeitsverhältnisse ein, und zwar auch dann, wenn sie gekündigt sind oder wenn die Hauptpflichten ruhen. Nach Ablauf der Kündigungsfrist hat er einen eventuellen Weiterbeschäftigungsanspruch zu erfüllen. Kein Eintritt erfolgt in Ruhestandsverhältnisse und in Versorgungsanwartschaften bereits ausgeschiedener Arbeitnehmer[124].

b) Zugehörigkeit zum übertragenen Betrieb oder Betriebsteil

58 Der Übergang ist auf die Arbeitsverhältnisse beschränkt, die dem übergegangenen Betrieb oder Betriebsteil rechtlich zuzuordnen sind[125]. Es kommt nicht darauf an, ob und inwieweit jemand für einen übertragenen oder nicht übertragenen Betriebsteil tätig war[126]. Entscheidend ist, welchem Betriebsteil er angehört. Mitarbeiter von Zentralabteilungen, wie Buchhaltung oder Personalwesen, bleiben also auch dann Arbeitnehmer des bisherigen Arbeitgebers, wenn sie ganz oder teilweise für einen übertragenen Betriebsteil tätig waren, sofern nicht ihre eigene Abteilung übergeht[127].

---

[120] Soergel/*Raab*, § 613a BGB Rn. 63 f.; MünchKomm/*Schaub*, § 613a BGB Rn. 45; BAG, Urt. v. 9.1.1980, AP Nr. 19 zu § 613a BGB stellt darauf ab, ob der Zwangsverwalter den Betrieb oder Betriebsteil mit rechtsgeschäftlicher Einwilligung des Schuldners fortführt.
[121] BAG, Urt. v. 24.3.1998, AP Nr. 178 zu § 613a BGB m. Anm. *Hromadka*.
[122] BAG, Urt. v. 13.2.2003, AP Nr. 24 zu § 611 BGB Organvertreter.
[123] BAG, Urt. v. 13.2.2003, AP Nr. 249 zu § 613 a BGB.
[124] BAG, Urt. v. 24.3.1977, 22.6.1978, 15.3.1979, 11.11.1986, AP Nr. 6, 12, 15, 61 zu § 613a BGB.
[125] BAG, Urt. v. 13.11.1986, AP Nr. 57 zu § 613a BGB.
[126] BAG, Urt. v. 13.2.2003, AP Nr. 245 zu § 613 a BGB.
[127] BAG, Urt. v. 13.11.1997, AP Nr. 170 zu § 613a BGB.

2. Informationspflicht und Widerspruchsrecht

a) Informationspflicht

Das Arbeitsverhältnis geht nicht auf den Erwerber über, wenn der Arbeitnehmer dem widerspricht (§ 613a Abs. 6 BGB). Der Sache nach bedeutet der Widerspruch einen Verzicht auf den durch § 613a BGB bewirkten Schutz. Ein solcher Verzicht ist ohne weiteres möglich[128]. Auch die Betriebsübergangsrichtlinie verpflichtet den Arbeitnehmer nicht, sein Arbeitsverhältnis mit dem Erwerber fortzusetzen. Der EuGH[129] hat des Widerspruchsrecht deshalb ausdrücklich anerkannt, obwohl die Richtlinie es nicht vorsieht. Da einem widersprechenden Arbeitnehmer häufig die betriebsbedingte Kündigung droht (s. unten Rn. 68), sollte er nur aus wohlerwogenen Gründen auf den Schutz des § 613a BGB verzichten. Zur Vorbereitung seiner Entscheidung dient die 2001 geschaffene Informationspflicht[130].

59

Danach hat der bisherige Arbeitgeber oder der neue Inhaber die von einem Betriebsübergang betroffenen Arbeitnehmer in Textform (§ 126 b BGB) zu unterrichten über:
- den Zeitpunkt oder den geplanten Zeitpunkt des Übergangs,
- den Grund für den Übergang,
- die rechtlichen, wirtschaftlichen und sozialen Folgen des Übergangs für die Arbeitnehmer und
- die hinsichtlich der Arbeitnehmer in Aussicht genommenen Maßnahmen (§ 613a Abs. 5 BGB).

60

Die rechtlichen, wirtschaftlichen und sozialen Folgen des Übergang ergeben sich vor allem aus den unverändert weitergeltenden Regelungen des § 613a Abs. 1 bis 4 BGB. Das betrifft die Fragen der Weitergeltung oder Änderung der bisherigen Rechte und Pflichten aus dem Arbeitsverhältnis, der Haftung des bisherigen Arbeitgebers und des neuen Inhabers gegenüber dem Arbeitnehmer sowie des Kündigungsschutzes. Zu den hinsichtlich der Arbeitnehmer in Aussicht genommenen Maßnahmen gehören Weiterbildungsmaßnahmen im Zusammenhang mit geplanten Produktionsumstellungen oder Umstrukturierungen sowie andere Maßnahmen, die die berufliche Entwicklung der Arbeitnehmer betreffen[131]. Wie weit die Informationspflicht im einzelnen reicht, ist allerdings offen. Das ist problematisch, da nur eine vollständige und fehlerfreie Information die Widerspruchsfrist des § 613a Abs. 6 BGB in Gang setzen soll[132].

60a

---

[128] Allerdings nicht im voraus bei der Einstellung, ErfK/*Preis*, § 613a BGB Rn. 98.
[129] EuGH, Urt. v. 16.12.1992, AP Nr. 97 zu § 613a BGB, Tz. 31 f.
[130] Durch Art. 4 SeemannsG v. 23.3.2002, BGBl. I S. 1163.
[131] Begr. RegE, BT-Drucks. 14/7760 S. 19.
[132] Begr. RegE, BT-Drucks. 14/7760 S. 19; ErfK/*Preis*, § 613a BGB Rn. 89 m.w.N.

b) Ausübung des Widerspruchrechts

61 **aa) Erklärung des Widerspruchs.** Das Widerspruchsrecht stellt ein Rechtsfolgeverweigerungsrecht dar. Es ist ein Gestaltungsrecht, mit dem der Arbeitnehmer den Übergang des Arbeitsverhältnisses verhindern oder rückgängig machen kann[133]. Als Gestaltungsrecht ist es grundsätzlich bedingungsfeindlich und unwiderruflich. Die Ausübung erfolgt schriftlich durch einseitige, empfangsbedürftige Willenserklärung[134]. Ein konkludenter Verzicht ist nicht (mehr) möglich.

62 **bb) Adressat des Widerspruchs.** Der Widerspruch kann gegenüber dem bisherigen Arbeitgeber oder dem neuen Inhaber erklärt werden. Das Wort „Widerspruch" muß der Arbeitnehmer nicht benutzen. Es genügt, wenn nach dem objektiven Empfängerhorizont erkennbar ist, daß er sich gegen den Übergang seines Arbeitsverhältnisses wendet[135].

63 **cc) Widerspruchsfrist.** Die Widerspruchsfrist beträgt einen Monat. Sie beginnt mit dem Zugang der (ordnungsgemäßen) Unterrichtung nach § 613a Abs. 5 BGB unabhängig vom tatsächlichen Zeitpunkt des Betriebsübergangs, und zwar selbst dann, wenn die Unterrichtung entgegen § 613a Abs. 5 BGB erst nach dem Betriebsübergang erfolgt. Für die Berechnung gelten die §§ 187 Abs. 1, 188 Abs. 2 BGB.

64 **dd) Begründung des Widerspruchs.** Die Angabe eines Grundes für den Widerspruch ist nicht erforderlich[136]. Es steht allein in der Entscheidung des Arbeitnehmers, ob er sich dem durch § 613a BGB bewirkten Schuldnerwechsel unterwerfen will. Das Widerspruchsrecht würde entwertet, wenn es auf sachliche und damit objektivierbare Gründe hin überprüft würde. Allerdings ist der Arbeitnehmer, der dem Übergang seines Arbeitsverhältnisses widerspricht und der damit freiwillig auf eine zu seinen Gunsten wirkende Schutznorm verzichtet, nicht vor tatsächlichen und rechtlichen Nachteilen geschützt, die mit dem Widerspruch verbunden sind.

c) Ausschluß

65 Der Arbeitnehmer kann gegenüber dem alten oder dem neuen Betriebsinhaber auf den Widerspruch verzichten, allerdings nur in Ansehung eines konkret bevorstehenden Betriebsübergangs, nicht als Vorausverzicht[137]. Ein gleichwohl erklärter Widerspruch ist unwirksam und unbeachtlich[138]. Der Verzicht kann auch konkludent erklärt werden[139]. Der Widerspruch kann ferner gegen Treu und Glauben (§ 242 BGB) verstoßen und deshalb unwirksam sein. Der Arbeitnehmer verhält sich widersprüchlich und damit treuwidrig, wenn er vor dem Betriebsübergang er-

---

[133] BAG, Urt. v. 30.10.1986, AP Nr. 55 zu § 613a BGB.
[134] BAG, Urt. v. 22.4.1993, AP Nr. 102 zu § 613a BGB.
[135] ErfK/*Preis*, § 613a BGB Rn. 94; *Willemsen/Lembcke*, NJW 2002, 353 (356).
[136] BAG, Urt. v. 15.2.1984, AP Nr. 37 zu § 613a BGB; Urt. v. 17.9.1998, DB 1999, 154 (155).
[137] ErfK/*Preis*, § 613a BGB Rn. 98 m.w.N.
[138] BAG, Urt. v. 15.2.1984, AP Nr. 37 zu § 613a BGB; Urt. v. 19.3.1998, NZA 1998, 750 (751).
[139] A. A. *Gaul/Otto*, DB 2002, 634 (638).

klärt, er werde dem Übergang des Arbeitsverhältnisses nicht widersprechen, und wenn der bisherige Arbeitgeber auf diese Erklärung vertraut[140], oder wenn er eine Überleitungsvereinbarung unterschreibt. Schließlich kann der Widerspruch wegen Verwirkung ausgeschlossen sein.

d) Rechtsfolgen

aa) Grundsatz. Der Widerspruch schließt den Übergang des Arbeitsverhältnisses auf den Betriebserwerber aus. Das Arbeitsverhältnis zum Betriebsveräußerer bleibt bestehen[141]. Bei wirksamem Widerspruch nach Betriebsübergang wird es ex tunc wiederbegründet[142]. Widerspricht ein Arbeitnehmer dem Übergang seines Arbeitsverhältnisses auf Grund eines Teilbetriebsübergangs, bedarf es einer ausdrücklichen oder konkludenten Zuordnungsentscheidung des Arbeitgebers, wenn das Arbeitsverhältnis von einem weiteren Teilbetriebsübergang erfaßt werden soll[143]. 66

bb) Annahmeverzug. Nimmt der Veräußerer die ihm angebotene Arbeitsleistung nicht an, so kommt er in Annahmeverzug (§ 615 Satz 1 BGB). Er hat den widersprechenden Arbeitnehmer also weiterhin zu vergüten. Die Vergütungspflicht kann aber nach § 615 Satz 2 Alt. 3 BGB ganz oder teilweise entfallen, wenn es der Widersprechende böswillig unterläßt, eine andere Arbeit aufzunehmen. Böswillig handelt er, wenn ihm vorgeworfen werden kann, daß er während des Annahmeverzug trotz Kenntnis aller objektiven Umstände (Arbeitsmöglichkeit, Zumutbarkeit der Arbeit, nachteilige Folgen für den Arbeitgeber) vorsätzlich untätig bleibt oder die Aufnahme der Arbeit bewußt verhindert[144]. Ob der Widersprechende auch beim Erwerber arbeiten muß, ist fraglich, da der Widerspruch den Übergang des Arbeitsverhältnisses gerade verhindern soll. Das BAG bejaht, und zwar auch für den Fall, daß der Arbeitnehmer berechtigterweise von seinem Widerspruchsrecht Gebrauch macht[145]. Mit dem Widerspruch solle lediglich der Übergang des Arbeitsverhältnisses verhindert werden. Ein böswilliges Unterlassen liege nur dann nicht vor, wenn dem Arbeitnehmer aufgrund konkreter Umstände, die etwa in der Person des Erwerbers, der Art der Arbeit oder den sonstigen Arbeitsbedingungen liegen könnten, die Arbeit beim Erwerber unzumutbar sei. 67

cc) Betriebsbedingte Kündigung nach Widerspruch. Fällt infolge des Betriebsübergangs beim alten Arbeitgeber der Arbeitsplatz weg – so der Normalfall –, trägt der Arbeitnehmer das Risiko, daß der alte Arbeitgeber eine betriebsbedingte Kündigung ausspricht[146]. Zwar kann er sich auf eine mangelhafte Sozialauswahl (§ 1 Abs. 3 KSchG) berufen[147]. Zu berücksichtigen ist jedoch, daß er seine bisherige Arbeitsmöglichkeit aus freien Stücken auf- 68

---

[140] BAG, Urt. v. 15.2.1984, AP Nr. 37 zu § 613a BGB.
[141] BAG, Urt. v. 2.10.1974, 19.3.1998, AP Nr. 1, 177 zu § 613a BGB.
[142] BAG, Urt. v. 22.4.1993, AP Nr. 103 zu § 613a BGB.
[143] BAG, Urt. v. 13.2.2003, AP Nr. 245 zu § 613 a BGB.
[144] BAG, Urt. v. 18.10.1958, 18.6.1965, AP Nr. 1, 2 zu § 615 BGB Böswilligkeit.
[145] BAG, Urt. v. 19.2.1998 - 2 AZR 367/96; Urt. v. 19.3.1998, AP Nr. 177 zu § 613a BGB.
[146] BAG, Urt. v. 2.10.1974, AP Nr. 1 zu § 613a BGB.
[147] BAG, Urt. v. 7.4.1993, AP Nr. 22 zu § 1 KSchG 1969 Soziale Auswahl; Urt. v. 21.3.1996, AP Nr. 81 zu § 102 BetrVG 1972.

gegeben und erst dadurch ein dringendes betriebliches Erfordernis für die Kündigung geschaffen hat. Soll statt seiner einem anderen Arbeitnehmer gekündigt werden, der die Möglichkeit der Fortsetzung des Arbeitsverhältnisses nicht hatte, muß es für den Widerspruch berechtigte Gründe geben. Je geringer die Unterschiede in der sozialen Schutzbedürftigkeit sind, desto gewichtiger müssen die Gründe sein. Ist der widersprechende Arbeitnehmer sozial nur geringfügig schutzwürdiger als die vergleichbaren Arbeitnehmer, verdient er allenfalls dann den Vorrang, wenn seinem Widerspruch die berechtigte Befürchtung eines baldigen Arbeitsplatzverlustes oder einer baldigen wesentlichen Verschlechterung seiner Arbeitsbedingungen bei dem Erwerber zugrunde liegt[148]. Der Arbeitgeber, der eine Sozialauswahl wegen des Widerspruchs für überflüssig hält, braucht dem Betriebsrat die sozialen Gesichtspunkte vergleichbarer Arbeitnehmer auch nicht vorsorglich mitzuteilen[149]. Kündbar ist auch ein Arbeitnehmer, dessen ordentliche Kündigung nach dem einschlägigen Tarifvertrag ausgeschlossen ist. Der Arbeitgeber kann unter Einräumung einer Auslauffrist außerordentlich kündigen, wenn er alle zumutbaren Mittel ausgeschöpft hat[150]. Er hat nicht nur zu prüfen, ob ein anderer Arbeitsplatz frei ist oder aufgrund der üblichen Fluktuation innerhalb der Auslauffrist frei wird, er muß auch versuchen, den Arbeitnehmer durch eine entsprechende Umorganisation und das Freimachen geeigneter gleichwertiger Arbeitsplätze im Unternehmen weiterzubeschäftigen[151]. Eine verhaltensbedingte Kündigung kommt nicht in Betracht, weil der widersprechende Arbeitnehmer nur von einem ihm zustehenden Recht Gebrauch macht (§ 612a BGB).

68a dd) **Ausscheiden aus der Belegschaftsvertretung.** Ist der Widersprechende Mitglied der Belegschaftsvertretung des übergehenden Betriebs, so scheidet er mit dem Widerspruch aus dem Vertretungsorgan aus. Die Belegschaftsvertretung ist bei seiner Kündigung auch dann nicht mehr zu beteiligen, wenn er in dem übergegangenen Betrieb aufgrund einer Arbeitnehmerüberlassung beschäftigt wird. Der Widersprechende genießt zwar nach seinem Ausscheiden den nachwirkenden Sonderkündigungsschutz (§ 15 Abs. 1 Satz 2 bzw. § 15 Abs. 2 Satz 2 KSchG), ihm kann aber entsprechend § 15 Abs. 4, 5 KSchG gekündigt werden[152].

3. Eintritt des Erwerbers in die Rechte und Pflichten aus den übergegangenen Arbeitsverhältnissen

a) Eintritt in die Rechte

69 Geht das Arbeitsverhältnis auf den Erwerber über, so tritt er in sämtliche Rechte ein, die dem alten Arbeitgeber zustanden; er übernimmt das Arbeitsverhältnis so, wie er es tatsächlich vorfindet. Der Erwerber hat Anspruch auf die Arbeitsleistung – die Arbeitspflicht gegenüber dem Veräußerer erlischt – und auf Erfüllung der Nebenpflichten (Rücksichtnahme, Verschwiegenheit, Wettbewerbsverbot usw.).

---

[148] Zu Vorstehendem BAG, Urt. v. 18.3.1999, NZA 1999, 870.
[149] BAG, Urt. v. 24.2.2000, AP Nr. 47 zu § 1 KSchG 1969 Soziale Auswahl.
[150] BAG, Urt. v. 5.2.1998, DB 1998, 1035; Urt. v. 17.9.1998, DB 1999, 154.
[151] BAG, Urt. v. 17.9.1998, NZA 1999, 258.
[152] BAG, Urt. v. 25.5.2000, NZA 2000, 1115.

b) Eintritt in die Pflichten

aa) Haupt- und Nebenpflichten. Der Erwerber tritt so in die Haupt- und Nebenpflichten ein, wie sie der Veräußerer vor dem Übergang zu erfüllen hatte. Das gilt auch für rückständigen Lohn[154]. Der Veräußerer haftet nach § 613a Abs. 2 BGB mit. Ansprüche auf Erholungsurlaub sind so zu erfüllen, wie wenn kein Betriebsübergang stattgefunden hätte[155]. Setzt der Arbeitnehmer das Arbeitsverhältnis mit dem Betriebserwerber fort, hat der Veräußerer den Urlaub des Arbeitnehmers auch dann nicht abzugelten (§ 7 Abs. 4 BUrlG), wenn er ihm wirksam betriebsbedingt gekündigt hatte[156]. 70

bb) Betriebliche Übung. Ein vom Veräußerer gesetzter Tatbestand, der zur Entstehung einer betrieblichen Übung führen kann, wird dem Erwerber selbst dann zugerechnet, wenn er ihn nicht kennt. Er kann die Entstehung einer betrieblichen Übung aber unter denselben Voraussetzungen verhindern wie der Veräußerer (Einstellung vor Entstehen eines Anspruchs, Freiwilligkeitsvorbehalt). 71

cc) Gleichbehandlungsgrundsatz. Ein Erwerber, der zugleich seinen alten Betrieb weiterführt, ist nicht verpflichtet, eine Anpassung an die bei ihm bestehenden Arbeitsbedingungen vorzunehmen[157]. Das gilt auch bei Verschmelzung zu einem einheitlichen Betrieb. § 613a BGB schützt den Arbeitsplatz in seiner gegenwärtigen Ausgestaltung[158]. Der Erwerber darf deshalb nach Stammbelegschaft und übernommenen Mitarbeitern differenzieren[159]. 72

dd) Hat ein Konzernunternehmen in einem Aktienoptionsplan eigenständig Verpflichtungen gegenüber Arbeitnehmern übernommen, die im Betrieb eines anderen zum Konzern gehörenden Unternehmens beschäftigt sind, so gehen diese Verpflichtungen im Falle der Veräußerung des Betriebs nicht auf den Erwerber über, da sie nicht Gegenstand des Arbeitsverhältnisses mit dem Betriebsveräußerer waren[160]. 72a

---

[153] KR/*Pfeiffer*, § 613a BGB Rn. 73; *Schaub*, ZIP 1984, 272 (277).
[154] BAG, Urt. v. 18.8.1976, AP Nr. 4 zu § 613a BGB.
[155] BGH, Urt. v. 4.7.1985, AP Nr. 50 zu § 613a BGB.
[156] BAG, Urt. v. 2.12.1999, DB 2000, 831.
[157] BAG, Urt. v. 30.8.1979, AP Nr. 16 zu § 613a BGB.
[158] BAG, Urt. v. 25.8.1976, AP Nr. 41 zu § 242 BGB Gleichbehandlung.
[159] BAG, Urt. v. 15.3.1979, AP Nr. 15 zu § 613a BGB.
[160] BAG, Urt. v. 12.02.2003, AP Nr. 243 zu § 613 a BGB.

c) Berücksichtigung tatsächlicher Umstände

73 Der Übernehmer muß sich Gegebenheiten zurechnen lassen, die als Tatbestandsmerkmale für spätere Rechtsfolgen von Bedeutung sind.[161]

74 **aa) Dauer der Betriebszugehörigkeit.** Bei Rechten, zu deren Entstehung es auf die Dauer der Betriebszugehörigkeit ankommt, muß der Erwerber Zeiten vor dem Betriebsübergang berücksichtigen. Das gilt vor allem für die längeren gesetzlichen oder tariflichen Kündigungsfristen, für tarifliche Unkündbarkeitsregelungen, für die soziale Auswahl nach § 1 Abs. 3 KSchG, für Sozialleistungen und Ruhegeldanwartschaften[162] sowie für die Wartezeit nach § 1 Abs. 1 KSchG, und zwar selbst dann, wenn zum Zeitpunkt des Betriebsübergangs das Arbeitsverhältnis kurzfristig unterbrochen war, die Arbeitsverhältnisse aber in einem engen sachlichen Zusammenhang miteinander stehen[163].

75 **bb) Angebot auf Arbeitsleistung.** Der Annahmeverzug des Veräußerers (§ 615 BGB) wirkt für den Erwerber solange fort, bis er die Leistung des Arbeitnehmers annimmt.[164]

76 **cc) § 323 Abs. 1 UmwG.** Geht der Betrieb oder Betriebsteil auf den neuen Inhaber im Rahmen einer Unternehmensspaltung oder einer Vermögensteilübertragung nach dem UmwG über, darf sich die kündigungsrechtliche Stellung des Arbeitnehmers innerhalb eines Zeitraums von zwei Jahren nicht verschlechtern. Der Kündigungsschutz bleibt also bestehen, auch wenn beim Erwerber die für die Anwendung des KSchG erforderliche Beschäftigtenzahl (§ 23 Abs. 1 Satz 2 KSchG) nicht erreicht wird[165]. Außerdem können längere tarifliche oder vertragliche Kündigungsfristen zwei Jahre lang nicht geändert, ein Ausschluß der ordentlichen Kündigung kann nicht beseitigt werden. § 323 Abs. 1 UmwG ist lex specialis zu § 613a BGB[166].

d) Verwirkung

76a Wie jeder Anspruch können auch die Rechte aus einem Betriebsübergang verwirkt werden. Das ist der Fall, wenn der Arbeitnehmer sie erst nach Ablauf eines längeren Zeitraums geltend macht und dadurch beim Verpflichteten das Vertrauen hervorruft, er werde nicht mehr in Anspruch genommen. Bei schwieriger Sachlage, insbesondere wenn Zweifel an einem Betriebsübergang bestehen, verwirken die Rechte erst nach längerer Zeit[167].

---

[161] BAG, Urt. v. 21.3.1991, AP Nr. 49 zu § 615 BGB.
[162] BAG, Urt. v. 21.2.1979, AP Nr. 13 zu § 847 BGB.
[163] BAG, Urt. v. 27.6.2002, AP Nr. 15 zu § 1 KSchG 1969 Wartezeit.
[164] BAG, Urt. v. 21.3.1991, AP Nr. 49 zu § 615 BGB.
[165] Begr. RegE, BR-Drucks. 75/94 v. 4.2.1994, S. 175.
[166] *Wlotzke*, DB 1995, 40 (44).
[167] BAG, Urt. v. 27.1.2000, ZInsO 2000, 411: Verwirkung ein Jahr nach dem Betriebsübergang.

4. Besonderheiten beim Betriebsübergang in der Insolvenz

a) Bestandsschutz

Das Arbeitsverhältnis geht auch dann auf den Erwerber über, wenn der Betrieb im Rahmen eines Insolvenzverfahrens vom Insolvenzverwalter veräußert wird. Bestand und Inhalt des Arbeitsverhältnisses sind ebenfalls nach § 613a BGB geschützt. 77

b) Haftung des Betriebserwerbers für Altschulden

aa) Problem. Der Grundsatz der gleichmäßigen Befriedigung aller Gläubiger in einem Insolvenzverfahren (par conditio creditorum) gebietet jedoch bezüglich der Haftung des Erwerbers für die vom Veräußerer nicht erfüllten Ansprüche aus dem Arbeitsverhältnis eine teleologische Reduktion des § 613a Abs. 1 Satz 1 BGB. Müßte der Erwerber auch Ansprüche der Arbeitnehmer aus der Zeit vor der Eröffnung des Insolvenzverfahrens erfüllen, würde der erzielbare Kaufpreis geringer und damit die Verteilungsmasse geschmälert. Die Sicherung der Arbeitnehmer, die mit dem neuen Betriebsinhaber einen zahlungsfähigen Schuldner erhalten, würde von den übrigen Gläubigern finanziert. Die Arbeitnehmer haben überdies Anspruch auf Insolvenzgeld für die Vergütung, die ihnen der bisherige Arbeitgeber im Zeitraum von drei Monaten vor der Eröffnung des Insolvenzverfahrens schuldig geblieben ist (vgl. §§ 183 ff. SGB III). 78

bb) Lösung. Der Erwerber haftet nicht nach § 613a BGB für Ansprüche, die bereits bei Eröffnung des Insolvenzverfahrens bestanden[168]. Seine Haftung beschränkt sich auf Masseverbindlichkeiten im Sinne des § 55 InsO, d.h. auf Ansprüche aus dem Arbeitsvertrag, soweit deren Erfüllung nach Eröffnung des Insolvenzverfahrens verlangt wird. 79

Die Haftungsbegrenzung tritt nur ein, wenn das Insolvenzverfahren tatsächlich stattfindet, dann allerdings auch, wenn es mangels Masse wieder eingestellt wird[169]; sie tritt nicht ein, wenn ein Antrag auf Eröffnung des Insolvenzverfahrens nicht gestellt oder mangels Masse abgelehnt wird[170]. Maßgeblicher Zeitpunkt für die Haftungsbeschränkung ist die Eröffnung des Insolvenzverfahrens. Ein Erwerber, der die Leitungs- und Organisationsmacht über den übernommenen Betrieb vorher erhält, haftet unbeschränkt[171]. 80

5. Änderung bisheriger Arbeitsbedingungen

Der Erwerber tritt mit dem Betriebsübergang so in die Arbeitsverhältnisse ein, wie sie beim Veräußerer bestanden (§ 613a Abs. 1 Satz 1 BGB). Arbeitsvertragsbedingungen kann er im selben Umfange ändern, wie es der Veräußerer gekonnt hätte. Die Zeitschranke des § 613a Abs. 1 Satz 2 BGB gilt dafür nicht. Änderungs- 81

---

[168] BAG, Urt. v. 20.6.2002, AP Nr. 10 zu § 113 InsO.
[169] BAG, Urt. v. 11.2.1992, AP Nr. 13 zu § 1 BetrAVG Betriebsveräußerung.
[170] BAG, Urt. v. 20.11.1984, AP Nr. 38 zu § 613a BGB.
[171] BAG, Urt. v. 20.6.2002, AP Nr. 10 zu § 113 InsO.

kündigungen sind zulässig, wenn sie nicht wegen des Betriebsübergangs ausgesprochen werden (§ 613a Abs. 4 Satz 1 BGB). Damit die Regelung des § 613a Abs. 4 BGB nicht umgangen wird, verlangt die Rechtsprechung für einen Lohnverzicht sachliche Gründe und legt dafür einen strengen Maßstab an[172]. Die Änderung kollektivvertraglich geregelter Arbeitsbedingungen richtet sich nach § 613a Abs. 1 Sätze 2-4 BGB (s. hierzu Rn. 101 ff.).

6. Rechtsstellung des bisherigen Arbeitgebers

82 Mit dem Übergang des Arbeitsverhältnisses auf den Erwerber endet das Arbeitsverhältnis zu dem bisherigen Arbeitgeber; etwaige tarifliche Ausschlußfristen für Ansprüche gegen den Veräußerer beginnen ab diesem Zeitpunkt zu laufen[173]. Der Veräußerer haftet dem Arbeitnehmer neben dem Erwerber als Gesamtschuldner für Ansprüche aus dem Arbeitsverhältnis, soweit sie vor dem Zeitpunkt des Betriebsübergangs entstanden sind und vor Ablauf von einem Jahr nach diesem Zeitpunkt fällig werden (§ 613a Abs. 2 Satz 1 BGB). Werden Ansprüche erst nach dem Betriebsübergang fällig, so haftet der Veräußerer nur in dem Umfang, der dem im Zeitpunkt des Betriebsübergangs abgelaufenen Teil ihres Bemessungszeitraums entspricht (§ 613a Abs. 2 Satz 2 BGB).

83 **Beispiel:** Im Arbeitsvertrag ist ein 13. Monatsgehalt vereinbart, das im Dezember fällig wird. Der Betrieb geht am 1.5.1997 über. Der Erwerber haftet nach § 613a Abs. 1 Satz 1 BGB für das volle 13. Gehalt, der Veräußerer daneben für den in der Zeit vom 1.1. bis 30.4.1997 erdienten Anteil.

84 Wer im Innenverhältnis die Schuld zu tragen hat, hängt von den Vereinbarungen im Übernahmevertrag ab. Ist nichts vereinbart, gilt § 426 Abs. 1 Satz 1 BGB[174].

IV. Kündigung und Betriebsübergang

1. Allgemeines

85 Nach § 613a Abs. 4 Satz 1 BGB ist die Kündigung des Arbeitsverhältnisses durch den Veräußerer oder den Erwerber wegen des Übergangs des Betriebs oder eines Betriebsteils unwirksam. Das Recht zur Kündigung aus anderen Gründen bleibt unberührt (§ 613a Abs. 4 Satz 2 BGB).

---

[172] BAG, Urt. v. 27.4.1988, AP Nr. 71 zu § § 613a BGB.
[173] BAG, Urt. v. 10.8.1994, AP Nr. 126 zu § 4 TVG Ausschlußfristen.
[174] BGH, Urt. v. 4.7.1985, AP Nr. 50 zu § 613a BGB.

a) Rechtsnatur des Kündigungsverbots

§ 613a Abs. 4 Satz 1 BGB stellt ein eigenständiges Kündigungsverbot im Sinne des § 13 Abs. 3 KSchG dar[175]. Infolgedessen ist die Kündigung wegen eines Betriebsübergangs auch dann unwirksam, wenn der Arbeitnehmer keinen (§ 23 Abs. 1 Sätze 2-3 KSchG) oder noch keinen (§ 1 Abs. 1 KSchG) Kündigungsschutz genießt[176]. Die Unwirksamkeit ist innerhalb der dreiwöchigen Klagefrist des § 4 KSchG geltend zu machen (§ 13 Abs. 3 KSchG)[177]. Anstelle der Feststellungsklage nach § 4 KSchG ist die allgemeine Feststellungsklage nach § 256 ZPO zu erheben[178].

86

Hat der Arbeitnehmer die Kündigungsschutzklage zunächst auf andere Gründe gestützt – z.B. auf Sozialwidrigkeit (§ 1 KSchG) oder auf fehlerhafte Anhörung des Betriebsrats (§ 102 BetrVG) –, so kann er die Unwirksamkeit nach § 613a Abs. 4 BGB noch bis zum Schluß der mündlichen Verhandlung erster Instanz geltend machen (§ 6 KSchG).

87

b) Anwendungsbereich des Kündigungsverbots

Das Kündigungsverbot des § 613a Abs. 4 BGB gilt in sachlicher Hinsicht für ordentliche und außerordentliche Beendigungskündigungen sowie für Änderungskündigungen. Es gilt für Kündigungen vor und nach dem Betriebsübergang; ein enger zeitlicher Zusammenhang zwischen Kündigung und Betriebsübergang ist nicht erforderlich[179]. In persönlicher Hinsicht besteht das Verbot zugunsten aller Arbeitnehmer, selbst wenn sie keinen Kündigungsschutz genießen. Gebunden sind sowohl der Betriebsveräußerer als auch der Betriebserwerber.

88

2. Tatbestand des Kündigungsverbots

Die Reichweite des in § 613a Abs. 4 Satz 1 BGB angeordneten Kündigungsverbotes ist mit Blick auf die nach § 613a Abs. 4 Satz 2 BGB weiterhin zulässige Kündigung aus „anderen Gründen" zu bestimmen.

89

a) Kündigung wegen des Betriebs(teil)übergangs

Wegen des Betriebsübergangs wird eine Kündigung ausgesprochen, wenn der Betriebsübergang die **überwiegende Ursache**, der Beweggrund für die Kündigung ist[180]. Maßgeblich sind die Verhältnisse beim Zugang der Kündigung[181]. Ein erst

90

---

[175] BAG, Urt. v. 31.1.1985, AP Nr. 40 zu § 613a BGB.
[176] BAG, Urt. v. 31.1.1985, AP Nr. 40 zu § 613a BGB.
[177] BAG, Urt. v. 31.1.1985, 5.12.1985, AP Nr. 40, 47 zu § 613a BGB.
[178] BAG, Urt. v. 5.12.1985, AP Nr. 47 zu § 613a BGB.
[179] BAG, Urt. v. 19.5.1988, AP Nr. 75 zu § 613a BGB.
[180] BAG, Urt. v. 26.5.1983, 13.11.1997, AP Nr. 34, 169 zu § 613a BGB.
[181] BAG, Urt. v. 27.2.1997, AP Nr. 1 zu § 1 KSchG Wiedereinstellung.

bevorstehender Betriebsübergang macht die Kündigung nur dann unwirksam, wenn die zum Betriebsübergang führenden Tatsachen bereits bei Zugang der Kündigung feststehen oder zumindest greifbare Formen angenommen haben[182].

b) Kündigung aus anderen Gründen

91 Kündigungen aus anderen Gründen als dem Betriebsübergang bleiben zulässig (§ 613a Abs. 4 Satz 2 BGB). § 613a Abs. 4 BGB schützt nicht vor Risiken, die nichts mit dem Betriebsübergang zu tun haben. Insbesondere will die Vorschrift nicht notwendige unternehmerische Maßnahmen verhindern[183]; sie bezweckt auch keine „künstliche Verlängerung" des Arbeitsverhältnisses bei einer vorhersehbar fehlenden Beschäftigungsmöglichkeit des Arbeitnehmers bei dem Erwerber[184].

92 **Zulässig sind danach**
- die verhaltens- und personenbedingte Kündigung durch den Veräußerer oder den Erwerber,
- die Kündigung durch den Veräußerer, wenn der Arbeitnehmer dem Übergang seines Arbeitsverhältnisses widerspricht und der Veräußerer keine Beschäftigungsmöglichkeit mehr hat[185],
- die Änderungskündigung durch den Erwerber, wenn die Weiterbeschäftigung bei ihm nur zu anderen Bedingungen möglich ist und der Arbeitnehmer erklärt, daß er der Änderung nicht zustimme[186],
- die Kündigung durch den Veräußerer wegen Stillegung des Betriebs[187],
- die Kündigung durch den Veräußerer, wenn sie der Rationalisierung des Betriebs zur Verbesserung der Verkaufschancen dient. Von einem Rationalisierungsgrund geht das BAG aus, wenn der Betrieb ohne die Rationalisierung stillgelegt werden müßte[188],
- die Kündigung durch den Veräußerer auf Grund eines Erwerberkonzepts, wenn ein verbindliches Konzept oder ein Sanierungsplan des Erwerbers vorliegt, dessen Durchführung im Zeitpunkt des Zugangs der Kündigungserklärung bereits greifbare Formen angenommen hat[189].

3. Umgehungstatbestände

93 Das Verbot des § 613a Abs. 4 BGB bezieht sich unmittelbar nur auf die Kündigung des Arbeitgebers. Unwirksam sind aber auch alle anderen Gestaltungen, mit

---

[182] BAG, Urt. v. 19.5.1988, 13.11.1997, AP Nr. 75, 169 zu § 613a BGB.
[183] BAG, Urt. v. 18.7.1996, AP Nr. 147 zu § 613a BGB.
[184] BAG, Urt. v. 20.03.2003, AP Nr. 250 zu § 613a BGB.
[185] BAG, Urt. v. 7.4.1993, 18.3.1999, AP Nr. 22, 41 zu § 1 KSchG 1969 Soziale Auswahl.
[186] BAG, Urt. v. 20.4.1989, AP Nr. 81 zu § 613a BGB.
[187] BAG, Urt. v. 27.9.1984, 28.4.1988, AP Nr. 39, 74 zu § 613a BGB.
[188] BAG, Urt. v. 18.7.1996, AP Nr. 147 zu § 613a BGB.
[189] BAG, Urt. v. 20.03.2003, AP Nr. 250 zu § 613a BGB.

denen die Rechtsfolgen des Kündigungsverbotes umgangen werden[190]. Zwar kann das Arbeitsverhältnis auch ohne sachlichen Grund durch einen Aufhebungsvertrag beendet werden. Voraussetzung ist aber, daß der Arbeitnehmer tatsächlich aus dem Betrieb ausscheidet. Der Aufhebungsvertrag ist unwirksam, wenn er lediglich die Kontinuität des Arbeitsverhältnisses beseitigen soll. Das ist der Fall, wenn zugleich mit dem Aufhebungsvertrag ein neues Arbeitsverhältnis zum Betriebserwerber vereinbart oder zumindest verbindlich in Aussicht gestellt wird[191].

4. Fortsetzungsanspruch bei Betriebsübergang nach Kündigung

a) Folgen des Prognoseprinzips

Aus Gründen der Rechtssicherheit, Verläßlichkeit und Klarheit kommt es für die Frage, ob eine Kündigung wegen eines Betriebsübergangs erklärt wird, nur auf den Zeitpunkt des Kündigungszugangs an. Umstände, die danach eintreten, haben auf die Wirksamkeit der Kündigung keinen Einfluß[192]. Das gilt auch für einen „nachträglichen" Betriebsübergang. Kündigt der Arbeitgeber seinen Mitarbeitern, weil er seinen Betrieb stillegen will, und findet sich nach der Kündigung ein Interessent, der den Betrieb übernehmen will, so sind die (betriebsbedingten) Kündigungen wirksam, wenn die Stillegungsabsicht im Zeitpunkt der Kündigung bereits greifbare Formen angenommen hatte. Allerdings verhielte sich der Arbeitgeber widersprüchlich, wenn er das Arbeitsverhältnis wegen erst künftig eintretender Umstände kündigte – der Betrieb liegt zum Kündigungszeitpunkt noch nicht still –, bei Nichteintritt dieser Umstände aber einseitig Nutzen daraus zöge, daß der Kündigungsgrund nicht mehr besteht.

94

b) Fortsetzungsanspruch

Die Rechtsprechung billigt dem Arbeitnehmer daher einen Anspruch auf Fortsetzung des Arbeitsverhältnisses zu, wenn nach Ausspruch einer ordentlichen betriebsbedingten Kündigung ein Betriebsübergang stattfindet, der zur Zeit der Kündigung noch keine greifbaren Formen angenommen hatte[193]. Der Anspruch ergibt sich letztlich aus § 613a BGB. Er ist unverzüglich nach Kenntniserlangung von den den Betriebsübergang ausmachenden tatsächlichen Umständen geltend zu machen[194]. Ist der Arbeitnehmer vom Betriebsübergang nicht unterrichtet worden, besteht der Fortsetzungsanspruch auch dann, wenn der Betriebsübergang erst nach Ablauf der Kündigungsfrist erfolgt[195]. Der Anspruch muß dann unverzüglich gegenüber dem Betriebserwerber geltend gemacht werden. Das Fortsetzungsverlan-

95

---

[190] BAG, Urt. v. 28.4.1987, AP Nr. 5 zu § 1 BetrAVG Betriebsveräußerung.
[191] BAG, Urt. v. 11.12.1997, NZA 1999, 262; Urt. v. 10.12.1998, NZA 1999, 422.
[192] BAG, Urt. v. 27.2.1997, AP Nr. 1 zu § 1 KSchG 1969 Wiedereinstellung.
[193] BAG, Urt. v. 13.11.1997, AP Nr. 169 zu § 613a BGB.
[194] BAG, Urt. v. 12.11.1998, DB 1999, 485.
[195] BAG, Urt. v. 13.11.1997, AP Nr. 169 zu § 613a BGB.

gen darf nicht von Bedingungen abhängig gemacht werden, deren Eintritt vom Erwerber nicht beeinflußt werden kann[196].

5. Prozessuales

a) Klage gegen den Veräußerer

96 Sowohl die allgemeine Feststellungsklage nach § 256 ZPO als auch die Kündigungsschutzklage nach § 4 KSchG ist gegen den Arbeitgeber zu richten, der die Kündigung ausgesprochen hat[197]. Auf den Prozeß gegen den alten Arbeitgeber hat der Betriebsübergang, der *nach* Rechtshängigkeit erfolgt, wegen § 265 Abs. 2 ZPO keine Auswirkungen. Die Rechtskraft eines Urteils wirkt auch für und gegen den neuen Arbeitgeber (§ 325 ZPO). Zur Vollstreckung gegen den neuen Arbeitgeber aus dem Titel gegen den alten Arbeitgeber bedarf es der Umschreibung nach § 727 ZPO bzw. einer Klage auf Klauselerteilung nach § 731 ZPO. In letzterem Verfahren wird dann geprüft, ob der neue Arbeitgeber den Betrieb nach § 613a BGB übernommen hat. Wurde der Betrieb bereits *vor* Rechtshängigkeit einer Kündigungsschutzklage gegen den Veräußerer übertragen, findet § 325 ZPO im Verhältnis zum Erwerber weder unmittelbar noch entsprechend Anwendung[198].

b) Klage gegen den Erwerber

97 Nach dem Betriebsübergang kann der Arbeitnehmer gegen den Erwerber auf Feststellung des Fortbestands des Arbeitsverhältnisses klagen. Eine solche Klage ist auch neben einer Kündigungsschutzklage gegen den Veräußerer zulässig. Eine Klage gegen beide ist angebracht, wenn unklar ist, ob die Voraussetzungen für einen Betriebsübergang tatsächlich vorliegen[199]. In dem Verfahren gegen den Erwerber ist die Kündigung durch den Veräußerer eine Vorfrage. Den Fortsetzungsanspruch kann der Arbeitnehmer nur gegen den Erwerber geltend machen. Besteht Streit über die Frage, ob der Arbeitnehmer zu dem vom Erwerber übernommenen Betrieb oder Betriebsteil gehört, können der Arbeitnehmer, der Veräußerer und auch der Erwerber Klage auf Feststellung des Bestehens oder Nichtbestehens eines Arbeitsverhältnisses erheben[200].

---

[196] BAG, Urt. v. 12.11.1998, DB 1999, 485.
[197] BAG, Urt. v. 26.5.1983, 27.9.1984, AP Nr. 34, 39 zu § 613a BGB; a.A. LAG Hamm, Urt. v. 12.2.1999, ZIP 2000, 325: Der Klage gegen den Veräußerer fehle das Feststellungsinteresse.
[198] BAG, Urt. v. 18.2.1999, NZA 1999, 648.
[199] Zu den dabei auftauchenden Problemen *Preis/Steffan*, DB 1998, 309 (310 ff.).
[200] *Lieb*, ZfA 1994, 229 (247 f.); Soergel/*Raab*, § 613a BGB Rn. 194.

V. Kollektivrechtliche Folgen des Betriebsübergangs

1. Zuständigkeit des Betriebsrats

a) Betriebs(teil)übergang

aa) Übergang eines Betriebs. Wechselt ein Betrieb seinen Inhaber, ohne seine 98
organisatorische Struktur zu verändern, so bleibt der Betriebsrat des übergehenden und weiterbestehenden Betriebs im Amt[201]. Werden sämtliche Betriebe von einem Unternehmen ohne Gesamtbetriebsrat übernommen, bleibt auch der Gesamtbetriebsrat der übernommenen Betriebe im Amt[202].

bb) Übergang eines Betriebsteils. Wird aus einem Betrieb ein Betriebsteil ausge- 99
gliedert, so bleibt der Betriebsrat des Restbetriebs im Amt. Seine Zuständigkeit beschränkt sich auf den Restbetrieb. Er bleibt auch für den ausgegliederten Betriebsteil zuständig, wenn dieser und der Restbetrieb einen „gemeinsamen Betrieb" bilden (s. § 16 Rn. 55). Wird der Betriebsteil als selbständiger Betrieb fortgeführt und ist der ausgegliederte Betriebsteil selbst betriebsratsfähig (§ 1 BetrVG), kann für diesen ein eigener Betriebsrat gewählt werden. Dem Betriebsrat des Restbetriebs kommt ein **Übergangsmandat** zu, das ihn berechtigt und verpflichtet, im ausgegliederten Betriebsteil Betriebsratswahlen einzuleiten und für die Vertretung der dort beschäftigten Arbeitnehmer zu sorgen. Das Übergangsmandat endet, sobald in dem Betriebsteil ein neuer Betriebsrat gewählt und das Wahlergebnis bekanntgegeben ist, spätestens jedoch 6 Monate nach Wirksamwerden der Ausgliederung. Durch Tarifvertrag oder Betriebsvereinbarung kann das Übergangsmandat um weitere 6 Monate verlängert werden (§ 21a Abs. 1 S. 2-3 BetrVG). Wird der ausgegliederte Betriebsteil mit dem Betrieb eines Erwerbers zusammengelegt, so wird der beim Erwerberbetrieb bestehende Betriebsrat auch für den ausgegliederten Teil zuständig[203]. Seine Amtszeit endet, wenn durch die Zusammenlegung ein neuer Betrieb entsteht. In diesem Fall erhält der Betriebsrat des Betriebs oder Betriebsteils mit der größten Zahl von Arbeitnehmern das Übergangsmandat im neu entstandenen Betrieb. Wird die Organisation des gespaltenen Betriebs nicht geändert, wird vermutet, daß Restbetrieb und ausgegliederter Betriebsteil einen gemeinsamen Betrieb bilden; für ihn ist der bisherige Betriebsrat zuständig (§ 1 Abs. 2 Nr. 2 BetrVG).

---

[201] Vgl. nur *Fitting/Kaiser/Heither/Engels*, § 1 BetrVG Rn. 105 m.w.N.
[202] BAG, Beschl. v. 5.6.2002, ZIP 2003, 271.
[203] BAG, Beschl. v. 21.1.2003, AP Nr. 1 zu § 21a BetrVG 2002.

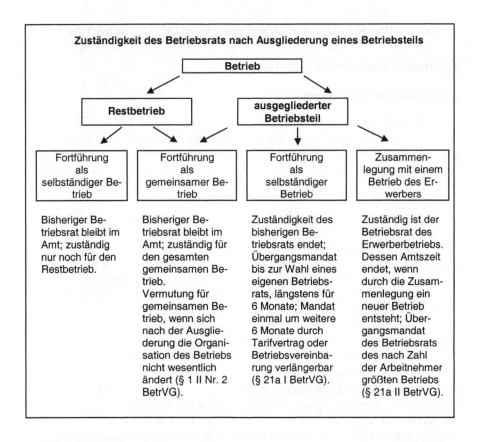

b) Betriebs(teil-)übergang bei Unternehmensumwandlung nach dem UmwG

100 Die Vorschriften hinsichtlich des Übergangsmandats gelten entsprechend, wenn die Spaltung oder Zusammenlegung von Betrieben und Betriebsteilen im Zusammenhang mit einer Betriebsveräußerung oder einer Umwandlung nach dem UmwG erfolgt (§ 21a Abs. 3 BetrVG).

2. Fortgeltung tarifvertraglich geregelter Arbeitsbedingungen

a) Inhaltsschutz und Ablöseinteresse

101 Dem Arbeitnehmer sollen bei einem Betriebsinhaberwechsel auch die durch Tarifvertrag geregelten Arbeitsbedingungen erhalten bleiben. Das kann zu Konflikten führen, wenn der neue Inhaber nicht an die im übernommenen Betrieb geltenden Tarifverträge gebunden ist oder wenn er die für ihn einschlägigen Tarifverträge anwenden will oder wenn er die Arbeitsbedingungen an seine betrieblichen Belange anpassen muß. Die Regelung des § 613a Abs. 1 Sätze 2-4 BGB versucht einen

gerechten Ausgleich zwischen Inhaltsschutz und Ablöseinteresse. Dem Inhaltsschutz dient die Erhaltung der bisher tarifvertraglich geregelten Bedingungen durch Überführung der Tarifnormen in den Arbeitsvertrag; dem Ablöseinteresse wird dadurch Rechnung getragen, daß die alten Tarifbedingungen nur bis zum Auslaufen des alten Tarifvertrags oder bis zur Bindung an einen neuen Tarifvertrag bestehen bleiben[204]. Die folgenden Ausführungen beziehen sich auf den Tarifvertrag. S. zunächst das zusammenfassende Schaubild nach Rn. 113.

b) Überführung der Tarifnormen in den Arbeitsvertrag

aa) Grundsatz. Rechte und Pflichten, die durch Rechtsnormen eines für Arbeitgeber und Arbeitnehmer verbindlichen Tarifvertrags festgelegt sind, werden bei einem Betriebsübergang nach § 613a Abs. 1 Satz 2 BGB Inhalt des Arbeitsvertrags zwischen dem Erwerber und dem Arbeitnehmer. Sie gelten als Arbeitsvertragsbedingungen fort[205], und zwar mit dem Inhalt, den sie bei Betriebsübergang hatten. Eine Änderung des Tarifvertrags nach Betriebsübergang hat also keine Auswirkungen mehr[206].

102

bb) Tarifgeltung kraft Tarifrechts. § 613a Abs. 1 Satz 2 BGB erfaßt nur die Arbeitsverhältnisse, auf die Tarifnormen kraft Tarifrechts einwirken. Das ist der Fall, wenn beide Arbeitsvertragsparteien an einen Haustarifvertrag gebunden oder Mitglieder in Verbänden sind, die einen einschlägigen Tarifvertrag geschlossen haben, oder wenn das Arbeitsverhältnis in den Geltungsbereich eines nach § 5 TVG für allgemeinverbindlich erklärten Tarifvertrags fällt. Gelten Tarifnormen aufgrund einer Bezugnahmeklausel im Arbeitsvertrag, so findet nicht § 613a Abs. 1 Satz 2 BGB, sondern Satz 1 Anwendung. Diese Arbeitsbedingungen unterliegen nicht der einjährigen Änderungssperre des § 613a Abs. 1 Satz 2 BGB.

103

cc) Subsidiarität. § 613a Abs. 1 Satz 2 BGB ist nur ein Auffangtatbestand für die Fälle, in denen Tarifverträge nicht schon aufgrund Tarifrechts fortgelten[207]. Die kollektivrechtliche Fortgeltung von Tarifverträgen geht der vertraglichen vor, weil sie den Arbeitnehmern einen größeren Schutz bietet. § 613a Abs. 1 Satz 2 BGB muß insoweit teleologisch reduziert werden. Er ist unanwendbar, wenn Erwerber und Arbeitnehmer auch nach dem Inhaberwechsel an den alten Firmen- oder Verbandstarifvertrag oder an die bisherigen Betriebsvereinbarungen gebunden sind. Ein Firmentarifvertrag besteht fort, wenn der Betriebsnachfolger ihn durch eine Vereinbarung mit der Gewerkschaft „übernimmt" oder wenn er einen gleichlautenden neuen Tarifvertrag abschließt oder wenn der Betrieb im Zuge einer Unter-

104

---

[204] Vgl. zu den Normzwecken *Hromadka/Maschmann/Wallner*, Der Tarifwechsel, Rn. 321 ff.
[205] BAG, Urt. v. 5.10.1993, AP Nr. 42 zu § 1 BetrAVG Zusatzversorgungskassen.
[206] BAG, Urt. v. 4.8.1999, AP Nr. 14 zu § 1 TVG Tarifverträge: Papierindustrie.
[207] BAG, Urt. v. 24.6.1998, AP Nr. 1 zu § 20 UmwG.

nehmensumwandlung nach dem UmwG übergeht[208]. Zur Fortgeltung des Verbandstarifvertrags sind Tarifbindung des Arbeitnehmers und Mitgliedschaft des Erwerbers im tarifschließenden Arbeitgeberverband erforderlich. An einen Verbandstarifvertrag sind nur die Mitglieder, nicht auch deren Nachfolger gebunden. § 613a Abs. 1 Satz 2 BGB ist nach h. M. auch dann anwendbar, wenn mit dem Betriebsinhaberwechsel ein Betriebszweckwechsel einhergeht, d.h. wenn der Erwerber mit dem Betrieb einen anderen Zweck verfolgt als der Veräußerer und wenn der Betrieb deshalb in den fachlichen Geltungsbereich eines anderen Tarifvertrags fällt[209].

3. Änderung der überführten Tarifnormen

105 Die Überführung der Tarifnormen in den Arbeitsvertrag bewirkt lediglich einen zeitweiligen Schutz der alten Tarifbedingungen. Die in den Arbeitsvertrag überführten Tarifnormen können abgelöst werden. Das kann kollektivrechtlich durch einen neuen Tarifvertrag oder durch eine neue Betriebsvereinbarung geschehen (§ 613a Abs. 1 Satz 3 BGB) oder individualrechtlich durch einen Änderungsvertrag (§ 613a Abs. 1 Sätze 2 und 4 BGB), der unter Umständen durch eine Änderungskündigung herbeigeführt werden kann.

a) Ablösung durch Tarifvertrag

106 **aa) Regelung im neuen Tarifvertrag.** Abgelöst werden Arbeitsbedingungen nur dann, wenn der beim Erwerber geltende Tarifvertrag denselben Regelungsgegenstand betrifft oder dahin auszulegen ist, daß er die arbeitsvertraglich fortgeltende Tarifvertragsregelung auch ohne eigenständige Regelung dieses Gegenstandes ablösen soll. Aus einer Erklärung der Tarifvertragsparteien im neuen Tarifvertrag, wonach zu dem entsprechenden Gegenstand erst in der Zukunft Verhandlungen aufgenommen werden sollen, läßt sich in der Regel nicht schließen, daß für die Zwischenzeit die Ansprüche entfallen sollen[210].

107 **bb) Kongruente Tarifbindung der Arbeitsvertragsparteien.** Erwerber und Arbeitnehmer müssen kongruent an den neuen Tarifvertrag gebunden ein[211]. Das entspricht der Rechtslage bei § 4 Abs. 5 TVG und folgt aus der negativen Koalitionsfreiheit des Arbeitnehmers.

---

[208] Der Firmentarifvertrag ist dann eine Verbindlichkeit i.S.d. §§ 20 Abs. 1 Nr. 1, 125 UmwG.
[209] Zum Streitstand *Hromadka/Maschmann/Wallner*, Der Tarifwechsel, Rn. 338 ff.
[210] BAG, Urt. v. 22.1.2003, AP Nr. 242 zu § 613 a BGB.
[211] BAG, Urt. v. 30.8.2000, AP Nr. 12 zu § 1 TVG Bezugnahme auf Tarifvertrag; Urt. v. 21.2.2001, AP Nr. 20 zu § 4 TVG; Urt. v. 22.1.2003, AP Nr. 242 zu § 613 a BGB.

cc) Die Rechtsprechung wendet § 613a Abs. 1 Satz 3 BGB auch dann an, wenn erst **nach** **108** **dem Betriebsübergang** ein **Tarifvertrag** abgeschlossen wird, an den die Arbeitsvertragsparteien gebunden sind[212]. Der Arbeitnehmer bedarf des Schutzes durch die alten Tarifnormen nicht mehr, wenn er durch neue beim Erwerber geschützt wird. Die Fortgeltung der alten Tarifnormen als Teil des Arbeitsvertrags ist nur ein rechtstechnischer Kunstgriff. Im Verhältnis zu einem neuen Tarifvertrag müssen die Bestimmungen des alten Tarifvertrags weiterhin als tarifvertragliche gewertet werden. Darum kommt es für die Ablösung auch nicht darauf an, ob die neuen Bedingungen günstiger sind oder nicht[213].

b) Ablösung durch Betriebsvereinbarung

Die in den Arbeitsvertrag überführten Tarifnormen können auch durch eine Betriebsvereinbarung abgelöst werden[214]. Da die EG-Richtlinie generell von Kollektivvereinbarungen spricht, ist auch eine Überkreuzablösung (Tarifvertrag durch Betriebsvereinbarung und Betriebsvereinbarung durch Tarifvertrag) zulässig. Eine vor dem Betriebsübergang für einen anderen Betrieb geschlossene Betriebsvereinbarung ist nur dann eine andere Regelung im Sinne des § 613a Abs. 1 Satz 3 BGB, wenn sie der Sache nach denselben Gegenstand regelt und betriebsverfassungsrechtlich im übernommenen Betrieb gilt[215]. Ob beim Erwerber geltende (Gesamt- oder Konzern-) Betriebsvereinbarungen auch für den neuen Betrieb gelten, ist durch Auslegung zu ermitteln. § 613a Abs. 1 Satz 3 BGB verdrängt als lex specialis § 77 Abs. 3 BetrVG. Das gilt aber nur im Verhältnis der Betriebsvereinbarung zu den bisherigen Tarifbestimmungen. Ändert sich der Betriebszweck und fällt der Betrieb damit in den Geltungsbereich eines anderen Tarifvertrags, so kommt es wieder zur Tarifsperre. **109**

c) Ablösung durch Änderungsvertrag

Erst nach Ablauf einer Jahresfrist, die mit dem Zeitpunkt des Betriebsübergangs **110** beginnt, können die Arbeitsbedingungen individualrechtlich zu Lasten des Arbeitnehmers verändert werden[216]. Vor Ablauf der Jahresfrist können die Rechte aus dem alten Tarifvertrag in zwei Fällen geändert werden: wenn der alte Tarifvertrag nicht mehr gilt, sei es infolge Zeitablaufs, sei es durch Kündigung (§ 613a Abs. 1 Satz 4 Alt. 1 BGB), und wenn der Betrieb nach dem Inhaberwechsel in den Geltungsbereich eines anderen Tarifvertrags fällt, eine beiderseitige Bindung an diesen Tarifvertrag fehlt und seine Anwendung zwischen dem neuen Inhaber und dem Arbeitnehmer vereinbart wird (§ 613a Abs. 1 Satz 4 Alt. 2 BGB).

---

[212] BAG, Urt. v. 16.5.1995, AP Nr. 15 zu § 4 TVG Ordnungsprinzip.
[213] BAG, Urt. v. 20.4.1994, AP Nr. 108 zu § 613a BGB m.w.N.
[214] Ausf. *Hromadka/Maschmann/Wallner*, Der Tarifwechsel, Rn. 362 ff.
[215] BAG, Urt. v. 1.8.2001, AP Nr. 225 zu § 613 a BGB.
[216] Ausf. *Hromadka/Maschmann/Wallner*, Der Tarifwechsel, Rn. 370 ff.

Beispiel: Maschinenbauunternehmen M, das an den einschlägigen Metall-TV gebunden ist, gliedert seinen Vertrieb zu einer selbständigen Vertriebs-GmbH aus, auf die nur noch die Tarifverträge des Groß- und Außenhandels anwendbar sind.

111 Die Vereinbarung kann ausdrücklich oder konkludent, auch durch betriebliche Übung, getroffen werden. Die stillschweigende Weiterarbeit des Arbeitnehmers ist nur dann eine schlüssige Zustimmung zu einem – ausdrücklichen oder konkludenten – Angebot des Arbeitgebers, wenn sich die Änderung unmittelbar im Arbeitsverhältnis auswirkt und wenn der Arbeitnehmer sie deshalb feststellen kann (s. im einzelnen Band 1 § 5 Rn. 171 ff.)

d) Ablösung durch Änderungskündigung

112 Das Einverständnis des Arbeitnehmers zur Änderung der nunmehr nach § 613a Abs. 1 Satz 2 BGB arbeitsvertraglich geltenden Tarifnormen darf nach Jahresfrist auch mit Hilfe einer Änderungskündigung erzwungen werden[217]. Die Änderungskündigung scheitert auch nicht an § 613a Abs. 4 BGB. § 613a Abs. 4 BGB schützt den Arbeitnehmer nicht vor einer Anpassung an die neue betriebliche Situation.

113 Für die Änderungskündigung gelten die allgemeinen Grundsätze (vgl. Band 1 § 10 Rn. 366 ff.) Ist das Kündigungsschutzgesetz auf das Arbeitsverhältnis anwendbar, so ist zu fragen, ob ein dringender betrieblicher Grund die Änderung bedingt und ob sich der Arbeitgeber darauf beschränkt hat, dem Arbeitnehmer nur solche Änderungen vorzuschlagen, deren Annahme ihm zumutbar sind[218]. Kündigungsgrund kann nur eine Änderung der Tätigkeit sein oder – wenn nur die Gegenleistung geändert werden soll – die Gefährdung des Betriebs und/oder seiner Arbeitsplätze. Einen besonderen Kündigungsgrund zur Durchführung der Änderungen nach § 613a Abs. 1 Sätze 2-4 BGB gibt es nicht.

---

[217] Erman/*Hanau*, § 613a BGB Rn. 99; MünchKomm/*Schaub*, § 613a BGB Rn. 127; Münch ArbR/ *Wank*, § 120 Rn. 185.
[218] Vgl. zuletzt BAG, Urt. v. 24.4.1997, AP Nr. 42 zu § 2 KSchG 1969.

Überführung tariflicher Normen in den Arbeitsvertrag bei einem Betriebsübergang

I. Voraussetzungen
1. Rechtsgeschäftlicher Betriebs- oder Betriebsteilübergang im Wege der Einzel- oder der Gesamtrechtsnachfolge nach dem UmwG
2. Arbeitsbedingungen beim Veräußerer tarifrechtlich geregelt aufgrund
   a) kongruenter Verbandsmitgliedschaft der Arbeitsvertragsparteien
   b) Haustarifvertrags, an den der Arbeitnehmer aufgrund Mitgliedschaft in der tarifschließenden Gewerkschaft gebunden ist
   b) allgemeinverbindlichen Tarifvertrags
3. Erwerber nicht kraft Tarifrechts an den beim Veräußerer geltenden Tarifvertrag gebunden
   a) Erwerber nicht Mitglied im Verband, der den beim Veräußerer geltenden Tarifvertrag geschlossen hat, und
   b) Tarifvertrag beim Erwerber nicht allgemeinverbindlich
   c) Erwerber übernimmt nicht den Haustarifvertrag des Veräußerers
4. Erwerber nicht kraft Tarifrechts an einen anderen Tarifvertrag gebunden

II. Rechtsfolge
Überführung der Tarifnormen in den Arbeitsvertrag (§ 613a Abs. 1 Satz 2 BGB)

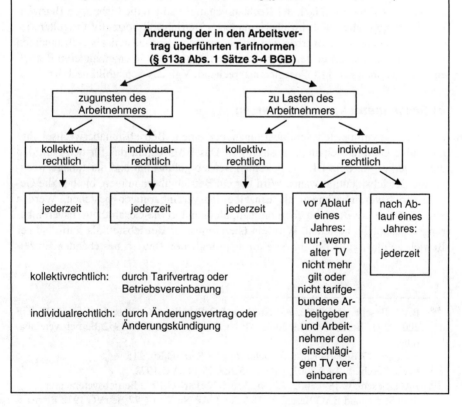

4. Fortgeltung von Betriebsvereinbarungen

a) Betriebsvereinbarungen

114 **aa) Übernahme des gesamten Betriebs.** Bleibt bei einem Inhaberwechsel die Identität des Betriebs gewahrt, weil der Erwerber den übernommenen Betrieb im wesentlichen unverändert fortführt, gelten die bestehenden Betriebsvereinbarungen auch beim Erwerber normativ weiter (§ 77 Abs. 4 BetrVG). § 613a Abs. 1 Satz 2 BetrVG findet als „Auffangregelung" keine Anwendung[219]. Gliedert der Erwerber den übernommenen Betrieb in einen anderen ein, verliert der übernommene Betrieb seine Identität; damit enden die dort geltenden Betriebsvereinbarungen. Sofern im Erwerberbetrieb keine gegenstandsgleichen Betriebsvereinbarungen bestehen, werden die Betriebsvereinbarungen des übernommenen Betriebs zum Inhalt des Arbeitsvertrags (§ 613a Abs. 1 Satz 2 BGB)[220]; sie können jederzeit durch neue Betriebsvereinbarungen ersetzt werden, selbst wenn diese für den Arbeitnehmer ungünstiger sind[221].

115 **bb) Übernahme eines Betriebsteils.** Übernimmt der Erwerber nur einen Betriebsteil, gelten für den Restbetrieb die Betriebsvereinbarungen normativ weiter (§ 77 Abs. 4 BetrVG). Nach der Rechtsprechung[222] sollen die bisherigen Betriebsvereinbarungen aber auch im übernommenen Betriebsteil normativ fortgelten, jedenfalls solange der Erwerber den übernommenen Betriebsteil als selbständigen Betrieb führt. Gliedert er den übernommenen Betriebsteil in einen anderen Betrieb ein, gilt das oben Rn. 114 Gesagte entsprechend. Vgl. das Schaubild nach Rn. 116.

b) Gesamtbetriebsvereinbarungen

116 Ob auch Gesamtbetriebsvereinbarungen bei einem Betriebsinhaberwechsel ihre normative Geltung behalten, ist streitig[223]. Das BAG bejaht das für den Fall, daß der Erwerber vor dem Übergang keinen Betrieb geführt hat und der Inhaberwechsel die Betriebsidentität wahrt. Wird nur ein Betrieb übernommen, bleiben die Gesamtbetriebsvereinbarungen als Einzelbetriebsvereinbarungen bestehen. Werden alle oder mehrere Betriebe übernommen, bleiben dort die Gesamtbetriebsvereinbarungen als solche bestehen. Wird ein übernommener Betriebsteil als selbständiger Betrieb geführt, gelten in ihm die im ursprünglichen Betrieb bestehenden Einzel-

---

[219] BAG, Beschl. 15.1.2002, AP Nr. 1 zu § 2 SozplKonkG; Beschl. v. 5.6.2002, ZIP 2003, 271; Beschl. v. 18.9.2002, AP Nr. 7 zu § 77 BetrVG 1972 Betriebsvereinbarung.
[220] *Fitting*, § 77 BetrVG Rn. 170; *Richardi*, § 77 BetrVG Rn. 215.
[221] BAG, Beschl. v. 14.8.2001, AP Nr. 85 zu § 77 BetrVG 1972.
[222] BAG, Beschl. v. 18.8.2002, AP Nr. 7 zu § 77 BetrVG 1972 Betriebsvereinbarung.
[223] Zum Streitstand BAG Beschl. v. 18.9.2002, AP Nr. 7 zu § 77 BetrVG 1972 Betriebsvereinbarung.

und Gesamtbetriebsvereinbarungen normativ weiter. § 613a Abs. 1 S. 2, 3 BGB findet keine Anwendung[224].

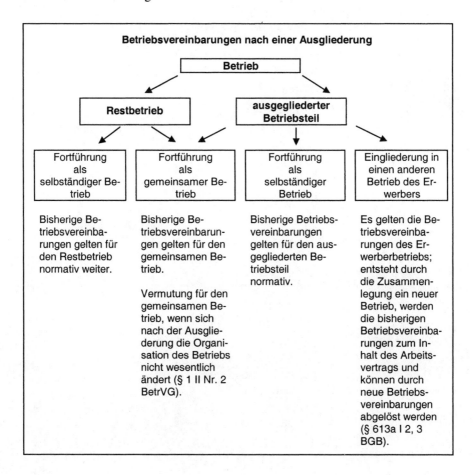

---

[224] BAG, Beschl. v. 18.9.2002, AP Nr. 7 zu § 77 BetrVG 1972 Betriebsvereinbarung.

§ 20 Schlichtung

I. Begriff und Arten

1. Begriff

Schlichtung ist **Hilfeleistung zur Beilegung von Gesamtregelungsstreitigkeiten, und zwar in der Regel durch Abschluß einer Gesamtvereinbarung**[1]. Während ursprünglich der erste Gesichtspunkt im Vordergrund stand, wird heute eher der zweite betont. Als Gesamtvereinbarungen kommen Tarifvertrag, Betriebsvereinbarung und Dienstvereinbarung in Betracht. Für Sprechervereinbarungen ist eine Schlichtung nicht vorgesehen, weil der Sprecherausschuß keine echten Mitbestimmungsrechte hat. Arbeitgeber und Sprecherausschuß könnten sie aber theoretisch freiwillig vereinbaren.

Regelungsstreitigkeiten sind Interessenstreitigkeiten, d.h. Streitigkeiten, bei denen unterschiedliche Interessen von Konfliktparteien durch Schaffung einer Regelung rechtlicher oder tatsächlicher Art für die Zukunft ausgeglichen werden sollen. **Der Schlichtungsspruch**, das Ergebnis der Schlichtungsbemühungen, **ist eine Ermessensentscheidung**, die die Schlichter **nach den Grundsätzen der Zweckmäßigkeit** treffen. Dabei sind die Interessen beider Seiten angemessen zu berücksichtigen (§ 76 Abs. 5 Satz 3 BetrVG).

Das deutsche Recht kennt die Schlichtung nur bei **Gesamtregelungsstreitigkeiten**, d.h. bei Streitigkeiten im Bereich der Arbeits- und Wirtschaftsbedingungen, an denen auf mindestens einer Seite eine Kollektivpartei beteiligt ist. Kollektivparteien sind auf tariflicher Ebene Arbeitgeberverbände und Gewerkschaften, auf betrieblicher Betriebsrat, Gesamtbetriebsrat und Konzernbetriebsrat, im Personalvertretungsrecht die Hauptpersonalräte. Zweiter Beteiligter ist im Betriebsverfassungsrecht der Arbeitgeber, im Tarifrecht kann er es ebenfalls sein; im Personalvertretungsrecht ist es die oberste Dienstbehörde. Während man auf tariflicher Ebene von einer Schlichtungsstelle und einem Schlichtungsverfahren redet (Schlichtung im engeren Sinne), heißt die Schlichtungsstelle im Betriebsverfas-

---

[1] Vgl. Art. I § 3 SchlichtungsVO v. 30.10.1923, RGBl. I 1043; § 1 Bad. LandesschlichtungsO v. 19.10.1949, Bad. GVBl. 1950 S. 60; RAG, Urt. v. 22.1.1929, ARS 5, 167 (176 f.); *Schaub*, Arbeitsrechts-Handbuch, § 195 Rn. 1.

sungs- und im Personalvertretungsrecht Einigungsstelle (§ 76 BetrVG, § 71 BPersVG), das Schlichtungsverfahren Einigungsstellenverfahren. Die Tarifverträge halten die Terminologie nicht immer sauber durch. Sie verwenden die Ausdrücke Schlichtung und Schiedsgerichtsbarkeit mitunter synonym; der Schlichtungsspruch wird nicht selten als Schiedsspruch bezeichnet[2].

4   Obwohl Schlichtung Hilfe bei der Beilegung von Regelungsstreitigkeiten ist, hat die Schlichtungsstelle auch Rechtsfragen zu beantworten. Das beginnt mit der Frage ihrer Zuständigkeit, reicht über rechtliche Vorfragen – wie dem gesetzlichen Rahmen einer Arbeitszeitregelung und den Grenzen ihres Ermessens – bis hin zur ausschließlichen Entscheidung von Rechtsfragen bei entsprechender gesetzlicher Zuweisung (so § 69 Abs. 4 Satz 2 HS 2 BPersVG). Während die Einigungsstelle über Regelungsstreitigkeiten letztverbindlich entscheidet, sind die Rechtsfragen voll durch die Arbeitsgerichte nachprüfbar.

2. Arten der Schlichtung

a) Verbindlichkeit des Schlichtungsverfahrens

5   Die Einleitung eines Schlichtungsverfahrens kann in der Hand der Parteien liegen. Es kann ihnen aber auch aufgegeben sein, in bestimmten Fällen – etwa vor Ausrufung eines Arbeitskampfs – ein Schlichtungsverfahren durchzuführen. Schließlich kann eine Partei das Recht haben, auch gegen den Willen der anderen ein Schlichtungsverfahren in Gang zu setzen. Im ersten Fall spricht man von einer freiwilligen Schlichtung, im zweiten und im dritten von Schlichtungszwang. Der Unterschied zwischen dem zweiten und dritten Fall besteht darin, daß sich der Schlichtungszwang einmal gegen beide Parteien richtet (zweiseitiger Schlichtungszwang), das andere Mal nur gegen eine (einseitiger Schlichtungszwang).

6   Im **Tarifrecht** gilt heute der **Grundsatz der freiwilligen Schlichtung**. Das BAG hatte früher ein Schlichtungsverfahren als Rechtmäßigkeitsvoraussetzung für einen Streik angesehen[3]. In späteren Entscheidungen ist es auf dieses Erfordernis nicht mehr zurückgekommen. In tariflichen Schlichtungsabkommen findet sich vielfach ein Einlassungszwang. **Betriebsverfassungs- und Personalvertretungsrecht** kennen einen solchen Zwang zwar nicht; da die Einigungsstelle in den Fällen erzwingbarer Mitbestimmung aber auch dann verbindlich entscheiden kann, wenn sich eine Seite dem Einigungsstellenverfahren verweigert, bleibt dieser Seite tatsächlich nichts anderes übrig, als sich auf das Verfahren einzulassen; faktisch besteht also ein **Schlichtungszwang**.

---

[2]   Vgl. z.B. die Schlichtungs- und Schiedsvereinbarung für die Metallindustrie v. 1.1.1980, abgedr. in RdA 1980, 165 ff.
[3]   BAG GS, Beschl. v. 21.4.1971, AP Nr. 43 zu Art. 9 GG Arbeitskampf.

b) Verbindlichkeit des Schlichtungsspruchs

Der Schlichtungsspruch ist dann verbindlich, wenn das Gesetz es anordnet oder wenn die Parteien die Verbindlichkeit vereinbaren; letzteres kann im voraus geschehen („Unterwerfung") oder im nachhinein („Annahme des Schlichtungsspruchs"), generell oder für den konkreten Fall. Im **Tarifrecht** gilt der Grundsatz freiwilliger Vereinbarung. Im Betriebsverfassungs- und im Personalvertretungsrecht erlaubt das Gesetz der Einigungsstelle in den ausdrücklich genannten Fällen eine Entscheidung, die im **Betriebsverfassungsrecht** grundsätzlich verbindlich ist – Ausnahme: Interessenausgleich –, im **Personalvertretungsrecht** ist der Spruch in einer Reihe von Fällen verbindlich, in anderen nicht. Verbindliche Entscheidungen haben die Rechtsnatur, die die einvernehmlich getroffene Maßnahme hätte (Tarifvertrag, Betriebsvereinbarung, Dienstvereinbarung, Regelungsabrede usw.); eine unverbindliche Entscheidung hat den Charakter einer Empfehlung. Im Betriebsverfassungsrecht können die Betriebspartner der Einigungsstelle darüber hinaus weitere Angelegenheiten zur Entscheidung unterbreiten; im Personalvertretungsrecht geht das nicht.

c) Zwangsschlichtung

Von einer Zwangsschlichtung spricht man, wenn eine Schlichtungsstelle auch gegen den Willen einer Partei eine verbindliche Entscheidung treffen kann, also bei einer **Kombination von Schlichtungszwang** – zumindest in der Form des einseitigen Schlichtungszwangs – **und verbindlicher Entscheidung.**

Eine solche – staatliche – Zwangsschlichtung hatte die Schlichtungsverordnung von 1923 vorgesehen. Von der Zwangsschlichtung ist vor allem in der Weltwirtschaftskrise mehrfach Gebrauch gemacht worden. Staatliche Schlichter mußten damals Tarifbedingungen verschlechtern und haben damit, wie der frühere Bundesarbeitsminister *Anton Storch* sagte, mit zum Ende der Weimarer Republik beigetragen. Die Emotionen, die eine Verschlechterung von Tarifbedingungen naturgemäß mit sich bringt, hatten sich statt gegen die Tarifpartner gegen den Staat gerichtet. Das Kontrollratgesetz 35 hat die Zwangsschlichtung deshalb verboten (Art. VIII, X). Heute wird sie als unvereinbar mit Art. 9 Abs. 3 GG angesehen. Eine Ausnahme ist nur denkbar bei Gefährdung überragend wichtiger Gemeinschaftsgüter[4].

Gegen die Zwangsschlichtung[5] im Betriebsverfassungs- und im Personalvertretungsrecht bestehen keine durchgreifenden rechtspolitischen und verfassungsrechtlichen Bedenken: die Tarifautonomie wird nicht berührt (vgl. §§ 77 Abs. 3, 87

---

[4] MünchArbR/*Otto*, § 286 Rn. 12 ff., § 287 Rn. 14 ff.
[5] Zu dieser Kennzeichnung für das Betriebsverfassungsrecht BVerfG, Beschl. v. 18.10.1986, EzA § 76 BetrVG 1972 Nr. 38.

Abs. 1 ES BetrVG, § 75 Abs. 5 BPersVG), unternehmerische Freiheit nicht unzulässig eingeschränkt[6], das Letztentscheidungsrecht der Parlamente gewahrt[7].

II. Schlichtung bei Tarifstreitigkeiten

1. Allgemeines

11   Gelingt es vor Ablauf eines Tarifvertrags nicht, einen neuen Tarifvertrag zu vereinbaren, der sich an den abgelaufenen Tarifvertrag anschließt, so entsteht ein „tarifloser Zustand". Die Bezeichnung trifft insofern nicht ganz, als der alte Tarifvertrag nachwirkt; er verliert nur seine zwingende Wirkung (§ 4 Abs. 5 TVG). Die Tarifvertragsparteien können in dieser Zeit weiterverhandeln oder, wenn die Verhandlungen gescheitert sind, zum Arbeitskampf aufrufen. Dazwischen geschaltet ist häufig ein Schlichtungsverfahren, das in der unterschiedlichsten Weise ausgestaltet sein kann.

12   Die Rahmenregelung enthält das Kontrollratgesetz Nr. 35 betreffend Ausgleichs- und Schiedsverfahren in Arbeitsstreitigkeiten vom 20.8.1946[8], das gemäß Art. 123 Abs. 2, 125 GG als Bundesrecht fortgilt und am 3.10.1990 aufgrund Art. 8 des Einigungsvertrags vom 31.8.1990 in den neuen Bundesländern in Kraft getreten ist[9]. Einige Länder (Berlin, Nordrhein-Westfalen, Schleswig-Holstein) haben dazu Durchführungsverordnungen, andere (Hamburg, Rheinland-Pfalz) Verwaltungsvorschriften erlassen[10]. Im Landesteil Baden von Baden-Württemberg gilt anstelle des KRG Nr. 35 das Landesgesetz über das Schlichtungswesen bei Arbeitsstreitigkeiten (Landesschlichtungsordnung) vom 19.10.1949[11].

13   Art. 1 Nr. 1 KRG Nr. 35 geht vom Vorrang der privaten Schlichtung vor der staatlichen aus. Das Schlichtungsverfahren kann in Tarifverträgen geregelt werden, und davon haben die Tarifvertragsparteien auch weitgehend Gebrauch gemacht. Lediglich für den Fall, daß die Tarifvertragsparteien eine Schlichtung durchführen möchten, aber keine eigene Schlichtungsstelle besitzen, stellt das KRG Nr. 35 eine Schlichtungsstelle samt Schlichtungsordnung zur Verfügung.

---

[6]   Vgl. § 76 Abs. 5 Satz 3 BetrVG: Entscheidung nach billigem Ermessen unter Berücksichtigung der Belange des Betriebs und der betroffenen Arbeitnehmer; *Fitting*, § 76 BetrVG Rn. 2 m.w.N.

[7]   Vgl. § 71 Abs. 3 Satz 4 BPersVG: Entscheidung im Rahmen der geltenden Rechtsvorschriften, insbesondere des Haushaltsgesetzes: s. auch § 104 Satz 3 BPersVG.

[8]   ABl. KR S. 174.

[9]   BGBl. II 889; dazu ausf. *Lembke*; RdA 2000, 223.

[10] MünchArbR/*Otto*, § 286 Rn. 18.

[11] Bad. GVBl. 1950 S. 60; dazu *Arnold*, RdA 1996, 356 ff.

2. Staatliche Schlichtung

Das KRG Nr. 35 kennt kein obligatorisches Schlichtungsverfahren. Voraussetzung 14
ist also, daß beide Parteien eine Schlichtung wünschen. Insofern handelt es sich
um eine freiwillige, vereinbarte Schlichtung.

Das Verfahren ist zweistufig aufgebaut. Es beginnt mit einem Vermittlungsversuch (sog. 15
Ausgleichsverfahren) durch den Landesschlichter (Art. III). Bleibt dieser Versuch erfolglos,
dann schließt sich ein formalisiertes Schlichtungsverfahren vor dem Landesschlichtungs-
sausschuß an (Art. IV ff.). Der Schlichtungsspruch ist nur verbindlich, wenn die Parteien
sich ihm im voraus unterworfen haben oder wenn sie ihn später annehmen (Art. X Abs. 1 u.
2 b). Eine Verlängerung der Friedenspflicht bis zur Beendigung der Schlichtung sieht das
KRG 35 nicht vor. Im übrigen entspricht das Verfahren in etwa den in den Tarifverträgen
vereinbarten[12]. Die staatliche Schlichtung hat keine große Bedeutung erlangt. In den Jahren
1988 bis 1995 wurden 50 Verfahren vor behördlichen Schlichtern durchgeführt[13].

3. Tarifliche Schlichtung

a) Rechtliche Grundlagen

Der Normalfall ist die tarifliche Schlichtung, auch freiwillige oder verbandliche 16
Schlichtung genannt[14]. Für etwa zwei Drittel aller Arbeitnehmer bestehen tarifliche
Schlichtungsregelungen[15]. Urmuster aller Schlichtungsabkommen ist das sog.
Margarethenhof-Abkommen vom 7.9.1954 zwischen BDA einerseits und DGB
und DAG andererseits[16]. Darin verpflichten sich die Vertragspartner, sich ernsthaft
zu bemühen, durch freie Verhandlungen Tarifverträge abzuschließen. Gelingt das
nicht, sollen die Streitigkeiten durch vereinbarte Schlichtungsstellen beigelegt
werden.

Schlichtungsvereinbarungen sind (eigene) Tarifverträge oder Teile von (Man- 17
tel-) Tarifverträgen, die obligatorische Regelungen enthalten. Das Recht, Schlichtungsabkommen zu vereinbaren und private Schlichtungsverfahren durchzuführen,
ist im Rahmen der Tarifautonomie durch Art. 9 Abs. 3 GG geschützt. Ein Arbeitskampf unter Verstoß gegen eine Schlichtungsvereinbarung bedeutet eine positive
Forderungsverletzung[17].

---

[12] Wegen der Einzelheiten zur Landesschlichtungsordnung Baden vgl. *Arnold*, Die Ba-
dische Landesschlichtungsordnung, RdA 1996, 356 ff.
[13] *Löwisch*, Arbeitsrecht, Rn. 320.
[14] MünchArbR/*Otto*, § 286 Rn. 6.
[15] Vgl. die Übersichten bei MünchArbR/*Otto*, § 286 Rn. 25; *Knevels*, ZTR 1988, 408
(414 f.).
[16] Abgedr. in RdA 1954, 383.
[17] MünchArbR/*Löwisch*, § 270 Rn. 32; § 272 Rn. 20.

b) Schlichtungsverfahren

18 Die Schlichtungsabkommen sehen – bei aller gemeinsamen Zielsetzung – die unterschiedlichsten Regelungen vor:

19 aa) **Scheitern der Verhandlungen.** Gemeinsam ist ihnen, daß die Verhandlungen gescheitert sein müssen. Das Scheitern kann formlos erklärt werden, etwa durch Weigerung einer Partei, die Verhandlungen fortzusetzen. Voraussetzung kann aber auch eine förmliche – mündliche oder schriftliche – Erklärung einer Partei oder sogar eine gemeinsame Feststellung sein. Über das Scheitern ist zumeist die Geschäftsstelle der Schlichtungsstelle zu unterrichten, die in der Regel bei dem zuständigen Arbeitgeberverband eingerichtet ist. Die Geschäftsstelle hat dann von sich aus – bei Schlichtungszwang – oder auf Antrag – bei freiwilliger Anrufung – dafür zu sorgen, daß die Schlichtungsstelle zusammentritt. Das muß in der Regel innerhalb einer bestimmten Frist geschehen.

20 bb) **Besetzung der Schlichtungsstelle.** Die Schlichtungsstelle besteht aus gleich vielen Beisitzern der Arbeitgeber- und der Arbeitnehmerseite; im allgemeinen sind das nur wenige Personen (je zwei oder drei). Nicht selten werden sie aus dem Kreis der Tarifkommissionsmitglieder ausgewählt, weil diese mit dem Sachstand am besten vertraut sind. In Betracht kommen aber auch Tarifkommissionsmitglieder aus anderen Tarifbezirken; das kann ein Aufbrechen festgefahrener Fronten erleichtern. Hinzu kommt in manchen Branchen ein unparteiischer Vorsitzender. Der Vorsitzende kann für ein bestimmtes Verfahren ausgewählt oder für eine Vielzahl von Verfahren bestellt werden. Gelingt eine Einigung auf die Person des Vorsitzenden nicht, so entscheidet das Los oder eine neutrale Stelle. Denkbar ist auch, daß das Vorschlagsrecht für den Vorsitzenden von Verfahren zu Verfahren zwischen den Parteien wechselt. Notwendig ist ein neutraler Vorsitzender nicht. Die Parteien können den Vorsitzenden auch aus ihrer Mitte auswählen.

21 cc) **Gegenstand des Schlichtungsverfahrens** können alle Fragen sein, die im schuldrechtlichen oder im normativen Teil des Tarifvertrags geregelt werden können. Sind Fragen bereits in einem Tarifvertrag geregelt, so dürfen sie nur mit Zustimmung beider Parteien zum Gegenstand des Verfahrens gemacht werden. Sonst könnte die Friedenspflicht unterlaufen werden[18].

22 dd) **Verfahrensablauf.** Die Schlichtungsstelle beginnt ihre Sitzung mit der Anhörung der sogenannten Parteivertreter. Die Parteivertreter sollen sie über die unterschiedlichen Standpunkte und über die für die Beurteilung wesentlichen Verhältnisse unterrichten. Sie können sich über alle erheblichen Tatsachen eingehend aussprechen, Beweismittel für ihre Behauptungen bezeichnen, Anträge stellen, Auskunftspersonen und Sachverständige zu der Verhandlung einladen. Die

---

[18] MünchArbR/*Otto*, § 287 Rn. 13.

Schlichtungsstelle ihrerseits kann Fragen an die Parteivertreter, Sachverständigen und Auskunftspersonen richten, Beweise erheben und Auskünfte einholen, notfalls auch das Verfahren zur weiteren Klärung des Sachverhaltes auf einen neuen Termin verlegen. Erscheinen Parteivertreter ohne ausreichenden Grund und trotz rechtzeitiger Ladung nicht, so kann sie in ihrer Abwesenheit verhandeln und entscheiden. Die Verhandlungen sind nicht öffentlich; sie werden vom Vorsitzenden geleitet.

ee) Einigung und Schlichtungsspruch. Die Schlichtungsstelle hat in jedem Stadium des Verfahrens zu versuchen, eine Einigung der Tarifvertragsparteien herbeizuführen. Kommt eine Einigung zustande, so ist sie niederzuschreiben und von den Parteien zu unterzeichnen. Den Parteien kann eine Widerrufsfrist eingeräumt werden; bis zum Ablauf dieser Frist oder bis zum Widerruf wird das Verfahren ausgesetzt. Kommt keine Einigung zustande, so fällt die Schlichtungsstelle ihren Spruch über sämtliche Streitpunkte. Dieser Spruch ist verbindlich, wenn die Parteien sich ihm vorher generell – im Schlichtungsabkommen – oder für den konkreten Fall unterworfen haben oder wenn sie ihn nachträglich annehmen. Wird der Schlichtungsspruch abgelehnt, dann ist das Schlichtungsverfahren entweder ergebnislos beendet oder es kann – wenn im Schlichtungsabkommen vorgesehen – eine weitere Instanz angerufen werden. Für sie gelten ähnliche Grundsätze wie für die erste Instanz. 23

Fällt die Schlichtungsstelle erster oder zweiter Instanz einen verbindlichen Schlichtungsspruch, so wirkt er wie ein Tarifvertrag. Haben die Tarifparteien sich einer verbindlichen Schlichtung nicht unterworfen, so ist der Spruch nicht mehr als ein Vermittlungsvorschlag, der erst mit der Annahme durch die Tarifparteien die Wirkung eines Tarifvertrags erhält. Wird der Vermittlungsvorschlag nicht angenommen oder abgelehnt, dann sind die Verhandlungen endgültig gescheitert. 24

Auch danach kann es zu Schlichtungsverfahren kommen. Man spricht dann von einer **besonderen Schlichtung**. Mitunter bieten Politiker ihre guten Dienste an. Dabei handelt es sich um keine Schlichtung im Rechtssinne. Die Politiker sind sozusagen als ehrliche Makler tätig. 25

ff) Arbeitskampf während der Schlichtung. Die – relative – Friedenspflicht, die keiner besonderen Vereinbarung bedarf, endet mit Ablauf des Tarifvertrags. Die Schlichtungsabkommen sehen in der Regel eine Verlängerung der Friedenspflicht bis zur Beendigung der Schlichtung vor. In der Metallindustrie endet die Friedenspflicht vier Wochen nach Ablauf des Vertrags, gleichgültig, in welchem Stadium sich das Schlichtungsverfahren befindet. Das erlaubt in dieser Branche „schlichtungsbegleitende" Warnstreiks. 26

gg) Rechtstatsächliches. Die Zahl der Schlichtungsverfahren ist im Vergleich zur Zahl der Tarifverträge nicht groß. Dennoch hat die Schlichtung erhebliche Bedeutung. Schlichtungssprüche in Leittarifbezirken haben häufig Pilotfunktion. Der verhältnismäßig große Erfolg 27 der Schlichtung erklärt sich daraus, daß die Tarifparteien wissen, daß das die letzte Chance einer Einigung vor dem Arbeitskampf ist. Hilfe leisten aber auch eine geschickte Ausgestaltung des Schlichtungsverfahrens und nicht zuletzt psychologische Gegebenheiten: Die Schlichtungsstelle tagt unter Ausschluß der Öffentlichkeit in kleinstem Kreis. Das erlaubt es, Überlegungen zu äußern, die man in öffentlichen Sitzungen nur schwer äußern könnte. Mehrheitsentscheidungen, wie sie häufig vorgesehen sind, gestatten angesichts der Nichtöffentlichkeit der Verhandlungen den Beteiligten, das Gesicht zu wahren. Mitglieder aus anderen Tarifbezirken, aus denen die Schlichtungsstelle nach manchen Abkommen zumindest teilweise besteht, tun sich bei Kompromissen vielfach leichter. Und schließlich ist es manchmal einfacher, einen Kompromiß zu schließen, wenn die Verantwortung dafür einer „neutralen" Stelle aufgebürdet werden kann.

III. Schlichtung im Betriebsverfassungs- und Personalvertretungsrecht

1. Betriebliche Einigungsstelle

a) Allgemeines

28   aa) **Aufgabe.** Zur Beilegung von Meinungsverschiedenheiten zwischen Arbeitgeber und Betriebsrat, Gesamtbetriebsrat und Konzernbetriebsrat ist bei Bedarf eine Einigungsstelle zu bilden. Durch Betriebsvereinbarung kann eine ständige Einigungsstelle errichtet werden (§ 76 Abs. 1 BetrVG). Die Einigungsstelle wird in den Fällen, in denen ihr Spruch die Einigung zwischen Arbeitgeber und Betriebsrat ersetzt, auf Antrag einer Seite tätig (erzwingbares Einigungsstellenverfahren)[19], ansonsten, wenn beide Seiten es beantragen oder mit ihrem Tätigwerden einverstanden sind; in diesen Fällen ersetzt ihr Spruch die Einigung zwischen Arbeitgeber und Betriebsrat nur, wenn beide sich ihm im voraus unterworfen oder ihn nachträglich angenommen haben (freiwilliges Einigungsstellenverfahren, § 76 Abs. 5 Satz 1, Abs. 6 BetrVG). Durch Tarifvertrag kann bestimmt werden, daß an die Stelle der betrieblichen Einigungsstelle eine tarifliche Schlichtungsstelle tritt (§ 76 Abs. 8 BetrVG).

29   bb) **Rechtsnatur.** Die Einigungsstelle entscheidet als **betriebliche Schlichtungsstelle**[20] über Regelungsstreitigkeiten; über Rechtsfragen befindet sie, wenn sie Vorfrage für ein Mitgestaltungsrecht des Betriebsrats sind, darüber hinaus, wenn dem Betriebsrat ein Mitbeurteilungsrecht zusteht, wie bei Ein- und Umgruppierun-

---

[19]   Vgl. z.B. §§ 37 Abs. 6, 7, 38 Abs. 2 Sätze 6-8, 39 Abs. 1, 47 Abs. 6, 85 Abs. 2, 87 Abs. 2, 91, 112 Abs. 2-5, 113 Abs. 3 BetrVG.
[20]   BAG, Beschl. v. 6.4.1973, AP Nr. 1 zu § 76 BetrVG 1972; *Richardi*, § 76 BetrVG Rn. 6.

gen[21]. Die Einigungsstelle ist ein **Organ der Betriebsverfassung** und damit eine privatrechtliche Einrichtung; ihre Entscheidungen sollen, obwohl wegen der tatsächlichen Entscheidungsgewalt des in der Regel betriebsfremden Vorsitzenden fremdbestimmt, Privatautonomie bei gestörter Vertragsparität verwirklichen[22].

b) Errichtung und Zusammensetzung der Einigungsstelle

aa) Errichtung. Das Gesetz geht davon aus, daß Einigungsstellen grundsätzlich nur bei Bedarf gebildet werden, schließt aber ständige Einigungsstellen nicht aus (§ 76 Abs. 1 BetrVG). In der Praxis sind ständige Einigungsstellen äußerst selten. Weder Arbeitgeber noch Betriebsrat können an ihnen interessiert sein, weil sie beide Gefahr laufen, de facto einen Teil ihrer Entscheidungskompetenz einzubüßen. Die Einigungsstelle wird errichtet, indem beide Parteien ihre Beisitzer benennen und einen unparteiischen Vorsitzenden bestellen. Der Antrag auf Entscheidung der Einigungsstelle bedeutet die Aufforderung an die andere Seite, sich auf eine bestimmte Zahl von Beisitzern zu einigen, ihre Beisitzer zu benennen und bei der Auswahl des Vorsitzenden mitzuwirken. 30

bb) Zusammensetzung. Die Einigungsstelle besteht aus einer gleichen Anzahl von Beisitzern, die vom Arbeitgeber und vom Betriebsrat benannt werden, und einem unparteiischen Vorsitzenden (§ 76 Abs. 2 Satz 1 BetrVG). Die Zahl der Beisitzer ist nicht begrenzt. Bei der Auswahl sind Arbeitgeber und Betriebsrat frei; sie können auch Betriebsfremde, insbesondere Verbandsvertreter, beiziehen[23]. Eine besondere Sachkunde ist nicht erforderlich, wenn auch dringend erwünscht. Der Gegenseite steht ein Ablehnungsrecht nicht zu[24]. Der Vorsitzende muß unparteiisch sein. Davon ist auszugehen, wenn Arbeitgeber und Betriebsrat sich auf ihn verständigen. Als Vorsitzende kommen sowohl Betriebsangehörige als auch Außenstehende in Betracht. Für die Auswahl sind neben der Unparteilichkeit vor allem Fachkenntnis und Verhandlungsgeschick von Bedeutung. 31

cc) Gerichtliche Entscheidung. Kommt eine Einigung über die **Person des Vorsitzenden** nicht zustande, so bestellt ihn das Arbeitsgericht. Dieses entscheidet auch, wenn kein Einverständnis über die **Zahl der Beisitzer** erzielt wird (§ 76 Abs. 2 Sätze 2-3 BetrVG). Streitig ist, ob das Gericht im Regelfall einen oder zwei – so die überwiegende Meinung – Beisitzer zu bestellen hat; zu berücksichtigen hat es bei seiner Entscheidung insbesondere die Art der Streitigkeit, die Komplexität und die Bedeutung für Betrieb und Arbeitnehmer[25]. Die Entscheidung des Ar- 32

---

[21] *Richardi*, § 76 BetrVG Rn. 27; *Söllner*, FS 25 Jahre BAG, S. 605 (616).
[22] *Richardi*, § 76 BetrVG Rn. 6 f.
[23] BAG, Beschl. v. 15.12.1978, 14.1.1983, 14.12.1988, AP Nr. 6, 12, 30 zu § 76 BetrVG 1972.
[24] BAG, Beschl. v. 14.12.1988, AP Nr. 30 zu § 76 BetrVG 1972.
[25] Vgl. *Fitting*, § 76 BetrVG Rn. 11 m.w.N.

beitsgerichts ergeht auf Antrag. Bei verbindlichem Einigungsstellenverfahren genügt der Antrag einer Partei, im freiwilligen müssen ihn beide stellen[26]. Das Arbeitsgericht entscheidet im Beschlußverfahren (§ 2 a Abs. 1 Nr. 1, Abs. 2 ArbGG). Örtlich zuständig ist das Arbeitsgericht, in dem der Betrieb, bei Streitigkeiten mit dem Gesamtbetriebsrat das Unternehmen, mit dem Konzernbetriebsrat das herrschende Unternehmen seinen Sitz hat (§ 82 ArbGG). Funktional zuständig ist der Vorsitzende der Kammer, der nach dem Geschäftsverteilungsplan die betriebsverfassungsrechtlichen Streitigkeiten zugewiesen sind[27]. Der Antrag kann wegen fehlender Zuständigkeit der Einigungsstelle nur zurückgewiesen werden, wenn die Einigungsstelle offensichtlich unzuständig ist (§ 98 Abs. 1 Satz 2 ArbGG), etwa wenn sofort erkennbar ist, daß sich eine soziale Angelegenheit (= Arbeitsbedingung) nicht unter § 87 BetrVG subsumieren läßt[28]. Gegen den Beschluß des Arbeitsgerichts findet die Beschwerde zum Landesarbeitsgericht statt (§ 98 Abs. 2 Satz 1 ArbGG).

33   In aller Regel bestellen die Arbeitsgerichte Richter der Arbeitsgerichtsbarkeit zu Vorsitzenden. Diese bedürfen zur Übernahme der Nebentätigkeit einer Genehmigung. Sie ist zu versagen, wenn der Richter mit der Sache befaßt ist oder nach der Geschäftsverteilung mit ihr befaßt werden kann[29]. Der Beschluß über die Bestellung des Vorsitzenden präjudiziert nicht eine Entscheidung über die Zuständigkeit der Einigungsstelle[30]. Während des Bestellungsverfahrens kann deshalb ein weiteres Beschlußverfahren über deren Zuständigkeit anhängig gemacht werden. Das Bestellungsverfahren kann auch nicht bis zum rechtskräftigen Abschluß dieses Verfahrens ausgesetzt werden, weil sonst die Entscheidung der Einigungsstelle verzögert würde[31]. Die Zuständigkeit der Einigungsstelle kann noch nach ihrem Spruch zur arbeitsgerichtlichen Entscheidung gestellt werden[32]. Die Beteiligten können – daneben oder statt dessen – die Entscheidung der Einigungsstelle anfechten[33]. Benennt eine Seite keine Beisitzer, so kommt es zu keinem Beschlußverfahren. Es entscheiden vielmehr der Vorsitzende und die Beisitzer der anderen Seite allein; dasselbe gilt, wenn die Beisitzer der einen Seite trotz rechtzeitiger Ladung der Sitzung fernbleiben (§ 76 Abs. 5 Satz 2 BetrVG).

c) Rechtsstellung der Mitglieder

34   **aa) Betriebsverfassungsrechtliches Schuldverhältnis.** Die Übernahme des Amtes als Vorsitzender oder Beisitzer ist freiwillig. Mit der Übernahme kommt zwi-

---

[26] *Richardi*, § 76 BetrVG Rn. 55.
[27] Allg. M., vgl. *Richardi*, § 76 BetrVG Rn. 62.
[28] *Richardi*, § 76 BetrVG Rn. 65.
[29] *Fitting*, § 76 BetrVG Rn. 17 m.w.N.
[30] BAG, Beschl. v. 25.4.1989, AP Nr. 3 zu § 98 ArbGG 1979.
[31] BAG, Beschl. v. 25.4.1989, AP Nr. 3 zu § 98 ArbGG 1979.
[32] H.M., BAG, Beschl. v. 22.10.1981, 24.11.1981, AP Nr. 10, 11 zu § 76 BetrVG 1972; Beschl. v. 8.3.1983, AP Nr. 14 zu § 87 BetrVG 1972 Lohngestaltung.
[33] *Fitting*, § 76 BetrVG Rn. 123 f.

III. Schlichtung im Betriebsverfassungs- und Personalvertretungsrecht   555

schen den Mitgliedern der Einigungsstelle und dem Arbeitgeber ein betriebsverfassungsrechtliches Schuldverhältnis zustande[34], das, soweit dem Einigungsstellenmitglied ein Honoraranspruch zusteht, den Charakter eines Geschäftsbesorgungsvertrages, sonst den eines Auftrags hat[35].

bb) Anspruch auf Vergütung haben nur betriebs- (unternehmens-, konzern-) fremde   35
Mitglieder – Vorsitzender und Beisitzer – der Einigungsstelle (§ 76a Abs. 2, 3 Satz 1 BetrVG). Die Höhe der Vergütung kann zwischen Arbeitgeber und Einigungsstellenmitglied vereinbart werden. Geschieht das nicht, so bestimmt das Einigungsstellenmitglied die Vergütung gemäß § 315 BGB nach billigem Ermessen[36]. Dabei sind insbesondere der Zeitaufwand, die Schwierigkeit und ein Verdienstausfall zu berücksichtigen (§ 76 a Abs. 4 Satz 3 BetrVG). Die Vergütung der Beisitzer ist niedriger zu bemessen als die des Vorsitzenden (§ 76a Abs. 4 Satz 4 BetrVG). Ein Abschlag von 3/10 gegenüber der Vergütung des Vorsitzenden trägt dem Unterschied in den Aufgaben und der Beanspruchung nach Ansicht des BAG ausreichend Rechnung[37]. Die in § 76a Abs. 4 Satz 1, 2 BetrVG vorgesehene Vergütungsordnung hat der Bundesarbeitsminister bis heute nicht erlassen. Arbeitgeber- und Arbeitnehmerverbände sind aus unterschiedlichen Gründen gegen den Erlaß.

cc) Unabhängigkeit. Die Mitglieder der Einigungsstelle entscheiden nach bestem Wissen   36
und Gewissen, sie sind an Weisungen und Aufträge nicht gebunden[38]. Sie dürfen wegen ihrer Tätigkeit weder begünstigt noch benachteiligt werden (§ 78 BetrVG), jede Störung oder Behinderung, jede Benachteiligung oder Begünstigung ist strafbar (§ 119 Abs. 1 Nr. 2, 3 BetrVG). Ein Kündigungsschutz wie für Betriebsratsmitglieder besteht für sie allerdings nicht (vgl. § 15 KSchG).

d) Verfahren

Das Gesetz enthält nur Bestimmungen zum Beschluß (§ 76 Abs. 3 BetrVG). Von der Mög-   37
lichkeit, weitere Einzelheiten durch Betriebsvereinbarung zu regeln (§ 76 Abs. 4 BetrVG), wird in der Praxis kein Gebrauch gemacht. Die Einigungsstelle hat deshalb selbst nach pflichtgemäßem Ermessen über ihr Verfahren zu bestimmen. Dabei hat sie allgemein anerkannte Verfahrensregeln zu beachten[39]. Der Vorsitzende hat die Beisitzer und die Beteiligten einzuladen; er leitet die Sitzung. Den Parteien ist rechtliches Gehör zu gewähren[40]; üblicherweise geschieht das mündlich. Die Einigungsstelle kann Beweis erheben, insbesondere Zeugen und Sachverständige laden; Zwangsmittel stehen ihr nicht zu. Arbeitgeber und Betriebsrat können sich durch Bevollmächtigte, z.B. durch Verbandsvertreter oder

---

[34] BAG, Beschl. v. 27.7.1994, AP Nr. 4 zu § 76a BetrVG 1972.
[35] *Fitting*, § 76 BetrVG Rn. 31.
[36] BAG, Beschl. v. 12.2.1992, AP Nr. 2 zu § 76a BetrVG 1972.
[37] BAG, Beschl. v. 6.4.1973, 20.2.1991, AP Nr. 1, 44 zu § 76 BetrVG 1972.
[38] BAG, Beschl. v. 18.1.1994, AP Nr. 51 zu § 76 BetrVG 1972; Beschl. v. 27.6.1995, AP Nr. 1 zu § 76 BetrVG 1972 Einigungsstelle.
[39] BAG, Beschl. v. 18.4.1989, AP Nr. 34 zu § 87 BetrVG 1972 Arbeitszeit; Beschl. v. 18.1.1994, AP Nr. 51 zu § 76 BetrVG 1972.
[40] BAG, Beschl. v. 11.2.1992, AP Nr. 50 zu § 76 BetrVG 1972.

Rechtsanwälte, vertreten lassen[41]. Die Verhandlungen sind nicht öffentlich. Bei Beratung und Beschlußfassung dürfen auch Parteien, Bevollmächtigte, Zeugen, Sachverständige und sonstige Auskunftspersonen nicht anwesend sein; sonst ist der Spruch unwirksam[42].

e) Spruch

38 **aa) Beschlußfassung.** Die Einigungsstelle faßt ihre Beschlüsse nach mündlicher Beratung mit Stimmenmehrheit. Der Vorsitzende hat sich bei einer ersten Abstimmung der Stimme zu enthalten. Kommt dabei – wie zumeist – eine Stimmenmehrheit nicht zustande, so ist erneut zu beraten und abzustimmen; an dieser Abstimmung, die in derselben Sitzung erfolgen kann, nimmt er teil.

39 Die Einigungsstelle faßt ihre Beschlüsse unter angemessener Berücksichtigung der Belange des Betriebs und der betroffenen Arbeitnehmer nach billigem Ermessen (§ 76 Abs. 5 Satz 3 BetrVG). Sie hat eine Lösung zu suchen, auf die sich die Betriebspartner vernünftigerweise auch freiwillig hätten einigen können[43]. Dabei ist sie nicht an die Anträge der Beteiligten gebunden; allerdings darf sie keine Fragen mitentscheiden, die ihr nicht unterbreitet worden sind[44].

40 Der Beschluß ist **schriftlich** abzufassen, vom Vorsitzenden zu unterschreiben und Arbeitgeber und Betriebsrat zuzuleiten (§ 76 Abs. 3 Satz 3 BetrVG). Eine Begründung ist nicht erforderlich[45], aber vielfach zweckmäßig.

41 **bb) Rechtswirkung.** Im erzwingbaren Mitbestimmungsverfahren ersetzt der Spruch der Einigungsstelle die Einigung zwischen Betriebsrat und Arbeitgeber (vgl. § 76 Abs. 5 Satz 1 BetrVG), im freiwilligen ist er nur bindend, wenn beide Seiten sich ihm im voraus unterworfen oder ihn nachträglich angenommen haben (§ 76 Abs. 2 Satz 2 BetrVG). Der Spruch hat dieselbe Rechtswirkung, wie wenn die Parteien sich auf ihn geeinigt hätten[46]. In Regelungsstreitigkeiten hat er die Wirkung einer Betriebsvereinbarung, wenn er Rechte und Pflichten von Arbeitnehmern begründen oder ändern soll, sonst die einer Regelungsabrede (i.e.S.) oder der Zustimmung des Betriebsrats. In Rechtsstreitigkeiten fehlt ihm die bindende Wirkung eines Schiedsspruchs; die Rechtsfeststellung ist nur wirksam, wenn sie der Rechtslage entspricht[47]. Die Entscheidung über einen Interessenausgleich (§ 112 BetrVG) hat lediglich den Charakter einer Empfehlung.

---

[41] BAG, Beschl. v. 5.11.1981, 21.6.1989, AP Nr. 9, 34 zu § 76 BetrVG 1972.
[42] BAG, Beschl. v. 18.1.1994, AP Nr. 51 zu § 76 BetrVG 1972.
[43] *Fitting*, § 76 BetrVG Rn. 88.
[44] H.L., *Fitting*, § 76 BetrVG Rn. 60 m.w.N.
[45] BAG, Beschl. v. 8.3.1977, AP Nr. 1 zu § 87 BetrVG 1972 Auszahlung; Beschl. v. 31.8.1982, AP Nr. 8 zu § 87 BetrVG 1972.
[46] BAG, Beschl. v. 22.1.1980, AP Nr. 3 zu § 87 BetrVG 1972 Lohngestaltung.
[47] *Fitting*, § 76 BetrVG Rn. 107 ff.; *Richardi*, § 76 BetrVG Rn. 112 m.w.N.

cc) **Gerichtliche Überprüfung.** Der Spruch der Einigungsstelle unterliegt der gerichtlichen Rechtskontrolle. Rechtsverstöße können in einem eigenen arbeitsgerichtlichen Beschlußverfahren (§§ 2a Abs. 2, 80 ArbGG) oder als Vorfrage in einem anderen Verfahren (z.B. Zahlungsklage eines Arbeitnehmers) geltend gemacht werden, eine Ermessensüberschreitung nur im Beschlußverfahren. Antragsberechtigt sind für das Beschlußverfahren die Parteien des Einigungsstellenverfahrens, d.h. Arbeitgeber, Betriebsrat, Gesamtbetriebsrat oder Konzernbetriebsrat, nicht die Einigungsstelle[48]. Der Antrag ist auf Feststellung der Unwirksamkeit des Einigungsstellenverfahrens zu richten, nicht auf Aufhebung; die Entscheidung hat feststellende, keine gestaltende Wirkung[49]. Der Einigungsstellenspruch ist bei einem Rechtsverstoß unwirksam. Das gilt sowohl bei schweren Verfahrensfehlern (mangelnde Zuständigkeit, keine ordnungsgemäße Ladung der Beisitzer[50], Beratung oder Beschlußfassung in Gegenwart der Betriebspartner[51]) als auch bei inhaltlichen Verstößen gegen vorrangiges Recht, wie das Arbeitszeit- oder das Kündigungsschutzrecht. 42

Beispiele: Die Einigungsstelle räumt dem Arbeitgeber einen Gestaltungsspielraum ein, der einem mitbestimmungsfreien Zustand nahekommt[52]. Sie weist einen Antrag zurück, ohne selbst eine Regelung zu treffen[53]. Die Arbeitnehmer werden monatlich eine Stunde von der Arbeit freigestellt, um ihr Entgelt von der Bank abzuheben, obwohl der Arbeitgeber sich bereit erklärt, Schecks jederzeit im Betrieb einzulösen[54]. Alle Arbeitnehmer erhalten in einem Sozialplan ohne Rücksicht auf wirtschaftliche Nachteile die gleichen Leistungen[55].

Auf die Unwirksamkeit kann sich jeder jederzeit ohne zeitliche Begrenzung berufen. Anders ist es mit der Ermessensüberschreitung. Sie kann nur durch den Arbeitgeber oder den Betriebsrat und nur binnen einer Frist von zwei Wochen, vom Tag der Zuleitung des Beschlusses an gerechnet, beim Arbeitsgericht geltend gemacht werden (§ 76 Abs. 5 Satz 4 BetrVG). Da es sich bei der Frist um eine Ausschlußfrist handelt, gibt es gegen die Versäumung keine Wiedereinsetzung in den vorigen Stand. Der Sache nach führt die Ermessensüberschreitung also zur 43

---

[48] *Richardi,* § 76 BetrVG Rn. 117.
[49] BAG, Beschl. v. 27.10.1992, AP Nr. 29 zu § 95 BetrVG 1972.
[50] BAG, Beschl. v. 27.6.1995, AP Nr. 1 zu § 76 BetrVG 1972 Einigungsstelle.
[51] BAG, Beschl. v. 18.1.1994, AP Nr. 51 zu § 76 BetrVG 1972.
[52] BAG, Beschl. v. 17.10.1989, AP Nr. 39 zu § 76 BetrVG 1972.
[53] BAG, Beschl. v. 30.1.1990, AP Nr. 41 zu § 87 BetrVG 1972 Lohngestaltung.
[54] BAG, Beschl. v. 10.8.1993, AP Nr. 12 zu § 87 BetrVG 1972 Auszahlung.
[55] BAG, Beschl. v. 14.9.1994, AP Nr. 87 zu § 112 BetrVG 1972.

Anfechtbarkeit[56]. Das Arbeitsgericht kann nur die Unwirksamkeit des Spruchs der Einigungsstelle feststellen; eine eigene Entscheidung treffen kann es nicht[57].

2. Einigungsstelle im Personalvertretungsrecht

44 Auch die Einigungsstelle im Personalvertretungsrecht ist eine Schlichtungsstelle, der (hauptsächlich) die Entscheidung von Regelungsstreitigkeiten zwischen Dienststelle und Personalvertretung nach dem Gesichtspunkt der Zweckmäßigkeit obliegt. Allerdings gibt es eine Reihe teilweise beträchtlicher Unterschiede zur betrieblichen Einigungsstelle:

45 – Die Einigungsstelle wird **(nur) bei der obersten Dienstbehörde gebildet** (§ 71 Abs. 1 Satz 1 BPersVG). Das liegt an dem Mitbestimmungsverfahren im öffentlichen Dienst, das erst bei der obersten Instanz endet.

46 – Die Einigungsstelle besteht **immer aus 7 Mitgliedern,** und zwar aus je 3 Beisitzern, die von der obersten Dienstbehörde und der bei ihr bestehenden Personalvertretung bestellt werden, und einem unparteiischen Vorsitzenden. Unter den Beisitzern, die von der Personalvertretung bestellt werden, muß sich je ein Beamter und ein Angestellter oder Arbeiter befinden, es sei denn, die Angelegenheit betrifft lediglich die Beamten oder die im Arbeitsverhältnis stehenden Beschäftigten. Kommt eine Einigung über die Person des Vorsitzenden nicht zustande, so wird er vom Präsidenten des Bundesverwaltungsgerichts bestellt (§ 71 Abs. 1 Sätze 2-4 BPersVG).

47 – Die Einigungsstelle **entscheidet nur in den gesetzlich vorgesehenen Fällen** der Mitbestimmung.[58] Es gibt kein freiwilliges Einigungsstellenverfahren. Im Gegensatz zum Arbeitgeber kann sich die öffentliche Verwaltung nicht beliebig der Entscheidungsmacht zugunsten einer neutralen Stelle begeben.

48 – Der Einigungsstelle sind **auch Rechtsfragen zur Entscheidung zugewiesen.** Bei Personalmaßnahmen, die nach § 75 Abs. 1 BPersVG der Mitbestimmung unterliegen, stellt sie fest, ob ein Zustimmungsverweigerungsgrund nach § 77 Abs. 2 BPersVG vorliegt.

49 – In Angelegenheiten nach §§ 76, 85 Abs. 1 Nr. 7 BPersVG kann die Einigungsstelle **nur eine Empfehlung** beschließen (§ 69 Abs. 4 Satz 3 BPersVG).
– Der Spruch der Einigungsstelle hat **nur bei einer generellen Regelung** im Sinne des § 75 Abs. 3 BPersVG die **Wirkung einer Dienstvereinbarung**[59].

---

[56] BAG, Beschl. v. 26.5.1988, AP Nr. 26 zu § 76 BetrVG 1972.
[57] BAG, Beschl. v. 30.10.1979, AP Nr. 9 zu § 112 BetrVG 1972; Urt. v. 22.1.1980, AP Nr. 7 zu § 111 BetrVG 1972; Beschl. v. 27.5.1986, AP Nr. 15 zu § 87 BetrVG 1972 Überwachung.
[58] *Dietz/Richardi*, § 71 BPersVG Rn. 2.
[59] *Söllner/Reinert*, Personalvertretungsrecht, S. 216 m.w.N.

III. Schlichtung im Betriebsverfassungs- und Personalvertretungsrecht 559

Ansonsten hat er die Bedeutung einer Einigung zwischen den Beteiligten: Der Dienststellenleiter darf oder muß die Entscheidung durchführen[60].
- Sowohl die oberste Dienstbehörde als auch die am Einigungsverfahren beteiligte Personalvertretung können den Einigungsstellenspruch **vom Verwaltungsgericht** im Beschlußverfahren **nachprüfen** lassen (§ 83 Abs. 1 Nr. 3 BPersVG entsprechend)[61]. Das Verwaltungsgericht prüft nur auf Rechtmäßigkeit[62]. Eine **Rechtsverletzung kann darin** bestehen, daß

50

- die Einigungsstelle unzuständig war oder keinen Spruch mit bindender Wirkung erlassen konnte,
- wesentliche Verfahrensvorschriften nicht eingehalten wurden,
- sich der Inhalt des Spruchs nicht im Rahmen der geltenden Rechtsvorschriften, insbesondere des Haushaltsgesetzes hält (§ 71 Abs. 3 Satz 4 BPersVG); die Einigungsstelle kann den Träger der Dienststelle nicht zwingen, für Personalausgaben, die nicht auf Gesetz und Tarifvertrag beruhen, finanzielle Mittel zur Verfügung zu stellen.
- die Grenzen des Ermessens mißachtet wurden[63].

---

[60] *Dietz/Richardi*, § 71 BPersVG Rn. 42.
[61] BVerwG, Beschl. v. 21.10.1983, BVerwGE 68, 116; *Dietz/Richardi*, § 71 BPersVG Rn. 47; *Söllner/Reinert*, Personalvertretungsrecht, S. 172 f.
[62] BVerwG, Beschl. v. 19.12.1990, PersV 1991, 277.
[63] Zu Vorstehendem *Dietz/Richardi*, § 71 BPersVG Rn. 51 ff; *Söllner/Reinert*, Personalvertretungsrecht, S. 173.

§ 21 Arbeitsgerichtliches Verfahren

I. Aufbau und Besetzung der Arbeitsgerichte

1. Aufbau

Die Arbeitsgerichtsbarkeit ist dreistufig aufgebaut. Sie wird ausgeübt durch die Arbeitsgerichte (ArbG), die Landesarbeitsgerichte (LAG) und das Bundesarbeitsgericht (BAG) („Gerichte für Arbeitssachen", vgl. § 1 ArbGG).

	Arbeitsgerichte		
	Arbeitsgericht	**LAG**	**BAG**
Besetzung	1 Berufsrichter (Vorsitzender) 2 ehrenamtliche Richter (Beisitzer)	1 Berufsrichter (Vorsitzender) 2 ehrenamtliche Richter (Beisitzer)	3 Berufsrichter (Vorsitzender, 2 Beisitzer) 2 ehrenamtliche Richter (Beisitzer)
Bezeichnung der Spruchkörper	Kammer	Kammer	Senat
Zuständigkeit im Urteilsverfahren	Eingangsgericht (1. Instanz)	Berufung (2. Instanz)	Revision/Sprungrevision (3./2. Instanz)
Zuständigkeit im Beschlußverfahren	Eingangsgericht (1. Instanz)	Beschwerde (2. Instanz)	Rechtsbeschwerde/ Sprungrechtsbeschwerde (3./2. Instanz)

Der Aufbau der Arbeitsgerichtsbarkeit ist im zweiten Teil des ArbGG geregelt. §§ 14 bis 31 ArbGG behandeln die Arbeitsgerichte, §§ 33 bis 39 ArbGG die Landesarbeitsgerichte, §§ 40 bis 45 ArbGG das Bundesarbeitsgericht. Die **Spruchkörper** der Arbeits- und der Landesarbeitsgerichte heißen **„Kammern"**, die des Bundesarbeitsgerichts **„Senate"**. In allen drei Instanzen sind sie mit Berufsrichtern und ehrenamtlichen Richtern aus den Kreisen der Arbeitnehmer und der Arbeitgeber besetzt (§ 6 ArbGG). Die Mitwirkung ehrenamtlicher Richter hat eine lange Tradition, die bis auf die Gewerbe- und Kaufmannsgerichte zurückgeht. Sie sichert die Akzeptanz der Entscheidungen, die nicht zuletzt auf den Kenntnissen und praktischen Erfahrungen beruht, die die Beisitzer aus dem Arbeitsleben einbringen.

a) Arbeitsgericht

3 Das Arbeitsgericht ist – von wenigen Ausnahmen abgesehen[1] – unabhängig vom Streitwert in allen arbeitsgerichtlichen Verfahren das Eingangsgericht (§ 8 Abs. 1 ArbGG). Die Arbeitsgerichte sind Gerichte der Länder (§ 14 Abs. 1 ArbGG); ihre Errichtung, Verlegung und Aufhebung sowie Änderungen in der Abgrenzung der Gerichtsbezirke müssen durch Gesetz erfolgen (§ 14 Abs. 2 ArbGG).

4 Die Arbeitsgerichtsbezirke brauchen nicht denen der ordentlichen Gerichte zu entsprechen. Nicht selten umfaßt ein Arbeitsgerichtsbezirk mehrere Amtsgerichtsbezirke. Um den Parteien lange Anfahrtswege zu ersparen, können außerhalb des Sitzes des Arbeitsgerichts **Gerichtstage** abgehalten werden (§ 14 Abs. 4 ArbGG). Ein auswärtiger Gerichtstag ist nichts anderes als eine Sitzung, die eine Kammer des Arbeitsgerichts, die normalerweise an seinem Sitz tagt, an einem anderen Ort abhält[2]. Davon zu unterscheiden sind „auswärtige Kammern" eines Arbeitsgerichts (§ 14 Abs. 2 Nr. 5 ArbGG). Hierbei handelt es sich um eigene, ständige Gerichtsstellen, die für alle Verfahren zuständig sind, die in dem ihnen zugewiesenen Teil des Arbeitsgerichtsbezirks anfallen[3]. Die Möglichkeit, Fachkammern für die Streitigkeiten bestimmter Berufe und Gewerbe oder Gruppen von Arbeitnehmern einzurichten (§ 17 Abs. 2 ArbGG), spielt heute angesichts der weitgehenden Vereinheitlichung des Arbeitsrechts kaum noch eine Rolle.

b) Landesarbeitsgericht

5 Das Landesarbeitsgericht (LAG) entscheidet im arbeitsgerichtlichen Verfahren als zweitinstanzliches Tatsachengericht. Es befindet über die Berufungen und Beschwerden gegen Urteile und Beschlüsse des Arbeitsgerichts (§§ 8 Abs. 2 und 4, 64 ff., 87 ff. ArbGG). Landesarbeitsgerichte sind obere Landesgerichte, die dem Rang nach den Oberlandes-, Oberverwaltungs- und Landessozialgerichten gleichstehen. In manchen Bundesländern (Bayern, Nordrhein-Westfalen) bestehen mehrere Landesarbeitsgerichte.

c) Bundesarbeitsgericht

6 Das Bundesarbeitsgericht (BAG) ist das oberste Bundesgericht für die Arbeitsgerichtsbarkeit (Art. 95 Abs. 1 GG). Es entscheidet über Revisionen, Rechtsbeschwerden und Nichtzulassungsbeschwerden gegen Berufungsurteile, Beschwerdebeschlüsse und Nichtzulassungsbeschlüsse der Landesarbeitsgerichte sowie über Sprungrevisionen und Sprungrechtsbeschwerden der Arbeitsgerichte (§§ 8 Abs. 3

---

[1] Eine „ausschließliche" Zuständigkeit des LAG besteht bei der Verhängung von Ordnungsgeldern gegen ehrenamtliche Richter und bei der Amtsenthebung, vgl. § 21 Abs. 5 Satz 2, 27, 28 ArbGG; das BAG entscheidet erst- und letztinstanzlich im Falle des § 158 Nr. 5 SGB IX.
[2] *Germelmann*, § 14 ArbGG Rn. 12; *Grunsky*, § 14 ArbGG Rn. 4 f.
[3] DLW/*Luczak*, J Rn. 20.

und 5, 72 ff., 92 ff. ArbGG). Das BAG kann, da es keine Tatsachen-, sondern Rechtsmittelinstanz ist, nur über Rechtsfragen befinden (§ 73 Abs. 1 ArbGG). Deshalb ist es im Regelfall an die Tatsachenfeststellungen des Landesarbeitsgerichts gebunden (§ 72 Abs. 5 ArbGG, § 561 ZPO).

Der Sitz des BAG wurde nach der Wiedervereinigung von Kassel nach Erfurt verlegt (§ 40 Abs. 1 ArbGG), wo es im November 1999 seinen Dienstbetrieb aufnahm. Beim BAG bestehen derzeit zehn Senate, deren Zuständigkeit sich thematisch nach arbeitsrechtlichen Sachgebieten richtet. So ist beispielsweise der 1. Senat für Fragen des (materiellen) Betriebsverfassungs- und des Arbeitskampfrechts zuständig, der 2. Senat für Grundfragen des Kündigungsrechts, der 4. Senat für Grundfragen des Tarifrechts[4]. Der **Große Senat des BAG** entscheidet, wenn ein Senat in einer Rechtsfrage von der Entscheidung eines anderen Senats oder des Großen Senats abweichen will („Divergenzfall", § 45 Abs. 2 ArbGG) oder wenn ein Senat mit einer Rechtsfrage von grundsätzlicher Bedeutung befaßt ist und die Anrufung des Großen Senats seines Erachtens zur Fortbildung des Rechts oder zur Sicherung einer einheitlichen Rechtsprechung erforderlich ist (§ 45 Abs. 4 ArbGG). Der Große Senat wird aber nur selten, zumeist nicht mehr als einmal jährlich angerufen.

2. Besetzung der Gerichte

Die Gerichte für Arbeitssachen sind in allen Instanzen Kollegialgerichte. Die Kammern der Arbeits- und der Landesarbeitsgerichte sind mit je einem Berufsrichter als Vorsitzendem und zwei ehrenamtlichen Richtern besetzt (§§ 16 Abs. 2, 35 Abs. 2 ArbGG). Die Senate des BAG sind mit je drei Berufsrichtern – dem Vorsitzenden und zwei berufsrichterlichen Beisitzern – und zwei ehrenamtlichen Richtern besetzt (§ 41 Abs. 2 ArbGG). Der Große Senat besteht aus dem Präsidenten des BAG, je einem Berufsrichter der 9 Senate, in denen der Präsident nicht den Vorsitz führt, und sechs ehrenamtlichen Richtern (§ 45 Abs. 5 ArbGG).

a) Berufsrichter

Die Berufsrichter müssen die Voraussetzungen des § 9 DRiG erfüllen, d.h. Deutsche im Sinne des Art. 116 GG sein, die Gewähr dafür bieten, daß sie jederzeit für die freiheitliche demokratische Grundordnung eintreten, und die Befähigung zum Richteramt haben (§§ 5-7 DRiG).

Die Bestellung zum Vorsitzenden Richter am Arbeitsgericht erfolgt auf Vorschlag der zuständigen obersten Landesbehörde (Arbeits- oder Rechtspflegeministerium) nach Beratung mit einem Ausschuß, der sich aus Vertretern von Gewerkschaften, Arbeitgeberverbänden und der Arbeitsgerichtsbarkeit des jeweiligen Bundeslandes zusammensetzt (§ 18 Abs. 1 und 2 ArbGG); bei der Bestellung des Präsidenten des LAG und der weiteren Vorsitzen-

---

[4] Die Einzelheiten ergeben sich aus dem Geschäftsverteilungsplan des Gerichts, abgedruckt etwa in RdA, NZA und BArbBl.

den ist ein Ausschuß aus Vertretern von Arbeitgebern und Gewerkschaften anzuhören (§ 36 ArbGG). Die Berufsrichter am BAG werden nach den Vorschriften des Richterwahlgesetzes[5] vom Bundesarbeitsminister im Benehmen mit dem Bundesjustizminister gemeinsam mit dem Richterwahlausschuß bestimmt (§ 42 Abs. 1 ArbGG). Letzterer besteht aus den für das jeweilige Sachgebiet zuständigen Ministern der Länder und einer gleichen Anzahl von Mitgliedern, die vom Bundestag gewählt werden (Art. 95 Abs. 2 GG).

b) Ehrenamtliche Richter

11   Die ehrenamtlichen Richter am Arbeitsgericht und am LAG stammen zur Hälfte aus Kreisen der Arbeitnehmer und der Arbeitgeber (§ 6 ArbGG). Sie werden von der zuständigen obersten Landesbehörde (Arbeits- oder Justizministerium) oder der von ihr beauftragten Stelle für fünf Jahre berufen, und zwar auf der Grundlage von Vorschlagslisten der im Gerichtsbezirk bestehenden Gewerkschaften und Arbeitgeberverbände (§§ 20 Abs. 1 und 2, 37 Abs. 2 ArbGG). Die ehrenamtlichen Richter am BAG werden vom Bundesarbeitsminister berufen (§ 43 Abs. 1 ArbGG).

12   Die persönlichen Voraussetzungen für eine Berufung bestimmen sich nach den §§ 21, 37, 43 ArbGG. Ehrenamtlicher Richter am ArbG, LAG bzw. BAG kann nur sein, wer das 25., 30. bzw. 35. Lebensjahr vollendet hat und Arbeitnehmer oder Arbeitgeber ist[6]. Die Gründe für eine Ablehnung oder Niederlegung des ehrenamtlichen Richteramtes sind in § 24 Abs. 1 ArbGG abschließend aufgeführt. Um das Grundrecht auf den (im voraus bestimmten) gesetzlichen Richter zu gewährleisten (Art. 101 Abs. 1 Satz 2 GG), müssen die ehrenamtlichen Richter zu den Sitzungen nach der Reihenfolge einer Liste herangezogen werden, die der Vorsitzende einer Kammer oder eines Senats vor Beginn des Geschäftsjahres oder vor Beginn der Amtszeit neu berufener ehrenamtlicher Richter aufzustellen hat[7] (§§ 31 Abs. 1, 39 Satz 1 ArbGG). Die ehrenamtlichen Richter haben bei der Teilnahme an den Gerichtssitzungen dieselben Befugnisse wie beisitzende (Berufs-)Richter bei den Landgerichten (§§ 53 Abs. 2, 64 Abs. 7, 72 Abs. 6 ArbGG). Sie können nach der Erteilung des Wortes durch den Vorsitzenden selbständig Fragen an die Parteien und ihre Prozeßbevollmächtigten sowie an Zeugen und Sachverständige richten (§§ 139 Abs. 3, 396 Abs. 3, 402 ZPO). Vor der mündlichen Verhandlung sind sie vom Vorsitzenden über den Sach- und Streitstand des Verfahrens zu unterrichten. Das geschieht bei den Arbeitsgerichten zumeist durch eine kurze mündliche Information, bei den Landesarbeitsgerichten und beim BAG durch Übersendung des angefochtenen Urteils oder Beschlusses und der wesentlichen Schriftsätze (vgl. § 8 Abs. 3 GeschO BAG). Für die Beratung und Abstimmung über das Urteil gelten

---

[5]   Vom 30.7.1968, BGBl. I, S. 873.
[6]   Vgl. im einzelnen §§ 22, 23 ArbGG; zu den Voraussetzungen beim BAG § 43 Abs. 2 ArbGG.
[7]   Die Aufstellung einer solchen Liste ist zwingend, vgl. BAG, Urt. v. 30.1.1963, AP Nr. 2 zu § 39 ArbGG 1953.

die § 192 ff. GVG. Die ehrenamtlichen Richter haben volles Stimmrecht; sie können – theoretisch – in der ersten und zweiten Instanz den Berufsrichter überstimmen (§§ 16 Abs. 2, 35 Abs. 2 ArbGG).

II. Zuständigkeit

1. Rechtsweg zu den Gerichten für Arbeitssachen

a) Allgemeines

aa) Arbeitsgerichtsbarkeit als zivilrechtliche Sondergerichtsbarkeit. Die Frage, ob ein bürgerlich-rechtlicher Rechtsstreit vor die Gerichte der ordentlichen Gerichtsbarkeit (§ 13 GVG) oder vor die Gerichte für Arbeitssachen (§ 1 ArbGG) gehört, ist heute nicht mehr eine Frage der sachlichen Zuständigkeit, sondern des Rechtswegs[8]. Die Arbeitsgerichtsbarkeit hat sich bereits in ihren Anfängen, namentlich in Gestalt der Gewerbe- und Kaufmannsgerichte, als Sondergerichtsbarkeit für arbeitsrechtliche Streitigkeiten konstituiert. Lange Zeit sah man aber in Zivil- und Arbeitsgerichten einen einheitlichen Rechtsweg mit lediglich unterschiedlicher sachlicher Zuständigkeit[9]. Erst 1990 hat der Gesetzgeber durch die Neufassung der §§ 17, 17a und 17b GVG sowie des § 48 ArbGG klargestellt, daß Zivilgerichte und Arbeitsgerichte zu verschiedenen Gerichtsbarkeiten gehören, so wie es das Grundgesetz bereits in Art. 95 GG bestimmt. Der Rechtsweg zu den Gerichten der Arbeitsgerichtsbarkeit ist eröffnet, wenn der Gegenstand des Rechtsstreits unter die §§ 2, 2a ArbGG fällt. Bei mehreren Streitgegenständen muß jeder prozessuale Anspruch gesondert geprüft werden. Die Arbeitsgerichte entscheiden in zwei unterschiedlichen Verfahrensarten, dem Urteilsverfahren und dem Beschlußverfahren; für beide gilt das ArbGG als Verfahrensordnung.

13

bb) Rechtswegüberschreitende Kompetenz. Ist der Rechtsweg zu den Gerichten für Arbeitssachen eröffnet, entscheiden sie den Streitgegenstand unter allen rechtlichen Gesichtspunkten (§ 17 Abs. 2 Satz 1 GVG), und zwar auch dann, wenn sich ein prozessuales Begehren auf verschiedene Klagegründe stützen läßt, die, für sich betrachtet, eine unterschiedliche Rechtswegzuständigkeit begründen würden. Streitig ist, ob das Arbeitsgericht den Rechtsstreit auch dann umfassend entscheiden kann, wenn der Beklagte mit einer rechtswegfremden Forderung aufrechnet.

14

Beispiel: Gegen einen Vergütungsanspruch des Arbeitnehmers rechnet der Arbeitgeber mit einem Schadensersatzanspruch aus einem Unfall auf, den der Arbeitnehmer während der Freizeit und ohne Bezug zum Arbeitsverhältnis verursacht hat.

---

[8] BAG, Urt. v. 23.3.1992, AP Nr. 7 zu § 48 ArbGG.
[9] Früher std. Rspr., vgl. nur RAG, Urt. v. 27.9.1938, RGZ 158, 194 (194); BAG, Urt. v. 13.3.1964, AP Nr. 26 zu § 2 ArbGG 1953 Zuständigkeitsprüfung; das RAG war Teil des RG, nämlich dessen 3. Senat.

15 Nach der Mindermeinung darf das Arbeitsgericht wegen § 17 Abs. 2 GVG auch über die rechtswegfremde Forderung mit entscheiden[10]. Die h. M. lehnt dies zu Recht ab[11]. Die Aufrechnung ist kein „rechtlicher Gesichtspunkt" im Sinne des § 17 Abs. 2 GVG, sondern ein selbständiges Gegenrecht.

b) Urteilsverfahren

16 aa) Aus § 2 Abs. 1 Nr. 3 ArbGG ergibt sich die in der Praxis wichtigste individualarbeitsrechtliche Zuständigkeit der Arbeitsgerichte. Sie sind ausschließlich zuständig für **bürgerliche Rechtsstreitigkeiten zwischen Arbeitnehmern und Arbeitgebern**
a) aus dem Arbeitsverhältnis,
b) über das Bestehen oder Nichtbestehen eines Arbeitsverhältnisses,
c) aus Verhandlungen über die Eingehung eines Arbeitsverhältnisses und aus dessen Nachwirkungen,
d) aus unerlaubten Handlungen, soweit diese mit dem Arbeitsverhältnis im Zusammenhang stehen, und
e) über Arbeitspapiere.

17 Ob ein Rechtsstreit **privatrechtlicher oder öffentlich-rechtlicher Natur** ist, bestimmt sich nach den allgemeinen Grundsätzen („Subordinationstheorie", „Sonderrechtstheorie"). Streitigkeiten von Arbeitern und Angestellten des öffentlichen Dienstes gehören folglich vor die Arbeitsgerichte, solche von Beamten vor die Verwaltungsgerichte.

18 **Arbeitgeber** ist, wer einen Arbeitnehmer beschäftigt. Als **Arbeitnehmer** im Sinne des ArbGG gelten
– Arbeiter und Angestellte (auch leitende Angestellte)
– die zu ihrer Berufsausbildung Beschäftigten
– Heimarbeiter und ihnen Gleichgestellte
– sonstige arbeitnehmerähnliche Personen
– selbständige Einfirmen-Handels- und Versicherungsvertreter mit geringem Verdienst (vgl. § 5 Abs. 1 Sätze 1 u. 2, Abs. 3 ArbGG).

19 Die Begriffe sind in ihrem allgemeinen arbeitsrechtlichen Sinn zu verstehen. **Kein Arbeitnehmer** ist, wer kraft Gesetzes, Satzung oder Gesellschaftsvertrages allein oder als Mitglied des Vertretungsorgans zur Vertretung einer juristischen Person oder Personengesellschaft berechtigt ist (§ 5 Abs. 1 Satz 3 ArbGG). Streitigkeiten zwischen dem Vertretungsberechtigten und einer juristischen Person können aber auf Grund einer Zuständigkeitsvereinbarung nach § 2 Abs. 4 ArbGG vor die Arbeitsgerichte gebracht werden. Da die Vereinbarung nicht schriftlich getroffen zu werden braucht, kann das Arbeitsgericht auch durch rügelose Einlassung des Beklagten zuständig werden[12].

---

[10] *Germelmann*, ArbGG, Einl. Rn. 45 m.w.N; Grunsky, § 2 ArbGG Rn. 15.
[11] KassArbR/*Ascheid*, 9 Rn. 220; *Germelmann*, § 2 ArbGG Rn. 150.
[12] *Germelmann*, § 2 ArbGG Rn. 137.

Streitigkeiten aus dem Arbeitsverhältnis sind alle Streitigkeiten, die ihre Grundlage 20
im Arbeitsverhältnis haben, selbst wenn dieses nicht wirksam begründet oder bereits erloschen ist. Keine Rolle spielt die Art der Anspruchsgrundlage (Vergütungsanspruch, Vindikationsanspruch, Kondiktionsanspruch usw.), sofern nur der Anspruch seinen tatsächlichen Grund in einem Arbeitsverhältnis hat. Zu den **Streitigkeiten über das Bestehen oder Nichtbestehen des Arbeitsverhältnisses** gehören vor allem Kündigungsschutzklagen und sonstige Verfahren, in denen über die Wirksamkeit der Beendigung des Arbeitsverhältnisses gestritten wird (Aufhebungsvertrag, Befristung, Bedingung usw.). Gegenstand einer **Streitigkeit aus Verhandlungen über die Eingehung eines Arbeitsverhältnisses** können Ansprüche aus einem Vorvertrag, wegen culpa in contrahendo oder eines Verstoßes gegen ein Diskriminierungsverbot sein. **Streitigkeiten aus Nachwirkungen aus einem Arbeitsverhältnis** sind beispielsweise solche aus Wettbewerbsverboten, auf Gewährung von Ruhegeldern, Erteilung von Zeugnissen oder Auskünften. Über **Streitigkeiten aus unerlaubten Handlungen** haben die Arbeitsgerichte zu befinden, soweit sie mit dem Arbeitsverhältnis (innerlich) zusammenhängen. Das ist der Fall, wenn die unerlaubte Handlung, zu der auch die Verwirklichung eines Tatbestands der Gefährdungshaftung zählt, zugleich eine Verletzung arbeitsvertraglicher Pflichten darstellt oder wenn gerade das Arbeitsverhältnis die tatsächlichen Voraussetzungen für die Begehung der Tat geboten hat. **Streitigkeiten über Arbeitspapiere** können die Erteilung, die Berichtigung oder die Herausgabe solcher Unterlagen betreffen. Voraussetzung ist allerdings, daß es sich um eine bürgerliche Rechtsstreitigkeit handelt. Öffentlich-rechtliche Streitfragen sind etwa die Berichtigung der Arbeitsbescheinigung, der Lohnsteuerkarte oder des Versicherungsnachweisheftes; privatrechtlich ist der Anspruch auf Herausgabe dieser Papiere und auf Erteilung der Arbeitsbescheinigung[13].

bb) Die in § 2 Abs. 1 Nr. 4-10 ArbGG genannten Zuständigkeiten spielen in der arbeitsge- 21
richtlichen Praxis eine untergeordnete Rolle. Bedeutsamer ist die Zuständigkeit bei Streitigkeiten über Arbeitnehmererfindungen, technische Verbesserungsvorschläge und Urheberrechte aus Arbeitsverhältnissen (§ 2 Abs. 2) sowie bei Rechtsstreitigkeiten aus Tarifverträgen und wegen unerlaubter Handlungen bei Arbeitskämpfen (§ 2 Abs. 1 Nr. 1 und 2 ArbGG).

cc) Zusammenhangsklage. Vor den Gerichten für Arbeitssachen können auch Ansprüche 22
geltend gemacht werden, für die diese Gerichte nicht schon nach § 2 Abs. 1 oder 2 ArbGG zuständig sind, wenn mit einer bereits anhängigen oder gleichzeitig anhängig werdenden Rechtsstreitigkeit, für die das Arbeitsgericht zuständig ist, ein rechtlicher oder unmittelbarer wirtschaftlicher Zusammenhang besteht (§ 2 Abs. 3 ArbGG). Das ist der Fall, wenn beide Ansprüche in einem **einheitlichen Lebenssachverhalt** wurzeln und zwischen ihnen nicht nur eine zufällige Verbindung besteht[14].

Beispiele: Klage gegen den Schuldner (Arbeitgeber) und seinen Bürgen (Bank); Klage auf Schadensersatz aus unerlaubter Handlung im Arbeitsverhältnis gegen Mittäter, die nicht Arbeitnehmer oder Arbeitgeber sind.

---

[13] BAG, Urt. v. 15.1.1992, AP Nr. 21 zu § 2 ArbGG 1979.
[14] *Germelmann*, § 2 ArbGG Rn. 119; *Schaub*, Arbeitsgerichtsverfahren, § 10 Rn. 5.

23 Die Zuständigkeit der Arbeitsgerichte im Rahmen einer Zusammenhangsklage ist keine ausschließliche, d.h. der nichtarbeitsrechtliche Anspruch kann auch vor dem an sich zuständigen Gericht geltend gemacht werden; bei einer ausschließlichen Zuständigkeit eines anderen Gerichts muß dort geklagt werden.

24 dd) Die Zuständigkeit der Arbeitsgerichte für Streitigkeiten zwischen Tarifvertragsparteien aus Tarifverträgen oder über deren Bestehen ist ausgeschlossen, wenn die Tarifvertragsparteien allgemein oder für den Einzelfall bestimmt haben, daß die Entscheidung durch ein **Schiedsgericht** erfolgen soll (§§ 4, 101 Abs. 1 ArbGG). Dasselbe gilt für Streitigkeiten zwischen Arbeitsvertragsparteien, deren Arbeitsverhältnis sich nach einem Tarifvertrag bestimmt, der eine Schiedsgerichtsvereinbarung enthält, wenn der persönliche Geltungsbereich des Tarifvertrages überwiegend Bühnenkünstler, Filmschaffende, Artisten oder Kapitäne und Besatzungsmitglieder umfaßt (§ 101 Abs. 2 ArbGG). Wird statt der Schiedsstelle das Arbeitsgericht angerufen, hat das Gericht die Klage als unzulässig abzuweisen, wenn sich der Beklagte darauf beruft (§ 102 Abs. 1 ArbGG). Die Einrede ist verzichtbar; sie ist nur zu beachten, wenn und solange sie erhoben wird[15]. Das Schiedsverfahren ist kein Teil des Arbeitsgerichtsverfahrens, obwohl das Schiedsgericht Recht spricht. Schiedssprüche sind erst dann vollstreckbar, wenn sie vom Arbeitsgericht für vollstreckbar erklärt sind (§ 109 ArbGG). Vor dem Arbeitsgericht kann auch auf die Aufhebung eines Schiedsspruches geklagt werden; zu den Voraussetzungen s. § 110 ArbGG.

25 ee) Ist die Zuständigkeit der Gerichte für Arbeitssachen nach § 2 ArbGG eröffnet, so ist im Wege des **Urteilsverfahrens** zu entscheiden (§§ 2 Abs. 5 ArbGG, 46 ff. ArbGG). Für dieses Verfahren gelten die Vorschriften über das streitige Verfahren vor den Zivilgerichten, soweit das ArbGG nichts anderes bestimmt.

c) Beschlußverfahren

26 Die Gerichte für Arbeitssachen sind ausschließlich zuständig insbesondere für Streitigkeiten
- aus dem Betriebsverfassungsgesetz, dem Sprecherausschußgesetz und dem Gesetz über Europäische Betriebsräte mit Ausnahme der Strafsachen und Ordnungswidrigkeiten,
- aus den Mitbestimmungsgesetzen und
- über die Tariffähigkeit und die Tarifzuständigkeit einer Vereinigung (vgl. im einzelnen den abschließenden Katalog in § 2a Abs. 1 ArbGG).

27 In diesen Angelegenheiten entscheiden die Arbeitsgerichte im sog. Beschlußverfahren (§§ 2a Abs. 2, 80 ff. ArbGG). Das Beschlußverfahren unterscheidet sich vom Urteilsverfahren dadurch, daß das Arbeitsgericht – ähnlich wie die Zivilgerichte in Angelegenheiten der freiwilligen Gerichtsbarkeit (FGG) – den Sachver-

---

[15] BAG, Urt. v. 30.9.1987, AP Nr. 33 zu § 611 BGB Bühnenengagementsvertrag.

halt im Rahmen der gestellten Anträge von Amts wegen erforscht (§ 83 Abs. 1 ArbGG). Urteils- und Beschlußverfahren schließen einander aus[16].

d) Rechtsnachfolge

Die Arbeitsgerichte sind schließlich zuständig für Verfahren von Rechtsnachfolgern (Erben, Zessionaren usw.) der in den §§ 2, 2a ArbGG genannten Personen (§ 3 ArbGG). Der Begriff der Rechtsnachfolge ist im weitesten Sinne zu verstehen (Gesamt- und Einzelrechtsnachfolge). Nicht § 3 ArbGG, sondern § 2 ArbGG ist allerdings einschlägig, wenn ein Arbeitsverhältnis nach § 613 a BGB auf einen neuen Betriebsinhaber übergeht. Tritt die Rechtsnachfolge im Laufe eines anhängigen Verfahrens ein, gilt § 261 Abs. 3 Nr. 2 ZPO. 28

e) Prüfung durch das Arbeitsgericht

aa) Prüfung von Amts wegen. Die Frage, ob der Rechtsweg zu den Gerichten für Arbeitssachen eröffnet ist und welches Verfahren Anwendung findet, soll möglichst frühzeitig und verbindlich für das weitere Verfahren geklärt werden. Das geschieht von Amts wegen bereits in der ersten Instanz im Wege der Verweisung oder Vorabentscheidung (§§ 48 Abs. 1 ArbGG, 17 ff. GVG)[17]. 29

bb) Verweisung. Verneint das angegangene Arbeitsgericht seine Zuständigkeit, so muß es das Verfahren nach Anhörung der Parteien von Amts wegen an das zuständige Gericht des zulässigen Rechtsweges verweisen (§ 17a Abs. 2 GVG). 30

Beispiel: Der Kläger begehrt vor dem Arbeitsgericht Lohnzahlung aus dem Arbeitsverhältnis. Das Arbeitsgericht verneint die Arbeitnehmereigenschaft im Sinne des § 5 Abs. 1 ArbGG, da es den Kläger weder für persönlich noch für wirtschaftlich abhängig hält. Nach Anhörung der Parteien muß das Arbeitsgericht den Rechtsstreit durch Beschluß an das zuständige Amts- oder Landgericht verweisen.

Der Beschluß kann auch außerhalb der mündlichen Verhandlung ergehen, allerdings nicht allein durch den Vorsitzenden, sondern nur durch die Kammer (§ 48 Abs. 1 Nr. 2 ArbGG). Gegen den Verweisungsbeschluß ist die sofortige Beschwerde zum LAG statthaft (§§ 17a Abs. 4 Satz 3 GVG, 78 Abs. 2 ArbGG, 577 ZPO). Die Einlegungsfrist beträgt 2 Wochen ab Zustellung, ansonsten 5 Monate nach der Verkündung oder der formlosen Mitteilung[18]. Nach Eintritt der Rechtskraft wird der Rechtsstreit mit Eingang der Akten bei dem im Beschluß bezeichneten Gericht anhängig (§ 17b Abs. 1 GVG). Der Beschluß ist für 31

---

[16] BAG, Beschl. v. 3.4.1957, AP Nr. 46 zu § 2 ArbGG 1953.
[17] BAG, Urt. v. 17.4.1959, AP Nr. 5 zu § 528 ZPO; Urt. v. 7.12.1961, AP Nr. 2 zu § 314 ZPO.
[18] BAG, Beschl. v. 1.7.1992, AP Nr. 39 zu § 36 ZPO. Eine weitere sofortige Beschwerde ist nur dann möglich, wenn das LAG diese wegen grundsätzlicher Bedeutung oder Divergenz zugelassen hat.

das Gericht, an das der Rechtsstreit verwiesen worden ist, hinsichtlich des Rechtsweges bindend (§ 17a Abs. 2 Satz 3 GVG); möglich ist lediglich eine Weiterverweisung wegen örtlicher Unzuständigkeit innerhalb desselben Rechtsweges[19]. Umgekehrt darf ein Arbeitsgericht, an das ein Gericht eines anderes Gerichtszweiges, etwa ein Amts- oder Landgericht, einen Rechtsstreit verwiesen hat, diesen nicht zurück- oder weiterverweisen, wenn es nicht nach §§ 2, 2a ArbGG zur Entscheidung berufen ist.

32 **cc) Vorabentscheidung.** Bejaht das angegangene Arbeitsgericht seine Zuständigkeit, kann es dies durch Beschluß vorab aussprechen; es muß diesen Beschluß fassen, wenn eine Partei die Zulässigkeit des Rechtsweges rügt (§ 17a Abs. 3 GVG). Auch gegen eine positive Vorabentscheidung ist die sofortige Beschwerde gegeben (§§ 17a Abs. 4 Satz 3 GVG, 78 Abs. 2 ArbGG, 577 ZPO).

33 Hat das Arbeitsgericht den Rechtsweg zu den Gerichten für Arbeitssachen stillschweigend durch Erlaß eines Urteils bejaht, so sind die Rechtsmittelgerichte (LAG und BAG) nicht zu einer erneuten Prüfung der Rechtswegzuständigkeit befugt (§§ 17a Abs. 5 GVG, 65, 73 Abs. 2 ArbGG)[20]. Der in erster Instanz unbeanstandet gebliebene Mangel wird durch die Sachentscheidung „geheilt"[21]. Das gilt nicht, wenn eine Partei die Unzulässigkeit des Rechtsweges rügt, das Arbeitsgericht aber die Vorabentscheidung verweigert und über die Zulässigkeit des Rechtsweges in den Gründen des Urteils zur Hauptsache entschieden. Da der unterlegenen Partei aus diesem Verfahrensfehler kein Nachteil entstehen darf, kann sie nach dem Grundsatz der Meistbegünstigung wahlweise sofortige Beschwerde oder Berufung zum LAG einlegen. Das LAG darf dann den Rechtsstreit nicht zurückverweisen, sondern muß selbst die Rechtswegzuständigkeit prüfen; § 65 ArbGG steht nicht entgegen[22]

34 **dd)** Die Rechtswegzuständigkeit richtet sich, wie gesagt, nach dem **Streitgegenstand**[23]. Umstritten ist, ob die arbeitsgerichtliche Zuständigkeit nur dann zu bejahen ist, wenn die Tatsachen, aus denen sich das Bestehen eines Rechtsverhältnisses ergibt, über das die Arbeitsgerichte zu befinden haben, unstreitig oder bewiesen sind oder ob schon ein schlüssiger Tatsachenvortrag oder nur die bloße Rechtsbehauptung des Klägers genügt, er sei Arbeitnehmer im Sinne des § 5 ArbGG[24]. Nach neuester Rechtsprechung ist bei der Abgrenzung ordentliche Gerichte / Arbeitsgerichte wie folgt zu unterscheiden:

35 Enthält der Vortrag „doppelt-relevante" Tatsachen, d.h. Umstände, die sowohl für die Rechtswegzuständigkeit als auch für die Begründetheit der Klage maßgebend sind, etwa bei einer Klage auf Feststellung des Bestehens eines Arbeitsverhältnisses, wird mit der Bejahung oder Verneinung der Rechtswegzuständigkeit zugleich auch immer über das Bestehen des Rechts entschieden. In diesen **„sic-non-Fällen"** wird die Zuständigkeit der Arbeitsge-

---

[19] BAG, Beschl. v. 14.1.1994, AP Nr. 43 zu § 36 ZPO.
[20] BAG, Urt. v. 21.8.1996, AP Nr. 42 zu § 2 ArbGG 1979.
[21] *Vollkommer*, Anm. zu BAG, Urt. v. 26.3.1992, AP Nr. 7 zu § 48 ArbGG 1979.
[22] BAG, Urt. v. 26.3.1992, AP Nr. 7 zu § 48 ArbGG.
[23] BAG, Beschl. v. 28.10.1993, AP Nr. 19 zu § 2 ArbGG 1979.
[24] BAG, Beschl. v. 24.4.1996, AP Nr. 1 zu § 2 ArbGG 1979 Zuständigkeitsprüfung m.w.N.

richte – so das BAG[25] – bereits durch einen Antrag des Klägers eröffnet, über den nur die Arbeitsgerichte zu entscheiden haben, selbst wenn sein Vortrag unschlüssig ist. Das Arbeitsgericht hat dann Beweis über die Tatsachen zu erheben und bei Nichterweislichkeit die Klage als unbegründet abzuweisen. Eine Verweisung des Rechtsstreits an das Gericht eines anderen Rechtszuges nach § 17a GVG kommt nicht in Betracht. Der Kläger hat kein anerkennenswertes Interesse daran, seinen unschlüssigen Vortrag vor einem von ihm nicht angerufenen Gericht zu ergänzen[26].

Kommen für einen Anspruch arbeitsrechtliche und/oder nichtarbeitsrechtliche Anspruchsgrundlagen in Betracht – sei es, daß die Anspruchsgrundlagen einander ausschließen („aut-aut"-Fall), sei es, daß sich der Anspruch sowohl auf eine arbeitsrechtliche als auch auf eine nicht arbeitsrechtliche Grundlage stützen läßt („et-et"-Fall) –, so müssen die zuständigkeitsbegründenden Tatsachen nicht unbedingt mit den die Klage begründenden Tatsachen identisch sein. 36

Beispiele: Klage eines Dienstleistenden auf Vergütung oder gegen eine außerordentliche Kündigung (§§ 611, 626 BGB gelten für selbständige wie für persönlich abhängige Dienstleistende).

Hier kann die bloße Rechtsansicht des Klägers, er sei Arbeitnehmer, die arbeitsgerichtliche Zuständigkeit nicht begründen; anderenfalls stünde der Rechtsweg weitgehend zu seiner Disposition. Über die zuständigkeitsbegründenden Tatsachen ist Beweis zu erheben. Bei Nichterweislichkeit ist der Rechtsstreit nach § 17a Abs. 2 GVG an das zuständige Gericht des zulässigen Rechtsweg zu verweisen[27]. 37

2. Örtliche Zuständigkeit

a) Urteilsverfahren

aa) Grundsatz. Für die örtliche Zuständigkeit der Arbeitsgerichte im Urteilsverfahren verweist § 46 Abs. 2 ArbGG auf die Vorschriften der ZPO über das Verfahren vor den Amtsgerichten (§§ 495 ff. ZPO); diese verweisen weiter auf die Vorschriften über das Verfahren vor den Landgerichten. Maßgeblich sind daher die §§ 12 ff. ZPO. 38

bb) Einzelheiten. Der Kläger kann zwischen den allgemeinen (§§ 12-18 ZPO) und den besonderen (§§ 20-34) Gerichtsständen wählen (§ 35 ZPO). Von erheblicher praktischer Bedeutung ist der **Gerichtsstand des Erfüllungsortes** (§ 29 ZPO). Dort können Klagen aus dem Arbeitsverhältnis, aber auch wegen der Umgestaltung oder der Beendigung des 39

---

[25] BAG, Beschl. v. 10.12.1996, AP Nr. 4 zu § 2 ArbGG 1979 Zuständigkeitsprüfung; Beschl. v. 15.3.2000, AP Nr. 71 zu § 2 ArbGG 1979.
[26] BAG, Beschl. v. 24.4.1996, AP Nr. 1 zu § 2 ArbGG 1979 Zuständigkeitsprüfung.
[27] Ostrowicz/*Künzl*/Schäfer, Arbeitsgerichtsprozeß, Rn. 22.

Arbeitsverhältnisses erhoben werden[28]. Der Erfüllungsort ist grundsätzlich für jeden prozessualen Anspruch gesondert zu bestimmen. Die Auslegung des Arbeitsvertrages ergibt aber in der Regel, daß der gemeinsame Erfüllungsort für sämtliche Pflichten aus dem Arbeitsverhältnis der Betrieb ist, in dem die Arbeitspflicht zu erfüllen ist[29]. Ist die Arbeit an ständig wechselnden Einsatzorten zu leisten, bestimmt sich der Erfüllungsort danach, wo der Schwerpunkt des Arbeitsverhältnisses liegt. Das kann der Sitz des Betriebes sein, von dem aus der Arbeitnehmer eingesetzt wird[30]. Der Gerichtsstand kann sich auch aus einem **Tarifvertrag** ergeben (§ 48 Abs. 2 ArbGG). Voraussetzung ist, daß das Arbeitsverhältnis unter den Geltungsbereich des Tarifvertrages fällt und beide Arbeitsvertragsparteien an den Tarifvertrag gebunden sind (§§ 4 Abs. 1, 3 Abs. 1 oder 5 Abs. 4 TVG). Bei fehlender Tarifbindung ist die tarifliche Gerichtsstandsvereinbarung nur dann verbindlich, wenn der Arbeitsvertrag insgesamt auf den betreffenden Tarifvertrag verweist (§ 48 Abs. 2 Satz 2 ArbGG). **Individualvertragliche Gerichtsstandsvereinbarungen** sind im arbeitsgerichtlichen Verfahren nur nach § 38 Abs. 2 und 3 ZPO möglich, nicht aber nach § 38 Abs. 1 ZPO. Die örtliche Zuständigkeit eines an sich unzuständigen Gerichts kann dadurch begründet werden, daß der **Beklagte rügelos zur Hauptsache verhandelt** (§ 39 Satz 1 ZPO). Das gilt aber nur, wenn das Gericht den Beklagten vor der Verhandlung zur Hauptsache auf die Unzuständigkeit und die Folgen einer rügelosen Einlassung hingewiesen hat (§§ 39 Satz 2, 504 ZPO).

b) Beschlußverfahren

40 Im Beschlußverfahren ist das Arbeitsgericht zuständig, in dessen Bezirk der Betrieb liegt. In Angelegenheiten der betrieblichen Mitbestimmung auf der Ebene des Unternehmens (z.B. im Rechtsstreit mit dem Gesamtbetriebsrat oder dem Unternehmenssprecherausschuß) und bei Streitigkeiten nach dem EBRG ist das Arbeitsgericht zuständig, in dessen Bezirk das Unternehmen bzw. das herrschende Unternehmen seinen Sitz hat (vgl. im einzelnen § 82 ArbGG). Im Beschlußverfahren über die Tariffähigkeit oder -zuständigkeit einer Vereinigung (§§ 2a Abs. 1 Nr. 4, 97 ArbGG) richtet sich die örtliche Zuständigkeit nach dem Sitz der Vereinigung, um deren Tariffähigkeit oder -zuständigkeit es geht (§§ 97 Abs. 2, 82 ArbGG)[31].

c) Prüfung durch das Arbeitsgericht

41 Das Arbeitsgericht muß von Amts wegen prüfen, ob es nach § 12 ff. ZPO örtlich zuständig ist. Bejaht es, kann es dies vorab aussprechen; es muß vorab entscheiden, wenn eine Partei die örtliche Unzuständigkeit rügt (§§ 48 Abs. 1 ES ArbGG, 17a Abs. 3 GVG). Dieser Beschluß ist unanfechtbar (§ 48 Abs. 1 Nr. 1 ArbGG). Der Kammervorsitzende entscheidet allein (§ 55 Abs. 1 Nr. 7 ArbGG); er kann die Entscheidung auch ohne mündliche Verhandlung treffen (§ 55 Abs. 2 Satz 1 ArbGG). Verneint das Gericht die örtliche Zuständig-

---

[28] BAG, Urt. v. 12.6.1986, AP Nr. 1 zu Art. 5 Brüsseler Übereinkommen.
[29] BAG, Urt. v. 3.12.1985, AP Nr. 5 zu § 1 TVG Tarifverträge: Großhandel m.w.N.; *Germelmann,* § 2 ArbGG Rn. 163; *Schaub,* Arbeitsgerichtsverfahren, § 9 Rn. 17.
[30] LAG Rheinland-Pfalz, Urt. v. 29.11.1984, NZA 1985, 540.
[31] *Schaub,* Arbeitsgerichtsverfahren, § 9 Rn. 41.

keit, hat es zunächst die Parteien zu hören (§§ 48 Abs. 1 ES, 17a Abs. 2 Satz 1 GVG) und den Beklagten auf die Folgen einer rügelosen Einlassung zur Hauptsache zu belehren (§§ 46 Abs. 2 ArbGG, 504 ZPO). Rügt der Beklagte die örtliche Unzuständigkeit, darf das Arbeitsgericht die Klage nicht als unzulässig abweisen, sondern muß sich von Amts wegen für unzuständig erklären und den Rechtsstreit an das zuständige Arbeitsgericht verweisen (§§ 48 Abs. 1 ES, 17a Abs. 2 Satz 1 GVG). Auch dieser Beschluß ist unanfechtbar (§ 48 Abs. 1 Nr. 1 ArbGG)[32]. Er ergeht ebenfalls allein durch den Kammervorsitzenden (§ 55 Abs. 1 Nr. 7 ArbGG).

Entscheidet das Arbeitsgericht unter Verkennung der örtlichen Zuständigkeit zur Sache, ohne daß dies von einer Partei gerügt wurde, dürfen die Rechtsmittelgerichte die örtliche Zuständigkeit nicht erneut prüfen (§§ 48 Abs. 1 ArbGG, 17a Abs. 5 GVG, §§ 65, 73 Abs. 2 ArbGG). Hat eine Partei die Unzuständigkeit gerügt und entscheidet das Gericht trotzdem zur Sache, gilt das bei Verkennung der Rechtswegzuständigkeit Ausgeführte sinngemäß. **42**

III. Die Parteien und ihre Vertreter

1. Parteien

a) Parteibegriff

Im Urteilsverfahren gilt der formelle Parteibegriff des Prozeßrechts. Parteien sind die natürlichen oder juristischen Personen, von denen oder gegen die eine staatliche Rechtsschutzhandlung im eigenen Namen begehrt wird[33]. Die Parteistellung im Arbeitsgerichtsprozeß richtet sich allein danach, wer klagt oder verklagt wird. Kläger und Beklagter werden nur durch die den Rechtsstreit einleitende Prozeßhandlung (z.B. Mahnantrag, Klageerhebung) bestimmt[34]. **43**

b) Partei- und Prozeßfähigkeit

aa) **Parteifähigkeit** ist die Fähigkeit, im eigenen Namen als Partei, d.h. als Kläger oder Beklagter, einen Prozeß zur Rechtsverfolgung oder -verteidigung zu betreiben[35]. Nach § 46 Abs. 2 ArbGG, § 50 ZPO ist parteifähig, wer rechtsfähig ist. Rechtsfähig sind natürliche und juristische Personen des privaten und des öffentlichen Rechts. Von den Personengesellschaften sind die die Handelsgesellschaften (OHG, KG, vgl. §§ 124, 161 Abs. 2 HGB), die Partnerschaftsgesellschaft (vgl. § 7 Abs. 2 PartGG) und die (Außen-)Gesellschaft bürgerlichen Rechts parteifähig[36]. **44**

---

[32] Zu einer Ausnahme bei irrtümlich fehlerhafter Zuordnung des maßgeblichen Ortes zu einem Gerichtsbezirk s. BAG, Beschl. v. 31.1.1994, AP Nr. 44 zu § 36 ZPO.
[33] BGH, NJW 1987, 1947; NJW 1988, 1587; Zöller/*Vollkommer*, Vor § 50 ZPO Rn. 2.
[34] *Schaub*, Arbeitsgerichtsverfahren, § 15 Rn. 1.
[35] *Germelmann*, § 10 ArbGG Rn. 3; *Schaub*, Arbeitsgerichtsverfahren, § 15 Rn. 13.
[36] BGH, NJW 2002, 1207.

Der nichtrechtsfähige Verein verklagt werden und ist jetzt wohl auch als aktiv parteifähig zu betrachten (vgl. § 54 Satz 1 BGB)[37].

45 § 10 ArbGG erweitert den Kreis der nach § 50 ZPO parteifähigen Personen. Parteifähig im arbeitsgerichtlichen Verfahren sind auch Gewerkschaften und Vereinigungen von Arbeitgebern sowie Zusammenschlüsse solcher Verbände. Die Erweiterung kommt vor allem den Gewerkschaften zugute. Sie sind regelmäßig in der Form nichtrechtsfähiger Vereine organisiert, denen an sich wegen § 50 Abs. 1 ZPO die aktive Parteifähigkeit fehlt. Der Begriff der Gewerkschaft ist im allgemeinen arbeitsrechtlichen Sinn zu verstehen (vgl. oben § 12 Rn. 6 ff.). Unterorganisationen einer Gewerkschaft sind nach § 10 ArbGG parteifähig, wenn sie tariffähig sind. Das ist bei selbständigen Ortsvereinen, nicht aber bei Bezirksverwaltungen oder Verwaltungsstellen der Fall[38].

46 bb) Prozeßfähigkeit ist die Fähigkeit, Prozeßhandlungen selbst oder durch selbstgewählte Vertreter vorzunehmen[39]. Prozeßfähig ist, wer sich durch Verträge wirksam verpflichten kann (§ 52 ZPO), d.h. wer geschäftsfähig ist. Nicht prozeßfähig sind daher juristische Personen und Personengesellschaften, aber auch Minderjährige und Betreute. Sie werden im Prozeß durch ihre gesetzlichen Vertreter vertreten (§ 51 Abs. 1 ZPO). Deren Verschulden bei der Prozeßführung – etwa die Versäumung von Klagefristen – müssen sie sich wie eigenes Verschulden zurechnen lassen (§ 51 Abs. 2 ZPO).

47 cc) Nicht mit der Prozeßfähigkeit verwechselt werden darf die **Prozeßführungsbefugnis.** Darunter versteht man die Befugnis, ein eigenes oder fremdes Recht im eigenen Namen gerichtlich geltend zu machen. Macht jemand ein fremdes Recht im eigenen Namen geltend, so spricht man von **„Prozeßstandschaft".** Die Berechtigung zu einer Prozeßstandschaft kann sich unmittelbar aus dem Gesetz ergeben (z.B. § 265 ZPO: Veräußerung der streitbefangenen Sache), sie kann aber auch rechtsgeschäftlich eingeräumt werden („gewillkürte Prozeßstandschaft"); beispielsweise kann einem Arbeitgeberverband das Recht eingeräumt werden, Ansprüche seiner Mitglieder auf Unterlassung von Arbeitskampfmaßnahmen im eigenen Namen gegen die Gewerkschaft geltend zu machen[40].

48 dd) Partei- und Prozeßfähigkeit hat das Gericht in jeder Lage des Verfahrens von Amts wegen zu prüfen (§ 46 Abs. 2 ArbGG, § 56 ZPO). Fehlen sie am Schluß der mündlichen Verhandlung, auf die die Entscheidung ergeht, ist die Klage als unzulässig abzuweisen[41].

---

[37] Statt aller *Musielak*, Grundkurs ZPO, Rn. 117.
[38] *Schaub*, Arbeitsgerichtsverfahren, § 15 Rn. 20 m.w.N.
[39] *Germelmann*, § 10 ArbGG Rn. 34; *Grunsky*, § 10 ArbGG Rn. 30.
[40] BAG, Urt. v. 21.12.1982, AP Nr. 76 zu Art. 9 GG Arbeitskampf.
[41] *Schaub*, Arbeitsgerichtsverfahren, § 15 Rn. 21 und § 16 Rn. 9.

2. Prozeßbevollmächtigte

a) Grundsätze

Vor den **Arbeitsgerichten** können die Parteien den Rechtsstreit selbst führen oder 49
sich vertreten lassen (§ 11 Abs. 1 ArbGG). Als Vertreter kommen in Betracht
Rechtsanwälte, Verbandsvertreter und sonstige Personen nach Maßgabe der §§ 11
Abs. 3 ArbGG, 157 ZPO. Vor den **Landesarbeitsgerichten** müssen sich die Parteien durch Rechtsanwälte oder Verbandsvertreter vertreten lassen. Vor dem **Bundesarbeitsgericht** ist nur eine Vertretung durch Rechtsanwälte möglich; postulationsfähig ist jeder bei einem deutschen Gericht zugelassene Rechtsanwalt (§ 11
Abs. 2 ArbGG).

Während ein **Prozeßbevollmächtigter** den Prozeß selbständig an Stelle der Partei führt, 50
leistet ein **Beistand** einer Prozeßpartei neben ihr als Wortführer Hilfe. Als Beistand kommt
jede prozeßfähige Person in Betracht. Eine Partei kann mit einem Beistand nur erscheinen,
wenn eine anwaltliche Vertretung nicht geboten ist. Was der Beistand an Prozeßhandlungen erklärt, ist Vortrag der Partei, sofern diese nicht sofort widerspricht (§ 90 Abs. 2 ZPO).

b) Rechtsanwälte

aa) Allgemeines. Die Parteien können sich vor den Gerichten der Arbeitsgerichts- 51
barkeit durch jeden bei einem deutschen Gericht zugelassenen Rechtsanwalt vertreten lassen (§§ 46 Abs. 2 ArbGG, 79 ZPO). Ein Lokalisierungszwang besteht
nicht. **Fachanwälte für Arbeitsrecht** verfügen über besondere theoretische
Kenntnisse und praktische Erfahrungen, die erheblich über dem liegen müssen,
was üblicherweise durch die berufliche Ausbildung und praktische Erfahrung im
Beruf vermittelt wird. Die Befugnis, eine Fachanwaltsbezeichnung zu führen, wird
durch die zuständige Rechtsanwaltskammer verliehen (§ 43c BRAO)[42].

Der Mandant muß dem Anwalt **Prozeßvollmacht** erteilen. Die Erteilung kann als Pro- 52
zeßhandlung gegenüber dem Bevollmächtigten, dem Gericht oder dem Prozeßgegner erfolgen. Zwar ist die Vollmachtserteilung formfrei wirksam, der Prozeßbevollmächtigte hat
seine Bevollmächtigung jedoch schriftlich und im Original nachzuweisen und diese zu den
Gerichtsakten zu geben (§ 80 ZPO). Die ordnungsgemäße Bevollmächtigung wird vor den
Arbeitsgerichten von Amts wegen geprüft, es sei denn, daß ein Rechtsanwalt oder Verbandsvertreter auftritt; in diesem Fall erfolgt die Prüfung nur auf Rüge der gegnerischen
Partei (§ 88 Abs. 2 ZPO). LAG und BAG prüfen die Bevollmächtigung ebenfalls nur auf
Rüge des Gegners. Der Umfang der Prozeßvollmacht im Außenverhältnis, d.h. im Verhältnis zum Gericht und zum Gegner, ist durch § 81 ZPO gesetzlich festgelegt. In Parteiprozessen kann der Umfang beliebig geregelt werden (§ 83 Abs. 2 ZPO); besteht Vertretungszwang, kann der Mandant nur Vergleich, Anerkenntnis und Klageverzicht von der Prozeßvollmacht ausnehmen (§ 83 Abs. 1 ZPO). Im Innenverhältnis ist eine Beschränkung ohne
weiteres möglich. Der Prozeßbevollmächtigte kann auch eine Untervollmacht erteilen, etwa

---

[42] Die Einzelheiten ergeben sich aus der als Satzung erlassenen Fachanwaltsordnung, vgl.
BRAK-Mitt. 6/1996, S. 249 ff.

an einen Stations- oder Nebentätigkeitsreferendar[43]. Der Prozeßbevollmächtigte ist zu allen Handlungen in bezug auf den Streitgegenstand befugt[44]. Zum Umfang der Vollmacht in Kündigungsschutzprozessen s. Band I, § 10 Rn. 318. Die Prozeßvollmacht erlischt durch Widerruf der Vollmacht oder wenn das der Bevollmächtigung zugrunde liegende Dienstverhältnis gekündigt wird. Im Außenverhältnis erlischt sie, wenn der Erlöschensgrund dem Prozeßgegner oder dem Gericht mitgeteilt worden ist[45], im Anwaltsprozeß erst bei Bestellung eines anderen Prozeßbevollmächtigten (§ 87 Abs. 1 ZPO). Das Verschulden des Prozeßbevollmächtigten wird der Partei wie eigenes Verschulden zugerechnet (§ 85 Abs. 2 ZPO).

53 **bb) Beiordnung eines Rechtsanwalts.** Um die Chancengleichheit in der 1. Instanz zu wahren, kann das Arbeitsgericht in Fällen, in denen die eine Partei rechtsanwaltlich vertreten ist, der anderen Partei unter folgenden Voraussetzungen einen Anwalt beiordnen:
- Antrag der nicht anwaltlich vertretenen Partei; das Arbeitsgericht hat auf das Antragsrecht hinzuweisen, vgl. § 11a Abs. 1 Satz 2 ArbGG;
- die Gegenseite ist anwaltlich vertreten; Vertretung durch einen Verbandsvertreter genügt nicht[46];
- Bedürftigkeit; die Partei muß außerstande sein, ohne Beeinträchtigung des für sie und ihre Familie notwendigen Unterhalts die Kosten des Prozesses zu bestreiten;[47]
- kein Anspruch auf Rechtsschutz durch eine Gewerkschaft, einen Arbeitgeberverband oder eine Rechtsschutzversicherung (vgl. § 11a Abs. 1 ArbGG).

54 Die Beiordnung kann unterbleiben, wenn sie aus besonderen Gründen nicht erforderlich ist, etwa weil der Rechtsstreit einfach gelagert ist und ihn die Partei deshalb selbst führen kann, oder wenn die Rechtsverfolgung oder -verteidigung mutwillig ist, d.h. wenn auf den ersten Blick erkennbar ist, daß sie erfolglos sein wird (§ 11a Abs. 2 ArbGG)[48]. Der beigeordnete Rechtsanwalt erhält seine Vergütung aus der Landeskasse; diese kann die auf sie übergegangenen Vergütungsansprüche nur nach den vom Gericht getroffenen Bestimmungen gegen die Partei geltend machen (§§ 11a Abs. 3 ArbGG, 122 Abs. 1 ZPO). Unterliegt die Partei, muß sie die Gerichtskosten zahlen, es sei denn, daß ihr Prozeßkostenhilfe bewilligt wird.

c) Verbandsvertreter

55 Zur Prozeßvertretung vor den Arbeitsgerichten und den Landesarbeitsgerichten sind auch Vertreter von Gewerkschaften, Arbeitgeberverbänden, Zusammenschlüssen solcher Vereinigungen und von sonstigen selbständigen Vereinigungen von Arbeitnehmern mit sozial- oder berufspolitischer Zwecksetzung zugelassen. Voraussetzung ist, daß der Verbandsvertreter kraft Satzung oder Vollmacht zur

---

[43] BAG, Urt. v. 22.2.1990, AP Nr. 12 zu § 11 ArbGG 1979 Prozeßvertreter.
[44] BAG, Urt. v. 10.8.1977, AP Nr. 2 zu § 81 ZPO.
[45] BGHZ 31, 32 (35); 43, 135 (137).
[46] *Germelmann*, § 11a ArbGG Rn. 48 m.w.N.
[47] Vgl. im einzelnen *Germelmann*, § 11a ArbGG Rn. 14.
[48] *Schaub*, Arbeitsgerichtsverfahren, § 18 Rn. 53.

Vertretung befugt ist und die vertretene Partei Mitglied des Verbandes ist (§ 11 Abs. 1 Satz 2 ArbGG). Die Begriffe „Gewerkschaft" und „Arbeitgebervereinigung" sind auch in § 11 ArbGG im allgemeinen arbeitsrechtlichen Sinne zu verstehen (s. § 12 Rn. 6 ff.). Für die Postulationsfähigkeit von Verbandsvertretern kommt es nicht darauf an, ob der Verband, für den sie auftreten, Tarifverträge abschließen kann oder will[49]. Die Verband kann den Rechtsschutz auch durch rechtlich selbständige, aber wirtschaftlich von ihm abhängige Unternehmen erbringen lassen (z.B. DGB-Rechtsschutz-GmbH), wenn diese ausschließlich Verbandsmitglieder vertreten und der Verband selbst für die vor Gericht auftretenden Bevollmächtigten haftet (§ 11 Abs. 1 Satz 4 ArbGG).

d) Sonstige Vertreter

Vor dem Arbeitsgericht kann sich eine Partei auch durch sonstige Personen vertreten lassen. Ausgeschlossen ist, wer fremde Rechtsangelegenheiten vor Gericht geschäftsmäßig betreibt, ohne Rechtsanwalt oder Verbandsvertreter zu sein (§ 11 Abs. 3 ArbGG), wie etwa Steuerberater und Steuerbevollmächtigte, die ihre Mandanten vor den Finanzgerichten vertreten dürfen (§ 62 Abs. 2 FGO). Der Ausschluß bezieht sich nur auf das Auftreten in der mündlichen Verhandlung; die Vorbereitung eines Termins, etwa durch Einreichung einer Klageschrift, ist zulässig[50]. Das Verbot des § 11 Abs. 3 ArbGG gilt nicht für Personen, die mit Untervollmacht handeln (Bürovorsteher, Stations- oder Nebentätigkeitsreferendare usw.). **56**

IV. Urteilsverfahren

1. Allgemeines

a) Verhältnis von ArbGG und ZPO

Für das Urteilsverfahren gelten in erster Instanz die Vorschriften der ZPO über das Verfahren vor den Amtsgerichten (§§ 495 ff. ZPO), soweit das ArbGG in den §§ 46-63 ArbGG nichts anderes bestimmt (§ 46 Abs. 2 Satz 1 ArbGG). Die wesentlichen Unterschiede zwischen arbeitsgerichtlichem Urteilsverfahren und streitigem Zivilverfahren zeigt die Übersicht auf der nächsten Seite[51]. **57**

---

[49] BAG, Urt. v. 16.11.1989, AP Nr. 11 zu § 11 ArbGG 1979 Prozeßvertreter.
[50] BAG, Urt. v. 26.9.1996, AP Nr. 2 zu § 11 ArbGG 1979.
[51] Zu den Besonderheiten des arbeitsgerichtlichen Verfahrens *Germelmann*, ArbGG, Einl. Rn. 124.

b) Verfahrensmaximen

58 Das arbeitsgerichtliche Verfahren beruht auf denselben Verfahrensmaximen wie das Streitverfahren vor den Zivilgerichten.

59 Nach dem **Dispositionsgrundsatz** (Gegenteil: Offizialprinzip) ist die Entscheidung, ob und in welchem Umfang ein arbeitsgerichtliches Verfahren eingeleitet wird, allein Sache der Parteien. Das Gericht ist an die Anträge der Parteien gebunden (§ 308 ZPO). Diese bestimmen auch darüber, ob und wie das Verfahren endet, etwa durch Rücknahme der Klage, durch einseitige oder übereinstimmende Erledigterklärung, durch Vergleich oder Endurteil. Der **Verhandlungs- oder Beibringungsgrundsatz** (Gegenteil: Untersuchungsgrundsatz, Inquisitionsmaxime) besagt, daß es Aufgabe der Parteien ist, den Tatsachenstoff, den das Gericht der Entscheidung zugrundelegen soll, in das Verfahren einzuführen; dazu muß vor allem die beweisbelastete Partei die beweisbedürftigen (d.h. entscheidungserheblichen und vom Gegner ordnungsgemäß bestrittenen) Tatsachen beweisen. Das Gericht darf andere als die vorgebrachten oder gerichtsbekannten Tatsachen nicht verwerten. Allerdings hat es darauf hinzuwirken, daß sich die Parteien über alle erheblichen Tatsachen vollständig erklären und ungenügende Angaben ergänzen (§ 139 Abs. 1 ZPO). Für das arbeitsgerichtliche Verfahren erster Instanz gilt das **Mündlichkeitsprinzip** (§ 46 Abs. 2 Satz 2 ArbGG); eine Entscheidung im schriftlichen Verfahren ist nur in zweiter und dritter Instanz möglich. Das **Unmittelbarkeitsprinzip** verlangt, daß die mündliche Verhandlung und vor allem die Beweisaufnahme grundsätzlich vor dem erkennenden Gericht erfolgen (§ 58 Abs. 1 ArbGG, anders bei § 55 Abs. 3 ArbGG). Im Einverständnis mit den Parteien kann die Verhandlung auch im Wege der Bild- und Tonübertragung in das Gericht erfolgen, wenn sich die Parteien, Bevollmächtigten oder Beistände, Zeugen oder Sachverständige nicht am Sitzungsort aufhalten (§ 128a ZPO). Die Verhandlungen sind **öffentlich** (§ 52 Satz 1 ArbG), soweit § 52 Satz 2 ArbGG nichts anderes bestimmt. Das arbeitsgerichtliche Verfahren ist in allen Rechtszügen zu **beschleunigen** (§ 9 Abs. 1 ArbGG). Der Vorsitzende hat die streitige Verhandlung so vorzubereiten, daß sie möglichst **konzentriert**, d.h. in einem Termin zu Ende geführt werden kann (§ 56 Abs. 1 Satz 1 ArbGG). Angriffs- und Verteidigungsmittel, die die Parteien erst nach einer vom Gericht gesetzten Frist vorbringen, können unberücksichtigt bleiben, sofern ihre Zulassung nach der freien Überzeugung des Gerichts die Erledigung des Rechtsstreits verzögern würde und die auf die Folgen hingewiesene Partei die Fristversäumung nicht ausreichend entschuldigt (§ 56 Abs. 2 ArbGG). Die Güteverhandlung in einem Verfahren um das Bestehen oder die Beendigung eines Arbeitsverhältnisses soll innerhalb von zwei Wochen nach Klageerhebung stattfinden (§ 61a Abs. 1, 2 ArbGG). Aus dem **Verfassungsrecht** ergeben sich als weitere Grundsätze das Gebot des effektiven Rechtsschutzes, der Anspruch auf ein faires Verfahren, der Grundsatz der prozessualen Waffengleichheit,

Urteilsverfahren vor den Arbeitsgerichten (§§ 46-63 ArbGG) und streitiges Verfahren vor den Zivilgerichten (ZPO)

Merkmal	ArbGG	ZPO
Schriftliches / mündliches Verfahren	In 1. Instanz nur mündliches Verfahren (§ 46 II 2)	In 1. Instanz auch schriftliches Verfahren möglich (§ 128 II, III)
Vorbereitung des Haupttermins	Zwingende Güteverhandlung vor dem streitigen Termin (§ 54) Ausnahmen: § 111 II ArbGG und § 341a ZPO	Zwingende Güteverhandlung vor dem streitigen Termin (§ 278 II 1) Ausnahmen: § 278 II 1 HS 2)
Einlassungsfrist	1 Woche zwischen Zustellung der Klageschrift und dem Termin (§ 47 I)	2 Wochen zwischen Zustellung der Klageschrift und dem Termin (§ 274 III)
Verweisung bei örtlicher Unzuständigkeit	Von Amts wegen, falls vom Beklagten gerügt (§ 48)	Nur auf Antrag des Klägers (§ 281 I)
Beeidigung von Zeugen und Sachverständigen	Nur wenn das Gericht dies für die Entscheidung für erforderlich hält (§ 58 II), jedoch nach BAG unzulässig, um eine wahrheitsgemäße Aussage herbeizuführen	Wenn Gericht dies wegen der Bedeutung der Aussage oder zur Herbeiführung einer wahrheitsgemäßen Aussage für erforderlich hält und Parteien nicht auf Beeidigung verzichten (§ 391)
Urkunden- und Wechselprozeß	Nicht möglich (§ 46 II 2)	Möglich in den Fällen der §§ 592 bis 605a ZPO
Gerichtskostenvorschuß	Nein (§ 12 IV 2)	Ja (§ 65 GKG)
Kostentragungspflicht	In 1. Instanz trägt jede Partei ihre außergerichtlichen Kosten selbst (§ 12a); in 2. und 3. Instanz trägt unterlegene Partei alle Kosten	In jeder Instanz trägt die unterlegene Partei sämtliche gerichtlichen und außergerichtlichen Kosten (§ 91)
Streitwertfestsetzung	Von Amts wegen im Tenor des Urteils (§ 61)	Durch gesonderten Beschluß oder in den Gründen des Urteils
Vorläufige Vollstreckbarkeit von Urteilen	Von Gesetzes wegen (§ 62 I 1) und ohne Sicherheitsleistung; Ausnahmen muß das Gericht anordnen (§ 62 I 2)	Muß grundsätzlich vom Gericht angeordnet werden (§§ 708 ff.); u.U. nur gegen vorherige Sicherheitsleistung
Zuständigkeit für das Mahnverfahren	Arbeitsgericht, das für die im Urteilsverfahren erhobene Klage zuständig wäre (§ 46a II)	Amtsgericht, bei dem der Antragsteller seinen allgemeinen Gerichtsstand hat (§ 689 II)
Widerspruchsfrist gegen Mahnbescheid	1 Woche (§ 46a III)	2 Wochen (§ 692 I Nr. 3)
Einspruchsfrist gegen VB und VU	1 Woche (§ 59)	2 Wochen (§§ 339, 700)
Zulässigkeit der Berufung	Berufungssumme höher als 600 €, Zulassung durch das ArbG oder Streit über den Bestand eines Arbeitsverhältnisses (§ 64 II, III)	Berufungssumme höher als 600 €, Zulassung durch das Gericht des ersten Rechtszugs (§ 511 II)
Zulässigkeit der Revision	Zulassung durch das LAG wegen grundsätzlicher Bedeutung der Rechtssache oder wegen Divergenz sowie bei erfolgreicher Nichtzulassungsbeschwerde (§§ 72, 72a)	Zulassung durch das Berufungsgericht sowie bei erfolgreicher Nichtzulassungsbeschwerde (§ 543)

das Verbot einer überlangen Verfahrensdauer, das Grundrecht auf den gesetzlichen Richter und der Anspruch auf rechtliches Gehör[52].

2. Gang des erstinstanzlichen Verfahrens

a) Einleitung des Verfahrens

60 Das Verfahren erster Instanz kann eingeleitet werden durch
- Klageerhebung (§ 46 Abs. 2 Satz 1 ArbGG, §§ 253 ff. ZPO),
- Antrag auf Erlaß eines Mahnbescheides (§ 46a ArbGG) oder
- Antrag auf Erlaß eines Arrestes oder einer einstweiligen Verfügung (§ 62 Abs. 2 ArbGG, §§ 916 ff., 935 ff. ZPO).

61 **aa) Klageerhebung.** Die Klage muß **schriftlich** beim zuständigen Gericht eingereicht werden. Einreichung durch **Telefax oder Computerfax mit eingescannter Unterschrift**[53] genügt (§ 130 Nr. 6 ZPO). Das Schriftformgebot soll nur gewährleisten, daß der Inhalt und die Rechtsverbindlichkeit der Prozeßhandlung, die vorgenommen wird, sowie die Person des Erklärenden hinreichend zuverlässig festgestellt werden können[54]. Diesen Anforderungen wird das Telefax gerecht. Soll die Klage als elektronisches Dokument – etwa als Anhang einer E-Mail – eingereicht werden, muß es für die Bearbeitung geeignet sein (§ 46 b Abs. 1 ArbGG). Die Anforderungen hierfür können durch Rechtsverordnung nach § 46 b Abs. 2 ArbGG bestimmt werden. Um Mißbrauch und Fälschungen auszuschließen, soll die Klage mit einer qualifizierten elektronischen Signatur nach dem Signaturgesetz versehen werden; der Verstoß hiergegen führt allerdings nicht zur Unwirksamkeit der Klageerhebung[55]. Die Klage ist eingereicht, wenn sie von der für den Empfang bestimmten Einrichtung des Gerichts aufgezeichnet wurde (§ 46 b Abs. 3 ArbGG). Die Klage kann auch mündlich zu Protokoll der **Rechtsantragsstelle** des Gerichts erhoben werden (§ 496 ZPO). Die Antragsstelle soll dem Kläger helfen, die Klage in der korrekten Form zu erheben; zu einer weitergehenden rechtlichen Beratung ist sie nicht befugt. Der Mindestinhalt der Klageschrift ergibt sich aus § 253 ZPO.

62 **bb) Anhängigkeit und Rechtshängigkeit.** Mit der Einreichung der Klageschrift ist der Rechtsstreit bei Gericht anhängig, mit der – von Amts wegen erfolgenden – Zustellung an den Beklagten wird sie rechtshängig (§ 261 ZPO); der Rechtsstreit kann dann nicht mehr anderweitig anhängig gemacht werden, eine nachträgliche Änderung der Umstände, von denen die Zuständigkeit des angegangenen Gerichts

---

[52] KassArbR/*Ascheid*, 9 Rn. 384 ff.; *Germelmann*, ArbGG, Einl. Rn. 185 ff.
[53] GmsOGB, Beschl. v. 5.4.2000, NJW 2000, 2340.
[54] Vgl. nur BSG, Beschl. v. 15.10.1996, NJW 1997, 1254.
[55] Str., wie hier ErfK/*Koch*, § 46 b ArbGG Rn. 2; a.A. *Thomas/Putzo*, § 130a ZPO Rn. 2.

abhängt, hat keine Auswirkungen mehr, und es fallen Prozeßzinsen an (§ 291 BGB).

Soll durch die Zustellung der Klageschrift eine Frist, etwa die zur Erhebung der Kündigungsschutzklage nach § 4 KSchG, gewahrt oder die Verjährung unterbrochen werden, so tritt die Wirkung bereits mit Anhängigkeit der Klage bei Gericht ein, wenn die Zustellung „demnächst" erfolgt (§ 167 ZPO) und zur Fristwahrung gerichtliche Geltendmachung erforderlich ist; das ist nicht der Fall bei formlosen Ausschlußfristen in Einzel- oder Kollektivverträgen[56]. „Demnächst" meint eine Zustellung in angemessener Frist; geringfügige Verzögerungen (bis zu 14 Tage) sind unschädlich, längere dann, wenn die Partei hieran kein Verschulden trifft[57]. 63

Dr. Beate Lobinger Passau, 11.11.2003
Rechtsanwältin
Ludwigstraße 3
94032 Passau

An das
Arbeitsgericht Passau
Eggendobl
94032 Passau

Klage

der Frau Maria Huber, Verkäuferin, Nibelungenstraße 23, 94032 Passau

– Klägerin –

Prozeßbevollmächtigte: RAin Dr. Beate Lobinger

gegen

Firma Baur KG, vertreten durch den persönlich haftenden Gesellschafter
Josef Baur, Regensburger Straße 12, 94036 Passau

– Beklagte –

wegen Feststellung

Namens und in Vollmacht der Klägerin erhebe ich Klage zum Arbeitsgericht
Passau und bitte um Anberaumung eines Termins zur mündlichen Verhandlung,
in dem ich beantragen werde:

Es wird festgestellt, daß das Arbeitsverhältnis zwischen den Parteien durch
die Kündigung der Beklagten vom 26.10.2003 nicht aufgelöst worden ist.

Begründung: ...

Unterschrift.

---

[56] BAG, NJW 1976, 1520.
[57] Im einzelnen *Thomas/Putzo*, § 270 ZPO Rn. 9 ff.; Zöller/*Stephan*, § 270 ZPO Rn. 7 ff.

64 cc) Antrag auf Erlaß eines Mahnbescheides. Das Urteilsverfahren kann auch durch ein Mahnverfahren eingeleitet werden, wenn ein Zahlungsanspruch geltend gemacht wird, der nicht von einer noch nicht erbrachten Gegenleistung abhängt (§§ 46a Abs. 1 ArbGG, 688 ZPO).

65 **Zuständig** ist das Arbeitsgericht, bei dem die Klage im Urteilsverfahren erhoben werden müßte (§§ 46a Abs. 2, 46 Abs. 2 Satz 1 ArbGG, 495, 12 ff. ZPO). Nach Erlaß und Zustellung des Mahnbescheides kann der Antragsgegner binnen einer Woche schriftlich oder zu Protokoll der Geschäftsstelle **Widerspruch** einlegen (§§ 46a Abs. 3 ArbGG, 694 ZPO). Wird rechtzeitig Widerspruch erhoben und beantragt eine Partei die Durchführung des Urteilsverfahrens, so hat das Arbeitsgericht dem Antragsteller unverzüglich aufzugeben, seinen Anspruch binnen zwei Wochen schriftlich zu begründen. Geht die Anspruchsbegründung bei Gericht ein, bestimmt der Vorsitzende einen Gütetermin (§ 54 ArbGG). Erfolgt der Widerspruch nicht oder nicht fristgerecht, so kann der Antragsteller binnen 6 Monaten nach Erlaß des Mahnbescheides (§ 701 ZPO) den Erlaß eines **Vollstreckungsbescheides** beantragen, der in seinen Wirkungen einem für vorläufig vollstreckbar erklärten Versäumnisurteil gleichsteht (§§ 46a Abs. 1 ArbGG, 700 Abs. 1 ZPO). Dagegen kann der Antragsgegner binnen einer Woche nach Zustellung schriftlich oder zu Protokoll der Geschäftsstelle des Arbeitsgerichts **Einspruch** einlegen (§ 59 ArbGG). Wird rechtzeitig Einspruch eingelegt, setzt das Gericht einen Termin zur mündlichen Streitverhandlung fest (§ 341a ZPO). Ist der Einspruchsführer in diesem Termin säumig (§ 333 ZPO), kann gegen ihn auf Antrag ein Versäumnisurteil erlassen werden. Gegen dieses **„zweite technische Versäumnisurteil"** steht ihm statt des Einspruchs (§ 345 ZPO) unter den Voraussetzungen des § 64 Abs. 2 lit. d ArbGG die **Berufung** zu. Ist der Einspruch unzulässig, kann ihn das Gericht ohne mündliche Verhandlung verwerfen (§ 341 ZPO). Ist er verfristet, wird der Vollstreckungsbescheid rechtskräftig. Die endgültige Vollstreckung aus dem Vollstreckungsbescheid ist unzulässig, wenn der Antragsteller erkennen kann, daß eine gerichtliche Schlüssigkeitsprüfung zur Abweisung seines Klagebegehrens führen würde[58].

66 dd) Antrag auf Erlaß einer einstweiligen Verfügung. Vorläufiger Rechtsschutz wird im arbeitsgerichtlichen Verfahren vor allem durch den Erlaß einstweiliger Verfügungen gewährt (§ 62 Abs. 2 ArbGG), und zwar zur Sicherung eines Individualanspruchs durch sog. Sicherungsverfügung (§ 935 ZPO) oder zur einstweiligen Regelung eines streitigen Rechtsverhältnisses durch sog. Regelungsverfügung (§ 940 ZPO)[59].

Beispiele für einstweilige Verfügungen: Festlegung und Gewährung von Erholungsurlaub, wenn er vom Arbeitgeber nicht rechtzeitig erteilt wird; vorläufige Weiterbeschäftigung in einem Kündigungsschutzprozeß nach Ablauf der Kündigungsfrist oder Entbindung des Arbeitgebers hiervon; Unterlassung rechtswidriger Arbeitskampfmaßnahmen[60].

---

[58] BGH, Urt. v. 2.1.1989, WM 1990, 391.
[59] Daneben besteht die Möglichkeit, einen Arrest zu beantragen. Der Arrest dient der Sicherung der Zwangsvollstreckung wegen einer Geldforderung (§ 916 ZPO). Er wird hier nicht behandelt.
[60] Vgl. *Germelmann*, § 62 ArbGG Rn. 81 ff.

§ 62 Abs. 2 ArbGG verweist für das Verfahren des vorläufigen Rechtsschutzes auf die **67** Vorschriften der §§ 935 ff. ZPO. Zuständig für den Erlaß einer einstweiligen Verfügung ist das Gericht der Hauptsache (§ 937 Abs. 1 ZPO), d.h. das Arbeitsgericht, bei dem die Hauptsache anhängig ist oder bei dem die Hauptsacheklage zu erheben wäre; in der Berufungsinstanz ist es das Landesarbeitsgericht (§ 943 Abs. 1 ZPO). Eine „Ersatzzuständigkeit" der Amtsgerichte in dringenden Fällen (§ 942 Abs. 1 ZPO) besteht nach h. M. nicht mehr, nachdem die §§ 48 ArbGG, 17-17b GVG jetzt klarstellen, daß Arbeits- und Zivilgerichtsbarkeit eigenständige Rechtswege sind[61]. Die einstweilige Verfügung setzt einen Antrag voraus, aus dem sich Verfügungsanspruch und Verfügungsgrund ergeben. **Verfügungsanspruch** ist der materiell-rechtliche Anspruch, dessen Sicherung, Regelung oder vorläufige Gewährung begehrt wird. Ein **Verfügungsgrund** besteht, wenn Umstände vorliegen, die nach dem objektiven Urteil eines vernünftigen Menschen befürchten lassen, daß die Verwirklichung des materiell-rechtlichen Anspruchs in Zukunft gefährdet ist oder wenn die Erfüllung des Anspruchs dringlich ist[62]. Daran kann es fehlen, wenn der Antragsteller schuldhaft zögerlich handelt, insbesondere wenn er es unterläßt, im Hauptsacheverfahren einen Titel zu erstreiten[63]. Eine „Leistungsverfügung", die bereits zu einer – wenn auch lediglich vorläufigen – Befriedigung des Gläubigers führt, ist nur dann zulässig, wenn andere Maßnahmen nicht möglich oder nicht genügend sind[64], etwa wenn der Arbeitnehmer ohne die Entgeltzahlung in eine finanzielle Notlage geriete. Verfügungsanspruch und -grund hat der Antragsteller glaubhaft zu machen (§ 294 ZPO). Das Arbeitsgericht muß grundsätzlich in mündlicher Verhandlung entscheiden. Nur bei besonderer Dringlichkeit oder wenn der Antrag abgewiesen wird, kann die Entscheidung ohne mündliche Verhandlung (§ 937 Abs. 2 ZPO) und dann allein durch den Kammervorsitzenden ergehen (§ 53 Abs. 1 Satz 1 ArbGG). Eine Güteverhandlung findet nicht statt[65]. Das Arbeitsgericht entscheidet nach freiem Ermessen, welche Anordnungen zur Erreichung des Sicherungs- oder Regelungsziels erforderlich sind (§ 938 Abs. 1 ZPO). Ist die Hauptsache noch nicht anhängig, muß das Gericht auf Antrag anordnen, daß die Partei, die die Verfügung erwirkt, Klage zu erheben hat (§§ 936, 926 ZPO). Der Antragsteller kann sich schadensersatzpflichtig machen, wenn er die einstweilige Verfügung vollzieht, etwa einen vom Arbeitgeber versagten Urlaub antritt, und die Verfügung sich im nachhinein als nicht gerechtfertigt erweist (§ 945 ZPO).

b) Güteverhandlung

aa) Allgemeines. Die mündliche Verhandlung beginnt zwingend[66] mit dem „Güte- **68** termin" (§ 54 ArbGG). Das gilt nicht, wenn gegen einen Vollstreckungsbescheid

---

[61] *Germelmann*, § 62 ArbGG Rn. 69 m.w.N.
[62] *Thomas/Putzo*, § 935 ZPO Rn. 6 und § 940 ZPO Rn. 5 m.w.N.
[63] LAG Frankfurt, Urt. v. 23.3.1987, NZA 1988, 37 („Selbstwiderlegung des Antragstellers").
[64] LAG München, Beschl. v. 19.12.1979, NJW 1980, 957. Der Verfügungsgrund ist in diesen Fällen besonders sorgfältig zu prüfen.
[65] GK-ArbGG/*Bader*, § 54 Anm. 6; *Germelmann*, § 54 ArbGG Rn. 46.
[66] *Germelmann*, § 54 ArbGG Rn. 45; *Schaub*, Arbeitsgerichtsverfahren, § 28 Rn. 1.

Einspruch eingelegt wird (§§ 700 Abs. 1, 341a ZPO), und im Verfahren des einstweiligen Rechtsschutzes. Die Güteverhandlung dient der gütlichen Einigung der Parteien, die unabhängig davon während des gesamten arbeitsgerichtlichen Verfahrens anzustreben ist (§ 57 Abs. 2 ArbGG). Sie soll zugleich die streitige Verhandlung vorbereiten. In Kündigungsverfahren soll die Güteverhandlung innerhalb von zwei Wochen nach Klageerhebung stattfinden (§ 61a Abs. 2 ArbGG).

69 **bb) Verfahren.** Die Güteverhandlung findet vor dem Vorsitzenden statt, nicht vor der Kammer. Der Vorsitzende hat mit den Parteien die Sach- und Rechtslage und damit die Erfolgsaussichten der Klage zu erörtern (§ 54 Abs. 1 Satz 2 ArbGG), und zwar so, daß auch eine nicht fachkundig vertretene Partei die Chancen und Risiken eines streitigen Verfahrens abzuschätzen vermag. Zur Aufklärung der Sachlage darf der Vorsitzende alle Maßnahmen ergreifen, die sofort durchführbar sind, wie etwa die Einsichtnahme in mitgebrachte Unterlagen der Parteien oder die informatorische Anhörung anwesender Zeugen und Sachverständiger (§ 54 Abs. 1 Satz 3 ArbGG); allerdings kann das eine förmliche Beweisaufnahme vor der Kammer (§ 58 ArbGG) nicht ersetzen. Der Vorsitzende kann die Güteverhandlung mit Zustimmung der Parteien in einem weiteren Termin, der alsbald stattzufinden hat, fortsetzen (§ 54 Abs. 1 Satz 5 ArbGG). Ob in der Güteverhandlung bereits Anträge gestellt werden können, ist streitig[67]; in der Praxis werden sie erst zu Beginn der Kammersitzung gestellt, so daß die Klage bis dahin ohne Zustimmung des Beklagten zurückgenommen werden kann (§ 54 Abs. 2 Satz 1 ArbGG), ohne daß Gerichtskosten anfallen. Gerichtliche Geständnisse (§ 288 ZPO) im Gütetermin haben nur dann bindende Wirkung, wenn sie zu Protokoll erklärt werden (§ 54 Abs. 2 Satz 2 ArbGG). Rügen im Hinblick auf die örtliche Zuständigkeit des Gerichts (§ 39 ZPO) und zu sonstigen Zulässigkeitsvoraussetzungen (§ 282 Abs. 3 ZPO) brauchen in der Güteverhandlung noch nicht erhoben zu werden (§ 54 Abs. 2 Satz 3 ArbGG). Erscheint eine Partei in der Güteverhandlung nicht, schließt sich unmittelbar die streitige Verhandlung an (§ 54 Abs. 4 ArbGG), in der der Vorsitzende ohne die ehrenamtlichen Beisitzer (§ 55 Abs. 1 Nr. 4 ArbGG) auf Antrag ein Versäumnisurteil gegen den Nichterschienenen (§§ 330 ff. ZPO) erlassen oder einen neuen (Kammer-) Termin zur streitigen Verhandlung bestimmen kann (§ 54 Abs. 4 ArbGG). Erscheinen oder verhandeln beide Parteien in der Güteverhandlung nicht, so hat das Gericht das Ruhen des Verfahrens anzuordnen (vgl. im einzelnen § 54 Abs. 5 ArbGG).

70 **cc) Abschluß.** Nicht selten wird der Rechtsstreit bereits im Gütetermin im Wege „gegenseitigen Nachgebens" durch Abschluß eines gerichtlichen **Vergleichs** beendet (§ 779 BGB). Der Vergleich muß, um wirksam zu werden, ordnungsgemäß protokolliert werden (§ 54 Abs. 3 ArbGG, 160 Abs. 3 Nr. 1 ZPO); er ist den Parteien vorzulesen und muß von ihnen genehmigt werden (§ 162 ZPO). Der Vergleich ist ein Vollstreckungstitel (§ 794 Abs. 1 Nr. 1 ZPO).

---

[67] Die h. M. verneint, vgl. KassArbR/*Ascheid*, 9 Rn. 518; GK-ArbGG/*Dörner*, § 54 Rn. 12; *Germelmann*, § 54 ArbGG Rn. 29 m.w.N.; *Schaub*, Arbeitsgerichtsverfahren, § 28 Rn. 10; a.A. MünchArbR/*Brehm* § 379 Rn. 40; *Grunsky*, § 54 ArbGG Rn. 1; DLW/*Luczak*, L Rn. 237.

Sind die Parteien durch Prozeßbevollmächtigte vertreten, wird der Vergleich gewöhn- 71
lich unter Widerrufsvorbehalt geschlossen. Bis zum Ablauf der Frist ist er auflösend bedingt. Erläßt der Arbeitnehmer dem Arbeitgeber Forderungen (§ 397 BGB), so muß er das
Recht haben, auf sie zu verzichten. Auf eine Reihe gesetzlicher Ansprüche kann nicht
verzichtet werden (z.B. §§ 12 EfzG, 13 Abs. 1 Satz 3 BUrlG); zulässig ist aber ein Vergleich über strittige tatsächliche Voraussetzungen des Klageanspruchs[68]. Der Verzicht auf
Ansprüche aus einem Tarifvertrag oder einer Betriebsvereinbarung ist nur mit Zustimmung
der Tarifvertragsparteien bzw. des Betriebsrats zulässig (§§ 4 Abs. 3 Satz 1 TVG, 77 Abs. 4
Satz 2 BetrVG). Das Arbeitsgericht kann auch außerhalb der mündlichen Verhandlung
einen Vergleichvorschlag unterbreiten. Der Vergleich kommt dann zustande, wenn beide
Parteien ihn durch Schriftsatz gegenüber dem Gericht annehmen und das Gericht das Zu-
standekommen und den Inhalt des Vergleichs durch Beschluß feststellt (§ 278 Abs. 6
ZPO). Die Wirkung eines solchen Vergleichs entspricht der eines in einer mündlichen
Verhandlung protokollierten Vergleichs[69].

Der Rechtsstreit endet auch dann, wenn der Beklagte den geltend gemachten Anspruch 72
anerkennt oder der Kläger auf ihn verzichtet. Anerkenntnis und Verzicht sind zu protokol-
lieren (§ 160 Abs. 3 Nr. 1 ZPO). Auf Antrag kann der Kammervorsitzende ein **Anerkennt-
nis- oder Verzichtsurteil** (§§ 306, 307 ZPO) erlassen (§ 55 Abs. 1 Nr. 2, 3 ArbGG). Streitig ist, ob das Urteil noch in der Güteverhandlung oder erst in der sich unmittelbar an-
schließenden streitigen Verhandlung (§ 55 Abs. 3 ArbGG) ergehen kann[70]. Schließlich
kann das Verfahren durch **Klagerücknahme** (§ 54 Abs. 2 ArbGG) oder durch **übereinstimmende** (§ 91a ZPO) **oder einseitige Erledigungserklärung** beendet werden.

c) Streitige Verhandlung vor der Kammer

aa) Bleibt die **Güteverhandlung erfolglos**, so ist dies im Gerichtsprotokoll zu 73
vermerken (§ 54 Abs. 3 ArbGG). § 54 Abs. 4 ArbGG sieht zwar vor, daß sich die
weitere, jetzt „streitige" Verhandlung unmittelbar an die Güteverhandlung anschließt; im allgemeinen wird aber von Amts wegen ein neuer Kammertermin
bestimmt, weil die ehrenamtlichen Richter nicht anwesend sind und die Parteien
nicht ausreichend zur Sache vorgetragen haben. Anders ist es, wenn in der Verhandlung, die sich unmittelbar an die Güteverhandlung anschließt, eine das Verfahren beendende Entscheidung ergehen kann oder wenn dies zumindest als möglich angesehen wird und wenn die Parteien übereinstimmend und unwiderruflich
eine Entscheidung durch den Vorsitzenden (allein) beantragen (§ 55 Abs. 3
ArbGG). Sind die Beweismittel gegenwärtig, kann auch eine Beweisaufnahme
ohne die ehrenamtlichen Richter erfolgen. Kommt es zu keiner verfahrensbeendenden Entscheidung, muß ein Kammertermin unter Beiziehung der ehrenamtlichen Richter anberaumt werden.

---

[68] BAG, Urt. v. 22.1.1998, 2 AZR 367/97.
[69] *Holthaus/Koch*, RdA 2002, 140 (142).
[70] *Germelmann*, § 54 ArbGG Rn. 33; *Schaub*, Arbeitsgerichtsverfahren, § 28 Rn. 18 f.

74 bb) Zur **Vorbereitung** der streitigen Verhandlung kann der Kammervorsitzende insbesondere
- die Parteien unter Setzung einer angemessenen Frist (in Kündigungsverfahren: mindestens zwei Wochen, § 61a Abs. 3 ArbGG) zur Ergänzung oder Erläuterung ihrer Schriftsätze und zur Vorlage von Urkunden auffordern,
- Behörden um Auskünfte oder Mitteilung von Urkunden ersuchen,
- das persönliche Erscheinen der Parteien anordnen,
- Zeugen und Sachverständige laden (§ 56 Abs. 1 Satz 2 ArbGG) und
- (vorsorgliche) Beweisbeschlüsse gemäß § 55 Abs. 4 ArbGG erlassen.

75 cc) Die **streitige Verhandlung beginnt** in der Praxis entgegen § 137 Abs. 1 ZPO nicht mit der Stellung der Anträge, sondern mit einer Einführung in den Sach- und Streitstand durch den Kammervorsitzenden, der den Parteien, falls möglich und aussichtsreich, erneut ein Vergleichsangebot unterbreiten kann (§ 57 Abs. 2 ArbGG). Kommt eine gütliche Erledigung des Rechtsstreits nicht in Betracht, werden die Klageanträge gestellt. Zur Sache verhandeln die Parteien aber erst, wenn sie zum Streitgegenstand Stellung beziehen. Unterlassen sie dies, gelten sie als säumig im Sinne des § 333 ZPO.

76 dd) Für das **Beweisverfahren** und die **Beweiswürdigung** gelten die Regelungen der ZPO, soweit in § 58 ArbGG nichts anderes bestimmt ist. Der Beweis wird durch die (substantiierte) Behauptung der zu beweisenden Tatsache („Beweisthema") und die genaue Bezeichnung des Beweismittels angetreten. Das Angebot eines Zeugen „N.N." genügt nicht. Ein solcher Beweisantritt ist jedoch nicht unbeachtlich; vielmehr ist die Partei nach § 139 Abs. 1 ZPO unter Fristsetzung zur Konkretisierung aufzufordern[71]. Die Beweisaufnahme erfolgt vor der Kammer (§ 58 Abs. 1 ArbGG). Sie setzt einen förmlichen Beweisbeschluß (§§ 358 ff. ZPO) voraus, soweit nicht bereits eine prozeßleitende Verfügung nach § 56 Abs. 1 Satz 2 ArbGG ergangen ist. Kostenvorschüsse für die Beweisaufnahme werden im arbeitsgerichtlichen Verfahren nicht erhoben (§ 12 Abs. 4 ArbGG). Eine Vereidigung von Zeugen und Sachverständigen findet nur ausnahmsweise statt (§ 58 Abs. 2 Satz 1 ArbGG). Sie ist unzulässig, wenn sie allein der Herbeiführung einer wahrheitsgemäßen Aussage dient[72].

77 ee) Verspätetes Parteivorbringen kann **zurückgewiesen** werden, wenn
- das Gericht die Parteien zur Ergänzung oder Erläuterung von klärungsbedürftigen Punkten aufgefordert hat,
- ihnen hierfür eine bestimmte Frist gesetzt und zugleich auf die Möglichkeit eines Ausschlusses wegen Verspätung hingewiesen hat,
- die Zulassung die Erledigung des Rechtsstreits verzögern würde und
- die Partei die Verspätung nicht genügend entschuldigt (§§ 56 Abs. 2, 61a Abs. 5, 6 ArbGG).

---

[71] BAG, Urt. v. 29.7.1976, AP Nr. 1 zu § 373 ZPO.
[72] BAG, Urt. v. 5.11.1992, AP Nr. 4 zu § 626 BGB Krankheit.

IV. Urteilsverfahren 587

Zu einer Verzögerung kommt es im Normalfall, wenn die Anberaumung eines weiteren 78
Kammertermins notwendig wird, etwa um einen Zeugen zu laden, oder wenn der Gegenseite Gelegenheit zu einer schriftlichen Stellungnahme gegeben werden muß. Der Zurückweisung kann die Partei entgehen, indem sie „in die Säumnis flüchtet", d.h. im Kammertermin nicht erscheint oder nicht verhandelt, so daß gegen sie ein Versäumnisurteil ergehen kann. Mit dem Einspruch gegen das Versäumnisurteil kann sie dann das verspätete Vorbringen nachholen. Verspätetes Parteivorbringen kann auch nach § 296 Abs. 2 ZPO zurückgewiesen werden, wenn die Prozeßförderungspflicht (§ 282 Abs. 1 und 2 ZPO) verletzt wird.

d) Abschluß des Verfahrens

aa) Das Verfahren kann jederzeit durch **Vergleich** beendet werden, soweit die 79
Parteien befugt sind, über den Streitgegenstand zu verfügen. Ansonsten endet es durch streitiges **Urteil** oder durch ein **Anerkenntnis-, Verzichts-, oder Versäumnisurteil**, das noch im Termin der streitigen Verhandlung zu verkünden ist („Stuhlurteil"). Bei der Verkündung ist der wesentliche Inhalt der Entscheidungsgründe mitzuteilen (§ 60 Abs. 2 ArbGG). Ein besonderer „Verkündungstermin" ist nur dann zulässig, wenn über das Urteil nicht mehr am Verhandlungstag beraten werden kann (§ 60 Abs. 1 ArbGG).

bb) Der **Inhalt des streitigen Urteils** richtet sich nach §§ 313 ff. ZPO, §§ 9 Abs. 80
5, 61, 64 Abs. 3, 3a ArbGG. Es besteht wie das zivilgerichtliche Urteil aus Rubrum, Urteilstenor, Tatbestand, Entscheidungsgründen und Rechtsbehelfsbelehrung. Der Entscheidungstenor zerfällt in die Entscheidungsformel (mit Haupt- und Nebenentscheidungen, wie z.B. Entscheidungen über Zinsansprüche), die Kostenentscheidung, die Festsetzung des Streitwertes und die Entscheidung, ob die Berufung zugelassen wird oder nicht. Die Kostenentscheidung ergeht nach §§ 91 ff. ZPO. Danach trägt im Grundsatz die unterlegene Partei die Kosten des Verfahrens. In erster Instanz hat die obsiegende Partei allerdings keinen Anspruch auf Erstattung ihrer außergerichtlichen Kosten (§ 12a ArbGG). Da ein arbeitsgerichtliches Urteil bereits kraft Gesetzes vorläufig vollstreckbar ist (§ 62 Abs. 1 Satz 1 ArbGG), bedarf es hierzu keines Ausspruches; nur der Ausschluß der vorläufigen Vollstreckbarkeit ist ausdrücklich anzuordnen (zu den Voraussetzungen § 62 Abs. 1 Satz 2 ArbGG). In jedem Fall hat das Arbeitsgericht den Streitwert des Verfahrens festzusetzen (§ 61 Abs. 1 ArbGG). Diesem kommt mittelbar Bedeutung für die Berufungsfähigkeit zu. Für die Wertberechnung enthält § 12 Abs. 7 ArbGG einige Hinweise. So ist bei Rechtsstreitigkeiten über das Bestehen, das Nichtbestehen oder die Kündigung eines Arbeitsverhältnisses von einem Streitwert von höchstens drei Bruttomonatsvergütungen auszugehen. Das Urteil ist vom Vorsitzenden zu unterschreiben (§ 60 Abs. 4 ArbGG, dort auch zur Frage, bis wann ein Urteil schriftlich abgefaßt sein muß).

```
┌─────────────────────────────────────────────────────────────────────────┐
│  Arbeitsgericht Passau                        ┌──────────────────────┐  │
│  Geschäftszeichen: 2 Ca 735/03                │ Verkündet am 8.12.2003│ │
│                              Urteil           │ gez. Bachsleitner     │ │
│                                               │ Ang., Urkundsbeamtin der│ │
│                        Im Namen des Volkes!   │ Geschäftsstelle       │ │
│                                               └──────────────────────┘  │
│  In dem Rechtsstreit                                                    │
│  Maria Huber, Nibelungenstraße 23, 94032 Passau          – Klägerin –   │
│  Prozeßbevollmächtigte:   RAin Dr. Beate Lobinger, Ludwigstraße 3,      │
│                           94032 Passau                                  │
│                                                                         │
│  gegen                                                                  │
│                                                                         │
│  Firma Baur KG, vertreten durch den persönlich haftenden   – Beklagte – │
│  Gesellschafter Josef Baur, Regensburger Straße 12, 94036 Passau        │
│  Prozeßbevollmächtigter:  RA Axel Lochner, Residenzplatz 5,             │
│                           94032 Passau                                  │
│                                                                         │
│  wegen Feststellung                                                     │
│                                                                         │
│  hat die 2. Kammer des Arbeitsgerichts Passau durch die Richterin am Arbeitsgericht │
│  Mayr als Vorsitzende und die ehrenamtlichen Richter Gangl und Krinner aufgrund der │
│  mündlichen Verhandlung vom 8.12.2003 für Recht erkannt:                │
│                                                                         │
│      1. Es wird festgestellt, daß das Arbeitsverhältnis zwischen den Parteien durch │
│         die Kündigung der Beklagten vom 26.10.2003 zum 30.11.2003 nicht │
│         aufgelöst worden ist.                                           │
│      2. Die Beklagte hat die Kosten des Rechtsstreits zu tragen.        │
│      3. Der Wert des Streitgegenstandes wird auf 3000 € festgesetzt.    │
│                                                                         │
│                              Tatbestand...                              │
│                                                                         │
│                            Entscheidungsgründe...                       │
│                                                                         │
│                            Rechtsmittelbelehrung...                     │
│  Die Vorsitzende:                                                       │
│                                                                         │
│  Mayr                                                                   │
│  Richterin am Arbeitsgericht                                            │
└─────────────────────────────────────────────────────────────────────────┘
```

e) Vollstreckungsverfahren

81   Die Zwangsvollstreckung richtet sich nach den §§ 704 ff. ZPO (§ 62 Abs. 2 ArbGG). Sie erfolgt durch den Gerichtsvollzieher oder, wenn es um die Pfändung von Forderungen geht, durch das zuständige Amtsgericht als Vollstreckungsgericht. Das Arbeitsgericht wird nur in den Fällen der §§ 887, 888 und 890 ZPO tätig, d.h. bei Vollstreckungsmaßnahmen zur Vornahme von vertretbaren oder unvertretbaren Handlungen oder zur Erzwingung von Unterlassungen und Duldungen. Nicht vollstreckbar sind Urteile, die zur Leistung von Diensten aus einem Dienst- oder Arbeitsvertrag verpflichten (§ 888 Abs. 3 ZPO). Allerdings hat das Arbeitsgericht, wenn es die Verpflichtung zur Vornahme einer solchen Handlung ausspricht, auf Antrag des Klägers den Beklagten für den Fall, daß er die Handlung

nicht binnen einer bestimmten Frist vornimmt, zur Zahlung einer Entschädigung zu verurteilen, die das Gericht nach freiem Ermessen festsetzen kann (§ 61 Abs. 2 Satz 1 ArbGG).

3. Berufung

a) Grundsatz

Die Berufung ist das statthafte Rechtsmittel gegen Urteile des Arbeitsgerichts **82** (§§ 8 Abs. 2, 64 Abs. 1 ArbGG). Sie suspendiert deren Rechtskraft. Das Berufungsverfahren vor dem LAG bezweckt vornehmlich eine Fehlerkorrektur und -beseitigung[73]. Dementsprechend kann die Berufung nur darauf gestützt werden, daß – wie bei der Revision – die Entscheidung auf einer Rechtsverletzung (§ 546 ZPO) beruht (s. unten Rn. 106) oder nach § 529 ZPO zulässiges neues Vorbringen eine andere Entscheidung rechtfertigt. Für das Berufungsverfahren vor dem LAG gelten die Vorschriften der §§ 511 ff. ZPO entsprechend, soweit in den §§ 64 ff. ArbGG nichts anderes gesagt wird (§ 64 Abs. 6 ArbGG). Vgl. zu den Rechtsmitteln die Übersichten auf den beiden nächsten Seiten.

b) Statthaftigkeit

aa) Allgemeines. Berufungsfähig sind grundsätzlich End-, Teil-, Vorbehalts- und **83** Zwischenurteile nach § 280 Abs. 2 ZPO[74]. Die Berufung kann nach § 64 Abs. 2 ArbGG nur eingelegt werden,
- wenn sie in dem Urteil des Arbeitsgerichts zugelassen worden ist,
- wenn der Wert des Beschwerdegegenstandes 600 € übersteigt,
- in Rechtsstreitigkeiten über das Bestehen, das Nichtbestehen oder die Kündigung eines Arbeitsverhältnisses oder
- wenn es sich um ein „technisch zweites Versäumnisurteil" (§§ 345, 514 Abs. 2 ZPO) handelt.

bb) Beschwerdewertberufung. Die für die Einlegung der Berufung notwendige **Beschwer** **84** des Klägers oder des Beklagten ist gegeben, wenn die angefochtene Entscheidung hinter dem in erster Instanz gestellten Antrag zurückbleibt. Der Beschwerdewert hängt davon ab, in welchem Umfang das erstinstanzliche Urteil angefochten wird. Er bestimmt sich nach den Berufungsanträgen und kann nicht höher als der Streitwert und die Beschwer sein.

Beispiel: Kläger klagt auf Zahlung von 1400 € und unterliegt in Höhe von 700 €, der Streitwert wird auf 1400 € festgesetzt. In Höhe von 700 € ist der Kläger (aber auch der Beklagte) beschwert. Die Berufung ist als Beschwerdewertberufung zulässig, wenn der Kläger (oder der Beklagte) das Urteil in Höhe von mehr als 600 € angreift.

---

[73] Begr. RegE, BT-Drucks. 14/4722 S. 61.
[74] Ein Zwischenurteil, das über den Grund des Anspruchs vorab entscheidet (§ 304 ZPO), kann nur zusammen mit dem Endurteil angefochten werden (§ 61 Abs. 3 ArbGG).

85 Ist die Partei hinsichtlich mehrerer Ansprüche unterlegen, wird die Beschwer durch Zusammenrechnen aller Begehren errechnet, denen das Gericht nicht stattgegeben hat. Zinsen, die nicht als Hauptforderung geltend gemacht werden, und sonstige Nebenforderungen bleiben unberücksichtigt (§ 4 Abs. 1 HS 2 ZPO). Bei Haupt- und Hilfsanträgen genügt es, wenn einer der beiden Anträge die Berufungssumme erreicht; die Streitwerte von Klage und Widerklage sind zusammenzurechnen, soweit sie nicht denselben Streitgegenstand betreffen.

86 **cc) Zulassungsberufung.** Wird der nach § 64 Abs. 2 lit. b ArbGG erforderliche Beschwerdewert nicht erreicht, ist die Berufung zulässig, wenn sie vom Arbeitsgericht zugelassen wird (§ 64 Abs. 2 ArbGG). Über die Zulassung muß das Gericht von Amts wegen im Urteilstenor (§ 64 Abs. 3a Satz 1 ArbGG) befinden, und zwar auch dann, wenn es den Streitwert im erstinstanzlichen Urteil auf über 600 € festsetzt[75]. Ist dies unterblieben, kann binnen zwei Wochen ab Verkündung des Urteils eine entsprechende Ergänzung beantragt werden (§ 64 Abs. 3a Satz 2 ArbGG).

87 Die Zulassungsgründe sind in § 64 Abs. 3 ArbGG abschließend aufgeführt. Die Berufung ist u.a. dann zuzulassen, wenn die Rechtssache **grundsätzliche Bedeutung** hat (§ 64 Abs. 3 Nr. 1 ArbGG). Das ist zu bejahen, wenn sich die Entscheidung nicht nur in der Regelung der Rechtsbeziehungen zwischen den streitenden Parteien erschöpft, sondern einen weiteren Personenkreis in rechtlicher oder wirtschaftlicher Hinsicht berührt. An einer grundsätzlichen Bedeutung fehlt es, wenn bereits eine feste Rechtsprechung des BAG oder des dem Arbeitsgericht übergeordneten LAG besteht, mit deren Aufrechterhaltung zu rechnen ist. In diesem Fall kann aber eine Zulassung wegen **Divergenz** in Betracht kommen (vgl. § 64 Abs. 3 Nr. 3 ArbGG). Das LAG ist an die Entscheidung des Arbeitsgerichts über die Zulassung der Berufung gebunden (§ 64 Abs. 4 ArbGG), soweit sie nicht evident falsch ist (z.B. Verurteilung zu 5000 €, Streitwertfestsetzung auf 500 €). Die Entscheidung ist unanfechtbar.

88 **dd) Bestandsstreitigkeiten.** Wegen der für den Arbeitnehmer erheblichen Bedeutung ist die Berufung gegen Urteile, deren Streitgegenstand das Bestehen, das Nichtbestehen oder die Kündigung eines Arbeitsverhältnisses betrifft, in jedem Fall statthaft (§ 64 Abs. 2 lit. c ArbGG). Die Zulassung durch das Arbeitsgericht oder das Erreichen des Beschwerdewertes ist nicht erforderlich.

---

[75] *Germelmann*, § 64 ArbGG Rn. 29a; *Grunsky*, § 64 ArbGG Rn. 7; *Schaub*, Arbeitsgerichtsverfahren, § 44 Rn. 3; a. A. *Ostrowicz/Künzl/Schäfer*, Rn. 178.

Rechtsmittel im Urteilsverfahren (Zulässigkeit)

	Berufung (§§ 64 ff. ArbGG)	Revision (§§ 72 ff. ArbGG)	Sofortige Beschwerde (§ 78 ArbGG)
Statthaftigkeit	gegen erstinstanzliche Endurteile des ArbG (§ 64 I ArbGG)	gegen (Berufungs-) Endurteile des LAG (§ 72 I ArbGG), gegen erstinstanzliche Endurteile des ArbG (Sprungrevision, § 76 ArbGG)	gegen Beschlüsse u. Verfügungen des ArbG außerhalb d. mündl. Verhandlung und bei ausdrückl. gesetzl. Zulassung (§ 567 ZPO)
Zulassung	durch ArbG bei grundsätzlicher Bedeutung, Divergenz oder Tarif- bzw. Arbeitskampfsache; nicht erforderlich, wenn Berufungssumme höher als 600 € und bei Bestandsstreit (§ 64 II, III ArbGG)	Zulassung durch LAG (§ 72 II ArbGG), Zulassung durch BAG auf Nichtzulassungsbeschwerde (§ 72a ArbGG), Zulassung durch ArbG bei Sprungrevision (§ 76 II ArbGG)	nicht erforderlich
Beschwer	Berufungskläger: formell (jedes Zurückbleiben der Entscheidung hinter Antrag), Berufungsbeklagter: materiell (jeder nachteilige Inhalt der Entscheidung)	Revisionskläger: formell (jedes Zurückbleiben der Entscheidung hinter Antrag), Revisionsbeklagter: materiell (jeder nachteilige Inhalt der Entscheidung)	Möglichkeit, durch Beschluß oder Verfügung unmittelbar in eigenen Rechten betroffen zu sein, bei Kostenentscheidungen: Beschwerdewert übersteigt 50 € (§§ 78 I ArbGG, 567 II 2 ZPO)
Einlegung	bei LAG (§§ 64 VI ArbGG, 519 I ZPO)	bei BAG (§§ 72 V ArbGG, 549 I 1 ZPO)	bei Ausgangsgericht (§ 569 I ZPO)
Form	schriftlich (§§ 64 VI ArbGG, 519 ZPO), unterzeichnet durch eine postulationsfähige Person (§ 11 II ArbGG)	schriftlich (§§ 72 V ArbGG, 549 ZPO), unterzeichnet durch einen bei einem dt. Gericht zugelassenen RA (§ 11 II ArbGG)	schriftlich oder zu Protokoll der Geschäftsstelle (§ 569 II, III ZPO), ohne Verbandsvertreter oder RA
Frist	1 Monat ab Zustellung des vollständigen Urteils, spätestens 5 Monate nach Verkündung (§ 66 I 1, 2 ArbGG)	1 Monat ab Zustellung des vollständigen Urteils, spätestens 5 Monate nach Verkündung (§ 74 I 1, 2 ArbGG)	2 Wochen ab Zustellung des Beschlusses, spätestens 5 Monate nach Verkündung (§ 569 I ZPO)
Begründung Frist	schriftlich, Inhalt gemäß § 520 ZPO 2 Monate ab Zustellung des vollständig. Urteils, spätestens 5 Monate nach Verkündung (§ 66 I 1, 2 ArbGG)	schriftlich, Inhalt gemäß § 520 ZPO 2 Monate ab Zustellung des vollständig. Urteils, spätestens 5 Monate nach Verkündung (§ 74 I 1, 2 ArbGG)	soll erfolgen (§ 571 ZPO) keine

Rechtsmittel im Urteilsverfahren (Begründetheit)

	Berufung (§§ 64 ff. ArbGG)	Revision (§§ 72 ff. ArbGG)	Sofortige Beschwerde (§ 78 ArbGG)
Gegenstand	Streitgegenstand der ersten Instanz, soweit dieser nicht durch den Berufungsantrag beschränkt wurde, 2. Tatsacheninstanz mit stark eingeschränkter Möglichkeit neuer Angriffs- und Verteidigungsmittel (§ 529 I ZPO, § 67 ArbGG), Fortsetzung der ersten Instanz: Prozeßlagen bleiben erhalten, Beweisergebnisse verwertbar	Streitgegenstand der zweiten Instanz, Revision dient allein der rechtlichen Kontrolle des LAG und nicht der Aufklärung des Sachverhalts, Berufungsurteil zieht die Grenzen der Nachprüfung, neue Tatsachen dienen nur der Begründung von Verfahrensmängeln	tatsächliche und rechtliche Grundlagen der Beschlüsse und Verfügungen der Arbeitsgerichte, die außerhalb der mündlichen Verhandlung ergehen
Aufbau der Begründetheitsprüfung	Zulässigkeit der Klage, Ordnungsgemäßheit des Verfahrens erster Instanz, Begründetheit der Klage nach jetzigem Stand	beanstandete Entscheidung verletzt revisible Rechtsnorm (§ 545 I ZPO) und beruht auf dieser Verletzung (unwiderlegliche Vermutung bei absoluten Revisionsgründen nach § 547 ZPO)	Zuständigkeit, Rechtsgrundlage der Entscheidung, Einhaltung des vorgesehenen Verfahrens
Prüfungsumfang	im Rahmen des Berufungsantrags Rechtsfragen; LAG an Tatsachenfeststellungen gebunden, soweit an deren Richtigkeit und Vollständigkeit nicht aufgrund konkreter Anhaltspunkte Zweifel bestehen (§ 529 ZPO)	im Rahmen des Revisionsantrags nur Rechtsfragen; BAG an Tatsachenfeststellungen gebunden, soweit dagegen kein zulässiger und begründeter Revisionsangriff erhoben (§ 559 II ZPO)	im Rahmen des Beschwerdeantrags Tatsachen und Rechtsfragen, neues Vorbringen nur nach Maßgabe von § 571 II ZPO
Mögliche Entscheidung	Verwerfung als unzulässig (§§ 66 II 2, 64 II 2 ArbGG, 522 I 2 ZPO), Zurückweisung als unbegründet, Aufhebung und eigene Sachentscheidung, Aufhebung und Zurückverweisung an das Arbeitsgericht (§ 538 ZPO)	Verwerfung als unzulässig (§§ 74 II 2, 3, 72 V ArbGG, 552 ZPO), Zurückweisung als unbegründet, Aufhebung und Zurückverweisung an das LAG (§§ 562, 563 ZPO), eigene Sachentscheidung, wenn Sache entscheidungsreif (§ 563 III ZPO)	Abhilfe durch ArbG (§ 572 I ZPO), Verwerfung als unzulässig (§ 572 II ZPO), Zurückweisung als unbegründet, Aufhebung und eigene Sachentscheidung, Aufhebung und Zurückverweisung an das ArbG (§ 572 III ZPO)

ee) **Gegen ein „technisch zweites Versäumnisurteil"**, zu dem es kommt, wenn **88a**
eine Partei Einspruch gegen ein Versäumnisurteil oder einen Vollstreckungsbefehl einlegt, aber im Termin, in dem über den Einspruch verhandelt wird, nicht erscheint, gibt es keinen weiteren Einspruch, sondern nur die Berufung. Sie kann nach § 64 Abs. 2 lit. d ArbGG nur darauf gestützt werden, daß kein Fall einer schuldhaften Versäumung des Termins vorgelegen hat. Ein bestimmter Streitwert muß dabei nicht erreicht werden[76].

ff) **Rügeverfahren (§ 321a ZPO).** Bei unstatthafter Berufung konnte eine durch **88b**
einen Verfahrensfehler in ihrem Anspruch auf rechtliches Gehör verletzte Partei das erst- und zugleich letztinstanzliche Urteil nur durch eine Verfassungsbeschwerde angreifen. Seit 2002 ist der bisherige Prozeß auf die Rüge der durch das Urteil beschwerten Partei hin vor dem Arbeitsgericht fortzusetzen, wenn der Verfahrensfehler (z.B. Unterlassen eines rechtlichen Hinweises nach § 139 ZPO) entscheidungserheblich war. Die Rüge ist schriftlich und begründet binnen einer Notfrist von zwei Wochen nach Zustellung des in vollständiger Form abgefaßten Urteils beim Arbeitsgericht zu erheben (vgl. § 321a Abs. 2 ZPO). Das Arbeitsgericht hat dann von Amts wegen zu prüfen, ob die Rüge an sich statthaft ist und ob sie form- und fristgemäß erhoben wurde. Fehlt es daran, ist die Rüge als unzulässig zu verwerfen. Ist sie unbegründet, weist sie das Gericht zurück. Beide Entscheidungen ergehen durch einen kurz begründeten, nicht anfechtbaren Beschluß. Dieser ist allein vom Kammervorsitzenden zu treffen, sofern die Rüge als unzulässig verworfen wird oder sich gegen ein Urteil richtet, das vom Vorsitzenden allein erlassen worden ist (§ 55 Abs. 1 Nr. 1 ArbGG), sonst von der Kammer. Ist die Rüge begründet, hilft ihr das Arbeitsgericht ab, indem es den Prozeß fortführt. Dadurch wird der Prozeß in die Lage zurückversetzt, in der er sich vor dem Schluß der mündlichen Verhandlung befand, d. h. es muß noch einmal mündlich verhandelt werden. Ergeben sich keine neuen Erkenntnisse, ist das mit der Rüge angefochtene Urteil aufrecht zu erhalten; anderenfalls ist es aufzuheben und durch eine andere Entscheidung zu ersetzen (§ 321a Abs. 5 Satz 2, § 343 ZPO). Hatte das Gericht zwar die mündliche Verhandlung geschlossen, aber noch kein Urteil abgesetzt, so gilt für die **Wiedereröffnung der Verhandlung** § 156 ZPO. Zwingende Wiedereröffnungsgründe regelt § 156 Abs. 2 ZPO (s. dort).

c) Einlegung und Begründung

aa) **Einlegung.** Die Berufung wird durch einen Schriftsatz beim Berufungsgericht, **89**
d.h. bei dem für das Arbeitsgericht zuständigen Landesarbeitsgericht (§ 8 Abs. 2 ArbGG), eingelegt (§§ 64 Abs. 6 ArbGG, 519 ZPO). Das kann auch durch Telefax oder Computerfax geschehen[77]. Die Berufungsschrift muß das Urteil, gegen das

---

[76] H. L., vgl. *Holthaus/Koch*, RdA 2002, 140 (149); *Müller-Glöge*, RdA 1999, 80 (85) m.w.N.; a. A. bislang noch BAG, Urt. v. 4.4.1989, AP Nr. 13 zu § 64 ArbGG 1979.
[77] GmsOGB, Beschl. v. 5.4.2000, NJW 2000, 2340.

die Berufung gerichtet ist, bezeichnen und die Erklärung enthalten, daß gegen dieses Urteil Berufung eingelegt werde (§ 519 Abs. 2 ZPO). Sie ist von einem postulationsfähigen Prozeßbevollmächtigten (§ 11 Abs. 2 ArbGG) handschriftlich zu unterzeichnen (§§ 519 Abs. 4, 130 Nr. 6 ZPO); beim Computerfax genügt eine eingescannte Unterschrift. Die Berufung kann nicht wirksam unter einer Bedingung – etwa der Bewilligung von Prozeßkostenhilfe für die 2. Instanz – eingelegt werden. Die **Berufungsfrist** beträgt einen Monat (§ 66 Abs. 1 Satz 1 ArbGG). Sie beginnt mit der Zustellung des in vollständiger Form abgefaßten Urteils, spätestens mit dem Ablauf von 5 Monaten nach der Urteilsverkündung (§ 66 Abs. 1 Satz 2 ArbGG). Fehlt eine ordnungsgemäße Rechtsmittelbelehrung (§ 9 Abs. 5 Satz 3 ArbGG), kann das Urteil binnen eines Jahres nach der Zustellung angefochten werden (§ 9 Abs. 5 Satz 4 ArbGG). Die Berufungsfrist ist eine Notfrist. Wird sie unverschuldet versäumt, kommt eine Wiedereinsetzung in den vorigen Stand in Betracht (§§ 233 ff. ZPO); anderenfalls ist die Berufung durch Kammerbeschluß als unzulässig zu verwerfen (§§ 522 Abs. 1 Satz 1 ZPO, 66 Abs. 2 Satz 2 ArbGG).

90 **bb) Begründung.** Die Berufung ist schriftlich zu begründen; sie muß nach § 520 Abs. 2 Satz 2 ZPO folgende Angaben enthalten:
- die Erklärung, inwieweit das Urteil angefochten wird und welche Änderungen des Urteils beantragt werden (Berufungsanträge);
- die Bezeichnung der Umstände, aus denen sich die Rechtsverletzung und deren Erheblichkeit für die angefochtene Entscheidung ergibt:
- die Bezeichnung konkreter Anhaltspunkte, die Zweifel an der Richtigkeit oder Vollständigkeit der Tatsachenfeststellungen im angefochtenen Urteil begründen und deshalb eine erneute Feststellung gebieten;
- die Bezeichnung der neuen Angriffs- und Verteidigungsmittel sowie der Tatsachen, aufgrund derer die neuen Angriffs- und Verteidigungsmittel nach § 531 Abs. 2 ZPO zuzulassen sind.

An die geltend gemachten Berufungsgründe ist das LAG nicht gebunden (§ 529 Abs. 2 ZPO); das gilt nicht für Mängeln, die nicht von Amts wegen zu berücksichtigen sind.

90a Die **Frist für die Berufungsbegründung** beträgt zwei Monate (§ 66 Abs. 1 Satz 1 ArbGG); sie beginnt mit der Zustellung des in vollständiger Form abgefaßten Urteils, spätestens aber mit Ablauf von fünf Monaten nach der Verkündung (§ 66 Abs. 1 Satz 2 ArbGG). Im Gegensatz zur Berufungsfrist kann die Berufungsbegründungsfrist auf Antrag vom Kammervorsitzenden einmal verlängert werden (§ 66 Abs. 1 Satz 5 ArbGG). Die Dauer der Verlängerung steht im Ermessen des LAG; sie ist – anders als im Revisionsverfahren – nicht auf höchstens einen Monat beschränkt. Der Berufungsbeklagte muß die Berufungsbegründung binnen eines Monats nach Zustellung beantworten (§ 66 Abs. 1 Satz 3 ArbGG). Auch hier ist eine Verlängerung möglich, aber ebenfalls nur einmal.

d) Verfahren

Wird die Berufung nicht durch Beschluß als unzulässig verworfen (522 Abs. 1 Satz 1 **91**
ZPO), so ist Termin zur mündlichen Verhandlung anzuberaumen. Die Landesarbeitsgerichte haben – anders als die zivilgerichtlichen Berufungsgerichte (vgl. § 522 Abs. 2 ZPO) – nicht die Befugnis, die Berufung bereits dann zurückzuweisen, wenn diese nach der Überzeugung des Gerichts weder Aussicht auf Erfolg noch grundsätzliche Bedeutung hat und weder die Fortbildung des Rechts noch die Sicherung einer einheitlichen Rechtsprechung eine Entscheidung erfordert (§ 66 Abs. 2 Satz 3 ArbGG). Berufungen in Rechtsstreitigkeiten über das Bestehen, das Nichtbestehen oder die Kündigung von Arbeitsverhältnissen sind vorrangig zu erledigen (§ 64 Abs. 8 ArbGG). Das weitere Vorgehen entspricht im wesentlichen dem erstinstanzlichen Verfahren (§§ 64 Abs. 7 ArbGG, 525 ZPO). Im Hinblick auf die Zulässigkeit des erstinstanzlichen Urteils prüft das Berufungsgericht allerdings nicht, ob der beschrittene Rechtsweg und die Verfahrensart zulässig sind und ob das Arbeitsgericht seine Zuständigkeit verkannt hat (§ 65 ArbGG), sofern das Arbeitsgericht gemäß § 48 ArbGG, §§ 17 ff. GVG verfahren ist. Ebensowenig darf das Berufungsgericht den Rechtsstreit wegen eines Verfahrensfehlers in der ersten Instanz an das Arbeitsgericht zurückverweisen (§ 68 ArbGG)[78]. Zulässig ist eine Zurückweisung nur aus den in § 538 Abs. 2 ZPO genannten Gründen[79], und auch dann nur, wenn eine Partei die Zurückweisung beantragt. Im Regelfall hat das LAG die notwendigen Beweise zu erheben und in der Sache selbst zu entscheiden (§ 538 Abs. 1 ZPO).

Da das Berufungsverfahren vorrangig der Fehlerkorrektur und -beseitigung dient, hat **91a**
das LAG die vom Arbeitsgericht getroffenen Tatsachenfeststellungen zu übernehmen, es sei denn, daß konkrete Anhaltspunkte Zweifel an der Richtigkeit oder Vollständigkeit der entscheidungserheblichen Feststellungen begründen und deshalb eine erneute Feststellung gebieten (§ 529 Abs. 1 Nr. 1 ZPO). Aus Sicht des LAG muß eine gewisse – nicht notwendigerweise überwiegende – Wahrscheinlichkeit dafür bestehen, daß im Fall der Beweiserhebung die erstinstanzliche Feststellung keinen Bestand haben wird. Ein tragender Rechtssatz oder eine erhebliche Tatsachenfeststellung muß mit schlüssigen Gegenargumenten in Frage gestellt werden können[80]. Gänzlich neuer Tatsachenvortrag ist nur eingeschränkt möglich. Angriffs- und Verteidigungsmittel, die bereits vom Arbeitsgericht zu Recht zurückgewiesen worden sind, bleiben von vornherein ausgeschlossen (§ 67 Abs. 2 ArbGG). Neue Angriffs- und Verteidigungsmittel (nicht: der Angriff oder die Verteidigung selbst, etwa eine Klageänderung, Widerklage oder Aufrechnung), die in der ersten Instanz entgegen einer hierfür nach § 56 Abs. 1 Satz 2 Nr. 1 oder § 61a Abs. 3 oder Abs. 4 ArbGG gesetzten Frist nicht vorgebracht wurden, sind vom LAG nur dann zuzulassen, wenn sie nach der Überzeugung des Gerichts die Erledigung des Rechtsstreits nicht verzögern oder wenn die Partei die Verspätung genügend entschuldigt (§ 67 Abs. 2 ArbGG). Neue Angriffs- und Verteidigungsmittel, die in der ersten Instanz entgegen der allgemeinen Prozeßförderungspflicht nach § 282 Abs. 1 ZPO nicht rechtzeitig vorgebracht oder entgegen § 282 Abs. 2 ZPO nicht rechtzeitig mitgeteilt worden sind, sind vom LAG nur dann zuzulassen, wenn sie nach der Überzeugung des Gerichts die Erledigung des Rechtsstreits nicht verzö-

---

[78] Zu den Ausnahmen DLW/*Luczak*, L Rn. 628 ff.
[79] BAG, Urt. v. 24.2.1982, AP Nr. 1 zu § 68 ArbGG 1979.
[80] Begr. Rechtsausschuß, vgl. BT-Drucks. 14/6036, S. 126.

gern oder wenn die Partei das Vorbringen in der ersten Instanz nicht aus grober Nachlässigkeit unterlassen hat (§ 67 Abs. 3 ArbGG). Die zulässigen Angriffs- oder Verteidigungsmittel sind vom Berufungskläger in der Berufungsbegründung, vom Berufungsbeklagten in der Berufungsbeantwortung vorzubringen. Werden sie später vorgebracht, dürfen sie nur dann beachtet werden, wenn sie nach der Berufungsbegründung oder -beantwortung entstanden sind oder die Erledigung des Rechtsstreits nicht verzögern würden oder wenn eine mögliche Verzögerung nicht auf einem Verschulden der Partei beruht (§ 67 Abs. 4 ArbGG).

91b Der Angriff oder die Verteidigung selbst (Klageänderung, Aufrechnungserklärung oder Widerklage) ist in der Berufungsinstanz nur zulässig, wenn der Gegner einwilligt oder das LAG die genannten Prozeßhandlungen für sachdienlich hält und sie auf Tatsachen gestützt werden können, die das LAG seiner Verhandlung und Entscheidung ohnehin nach § 529 ZPO zugrunde zu legen hat (§ 533 ZPO).

e) Abschluß des Verfahrens

92 Das Berufungsverfahren kann durch streitiges **Urteil,** aber auch durch **Anerkenntnis-, Verzichts- oder Versäumnisurteil** beendet werden. Eine Verfahrensbeendigung ist ferner im Wege eines **Vergleichs** möglich. Das streitige Berufungsurteil des LAG entspricht – anders als die Berufungsurteile der Zivilgerichte – (§ 69 Abs. 4 Satz 1 ArbGG, § 540 ZPO) hinsichtlich des Tenors, des Tatbestands und der Entscheidungsgründe dem erstinstanzlichen Urteil (§§ 64 Abs. 6 ArbGG, 523, 313 ZPO). Die Abweichungen ergeben sich aus § 69 ArbGG.

> Landesarbeitsgericht München
> Geschäftszeichen: 3 Sa 334/04
>
> | Verkündet am 6.3.2004 |
> | gez. Schmied |
> | Ang., Urkundsbeamtin der Geschäftsstelle |
>
> Urteil
>
> Im Namen des Volkes!
>
> In dem Rechtsstreit
>
> Maria Huber, Nibelungenstraße 23, 94032 Passau
> – Klägerin und Berufungsbeklagte –
> Prozeßbevollmächtigte: RAin Dr. Beate Lobinger, Ludwigstraße 3, 94032 Passau
>
> gegen
>
> Firma Baur KG, vertreten durch den persönlich haftenden Gesellschafter
> Josef Baur, Regensburger Straße 12, 94036 Passau
> – Beklagte und Berufungsklägerin –
> Prozeßbevollmächtigter: RA Axel Lochner, Residenzplatz 5, 94032 Passau
>
> wegen Feststellung
>
> hat die 3. Kammer des Landesarbeitsgerichts München durch den Vorsitzenden Richter Dr. Zuck und die ehrenamtlichen Richter Raabe und Hermann aufgrund der mündlichen Verhandlung vom 6.3.2004 für Recht erkannt:
>
> 1. Die Berufung der Beklagten gegen das Urteil des Arbeitsgerichts Passau vom 4.12.2003 – Az. 2 Ca 735/03 – wird zurückgewiesen.
> 2. Die Beklagte hat die Kosten des Berufungsverfahrens zu tragen.
> 3. Die Revision wird zugelassen.
>
> Tatbestand...
>
> Entscheidungsgründe...
>
> Rechtsmittelbelehrung
>
> Dr. Zuck   Raabe   Hermann

4. Revision

a) Grundsatz

Die Revision zum BAG ist das statthafte Rechtsmittel gegen die Berufungsurteile der Landesarbeitsgerichte. Das Berufungsurteil kann in der Revision in rechtlicher Hinsicht voll, in tatsächlicher Hinsicht nur eingeschränkt überprüft werden (§§ 72 Abs. 5 ArbGG, 559 ZPO). Die Revision hat eine doppelte Funktion. Sie soll nicht nur zu einer zutreffenden Entscheidung im anhängigen Verfahren führen, sondern zugleich die Einheitlichkeit der arbeitsgerichtlichen Rechtsprechung gewährleisten und für die erforderliche Rechtsfortbildung sorgen[81]. Für das Revisionsverfahren vor dem BAG gelten die Vorschriften der §§ 542 ff. ZPO entsprechend, soweit in den §§ 72 ff. ArbGG nichts anderes bestimmt ist (§ 72 Abs. 5 ArbGG). Für die Sprungrevision, d.h. die unmittelbare Revision gegen erstinstanzliche Urteile unter Übergehung des LAG als zweiter Tatsacheninstanz, gilt § 76 ArbGG. Das Revisionsverfahren vor dem BAG dauert im Durchschnitt etwa 16 Monate, in Kündigungssachen etwa 10 Monate.

b) Statthaftigkeit

94 aa) **Revisibel** sind grundsätzlich die Endurteile der Landesarbeitsgerichte (§ 72 Abs. 1 ArbGG) und im Fall der Sprungrevision auch die Endurteile der Arbeitsgerichte (§ 76 ArbGG). **Nicht revisibel** sind Urteile, die im Verfahren des einstweiligen Rechtsschutzes ergangen sind (§ 72 Abs. 4 ArbGG). Seit 1979 ist die Revision nicht mehr als Streitwertrevision möglich, sondern nur dann, wenn
- das LAG sie im Berufungsurteil zugelassen hat (§ 72 Abs. 1-3 ArbGG) oder
- das BAG sie aufgrund einer Nichtzulassungsbeschwerde zugelassen hat (§ 72a ArbGG) oder
- das Arbeitsgericht sie als Sprungrevision zugelassen hat (§ 76 ArbGG).

95 bb) **Zulassung durch das LAG.** Das LAG muß die Revision zulassen[82], wenn einer der in § 72 Abs. 2 ArbGG abschließend aufgeführten Gründe[83] vorliegt, d.h. **bei grundsätzlicher Bedeutung** der Rechtssache und **in Divergenzfällen**.

96 Das BAG bejaht die grundsätzliche Bedeutung einer Rechtssache, „wenn die Entscheidung des Rechtsstreits von einer klärungsfähigen und klärungsbedürftigen Rechtsfrage abhängt und diese Klärung entweder von allgemeiner Bedeutung für die Rechtsordnung ist oder wenn wegen ihrer tatsächlichen Auswirkungen die Interessen der Allgemeinheit oder eines größeren Teils der Allgemeinheit eng berührt werden"[84]. An der Klärungsbedürftigkeit einer Rechtsfrage fehlt es, wenn eine gefestigte höchstrichterliche Rechtsprechung besteht, gegen die keine neuen beachtlichen Gesichtspunkte vorgebracht werden[85]. In Divergenzfällen ist die Revision zuzulassen, wenn das LAG zu einer Rechtsfrage einen abstrakten Rechtssatz aufgestellt hat, der von einem abstrakten Rechtssatz abweicht, den ein in § 72 Abs. 2 Nr. 2 ArbGG erwähntes Gericht zu derselben Rechtsfrage aufgestellt hat. Voraussetzung ist, daß die Entscheidung des LAG auf dem divergierenden Rechtssatz beruht.

---

[81] *Germelmann*, § 72 ArbGG Rn. 1; *Schaub*, Arbeitsgerichtsverfahren, § 52 Rn. 1.
[82] Das LAG hat selbst dann keinen Ermessensspielraum, wenn es die Revision für aussichtslos hält, vgl. *Schaub*, Arbeitsgerichtsverfahren, § 51 Rn. 171 ff.
[83] *Germelmann*, § 72 ArbGG Rn. 4; *Grunsky*, § 72 ArbGG Rn. 9.
[84] BAG, Beschl. v. 5.12.1979, AP Nr. 1 zu § 72a ArbGG 1979 Grundsatz; KassArbR/*Ascheid*, 9 Rn. 812 ff.; *Grunsky*, § 72 ArbGG Rn. 10 ff.; *Schaub*, Arbeitsgerichtsverfahren, § 51 Rn. 172.
[85] BAG, Beschl. v. 9.9.1981, AP Nr. 18 zu § 72a ArbGG 1979 Grundsatz.

Das ist anzunehmen, wenn bei abweichender Beantwortung der Rechtsfrage das Urteil anders ausgefallen wäre[86].

Das BAG ist an die Zulassung gebunden (§ 72 Abs. 3 ArbGG), es sei denn, das Gesetz schließt eine dritte Instanz aus[87]. Die Zulassung kann auf einen tatsächlich und rechtlich selbständigen, abtrennbaren Teil des Gesamtstreitstoffs beschränkt werden, über den durch Teil- oder Zwischenurteil gesondert entschieden werden könnte. Eine auf einzelne Rechtsfragen beschränkte Zulassung ist dagegen nicht möglich[88]. 97

cc) **Nichtzulassungsbeschwerde.** Läßt das LAG die Revision nicht zu, kann jede beschwerte Partei diese Entscheidung durch die sog. Nichtzulassungsbeschwerde gesondert beim BAG angreifen (§ 72a ArbGG)[89]. Die Nichtzulassungsbeschwerde kann darauf gestützt werden, daß das LAG einen in § 72 Abs. 2 ArbGG erwähnten Zulassungsgrund verkannt hat; sie ist also nur als Grundsatz- oder als Divergenzbeschwerde möglich. Die Zahl der Nichtzulassungsbeschwerden übertrifft in der Praxis die der Revisionsverfahren; die Erfolgsaussichten liegen allerdings unter 3 %[90]. Das liegt daran, daß zumeist nur eine unzutreffende Rechtsanwendung geltend gemacht wird. 98

Die **Grundsatzbeschwerde** ist statthaft, wenn die Sache grundsätzliche Bedeutung hat (vgl. § 72 Abs. 2 Nr. 1 ArbGG) und wenn sie einen privilegierten Fall im Sinne des § 72a Abs. 1 Nr. 1-3 ArbGG darstellt. Nur die privilegierten Fälle sind so wichtig, daß dem BAG die Entscheidung vorbehalten bleiben soll, ob die Rechtssache – anders als das LAG meint – doch von grundsätzlicher Bedeutung ist[91]. Die praktisch bedeutsamere **Divergenzbeschwerde** ist statthaft, wenn das LAG die Revision nicht zugelassen hat, obwohl es in seiner Entscheidung von einer Entscheidung der in § 72 Abs. 2 Nr. 2 ArbGG genannten Gerichte abgewichen ist, und wenn die Entscheidung auf dieser Abweichung beruht. 99

Die Nichtzulassungsbeschwerde ist binnen eines Monats nach Zustellung des in vollständiger Form abgefaßten Berufungsurteils durch eine Beschwerdeschrift beim BAG einzulegen. Sie muß von einem bei einem deutschen Gericht zugelassenen Rechtsanwalt unterzeichnet sein (§ 11 Abs. 2 ArbGG) und ist innerhalb einer (nicht verlängerbaren) Notfrist von zwei Monaten nach Zustellung des Berufungsurteils zu begründen (§ 72a Abs. 2, 3 ArbGG)[92]. Die Einlegung hat aufschiebende Wirkung (§ 72a Abs. 4 ArbGG), d.h. das 100

---

[86] KassArbR/*Ascheid*, 9 Rn. 818 ff.; *Germelmann*, § 72 ArbGG Rn. 18 ff.; *Grunsky*, § 72 ArbGG Rn. 32 ff.; *Schaub*, Arbeitsgerichtsverfahren, § 51 Rn. 171.
[87] Z. B. bei einstweiliger Verfügung.
[88] BAG, Urt. v. 8.2.1994, AP Nr. 23 zu § 72 ArbGG 1979.
[89] BAG, Beschl. v. 12.8.1981, AP Nr. 11 zu § 72a ArbGG 1979.
[90] BAG-Geschäftsbericht 1999, S. 5.
[91] *Grunsky*, § 72a ArbGG Rn. 6.
[92] Im einzelnen *Grunsky*, § 72a ArbGG Rn. 17 ff.

angefochtene Urteil wird nicht rechtskräftig. Über die Nichtzulassungsbeschwerde entscheidet das BAG durch Beschluß. Ist sie zulässig und begründet, läßt das BAG die Revision zu; ist sie es nicht, erläßt das BAG einen (unanfechtbaren) Ablehnungsbeschluß[93], mit dessen Verkündung oder Mitteilung das Berufungsurteil rechtskräftig wird (§ 72a Abs. 5 Satz 6 ArbGG).

101 dd) Eine **Sprungrevision** ist statthaft, wenn der Gegner schriftlich zustimmt und wenn sie vom Arbeitsgericht zugelassen wird. Die Zulassung erfolgt nur auf Antrag, der innerhalb einer Notfrist von einem Monat nach Zustellung des in vollständiger Form abgefaßten Urteils zu stellen ist (§ 76 Abs. 1 Satz 2 ArbGG). Das Arbeitsgericht darf die Sprungrevision nur in den in § 76 Abs. 2 ArbGG genannten Fällen zulassen. Gibt das Gericht dem Antrag statt, ist das BAG daran gebunden, und es läuft die Revisionsfrist; lehnt es ihn ab, ist die Entscheidung unanfechtbar, und die Berufungsfrist beginnt von neuem zu laufen. Auf Verfahrensmängel kann die Sprungrevision nicht gestützt werden (§ 76 Abs. 3 ArbGG).

102 ee) Weitere Zulässigkeitsvoraussetzung ist die **Beschwer** des Revisionsklägers[94]. Der Revisionskläger ist beschwert, wenn das angefochtene Berufungsurteil hinter den von ihm zuletzt gestellten Anträgen zurückbleibt, ihm also weniger gibt, als er beantragt hat.

c) Einlegung und Begründung

103 aa) **Einlegung.** Die Revision ist schriftlich beim Bundesarbeitsgericht als Revisionsgericht (§ 8 Abs. 3 ArbGG) einzulegen (§§ 72 Abs. 5 ArbGG, 549 ZPO). Einlegung durch Telefax oder Computerfax mit eingescannter Unterschrift[95] ist möglich (§ 130 Nr. 6 ZPO). Die Revisionsschrift muß das Urteil, gegen das die Revision gerichtet ist, bezeichnen und die Erklärung enthalten, daß gegen dieses Urteil Revision eingelegt wird (§ 549 Abs. 1 Satz 2 ZPO). Sie ist von einem bei einem deutschen Gericht zugelassenen Rechtsanwalt (§ 11 Abs. 2 ArbGG) zu unterzeichnen (§§ 549 Abs. 2, 130 Nr. 6 ZPO). Die Revisionsfrist beträgt einen Monat (§ 74 Abs. 1 Satz 1 ArbGG). Sie beginnt mit der Zustellung des in vollständiger Form abgefaßten Urteils, spätestens mit dem Ablauf von 5 Monaten nach der Urteilsverkündung (§ 74 Abs. 1 Satz 2 ArbGG). Fehlt eine ordnungsgemäße Rechtsmittelbelehrung, kann das Urteil binnen eines Jahres nach der Zustellung angefochten werden (§ 9 Abs. 5 ArbGG). Ist das Urteil nicht innerhalb von 5 Monaten zugestellt worden und ist zudem die Rechtsmittelbelehrung unterblieben, so endet die Revisionsfrist erst mit Ablauf von 17 Monaten nach Verkündung des Urteils. Die Revisionsfrist ist wie die Berufungsfrist eine Notfrist, so daß, wenn sie unverschuldet versäumt wird, die Möglichkeit einer Wiedereinsetzung in den vorigen

---

[93] Möglich ist allerdings die (Urteils-)Verfassungsbeschwerde; mit der Ablehnung der Nichtzulassungsbeschwerde ist der Rechtsweg zu den Gerichten der Arbeitsgerichtsbarkeit erschöpft.
[94] KassArbR/*Ascheid*, 9 Rn. 850 ff.
[95] GmsOGB, Beschl. v. 5.4.2000, NJW 2000, 2340.

Stand (§§ 233 ff. ZPO) besteht; anderenfalls ist die Revision als unzulässig zu verwerfen (§§ 552 Abs. 1 Satz 2 ZPO, 74 Abs. 2 Satz 2 ArbGG).

bb) Begründung. Die Revision ist vom Revisionskläger schriftlich zu begründen. 104 Der notwendige Inhalt ergibt sich aus § 551 Abs. 3 ZPO. Die Frist für die Revisionsbegründung beträgt zwei Monate (§ 74 Abs. 1 Satz 1 ArbGG), beginnend mit der Zustellung des in vollständiger Form abgefaßten Urteils, spätestens mit Ablauf von 5 Monaten nach der Verkündung (§ 74 Abs. 1 Satz 2 ArbGG). Im Gegensatz zur Revisionsfrist kann die Revisionsbegründungsfrist auf Antrag einmal bis zu einem Monat verlängert werden (§ 74 Abs. 1 Satz 3 ArbGG).

cc) Ist die Revision unzulässig, wird sie durch Beschluß oder, wenn bereits eine mündliche 105 Verhandlung stattgefunden hat, durch Urteil verworfen (§§ 72 Abs. 5, 74 Abs. 2 Satz 3 ArbGG, § 552 Abs. 1 ZPO). Anderenfalls ist unverzüglich Termin zur mündlichen Verhandlung zu bestimmen (§ 74 Abs. 2 Satz 1 ArbGG). Für das weitere Vorgehen gelten im wesentlichen die Vorschriften für das erstinstanzliche Verfahren (§ 72 Abs. 5 ArbGG, § 555 ZPO).

d) Prüfungsrahmen

Der Prüfungsrahmen wird durch die Revisionsanträge abgesteckt (§ 557 Abs. 1 106 ZPO), jedoch ist das BAG nicht an die geltend gemachten materiellen Revisionsgründe gebunden (§ 557 Abs. 3 ZPO). Die Revision kann nur darauf gestützt werden, daß das Urteil des LAG **auf der Verletzung einer Rechtsnorm beruht** (§ 73 Abs. 1 ArbGG).

Eine Rechtsnorm ist verletzt, wenn sie nicht oder nicht richtig angewendet worden ist 107 (§ 546 ZPO). Rechtsnorm im Sinne des § 546 ZPO ist jede Regelung, die für eine Vielzahl von Fällen gelten soll. Dazu rechnen u.a. formelle Gesetze, Verordnungen, Tarifverträge und Betriebsvereinbarungen, aber auch typisierte Vertragsbedingungen, die für eine Vielzahl gleichlautender Fälle gedacht sind oder verwendet werden[96], sowie Denkgesetze und allgemeine Erfahrungssätze[97]. Kontrolliert werden kann die Anwendung formellen und materiellen Rechts. Von Amts wegen prüft das BAG das Fehlen der staatlichen Rechtsprechungsgewalt, die allgemeinen Prozeßvoraussetzungen, die internationale Zuständigkeit und die Statthaftigkeit der Revision[98]. Bei allen anderen Verfahrensfehlern sind Verfahrensrügen zu erheben (§ 551 Abs. 3 Nr. 2b ZPO). Das BAG prüft nicht, ob der beschrittene Rechtsweg, die örtliche Zuständigkeit und die Verfahrensart zutreffen, sofern die Regelungen in § 48 ArbGG, §§ 17 ff. GVG beachtet wurden, und ob bei der Berufung oder der Beteiligung von ehrenamtlichen Richtern beim LAG Fehler aufgetreten sind (§§ 73 Abs. 2, 65 ArbGG, „ausgeschlossene Revisionsgründe"), wohl aber, ob im Einzelfall das Gericht vorschriftsmäßig besetzt war. Ermessensentscheidungen des LAG können vom BAG nur

---

[96] *Germelmann*, § 73 ArbGG Rn. 15 ff. m.w.N.
[97] BAG, Urt. v. 16.5.1964, 9.3.1972, AP Nr. 1, 2 zu § 561 ZPO.
[98] KassArbR/*Ascheid*, 9 Rn. 895 m.w.N.

daraufhin überprüft werden, ob die Voraussetzungen und Grenzen des Ermessens beachtet wurden. Bei der Anwendung unbestimmter Rechtsbegriffe hat das BAG zu kontrollieren, ob das LAG den Rechtsbegriff selbst verkannt hat und ob bei der Subsumtion des Sachverhaltes unter den unbestimmten Begriff allgemeine Erfahrungssätze oder Denkgesetze verletzt worden sind[99]. Stets muß das mit der Revision bekämpfte Urteil auf der Rechtsverletzung beruhen, d.h. das Urteil darf nicht aus anderen Gründen richtig sein. Das Beruhen wird unwiderlegbar vermutet, wenn ein „absoluter Revisionsgrund" im Sinne des § 547 ZPO gegeben ist. In diesem Fall ist das Berufungsurteil aufzuheben, und die Sache ist an das Berufungsgericht zurückzuverweisen. § 559 ZPO bestimmt den Prozeßstoff für die Revisionsinstanz. Grundlage der Revision ist danach nur das Parteivorbringen, das aus dem Tatbestand des Berufungsurteils oder dem Sitzungsprotokoll ersichtlich ist. Neues tatsächliches Vorbringen ist in der Revisionsinstanz grundsätzlich ausgeschlossen. An die Feststellung des LAG, ob eine tatsächliche Behauptung wahr ist oder nicht, ist das BAG gebunden, es sei denn, die Revision richtet sich in zulässiger und begründeter Weise gegen die Feststellung als solche. Bei der Feststellung objektiven Rechts ist das Revisionsgericht an Tatsachenfeststellungen des Berufungsgerichts nicht gebunden; auch kann es seiner Entscheidung abweichende Tatsachenfeststellungen zugrundelegen, wenn diese im Revisionsverfahren unstreitig gestellt werden.

e) Abschluß des Verfahrens

108 Etwa 2/3 aller Revisionsverfahren enden durch streitiges Urteil. Möglich ist auch eine gütliche Verfahrensbeendigung im Wege eines Vergleichs. Nicht selten wird die an sich zulässige Revision wieder zurückgenommen.

109 Ist die **Revision unzulässig**, wird sie durch streitiges Urteil oder durch Beschluß **verworfen.** Ist die **Revision unbegründet**, wird sie durch Urteil **zurückgewiesen.** Sie ist unbegründet, wenn die sie allein auf die Verletzung irreversiblen Rechts gestützt wird (§ 560 ZPO), die gerügte Rechtsverletzung nicht besteht oder das Urteil nicht auf dieser Verletzung beruht oder sich aus anderen Gründen als richtig erweist (§ 561 ZPO). Ist die **Revision begründet**, so hebt das BAG das angefochtene Urteil auf (§ 562 Abs. 1 ZPO) und verweist die Sache zur anderweiten Verhandlung und Entscheidung an das LAG zurück (§ 563 Abs. 1 ZPO), u.U. aber auch an das Arbeitsgericht. Das LAG hat die rechtliche Beurteilung, die der Aufhebung zugrundeliegt, seiner eigenen Entscheidung zugrundezulegen (§ 563 Abs. 2 ZPO). Das BAG entscheidet selbst in der Sache, wenn der Rechtsstreit aufgrund der tatsächlichen Feststellungen des LAG entscheidungsreif ist (§ 565 Abs. 3 ZPO).

---

[99] Vgl. z.B. BAG, Urt. v. 21.5.1992, AP Nr. 28 zu § 1 KSchG 1969 Verhaltensbedingte Kündigung.

V. Beschlußverfahren

1. Allgemeines

a) Verhältnis zu anderen Verfahren und rechtliche Ausgestaltung

aa) Das Beschlußverfahren ist ein **besonderes arbeitsgerichtliches Verfahren.** Ob im Urteils- oder Beschlußverfahren zu entscheiden ist, richtet sich nach dem in der Klage- bzw. der Antragsschrift umrissenen Verfahrensgegenstand. Läßt sich dieser unter § 2a ArbGG subsumieren, findet das Beschlußverfahren statt (§ 80 Abs. 1 ArbGG), sonst das Urteilsverfahren. Beide Verfahren schließen einander aus[100]. Eine Wahlmöglichkeit besteht nicht, auch nicht, wenn sich alle Beteiligten einig sind[101].

110

Ob der Antragsteller das statthafte Verfahren gewählt hat, muß das Arbeitsgericht von Amts wegen prüfen. Hält das Gericht die gewählte Verfahrensart für unzulässig, so verweist es den Rechtsstreit nach Anhörung der Beteiligten von Amts wegen durch Beschluß in die richtige Verfahrensart (§§ 48 Abs. 1, 80 Abs. 3 ArbGG, 17a Abs. 2 Satz 1 GVG); die Entscheidung ist bindend (§ 17a Abs. 2 Satz 3 GVG). Verkennt das Arbeitsgericht die richtige Verfahrensart und wird das von keiner Seite gerügt, sind die Rechtsmittelgerichte zu einer erneuten Überprüfung nicht befugt (§§ 88, 93, 65 ArbGG).

111

bb) Auch im Beschlußverfahren werden – von Ausnahmen abgesehen[102] – **Rechts- und nicht Regelungsstreitigkeiten entschieden.** Das unterscheidet das arbeitsgerichtliche Beschlußverfahren von dem Verfahren vor der betrieblichen Einigungsstelle. Allerdings sind auch bei Regelungsstreitigkeiten häufig Rechtsfragen als Vorfragen zu klären. Nach h.M. kann das Arbeitsgericht im Wege des Beschlußverfahrens vorab darüber entscheiden, ob überhaupt ein Mitbestimmungsrecht besteht[103]. Daß ein solches „Vorabentscheidungsverfahren" bei Gericht anhängig ist, hindert nicht die gleichzeitige Anrufung und Errichtung einer Einigungsstelle. Der Schlichtungsspruch der Einigungsstelle ist unabhängig von der Vorabentscheidung nachprüfbar.

112

cc) Für das Beschlußverfahren gelten im wesentlichen die für das Urteilsverfahren des ersten Rechtszuges maßgebenden Vorschriften entsprechend, soweit sich aus den §§ 81-84 ArbGG nichts anderes ergibt. Zwar verweist § 80 Abs. 2 ArbGG nicht generell auf das Urteilsverfahren, sondern nimmt dieses nur für bestimmte Fragen in Bezug. Da aber eine beschränkte Bezugnahme zu einer bruchstückhaften Regelung des Beschlußverfahrens führen würde, geht die h. M. davon aus, daß

113

---

[100] BAG, Beschl. v. 3.4.1957, AP Nr. 46 zu § 2 ArbGG 1953.
[101] *Grunsky*, § 80 ArbGG Rn. 7; *Schaub*, Arbeitsgerichtsverfahren, § 57 Rn. 6.
[102] Etwa die Bestellung des Vorsitzenden der betriebl. Einigungsstelle (§ 76 Abs. 2 Satz 2 BetrVG).
[103] BAG, Beschl. v. 16.8.1983, 13.10.1987, AP Nr. 2, 7 zu § 81 ArbGG 1979; *Germelmann*, § 2a ArbGG Rn. 88.

§ 80 Abs. 2 ArbGG umfassend auf das Urteilsverfahren verweist und damit letztlich auf die ZPO[104]. Die wichtigsten Unterschiede zwischen beiden Verfahrensarten ergeben sich aus der Tabelle auf der nächsten Seite.

b) Verfahrensmaximen

114 Das Beschlußverfahren wird im Gegensatz zum Urteilsverfahren nicht vom Beibringungs-, sondern vom **Untersuchungsgrundsatz** beherrscht[105]. Das liegt daran, daß den Entscheidungen im Beschlußverfahren zumeist eine über den Kreis

---

[104] KassArbR/*Ascheid*, 9 Rn. 1095; *Germelmann*, § 80 ArbGG Rn. 40 ff.; *Grunsky*, § 80 ArbGG Rn. 32; *Schaub*, Arbeitsgerichtsverfahren, § 57 Rn. 3.
[105] Vgl. im einzelnen *Germelmann*, § 83 ArbGG Rn. 85; *Grunsky*, § 83 ArbGG Rn. 2.

Urteils- und Beschlußverfahren

Merkmal	Urteilsverfahren	Beschlußverfahren
Verfahren geregelt in	§§ 46 ff. ArbGG	§§ 80 ff. ArbGG
Anwendungsbereiche	im wesentlichen individualarbeitsrechtliche Streitigkeiten (§ 2 ArbGG)	Streitigkeiten aus BetrVG, SprAuG, EBRG und den MitbestG (§ 2a ArbGG)
Verfahrenseinleitung durch	Antrag auf Erlaß eines Mahnbescheides (§ 46a ArbGG), Klageerhebung (§§ 46 II 1 ArbGG, 253 ZPO), Antrag auf einstweilige Vfg. (§ 62 II ArbGG)	Antrag (§ 81 ArbGG), Antrag auf einstweilige Vfg. (§ 85 II ArbGG)
Streitende Verfahrensteilnehmer heißen	Parteien	Beteiligte
Fähigkeit zur streitigen Teilnahme	„Parteifähigkeit": natürliche und juristische Personen, parteifähige Personengesellschaften, Gewerkschaften und Arbeitgebervereinigungen (§ 46 II 1 ArbGG, § 50 ZPO, § 10 HS 1 ArbGG)	„Beteiligtenfähigkeit": alle Parteifähigen sowie Organe der Betriebsverfassung, Gewerkschaften und Arbeitgebervereinigungen (§§ 10 HS 2, 83 III ArbGG)
Antragsbefugnis	jeder, der eigene Rechte geltend macht oder rechtlich befugt ist, Drittrechte zu realisieren	jeder, der ein Recht in einer in § 2a ArbGG genannten Angelegenheit als eigenes geltend macht
Vertretung	1. Instanz: fakultativ 2. Instanz: RAe, Verb.Vertreter 3. Instanz: nur RAe	1. Instanz: fakultativ 2. Instanz: RAe, Verb.Vertreter 3. Instanz: nur RAe
Vorverfahren	zwingende Güteverhandlung	fakultative Güteverhandlung
Verfahrensmaximen	Dispositionsmaxime Verhandlungsgrundsatz (keine Ermittlung von Amts wegen)	Dispositionsmaxime Untersuchungsgrundsatz im Rahmen des gestellten Antrags
Folgen der Verspätung einer Partei	Versäumnisurteil auf Antrag Präklusion mit Vorbringen	kein Versäumnisurteil Präklusion mit Vorbringen
Vorläufiger Rechtsschutz	Einstweilige Vfg. (§§ 62 II ArbGG, 935 ff. ZPO)	Einstweilige Vfg. (§ 85 II ArbGG), Sonderverfahren: §§ 99 IV, 100 II 3 BetrVG
Verfahrensbeendende Entscheidung	Urteil	Beschluß
Sonstige Beendigungsgründe	Klagerücknahme, Erledigterklärung, Vergleich	Antragsrücknahme, Erledigterklärung, Vergleich
Kostenpflichtigkeit des Verfahrens	Gerichtskosten und außergerichtliche Kosten (§ 12 I ArbGG)	keine Gerichtskosten (§ 12 V ArbGG)
2. Rechtszug	Berufung zum LAG: Berufungssumme 600 €, Zulassung durch das ArbG oder Bestandsstreit (§§ 64-70 ArbGG)	Beschwerde zum LAG: uneingeschränkt zulässig gegen Beschluß des ArbG (§§ 87-91 ArbGG)
3. Rechtszug	Revision zum BAG: nur nach Zulassung durch das LAG (gegen Versagung: Nichtzulassungsbeschwerde zum BAG), Sprungrevision gegen Urteil des ArbG, wenn vom ArbG zugelassen und schriftliche Zustimmung des Gegners (§§ 72-77 ArbGG)	Rechtsbeschwerde zum BAG: nur nach Zulassung durch das LAG (gegen Versagung: Nichtzulassungsbeschwerde zum BAG), Sprungrechtsbeschwerde gegen Beschluß des ArbG, wenn vom ArbG zugelassen und alle Beteiligten damit einverstanden (§§ 92-96 ArbGG)

der unmittelbar Verfahrensbeteiligten hinausgehende Bedeutung zukommt[106]. Das Arbeitsgericht hat den Sachverhalt von Amts wegen zu erforschen (§ 83 Abs. 1 Satz 1 ArbGG). Ziel ist es, den „wahren" Sachverhalt zu ermitteln. Deshalb ist das Arbeitsgericht nicht an Geständnisse der Beteiligten (vgl. § 288 ZPO) gebunden, und das Nichtbestreiten bedeutet nicht das Zugeständnis einer Behauptung (vgl. § 138 Abs. 3 ZPO). Allerdings erforscht das Gericht den Sachverhalt nur **im Rahmen der gestellten Anträge** (§ 83 Abs. 1 Satz 1 ArbGG). Ob und in welchem Umfang ein Beschlußverfahren eingeleitet wird, unterliegt der freien Verfügung des Antragstellers. Im Gegensatz zum Urteilsverfahren gilt im Beschlußverfahren auch nicht der strenge Grundsatz der Mündlichkeit; das Gericht kann mit Einverständnis der Beteiligten **ohne mündliche Verhandlung entscheiden,** die Beteiligten können sich schriftlich äußern (§ 83 Abs. 4 ArbGG). Die Güteverhandlung ist fakultativ, nicht obligatorisch. Ferner gilt im Beschlußverfahren der **Beschleunigungsgrundsatz.** Angriffs- und Verteidigungsmittel, die erst nach einer vom Gericht gesetzten Frist vorgebracht werden, können vom Gericht zurückgewiesen werden, wenn ihre Zulassung die Erledigung des Rechtsstreits verzögern würde oder wenn der Beteiligte die Verspätung nicht genügend entschuldigt (§ 83 Abs. 1a ArbGG).

c) Beteiligte

115 aa) Beteiligter i.w.S. ist, wer Träger von Rechten oder Pflichten eines arbeitsgerichtlichen Beschlußverfahrens ist[107]. Im Urteilsverfahren bestimmen sich die Parteien nach der Klageschrift. Wer dagegen im Beschlußverfahren als Beteiligter anzusehen ist, richtet sich nach materiellem Recht. Beteiligter ist stets, wer durch einen eigenen Sachantrag ein Beschlußverfahren einleitet[108], und zwar selbst dann, wenn ihm die Antragsbefugnis fehlt oder wenn sich der Antrag als unbegründet erweist[109]. Daneben ist jede Person oder Stelle Beteiligter (i.e.S.), die durch die vom Antragsteller begehrte Entscheidung in ihrer betriebsverfassungs- oder mitbestimmungsrechtlichen Rechtsstellung unmittelbar betroffen ist[110].

Beispiele: Mitarbeiter beim Streit um das aktive oder passive Wahlrecht; leitender Angestellter im Zuordnungsverfahren nach § 18a BetrVG; Betriebsrat bei einer Wahlanfechtung; Betriebsratsmitglied beim Streit um die Erforderlichkeit einer Schulungsmaßnahme;

---

[106] *Wlotzke/Schwedes/Lorenz,* § 83 ArbGG Rn. 3.
[107] *Germelmann,* § 83 ArbGG Rn. 7.
[108] Vgl. § 83a Abs. 3 Satz 1 ArbGG, der den Antragsteller den „übrigen Beteiligten" gegenüberstellt. Der Antragsteller ist „notwendiger" Beteiligter, vgl. BAG, Beschl. v. 18.8.1987, AP Nr. 6 zu § 81 ArbGG 1979.
[109] BAG, Beschl. v. 25.8.1981, AP Nr. 2 zu § 83 ArbGG 1979.
[110] BAG, Beschl. v. 13.3.1984, 29.8.1985, AP Nr. 9, 13 zu § 83 ArbGG 1979.

nicht die betriebliche Einigungsstelle im Streit um die Wirksamkeit eines Schlichterspruchs, da ihr keine eigenen Rechte zukommen[111].

Zulässigkeit eines Antrags im Beschlußverfahren

1. Ordnungsgemäßer Antrag (§§ 80 Abs. 2, 46 Abs. 2 ArbGG, 495, 253 ZPO)
 – insbesondere: ein bestimmter Sachantrag (Leistungs-, Feststellungs- oder Gestaltungsantrag)
 – Vortrag der Tatsachen, auf die das mit dem Antrag verfolgte Begehren gestützt wird

2. Rechtsweg zu den Arbeitsgerichten und Entscheidung im Wege des Beschlußverfahrens (§ 2a Abs. 1 ArbGG)
 – Nr. 1: Angelegenheiten aus dem BetrVG mit Ausnahme der Strafsachen und Ordnungswidrigkeiten, für die die ordentlichen Gerichte zuständig sind
 – Nr. 2: Angelegenheiten aus dem SprAuG mit Ausnahme der Strafsachen und Ordnungswidrigkeiten, für die die ordentlichen Gerichte zuständig sind
 – Nr. 3 Wahlstreitigkeiten aus dem MitbestG, MontanmitbestG, MontanmitbestErgG, BetrVG 1952
 – Nr. 3a Angelegenheiten nach den §§ 94, 95, 139 SGB IX
 – Nr. 3b Angelegenheiten aus dem EBRG mit Ausnahme der Strafsachen und Ordnungswidrigkeiten, für die die ordentlichen Gerichte zuständig sind
 – Nr. 3c Angelegenheiten nach § 18a BBiG
 – Nr. 4 Entscheidungen über Tariffähigkeit und -zuständigkeit einer Vereinigung
 – Streit über den Vorsitzenden der betrieblichen Einigungsstelle und über die Zahl der Beisitzer (§ 76 Abs. 2 Sätze 2 und 3 BetrVG)

Bei Rechtswegunzuständigkeit oder fehlerhafter Verfahrenswahl keine Abweisung des Antrags, sondern von Amts wegen Verweisung an das zuständige Gericht bzw. in das richtige Verfahren (§§ 80 Abs. 3, 48 Abs. 1 ArbGG, 17, 17a GVG)

3. Örtliche Zuständigkeit (§ 82 ArbGG)
 – in Streitigkeiten nach dem BetrVG und dem SprAuG
   – auf Betriebsebene: Arbeitsgericht, in dessen Bezirk der Betrieb liegt
   – auf Unternehmensebene: Arbeitsgericht, in dessen Bezirk das Unternehmen seinen Sitz hat.
 – in Streitigkeiten nach dem EBRG:
   – Arbeitsgericht, in dessen Bezirk das Unternehmen oder das herrschende Unternehmen nach § 2 EBRG seinen Sitz hat
   – bei einer Vereinbarung nach § 41 EBRG das Arbeitsgericht, in dessen Bezirk der Sitz des vertragsschließenden Unternehmens liegt.

Bei Unzuständigkeit keine Abweisung des Antrags, sondern von Amts wegen Verweisung an das örtlich zuständige Arbeitsgericht (§§ 80 Abs. 3, 48 Abs. 1 ArbGG, 17, 17a GVG).

4. Funktionelle Zuständigkeit (§ 8 ArbGG)

---

[111] Überblick bei *Germelmann*, § 83 ArbGG Rn. 39 ff.

5. Beteiligtenfähigkeit (§§ 10 HS 2 ArbGG, 80 Abs. 2, 46 Abs. 2 ArbGG, §§ 495, 50 Abs. 1 ZPO)
- alle natürlichen und juristischen Personen des Privatrechts und des öffentlichen Rechts sowie die Personenhandelsgesellschaften (OHG, KG, EWIV usw.)
- die nach dem BetrVG, SprAuG, EBRG, MitbestG, MontanmitbestG, MontanmitbestErgG beteiligten Personen und Stellen (= betriebsverfassungsrechtliche Organe oder Gruppierungen hiervon; Organmitglieder, soweit sie in ihrer betriebsverfassungsrechtlichen Stellung betroffen sind)
- im Verfahren nach § 2a Abs. 1 Nr. 4 ArbGG über die Tariffähigkeit oder Tarifzuständigkeit die beteiligten Vereinigungen von Arbeitnehmern oder von Arbeitgebern (§ 10 HS 2 a. E. ArbGG).

6. Prozeßfähigkeit (§§ 80 Abs. 2, 46 Abs. 2 ArbGG, §§ 495, 51 Abs. 1, 52 ZPO)
Prozeßfähigkeit ist die Fähigkeit, Prozeßhandlungen selbst wirksam vorzunehmen oder entgegenzunehmen. Juristische Personen bedürfen der Vertretung durch den Vorstand (§ 26 Abs. 2 BGB, §§ 78 Abs. 1 AktG, 24 GenG) oder die Geschäftsführer (§ 35 Abs. 1 GmbHG), Handelsgesellschaften durch die vertretungsberechtigten Gesellschafter (§§ 125, 161 Abs. 2 HGB).

7. Postulationsfähigkeit (§ 11 ArbGG)
Postulationsfähigkeit ist die Fähigkeit, vor Gericht aufzutreten, d.h. wirksam Anträge zu stellen. Vertretung durch Verbandsvertreter nur bei Mitgliedschaft im Verband (§ 11 Abs. 1 Sätze 2 und 3 ArbGG). Das Verbot des § 11 Abs. 3 ArbGG gilt nicht für Personen, die mit Untervollmacht handeln (Bürovorsteher, Stationsreferendar usw.).

8. Antragsbefugnis
- Antragsbefugt ist, wer behauptet, Träger des geltend gemachten Rechts zu sein. Ob dieses Recht tatsächlich besteht, ist eine Frage der Begründetheit des Antrags.
- Die Antragsbefugnis ist gegeben, wenn der Antragsteller
  - eine Leistung an sich selbst verlangt,
  - die Feststellung eines Rechtsverhältnisses begehrt, an dem er selbst beteiligt ist, oder
  - geltend macht, in Rechten oder Rechtspositionen, die ihm durch das BetrVG usw. eingeräumt sind, unmittelbar betroffen zu sein.

9. Rechtsschutzbedürfnis
Fehlt, wenn das Gericht
- die Unwirksamkeit einer bereits abgeschlossenen Maßnahme oder
- die Mitbestimmungspflichtigkeit einer Maßnahme feststellen soll, die im Zeitpunkt ihrer gerichtlichen Geltendmachung keine Rechtswirkungen mehr entfaltet.

10. Klagefrist bei der Anfechtung einer Betriebsratswahl (§ 19 Abs. 2 Satz 2 BetrVG)
Keine Sachurteilsvoraussetzung, sondern materiell-rechtliche Ausschlußfrist.

Das Arbeitsgericht hat von Amts wegen festzustellen, wer Beteiligter ist, und entspre- 116
chend zu verfahren[112]. Allerdings verliert niemand seine Beteiligtenstellung dadurch, daß er
nicht tatsächlich am Verfahren beteiligt wird, wie umgekehrt die Beteiligtenstellung nicht
durch die rein faktische Teilnahme am Beschlußverfahren erworben werden kann. Verkennt
das Gericht die Beteiligteneigenschaft, so liegt ein (behebbarer) Verfahrensfehler vor, der
die Entscheidung rechtsfehlerhaft und damit anfechtbar macht[113]. Verfahrensbeteiligte sind
von Amts wegen anzuhören (§ 83 Abs. 4 ArbGG). Sie haben bei der Aufklärung des Sach-
verhalts mitzuwirken (§ 83 Abs. 1 Satz 2 ArbGG); dazu kann sie das Gericht vernehmen
(§ 83 Abs. 2 ArbGG); über Zwangsmittel verfügt das Gericht allerdings nicht. Das Gericht
genügt seiner Anhörungspflicht, wenn es einen Beteiligten ordnungsgemäß lädt und dieser
dem Termin unentschuldigt fernbleibt (§ 83 Abs. 4 Satz 2 ArbGG). Beteiligte können
gegen eine Entscheidung Rechtsmittel einlegen, falls sie durch sie beschwert sind. Die
Rechtskraft einer Entscheidung wirkt für und gegen alle Beteiligten, selbst wenn sie nicht
am Verfahren teilgenommen haben. Ob der Arbeitgeber in jedem Beschlußverfahren Beteiligter ist oder ob ihn das Gericht nur anzuhören hat (§ 83 Abs. 3 ArbGG), ist streitig; die h.
M. geht von ersterem aus[114].

bb) Beteiligungsfähigkeit ist die Fähigkeit, Beteiligter in einem arbeitsgerichtli- 117
chen Beschlußverfahren zu sein. Sie ist wie die Parteifähigkeit eine Prozeßvoraus-
setzung[115]. Beteiligungsfähig sind außer allen natürlichen und juristischen Personen auch Gewerkschaften, Arbeitgebervereinigungen, Zusammenschlüsse solcher
Verbände sowie die nach dem BetrVG, dem SprAuG, dem EBRG und den Mitbestimmungsgesetzen beteiligten Personen und Stellen (§ 10 ArbGG). „Stellen"
meint die betriebsverfassungsrechtlichen Organe wie Betriebrat, Gesamtbetriebsrat
usw. als solche und Gruppierungen hiervon (z. B. Ausschüsse des Betriebsrats).
Einzelne Organmitglieder sind nur dann beteiligungsfähig, wenn sie gerade in ihrer
betriebsverfassungsrechtlichen Stellung betroffen sind (z.B. beim Ausschluß aus
dem Betriebsrat). Für die Prozeßfähigkeit, die Postulationsfähigkeit und die Frage
der ordnungsgemäßen Vertretung gilt das beim Urteilsverfahren Gesagte entsprechend. Zu den weiteren Verfahrensvoraussetzungen vgl. die Übersicht nach Rn.
115.

2. Gang des erstinstanzlichen Verfahrens

a) Einleitung des Verfahrens

aa) Antrag. Das Beschlußverfahren wird nur auf Antrag eingeleitet. Dieser ist 118
beim zuständigen Arbeitsgericht (§ 82 ArbGG) schriftlich oder mündlich zur Niederschrift anzubringen (§ 81 Abs. 1 ArbGG). Die Antragsschrift muß einen be-

---

[112] BAG, Beschl. v. 3.4.1979, AP Nr. 1 zu § 13 BetrVG 1972.
[113] Im einzelnen *Germelmann*, § 83 ArbGG Rn. 28 ff.
[114] BAG, Beschl. v. 19.2.1975, AP Nr. 10 zu § 5 BetrVG 1972.
[115] BAG, Beschl. v. 13.7.1955, AP Nr. 2 zu § 81 BetrVG, Beschl. v. 23.4.1971, AP Nr. 2 zu
§ 97 ArbGG.

stimmten Sachantrag (Leistungs-, Feststellungs- oder Gestaltungsantrag) enthalten. Der Antrag ist zu begründen. Dabei hat der Antragsteller diejenigen Tatsachen vorzutragen, auf die er sein Begehren stützt[116] (§§ 83 Abs. 1 Satz 2, 80 Abs. 2, 46 Abs. 2 Satz 1 ArbGG, 253 ZPO). Antrag und Lebenssachverhalt bestimmen den Streitgegenstand. Mit Zustellung der Antragsschrift an die Beteiligten wird der Rechtsstreit rechtshängig[117]. Damit treten die in § 261 Abs. 3 ZPO bestimmten Rechtsfolgen ein. Zur Wahrung von Ausschlußfristen, etwa der zweiwöchigen Frist zur Anfechtung einer fehlerhaften Betriebsratswahl (§ 19 Abs. 2 BetrVG), genügt bereits die Antragstellung bei Gericht, selbst wenn dieses örtlich unzuständig ist (§ 167 ZPO)[118].

119 bb) **Antragsbefugnis.** Ein Beschlußverfahren einleiten kann nur, wer behauptet, Träger des geltend gemachten Rechts zu sein. Ob dieses Recht tatsächlich besteht, ist eine Frage der Begründetheit. Antragsbefugt ist etwa, wer eine Leistung an sich verlangt oder die Feststellung eines Rechtsverhältnisses beantragt, an dem er selbst beteiligt ist[119]. Bei betriebsverfassungsrechtlichen Streitfragen ist zu prüfen, ob die den Streitgegenstand regelnden Normen des BetrVG dem Antragsteller eigene Rechte oder Rechtspositionen zuordnen, in denen er durch die Entscheidung betroffen sein kann[120]. So ist der Betriebsrat nicht befugt, Individualrechte der Arbeitnehmer geltend zu machen. Ob im Beschlußverfahren eine (gewillkürte) Prozeßstandschaft zulässig ist, d.h. die Geltendmachung fremder Rechte im eigenen Namen, ist umstritten. Die h. M. verneint[121]. Fehlt die Antragsbefugnis, ist das Beschlußverfahren unzulässig.

120 cc) **Rechtsschutzinteresse.** Eine weitere, in jeder Instanz von Amts wegen zu beachtende Zulässigkeitsvoraussetzung ist das Rechtsschutzinteresse[122]. Das Rechtsschutzinteresse fehlt, wenn sich der Rechtsstreit erledigt hat und das Gericht nur noch eine abstrakte Rechtsfrage zu klären hätte, etwa die Unwirksamkeit einer Maßnahme oder ihre Mitbestimmungspflichtigkeit.

Beispiele: Antrag auf Ausschluß eines Mitglieds aus dem Betriebsrat, wenn dessen Amtszeit abgelaufen und das Mitglied nicht wiedergewählt worden ist; Antrag auf Feststellung des Status als leitender Angestellter nach dessen Ausscheiden aus dem Betrieb.

---

[116] BAG, Beschl. v. 26.6.1973, AP Nr. 3 zu § 20 BetrVG 1972; Beschl. v. 9.9.1975, AP Nr. 6 zu § 83 ArbGG.
[117] *Germelmann*, § 81 ArbGG Rn. 39.
[118] BAG, Beschl. v. 15.7.1960, AP Nr. 10 zu § 76 BetrVG 1952.
[119] BAG, Beschl. v. 23.2.1988, AP Nr. 9 zu § 81 ArbGG 1979.
[120] BAG, Beschl. v. 10.6.1986, AP Nr. 26 zu § 80 BetrVG 1972; Beschl. v. 18.8.1987, AP Nr. 6 zu § 81 ArbGG 1979.
[121] BAG, Beschl. v. 27.11.1973, AP Nr. 4 zu § 40 BetrVG 1972; differenzierend *Germelmann*, § 81 ArbGG Rn. 61; a. A. *Grunsky*, § 80 ArbGG Rn. 17.
[122] BAG, Beschl. v. 1.12.1961, AP Nr. 1 zu § 80 ArbGG 1953.

Es genügt nicht, daß die Entscheidung nur eine Handhabe für künftige Streitfälle bietet; erforderlich ist vielmehr, daß der anhängige Rechtsstreit mit Bindungswirkung für die Beteiligten entschieden werden kann.

dd) Eine Antragsänderung ist zulässig, wenn die übrigen Beteiligten zustimmen oder das Gericht die Änderung für sachdienlich hält. Lassen sich die Beteiligten rügelos auf den geänderten Antrag ein, so gilt ihre Zustimmung als erteilt (§ 81 Abs. 3 Satz 2 ArbGG)[123].

b) Weiteres Verfahren

aa) Güteverhandlung. Der Kammervorsitzende kann nach pflichtgemäßem Ermessen einen Gütetermin ansetzen (§ 80 Abs. 2 Satz 2 ArbGG). Anders als im Urteilsverfahren ist die Güteverhandlung im Beschlußverfahren nicht zwingend erforderlich. Sie bietet sich an, wenn die Parteien über den Streitgegenstand verfügen können, eine rasche Klärung herbeiführen wollen und kompromißbereit sind. Die Güteverhandlung erfolgt vor dem Kammervorsitzenden. Die für das Urteilsverfahren des ersten Rechtszugs maßgebenden Vorschriften über das Güteverfahren gelten entsprechend (§ 80 Abs. 2 Satz 2 HS 2 ArbGG).

bb) Kammertermin. Sofern der Vorsitzende keine Güteverhandlung anordnet, findet regelmäßig ein Anhörungstermin vor der Kammer statt. Ziel des Anhörungstermins ist es, den Sachverhalt aufzuklären und allen Beteiligten rechtliches Gehör zu gewähren. Der Termin ist vom Kammervorsitzenden umfassend vorzubereiten (§§ 80 Abs. 2 Satz 1, 55 Abs. 4, 56 Abs. 1 ArbGG); er hat insbesondere alle Beteiligten zu ermitteln und zu laden. Eine Pflicht, im Anhörungstermin zu erscheinen, besteht für keinen der Verfahrensbeteiligten, nicht einmal für den Antragsteller. Bleibt ein Beteiligter auf Ladung unentschuldigt aus, so ist der Pflicht zur Anhörung genügt; auf diese Rechtsfolge muß der Beteiligte bereits in der Ladung hingewiesen werden (§ 83 Abs. 4 Satz 2 ArbGG). Den Beteiligten ist es aber gestattet, sich schriftlich zu äußern (§ 83 Abs. 4 Satz 1 ArbGG). Mit dem ausdrücklichen Einverständnis aller Beteiligten kann das Gericht auch ohne einen Anhörungstermin entscheiden (§ 83 Abs. 4 Satz 3 ArbGG).

c) Beendigung

Das Verfahren wird beendet durch
- Antragsrücknahme (§ 81 Abs. 2 ArbGG),
- verfahrensbeendenden Vergleich (§ 83a Abs. 1 Alt. 1 ArbGG),
- Erledigterklärung durch alle Beteiligten (§ 83a Abs. 1 Alt. 2, Abs. 2 und 3 ArbGG) oder
- Beschluß des Gerichts nach streitiger Verhandlung (§ 84 ArbGG).

---

[123] Vgl. im einzelnen *Germelmann*, § 81 ArbGG Rn. 83 ff.

126 aa) Antragsrücknahme. Der Antrag kann jederzeit ganz oder, wenn der Streitgegenstand teilbar ist, teilweise zurückgenommen werden, und zwar in derselben Form, wie er gestellt wurde (§ 81 Abs. 2 ArbGG), d.h. schriftlich, zur Niederschrift der Geschäftsstelle oder zu Protokoll im Anhörungstermin (§ 160 Abs. 3 Nr. 8 ZPO). In erster Instanz bedarf die Antragsrücknahme nicht der Zustimmung der übrigen Beteiligten, wohl aber in zweiter und dritter Instanz (§§ 87 Abs. 2 Satz 3, 92 Abs. 2 Satz 3 ArbGG). Bei wirksamer Antragsrücknahme ist das Verfahren vom Kammervorsitzenden von Amts wegen einzustellen (§ 81 Abs. 2 Satz 2 ArbGG).

127 bb) Vergleich. Die Beteiligten können zur Niederschrift des Gerichts oder des Vorsitzenden einen Vergleich schließen. Das Verfahren endet dann von selbst, ohne daß es einer förmlichen Einstellung bedarf. Voraussetzung ist, daß die Beteiligten über die streitigen Rechte verfügen können (§ 83a Abs. 1 Alt. 1 ArbGG). Das bestimmt sich nach materiellem Recht. Die Verfügungsbefugnis besteht bei allen vermögensrechtlichen Streitigkeiten (Erstattung von Betriebsratskosten usw.). Auf die Ausübung von Mitbestimmungsrechten kann dagegen nur im konkreten Streitfall, nicht aber für die Zukunft verzichtet werden. Fragen der Organisation der Betriebsverfassung im weitesten Sinne sind nicht verfügbar. Über das Wahlrecht einzelner Mitarbeiter, über die Notwendigkeit einer Betriebsratswahl oder über den Rückritt eines Betriebsrats kann deshalb kein Vergleich abgeschlossen werden[124]. Der ordnungsgemäß protokollierte Vergleich ist ein Vollstreckungstitel (§ 85 Abs. 1 Satz 1 ArbGG).

128 cc) Erledigterklärung. Die Beteiligten können den Rechtsstreit auch ganz oder teilweise für erledigt erklären. Erforderlich ist das Einvernehmen sämtlicher Beteiligter. Die Erledigterklärung ist als Prozeßhandlung unwiderruflich. Hat nur der Antragsteller das Verfahren für erledigt erklärt, so muß das Gericht die übrigen Beteiligten zur Mitteilung auffordern, ob sie der Erledigung zustimmen. Nach Ablauf der vom Gericht bestimmten Frist gilt ihr Schweigen als Zustimmung (§ 83a Abs. 3 ArbGG). Nach einer wirksamen Erledigterklärung ist das Verfahren von Amts wegen einzustellen.

129 dd) Das Verfahren kann schließlich durch **Gerichtsbeschluß** beendet werden, der seiner Funktion nach dem Urteil im Urteilsverfahren gleichsteht. Dabei entscheidet das Gericht nach seiner freien, aus dem Gesamtergebnis des Verfahrens gewonnenen Überzeugung (§ 84 Satz 1 ArbGG). Der Beschluß ist schriftlich abzufassen, zu verkünden und mit einer Rechtsmittelbelehrung zu versehen. Beschlüsse in vermögensrechtlichen Streitigkeiten sind vorläufig vollstreckbar (§ 85 Abs. 1 Satz 2), das Vollstreckungsverfahren richtet sich nach den §§ 704 ff. ZPO. Der Beschluß erwächst formell und materiell in Rechtskraft. Die Rechtskraft erstreckt sich auf alle Verfahrensbeteiligten. Ob der Beschluß auch für und gegen andere Personen und Stellen wirken kann, ist streitig, aber zumindest dann zu bejahen, wenn er gestaltende Wirkung hat (Anfechtung einer Betriebsratswahl, Auflösung des Betriebsrats usw.) oder wenn die Entscheidung eines kollektivrechtlichen Rechts-

---

[124] *Germelmann*, § 83a ArbGG Rn. 9; *Wlotzke/Schwedes/Lorenz*, § 83a ArbGG Rn. 3.

streits auch für das Individualrechtsverhältnis von Bedeutung ist[125], wie etwa die richtige Eingruppierung eines Arbeitnehmers[126].

3. Rechtsmittel

a) Beschwerde

Gegen die verfahrensbeendenden Beschlüsse der Arbeitsgerichte findet die Beschwerde an das LAG statt. Für diese gelten die Vorschriften des Berufungsverfahrens entsprechend, soweit dem nicht der besondere Charakter des Beschlußverfahrens entgegensteht (§ 87 Abs. 2 ArbGG). Die Einlegung der Beschwerde hat aufschiebende Wirkung; sie hindert den Eintritt der Rechtskraft. Beschwerdebefugt sind alle am Verfahren Beteiligten unabhängig davon, ob sie vom Arbeitsgericht als Beteiligte hinzugezogen worden sind[127]. Ersetzt etwa das Arbeitsgericht die vom Betriebsrat verweigerte Zustimmung zur außerordentlichen Kündigung (§ 103 Abs. 2 BetrVG), so kann das betroffene Betriebsratsmitglied auch dann Beschwerde einlegen, wenn der Betriebsrat die gerichtliche Entscheidung hinnimmt[128]. Der Beschwerdeführer muß durch den Beschluß des Arbeitsgericht beschwert sein. Das bestimmt sich beim Antragssteller durch einen Vergleich der beantragten mit der ergangenen Entscheidung, bei den übrigen Beteiligten danach, ob sie durch den Beschluß objektiv in ihrer materiellen Rechtsstellung betroffen sind; die bloße (rechtswidrige) Nichtbeteiligung am Verfahren genügt im Regelfalle nicht. 130

b) Rechtsbeschwerde

Gegen die Beschwerdeentscheidungen des LAG findet die Rechtsbeschwerde an das BAG statt, wenn sie
- vom LAG ausdrücklich durch Beschluß (§ 92 Abs. 1 ArbGG),
- vom BAG auf Nichtzulassungsbeschwerde (§ 92a ArbGG) oder
- vom Arbeitsgericht als Sprungrechtsbeschwerde zugelassen wurde (§ 96a ArbGG). 131

Für die Zulassung, die Nichtzulassungsbeschwerde und die Sprungrechtsbeschwerde gilt das zur Revision im Urteilsverfahren Ausgeführte entsprechend. Das Rechtsbeschwerdeverfahren vor dem BAG folgt den für das Revisionsverfahren geltenden Regelungen (§ 92 Abs. 2 ArbGG), soweit der Charakter des Beschlußverfahrens dem nicht entgegensteht. 132

---

[125] Näher *Dütz*, ArbRdGgw 20, 33 ff.; *Jox*, NZA 1990, 424; *Otto*, RdA 1989, 247; *Prütting*, RdA 1991, 257.
[126] BAG, Beschl. v. 3.5.1994, AP Nr. 2 zu § 99 BetrVG 1972 Eingruppierung.
[127] BAG, Beschl. v. 10.9.1985, AP Nr. 34 zu § 2 TVG.
[128] BAG, Beschl. v. 10.12.1992, AP Nr. 4 zu 87 ArbGG 1979.

Stichwortverzeichnis

Abmahnung, kollektivrechtliche **16** 93
Abrufarbeit **16** 449
Abschlußnorm **13** 17 ff.
Absperrklausel **13** 175
Abteilungsversammlung **16** 328
Abwehraussperrung **14** 31, 81 ff., 141
Änderungskündigung **13** 117 f., **16** 553, 568 f., 577, **19** 112 f.
Änderungstarifvertrag **13** 42
Änderungsvertrag **13** 113, **19** 110 ff.
Änderung von Arbeitsbedingungen **11** 17 f., **18** 1 ff., **19** 16, 81, 444
Allgemeinverbindlicherklärung **13** 41, 86, 250 f.
Altersversorgung **16** 280, 467, 480
Amtsenthebungsverfahren **16** 85
Anerkennungstheorie **13** 14
Angestellter **16** 36 ff.
Angestellter, AT **16** 39
Angestellter, leitender s. dort
Angriffsarbeitskampf **14** 23, 31, 80, 117
Anrechnung auf Tariferhöhung **13** 295 ff., 304 f.
Anrechnungsklausel **13** 304 f.
Anschlußtarifvertrag **13** 42
Antragsbefugnis **21** 119
Antragsrücknahme **21** 125
Antragsschrift **21** 118
Arbeiter **16** 48
Arbeitgeber **16** 50
- Vertreter des **16** 51 f.
- strafrechtliche Sanktionen gegen **16** 98
- Teilnahme an Betriebsratssitzungen **16** 212
- Teilnahme an Wirtschaftsausschußsitzungen **16** 287
Arbeitgeberverband **12** 69 f.
Arbeitnehmer **16** 30
arbeitnehmerähnliche Person **13** 235
Arbeitnehmerentsendung **13** 251a
Arbeitnehmer, jugendlicher **16** 49
Arbeitsablauf **16** 495
Arbeitsbereitschaft **16** 448

Arbeitsentgelt **16** 453
Arbeitsgericht
- Aufbau **21** 1 ff.
- Berufsrichter **21** 9 f.
- Beweis **21** 76 ff.
- Rechtsweg **21** 13 ff.
- Vollstreckungsverfahren **21** 81
- Zusammenhangsklage **21** 22 f.
- Zuständigkeit im Beschlußverfahren **21** 26 ff., 40 ff.
- Zuständigkeit im Urteilsverfahren **21** 16 ff., 38 f.
Arbeitsgerichtsbarkeit **11** 19 ff., **21** 1 ff.
Arbeitskampf
- Abgrenzung zu anderen Erscheinungen **14** 19 ff.
- Arbeitgebermaßnahmen **14** 31 ff.
- Arbeitnehmermaßnahmen **14** 24 ff.
- und Arbeitslosenversicherung **14** 177 ff.
- Arten **14** 22 ff.
- Aufgabe **14** 1
- Auszubildende **14** 41
- Begriff **14** 14 ff.
- Beseitigungsanspruch **14** 127 ff.
- und Betriebsverfassungsrecht **14** 151 ff.
  s. Betriebsverfassung, Arbeitskampf
- deliktisch-negatorische Ansprüche **14** 129 f.
- und einfachrechtliche Vorschriften **14** 6 f.
- einstweilige Verfügung **14** 181 ff.
- Entgeltfortzahlung **14** 105 ff.
- Gebot fairer Kampfführung **14** 67 ff.
- und Gratifikationen **14** 101 f.
- Kampfmittel **14** 16 f.
- Kampfpartei **14** 15
- und Krankheit **14** 106 f.
- und Kündigung **14** 112, 133, 147 f.
- Kunden **14** 15, 119, 150, 179
- Leistungsverweigerungsrecht **14** 132, 140

- und Nebenpflichten aus dem Arbeitsvertrag **14** 100
- und öffentlicher Dienst **14** 41, 85
- Paritätsbegriff **14** 71 ff.
- politischer **14** 23, 42
- rechtmäßiger **14** 37 ff., 87 ff., 171 f.
- Rechtsfolgen eines rechtmäßigen **14** 87 ff., 94 ff.
- Rechtsfolgen eines rechtswidrigen **14** 124 ff., 142 ff., 150
- Rechtsfolgen für unbeteiligte Dritte **14** 113 ff., 150
- Rechtsgrundlage **14** 4 ff.
- rechtswidriger **14** 124 ff., 173
- Rechtswirkung **14** 51
- Regelungsmacht **14** 43 ff.
- Schadensersatzansprüche **14** 131, 138 f., 145 f.
- und Sonderzahlungen **14** 101 f.
- und Sozialversicherung **14** 169 ff.
- Suspendierung der Hauptleistungspflichten **14** 94 ff.
- und tarifliche Regelungen **14** 8
- und Tarifvertrag **14** 42, 133, 149
- Teilnahme an Betriebsversammlung **16** 334
- Teilnahme von Betriebsverfassungsorganen **14** 153 f., 163 ff., **16** 106
- Teilnehmer an **14** 40
- Überblick (Schaubild) **14** 13
- ultima ratio **14** 1, 52, 62 ff.
- Unterlassungsanspruch **14** 127 ff., 134 ff., 144
- und Urlaub **14** 103 f.
- Verbot **16** 105 f.
- und Verfassung **14** 4 f.
- Verhältnismäßigkeitsprinzip **14** 59 ff.
- Voraussetzungen **14** 37 ff.
- Weiterbeschäftigung **14** 36
- Ziel **14** 42
- Zulieferer **14** 123
Arbeitskampfrisiko **14** 114 ff.
Arbeitsplätze **16** 495
Arbeitsstreitigkeit **11** 19 ff.
Arbeitsunfall **16** 461 ff.
Arbeitsverfahren **16** 495
Arbeitswilliger **14** 113
Arbeitszeit
- Dauer **13** 182, 291 ff., **16** 448

- gleitende **16** 449
- Lage **13** 182, **16** 448
- variable **16** 449
Auflösungsverfahren **16** 87 f., 143
Aufsichtsrat **15** 19 ff.
Ausgestaltung
- Koalitionsfreiheit **12** 45
- Tarifautonomie **13** 47 ff.
Ausgleichsquittung **16** 404
Ausgliederung **16** 186, **19** 46
Ausschlußfrist **13** 309 ff.
- Aufrechnung **13** 344
- Beginn **13** 321 ff.
- Begriff **13** 309
- bei Betriebsvereinbarungen **16** 393, 404
- Ende **13** 330
- Geltendmachung **13** 331 ff., 340
- persönliche Reichweite **13** 320 ff.
- sachliche Reichweite **13** 315 ff.
- bei Tarifverträgen **13** 309 ff.
- und treuwidriges Verhalten **13** 341 f.
- Überblick **13** 309 ff.
- und Verjährungsfrist **13** 310
- und Verwirkung **13** 311
- zweistufige **13** 338 f.
Ausschlußklausel **13** 176
Ausschüsse, weitere **16**, 204 f.
Aussperrung **14** 17, 31 f., 79 ff.
- „kalte" **14** 116
- lösende **14** 32, 61, 149
- suspendierende **14** 32, 155
Außenseiter **13** 24 f., 152, 239, 249 f., 258, **14** 40, 66
Auswahlrichtlinie **16** 514 f., 517, 542
Auszubildender **16** 39
aut-aut-Fall **21** 36
Autonomietheorie **13** 11

BAG **21** 1 6 f.
- Großer Senat **21** 7 f.
BDA **12** 71
Beamter **14** 41
Beendigungsnorm **13** 22, 26
Beförderung **16** 515, 565, 717, **17** 58
Beförderungschance **16** 543
Beiordnung eines Rechtsanwalts **21** 53 f.
Behandlung nach Recht und Billigkeit **16** 110 ff., 705

Belegschaftsversammlung **16** 337
Bereitschaftsdienst **16** 448
Berufsbildung **16** 518 ff.
- Auswahl der Teilnehmer **16** 523
- Begriff **16** 518
- Bestellung der Lehrperson **16** 522
- Durchführung **16** 521
- Förderung **16** 518
- Vorschlagsrecht des Betriebsrats **16** 519, 523
Berufskrankheit **16** 461 ff.
Berufung **21** 82 ff.
- Abschluß des Verfahrens **21** 92
- Begründung **21** 90
- Beschwer **21** 85
- Einlegung **21** 89
- Statthaftigkeit **21** 83 ff.
- Verfahren **21** 91
- Zulassung **21** 87 f.
Beschäftigter **17** 11
Beschlußverfahren **21** 110 ff.
- Abgrenzung zum Urteilsverfahren **21** 110 ff., 114
- Abschluß des Verfahrens **21** 124 ff.
- Anhörungstermin **21** 123
- Begriff **21** 110
- Erledigterklärung **21** 127
- Prüfungsschema **21** 115
- Rechtsschutzinteresse **21** 120 ff.
- Rechtsmittel **21** 129 ff.
- Statthaftigkeit **21** 111
- Überblick **21** 114
- Verfahrensablauf **21** 118 ff.
- Verfahrensgrundsätze **21** 114
- Vergleich **21** 126
- Zulässigkeit **21** 115
Beschwerde **21** 97 ff., 130 ff.
Besetzungsklausel **13** 180
Besitzstandsklausel **13** 307
Beteiligter **21** 115 f.
Beteiligung des Personalrats **17** 46 ff.
- Beteiligungsarten **17** 48
- beteiligungspflichtige Angelegenheiten **17** 53 ff.
  s. auch Beteiligungsrechte des Personalrats
- Initiativrecht **17** 52
- Mitbestimmungsverfahren, förmliches **17** 49

- Mitwirkungsverfahren, förmliches **17** 50
- vorläufige Maßnahmen **17** 51
- Vorschlagsrecht **17** 52
- Vereinbarung **17** 46
Beteiligungsfähigkeit **21** 117
Beteiligungsformen des Betriebsrats **16** 352 f.
Beteiligungsformen des Sprecherausschusses **16** 698 ff.
Beteiligungsrechte des Betriebsrats **16** 6, 11 f., 343 ff.
- Einschränkung **16** 25, 29, 106
- Initiativrecht **16** 351
Beteiligungsrechte des Personalrats **17** 53 ff.
- Allgemeines **17** 53
- innerdienstliche Angelegenheiten **17** 62
- personelle Angelegenheiten **17** 56 ff.
- soziale Angelegenheiten **17** 54
- technisch-organisatorische Angelegenheiten **17** 55
Beteiligungsrechte des Sprecherausschusses
- personelle Angelegenheiten
  s. Sprecherausschuß, personelle Angelegenheiten
- soziale Angelegenheiten
  s. Sprecherausschuß, soziale Angelegenheiten
- Überblick **16** 706
- wirtschaftliche Angelegenheiten
  s. Sprecherausschuß, wirtschaftliche Angelegenheiten
Betrieb
- Begriff **16** 54, **19** 13
- Dienstleistungsunternehmen **19** 18, 20
- gemeinsamer **16** 55 f., **19** 99 f.
- gerichtliches Zuordnungsverfahren **16** 61
- Kleinbetrieb **16** 600
- Produktionsbetrieb **19** 17
Betriebsabteilung **16** 328
Betriebsänderung **16** 605 ff.
Betriebsarzt **16** 465
Betriebsautonomie **11** 7, **16** 363 ff.
Betriebsbesetzung **14** 30
Betriebsblockade **14** 30

Betriebsbußenordnung **16** 447
Betriebsfrieden **16** 104, 109, 546, 683, 696
Betriebsinhaberwechsel
- Änderung von Arbeitsbedingungen **19** 81
- Änderungskündigung **19** 81, 92, 112
- Änderungsvertrag **19** 110 f.
- Annahmeverzug **19** 75
- Arbeitsverhältnisse **19** 57
- Begriff **19** 1
- Betriebsmittel **19** 10 f., 17 ff., 36, 45
- Betriebsvereinbarung **19** 101, 104, 109
- Betriebszugehörigkeit **19** 58, 74
- durch Rechtsgeschäft **19** 3, 21, 26, 43 ff., 48 f.
- Eintritt in Rechte und Pflichten **11** 19, **19** 69 f.
- europarechtskonforme Auslegung **19** 8 ff., 38, 51
- Feststellungsklage **19** 96 f.
- Fortführung des Betriebes **19** 22
- Funktionsnachfolge **19** 36 ff.
- Gesamtschuldner **19** 82
- identitätsprägende Merkmale **19** 9 f., 37 f., 40 f.
- Identitätswahrung **19** 8, 27
- Insolvenzverfahren
  s. Insolvenzverfahren
- Know how **19** 10, 18 f., 40
- Know-how-Träger **19** 19, 40
- Kündigung **19** 85 ff.
- Leitungs- und Organisationsmacht **19** 16, 39, 52
- Normzweck **19** 4, 6, 14
- Organisationseinheit **19** 25, 37, 39
- Singularsukzession **19** 3
- Stillegung
  s. Betriebsstillegung
- Tatbestand des **19** 7
- Tarifvertrag **19** 101 ff.
- (Teil-)Zweck **19** 25
- Übernahme der Hauptbelegschaft **19** 10, 12, 20, 41
- Übernahmevertrag **19** 83
- Umgehung **19** 93
- Unternehmensumwandlung **19** 2, 47, 76, 100
- Universalsukzession **19** 2, 43, 46, 48

- Weiterbeschäftigungsanspruch **19** 53, 57
- Widerspruchsrecht
  s. Widerspruchsrecht
- wirtschaftliche Einheit **19** 8
- Zuständigkeit des Betriebsrats **19** 98 ff.
- Zwangsversteigerung **19** 55
- Zwangsverwaltung **19** 56
Betriebsmittel **19** 3, 7 f., 10 f., 17 ff., 25 ff., 36 ff.
Betriebsnorm **13** 23 f., 249
Betriebspause **19** 10, 32, 92
Betriebsrat
- Amtszeit **16** 182 ff.
- und Arbeitskampf **14** 151 ff.
  s. auch Betriebsverfassungsrecht, Arbeitskampf
- Aufgaben **16** 238, 341 ff.
- Auskunftsanspruch **16** 300
- Beteiligungsrechte
  s. Beteiligungsrechte des Betriebsrats
- Betriebsratswahl **16** 131 ff.
  s. auch Wahl
- Betriebs(teil)übergang **19** 98 ff.
- Fraktionen **16** 141
- Freistellung
  s. Freistellung von Betriebsratsmitgliedern
- Funktionszulage **16** 234
- Geschäftsordnung **16** 194, 206 ff.
- Größe **16** 136 f.
- Haftung **16** 77
- Hausrecht **16** 231
- Kosten
  s. Kosten des Betriebsrates
- konstituierende Sitzung **16** 160
- Kontrolle durch Arbeitgeber **16** 240
- Prozeßstandschaft **16** 79
- Rechtsfähigkeit **16** 74 f., 79
- Rechtsnatur **16** 72 f.
- Rechtsscheinhaftung **16** 196
- Rücktritt **16** 143
- Sitzungsgeld **16** 234
- Schulungs- und Bildungsveranstaltungen
  s. dort
- Unabhängigkeit **16** 234
- Unterlassungsanspruch **16** 92 ff., 103
- Vermögensfähigkeit **16** 74 f.

- Vorsitzender
  s. *Betriebsratsvorsitzender*
- Wiederwahl **16** 183
- Zusammensetzung **16** 71, 139
Betriebsräteversammlung **16** 338, 598
Betriebsratsausschuß **16** 199 ff.
- Aufgaben **16** 201
- Bildung **16** 199 f.
- Kleinbetriebe **16** 203
- laufende Geschäfte **16** 201
- Zusammensetzung **16** 199
Betriebsratsbeschluß
- Aufhebung **16** 216
- Aussetzung **16** 218, 322
- Befangenheit **16** 215
- Beschlußfähigkeit **16** 217
- Beschlußfassung **16** 214 ff., 226
- Heilung von Mängeln **16** 209
- Mehrheitsprinzip **16** 214
- Stimmenthaltung **16** 215
- Umlaufbeschluß **16** 217
Betriebsratsmitglied
- Abmahnung **16** 238
- Abmeldepflicht **16** 240
- Arbeitsbefreiung **16** 235 ff.
- Aufwendungen **16** 227
- Ausscheiden **16** 177
- Amtspflichtverletzung **16** 84
- Amtszeit **16** 187
- Aufwendungsersatz **16** 229, 234
- Entgeltfortzahlung **16** 241 f.
- Entgeltschutz **16** 270
- Freistellung von Ansprüchen **16** 229, 267
- Gewerkschaft **11** 9, **16** 128 ff.
- Haftung **16** 78
- Rechtsstellung **16** 233 ff.
- Sanktionen, arbeitsvertragliche **16** 85
- Sanktionen, strafrechtliche **16** 89
- Sonderkündigungsschutz **16** 84, 177, 181, 273
- Tätigkeitsschutz **16** 271
- teilzeitbeschäftigtes **16** 245
Betriebsratsmittel **16** 106
- Büropersonal **16** 232
- Sachmittel **16** 231
- Schwarzes Brett **16** 104, 121, 231
- Überlassungsanspruch **16** 230
Betriebsratssitzung

- Ausschluß **16** 213
- Beschlußfassung
  s. *Betriebsratsbeschluß*
- Einberufung **16** 209 f.
- Leitung **16** 213
- Nichtöffentlichkeit **16** 212
- reguläre **16** 209
- Tagesordnung **16** 209, 217
- Teilnahmerecht **16** 212
- Zeit **16** 211
Betriebsratsvorsitzender **16** 191 ff.
- Aufgaben **16** 193 f.
- Hausrecht **16** 213, 336
- Leitung der Betriebsversammlung **16** 336
- Stellvertreter **16** 191 f., 198
- Teilnahme an Sprechstunden der Jugend- und Auszubildendenvertretung **16** 320
- Vertretungsbefugnis **16** 195 ff.
- Wahl **16** 191 f.
Betriebsstillegung
- Arbeitskampf **14** 33 f., 117
- Begriff **19** 29 ff.
Betriebsteil **16** 57 f., **19** 23 f., 58
- wesentlicher **16** 607
- Zuordnung **16** 62
Betriebsübergang **11** 17 f., **19** 1 ff.
  s. auch *Betriebsinhaberwechsel*
Betriebsunterbrechung **19** 10, 32, 92
Betriebsvereinbarung
- ablösende (verschlechternde) **16** 387, 400
- Abschluß **16** 355
- Abschlußnormen **16** 367
- Altersgrenze **16** 393, 399
- Anfechtung **16** 358
- Angemessenheitskontrolle **16** 400
- Arbeitsbedingungen **16** 367 f.
- Arbeitsentgelt **16** 376
- Auslegung **16** 398
- Ausschlußfristen **16** 393, 405
  s. auch *Ausschlußfristen*
- Beendigung **16** 406
- Begriff **16** 354
- belastende **16** 393 ff.
- Bezugnahme auf Tarifvertrag **16** 357, 380
- Billigkeitskontrolle **16** 399

- Diskriminierungsverbot **16** 115
- und Einheitsarbeitsbedingungen **16** 386 f.
- Gesetzesvorrang **16** 363
- Günstigkeitsprinzip **16** 380, 384 ff., 403
- Günstigkeitsprinzip, kollektives **16** 388 ff., 397
- Inhalt **16** 359
- kollektivfreie Individualsphäre **16** 385, 392
- Kündigung **16** 406
- Nachwirkung **16** 407
- Nichtigkeit **16** 358, 381
- normativer Teil **16** 359 ff.
- Öffnungsklausel **16** 376, 403
- Rechtskontrolle **16** 399
- Rechtsnatur **16** 353
- Rechtspolitisches **11** 15, **16** 382 f.
- Rechtswirkung **16** 401 ff.
- Regelungskompetenz **16** 360 ff., 396
- Regelungsstreitigkeit **20** 41
- Schriftform **16** 357
- schuldrechtliche Regelungen **16** 355
- Tarifvorbehalt **11** 11, **16** 364 ff., 373 ff.
- teilmitbestimmte **16** 407, 427
- Überprüfung durch Arbeitsgericht **16** 413
- Umdeutung **16** 408 ff.
- umstrukturierende **16** 388 f.
- Verhältnis zum Arbeitsvertrag **16** 392
- Verjährung **16** 405
- Vertrauensschutz **16** 400
- Verwirkung **16** 405
- Verzicht **16** 404
- Vorrangtheorie **16** 378 f.
- Zwei-Schranken-Theorie **16** 378 f.

Betriebsverfassungsgesetz
- Abdingbarkeit **16** 8
- Geltungsbereich, persönlicher **16** 14 ff., 30 f.
- Geltungsbereich, räumlicher **16** 13
- Gliederung **16** 4 ff.
- Grundsätze **16** 99 f.
- Territorialitätsprinzip **16** 13

Betriebsverfassungsorgane
- Übersicht **16** 69 f.

Betriebsverfassungsrecht
- Rechtsquellen **16** 1 f.

Betriebsverfassungsrecht und Arbeitskampf **14** 151 ff.
- Arbeitskampfverbot **14** 151 f.
- Beteiligungsrechte **14** 154 ff.
- Betriebsratsamt **14** 153 f.
- Betriebsratsmitglied **14** 163 ff.
- Einstellung **14** 156
- Kündigung **14** 155
- Kurzarbeit **14** 158
- Mehrarbeit **14** 157
- Rechtsfolgen der Kampfbeteiligung **14** 166 ff.
- Versetzung **14** 156

betriebsverfassungsrechtliche Tarifnorm **13** 27, 249

Betriebsversammlung
- außerordentliche **16** 329
- Beschlüsse **16** 335
- Durchführung **16** 336
- Nichtöffentlichkeit **16** 333
- ordentliche **16** 328
- parteipolitische Betätigung **16** 335
- Rederecht **16** 335
- Teilnahmeberechtigung **16** 333
- Teilversammlung **16** 328
- Thema **16** 335
- Vergütung **16** 334
- Wahl des Wahlvorstandes **16** 146, 330
- zeitliche Lage **16** 331 f.
- zusätzliche **16** 330

betriebliche Übung **16** 411, **19** 71

Betriebsstillegung **19** 15, 22, 29, 45
- Arbeitskampf **14** 33 f.
- Begriff **19** 29, 606
- Beteiligung des Europäischen Betriebsrates **16** 312
- Kündigung **19** 92
- Kündigung von Betriebratsmitgliedern **16** 273
- Restmandat des Betriebsrates **16** 186

Betriebsverhältnis **16** 76, 97

Betriebszugehörigkeit **16** 132, 135, **19** 58, 74, 97

Betriebszweck **13** 218, 224 ff., **19** 14, 24 ff., 29 ff.

Betriebszweckwechsel **19** 104, 109

Beurteilungsgrundsätze **16** 513

Bezirkspersonalrat **17** 29

Bezugnahme
- des Arbeitsvertrags auf den Tarifvertrag **13** 252 ff.
- einer Betriebsvereinbarung auf einen Tarifvertrag **16** 357, 380
- bei Nachwirkung **13** 106

Bildungsveranstaltungen
  s. *Schulungs- und Bildungsveranstaltungen*

Bordvertretung **16** 19
Boykott **14** 28 f.
Bummelstreik **14** 24, 42

CGB **12** 67

DAG **12** 66
Delegationstheorie **13** 13
Demonstrationsstreik **14** 23
DGB **12** 64 f.
Dienststelle **17** 14, 25
Dienstvereinbarung **17** 47
Differenzierungsklausel **13** 176
Diskriminierungsverbot **13** 168 ff., 208
Dispositionsgrundsatz **21** 59
Divergenzbeschwerde **21** 99
doppelt-relevante Tatsache **21** 34 ff.

Effektivklausel **13** 299 ff.
ehrenamtliche Richter **21** 11 f.
Ein- und Umgruppierung
- als Normenvollzug **16** 572
- Begriffe **16** 571
- Folgen fehlender Zustimmung **16** 573
- Mitbestimmungssicherungsverfahren **16** 573
- Mitbeurteilungsrecht **16** 572
- Zustimmungsersetzungsverfahren **16** 573

Einheitsarbeitsbedingungen **16** 386 f.
Einigungsstelle
- Aufgabe **20** 28, 44, 47 f.
- Begriff **16** 340
- Bestellung des Vorsitzenden **20** 32 f.
- Errichtung **20** 30, 45
- Interessenausgleich **16** 348
- Kosten **16** 223
- Mitglieder, Rechtsstellung **20** 34
- Zusammensetzung **20** 31, 46

Einigungsstellenverfahren **20** 3, 28 ff., 37
- Beschlußfassung **20** 38
- erzwingbares **20** 28
- freiwilliges **20** 28, 47
- Interessenabwägung **16** 428
- Rechtswirkung des Spruchs **20** 41
Einspruch **21** 65
Einstellung **16** 528 ff.
- und Abschluß des Arbeitsvertrages **16** 529 f.
- Arbeitskampf **14** 156
- Auskunftspflicht **16** 534 ff.
- Begriff **16** 528
- Bewerbungsunterlagen **16** 535
- tatsächliche Arbeitsaufnahme **16** 529 f.
- Unterlassungsanspruch **16** 548
- Unterrichtungsrecht **16** 533
- Weisungsgebundene **16** 531
- Zustimmungsverweigerungsrecht **16** 539 ff.
einstweilige Verfügung **21** 66 f.
- und Arbeitskampf **14** 181 f.
Einzelrechtsnachfolge **19** 2 f., **21** 28
Entgelt
  s. *leistungsbezogenes Entgelt*
Entgeltrahmentarifvertrag **13** 32
Entgelttarifvertrag **13** 32
Erhaltungsarbeiten **14** 90 f.
Ersatzmitglied **16** 188 ff.
Erzwingungskampf **14** 23
et-et-Fall **21** 36
Europäischer Betriebsrat
- Anhörungsrecht **16** 310 ff.
- Ausschuß **16** 308
- Besonderes Verhandlungsgremium **16** 301 ff., 306
- Beteiligungsrechte **16** 309
- Bestellung der Arbeitnehmervertreter **16** 307
- Errichtung **16** 295, 301 ff.
- dezentrales Konsultationsverfahren **16** 294, 305
- Geschäftsführung **16** 308
- Geltungsbereich des EBRG **16** 296 ff.
- kraft Gesetzes **16** 306 ff.
- kraft Vereinbarung **16** 305
- „maßgeschneiderter" **16** 10, 294
- Sitzung **16** 308

- Überblick **16** 294
- Unterrichtungsrecht **16** 310 ff., 597
- Vorsitzender **16** 308
- Zusammensetzung **16** 307
Europäisches Betriebsrätegesetz
- Geltungsbereich **16** 296 ff.

Fabrikationsräume **16** 495
Fachkraft für Arbeitssicherheit **16** 465
Fernwirkung **14** 123, 174, 179 f.
Firmentarifvertrag **13** 36, 217, 267
- Erstreikbarkeit **14** 53
Flächenstreik **14** 23
Flächentarifvertrag **13** 36
Freier Mitarbeiter **16** 531
Freistellung von Betriebsratsmitgliedern
- Auswahl **16** 255
- Ersatzfreistellung **16** 254
- Rechtsstellung des freigestellten Mitgliedes **16** 248 f.
- Rückgängigmachung **16** 256
- teilweise **16** 254
- weitere **16** 252 f.
- Zahl **16** 250
- Zweck **16** 247
Fremdfirmenarbeitnehmer **16** 531
Friedenspflicht, betriebliche **16** 104, 683, 696
Friedenspflicht, tarifliche **13** 248, **14** 46 ff., 51 f., 57, 127 f.
- absolute **14** 47
- Begriff **14** 46 f.
- Inhalt **14** 49 f.
- Reichweite **14** 51 ff.
- relative **14** 47 f., 54 , 57
Funktionsnachfolge **19** 13, 33 ff.

Gegnerfreiheit **12** 17 f.
Gegnerunabhängigkeit **12** 19
gemeinsame Einrichtungen **13** 28 f., 250, 281
Gemeinschaftsbetrieb **16** 55 f., **19** 98 f.
Gemeinschaftsunternehmen **16** 67
Generalstreik **14** 23
Geprägetheorie **13** 217
Gesamtbetriebsrat **16** 274 ff.
- Errichtung **16** 274
- Geschäftsführung **16** 276 f.
- Mitgliederzahl **16** 275

- Zuständigkeit kraft Beauftragung **16** 282 f.
- Zuständigkeit, originäre **16** 278 ff.
Gesamtbetriebsvereinbarung **16** 355
Gesamtjugend- und Auszubildendenvertretung **16** 277, 327
Gesamtpersonalrat **17** 26 f.
Gesamtrechtsnachfolge **19** 2, 43, 46, 48, 103, **21** 28
Gesamtregelungsstreitigkeit **20** 3
Gesamtschwerbehindertenvertretung **16** 277
Gesamtsprecherausschuß **16** 690 f.
Gesamtvergleich **13** 289
Gesundheitsschutz **16** 461 ff.
Gewerkschaft
- und Belegschaftsvertretungen **11** 8 ff.
- Betätigungsgarantie **16** 121
- Betriebsratswahl **16** 141, 146 f., 150, 156, 164
- Betriebsversammlung **16** 328, 333, 335
- Eigenschaft **12** 32
- Organisationsgrad **12** 2 f.
- originäre Rechte **16** 121
- politische Betätigung **16** 121
- Rechte nach BetrVG **16** 101, 120, 122 ff.
- Schulungs- und Bildungsveranstaltungen **16** 267
- Sprecherausschußgesetz **16** 669, 679, 686
- Teilnahme an (Gesamt-)Betriebsratssitzungen **16** 212, 277
- Teilnahme an Wirtschaftsausschußsitzungen **16** 287
- Verhältnis zum Betriebsrat **11** 9 f., **16** 118 f., 128 ff., 238
- Voraussetzungen **12** 32
- Wahlwerbung **16** 161
- Wahl zur Jugend- und Auszubildendenvertretung **16** 318
- Werbung im Betrieb **16** 121
- Zugang zum Betrieb **16** 122 ff.
Gleichbehandlungsgrundsatz **16** 111, **19** 72
- beim Sozialplan **16** 633
- bei Verletzung des Mitbestimmungsrechts **16** 439
Gleichstellungsabrede **13** 252

Grundsatzbeschwerde **21** 99
Günstigkeitsprinzip **11** 14 f., **13** 279 ff., 305, **16** 380, 384 ff., 403
Günstigkeitsvergleich, kollektiver **16** 388 ff., 397
Güteverhandlung **21** 68 ff., 73

Handwerksinnungen **12** 31, **13** 60
Hauptbetrieb **16** 57 ff., **19** 14
Hauptpersonalrat **17** 29
Hilfsbetrieb **19** 14

Inhaltsnorm **13** 21 f.
Initiativrecht **16** 351
Insolvenzverfahren **19** 50 ff.
- Abschlagszahlungen **16** 651
- Annahmeverzug **19** 53
- Bestandsschutz **19** 77
- Haftung des Erwerbers **19** 78
- Haftungsbeschränkung **19** 79 f.
- Interessenausgleich **16** 617, 619
- Kündigung **19** 53
- Masseverbindlichkeiten **16** 650, 664
- Nachteilsausgleich **16** 664
- Sozialplan **16** 648 ff.
Insolvenzverwalter **16** 186, 617 ff., 648 ff., **19** 52 ff., 77
Interessenausgleich
- Anrufung der Einigungsstelle **16** 618
- Begriff **16** 615
- Form **16** 620
- Insolvenzverfahren **16** 617
- Rechtsnatur **16** 616
- Rechtswirkungen **16** 616
- Unternehmensumwandlung **16** 617
- Verfahren **16** 618 ff.

Jugend- und Auszubildendenvertreter
- Rechtsstellung **16** 320
- Schutz **16** 325
- Weiterbeschäftigungsanspruch **16** 325 f.
Jugend- und Auszubildendenversammlung **16** 339
Jugend- und Auszubildendenvertretung
- Aufgaben **16** 323
- Ausschüsse **16** 320
- Aussetzung von Betriebsratsbeschlüssen **16** 322

- Errichtung **16** 313
- Geschäftsführung **16** 319
- Recht auf Unterrichtung durch den Betriebsrat **16** 324
- Sitzungen **16** 320
- Sprechstunden **16** 219, 320
- Teilnahme an (Gesamt-) Betriebsratssitzungen **16** 212, 277, 321
- Teilnahme an Besprechung des Betriebsrates mit Arbeitgeber **16** 321
- Vorsitzender **16** 320, 339
- Wahl **16** 316
  s. auch Wahl
- Wahlverfahren **16** 318
- Zahl **16** 314
- Zusammensetzung **16** 315

Kammertermin **21** 73, 78, 123
Kampfkündigung **14** 148
Kampfparität **14** 77 ff.
Kantine **16** 468, 471
Kernbereich
- Koalitionsfreiheit **12** 44
- Tarifautonomie **13** 145
Kirche **16** 17, **17** 9
Koalition
- Aufgabe **12** 5, 7
- Begriff **12** 1, 6, 8 ff.
- Organisationsgrad **12** 2 f.
- Tariffähigkeit **12** 23 ff.
  s. auch Tariffähigkeit
- Überbetrieblichkeit **12** 20 f.
- Überblick **12** 31, 64 ff.
- Unabhängigkeit **12** 22
- Vereinigung **12** 10
- Voraussetzungen **12** 9 ff.
- Zweck **12** 15
Koalition, Mitgliedschaft in **12** 46 ff.
- Arbeitgeberverband **12** 49
- Aufnahmeanspruch **12** 50
- Ausschluß **12** 62 ff.
- Austritt **12** 57 ff.
- Beendigung **12** 56 ff.
- Beitrag **12** 53
- Beitritt **12** 47
- Doppelmitgliedschaft **12** 51
- Erwerb **12** 47 ff.
- Förderungspflicht **12** 52
- Minderjährige **12** 48

- Pflichten der Mitglieder **12** 52 f.
- Rechte der Mitglieder **12** 54 ff.
Koalitionsfreiheit **12** 4, 33 ff.
- individuelle **12** 34 ff.
  s. auch *Koalitionsfreiheit, individuelle*
- kollektive **12** 40 ff.
  s. auch *Koalitionsfreiheit, kollektive*
- negative **12** 39
- positive **12** 35 ff.
Koalitionsfreiheit, individuelle
- Beitrittsfreiheit **12** 35
- Betätigungsfreiheit **12** 37
- Grundrechtsträger **12** 34
- Gründungsfreiheit **12** 35
- negative **12** 39
- positive **12** 35 ff.
- Sanktionen **12** 38
- unmittelbare Drittwirkung **12** 36
Koalitionsfreiheit, kollektive
- Bestandsgarantie **12** 41
- Betätigungsschutz **12** 42 f.
- Grenzen **12** 44
- Kernbereich **12** 44
Koalitionsvertrag **13** 7
Kollektives Arbeitsrecht
- Regelungsgegenstand **11** 1 ff.
- Vergleich zum BGB **11** 3 ff.
Kollektivautonomie **11** 14 f.
Kollektivvereinbarungen **11** 5 f., 9 **13** 7
Konzern **16** 64
- Beherrschungsvertrag **16** 64
- faktischer **16** 64
- Gleichordnungskonzern **16** 67
- Konzern im Konzern **16** 65
- potentieller **16** 67
Konzernbetriebsrat **16** 65, 293
Konzernbetriebsvereinbarung **16** 355
Konzernsprecherausschuß **16** 65, 692
Koppelungsgeschäft **16** 442
Kosten des Betriebsrates **16** 222 ff.
- erforderliche **16** 224
- Gerichtsverfahren **16** 226
- Rechtsanwalt **16** 226
- sachliche **16** 225
Kündigung
- Anhörung des Arbeitnehmers durch Betriebsrat **16** 580
- Anhörung des Betriebsrats **16** 574 ff.

- Anhörung des Sprecherausschusses **16** 718
- Beendigungskündigung **16** 569, 577
- betriebsbedingte **16** 617, 635, **19** 5, 30 f., 42, 53 f., 81, 84, 90
- Folgen fehlender Anhörung **16** 575, 578, 592
- Folgen unvollständiger Unterrichtung **16** 579
- Form der Anhörung **16** 580
- Fortsetzungsanspruch **19** 94 f.
- Frist für die Anhörung **16** 580
- Kündigungsschutzklage **16** 580, **19** 96
- Kündigungsverbot **19** 85 ff.
- Reaktionsmöglichkeiten des Betriebsrats **16** 581 ff.
- Umdeutung **16** 579
- verhaltensbedingte **16** 577
- Widerspruch des Betriebsrats **16** 583 ff.
- Zustimmung des Betriebsrats **16** 581 f.
Kurzarbeit **16** 393, 438, 451 f.

Leiharbeitnehmer **16** 132
- Einstellung **16** 531
- Sprechstunde des Betriebsrats **16** 220
- Versetzung **16** 563
leistungsbezogenes Entgelt **16** 489 ff.
- Akkordrichtsatz **16** 490
- Begriff **16** 489
- Einzelprämie **16** 491
- Geldakkord **16** 490
- Gruppenprämie **16** 491
- Leistungsprämie **16** 491
- Leistungszulage **16** 492
- Provision **16** 492
- Zeitakkord **16** 490
leitender Angestellter
- Begriff **16** 40 f., 45
- Einstellungs- und Entlassungsberechtigung **16** 42
- Generalvollmacht **16** 43
- Linienvorgesetzte **16** 44
- Prokura **16** 43
- Sozialplan **16** 724
- Stabsangestellte **16** 44
- Statusverfahren **16** 155
- Wirtschaftsausschuß **16** 285 f.
Lohnabschlagsklausel **13** 168

Lohnabtretungsverbot **16** 393
Lohngestaltung, betriebliche
- Belohnung für Betriebstreue **16** 476
- Begriff **16** 474
- Direktversicherung **16** 467
- Direktzusage **16** 467
- Entlohnungsgrundsätze **16** 478 f.
- Entlohnungsmethoden **16** 481
- Erschwerniszulagen **16** 480
- Grenze des Mitbestimmungsrechts **16** 475, 482
- kollektiver Tatbestand **16** 474 f.
- Lohnpolitik **16** 473
- Nachtzuschläge **16** 480
- Sonderzuwendungen **16** 480
- übertarifliche Zulagen
    s. *übertarifliche Zulagen*
Luftfahrtunternehmen **16** 20

Mahnverfahren **21** 64 f.
Manteltarifvertrag **13** 32
Margarethenhof-Abkommen **20** 16
Massenkündigung **14** 21
Maßregelungsverbot **14** 149
Minderheitenschutz **16** 35, 69, 315
Mischbetrieb **13** 224 ff.
Mitbestimmung im Unternehmen **15** 1 ff.
- Aufsichtsrat **15** 19 ff.
- Begriff **15** 1 f.
- und Betriebsverfassung **15** 5 ff.
- erzwingbare **11** 24, **16** 420
- in Europa **15** 25
- Feststellung von Mitbestimmungsrechten des Betriebsrats **16** 81, 90, 443, 501
- Gewerkschaftseinfluß **15** 15 f.
- im engeren Sinne **16** 345
- Intensität **15** 13 f., 17 ff.
- Personalvertretung **15** 8 f.
- in der Praxis **11** 16
- Rechtsquellen **15** 3 f., 12
- Reichweite **15** 19 ff., 23
- Übersicht **15** 3, **16** 345
- in Unternehmensorganen **15** 10 ff.
- Unternehmensverfassung **15** 5 ff.
- Würdigung **15** 24 ff.
- Zustimmungsverweigerungsrecht, eingeschränktes **16** 347

Mitbestimmungssicherungsverfahren **16** 548, 573
Mitwirkung **16** 345
- Anhörung **16** 349
- Beratung **16** 348
- Unterrichtung **16** 350
Montanmitbestimmung **15** 12, 18

Nachteilsausgleich **16** 654 ff.
- Abweichung vom Interessenausgleich **16** 661
- Fallgruppen **16** 654 ff.
- Insolvenz **16** 660, 664
- Kündigungsabfindung **16** 663
- Normzweck **16** 657 f.
- Rechtsnatur **16** 658
- Sozialplanabfindung **16** 662
- Versuch eines Interessenausgleichs **16** 659 f.
Nachwirkung einer Betriebsvereinbarung **16** 407
Nachwirkung einer Sprechervereinbarung **16** 702
Nachwirkung eines Tarifvertrags **13** 100 ff.
- Änderungskündigung **13** 117 f.
- Änderungsvertrag **13** 113 ff.
- Anwendungsbereich **13** 102 ff.
- Beendigung **13** 107 ff.
- Begriff **13** 100
- Bezugnahme auf Tarifvertrag **13** 106
- fehlende **13** 104 ff.
- Neueingestellte **13** 105 f.
- Ordnungsfunktion **13** 101
- Zweck **13** 101
Nebenbetrieb **13** 232 f. **16** 59 f., 62
Neue Beweglichkeit **14** 63 f.
Neutraler **15** 13
Neutralität
- Betriebsrat **14** 161 f.
- Staat **14** 70, 178 ff.
Nichtzulassungsbeschwerde **21** 98 ff., 131
- Grundsatzbeschwerde **21** 99
- Divergenzbeschwerde **21** 99
Normsetzungsrecht **13** 190, 202
Notdienst **14** 90 f.
Notstandsarbeiten **14** 90 f.

Oberste Dienstbehörde **17** 30
Obmann **16** 137
Öffentlicher Dienst **16** 16
Öffnungsklausel **13** 278, **16** 376, 403
Ordnung des Betriebes **16** 446
Ordnungsnorm **13** 25
Ordnungsprinzip **13** 108, 283
Organisationseinheit **19** 16, 25
Organisationsgrad **12** 2 f.
Organisationsklausel **13** 175
„OT-Mitgliedschaft" **13** 75 ff.
Outsourcing **16** 612, **19** 33 ff.

Paralleltarifvertrag **13** 42
Partei **21** 43
Parteifähigkeit **21** 44 f.
Parteipolitik **16** 107 f., 683
Pause **16** 449
Pensionskasse **16** 467
Personalakte **16** 447
Personalfragebogen **16** 511 f., 535
Personalplanung
- Abbauplanung **16** 505
- Begriff **16** 504 ff.
- Beteiligung des Betriebsrats **16** 504, 506
- Beteiligung des Wirtschaftsausschusses **16** 288
- Einsatzplanung **16** 505
- Entwicklungsplanung **16** 505
- Initiativrecht **16** 351
- Bedarfsplanung **16** 505
- Beschaffungsplanung **16** 505
- Kostenplanung **16** 505
Personalrat **17** 15 ff., 29
- Amtszeit **17** 18
- Anzahl der Mitglieder **17** 17
- Beteiligung **17** 46 ff.
  s. auch Beteiligung des Personalrats
- beteiligungspflichtige Angelegenheiten **17** 53 ff.
  s. auch Beteiligungsrechte des Personalrats
- Bildung **17** 15 f.
- Geschäftsführung **17** 19 ff.
- örtlicher **17** 16
- Rechtsstellung der Mitglieder **17** 23 f.
- Vorstand **17** 20 f.
- Wahl **17** 17, 35

Personalversammlung **17** 36
Personalvertretungsrecht
- Beschäftigte **17** 11
- Beteiligung **17** 46 ff.
  s. auch Beteiligung des Personalrats
- beteiligungspflichtige Angelegenheiten **17** 53 ff.
  s. auch Beteiligungsrechte des Personalrats
- des Bundes **17** 1
- Friedenspflicht **17** 40
- Geltungsbereich **17** 9
- Gewerkschaften **17** 41
- Grundsätze **17** 38 ff.
- Konsultationspflicht **17** 47
- der Länder **17** 2 ff.
- Mitbestimmungsverfahren, förmliches **17** 49
- Mitwirkungsverfahren, förmliches **17** 50
- Überblick **17** 1 ff., 8, 10, 29 f.
- Verhältnis zum Betriebsverfassungsrecht **17** 6 ff.
- Vertretung, sonstige **17** 37
- Wahlrecht **17** 12 f.
personelle Angelegenheiten **16** 502 ff.
- allgemeine **16** 503 ff.
personelle Einzelmaßnahmen **16** 525 ff.
- Begründung des Betriebsrats **16** 539, 547
- Benachteiligung des Arbeitnehmers **16** 544, 567
- Beteiligungsrechte **16** 525 f.
- Einstellung
  s. dort
- Ein- und Umgruppierung
  s. dort
- Folgen unterbliebener Beteiligung **16** 548
- Informationsrecht **16** 549
- Initiativrecht **16** 573
- Kündigung
  s. dort
- Mindestbetriebsgröße **16** 527
- sonstige Nachteile **16** 543
- Störung des Betriebsfriedens **16** 546
- Streitigkeiten **16** 548
- Unterrichtsrecht **16** 526, 565
- Versetzung

s. dort
- Zustimmungsersetzungsverfahren **16** 549, 570
- Zustimmungsfrist **16** 535 ff.
- Zustimmungsverweigerung **16** 539 ff.
- Zwangsgeld **16** 548
Präklusionsfrist **13** 309
 s. auch *Ausschlußfrist*
Privatautonomie **11** 7, 14 f.
Prozeßbevollmächtigter **21** 49 ff.
Prozeßfähigkeit **21** 46 ff.
Prozeßführungsbefugnis **21** 47
Prozeßstandschaft 21 **47**
Prozeßvollmacht **21** 52

Quotenregelung **13** 171 f.

Rahmentarifvertrag **13** 32
Rauchverbot **16** 116, 447
Rechtsantragstelle **21** 61
Rechtsbeschwerde **21** 131
Rechtshängigkeit **21** 62 f.
Rechtsstreitigkeit **11** 21 ff., **20** 4
- vermögensrechtliche **21** 84
- Zuständigkeit der Einigungsstelle **20** 48
Rechtsmißbrauch **16** 96, 102, **19** 65, 68
Regelungsabrede
- Beendigung **16** 417
- Begriff **16** 414
- Feststellung der Verpflichtung durch Arbeitsgericht **16** 415
- Form **16** 415
- im engeren Sinne **16** 415
- Inhalt **16** 416
- Kündigung **16** 417
- Rechtsnatur **16** 353
- Sprecherausschuß **16** 698 ff.
- Tarifvorbehalt **16** 417
- Umdeutung einer Betriebsvereinbarung **16** 409
- Vertrag zugunsten Dritter **16** 409, 415
Regelungsstreitigkeit **11** 21, **16** 81, 90, 345, **20** 2 f.
Religionsgemeinschaft **16** 17
Rentenversicherung **14** 176
Restmandat **16** 626
Revision **21** 93 ff.
- Abschluß des Verfahrens **21** 108 f.

- Begründung **21** 104
- Beschwer **21** 102
- Einlegung **21** 103
- Prüfungsrahmen **21** 106 ff.
- Revisionsgrund **21** 107
- Statthaftigkeit **21** 94
- Zulassung **21** 95 ff.
Richter, Berufs- **14** 41, **21** 9 f.
Richter, ehrenamtlicher **21** 11 f.
Richterrecht **13** 198 ff.
- und Arbeitskampf **14** 1, 5, 10, 130, 137
- Grenze der Tarifmacht **13** 200 ff.
Richtlinie **16** 699
Rufbereitschaft **16** 448

Sachgruppenvergleich **13** 290
Schichtarbeit **16** 449
Schiedsgericht **21** 24
Schiedsgerichtsbarkeit **11** 23, **20** 3
Schiedsspruch **20** 3
Schlichtung **11** 19 ff., **20** 1 ff.
- Arbeitskampf **20** 26
- Bedeutung **20** 27
- Begriff **20** 1
- besondere **20** 25
- im Betriebsverfassungsrecht **20** 28 ff.
- Einigungsstelle
 s. dort
- freiwillige **20** 5 f.
- im Personalvertretungsrecht **20** 44 ff.
- staatliche **20** 14 ff.
- tarifliche **20** 11 ff., 18 ff.
Schlichtungsspruch **13** 53, **20** 7, 15, 23 f., 41, 49 f.
Schlichtungsvereinbarung **20** 17
Schlichtungsverfahren
- Ablauf **20** 22
- Gegenstand **20** 21
- Schlichtungsspruch **20** 24
- Schlichtungsstelle **20** 20
Schlichtungszwang **14** 65, **20** 5 f.
Schulungs- und Bildungsveranstaltung
- Beschluß des Betriebsrats **16** 259
- Entgeltfortzahlung **16** 264
- erforderliche **16** 257, 260 ff.
- Ersatzmitglieder **16** 263
- Erstattung der Kosten **16** 266 f.
- geeignete (nützliche) **16** 257, 268 ff.

- Mitglieder des Sprecherausschusses **16** 680
- Streitigkeiten **16** 259 268
- teilzeitbeschäftigte Betriebsratsmitglieder **16** 265
- Übersicht **16** 258

Schwarzes Brett **16** 104, 121, 231
Schwerbehindertenvertretung
- Sprecherausschuß **16** 679
- Teilnahme an (Gesamt-) Betriebsratssitzungen **16** 212, 277
- Teilnahme an Wirtschaftsausschußsitzungen **16** 287

Schwerpunktstreik **14** 23
Seebetriebsrat **16** 19
Selbstbeschränkungsklausel **13** 265
sic-non-Fall **21** 35
Singularsukzession **19** 2 f., **21** 28
Sitzstreik **14** 24
Societas Europea **15** 25
Solidarnorm **13** 25
Soziale Angelegenheiten **16** 378, 420 ff.
- Arbeitsbedingungen **16** 420
- Begriff **16** 420
- Eilfälle **16** 432
- Einwilligung des Arbeitnehmers **16** 431
- Erweiterung des Mitbestimmungsrechts **16** 422
- erzwingbares Mitbestimmungsrecht **16** 420
- Gesetz **16** 424
- Initiativrecht **16** 351, 433
- kollektive Regelung **16** 429 f.
- Koppelungsgeschäfte **16** 442
- Mißbrauch des Mitbestimmungsrechts **16** 442
- Notfälle **16** 432
- Normzweck **16** 421
- Regelungssperre **16** 423, 427
- Streitigkeiten **16** 435, 443
- Tarifvertrag **16** 425
- teilmitbestimmte Maßnahmen **16** 407, 427, 440
- Theorie vom Regelungsanspruch **16** 437
- Theorie von der Wirksamkeitsvoraussetzung **16** 436, 441
- unternehmerische Freiheit **16** 428

- Umgehungsverbot **16** 441
- Vorrangtheorie **16** 426

Sozialeinrichtung **16** 205, 466 ff.
- Ausgestaltung **16** 469
- Begriff **16** 468
- Form **16** 469
- Kantine **16** 468, 471
- Mitbestimmung des Betriebsrats **16** 470 f., 472
- organschaftliche Lösung **16** 469
- Verwaltung **16** 469
- zweistufige Lösung **16** 469

Sozialpartner-Vereinbarung **13** 7
Sozialplan **16** 621 ff.
- Abfindung **16** 622, 634, 645 ff., 654 ff., 662 ff.
- Ablösung **16** 641
- Anpassung **16** 643
- Anrechnungsklausel **16** 646
- Aufhebungsvertrag **16** 635
- Ausgleichszahlungen **16** 634
- Ausnahme von Sozialplanpflicht **16** 628 ff.
- Begriff **16** 621
- betriebsbedingte Kündigung **16** 635
- Eigenkündigung **16** 635
- Fälligkeit von Ansprüchen **16** 624
- Form **16** 624
- Fortbildungs- und Umschulungsmaßnahmen **16** 635
- Gleichbehandlungsgrundsatz **16** 633, 635
- Höchstbegrenzungsklauseln **16** 643
- Inhalt, freiwilliger **16** 632 ff.
- Inhalt, erzwungener **16** 636 ff.
- Insolvenz **16** 648 ff.
- Kündigung **16** 642
- leitende Angestellte **16** 724
- Nachbesserungsklausel **16** 647
- Pauschalzahlungen **16** 634, 637
- Rechtsnatur **16** 623
- Rechtswirkung **16** 624
- Regelungsmacht der Betriebsparteien **16** 621, 633
- Regelungsspielraum **16** 632
- unwirksamer **16** 640
- Verfahren **16** 627
- Verhältnis zu anderen Regelungen **16** 645 ff.

- Verzicht des Arbeitnehmers **16** 624
- vorsorglicher **16** 625
- Wegfall der Geschäftsgrundlage **16** 644
- wirtschaftliche Vertretbarkeit **16** 639
- zumutbare Weiterbeschäftigung **16** 638
- Zuständigkeit **16** 626
- Zweck **16** 622

Spannensicherungsklausel **13** 176
Sphärentheorie **14** 119 ff.
Sprecherausschuß
- Anhörung vor Abschluß einer Betriebsvereinbarung **16** 356
- Aufgaben **16** 703 ff.
- Beteiligungsrechte **16** 669
- Betriebsabsprache **16** 698
- Betriebsinhaberwechsel **16** 702
- Errichtung **16** 670 ff.
- Friedenspflicht **16** 683, 696
- Geschäftsführung **16** 678
- Gewerkschaften **16** 669, 686
- Größe **16** 673
- politische Betätigung **16** 683, 696
- Sitzungen **16** 679 f.
- Stellvertreter **16** 678
- Teilnahme an Betriebsratssitzungen **16** 212
- Verhältnis zum Betriebsrat **16** 684 f.
- Vorabstimmung **16** 672
- Vorsitzender **16** 678, 696
- Wahl **16** 675 ff.
- Zusammensetzung **16** 674

Sprecherausschuß, Mitglieder
- Benachteiligungsverbot **16** 681
- Rechtsstellung **16** 669, 680

Sprecherausschuß, personelle Angelegenheiten **16** 714 ff.
- Beurteilungsgrundsätze **16** 712 f.
- Einstellung **16** 715
- Kündigung **16** 718
- personelle Veränderungen **16** 716 f.

Sprecherausschuß, soziale Angelegenheiten **16** 707 ff.
- allgemeine Regelungen **16** 708
- Arbeitsbedingungen **16** 707 ff.
- Gehaltsgestaltung **16** 709
- sonstige Arbeitsbedingungen **16** 710

Sprecherausschuß, wirtschaftliche Angelegenheiten **16** 720 ff.

- Betriebsänderung **16** 722
- Interessenausgleich **16** 723
- Sozialplan **16** 724
- Tendenzunternehmen **16** 721

Sprecherausschußgesetz
- Charakteristik **16** 668
- Entwicklung **16** 665 ff.

Sprechervereinbarung **16** 701 f.
Sprechstunde **16** 219 ff.
Sprungrevision **21** 6, 93 f., 101
Stellenausschreibung
- extern **16** 508, 545
- intern **16** 507, 510

Stellvertreterarbeitskampf **14** 180
Streik **14** 17, 24 ff., 77
- Beendigung **14** 27
- Begriff **14** 24
- Durchführung **14** 25
- rechtmäßiger **14** 87 ff.
- rechtswidriger **14** 124 ff.
- spontaner **14** 23
- wilder **14** 23

  s. auch Arbeitskampf

Streikleitung **14** 26
Streikposten **14** 26, 68 f.
Streikprämie **14** 35, 85
Streitwert **21** 80
Stufenvertretung **17** 28 ff.
Sympathiearbeitskampf **14** 23, 42

Tarifausschlußklausel **13** 176
Tarifausschuß **13** 251
Tarifautonomie **13** 47 ff., **16** 364 ff.
- Ausgestaltung **13** 48 ff.
- Grenzen **13** 51 ff.
- und kollektive Koalitionsfreiheit **13** 47

Tarifbindung **13** 237 ff., 242 ff., **19** 107 f.
tarifdispositives Gesetz **13** 186 ff.
Tarifeinheit **13** 225, 265
Tariffähigkeit **12** 23 ff., **13** 60 ff., **14** 38
- Arbeitskampffähigkeit **12** 30
- des Arbeitgebers **13** 60, 63
- Begriff **13** 60
- gerichtliche Überprüfung **13** 62
- von Verbänden **13** 61
- Voraussetzungen **12** 23 f., **13** 60 ff.

Tarifgebundenheit, verlängerte **13** 242 ff.

Tarifkollision **13** 261 ff.
- Arten **13** 263 f.
- Auflösung **13** 265 ff., 269 ff.
- Grundsatz der Spezialität **13** 266, 269
- Selbstbeschränkungsklausel **13** 265
- Überblick **13** 261 ff.
Tariflücke **13** 132 ff.
Tarifkonkurrenz
- Auflösung **13** 265 ff.
- Begriff **13** 263
Tarifmacht **13** 142 ff.
- Außenschranken **13** 153 ff.
- Binnenschranken **13** 142 ff.
- Gemeinschaftsrecht **13** 194 ff.
- Grundrechte **13** 163 ff.
- Richterrecht **13** 198 ff.
- tariffreie Individualsphäre **13** 150
- Verstöße **13** 205 ff.
Tarifnormen **13** 16 ff.
- konstitutive **13** 130 f.
- deklaratorische **13** 20, 129, 334
Tarifpluralität
- Auflösung **13** 269 ff.
- Begriff **13** 264
Tarifübung **13** 120, 128
Tarifvertrag
- Abschluß **13** 53 ff.
- Abschlußfreiheit **13** 54
- Altersgrenzen **13** 185
- Anerkennungstheorie **13** 14
- Anfechtung **13** 97
- Anzahl **13** 30
- und Arbeitskampf **14** 42, 133, 149
- und Arbeitsvertrag **13** 276 ff.
- Arbeitszeit **13** 182
- Arten **13** 30 ff.
- Aufhebungsvertrag **13** 91
- Auslegung **13** 119 ff.
  s. auch Tarifvertrag, Auslegung
- Ausschlußfrist **13** 309 ff.
  s. auch Ausschlußfrist
- Außenschranken **13** 153 ff.
- außerordentliche Kündigung **13** 95 f.
- Auszug aus einem Tarifvertrag **13** 52
- Beendigung **13** 88 ff.
- Befristung **13** 89
- Beginn **13** 81 ff.
- Begriff **13** 1
- und Betriebsvereinbarung **13** 308 ff.

- Betriebsübergang **19** 101 ff.
- Betriebszweckwechsel **19** 104
- Bezugnahmeklausel **13** 252 ff.
- Binnenschranken **13** 142 ff.
- Delegationstheorie **13** 13
- und Europarecht **13** 168, 172, 194 ff. 209
- Funktion **13** 43 ff.
- Geltungsbereich **13** 210 f.
  s. auch Tarifvertrag, Geltungsbereich
- und Gesetze **13** 186 ff.
- Grenzen **13** 142 ff.
  s. auch Tarifmacht
- und Grundrechte **13** 163 ff.
  s. auch Tarifvertrag, Grundrechte
- Inhalt **13** 2, 16 ff.
- Kundgabe **13** 59
- Kündigung **13** 92 ff., **14** 133
- Laufzeit **13** 6, 34, 46, 85, 96, 210
- mehrgliedriger **13** 80
- Mischbetrieb **13** 224
- Nachwirkung **13** 100 ff.
  s. auch Nachwirkung
- Nebenbeschäftigungsverbot **13** 183
- Nebenbetrieb **13** 232 f.
- normativer Teil **13** 8 ff., 100 ff., 120
- normative Wirkung, Voraussetzungen **13** 209 ff.
  s. auch Tarifvertrag, normative Wirkung
- Ordnungsfunktion **13** 45
- „Revisionsklausel" **13** 90
- Rückwirkung **13** 83 ff.
  s. auch Tarifvertrag, Rückwirkung
- Rückzahlungsklausel **13** 184
- Schriftform **13** 58
- schuldrechtlicher Teil **13** 3 ff., 99, 119
- Schutzwirkung zugunsten Dritter **14** 51, 138
- soft agreements **13** 7
- Stellvertretung **13** 57
- tariffreie Individualsphäre **13** 150
- Tarifgeltung **19** 103
- Tariflohnerhöhungen **13** 295 ff.
- Wirkung **13** 8 ff.
- Wettbewerbsverbot **13** 183
Tarifvertrag und Arbeitsvertrag **13** 276 ff.
- tariffeste Leistung **13** 297

- Wirkung **13** 276 f.
Tarifvertrag, Auslegung **13** 119 ff.
- authentische **13** 123
- ergänzende **13** 132 ff.
- Gesetzesänderung **13** 138
- Gleichheitssatz **13** 139
- Kriterien **13** 121 ff.
- normativer Teil **13** 120
- schuldrechtlicher Teil **13** 119
- Tariflücke **13** 132 ff.
- Übernahme von Gesetzesrecht **13** 129 ff.
Tarifvertrag, Geltungsbereich **13** 210 ff.
- fachlich **13** 217 ff., 224
- Mischbetriebe **13** 224 ff.
- Nebenbetriebe **13** 232 f.
- persönlich **13** 234 ff.
- räumlich **13** 215 f.
- zeitlich **13** 236
Tarifvertrag, Grundrechte **13** 163 ff.
- allgemeiner Gleichheitssatz **13** 164 ff.
- allgemeines Diskriminierungsverbot **13** 173, 208
- Berufsfreiheit des Arbeitgebers **13** 180
- Berufsfreiheit des Arbeitnehmers **13** 181 ff.
- Diskriminierung **13** 168 f., 208
- Prinzip der Lohngleichheit **13** 168
- Quotenregelung **13** 171 f.
- Vereinigungs- und Koalitionsfreiheit **13** 174 ff.
Tarifvertrag, normative Wirkung **13** 209 ff.
- Beendigung der Tarifbindung **13** 242 ff.
- Bezugnahmeklausel **13** 252 ff.
- dogmatische Konstruktion **13** 9 ff.
- Friedenspflicht **13** 248
- Globalverweisung **13** 255
- verlängerte Tarifgebundenheit **13** 242 ff.
- Voraussetzungen (Prüfungsschema) **13** 209, 233
Tarifvertrag, Rückwirkung **13** 83 ff.
- Allgemeinverbindlicherklärung **13** 86
- echte Rückwirkung **13** 84
- und früherer Tarifvertrag **13** 85
- tatbestandliche Rückanknüpfung **13** 84
- unechte Rückwirkung **13** 87

Tarifwerk **13** 261
Tarifwilligkeit **12** 28, **13** 61
Tarifzuständigkeit **13** 64 ff.
- Bedeutung **13** 65
- Begriff **13** 64
- Festlegung **13** 67 ff.
- Kongruenz **13** 73
- konkurrierende Tarifzuständigkeiten **13** 71 f.
- mehrgliedriger Tarifvertrag **13** 80
- Wirksamkeitsvoraussetzung **13** 73 f.
technische Anlagen **16** 495
technische Einrichtungen zur Überwachung
- Begriff **16** 455
- EDV-Programme **16** 458 ff.
- Eingriff in das Persönlichkeitsrecht **16** 455
- Mitbestimmung **16** 456 f.
- Zeiterfassungssysteme **16** 447, 455
technisch-organisatorische Angelegenheiten
- Abwendungsmaßnahmen **16** 500
Teilstreik **14** 23
Teilzeitarbeit **16** 449
Telefax
- Arbeitsgerichtsverfahren **21** 61, 89, 103
- Betriebsratsmittel **16** 231
- tarifliche Ausschlußfrist **13** 334
Tendenzunternehmen und -betriebe **16** 21 ff.
- Europäischer Betriebsrat **16** 312
- Tendenzcharakter der Maßnahme **16** 28
- Tendenzträger **16** 27
- Tendenzzweck **16** 22 ff.
Torkontrolle **16** 447

Übergangsmandat **16** 186, **19** 100
Überstunde **16** 438, 451 f.
übertarifliche Zulage
- Änderung der Verteilungsgrundsätze **16** 485, 488
- Anrechnung **13** 296, **16** 438, 483 ff.
- Anrechnungs- und Verrechnungsklauseln **13** 304 ff.
- Aufsaugung **13** 296
- Einführung **16** 438
- kollektiver Bezug **16** 430

- Mitbestimungsrecht **16** 484, 488, 571
- tariffeste Leistung **13** 297
- Vergabekriterien **16** 479
ULA **12** 68, **16** 686
Umgruppierung
    s. *Ein- und Umgruppierung*
Umsetzung
    s. *Versetzung*
Universalsukzession **19** 2, 43, 46, 48, 103, **21** 28
Unmittelbarkeitsprinzip **21** 59
Unterlassungsanspruch
- im Arbeitskampfrecht **14** 127 ff., 134 ff., 144
- im Betriebsverfassungsrecht **16** 83, 92 ff., 96, 103, 548, 593
Unternehmen **16** 63
Unternehmensgruppe **16** 53, 66 f., 294 f., 299 f.
Unternehmensspaltung **16** 55, 186, 290 f., 610 f., 617, **19** 7, 46 ff., 76, 100
Unternehmenssprecherausschuß **16** 69 ff., 671, 687 f.
Unternehmensumwandlung **16** 617, **19** 46 ff.
Unternehmensversammlung **16** 697
Unternehmer **16** 594
    s. *auch Arbeitgeber*
Unterstützungskasse **16** 467
Untersuchungsgrundsatz **21** 59, 114
Urabstimmung **14** 50, 66
Urlaub **14** 103 f., **16** 454
Urteil **21** 79 ff.
Urteilsverfahren
- Abschluß des Verfahrens **21** 79 ff.
- allgemeines **21** 57
- Anhängigkeit **21** 62
- Einleitung **21** 60
- einstweilige Verfügung **21** 66 f.
- Güteverhandlung **21** 68 ff., 73
- Klageerhebung **21** 61
- Mahnbescheid **21** 64 f.
- Rechtshängigkeit **21** 62
- Rechtsmittel **21** 82 ff.
- Übersicht **21** 59, 114
- Urteil **21** 79 ff.
- Verfahrensgrundsätze **21** 58 f.
- Vergleich **21** 70 f., 79
- Verhandlung, streitige **21** 73 ff.

Verbandstarifvertrag **13** 36, 218, 267
- Arbeitskampf um **14** 51, 57
- unternehmensbezogener **13** 36
Verbandsvertreter **21** 55
Verbandswechsel **13** 259, 262
Verdienstsicherungsklausel **13** 306
Verfallfrist **13** 309 ff.
    s. *auch Ausschlußfrist*
Verfügungsanspruch **14** 185 ff., **21** 67
Verfügungsgrund **14** 182, 187 ff., **21** 67
Vergleich **21** 70 f., 79, 126
Verhandlungsanspruch **13** 55 f.
Verhandlungsgrundsatz **21** 59
Verrechnungsklausel **13** 304 f.
Versäumnisurteil **21** 65
Versammlung der leitenden Angestellten **16** 693 ff.
- Einberufung **16** 693
- Entgeltfortzahlung **16** 695
- Nichtöffentlichkeit **16** 694
- Sitzungsleitung **16** 696
- Teilnahmeberechtigung **16** 694
- zeitliche Lage **16** 695
Versetzung **16** 550 ff.
- Änderung der Arbeitszeit **16** 559
- Änderung der Tätigkeit **16** 555 f.
- Änderung der Unterstellung **16** 558
- Änderung des Arbeitsorts **16** 557
- Arbeitsbereich **16** 554, 563
- Begriff **16** 550 ff.
- Dauer **16** 561
- Einstellung **16** 566
- Erheblichkeit der Umstände **16** 560, 562
- Folge bei mangelnder Zustimmung **16** 568 f.
- Grenze des Mitbestimmungsrechts **14** 156, **16** 567
- Reaktionsmöglichkeiten des Betriebsrats **16** 567
- Übersicht **16** 553
- Umorganisation **16** 558
- Zustimmungsverweigerungsrecht **16** 566
- Zuweisung **16** 564
Vertragsstrafe **16** 393
Vertrauensleute
- betriebliche **16** 125 ff.

- gewerkschaftliche **12** 44, 121, 125 ff.
vertrauensvolle Zusammenarbeit **16** 102, 346, 682, **17** 38 f.
Vertretung, Dienststelle **17** 25
Verwaltungsgerichtsbarkeit **20** 50
Verwaltungsraum **16** 495
Verweisung
- Arbeitsvertrag auf Tarifvertrag **13** 252 ff.
- Betriebsvereinbarung auf Tarifvertrag **16** 357, 380
- Tarifvertrag auf Gesetz **13** 128 ff.
- Tarifvertrag auf Tarifvertrag **13** 58
Verwirkung **13** 311, **16** 405, 702
Verzicht **16** 404, 624, **21** 72
Vollstreckungsbescheid **21** 65
Vollstreik **14** 23
Vorabentscheidung des Arbeitsgerichts
- Betriebsänderung **16** 603
- Mitbestimmungsrecht **21** 112
- Zuständigkeit **21** 29, 32 ff.
Vorrangtheorie **16** 426
Vorschlagswesen, betriebliches **16** 493

Wahl
- Beeinflussungsverbot **16** 164 f.
- des Betriebsrats **16** 131 ff.
- Briefwahl **16** 157
- d'Hondtsches Höchstzahlverfahren **16** 139, 159
- geheime **16** 157
- gemeinsame **16** 158
- Gruppenwahl **16** 158
- Kosten **16** 167
- Listenwahl **16** 141, 159
- Mehrheitswahl **16** 159, 318
- Nichtigkeit **16** 178 f.
- Persönlichkeitswahl **16** 159
- des Sprecherausschusses **16** 675 ff.
- unmittelbare **16** 157
- Verhältniswahl **16** 159, 318
- Vorbereitung **16** 151 ff.
- Wählbarkeit **16** 134 f., 317
- Wählerliste **16** 152
- Wahlausschreiben **16** 154
- Wahlberechtigung **16** 131, 676
- Wahlbeteiligung **16** 133
- Wahlgrundsätze **16** 157
- Wahlkosten **16** 167 f., 181, 223

- Wahlrecht, aktives **16** 131, 676
- Wahlrecht, passives **16** 134 f., 317
- Wahlschutz **16** 161
- Wahlverfahren **16** 145 ff., 677
- Wahlvorschlag **16** 156, 318
- Zeitpunkt der Betriebsratswahl **16** 142 ff., 316
- Zeitpunkt der Personalratswahl **17** 18
- Zeitpunkt der Sprecherausschußwahl **16** 675
Wahlanfechtung **16** 169 ff., 256
- Anfechtungsberechtigte **16** 170 f.
- Anfechtungsgrund **16** 174
- Anrufung des Arbeitsgerichts **16** 169
- Berichtigung eines Verstoßes **16** 176
- fehlerhafte Zuordnung **16** 153
- Frist **16** 160, 172 f.
- Rechtsfolge **16** 177
- Übersicht **16** 181
Wahlbeeinflussung, -behinderung **16** 166, 175
Wahlvorstand
- Amtszeit **16** 148
- Aufgaben **16** 160
- Bestellung **16** 145, 318
- Entscheidungen **16** 150
- Feststellung des Wahlergebnisses **16** 160
- Größe **16** 147
- Kündigungsschutz **16** 149, 163
- Mitglieder, Rechtsstellung **16** 149, 318
- Zusammensetzung **16** 147
Warnstreik **14** 23, 63 f.
Weiterbeschäftigungsanspruch
- allgemeiner **16** 589, 718
- betriebsverfassungsrechtlicher **16** 580, 588 ff., 591
- Jugend- und Auszubildendenvertreter **16** 325 f.
Werkswohnung **16** 471 f.
Widerspruch bei Betriebsübergang **19** 5, 59 ff.
- Annahmeverzug **19** 5, 67
- Ausschluß **19** 65
- Begründung **19** 64
- Erklärung **19** 61 ff.
- Europarecht **19** 60
- Kündigung **19** 5, 68
Wiedereinstellungsanspruch **19** 94 f.

Wiedereinstellungsklausel **14** 149
Wirtschaftsausschuß
- Aufgaben **16** 288
- Errichtung **16** 284
- Geschäftsführung **16** 287
- Größe **16** 285
- Informations- und Unterrichtungsrecht **16** 288 f., 290 f., 596
- Mitglieder **16** 285
wirtschaftliche Angelegenheiten
- Aufhebungsverträge **16** 608
- Beteiligung bei Betriebsänderungen **16** 599 ff.
- Betriebsänderung **16** 602 f., 605 ff.
- Betriebsanlagen **16** 612
- Betriebseinschränkung **16** 606
- Betriebsinhaberwechsel **16** 611
- Betriebsorganisation **16** 612
- Betriebszweck **16** 612
- Einführung neuer Arbeitsmethoden **16** 613
- Europäischer Betriebsrat **16** 597
- Nachteile, wesentliche **16** 604
- Personalabbau, stufenweiser **16** 608
- Spaltung **16** 610
- Stillegung
  s. Betriebsstillegung
- Überblick **16** 593
- Unterlassungsanspruch **16** 593
- Veränderung, grundlegende **16** 612
- Verhältnis zu anderen Beteiligungsrechten **16** 595
- Verlegung des Betriebs **16** 609
- Zusammenschluß **16** 610
wirtschaftliche Einheit **19** 8 f., 21 f., 44

Zurückbehaltungsrecht, kollektive Ausübung **14** 19 f.
Zustimmung
- Ersetzungsverfahren **16** 82, 273, 347, 549, 570, 573
- Form **16** 419
- Rechtsnatur **16** 418
- Widerruf **16** 419
Zustimmungsverweigerung **16** 539
Zwangsschlichtung **20** 8 ff.